Hans-Ulrich Wehler
Deutsche Gesellschaftsgeschichte

Fünfter Band

Hans-Ulrich Wehler

# Deutsche Gesellschaftsgeschichte

*Fünfter Band*
*Bundesrepublik und DDR*
*1949–1990*

Verlag C.H.Beck München

ISBN 978 3 406 52171 3 für diese Ausgabe
ISBN 978 3 406 32490 1 für die fünfbändige Ausgabe

© Verlag C.H.Beck oHG München 2008
Satz: ottomedien, Darmstadt
Druck und Bindung: GGP Media GmbH, Pößneck
Gedruckt auf säurefreiem, alterungsbeständigem Papier
(hergestellt aus chlorfrei gebleichtem Zellstoff)
Printed in Germany

*www.beck.de*

# Übersicht über das Gesamtwerk

# Inhalt des Fünften Bandes

## Elfter Teil
## Bundesrepublik und DDR
## 1949–1990

Epilog: Rückblick und Ausblick

Anhang

# Vorwort

Dieser fünfte und letzte Band der «Deutschen Gesellschaftsgeschichte» behandelt mit dem Blick vor allem auf Westdeutschland die zweite Hälfte jenes «Kurzen 20. Jahrhunderts», das vom Ausbruch des Ersten Weltkriegs bis zum Beginn der 1990er Jahre reicht. Auch bisher sind bei diesem Unternehmen nur im Ausnahmefall streng nationalhistorische Epochenkriterien, in der Regel aber allgemeinere chronologische Zäsuren zugrunde gelegt worden. Deshalb kann der Rückgriff auf das Konzept des «Kurzen 20. Jahrhunderts» nicht überraschend kommen, da es hier nicht allein um das Eckdatum von 1990 geht, als die Aufnahme der verblichenen DDR in die Bundesrepublik zustande kam.

Nachdem sich die Vorstellung von einem «Langen 19. Jahrhundert» von 1789 bis 1914 in der Historiographie erstaunlich schnell durchgesetzt hatte (und auch in dieser Gesellschaftsgeschichte übernommen worden ist), entspann sich eine lebhafte Diskussion über das folgende «Kurze 20. Jahrhundert», für das sich als erster Eric Hobsbawm, der bereits für ein «Langes 16. Jahrhundert» und dann für das «Lange 19. Jahrhundert» argumentiert hatte, stark machte. Während über das Anfangsdatum kaum Streit entstand, da die Zäsur des Ersten Weltkriegs allgemein einleuchtete und durch die Forschung in den letzten Jahren weiter bestätigt worden ist, löste das von Hobsbawm vorgeschlagene Enddatum 1991 eine anhaltende Debatte aus. Denn der Zerfall der Sowjetunion, den Hobsbawm als das Scheitern seiner seit jungen Jahren gehegten utopischen Hoffnungen bedauerte, konnte den Historikern mit anderen politischen Grundüberzeugungen nicht einleuchten.

Trotz aller inzwischen aufgebotenen Gegenargumente wird hier an dem Konzept des «Kurzen 20. Jahrhunderts» festgehalten, da überlegene Gründe dafür sprechen. Die Kriterien für diese Entscheidung sollten sich nicht einseitig an der Politik- oder Wirtschaftsgeschichte orientieren, sondern möglichst umfassend auf zentrale Dimensionen des historischen Prozesses abheben, um die Epochenzäsur glaubwürdig erscheinen zu lassen. Welche Gesichtspunkte sprechen daher, da der Ausgangspunkt nicht strittig ist, für das Ende des «Kurzen 20. Jahrhunderts» in den 1990er Jahren?[1]

1. Weltpolitisch bleibt die Auflösung der Sowjetunion im Jahre 1991, der Kollaps mithin einer Weltmacht ohne Krieg, ein markanter Einschnitt in den internationalen Beziehungen. Im Gegensatz zu ihren Verteidigern haben die meisten im Westen (wie ich auch) den Untergang dieser totalitären Parteidiktatur begrüßt. Seither hat mächtepolitisch ein neues Zeitalter

begonnen, da an die Stelle des Duopols die amerikanische Vorherrschaft getreten ist. Das Ende dieser Hegemonie ist jedoch absehbar, da Chinas Aufstieg zur neuen Weltmacht unaufhaltsam voranschreitet. Ihm wird sich die südostasiatische Regionalmacht Indien, wahrscheinlich auch Rußland nach seiner Erholungsphase, anschließen. An die Stelle einer vermutlich kurzlebigen amerikanischen Hegemonie wird erneut ein Pluralismus von Weltmächten treten. Seit 1991 ist jedenfalls eine neue Konstellation in der Weltpolitik entstanden.

2. In der Europapolitik haben sich 1989/90 gleich mehrere Umwälzungen ereignet. Zum einen ist durch die Fusion der beiden deutschen Neustaaten von 1949 die Kontinuität des Bismarckstaats wieder hergestellt worden. Zum anderen haben alle osteuropäischen Staaten die Bürde der Existenz als sowjetische Satelliten abgeworfen und 2004 die Mitgliedschaft in der Europäischen Union erreicht. Mit diesen zwar längst erhofften, aber ganz unerwartet ermöglichten Veränderungen hat auch die europäische Politik an die historischen Traditionen Europas anknüpfen können, doch zugleich einen neuen Inhalt gewonnen.

3. Was die wirtschaftliche Entwicklung betrifft, hat die Globalisierung seit den 1990er Jahren eine neue Etappe erreicht. Nach dem langwierigen Aufstieg einer Weltwirtschaft zwischen 1500 und der Mitte des 19. Jahrhunderts hatte eine Phase beschleunigter Entwicklung vom Ende des amerikanischen Bürgerkriegs bis zum Ausbruch des Ersten Weltkriegs zu einer globalen Verflechtung geführt, deren Dichte nach der chaotischen Unterbrechung durch zwei Weltkriege erst in den 1990er Jahren wieder erreicht, auf einigen Feldern endlich übertroffen worden ist. Dank der digitalen Revolution, dank Computer und Internet hat sich eine neue Qualität der Globalisierung – die erst jetzt zum Modewort wurde – eingestellt, welche die Welt zu einem einzigen wirtschaftlichen und politischen Aktionsfeld zusammengeschlossen hat. Man muß zwar immer die bestechende Kontinuität dieses globalen Wachstumsprozesses seit dem frühen 16. Jahrhundert betonen, doch der qualitative Sprung seit den 1990er Jahren steht außer Zweifel.

Mit dieser neuen Globalisierungswelle ist auch die Herausforderung verbunden, daß der weltweit agierende Turbokapitalismus auf eine Weise rechtlich gebändigt und eingehegt werden muß, wie den westlichen Nationalstaaten die Zähmung des naturwüchsigen Privatkapitalismus seit dem ausgehenden 19. Jahrhundert gelungen ist. Daß diese Aufgabe noch schwieriger ist als die Durchsetzung des Sozial- und Interventionsstaats bedarf keiner weiteren Erläuterung.

4. In den 1980er, vollends dann in den 90er Jahren haben sich in der Sozialstruktur der führenden westlichen Länder, auch der Bundesrepublik, die Disparitäten zwischen den «marktbedingten Klassen» (Max Weber) vertieft. Seit der Industriellen Revolution im 19. Jahrhundert hat die

Marktwirtschaft auch in Deutschland ihre Organisationsprinzipien auf die Gesellschaft ausgedehnt, so daß in dieser Marktgesellschaft die Leistungskapazität der Individuen in aller Regel auf dem Arbeitsmarkt zu marktgängigen Preisen abgerufen wird; oder sie wird eben nicht honoriert, worauf der Sozialstaat die Diskriminierten mit Transferleistungen in seinen «Versorgungsklassen» (R. Lepsius) unterhält. Zuerst im Amerika Ronald Reagans und im England Margret Thatchers hat sich seit den 1980er Jahren eine dann auch in der Bundesrepublik feststellbare Polarisierung durchgesetzt, als deren Folge die oberen fünf bis zehn Prozent der Erwerbstätigen an Vermögen und Einkommen immer deutlicher hinzugewonnen haben, während die Lage in den Mittelklassen, erst recht in den Unterschichten im Vergleich eher durch Stagnation oder sogar Rückgang gekennzeichnet ist. Obwohl dieser Trend, daß sich eine Plutokratie in der Sozialhierarchie immer weiter nach oben abhebt, seit den 1890er Jahren zu beobachten ist, bleibt diese krasse Form der finanziellen Ressourcenverteilung doch ein Novum, das zwei Gefahren impliziert. Zum einen werden die Gleichheitsideale der modernen Demokratie auf dramatischere Weise als zuvor in Frage gestellt; zum andern entsteht ein Spannungspotential, das nicht nur die Funktionstüchtigkeit, sondern auch die Legitimationsbasis des demokratischen Staates gefährden kann.

Daher drängt sich auch das Problem der Sozialen Ungleichheit in verschärfter Form, mithin anders als in den ersten 40 Jahren nach 1949, auf, als die Ergebnisse des unerwarteten wirtschaftlichen Wachstums zahlreiche Probleme abzufedern halfen.

5. Auf dem Feld der Kultur haben die letzten anderthalb Jahrzehnte eine atemberaubende Aufwertung von Religion erlebt. Von den sieben großen Weltreligionen (dem Christentum, Judentum, Islam, Buddhismus, Konfuzianismus, Hinduismus, Shintoismus) hat nur der Islam eine radikale, fundamentalistische Feindschaft gegenüber «dem Westen» entwickelt, dann Schritt für Schritt bis zum Exzeß gesteigert.

Unstreitig gibt es mehrere Varianten des Fundamentalismus: etwa unter den nordirischen Protestanten und Katholiken; unter den amerikanischen Evangelikalen im südstaatlichen «Bible Belt» oder unter den orthodoxen Israelis. Doch nur der Islam kann im Prinzip auf das Reservoir von mehr als einer Milliarde Gläubiger zurückgreifen, aus dem die Speerspitze seines islamistischen Flügels hervorgeht. Dieser Flügel ist nicht primär, wie ein populäres Mißverständnis grassiert, ein Ergebnis von Armut und Unterentwicklung, so unübersehbar die muslimischen Staaten davon auch geplagt werden. Vielmehr lebt er von der Degradierung durch «den Westen» seit der imperialistischen Überwältigung im 19. und frühen 20. Jahrhundert; vom Gefühl der Überlegenheit, die der Koran lehrt, während sie in der realen Welt ausbleibt; von dem Gefühl der Kränkung sowohl durch den sich ständig vergrößernden Wohlstandsabstand zwischen den westlichen und den muslimischen Gesellschaften als auch durch die Penetrationsmacht des westlichen Lebensstils, insbesondere die Omnipräsenz seiner Popularkultur.

Seit den 1990er Jahren verkörpert der militante Islamismus eine politische Pest, wie sie das «Kurze 20. Jahrhundert» in der Gestalt des Nationalsozialismus und des Bolschewismus erlebt hat. Seine Durchbruchphase liegt allerdings vor dem Schreckensdatum des 11. September 2001. Denn in den 80er Jahren konsolidierte sich die erste islamistische Republik im Iran Khomeinis. Eine zweite Theokratie entstand wenig später mit der Talibanherrschaft über Afghanistan. Als Folge des mutwillig vom Zaun gebrochenen zweiten Irakkrieges besteht die konkrete Gefahr, daß das Land zerfällt und in den Teilstaaten weitere islamistische Theokratien entstehen. Seit den frühen 90er Jahren dringt eine massive Reislamisierung auch in der Türkei vor, die 1995 mit Erbakan ihren ersten islamistischen Ministerpräsidenten erlebte. Sein Erbe Erdoğan leitet eine islamische Religionspartei, die zugleich den Protest der vernachlässigten Peripherie gegen die städtischen Zentren vertritt. Im wahabitischen Saudi-Arabien, in Ägypten und im größten muslimischen Staat der Erde, in Indonesien, haben die Radikalislamisten ganz so an Einfluß gewonnen wie in der europäischen Diaspora.

Bis zur Mitte der 90er Jahre war die Konsolidierung des islamistischen Fundamentalismus gelungen. Auch er signalisiert das Ende einer Epoche und zugleich den Beginn einer neuen Ära, die sich – wie in unserer Gegenwart deutlich wird – außerordentlich schwer damit tut, mit diesem explosiven Problem erfolgreich umzugehen.[2]

Da die Wissenschaften ebenfalls zum kulturellen Feld gehören, zeigt ein Blick, daß es während der letzten Jahrzehnte in den Geistes-, Sozial- und Rechtswissenschaften keine umstürzenden neuen Paradigmata gegeben hat. Doch in der Biologie und Medizin haben sich dank der Genforschung und Gentechnologie neue Dimensionen aufgetan – bis hin zum Klonen von Menschen. Das ist ein derart gravierender Einschnitt, daß man von einer geradezu klassischen Zäsur sprechen kann.

Daher läßt sich unter welt- und europapolitischen, ökonomischen und sozialstrukturellen, religions- und wissenschaftsgeschichtlichen Gesichtspunkten in den 90er Jahren der Endpunkt des «Kurzen 20. Jahrhunderts», zugleich der Wendepunkt zum 21. Jahrhundert erkennen. Mit diesem Urteil werden keineswegs die Kontinuitätslinien verneint, die im historischen Prozeß durch die 90er Jahre hindurchlaufen. In der Weltpolitik hält die amerikanisch-russische und die amerikanisch-chinesische Konkurrenz weiter an. Europäische Einigungspolitik wird seit mehr als 50 Jahren betrieben und weiter verfolgt. Auch in der Wirtschaftsverfassung und Sozialstruktur, in der Religions- und Wissenschaftsentwicklung sind die Elemente der Kontinuität schlechterdings nicht zu übersehen. Dennoch entkräften diese für den Historiker geradezu selbstverständlichen Kontinuitätsmomente nicht die vorn skizzierten Argumente zugunsten der Diskontinuität, die das Ende des «Kurzen 20. Jahrhunderts» verkörpert.

1990 ist daher nicht nur wegen der deutschen Vereinigung gewählt worden, die in der deutschen Geschichte einen unbezweifelbaren Einschnitt darstellt. Vielmehr setzt sich seit dem Beginn der 90er Jahre eine universalgeschichtlich folgenreiche Entwicklung durch, die 1990 als den Endpunkt der Analyse unterstützt. Seither steigt eine neue Konstellation auf, die andere Fragestellungen verlangt, andere Schwerpunkte setzt.

Als der deutsche Einigungsprozeß 1990 dazu führte, daß die DDR in Gestalt von fünf neuen Bundesländern in die Bundesrepublik aufgenommen wurde, wird auch dem letzten Zweifler klar geworden sein, was sich seit langem angekündigt hatte: Die Bundesrepublik, in der die große Mehrheit der Deutschen lebte, verkörperte von Anfang an einen lebens- und zukunftsfähigen Neustaat, in dem sich alle wesentlichen Modernisierungsprozesse – ob in der Politik und in der Wirtschaft, im Recht und in der Kultur – durchzusetzen vermochten, da ihnen eine nachhaltige Förderung zustatten kam. Dank dieses uneinholbaren Vorsprungs konnte sie auch 1989/90 mit dem Recht des historisch Überlegenen die kollabierte DDR aufnehmen. Die DDR dagegen existierte genau 40 Jahre lang nicht aus Eigenrecht, sondern als eine sowjetische Satrapie, die in letzter Instanz auf den russischen Bajonetten beruhte. Als ihr diese Unterstützung in der tödlichen Krise von 1989 entzogen wurde, besaß sie nicht die Fähigkeit zur Selbststabilisierung. Bis dahin hatte ihr politisches System in die Sackgasse einer staatskommunistischen totalitären Parteidiktatur geführt, deren von einer starren Ideologie erzeugte Lernunfähigkeit von Jahr zu Jahr deutlicher zutage trat. Ihre Wirtschaft war einer rigorosen Planwirtschaft unterworfen worden, deren Funktionsschwäche zusehends deutlicher wurde. Ihre Sozialstruktur prämierte nicht Mobilität und Leistung, sondern orthodoxe Gesinnung und Nähe zur Nomenklatura. Ihr Recht unterwarf den Bürger der Parteiwillkür. Ihr Kulturleben wurde von innovativen Impulsen abgeschlossen.

Kurzum: Die kurzlebige Existenz der DDR hat in jeder Hinsicht in eine Sackgasse geführt. Daher wird auch in diesem Band der DDR-Geschichte keine gleichwertige Behandlung mit der Bundesrepublik eingeräumt. Sie wird vielmehr als Kontrast und zum Vergleich herangezogen. Das impliziert keine Kritik an den Einwohnern der SBZ und DDR, die nach der Massenflucht bis 1961 dort geblieben sind. Denn ihre erdrückende Mehrheit hatte sich nicht gewünscht, unter diesem Repressionsregime zu leben. Alle falschen Weichenstellungen, die in Ostdeutschland vorgenommen worden sind, müssen nach dem Vorbild des westdeutschen Modells in einem mühseligen Prozeß korrigiert werden. Das ist die Bürde der neuen Bundesrepublik seit 1990. Das Intermezzo der ostdeutschen Satrapie muß aber nicht an dieser Stelle durch eine ausführliche Analyse aufgewertet werden. Man kann es der florierenden DDR-Forschung getrost überlassen, das Gelände eines untergegangenen, von seiner eigenen Bevölkerung aufgelösten Staatswesens mit all seinen Irrwegen genauer zu erkunden.

Wie seine Vorgänger folgt auch dieser Band dem Strukturierungsschema, das auf den vier Achsen der Wirtschaft, der Sozialen Ungleichheit, der politischen Herrschaft und der Kultur beruht. Bis vor kurzem haben die Neuzeithistoriker auf eine eigentümliche Weise, die nicht leicht zu erklären ist, den Politik- und Sozialwissenschaftlern bereitwillig und kampflos die Beschäftigung mit der Nachkriegszeit und der Geschichte der Bundesrepublik überlassen. Erst relativ spät, dann aber mit Energie haben sich endlich die Zeithistoriker eingeschaltet, so daß diese Dominanz inzwischen durch Christoph Kleßmann, Paul Nolte, Eckart Conze, Andreas Wirsching, Ulrich Herbert, Edgar Wolfrum, Manfred Görtemarker sowie zahlreiche junge Historikerinnen und Historiker aufgebrochen worden ist. Zeitgeschichte bedeutet für viele von ihnen nicht mehr die vertraute Konzentration auf die Epoche der Weimarer Republik und des «Dritten Reichs», sondern auf die Geschichte nach 1945.

Allerdings liegt bei den meisten dieser Zeithistoriker das Schwergewicht auf einer weit verstandenen Politikgeschichte. In diesem Band tritt die Politikgeschichte, die von anderen bereits ausführlich behandelt worden ist, deutlich zurück, da alle Grundentscheidungen frühzeitig gefallen und beibehalten worden sind, so daß die politische Ereignisgeschichte nach den frühen Weichenstellungen zurücktreten darf. Während man die Verfassungsgeschichte auf hohem Niveau bei einigen herausragenden Politikwissenschaftlern und Rechtshistorikern abrufen kann, ist die Sozialgeschichte der zweiten Jahrhunderthälfte noch immer relativ unterentwickelt. Dagegen hat die Wirtschaftsgeschichte, vertreten etwa durch Knut Borchardt, Werner Abelshauser, Christoph Buchheim, Hartmut Berghoff, Volker Wellhöner und die Autoren zahlreicher Unternehmensgeschichten bereits ein solideres Fundament geschaffen.

Da eine Synthese wie diese Gesellschaftsgeschichte stets von der Vorarbeit anderer Wissenschaftler abhängt, auf deren Schultern der Autor steht, beruht die Analyse auf einer durchaus unterschiedlich belastbaren Basis. Trotzdem bleibt es dabei, dem Strukturierungs- und Interpretationsschema dieser Bände auch hier weiter zu folgen.

Auch zu Beginn der Arbeit an diesem Band herrschte, wider alle Vernunft, die offenbar unvermeidbare Illusion vor, diesmal lasse sich das Projekt dank der neugewonnenen freien Zeit nach dem Ausscheiden aus dem Universitätsbetrieb schneller als zuvor bewältigen. Ohne diesen Zeitgewinn hätte ich mich allerdings auch nicht durch die unerwartet dichte, kontinuierlich anschwellende, wenn auch nicht immer ergiebige Literatur so bald hindurchkämpfen können.

Den Dank, den ich Freunden und Lehrern schulde und früher schon im einzelnen ausgesprochen habe, möchte ich noch einmal mit Nachdruck wiederholen. Denn das, was wir sind, diese Einsicht bestätigt sich immer wieder, verdanken wir anderen. Dieser Dank gilt an erster Stelle erneut Jürgen Kocka, dem kritisch kommentierenden Freund seit 40 Jahren, von dem ich weit mehr gelernt habe, als ich ihm an Überlegungen habe nahe bringen können. Er gilt auch langjährigen Mitarbeitern wie Manfred Hettling und Paul Nolte. Cornelius Torp hat wie bei den letzten beiden Bänden auch das Manuskript zu diesem Band mit kritischem Auge gelesen und wo immer nötig selber verbessert oder lohnende Fragen aufgeworfen. Im Rückblick ist mir wiederum klar geworden, wie tief der Einfluß von Hans Rosenberg und meiner Kölner Lehrer Theodor Schieder und René König reicht. Deshalb denke ich mit Dankbarkeit an sie zurück.

Auf der Jagd nach Fernleihen und Fotokopien, beim Korrekturenlesen und Anfertigen der Register hat erneut Jan-Ole Janssen geholfen, dessen Beistand die Henkel-Stiftung großzügig finanziert hat; für diese spürbare Entlastung bin ich ihr sehr dankbar. Iris Kukla und Jutta Karweger haben den Text wieder zuverlässig in die Endfassung gebracht und dann in der vom Verlag vorgegebenen Form nach München gesendet. Im Verlag hat Detlef Felken den Text kritisch gelesen, mustergültig redigiert und dann durch die Herstellung gesteuert. Dafür möchte ich ihm aufrichtig danken. Nicht zuletzt gilt mein Dank aber auch dem Verleger, Wolfgang Beck, der mit Geduld den Fortgang dieses Unternehmens von Anfang an begleitet hat, ohne jemals mit gelinder Pression auf einen wünschenswerten Ablieferungstermin anzuspielen. Und schließlich kann ich nur noch einmal wiederholen, daß das gesamte Projekt, auch dieser Band, Renate gewidmet ist, da sie seit 50 Jahren immer Verständnis für ihren Mann am Schreibtisch aufgebracht und ein unverzichtbares Gegengewicht zur Welt der wissenschaftlichen Bücher und Diskussionen geschaffen hat.

Elfter Teil

Bundesrepublik und DDR

1949–1990

# I.
## Politische Rahmenbedingungen
## in den beiden Neustaaten

Die totale Niederlage nach einem totalen Krieg, den jahrelang die Illusion eines deutschen «Endsiegs» begleitet hatte, lag gerade einmal vier Jahre zurück, als das in vier Besatzungszonen aufgeteilte Land eine Konsolidierung in zwei 1949 gegründeten Neustaaten erlebte.

Die westdeutsche Bundesrepublik und die ostdeutsche Deutsche Demokratische Republik konnten zu diesem Zeitpunkt auf eine denkbar unterschiedliche Bewältigung der Probleme der Zusammenbruchsgesellschaft nach 1945 zurückblicken. (Sie sind in Bd. IV, 951–84 geschildert worden und werden unten in Kapitel I erneut aufgegriffen.)

In Westdeutschland war mit der Währungsreform und den liberalisierenden Wirtschaftsreformen von 1948 unverkennbar der Weg nach oben eingeschlagen worden. Erstaunlich schnell konnte daher die Bundesrepublik nicht nur als Akteur auf dem Weltmarkt erscheinen, vielmehr wurde sie auch allgemein als Mitglied in die westliche Staatenwelt aufgenommen. Infolgedessen kam sie in den Genuß all jener belebenden ökonomischen, politischen und mentalen Impulse, die seit dem Beginn des «Goldenen Zeitalters» des westlichen Kapitalismus zwischen 1950 und 1973 eine beispiellose Prosperität und Stabilität unterstützten. Man kann nur die politische Klugheit der englischen und amerikanischen Besatzungsmächte anerkennen, daß sie die Renaissance des politischen Lebens in Westdeutschland mit langem Zügel steuerten, auch frühzeitig wieder Eigenverantwortung an Deutsche zu übergeben wußten.

In Ostdeutschland dagegen verlief der Aufstieg aus der Kriegs- und Nachkriegsmisere ungleich schwieriger, da ihm zahlreiche hohe Barrieren im Wege standen. Die straffe Einbindung in den Ostblock der stalinistischen «Volksdemokratien» verhinderte jede florierende Entwicklung, zumal sie mit dem rigorosen Ausschluß vom Weltmarkt verbunden war. Die gnadenlose Ausplünderung durch die Sowjetunion unter dem Vorwand gerechtfertigter Reparationen reduzierte das Produktionspotential und Verkehrssystem auf eine einschneidende Weise. Und während sich in Westdeutschland ein freies politisches Leben mit einer diskussionslustigen Öffentlichkeit und hart konkurrierenden politischen Parteien entfaltete, mußte die Sowjetische Besatzungszone den kurzen Weg in die zweite Parteidiktatur zurücklegen.

Die beiden deutschen Neustaaten traten mithin unter extrem unterschiedlichen Konstellationen an. Wie immer man die Kriterien bestimmt:

Unter politischen, gesellschaftlichen, wirtschaftlichen Gesichtspunkten bündelten sich die Probleme, die seit dem Frühjahr 1945 verarbeitet werden mußten, zu einer essentiellen Krise, deren Ausmaß sich jeder Bewältigung in einer überschaubaren Zeit zu entziehen drohte. Mehr als neun Millionen Kriegstote, zwölf Millionen Flüchtlinge und Vertriebene, fünf Millionen evakuierte Großstädter, Abermillionen von heimwärts wandernden Kriegsgefangenen, der Verlust von einem Drittel des Reichsterritoriums, das Leben am Rande einer Hungerkatastrophe – all diese chaotischen Bedingungen rechtfertigen es, von einer solchen existentiellen Krise zu sprechen. Auch besonnene englische und amerikanische Besatzungsoffiziere sahen darin die unmittelbar drohende Gefahr einer Radikalisierung der darbenden, zutiefst schockierten Bevölkerung mit unabsehbaren Folgen; sie hielten eine Erholungsphase von dreißig Jahren für unumgänglich, bis sich das Land von den Kriegsfolgen erholt hatte, das Gift des Nationalsozialismus aus den Köpfen verschwunden war.

Aus all diesen Gründen war die im Westen überraschend schnell einsetzende Regeneration ein schlechterdings verblüffender Vorgang, da niemand damit gerechnet hatte, daß Westdeutschland fünf Jahre nach dem Krieg in die Ära des «Wirtschaftswunders» mit seiner vorbildlosen Steigerung der Massenprosperität, dazu in einem funktionstüchtigen demokratischen Staatswesen, eintreten werde. In Ostdeutschland dagegen folgte auf die NS-Tyrannei die Repression der SED, und ihre Bekämpfung der Mängelwirtschaft und der Kriegsfolgen unterstützte den autoritären Zugriff auf das gesamte Gesellschaftsleben, das sie längst vor der Entstehung eines eigenen Staates radikal umzubauen begonnen hatte.

Nicht nur im historischen Rückblick, auch für die Zeitgenossen begann mit der Gründung der beiden deutschen Staaten des Jahres 1949 eine neue Epoche der deutschen Geschichte mit völlig ungewissem Ausgang. Unter welchen politischen Rahmenbedingungen mußten sich diese Staaten entwickeln?

## A. Die Bundesrepublik

In welchem politischen Gehäuse mußte sich die Gesellschaft in Westdeutschland seit 1949 einrichten? Diese institutionellen und mentalen Rahmenbedingungen müssen vorab knapp skizziert werden, ehe die früher entwickelte Gliederung dieser Gesellschaftsgeschichte wieder zugrunde liegt.

## 1. Die Verfassungsordnung

Der Neustaat, der im Sommer dieses Jahres entstanden war, verkörperte in den Augen der Mehrheit seiner Gründer ein heikles Provisorium, das so lange nur ein Schutzdach über die vereinigten drei Westzonen aufspannen sollte, bis die anomale Teilung des Landes überwunden werden konnte. Doch die Bundesrepublik entwickelte sich überraschend schnell zu einem souveränen Staat, der zusehends die Züge des Provisoriums abstreifte, bis sie als Potenz sui generis dastand. Auch deshalb erwies sie sich in der Vereinigungskrise von 1989/90 als derjenige deutsche Kernstaat, der die gescheiterte sowjetische Satrapie in seinen Herrschaftsverband aufnehmen konnte.

Beim Aufbau der Verfassungsordnung der neuen Republik zogen die verantwortlichen politischen Kräfte die antitotalitäre Lehre aus dem Untergang der Weimarer Republik und der nationalsozialistischen Diktatur. Die Verfassung, das Grundgesetz, wurde daher als sorgfältig durchdachtes Organisationsstatut für einen föderalistischen Staat mit dezentralisierter Machtverteilung entwickelt, in dem das Verhältnis von Bundesländern und Zentralgewalt austariert wurde.

Der Demos, das wahlberechtigte Volk, wurde gemäß der Legitimitätsfiktion der neuzeitlichen Demokratietheorie als Souverän anerkannt, der alle vier Jahre das gesetzgebende Parlament, den Bundestag, wählte. Beim Wahlrecht entschied man sich für einen Kompromiß zwischen Machteffizienz und Gerechtigkeit, mithin zwischen dem Mehrheits- und dem Verhältniswahlrecht, so daß der Abgeordnete durch die Direktwahl in seinem Stimmbezirk ein Mandat gewinnen oder über eine Landesliste seiner Partei gewählt werden konnte.

Wie im Kaiserreich und in der Weimarer Republik wurde eine zweite Kammer, der Bundesrat, als Vertretung der Länder eingerichtet, die dort durch ernannte Repräsentanten ihre Interessen wahrnehmen konnten. Nach den schlechten Erfahrungen mit dem Reichspräsidenten v. Hindenburg in der Weimarer Zeit, der als mächtiger «Ersatzkaiser» fungiert hatte, wurde ein schwacher Bundespräsident installiert, der nicht mehr durch unmittelbare Volkswahl, sondern von einer nur für diesen Zweck eigens konstituierten Versammlung gewählt wurde. Obwohl generell auf Repräsentationsaufgaben beschränkt, besaß doch er allein die souveräne Vollmacht, das Parlament unter bestimmten Bedingungen auflösen zu dürfen.

Zur Schlüsselfigur des Verfassungssystems wurde der von der Parlamentsmehrheit bestellte Bundeskanzler gemacht. Seine Machtstellung ließ sich an drei Bastionen ablesen: Nur durch die Mehrheit für ein Mißtrauensvotum der Opposition konnte er gestürzt werden. Die Richtlinienkompetenz übertrug ihm in Streitfragen das Entscheidungsmonopol, das sich des straff geführten Bundeskanzleramts als Instrument bedienen konnte. Mit dem Recht der Ministerernennung gewann er die Vollmacht, sein Kabinett nach eigenem Gutdünken zusammenstellen zu können. Durchaus zutreffend tauchte daher für diese Privilegienbündelung alsbald der Begriff der «Kanzlerdemokratie» auf.

Doch die eigentliche Innovation im politischen System verkörperte das nach dem Vorbild des amerikanischen «Supreme Court» eingerichtete Bundesverfassungsgericht, das als unabhängiger Schiedsrichter mit letztinstanzlicher Entscheidungskompetenz den politischen Streit durch sein Urteil schlichten und unanfechtbar beenden sollte.

Hinter dem äußeren Erscheinungsbild einer, wie es schien, kunstvoll ausbalancierten Machtverteilung verbargen sich aber auch Chancen zu einem Rollenwechsel, der den einzelnen Machtfaktoren den Status eines Veto-Akteurs verlieh. Denn im Grenzfall bestimmter Entscheidungssituationen konnten sowohl Bundestag und Bundesrat, Bundeskanzler und Bundesverfassungsgericht von ihrer Blockade- oder Durchsetzungskraft Gebrauch machen. Insbesondere im Bundesrat gewann der Länderegoismus durch die schleichende Aufwertung seines legislativen Zustimmungsrechts ein irritierendes Übergewicht.

Dem ersten Bundeskanzler, Konrad Adenauer, gelang es, sein Amt 14 Jahre lang in Bonn auszuüben. Währenddessen entfaltete sich in den 1950er Jahren ein «halbautokratisches System», in dessen Mittelpunkt Adenauer von seinen Entscheidungsbefugnissen großzügig Gebrauch machte. Die Kritiker griffen daher auf einen liberalen Kampfbegriff aus der Bismarck-Ära zurück, als sie seine «Kanzlerdiktatur» anprangerten. Aus der Vogelperspektive drängt sich aber der Eindruck auf, daß der christdemokratische Patriarch, der im Kern ein rheinischer Demokrat und Verächter der preußischen Machteliten, insbesondere ihres Militärapparates, blieb, eine Brücke geschlagen hat, die den Übergang von der obrigkeitlichen Tradition und besonders der NS-Diktatur zum pluralistischen Parteienstaat für viele Bürger erleichtert hat. Soviel steht fest: Ohne Adenauers politischen Kurs und sein Geschick, ohne seine Entscheidungs- und Durchsetzungsfähigkeit hätte die Bundesrepublik eine andere Geschichte erlebt.

Sein Nachfolger, der langjährige populäre Wirtschaftsminister Ludwig Erhard, vermochte Adenauers Statur nicht zu gewinnen, ließ sich statt dessen aber bereitwillig als «Volkskanzler» feiern. Es war indes etwas ganz anderes, liberale Wirtschaftspolitik mit konjunkturellem Rückenwind zu verfechten, als im Kanzleramt die Staatspolitik zu koordinieren und zielstrebig zu steuern. Durch sein neues Amt überfordert, mußte er unter schmählichen Umständen seine Kanzlerschaft aufgeben. Der Chefdirigent der ersten Großen Koalition, der dritte Kanzler, Kurt Georg Kiesinger, dem die Kritiker seine Parteimitgliedschaft und Tätigkeit in Ribbentrops Auswärtigen Amt vorwarfen, machte als zwischen den Koalitionspartnern wandelnder «Vermittlungsausschuß» keine schlechte Figur.

Nach drei Jahren mußte er aber dem SPD-Vorsitzenden Willy Brandt an der Spitze einer sozialliberalen Koalition weichen. Was Adenauer durch den Ausgleich mit Frankreich und die Westintegration erreicht hatte, gelang Brandt – das bleibt sein historisches Verdienst – mit der Anbahnung des Ausgleichs mit dem Osten. Züge der Kanzlerdemokratie tauchten unter ihm und erst wieder in den Erfolgsjahren von Helmut Schmidt auf, der dank seiner exzellenten ökonomischen Sachkunde und seines energischen Leitungsstils die Gestaltungsmöglichkeiten des Kanzleramtes erneut ausschöpfte. Erst von der eigenen Partei, dann auch vom freidemokratischen Koalitionspartner verlassen, erlag er dem Mißtrauensvotum der Opposition. Damit begann 1982 die, wie sich herausstellen sollte, 16jährige Kanzlerschaft Helmut Kohls. Ihren einzigen, dafür aber um so dramatischeren Höhepunkt bildete die Vereinigung der beiden deutschen Neustaaten nach 40jähriger Separatexistenz. Kurze Zeit öffnete sich damals im internationalen Machtgefüge ein Fenster am Entscheidungskorridor, das Kohl mit unleugbar staatsmännischem Geschick, aber auch mit anhaltender amerikanischer Unterstützung und dank Gorbatschows Einsicht genutzt hat, ehe er in den Provinzialismus seiner Alltagspolitik zurückfiel.[1]

## 2. Die Parteien und Verbände

Nachdem sich die Reichsverfassung von 1871 und die Weimarer Verfassung über die politischen Parteien ausgeschwiegen hatten, wertete das Grundgesetz die Rolle der Parteien explizit und dezidiert auf. Ihnen wurde sogar eine derart entscheidende Funktion im politischen Prozeß zugesprochen, daß der Begriff des «Parteienstaates» aufkam.

Neben der Einrichtung des Bundesverfassungsgerichtes verkörperte die CDU die zweite Innovation im politischen Gefüge der neuen Republik. Denn mit ihr gelang die Gründung einer bikonfessionellen Volkspartei, die wegen der schroffen Gegensätze im klassischen Land der Konfessionsspaltung bisher nicht realisierbar gewesen war, obwohl es auf beiden Seiten weitsichtige, doch isolierte Vordenker dieses Projekts gegeben hatte. In Bayern gaben sich die Christdemokraten in der regionalistischen Tradition des bayrischen Zentrums und der «Bayrischen Volkspartei» den Namen «Christlich Soziale Union» (CSU); dieser süddeutsche Ableger der CDU bestand hartnäckig auf einem möglichst hohen Maß an Entscheidungsautonomie. Zwanzig Jahre lang, von der ersten Bundestagswahl bis hin zum Amtsantritt der sozialliberalen Regierung, behauptete sich die CDU/CSU an der Macht, da sie vom Nimbus des rapiden Wiederaufbaus, der erfolgreichen Westintegration, nicht zuletzt aber von der Leistung Adenauers zehrte. Nach einer schmerzhaften Exklusion kehrte sie erst von 1982 bis 1998 wieder in den Arkanbereich zurück.[2]

Die traditionsreichste deutsche Partei, die SPD, konnte 1949 auf eine nahezu 90jährige Geschichte zurückblicken, zu der auch der späte, aber mit viel Zivilcourage durchgehaltene Widerstand gegen die Hitler-Bewegung und die Diktatur gehörte. Um eine Stimme nur verfehlte sie 1949 das Ziel, ihren Kandidaten zum ersten Bundeskanzler wählen zu lassen. Seither fiel sie in der Wählergunst stetig zurück. Das hing zum einen zusammen mit ihrer hartnäckigen Opposition gegen die Westorientierung und mit ihrem Beharren auf planwirtschaftlicher Steuerung im Gegensatz zur Sozialen Marktwirtschaft à la Erhard, zum anderen aber auch mit der Persönlichkeit und Politik ihrer beiden ersten Vorsitzenden.

Kurt Schumacher hatte zwar KZ-Haft und Amputationen bravourös überstanden, aber in einem völlig verfehlten Lernvorgang aus der SPD-Geschichte seit dem Kaiserreich die falschen Konsequenzen gezogen. Selber offenbar ein Nationalist bis auf die Knochen und von seinem Münsteraner Doktorvater, Johann Plenge, einem der radikalnationalistischen Erfinder der «Ideen von 1914», nachhaltig indoktriniert, wollte Schumacher die Wiederbelebung des Vorwurfs, daß die SPD aus «vaterlandslosen Gesellen» bestehe, unter allen Umständen vermeiden. Deshalb opponierte er leidenschaftlich gegen die Adenauersche Politik der Westintegration und befürwortete statt dessen eine anachronistisch wirkende Nationalpolitik, welche der Wiedergewinnung der staatlichen Einheit selbst um den Preis der Neutralisierung den Vorrang einräumte.

Sein früher Tod (1952) milderte zwar die progressive Selbstisolierung der SPD ab, doch sein Nachfolger wurde Erich Ollenhauer, geradezu der Idealtypus des biederen, doktrinären Parteifunktionärs, der als Oppositionsführer dem Vollblutpolitiker im Kanzleramt zu keiner Zeit gewachsen war. Wäre der politisch hoch talentierte und populäre Berliner Oberbürgermeister Ernst Reuter, der freilich nicht zur Clique des Londoner Exilvorstands gehörte, an die Spitze der SPD gelangt, hätte sie vermutlich einen realitätsnäheren Kurs einschlagen können. Erst die völlige politische Kehrtwende der Partei im Godesberger Programm von 1959 mit seiner Akzeptanz von Marktwirtschaft und Westintegration, dazu dann der Generationswechsel, der erst Brandt, dann Schmidt in die Führungsposition trug, machte die SPD zu einer mehrheitsfähigen zweiten Volkspartei.[3]

Im entstehenden Dreiersystem der westdeutschen politischen Parteien konnte sich die FDP fast durchweg, mit Ausnahme der Großen Koalition, als Allianzpartner an der Regierungsmacht beteiligen. Unübersehbar verkörperte sie ein heterogenes Ensemble unterschiedlichster politischer Strömungen von den süddeutschen demokratischen Linksliberalen bis zu den norddeutschen Nationalliberalen mit einem anfangs so ausgeprägt nationalkonservativen Flügel, daß die Grenze zum neuen Rechtsradikalismus zeitweilig verschwamm. Erst die «Jungtürken» um Walter Scheel, Willi Weyer und Wolfgang Döring haben im Verein mit Hans-Dietrich

Genscher und Karl-Hermann Flach, Werner Maihofer und Ralf Dahrendorf der FDP allgemeinpolitisch wie wirtschaftspolitisch eindeutig ihr
liberales Profil verschafft, wozu auch die eher erzwungene als selbsttätig
eingeleitete Trennung vom extremen rechten Spektrum gehörte.[4]

Außer diesen drei regierungsfähigen Parteien gab es gewöhnlich noch
einige kurzlebige Splitter- und Außenseiterparteien an der Peripherie. So
gelang es etwa dem «Bund der Heimatvertriebenen und Entrechteten»
(BHE) eine Zeitlang, nicht wenige Stimmen der Flüchtlinge und Vertriebenen zu sammeln, bis er von der CDU aufgesogen wurde. Dasselbe Schicksal widerfuhr der norddeutsch-konservativen «Deutschen Partei» wie der
ebenso regional eingeschränkten Bayernpartei, die in der CSU aufging.
Angesichts der Erfahrung, die Millionen Deutsche mit der Roten Armee,
der russischen Kriegsgefangenschaft und der Parteidiktatur der ostdeutschen Bolschewiki gemacht hatten, besaß die KPD in Westdeutschland
keine aussichtsreichen Entwicklungschancen. 1954 wurde sie vom Bundesverfassungsgericht, das aus der Maxime der «streitbaren Demokratie»
ein Parteiverbot ableitete, ebenso aufgelöst wie vorher die neonational-
sozialistische «Sozialistische Reichspartei» als zweiter Feind der jungen
Republik. Erst in der Mitte der 1980er Jahre tauchte mit den «Grünen»
eine ernst zu nehmende vierte Partei auf, die aus einer ökologisch-pazifistischen Protestbewegung hervorging, sich aber als ein generationsgebun-
denes Projekt erweisen sollte. Dagegen erlebte die rechtsradikale «Natio-
naldemokratische Partei» (NPD) am Ende der 1960er Jahre eine kurzlebige
Scheinblüte als Sammelbecken eines unbelehrbaren Revisionismus.[5]

Wenn auch nicht von der Verfassung anerkannt, umlagerten doch weitere einflußreiche politische Institutionen die Arena, in welcher der politische Prozeß ablief. An erster Stelle waren das die Interessenverbände der
Unternehmer und Arbeitnehmer. Die «Pressure Groups» der industriellen
und landwirtschaftlichen Unternehmer waren in den 1870er Jahren entstanden, hatten die zollpolitische Wende von 1879 bereits massiv beeinflußt und sich seither als Entscheidungsgehilfen der Politik fest etabliert.
Die deutsche Innenpolitik bis 1933 ist ohne sie nicht zu verstehen (Bd. III,
934–36; IV, 372–97). Nachdem sie im «Dritten Reich» ihrer autonomen
Gestaltungsmöglichkeiten beraubt worden waren, tauchten sie seit dem
Ende der 1940er Jahre in vertrauter Formation wieder auf.

Im «Bundesverband der Deutschen Industrie» (BDI), dem Nachfolger
des «Reichsverbands der Deutschen Industrie» und des legendären «Zen-
tralverbandes Deutscher Industrieller», schlossen sich rund 330 Fachver-
bände und Arbeitsgemeinschaften mit 34 Branchenverbänden zu einer
handlungsfähigen Großorganisation zusammen. Aufgrund der asymme-
trischen Machtverteilung dominierten in ihr in aller Regel die Großunternehmen. Durch eine hochgradig verfeinerte personelle Verflechtung war
der neue BDI mit der «Bundesvereinigung der Arbeitgeberverbände»

(BDA) verbunden, dessen hohe Organisationsdichte in der Mitgliedschaft
von 57 Fachverbänden zu Tage trat. Im Vergleich leisteten beide Dachver-
bände eine effektive Interessenverfechtung und Öffentlichkeitsarbeit, so
daß sie sich politisch als besonders mächtig erwiesen.

Nicht unterschätzt werden sollte aber auch der «Deutsche Industrie-
und Handelstag», in dem 83 regionale Industrie- und Handelskammern
mit 2,5 Millionen Zwangsmitgliedern zusammengeschlossen wurden.
Diese Zwangsmitgliedschaft, ein Erbe des staatlich geordneten Korpora-
tionswesens des 19. Jahrhunderts, verweist darauf, daß die Binnenlegitimierung dieser drei großen Interessenverbände oft nur pro forma demokratisch fundiert war. Wenn etwa die Mitgliederversammlung nur alle drei
Jahre tagte, die Hauptgeschäftsführung und einige wenige verbandspoli-
tisch engagierte Unternehmer aber jahrzehntelang in den Leitungspositionen fungierten, tritt der oligarchische Charakter der Führungsspitze unübersehbar hervor.

Der «Deutsche Bauernverband» sah sich durchaus in der Tradition des
einflußreichen «Bundes der Landwirte», ja er knüpfte sogar ungeniert an
den «Reichsnährstand» an, als er trotz der sinkenden volkswirtschaftlichen
Bedeutung des Agrarsektors die atemberaubend kostspieligen Subventi-
onsprogramme durchsetzte. Gemessen an der landwirtschaftsfreundlichen
Gesetzgebung und dem akquirierten Finanzvolumen gehörte er zu den
mächtigsten Verbänden.[6]

Dieser geballten industrie- und agrarwirtschaftlichen Verbandsmacht
stünde die große Masse der organisationsunfähigen Konsumenten bis
heute relativ wehrlos gegenüber, wenn ihnen nicht zum einen die «Vierte
Gewalt», die öffentliche Meinung, zum anderen die Interessenverbände
der Arbeitnehmer, die Gewerkschaften, zur Seite stünden. Zwar scherten
viele Angestellte traditionsgemäß erneut in die «Deutsche Angestellten-
gewerkschaft» (DAG) aus, doch alle anderen Einzelgewerkschaften hatten
sich zum Zeitpunkt der Staatsgründung in der Einheitsgewerkschaft des
«Deutschen Gewerkschaftsbundes» (DGB) zusammengeschlossen. Dieser
Dachverband faßte 17 autonome Einzelgewerkschaften im Vollbesitz ihrer
weitreichenden Kompetenzen zusammen, so daß die Macht bei den großen Industriegewerkschaften, keineswegs aber, wie es den Anschein hatte,
bei der DGB-Spitze mit ihrem streng eingeschränkten Einflußpotential
lag.

1980 erfaßte der DGB von 23,5 Millionen Erwerbstätigen ein gutes
Drittel (7,9 Millionen, 1950 erst 5,3 Millionen), von denen 68% Arbeiter,
nur 20% Frauen waren. Da Artikel 9/1 des Grundgesetzes das Koalitions-
und Tarifvertragsrecht garantierte, gewannen die Gewerkschaften als wertvolles Machtinstrument das Tarifvertragsmonopol. Im Verhältnis zu den
Arbeitgebern herrschte Konfliktarmut und Verhandlungsorientierung vor.
Im Effekt operierten sie zumeist als Streikvermeidungsvereine, die im

europäischen Vergleich nur denkbar selten zum Mittel des harten Arbeits-
kampfes griffen, mit ihren Methoden aber die höchste Einkommenssteigerung im Westen für ihre Klientel erreichten. Der Pragmatismus des DGB
wurde auch dadurch verstärkt, daß um 1980 82 % seiner Spitzenfunktio-
näre SPD-Mitglieder, von 238 SPD-Bundestagsabgeordneten 218 DGB-
Mitglieder waren. Gemessen an der Massenorganisation des DGB erfaßten
damals die DAG nur 2,09 % und die christlichen, sprich katholischen Gewerkschaften nur 1,2 % der Erwerbstätigen. Dagegen konnte der «Deutsche Beamtenbund» für seine kampferprobte Verteidigung der privilegierten Sonderstellung der Staatsdienerschaft 3,4 % für sich gewinnen.

In mancher Hinsicht könnte man mit dem Blick auf die politische Arena
auch die beiden christlichen Amtskirchen als Interessenverbände begreifen, doch wirkt es (wie in den vorhergehenden Bänden) adäquater, sie im
Kontext der kulturellen Institutionen zu diskutieren.

Frühzeitig knüpften Unternehmerverbände und Gewerkschaften zusammen mit der Ministerialbürokratie und Parlamentarierzirkeln an die
Tradition des deutschen Korporativismus an, der auf dem Zusammenspiel
dieser vier Machtfaktoren beruhte. Eine solche Zusammenarbeit hatte sich
seit den 1870er Jahren entwickelt und sich außerhalb des Verfassungsrah-
mens über die unterschiedlichsten politischen Regime hinweg (mit Ausnahme des NS-Staates) zählebig gehalten. Insofern hatte sie bewiesen, daß
sie trotz aller vorzüglich begründeten normativen verfassungspolitischen
Kritik ein offenbar problemangemessenes, systemneutrales Arrangement
effektiver Kooperation verkörperte, dessen Auswuchern ungemein schwer
einzudämmen war. Die von Wirtschaftsminister Karl Schiller in der Zeit
der ersten Sozialliberalen Koalition eingerichtete «Konzertierte Aktion»,
die als angeblich politisches Novum Repräsentanten der Wirtschaft, der
Gewerkschaften und des Staates zusammenführte und gravierende Vor-
entscheidungen traf, lag ganz auf der Linie der längst vertrauten korporativistischen Allianz. Bis heute ist kein verfassungspolitisch und -rechtlich
begehbarer Weg gefunden worden, die einer demokratischen Kontrolle
entzogenen korporativistischen Institutionen auch formal in die Verfassungsordnung als demokratisch verantwortungspflichtige Instanzen ein-
zufügen.[7]


## 3. Die Bürokratie

Als traditionsbewußtes Machtzentrum wurde die Bürokratie auf allen drei
Ebenen: im Bund, in den Ländern, in den Gemeinden, von der neuen Republik übernommen. Das ist deshalb wichtig, weil politische Herrschaft
nach Max Webers berühmtem Diktum in erster Linie Herrschaft der Verwaltung im Alltag ist. Die Entscheidung, diese Bürokratie in der Form des
deutschen Berufsbeamtentums beizubehalten, war anfangs, bis etwa 1953,

aus guten Gründen heftig umstritten. Nicht nur hatte sich ein Großteil der Verwaltung durch seine beflissene Mitarbeit im Führerstaat schwer kompromittiert, sondern die Kritik richtete sich auch gegen das elitäre Selbstverständnis, die soziale Zusammensetzung und die Rekrutierungsmechanismen, nicht zuletzt gegen die deutsche Eigenart, ein wahres Heer von Mitarbeitern des Staatsapparats in die vielfach begünstigte Position des Berufsbeamten zu heben. Daß die westlichen Alliierten, in jeder Hinsicht vergebens, auf eine grundlegende Reform drängten, hat den Umbau zusätzlich erschwert, galt doch die Berufsbeamtenschaft weithin als integre, unbeschädigte deutsche Errungenschaft und als unverzichtbarer Leistungsträger zumal in der Wiederaufbauphase.

Was waren die wesentlichen Punkte der Kontroverse? Die Bundesregierung und das Parlament entschieden sich, alle Reformanregungen abzulehnen, mithin an der überlieferten Rechtslage und Personalstruktur festzuhalten. Deshalb gab es auch keinen personellen Neuanfang, die NSDAP-Mitglieder aus der Reichsverwaltung und der preußischen Bürokratie wurden von der Regierung Adenauer durchweg übernommen; 20 % des Personals aller Verwaltungsstäbe mußten aus dem Kreis der umstrittenen Beamten, die unter das Gesetz zum §131 fielen, genommen werden. Der im Krieg gestiegene Anteil der Beamtinnen wurde stark abgesenkt, und die verheirateten Frauen wurden erneut verdrängt.

Unter Abwehr aller alliierten Reformforderungen ließ die Bundesregierung ein eigenes Personalgesetz nach dem Modell des Deutschen Beamtengesetzes von 1937 entwerfen, das im Juni 1950 in Kraft trat, im März 1952 aber schon wieder aufgehoben und durch das neue Bundesbeamtengesetz vom Juni 1953 ersetzt wurde. Es verkörperte die Fortsetzung des traditionellen Beamtenrechts; alle wichtigen Regeln des verklärten Status quo wurden erneuert; das angeschlagene Selbstbewußtsein bis hin zu dem hegelianischen Anspruch, die «Staatsidee» zu repräsentieren, wieder stabilisiert.

Wegen ihrer Erfahrung, aber auch unter machtstrategischen und parteipolitischen Gesichtspunkten griff ein erfahrener Verwaltungsexperte wie Adenauer beim Aufbau der Bundesverwaltung auf «bewährte» Kräfte zurück, zumal er dabei mit einem Kreis aus dem früheren Reichsinnenministerium, durchweg NS-belasteten höheren Beamten, eng zusammenwirkte. Die Maxime, daß Amtserfahrung den Primat besitze, führte zu heftig umstrittenen Ergebnissen. Hatte schon im August 1950 ein Viertel der Bonner Abteilungsleiter früher zu den Parteigenossen gehört, waren es von den neuen Abteilungsleitern bis 1953 60 %. Der «Kronjurist» der SPD, Adolf Arndt, kritisierte frühzeitig im Bundestag den fatalen Korpsgeist der Bürokratie, der sich besonders an der Personalpolitik des Auswärtigen Amtes zeige. Dort waren von 82 Referatsleitern in den Schlüsselpositionen 78 % schon vor 1945 im Auswärtigen Amt tätig gewesen. Adenauer mußte in seiner Verteidigung des Expertenwissens einräumen, daß 65 % aller höheren Mitarbeiter Parteigenossen gewesen seien. Dieser Prozentsatz lag sogar über dem Niveau von 1938! Als Adenauer seinen außenpolitischen Berater Herbert Blankenhorn als Korrekturinstanz einschaltete, wurden die Einstellungskriterien keineswegs revidiert, vielmehr eine Zeitlang weiterhin nur Ex-Pgs aufgenommen. «Keine andere Behörde» sei bekannt, klagte der SPD-Abgeordnete Fritz Erler im Oktober 1952 vor dem Bundestag, «die sich in einer vollen Kontinuität als direkte Fortsetzung der Tradition eines Berliner Ministeriums fühlt – und benimmt».

Auch und gerade in der Beamtenpolitik tauchte eine klassische Alternative des Wiederaufbaus auf (Vgl. III, 962 f.). Sollte man mit unbelasteten, aber auch unerfahrenen Kräften den gesamten Staatsapparat neu besetzen, als Preis für die erwünschte Gesinnung aber auch einen schroffen Effizienzverlust in extrem schwierigen Zeiten in Kauf nehmen? (Diesen Weg schlugen bekanntlich die Sowjetische Militäradministration und die DDR ein.) Oder sollten Erfahrung und Sachkenntnis mehr zählen als die Parteizugehörigkeit, um die Kontinuität des Verwaltungshandelns zu gewährleisten und gefährliche Reibungsverluste zu vermeiden – dies alles im Vertrauen darauf, daß sich die politische Mentalität der Belasteten durch den Erfolg des demokratischen Staates verändern lasse. Die Bundesregierung hat sich für den Pragmatismus des zweiten Weges entschieden, der in einem Volk der Täter und Mitläufer auch den allermeisten belasteten Beamten eine unverhoffte «zweite Chance» einräumte, anstatt sie in ein graues Heer der Deklassierten und Unzufriedenen hinabzustoßen. Da die Bundesrepublik, getragen vom «Wirtschaftswunder» der 1950/60er Jahre einen fabulösen Aufstieg wie Phönix aus der Asche erlebte, konnte sich diese pragmatische Personalpolitik bestätigt fühlen. Wäre aber nicht trotzdem eine politische Differenzierung nicht nur möglich, sondern auch geboten gewesen? Mußte etwa, um diese Figur stellvertretend für Aberdutzende von vergleichbaren Personen zu nennen, der Mitverfasser des unsäglichen Kommentars zu den Nürnberger Rassegesetzen, Hans Globke, mehr als ein Dutzend Jahre lang als Chef des Bundeskanzleramtes fungieren?

Unter dem Gesichtspunkt ihres Hyperpragmatismus verfuhren Bundesregierung und -tag auch mit jenen belasteten Beamten, die durch das Gesetz zum ominösen §131 des Grundgesetzes (11.5.1952) wieder auf Planstellen gehievt wurden. Ohne die zahlreichen Beamten der Reichsbahn und Post handelte es sich um mindestens 430000 Betroffene, von denen 83% zu den im Entnazifizierungsverfahren irgendwie Belasteten gehörten. Das Gesetz deklarierte eine Unterbringungspflicht, die sich auf 20% aller Planstellen erstreckte. Sage und schreibe nur 0,4% (1227) wurden von der Rückkehr ausgeschlossen. 55000 sollten ursprünglich wegen der Entnazifizierungsergebnisse eigentlich nicht aufgenommen werden, wurden aber aus Rücksicht auf die Höhe der finanziellen Belastung mit

den dann fälligen «Übergangsgehältern» trotzdem eingestellt. Gestapo-
und Waffen-SS-Angehörige sollten ausgeschlossen bleiben, es sei denn,
daß sie «von Amts wegen» in diese Organisationen versetzt worden waren. Dank dieser Klausel konnten sogar zahlreiche Mitarbeiter des Reichssicherheitshauptamtes ihre Karriere im westdeutschen Staatsdienst, in den
Ländern und Gemeinden nahezu ungestört fortsetzen.

Obwohl ein Großteil der sogenannten 131er vor dem Mai 1952 bei
Bahn und Post untergekommen war, wurde die Planziffer von 20 % aller
von ihnen zu besetzenden Stellen noch nicht erreicht. Deshalb wurden
diese Staatsbetriebe auch für ehemalige Berufssoldaten und Reichsarbeits-
dienst-Führer geöffnet. Bei der Bundesbahn gehörten schließlich 1955 von
2100 höheren Beamten 85 % zu den 131ern. In der Bundesverwaltung lag
zu dieser Zeit der Anteil bei 24, in den Ländern bei 19, den Kommunen bei
15 %. Der Kreis der 131er wurde nach 1952 sogar noch mehrfach erweitert, erst im August 1961 wurde die Unterbringungspflicht aufgehoben,
für den Restbestand offener Fälle eine großzügige Regelung gefunden.
Wegen der Erweiterung der 131er-Gruppe und des explosiven Kostenan-
stiegs entstanden bis 1964 zusätzliche, Bahn und Post noch nicht einmal
berücksichtigende Belastungen in Höhe von 19,5 Milliarden DM.

Gleichzeitig verdrängte die Beamtenpolitik einen Großteil der weiblichen Bediensteten, deren Anteil im Krieg aus naheliegenden Gründen
angestiegen war. Im Grunde kehrte die Bundesregierung zu der Regelung
des Brüningschen Reichsgesetzes vom Mai 1932 zurück, das verheiratete
Beamtinnen als sogenannte «Doppelverdiener» zu entlassen erlaubte; eine
noch verschärfte Version war dann im § 63 des NS-Beamtengesetzes von
1937 fixiert worden. Obwohl die amerikanische Militärregierung in ihrer
Zone gegen diese Diskriminierung opponierte, konnten sich die Reformer
nirgendwo durchsetzen. Bonn beharrte in seinem neuen Bundespersonal-
gesetz auf der Vorschrift des § 63 von 1937, und der Bundestag erlaubte
ausdrücklich die Entlassung bei Heirat, um Platz für die 131er zu schaffen
– 96,4 % von ihnen waren Männer. Bis 1952 sank der Frauenanteil an der
Beamtenschaft in den Gebietskörperschaften, bei Bahn und Post auf
10,5 % (38 % davon waren Lehrerinnen). Von den Postbeamtinnen blieben mehr als 90 % unverheiratet, da über ihrer Berufstätigkeit das Damo-
klesschwert schwebte, daß die Zölibatsklausel scharf angewandt würde.
Nach der Wiederherstellung konservativer Rechts- und Personalverhält-
nisse stieg allerdings der Frauenanteil in der Verwaltung aufgrund des sozialen Wandels, der immer häufiger Männer in die Privatwirtschaft mit
ihren lukrativen Gehältern lockte, bis in die 1960er Jahre hinein allmählich
auf 23 % an. In den Gebietskörperschaften lag er damit jedoch immer noch
unter dem Größenverhältnis während der Weimarer Republik.[8]

## 4. Die Radikalisierung blieb aus

Die unter vergangenheitspolitischen Gesichtspunkten dubiose Konsolidierung des Beamtenapparats besaß freilich auch eine unleugbar positive Seite, da sie in turbulenten Zeiten eine gewisse Effizienz der Verwaltung bei der Bewältigung der drängenden Probleme weiter gewährleistete. Das erstaunlichste Phänomen nämlich nach dem zweiten verlorenen Weltkrieg – nach der verzweifelten Flucht und brutalen Vertreibung von 14 Millionen Menschen, nach der Zerstörung zahlreicher Städte im Bombenkrieg und der Massenevakuierung von sechs Millionen Stadtbewohnern, nach dem Verlust von nahezu zehn Millionen Toten – bleibt die erstaunliche Erfahrung, daß die befürchtete Radikalisierung ausblieb – anders formuliert: daß die gesellschaftliche und innenpolitische Stabilisierung verblüffend schnell alle drohenden Risiken überwand. Selbst maßvoll skeptische alliierte Sachkenner, etwa die Presse- und Bildungsoffiziere vor Ort, hatten mit einer vermutlich dreißigjährigen Gefahrenzone gerechnet, bis die Verhältnisse wieder einigermaßen geordnet waren, das Gift des Nationalsozialismus aus den Köpfen verschwunden war. Statt einem Horrorszenario beizuwohnen, konnte man jedoch bereits zehn Jahre nach dem Kriegsende die Bundesrepublik als gefestigtes, leistungsfähiges Gemeinwesen auf dem Weg nach oben beobachten.

Vergegenwärtigt man sich die chaotischen Verhältnisse der letzten Kriegs- und der ersten Nachkriegsjahre, wird die Antwort auf die Frage nach den Gründen für die Abwendung der befürchteten Desintegration um so dringender.

1. An erster Stelle der Ursachenerklärung steht das beispiellose Wirtschaftswachstum, das im Gefolge des Korea-Booms in den Jahren zwischen 1950 und 1965 zu einer jährlichen Steigerung des Bruttosozialprodukts um durchschnittlich 5,6 %, manchmal sogar um 8 % führte. Dieses «Wirtschaftswunder» stellte sich ganz und gar unerwartet ein, doch es schuf ein Prosperitätspolster, das zahllose potentielle Probleme abfederte. Die Arbeitslosigkeit sank von 1950 = 1,9 Millionen auf 1960 nurmehr 1,3 % der Erwerbstätigen, so daß faktisch die Vollbeschäftigung erreicht wurde. Insofern trug das «Wirtschaftswunder», das Weimar versagt geblieben war, das «Demokratiewunder» der zweiten Republik.

2. Die ökonomische Erfolgswelle unterstützte die antikommunistische Abgrenzung vom Osten, der so evident unfähig blieb, den westlichen Vorsprung einzuholen. Der grelle Kontrast zwischen der Bundesrepublik und der Diktatur der deutschen Bolschewiki nährte das Selbstbewußtsein der Westdeutschen, die Wohlstandsdiffusion belebte ihre Zuversicht und ihren Zukunftsoptimismus, der bedrohliche Protestneigungen auflöste.

3. Die politische Verfassungsordnung erwies ihre Funktionstüchtigkeit. Man kann ihre Integrationsstärke etwa daran ablesen, daß die drei domi-

nierenden Parteien, CDU/CSU, SPD und FDP, bis 1961 volle 94 % der Wählerschaft an sich zu binden vermochten. In dieser Konsensbereitschaft drückte sich außer Zuversicht auch ein Vertrauensvorschuß aus.

4. Die effektive staatliche Machtausübung auf dem weiten Feld der Innen- und Außenpolitik mit ihren furchterregenden Problemen wurde als weiterer Beweis politischer Leistungsfähigkeit angesehen.

5. Die politische Führung durch die Bundesregierung, häufig personalistisch als zielbewußte Leitung der Kanzlerdemokratie durch den rheinischen Patriarchen wahrgenommen, flößte ganz so Vertrauen ein wie die Gewöhnung an eine neue politische Kultur. Vor allem die denkwürdigen sozialstaatlichen Leistungen auf den Gebieten der Rentenpolitik mit dem Höhepunkt um 1957, als die dynamische Rente die Altersarmut faktisch beseitigte, des Lastenausgleichs mit seiner historisch beispiellosen Umverteilung der materiellen Kriegsbelastungen, der Neuregulierung des Verhältnisses von Kapital und Arbeit im «rheinischen Kapitalismus» durch die Mitbestimmung wirkten entspannend; hinzu kam die eindrucksvolle Leistungsbilanz im Zeichen des Kalten Krieges, die politische Neuorientierung hin auf ein zusammenwachsendes Europa, der Ausgleich mit Frankreich und die Integration in das westliche Bündnissystem, die Aufwertung als Wirtschaftspartner und der Vorstoß in die Führungsgruppe der Handelsmächte auf dem Weltmarkt. Die Gesamtwirkung dieser günstigen Rahmenbedingungen für den auffälligen Entwicklungsschub eines extrem gefährdeten Neustaates lief auf eine erstaunliche Integration anstelle von Anomie, Desintegration, Radikalisierung hinaus. (Die meisten dieser Ursachen werden unten noch vertieft behandelt.)[9]

Es gehört zu den nachhaltig begünstigenden Entwicklungsbedingungen der Bundesrepublik, daß in den Nachkriegsjahren wegen der Erfahrungen mit der Führerdiktatur eine neue charismatische Herrschaft ganz und gar unattraktiv wirkte. Trotz aller Belastungen gelang es, die durchaus existentielle Krise der Kriegsfolgen – und eine solche Krise ist nun einmal die conditio sine qua non für den Aufstieg eines Charismatikers – im Grunde verblüffend schnell zu überwinden. Da sich diese fraglos gefährliche und einschneidende Krise nicht über längere Zeit hinweg ausdehnte, blieb der Bundesrepublik der Ruf nach einem neuen Charismatiker, erst recht nach seinem Herrschaftssystem erspart. Die nostalgische Erinnerung an das Hitlerregime, wie sie am rechtsradikalen Rand der westdeutschen Innenpolitik geäußert wurde, blieb das isolierte Phänomen einer krassen Minderheit. Man mochte an Adenauer manches kritisieren oder loben, doch weder besaß dieser rheinische Demokrat mit seinen gelegentlich autoritären Neigungen je die unverwechselbare Statur eines Charismatikers, noch kam in einer politisch derart desillusionierten Bevölkerung die Zuschreibung charismatischer Eigenschaften erneut zustande. Wenigstens dieses positive Wirkung hat das Debakel des «Dritten Reiches» auf lange Zeit gehabt.

## 5. *Das neue Militär*

Die Belastbarkeit der zweiten Republik erwies sich auch auf einem außerordentlich risikoreichen Politikfeld, als die Gründung der Bundeswehr in den Aufbau einer neuen deutschen Militärmacht überging. Denn wenn es nach der Zäsur von 1945 einen unstrittigen Grundkonsens gab, war es die Überzeugung, daß kein Deutscher je wieder Soldat werden wollte, daß Aufrüstung, geschweige denn Kriegseinsatz nie wieder bejaht werden würde. Am Ende des totalen Krieges hätte die Entzauberung der Wehrmacht, der Militärtradition überhaupt, nicht vollständiger ausfallen können. Der Alliierte Kontrollratsbeschluß vom 2. August 1945, der «die komplette Entwaffnung und Entmilitarisierung» Deutschlands dekretierte, deckte sich daher durchaus mit der deutschen Grundeinstellung. In ihrem ersten internationalen Vertrag bekundete die Bundesrepublik am 12. November 1949 auf dem Petersberg ihre «feste Entschlossenheit, die Entmilitarisierung des Bundesgebiets aufrechtzuerhalten und mit allen ihr zur Verfügung stehenden Mitteln die Neubildung irgendwelcher Streitkräfte zu verhindern». Die öffentliche Meinung mündete in vorbehaltlose Zustimmung.

Tatsächlich beschäftigte sich aber Adenauer, der schon im Frühjahr 1945 nach Schutz «gegen die bolschewistische Gefahr» gerufen hatte, bereits seit dem März 1949 mit der Frage eines deutschen Militärbeitrags in Verbindung mit einem NATO-Beitritt. Erste Gerüchte kreisten um die Notwendigkeit einer Verteidigung des «Abendlandes» gegen den «Bolschewismus», auch um die Aufwertung des soldatischen Ethos gegenüber dem extremen Kontinuitätsbruch von 1945. Im Herbst 1950 entwickelten ehemalige Wehrmachtsgeneräle auf Einladung von Adenauers Sicherheitsbeauftragtem in ihrer Himmeroder Denkschrift die Grundzüge für den Wiederaufbau einer deutschen Streitmacht, versicherten Adenauer auch ihrer Loyalität. Hatte 1918/19 das Heer die Weimarer Republik gegen ihre Feinde schützen müssen, ging die Bonner Republik zum Aufbau von Streitkräften über, um überhaupt Souveränität und Existenzfähigkeit zu gewinnen. Politisch erleichtert wurde dieses Unternehmen gegenüber einer lange noch widerstrebenden Öffentlichkeit durch die bewußte Anknüpfung an die Reformära der Scharnhorst, Boyen und Clausewitz.

Die Entwicklung wurde seit dem Sommer 1950 durch den Koreakrieg vorangetrieben. Adenauers Sonderbeauftragter Theodor Blank konnte mit seinem im Oktober 1950 außerhalb der regulären Ministerien angelegten «Amt» die ersten organisatorischen Grundlagen schaffen. Bis 1954 wurde an die Integration der deutschen Truppen in eine «Europäische Verteidigungsgemeinschaft» gedacht, die indes im französischen Parlament scheiterte, so daß erst 1955 Verbände formell aufgestellt und in die NATO aufgenommen wurden, während die Bundesrepublik zugleich die volle

Souveränität mit der Aufhebung des Besatzungsstatuts gewann. (Einige alliierte Sicherheitsvorbehalte galten allerdings bis 1990 weiter.) Seither war die Bundesrepublik in ein «penetriertes System» (W. Hanrieder) der Machtkontrolle eingebunden, das Souveränität mit größtmöglicher Machtzähmung verband. Im Kern bedeutete das den Verzicht auf «eine national eigenständige Militärpolitik» und «operative deutsche Einsatzfähigkeit». Die Westintegration der Bundesrepublik war damit unter internationaler Kontrolle gewährleistet. Sie erfaßte auch das gesamte gigantische Aufrüstungsprogramm, das aus dem Bonner Militärbudget – 1950 mit 4,4 Milliarden, 1990 aber mit 54,2 Milliarden DM – finanziert wurde.

Gegen die Einrichtung der Bundeswehr erhob sich ein leidenschaftlicher Protest in der Öffentlichkeit. Abertausende von Demonstranten der sogenannten «Ohne-mich»-Bewegung äußerten ihre Opposition gegen das neue Militär. Allerdings flaute die Kritik recht schnell wieder ab. Dazu trug auch der Umstand bei, daß zahlreiche «Ohne-mich»-Verfechter zu den sogenannten weißen Jahrgängen gehörten, die von der Einziehung aufgrund des neuen Wehrpflichtgesetzes ausgenommen wurden.

Ungleich länger dauerte der Kampf zwischen Reformern und Traditionalisten in der Bundeswehr selber. Die Reformbefürworter: die Grafen Baudissin und Kielmansegg, dazu de Maizière, Heusinger und Speidel trafen, als es um die Aufbaukonzeption und die Offiziersausbildung ging, auf den restaurativen Widerstand von Gegenkräften, denen die Rückkehr zu einer weithin autonomen Reichswehr und zu einer streng militärfachlichen Stabsausbildung von Offizieren aus den «sozial akzeptablen Kreisen» vorschwebte, wie sie diese selber bis 1945 in Berlin erlebt hatten.

Dem setzten die Reformer das Leitbild des demokratiebejahenden «Bürgers in Uniform» entgegen, der nach den Maximen der insbesondere von Baudissin verfochtenen «Inneren Führung» ausgebildet werden sollte. Diese Chiffre stand «für Offenheit, Pluralität, Partizipation im Militär», für den «politischen Primat parlamentarischer Kontrolle, öffentliche Transparenz, ein zivilorientiertes Bildungssystem, eine rechtsstaatlich organisierte Hierarchie, eine sozial breit gefächerte Personalrekrutierung», für «militärisch-gesellschaftliche Beziehungen», in denen nicht der «Military Mind» den «Civil Mind» dominierte (D. Bald). Der innermilitärische Machtkampf sollte bis in die 70er Jahre andauern, als er endlich mit einem Durchsetzungserfolg der Reformer endete. (Die sozial- und politikgeschichtliche Entwicklung der Bundeswehr von 1955 bis 1990 wird unten, V.11, genauer verfolgt.)[10]

## 6. Die Auseinandersetzung mit dem Nationalsozialismus – Die neue Politische Kultur

Die ganz und gar unvermeidbare Auseinandersetzung mit dem Nationalsozialismus und seinem abschreckenden Erbe türmte sich wie ein Riesenproblem vor der jungen Republik auf. Die alsbald aufkommende Formel von der «Vergangenheitsbewältigung» drückte Hoffnung und Illusion zugleich aus, denn sie verfehlte die abgründigen Dimensionen des Zivilisationsbruchs, der nie wortwörtlich «bewältigt» werden kann.

Zunächst hatten die Alliierten die Abrechnung mit dem NS-Regime in die Hand genommen. Der spektakuläre Nürnberger Prozeß, der vom November 1945 bis zum Oktober 1946 vor dem «Internationalen Militär-Tribunal» stattfand, führte zur Verurteilung von 22 prominenten nationalsozialistischen und militärischen Führungsfiguren, den «Hauptkriegsverbrechern». Im Verlauf dieser Verhandlung wurde die deutsche Öffentlichkeit zum ersten Mal ausführlich mit den Schreckenstaten der Diktatur bekannt gemacht. Dadurch wurde der aufkommende Eindruck der Rachejustiz in den Augen der Mehrheit zurückgedrängt. Nach dem Nürnberger Großverfahren hörte die justitielle Ahndung aber keineswegs auf. Von 1946 bis 1949 wurden von den westlichen Alliierten noch zwölf Militärgerichtsprozesse veranstaltet, die zur Verurteilung von 5025 Personen führten; 4000 wurden verurteilt, 806mal wurde auf die Todesstrafe erkannt, 486mal wurde sie auch vollstreckt. In den sogenannten Nürnberger Nachfolgeprozessen wurden von den 184 angeklagten Vertretern der Funktionseliten 80% verurteilt, von den 24 Todesstrafen wurde die Hälfte vollstreckt.

Insgesamt stellten diese Gerichtsverfahren zwischen 1945 und 1949 eine große Leistung der westlichen Alliierten, insbesondere der amerikanischen Besatzungsmacht dar. Der allergrößte Teil der Verurteilten wurde aber aufgrund der frühen Amnestiegesetze der Bundesrepublik nach wenigen Jahren aus der Haft entlassen. Zum guten Teil war diese Freilassung das Ergebnis förmlicher Kampagnen, bei denen die Kirchen, die sich soeben noch durch ihre Schweigsamkeit im «Dritten Reich» kompromittiert hatten, mit großer Beredsamkeit eine führende Rolle spielten. Namentlich der offenbar noch immer unbelehrbare nationalprotestantische Flügel der Evangelischen Kirche stilisierte den Ruf nach Freilassung zu einer Frage der nationalen Ehre. Dem konnten sich unter ihren Gesichtspunkten auch die Sprecher der Veteranenverbände, erst recht im Zeichen des Wiederaufbaus deutscher Truppen, anschließen, da die Inhaftierung zahlreicher Offiziere als damit unvereinbar galt. In der Sowjetischen Besatzungszone wurden übrigens in alles andere als rechtsstaatlichen Verfahren gut 45000 Fälle abgewickelt; im Ausland beliefen sie sich auf 50–60000, die gefangengenommene oder ausgelieferte, echte oder vermeintliche Täter umfaßten.

Abgesehen von den Gerichtsverfahren, die vor allem die amerikanische Besatzungsmacht anstrengte, wurden in den Westzonen rund 200 000 belastete Personen in Internierungslagern zusammengeführt, aus denen sie, je nach dem Ergebnis des Untersuchungsverfahrens, nach einigen Wochen oder aber erst nach drei Jahren (1946: 125 000, 1947: 40 000) entlassen wurden. Auch gegen weniger verdächtige Mitläufer gingen vor allem die amerikanischen Militärbehörden ziemlich rigoros vor: So wurden etwa viele von den Beamten, die vor dem Mai 1937 Parteigenossen geworden waren, zunächst entlassen, nach relativ kurzer Zeit freilich meistens wieder eingestellt.

Mit der Staatsgründung übernahm dann die Bundesrepublik auch die justitielle Aufarbeitung der jüngsten Vergangenheit. Die folgenden Jahre sind durch eine tiefe Ambivalenz und Widersprüchlichkeit im Umgang mit ihr gekennzeichnet. Auf der einen Seite dehnte sich unübersehbar eine «Schlußstrichmentalität» aus, welche die westdeutsche «Vergangenheitspolitik» (N. Frei) zeitweilig prägte. Beschleunigte Reintegration der Diskriminierten und großzügige Amnestiegesetze rückten in den Vordergrund. Beamte und Berufsoffiziere wurden durch das 131er Gesetz gefördert, die Entnazifizierungsverfahren abgeschlossen. Die Kollektivschuldthese, die von den westlichen Alliierten nie formell vorgebracht worden war, wurde empört zurückgewiesen. Seit der Mitte der 1950er Jahre schien der Eifer der deutschen Justiz bei der Verfolgung von NS-Tätern zu erlahmen.

Auf der anderen Seite führt die pauschale Deutung dieser Zeit als einer Phase der stetig verweigerten Schuldanerkennung und der stillgelegten Auseinandersetzung mit dem Nationalsozialismus in die Irre. Die scharfe Abkehr von der Diktatur dominierte in Presse und Rundfunk, durchaus auch in den Berichten über die zahlreichen Prozesse. Am deutlichsten spiegelten wahrscheinlich die neuen kulturpolitischen Zeitschriften diese Fundamentalkritik wider. Im «Aufbau» und «Ruf», in der «Gegenwart» und «Wandlung», im «Merkur», in der «Sammlung» und in den «Frankfurter Heften» wurde eine scharfe Klinge geschlagen. Die Theaterstücke von Wolfgang Borchert und Carl Zuckmayer wurden lebhaft besucht. Seit dem November 1947 regelten erste Gesetze die Rückerstattung des «arisierten jüdischen Vermögens»; im Sommer 1949 trat ein erstes Entschädigungsgesetz in Kraft. Bereits im März 1946 hatten die Ministerpräsidenten der Westzonen gefordert, daß deutsche Gerichte endlich Nationalsozialisten aburteilen sollten, zumal sie es sachkundiger könnten als die Alliierten. Daraufhin kamen zahlreiche Prozesse in Gang, z. B. gegen Täter der «Reichskristallnacht», und sie wurden seit 1949 durchaus fortgesetzt, wie auch die 1950er Jahre eine permanente gesetzgeberische Aktivität aufweisen, gegen die jede Opposition sich letztlich als «chancenlos» erwies. Im Luxemburger Abkommen vom September 1952 wurden Israel und der «Jewish Material Claims Commission» 35 Milliarden DM als vorläufige

«Wiedergutmachung» zugesagt. Der Personalausschuß beim Aufbau der Bundeswehr nahm seine Gutachtertätigkeit fraglos ernst.

Dennoch bleibt richtig: Nach der vorn erwähnten Flaute in der Strafverfolgung stießen erst der Ulmer Einsatzgruppen-Prozeß von 1958, vollends dann der Auschwitz-Prozeß von 1963 bis 1965, der in der Öffentlichkeit die Wende markierte, in den Kernbereich des Judenmords und Vernichtungskriegs im Osten vor, die damit, später noch unterstützt durch den Majdanek-Prozeß von 1975 bis 1980, ungleich dringender als zuvor ins öffentliche Bewußtsein traten. Aus der Kritik an der skandalösen Stagnation der Justiz in den 50er Jahren ging 1958 auch die von den Justizministern der Bundesländer eingerichtete «Zentralstelle» zur Verfolgung der NS-Verbrechen hervor, die eine bravouröse Aufklärungsarbeit leistete und dabei von einer jungen Generation von Staatsanwälten im Lande unterstützt wurde. Immerhin kam es auf diese Weise bis zum Jahr 2000 zu insgesamt 106000 Ermittlungsverfahren und 6000 Verurteilungen. Beschämend aber bleibt das Ergebnis, daß von den 300000 aktiven Tätern des Judenmords nicht einmal 500 verurteilt worden sind.

In der Literatur erlebten die 50er Jahre eine Blütezeit der kriegskritischen Romane von Heinrich Böll, Alfred Andersch, Geno Hartlaub, Willi Heinrich, Gert Ledig, als Höhepunkt dann 1959 von Günter Grass. Vom Tagebuch der Anne Frank wurden zwischen 1950 und 1958 700000 Exemplare verkauft.

Auch die Geschichtswissenschaft nahm sich in Gestalt der in Westdeutschland erfundenen Zeitgeschichte der NS-Epoche an. Im Münchener «Institut für Zeitgeschichte» entstand ein alsbald respektiertes Forschungszentrum mit zahlreichen Publikationen, auch in seinen «Vierteljahrsheften für Zeitgeschichte». Die «Bundeszentrale für politische Bildung» schaltete sich in die Aufklärungsarbeit aktiv ein. Die historischen Gutachten zum Auschwitz-Prozeß fanden in Buchform als «Anatomie des SS-Staates» eine weitreichende Resonanz. Bereits 1954 erschien Karl Dietrich Brachers großartige Studie über die «Auflösung der Weimarer Republik» – vielleicht das wichtigste politische Buch in dem halben Jahrhundert nach 1945. Kurzum, die widersprüchliche Zeit zwischen 1945/1949 und 1963 eignet sich im allgemeinen nicht für gnadenlose Kritik oder voreiliges Lob.[11]

Schärfste Kritik aber verdient in der Tat die Bedenkenlosigkeit, die in den Gründungsjahren des neuen Staates in der Personalpolitik wichtiger Bundesinstitutionen praktiziert wurde. Dabei darf man nicht nur an den klassischen Fall denken, wie sich ein Großteil des Mitarbeiterstabes aus dem Auswärtigen Amt in der Berliner Wilhelmstraße wieder im Bonner Auswärtigen Amt einfand. Vielmehr wurden auch beim Auf- und Ausbau des Bundeskriminalamtes, des Bundesnachrichtendienstes und des Verfassungsschutzes ehemalige Schergen der NS-Diktatur laufend eingestellt. Das effizient operierende Netzwerk dieser «Ehemaligen» vermochte nicht allein die Einstellungsentscheidungen unter Berufung auf eine ominöse, früher bereits bewiesene Sachkompetenz maßgeblich zu beeinflussen. Vielmehr gelang es ihm auch, jede gerichtliche Verfolgung und erst recht jede Entlassung zu verhindern; drang Kritik dennoch einmal vor, kam es allenfalls zu einer zeitlich begrenzten Versetzung auf einen unauffälligen Posten.

Auf diese Weise kamen Aberdutzende von leitenden Mitarbeitern des Reichssicherheitshauptamtes von Himmlers und Heydrichs Gnaden, der mörderischen Einsatzgruppen, der Geheimen Feldpolizei, der Gestapo-Leitstellen trotz ihrer Mitwirkung am Vernichtungskrieg, den das «Dritte Reich» gegen Juden, Slawen und jede Form des Widerstands geführt hatte, erneut auf eine sichere Beamtenstellung. In ihren neuen Ämtern bearbeiteten die Herren mit der dunklen Vergangenheit manchmal sogar dieselben Sachgebiete wie vor 1945. Was allein zählte, war die antikommunistische Grundhaltung im Zeitalter des Kalten Krieges, die alle diese Männer keineswegs zu heucheln brauchten. Wie es nahezu 60 Jahre gelang, diese braune Vergangenheit zu tarnen, zu verbergen, zu leugnen, bis endlich zaghaft die Aufklärung einsetzte, bleibt ein schwarzes Blatt in jeder Geschichte der Innenpolitik der Bundesrepublik.

In jenen Jahren bahnte sich auch ein tiefgreifender Wandel der politischen Mentalität an, der sich zunächst eher zögerlich, dann seit den späten 1960er und den 70er Jahren in einem langwierigen, schmerzhaften Lernprozeß durchsetzte. Völker stellen sich nur äußerst widerwillig jenen Verbrechen, erst recht den großen Staatsverbrechen, die in ihrem Namen und von ihnen selber vollbracht worden sind. Dieser Konfrontation mit einer unvorstellbar grausamen Vergangenheit hat sich die westdeutsche Gesellschaft aber allmählich selbstkritisch gestellt. Damit unterschied sie sich von den beiden anderen Nachfolgestaaten des «Dritten Reiches», der DDR und Österreich.

In Ostdeutschland wurde die Legende vom Faschismus als folgerichtiger Ausgeburt des Kapitalismus und seiner herrschenden monopolkapitalistischen Fraktion als offizielle Doktrin verbindlich gemacht. Dadurch wurde die von bösen Mächten irregeleitete Anhänger- und Wählerschaft Hitlers im Grunde exkulpiert, der Schuldzusammenhang allein dem Kapitalismus aufgebürdet und damit gewissermaßen universalisiert. Das Menschheitsverbrechen des Judenmords wurde völlig verdrängt. In Österreich wurde mit einer anderen Legende: dem Bild von der Vergewaltigung eines der ersten Opfer der NS-Expansion, der Nationalsozialismus externalisiert, so daß er lange Zeit als aufgezwungener, fremdartiger Import aus dem «Dritten Reich» erschien.

Die Bundesrepublik konnte die Flucht in diese beiden Legenden vom kapitalistischen Beelzebub oder vom Vergewaltigungsopfer nicht antreten. Vielmehr mußten der Nationalsozialismus und sein Erbe sowohl durch zuverlässige demokratische Institutionen als auch durch einen neuen Wertekanon überwunden werden. Das normative Vermeidungsgebot gegenüber dem Nationalsozialismus mußte internalisiert werden, damit sich die Bundesrepublik der Geschichte des NS-Regimes, vor allem aber auch seinen Folgen produktiv stellen konnte. Da der Nationalsozialismus nicht nur die Führerdiktatur, sondern zugleich auch die autoritären Ordnungsideen entlegitimiert hatte, ergab sich die parlamentarische Demokratie mit garantierten Grundrechten und aktiver Partizipation der Bürger als einziges «attraktives Gegenmodell». Für die politische Moral und die politische Kultur blieb der Nationalsozialismus mit Auschwitz an zentraler Stelle das ausschlaggebende «Bezugsereignis». Nach der anfänglichen Neigung zur Tabuisierung der Verbrechen und zum Rückzug in ein kollektives Mitläuferbewußtsein ermöglichte die selbstkritische Auseinandersetzung mit dem Nationalsozialismus als einem genuinen Phänomen der eigenen Geschichte – vorangetrieben durch die Beschleunigungseffekte der Zeitgeschichte, der großen Prozesse, der 68er Bewegung und des Holocaust-Films – den freieren, verantwortlichen Umgang mit ihr.[12]

## B. Die DDR

### *1. Der kurze Weg in die SED-Diktatur*

Während sich in Westdeutschland bereits drei Jahre nach dem Kriegsende seit der Währungsreform von 1948 sowohl der wirtschaftliche Aufschwung als auch mit der Gründung der Bundesrepublik im Herbst 1949 die politische Konsolidierung in der Gestalt einer demokratisch-parlamentarischen Republik ankündigte, senkte sich über die SBZ östlich der Elbe die zweite deutsche Diktatur herab. Das war die totalitäre Parteidiktatur eines Kollaborationsregimes auf der Basis eines Okkupationskommunismus, der in dieser Satrapie im westlichen Vorfeld des sowjetischen Imperiums mit allen Mitteln einer kolonialen Neugründung durchgesetzt wurde. Als dann die DDR im Oktober 1949 in die Welt trat, handelte es sich an erster Stelle nicht um einen leicht durchschaubaren Gegenzug gegen die soeben etablierte Bundesrepublik. Vielmehr verkörperte sie das Ergebnis von zielstrebig geschaffenen Machtverhältnissen, die auf eine eigene staatliche Form hindrängten, jedenfalls frühzeitig auf sie hin angelegt worden waren. Denn auf diese «Errungenschaften», die mit der Grundstruktur der Westzonen nirgendwo vereinbar waren, wollten die ostdeutschen Herrschaftsträger in einem zuerst noch beschworenen, auch von Stalin angestrebten neutralisierten Gesamtdeutschland keineswegs verzichten. Im Sommer 1949 war auf allen wichtigen Gesellschafts- und Politikfeldern längst zu erkennen, daß eine deutsche «Volksdemokratie» eher über kurz als über

lang kommen würde. Der formelle Gründungsakt bestätigte die im neuen
Osten des Vierzonenlandes geschaffene Konstellation.[13]
    Ihre Grundlagen waren im wesentlichen in den vier Jahren vor der
Gründung der DDR gelegt worden. Das läßt sich am Beispiel einiger Fun-
damentalveränderungen ablesen.
    – Systemloyale Führungseliten hatten überall ihre durch Entnazifizie-
rung, Internierung, Liquidierung ausgeschalteten Vorgänger ersetzt. So
war etwa das Berufsbeamtentum abgeschafft und durch einen zentralisier-
ten Verwaltungsapparat SED-treuer Staatsangestellter ersetzt worden.
«Neulehrer» und «Volksrichter» waren an die Stelle ihrer angeblich oder
tatsächlich kompromittierten Positionsinhaber getreten.
    – Der Einfluß aller politischen Kräfte, die außerhalb der SED und ihrer
alliierten Massenorganisationen bestanden, war rigoros zurückgedrängt
worden, um die aus der Fusion von KPD und SPD hervorgegangene «Sozialistische Einheitspartei» (SED) als unangefochtene Hegemonialpartei
unter dem Kuratel der deutschen Bolschewiki durchzusetzen. Als «Kaderpartei neuen Typs» paßte sie sich beflissen dem sowjetischen Modell an.
    – Durch die Enteignung weiter Teile des Besitzbürger- und des Groß-
grundbesitzertums war ihre Entmachtung in einen revolutionären Umbruch überführt worden, der zusammen mit den Veränderungen im Staatsapparat und im politischen System, zudem gefördert durch die anhaltende
Massenflucht nach Westen, einen in der deutschen Geschichte beispiellosen Elitenwechsel, überhaupt einen gewaltigen, zugunsten der jüngeren
Generation wirkenden Schub an Aufstiegsmobilität auslöste, der dem
neuen Staat als Legitimationsspender zugute kam.
    Dieser zielbewußte Umbau von Staat und Gesellschaft enthielt kraft-
volle Tendenzen zugunsten einer Zweistaatlichkeit, die durch die internationale Entwicklung unterstützt wurden. In diese Richtung wirkten etwa
die zunehmend verschärfte Konfrontation im anlaufenden Kalten Krieg,
der nur Westdeutschland zugute kommende Marshall-Plan, der neue Prager Fenstersturz vom Februar 1948, der die Machtverschiebung in den
Ostblockstaaten signalisierte, die Luftbrücke gegen Stalins Berlinblockade
seit dem Frühjahr 1948, die den Antikommunismus steigerte und die Mas-
senlegitimation eines künftigen Weststaates förderte. Kurzum: Bis zum
Sommer 1949 war die Spaltung zwischen der SBZ und den Westzonen faktisch bereits vollzogen; als die Sowjetische Militäradministration (SMAD)
am 10. Oktober und die Moskauer Zentrale am 15. Oktober die Gründung
des ostdeutschen Teilstaates billigten, erkannten sie nur mehr einen Vorgang formell an, den sie selber seit Jahren vorangetrieben hatten.
    Die politische und soziale Transformation der «Ostzone» hatte unmit-
telbar im Frühjahr 1945 begonnen, als kleine Gruppen deutscher Kommunisten aus dem sowjetischen Exil eingeflogen und von der SMAD vor Ort
unterstützt wurden. Als die Besatzungsmacht Anfang Juni die Entstehung

politischer Parteien genehmigte, stand die KPD an erster Stelle. Als ihre
Schlüsselfigur schälte sich sogleich Walter Ulbricht heraus. Allerdings
sprach sie sich aus Rücksicht auf die Stimmungslage der Bevölkerung noch
gegen das in der Weimarer Republik geforderte «Sowjetdeutschland», dagegen beschwichtigend für das Ziel einer parlamentarischen Republik aus.
Die SPD beschwor die Chimäre der Einheit der deutschen Arbeiterbewegung, deren deplorable Spaltung dem Nationalsozialismus den Griff nach
der Macht erst ermöglicht habe, lehnte aber die Fusion mit der KPD noch
entschieden ab. Die CDU wurde als bürgerliche Sammelpartei, die LDP als
liberales Auffangbecken zugelassen.

Alle Parteien verstanden sich durchaus als gesamtdeutsche Organisationen, die freilich seit Mitte Juli 1945 auch alle im Antifa-Block, der politischen Einheitsfront, zusammenwirken mußten. Die KPD genoß das verklärende Prestige des entschlossenen Widerstands gegen das Hitler-Regime,
dazu die Nähe zur sowjetischen Besatzungsmacht. Doch diese enge Identifizierung stimmte zu einer Zeit, als die Rotarmisten die Massenvergewaltigung und Plünderung noch fortsetzten, die Mehrheit der Bevölkerung
gegen die «Russenpartei», die sogleich alle entscheidenden Verwaltungs-
posten usurpierte, denkbar skeptisch.

Frühzeitig wurden auch eine Einheitsgewerkschaft, der «Freie Deutsche
Gewerkschaftsbund» (FDGB), die Jugendorganisation der «Freien Deutschen Jugend» (FDJ), der «Deutsche Kulturbund» und der «Deutsche
Frauenbund» zugelassen. Im Konsens mit den Parteien und diesen Massenorganisationen trieben die SMAD und die KPD die Entnazifizierung
voran. Bis zum August 1947 verloren 520000 Personen wegen ihrer Parteizugehörigkeit ihren Arbeitsplatz. 12000 Angehörige der SS, der Gestapo
und des NSDAP-Funktionärskorps wurden verurteilt, wobei 118mal die
Todesstrafe verhängt wurde. Mit barbarischer Willkür wurden zahlreiche
des Nationalsozialismus Verdächtige in sowjetische Internierungslager
verbracht, wobei die Linkstotalitären vor der erneuten Nutzung ehemaliger Konzentrationslager nicht zurückschreckten. Beamte und Unternehmer, Offiziere und Juristen, überhaupt Männer gleich welcher beruflichen
Herkunft, aber auch Pimpfe, denen die Mitwirkung im «Werwolf» ohne
jeden glaubwürdigen Anhaltspunkt vorgeworfen wurde, fanden sich in
diesem deutschen Gulag wieder, mindestens 70000 Insassen starben dort
an Hunger, Entkräftung, Krankheit oder durch Ermordung. Andere wurden in sowjetische Arbeitslager mit geringen Überlebenschancen deportiert. Daß die DDR an mörderischer Brutalität mithalten konnte, bewiesen
1950 die Waldheimer Prozesse gegen sogenannte «Kriegsverbrecher», von
denen in einem Schnellverfahren, das schon mangels schlüssiger Beweisführung jeder Rechtsstaatlichkeit Hohn sprach, 32 Angeklagte zum Tode
verurteilt wurden; 26 Urteile wurden vollstreckt. Wer die Entnazifizierung
in der SBZ und DDR im Vergleich mit derjenigen im Westen des Landes

wegen ihrer härteren Konsequenz lobt, muß sich auch die Exzesse dieser effektiven «Säuberung» mit all ihrem neuen Unrecht vor Augen führen.

Mit derselben Rigidität nahm die Besatzungsmacht (weniger die KPD, obwohl alle Parteien zustimmten) die sogenannte «Bodenreform» bereits im September 1945 in Angriff. 7000 Großgrundbesitzer und Großbauern mit jeweils mehr als hundert Hektar Land wurden ganz so entschädigungslos enteignet wie alle Staats- und NS-Betriebe. Dadurch verfügten die Machthaber der SBZ sofort über insgesamt 35 % der Landwirtschaftlichen Nutzfläche. Verteilt wurde das Land an 250000 «Neubauern», die vornehmlich von 119000 Landarbeitern und 93000 Vertriebenen gestellt wurden und ihre existenzverweigernden Parzellen bis zur Kollektivierung für kurze Zeit bewirtschafteten.

Nachdem bereits alle Banken, Sparkassen und Versicherungen enteignet worden waren, folgte die Verstaatlichung von Industrieunternehmen. Ein paradigmatischer Volksentscheid in Sachsen im Juli 1946 hatte die «Enteignung der Kriegs- und Naziverbrecher» mit 77 % Zustimmung gebilligt, so daß in diesem Land sogleich 4500 Betriebe entschädigungslos enteignet wurden, ehe die Regelung auf die gesamte SBZ übertragen wurde. Bis zum Frühjahr 1948 belief sich ihre Zahl einschließlich der Staats-, Wehrmachts- und NS-Betriebe auf rd. 10000, die bis dahin 40 % der ostdeutschen Industrieproduktion erzeugt hatten. Damit waren in einem entscheidenden Maße die Weichen für eine sozialökonomische Umfundierung in der SBZ gestellt worden, die dem Regime der deutschen Bolschewiki und ihrer sowjetischen Protektoratsmacht als unverzichtbare Basis einer Neuordnung im Sinne ihrer programmatischen Leitvorstellungen erschien.

Zielstrebig wurde in dieser Anfangszeit auch die Führungsstellung der deutschen Kommunisten ausgebaut. Dazu gehörte, daß die SMAD und die KPD zunehmend heftigen Druck auf die SPD zugunsten einer Fusion mit der KPD ausübten. Schließlich knickte die ostdeutsche SPD-Spitze, letztlich verführt durch die Illusion der politischen Klasseneinheit, trotz allen innerparteilichen Widerstandes ein; auch Kurt Schumachers totalitarismustheoretischer Vergleich der Nationalsozialisten mit den deutschen Kommunisten als «roten Faschisten» fruchtete nicht mehr. Wo eine freie Abstimmung, wie in Westberlin, noch möglich war, entschieden sich 82 % der Mitglieder gegen die Verschmelzung. In der SBZ dagegen führten schikanöse Pressionen und irreführende Wunschträume zur Zustimmung, so daß am 20./21. April 1946 der Gründungsparteitag der neuen «Sozialistischen Einheitspartei» abgehalten werden konnte. Seither stützte sie ihren hegemonialen Anspruch auch auf die 1,3 Millionen Mitglieder, welche die «Avantgarde des Proletariats» verkörpern sollten.

Zu Unrecht aber nannte sich die SED «Sozialistisch» und ihr gewalttätiges Transformationsprojekt «Aufbau des Sozialismus». Denn während sozialistische Ideen in Nord- und West-, in Mittel- und Südeuropa zu sozial-

demokratischen Parteien als Reformbewegungen geführt hatten, die
tatkräftig an der Realisierung des Sozial-, Verfassungs- und Rechtsstaates
mitwirkten, endete der Radikalisierungsprozeß auf dem linken Flügel in
Rußland in einer spezifischen Variante des Kommunismus in der Gestalt
des Bolschewismus, in dem auch die deutschen Kommunisten seit den
1920er Jahren ihr Leitbild fanden. Insbesondere die KPD-Funktionäre, die
seit der Machtübergabe an Hitler ein zehnjähriges Exil in der Sowjetunion
durchlebt und überlebt hatten, waren vollends zu deutschen Bolschewiki
geworden. Wenn sie sich nach 1945 weiterhin auf den Sozialismus berie-
fen, obwohl sie sich meilenweit von den sozialdemokratischen Reformern
entfernt und für die Parteidiktatur auf dem Weg in die Utopie der kommunistischen Gesellschaft optiert hatten, betrieben sie pure Augenwischerei
mit der Absicht, sich in einen honorigen Zusammenhang als Vollender des
historischen Prozesses zu stellen.

Wenn die SED-Führung gehofft hatte, ihren Vorrang bei den ersten
Wahlen im Herbst 1946 unzweideutig demonstrieren zu können, wurde
sie durch das Ergebnis eines Besseren belehrt. Zwar gewann sie 4,5 Millionen Stimmen, doch trotz der massiven Intervention der SMAD kamen die
LDP (2,41) und die CDU (2,39) zusammen auf 4,8 Millionen. In Berlin
erreichte die SPD sogar 50%, die CDU 22,9, die SED nur 19,8%. Offensichtlich besaß sie im Westen keine Chance als erfolgreiche Massenpartei.

Trotz der enttäuschenden Wahlresultate dominierte die SED jedoch die
Kommandohöhen der Regierung und Verwaltung, während sie in eine
«Kaderpartei neuen Typs» umgebaut wurde. Gemeint war damit die starre
Hierarchie des Befehlsflusses im Rahmen des sogenannten «demokratischen Zentralismus», die strenge Parteidisziplin, das Verbot von «Frakti-
onsbildung» und die Einstimmigkeit der Abstimmungen, vor allem aber
die Adaption des sowjetischen Nomenklatura-Prinzips, wonach jeweils
die übergeordnete Instanz für die Auswahl, den Einsatz und den Aufstieg
der unteren Kader verantwortlich war, also eine strikte Selbstrekrutierung
als Garantie eines loyalen Nachwuchses praktizierte. Mißliebige ehemalige SPD-Mitglieder wurden zu Tausenden in einer «Säuberung» entfernt.
Besaß die SED 1946 52% ihrer Mitglieder aus den Reihen der SPD, waren
davon 1951 noch 6,5% übriggeblieben.

## 2. Der politische Umbau der ostdeutschen Gesellschaft

Derart umorganisiert verfolgte die SED 1947/48 weiter den Weg zur stalinistischen «Volksdemokratie», in der eine eiserne Diktatur mitsamt einer
zentral geleiteten staatlichen Planwirtschaft der Bevölkerung ohne jede
demokratische Zustimmung aufgezwungen wurde. Auf der ersten SED-
Konferenz im Januar 1949 legte die Partei ein devotes Bekenntnis zu Stalin
ab, überdies pries sie die Sowjetunion als verpflichtendes Modell. Folge-

richtig wurde, außer dem Zentralkomitee mit seinem mächtigen Sekretariat, das erheblich kleinere neuere Machtzentrum des die UdSSR kopierenden Politbüros eingerichtet, das alsbald das Zentralkomitee ausstach. Konsequent maßte sich dann die SED auch in der DDR mit dem Machtmonopol der privilegierten Staatspartei die Kontrolle schlechthin aller Lebensbereiche an.

Der vollmundig proklamierte «Aufbau des Sozialismus» seit dem Herbst 1949 hieß Aufbau einer stalinistischen Volksdemokratie. Aus dem von der SED gebildeten «Volkskongreß» war ein «Volksrat» hervorgegangen, der sich wiederum als provisorische «Volkskammer» etablierte, von der die DDR-Verfassung in pseudodemokratischer Manier angenommen wurde. Der Altkommunist Wilhelm Pieck wurde zum Präsidenten des neuen Staates, der Ex-SPD-Chef Otto Grotewohl zum Ministerpräsidenten, Walter Ulbricht als die eigentliche politische Schlüsselfigur zu seinem Stellvertreter gewählt. Sechs von 14 Ministerien, darunter die wichtigen Ressorts des Inneren, der Justiz, der Bildung, und die wertvollsten Staatssekretariate wurden mit SED-Politikern besetzt, wie überhaupt alle maßgeblichen Vorgänge dieses Staatsbildungsprozesses von der SED bis ins kleinste Detail beherrscht wurden. Diese Steuerung unterschied sich in schlechterdings allen prinzipiellen und praktischen Dimensionen von der Gründungsgeschichte der Bundesrepublik.

Während de facto das Politbüro und das Zentralkomitee mit seinem Sekretariat die eigentlichen Machtkerne bildeten, erklärte die Verfassung die Volkskammer zum höchsten Republikorgan. Zwar wurden Grundrechte wie die Rede-, Presse-, Versammlungs- und Religionsfreiheit konstitutionell garantiert, dazu um das Streikrecht erweitert. Aber der Artikel 6 erklärte die Boykotthetze gegen die Demokratie zu einem Verbrechen im Sinne des StGB. Damit öffnete er das Tor zur Verfolgung aller Gegner, denen gegenüber die Grundrechte nach Belieben außer kraft gesetzt wurden. Das Fernziel dieser ersten DDR-Verfassung blieb offensichtlich noch die Absicht, die DDR mit ihrem stalinistischen Regime einer kommunistischen Einparteienherrschaft als Kernstaat eines künftigen Gesamtdeutschlands aufzubauen. Der sowjetische Einfluß blieb in direkter Form erhalten, da die SMAD zwar aufgelöst, realiter aber in die neue «Sowjetische Kontrollkommission» verwandelt wurde.

Mit volksdemokratischer Härte griff die SED seit 1949 in ihrem Staat weiterhin durch. Ein Ministerium für Staatssicherheit, die ominöse Stasi, wurde dem Politbüro unmittelbar unterstellt, um im Stil einer roten Gestapo zu gewährleisten, daß das Machtmonopol des Staatskommunismus nicht effektiv in Frage gestellt wurde. Die schwer bewaffnete Kasernierte Volkspolizei, de facto neues DDR-Militär, erreichte bereits 1950 den Stand von 50 000 Mann. In einer neuen Säuberungsaktion wurden 150 000 ehemalige SPD-Mitglieder aus der SED ausgeschlossen. Die geplanten Schauprozesse unterblieben nur wegen Stalins Tod. Der Personenkult um den russischen Diktator wurde bis dahin ungeschmälert in die SBZ/DDR übertragen. Die Affinität zum Führerkult des NS-Regimes war unübersehbar. Stalins terroristische Methoden der Gewalt gegen Gegner, auch wenn ihre Opposition nur argwöhnisch vermutet wurde, wurden bereitwillig übernommen. «Wir werden siegen», proklamierte Ulbricht im typischen Speichellecker-Ton des Personenkults, «weil uns der große Stalin führt.»

Im Oktober 1950 verriet die Einheitslistenwahl die endgültige Abwendung der DDR vom westlich-pluralistischen Parteienstaat. Eine angeblich erzielte Mehrheit von 99,7 % für die Blockparteien garantierte die absolute SED-Majorität. Die nichtkommunistischen Parteien blieben nur wegen ihres Nutzens als pseudodemokratisches Alibi und wegen ihrer Funktion für die gesamtdeutsche Politik erhalten. Mit Hochdruck wurden dagegen die Massenorganisationen als Transmissionsriemen der SED-Politik ausgebaut. Bereits Ende 1950 kamen der FDGB auf 4,7, die FDJ auf 1,5, ihre Jungen Pioniere auf 1,6, die «Gesellschaft für Deutsch-Sowjetische Freundschaft» auf 1,9 Millionen Mitglieder. Auf diese Weise sollte der Eindruck einer umfassenden Mobilisierung der Aktivbürgerschaft erzeugt werden, da der SED am Anschein einer «partizipativen Diktatur» (M. Fulbrook) gelegen war, während in Wirklichkeit kleine Parteicliquen die Entscheidung trafen.[14]

## 3. Der Arbeiteraufstand von 1953

Daß der «Aufbau des Sozialismus» auch die fatale Prioritätensetzung zugunsten der Schwerindustrie, mithin der sklavischen Kopie der Stalinschen Industrialisierungspolitik bedeutete, obwohl doch die vorhandene Ausstattung der SBZ/DDR mit Großchemie, Optik und Feinmechanik eine ungleich günstigere Basis für den Wiederaufbau und einen künftigen Wachstumsprozeß geboten hätte, wird unten (in Abschnitt III über die Wirtschaft) erörtert. Die Forcierung des schwerindustriellen Ausbaus einschließlich der Erhöhung der Produktionsnormen im sowjetischen Stachanow-Stil, der von dem zum Vorbild erhobenen ostdeutschen Bergmann Hennecke nachgeahmt wurde, führte seit Mitte Mai 1953 zu heftigen Spannungen, als eine neue Normerhöhung um 10 % zum 1. Juni angekündigt wurde. In den Betrieben begann es zu brodeln.

Gleichzeitig erregte die Kollektivierung der Bauernhöfe in den «Landwirtschaftlichen Produktions-Genossenschaften» (LPG), aber auch der Kampf gegen die protestantischen «Jungen Gemeinden», der zur Relegation von mehr als 3000 Jungen und Mädchen von ihrer Oberschule führte, die Gemüter. Die Flüchtlingszahl kletterte nach sorgfältigen, ungeschminkte Kritik an der DDR-Führung auslösenden sowjetischen Recherchen in den ersten drei Monaten des Jahres 1953 auf 120000, allein im

März auf 58 000. Seit dem Januar 1951 sollten bald 450 000 Menschen die DDR in Richtung Westen verlassen haben.

Unter diesen Bedingungen überwanden Arbeiter in der zweiten Maihälfte die Hemmschwelle: Sie riskierten erste Streiks. Ihr Protest drang alsbald in die Öffentlichkeit, als die Ostberliner Bauarbeiter am 15. Juni in einer spektakulären Aktion die Arbeit niederlegten. Blitzartig schlossen sich ihnen weitere große Streiks in dieser Stadt, in den Leuna-Werken bei Halle und den Buna-Werken bei Merseburg an. Schließlich unterstützten sie Demonstrationszüge in 373 Orten. Dieses Aufbegehren erfaßte 14 der 15 Bezirkszentren und 113 der 181 Kreisstädte. Auf dem Lande lösten sich 217 LPG auf, 277 standen im Begriff, ihnen zu folgen. Bis zum 17. Juni waren 500 000 Streikende aus 186 Betrieben und 418 000 Demonstrationsteilnehmer (allein 100 000 in Ostberlin) in hellem Protest unterwegs. Nicht selten wurden Parteibüros und Stasi-Räume, Verwaltungsämter und Gefängnisse gestürmt, wo politische Häftlinge befreit wurden. Kein Zweifel, die DDR erlebte einen veritablen Arbeiteraufstand, der von zahlreichen Sympathisanten aus anderen Berufsklassen unterstützt wurde.

Verbreitete Forderungen wie nach der Aufhebung der Normerhöhung, dem Rücktritt der Regierung, freien Wahlen und der Aufhebung der «Zonengrenze» stellten die eigene Existenz der DDR radikal in Frage. Acht Jahre sowjetischer Militärpräsenz und kommunistischer Parteiherrschaft hatten das Aufbegehren zugunsten freierer Lebensverhältnisse nicht ersticken können. Drei Jahre vor den polnischen und ungarischen Arbeitern und fünfzehn Jahre vor den tschechischen Arbeitern begehrten deutsche Arbeiter gegen das Diktatorialregime der Einheitspartei in voller Kenntnis der damit verbundenen Risiken auf.

Als ultima ratio mußte die sowjetische Besatzungsmacht ihre Panzer einsetzen, wenn sie nicht den drohenden Kollaps des Herrschaftssystems ihrer Satrapie riskieren wollte. In 13 Bezirks- und 51 Kreisstädten wurde von russischen Offizieren der Ausnahmezustand erklärt, während 8000 Mann der Kasernierten Volkspolizei aktiviert wurden, um dort einzurükken, wo sich die meistens maßvoll vorgehenden russischen Verbände am 18. Juni wieder zurückzogen. Infolge des massiven Gegendrucks, der zu mehr als 50 Toten führte, brach die Rebellion nach zwei Tagen zusammen. Aber das Regime der «Avantgarde der Arbeiterklasse» hatte tagelang auf des Messers Schneide gestanden. In dieser Grenzsituation hing es allein von der sowjetischen Westgruppe ab, ob es in der etablierten Form weiter bestehen konnte.

Auf diesen Legitimationsschock, der langlebige, bis 1989 anhaltende traumatische Folgen auslösen sollte, reagierte die SED-Spitze, an der sich Ulbricht nur knapp hatte halten können, mit brutaler Härte. Bereits bis Ende Juni wurden 6171 Aktivisten des 17. Juni, zwei Drittel von ihnen Arbeiter, festgenommen; danach folgten weitere 7000. Hohe Haftstrafen wurden massenweise gegen sie verhängt. Kein Wunder, daß in der zweiten Jahreshälfte 86 000 Flüchtlinge nach Westen aufbrachen.

Wegen des politischen «Versagens» der Kader folgte unverzüglich eine große «Reinigung» im Funktionärsapparat. Bis 1954 wurden 60% der SED-Mitglieder in den aus je 60 Angehörigen bestehenden Bezirksleitungen sowie 71% aller Ersten Kreissekretäre ausgewechselt. In das Zentralkomitee (81 Mitglieder, 30 Kandidaten) kehrte 1954 jeder Dritte nicht zurück. Die Führungsriege des FDGB wurde rigoros «gesäubert», die Parteimiliz der Betriebskampfgruppen verstärkt.

Während sich nach diesen bitteren Erfahrungen lähmendes Schweigen über die DDR senkte, hob die Regierung gemäß der Maxime von Zuckerbrot und Peitsche die Löhne und Gehälter an und senkte die Preise, um die Stimmung zu ihren Gunsten zu verbessern. Wie sehr sich auch die Sowjetunion der prekären Situation an der Peripherie ihres westlichen Vorfeldes bewußt war, läßt sich daran ablesen, daß sie jetzt auf ihre restlichen Reparationszahlungen verzichtete, angeeignete Industrieunternehmen zurückgab, einen Sonderkredit von einer halben Milliarde Rubel einräumte sowie ihre Truppenkosten auf 5% der DDR-Staatseinnahmen einzufrieren versprach.[15]

## 4. Der «Aufbau des Sozialismus»

Nach dem militärischen und politischen Kraftakt des Hegemons und den Disziplinierungsmaßnahmen des SED-Regimes kehrte die DDR zu ihrem noch argwöhnischer als zuvor kontrollierten «Aufbau des Sozialismus» zurück. Im Mai 1955 wurde sie als gleichberechtigtes Mitglied in den Warschauer Pakt der Ostblockstaaten, das Pendant zur NATO, aufgenommen. Seit dem März 1956 stellte sie die ersten Einheiten ihrer «Nationalen Volksarmee» (NVA) auf, die seither an die Stelle der Kasernierten Volkspolizei trat, aus der sie zunächst rekrutiert wurde. Im Juli 1956 legte sich Chruschtschow, der aus den Nachfolgekämpfen nach Stalins Tod als Erster Generalsekretär der KPdSU hervorgegangen war, auf die verbesserte Rückendeckung durch die sogenannte Zweistaatentheorie fest, wonach eine gesamtdeutsche Vereinigung nur akzeptabel sei, wenn die «sozialistischen Errungenschaften» der DDR uneingeschränkt erhalten blieben. Bald darauf, im September, wurde ein Vertrag zwischen der DDR und der Sowjetunion geschlossen, welcher der DDR die «völlige Souveränität» zugestand. Die russischen Truppen blieben freilich in der immensen Stärke von 450 000 Soldaten weiter im Lande stationiert.

Der 20. Parteitag der KPdSU im Februar 1956, auf dem Chruschtschow seine sensationelle Stalinkritik in die parteiinterne Öffentlichkeit trug, die sich aber sogleich zu einer weltweit mitdiskutierenden Arena ausweitete, löste in der vielfach stalinistisch geprägten DDR einen wahren Schock unter der neuen Intelligenz und im Funktionärskorps, jedoch keine öffentliche Diskussion aus. Wer systemimmanente Reformen forderte, wie das etwa der Philosoph Wolfgang Harich tat, wurde zu zehn Jahren Zuchthaus verurteilt. Gleichgesinnte erhielten ebenfalls hohe Haftstrafen. Der innenpolitischen Krise, welche eine auf begrenzte Reformen drängende Anti-Ulbricht-Opposition ausgelöst hatte, wurde durch die Ausschaltung der führenden Köpfe (Karl Schirdewan, Ernst Wollweber, Fred Oelßner, Fritz Selbmann) die Spitze genommen.

Im übrigen schwenkte Ulbricht so schnell wie möglich auf die neue Lage ein. So wurden bis zum Oktober 1956 21 000 politische Häftlinge begnadigt; die Versorgung mit Konsumgütern wurde verbessert. Da das SED-Regime sich seit 1954 zu konsolidieren schien, hielten manche es jetzt für geboten, sich mit ihm zu arrangieren. Zu ihnen gehörte seit dem Juli 1958 auch die Evangelische Kirche, nachdem sie erlebt hatte, daß das atheistische Ritual der Jugendweihe bereits von 80 % der Jugendlichen bevorzugt wurde, während nur 20 % bei der kirchlichen Konfirmation blieben.

Ulbricht drückte die verbesserte Grundstimmung auf dem fünften SED-Parteitag im Juli 1958 allzu euphorisch-realitätsblind aus, als er es als die nächste aktuelle Aufgabe bezeichnete, die Bundesrepublik «einzuholen und zu überholen». Als Voraussetzung rechnete er auch die forcierte Enteignung des bäuerlichen Landbesitzes dazu, so daß mit unnachgiebigem Druck eine halbe Million Bauern Anfang 1960 zum Überwechseln in die LPG gezwungen wurden. 19 000 dieser imitierten Sowchosen bewirtschafteten seither 85 % der Landwirtschaftlichen Nutzfläche. Die Fluchtbewegung erfaßte daher nicht mehr vorrangig unzufriedene Städter, unter denen Handwerker und Einzelhändler ebenfalls kujoniert wurden, sondern auch Abertausende von Bauernfamilien.

## 5. Die Mauer: Die DDR igelt sich ein

Überdies schreckte die aggressive russische Berlin-Politik seit Chruschtschows Krisenszenario von 1958/59 ab. Die ökonomischen Probleme der Industrie wirkten unlösbar. Der rigorose SED-Kurs mit hohen Strafen für politische «Abweichler» wurde nicht aufgelockert. Daher wurden 1960 199 000 Westflüchtlinge registriert. Allein bis zum Juli 1963 war diese Lawine schon wieder auf 130 000 angeschwollen. Ein derartiger Aderlaß, der auch und gerade den Verlust hochqualifizierter Fachkräfte (zur Hälfte junge Männer unter 25 Jahren) einschloß, drohte unübersehbar das Arbeitskräftepotential der DDR lebensgefährlich zu reduzieren, da ihre dogmatisch verhärtete Reformunfähigkeit es ausschloß, die Ursachen dieser Massenabwanderung in überschaubarer Zeit zu beseitigen.

Angesichts dieser bedrohlichen Situation entschloß sich Ulbricht, der seit 1960 als Erster Sekretär des Zentralkomitees, Erster Vorsitzender des

Staatsrats und Vorsitzender des Verteidigungsrats die zentralen Machtpositionen kontrollierte, im engsten Kreis seiner Vertrauten und nach gebührender Rückendeckung durch die Sowjetunion dazu, den üblichen Fluchtweg nach Westberlin buchstäblich zuzumauern. Am 13. August 1961 errichteten DDR-Einheiten unter der Leitung von Erich Honecker eine Mauer, die Ostberlin vom Westen der Stadt lückenlos abschloß. Dem lahmen Protest der Westmächte folgten wegen der latenten Kriegsgefahr keine wirksamen Gegenaktionen.

Seit der Zäsur dieser Augusttage veränderten sich die Konstellationen in der DDR von Grund auf. Fortab lebte ihre Bevölkerung auf einer Insel, die ringsum von kaum überwindbaren, mit Sperrzonen und Waffengewalt markierten Grenzen umgeben war. Mehr als 1000 «Sperrbrecher», die den Ausbruch aus dem Staat der Werktätigen riskierten, wurden von den Grenzsoldaten gnadenlos getötet. Drakonische Strafen wurden von der Abschreckungsjustiz gegen die eingeleitete oder auch nur geplante Republikflucht verhängt. Die allermeisten aber, die bisher noch eine Flucht als letzte Ausweichmöglichkeit ins Auge gefaßt hatten, mußten sich jetzt notgedrungen anpassen. Zwar stellte der Mauerbau der Akzeptanz des SED-Regimes ein vernichtendes Zeugnis aus, das auch nicht dadurch verbessert wurde, daß das Gesetzbuch für Arbeit von 1961 der Arbeiterschaft kein Streikrecht mehr einräumte. Doch im Effekt leitete er die von der DDR-Spitze erhoffte Konsolidierung ein. Deshalb kann im Grunde der 13. August 1961 als «heimlicher Gründungstag der DDR» angesehen werden.

# II.
## Turbulenzen der Bevölkerungsgeschichte

A. Die Bundesrepublik
Wanderungsströme – Fertilitäts- und Mortalitätsrückgang –
Arbeitsmigration

Die deutsche Bevölkerungsgeschichte zwischen 1945 und 1990 ist durch
historisch beispiellose Turbulenzen gekennzeichnet. Auf hektische Wachs-
tumsschübe folgten drastische Schrumpfungsprozesse, die sich wiederum
mit massivem Zuwachs überschnitten. Dabei kann man die vier wichtigsten Phänomene klar unterscheiden.

1. Nach dem Krieg strömten acht Millionen Flüchtlinge und Vertriebene aus Ostdeutschland und Osteuropa, gefolgt von drei Millionen
Flüchtlingen aus der SBZ und DDR nach Westdeutschland. Mit dem Bau
der Berliner Mauer im August 1961 endete dieser Zustrom, oder er verwandelte sich in ein Rinnsal.

2. Der in allen westlichen Industriegesellschaften erkennbare Säkulartrend eines scharfen Rückgangs der Geburtenziffern machte sich seit 1964
auch in der Bundesrepublik geltend. Durch diesen Fertilitätsabfall wurde
sie mit fatalen Folgewirkungen in eine allmählich schrumpfende Gesellschaft verwandelt.

3. Seit den frühen 1970er Jahren setzte sich auch der zweite säkulare
Trend: der Rückgang der Mortalität, gefolgt von einer steigenden Lebenserwartung und einer geradezu sprungartigen Alterung der Gesellschaft
rasch durch. Damit waren gravierende Konsequenzen für die sozialen Si-
cherungssysteme und den Generationenvertrag zwischen Erwerbstätigen
einerseits, Renten- und Pensionsempfängern andrerseits verknüpft.

4. Die Anzahl zuwandernder Ausländer stieg an, als sich zahlreiche sogenannte «Gastarbeiter» wider Erwarten zum Bleiben entschlossen und
ihre Familien nachholten, so daß im Gehäuse der westdeutschen Gesellschaft ethnische Minderheiten von manchmal schwer assimilierbaren Arbeitsmigranten entstanden. Zu ihnen kamen «Spätaussiedler» aus Osteuropa, insbesondere dann auch aus Rußland hinzu sowie Asylbewerber und
Wirtschaftsflüchtlinge aus der Dritten Welt und Bürgerkriegsgebieten.

5. Im Gesamteffekt weist die Bundesrepublik zwischen 1950 und 2000
(in relativer Größenordnung) die weltweit höchsten Zuwanderungsraten
auf. Um 1990 besaß sie (erneut relativ) mehr im Ausland geborene Einwohner als die USA. In den ersten vierzig Jahren ihrer staatlichen Existenz
übertraf sie damit den klassischen Einwanderungsrekord, den die «New

Immigration» in die Vereinigten Staaten zwischen 1910 und 1913 bisher markiert hatte. Aufs Ganze gesehen ist die zweite Republik mit den schier zahllosen Problemen, die durch diese Bevölkerungsbewegungen aufgeworfen wurden, auf eindrucksvolle Weise umgegangen, doch noch ist völlig offen, wann sie sich endlich der Herausforderung durch Schrumpfung, Alterung und Migration realitätsangemessen stellen wird.

## 1. Bevölkerungswachstum durch deutsche Zuwanderung

Im Bevölkerungswachstum der Bundesrepublik kann man grosso modo drei Phasen unterscheiden:

a) Von 1945 bis 1974 mußte Westdeutschland einen geradezu riesigen Zustrom bewältigen. Von den 14 Millionen geflüchteten oder vertriebenen Deutschen aus Ostdeutschland und Osteuropa starben mehr als zwei Millionen auf dem Fluchtweg in den Westen. Jeder fünfte Ostdeutsche, jeder sechste «Volksdeutsche» verlor sein Leben. Von den Überlebenden zwölf Millionen trafen acht Millionen in Westdeutschland, zunächst vier Millionen in Ostdeutschland ein, von denen aber Hunderttausende so schnell wie irgend möglich in die Westzonen überwechselten. 1939 hatten auf dem Gebiet der späteren Bundesrepublik 39,4 Millionen Menschen gelebt. 1950 gab es dort schon einen Zuwachs von 19 % (8,3 Millionen) auf 47,7 Millionen. 1960 bestand die westdeutsche Bevölkerung zu rund einem Viertel aus Flüchtlingen und Vertriebenen! Da die Anzahl der Einheimischen wegen der Kriegsverluste um 3,3 % gesunken war, stammte mithin der Löwenanteil der Vergrößerung aus der Zuwanderung aus dem Osten, einschließlich der neuen Flüchtlinge aus der SBZ und DDR, die den Bevölkerungsstand von 62 Millionen im Jahr 1974 (1990: 63) ganz wesentlich so hoch getrieben hatte. Kontrafaktisch gesprochen: Ohne die Zuwanderung hätte die Bundesrepublik 1974 vielleicht nur gut 41 Millionen Einwohner gezählt.

Allerdings kamen in dem Dutzend Jahre zwischen 1952 und 1964 auch die Ergebnisse eines kurzlebigen Babybooms zur Geltung. Dabei handelte es sich um das Resultat deutscher Sonderbedingungen: um einen durch den Krieg und die Nachkriegszeit verursachten Nachholvorgang, um eine Folge des nur zeitweilig verjüngten Heiratsalters, vor allem aber der ökonomischen Stabilisierung und optimistischen Zukunftswahrnehmung. Von 820 000 Geburten im Jahre 1955 schnellte ihre Zahl auf 1964 = 1,26 Millionen empor, fiel dann jedoch bis 1978 auf 576 000, mithin um die Hälfte reduziert, drastisch ab. Damit schloß sich die Bundesrepublik, wie noch gezeigt wird, wieder dem langlebigen säkularen Trend in den westlichen Staaten an, der keineswegs simplifizierend-monokausal auf den ominösen «Pillenknick» zurückgeführt werden kann.

b) In der zweiten Phase von 1974/1984 stagnierte die Bevölkerungsbewegung, da sowohl Flüchtlinge aus dem Osten als auch, immer häufiger, einheimische Babys ausblieben.

c) Dagegen kletterte dann in der dritten Phase seit 1985 aufgrund der numerisch umfangreichen Zuwanderung von Ausländern, sogenannten Spätaussiedlern aus Osteuropa und einer neuen Welle von DDR-Flüchtlingen seit 1989/90 die Einwohnerzahl wieder an, so daß sie den schroffen Geburtenrückgang in etwa wettmachte. Hatten 1939 in Westdeutschland 160 Menschen auf einem Quadratkilometer gelebt, waren es 1990 schon 252 – fraglos unter günstigeren Bedingungen als 1939 und keineswegs als notleidendes «Volk ohne Raum».

Mit dem Schicksal der Abermillionen von Flüchtlingen und Vertriebenen sind zahlreiche Aspekte verbunden. Hier steht, dem Interesse dieser Gesellschaftsgeschichte gemäß, die sozialökonomische Dimension im Vordergrund. Das Millionenheer der neu Zugewanderten vergrößerte auf dramatische Weise das westdeutsche Arbeitskräftepotential. 1950 stammte fast jeder fünfte Erwerbstätige aus ihrem Kreis, 1961, als die Vertriebenenfamilien 9,87 und die SBZ/DDR-Flüchtlinge 3,47 Millionen Köpfe zählten, waren es noch mehr: 22 %! In der nüchternen Sprache der neoklassischen Ökonomie handelt es sich um den vorbildlosen Transfer eines gewaltigen Humankapitals. (Seine Bedeutung für das «Wirtschaftswunder» wird unten noch erörtert: III.1.) Die Bundesrepublik gewann damit, ohne einen Pfennig an eigenen Ausbildungskosten zu investieren, ein zusätzliches Arbeitskräftepotential mit geschulten Fertigkeiten und Sprachkompetenzen, mit günstiger Altersstruktur, hoher Leistungs- und Mobilitätsbereitschaft. Gerade die von der Not gebotene Flexibilität war bei den neuen Erwerbstätigen ungleich kräftiger ausgebildet als bei den Einheimischen, da sie eine geringere sozialräumliche Bindung empfanden und nachhaltig auf den Wiederaufstieg in den früheren Status fixiert waren. Daher machten sie den Arbeitsmarkt durchlässiger, bremsten auch den Lohnauftrieb, unterstützten die antiinflationären Tendenzen, verbesserten die Wettbewerbsfähigkeit der westdeutschen Wirtschaft, steigerten deren Gewinne und damit auch die Investitionsfähigkeit, beeinflußten nachdrücklich den Wohnungsbau als prominenten Wachstumssektor und stützten die Binnennachfrage, da buchstäblich alle lang- und kurzlebigen Konsumgüter neu angeschafft werden mußten.

Das durchweg geschulte elastische Arbeitskräfteangebot der Flüchtlinge und Vertriebenen unterstützte, kurz gesagt, unübersehbar den Boom der 1950/60er Jahre und beschleunigte das wirtschaftliche Wachstum. Der Wohlstand stieg dank ihrer Aktivität schneller an, als er ohne sie hätte ansteigen können.

## 2. Der Fertilitätsrückgang

Nach dem kurzlebigen Intermezzo des Babybooms der 50er und frühen 60er Jahre, als die Fertilitätsrate auf seit dem Ersten Weltkrieg nicht mehr erreichte 2,5 % kletterte, setzte wie in allen westlichen Industriegesellschaften wieder der Rückgang ein, der freilich in der Bundesrepublik besonders steil ausfiel, so daß schon 1975 (782 000) nur mehr 1,4 %, fast die Hälfte der Höchstziffer von 1964, erreicht wurde. Anders gesagt: Die westdeutsche Geburtenrate fiel von 1960 = 17,3 ‰ (1900 hatte sie noch bei 36‰ gelegen) auf 1970 = 13,5 ‰ und weiterhin, da der sinkende Trend anhielt, bis 2000 auf 9,4‰, auf fast die Hälfte des Wertes 30 Jahre zuvor. Hatten hundert westdeutsche Frauen im statistischen Durchschnitt 1965 am Ende des Babybooms noch 250 Kinder geboren, waren es 1985 nur mehr 128 – Tendenz: weiter fallend.

In diesem Rückgang der Geburtenziffer trat ein langlebiger Trend wieder zu Tage, der seit dem «demographischen Übergang» anhielt (Bd. III, 493 f.; IV, 231–33). Es handelt sich daher keineswegs um die direkte Folge der verbesserten Empfängnisverhütung durch die Anti-Baby-Pille, wie sie in dem volkstümlichen Urteil über den «Pillenknick» in der Kurve der Geburtenstatistik zu Tage tritt.

Wo liegen die maßgeblichen Ursachen dieser folgenreichen Veränderung des generativen Verhaltens?

1. An erster Stelle steht wohl der tiefgreifende Strukturwandel der Familie, die ihren Charakter als ökonomische Erwerbsgemeinschaft mit sozialer Abfederung durch zahlreiche Nachkommen verlor.

2. Das Maximum von zwei Kindern hatte sich als normative Vorgabe für die Familiengröße seit dem ausgehenden 19. Jahrhundert durchgesetzt, sie drückte die zuvor hohe Kinderzahl auf ein niedriges Niveau.

3. Der Anteil der Verheirateten mit legitimen Kindern sank steil ab. Darin äußerte sich die Scheu vor einer langlebigen Festlegung und das Ausweichen in kurzlebige «Lebensabschnittsgemeinschaften», die aber auf steigende gesellschaftliche Akzeptanz trafen.

4. Die weibliche Erwerbstätigkeit nahm auffällig zu. Darin äußerten sich allgemeine Emanzipationswünsche, insbesondere der Drang nach eigenem Einkommen, was beides aber zur «Enthäuslichung» und Zurückhaltung gegenüber der Mutterexistenz beitrug.

5. Die hedonistische Konsumorientierung nahm zu, das Aufschieben der Befriedigung von Wünschen dagegen ab. Wachsende Segmente der Bevölkerung halten es seither für selbstverständlich, daß ihre Renten von den Kindern anderer Leute erwirtschaftet werden und wehren sich empört gegen die logische Konsequenz, daß sie von den Sozialsystemen härter belastet werden müßten.

6. Individualistische Werte dominierten immer deutlicher. Damit war

eine Ablehnung der Familie als Bürde, der Kinder als vermeidbare Belastung verbunden.

7. Die verbesserten Verhütungsmöglichkeiten erleichterten die Familienplanung und die Vermeidung von Kindern.

8. Gestiegene Ansprüche an die Elternrolle, bis hin zu einer förmlichen Pädagogisierungsneigung, unterstützen die Zurückhaltung.

9. Die konjunkturellen Schwankungen der Wirtschaft, die Angst vor der Arbeitslosigkeit, erst recht die Erfahrungen mit einer langwierigen Stellensuche wirkten ebenfalls als Bremse.

War in der Zeit des Babybooms das durchschnittliche Heiratsalter erstmals gesunken (von 1871 = 29 Jahre bei Männern, 26,5 Jahre bei Frauen auf 1970 = 25 bzw. 23 Jahre), stieg es seit 1970 folgerichtig wieder an, bis es 2000 die neue Höchstmarke von 31 bzw. 28 Jahren erreichte, womit eine lange Zeitspanne weiblicher Fruchtbarkeit nicht für die Zeugung von legitimen Kindern genutzt wurde. Überdies verlor die Ehe, und das erwies sich auf lange Sicht als wichtiger, seit den 1970er Jahren in zunehmender Geschwindigkeit ihren «Charakter der Lebenslänglichkeit» und Vorbildhaftigkeit. Damit bahnte sich ein «historisch neuartiger Bedeutungswandel» der Paarbeziehungen an. In den 90er Jahren standen 19,5 Millionen Ehen bereits 2,1 Millionen außereheliche Lebensgemeinschaften gegenüber. Die Zahl der außerehelichen Kinder, die 1960 mit 5 % der Geburten den niedrigsten Wert seit 1871 erreicht hatte, stieg stetig bis 1990 auf 22 % an.

Als 1972 die Geburtenziffer unter die Sterbeziffer absank, kündigte sich eine folgenreiche Zäsur in der deutschen Bevölkerungsgeschichte an. 1995 lag die Differenz zwischen diesen beiden Meßgrößen bereits bei 120 000 pro Jahr. Seit 1969 hatte, ein erstes Warnsignal, die Anzahl der Neugeborenen nicht mehr für die Bestandserhaltung ausgereicht. Dafür wären 200 Kinder pro Jahr von 100 gebärfähigen Frauen nötig gewesen, wenig später gab es aber nur mehr 128 Geburten. Nur 65 % der Kinder wurden geboren, die für die Bestandserhaltung notwendig gewesen wären.

Daß die Mortalitätsziffer seit den frühen 70er Jahren die Fertilitätsziffer ständig übertraf – ein Zustand, der sich seither als dauerhaft erwiesen hat – unterstrich unmißverständlich den Übergang zu einer schrumpfenden Gesellschaft und zugleich auch zu ihrer demographischen Alterung. Denn außer dem Geburtenrückgang wirkte sich die steigende Lebenserwartung ebenfalls aus: Während die Zahl der Ein- bis Zwanzigjährigen von 1950 bis 1990 von einem Drittel auf ein Fünftel der Bevölkerung absackte, stieg der Anteil der mehr als Sechzigjährigen von einem Sechstel auf ein Viertel. 1950 entfielen auf einen Sechzigjährigen vier Erwerbstätige im Alter zwischen 20 und 60, 1990 waren es aber weniger als drei, wobei nur mehr 13 % der mehr als Sechzigjährigen überhaupt noch erwerbstätig waren.

Die Zuwanderung von Ausländern konnte seit 1985 den Schrumpfungsprozeß zeitweilig etwas abbremsen. Doch ist längst die illusionäre Hoffnung widerlegt worden, daß durch die Kinder von ursprünglich ausländischen Frauen eine angemessene Verjüngung der deutschen Gesellschaft erzielt werden könne.

Die dramatischen Folgen des Geburtenrückgangs machten sich vielerorts mit wachsendem Gewicht bemerkbar. Sie stellten den Generationenvertrag ganz so in Frage wie die Verteidigung des gewohnten Wohlstandsniveaus. Vor allem aber gefährdeten sie die Leistungsfähigkeit der sozialen Sicherheitssysteme, an deren Funktionstüchtigkeit sich die Deutschen, spätestens seit dem Übergang zur dynamischen Rente, gewöhnt hatten. Noch immer treffen aber die Forderungen nach einer Erhöhung des Renteneintrittsalters auf 67 oder 70 Jahre, nach einer Mischfinanzierung aus Grundrente und privater Vorsorge, auf einen solchen Widerstand in der Wählerschaft, daß alle Parteien vor der schmerzhaften Politik einer grundlegend veränderten Alterssicherung zurückschrecken.

## 3. Der Mortalitätsrückgang

Wie die Erörterung der Geburtenrate bereits gezeigt hat, erwies sich der zweite demographische Großtrend: der Abfall der Mortalitätsziffer, als nicht minder einflußreich. Das Ergebnis war eine in beispiellos kurzer Zeit gesteigerte Lebenserwartung. 1950 lag sie für Frauen bei 68,5, für Männer bei 64,6 Jahren; vierzig Jahre später, dem gemeineuropäischen Trend völlig entsprechend, bei 80,6, bzw. 74,4 Jahren, ehe sie in den 90er Jahren mit dem typischen fünf bis sechs Jahre zählenden Vorsprung der Frauen die Marke von 80 Jahren bei beiden Geschlechtern zügig überschritt.

Wo liegen die Ursachen für diese geradezu revolutionäre Veränderung der Lebensdauer mit dem Übergang von einer ganz unsicheren zu einer sicheren langen Lebenszeit?

1. Dank verbesserter medizinischer Vorsorge sank die Kinder-, insbesondere die Säuglingssterblichkeit endlich auch in Deutschland, das in dieser Hinsicht lange zurückgelegen hatte, auffällig ab: zwischen 1950 und 1990 von 40 auf 5,5 ‰.

2. Die hygienisch-sanitäre Verbesserung der Lebensumstände erhöhte die Chancen, älter zu werden, ganz so

3. wie die vom Sozialstaat ermöglichten, dauerhaft gewährleisteten, massenwirksamen medizinischen Leistungen.

4. Die Qualität der Nahrung nahm über die Jahre hinweg zu.

5. Der Rückgang gefährlicher Berufe vermehrte die Lebenschancen.

6. Erst recht tat das der Einkommensanstieg.

7. Nicht zuletzt hängt die ansteigende Lebenserwartung von Beruf, Einkommen und Bildungsstand ab – jener stratifikatorischen Triade mit-

hin, die im System der sozialen Ungleichheit weiterhin eine Schlüsselrolle spielt. Um nur ein Beispiel anzuführen: Um 1990 hatten Angehörige der Unterklassen eine um mindestens vier Jahre reduzierte Lebenserwartung im Vergleich mit der akademischen Intelligenz.

Hatten 1950 nur 15 % der Bevölkerung ein Alter über dem sechzigsten Lebensjahr erreicht, war es in den 1990er Jahren ein volles Viertel, während der Anteil der Zwanzig- bis Sechzigjährigen auf 56 % abfiel.

Dieser historisch beispiellose Alterungsprozeß wirft zahlreiche Probleme auf, die vorn bereits angeschnitten worden sind. Der Generationenvertrag unterliegt einer hartnäckigen Erosion, da nicht mehr genügend jüngere Arbeitskräfte den Rentenberg eines ständig weiter wachsenden Segments der älteren Bevölkerung schultern können. Die Frage nach sinnvoll genutzter Freizeit in den zwanzig Jahren, die sich nach dem Berufsende auftun können, nach einem «Studium über 60» etwa, gewinnt für ein Viertel der Bevölkerung eine ganz neuartige Bedeutung. An erster Stelle aber rangiert die bedrohte Finanzierung der Sozialsysteme – lauter Probleme, für deren Lösung der gesellschaftliche Lernprozeß eigentlich schon längst hätte ausreichen müssen.

## 4. Die Zuwanderung von Arbeitsmigranten, Spätaussiedlern und Asylbewerbern

Deutschland ist seit dem ausgehenden 19. Jahrhundert ein Einwanderungsland gewesen, doch hat es noch rund hundert Jahre gedauert, bis diese demographische Rahmenbedingung im öffentlichen Bewußtsein anerkannt und – wenn auch oft nur widerwillig – akzeptiert worden ist. Die acht Millionen Zwangsarbeiter des Zweiten Weltkriegs, gewissermaßen deportierte Einwanderer auf Zeit, haben nach dem Kriegsende Deutschland wieder verlassen. Schon zehn Jahre später erzeugte jedoch das westdeutsche «Wirtschaftswunder» trotz der großen Zahl von Flüchtlingen und Vertriebenen eine derartige Nachfrage nach Arbeitskräften, daß bereits im Dezember 1955 ein deutsch-italienisches Anwerbeabkommen über die zeitlich begrenzte Erwerbstätigkeit von «Gastarbeitern» abgeschlossen wurde. Eine Massenabwanderung wurde von keiner Seite geplant; eine öffentliche Debatte fand nicht statt; nur der inzwischen anrüchige Begriff des Fremdarbeiters wurde jetzt durch den des Gastarbeiters ersetzt. Als industrielle Reservearmee sollten sie die Konjunkturbewegungen abpuffern, in den Augen der Gewerkschaften auch als Lohndrücker fungieren.

Zwischen 1959 und 1965 vollzog sich, beschleunigt durch den Mauerbau im Sommer 1961, eine Wende auf dem deutschen Arbeitsmarkt, der eine Million Gastarbeiter absorbierte. Im März 1960 und 1964 wurden weitere Abkommen mit Spanien, Griechenland und Portugal, im Oktober

1961 auch mit der Türkei ratifiziert. Die Türkei stellte insofern einen Sonderfall dar, als erstmals ein «außerhalb Europas liegender» muslimischer Staat in die Anwerbung einbezogen wurde. Sozialrechtlich wurde die Türkei den anderen involvierten Staaten gleichgestellt, obwohl damit «Sozialleistungen für einen Staat erbracht wurden, der keine Sozialversicherung besaß». Das wirkte sich für die deutsche Seite zunächst günstig aus, da den Einzahlungen in die Rentenversicherung geraume Zeit lang keine Auszahlungen gegenüberstanden. Erst 40 Jahre später sollten diese die Einzahlungen beträchtlich übertreffen.

In den 60er Jahren wurde den Gastarbeitern weiterhin eine einjährige Aufenthaltserlaubnis erteilt. 72 % von ihnen arbeiteten in der Industrie, ebenso viele zählten zu den un- oder soeben angelernten Arbeitskräften. Hier und da begannen ausländische Facharbeiter, von ihren deutschen Arbeitgebern durchaus unterstützt, ihre Familien nachzuholen. Zwar wurden ihnen die gleichen Löhne und Sozialleistungen wie deutschen Arbeitern gewährt, doch ihre Wohnsituation blieb, da damit ein erheblicher Kostenfaktor für die Arbeitgeber verbunden war, schlechterdings miserabel – ein Zeichen fortwährender Diskriminierung.

Der konjunkturelle Nachfragesog trieb die Anzahl der Gastarbeiter bis 1973 auf 2,6 Millionen hoch, damit stellten sie immerhin 12 % aller Erwerbstätigen. Die Fluktuation zwischen Zuwanderern und Zurückreisenden blieb heftig: Von 1955 bis 1973 kamen 14 Millionen Gastarbeiter in die Bundesrepublik, fast 12 Millionen verließen sie aber auch wieder. Während dieser Zeitspanne stiegen die türkischen Gastarbeiter zur größten Gruppe der Arbeitsmigranten (1973 waren es 600000) auf. Da sie fast vollständig aus den verarmten anatolischen Agrargebieten stammten, die noch immer eine Analphabetenrate von 33 % bei den Männern (und mehr noch bei den Frauen) aufwiesen, zogen sie sich unter dem Eindruck der fremdartigen sozialkulturellen Bedingungen ihres Gastlandes in eine eigene Subkultur zurück, die im Gegensatz zu den italienischen, spanischen, griechischen Gastarbeitern von nachhaltigen Assimilationskräften kaum erreicht wurde. Daher entstanden in westdeutschen Städten wahre Ghettosituationen, in denen auch ein orthodoxer Islam die Identitätsverteidigung unterstützte, später sogar ein Einfallstor für den islamistischen Fundamentalismus bildete.

Während die Aufenthaltsdauer zahlreicher Gastarbeiter anstieg, nahm auch die Familienzuwanderung zu, so daß 1973 schon 1,37 Millionen nichterwerbstätige Angehörige registriert wurden. Da 1972 bereits mehr als 40 % der Gastarbeiter eine Arbeitserlaubnis über fünf Jahre oder sogar auf unbegrenzte Zeit besaßen – dazu gehörten z. B. die 500000 Italiener, die als EWG-Angehörige ohnehin den Deutschen gleichgestellt waren –, ließ sich das Wachstum der Gastarbeiterzahl allein durch die Arbeitserlaubnis nicht mehr steuern.

Daher kam es 1973 zum Anwerbestop, den der erste Ölschock zusätzlich plausibel machte, obwohl er für die Entscheidung nicht kausal verantwortlich war. Tatsächlich sank innerhalb von zwei Jahren die Anzahl
der Gastarbeiter um eine halbe Million. Doch die ausländische Wohnbevölkerung stieg weiterhin an. 1980 war sie um eine Million größer als
1972. Während die italienischen, spanischen und griechischen Gastarbeiter, von der heimatlichen Konjunktur angezogen, in großer Zahl allmählich zurückkehrten und unter den Zurückbleibenden das interkulturelle
Konnubium zunahm, wuchs die türkische Minderheit aufgrund von zwei
Faktoren weiter an. Zum einen führte die zielstrebige Familienzusammenführung zu einer stattlichen Vermehrung. Zum anderen blieb Anato-
lien der bevorzugte Heiratsmarkt, so daß der Zustrom aus demselben
sozialkulturellen Milieu gewährleistet wurde. Die Bildungsferne der Ana-
tolier wurde daher zu einer Erblast, die auch in der Subkultur an die
nachfolgenden Generationen weitergegeben wurde. 1979 schlossen z. B.
345 000 Türken die Ehe, überwiegend mit Anatolierinnen, die nicht selten
noch im Kindesalter standen und durch Familienbeschluß nach Deutschland vergeben wurden, während nur 25 000 Heiraten mit nichttürkischen
Frauen stattfanden.

Bis 1990 waren die türkischen Zuwanderer längst zur größten Minderheit aufgestiegen (1,7 Millionen von 6,8 Millionen Ausländern, 2005 waren
es rund drei Millionen!), gefolgt von 650 000 Jugoslawen und 550 000 Ita-
lienern, die bis 1973 noch vier Fünftel der Arbeitsmigranten gestellt hatten.
Diese 6,8 Millionen Ausländer machten immerhin schon 8,4 % der Wohnbevölkerung der Bundesrepublik aus (1970 waren es mit 2,98 erst 4,9 %,
1980 mit 4,45 schon 7,2 % gewesen) – ein Anteil, der seither noch weiter
ansteigen sollte. Die Bundesrepublik wurde daher mit den schwierigen
Folgeproblemen einer rein wachstumsorientierten Einwanderungspolitik
konfrontiert, die auf soziale, kulturelle und politische Konsequenzen keine
Rücksicht genommen hatte.

Das hing auch wesentlich mit dem Zuzug von «Volksdeutschen» zusammen, die – als «Spätaussiedler» bezeichnet – aus Ost- und Südost-
europa sowie aus Rußland eintrafen. Zum einen handelt es sich um die
Überreste jener deutschsprachigen Volksgruppen, die durch die Vertrei-
bungsaktionen nach dem Kriegsende zerschlagen worden waren. Zum anderen zog es die Familien von ehemaligen Wolgadeutschen in das prosperierende Westdeutschland. Sie waren von Stalin nach Kasachstan deportiert
und dort weithin assimiliert worden, so daß sich die spärlichen Deutsch-
kenntnisse im Grunde auf die Generation der Großeltern beschränkten.

Von 1950 bis 1987 stieg die Anzahl dieser Spätaussiedler in der Bundesrepublik auf 1,5 Millionen, wobei ein Drittel, die unter Achtzehnjährigen,
bereits dort geboren worden war. 1988 setzte aber eine neue Migrations-
welle ein, die insbesondere nach dem Zerfall der Sowjetunion die «Ruß-

landdeutschen» erfaßte. Allein 1990 strömten 400 000 solcher Zuwanderer ein, bis 1996 stieg ihre Zahl auf 2,6 Millionen.

Hinzu stieß eine rasch wachsende Zahl von Asylbewerbern, die sich auf die großzügige Aufnahmeklausel des Grundgesetzes stützten, faktisch aber meist von Schleuserbanden eingeführte Wirtschaftsflüchtlinge aus dem armen Süden des Globus waren, ergänzt durch Flüchtlinge aus Bürgerkriegsgebieten. 1970 hatten Asylbewerber nur 12 % der Zuwanderer ausgemacht, 1980 überschritten sie erstmals die Grenze von 100 000. 1992 wurde mit 438 200 ein Höhepunkt erreicht, der die Problemlage grell beleuchtete. Nach langwierigen Debatten wurde schließlich ein restriktives Asylgesetz verabschiedet, das den Zustrom scharf zu reduzieren vermochte. 90 % der Asylanträge wurden gewöhnlich wegen mangelnder Überzeugungskraft von den Justizbehörden abgelehnt. Doch verzichtete die Bundesrepublik auf eine strenge Abschiebungspraxis, so daß Hunderttausende von abgelehnten Asylbewerbern in den deutschen Städten versickerten.

Allein in dem Jahrzehnt zwischen 1980 und 1990 nahm die Bundesrepublik 2,25 Millionen Ausländer und Spätaussiedler auf. Aber von 1991 bis 1998 kamen noch einmal zwei Millionen Spätaussiedler, jetzt vor allem aus Rußland, 750 000 Asylbewerber und eine Million Bürgerkriegsflüchtlinge mit ungewisser Aufenthaltsdauer hinzu. Damit verstärkte sich der multiethnische Charakter mancher Großstädte, die zu Brennpunkten dieser Zuwanderung geworden waren. Erst das neue Staatsbürgerschaftsrecht der Rot-Grünen Koalition, die das seit 1913 gültige Ius sanguinis zugunsten des Ius soli verabschiedete, ermöglichte es, schon jahrzehntelang in der Bundesrepublik wohnenden oder sogar dort geborenen Ausländern, die deutsche Staatsbürgerschaft zu erwerben.[1]


B. Die DDR
Bevölkerungsgeschichte eines Abwanderungslandes


Die Bevölkerungsgeschichte des ostdeutschen Satellitenstaates zerfällt in zwei klar unterschiedene Phasen. Das dominierende Phänomen in der ersten Zeitspanne von 1949 bis 1961 ist die Massenflucht, die sich an die Flüchtlings- und Vertreibungswelle der Vorjahre unmittelbar anschloß. Die nachhaltigen Effekte dieser Abwanderung, die dann durch den Mauerbau jäh unterbrochen wurde, hat die DDR nie wieder wettmachen können. Auch in der zweiten Periode vom Mauerbau bis zum Staatskollaps von 1989 blieb die DDR das einzige europäische Land mit einer trotz seiner pronatalistischen Familienpolitik sinkenden Bevölkerungszahl.

Die Jahre bis 1961 waren durch eine «Art kalter Bürgerkrieg» (M. Fulbrook) gekennzeichnet. Denn in dieser Ära der gewalttätigen Umwälzung und rücksichtslosen Repression führte die Feind-Freund-Mentalität der SED zu einer schroffen Polarisierung. Nach den Schockerfahrungen mit der Gewalttätigkeit, den Vergewaltigungs- und Plünderungsexzessen der Roten Armee, galt für viele das Überwechseln in den Westen als Befreiungsaktion. Bis zum Mauerbau im Sommer 1961 setzten sich insgesamt 3,1 Millionen Ostdeutsche, darunter viele der soeben erst eingetroffenen Flüchtlinge und Vertriebenen auf dem bevorzugten Weg nach Westberlin, aber auch über die «grüne Grenze» zur Bundesrepublik ab.

In den 50er Jahren erreichte diese Form der Loyalitätsaufkündigung eine drastische Größenordnung: 1953, im Jahr der Arbeiterrebellion, verließen 331 000 Menschen die DDR; 1957 waren es 419 000; bis zum Sommer 1961 war die Zahl im ersten Halbjahr schon wieder auf 200 000 angestiegen. Auch Bauern verließen trotz der traditionellen Bindung ihrer Familien an den Landbesitz zu Abertausenden den Kollektivierungsstaat. Allein zwischen 1952 und 1956 wurden 70 000 Bauernhöfe von ihren flüchtenden Besitzern aufgegeben.

Obwohl der Berliner Mauerbau und die verschärfte Grenzbewachung die Flucht seit 1961 außerordentlich erschwerten, blieb die DDR doch weiterhin ein Abwanderungsland, das ständig gegen seinen Bevölkerungsverlust ankämpfte. Als wohltätige Folge der Entspannung, die seit der Sozialliberalen Koalition durchgesetzt und seither beibehalten wurde, konnten seit den frühen 70er Jahren auch zunehmend Ausreisewillige den ostdeutschen Staatsverband verlassen. Am leichtesten war das für Rentner, denn nach der Ausbeutung ihrer Arbeitskraft wurden sie von den Behörden dem westdeutschen Sozialsystem überstellt. Fachkräfte wurden wegen ihrer Ausreiseentscheidung jahrelang schikaniert, immer häufiger konnten sie aber doch das Land verlassen, insbesondere dann, wenn der Ostberliner Rechtsanwalt Vogel, ein Vertrauter Honeckers, sich ihrer auf seiner Warteliste mit Tausenden von Namen annahm.

Außerdem betrieb der Staat der Werktätigen einen lukrativen Menschenhandel, indem er politische Häftlinge oder einflußreiche Ausreisewillige gegen hohe Geldsummen in den Westen entließ. Seit dem Sklavenhandel früherer Zeiten hatte man ein derart zynisches und geldgieriges Verhalten, wie es die deutschen Kommunisten jahrelang praktizierten, nicht mehr erlebt. Immerhin konnten von 1962 bis 1988 625 000 Ostdeutsche die DDR verlassen: zwei Drittel taten es mit Hilfe des Ausreiseverfahrens auf legalem Weg, das letzte Drittel aber entkam auf allen möglichen Schleichpfaden durch die Flucht nach Berlin, direkt in die Bundesrepublik oder auch über südosteuropäische Länder.

1949 hatte die DDR 19,1 Millionen Einwohner gezählt, 4,1 Millionen mehr, als 1939 auf diesem Territorium gelebt hatten. Zu Beginn der Staatserosion von 1989 umfaßte ihre Bevölkerung nur noch 16,4 Millionen Menschen. 1988/89 setzte aber wiederum eine Massenflucht ein, die bis Ende

1989 880 000 Abwanderer erfaßte. Vom Gründungsjahr 1949 bis zur Auflösung der DDR durch den Beitritt zur Bundesrepublik im Jahr 1990 sind nicht weniger als 4,6 Millionen Menschen unter zum Teil äußerst riskanten Umständen nach Westen geflüchtet. Diese «Abstimmung mit den Füßen» stellte dem «Aufbau des Sozialismus» à la SED ein vernichtendes Urteil aus.

Die Ursachen dieser riesigen Fluchtbewegung lagen in dem revolutionären Umbau Ostdeutschlands: in der Enteignung und Kollektivierung, der Degradierung und Entmündigung durch die SED. Hinzu kam die Reaktion auf die Gewalttätigkeit und das Terrorsystem der Besatzungsmacht. Der Mangel an Freiheit und Demokratie, den die rote Parteidiktatur zu einer Zeit herbeiführte, als nahezu jedermann nach der braunen Diktatur sie erhofft hatte, machte sich tagaus, tagein schmerzhaft bemerkbar. Die vier Millionen Flüchtlinge und Vertriebenen, die zunächst in der SBZ/DDR gelandet waren, fanden minimale Unterstützung; 1950 wurde jede öffentliche Hilfe eingestellt. Das verstärkte in diesem Personenkreis das Abwanderungsmotiv. Und nicht zuletzt lockte in einem stetig wachsenden Maße die Überwindung des Wohlstandsgefälles, die das Leben im prosperierenden Westen versprach.

In der Epoche der ersten Massenflucht bis 1961 war die Hälfte der Flüchtlinge weniger als 25 Jahre alt, auch mehrheitlich männlich. Außer den Jungen, Robusten und Wagemutigen gingen vor allem auch die Systemkritiker oder eklatant Diskriminierten. Zu ihnen gehörten insbesondere die ostdeutschen Akademiker, von denen sich insgesamt ein Drittel nach Westen absetzte, um den Schikanen der SED-Diktatur zu entkommen. Zu ihnen zählten bis 1961 z. B. 7500 Ärzte, zusammen mit den Zahnärzten 8700 Mediziner, die auf dem westdeutschen Arbeitsmarkt alsbald ein Unterkommen fanden. Dadurch stieg die Patientenzahl in der DDR auf 1400 Köpfe pro Arzt, während sie in der Bundesrepublik bei 800 lag und weiter auf 600 absank.

Diese Abwanderung der akademischen und handwerklich geschulten Fachkräfte implizierte einen gewaltigen Transfer von Humankapital nach Westen, das mehr als 30 Milliarden DM an Ausbildungskosten in sich vereinte, der Bundesrepublik aber gewissermaßen als Geschenk für ihre «soziale Wachstumskapazität» zustatten kam, die ein Dutzend Jahre lang auch auf den Vorzügen des «unlimited supply of labor» beruhte. Überdies brachten die DDR-Flüchtlinge außer der Sprachkompetenz zahllose erwünschte Fertigkeiten mit, so daß sie sich in der Expansionsphase des Wirtschaftswunders erstaunlich reibungslos in das Arbeitskräftepotential eingliedern konnten.

Der Widerwille oder die passive Resistenz, mit der Millionen dem SED-Regime begegneten, drückte sich nicht nur in der Fluchtbewegung, sondern auch im Geburtenrückgang aus, der Anfang der 70er Jahre seinen

Tiefpunkt erreichte. Aufgrund von Honeckers sozialpolitischen Unterstützungsmaßnahmen folgte ein kurzlebiger Anstieg bis zum Ende der 70er Jahre, ehe die Fertilität erneut abnahm. Die offensichtliche Abneigung vieler, in diesem Staat Kinder großzuziehen, unterstützte den Schrumpfungsprozeß, den die Abwanderung in all ihren Varianten auslöste.

Auch die Mortalitätsraten waren an diesem demographischen Prozeß beteiligt, denn im Gegensatz zu allen Ländern des westlichen Europas stieg die durchschnittliche Lebenserwartung in der DDR erheblich langsamer an. Am Ende der 80er Jahre lag sie bei Frauen um 2,7, bei Männern um 2,4 Jahre niedriger als die Werte in Westdeutschland. Die Ursachen dieser auffälligen Verlangsamung sind im gedrückten Lebensstandard, in den Arbeitsbedingungen, zunehmend auch in den schweren Umweltbelastungen zu finden. Gerade die Robusten trauten sich die riskante Flucht zu. Die ostdeutsche Suizidrate lag überdies hinter der finnischen in Europa an zweithöchster Stelle.

Nicht zuletzt trat aber in der geringeren Lebenserwartung auch der Verfall des ostdeutschen Gesundheitssystems zutage. Die Polikliniken und Ambulatorien mochten sich alle Mühe geben, die veralteten Krankenhäuser ihr Bestes tun, das System litt an seinem eklatanten Mangel an Finanzmitteln, der den Einsatz kostspieliger moderner Geräte und nicht minder teurer Medikamente verhinderte. Diesem Defizit lagen wiederum die ostdeutschen Wirtschaftsprobleme sowie die falschen Präferenzentscheidungen etwa zugunsten der Sozialpolitik und der Aufrüstungsinvestitionen zugrunde. Berufsbedingte Krankheiten kletterten auf 40 % der registrierten Fälle. Unübersehbar war die angeschlagene medizinische Versorgung auch den rapide gestiegenen Umweltbelastungen nicht gewachsen. Die SED-Diktatur lebte nicht nur von der Substanz der Industrieanlagen, der Infrastruktur, der Häuser, sondern auch und gerade der Menschen, die ihr ausgeliefert waren.

Auch in der DDR traten freilich klassenspezifische Unterschiede zutage. So unterschieden sich etwa Universitätsabsolventen in ihrem Lebensstil, ihrer Ernährung, ihrem Gesundheitsverhalten so deutlich von den Produktionsarbeitern, daß ihre Lebenserwartung den Durchschnitt um vier Jahre übertraf. Andere Erosionsprobleme übersprangen jedoch die sozialen Grenzen. Der Alkoholismus als Flucht vor der Misere des Alltags nahm ein erschreckendes Ausmaß an. Bis 1988 erfaßte er jeden achten DDR-Einwohner. Da der statistische Durchschnitt auch Kinder einbezog, lag er unter den Erwachsenen deutlich höher.

Ebenfalls an keine soziale Formation gebunden war die Scheidungsrate. Im Vergleich mit dem westlichen Europa war es in der DDR, da Ehepaare bei der Wohnungszuteilung und mit anderen kleinen Privilegien bevorzugt behandelt wurden, zur Heirat in sehr frühem Alter gekommen. Die

Quittung wurde mit dem Anstieg der Scheidungen präsentiert. Lag die Quote 1960 noch bei 14 % aller Ehepaare, war sie bis 1988 auf fast zwei Fünftel (38 %) angestiegen. In nahezu 70 % der Fälle wurde sie von den Frauen angestrengt. Wie im Westen drang in dieser Zeit anstelle der lebenslangen Ehe die temporäre Partnerschaft vor. Sie galt auch deshalb als attraktiv, da sie ein Ableger des freieren Lebensstils im Westen, der von vielen jungen Leuten so bewundert wurde, zu sein schien.[2]

# III.
# Strukturbedingungen und Entwicklungsprozesse der Wirtschaft

## A. Die Bundesrepublik

Die Bundesrepublik hat ihren Weg im Zeichen des wirtschaftlichen Wiederaufbaus begonnen. Er stand zeitweilig so im Vordergrund, daß das Bonmot, der neue Staat gleiche einer Wirtschaft auf der Suche nach ihrem politischen Daseinszweck, häufig kolportiert wurde. Diese wirtschaftliche Aktivität ging schon im Sommer 1950 mit dem Boom im Gefolge des Korea-Kriegs in eine beispiellose und dazu langlebige Hochkonjunktur über, die dem Trend nach bis zur ersten Ölpreiskrise im Jahre 1973 anhielt. Frühzeitig sprachen die von ihrer unerwarteten Prosperität enthusiasmierten Deutschen von einem «Wirtschaftswunder», das ihnen nach den Schrecken des totalen Krieges und dem Elend der ersten Nachkriegsjahre ein neues Selbstbewußtsein verlieh. Tatsächlich aber handelt es sich bei dem Aufschwung der 1950/60er Jahre um ein gemeineuropäisches, ja nach der Meinung mancher Experten um ein «Welt-Wirtschaftswunder» (K. Borchardt).

In der Bundesrepublik freilich, das bleibt richtig, wurde nach zwei verlorenen Kriegen und zwei Inflationsschocks, nach der Flucht und Vertreibung von vierzehn Millionen Deutschen, der Zerstörung vieler Städte im Bombenkrieg und dem Verlust von Abermillionen Toten, die ganz und gar unvorhersehbare Konjunkturerfahrung nicht nur besonders aufmerksam wahrgenommen, sondern auch bereitwillig verinnerlicht. Sie drang in die Fundamente des westdeutschen Selbstverständnisses und Leistungsbewußtseins tief ein, ja sie übte einen prägenden Einfluß auf das Identitätsgefühl der zweiten Republik aus. Ihre Folgewirkung hält bis in die unmittelbare Gegenwart als Fixierung auf einen tiefverankerten Wachstumsfetischismus weiter an.

## 1. Die Ursachen des «Wirtschaftswunders»

Da im historischen Rückblick die Einmaligkeit dieses gemeineuropäischen, wahrscheinlich sogar globalen «Wirtschaftswunders» hervortritt, hat vor einigen Jahren unter prominenten Ökonomen und Wirtschaftshistorikern eine lebhafte Diskussion darüber eingesetzt, wo in erster Linie die Ursachen dieser sowohl explosiven als auch langlebigen Expansion zu finden sind, für die es in der westlichen Wirtschaftsgeschichte keinen vergleichbaren Vorläufer gibt. Dabei liegen die Deutungen weit auseinander, und man muß die Argumente sorgfältig prüfen, ehe man sich für die plausibelste Erklärung entscheidet. Vier unterschiedliche Denkschulen konkurrieren in heftigem Disput miteinander, um die Dynamik dieser einzigartigen Epoche, des «Goldenen Zeitalters» von 1950 bis 1973, aufzuspüren.[1]

a) Am schwächsten ist die Überzeugungskraft jener These ausgebildet, die auf die «Langen Wellen» der Konjunkturentwicklung zurückgreift, wie sie zuerst der russische Ökonom N. D. Kondratieff und im Anschluß an ihn vor allem der österreichische Wirtschaftswissenschaftler Joseph A. Schumpeter verfochten haben. Diese rund fünfzigjährigen Wellen mit einer je zweiundzwanzig- bis fünfundzwanzigjährigen Aufschwung- und Abschwungphase seien nicht nur im 19. und frühen 20. Jahrhundert nachweisbar, sondern hätten sich, heißt es, nach dem neuen Dreißigjährigen Krieg seit den späten 1940er Jahren als inhärente zyklische Bewegung der kapitalistischen Länder mit unübersehbarer Kraft wieder durchgesetzt: deshalb die Aufschwungphase des neuen «Kondratieffs» von 1945/49 bis 1973 und die Abschwungphase von 1973 bis 1998. Die verführerische Simplizität des Denkens in diesen «Langen Wellen», die dem Wirtschaftsverlauf ein extremes Maß an Autonomie und gesetzmäßigem Fortschreiten unterstellen, besitzt den entscheidenden Nachteil, daß dieses Phänomen in der deutschen und europäischen Wirtschaftsgeschichte nach 1945 empirisch nicht nachweisbar ist. Es gab zwar in der Bundesrepublik klar erkennbare Wachstumszyklen (z. B. 1950/58, 1959/67, 1968/75, 1976/82), die im Verhältnis zu den früheren Konjunkturschwankungen auf sieben bis acht Jahre verkürzt sind. Aber auch aus der Vogelperspektive ist keine derart langlebige, etwa fünfundzwanzigjährige Aufschwungphase und seither eine ebenso langwährende Abschwungphase einer fünfzigjährigen Kondratieffschen Trendperiode nachweisbar.

b) Die massive Unterstützung amerikanischer Ökonomen hat die These von der Aufholjagd, vom «Catch-up»-Prozeß in den 50/60er Jahren gefunden. Ihr liegt die Leitvorstellung zugrunde, daß das Einkommensgefälle zwischen den USA und Europa durch den Import amerikanischer Technologien und Produktionsverfahren im Tempo einer Parforcejagd, die man als «Wunder» empfand, ausgeglichen worden sei. Auf diese Weise konnte das Wachstum der Faktorproduktivität, namentlich in Westdeutschland, beschleunigt werden. Diese Hypothese knüpft im Grunde an Alexander Gerschenkrons berühmte Interpretation der europäischen Industrialisierung an, wonach die relative Rückständigkeit der «Nachzügler» im Verhältnis zum entwickelten «Pionierland» England durch den Import der führenden Technologie oder durch Ersatzlösungen (effiziente Institutionen wie etwa die Universalbanken oder staatliche Behörden) ausgeglichen werden konnte. Diese Linie haben Moses Abramovitz, Barry Eichengreen und andere Ökonomen mit dem Blick auf den gemeineuropäischen Konjunkturaufschwung nach dem Zweiten Weltkrieg weiter verfolgt. Was sind, dieser Lesart zufolge, die wesentlichen Vorbedingungen dieses Aufholerfolgs?

– Es muß ein eklatanter technologischer Rückstand zwischen Pionier und Nachzüglern bestehen.

– Es müssen Transmissionskanäle für die Diffusion der überlegenen Technologie existieren.

– Es müssen materielles und immaterielles Wissen zusammen mit der Bereitschaft zur Nutzung des fortgeschrittenen Kenntnis- und Produktionsstandes vorhanden sein.

– Es müssen sich außer dem endogenen Investitionspotential verlokkende Anreize zur Übernahme der höher entwickelten Technologie, um das Weltmarktniveau zu erreichen, auf die europäischen Unternehmer auswirken.

Alle diese Faktoren waren nach der Auffassung dieser Denkschule in den 1950er/60er Jahren gegeben. Außerdem wurde die Aufholjagd der europäischen Volkswirtschaft durch eine hohe Investitionsquote, eine marktwirtschaftlich erfahrene Industrie mit hochwertiger Ausrüstung, große Märkte und billige Rohstoffe, eine wirtschaftsfreundliche Regierungseinstellung und liberale Handelspolitik sowie die internationale Verflechtung dank der amerikanischen multinationalen Konzerne und Direktinvestitionen vorangetrieben, so daß sich die Macht dieser exogenen Antriebskraft, die in der überlegenen amerikanischen Technologie steckte, ungebrochen auswirken konnte.

Die «Catch-up» These bietet zwar auf den ersten Blick eine einleuchtende Antwort auf die Frage nach den Ursachen der Hochkonjunkturepoche. Ihre klare Architektur kommt auch dem Modelldenken der Ökonomen weit entgegen. Doch ihr grundsätzliches Defizit im Hinblick auf das deutsche «Wirtschaftswunder» liegt in der evidenten Unkenntnis ihrer Verfechter, die den Stand der technikhistorischen Forschung souverän ignoriert haben. Die deutsche Industrie war diesem Zweig der Geschichtswissenschaft zufolge 1949 keineswegs ein rückständiger Nachzügler. Vielmehr hatte ihre Aufholjagd auf den wenigen Gebieten, wo sie notwendig zu sein schien, schon um 1900 eingesetzt und in den 1920/30er Jahren dazu geführt, daß die deutschen Unternehmer auf gleicher Augenhöhe operierten und sogar den Austausch von Technologien betreiben konnten. Standardisierte Produktionsprozesse im Stil des «Fordismus» waren ihnen nicht mehr fremd. Auch die Rationalisierungsschübe und effektiven Produktionsverfahren – schon in den 1950er Jahren war VW das modernste Autowerk der Welt, lagen die IG-Farben-Nachfolger, der Maschinenbau und die Elektrotechnik wieder weltweit vorn – führten eher die durch die beiden Kriege verstärkte deutsche Strategie der Normierung und Massenproduktion weiter.

Das deutsche «Wirtschaftswunder» verkörperte daher, so gesehen, nicht primär den Erfolg einer entschlossenen Öffnung nach außen, sondern bewies vielmehr eine Selbstbezogenheit auf seinen eigenen Aufbauerfolg aufgrund der endogenen Antriebskräfte und einer in den 1920er/30er Jahren ausgebildeten Fähigkeit zur Massenproduktion von Investitions- und Konsumgütern, die nach 1950 gewissermaßen zu Angebot und Nachfrage paßte. Kurzum: Fraglos haben die Unternehmen seit dem späten 19. Jahrhundert immer wieder von Amerika gelernt, aber nach 1949 waren rund drei Jahrzehnte lang der Anschluß an die Erfahrung der Weimarer Republik, das Vertrauen auf das eigene Potential, auf die eigene technologische Leistungsfähigkeit ungleich wichtiger als die Orientierung an den USA. Auch die «Catch-up»-These vermag daher die westdeutsche Leistung im «Goldenen Zeitalter» nicht überzeugend zu erklären. Anders steht es mit zwei weiteren Erklärungsansätzen.

c) Die Rekonstruktionsthese ist besonders im Hinblick auf die westdeutsche Konjunkturentwicklung zuerst von dem ungarischen Ökonomen Ferencz Janossy, dann von dem deutschen Wirtschaftshistoriker Werner Abelshauser stark gemacht worden, zielt aber im Grunde nicht allein auf ein nationalspezifisches Problem. Ihre Zentralbegriffe heißen: Wachstumspotential, Wachstumstrend, Rekonstruktionsperiode. Im Kern besagt sie: Wegen der Kriegseinwirkung stellte sich eine negative Abweichung von jenem Entwicklungspfad ein, den das hochentwickelte deutsche Produktionspotential aufgrund seines Produktivitätswachstums bisher eingeschlagen hatte. Doch der trotz aller Zerstörung erhalten gebliebene Kapitalstock, das hochqualifizierte, durch Abermillionen von Flüchtlingen und Vertriebenen kostenlos ergänzte «Humankapital» (also zeitweilig das Optimum eines «Unlimited Supply of Labour») und bewährte korporativistische Organisationsmethoden ermöglichten einen schnellen Aufstieg, bis die neuen Chancen voll ausgeschöpft waren und der kurzzeitig verlassene Wachstumspfad wieder erreicht wurde. Nach den extrem hohen Wachstumsraten der 1950er Jahre (8,5 %) stieg das Bruttosozialprodukt (BSP) auch in den 1960er Jahren noch doppelt so hoch an wie zwischen 1870 und 1913, so daß aufgrund des inhärenten Wachstumsmechanismus der langlebige konstante Trend bis 1973 jene Aufwärtsbewegung wieder erreichte, die er ohne den Krieg aller Wahrscheinlichkeit nach eingeschlagen hätte. Die Rolle des ankurbelnden Einflusses des amerikanischen Technologievorsprungs wird konsequent negiert, die endogene Kraftmobilisierung steht ganz im Vordergrund.

Als Schlüsselphänomen bei der Wahrnehmung der Wachstumschancen gilt außer dem technischen Fortschritt, der im Industriepotential gewissermaßen gespeichert existierte, die Qualifikationsstruktur des «Humankapitals», zumal die Bundesrepublik wegen der Flüchtlinge und Vertriebenen in den 1950er Jahren die größten mobilisierbaren Reserven in ganz Europa besaß. Allein die bis 1961 aus der DDR Geflüchteten – darunter 20000 Ingenieure, 7500 Ärzte, 1000 Professoren und Hunderttausende von Facharbeitern – waren für konservativ geschätzte 30 Milliarden DM ausgebildet worden und strömten in den westdeutschen Arbeitsprozeß ein.

Die Kritik hat zwar die Existenz des Säkulartrends, welche der Rekonstruktionsthese zugrunde liegt, bezweifelt, aber zur Erklärung des deutschen «Wirtschaftswunders» zwischen 1953 und 1973 trägt diese These viel bei, zumal mit dem Erreichen des Wachstumspfads das Ende der Hochkonjunktur plausibel erklärt wird. Hätte sich aber der erstaunliche Wachstumserfolg im «Goldenen Zeitalter», das zu radikaleren Veränderungen führte als sie im Gefolge der Weltwirtschaftskrise seit 1929 und des Zweiten Weltkriegs auftraten, ohne jenen tiefgreifenden Konstellationswandel vollzogen, den der vierte Erklärungsversuch in den Mittelpunkt rückt?

d) Die Strukturbruch-These zielt auf den abrupten Wandel der ökonomischen Leitideen, der Wirtschaftsordnung und Wirtschaftspolitik, insbesondere aber des internationalen Umfelds, wodurch die Rahmenbedingungen für die westdeutsche Binnen- und Außenwirtschaft von Grund auf umgestaltet wurden. Im Inneren setzte sich in verblüffend kurzer Zeit eine neoliberale Wirtschaftspolitik durch, die das neue Ordnungsmodell der Sozialen Marktwirtschaft zu realisieren suchte. Vor allem aber führten das Währungssystem von Bretton Woods, das liberale Zollabkommen des GATT, der Internationale Währungsfond, die Europäische Zahlungsunion, das «European Recovery Program» (ERP, immerhin pumpte es bis 1952 14 Milliarden Dollar nach Europa), die OECD, die «Europäische Gemeinschaft» und danach die «Europäische Wirtschaftsgemeinschaft» (EWG) zu einer seit 1914 nicht mehr vorhandenen institutionalisierten Liberalisierung des Weltmarkts bei hoher Stabilität der Wechselkurse und geringer Schwankung der Inflationsraten. Auf diesem globalen Markt stieß die westdeutsche Wirtschaft seit dem Korea-Boom kraftvoll vor. Ihr Aufstieg mit Wachstumsraten von mehr als 8 % in den 50er Jahren beruhte daher weithin auf einem exportfundierten Wachstum. Der deutsche Anteil am Weltexport verdreifachte sich im «Goldenen Zeitalter» auf 10 %; der Exportanteil am BSP kletterte, da der Außenhandel kontinuierlich schneller wuchs als der Binnenmarkt, von 1950 = 9 % auf 1960 = 19 %, 1970 = 25 % und 1989 = 30 %. Die hohen Gewinne ermöglichten die anfangs dominierende, von der Steuerpolitik zielstrebig unterstützte Selbstfinanzierung der Unternehmen, bis der Kapitalmarkt seine Funktionstüchtigkeit zurückgewann. Erst seit den beiden Ölpreiskrisen (der Ölpreis stieg 1973/74 um 400 %, bis 1980 noch einmal um 130 %) sowie dem Kollaps der Bretton Woods-Ordnung wirkte sich eine schroffe Zäsur aus, die das gemeineuropäische «Wirtschaftswunder» beendete. Zuvor aber war die deutsche Gesellschaft auf ihrem Weg zur Konsumgesellschaft nachdrücklich vorangetrieben worden (s. unten 5).[2]

Zieht man eine Bilanz der Diskussion, erweist sich die einseitige Favorisierung eines einzigen Denkansatzes, ob nun der Rekonstruktions- oder der Strukturbruch-These (da die «Langen Wellen» und die Aufholjagd empirisch ohnehin nicht haltbar sind) als erkenntnishemmend statt erkenntnisfördernd. Erhöhte Erklärungskraft gewinnt man vielmehr – ohne Furcht vor dem Vorwurf des Eklektizismus – aus der Kombination der beiden rivalisierenden Thesen: Ohne die auf dem endogenen Wachstumspotential beruhende Leistung der wirtschaftlichen Rekonstruktion hätte der liberalisierte Weltmarkt nicht derartig effektiv genutzt werden können. Ohne den in der Tat einem Strukturbruch gleichkommenden Wandel der internationalen Institutionen und der innerdeutschen Wirtschaftspolitik hätte sich wiederum die Anstrengung der Rekonstruktion in so phantastisch kurzer Zeit nicht als ein geradezu revolutionärer Umbruch auswirken können. Verbindet man daher ohne voreilige Privilegierung der einen oder anderen Erklärungshypothese beide Ansätze miteinander, kommt man nach dem derzeitigen Stand der Forschung an die Realität dieser einzigartigen Trendperiode von 1950 bis 1973 dicht heran.

## 2. Das deutsche «Wirtschaftswunder» im «Goldenen Zeitalter» des westlichen Kapitalismus von 1950 bis 1973

Nie zuvor hat es in der deutschen Geschichte eine derart stürmische Hochkonjunktur wie in der Trendperiode von 1950 bis 1973 gegeben. Sie übertraf die wildesten Träume und Hoffnungen der 1940er Jahre. Auch im Rückblick erweist sie sich als ein absoluter Sonderfall, der trotz der anhaltenden Faszination durch die beispiellosen Wachstumsraten nicht stillschweigend in dem Sinne verallgemeinert werden sollte, daß es irgendwie gelingen könne, ja müsse, die extraordinären Wachstumserfolge jener Epoche mit ihren unverwechselbaren, unwiederholbaren Rahmenbedingungen dennoch zu wiederholen.

Der Aufschwung hatte keineswegs unmittelbar nach der Währungsreform und den Wirtschaftsreformen Erhards eingesetzt, obwohl der Wachstumsmotor 1947/48 schon wieder angesprungen war. Die Lebenshaltungskosten kletterten von Juni bis Dezember 1948 um 15 % nach oben, so daß ein Sechstel der Kaufkraft dem Binnenmarkt entzogen wurde. Hatte die Arbeitslosigkeit im Juni 1948 447000 Erwerbstätige lahmgelegt, war es ein Jahr später knapp eine Million, im Februar 1950 war die Zahl auf zwei Millionen gestiegen – das entsprach immerhin 13,5 % der Arbeitnehmerschaft; unter den Vertriebenen erreichte sie sogar 40 %. Bis zum April 1950 schwankte die Wirtschaft zwischen Konjunktur und Stagnation. Dann je- doch löste der Korea-Krieg, der die Kapazitäten anderer Länder band und auf die westdeutsche Wirtschaft einen Sog ausübte, wegen der reduzierten Konkurrenz die aufklaffenden Lücken auf dem Weltmarkt zu füllen, einen Boom aus, der in eine vorbildlose, der Tendenz nach bis 1973 anhaltende Hochkonjunktur überging. Schon von 1950 bis 1952 stieg die westdeut- sche Industrieproduktion um ein Drittel, der Export um 200 %. Unter- stützt durch das Investitionshilfegesetz und eine Steuerentlastung von 3,4 Milliarden DM erreichte die Investitionsgüterherstellung in den fol- genden Jahren eine Wachstumsrate von 12 %, die Konsumgüterproduk- tion eine von 9 %. Dieser atemberaubende Wachstumssprung, der Mitte 1952 den Durchbruch zum selbsttragenden Wachstum auslöste, läßt sich an verschiedenen Indikatoren ablesen.

a) Das Realeinkommen pro Kopf verdoppelte sich bis 1960, bis 1973 ver- dreifachte es sich sogar. Bis zur ersten Rezession von 1966/67 stiegen die Einkommen der Industriearbeiter von 1950 = 100 auf 1965 = 237 Index- punkte, der Privatverbrauch um 300 %, die Anzahl der Autos von zwei auf 12 Millionen. Nie zuvor sind die Deutschen «schneller wohlhabend geworden» als in dem Vierteljahrhundert nach 1950.

b) Die Wachstumsrate des BSP erreichte im Durchschnitt der Jahre von 1950 bis 1973 6,5 % p.a. Mit dem schnellsten Anstiegstempo in Europa wuchs es doppelt so rasch wie in den USA und vermehrte sich in 23 Jahren um das Dreifache – mehr mithin als zwischen 1800 und 1950 möglich ge- wesen war. Der Durchschnittswert verbirgt die explosive Expansion in den 50er Jahren: Von 1950 bis 1955 wurde eine Wachstumsrate von jähr- lich 9,5 % erreicht, in der Dekade bis 1960 immer noch von 8,5 %. Allein zwischen 1958 und 1963 vermehrte sich die deutsche Industrieproduktion um 37 % (die amerikanische um 28 %), der Beitrag des zweiten Sektors zum BSP erreichte damals 53 %.

In den 1960er Jahren fiel die Wachstumsrate auf 4,8 %, bis 1975 sogar auf 2,1 %. Im Schnitt aber lag sie damit immer noch weit über den Wachs- tumsziffern für die Zeit von 1871 bis 1913 (1,1 %), obwohl die Hochkon- junkturphase von 1896 bis 1913 in diese Spanne fiel. Das Nettosozialpro- dukt erreichte bereits 1952 wieder das Niveau von 1938 – eigentlich kein Wunder, da der westdeutsche Kapitalstock trotz der Kriegs- und Demon- tagezerstörungen wegen des Ausbaus der Rüstungswirtschaft 1946 den von 1938 um 16 % übertroffen hat.

c) Die Investitionsquote, die über die Treibstoffzufuhr für den Motor der industriellen Expansion entscheidet, erreichte bis 1960 fabulöse 25 % des

BSP, die Sparquote sogar 25,9 %. Durch die Steuerpolitik wurde die Investitionsaktivität nachhaltig gefördert. Die Eigenfinanzierung als zeitweilig wichtigste Finanzquelle der Kapitalbildung lag viermal so hoch wie 1926/29.

Die Bedeutung der amerikanischen Kapitalspritze im Rahmen des ERP ist oft überschätzt worden (vgl. III, 76–79). Es handelte sich bei der Bundesrepublik um vergleichsweise geringe Summen, die außerdem für die Ankurbelung der Konjunktur zu spät eintrafen. England und Frankreich erhielten zweimal so hohe Summen wie die Bundesrepublik; das entschärfte das Reparationsproblem, ebnete den Weg zur Weststaatgründung, förderte die europäische Zusammenarbeit, erleichterte auch die Eingliederung der Bundesrepublik in das westliche Bündnis und in den Weltmarkt. Aber insgesamt besaßen diese Subventionszahlungen des Marshall-Plans, die oft als Initialzündung für den westdeutschen Wiederaufbau mißverstanden worden sind, eher eine symbolische als materielle Bedeutung, da sie die Akzeptanz durch das westliche Kraftzentrum demonstrierten.

d) Der Abbau der Arbeitslosigkeit gelang auf spektakuläre Weise. Seit 1961 lag die Quote unter einem Prozent. Seither herrschte bis 1973 Vollbeschäftigung. Dieser Erfolg untergrub aber, pointiert gesagt, die Bedingungen ihrer Fortsetzung. Zugleich wurde das Wirtschaftswachstum bis 1960 von keiner nennenswerten Inflation begleitet, und auch in den Jahren von 1960 bis 1973 stieg sie nur sachte an. Dem Staat gelang es, seine ökonomisch wichtigste Ordnungsfunktion wahrzunehmen: die neue DM-Währung stabil zu halten.[3]

e) Mit dem Korea-Boom war, wie vorhin erwähnt, die Rückkehr auf den Weltmarkt verbunden. Die westdeutsche Wirtschaft erreichte alsbald die höchste Exportquote, die je von Deutschland erzielt worden war. Der Exportanteil stieg von 1950 = 9 auf 1960 = 19 %, 1973 auf 25 und 1989 sogar auf 30 % (in den beiden Hochkonjunkturphasen von 1910/13 = 17,5 % und 1925/29 = 14,9 % hatte sie ihre bisherigen, weit darunter liegenden Höchstwerte erreicht). Jährlich wuchs der Export um 6,8 %, das BSP dagegen nur um 3,1 %. Von 1951 bis 1958 erzielte der westdeutsche Außenhandel einen Überschuß von 44,5 Milliarden DM.

Es war, wie vorhin betont, ein typisch exportbasierter Aufschwung, der die Hochkonjunktur trug und vorantrieb. Der deutsche Anteil am Weltexport stieg auf 10 %; die Ausfuhr von Industriegütern kletterte schon bis 1960 von 10,9 auf 24 % (noch ohne asiatische Konkurrenz stellte der Westen damals 93 % aller Industrieexporte), diejenige von Konsumgütern von 5,5 auf 13,5 %. Dem fulminanten Export, der offenbar durch den alliierten Patentklau nach dem Zweiten Weltkrieg nicht gehemmt wurde, war es zu verdanken, daß das westdeutsche Nettosozialprodukt 1980 80 % des amerikanischen erreichte, nachdem es 1950 nur 45 % ausgemacht hatte, so daß es sich in zwanzig Jahren im Vergleich fast verdoppelte. Seit den 70er Jahren entstand ein Viertel des Volkseinkommens im Außenhandel: Jeder fünfte Arbeitsplatz war direkt exportabhängig. Als erster deutscher Staat erreichte die Bundesrepublik seit 1951 kontinuierlich eine aktive Handelsbilanz. Um nur ein Beispiel für die hektische Ausfuhraktivität zu nennen: VW produzierte 1950 täglich gerade einmal 300 Käfer und 1960 4000, lenkte aber bis 1970 allein 300 000 Wagen jährlich in den Export.

f) Währenddessen gelang ein erstaunlich reibungsloser Umbau der westdeutschen Agrarwirtschaft, die in zwanzig Jahren 3,2 Millionen Arbeitsplätze, zwei Drittel ihrer Erwerbstätigen, verlor, die überwiegend von der Industrie aufgenommen werden konnten (vgl. unten 6). Ihr Anteil am BSP ging von 1949 = 25, 1960 = 13,3 auf 1973 = 7, 1980 = 5,3 % (2000 = 2 %) zurück, doch die Wertschöpfung des drastisch schrumpfenden ersten Sektors stieg dank seiner Modernisierung um 60 %, sein Einkommen dank der Subventions- und Schutzmaßnahmen um 500 %. Selbst diese dramatische Deagrarisierung, die vor wenigen Jahren noch ganz undenkbare Reduktion der Landwirtschaft auf das Format eines winzigen, freilich noch romantisch überhöhten Produktionszweigs, führte zu keinen harten politischen Auseinandersetzungen, wie überhaupt in jener Epoche keine aus der Wirtschaft stammenden Konflikte die politische Ordnung störten, geschweige denn sie in Frage stellten.

Daher wurde die zweite Republik vorerst auch nicht, wie zuvor die erste von 1919 bis 1932, durch einen erbitterten Streit um die Einkommensverteilung belastet. Gleichzeitig entfielen für die Bundesrepublik gravierende Regionalkonflikte, wie sie bisher 1945 etwa durch die Rückständigkeit der ostelbischen Agrarprovinzen aufgeworfen worden waren. Es hing auch mit dieser ungewohnten Entlastung von traditionellen Streitfragen zusammen, daß der Staat beim Ausbau des Sozialstaats, aber auch bei der Verfolgung anderer staatlicher Aktivitäten immer höhere Anteile des Volkseinkommens ziemlich unbeschwert an sich zog, so daß die Staatsquote von 1950 = 17 auf 1970 = 32 und 1982 auf 49 % hochschoß, der Zukunft eine schwere Bürde auflastend, während die Staatsschuld von 1967 = 44 allein bis 1979 auf 202 Milliarden DM anstieg.

g) Die globale Prosperität bis 1973 entschärfte die Verteilungskämpfe zwischen den großen Rivalen auf dem Weltmarkt. Diese Pazifizierung kam namentlich der deutschen Außenwirtschaft zugute, deren Integration in die Weltwirtschaft bis dahin abgeschlossen war. Dieser Vorgang wurde durch das Londoner Schuldenabkommen von 1953 nachdrücklich gefördert. Die deutschen Schulden hatten sich nach 1949 als schwerlastende «Hypothek der Vergangenheit» erwiesen, da die junge Bundesrepublik als «kreditunwürdig» galt. Die New Yorker Außenministerkonferenz vom September 1950 hatte die Hohen Kommissare in Westdeutschland strikt angewiesen, von der Bundesrepublik die verbindliche Zusage zu erwirken, daß sie die Anerkennung aller Vor- und Nachkriegsschulden übernehmen wollte und ihre aktive Mitwirkung an der Schuldenregelung in Aussicht stellte. In den Verhandlungen, die 1953 zum Londoner Protokoll führten, gelang es der deutschen Delegation unter der Leitung des Bankiers Hermann Josef Abs, die Vorkriegsschulden von 17 auf 7 Milliarden, die Gesamtschuld auf 14,5 Milliarden DM zu ermäßigen. Die Tilgungs- und Zinsbeträge aller Schulden wurden fünf Jahre lang mit jährlich 567 Millionen DM, danach mit 765 Millionen p.a. abgetragen. Das waren Verpflichtungen, welche die Bundesrepublik reibungslos erfüllte, so daß nicht nur ihre Kreditwürdigkeit, sondern 1957 auch die volle Konvertibilität der DM hergestellt wurde, die ausländischen Investoren endlich grünes Licht für ihr Engagement gab.

Die «Europäische Gemeinschaft» von 1952 hatte sich inzwischen durch die Römischen Verträge in die EWG verwandelt. Die regenerierten Nationalstaaten bildeten fraglos die Basis der europäischen Einigungspolitik. Aber der Teilverzicht auf Souveränität, den sie zur eigenen Rettung und Stabilisierung akzeptierten, wirkte sich als überaus kräftiger Wachstumsimpuls aus. Allein bis 1970 versechsfachte sich der innereuropäische Handel. Der neue Staatenverein hob das Wirtschaftswachstum seiner Mitglieder um ca. 2% an. Die Bundesrepublik, deren Außenhandel bald zu zwei Dritteln innerhalb der EWG abgewickelt wurde, stand an erster Stelle der Nutznießer der wirtschaftlichen Einigung des «Karolingischen Europa».

h) Die weltwirtschaftliche und die europäische Integration beförderten auch endgültig die seit längerem laufende Schwerpunktverlagerung unter den Leitsektoren. Die alten Führungssektoren der deutschen Industriellen Revolution – Kohlenbergbau, Eisen- und Stahlproduktion – büßten nach einer kurzen Blütezeit seit dem Ende der 50er Jahre ihre Motorik ein. Ihr Beitrag zum BSP verringerte sich um fast ein Viertel auf 30%. Dagegen steigerten die neuen Führungssektoren, die seit den 1890er Jahren in stetigem Vormarsch gewesen waren, mithin die Chemische und Elektrotechnische Industrie und der Maschinenbau, dazu jetzt vor allem die Automobilherstellung, ihren Anteil bis 1980 auf 46%; bis zu diesem Jahr lenkten Maschinen- und Automobilbau bereits die Hälfte ihrer Produktion auf den Weltmarkt.

Wie schon im Kaiserreich mit seiner rasch wachsenden Bevölkerung steckte aber auch im Wohnungsbau der Bundesrepublik, die 14 Millionen Zuwanderer aufnahm, die zerstörten Städte wieder aufbauen und wachsenden Ansprüchen an den Wohnkomfort gerecht werden mußte, eine langlebige Dynamik, die bei der Bewertung des «Wirtschaftswunders» oft vernachlässigt wird. 1949 fehlten in Westdeutschland bis zu sechs Millionen Wohnungseinheiten, doch bis 1960 waren schon fünf Millionen gebaut worden, wovon 60 % auf den Sozialen Wohnungsbau mit seinen niedrigen Mieten (unter dem Stand von 1914 und 1937) entfielen. 1963 besaß bereits ein Drittel aller Haushalte Haus- oder Wohnungseigentum.[4]

i) In mancher Hinsicht markiert die Hochkonjunkturepoche bis 1973 die letzte Phase der Vorherrschaft der Industrie in Deutschland, die bis 1970 48,5 % der Erwerbstätigen erfaßte. 1960 war die Bundesrepublik, gemessen an der Anzahl der Industriebeschäftigten je 1000 Einwohner, das am höchsten industrialisierte Land der Welt geworden. Von 1900 bis 1970 war die unzweideutige Mehrheit der Berufstätigen in der Industrie ihrem Erwerb nachgegangen. Doch seit den 70er Jahren sank ihre Zahl auf jenes Drittel hinab, das sie auch 1900 schon einmal erreicht hatte. Insofern bildet die Zeitspanne von 1900 bis 1970 die deutsche Hochindustrialisierungsepoche.

Eine anhaltend rasante Expansion erlebte dagegen der tertiäre Sektor der Dienstleistungen, der 1950 34, 1970 bereits 43 und 2000 sogar 64 % der Erwerbstätigen umfaßte. Daß in der Mitte der 1980er Jahre der Anteil der Angestellten und Beamten die Hälfte der Erwerbstätigen stellte und denjenigen der Arbeiter bereits um 400000 übertraf, fortab auch noch immer weiter in den Schatten stellen sollte, kann als anschaulicher Beleg für diesen Strukturwandel gelten.

Der stürmische Vorstoß des Dienstleistungssektors beruhte auf dem sprungartig voranschreitenden Ausbau des Sozialstaates mit seiner personalintensiven Erweiterung aller sozialen Sicherheitssysteme, der öffentlichen Verwaltung und des Bildungswesens, fast ebenso sehr aber auch auf dem Wachstum der Banken und Versicherungen, der Werbung, der Unternehmungsberatung und der Finanzleistungen.

Dieser Siegeszug begleitete die Entwicklung der deutschen Konsumgesellschaft, deren Konturen nach einem längeren Vorlauf seit den 1970er Jahren immer klarer hervortraten (vgl. unten 5). Dennoch ist es verfehlt, deshalb von einem Ende der Industriegesellschaft zu sprechen, da der zweite Sektor seine zentrale Bedeutung und wohlstandsverbürgende Kraft behalten hat.

Geblieben ist auch über diese Schwelle hinweg das dualistische System der deutschen Industriestruktur. Die Großkonzerne stellen maximal 20 % der Betriebe und Beschäftigten, die sogenannten mittelständischen Unternehmen – wenn man die anachronistische Sprache der untergegangenen Ständewelt beibehalten will – aber 80 %, bis im letzten Viertel des 20. Jahrhunderts tiefgreifende Veränderungen sie umzuformen begannen. Die kleinen und mittelgroßen Betriebe mit bis zu neun bzw. zehn bis 500 Beschäftigten stellten 99 % dieser mittelständischen Unternehmen, den Rest die großen Betriebe mit 500 bis 1000 Beschäftigten. In diesem Zentralbereich des «Rheinischen Kapitalismus» waren mit zwanzig Millionen durchweg mehr als zwei Drittel aller Erwerbstätigen, gut 70 %, eingespannt. Hier wurden 45 % aller Umsätze und 46 % aller Investitionen getätigt, sogar 57 % der Wertschöpfung erwirtschaftet. Von diesen oft innovativen, flexiblen, leistungsfähigen und überdurchschnittlich wettbewerbswilligen Unternehmen hing daher weit mehr, als man gemeinhin wegen der Fixierung auf die Großindustrie glaubt, nämlich die Beschäftigungsquote, mit anderen Worten: die Eindämmung der Arbeitslosigkeit ab.

j) Für die westdeutsche Wirtschaft war, wie das vorhin mehrfach betont worden ist, das hochqualifizierte «Humankapital» von maßgeblicher Bedeutung, denn sie konnte auf mehr als sieben Millionen erwerbsfähiger Flüchtlinge und Vertriebene, die der Bundesrepublik ohne Ausbildungskosten zuströmten, ein Dutzend Jahre lang zurückgreifen. Dank dieser «sozialen Wachstumskapazität» gewann sie einen Vorsprung, denn durch die mühelose Vermehrung des Produktionsfaktors Arbeit vermochte sie ihr extensives Wachstum voranzutreiben. Allerdings sanken nicht zuletzt deshalb die Bildungskosten erheblich unter den Stand, den sie im Kaiserreich und in der Weimarer Republik bereits einmal erreicht hatten.

Dann unterbrach der Berliner Mauerbau im Sommer 1961 die Westflucht aus der DDR. Zu diesem Zeitpunkt waren aber auch schon 320000 Gastarbeiter angeworben worden, deren Zahl seit 1961 so rasch gesteigert wurde, daß man bereits 1964 eine Million, 1973 aber 2,6 Millionen zählte – sie stellten immerhin 12 % der bundesrepublikanischen Erwerbstätigen (vgl. vorn II). Da immer mehr Gastarbeiter nicht in ihre Heimatländer zurückwanderten, sondern sich mit ihren Familien zur Umsiedlung in die Bundesrepublik entschlossen, zog die Bonner Regierung 1973 die Notbremse des Anwerbestopps. Wegen der weiter anhaltenden Familienzusammenführung stieg die Zahl der Arbeitsmigranten und ihrer Angehörigen zwar noch immer an, doch verzichtete die Bundesrepublik nach dem ersichtlichen Ende der Hochkonjunktur und dem Beginn einer neuen, ungleich problembeladeneren Trendperiode auf ihr extensives Wachstum durch die ständige Zufuhr an Arbeitskräften.

Die erste ernsthafte Rezession von 1966/67 bedeutete trotz ihrer Kurzlebigkeit eine Zäsur, die das mit unverhohlener Euphorie begleitete Wachstum unterbrach. Erstmals erlebte die Industrieproduktion einen Rückgang. Das BSP verzeichnete nicht das gewohnte Wachstum. Der Anstieg der Investitionsrate brach ebenso wie die Zuwachsrate des Kapitalstocks ab, der nie wieder die 6 % des Jahres 1965 erreichen sollte. Eine kurze Zeit lang sank sogar der Anteil der warenproduzierenden Erwerbstätigen, obwohl die Vollbeschäftigung schnell zurückkehrte. Der Trend zugunsten des tertiären Sektors machte sich stärker geltend. Zukunftsprobleme kündigte der Abfall der Geburtenrate an, auf den seit 1973 der Sterbeüberschuß folgte (vgl. vorn II).

Die Wirtschaftspolitik der Großen Koalition, maßgeblich formuliert und durchgesetzt von der SPD-Koryphäe Karl Schiller, ging mit einer vielseitigen keynesianischen Globalsteuerung die Probleme an. Wegen der raschen Erholung fühlte sie sich, von der öffentlichen Zustimmung getragen, bereits 1967 als Drachentöter. So eindrucksvoll nach den verlockenden Anreizen der antizyklischen Konjunkturpolitik, die wie der Pawlow-Effekt die angestrebten Reaktionen hervorrief, die Erholung auch einsetzte, bleibt doch weiter offen, ob die Staatshilfe tatsächlich den entscheidenden Ausschlag gab, den Glauben an die «Machbarkeit» des ökonomischen Prozesses durch vertrauensbildende Maßnahmen unterstützte oder wie ein Placebo das Wirken der Selbstheilungskräfte der Wirtschaft nur begleitete.

Unstrittig ist dagegen, daß der amerikanische Krieg in Vietnam belebende Impulse vermittelte, wenn auch nicht in gleichem Ausmaß wie der Korea-Boom der 50er Jahre. Jedenfalls setzte die ökonomische Expansion schon 1967 wieder kraftvoll ein. Die Wachstumsraten lagen bis zum Anfang der 70er Jahre über 4 %, der Export erreichte 23 % des BSP. Allerdings kletterten die Lebenshaltungskosten, die zwischen 1950 und 1960 nur um 1,9 % p. a. angestiegen waren, seither um 2,7 % p. a. an.

1973 konnte man in der Bundesrepublik auf einen erstaunlichen Wohlstand blicken: Es gab 16 Millionen Autos und 19 Millionen Fernsehgeräte. 11,5 Millionen Wohnungen waren seit 1945 gebaut worden. Der Tarifurlaub war auf 24 Tage ausgedehnt worden (1950 = 14). Seit 1956 hatte sich die Fünf-Tage-Woche durchgesetzt, die in der Metallindustrie nur mehr 45 Stunden umfaßte. Die Arbeitszeit fiel (bis 1985) auf den niedrigsten Stand in der westlichen Welt, während gleichzeitig ein stabiles Hochlohnniveau erreicht wurde, denn die Reallöhne waren Jahr für Jahr um 4,6 %, das Volkseinkommen von 1950 = 850 DM p. c. auf 1973 = 3.300 DM gestiegen. Für ihre Auslandsferien gaben die Bundesbürger, Weltmeister des Reisens, jährlich bereits 18 Milliarden DM aus.[5]

## 3. Vom Ölpreisschock zur Wiedervereinigung: Die Ursachen des verlangsamten Wachstums

Während sich die überhöhte Erwartung eines permanent verlängerbaren Wirtschaftswunders als massenwirksamer Konsens verfestigte, nahte das Ende des Booms, denn die hochkonjunkturellen «langen 50er Jahre» endeten zwar nicht mit der Rezession von 1966/67, wohl aber mit dem ersten Ölpreisschock von 1973, er markiert das Ende der Nachkriegszeit. Das mächtige Großkartell der erdölexportierenden Länder trieb den Barrelpreis von 2,1 auf sage und schreibe 35,2 Dollar in die Höhe. Damit endete

das Zeitalter billiger Energie, da von der OPEC eine in Friedenszeiten
«beispiellose Veränderung fundamentaler Preisrelationen» durchgesetzt
wurde. Ohne den bislang billigen Energieträger Öl wäre das rapide Wachstum in den beiden vergangenen Jahrzehnten, allein auf Kohle gestützt,
nicht möglich gewesen. 1973 deckte Öl 55%, die Kohle nur mehr 22%
des deutschen Energiebedarfs. Das Sozialprodukt mußte nunmehr vom
Wachstum des Energieverbrauchs abgekoppelt werden. Ein tiefgreifender
Systemschock breitete sich aus. Der Westen erlebte seine tiefste Krise in
der Nachkriegszeit, vielleicht sogar seit 1929.

Vorausgegangen war 1972 der Zusammenbruch der Währungsordnung
von Bretton Woods, an deren Stelle flexible Wechselkurse traten, welche
die Außenwirtschaft mit schwer vorhersehbaren Risiken belasten konnten. Und im selben Jahr hatte mit dem kritischen Bericht des «Club of
Rome» eine intensive Debatte über die globalen Belastungen durch das
Wirtschaftswachstum eingesetzt. Sie drückte einen postmateriellen Wertewandel aus, der zur Formierung gesellschaftlicher Opposition gegen die
bisher verklärte Wachstumsgesellschaft führte, wie sie sich wenig später
ganz so leidenschaftlich wie rationalen Argumenten unzugänglich in der
deutschen Widerstandsbewegung gegen die Atomenergie äußerte.

Aber zunächst zu den sozioökonomischen Veränderungen, als alle An-
gebotsfaktoren sich änderten und mit ihnen die Nachfrage. Daß die Investitionsrate aus Furcht vor einer ungewissen Zukunft absank, erwies sich
seither als ein Kernproblem. Folgerichtig wurden die Wachstumsraten von
1973 bis 1989 auf 2% halbiert. Das galt vor dem Hintergrund der Boomperiode als ein deprimierender Absturz, obwohl damit das Wachstum der
Hochkonjunkturphase zwischen 1896 und 1913 erreicht wurde. Nach seiner vehementen Expansion wurde jedoch die wirtschaftliche Basis des europäischen und allemal des deutschen Sozialstaats durch das reduzierte
Wachstum unaufhaltsam unterminiert.

Seit der zweiten Hälfte der 6oer Jahre waren überdies die gewerkschaft-
lichen Lohnforderungen im blinden Vertrauen darauf, daß die Vollbeschäftigung nach Belieben verstetigt werden könne, kontinuierlich angestiegen. Der Staat könne, wie das die Konjunkturpolitik der Großen
Koalition dem DGB demonstrierte, erfolgreich intervenieren und damit
das Lohnniveau und die Leistungen der sozialen Sicherheitssysteme an-
heben. Seit 1966 saßen auch «eigene Leute» als SPD-Minister in der Bundesregierung, und überdies sah sich der DGB durch seine insgesamt pragmatische, klassenkämpferische Zuspitzung ablehnende Lohnpolitik mit
geringer Streikzahl legitimiert, die kluge Mäßigung in den vergangenen
Jahrzehnten aufzugeben und in die Einkommensverteilung mit massivem
Druck einzugreifen. Als die Löhne daraufhin, namentlich in der Zeit der
Regierung Brandt, förmlich explodierten, verschlechterten sich die Ge-
winnaussichten der Unternehmen, die fortab, um ihre Rentabilität fürch-

tend, einer weiteren Expansion mit unverhohlener Skepsis begegneten, zumal ihr Vertrauen auf die effektive politische Steuerbarkeit des Wirtschaftsprozesses rapide nachließ. Außer den Löhnen stiegen auch die Kosten für die überaus generöse Ausdehnung des sozialen Sicherheitsnetzes und raubten der Bundesrepublik zusehends jene Flexibilität, die sie bisher genossen hatte.

«Stagflation» breitete sich aus: ein, wie man glaubte, stagnierendes Wachstum mit zunehmender Arbeitslosigkeit (1975 wurde schon eine Arbeitslosenquote von 5 % gemessen) und beschleunigtem inflationärem Preisauftrieb, der aber auch zum nicht geringen Teil der durch den Vietnam-Krieg angefachten und nach Europa exportierten amerikanischen Inflation zu verdanken war. In der Textil-, Schiffsbau- und Stahlindustrie war der Niedergang nach der Ölpreiskrise nicht aufzuhalten. Bald sprach die OECD von «Eurosklerose».

Der zweite Ölpreisschock von 1976/79, weithin eine Folge der fundamentalistisch-islamistischen Revolution im erdölreichen Iran, trieb den Barrelpreis bis 1980 noch einmal um 130% in die Höhe. Öl war jetzt 15mal so teuer wie 1972. Dennoch wurde der Preisanstieg von den westlichen Industriestaaten, welche auch die neue Schwemme von Petrodollars zu absorbieren vermochten, auffallend schnell bewältigt, zumal 1981 eine Beruhigung einsetzte: 1990 lag der Ölpreis sogar etwas niedriger als 1980.

Als ob die maßlose Verteuerung des bevorzugten und bisher so preiswert gelieferten Energieträgers nicht schon genug Probleme aufwerfe, rückten seit den 70er Jahren drei weitere gravierende Fragen der Wachstumserschwerung auf die Tagesordnung auch der deutschen Wirtschaft. Das war zum einen der rasante Aufstieg der asiatischen Konkurrenz, die insbesondere von Japan, dann aber auch von den verblüffend schnell reüssierenden «kleinen Tigern» in Südostasien: von Singapur, Malaysia, Thailand und Taiwan verkörpert wurde. Mit ihren geringen Lohn- und Stückkosten unterboten sie geradezu spielend das europäische und das amerikanische Niveau.

Außerdem machten sich, zweitens, diese asiatischen Länder, außer den USA, als erste die Elektronische Revolution zunutze, die neue Produktionsstätten für Kommunikations- und Unterhaltungsgeräte, erst recht dann für Computer aus dem Boden stampfte. Der Innovationsvorsprung auf diesem Gebiet verschaffte ihnen eine führende Position auf dem Weltmarkt, während die deutsche Industrie, vom Selbstbewußtsein ihrer Wirtschaftswundererfolge geblendet, den Aufbruch in diese neue Welt verpaßte.

Und, drittens, endete in Deutschland das industrielle Zeitalter. Die Deindustrialisierung schritt seither voran, zuerst als regionale, dann als gesamtwirtschaftliche Belastung. Das war eine Folge der enorm gesteigerten Produktivität der leistungsfähigen Unternehmen, die unterlegene Rivalen zerstörten oder absorbierten, der asiatischen Konkurrenz, des Fehlens aussichtsreicher Zukunftsindustrien (eine Ausnahme war der Airbus), des Rückfalls der wissenschaftlichen Forschung und der Umsetzung ihrer Ergebnisse in industrielle Produkte, der Verkrustung des Arbeitsmarkts unter dem Einfluß der Gewerkschaften und der überhöhten Sozialabgaben. Wie in einem System kommunizierender Röhren setzte sich in der Bundesrepublik parallel zur Deindustrialisierung die Dienstleistungsgesellschaft weiter durch. Während Arbeitsplätze in die asiatischen Niedriglohnländer abwanderten (einige Jahre später kam Osteuropa noch hinzu), etablierte sich die Mehrheit der Erwerbstätigen im Dritten Sektor. Das signalisierte einen zentralen gesellschaftlichen Strukturwandel mit einer neuartigen Ressourcenverteilung im Verhältnis des Zweiten Sektors zum vordringenden Dritten Sektor, der 1980 bereits 56,6, 1998 aber 62,6 % der Erwerbstätigen an sich band (Erster Sektor: 2,2 %).

An diesem tertiären Bereich lassen sich vier Aspekte unterscheiden: die Distribution in Transport und Kommunikation, die Produktion durch Finanzleistungen und Research and Development, die soziale Komponente des Bildungs-, des Gesundheits- und des sozialen Sicherheitssystems, die persönlich-private Kategorie der Freizeit- und Feriengestaltung, der Unterhaltung und Hausangestellten. In allen vier Dimensionen kam es auf der Grundlage industriewirtschaftlicher Erfolge und des gesteigerten Wohlstands zu einer in Windeseile sich vollziehenden Steigerung der Dienstleistungen – ein machtvoller Trend, der seither die Führungsrolle des Tertiärsektors bestätigt hat, aber keineswegs, wie bereits betont, dazu führen sollte, voreilig vom Ende der Industriegesellschaft zu sprechen, da industrielle Leistungen weiterhin zahllose Dienstleistungen generieren und stimulieren.

Die Bundesrepublik gehörte auch nach 1973 zu dem halben Dutzend der reichsten Länder der Welt, rangierte auch weiterhin im Export auf dem Weltmarkt an zweiter oder dritter Stelle. Aber sie hing hartnäckig der Überzeugung an, daß ihr eigentlich, nachdem es mehr als zwei Jahrzehnte nur steil bergauf zu immer neuen Rekordergebnissen gegangen war, eine Verlängerung des Wirtschaftswunders im Grunde zustehe, die Halbierung der Wachstumsraten nur als kurzlebiges, möglichst schnell zu überwindendes Dilemma zu begreifen sei. Die Bürde des Erfolgs in den fabulösen Jahren bis 1973 wirkte sich zunehmend als verzerrte Realitätswahrnehmung, schließlich als Blockade der unausweichlich gebotenen Systemreformen aus, die andere Länder, wie England und Holland, Schweden und Neuseeland, frühzeitig in Angriff genommen hatten.[6]

## 4. Die gemischte Bilanz des Handwerks

Nach den turbulenten Jahrzehnten zwischen 1914 und 1945, die im Zeichen des rüstungswirtschaftlichen Primats mit einer scharfen Reduktion des Handwerks geendet hatten (Bd. III, 271–74, 707 f.), begann die Bundesrepublik mit einem hohen Besatz an Handwerksbetrieben, deren Zahl 1949 stattliche 863 000 erreichte. Die Gründungen hatten sich so gehäuft, weil zum einen die Erfüllung des Wunsches nach Selbständigkeit oft aufgeschoben worden war, zum anderen Flüchtlinge und Vertriebene, Frauen und heimkehrende Soldaten in das Kleingewerbe drängten. Die bundesdeutsche Handwerkspolitik stützte sich daher zuerst auch auf das Argument, daß sie es mit einem quantitativ bedeutsamen Faktor zu tun habe, als sie an die traditionsbewußte Mittelstandspolitik anknüpfte, um die rechtliche Sonderstellung des Handwerks erneut zu befestigen.

In der amerikanischen Zone hatte die Besatzungsmacht die Zwangsinnungen zusammen mit dem Befähigungsnachweis als Relikte korporativistischer Gängelung aufgehoben und damit die Gewerbefreiheit eingeführt. Nichts blieb von diesem Schreckgespenst für den «Mittelstand», wie man diese Berufsklassen in anachronistischer Sprache auch nach 1945 weiter nannte, für längere Zeit erhalten. Denn die neue Handwerksordnung des Bundestags schrieb 1953 all das vor, wofür die Lobby seit dem 19. Jahrhundert gekämpft hatte. Erneut wurde der Große Befähigungsnachweis für die Führung eines handwerklichen Meisterbetriebs verbindlich gemacht; die Innungen erhielten den begehrten öffentlich-rechtlichen Status zurück, einschließlich der «Hoheitsaufgabe» des Ausbildungs- und Prüfungswesens; die selbständigen Meister gewannen die Zweidrittel-Mehrheit in den Handwerkskammern, und erst die Eintragung in die Handwerksrolle etablierte ein Unternehmen als regulären Handwerksbetrieb. Dieser gesetzliche Rahmen bedeutete in der Tat das, was die Kritiker damals häufig angriffen: eine klassische Restauration. Doch für den konkreten Wirtschaftsprozeß erwies sich die rechtliche Verfassung keineswegs immer als ausschlaggebend.

Bestimmte Handwerkszweige, wie besonders das Baugewerbe, klinkten sich überaus erfolgreich in den Wachstumsprozeß ein. Das läßt sich an einigen eindringlichen Meßziffern ablesen. Bereits am Ende der 50er Jahre trug das Handwerk einen höheren Anteil zum BSP (10 %) bei als die Landwirtschaft, deren Beschäftigtenzahl es auch weit übertraf. Seine Nettoproduktion lag 1963 bei 41 Milliarden DM, mehr als das Doppelte über den 19 Milliarden DM der Landwirtschaft. Sein Anteil am gesamten produzierenden Gewerbe erreichte damals immerhin 21 %. Im Umsatzwachstum hatte die Industrie zwischen 1950 und 1955 das Handwerk mit 107 zu 74 übertroffen, fiel aber von 1955 bis 1963, mitten in der Hochkonjunktur, auf 84 zu 107 zurück. Es wäre daher ganz verfehlt, die Leistungskraft des Handwerks und seinen Beitrag zum «Wirtschaftswunder» zu unterschätzen.

Allerdings schritt gleichzeitig auch der Konzentrationsprozeß voran, so daß 1963 nach einem Verlust von 20 % nur mehr 686 000 Betriebe tätig waren. Während die Anzahl der Einzelmeister schrumpfte, erwiesen sich zahlreiche größere Betriebe mit wachsender Beschäftigtenzahl und gesteigerter Kapitalintensität als durchaus wettbewerbsfähig. 1978 hatten sich nach der Schließung eines Drittels jener Handwerksgeschäfte, die 15 Jahre zuvor bestanden hatten, noch 460 000 gehalten. Ihre Betriebsgröße war aber von 3,5 auf 9,5, die gesamte Beschäftigtenzahl von drei auf vier Millionen gestiegen. Handwerksbetriebe mit mehr als zehn Beschäftigten verdoppelten ihre Betriebsgröße; sie erreichten bis 1978 einen Anteil von 62 % aller handwerklich Erwerbstätigen und von 66,7 % des Umsatzes. Währenddessen stieg die Höhe des Neugründungen erschwerenden, inzwischen aber erforderlichen Kapitaleinsatzes, der wie die steigende Betriebsgröße das Wirken des Konzentrationsprozesses, aber auch der fortschreitenden Industrialisierung des Handwerks anzeigte.

Dieser Vorgang war mit heftigen Fluktuationen verbunden. Sieht man von den Erbübertragungen ab, wurden allein von 1950 bis 1958 446 000 Eintragungen in die Handwerksrolle gelöscht, das war mit 53 % mehr als die Hälfte aller registrierten Betriebe, während 275 000 (32 %) hinzukamen. Typisch für die interne Veränderung war auch, daß die Lehrlingszahl bis 1963 um 31 % sank, wogegen mit wachsenden Verwaltungsaufgaben die Angestelltenzahl um 85 % hochkletterte.

Wenn das Handwerk trotz dieses drastischen Wandels bis 1980 einen Anteil von 15,5 % der Erwerbstätigen an sich band und ein Achtel zum BSP beisteuerte, lag die Ursache dieses Erfolgs in seiner Anpassung an die Industrie und im Fortschritt seiner Selbstindustrialisierung. Das enthüllt etwa der Hoch- und Tiefbau, in dem um 1980 rund 25 000 Handwerksbetriebe mit 565 000 Erwerbstätigen beschäftigt waren – jeder Dritte in einem Unternehmen mit mehr als 100 Mitarbeitern. Selbst diejenigen mit mehr als 500 wuchsen rasch an, so daß Großbetriebe auf dem Bau gewöhnlich dominierten. Hinzu kamen dann noch 100 000 Straßenbauer, 200 000 Maler, je 65 000 Zimmerleute und Dachdecker, 250 000 Sanitär- und Heizungsmechaniker, 200 000 Elektroinstallateure, 120 000 Schlosser und 210 000 Bau- und Möbeltischler. Kurzum: Fast jeder zweite Handwerker war im Baugewerbe tätig. Als der Boom auf diesem dynamischen Führungssektor nachließ – von 1950 bis 1963 hatte das Bauhandwerk ein Wachstum von 58,5 % erlebt –, sank dementsprechend auch die Anzahl der Bauhandwerker.

Gehalten hatten sich wegen der Versorgungswünsche, die mit dem erstaunlichen Bevölkerungswachstum der 1950/60er Jahre verbunden waren, die je 220 000 Bäcker, Fleischer und Friseure. Dagegen waren die

12000 Betriebe von Schneidern und die 13000 Werkstätten von Schuhmachern, durchweg Kleinbetriebe mit nur mehr 31000 bzw. 26000 Beschäftigten, völlig bedeutungslos geworden. Zumal die oft proletaroiden Alleinmeister wurden durch die Fabrikproduktion großer Back- und Fleischwarenunternehmen ausgeschaltet oder sie landeten in der Reparaturnische der Filialen von Kaufhausketten.

Mit diesem Niedergang kontrastierte scharf die Lebenskraft neuer durchsetzungsfähiger Gewerbe. So stieg etwa die Anzahl der Autoreparaturwerkstätten bis 1980 um 30%. Das alte Landhandwerk versank in die Bedeutungslosigkeit, doch die Anzahl der Mechaniker für Traktorreparaturen vermehrte sich schon in den 50er Jahren um 385%.

Einige Grundlinien der Entwicklung treten klar hervor. Während sich die Handwerksbetriebe vergrößerten, sank die Anzahl der selbständigen Existenzen schroff ab. Da die Kapitalhöhe funktionstüchtiger Betriebe anstieg, wurde den Gesellen die Neugründung und damit der herkömmliche Aufstieg einschneidend erschwert. Wegen der erhöhten Kapitalintensität schrumpfte auch die Fluktuation in den Gewerben. Die besten Aussichten behielten die Söhne (noch immer nicht die Töchter) von selbständigen Handwerkern mit größeren Betrieben. Oft kam es dort zur Berufsvererbung. Wer die etablierte Position erfolgreich verteidigte, konnte, wie um 1980 jeder fünfte selbständige Handwerker, zu den Spitzenverdienern gehören.

Im allgemeinen ist das Handwerk, dem Großtrend seit dem Kaiserreich folgend, aus dem Bereich der Produktionsgüter endgültig verdrängt und auf den der Konsumgüter gelenkt worden. Für die neuen Handwerkszweige in der zweiten Hälfte des 20. Jahrhunderts spielte die Neuherstellung keine Rolle mehr. Als absolut vorrangig haben sich längst Reparatur, Installation und Handel erwiesen. Die von der Handwerksrolle fingierte Homogenität der Handwerkerschaft ist seit geraumer Zeit fragwürdig geworden, da die Industrialisierungswelle erfolgreiche Handwerker zu großgewerblichen Unternehmern gemacht hat. Es ist grotesk, Betriebe mit 800 bis 1000 Mitarbeitern etwa in der Autozulieferungs- oder Möbelindustrie weiterhin zum handwerklichen «Mittelstand» zu rechnen. Überdies müssen Handwerker inzwischen in der Regel die Hälfte ihrer Zeit, von Angestellten unterstützt, einer kaufmännischen Tätigkeit widmen.

Politisch tendieren Handwerker überwiegend zur Option für die CDU, eine Minderheit neigt zur FDP. Die Zeit, da sie für ihre wertvolle Pufferfunktion als «gesunder Mittelstand» zwischen Kapital und Arbeit, zwischen Plutokratie und Proletariat plädierten, ist endgültig vorbei. Im Vergleich mit den Ländern des früheren Ostblocks oder anderen europäischen Staaten wird man indes die kompetenztüchtigen Handwerker, die in hinreichender Dichte den Alltag erleichtern, zu schätzen wissen.[7]

## 5. Gab es eine Amerikanisierung der westdeutschen Wirtschaft nach 1945?

Bei den verschiedenen Anläufen, die Antriebskräfte und vorteilhaften Rahmenbedingungen der ökonomischen Expansion der Bundesrepublik zu charakterisieren und auch zu erklären, hat die These von der Amerikanisierung ihrer Wirtschaft zeitweilig eine prominente Rolle gespielt. Der institutionelle Umbau der Betriebe, die Veränderungen in der Unternehmensführung, das neue Weltbild mit den andersartigen Werten und Normen der Unternehmer – sie alle hätten sich, hieß es, nach amerikanischem Vorbild in den 1950er/60er Jahren durchgesetzt und maßgeblich zum Erfolg der Wirtschaftswunderjahre beigetragen. Insbesondere die Mentalität der Unternehmer- und Managerelite habe sich aufgrund des Ideentransfers in transatlantischen, aber auch innerdeutschen Netzwerken einflußreicher Persönlichkeiten von Grund auf verändert, so daß die Entscheidung für Massenproduktion und Konsumgüterherstellung, gegen Kartellmacht und formelle Hegemonie der Vorbildwirkung der Vereinigten Staaten, in gewisser Hinsicht der ökonomischen Umerziehung der deutschen Unternehmerschaft nach nordamerikanischem Leitbild zu verdanken sei. Mit dem Begriff der Amerikanisierung steht mithin die Frage zur Debatte, ob man dem unterstellten folgenreichen Export von Institutionen und Werten, Verhaltensformen und Verfahrensweisen aus Amerika derartige Wirkungen zusprechen darf.[8]

1. Blickt man auf die institutionelle Reorganisation der westdeutschen Wirtschaft, läßt sich der anfängliche Einfluß der amerikanischen Politik nicht leugnen. Große Unternehmen mit einer marktbeherrschenden Stellung wurden der «Entflechtung» unterworfen. Die IG Farben z.B. wurden in drei große Betriebe: Bayer Leverkusen, BASF und Hoechst, zerlegt, die seither als getrennte Einheiten bestehen blieben. Die Vereinigten Stahlwerke wurden ebenfalls aufgelöst: Der Großteil wurde von der Thyssen AG übernommen, die entgegen den alliierten Entflechtungshoffnungen alsbald zum drittgrößten Unternehmen der Bundesrepublik, drittgrößten Stahlproduzenten in Europa und viertgrößten Rohstahlerzeuger der Welt aufstieg. Die Großbanken wurden in dreißig Regionalbanken aufgeteilt, doch bis 1957 gelang ihnen durchweg wieder die Fusion zu den großen Universalbanken alten Stils. Überhaupt ließ sich die vertikale Integration, der Konzentrationsprozeß in der westdeutschen Wirtschaft, mit wachsendem politischem Spielraum gegenüber den westlichen Alliierten nicht aufhalten.

Erst 1957 kam, durchaus amerikanischen Wünschen entsprechend, das von der Lobby älterer Unternehmer verbissen bekämpfte Antikartellgesetz «gegen Wettbewerbsbeschränkung», eine Art Grundgesetz des Erhardschen Ordoliberalismus, endlich zustande, das die Rückkehr der klassischen deutschen Kartelle verhinderte. Freilich war die Abwendung von der Kartellmacht faktisch schon seit der zweiten Hälfte der 1920er Jahre vollzogen worden, als statt ihrer Großkonzerne nach dem amerikanischen Vorbild des Trusts – wie etwa die IG Farben, die Vereinigten Stahlwerke, die Continental AG – tendenziell ganze Industriezweige zu dominieren suchten. Überhaupt setzte eine große Fusionswelle, welche Kartelle in gewisser Weise überflüssig machte, schon vor 1929 ein. Insofern bestätigte das Kartellgesetz, ungeachtet der Opposition, einen seit 30, 40 Jahren wirksamen Trend.

2. Daß die Rationalisierungsschübe und das Produktionsmodell der deutschen Großindustrie nach 1949 auf der Linie der Normierungsmaßnahmen und des Übergangs zur Massenproduktion lagen, die in Deutschland längst eingeschlagen und durch die beiden Weltkriege noch verstärkt worden war, ist vorn bereits erörtert worden. Auch von einer Amerikanisierung der deutschen Technologie im Kontext einer vermeintlichen Aufholjagd kann ernstlich nicht gesprochen werden, da amerikanische Technologie entweder schon viel früher übernommen oder durch die Parallelentwicklung in Deutschland überflüssig gemacht worden war. Statt der behaupteten Imitation gab es eher Austausch, insgesamt eher Eigenständigkeit und auf längere Sicht Konvergenz.

3. Gab es einen mentalitätsgeschichtlichen Wandel der deutschen Industrieeliten, unter denen die amerikafreundliche Fraktion sich frühzeitig durchgesetzt habe? Angesichts des außerordentlich hohen Maßes an sozialer Kontinuität in der deutschen Unternehmer- und Managerschaft bis weit in die 1960er Jahre hinein (1965 waren nur 16 % der Spitzenmanager weniger als 60 Jahre alt) ist das Forschungsergebnis, daß ihre Prägung durch eigene Erfahrungen, durch ihre Selbstbezogenheit auf die eigenen Aufbauerfolge bis zu diesem Generationswechsel zwanzig Jahre nach dem Zweiten Weltkrieg im Vordergrund gestanden hat, durchaus einleuchtend. Erst seither begann sich in einem quantitativ ausschlaggebendem Maß die nachrückende jüngere Generation an Amerika zu orientieren (vgl. hinten IV. A. 2 die Diskussion dieser sozialgeschichtlichen Kontinuität und Diskontinuität).

Sucht man außerhalb des zunächst kleinen Netzwerks amerikafreundlicher Unternehmer und Manager nach den Wegen und Medien amerikanischer Einflußnahme, ist die Präsenz amerikanischer Manager in der Bundesrepublik nicht unwichtig. Zuerst meist in kleineren Betrieben, aber auch in großen amerikanischen Filialen wie Ford, Opel, IBM, Esso, Texaco tätig, wuchs ihre Zahl von 1950 bis 1973 von 51 auf 520 Personen. Auch von ihnen wurde jedoch keine systematische, strategisch fundierte Angleichung an die Verhältnisse in der amerikanischen Industrie betrieben. Und die Semantik des amerikanischen Wirtschaftslebens, einschließlich der Wirtschaftswissenschaft, ein wichtiges Indiz der Umorientierung, wurde ebenfalls bis 1970 nicht übernommen. Erst seither kann man bei einer neuen Generation in den Führungsetagen der westdeutschen Wirtschaft davon sprechen, dass sie sich zunehmend am amerikanischen Vorbild orientiert.

4. Was schließlich die Veränderung der Unternehmensführung, den Verhaltenswandel, das institutionelle Regelwerk (z. B. die Übernahme des amerikanischen Divisionsprinzips) angeht, konnte bis in die 8oer, ja 9oer Jahre vom Fetisch des «Shareholder Value» keine Rede sein. Marketing, Leasing, kontinuierliche Unternehmensberatung – sie blieben bis etwa 1970 den allermeisten deutschen Betrieben noch ziemlich fremd. Das Verhältnis zu den Gewerkschaften war, aufs Ganze gesehen, durch beiderseitigen Pragmatismus bestimmt. Mochte der Modebegriff der «sozialen Partnerschaft» den Kritikern auch zu euphemistisch klingen, traf er hier doch in ungleich höherem Maße zu als auf die feindselige Polarisierung in den USA. Nichts anderes wirkte dort so fremdartig wie die deutsche Mitbestimmung seit 1952, erst recht seit ihrer Ausdehnung 1972. Sie stammte ideengeschichtlich aus den Wurzeln der deutschen Gewerkschaftstheorie und der christlichen Soziallehre, praktisch aus den Kooperationserfahrungen der Kriegs- und Nachkriegszeit, mitnichten aber aus Amerika, wo sie durchweg als verfehltes Experiment galt.

Die neuen Leitsektoren erwiesen sich, wie übrigens auch die Banken und Versicherungen, gegenüber einer Amerikanisierung schon deshalb jahrzehntelang als resistent, weil die Chemische und die Elektrotechnische Industrie in verblüffender Geschwindigkeit aus eigener Kraft ihre globale Spitzenstellung wieder zurückgewonnen hatten, die Kunst des Baus komplizierter Maschinen nicht verlorengegangen war und Autohersteller wie VW, bald auch Daimler Benz, BMW und Porsche die weltweit modernsten Werke besaßen, auch von amerikanischen Ablegern in Westdeutschland wie Ford und Opel keineswegs übertroffen wurden.

Erst seit den 1970/8oer Jahren gewann, wie gesagt, in einer jüngeren Generation deutscher Unternehmer und Manager das amerikanische Vorbild an Attraktion. Der anwachsende Druck der Globalisierung, die verschärfte asiatische Konkurrenz, die amerikanische Innovations- und Risikobereitschaft, der kurze Weg der Forschungsergebnisse in die industrielle Produktion, die Ausstrahlung des Erfolgsmythos der westlichen Hegemonialmacht – solche Faktoren wirkten zusammen, um in den Führungspositionen deutscher Unternehmen die Einstellung gegenüber dem damals leistungsfähigsten Wirtschaftssystem der Welt so zu verändern, daß die Faszination durch ein nachahmenswertes Modell an Boden gewann und die Selbstzufriedenheit mit der eigenen Erfolgsgeschichte verdrängte.[9]

## 6. Europäisierung und Globalisierung

Ungleich einflußreicher als die Amerikanisierung wirkte sich die Europäisierung aus, da sie für die westdeutsche Wirtschaft von Grund auf veränderte Rahmenbedingungen schuf. An ihrem Anfang stand der Plan des französischen Außenministers Robert Schuman, dessen Initiative zur Gründung einer «Montanunion» zum Pariser Vertrag zwischen Frankreich, Italien, der Bundesrepublik und den Beneluxländern über die «Europäische Gemeinschaft Kohle und Stahl» führte. Ihr Ziel war ein überstaatlicher Verband, der einen gemeinsamen Markt für diese Produkte ins Leben rufen wollte. Das vierfache Motiv der Gründung lag zum einen in dem Bestreben Frankreichs, die Kontrollbefugnisse über die Ruhrindustrie, die bisher den Alliierten zugestanden hatten, auf eine europäische Organisation zu übertragen (das machte das Vorhaben auch für Bonn attraktiv). Denn da in Paris die Regenerationsfähigkeit der westdeutschen Wirtschaft mit tiefer Skepsis betrachtet wurde, konnte damit dem französischen Interesse an einer Beeinflussung des deutschen ökonomischen Wiederaufstiegs und der Eindämmung neuer politischer Gefahren Rechnung getragen werden. Zum andern bot ein gemeinsamer Markt für Kohle und Stahl verlockende wirtschaftliche Vorteile zu einer Zeit, als es dabei noch um zwei unangefochtene Leitsektoren ging. Nach außen trug die erhoffte Stabilisierung Westeuropas zur Behauptung gegenüber dem Sowjetblock bei, dessen Expansionswillen man unlängst erlebt hatte. Und, viertens, verkörperte der Pariser Vertrag das Ergebnis eines schmerzhaften Lernprozesses, daß Europas Zukunft nach der mörderischen Zerfleischung in zwei Weltkriegen nur in der friedlichen Kooperation seiner Staaten liegen könne. Diese Überzeugung teilte namentlich auch Bundeskanzler Adenauer, dem bereits seit den 1920er Jahren ein ähnliches Einigungsprojekt vorgeschwebt hatte.

Kohle und Stahl verloren zwar in dem folgenden Jahrzehnt ihre dynamische Führungsrolle. Doch inzwischen hatten sich die Vorzüge der organisierten Teilintegration so deutlich herausgestellt, daß die Vertragspartner in den Römischen Verträgen vom März 1957 die «Europäische Wirtschaftsgemeinschaft» (EWG) ins Leben riefen, um die Vollintegration zu einem gemeinsamen Markt voranzutreiben. Auf ihn sollte später eine gemeinsame Wirtschaftspolitik und Währungsunion folgen, als Fernziel schließlich die politische Union Europas erreicht werden.

Mit der EWG entstand ein föderativer Staatenverband besonderer Art, weder Staatenbund noch Bundesstaat, der eine eigene Rechtsordnung, eigene Organe (wie die Hohe Kommission in Brüssel) entwickelte und partikulare Hoheitsbefugnisse gegenüber den Mitgliedsstaaten übertragen bekam. Mit dem Beitritt Großbritanniens und Irlands (1973), Griechenlands (1981) sowie Spaniens und Portugals (1986) gewann die EWG an wirtschaftlicher und politischer Bedeutung. Ihrem Hauptziel, dem gemeinsamen Markt, kam sie durch den freien Waren-, Kapital- und Dienstleistungsverkehr, die Niederlassungsfreiheit und Freizügigkeit für Arbeitnehmer sowie durch eine Zollunion mit großen Schritten näher. Als gemeinsame Politikfelder sahen die Römischen Verträge zunächst nur den Wettbewerb, die Landwirtschaft und den Verkehr vor. Damit wurde es aber ermöglicht, europäische Wettbewerbsregeln unabhängig von nationalstaatlichen Präferenzen durchzusetzen, nationale Subventionen im allgemeinen zu verbieten und eine Agrarmarktordnung zu schaffen, die Zollschutz gegenüber Drittländern, dazu hohe Mindestpreise und Abnahmeverpflichtungen einführte, so daß die europäische Landwirtschaftspolitik im Nu weit mehr als die Hälfte, fast zwei Drittel des Brüsseler Etats verschlang: 1987 z. B. 52,2 von 78,4 Milliarden DM.

Getragen von der Hochkonjunktur bis 1973, die auch wachsende Finanzmittel in die Brüsseler Kasse spülte, und vorangetrieben von einer handlungsfähigen, halbautonomen EWG-Bürokratie entfaltete der europäische Markt eine ungeahnte Motorik, die insbesondere der expansionsfähigen westdeutschen Wirtschaft zugute kam. Anders als das die Gründer in Paris und Rom gedacht hatten, entwickelte sie ein auf manchen Sektoren dominierendes ökonomisches Potential, das ihren Export in die EWG mit immerhin zwei Dritteln der Gesamtausfuhr zu einem Erfolgsgeschäft werden ließ. Folgerichtig trug die Bundesrepublik auch als größter Beitragszahler zum Florieren der EWG bei.

Während sich die westdeutsche Wirtschaft einerseits auf den gemeineuropäischen Markt, der gewissermaßen vor ihrer Tür lag, einstellte, griff andererseits die Brüsseler Bürokratie mit zahllosen Vorschriften, Regelungen, Anordnungen, die alle in nationales Recht übersetzt werden mußten, in das deutsche Regelwerk ein, das immer deutlicher europäische Züge gewann. Vierzig Jahre nach den Römischen Verträgen glaubten Experten ermitteln zu können, daß nahezu zwei Drittel der vom Bundestag verabschiedeten Gesetzesmaterie aus der Übernahme europäischer Normen in das binnendeutsche Rechtskorpus bestanden.

Die Folgen der Europäisierung der westdeutschen Wirtschaft können nach alledem kaum überschätzt werden. Während sich nationalistische Vorurteile auflösten, Zollbarrieren fielen, freie Verkehrsformen und gemeineuropäische Regeln um sich griffen, konnten die deutschen Unternehmer die neuen Chancen des europäischen Marktes in vollen Zügen ausnutzen, konnte auch die Landwirtschaft im schützenden Gehäuse der europäischen Agrarordnung ihre Privilegierung durch supranationale Subvention und Intervention genießen. In den entscheidenden Jahren des europäischen Konjunkturaufschwungs bis 1973 war es der gemeinsame Markt, der zahllose Impulse freisetzte und den Wohlstand steigerte. Und als die Epoche der ökonomischen Turbulenz und Wachstumsreduktion mit den beiden Ölpreisschocks einsetzte, hatte sich die EWG mit ihrer Erfolgsbilanz so fest etabliert, dass selbst Kritiker – etwa der Exzesse des Agrarhaushalts – die Wohltaten, die diesem neuartigen Staatenverband insgesamt zu verdanken waren, nicht in Frage stellten.

Das Angst oder Euphorie weckende Schlagwort der Globalisierung, das in der politischen Semantik der 1990er Jahre einen steilen Aufstieg erlebte, bezeichnete keineswegs ein neuartiges Phänomen. Das zunächst weitmaschige Netzwerk eines globalen Marktes war seit etwa 1500 entstanden, als Europas Expansion in die überseeische Welt voll einsetzte und nach dem Urteil großer Experten wie Karl Marx und Max Weber, Werner Sombart und Fernand Braudel einen Wachstumssprung ermöglichte. Doch dauerte es bis in die 1860er Jahre, ehe sich nach dem Ende des amerikanischen Bürgerkriegs zuerst ein Weltagrarmarkt, dann ein Weltindustriemarkt zügig herausbildete. Unter den Bedingungen eines liberalisierten Weltmarkts mit nahezu ungehinderten Waren- und Kapitalströmen, modernen Verkehrs- und Kommunikationswegen sowie nach Abermillionen zählenden Migrationsbewegungen schritt die Integration der Kontinente zu einem einzigen wirtschaftlichen und politischen Aktionsfeld voran. Die stürmische erste Welle der Globalisierung, die diesen Namen wirklich verdient, wurde durch den zweiten Dreißigjährigen Krieg radikal unterbrochen. Doch dank dem erneut liberalisierten Welthandel und der Wachstumsfähigkeit der westlichen Industrieländer drang trotz der Blockbildung, welche die kommunistischen Staaten unter der Leitung der Sowjetunion und Chinas aus dem unbehinderten Wirtschaftsverkehr ausschloß, die Ausdehnung des globalen Marktes voran. Zwischen 1950 und 1973 bescherte sie den westlichen Ländern und Japan das «Goldene Zeitalter» eines «Welt-Wirtschaftswunders».

Trotz der Auflösung der Währungsordnung von Bretton Woods und dem Auftauchen neuer asiatischer Konkurrenten hielt der Trend zur Globalisierung so unwiderstehlich an, daß in den 1990er Jahren die Integrationsdichte von 1913 zuerst wieder erreicht, dann öfters übertroffen wurde. Dieser Vorgang wurde sowohl durch den Zerfall des Ostblocks samt der Auflösung der Sowjetunion als auch in unvorhergesehenem Tempo durch die Computerrevolution vorangetrieben. Die neuen elektronischen Kommunikationsmittel und Rechenmaschinen erlaubten es, in Sekundenschnelle gewaltige Transaktionen an der Börse vorzunehmen, folgenreiche Vertragsbindungen einzugehen, Projektkosten blitzschnell zu kalkulieren. Hatte es die ingeniöse soziale Erfindung des Marktes bisher schon erlaubt, Informationen zu sammeln, zu koordinieren und Reaktionen zu kanalisieren, verliefen diese Prozesse auf dem wahrhaft globalisierten Weltmarkt nunmehr in bisher unvorstellbarer Geschwindigkeit.

In den 1980er Jahren erreichten die Signale der beschleunigten Globalisierung auch die westdeutsche Wirtschaft. Japan stieg zu einem ernst zu nehmenden Konkurrenten auf; die südostasiatischen «kleinen Tiger» regten sich selbstbewußter. Der plötzlich verschärfte Wettbewerb begann dazu zu führen, daß die deutschen Unternehmen Arbeitsplätze in die asiatischen Billiglohnländer verlegten, wie das als einer der ersten Industriezweige die bedrohte Textilwirtschaft demonstrierte. Im allgemeinen aber drang die Einsicht, daß eine neue, wahrhaft weltwirtschaftliche Konstellation heraufzog, nur äußerst langsam vor. Die satte Selbstzufriedenheit, die das «Wirtschaftswunder» und das passabel durchgestandene Jahrzehnt nach den Ölpreisschocks erzeugt hatten, nährte eine zögerliche, ja ablehnende Haltung gegenüber einer einschneidenden Reform des Status quo. Die Bürde des Erfolgs trat in selbstgewisser Passivität zutage. Dadurch wurde, allen realistischen Ratschlägen der Wirtschaftsexperten zum Trotz, eine frühzeitig eingeleitete Anpassung verpaßt. Der volle Druck der entfesselten Globalisierung seit den 90er Jahren und die Folgen des deutschen Reformstaus sollten sich freilich in dramatischer Form erst nach dem Zeitpunkt geltend machen, der das Ende dieses Bandes markiert.[10]

## 7. Der Ausbau der Sozialen Marktwirtschaft

Mit der Thematik der Amerikanisierung der westdeutschen Wirtschaft wird oft der angeblich dem amerikanischen Modell folgende Aufstieg der bundesrepublikanischen Konsumgesellschaft in enge Verbindung gebracht. Das ist nicht abwegig, denn tatsächlich hat Amerika frühzeitig als Vorbild gewirkt. Allerdings gibt es autonome deutsche Voraussetzungen, die zum einen eine längere historische Vorgeschichte besitzen, zum andern mit dem erfolgreichen Ausbau der Sozialen Marktwirtschaft zusammenhängen.

Zu den langlebigen Vorbedingungen gehört die in Windeseile erfolgreiche Industrialisierung, seit den 1880er Jahren auch der Säkulartrend steigender Reallöhne, die den Alltag massenwirksam revolutionierten. Dazu gehört aber auch die Durchbrechung ständischer und klassengesellschaftlicher Konsumschranken, an deren Erosion erst die Weimarer Republik, dann das «Dritte Reich» keinen geringen Anteil hatten (vgl. Bd. IV, 684–90, 731–41, 781–94). Überhaupt kann man die Durchbruchphase der westeuropäischen Konsumgesellschaft einschließlich der deutschen in die Zeitspanne zwischen 1920 und 1970 legen. Der soziale Nivellierungsdruck der Nachkriegsjahre setzte die Egalisierungstendenz der letzten Jahrzehnte fort. Seit 1948/50 wirkten sich die ökonomischen Erfolge der Sozialen Marktwirtschaft als nachhaltige Unterstützung aus, bis in den 60/70er Jahren ein Wohlstandsniveau erreicht war, das den vollendeten Übergang in die Konsumgesellschaft ermöglichte. Das deutsche «Wirtschaftswunder» bildete mithin ihre unabdingbare Voraussetzung. Nachdem es den materiellen Sockel gelegt hatte, vollzog sich auch die entscheidende und abschließende Umprägung der mentalen Einstellung.

Wenige Invektiven des SPD-Vorsitzenden Kurt Schumacher sind so schnell von der Realität dementiert worden wie seine haßerfüllte Anklage, daß es sich bei der Sozialen Marktwirtschaft nur um eine «Lügenparole» handele. Tatsächlich wurde das der Sozialen Marktwirtschaft zugeschriebene «Wirtschaftswunder» geradezu zu einem sinnstiftenden Mythos, der die Defizite und Schattenseiten wohltätig verhüllte, etwa die wachsende Asymmetrie der Einkommens- und Vermögensverteilung: Bis 1968 besaßen dank einem säkularen Konzentrationsprozeß nur 1,7 % der Privathaushalte volle 74 % des Produktivvermögens (vgl. unten IV)! Mit anderen Worten: Ohne die von der großen Mehrheit anerkannte wirtschaftliche Erfolgsbilanz hätte die Soziale Marktwirtschaft ihren jahrzehntelang anhaltenden Siegeszug in der öffentlichen Meinung nicht antreten, geschweige denn fortsetzen können.

An einigen Stationen läßt sich ablesen, wie mit der Sozialen Marktwirtschaft materielle und politische Fortschritte verbunden waren, die nicht nur die Notlage der Anfangsjahre überwanden, sondern auch durch steigende Realeinkommen, politische Teilhabe und soziale Absicherung jene optimistische Zukunftserwartung erzeugten, die den Weg in die Konsumgesellschaft ebnete.

Als Langzeittrend spielte die Verdreifachung des durchschnittlichen individuellen Realeinkommens bis 1973 eine kaum zu überschätzende Rolle, da damit zahllose Optionen verbunden waren, die sich zum ersten Mal auch für die Arbeiterklassen auftaten (vgl. hinten IV). Dazu kamen politische Entscheidungen, die das rasch wachsende Volkseinkommen für erstaunliche Transferleistungen ausnutzten. Im Sommer 1952 verabschiedete der Bundestag das Lastenausgleichsgesetz, von dem jeder dritte Bürger betroffen war, da es um eine partielle Wiedergutmachung der Verluste durch die Ostvertreibung, die Zerstörung durch Luftangriffe und die Nachteile der Währungsreform ging. In den ersten 25 Jahren wurden in einer der größten finanziellen Transaktionen der deutschen Geschichte 114 Milliarden DM, bis zum Ende des Projekts 140 Milliarden DM in die Ausgleichszahlungen gelenkt. Ohne diesen historisch beispiellosen Kraftakt wäre die innere Befriedung und Integration der westdeutschen Gesellschaft schwerlich so schnell geglückt (vgl. unten V). Die Einzigartigkeit dieser solidarischen Anstrengung erkennt man daran, daß zur gleichen Zeit die reichen arabischen Ölstaaten, in denen von den Gemeinsamkeiten der «arabischen Nation» so häufig die Rede war, mit einer ungleich geringeren Summe die von den Israelis vertriebenen oder vor ihnen geflüchteten Palästinenser, eine geringe Zahl im Vergleich mit den deutschen Flüchtlingen und Vertriebenen, mühelos in einer bequemen Neuexistenz hätten auffangen können.

Im Mai 1951 wurde die paritätische Mitbestimmung in der westdeutschen Montanindustrie eingeführt, die nicht nur den Gewerkschaften neuartige Mitwirkungsmöglichkeiten eröffnete, sondern auch durch deren Aufwertung, überhaupt durch die implizite Anerkennung ihres Leistungsvermögens, die organisierte Arbeiterschaft mit gesteigertem Selbstbewußtsein erfüllte.

Im Oktober 1953 wurde sie durch das Betriebsverfassungsgesetz unterstützt, und noch vor der Verabschiedung des Grundgesetzes hatte das Tarifvertragsgesetz vom April 1949 ihre Marktmacht sichergestellt. In seinem Grundsatzprogramm von 1961 paßte sich der DGB formell dem neuen Kooperationsstil endlich an.

Nach dem Lastenausgleich verkörperte die Rentenreform von 1957 eine der größten politischen Leistungen der frühen Bundesrepublik (vgl. hinten V). Das Grundgesetz knüpfte zwar in den Artikeln 20/1 und 28 an das Sozialstaatspostulat der Weimarer Republik an, doch erst die neuartige Dynamisierung der Rente, mithin ihre laufende Anpassung an die Tariflohnentwicklung und damit die Teilhabe am wirtschaftlichen Aufschwung, markierte einen fundamentalen Fortschritt in der sozialen Sicherheit. Die materielle Not von mehr als zehn Millionen Rentnern war zu diesem Zeitpunkt inmitten des «Wirtschaftswunders» nicht zu übersehen, nur vereinzelt wurde von ihnen die maximale Altersrente von 43 % des Arbeitseinkommens erreicht.

Gegen den Widerstand aller Wirtschaftsverbände und der Erhard-Schule, die zwar die Soziale Marktwirtschaft propagierte, paradoxerweise aber den Sozialstaat zur Erfüllung des Versprechens nicht weiter ausbauen wollte, da sie – wie ihr Prophet es nannte – den «sozialen Untertan» fürchtete, setzte Adenauer, fasziniert von der wahlpolitischen Wirkung, unter Berufung auf seine Richtlinienkompetenz die Reform durch.

Nach 40 Jahren im Beruf erhielt nunmehr der Rentner 60 % seines Durchschnittslohns (anstatt wie noch 1956 nur 34 %); alle Renten wurden sogleich auf dieses Niveau angehoben. Da die Nettolöhne von 1957 bis 1969 um 115 % stiegen, wurden nun auch die Renten um 110,5 % angehoben. Sie fungierten nicht mehr als kärglicher Zuschuß in der Phase bitterer Altersarmut, sondern als auskömmlicher Lohnersatz, der seither Millionen Menschen (2000: 20 Millionen) Jahr für Jahr ein Leben ohne Not nach dem Berufsende ermöglichte. Erst 40 Jahre später sollte sich herausstellen, daß diese großzügige Regelung für eine optimistische, auch demographisch expandierende Wachstumsgesellschaft in einer Zeit geringfügigen Wachstums, schrumpfender Kinderzahl und millionenfacher Arbeitslosigkeit nicht mehr finanziert werden konnte.

In jener Zeit wurden auch für die Arbeiter im Krankheitsfall die Fortzahlung des Nettolohns für volle sechs Wochen, die Altershilfe für Landwirte, die Sparprämie für die Vermögensbildung, die erweiterte Wohnbauförderung, der verbesserte Mutterschutz und das Kindergeld eingeführt. Mit der Privatisierung von Bundesvermögen (1959 Preussag, 1960 z.T.

VW, 1965 VEBAG) sollte die sogenannte Volksaktie breit gestreut werden. 1961 wurde die Sozialhilfe angehoben.

Als 1966 eine erste Rezession den Glaubwürdigkeitsverlust der neoliberalen Politik einleitete, setzte Wirtschaftsminister Schiller als Befürworter einer aufgeklärten Globalsteuerung, die antizyklische keynesianische Reformen ermöglichen sollte, 1967 mit einem Kraftakt der Großen Koalition außer einem tatkräftigen Konjunkturprogramm das Stabilitätsgesetz durch, das die optimistische Zuversicht jener Jahre widerspiegelt. Der unlängst eingerichtete Sachverständigenrat, Verkörperung der Planungseuphorie, der bewunderten Expertenkultur und Vollender der seit der Schmoller-Schule gepflegten Beratung des Staates in Wirtschaftsfragen, definierte die vier Ziele: Preisstabilität (mit einem Maximalanstieg von einem Prozent), Vollbeschäftigung (mit einer Arbeitslosenquote von 0,8 %), außenwirtschaftliches Gleichgewicht (ein Exportüberschuß bis zu einem Prozent des BSP) und wirtschaftliches Wachstum (4 % des BSP).

Als vor 1967 die Erholung rasch einsetzte, galt das als ein Erfolg realitätsadäquater Politik, der die Zähmung und Steuerung des Wirtschaftsprozesses gelungen war. Zwar erwies sich das Stabilitätsgesetz als utopisches Ziel, doch in der lebhaften Expansionsphase bis 1973 schienen die Wachstumshoffnungen zunächst wieder gerechtfertigt zu sein. Auch als danach die Wachstumsraten halbiert wurden, bot doch der bisher erreichte jährliche Anstieg des individuellen Realeinkommens um 4,6 % ein bequemes Polster, um sich zahlreiche Konsumwünsche erfüllen zu können.[11]

## 8. Die Konsumgesellschaft im Aufwind

Bis dahin waren in der vorn erwähnten Durchbruchphase der westeuropäischen Konsumgesellschaft die wesentlichen Vorbedingungen für ihre Entfaltung entstanden. Dazu gehört an erster Stelle der Wegfall der traditionellen materiellen Beschränkungen, mit anderen Worten: das dank steigender Arbeitsproduktivität verdreifachte Realeinkommen und damit die erhöhte Kaufkraft der Erwerbstätigen. Hinzu kam die durch Selbstbedienungsläden und Supermärkte, Kaufhöfe und Discount-Läden mit ihrem riesigen Warenangebot erweiterte Konsumfreiheit, während gleichzeitig der Verbraucherschutz ausgebaut wurde. Nicht zuletzt war es keineswegs allein das erfolgreiche industrielle Wachstum per se, welches den Verhaltenswandel vorantrieb, sondern die Einebnung ständischer und klassenspezifischer Konsummuster mit ihren traditionsgeheiligten Abschottungsschranken. Das bedeutete den Übergang zu einer neuen kulturellen Praxis, welche die Konsumgesellschaft trug und prägte. Denn die Konsumsphäre besaß eine relative Autonomie, welche der mit Geld, Information und Zeit ausgestattete Käufer nutzte. Allerdings stellte sich mit der schier endlosen Pluralisierung des Angebots eine Entscheidungsüberforderung durch die

Warenvielfalt ein, nicht selten auch eine sichtbare Geschmacksverfla-
chung.

Man kann zunächst am Vordringen von vier innovativen Institutionen
die Erweiterung der Konsumwelt verfolgen: am Selbstbedienungsgeschäft
und am Department-Store, am Supermarkt und am Discount-Laden. 1950
gab es in der Bundesrepublik erst 20, 1955 326 Selbstbedienungsläden, die
in der Masse der 150 000 Einzelhandelsgeschäfte verschwanden. Mit dem
Anstieg der Kaufkraft und der allmählich wegen des verlockenden höheren Gewinns schwindenden Ablehnung der Einzelhändler setzte seit dem
Ende der 5oer Jahre eine beschleunigte Entwicklung ein, die 1960 bereits
17 132 und 1965 53 125 Selbstbedienungsläden hervorbrachte, die 1970 mit
85 602 einen Höhepunkt erreichten; das waren immerhin 67,5 % aller
Einzelhandelsgeschäfte. Seither pendelte zwar ihr Anteil um 88 % der
Einzelhandelsgeschäfte, doch ihre absolute Zahl verringerte sich im Prozeß der Halbierung des Einzelhandels – 1990 gab es noch 60 361 Geschäfte
– auf 1980 = 66 946 und 1990 = 53 452. Durch die Auflösung festgefügter
sozialer Milieus wurde auch das Treueverhältnis zum etablierten Einzelhandel untergraben. Allerdings konnte sich mancher Tante-Emma-Laden
als Informationsbörse und sozialer Knotenpunkt des Viertels weiter halten.

Seit dem Ende der 6oer Jahre trat auch der Supermarkt seinen Siegeszug
an, der in den USA damals schon drei Viertel der großen Geschäfte stellte.
1960 lag er mit 250 Häusern erst bei 0,1 % der Einzelhandelsbetriebe. Bis
1970 hatte sich die Zahl verzehnfacht (2045/1,4 %), und 1990 erreichten sie
mit 7817 Läden (13 %) den seither behaupteten prozentualen Höhepunkt
(2000: 9230/13,1 %).

Offensichtlich kam der reichhaltig bestückte und ständig diversifizierte
Supermarkt seit den 1970er Jahren den Kaufbedürfnissen einer wachsenden Klientel ganz so entgegen wie der Department-Store, der in der Spätphase des Kaiserreichs aufgetaucht war (am bekanntesten ist das Berliner
Kaufhaus des Westens, KdW), sich in der Weimarer Republik ausgedehnt
hatte, aber seine eigentliche Erfolgsgeschichte (z. B. Karstadt, Hertie, Horten, Kaufhof, Neckermann) erst seit den 1950er Jahren erlebte.

Eine mit dem Supermarkt vergleichbare Expansion erfuhren auch die
Discount-Läden, später ergänzt durch das strukturell ähnliche «Factory
Outlet», wo ein strikt begrenztes Angebot von Waren mit verlockendem
Rabatt angeboten wurde. Hatte es 1960 erst 343 und 1970 1048 Discounter
gegeben, verdoppelte sich ihre Anzahl bis 1980 auf 2395 und schoß bis
1990 noch einmal auf 5850 in die Höhe (2000: 12 770!). Traditionelle Textil-
und Schuhgeschäfte mußten unter dem Druck der großen Kaufhäuser oder
Discount-Läden entweder schließen oder den Autonomieverlust in einem
Kettenunternehmen, das in Südostasien oder Hongkong produzieren ließ,
hinnehmen.

Zum zweiten können die auffälligen Veränderungen der Konsument-
scheidungen und des Konsumstils, schließlich die Expansion der Konsumgesellschaft in die Dimensionen der Freizeit und des Urlaubs als Indikatoren dieser gesellschaftlichen Basisveränderung betrachtet werden.
Seit der Währungsreform verflüchtigten sich die Hunger- und Entbeh-
rungserfahrungen der ersten Nachkriegszeit. In den 50er/60er Jahren
setzte ein furioser Nachholkonsum ein, der es freilich nicht ausschloß, daß
auch die Sparquote hochschoß, um die Mittel für die Anschaffung von
teuren, langlebigen Gebrauchsgütern (consumer durables) und für Urlaubsreisen zu horten. Die Wohlstandssteigerung, die aus dem Prosperi-
tätsschub der 50er Jahre mit seiner Einkommensverdoppelung resultierte,
veränderte signifikant den Privathaushalt, wie Regionaluntersuchungen
zum typischen Konsumverhalten gezeigt haben. Trotz der volkstümlich
sogenannten «Freßwelle» sank der Anteil der Nahrungsmittel an den Lebenshaltungskosten von 46 auf 36 %, derjenige der Kleidung dagegen verdoppelte sich, während die Wohnungsmieten mit 10 % stabil blieben. Die
Hausratsausgaben, erst für Möbel, dann für Elektrogeräte, verdreifachten
sich bis 1960, lagen also weit über dem Einkommenszuwachs und waren
auf kontinuierlichen Zugewinn aus anhaltendem Wachstum angelegt. Immerhin nutzten bis dahin 35 % der Privathaushalte eine Waschmaschine,
da der Siegeszug der legendären «Constructa» bis etwa 1970 dauerte; mehr
als 80 % besaßen ein Radio und einen Staubsauger, während die Spülma-
schinen und Tiefkühltruhen erst sporadisch eingesetzt wurden.
Während die Ausgaben für Nahrungsmittel als Anteil an den Gesamt-
ausgaben allmählich zurückgingen – 1958 erreichte die Ernährung in etwa
den Stand von 1913, 1928, 1938 – veränderte sich ihre qualitative Zusammensetzung. Der Kartoffelverbrauch wurde halbiert, dagegen drangen
Weißbrot, Obst, Südfrüchte, Butter, Zucker, Fleisch vor. Innerhalb weniger Jahre wurde die Bundesrepublik zum größten Importeur von Gemüse
und Südfrüchten. Der Anschluß der EWG an den internationalen Agrar-
markt ermöglichte den täglichen Import. Von 1950 bis 1960 kletterte z. B.
der Verbrauch von Südfrüchten von einem auf fünf Kilo p. c. monatlich,
der Butter von 1200 g auf vier Pfund (während Margarine stark abfiel), des
Schweine- und Rindfleischs um 40 % auf 1,5 kg, des Geflügels von 120 g
auf das Siebenfache, der Schokolade auf das Vierfache; der Bohnenkaffee
verdrängte erst 1955 das Kaffeesurrogat und erreichte einen Monatsver-
brauch von einem Pfund. Seit 1970 kamen konservierte Lebensmittel vielfach hinzu, die eine Gefriertruhe und die Mikrowelle erforderlich machten.
Hatte 1950 der «starre Bedarf» noch mindestens 65 % des Monatsbud-
gets für einen durchschnittlichen Privathaushalt verschlungen, wurden
zwischen 1957 und 1960 bereits 50 % für den «elastischen Bedarf» freige-
setzt. Auf die Stillung des Wunsches nach dem «Entbehrten» folgte der

Übergang zum Erwerb des «Begehrten» (E. Zahn). Das wurde auch dadurch ermöglicht, daß in den 50er Jahren der Anteil der erwerbstätigen Frauen von 19,7 auf 35,7% anstieg, deren Einkommen das verfügbare Haushaltsgeld spürbar vermehrte. Nicht zuletzt wurde dadurch der Übergang von der bis dahin dominierenden Wohnküche zur kleinen Kochküche, ausgestattet mit modernen Elektrogeräten, und ihre Trennung von der «guten Stube» materiell ermöglicht, die je nach sozialer Lage im Stil des Gelsenkirchener Barocks oder der skandinavischen Teakmöbel eingerichtet wurde.

Die 70er und 80er Jahre erwiesen sich dann als eine Phase, in der die Ausstattung der Privathaushalte sowohl mit langlebigen Gebrauchsgütern als auch mit einem Eigenheim oder einer Eigentumswohnung mit weiten Schritten voranging. Dieser Trend läßt sich an einigen Beispielen illustrieren. Zwischen 1960 und 1989 steigerte sich der Anteil der Haushalte, die im Besitz eines PKW waren, von 25 auf 65%, eines Telefons von 15 auf 93, eines Fernsehgerätes von 38 auf 99, eines Video-Rekorders von 4 auf 99, einer Waschmaschine von 35 auf 85, einer Spülmaschine von 2 auf immerhin 24%. Gleichzeitig dehnte sich das Eigentum am neuerbauten Wohnraum, ob im Weichbild der Städte oder in den «Suburbs» der zersiedelten Landschaft, sprungartig aus, ohne doch die höheren Durchschnittswerte in England oder Holland zu erreichen.

Verteidiger und Kritiker wollten in der vordringenden Konsumgesellschaft ein einziges, nivellierendes, egalitäres Konsummodell mit nur mehr wenigen graduellen Unterschieden erkennen – es loben oder verdammen. Tatsächlich blieb aber Pluralität als Signatur der neuen westdeutschen Konsumgesellschaft bestehen. Grobkörnige klassenspezifische Unterschiede wurden zwar etwas abgeschliffen: Jeans und Polohemd trugen der Student und der junge Arbeiter – Armani- oder Gucci-Imitationen ließen sich von den echten Kleidungsstücken kaum unterscheiden. An der adriatischen Küste Italiens badeten wohlhabende Selbständige und kleine Angestellte nebeneinander – aber Hotel und Mahlzeiten unterschieden sich durchaus. Die überkommenen Klassendifferenzen lösten sich keineswegs völlig auf, vielmehr verwandelten sie sich in neue Distinktionskämpfe um die «feinen Unterschiede» (P. Bourdieu), welche die Klassengrenzen in anderer Form aufrechterhielten (s. hinten IV). Sprachkompetenz und Bildungswissen, die Lektüre bestimmter Zeitungen, Magazine und Bücher, der Musik- und Theaterkanon, der Besuch anspruchsvoller Orte für Ski- und Sommerurlaub, die Speisepräferenzen wie die Stoff- und Modellwahl für die Kleidung, häufig auch die Automarke und der Hausstil erhielten die schwer überschreitbaren Trennungslinien aufrecht.

Diese Divergenzen wurden trotz eines unleugbaren Nivellierungsprozesses nicht verwischt, als die Konsumgesellschaft auch die Freizeit und den Urlaub eroberte. Die Voraussetzungen für den neuen Lebensstil in

diesen beiden Sphären des Privatlebens lagen im Anwachsen der arbeitsfreien Zeit, des Raums für die erwünschte Aktivität und der verfügbaren
Finanzmittel. Bis 1955 hatte die Arbeitszeit bei 49 bis 56 Stunden gelegen,
das stellte die längste wöchentliche Arbeitszeit nach 1945 dar. 1960 war sie
auf 44 Stunden gesunken, 1973 auf nur mehr 40 Stunden für 90 % der Arbeitnehmer mit vollem Lohnausgleich der neu eingeführten Fünftagewoche. Die Anzahl arbeitsfreier Werktage stieg von 1956 = 15 auf 1982 = 30.
Damit standen dem Erwerbstätigen von 365 Tagen im Jahr 150 freie Tage
zur Verfügung. Das war weltweit das Maximum an arbeitsfreier Zeit in
einem Hochlohnland. Am Anfang der 80er Jahre war daher ein fünfwö-
chiger Urlaub schon zur Regel geworden. Die freie Zeit wurde durch das
Privatleben in der Familie, das gesellige Treffen mit Freunden, die Betäti-
gung im Sport, gleich ob im Fußball oder Handball, Jogging, Squash oder
Tennis, zunehmend dann aber durch das Fernsehen absorbiert. 1985 ver-
brachte der Bundesbürger bereits täglich 135 Minuten vor seinem TV-Ge-
rät, das jetzt mehr als 95 % besaßen, wochenends sogar drei Stunden.

Als ebenso typisch erwies sich die wachsende Bedeutung des Urlaubs.
In den 50er Jahren stieg die Welle mehrwöchiger Urlaubsreisen steil an.
Die Mehrheit reiste noch mit der Eisenbahn, ein Viertel nutzte das eigene
Auto; bis 1965 hatte sich das Verhältnis bereits umgekehrt. Jetzt ging schon
die Hälfte der Bundesbürger (statt 20 % wie 1950) auf Reisen, meistens auf
Individual-, nur 30 % auf Pauschalreisen. Schon damals hielt sich ein Drittel im Ausland auf: an erster Stelle in Österreich und Italien, danach in
Holland oder Dänemark. Seit dem Ende der 60er Jahre wurde der dreiwö-
chige Auslandsurlaub für die Mehrheit zu einer Selbstverständlichkeit. In
den 80er Jahren drang die Neigung zu einem zweiten Urlaub, sei es als
Skiferien oder Frühlingsreise, weiter vor, und gleichzeitig erlebte der Fern-
tourismus bis in die Karibik oder nach Südostasien einen ungeahnten Aufschwung. Mit den Sonderangeboten der großen Touristikunternehmen
wurden auch solche Fernreisen erschwinglich, so daß sich die klassenspezifischen Unterschiede der Urlaubsregion und des Urlaubsmusters etwas
verwischten, nachdem bisher Vielfalt, Intensität und exotische Ziele des
Urlaubs unverwechselbar vom Bildungsgrad abhängig gewesen waren.

Massenmedien und Freizeitindustrie einschließlich des Massentourismus gewannen in der vordringenden Konsumgesellschaft einen solchen
Einfluß auf das Verhalten der Menschen, daß sie schließlich imstande waren, verbindliche eigene Normen und Zielwerte zu setzen. Sie entwickelten einen Sog, dem offenbar schwer zu widerstehen war, zumal er sich
seine eigenen Wege suchen konnte. Ein Radio hatten bereits 1942 80 % aller Haushalte besessen, bis 1960 gab es eigentlich keine Ausnahme mehr.
Wohl aber ging es jetzt um die Einbettung des Rundfunkgeräts in eine modische Musiktruhe. Doch das Fernsehen, seit den 1970er Jahren erst recht
das Farbfernsehen, entwickelte sich mit Riesenschritten zur überlegenen

Konkurrenz. Hatte es 1957 erst eine Million Geräte gegeben, war 1965 schon die Hälfte aller Haushalte in seinem Besitz. 1978 waren es faktisch fast alle. Nachrichten, Filme, Unterhaltung, Sportschau statt eigener Aktivität – alles wurde jetzt durch das Fernsehen vermittelt, das zeitweilig den Kinobesuch halbierte, dank seiner Schnelligkeit auch Zeitungen zu einem zweitrangigen Medium zu degradieren schien. Nicht nur wurde das Familienleben drastisch verändert, sondern Urteilsmaßstäbe, Geschmackspräferenzen und politische Optionen wurden durch das neue Medium nachhaltig beeinflußt. Seit den 80er, erst recht seit den 90er Jahren unterschied sich die neue mediale Welt von Grund auf von den Anfangsjahren der Bundesrepublik. Nicht zufällig drang seither die Formulierung von der Vierten Gewalt der publizistischen Öffentlichkeit in die allgemeine politische Semantik ein.

Die Macht der Freizeitindustrie und des Massentourismus, in den die Deutschen in den 90er Jahren mehr als 80 Milliarden DM jährlich investierten, formte die Alltagskultur neu. Modewellen machten eine bestimmte Freizeitkleidung verbindlich, erhoben den Urlaub auf den Balearen oder in Thailand zur Pflichtübung, wenn man denn den Beweis liefern wollte, daß man mit dem mächtigen Trend durchaus mitzuhalten imstande war. Die Konsumindustrie erwies sich im Ausdenken immer neuer Moden als unerschöpflich, beruhten ihr Gewinn und ihr Erfolg doch zu großen Teilen darauf, daß sie, durch genaue Marktanalysen unterstützt, neue Trends erfand, von denen die Konsumenten kurz zuvor noch nichts geahnt hatten, denen sie aber im Augenblick des Vorstoßes blind folgten wie die Kinder dem Rattenfänger von Hameln. Diese Disposition, ungeachtet der konkreten Bedürfnisse zu ständig Neuem überzuschwenken, machte ein Kernelement der Konsumgesellschaft auch in Deutschland aus. Es bleibt eine offene Frage, ob sich die Wachstumsschwäche der Bundesrepublik, eines führenden Hochlohnlandes mit einem Maximum an Freizeit, auch auf das Verblassen des Arbeitsethos und die Priorität des Freizeitgenusses zurückführen lässt.[12]

## 9. *Die Landwirtschaft im säkularen Strukturwandel: Der kostspielige Weg in eine lukrative Nische*

Die westdeutsche Landwirtschaft erlebte in der zweiten Hälfte des 20. Jahrhunderts einen «säkularen Strukturwandel», der zum einen an dem offenbar unaufhaltsamen sektoralen Schrumpfungsprozeß, zum anderen an der erfolgreichen Industrialisierung der überlebenden Großbetriebe ablesbar ist. Welche sozialökonomischen, politischen und technologischen Entwicklungen haben den Agrarsektor, auf dem es ein Ensemble von agrarpolitisch durchaus unterschiedlich betroffenen Bereichen gab, und damit auch seine Stellung in der Gesamtgesellschaft verändert – und tun das weiterhin? Wo lagen und liegen die Grundprobleme einer Landwirtschaft, die seit den späten 1870er Jahren an staatliche Intervention und Subvention gewöhnt, dazu allen Herausforderungen mit der «Ideologie des agrarischen Fundamentalismus» begegnet war?

1. Zu den grundlegenden Veränderungen gehörte zuerst einmal der Verlust der deutschen Ostgebiete und die vierzigjährige Teilung des Landes in zwei Neustaaten. Dadurch entfielen die großen Liefergebiete für den Westen, aber auch die Probleme des ominösen ostelbischen Großgrundbesitzes und die damit verknüpfte Landarbeiterfrage. Hatte es 1907 in Deutschland noch 7,3 Millionen Landarbeiter, die «größte Arbeiterklasse» (Max Weber), gegeben, waren es 1980 in der Bundesrepublik nur mehr 200 000. Die ostdeutschen Großbetriebe wiederum wurden von der SBZ/DDR im Zuge ihrer sogenannten Bodenreform zerschlagen, und auch für den Westen lösten sich die ökonomischen Belastungen durch die ehemaligen Rittergüter und ihre machtvolle politische Lobby auf.

2. In der Bundesrepublik erlebte die Agrarwirtschaft eine beispiellose Schrumpfung, zugleich aber auch eine Umorganisation der Besitzgrößenstruktur, wie sie in den beiden anderen Sektoren, was den Umfang und die Stärke des Wandels angeht, nicht ihresgleichen fand.

Der historische Rückblick unterstreicht das Tempo und die Radikalität des Umbruchs. Am Ende des Kaiserreichs beschäftigte die Landwirtschaft 30% der Erwerbstätigen, die noch immer ein Fünftel zum BSP beitrugen. 1949 war in der Bundesrepublik die Anzahl der im Agrarsektor Beschäftigten – nicht zuletzt wegen des abgetretenen Ostens jenseits der Elbe – auf 20%, der Beitrag zum Sozialprodukt auf 10% zurückgegangen. Im folgenden Jahrzehnt kam es dann jedoch zu einem dreimal so schnellen Rückgang der Beschäftigten wie in dem Jahrhundert zwischen 1850 und 1950. Bis 1973 gaben sogar mehr als zwei Drittel aller landwirtschaftlich Erwerbstätigen ihre Stelle auf. 1949 waren es noch 5,1 Millionen, 25 Jahre später nur mehr 1,6 Millionen – das machte gerade 7% der Gesamtzahl aller Berufstätigen aus, und selbst diese Zahl sackte bis 1980 auf 5%, 1990 auf 3,4% und 2000 auf weniger als 2% weiter ab; der Anteil am BSP lag schon 1990 bei 1,6%.

Die freigesetzten Arbeitskräfte, wie man die Verlierer euphemistisch nannte, wurden von der expandierenden Industrie während ihrer damals unersättlichen Suche nach neuem «Humankapital» aufgenommen, oder sie konnten in ein Nebengewerbe ausweichen, so daß sie fortab als Pendler existierten. Nach den erbitterten Konflikten, die seit den 1870er Jahren mit der in Interessenverbänden und einer einflußreichen Lobby organisierten Landwirtschaft ausgetragen worden waren, glich dieser friedlich vollzogene, seiner Wirkung nach aber geradezu revolutionäre Wandel einem politischen Wunder, das die Bundesrepublik in erster Linie ihrer Wachstumskraft während des «Wirtschaftswunders» zu verdanken hatte.

3. Gleichzeitig erlebten die Betriebsgrößenstruktur und die Besitzverteilung eine fundamentale Transformation. Die Höfe mit bis zu 20 ha landwirtschaftlicher Nutzfläche schmolzen rapide zusammen, während die Höfe mit mehr als 20 ha jährlich etwa 200000 ha hinzugewannen. Von 1949 bis 1978 verschwanden eine Million Zwerg- und Kleinbetriebe mit vier Millionen ha Besitz – das waren 30 % der landwirtschaftlichen Nutzfläche. Ihnen wurde der Verzicht auf eine selbständige Existenz auch dadurch erleichtert, daß der Staat die Kosten der Flurbereinigung und Zusammenlegung übernahm, mit denen jetzt die einer rationalen Bestellung widerstrebende Zersplitterung des Landbesitzes bekämpft wurde. Ohne daß ein Meisterplan zugrunde gelegen hätte, lag den politischen Entscheidungsträgern nach den bitteren Erfahrungen der vergangenen Jahre doch durchweg daran, nach dem Verlust der ost- und mitteldeutschen Liefergebiete die unentwegt wachsende westdeutsche Bevölkerung durch eigene große leistungsfähige Betriebe zu versorgen.

In diesem Konzentrationsprozeß sank während derselben Zeit die Zahl der landwirtschaftlichen Unternehmen von 1,5 Millionen auf 780000. Die neue Bodenbesitzverteilung glich im Ergebnis durchaus einer Bodenreform, auf deren formelle Durchführung man 1919 und 1949 verzichtet hatte.

4. Sowohl der Überlebenskampf als auch die Wohlstandssteigerung der größeren Betriebseinheiten wurde durch die technologisch-wirtschaftliche Entwicklung erst ermöglicht. Denn es waren vor allem die großen Höfe, welche die Vorzüge der frühzeitig üppig subventionierten Maschinisierung ausnutzen konnten. Zwischen 1949 und 1975 kletterte z. B. die Anzahl der Schlepper von 77000 auf 1,25 Millionen, diejenige der Melkmaschinen von 6000 auf 480000; ähnliche Steigerungsraten gab es bei den Mähdreschern und Sämaschinen. Der Traktor ersetzte die tierische Zugkraft, und der Verdrängungswettbewerb machte fast 15 % der landwirtschaftlichen Nutzfläche für die Produktion von Nahrungsmitteln frei. Zur Maschinisierung kam die «Chemisierung»: der Fortschritt der Agrarwissenschaften auf dem Gebiet des hochwertigen Düngers, Saatguts und Pflanzenschutzes. Schon vor 1914 hatte die deutsche Landwirtschaft die höchsten Hektarerträge der Welt erwirtschaftet: Zwischen 1850 und 1914 hatten sie sich verdoppelt. Derselbe Anstieg gelang ihr in Westdeutschland zwischen 1950 und 1975 noch einmal. Bereits am Ende der 50er Jahre wurde das Ziel der Selbstversorgung fast erreicht.

Die Ertragssteigerung nahm zwischen 1950 und 1990 spektakuläre Formen an. Legt man die Produktion in Tonnen pro Hektar zugrunde, schnellte etwa die Erzeugung von Weizen von 2,58 auf 6,58, von Kartoffeln von 24,49 auf 39,25 und von Zuckerrüben von 36,10 auf 54,92 Tonnen. Auf vierzehn Millionen ha landwirtschaftlicher Nutzfläche wurde 1951 der reichsdeutsche Leistungsstand von 1938 schon übertroffen. Alle Ge-

treidearten wuchsen (1938 = 100) von 1949 = 78 auf 1965 = 158 Index-
punkte. Die Fleischproduktion stieg ebenfalls um 50%, denn in der Vieh-
wirtschaft stellten sich dank der verbesserten Züchtung und Fütterung
sowie wegen des ausgebauten Veterinärwesens vergleichbare Fortschritte
ein. Anschaulicher gesagt: Ein Bauer konnte 1950 zehn Personen ernäh-
ren, 1985 aber 65 und 2000 sogar 119.

   Diese Modernisierung hat zwar den herkömmlichen Charakter der
bäuerlichen Wirtschaft endgültig zerstört (s. IV. A.), aber ihre Produktivität in kürzester Zeit auf ein vorbildloses Niveau angehoben. Insofern kam
die Industrialisierung der Agrarwirtschaft seit 1950 einer zweiten Agrarrevolution gleich, vor deren Folgen selbst die klassische Agrarrevolution seit
dem frühen 19. Jahrhundert verblaßte.

   5. Mit der immens gesteigerten Leistungskraft von immer weniger
Großbetrieben – deren Privilegierung auch schon der «Reichsnährstand»
unter anderen politischen Vorzeichen gefördert hatte, so daß die Agrarpolitik nach 1949 als strukturelle Fortsetzung seiner Politik angesehen werden kann (vgl. Bd. IV, 699–707) – tauchten jedoch frühzeitig neue Probleme auf. Statt der vertrauten «defizitären Nahrungsmittelversorgung»
stellte sich nicht nur der Erfolg ein, daß die Inlandsnachfrage trotz des erstaunlichen Wachstums der Bevölkerung und ihrer Bedürfnisse zu mehr
als drei Vierteln durch die westdeutsche Produktion gedeckt werden
konnte. Vielmehr wuchs auch die Belastung durch eine neuartige Über-
schußproduktion, die jetzt zu einem «Dauerbrenner» der deutschen und
europäischen Agrarpolitik werden sollte, der amerikanischen Agrarpolitik
aber seit der Epoche nach dem Bürgerkrieg vertraut war. Das Problem
wurde auf dem bekannten Wege durch die staatliche Intervention und die
Subventionsgießkanne zu lösen versucht, führte aber zusehends mit einer
aberwitzigen Kostensteigerung geradewegs in eine Sackgasse.

   Die Weichen für die Rückkehr auf diesen Irrweg sind schon frühzeitig
in der Bundesrepublik gestellt worden. In einem ersten großen Gutachten
für die Landwirtschaftsminister der neuen Bundesländer setzten sich eben
jene Experten durch, die zuvor die Politik des «Reichsnährstandes» mitbe-
trieben hatten; er hatte bekanntlich darauf beruht, daß die Landwirtschaft
mit staatlich garantierten Preisen aus der kompetitiven Marktordnung völlig herausgelöst wurde. Dieses unverhohlen gegen den freien Wettbewerb
gerichtete System erlebte nun unter dem Namen der «Marktordnung»
seine Auferstehung. In einer Serie von einflußreichen Gesetzen – vom Ge-
treidegesetz 1950 über die Milch-, Fett- und Fleischgesetze von 1951 bis
hin zum krönenden Landwirtschaftsgesetz von 1955 – verpflichtete sich
der westdeutsche Staat zu einem förmlichen «Beistandspakt». Absatz- und
Preisgarantien, Exportprämien für Milch, Getreide und Rindfleisch, die
Unterstützung einer «standesgemäßen Lebensführung» und die Erzielung
eines angemessenen «Unternehmergewinns» – beides vage, nie exakt de-

finierte Zielwerte – sollten die Kontinuität einer interventionistischen Agrarpolitik auch nach 1945/49 gewährleisten. Im Hintergrund stand die gußeiserne «Bauerntumsideologie» von der Erhaltung eines unbedingt verteidigenswerten «gesunden ländlichen Mittelstandes». Der «Reichsnährstand» hatte 1935 die Regierung verpflichtet, das Mißverhältnis zwischen Produktion, Produktionskosten und Preisen durch die staatliche Steuerung zu korrigieren. Eben dieses Ziel bildete aber auch den Kern des Landwirtschaftsgesetzes von 1955 mit seiner an die «Erbhöfe» erinnernden Stärkung der Großbetriebe.

Faktisch konnte jedoch die Disparität der landwirtschaftlichen Einkommen gegenüber den beiden anderen Sektoren wegen des wachsenden internen Einkommensgefälles zwischen großen und kleinen Höfen nie aufgehoben werden. Allein in den 50er Jahren verfünffachte sich die Subventionssumme des Bundes, die durch eine massive materielle Begünstigung der Landwirtschaft auf Kosten der Länder noch weiter erhöht wurde. Ständig stieg aber die Nachfrage weitaus langsamer als das Produktionsvolumen, und da die Überproduktion auf die Preise drückte, wurden die kostspieligen Folgen durch subventionierte Preisgarantien abgefangen. Diese kontinuierlich weitersteigenden Subventionen vermehrten wiederum die Überproduktion einer industrialisierten Landwirtschaft, deren Hauptgewinner die lukrativen Großbetriebe waren. Lagen sie in der Nachbarschaft einer Stadt oder eines neu erschlossenen Siedlungsgeländes, konnten sie überdies mühelos auf einen Teil der Nutzfläche verzichten und ihn zu einem äußerst attraktiven Preis als Baugelände verkaufen. Millionengewinne waren dabei keine Seltenheit.

Unter den vorherrschenden Bedingungen ließ sich der Stoßrichtung der deutschen, dann auch der europäischen Agrarpolitik, wie sie etwa im Mansholt-Plan von 1968 und gleichzeitig in den Vorhaben der Minister Schiller und Höcherl in der Großen Koalition zutage trat, eine gewisse Folgerichtigkeit nicht absprechen. Der vielzitierte «lebensfähige bäuerliche Familieneigentümerbetrieb» sollte in einen Großbetrieb mit industrialisierter Massenproduktion verwandelt werden, um sich die «Economies of Scale» zunutze machen und einen aussichtsreichen, wenn auch auf absehbare Zeit hochsubventionierten Wachstumspfad einschlagen zu können. Das «Höfesterben» der kleinen Betriebe unter zwanzig Hektar sollte möglichst effektiv abgefedert, doch zielstrebig in Kauf genommen werden.

Wesentliche Probleme konnten durch diese Strategie indes nicht entschärft werden. Der Dauerkonflikt zwischen Produzenten- und Konsumenteninteressen blieb weiter bestehen, obwohl auch das politische Potential des Agrarsektors wegen seiner sinkenden Wählerzahl nicht aufhörte zu schrumpfen. Doch seine Interessenverbände verteidigten zäh den angestammten Einfluß, da sie zwischen den Parteien eine «Grenznutzenposition» ausnutzen konnten. Dabei arbeitete der «Deutsche Bauernbund», die Holding aller Landesverbände unter der Leitung des erfahrenen Agrarpolitikers Andreas Hermes, der «Deutsche Raiffeisenverband» der ländlichen Kreditgenossenschaften und die «Deutsche Landwirtschaftsgesellschaft» als eine Art Zentralausschuß der Agrarwirtschaft effektiv zusammen. Das wurde auch dadurch erleichtert, daß die Agrarlobby im Parlament lange Zeit auffällig überrepräsentiert war.

Auch die großen Höfe erlaubten trotz aller Subventionsgelder oft nicht den optimalen Einsatz der kostspieligen modernen Produktionstechnik. Großflächig kooperierende Genossenschaften hätten das dagegen gekonnt, trafen aber auf jene Defensivideologie, die den selbständigen, einzelbäuerlichen, privatwirtschaftlichen Betrieb hochhielt.

Und schließlich erzeugten die atemberaubenden Kosten der Agrarpolitik einen Anpassungsdruck, gegen den, wie es schien, nicht beliebig lange Widerstand geleistet werden konnte. Die offene Revolte der durch die steigende Belastung ihres Haushaltsbudgets geschädigten Konsumenten mochte kein Politiker riskieren, obwohl die fehlende Organisationsfähigkeit der Benachteiligten jede ernsthafte Korrektur Jahr für Jahr verzögerte.

6. Zur Kompromißbasis der EWG, die auch für die Bundesrepublik völlig andere Bedingungen schuf, als sie vor 1945 geherrscht hatten, gehörte von Anfang an eine außerordentlich großzügig konzipierte Agrarpolitik. Die EWG übernahm im Grunde die deutsche «Marktordnung». Damit eröffnete sie das Zeitalter der Europäisierung des nationalen Protektionismus. Ihr zentralistischer Dirigismus in einem evidenten «System der Irrationalitäten» erstickte den Wettbewerb – fatalerweise ohne eine nüchterne Abschätzung der in Zukunft entstehenden horrenden Folgekosten. Der Agrarhaushalt verschlang alsbald mehr als die Hälfte des EWG-, später auch des EU-Budgets. Diese verhängnisvolle Politik auf einem Pseudomarktplatz, der durch vielfältige Intervention und Subvention absichtlich funktionsunfähig gemacht wurde – immer mehr Produkte wurden aufgekauft, teuer gelagert oder sogar zur Preisverteidigung vernichtet –, behinderte eine flexible Anpassung durch eine unerschütterliche Petrifikation des geheiligten Status quo, unleugbar zugunsten einer winzigen Minderheit von Produzenten, auf Kosten aber der erdrückenden Mehrheit, von der die Wohltat niedriger Weltmarktpreise konsequent ferngehalten wurde.

Zugegeben, eine tiefgreifende Strukturveränderung ist wegen der zu erwartenden «ökonomischen Leichen» außergewöhnlich schwierig, schon weil die Mobilität des Produktionsfaktors Land im Gegensatz zu der von Kapital und Arbeit gegen Null tendiert. Dennoch wäre eine solche Veränderung auf längere Sicht nicht undenkbar. In Frage kämen
– der Übergang zur Vorherrschaft einer konsequenten Veredelungswirtschaft zur Belieferung der urbanen Zentren;
– der Verzicht auf Familienbetriebe zugunsten großer Genossenschaften

mit moderner Ausrüstung und strikter Verweigerung einer Überproduktion;

– die Stillegung von weniger ergiebigen landwirtschaftlichen Nutzflächen und die Umwandlung der Bauern in angestellte Landschaftspfleger und Umweltschützer;

– die gezielte Umstellung auf exportfähige Produkte als Geschenk für die Hungerzonen der Dritten Welt. Dieser Katalog ließe sich weiter fortsetzen, immer aber setzte er eine bisher offenbar utopische Entscheidungsbereitschaft auf der Grundlage des Mehrheitskonsenses voraus.

7. Zu einer Bilanz der folgenschweren Transformation der westdeutschen Landwirtschaft gehört schließlich auch ein Blick auf den Strukturwandel der ländlichen Gesellschaft, wie ihn Josef Mooser am eindringlichsten analysiert hat. Der Erste Weltkrieg hatte die Erweiterung einer strikt «protektionistischen Produzentenpolitik» zu einer «ernährungswirtschaftlichen und sozialpolitischen Konsumentenpolitik» kraftvoll beschleunigt. Agrarpolitik wurde zusehends zur Gesellschaftspolitik, welche die Stabilisierung der bäuerlichen Lebenslage mit einer besseren Versorgung der Konsumenten zu kombinieren suchte. Zwar blieb die bäuerliche Existenz, im Unterschied zur unselbständigen Lohnarbeit in der Industrie und in den Angestelltenberufen, gebunden an eine «Ehepaarwirtschaft als soziales Zentrum». Doch die Ziele wurden in wachsendem Maße von außen vorgegeben, denn Staat und Verbände stiegen zu den eigentlichen «Subjekten der Agrarpolitik» auf, die über die Überproduktionsleistung, die Preis-, und Abnahmegarantien, die Subventionszahlungen und die Zölle, die Zuschläge und die Unterlassungsprämien entschieden. Zugleich änderte sich die Vermarktung: Genossenschaftliche Organisationen traten allmählich doch an die Stelle der individuellen Unternehmerfunktion. In den 1990er Jahren stammten zwei Drittel der Wertschöpfung aus staatlichen und europäischen Subventionszahlungen, die Hälfte der Einkommen rührte aus staatlichen Transferleistungen her.

Dieser Entmündigungsprozeß führte unaufhaltsam zu einem «sozialhistorischen Relevanzverlust der marktbedingten Klassenbildung». Durch ihre «funktionale und soziale Statusreduktion» wurden die Bauern in eine «besondere Kategorie von Arbeitern im öffentlichen Dienst» verwandelt, mithin in eine der neuartigen «Versorgungsklassen», wie sie in anderen Bereichen der Sozialstaat durch seine Transferzahlungen an Gruppen hervorgebracht hatte, welche von der Marktwirtschaft gewissermaßen ausgespieen worden waren. Dieser Vorgang implizierte, während sich der Beruf, die Tätigkeitsarten und die sozialen Beziehungen von Grund auf änderten, eine radikale Entwertung der bäuerlichen Arbeit. Es ist daher kein Zufall, daß die bäuerliche Existenz weiterhin die mit großem Abstand höchste Selbstrekrutierungsrate von allen Berufen besitzt, jeder Zustrom von außen ist versiegt.

Zwar blieb die traditionelle Einheit von Familie – Arbeit – Besitz, die
in der überlieferten «bäuerlichen Überlebensökonomie» tief verwurzelt
war, noch immer als Motivationsressource der landwirtschaftlichen Modernisierung erhalten, zumal dem Leiter eines großen Hofes ein beachtliches Einkommen winkte. Doch der Weg in die «gesellschaftliche Rückständigkeit» läßt sich offenbar nicht mehr aufhalten. Wie die politische
Aufgabe, ein neues Verhältnis von landwirtschaftlicher Arbeit, Naturbe-
herrschung und Umweltschutz zu finden, gelöst wird, bleibt noch immer
offen.

Die grenzenlose Subventionierung der Landwirtschaft durch den agrar-
politischen Interventionismus und Protektionismus hat sich, je länger desto mehr und aufs Ganze gesehen, als eine grandiose Fehlinvestition zugunsten einer stetig schrumpfenden, hochprivilegierten Minorität erwiesen,
während die Zukunftssicherung des Landes durch die entschlossene Förderung etwa von Bildung und Wissenschaft – sowohl im Schul- als auch
im Universitätssystem fiel die Bundesrepublik in das untere Drittel der
westlichen Industrieländer ab – blindlings vernachlässigt wurde. Die Mil-
liardenbeträge, die jährlich aus den Kassen des Bundes, der Länder und der
EU unentwegt in den Agrarsektor fließen, kontrastieren bis heute grell mit
den Minimalaufwendungen für die Generierung und Schulung immateri-
ellen und materiellen Wissens. Daher bleibt die Agrarpolitik ein denkwür-
diger Beweis für den Sieg eines ganz so engstirnigen wie brutalen Lobby-
Egoismus, der sich über das wohlverstandene Gemeinwohlinteresse der
Mehrheit noch immer hinwegzusetzen vermag.[13]

## B. Die DDR

Die unvermeidliche Ausgangsfrage im Hinblick auf die wirtschaftliche
Entwicklung der DDR lautet: Aus welchen Gründen ist dieser Prozeß
nicht ebenso erfolgreich verlaufen wie in der Bundesrepublik? Dieser Vergleich war für die Zeitgenossen, die beide Staaten im Systemwettbewerb
erlebten, der «wichtigste Parameter», bewährt sich aber auch weiterhin im
Rückblick. Daran schließt sich die zweite Frage nach den Ursachen an,
welche die staatliche Zentralverwaltungswirtschaft der SED-Diktatur zu
einem geradezu exemplarischen Fall des Scheiterns dieses Ordnungs-
systems gemacht haben. Allerdings muß dann auch die Frage geklärt werden, warum dieses System überhaupt 40 Jahre lang überleben konnte.[14]

## 1. Belastungen: Demontage, Reparationen, Teilungsfolgen, Massenflucht

Als spezifische Nachteile der ersten Phase von 1945 bis 1961 sind immer wieder einige gravierende Barrieren, die einem Aufschwung entgegenstanden, betont worden. Dabei geht es um Teilungsfolgen, wie zum einen die Zerstörung der lang eingespielten Handelsbeziehungen, die essentielle Importe etwa aus dem Ruhrgebiet und Oberschlesien (Kohle, Eisen, Stahl) bis 1945 gewährleistet hatten; zum andern geht es um die völlig ungenügende eigene Ausstattung mit Rohstoffen aus Kohle- und Erzlagern. Unstreitig haben die SBZ und DDR auch weitaus höhere Reparationsleistungen erbracht und schmerzhaftere Demontageverluste als Westdeutschland erlitten. Stimulierende Unterstützungszahlungen – wie im Westen aus dem Garoia-Fond und dem Marshallplan – kamen Ostdeutschland wegen Stalins Blockade nicht zugute. Die Abwanderung von Millionen reduzierte das Arbeitskräftepotential nicht nur in einer kritischen Aufbauphase, sondern unkorrigierbar auch auf Dauer. Gleichzeitig wurde das Gebiet zwischen Elbe und Oder dem Diktat veralteter planwirtschaftlicher Methoden zugunsten der Schwerindustrie unterworfen.

Auf diese vertrauten Argumente ist zunächst einzugehen, ehe der weit umfassendere Kranz von nachteiligen restriktiven Bedingungen erörtert wird. Zuerst geht es um die industrielle Entwicklung; der Weg der Landwirtschaft wird abschließend verfolgt.

Dem damaligen Mitteldeutschland war der forcierte industrielle Ausbau durch die NS-Rüstungspolitik vorteilhaft zustatten gekommen, denn bis 1944 hatte sich das Produktionspotential in der späteren SBZ um 45 % erhöht. Außerdem waren – im Gegensatz zu den schweren Verlusten, die der westdeutschen Industrie durch den alliierten Bombenkrieg zugefügt worden waren – nur maximal 15 % der mitteldeutschen Kapazitäten zerstört worden. Auf der anderen Seite standen dort allenfalls, das erwies sich als der eigentliche Schwachpunkt, gerade einmal 2 % der Steinkohle- und Roheisenproduktion sowie 8 % der Rohstahlerzeugung des Reiches (vor 1937) aus eigener Herstellung zur Verfügung. Allein 13 Millionen Tonnen Kohle mußten jährlich importiert werden. Außerdem fehlte es außer an Rohstoffen überhaupt an einer leistungsfähigen metallurgischen Basis und einer Verarbeitungsproduktion der Großchemie.

Auf der Habenseite standen dagegen ein hochentwickelter Maschinenbau, eine differenzierte Feinmechanik, weltberühmte Optikbetriebe und soeben erbaute Großunternehmen der Chemischen Industrie. Diese weithin unzerstörte Ausstattung mit unlängst modernisierten leistungs- und ausbaufähigen Sektoren hätte unter rein ökonomischen Kriterien eine nahezu ideale Grundlage für eine wachstumsfreundliche Ausbau-, ja Autarkiepolitik geboten, deren Investitionen sich in kurzer Zeit gelohnt hätten;

überdies hätte ein agrarischer Überschuß für Entlastung gesorgt. Doch die ideologische Fixierung der deutschen Bolschewiki auf das Stalinsche Modell des schwerindustriellen Ausbaus, das von der Hegemonialmacht auch allen anderen Ostblockstaaten verbindlich aufgezwungen wurde, führte zu einer dogmatisch starren Fixierung auf einen Industriesektor, der weder eigene Rohstofflager noch eigene Produktionsstätten besaß, infolgedessen mit aberwitzig hohen fehlgeleiteten Investitionen auf Kosten der bereits etablierten Industriezweige erst einmal aus dem Boden gestampft werden mußte.

Unmittelbar nach dem Einmarsch begann die sowjetische Besatzungsmacht mit der Demontage von wertvollen Industrieunternehmen und der Organisierung eines einschneidenden Reparationsprogramms. In den folgenden Jahren wurden 3400 Betriebe abgebaut. Insgesamt fiel die russische Demontage zehnmal so hoch aus wie im Westen, so daß sie pro Kopf (1349 DM) den 60fachen Betrag wie im Westen (23 DM) erreichte. Dieser Einschnitt führte zu einer drastischen Reduktion der Produktionskapazität, wie sie die Verluststatistik ausweist: Es verloren die Autoindustrie 80, die Eisenerzeugung, der Werkzeugmaschinen- und Lokomotivenbau je 75, die Elektrotechnische, Optische, Chemische Industrie, die Feinmechanik und Kunstfasererzeugung je 50, die Braunkohlen- und Pharmaindustrie je 33, die Textil- und Lebensmittelproduktion je 20% ihres Bestandes vor 1945. Darüber hinaus wurde bis zum März 1947 die Hälfte des Eisenbahnschienennetzes mit 60% aller Waggons und 40% aller Lokomotiven abtransportiert. Damit nicht genug: 200 der größten Unternehmen, die für 30% der ostdeutschen Gesamtproduktion verantwortlich waren, wurden in die neue koloniale Rechts- und Eigentumsform der «Sowjetischen AG» (SAG) überführt, die unter russischer Leitung bis zum Sommer 1953 ausschließlich Reparationsleistungen für die Sowjetunion erwirtschafteten. Erfaßt wurden als SAG z. B. 50% der Großchemie, 33% der Elektrotechnik und des Maschinenbaus.

Schwer abschätzbar ist der Verlust an Humankapital, der sowohl mit der Flucht von Millionen Arbeitskräften (bis 1961 immerhin 13,4% aller Erwerbstätigen!), in die Milliarden von Ausbildungskosten investiert worden waren, als auch mit der Deportation von rd. 3000 Wissenschaftlern und Wirtschaftsexperten verbunden war, die zum Teil bis 1958 in die Sowjetunion verbracht wurden. Weiterhin wurden als direkte laufende Lieferungen zur «Wiedergutmachung» aus der SBZ- und DDR-Produktion Waren im Wert von 15 Milliarden Mark überstellt. Diese Leistungen lagen dreimal so hoch wie die vergleichbaren Lieferungen aus Westdeutschland. Außerdem enthielten die Lieferverträge kleingedruckte Tükken: Reparaturen an überstellten neuen Schiffen mußten z. B. auf unbegrenzte Zeit von den ostdeutschen Werften kostenlos übernommen werden.

Hinzu kamen noch die Besatzungskosten, die 1946 49 %, 1953 immer noch 13 % des ostdeutschen Bruttosozialprodukts in der Höhe von 16 Milliarden Mark verschlangen, bis sie 1953 auf maximal 5 % des Sozialprodukts abgesenkt wurden. Insgesamt erlitten die SBZ und die DDR einen Substanzverlust in der Höhe von 22 % des Kapitalstocks oder von 18,5 % des Volksvermögens von 1944. Im Westen lag er (aus anderen Gründen wie etwa dem effektiveren Bombenkrieg) nur wenig niedriger: bei 16 %.

## 2. Der Fetisch der kommunistischen Planwirtschaft

Die Reparations- und Demontagepolitik führte fraglos zu einem schmerzhaften Einschnitt in das ostdeutsche Wirtschaftsleben. Aber wie der Verlust an Industriekapazitäten durch die Kriegseinwirkungen in der Höhe von 24 % des Bestandes von 1944 es nicht ausschloß, daß die Wachstumsmaschine in Westdeutschland dank ihrer Regenerationsfähigkeit erstaunlich schnell wieder in Gang kam, hätte sich auch die ostdeutsche Wirtschaft schnell erholen können, wenn sie nicht einer von Grund auf verfehlten planwirtschaftlichen Politik, gekoppelt mit der falschen schwerindustriellen Prioritätenvorgabe, unterworfen worden wäre. Durch die brutalen Enteignungs- und Verstaatlichungsmaßnahmen seit 1945 hatte die SED im Zusammenspiel mit der SMAD die Grundlagen für ihren Planungsetatismus bereits vor 1949 gelegt. Zwar ist einzuräumen, daß die miserable Versorgungslage mit der Verlängerung des kriegsbedingten Rationierungssystems auch zu einer gewissen Wirtschaftslenkung anhielt; 1948 hatte zudem die ostdeutsche Währungsreform die Planwirtschaft vorangetrieben, während die westdeutsche Reform die Marktwirtschaft förderte. Doch der maßgebliche Impuls blieb die Machtpolitik der Staatspartei, welche aufgrund ihres politischen Weltbildes die Kontrolle dieses Instruments für unverzichtbar hielt. Die SED folgte dabei der starren Planwirtschaft des sowjetischen Typs, als sie seit ihrem ersten Globalplan, einem Zweijahresplan (1949/50), die strukturellen Veränderungen fortsetzte. Der zweite Plan, ein Fünfjahresplan (1951/55), sollte zu einer Verdoppelung der Industrieproduktion (gemessen am Stand von 1936) führen, insbesondere aber den Auf- und Ausbau der Metallurgie voranbringen.

Beide Vorgaben, getragen von der Illusion, daß die erfolgreiche Planwirtschaft auf Westdeutschland alsbald wie ein Magnet wirken würde, entpuppten sich als utopische Ziele. Die Belastung durch die Reparations- und Besatzungskosten erwies sich als schwer tragbar. Mit den flüchtenden Führungs- und Fachkräften wurden allein bis 1953 rd. 4000 Industrieunternehmen – mithin jedes siebte in der DDR – nach Westdeutschland verlagert. Die Aufrüstungskosten verdoppelten sich bereits 1952 und noch einmal 1953, so daß sie innerhalb von zwei Jahren volle zwei Milliarden Mark verschlangen. Bald floß ein volles Fünftel der Staatsausgaben in die Rüstung.

Es half nichts, daß diesen Problemen seit dem Sommer 1952 immer fordernder die Parole vom «Aufbau des Sozialismus» entgegengesetzt wurde.

Daß der 1949 gegründete RGW im September 1950 die DDR aufnahm, brachte ebenfalls keinen Gewinn, im Gegenteil, er engte sie ein, und eine auf transnationale Arbeitsteilung zielende Planung scheiterte damals wie später.

Auch der Arbeiteraufstand von 1953 führte zu keiner strategischen Änderung in der Planungspolitik. Die Schwerindustrie wurde weiter auf Biegen und Brechen ausgebaut. Seit 1951 entstand z. B. ein riesiges Eisenhüttenkombinat bei Fürstenberg/Oder, obwohl letztlich nur sechs statt der geplanten zehn Hochöfen eingerichtet wurden. Zeitweilig wurden noch höhere Investitionen in die Großchemie, namentlich in die Leuna- und Buna-Werke, aber auch nach Erfurt und Schwedt gelenkt. Das entbehrte nicht eines vernünftigen Kalküls, da 35 % der reichsdeutschen Kapazität von 1945 auf DDR-Boden lag. Zwar befanden sich bis 1953 die wichtigsten Unternehmen als SAG in russischer Hand, doch 1953 wurden sie zurückgegeben.

Die mitteldeutsche Großchemie wurde jedoch vom Weltmarkt abgeschottet – 80 % ihrer Exporte gingen in den Ostblock –, so daß sie den Anschluß an die Arena der dynamischen Innovationen verlor. Außerdem mangelte es viel zu lange an Produktionslinien, die sich der differenzierten Verarbeitung der Grundprodukte widmeten. Die ohne Rücksicht auf Umweltprobleme geförderte Expansion führte überdies dazu, daß die Belastung, etwa der Hallenser Chemieregion, frühzeitig 90 % über derjenigen im Umfeld der westdeutschen Hoechst-Werke lag.

Konnte die DDR-Politik, wie eingeengt auch immer, an die profilierte Rolle der Chemischen Industrie als Führungssektor anknüpfen, wie das in unvergleichlich größerem und erfolgreicherem Maße auch in der Bundesrepublik geschah, gelang es ihr andererseits nie, ein Pendant zum überaus dynamischen westdeutschen Autobau zu schaffen, der sich Jahr für Jahr als kraftvoller neuer Leitsektor erwies. Eine erfolgreiche Massenproduktion im Stil des Fordismus kam in Ostdeutschland nicht zustande: aus Mangel an Rohstoffen und Werkzeugmaschinen, vor allem aber aufgrund von Investitionsentscheidungen, welche angeblich luxuriöse Konsumgüter gezielt diskriminierten. An der Resonanz von Hitlers Autobegeisterung, erst recht aus der Verwandlung der Westdeutschen in eine automobile Gesellschaft hätten die DDR-Politiker freilich lernen können, wie auch sie den Autobau zur Herrschaftslegitimierung hätten einsetzen können.

Trotz sowjetischer Hilfe scheiterte auch der dritte Plan, ein Siebenjahresplan, der 1961 nach dem Mauerbau aufgegeben wurde. Diese Unterstützung war allerdings auch damit verbunden, daß die Gesamtplanung und alle Teilpläne mit Moskau abgesprochen, ständig neu erstellt und korrigiert werden mußten. Außerdem regierte der ferne Hegemon durch russische Berater in der Staatlichen Planungskommission und in den Ministerien in die alltägliche Ostberliner Planungsarbeit ebenso nachdrücklich wie mißtrauisch hinein.

In dieser Periode der «Tonnenideologie» lag das Schwergewicht ganz auf der Maximierung des Ausstoßes, ungeachtet der oft minderwertigen Produktqualität und der Nachfrage. Allerdings blieb auch eine neue Normerhöhung ebenso tabu wie eine Lohnreform. Unverkennbar herrschte weiterhin «Ignoranz gegenüber ökonomischen Kategorien»: Fragen der Rentabilität, Produktivität, Kostensenkung wurden völlig vernachlässigt. Entscheidend blieb die formale Planerfüllung gemäß den dort fixierten politischen Kriterien, die dem Gesellschaftsentwurf der SED dienten. Gelegentlich aufkommende Kritik an der zentralistischen Planung durch Ökonomen wie Fritz Behrens und Arne Benary wurde als parteischädigender «Revisionismus» diffamiert. Die Zivilcourage der Experten fand sich damit belohnt, daß beide Männer beruflich degradiert wurden.

Ende 1956 erreichte das Bruttoinlandsprodukt angeblich das Niveau der Vorkriegszeit, die Produktivität aber wahrscheinlich nur ein Drittel der westdeutschen. Der Privatverbrauch kletterte erst 1958 auf den Wert von 1938, näherte sich aber nur einer Größe von 60% des westdeutschen Konsums. Immerhin konnte 1958 die verhaßte Rationierung der Lebensmittel aufgehoben werden. Die SED-Spitze suchte diese Verspätung auszugleichen, indem sie die Preise für die Grundnahrungsmittel, die Mietwohnungen und die Nahverkehrskarten einfror. Wegen der unvermeidlichen Kostensteigerung mußten sie immer umfangreicher subventioniert werden, bis 1989 mit 50,6 Milliarden Mark mehr als ein Fünftel der Staatsausgaben in dieses Faß ohne Boden gelenkt wurde.

Warum nahm die SED-Diktatur derartig hohe investitionsverhindernde Belastungen in Kauf? Die Männer an der Spitze orientierten sich von Anfang bis Ende, so lautet die plausibelste Erklärung, an den Erfahrungen von Arbeiterfamilien in den Krisenjahren der Weimarer Republik, in die auch ihre eigene Sozialisationsphase gefallen war. Damals hatte der verzweifelte Kampf gegen Hunger und Mietwucher, gegen Obdach- und Arbeitslosigkeit im Vordergrund gestanden. Daher bestanden sie in der DDR auf niedrigen Preisen für Lebensmittel, Mietwohnungen und Nahverkehrsleistungen, gekrönt durch das «Recht auf Arbeit», das bekanntlich nur ein totalitäres Regime mit seiner Verfügungsmacht über alle Arbeitsplätze verkünden kann. Als sich aber die Subventionspolitik als wahre Sisyphusarbeit erwies, als sogar die eigenen Fachleute wiederholt und dringend zu einer Korrektur rieten, lehnte die SED-Führung solch einen Kurswechsel kompromißlos ab. Zum einen waren ihre Mitglieder wie alle Dogmatiker unfähig zu einer gründlichen Revision der eigenen Überzeugungen. Zum andern aber hätte ein solcher, für jedermann spürbarer Einschnitt wahrscheinlich heftige Gegenreaktionen einer rasch steigerbaren Unzufriedenheit ausgelöst, die – 1953 hatte es als Menetekel gelehrt – eine

Gefährdung des Herrschaftsmonopols bedeutet hätten. Vor dieser roten Gefahrenschwelle schreckte die strategische Clique um Honecker aber stets zurück. Eher nahm sie sehenden Auges das herannahende finanzielle Desaster in Kauf.

Ungeachtet aller angehäuften Schwierigkeiten erklärte Ulbricht 1958 das «Einholen und Überholen» der Bundesrepublik zur Hauptaufgabe. Bereits 1961 sollte der Pro-Kopf-Verbrauch in der DDR das Niveau des westdeutschen übertreffen. Die Beschwörung solcher Nahziele mochte angesichts des Drucks im Wettbewerb der Systeme verständlich sein. Da sie jedoch inhaltlich ganz irreal war, baute sich die SED ihre eigene Zwickmühle auf, denn fortab mußte die vergebliche Aufholjagd immer wieder aufs Neue angekündigt werden.

Mit dem Mauerbau, der sie übrigens volle zwei Milliarden Mark gekostet hatte, gewann die SED-Diktatur einen neuartigen Spielraum, da die Angst vor der massenhaften Flucht seither entfiel. Die Arbeitskräftelage stabilisierte sich im Sinne des Regimes. Mit der Einigelung gegenüber dem Westen war aber auch eine noch härtere Abschottung vom Weltmarkt und eine noch festere Einbindung in den Ostblock verbunden. Das ließ sich etwa auch daran ablesen, daß anstelle der deutschen DIN-Industrienormen das russische GOST-System eingeführt wurde.

Die zweite Phase der ostdeutschen Wirtschaftsentwicklung dauerte von 1961 bis zum Ende der Ulbricht-Ära 1971. Sie war durch einen Aufbruchversuch und neue Krisen gekennzeichnet. Wegen einer Entwicklung, die hinter den Planvorgaben und Erwartungen weit zurückblieb, machte sich Ulbricht mit seinem Gespür für Machtsicherung allmählich doch einige Reformvorstellungen zu eigen, die auf die Modernisierung, Flexibilisierung und natürlich die Produktionssteigerung abzielten, indem sie gewisse marktähnliche Elemente ohne den Übergang zum Ordnungssystem der Marktwirtschaft aufgriffen. Als «Neues Ökonomisches System» (NÖS) wurde diese veränderte Programmatik Anfang 1964 eingeführt. Sie wurde zum einen von den in den 50er Jahren aufgestiegenen, zum Engagement bereiten jungen Kadern mit einer Aufbruchstimmung begrüßt, welche die Reform zeitweilig mittrug, ehe sie wegen des Mangels an Erfolgen nach einigen Jahren erstickte; zum anderen aber traf sie auf den hartnäckigen Widerstand aller Gralshüter der Planungsideologie. Sie wurden nicht müde, alle Reformfehler anzuprangern und die wachsende Westverschuldung als Abhängigkeit vom Klassenfeind zu beklagen.

Als sich seit dem Herbst 1965 die Umstellungsschwierigkeiten häuften, wurden nach sowjetischem Vorbild acht Industrieministerien mit der Aufgabe einer differenzierteren Lenkung eingerichtet, die bis 1989 bestehen blieben. Doch wegen ihrer konkurrierenden Interessen waren auch sie außer Stande, die Koordination zu erleichtern. Unter dem Druck der Kritiker wurde das NÖS 1968 durch das ÖSS, das «Ökonomische System des

Sozialismus», abgelöst, das allerdings nur halbherzige Veränderungen einführte. Immerhin wurde 1967 die Fünftagewoche endgültig in der Arbeitswelt legalisiert.

Ulbricht hielt mit seiner Equipe an den unrealistischen Wachstumszielen weiterhin fest. Die neue Propagandaparole lautete jetzt: «Überholen ohne Einzuholen». Gemeint war mit dieser auf den ersten Blick stutzig machenden Formulierung das Ziel, durch einen technologischen Sprung, wie ihn anderswo die anlaufende digitale Revolution ermöglichte, an der Bundesrepublik vorbeizuziehen, ohne ihren Lebensstandard und ihre Produktionsfähigkeit mit überlegenem Wachstum vorher einzuholen. Das war eine bizarre, realitätsferne Illusion, da in der DDR schlechterdings alle ökonomischen, sozialen und mentalen Voraussetzungen für solch einen gewaltigen Innovationssprung fehlten. Das (in V. geschilderte) kostspielige Debakel mit eigenen Chips bewies dieses Defizit.

Immerhin verbesserte sich allmählich, wenn auch mehr als zwanzig Jahre nach dem Weltkrieg, auch in Ostdeutschland die Versorgung mit langlebigen Konsumgütern. Wenn man der DDR-Statistik trauen will, entfielen 1960 auf 100 Haushalte: drei PKW, 18,5 TV-Geräte, 6,1 Kühlschränke und 6,2 Waschmaschinen. Bis 1970 aber waren diese Meßziffern in derselben Reihenfolge auf 15,6, 73,6, 56,4 und 53,6 angestiegen. Allerdings mußte man für die Lieferung eines «Trabbi» zwölf Wartejahre in Kauf nehmen, und mit einem durchschnittlichen Nettoeinkommen von monatlich 491 Mark waren die Preise für ein Fernsehgerät (2050 Mark), einen Kühlschrank (1350 Mark) und eine Waschmaschine (1350 Mark) nicht leicht zu bewältigen, obwohl wegen des überaus eingeschränkten Warenangebots allmählich ein Kaufkraftüberhang entstand.

Schließlich gelang es den Planungsdogmatikern nach lebhaften Konflikten im Politbüro, die Abwendung vom NÖS zu erreichen, das im Dezember 1970 formell aufgekündigt wurde. Die Entscheidung hing mit der Wachstumskrise von 1969/70 zusammen, während der die Vernachlässigung der Konsumgüterproduktion wiederum heftige Kritik auslöste. Zu den politischen Folgen der Wirtschaftsprobleme gehörte auch 1971 der intrigenreiche Sturz Walter Ulbrichts durch seinen «Kronprinzen» Erich Honecker.

## 3. Die «Einheit von Wirtschafts- und Sozialpolitik»

Die dritte Phase der DDR-Wirtschaftsgeschichte seit 1981 begann damit, daß auch die DDR nach dem dramatischen Signal der polnischen Streiks im Dezember 1980 und dem ersten Aufbegehren der Solidaritäts-Bewegung wie alle Ostblockstaaten eine «Beschwichtigungspolitik» einschlug. Auch Honecker und sein Umkreis wollten politische Ruhe aus verbessertem Wohlstand und sozialer «Geborgenheit» gewinnen, wie das im Grunde

seit 1956 der ungarische «Gulaschkommunismus» unter Janos Kadar praktizierte. Um dieses Ziel zu erreichen, zog er, auch um den gefährlichen
Preis einer rasant steigenden Kreditaufnahme im Westen, welche die DDR
bis zum Ende der 8oer Jahre tief in die «Verschuldungsfalle» führte, einen
«Wechsel auf die Zukunft». Erst sollte die Lage durch die Kombination
von Lohnsteigerung und sozialpolitischen Leistungen verbessert, dann
aber dank dieser Hilfsmittel die Leistungsfähigkeit gesteigert werden. Als
Schlüsselbegriff fungierte seither die neue Formel von der «Einheit von
Wirtschafts- und Sozialpolitik».

Die Ära Honeckers, der auf sicht- und spürbare Distanz zum diskreditierten Ulbricht-Regime bedacht war, begann daher mit einer Erhöhung
der Löhne, Renten und Urlaubstage. Die Unterstützung von berufstätigen Frauen wurde erweitert, nicht zuletzt, um die schrumpfende Fertilität
zu bekämpfen. Waren 1970 82 % der erwerbstätigen Frauen einem Beruf
nachgegangen, stieg ihre Zahl 1980 auf 87 und bis 1989 auf 91 %. Damit
lag die DDR, die nach dem irreparablen Aderlaß der Massenflucht kein
anderes Arbeitskräftepotential erschließen konnte (bis 1988 hat sie nur
94 000 Gastarbeiter verpflichtet), in Europa an der Spitze. Der Wohnungsbau, der unter Ulbricht eine Enttäuschung nach der anderen bereitet
hatte, wurde angekurbelt; die hoch subventionierten Mietpreise blieben
auch in den neuen Plattenbauten eingefroren. Zeitweilig wurden die Investitionen in den Produktionssektoren gesenkt (wobei zudem noch aufgrund des Autarkiewahns fast 50 Milliarden Mark in einem gescheiterten
Mikroelektronik-Ausbau verbrannt wurden), dafür aber im Konsum-
güterbereich mit positiven Auswirkungen auf das verbesserte Angebot
erhöht.

Wider alle politische Vernunft, doch auf Deviseneinnahmen erpicht,
hatte die DDR-Führung seit 1962 zu einer neuen, ungewöhnlichen Klas-
senspaltung zwischen Westgeldbesitzern und der Mehrheit ihrer von diesem Zufallsprivileg ausgeschlossenen Bürger beigetragen. Denn in den
neuen «Intershop»-Läden, die neben die exklusiven «Exquisit»- und «De-
likat»-Läden traten, konnte man hochwertige, insbesondere importierte
Waren gegen DM kaufen. Seit 1964 durften DDR-Bewohner, für die damit
ein Sicherheitsventil geöffnet wurde, auch offiziell selber dort einkaufen.
Namentlich unter regimetreuen SED-Mitgliedern, die durch interne Vorschriften oft vom Westkontakt und DM-Besitz ausgeschlossen waren, entstand dadurch eine ständige Irritation, die in einen Verlust von Glaubwürdigkeit der Staatspartei überging.

Um aber die Konsumwünsche bei steigender Kaufkraft nicht allein für
die kraß begünstigte «Intershop-Klientel», sondern weit umfassender be-
friedigen zu können, holte das Honecker-Regime mehr Westimporte ins
Land, die aber die Abhängigkeit und Verschuldung weiter ansteigen ließen. Zwischen 1971 und 1981 lag die Einfuhr aus dem Westen 40 Milliar-

den Mark über dem Gewinn aus dem DDR-Export. Mit anderen Worten: Das Defizit fiel doppelt so hoch wie der Ausfuhrerlös aus. Selbst hochwertige DDR-Produkte wie Werkzeugmaschinen und Erzeugnisse der Optikindustrie und Feinmechanik erreichten in den 70er Jahren nur 5 oder sogar nur 1 % der Ausfuhr. Die Westschulden kletterten seit 1971, Honekkers Antrittsjahr, als sie zwei Milliarden Dollar betragen hatten, bis 1982 auf bedrohliche 25,5 Milliarden Dollar und schossen weiter in die Höhe, während die Zinsen auf dem Kapitalmarkt lebhaft anstiegen, bis sie jährlich eine Milliarde Dollar ausmachten.

Um die Leistungsfähigkeit der ostdeutschen Industrie durch Synergieeffekte zu verbessern und erneut dem sowjetischen Vorbild zu folgen, wurden bis zum Ende der 70er Jahre zahlreiche Betriebe in wenigen riesigen Kombinaten konzentriert. 1978 bestanden 133 solcher Mammutkonzerne, die der Zentrale direkt unterstellt waren und nichts anderes als kommunistische Monopolunternehmen verkörperten. Für die Planbehörden wurde durch sie zwar die Komplexität der Steuerung etwas abgesenkt, doch dieser Gewinn wurde durch den Verlust an Flexibilität weit übertroffen. Denn diese aus Megalomanie geborenen Anlagen führten ihr Innenleben jetzt erst recht ohne jeden Konkurrenzdruck, der im Binnenbereich ganz so fehlte wie dank der Abschottung vom Weltmarkt auch im Außenbereich. Die Arbeitsteilung wurde reduziert, der Effizienzverlust nahm zu, die Produktionsqualität wurde nicht verbessert, der Plan so gut wie nie eingehalten.

Den zweiten Ölpreisschock seit 1979 konnte der RGW durch sein internes Regelwerk zunächst noch einigermaßen abfedern. Die DDR erhielt sogar weiterhin relativ preiswertes russisches Erdöl geliefert, das sie in verarbeiteter Form billiger, als die Preise auf dem Weltmarkt ausfielen, nach Westen exportierte. Ihr Gewinn beruhte mithin auf der schlitzohrigen Ausnutzung der Differenz zwischen RGW- und Weltmarktpreisen. Darauf reagierte selbst der schwerfällige sowjetische Apparat nach einiger Zeit mit einer spektakulären Preiserhöhung, die diesen mit der «sozialistischen Moral» nicht zu vereinbarenden «Windfall Profit» der DDR zunichte machte, damit aber auch ihren ewigen Devisenmangel kraß verschärfte. Denn sie mußte jetzt das Dreizehnfache des Ölpreises von 1970 an Moskau entrichten. Und als ihr Preisgefüge für diesen Energieträger kollabierte, sank auch ihr Exportwert um die Hälfte.

Da die DDR ihre geringfügige Steinkohlenförderung 1973 völlig eingestellt hatte und nunmehr die scharfe Reduktion verteuerter russischer Öllieferungen zu bewältigen hatte, blieb ihr nur der Rückgriff auf den einzigen einheimischen Energieträger, die Braunkohle. Denn in ihrem Boden ruhten zwei Drittel der deutschen Vorräte; von den geschätzten 20 Milliarden Tonnen lagen allein 11 Milliarden Tonnen in der Lausitzer Börde. Als der Abbau gesteigert wurde, stammten die meisten Großgeräte für den Tagebau aus der Zeit vor 1939, die Hälfte der Brikettproduktion aus den

Anlagen von 1920. Während die technische Ausrüstung mühsam verbessert wurde, stieg die Jahresproduktion bis 1985 auf den Höhepunkt von 312 Millionen To. Das waren immerhin 30% der Welterzeugung; wegen des Eigenbedarfs sank der Export auf Null. Der Rückgriff auf die minderwertige Braunkohle, deren Abbau mit riesigen Erdbewegungen und der Umsiedlung ganzer Dörfer verbunden war, hochwertiges Öl oder Gas aber ohnehin nicht ersetzen konnte, erwies sich binnen kurzem als wahres «Danaergeschenk». Denn ihr Verbrauch löste eine verheerende Umweltbelastung aus, die sich auf Hunderttausende von DDR-Bewohnern krankheitserzeugend und lebensverkürzend auswirkte. Während die Produktion von 1974 bis 1985 um etwa 20%, wenn auch mit verdoppeltem Kostenaufwand, gesteigert wurde, erhöhte sich der Schwefeldioxydausstoß um 30%.

## 4. Der Niedergang

1982 stand die DDR nahezu zahlungsunfähig da. Die Ursachen dieses Dilemmas lagen vor allem in vier Bereichen:
– Ihre mangelhafte internationale Konkurrenzfähigkeit schloß die DDR vom Boom und von den Chancen auf dem Weltmarkt aus.
– Die Kombination von Wohlstandssteigerung und sozialpolitischen Leistungen, beide von der Parteispitze ohne den sie erst ökonomisch rechtfertigenden Produktivitätszuwachs aus Gründen der Machtsicherung initiiert, überforderte innerhalb weniger Jahre das wirtschaftliche, aber auch das politische System, zumal die Kürzung der Subventionszahlungen aus Rücksicht auf die Herrschaftsstabilität erneut abgelehnt wurde.
– Die DDR erwies sich als unfähig, auf weltwirtschaftliche Veränderungen, insbesondere auf dem Energiemarkt, aus eigener Kraft elastisch zu reagieren, wie das etwa den westlichen Ländern angesichts der immensen Ölpreissteigerung und Überschwemmung mit Petrodollars dank ihrer institutionellen Kapazität zur elastischen Verarbeitung der Riesenprobleme seit 1973 erstaunlich schnell gelungen war.
– Die Wirtschaftspolitik des SED-Regimes verstärkte die systembedingte, durch das Diktat der Planwirtschaft noch gesteigerte Inflexibilität.
Während die DDR durch ihre völkerrechtliche Anerkennung und die Aufnahme in die Vereinten Nationen aufgewertet wurde, stand sie wirtschaftlich «ausgezehrt» am Rande der Isolierung und einer tödlichen Krise. Nur der zweimalig gewährte Überraschungskredit aus der Bundesrepublik in der Höhe von jeweils einer Milliarde DM rettete ihre Bonität bei den westlichen Gläubigern. Die von Alexander Schalk-Golodkowski geleitete dubiose Sonderbehörde «Kommerzielle Koordinierung» (KoKo) exportierte aus ihrem Schattenreich Pflastersteine und Häftlinge, Antiquitäten und Waffen, um die Devisenlage mit allen Mitteln zu verbessern, mußte aber den gesamten Gewinn direkt an Honecker abliefern, der ausschließ-

lich nach eigenem Gutdünken über die Verwendung dieser Mittel im Arbeiter- und Bauernstaat verfügte.

Als der Wind des Wandels seit 1985 aus Gorbatschows Rußland wehte, blieb die SED-Spitze ein «Hort der Orthodoxie», obwohl die politische Moral der Führungskader in Partei und Wirtschaft wegen der Reformunfähigkeit zusehends verfiel. Seit 1984 ging auch die Produktion ständig zurück – kein Wunder, da die Nettoinvestitionen im Produktionsbereich von 1980 bis 1986 von 12 auf 8 % absanken, der Verschleiß der alten Anlagen aber rapide zunahm. Der Niedergang der DDR-Wirtschaft war an solchen Zahlen ablesbar. Dennoch hielten Spitzenpolitiker unentwegt an ihrem Zieldreieck fest:

1. an der Erhöhung des Lebensstandards und an der sozialpolitischen Abfederung, umschrieben mit dem altväterlichen paternalistisch-autoritären Begriff der «Geborgenheit», welche den konservativen Sozialpolitikern des 19. Jahrhunderts wie Lorenz v. Stein, Hermann Wagener und Carl Rodbertus so geläufig gewesen war, um ihr Machtmonopol abzusichern;

2. an den Leistungen für den Schuldendienst im Westen, um als respektabler Geschäftspartner zu gelten und den Zugang zu den bitter benötigten künftigen Krediten nicht zu verlieren;

3. an der Steigerung der Investitionen, um endlich ein zuverlässiges Wachstum, die Grundlage eines jeden Einholmanövers gegenüber der Bundesrepublik, in Gang zu setzen.

Um diesem Zieldreieck gerecht zu werden, verschuldete sich das Regime in rasantem Tempo nach innen und nach außen, bis es 1989 eine Schuldenlast von 130 Milliarden angehäuft hatte. Da die beiden ersten Ziele als politisch sakrosankt galten, mußten die Investitionen scharf eingeschränkt werden. Das hatte eine einschneidende Mangelsituation zur Folge. Überdies erwiesen sich die 50 Milliarden Mark für Forschung und Investition in der Mikroelektronik, wie bereits gesagt, wegen des uneinholbaren Vorsprungs der westlichen und asiatischen Konkurrenten als grandiose Fehlanlage; daraufhin mußten vier Milliarden für überlegene Westimporte ausgegeben werden.

Die generelle Reduktion der Investitionen traf aber nicht nur die Industrie und Landwirtschaft, sondern nicht zuletzt auch das Verkehrs- und Kommunikationswesen sowie den Wohnungs- und Autobau. So waren etwa am Ende der 80er Jahre gut 17 % des ostdeutschen Eisenbahnnetzes gesperrt oder nur mit streng reduzierter Geschwindigkeit zu benutzen. 18 % des Straßennetzes waren «kaum mehr befahrbar». Im Wohnungsbau wurden trotz aller Erfolgsfanfaren zwischen 1975 und 1989 nur 60 % des proklamierten Zielwertes erreicht. Im Automobilbau waren alle innovatorischen Ansätze abgeblockt worden oder gescheitert, so daß weiterhin zwei veraltete Modelle in verschlissenen Anlagen hergestellt wurden, da die SED den Konsumentendruck nicht angemessen zu beurteilen verstand.

1983 wurde endlich ein neues Entwicklungsprogramm mit Hilfe von elf Milliarden Mark initiiert, das die Modelle «Trabant» und «Wartburg» mit einem Vier- statt mit einem Zweitaktermotor ausstatten sollte, die lähmende Wartezeit von zwölf Jahren aber noch immer nicht schrumpfen ließ. Als im Oktober 1988 die ersten Viertakter vom Band liefen, war es mit der verhärmten Autoherrlichkeit der DDR-Plastikautos bald vorbei.

Die antiquierte Ausstattung der Autos war überdies kein isoliertes Phänomen. Denn in zahlreichen Betrieben gab es endlose Verschleiß- und Reparaturprobleme, da die Mittel für eine modernisierte Ausrüstung fehlten. Eine verhängnisvolle Folge davon war die nicht abreißende Serie von Unfällen, darunter viele mit tödlichem Ausgang. Als weitere Folge stellte sich ein drastischer Ausfall von Arbeitsstunden ein, deren Zahl durch das häufige Ausbleiben von Materiallieferungen noch vermehrt wurde.

Der Handlungsspielraum der SED-Spitze und ihrer Planer wurde zusehends, wie bereits erwähnt, durch die riesigen Subventionen für die Grundnahrungsmittel, Mieten und Verkehrsleistungen eingeschränkt. Zwischen 1982 und 1989 verdoppelten sie sich auf 50,6 Milliarden Mark und erreichten damit ein volles Fünftel der Staatsausgaben. Allein die Subventionierung der Lebensmittel machte bis 1985 fast 28 Milliarden Mark aus. Damit wurden groteske Verhältnisse staatlich unterstützt, da z. B. billiges Brot an Kaninchen verfüttert wurde, deren Fleisch dann teuer verkauft werden konnte.

Kostendeckende Preise hätten freilich die regulären Ladenpreise verdoppelt. Vorher hätten die SED-Gremien die heilige Kuh künstlich stabilisierter Minimalpreise schlachten müssen. Aus Angst vor Unruhen wie 1953, die als traumatische Enthüllung der «Lebenslüge» vom «Arbeiterstaat» den Führungsapparat der SED ganz so verfolgten, wie sich die Revolution von 1918 der NS-Spitze eingebrannt hatte, wurde das stets abgelehnt. Diese Sorge war insofern verständlich, als das Einkommen aus den «gesellschaftlichen Mitteln», den Subventionszahlungen, die in die ironisch sogenannte «zweite Lohntüte» flossen, inzwischen 21 % der individuellen Nettoeinkünfte ausmachten. Eine dramatische Aufhebung oder scharfe Kürzung der Subventionen hätte wegen der jahrzehntelangen Gewöhnung an dieses absurde politische Preisniveau in der Tat Protest auslösen müssen. Als der langjährige Chef der «Staatlichen Planungskommission», Gerhard Schürer, trotzdem die Kritik an diesen Zuschüssen eindringlich wiederholte, erklärte Honecker das zum Frontalangriff auf seine bewährte, erfolgreiche, unverzichtbare Politik, und Schürer wurde von der Gerontokratie rüde zurückgepfiffen.

Die Subventionsfrage war auch deshalb so heikel, weil die Enttäuschung wegen des mangelhaften Angebots an hochwertigen Konsumgütern weiter anwuchs. Während die alten Herren an der SED-Spitze den Lebensstandard wohlwollend mit dem der Weimarer Republik verglichen, blickte die

Bevölkerung auf das westdeutsche Niveau, das sie allabendlich im Fernsehen oder während der zunehmenden Besuche in der Bundesrepublik erlebte. Ende der 1980er Jahre übertraf die private Einfuhr aus Westdeutschland das Angebot des DDR-Handels. Da aber immer noch die Mehrheit an dieser Einfuhr nicht teilhatte, nahm die Empörung wegen der Versorgungsmängel zu, zumal die Zweiklassengesellschaft der Westgeldbesitzer und der DMlosen dieses Problem hartnäckig verschärfte.

Diese Zuspitzung lässt sich auch an den Auswandererzahlen ablesen, die von 1981 bis 1988 dank der KSZE-Beschlüsse jährlich mehr als 20000 DDR-Bürger erfaßten, wobei die Anzahl der sich aufstauenden unbearbeiteten Bewerbungen vor 1989 die Hunderttausendermarke übertraf. Als sich die Schleusentore in der Wendezeit seit dem Herbst 1989 öffneten, brach die DDR aus eigener Schwäche in solcher Windeseile zusammen, wie das auch skeptische Experten nicht erwartet hatten.

## 5. Das Debakel der «sozialistischen Landwirtschaft»

Die Entwicklung in der ostdeutschen Landwirtschaft nach 1945 läßt sich in drei Phasen unterteilen. Im ersten Zeitabschnitt stand die anlaufende Enteignung, die im Rahmen der sogenannten Bodenreform 1945/46 zu einer entschädigungslosen Beschlagnahmung führte, im Mittelpunkt. Sie erfaßte sofort 6230 Großgrundbesitzer mit all ihrem Besitz, bis 1949 die restlichen von insgesamt 7160 Gütern. Enteignet wurden aber auch sogleich 4000 sogenannte Großbauern mit einem Landbesitz von mehr als 100 Hektar; bis 1949 kamen noch einmal 5600 Bauernhöfe hinzu. Man darf hier nicht vergessen, daß bis 1945 Tausende von traditionsbewußten Privatbauern auf dem späteren Gebiet der DDR große leistungsfähige Höfe betrieben, die keinem Gutsherren unterstanden hatten. Mehr als ein Drittel der landwirtschaftlichen Nutzfläche unterstand daher seit 1946 schon der direkten Staatskontrolle.

Auf dem okkupierten Land wurden 210000 Neubauern angesetzt. Sie erhielten ein kärgliches Stück Land, nur jeder siebte bekam auch eine Wohnung; drei Viertel von ihnen mußten ohne Pferd arbeiten, jedem Vierten stand ein eigener Pflug, jedem Fünften eine eigene Egge zur Verfügung. Bis 1952 gaben 30 % von ihnen angesichts der unüberwindbaren Schwierigkeiten auf; ein weiteres Drittel wirtschaftete völlig unrentabel; nur 60 000 gelang eine prekäre Stabilisierung, bis sie seit 1952 von der eigentlichen Kollektivierungswelle erfaßt wurden, so daß sie ihren Einzelbesitz schon wieder verloren. Übrigens lief die Bodenreform in den Dörfern nicht ohne Widerstand ab. Großbauern wurden unterstützt, gegen die Vertreibung der Großgrundbesitzer wurde ganz so protestiert wie gegen den barbarischen Abriß der ostelbischen Schlösser. Das erhöhte die Aversion der SED-Kader gegen die rückständige Mentalität der Landbevölkerung.

Die Produktionsziffern fielen nach dem Krieg steil nach unten, 1946 z. B. wurde nur die Hälfte der Ernte von 1936 erzielt; bis 1951 kletterte sie immerhin wieder auf 91 %. Was die damals vieldiskutierte Versorgung mit Kalorien betraf, wurde erst im Herbst 1948 das Existenzminimum wieder erreicht. Das harte Reglement der SED führte zu rigorosen Sanktionen. Allein vom Juli 1952 bis zum Januar 1953 wurden 1250 Bauern wegen ihrer angeblich fehlerhaften Planerfüllung zu Geld- und Haftstrafen verurteilt. Ihre Höfe wurden meistens einer LPG übereignet.

Die zweite Phase von 1952 bis zum Ende der 60er Jahre stand im Zeichen einer rücksichtslos forcierten Kollektivierung, die erneut nach sowjetischem Vorbild von den deutschen Bolschewiki vorangetrieben wurde. Bis 1961 wurden 84 % der landwirtschaftlichen Nutzfläche 19000 LPG übertragen, nachdem es bis zum Sommer 1953 nur 5074 von ihnen gegeben hatte. Der Höhepunkt der Kollektivierung wurde 1960 erreicht, als 9000 neue LPG in kürzester Zeit entstanden. Hatte bis dahin noch etwa die Hälfte der Privatbauern existiert, bewirtschafteten nach diesem Gewaltakt nur noch 13500 Kleinbauern etwa 8 % der landwirtschaftlichen Nutzfläche.

Der Zugriff des SED-Regimes kann durchaus mit der Kulakenverfolgung in der Sowjetunion, insbesondere zwischen 1929 und 1933, verglichen werden. Er fiel genauso hart und kompromißlos aus, verzichtete aber auf eine physische Vernichtung, die Millionen russischer Bauern getroffen hatte. Die Enteignung, die Demütigung, die Degradierung zu Kolchosarbeitern zerstörte aber auch in Ostdeutschland die selbstbewußte bäuerliche Existenz. Die Folgen waren ein scharfer Produktionsausfall und eine Westflucht, die 15000 Bauern mit ihren Familien erfaßte.

Wenn man von der Gewaltsamkeit dieser Aktion einmal absieht – der Zusammenschluß von Privatbauern in großen Genossenschaften wäre ja eine ökonomisch überlegene Alternative gewesen, die freilich den etatistischen Planungszielen der SED widersprach – lag die Zusammenführung in leistungsfähigen Großbetrieben nach vollendeter Flurbereinigung durchaus in einem allgemeinen Trend, dessen Durchsetzung durch die Bodenreform nur verzögert worden war. In Nordamerika hatten sich Großfarmen längst durchgesetzt, in Rußland war der Ineffizienz der dörflichen Einzelwirtschaft die große Kolchose mit freilich anderen Schwachpunkten entgegengesetzt worden. Unter dem «Reichsnährstand» war der Trend zum großen bäuerlichen Hof ideologisch verbrämt worden, wie das später auch mit den LPG geschah. Doch mit der Agrarpolitik der EWG setzte sich derselbe Trend im Grunde genommen weiter fort. In der DDR erwiesen sich allerdings die gewaltsam herbeigeführten Fusionen und die Kontinuität engstirniger staatlicher Gängelung als hohe Barrieren, die dem landwirtschaftlichen Wachstum entgegenstanden. Erst als die LPG nach der Wende von 1990 in privatisierte Großbetriebe verwandelt worden waren (2000 hatten 3200 Nachfolger überlebt, die immerhin 54% der landwirtschaftlichen Nutzfläche bestellten), konnten sie ihre Leistungsfähigkeit als bedrohliche Konkurrenten für die subventionsverwöhnten westdeutschen Landwirte ausspielen.

Nachdem die Agrarwirtschaft, aufs Ganze gesehen, in verstaatlichte Mammutbetriebe umorganisiert worden war, setzte mit der dritten Phase seit dem Ende der 60er Jahre ein neuer Konzentrationsprozeß ein, aus dem noch riesigere landwirtschaftliche Kombinate – analog den neuen Industriekombinaten – mit dem Ziel einer Industrialisierung der gesamten Agrarwirtschaft hervorgingen. Bis 1975 entstanden 1210 solcher Agrokombinate, die 79% der landwirtschaftlichen Nutzfläche bewirtschafteten. Daneben blieben 3844 LPG (mit durchschnittlich 370 Arbeitskräften) und 465 Volkseigene Güter übrig. Die Betriebsgröße der Agrofabriken lag gewöhnlich bei 4130 Arbeitnehmern – das war das 15fache der Zahl auf den LPG zu Beginn der 60er Jahre. Von 740000 selbständigen Bauern des Jahres 1951 waren nur noch 3000 Kleinbauern dem staatlichen Zugriff entzogen.

Diese ehemaligen Bauern auf den Kombinaten und LPG sollten, das war das Ziel der SED, zu einem Teil der ostdeutschen Arbeiterklasse umgeschmolzen werden. Sie sollten das gleiche Einkommen wie Industriearbeiter erhalten, deren reguläre Arbeitszeit und dieselbe Anzahl von Urlaubstagen genießen. Insgesamt waren in den 80er Jahren noch 9% der ostdeutschen Erwerbstätigen in der Landwirtschaft tätig. Das war dreimal so viel wie in der Bundesrepublik. Tatsächlich entstand unter immensen Reibungsverlusten, die sich auch in dem Produktionsrückgang und in der Ineffizienz der Produktionsweise äußerten, der neue Sozialtypus des landwirtschaftlichen Arbeitnehmers, dessen große Mehrheit aus Landarbeitern bestand, die ihrer ehemals selbständigen bäuerlichen Existenz nachtrauerten. In der Hierarchie der Kombinate und LPG standen die Agrarmanager, die Repräsentanten der sogenannten «landwirtschaftlichen Intelligenz», und die Agrartechniker, die technisch versierten Facharbeiter, über ihnen.

In den 70er Jahren wurden die landwirtschaftlichen Großbetriebe nach Pflanzen- oder Tierzucht getrennt, um, wie man unterstellte, eine Optimierung des Ausstoßes zu erreichen. Tatsächlich erwiesen sich aber diese gigantomanischen Tierzuchtanstalten schnell als Fehlschlag. Die Unmengen von Gülle und Exkrementen, die z.B. 15000 Schweine erzeugten, warfen nicht zu leugnende Umweltprobleme auf, während der unvermeidbare Seuchenschutz seine eigenen Schwierigkeiten mit sich führte. Zuerst wurde daher seit 1981 die Größe der Tierzuchtbetriebe reduziert, und alsbald fanden sich Tier- und Pflanzenzucht wieder zusammengefaßt. Die Riesenmengen an Düngemitteln und Pestiziden, die weiterhin auf den Agrofabriken und LPG verwendet wurden, vergifteten aber auch danach den Boden und das Grundwasser auf eine Weise, die dem allgemeinen Raubbau ent-

sprach, den das SED-Regime der Substanz des Landes in nahezu jeder
Hinsicht zumutete. Eine Reform, die diesen Namen verdiente, wäre hier
längst erforderlich gewesen, doch auf dem Weg zum Staatsbankrott gingen
auch in der Landwirtschaft die Investitionen in den 80er Jahren um 30%
zurück.[15]

## 6. Die Ursachen des Scheiterns

Jahrzehntelang hatte sich die DDR als unfähig erwiesen, strukturellen «innovatorischen Wandel systemimmanent hervorzubringen». Jahrzehntelang hatte sie statt dessen weit über ihre Verhältnisse gelebt. Das läßt sich
am Verfall des Kapitalstocks, an der nur deprimierende 30% der westdeutschen Leistungen erreichenden Produktivität, an dem nur 37% des
westdeutschen Sozialprodukts erzielenden DDR-Wert, an dem um 55%
unter der Größe der Bundesrepublik liegenden durchschnittlichen Haushaltseinkommen, an den 30% der westdeutschen Bruttolöhne erreichenden ostdeutschen Löhnen, vor allem aber auch an der Verschuldung ablesen: Ihre rd. 130 Milliarden Mark Auslandsschulden erforderten jährlich
eine Milliarde Dollar Zinsen. Diese seit den 70er Jahren unter Honecker
angehäufte Schuldenlast konnte die DDR in den 80er Jahren nur dem äußeren Anschein nach noch weiter tragen. In Wirklichkeit hatte sie den Weg
in den Staatsbankrott angetreten.

Dieser offenbar aus eigener Kraft nicht mehr aufzuhaltende Niedergang
wirft noch einmal die Eingangsfrage nach jenen restriktiven Bedingungen
auf, die – außer den vorn erörterten Faktoren wie Demontage und Reparationen, Teilungsfolgen und Massenflucht – durch ihr kumulatives Auftre-
ten das Scheitern verursacht haben.

Der kommunistische Umbau führte zu einer rücksichtslosen Zerschlagung des gesamten sozialen Produktionsregimes, und mit der neuen Ordnung wurde der ostdeutschen Wirtschaft ein radikal verändertes Regelwerk aufgezwungen. Die Betriebe wurden enteignet, die Banken aufgelöst,
das Kreditsystem verstaatlicht, die Verbände und ihre Interessenpolitik
verboten, alle vorerst noch weiter bestehenden Unternehmen ihrer Hand-
lungsautonomie beraubt. Daß die Sozialfigur des selbständigen Unternehmers, diese Inkarnation des Klassenfeindes, zwischen 1945 und 1972 aus
dem Wirtschaftsleben völlig verdrängt wurde, warf gewaltige Probleme auf,
die aber noch dadurch vermehrt wurden, daß für die Wahrnehmung der
Unternehmerfunktionen kein gleichwertiger, geschweige denn überlegener
Ersatz gefunden wurde. SED-Funktionäre und Planungsbürokraten, welche die Wirtschaft nach ihren politischen Kriterien zu lenken beabsich-
tigten, konnten jedenfalls schon wegen ihres arroganten Überlegenheits-
glaubens und ihrer ökonomischen Unkenntnis diese Funktion nicht
ausüben.

Zu dem allgemein auf Biegen und Brechen forcierten sozialen Wandel gehörten auch die veränderten Arbeitsbeziehungen, in deren Rahmen eine Staatsgewerkschaft statt als Arbeitervertretung als gehorsamer Agent der SED-Diktatur fungierte. Dazu gehörten auch die neue Rechtsordnung und ein neues System der sozialen Sicherheit, das die zahlreichen Nachteile wettmachen sollte. Die verfehlte Umorganisation der Industrie litt unter der starren Privilegierung der Schwerindustrie nach Stalinschem Muster. Der aussichtsreiche Ausbau der Chemischen, Optischen und Feinmechanischen Industrie wurde aus dogmatischer Blindheit überhaupt nicht oder doch viel zu spät genutzt.

In allen Wirtschaftsbereichen führten eklatante Planungsmängel zu gravierenden Fehlentscheidungen. Der gesamte Planungsvorgang, für den Millionen von betrieblichen Informationen gesammelt wurden, von denen aber nur ein Tausendstel benutzt wurde, scheiterte an seinen eigenen Ansprüchen und Grenzen (zu diesem tödlichen Systemfehler vgl. V.B.2, 3–6). Die weithin veralteten technischen Anlagen lösten einen galoppierenden Verschleiß der Ausrüstung aus, die vielerorts auf dem Stand der 30er/40er Jahre verharrte. Die Effizienz der Produktion blieb kontinuierlich mangelhaft. Ein heilsamer Konkurrenzdruck und die Koordination durch Marktpreise wurden nicht zugelassen. Das ohnehin geringe Innovationspotential erfuhr keine Vergrößerung. Die Vernichtung der mittelständischen Betriebe erwies sich als fatal, weil damit besonders flexible Unternehmen ausgeschaltet wurden, die auch als verläßliche Zulieferer der Großbetriebe, selbst der späteren Kombinate, eine wichtige Rolle gespielt hätten. Zahlreiche Arbeitnehmer litten unter Motivationsproblemen, da die starre Nivellierungstendenz das Leistungsprinzip diskriminierte, während sich allein politische Kriterien für die Besetzung der Leitungspositionen als ausschlaggebend erwiesen. Das durch die Fluchtbewegungen nach Westen abfließende qualifizierte Humankapital konnte zu keiner Zeit befriedigend ersetzt werden.

Da die Wirtschaftspolitik geradezu fanatisch auf die Machtgewinnung, Machterhaltung, Machtsicherung der SED ausgerichtet blieb, lag ein Kernproblem in der Politisierung des Wirtschaftsprozesses, und damit in dem Spannungsverhältnis zwischen der Politik und den Sachproblemen. Die hierarchische Entscheidungsfindung in ihrem in der DDR in extremer Form praktizierten Stil war der Problemlösung nicht förderlich, sondern diente primär der Durchsetzung politischer Kriterien. Dank der fehlenden Kompetenz der Entscheidungscliquen und Planungsinstanzen wurden fehlerhafte Entwicklungen sanktioniert. Die fehlende Flexibilität und geringe Anpassungsfähigkeit aufgrund der Planungsstarrheit steigerte die Rentabilitätsverluste, erschwerte erst recht die Überwindung der häufig, geradezu regelmäßig auftretenden Engpaßsituationen, deren Bekämpfung dem pragmatischen Erfindungsgeist der Betriebsleitungen überlassen wurde.

Die fehlende Differenzierung der Lenkungsinstrumente und die verwischte Verantwortung für Fehlentscheidungen tauchten Entscheidungsprozesse in ein diffuses Licht. Wie in der dogmatischen Fixierung auf die industrielle Produktion wurden die Erzeugung von Konsumgütern und der Dienstleistungssektor sträflich vernachlässigt. Die auf Massenausstoß zielende «Tonnenideologie» verdrängte die Qualitätserzeugung und führte dazu, daß trotz der Nachfrage eine Vielzahl minderwertiger DDR-Produkte im Lande kaum abgesetzt werden konnte. Die Autarkieforderungen mündeten in eine Abkopplung vom Weltmarkt, damit aber auch von zukunftsfähigen technischen Innovationen. Die erzwungene Einbindung in den RGW und den Ostblock hemmte zusätzlich die Entfaltung von Dynamik, die durch den inneren Umbau und das ihm zugrundeliegende Weltbild bereits allenthalben blockiert wurde. Im Ergebnis vergrößerte sich der Modernisierungsrückstand im Vergleich mit der Bundesrepublik und anderen westlichen Ländern, anstatt allmählich überwunden zu werden.

Während die DDR-Wirtschaft an vielen Schwächen laborierte und auf zahlreiche selbst geschaffene oder vom Ostblock gesetzte Barrieren traf, erwies sich ein Problem immer wieder, von Anfang bis Ende, als das entscheidende Hemmnis. Die Wirtschaft wurde unter der Regie der deutschen Bolschewiki mit ihrer Planungsgläubigkeit zu einem Kunstprodukt der Partei- und Staatsfunktionäre. Indem das kommunistische Kommandosystem zur «zentralen Bewegungskraft» erhoben wurde und an die Stelle der «eigendynamischen Antriebskräfte» einer gewachsenen Marktwirtschaft trat, übernahmen dogmatische Kader des Apparats im Bann ihrer Ideologie die Steuerung. Diesen fundamentalen Konstruktionsfehler der Planwirtschaft mit seiner Verbannung der Eigendynamik selbständig tätiger Wirtschaftssubjekte konnte auch und gerade die DDR niemals überwinden. Daher stand sie im Systemwettbewerb vor unlösbaren Aufgaben, denn auf der westlichen Seite hielt eine beispiellos lang während Entfesselung ökonomischer und sozialer Energien, eine explosive Dynamik und Jagd nach Innovationen an.

Zuletzt verdient, wie angekündigt, die Frage noch eine Antwort, warum das DDR-System überhaupt 40 Jahre lang überlebt hat. Dafür lassen sich vor allem drei Gründe anführen. Zum ersten gelang es dem SED-Regime zu keiner Zeit, so etwas wie eine totale Planung der Gesamtwirtschaft zu entwickeln und durchzusetzen. Deshalb blieb geraume Zeit ein gewisses Eigenleben mancher Betriebe erhalten, das erst in den 8oer Jahren vollends erstickt wurde.

Zum zweiten übernahm die DDR ein hochentwickeltes Wirtschaftspotential, das erst langsam durch Ineffizienz und Planungsdogmatik aufgezehrt wurde. Überdies lebte die SED-Politik weithin von der Substanz, so daß sie in den 8oer Jahren ein vielerorts innerlich ausgehöhltes, museumsreifes System dem Bankrott entgegenführte. Welch ein ruiniertes Erbe sie hinterließ, trat freilich für Außenbeobachter erst seit 1990 zutage.

Und zum dritten erhielt die DDR zuerst von der Sowjetunion, dann zusehends auch von der Bundesrepublik hohe Unterstützungsleistungen, welche ihre Existenz immer wieder verlängerten. Die direkten oder verschleierten Subventionen konnten aber mit dem Fortgang der 8oer Jahre nicht noch einmal so drastisch gesteigert werden, daß die progressive Selbstzerstörung der DDR hätte verhindert werden können.

# IV.
## Strukturbedingungen und Entwicklungsprozesse der Sozialen Ungleichheit

## A. Die Bundesrepublik

Von den vier Achsen, die das analytische Skelett einer Gesellschaft bilden, ist in dieser Gesellschaftsgeschichte immer wieder eine besonders hervorgehoben und deshalb eingehend erörtert worden: jene Achse nämlich, die vom System der Sozialen Ungleichheit verkörpert wird (vgl. Bd. I, 124–33; II 140–44; III 106–11, 700–12; IV 784–88). In diesem System verschmelzen, um noch einmal an einige wichtige Gesichtspunkte zu erinnern, drei dominierende Dimensionen: Herrschaft, Wirtschaft und Kultur. Sie machen sich je nach der historischen Konstellation mit unterschiedlicher Prägekraft geltend. Es geht daher keineswegs um einen Primat der Ökonomie, wie das die älteren Klassentheorien vor allem im Anschluß an Marx unterstellt haben, auch nicht primär um die Zuweisung von sozialer Ehre, wie das manche amerikanischen Schichtungstheorien angenommen haben. Vielmehr trifft man gewöhnlich auf ein genuines Mischungsverhältnis, dessen Hauptelemente erst durch die historische Analyse jeweils ermittelt werden müssen. Freilich wird hier an zwei bewährten Prämissen festgehalten: Zum einen besteht kein größerer «Sozialverband» völlig «unabhängig von der politischen Herrschaftsordnung» (R. Lepsius). Zum anderen wird auf der Linie von Max Webers berühmtem Diktum, daß Klassen «Phänomene der Machtverteilung» sind, das System der Sozialen Ungleichheit als die «sekundäre Konsequenz der Herrschaftsstruktur von Gesellschaften» (R. Dahrendorf) aufgefaßt.

Außer Herrschaft, Wirtschaft und Kultur können auch, in einer historisch sehr variablen Form, mächtige Faktoren wie die Geschlechterdifferenz, der Generationenunterschied, die ethnische Zugehörigkeit einen erheblichen, manchmal sogar einen vorherrschenden Einfluß ausüben. Überhaupt müssen für eine umfassende Analyse der Sozialhierarchie, die hier ganz allgemein als ein System der stets ungleichen Verteilung von knappen, begehrten Ressourcen, von Lebenschancen und -risiken begriffen wird, weitere wichtige Gesichtspunkte berücksichtigt werden, wenn man die Frage nach den Organisationsprinzipien dieses Distributionsprozesses differenziert verfolgen will.

Da geht es etwa um das demographische Verhalten, das Heiratsalter und die Familie, die Haushaltsgröße und die Kinderzahl, die Sparquote und die Vermögensbildung, die Lage und Qualität des Wohnviertels, die Wohnungsgröße und die -ausstattung, die Miethöhe oder das Wohneigentum, die Gesundheit, die Krankheit und die Lebenserwartung, die Konfessionszugehörigkeit und die Stadt-Land-Unterschiede, die Siedlungsdichte und -leere – alle derartigen Faktoren können einen Ungleichheit generierenden, bekräftigenden oder auch nur symbolisierenden Einfluß ausüben. Allein mit der viel beschworenen «meritokratischen Triade» (R. Kreckel) von Beruf, Bildung und Einkommen wäre es also nicht getan.[1]

Die Analyse der Sozialen Ungleichheit ist mit der Untersuchung der Sozialstruktur einer Gesellschaft sehr eng verbunden, da die soziale Hierarchie einen zentralen Bestandteil der Sozialstruktur bildet. Ungleichheitsforschung kann daher manchmal zur Sozialstrukturanalyse werden. Bei ihr geht es an erster Stelle um das Gefüge der Klassenstruktur, das in die politische Herrschaftsordnung, das Wirtschaftsleben und die handlungsleitenden Weltbilder eingebettet ist. Allgemein formuliert steht mit der Sozialstruktur das Ensemble aller dauerhaften sozialen Verhältnisse, institutionalisierten Beziehungsmuster und Wirkungszusammenhänge zur Debatte, jenes Regelsystem mithin, das auf fundamental wichtigen Handlungsfeldern wie Wirtschaft und Politik, Recht und Bildung, Haushalt und Familie das Verhalten reguliert und in mehr oder minder feste Strukturen einfügt.

Als ausschlaggebender Ursachenkomplex, welcher die modernen Sozialformationen in Gestalt der Erwerbs-, Berufs- und Besitzklassen, schließlich auch der «Versorgungsklassen» (R. Lepsius) hervorgebracht hat, gilt weiterhin auch im deutschen Fall die erfolgreich etablierte kapitalistische Marktwirtschaft, deren Durchsetzungsmacht mit innerer Folgerichtigkeit eine ebenfalls von Märkten dominierte Gesellschaft, die Marktgesellschaft, geschaffen hat. Denn die erwerbsfähigen Mitglieder dieser Gesellschaft müssen in aller Regel ihre unterschiedliche Leistungskapazität auf diversen Arbeitsmärkten anbieten, von denen sie zu gängigen Marktpreisen abgerufen werden – insofern bilden sie in der Tat «marktbedingte Klassen» (Max Weber). Das gilt auch für derart privilegierte Berufsklassen wie etwa die Professoren, Ärzte und Rechtsanwälte, deren Kompetenz auf spezifischen Arbeitsmärkten akzeptiert wird, nachdem sie das Nadelöhr der Zulassungsrituale passiert haben. Wenn der Arbeitsmarkt wegen fehlender Nachfrage Arbeitskräfte ausspeit, fängt sie der moderne westliche Sozialstaat mit seinen Transferleistungen auf, so daß die neuartigen Versorgungsklassen als Geschöpfe der staatlichen Interventions- und Subventionspolitik entstehen.[2]

Der chaotische Wirrwarr der deutschen Nachkriegsverhältnisse nach 1945 suggerierte außer anderen Desintegrationserscheinungen auch die Auflösung der überkommenen Sozialhierarchie. Die riesigen Wanderungsbewegungen, die in Westdeutschland innerhalb kurzer Zeit dazu führten, daß ein Viertel der Bevölkerung aus Flüchtlingen und Vertriebenen bestand, die Machtdeflation der Eliten, die Diskreditierung des Besitz- und

Bildungsbürgertums durch seine Kooperation mit dem NS-Regime, die Erosion des proletarischen Milieus und zahlreiche andere tiefgreifende Veränderungen nährten diesen Eindruck. Klugen zeitgenössischen Beobachtern schienen daher die westdeutschen Sozialverhältnisse eine «theoretisch amorphe» Situation zu verkörpern, die sich einer überzeugenden Interpretation vorerst entzog.

Spätestens seit der Währungsreform tauchten jedoch die Konturen vertrauter Sozialverbände erneut auf: die marktbedingten Klassen des Wirtschaftsbürgertums etwa und die Nachfolgeklassen des Bildungsbürgertums in Gestalt der akademischen Intelligenz, die in den Professionen der Anwälte und Ärzte, den Funktionseliten der höheren Verwaltung und Justiz, des Universitäts- und Schulsystems fortbestanden. Besitz, unterschiedliches Einkommen und Hochschuldiplome hatten ihre strukturierende Kraft keineswegs verloren. Alle diese Klassen blieben weiterhin klar geschieden von der industriellen Arbeiterschaft, von dem wachsenden Heer der Angestellten, von den Handwerkern und Bauern gleich welcher Besitzgröße.

Dennoch fand die Illusion, bereits in einer «nivellierten Mittelstandsgesellschaft» zu leben – wie sie der Soziologe Helmut Schelsky in den frühen 50er Jahren zu erkennen glaubte – eine auch politisch erstaunlich weitreichende Resonanz, trat der Begriff doch zum einen unausgesprochen in einer zeitgemäß abgewandelten Form als Erbe der unlängst gefeierten klassenlosen «Volksgemeinschaft» auf, zum anderen suggerierte er als «ideologischer Schirm» (R. Dahrendorf) die endgültige Auflösung der herkömmlichen Klassenschranken, wie das schon vorher auch Theodor Geiger mit seiner «Klassengesellschaft im Schmelztiegel» getan hatte, nachdem das «Dritte Reich», der Krieg und die Umwälzungen der ersten Nachkriegsjahre diese schon weithin planiert zu haben schienen. Ein sachkundiger Emigrant wie Ernst Fraenkel, ehemals linker Jurist, bald prominenter Politikwissenschaftler an der FU Berlin, faßte 1956 seine Eindrücke nach ersten Deutschlandreisen immerhin dahingehend zusammen, daß nicht zuletzt die NS-Herrschaft «mit ihrem Kampf gegen» den «Kastendünkel ... die Klassenunterschiede in stärkerem Maße ausgeglichen» habe, «als dies in anderen westlichen Ländern Europas der Fall ist». Offenkundig hatte die dichotomische Polarisierung in zwei feindselig getrennte Klassenlager in der Tat nachgelassen.

Es entsprach dieser teils diffusen, teils – wie es schien – durchaus neuartigen Ausgangssituation, daß die westdeutsche Soziologie während der ersten Etappe ihrer Beschäftigung mit dem Profil der bundesrepublikanischen Gesellschaft auf eine umfassende Analyse dieses Gegenstands verzichtete. Statt dessen verließ sie sich auf die weniger anspruchsvolle «Selbsteinschätzung» der Befragten ihrer repräsentativen Samples. Im Kern ging es hier meist um die von diesen Zeugen wahrgenommene Prestigeverteilung. Von einer flexiblen, etwa auf Max Webers Überlegungen basierenden Klassentheorie wollte zunächst keiner ausgehen, nicht zuletzt wohl auch deshalb, weil der Klassenbegriff wegen der marxistischen Konnotationen, die er in der deutschen politischen Semantik mit großer Zählebigkeit behalten hat, geradezu stigmatisiert blieb.

In Anlehnung an ein in der amerikanischen Sozialwissenschaft seit William Lloyd Warner häufig verwendetes simples Schichtungsschema ermittelte Morris Janowitz in der Mitte der 50er Jahre ein «Selbstbild», demzufolge sich 4,6 % der Westdeutschen der Oberen Mittelschicht, 38,6 % der Unteren Mittelschicht, 13,3 % der Oberen Unterschicht und 38,6 % der Unteren Unterschicht, insgesamt also 43 % den Mittelschichten und 52 % den Unterschichten zuordneten. Im Grunde auf derselben Linie ergaben vergleichbare Untersuchungen von Gerhard Kleining und Harriet Moore, Erwin Scheuch, Dietrich Rüschemeyer und Hansjürgen Daheim ganz ähnliche Ergebnisse. So ermittelten etwa Scheuch und seine Mitarbeiter nur 1 %, das sich der Oberschicht zugehörig fühlte, 6 %, die zur Oberen Mittelschicht, 15 %, die zur Mittleren Mittelschicht und 21 %, die zur Unteren Mittelschicht gehören wollten (das ergab mit 42 % ebenfalls ein breites Spektrum von Mittelschichten), während sich 37 % zu den Oberen Unterschichten und 19 % zu den Unteren Unterschichten, insgesamt also 56 % zu den Unterschichten zählten.

Auch Moore und Kleining, die sich im wesentlichen am Berufsprestige orientierten, ermittelten eine Oberschicht von einem Prozent, 5, 15, 30 % für die drei Mittelschichten (mit 50 % noch deutlich mehr als die anderen Studien) und 27 bzw. 7 % für die Unterschichten (mit 34 % zugunsten der Mittelschichten schrumpfend, erheblich weniger als die Parallelstudien). Auch 1978 ergab noch der Bericht über eine «subjektive Selbsteinschätzung», daß sich 23 % der Selbständigen, 25 % der Beamten und 13 % der Angestellten zur Oberen Mittelschicht, dagegen 68 % der Selbständigen, 64 % der Beamten und 73 % der Angestellten zur Mittelschicht rechneten. Von allen Befragten tendierten 55 % zur Mittelschichtenzugehörigkeit, einschließlich der Oberen Mittelschicht sogar 64 %, während von den Arbeitern 60 % für die Zugehörigkeit zur Arbeiterschaft, dagegen nur 35 % für die Mittelschicht optierten.

Als die Wogen des «Wirtschaftswunders» hochgingen, das Realeinkommen sich bereits verdoppelt hatte, bestand offensichtlich die ausgeprägte Neigung, sich einem breiten, dem Selbstbewußtsein angenehm erscheinenden Ensemble von Mittelschichten zuzuordnen. Damit existierte zwar realiter noch keine «nivellierte Mittelstandsgesellschaft», aber die Selbsteinschätzung, vielleicht auch Selbsttäuschung ergab doch, daß sich viele den mittleren Soziallagen zugehörig fühlten.

Zehn, zwanzig Jahre nach dem Krieg unterschied sich dieser Befund kraß von den realitätsnahen Analysen, die Werner Sombart und Theodor

Geiger im Kaiserreich und in der Weimarer Republik unter sorgfältiger Ausnutzung auch der Steuerstatistik erarbeitet hatten. Danach ließen sich z. B. rund 68 bis 74 % der Bevölkerung den proletarischen Klassen, 25 bis 30 % den mittleren bürgerlichen Klassen zuordnen. Sollte sich diese Größenordnung, abgesehen von der auffälligen Verschiebung der «Mentalitätsgrenzen» (T. Geiger), in dreißig Jahren wirklich so drastisch verändert haben?[3]

Eben das bestritt in der zweiten Phase der westdeutschen Ungleichheitsforschung die neomarxistische Strömung. Sie stimmte zwischen der Mitte der 60er und der Mitte der 70er Jahre in einer überwiegend außerordentlich dogmatischen Form das alte Lied des orthodoxen Marxismus über eine winzige herrschende Klasse einflußreicher Kapitalisten und den unausweichlichen Konflikt zwischen dem Bürgertum und dem diskriminierten Massenproletariat an. Die Weiterentwicklung der Klassentheorie durch Max Weber und Theodor Geiger, Pitirim Sorokin und John Goldthorpe wurde entweder ignoriert oder mit arrogantem Gestus als irrelevant abgetan. Die Rückkehr zu Marx als Erzvater der einzig wahren Theorie galt dieser eigentümlichen Renaissance einer antiquierten Lehre als unverzichtbarer Heilsweg. Nur wenige Soziologen stemmten sich – nüchtern, sachkundig und mit kühlem Kopf wie etwa Ralf Dahrendorf – der Modeströmung öffentlich entgegen.

Kaum war jedoch die Euphorie der 68er-Stimmung verflogen, kaum hatte sich die von der «Neuen Linken» auch in der Soziologie weithin geteilte Diagnose eines ausgerechnet in der Ära der Sozialliberalen Koalition erneut heraufziehenden faschistischen Staates als realitätsblind erwiesen, stellte sich heraus, daß der Ertrag der wenigen empirischen Studien jener neomarxistischen Sozialwissenschaftler, die sich nicht auf die vorwiegenden programmatischen Forderungen beschränkten, gegen Null tendierte, jedenfalls nirgendwo der Kritik stand hielt. Gemessen an dem rhetorischen Aufwand und der Siegesgewißheit dieser missionarischen Schule war das uneingeschränkt ein Debakel. Es bleibt ein Rätsel, warum die Differenzierung der Ungleichheitsforschung in den hundert Jahren seit Marx so hochfahrend und kenntnislos zugleich abgelehnt, ja nicht einmal als Sprungbrett zur Erarbeitung einer marxistisch inspirierten flexiblen Analyse genutzt wurde. Letztlich hat es wohl der enge Horizont dogmatischer Denkformen verschuldet, daß kein Aufbruch zu neuen Ufern zustande kam.[4]

Kein Wunder aber, daß sich im Gegenzug während der dritten Diskussionsphase von der Mitte der 70er Jahre bis hin zur Mitte der 80er Jahre die Rückkehr zu einer politisch nicht anstößigen Schichtungstheorie vollzog. Schicht kontra Klasse – das stand jetzt auf dem Panier, und zugleich wurde außer der vertikalen Ungleichheit auch die angemessene Berücksichtigung horizontaler Ungleichheitsdimension gefordert: Geschlecht, Alter, Ethnie,

Familie, Generation, Region sollten ebenfalls in das Interessenzentrum rücken. Das war zwar kein neuer Appell, wie mancher glaubte, aber er wurde jetzt wieder entschiedener geäußert.

Allerdings wird man nicht behaupten können, daß die Ungleichheitsforschung trotz aller polemischen Absetzung von den Alt- und Neumarxisten insgesamt einen lebhaften Aufschwung erfuhr. Die verschiedenen Auflagen von Karl Martin Boltes Sammelwerk «Deutsche Gesellschaft im Wandel» (1966 ff.), Stefan Hradils «Soziale Schichtung in der Bundesrepublik» (1977 ff.) und Bernhard Schäfers' «Gesellschaftlicher Wandel in Deutschland» (1976 ff.) ragten eher als Solitäre aus der Veröffentlichungsflut der deutschen Soziologie hervor. Ihre Literaturverweise bestätigen, daß die jüngste Ungleichheitsforschung eigentlich ziemlich matt verlief.

Seit der Mitte der 80er Jahre setzte dann in der vierten Diskussionsperiode auch in der deutschen Sozialwissenschaft die «kulturalistische Wende» ein, die sich in der internationalen Geistes- und Sozialwissenschaft vorbereitet und unmittelbare Auswirkungen auf diese Kerndisziplin der Soziologie hatte. Anstelle von Schicht oder Klasse lauteten seither die neuen Schlagworte des Paradigmenwechsels Individualisierung und Pluralisierung, Lebensstil und Milieu. An die Stelle der Analyse vertikaler Ungleichheit trat eine bunte «Vielfaltsforschung». Mit dem Wechsel der erkenntnisleitenden Interessen verband sich eine typisch postmoderne «normative Unverbindlichkeit», welche die Frage nach der sozialen Gerechtigkeit und Chancenverbesserung energisch beiseite schob oder stillschweigend überging. Die Prüfung des Gewinns oder Verlusts von Lebenschancen verengte sich zur Lebensstilanalyse. Die harten Strukturen sozialer Ungleichheit wurden «wegdifferenziert, wegpluralisiert, wegindividualisiert, wegdynamisiert», mit dem «Schleier» der Individualisierungs- und Pluralisierungsprozesse «verhüllt und unkenntlich gemacht». Dabei handelte es sich durchaus um einen deutschen «Sonderweg» der Soziologendebatte, denn in England, Frankreich und den USA dachten die führenden Köpfe der Sozialwissenschaft nicht von ferne daran, Klassen- und Schichtungstheorien derart bereitwillig zu opfern. Im Gegenteil, namentlich im Werk des französischen Soziologen Pierre Bourdieu wurde eine differenzierte kultursoziologische Erweiterung der Klassentheorie entfaltet.

Als prominenter Wortführer der neuen Diskussion trat vor allem ein Schülerkreis von Karl Martin Bolte auf: Ulrich Beck, Stefan Hradil, Peter Berger, kritisch begleitet von Reinhard Kreckel, machten sich zu den Fürsprechern der neuen Lehre, wonach die ökonomische Prosperität und der moderne Wohlfahrtsstaat, der postmoderne Wertewandel und die mobilitätsfördernde Bildungsexpansion die Klassen- und Schichtenstrukturen, damit auch alle Theorien über sie, verabschiedet hätten. Selbst wenn man dieser Schule konzedierte, daß die Pluralisierung und Individualisierung in der westdeutschen Gesellschaft seit den 50er Jahren sichtlich zugenommen hat, wäre damit doch noch lange nicht das Verschwinden einer «auf Einkommens-, Besitz- und Machtdisparitäten beruhenden vertikalen, hierarchischen Gliederung der Gesellschaft» mit ihren «extrem unterschiedlichen Einfluß- und Erfolgschancen» besiegelt.

Als einflußreichster Prophet der Individualisierungs- und Pluralisierungslehre profilierte sich der Bamberger bzw. Münchener Soziologe Ulrich Beck. «Jenseits von Stand und Klasse» sah er diese beiden Prozesse seit den 50/60er Jahren aus grundlegenden Veränderungen der westdeutschen Gesellschaft «mit unerhörter Dynamik» hervorgehen, ohne doch seine Deutung empirisch überzeugend zu unterfüttern. Zu den Impulsen gehörten die hohen Mobilitätsraten, die Differenzierung vermehrter Bildungsabschlüsse, die Ausdehnung der Konkurrenzbeziehungen, die Ersetzung alter Wohngebiete durch sozial gemischte urbane Siedlungen, das Wachstum der Lohnabhängigkeit und gemeinsamer Arbeitnehmerrisiken, das Sinken der Arbeitszeit mit erweiterten Gestaltungsmöglichkeiten in der Privatsphäre, die Auflösung sozialmoralischer Milieus, der radikale Bedeutungsverlust von Klassenstrukturen und die zunehmende Wirksamkeit der sozialstaatlichen Absicherung.

Trotz allem innovatorischen Enthusiasmus war Beck nicht blind, sondern konzedierte mehrfach bereitwillig, daß die Relationen der sozialen Ungleichheit durchaus von langlebiger Dauer seien. Die Schere der Ungleichheit könne sich sogar noch weiter öffnen. Die Frage nach den Ursachen dieser Persistenz beschäftigt ihn jedoch nicht. Die «kollektiven Sinnquellen» der erodierenden Klassen, Milieus und Geschlechterrollen würden durch die Individualisierungs- und Polarisierungsprozesse «aufgezehrt». Auf die Klassen folgten nach seiner Meinung keine neuen Großgruppen. Anstelle der zerfallenden überlieferten Hierarchie vermochte Beck keine neue zu erkennen. Vielmehr regierte jetzt eine von den objektiven Lebensbedingungen entkoppelte Individualität anstelle der Klassenförmigkeit, und anstelle des Klassenkonflikts trugen nunmehr kurzlebige Interessenkoalitionen ihren Streit aus. Der Sozialstaat sicherte zwar die Individuen ab, löste sie aber auch aus der überkommenen Klassenkultur, wie sich am Wahlverhalten, an den Parteien, den Gewerkschaften, den Kirchen, dem Konsum ablesen lasse.

Daher müßten zum einen die Individuen ihre Biographie selber herstellen. Der einzelne stieg zur lebensweltlichen Reproduktionseinheit des «Sozialen» auf. Diese Interpretation negierte mit verblüffender Geste die Ergebnisse der gesamten Sozialisationsforschung, indem sie der dort nachgewiesenen gesellschaftlichen Prägung eine gigantische Überhöhung des Individuums und seiner Entscheidungsfreiheit entgegensetzte. Zum anderen verfocht Beck doch auch ein strukturelles Argument, da er den neuen gesamtgesellschaftlichen Kontext als «Kapitalismus ohne Klassen» charakterisierte. Damit bestritt er prinzipiell die zählebige Strukturierungskraft der Marktwirtschaft und Marktgesellschaft, ohne eine Alternative auch nur von ferne erkennen zu lassen.

Den Differenzierungsprozessen in der Privatsphäre wie die «Patchwork»-Familie oder die «Verhandlungsfamilie auf Zeit», die Lebensabschnittspartnerschaft als «Emotionalitätsvertrag auf Widerruf» setzte er die Beharrungskräfte sozialstaatlicher Regulierung in einem merkwürdig etatistischen Stil entgegen. Allerdings sei auch diese von Individuen abhängig, müsse ständig neu erfunden und verhandelt werden, als ob das starre Regelwerk des Sozialstaats die einzelnen nicht viel eher bevormunde, das Gegenteil von Verhandlungsmasse darstelle.

Im Kern wurde die Diskussion seither vor allem von der Auseinandersetzung mit vier Beckschen Thesen beherrscht. Das waren 1. die Enttraditionalisierung der Klassenlagen aufgrund der Prosperitätsschübe; 2. die Erfahrung des Wohlstands als individuelle Aufstiegsmobilität; 3. die Individualisierung und Pluralisierung der Lebenswelt seit dem Mobilitätssprung der 60/70er Jahre; 4. der Realitätsverlust der Hierarchietheorien.

Die zügige Rezeption, die Becks Überlegungen in der deutschen Soziologie erlebten, überschnitt sich mit dem Vordringen von drei weiteren luftigen Konzepten, die ebenfalls auf eine offenbar generationsspezifische Sympathie trafen. Das war zum einen der «Lebensstil», der ziemlich unbekümmert aus der amerikanischen Marktforschung importiert wurde. Klüger wäre es gewesen, Max Webers «Lebensführung», die alle wesentlichen Komponenten des Lebensstils enthielt und darüber hinaus noch mehr, z. B. die sozialstrukturelle Verankerung, zu bieten hat, aufzugreifen und genauer auszuarbeiten. Aber als intellektuell anspruchsloser Begriff machte der Lebensstil jetzt Karriere bis hin zu dem Exzeß, daß Menschen sich an erster Stelle durch ihren Lebensstil unterschieden.

Gleichzeitig tauchte der Milieubegriff, den Rainer Lepsius bereits seit 1966 mit bisher nicht übertroffener Genauigkeit präzisiert hatte, wieder auf mit dem Anspruch, das für altertümlich gehaltene Konstrukt der Klasse zu ersetzen. Auch hier regierte alsbald ein verwirrender Pluralismus von vermeintlich mehr als vierzig in der Bundesrepublik festgestellten Milieus. Dabei ging die Unterscheidungs- und Erklärungskraft von Lepsius' «sozialmoralischen Milieus» verloren.

Und schließlich schob sich noch neben den Lebensstil und das Milieu die «Lebenslage», welche die ungleichen Lebensbedingungen und damit auch die Lebensstilbasis von ad hoc definierten Sozialverbänden, deren historische Herkunft nichts mehr zur Sache tat, erfassen sollte, um ebenfalls den «nicht mehr realitätsadäquaten» Klassenbegriff zu ersetzen.

Gemeinsam war diesen neuen Leitbegriffen ihre postmoderne Unschärfe, vor allem aber – in einer Art von Schelsky-Renaissance – eine meinungsstarke Ablehnung jeder Klassen- oder Hierarchietheorie, wobei im allgemeinen ein ökonomistisch verengter Klassenbegriff aus der marxistischen Tradition als Feindbild fungierte, die Flexibilität der Weberschen Klassentheorie ignoriert und hinter abgeschotteten Fächergrenzen die Ergebnisse der sozialhistorischen Ungleichheitsforschung nicht zur Kenntnis genommen wurden.

Die Kritik an dieser Strömung, welche sich in der deutschen Soziologie erstaunlich schnell ausbreiten konnte, konzedierte zwar, daß die «kulturalistische Wende» mit einem gewissen Recht soziokulturelle Phänomene, individuelle Akteure und ihre Weltbilder aufwerte, konzentrierte sich aber dann auf unübersehbare Mängel. So rügte sie hier, um nur noch auf einige weitere Einwände hinzuweisen, die Verschwommenheit der Begriffe. Bei der Individualisierung oder Pluralisierung, bei Lebensstil oder Lebenslage bleibe es ganz unklar, ob es sich um eigenständige Faktoren oder um das Produkt ungleicher Handlungsressourcen handle. Die vage theoretische Fundierung begünstige einen heterogenen Eklektizismus, so daß etwa Becks Individualisierungsthese zur Erklärung des Lebensstils wenig beitrage. Ein überzogener Radikalismus der polemischen Abwertung beachtenswerter Traditionen führe dazu, daß der Lebensstil in das Belieben des Individuums gestellt, mithin als Ergebnis seines intentionalen Handelns dargestellt werde. Dagegen hatte Pierre Bourdieu in seiner von der neuen deutschen Denkschule durchweg ignorierten Kultursoziologie gezeigt, daß die Lebensführung keineswegs mit intentionalem Handeln gleichgesetzt werden dürfe. Die «zeitgeistige Rhetorik der Quasi-Klassenlosigkeit» (H. Strasser) schuf eine legitimatorische Rückendeckung für die bestehenden Ungleichheitskonstellationen. Die akteurszentrierte Privilegierung von Individualisierung, Pluralisierung und Lebensstil wurde mit einer eklatanten Abwertung von Macht und Herrschaft erkauft. Die strukturellen Bedingungen, innerhalb derer sich diese pluralistische Differenzierung, aber auch Lebensstil und Lebenslage entfalteten, durchhielten und vergingen, blieben unklar. Klasse und Lebensstil durften nicht als chronologische Abfolge mißverstanden werden, traten sie doch vielmehr gleichzeitig als Fusion in einer klassenspezifischen Lebensführung auf. Und schließlich: Empirische Studien wiesen die Dauerhaftigkeit der sozialen Ungleichheit nach, falsifizierten daher schlagend die Entstrukturierungsthese.

Mit diesem letzten Argument wird in der Tat der kritische Punkt der Auseinandersetzung erreicht. Denn in einem eigentümlichen Zustand intellektueller Schizophrenie nahm die neue Strömung die gleichzeitig ermittelten Befunde der empirischen Sozialforschung, welche auf vielen Gebieten die beharrliche Persistenz der vertikalen Ungleichheit, überhaupt die Überlebenskraft der Sozialhierarchie nachwies, nicht angemessen zur Kenntnis. Dabei erarbeiteten Rainer Geißler und Michael Hartmann, Karl Ulrich Mayer, Walter Müller und Wolfgang Glatzer, um nur sie zu nennen, zu zahlreichen Problemen überzeugende Ergebnisse, die von den Verfech-

tern der Pluralisierung, des Lebensstils, des Milieus eigentlich eine intensive Auseinandersetzung, auch eigene Forschungsanstrengung verlangten.
Dazu ist es bisher nicht gekommen, obwohl diese Protagonisten der realistischen Ungleichheitsforschung mit offener Kritik an der Gegenposition
nicht gespart, sich auch nicht in eine esoterische Diskussionsarena zurück-
gezogen haben. Um so bereitwilliger werden aber die Resultate dieser
nüchternen und alles andere als dogmatisch argumentierenden Sozialwissenschaftler hier aufgenommen.

Eins läßt sich freilich konstatieren: Die Dimensionen harter, durchaus
traditioneller Ungleichheit sind in den letzten Jahren wieder so überaus
deutlich hervorgetreten – und das unterscheidet die Situation von der Pro-
speritätsphase der alten Bundesrepublik, als die neuen Theoreme auftauch-
ten und solchen Anklang fanden –, daß diese empirische Ungleichheitsforschung bereits auf die kurzlebige Konjunktur der Individualisierungs-,
Pluralisierungs-, Lebensstil- und Milieudeutungen als nahezu abgeschlossene Periode zurückblicken kann.

Offen bleibt allerdings noch die Frage nach den Ursachen des Ausbrei-
tungserfolgs der neuen Paradigmata.

1. Da die kulturalistische Wende in den Geistes- und Sozialwissenschaften zuerst in den USA Furore machte und die deutsche Soziologie noch
immer auf die amerikanische Schwesterdisziplin fixiert ist, mußte sich dieser «Turn» über kurz oder lang auch in der Bundesrepublik geltend machen, zumal er den Reiz des Neuen besaß und das Gefühl vermitteln
konnte, sich auf der Höhe der neuen Zeit zu bewegen.

2. Da seit jeher nur relativ wenige deutsche Soziologen mit der französischen Sozialwissenschaft vertraut sind, entging ihnen viel zu lange die
Kombination von Kultursoziologie und Ungleichheitsforschung in dem
umfangreichen, faszinierenden Werk von Pierre Bourdieu. Eine genaue
Kenntnis seiner Grundideen und Resultate hätte sie vor manchem Irrweg
bewahren können.

3. Die neuen Theoreme spiegelten zum einen das Harmoniedenken
auch unter den Soziologen nach den Turbulenzen der 68er Epoche wider.
Zum anderen verkörperten sie einen Reflex der westdeutschen Wohl-
standsgesellschaft, die manche Probleme abzupolstern imstande war. Ohne
diesen Kontext könnte man z.B. auch gar nicht verstehen, wie das schwam-
mige Konzept der «Erlebnisgesellschaft», für das extrem generationsspezifische Erfahrungen und Sehnsüchte verabsolutiert wurden, zum Schlüssel
für eine Deutung gesamtgesellschaftlicher Prägekräfte erhoben werden
konnte. Vom sicheren Hort einer materiell und psychisch zufriedenstellenden Professur, die sozialstrukturelle Bedingungen nicht so hart empfinden ließ, dazu ausgestattet mit viel Sympathie für die bunte Welt der alternativen, postmaterialistischen Bewegungen, konnte der vermeintliche
Aufbruch zu neuen Ufern leicht überschätzt werden.

4. Der im Prinzip erquickliche antiideologische Impuls der 70er/80er Jahre führte nicht nur zu einer entschiedenen Abwendung von dem wissenschaftlich rundum gescheiterten Neomarxismus, sondern zugleich auch zu einer nicht leicht zu verstehenden Skepsis gegenüber jedweder Klassen- oder Hierarchietheorie. Daran fällt, wie vorn erwähnt, die Unkenntnis der Theoriegeschichte der eigenen Fachdisziplin auf, so daß schließlich nur das Schreckbild einer vulgärmarxistischen Klassenlehre übrigblieb, von der sich zu distanzieren zum wohlfeilen Lippenbekenntnis geriet.

5. Unübersehbar ist die Kurzatmigkeit der Argumentation. Schon die Welt vor 1949 blieb weithin eine Terra incognita, erst recht das 19. Jahrhundert und die Zeit bis 1949. Diese kurze Zeitperspektive begünstigte eine Abkehr von der «longue durée» der Sozialformationen einerseits, eine Überschätzung der jüngsten Veränderungen (die es in der Tat ja gab) andererseits.

6. Und schließlich scheint es den meisten Angehörigen der neuen Denkschule offenbar an der Schulung gefehlt zu haben (die zum Imperativ jeder guten Historikerausbildung gehört), die eigenen Lebenserfahrungen, die eigene Lebenswelt, erst recht die eigenen erkenntnisleitenden Interessen und Fragestellungen so früh wie eben möglich zu historisieren, anstatt der Faszination des vermeintlich Neuen in der sogenannten Gegenwart zu erliegen.[5]

Die westdeutsche Ungleichheitsforschung in den ersten fünfzig Jahren der Bundesrepublik ist daher durch Diskussionszusammenhänge mit denkbar unterschiedlichen Schwerpunkten gekennzeichnet. Diese heterogene Debatte hat einschließlich des deutschen Sonderwegs der Individualisierungs-, Pluralisierungs- und Lebensstilpräferenz das geduldige Bohren dicker Bretter, auf die man bei der Analyse der Sozialhierarchie ständig stößt, nicht erleichtert, aber trotz des Übermaßes an schroffer theoretischer Rivalität auch nicht verhindert. Zweifellos ist es ein gravierender Nachteil, daß die Sozial- und Zeithistoriker – sieht man von wenigen Ausnahmen wie Paul Nolte, Josef Mooser, Hartmut Kaelble, Heinz-Gerhard Haupt und Ulrich Herbert mit ihren Mitarbeitern ab – dieses Feld den Soziologen viel zu lange kampflos überlassen haben. Denn die Anerkennung der historischen Tiefendimensionen zahlreicher Ungleichheitsphänomene kommt ihren Untersuchungen nur zustatten.

Die historische Analyse eines derartigen Komplexphänomens, wie es die westdeutsche Sozialhierarchie verkörpert, kann von dem simplen, aber unbestreitbaren Tatbestand ausgehen, daß es in der Geschichte bisher keine Gesellschaft ohne ihr eigenes System der sozialen Ungleichheit gegeben hat. Die Typologie der Ungleichheit – ob von Ständen oder Kasten, von Klassen oder ethnischen Verbänden oder von anderen Arten von Sozialformationen geprägt – variiert mit denkbar großer Streuweite im Kern und in den Erscheinungsformen. Eine Hierarchie aber weisen sie alle auf.

Von ihr kann man daher auch in der Bundesrepublik legitimerweise ausgehen.

Verfolgt man die leitende Frage nach der Struktur und Natur der westdeutschen Marktgesellschaft, trifft man seit den späten 40er Jahren erneut auf eine Stratifikationsordnung, die durch Macht und Herrschaft Einkommen und Vermögen, Prestige und Lebensführung, Bildungsabschluß und Habitus bestimmt wurde. Im Vergleich mit dem Vorkriegsdeutschland vor 1914 waren durch die Umwälzung der vergangenen vier Jahrzehnte wichtige Ungleichheitsdimensionen im Alltag abgemildert worden. Außerdem wurde durch die langlebige Hochkonjunktur bis in die 70er Jahre hinein das Wohlstands-Gesamtniveau auf beispiellose Weise angehoben. Dieser «Fahrstuhleffekt» – wie ihn Werner Sombart und Pitirim Sorokin frühzeitig getauft hatten, ehe Ulrich Beck die anschauliche Formulierung als eigenen Begriff ausgab – verbesserte die Lebenslage von Abermillionen. Fraglos wurde die alte wie die neue Plutokratie mit einem Schnellgang nach oben befördert, während in den benachteiligten Unterklassen allzu viele gar nicht erst den Zugang zum Aufzug erreichten. Doch für die große Mehrheit vermehrten sich, wie ihr Rückblick auf den Krieg und die Nachkriegszeit jederzeit bestätigte, die Lebenschancen auf unerhörte Weise. Diese Erfahrung des hektischen Vorwärtsstrebens im Wirtschaftswunderland, ja des Rauschs der Aufwärtsbewegung ließ die Empfindung bedrohlicher Spannungen oder offener Klassenkonflikte so schnell nicht aufkommen. Jedenfalls machten der steigende Lebensstandard und Massenwohlstand die weiterhin erfahrbare Ungleichheit weniger provozierend, obwohl sich hinter der glänzenden Fassade vertraute Ungleichheitsmuster hielten oder neu ausbildeten.

## 1. Vermögens- und Einkommensverteilung

Bei einer Marktgesellschaft schlechthin wie der westdeutschen ist es gerechtfertigt, von der Einkommens- und Vermögensverteilung als einer extrem wichtigen, nicht selten ausschlaggebenden Ungleichheitsdimension auszugehen. Denn «es ist die aller elementarste ökonomische Tatsache», urteilte Max Weber, daß die Verfügung über Besitz und Einkommen «spezifische Lebenschancen schafft». Hier trifft man auf jenes harte Gerippe restriktiver Bedingungen, die ungleich folgenreicher über Handlungsressourcen und Lebenschancen entscheiden als die «Selbsteinschätzung» der Individuen im Hinblick auf ihren sozialen Status. Das Quellenmaterial muß man eklektisch zusammentragen, da es dem Statistischen Bundesamt nicht erlaubt war (wie der «Spiegel» herausfand), materielle Klassenunterschiede in der westdeutschen Gesellschaft explizit zu thematisieren.

A. Die Vermögensentwicklung in Westdeutschland ist seit 1949 durch die extreme, die Einkommensverteilung deutlich übertreffende Ungleichverteilung eines historisch einmaligen Vermögensreichtums gekennzeichnet. Vor dem Wendejahr 1989/90 ergab sich folgendes Bild.

1. Die obersten 12 % der Haushalte besaßen 1986 60 % aller statistisch erfaßten Vermögenswerte. Vermutlich stellten sie auch jene 10 % der Haushalte, die allein vom Vermögenseinkommen leben können. Die Feingliederung zeigt, daß 0,06 % der Haushalte (mit 50 Millionen und mehr) 10,8 % des Gesamtvermögens, 1,48 % (5 Millionen und mehr) schon 32,7 % und 12,25 % (1 Million und mehr) 59,69 % besitzen. Das Betriebsvermögen war noch massiver konzentriert: 7700 Haushalte besaßen 51 %.

2. Etwas weiter gefaßt kann man konstatieren, daß ein Viertel aller Haushalte 80 % des gesamten Privatvermögens besaßen, die unteren 30 % erreichten dagegen nur 1,5 %.

3. Das Nettogeldvermögen stieg, nachdem es bereits von 1950 bis 1960 einen weiten Sprung nach oben getan hatte, von 1960 bis 1990 um das 15fache, von 1970 bis dahin allerdings wegen der Abflachung des Wachstums nur auf das 5,6fache von 1970 an. Das reichste Fünftel der Haushalte besaß am Ende dieser Zeitspanne fast zwei Drittel davon (63 %), die unteren 40 % des vierten und fünften Quintils kamen dagegen nur auf 4,5 Prozent. Immerhin verbesserte sich zwischen 1962 und 1993 die Verbreitung von Sparguthaben von 60,3 auf 90,3, von Versicherungspolicen von 39,6 auf 67,7, von Bausparverträgen von 11,9 auf 42 und von Wertpapieren von 8 auf 45,8 % der Erwerbstätigen. Das Vermögenseinkommen stieg zwischen 1970 und 1995 für die Bauern um 815,2, die Selbständigen um 638,2, die Beamten um 572,9, die Angestellten um 535,5, die Arbeiter um 500,7 und die Rentner um 508,5, für die Pensionäre sogar um 714 %.

4. Die Verteilung des Nettogeldvermögens auf die von der Statistik bevorzugten fünf Quintile ist in den ersten vierzig Jahren der Bundesrepublik auffallend stabil geblieben. Auch die Kluft zwischen selbständiger und abhängiger Arbeit blieb währenddessen auf vielen Gebieten erhalten. 1950 besaßen die unselbständigen Haushalte ein Vermögen von 4400, die Selbständigen aber von 55000 DM; 1970 lauteten die Durchschnittsziffern 39300 bzw. 415000 DM.

Die anhaltende Vermögenskonzentration wird außerdem noch dadurch verstärkt, daß zum zweiten Mal (erstmals nach der Hochkonjunkturperiode vor 1914) eine Erbengeneration seit den 90er Jahren in den Genuß von Erbschaften kommt, zu deren Erwirtschaftung sie selber nichts beigetragen hat. So haben von den älter als 40jährigen Westdeutschen bis 1996 28 % 13000 DM geerbt, 9 % erwarten diesen Betrag; 14 % haben 51000 DM geerbt, 7 % erwarten diese Summe; immerhin jeder Hundertste hat aber eine Million geerbt, weitere 0,5 % erwarten dieses Mannah vom Himmel. Zu den 106000 deutschen Vermögensmillionären kommen seit 1996 weitere Tausende hinzu. Die deutsche Erbschaftssteuer erreicht indes nur ein Viertel der Höhe der amerikanischen.

5. Dieser Trend zu einer außerordentlichen Ungleichverteilung, die an der Spitze der Vermögenspyramide relativ mehr Vermögen zusammenballt als in vergleichbaren Quintilen der USA, Großbritanniens und Schwedens aufzufinden war, ist von nüchternen Diagnostikern frühzeitig erkannt worden. Bereits 1960 hat der Ökonom Wilhelm Krelle ermittelt, daß die winzige Minderheit von 1,7 % aller Haushalte über 74 % des Produktivvermögens und 35 % des Gesamtvermögens (die Anteile der Ausländer und des Staates wurden nicht dazu gerechnet) verfügten. Ganze 0,0784 % kontrollierten 13,2 % des Gesamtvermögens. Seither hat sich, lautet das Urteil der Experten, keine auffällige Veränderung ergeben!

6. Ein vergleichbarer Konzentrationsprozeß läßt sich seit den 50er/60er Jahren auch und gerade in der Industrie beobachten: Ein Zehntel aller Unternehmen besaß 1967 85 % des gewerblichen Eigenkapitals; 1,2 Prozent von ihnen erwirtschafteten 60 % des Industrieumsatzes und beschäftigten 40 % der Erwerbstätigen (7 % volle 70 %). Demgegenüber kann man zwar zu Recht auf den sanften Fahrstuhleffekt hinweisen, daß bis 1980 zwei Drittel aller Haushalte immerhin über ein durchschnittliches Vermögen von 100000 DM verfügten, bis 1990 besaß schon jeder Zweite 200000 DM und mehr. Diese Erfolgsgeschichte wird niemand gerade im Blick auf das Jahrhundert zwischen 1848 und 1949 gering schätzen. Doch im Vergleich mit der stabilen Zusammenballung von Vermögen auf der obersten Etage der westdeutschen Marktgesellschaft handelt es sich um keine sonderlich imponierende Größe.[6]


B. Das individuelle Einkommen, besser noch das Haushaltseinkommen aus abhängiger oder selbständiger marktförmiger Erwerbsarbeit, ist einer der wichtigsten Ungleichheitsindikatoren. Die westdeutsche Einkommensentwicklung wurde in ihrer Grundströmung, wie vorn mehrfach betont, seit jeher von einem vorbildlosen Aufstieg getragen, der sich gleichzeitig mit einer auffallend stabilen Ungleichverteilung verband.

Dabei fällt allerdings eine markante Unterteilung der Epoche seit 1945/49 auf. Wie der amerikanische Nobelpreisträger für Ökonomie Simon Kuznets in umfangreichen quantifizierenden Erhebungen im internationalen Vergleich herausgefunden hat, ist die Ungleichheit der Einkommensverteilung in den westlichen Ländern nach dem Zweiten Weltkrieg rund 35 Jahre lang aufgrund der anhaltenden, vom wachsenden materiellen Wohlstand und vom Sozialstaat beförderten Distributionseffekte erkennbar abgemildert worden. Diese Wirkung tritt in der berühmten Kuznets-Kurve, die diesen Vorgang in der westlichen Einkommensentwicklung abbildet, deutlich zutage. Ihre empirische Fundierung ist von der Forschung bisher nicht bestritten worden.

Dann allerdings, um 1980, setzte wiederum ein Auseinanderklaffen der Scherenbewegung ein, denn die Verteilung der Einkommen und bald auch der Vermögen strebte in beschleunigtem Tempo auseinander. Diese Bewegung ließ sich zuerst in den Vereinigten Staaten und in England im Zeichen ihres Reaganismus und Thatcherismus mit ihrer fanatischen Marktgläubigkeit beobachten. Sie erfaßte aber seit dem Anfang der 80er Jahre auch die Bundesrepublik, wo sie unabhängig von den wechselnden politischen Regimen seither anhält. Diese Disparität der Einkommens- und Vermögensentwicklung hat in Deutschland bis 1990 noch nicht zu größeren sozialen Spannungen und verschärften sozialen Konflikten geführt, weil die Umverteilung für die große Mehrheit auf einem vergleichsweise hohen Niveau stattfindet und selten mit einschneidenden Deprivationserfahrungen verbunden ist.

1. Schneller als in allen anderen westlichen Gesellschaften vervierfachte sich das reale Volkseinkommen der Bundesrepublik zwischen 1950 und 1989 von 8600 auf 36000 DM p.c. (die Sparquote verachtfachte sich). Es vermehrte sich um das Dreizehnfache im Vergleich mit der Zeit zwischen 1900 und 1950. Allein in den 50er Jahren wuchs es im Durchschnitt doppelt so schnell wie in den anderthalb Jahrhunderten zwischen 1800 und 1950. Die Bruttowochenlöhne kletterten von 1949 = 166 bereits bis 1969 auf 1080 DM, die Bruttomonatslöhne im Längsschnitt von 1950 bis 1990 auch noch um das 3,9fache in die Höhe. Setzt man erst nach dem extraordinären Boom der 50er Jahre ein, stiegen sie seit 1960 um das 2,4fache, die Gehälter der Angestellten und Beamten um das 2,5fache.

2. Die Hochkonjunkturjahre zwischen dem Korea-Boom und dem ersten Ölpreisschock schlugen sich in einem Anstieg des monatlichen Nettoeinkommens der Arbeiter, Angestellten und Beamten um das Vier- bis Fünffache, der Selbständigen um mindestens das Sechsfache nieder. Die durchschnittlichen monatlichen Netto-Haushaltseinkommen verzehnfachten sich sogar zwischen 1950 = 357 und 1975 = 3705 DM. Teilt man diese monatlichen Nettoeinkünfte nach Einkommensklassen auf, erreichten 8,1% der Erwerbstätigen 500 bis 1000 DM, 58,5% 1000 bis 3000, nur 6,3% aber mehr als 5000 DM. Durchweg gilt dabei, daß bis 1990 die Einkommen von weiblichen Erwerbstätigen um 30% unter denen der Männer lagen.

3. Trotz der kontinuierlichen Steigerung des Einkommens blieb die Grundstruktur ihrer Verteilung über die Jahrzehnte hinweg unerschütterlich erhalten. Vor dem Ende der 80er Jahre erreichte das oberste Fünftel aller Haushalte 43,6% der Einkommen, die mittleren sechzig Prozent brachten es auf 49,6%, die unteren 20% gerade einmal auf 7,4%. Der Langzeitvergleich unterstreicht die Stabilität dieser Proportionen. Denn 1950 erhielt das oberste Quintil 45,2% der Einkommensmasse, 1985 die erwähnten 43,6%; das unterste Fünftel erzielte 1950 5,4% und 1985 nach

einem leichten Zugewinn die genannten 7,4%. Vergleichbar konstant hielt sich auch der Anteil der drei mittleren Fünftel bei 50%. Er näherte sich übrigens der Klassenidentifikation in einer Erhebung von 1988 an, wonach sich 57% zu den Mittelklassen rechneten.

4. Die Aufteilung der Einkommen auf die Haushalte bestätigt die Kontinuität der Verteilungsordnung. Auf die Quintile entfielen demnach 1960 an prozentualen Einkommensanteilen: 1. 39,8; 2. 22,5; 3. 17,4; 4. 13,2; 5. 7,1%. Bis 1990 hat sich an dieser Distribution dank einer erstaunlichen Beharrlichkeit der Zuteilungsmechanismen nichts Wesentliches verändert. Es blieb bei 1. 39,2; 2. 24; 3. 17,3; 4. 12,3; 5. 7,2%. Übrigens hielt sich die Verteilung des Nettoäquivalenzeinkommens auf Personen in diesem Zeitraum genauso konstant.

5. Die statistische Größe des durchschnittlichen Haushaltseinkommens wurde von 58% der Erwerbstätigen nicht erreicht, doch 8,5% lagen mehr als das Doppelte darüber. Die Anzahl dieser Haushalte mit mehr als dem zweifachen Durchschnittseinkommen verfünffachte sich zwischen 1972 und 1992: «Die Reichen wurden immer reicher.» Diese privilegierten Einkommensbezieher unterschieden sich deutlich nach ihrem Bildungsabschluß. So gehörten etwa 22% der Hochschulabsolventen zu den Wohlhabenden mit dem mindestens verdoppelten durchschnittlichen Nettoeinkommen, während nur 3% dieser Wohlhabenden einen Hauptschulabschluß besaßen. 16% der ungelernten Arbeiter hingegen mußten mit der Hälfte des Durchschnittseinkommens auskommen.

6. Auch die neueste Einkommensanalyse, die für 1995 vierzig Millionen Steuerpflichtige mit imponierender Vollständigkeit erfaßt hat, bestätigt die eklatante Ungleichverteilung. Danach bezogen die reichsten 10% 30,5% des Nettogesamteinkommens, das 28fache der unteren 10%. 6,6% gewannen nicht weniger als ein Viertel des Gesamteinkommens. Zwei Millionen reiche Steuerpflichtige lagen jenseits der sogenannten Reichtumsgrenze, d.h. um mehr als das Doppelte über dem durchschnittlichen Nettoeinkommen (42 524 €). Die reichsten 5% besaßen sogar ein Einkommen, das 95% aller Einkommensbezieher zusammengenommen nicht erreichten. Die «Superreichen» unter den 27 000 reichen Einkommensmillionären von insgesamt 106 000 Millionären (ihre Zahl hat sich allein zwischen 1983 und 1997 verdreifacht) erzielten ein 13mal so hohes Einkommen wie die untersten 10% ihrer Privilegiengenossen. Immerhin gehört ein Fünftel der Einkommensmillionäre zu den abhängig Beschäftigten, während es bei den «nur» Reichen sogar drei Viertel sind.

7. Die Selbständigen einschließlich der geschrumpften Zahl an Vollbauern erzielten ein doppelt so hohes Einkommen wie der statistische Durchschnitt der abhängig Beschäftigten. Intern aber gab es in dieser Einkommensklasse gewaltige Unterschiede. Denn die reichsten 10% der Selbständigen erwirtschafteten die Hälfte des Gesamteinkommens aller

Selbständigen. Sie besaßen das 63fache des Einkommens der untersten
10% der Selbständigen. Das Steuerrecht förderte überdies die Konzentration der Selbständigeneinkommen nachhaltig, denn die obersten 10% genossen durch das Regelwerk der Steuern und Transferchancen tatsächlich
einen noch höheren Anteil am Gesamteinkommen, als die Ermittlung ihres steuerpflichtigen Einkommens ergab.[7]

Die Vermögens- und Einkommensverteilung der Bundesrepublik weist
mithin schroffe Disparitäten auf, die höchst unterschiedliche Lebenslagen
schaffen und denkbar unterschiedliche Lebenschancen eröffnen oder verschließen. Sie wirken sich auf die Handlungsressourcen und das Sozialprestige, die Herrschaftspositionen und das Bildungsverhalten usw. mit Nachdruck als ein Gefüge restriktiver Bedingungen aus. Sie bilden auch die
stabile Basis, die andere Ungleichheitsdimensionen maßgeblich, oft ausschlaggebend beeinflußt. Dazu gehört selbstverständlich auch der Modus
der Lebensführung, des Lebensstils. Aber auch auf anderen Feldern, welche etwa durch die Heiratskreise, das Gesundheitsverhalten, die Wohnqualität bestimmt werden, wirken sie steuernd ein. In der Terminologie
Pierre Bourdieus: Die unterschiedliche Ausstattung mit ökonomischem
Kapital determiniert in aller Regel zunächst einmal auch die Verfügung
über soziales und kulturelles Kapital.

Die Konzentration des Vermögens und Einkommens auf das oberste
Fünftel, sogar auf die oberen 10% der Besitzenden und Steuerpflichtigen
ist unübersehbar scharf ausgeprägt. Umgekehrt fallen Vermögen und Einkommen des untersten Quintils steil ab. Ebenso deutlich ist aber in der Tat
der allgemeine Fahrstuhleffekt, der das Vermögen und das Einkommen in
allen sozialen Klassen oberhalb der Unterklassen in einer beispiellosen
Wohlstandssteigerung angehoben hat. Während das unterste Fünftel, der
Bodenrand der Gesellschaft, unterprivilegiert ist und häufig zur Armut
hin ausfranst, haben insbesondere die mittleren Soziallagen (das zweite,
dritte und vierte Quintil) einen stabilen Anteil am Wohlstand gewonnen
und verteidigt. Dieser Konsolidierungserfolg mildert in ihrer Kollektivmentalität offensichtlich die eklatanten Disparitäten ab, die im Verhältnis
zum obersten Fünftel unentwegt bestehen, ja sich weiter ausdehnen, da die
plutokratische Vermögens- und Einkommenselite sich ständig in einem
Prozeß weiter abhebt, der bereits in den 1890er Jahren begonnen, in der
späten Bundesrepublik aber ein atemberaubendes Tempo gewonnen hat.

## 2. Die Eliten

Der zweite Schritt einer Analyse der gesellschaftlichen Hierarchie der
Bundesrepublik lenkt auf die Domäne der Eliten hin. Ihr Spitzenrang führt
keineswegs notwendig oder im allgemeinen dazu, daß sie auch auf der
oberen Sprosse der Vermögens- und Einkommensstaffelung lokalisiert

sind; allein die Wirtschaftselite bildet hier eine Ausnahme. Doch die Positions-, Funktions- und Machteliten kumulieren selber vielfältige Entscheidungschancen mit weitreichenden Wirkungen, oder sie nutzen diese unter vorgegebenen strukturellen Bedingungen aus, so daß sie «Herrschaftspositionen» besetzen, die «wichtige gesellschaftliche Entscheidungen maßgeblich» zu beeinflussen gestatten. Deshalb unterscheiden sich ihre Machtressourcen, ihre Handlungsoptionen und ihr Prestige fundamental von der großen Mehrheit der Bevölkerung.

Die entscheidende Frage am Beginn einer Beschäftigung mit den Eliten ist seit jeher gewesen, ob sie sich aufgrund ihrer exzellenten Leistung, ihres hohen Bildungsabschlusses und ihrer erfolgreichen Berufskarriere ihre Stellung erkämpft oder ob ihre soziale Herkunft, ihr klassenspezifischer Habitus, ihr Geschlecht oder ihre ethnische Zugehörigkeit den Ausschlag gegeben haben. Hierhin gehört auch die Frage, welche Klassen von der Machtteilhabe ausgeschlossen sind. Die alt- und neumarxistische Lehre hat stets auf einer Wirtschaft und Politik verkoppelnden Spitzenelite, der herrschenden Klasse, bestanden, die überwiegend von Repräsentanten kapitalistischer Großunternehmen gestellt werde. In abgewandelter Form lebt diese Vorstellung in der Machtelite von C. Wright Mills fort, deren Homogenität und Allgegenwart in den politisch-ökonomischen Herrschaftspositionen ein hohes Maß an zielgerichteter Interessendurchsetzung garantiert. David Riesman hat diesem monolithischen Block die konkurrierenden Vetogruppen entgegengesetzt. In der Bundesrepublik hat die Forschung von Ralf Dahrendorf und Wolfgang Zapf über Klaus v. Beyme und Rudolf Wildenmann bis hin zu Michael Hartmann und Peter Imbusch keine kompakte politische Machtelite im Sinn einer herrschenden Klasse feststellen können. Danach fehlt, anders als in England, die Herkunft aus einem identifizierbaren sozialen Establishment. Es gibt keine Eliteinstitutionen im Bildungswesen, wohl aber das Übergewicht heterogener Interessen. Temporäre Allianzen zwischen wenig polarisierten Vetogruppen sind daher meist eher die Regel als eine dauerhafte Koalition. Machtsegmentierung und Machtdiffusion beherrschen den Alltag. Der Faktionalismus der Parteien erschwert die stabile Kooperation, die allenfalls mit Parteiflügeln möglich ist. Die Kommunikationsschwierigkeiten wachsen mit der Komplexität des gesellschaftlichen und politischen Systems ganz so an wie die asymmetrische Partizipation der Interessenten an den Entscheidungsprozessen. Nur bei der Behandlung von Konflikten auf zentralen Politikfeldern (Steuerpolitik, Bodenrecht, Mitbestimmung) kann sich im System des Elitenpluralismus eine Allianz der Vetogruppen, die sonst oft die Anonymität der Machtausübung vorziehen, längere Zeit halten.

Bei einem neuen Blick auf die Eliten der Bundesrepublik lernt man durchaus unterschiedliche Phänomene kennen, die dieses Bild zum einen bestätigen, zum andern aber auch entschieden korrigieren. Zunächst einmal verallgemeinert der weitverbreitete «Mythos» von der Dominanz der deutschen Leistungseliten Sonderfälle, wie etwa die Welt der Wissenschaftler. Dadurch wird das optimistische Bild einer aufstiegsoffenen Gesellschaft mit Karriereleitern für jeden Leistungsfähigen und -willigen erzeugt. Es verbirgt aber die Realität der konkreten Aufstiegsbedingungen, damit auch der empirisch ermittelbaren Zusammensetzung, Stabilisierung, Öffnung und Schließung von Eliten.[8]

Ein Vollständigkeit erstrebender Überblick müßte ein Ensemble von wohl zehn bundesrepublikanischen Eliten von unterschiedlicher Einflußreichweite präsentieren: die Eliten der Politik, der Verwaltung, der Wirtschaft, der Justiz, der Universitäten, der Kirchen, der Verbände, der Gewerkschaften, der Medien und des Militärs. Die Elitenforschung hat aber nur einige von ihnen mit klaren Konturen herausgearbeitet. An diesen Beispielen können typische Probleme erörtert werden. Dabei wird sich wegen der Studien des besten Kenners, des Soziologen Michael Hartmann, die Wirtschaftselite als der mit Abstand aufschlußreichste Sozialverband erweisen.

1. Die Grenze zwischen der politischen und der administrativen Elite der Bundesrepublik ist porös, häufig verschwimmt sie völlig. Auf der einen Seite fungieren Berufspolitiker der Parteien als Bundesminister, Ministerpräsidenten der Länder und Regierende Bürgermeister, sie werden Parlamentarische Staatssekretäre, leiten einflußreiche Parlamentsausschüsse, wechseln in die hohen Bundesgerichte. Auf der andern Seite üben die höchsten Beamten der Ministerien, die Staatssekretäre und Abteilungsleiter, als «Torhüter» vor der Entscheidungsarena auch eine politische Vetomacht bei der Abwehr oder Unterstützung von Projekten aus. Das trifft auch auf die Spitzen der Karrierebeamten im Auswärtigen Amt, im Offizierkorps und an den obersten Bundesgerichten zu. Deshalb folgen einige knappe Bemerkungen über die politische Elite, ehe etwas ausführlicher auf die administrative Elite im weiten Sinn eingegangen wird.

Die politische Elite erweist sich als relativ offen. Zwar stellte der Nachwuchs aus den Familien von Höheren Beamten zunächst «einen großen Anteil», später noch ein volles Viertel, derjenige aus den Familien von gehobenen Beamten und Angestellten ein Drittel, zusammen etwas mehr als die Hälfte der erfolgreichen Berufspolitiker. Im Hinblick auf die soziale Herkunft dominierten aber, genau gesehen, die breiten Mittelklassen (worunter hier kleine Geschäftsleute, mittlere Angestellte und Beamte, Lehrer, Techniker, Handwerker, Werkmeister verstanden werden). Ihr Nachwuchs lag noch 10% hinter den Söhnen des «Großbürgertums», aber 20% vor denen des «gehobenen Bürgertums». Diese beiden Sozialverbände werden im Anschluß an die analytischen Kategorien von Michael Hartmann definiert. 0,5% der Erwerbstätigen gehören danach zum Großbürgertum, das im wesentlichen Großindustrielle, Vorstandsmitglieder, Topmanager von

Unternehmen mit mehr als 500 Beschäftigten, die Spitze der freiberuflichen Ärzte und Anwälte, Gerichtspräsidenten, wenige Ausnahmen unter
den Professoren aus der Medizinischen und Juristischen Fakultät, der Ar-
chitekten und Ingenieure umfaßt. Nur 2,2 bis 3 Prozent der Erwerbstätigen (3–3,8 % der männlichen Erwerbstätigen) gehören zum Kern des gehobenen Bürgertums: die Besitzer, Leiter oder Leitenden Angestellten von
Betrieben mit mehr als zehn bis fünfzig Beschäftigten, die Höheren Beamten, Juristen und Offiziere, Freiberufler, Diplomaten, Generäle, OLG-Räte
und Oberstudiendirektoren. Zusammen kommen diese Formationen auf
maximal 4 % der Einkommensbezieher.

Die bürgerliche Herkunft ist «nicht unbedingt» ein positives Merkmal
beim Aufstieg in den politischen Institutionen. Vielmehr können auch
Söhne aus Arbeiterfamilien wegen der Schleusenfunktion der SPD, der
Gewerkschaften und des linken CDU-Flügels gelegentlich den Weg nach
oben schaffen. Insgesamt ist die Rekrutierung ungleich offener als in der
Arena der Wirtschaftselite. Im allgemeinen sind die politischen Eliten re-
formaufgeschlossen und teilen einen Konsens über den Wert der Verfassung und die politischen Institutionen, zumal sie sich im Laufe der Zeit in
ein Elitenkartell verwandelten, das die Bundesrepublik selber hervorgebracht hat.

Deutlich anders fällt jedoch der Befund aus, wenn man auf die Spitzenfiguren der im strengen Sinn administrativen Elite blickt: auf die Bundesminister (einschließlich der Kanzler 121), die Staatssekretäre (150), die
Parlamentarischen Staatssekretäre (72) und die Abteilungsleiter der Bundesministerien (557) in den ersten 35 Jahren der Bundesrepublik von 1949
bis 1984. Diese 900 Personen kann man durchaus zu den einflußreichen
«Mandarinen Westeuropas» (M. Dogan) rechnen. Die Frage nach ihrer sozialen Herkunft ergibt erstaunliche 44%, die aus den Familien Höherer
Beamter stammen (z. B. bei den Staatssekretären 41 %, bei den Abteilungsleitern 46%); nur die leitenden Politiker liegen mit 34 % darunter, immerhin ist das auch noch ein volles Drittel. Nur mehr 5 % stammten aus dem
Adel oder aus den Familien von Arbeitern und unteren Angestellten, die
restlichen 50% aus den bürgerlichen Mittelklassen. Bis 1964 bekannte sich
eine Mehrheit von gut 60% zum Protestantismus. Trotz der neuartigen
konfessionellen Parität in der Gesamtbevölkerung blieben Katholiken wie
zuvor lange unterrepräsentiert, bis sie in der Ära Kohl seit 1982 allmählich
sogar die Mehrheit zu stellen begannen. 94 bis 98 % hatten ein Universi-
tätsstudium absolviert, 71 % auch abschließend promoviert. Allerdings
schrumpfte im Laufe der Zeit das anfängliche Juristenmonopol, so daß
Volljuristen seit der Mitte der 80er Jahre nur noch 65 % der administrativen Elite stellten, die zu 70% aus Laufbahnbeamten bestand. Seitenein-
steiger erreichten nur die marginale Größe von sechs Personen, wie auch
unter den 900 Elitenangehörigen nur 15 Frauen (elf von ihnen waren Poli-

tikerinnen) zu finden sind. Insgesamt zeichnet sich diese administrative Elite durch ein hohes Maß an Homogenität im Hinblick auf ihre soziale Herkunft und Ausbildung, ihre Karrieremuster und Konfession aus.

Dieses Sozialprofil hängt wesentlich damit zusammen, daß die administrative Elite in einem hohen Ausmaß aus der oberen «Dienstklasse» (K. Renner) stammt. Das ist jene Sozialformation, die an die Ausübung von Herrschaft in bürokratischen Organisationen, namentlich in der Staatsverwaltung, gewöhnt ist, eine vorzügliche Berufsausbildung einschließlich des Universitätsstudiums genossen hat, ein hohes Einkommen bezieht sowie Privilegien wie die weithin autonome Gestaltung der eigenen Arbeit und die Anweisungsbefugnis für die Tätigkeit von anderen besitzt. Diese Dienstklasse ist seit 1949 auch in der Bundesrepublik kontinuierlich angewachsen, hat aber durch die zielstrebige Ausnutzung ihres Bildungskapitals und ihrer soziopolitischen Sonderstellung, einen auffällig hohen Grad an Schließung bis hin zur Exklusivität der gesellschaftlichen Beziehungen und effektiven Interessenverteidigung ihrer demographischen und sozialen Identität über die Generationen hinweg wahren können.

Daß diese obere Dienstklasse fast die Hälfte der administrativen Eliten des Bundes und darüber hinaus einen großen Anteil der Beamten auf den höheren Verwaltungs- und Justizrängen des Bundes und der Länder sowie des Spitzenpersonals in der Wirtschaft zu stellen vermag, unterstreicht ihre Rolle als Rekrutierungsreservoir für die Eliten. Sie besitzt den Charakter einer kompakten sozialen Klasse; insofern ist sie auch ein lebender Beweis gegen die modische These von der «Entstrukturierung» der westdeutschen Gesellschaft. So wichtig für ihre Berufsausübung die Ausbildungszeit auch ist, erinnert der dominierende Einfluß ihrer sozialen Herkunft und ihres klassenspezifischen Habitus doch ständig an den Einfluß des «nichtmeritokratischen Elements», das durch die zielstrebige Ausnutzung ihres kulturellen und sozialen Kapitals erhalten wird.

2. Diese bemerkenswerte Homogenität wird freilich von der Justiz noch einmal deutlich übertroffen. Über die Richterschaft der Oberlandesgerichte und der Bundesgerichte sowie die Spitzenbeamten des Bundesjustizministeriums stehen inzwischen Studien aus der Früh- und der Spätphase der alten Bundesrepublik zur Verfügung. 1960 sind alle 856 OLG-Richter in einem Sample erfaßt worden: 50% stammten aus Beamten-, 25% aus Juristenfamilien, 60% aus der oberen Mittelklasse, nur 30% aus der unteren Mittelklasse, gerade einmal 24 Richter dagegen aus Arbeiterfamilien, nicht einmal fünfzig aus den Familien von Landwirten. Auch die Ehefrauen kamen zu 56% aus den oberen Mittelklassen. Der Sozialcharakter dieser Justizelite war durch ihre staatskonservative Grundhaltung, ihre etatistische Bindung an das Verhaltensideal des Staatsdienertums alten Stils geprägt. Ihre Lebenserfahrungen in jungen Jahren gewannen die meisten in einem sozialen Umfeld, das nur 11% einen Kontakt mit Arbei-

terkindern vermittelte. Im Berufsleben wurde dann aber der Hauptteil der Straffälligen von Angehörigen des Arbeitermilieus gestellt, das diesen Richtern aus eigener Erfahrung ganz überwiegend unbekannt geblieben war.

Ungefähr gleichzeitig wurde das Sozialprofil der 232 Bundesrichter ermittelt. Sie stammten zu 70,5 % (151) aus der oberen Mittelklasse, wobei die Söhne Höherer Beamter mit 44 % wieder dominierten, zu 21,5 % (46) aus den unteren Mittelklassen, nur zu 5 % aus den Familien von Landwirten und zu 2,8 % aus Arbeiterfamilien. Auffällig ist, wie klar das Gros der Richter in den obersten Instanzen auch in der obersten sozialen Klasse groß geworden war, wo ihnen ihre Sozialisation eine ausgeprägte Leistungs- und Karriereorientierung vermittelt hatte. Auch hier standen sich 144 Protestanten und siebzig Katholiken gegenüber.

Fast alle Bundesrichter hatten eine Laufbahn als Staatsbeamte hinter sich, als Räte an den obersten Landesgerichten oder sogar als Senatspräsidenten. Rechtsanwälte oder Juraprofessoren tauchten unter ihnen extrem selten auf, vielmehr dominierten unzweideutig die Spitzenfiguren aus der Justizbürokratie. Das unterstreicht der Blick auf die Bundesgerichte. Von den Mitgliedern des Bundesgerichtshofs waren 80 % aus den hohen Ländergerichten aufgestiegen, am Bundesverwaltungsgericht 60 % aus den Verwaltungsgerichten der Länder, am Bundesfinanzhof 70 % aus der Verwaltung von Bund und Ländern, am Bundessozialgericht 80 % aus der Verwaltung und den hohen Landessozialgerichten. Allein am Bundesverfassungsgericht stellten Richter und hohe Verwaltungsbeamte nur zwei Drittel der Mitglieder der beiden je achtköpfigen Senate, während ein Drittel aus Politikern und Universitätsprofessoren bestand. Diese Verteilung hing mit dem Vorschlagsrecht von Bundestag und Bundesrat eng zusammen, die nach Abstimmung mit den Parteien je zur Hälfte mit Zweidrittel-Mehrheit die BVG-Richter für eine zwölfjährige Amtszeit wählen dürfen.

Die Herkunft der Mehrheit aus der Verwaltung hatte auch ihren Berufshabitus geprägt, denn die soziologische Analyse ergab, daß diese Mehrheit dazu neigte, Gehorsam zu fordern statt mit Gründen zu überzeugen, untere Instanzen anzuweisen, anstatt die Rechtsausführung nur zu überprüfen, Zweckmäßigkeitserwägungen dem Gerechtigkeitsdenken überzuordnen und Verfassungsmäßigkeit bei jedem formal gültig zustande gekommenen Gesetz zunächst einmal zu unterstellen.

1960 waren 80 % der Bundesrichter bereits vor 1945 als Richter im Staatsdienst, nur wenige Ausnahmen in der Anwaltschaft oder Privatwirtschaft tätig gewesen. Nur das Bundesverfassungsgericht als politisch besonders exponierte Letztinstanz wies eine andere Komposition auf, denn dort waren nur 40 % zur Zeit des «Dritten Reiches» im Staatsdienst tätig, während jeder zweite Richter von den braunen Machthabern entlassen worden oder sogar emigriert war. Dieser Befund traf beim Bundesgerichtshof nur auf jeden zwanzigsten zu.

Die letzte Untersuchung der Justizelite geht nahezu vierzig Jahre nach den ersten Analysen von 30 000 Justizbeamten (darunter 21 000 Richtern und 4000 Staatsanwälten) aus, aus deren Mitte sich etwa 3000 Juristen im Bundesjustizministerium, an den Bundes- und OLG-Gerichten als Justizelite herausheben. Das Sample erfaßt aus den Promotionsjahrgängen 1955/1965/1975/1985 rund 1800 in der Jurisprudenz Promovierte in den höchsten Instanzen und auf der hohen Verwaltungsebene. Die Frage nach der sozialen Herkunft dieser 1800 Personen ergibt im Grunde noch immer oder wieder das vertraute Bild: 251 entstammten dem Großbürgertum, 933 dem gehobenen Bürgertum der oberen Mittelklassen und 623 den unteren Mittelklassen, in einigen wenigen Fällen auch den Arbeiterklassen. Erneut findet sich mit zwei Dritteln ein hoher Anteil von Beamtenkindern bis hin zur Berufsvererbung in jenem Drittel, das aus Juristenfamilien stammt. Diese stabile Kontinuität einer hohen Selbstrekrutierung darf in der Tat als «erstaunlich» gelten.

Der Bundesgerichtshof und das Bundesverwaltungsgericht wurden eindeutig von Bürgersöhnen dominiert. Überhaupt kamen noch immer zwei Drittel aller Bundesrichter aus dem Großbürgertum und dem gehobenen Bürgertum. Dennoch sind die Karriereaussichten eines Aufstiegs in die Justizeliten für den Nachwuchs aus den Mittel- und selbst den Arbeiterklassen etwas günstiger als in der Wirtschaft. Denn die streng formalisierten Besetzungsprozeduren und der Einfluß der Politik auf die oberen Personalentscheidungen führen zu einer etwas verbesserten sozialen Offenheit und wirken den in der Wirtschaftselite üblichen Schließungsmechanismen sichtlich entgegen.

3. Jede Analyse der Macht- und Funktionseliten des Kaiserreichs muß die Spitzenposition des hohen Militärs anerkennen (vgl. Bd. III, 873–85, 1109–37). Doch nach zwei verlorenen Weltkriegen, nach 1945 gefolgt von einer radikalen Prestigedeflation des Soldatentums schlechthin, bewegte sich die junge Bundeswehr in einem von Grund auf veränderten Umfeld. Ihre Aufgaben wurden mit äußerster Strenge allein auf den Grenzfall der Verteidigung der staatlichen Sicherheit und bis dahin auf die Vermeidung des kriegerischen Konflikts ausgerichtet, jeder maßgebliche politische Einfluß blieb ihr zu Recht versagt. Diese neue Definition des Militärs als strikt reguliertes Organ der Exekutive einer republikanischen Demokratie implizierte den Verzicht auf jede kastenartige Abschließung, welche das Offizierkorps bis 1918 gepflegt, zu der es aber auch bis zum Zweiten Weltkrieg geneigt hatte. Diese Umstellung war allerdings auch in den 50er/60er Jahren noch lebhaft umstritten, bis die Reformer sich durchgesetzt hatten.

Wegen einer beispiellosen Inflation der Titel gab es 1945 3200 Generale und Admirale – so viele also wie in den dreihundert vorhergehenden Jahren brandburgisch-preußischer Geschichte zusammen, wobei allein 2800 auf den Ersten Weltkrieg entfielen. 1990 wurden in einer Elitenanalyse alle 910 hohen Bundeswehroffiziere von Brigadegeneral und Flottenadmiral ab aufwärts erfaßt. 86 von ihnen waren noch in der Wehrmacht und besonders nachhaltig im Zweiten Weltkrieg militärisch sozialisiert worden. 70 % hatten damals eine Generalstabsausbildung genossen, so daß sich dieselbe Stabslastigkeit wie beim Aufbau der Weimarer Republik ergab. Erst seit 1980 rückte allmählich «Eigengewächs» der Bundeswehr in die hohen Führungspositionen auf. Anfangs gab es noch immer einen hohen Adelsanteil im Offizierkorps. Hatte er bis 1945 18 % der erwähnten 3200 hohen Offiziere ausgemacht, kam auch dieselbe Ranggruppe der Bundeswehr noch immer auf 17 %, ehe der Anteil eine Zeit lang – bis zu dem neuen Anstieg vor der Mitte der 80er Jahre – etwas abfiel. Auch sonst hielt sich manche Kontinuität: 1962 waren 70 % der Offiziere und 81 % der Generale evangelisch; 15 % der Offiziere waren durch Selbstrekrutierung aus Offiziersfamilien zur Bundeswehr gekommen; 38 % stammten aus den seit Moltkes Zeiten viel beschworenen «erwünschten Kreisen» im oberen Bereich der Sozialhierarchie, bei der Generalität waren das sogar 67 %.

Erst mit den Reformen seit 1969 erlebte das Offizierkorps, seit den 80er Jahren dann auch die Generalität die Folgen einer gezielt herbeigeführten sozialen Öffnung. Die Bundeswehrreformer hatten zwar frühzeitig als künftigen Offiziertypus den «gebildeten Bürger in Uniform» zum Leitbild erhoben. Doch in der Praxis der ganzen militärfachlichen Ausbildung wurde diese Zielvorstellung aufgeweicht, da dort der Stil der Berliner Stabsschulung bis 1945 vorherrschte. Gleichzeitig wurde die Idee der sozialen Exklusivität des Offizierkorps erneut belebt, wie das der frühere Generalstabschef Hitlers, Franz Halder, tat, der nach 1945, im Auftrag der «Historical Division» des amerikanischen Heeres tätig, mit «erschriebenen Siegen» die Tätigkeit seiner Stabsinstitution verklärte.

In der entscheidenden Reformphase unter Verteidigungsminister Helmut Schmidt (1969–1972) wurde eine akademische Abschlußprüfung für alle Offiziere obligatorisch gemacht. Zu diesem Zweck entstanden 1973 die beiden Bundeswehr-Universitäten in Hamburg und München. Nach einem kurzlebigen Rückschlag unter Schmidts Nachfolger Wörner, als sich eine orthodoxe Offizierskamarilla mit «fachlicher Ignoranz, Bildungsphobie und antiakademischem Ressentiment» noch einmal durchsetzen konnte, kamen die Reformimpulse erneut dauerhaft zur Geltung.

Hatten in den 60er Jahren die Söhne von Beamten noch 42, von Selbständigen 26, von Angestellten auch 26, von Arbeitern aber nur 4 % der Offiziere gestellt, waren es am Ende der 70er Jahre in derselben Reihenfolge 26, 15, 41 und volle 17 %. Diese Zusammensetzung wirkte sich seither mit der unvermeidbaren zeitlichen Verschiebung ebenfalls auf das Sozialprofil der Generalität und Admiralität aus; auf derselben Linie lag auch, daß dort seit 1985 endlich die konfessionelle Parität erreicht wurde. Unverkennbar haben die politisch initiierten Reformen die soziale Komposition der Militärelite nachhaltig verändert, die Exklusivitätsbestrebungen zurückgedrängt und die traditionsfixierte Schließung des Offizierkorps, erst recht der Generalität verhindert. Insofern folgte der sinkenden Bedeutung der Militärelite eine Demokratisierung ihrer Rekrutierung.[9]

4. Exakt die gegenläufige Bewegung charakterisiert die Wirtschaftselite. Mit wachsender Bedeutung nahm ihre elitäre Schließung in einem derart verblüffenden Ausmaß zu, daß der Topos der offenen Leistungselite dementiert wurde. Bei der Wirtschaftselite ging es um eine doppelte Machtressource. Zum einen handelt es sich um den Besitz von Unternehmen, also um Eigentumsmacht, zum andern um Positionsmacht aufgrund der Spitzenstellung in einer vorgegebenen Hierarchie, wie sie etwa Topmanager innehaben, die, ohne Inhaber zu sein, den Betrieb doch im operativen Alltagsgeschäft kontrollieren. Die Zusammensetzung von Eigentümern, Vorstands- und Aufsichtsratsmitgliedern, Topmanagern und Geschäftsführern gibt Auskunft über das Sozialprofil des Personals in den Chefetagen.

Schon in den ersten Analysen stellten Wolfgang Zapf und Ralf Dahrendorf in der Mitte der 60er Jahre mit einem gewissen Erstaunen fest, daß die Unternehmensspitzen «nächst den Kirchenführern» die «am wenigsten flexible Elitegruppe» stellten, da sie seit dem Kaiserreich über die Weimarer Republik und das «Dritte Reich» hinweg eine außerordentlich stabile Rekrutierung aus dem Großbürgertum und gehobenem Bürgertum aufwiesen. Ein Viertel der Wirtschaftselite stammte zwanzig Jahre nach dem Zweiten Weltkrieg aus den oberen Mittelklassen, ein Viertel der Vorstandsmitglieder sogar aus der schmalen Oberschicht. Diese Zusammensetzung wurde auch dadurch begünstigt, daß sich damals noch ein Drittel der deutschen Großunternehmen im Familienbesitz befand, der die Exklusivität bis hin zur Wahl des Heiratspartners für den Nachwuchs gezielt unterstützte.

Die Forderung nach einer Auflockerung dieser Spitzenclique zielte auf ihre Umwandlung in eine offene Leistungselite, die aus der Bildungsexpansion hervorgehen sollte. Denn da man von einer «Sozialschichtung der Bildungschancen» ausging, hing die Besetzung der Spitzenposition von der Ungleichheit dieser Chancen ab, die es deshalb für die Leistungsfähigen zu vermehren galt.

In der Folgezeit haben die Eliteforscher von Rudolf Wildenmann bis Wilhelm Bürklin den Elitenanteil des gehobenen Bürgertums kräftig abgesenkt, die Exklusivität bestritten und eine offene Elite mit Aufstiegsmöglichkeiten für die Leistungsträger beschrieben, da die Bildungspolitik die soziale Elitebasis stetig erweitere und den Zustrom der Tüchtigen auf die Entscheidungspositionen kanalisiere. Auch bekannte Soziologen wie Niklas Luhmann und Ulrich Beck unterschätzten in ihren oft eher impressionistischen Urteilen über die bundesrepublikanische Gesellschaft völlig die Bedeutung der sozialen Herkunft und damit die strukturelle Zuweisungsmacht der Klassenstruktur.

Es ist das Verdienst des Darmstädter Soziologen Michael Hartmann, in seinen zahlreichen, empirisch außerordentlich sorgfältig untermauerten Studien über den «Mythos von den Leistungseliten» die Realität auch der bundesdeutschen Wirtschaftselite aufgedeckt zu haben. Dabei stellt sich als Ergebnis der Analyse der Entwicklung von etwa 1970 bis etwa 1995 heraus, daß die in ihren Auswirkungen grandios überschätzte Bildungsexpansion zwar den Zugang zu den höheren Bildungsinstitutionen unstreitig erleichtert, ihn aber keineswegs bis hin zu den Elitepositionen geebnet hatte. Vielmehr hat sich in den letzten drei Jahrzehnten ein erstaunlicher elitärer Absonderungsprozeß vollzogen.

1960 bestand die erdrückende Mehrheit der Wirtschaftselite aus älteren Jahrgängen, die bereits in der Zeit der Weimarer Republik die Chefzimmer erreicht hatten. Nur wenige exotisch wirkende Außenseiter wie Berthold Beitz von den Krupp-Werken oder einige der «jungen Männer» aus Speers Managerstäben durchbrachen mit ihrem Reüssieren die Regel. Seit den 6oer Jahren setzte dann jedoch ein umfassender Wechsel ein – 1979 waren nur mehr 10 % der Topmanager vor 1918 geboren worden –, eine jüngere Generation schob sich nach vorn. Sie vertrat aber keineswegs die Gewinner der Bildungsexpansion, sondern stammte «ganz überwiegend», ja in einem sogar noch rasch weiterwachsendem Maße aus dem Großbürgertum und gehobenem Bürgertum, bis sie in der Mitte der 90er Jahre einen Anteil von sage und schreibe 80 % erreicht hatte. Die Analyse der hundert, auch noch der dreihundert größten deutschen Unternehmen ergab im Hinblick auf die Vorstands- und Aufsichtsratsvorsitzenden, ihre Stellvertreter und die Vorstandsmitglieder dasselbe Ergebnis von 80 bis 82 %. Jeder Zweite stammte aus dem Großbürgertum, während nach einem stetigen Schrumpfen ihres Anteils nur noch 9 % aus den Mittelklassen so weit gekommen waren. Die Homogenität der neuen Oligarchie ist mithin in den Spitzenunternehmen weiter angestiegen, da sich die exklusive Rekrutierung ganz offensichtlich verschärft hat. Deshalb war die privilegierte Exklusivität zu Beginn der 90er Jahre deutlich krasser ausgeprägt als noch 1970 – Indiz einer harten Ungleichheitsstruktur, welche die soziale Spaltung verschärft.

Blickt man genauer hin, ergibt sich, daß von den Aufsichtsratsvorsitzenden sogar bis zu 90 % aus dem Großbürgertum und gehobenen Bürgertum stammen. Allerdings kam es zu einer aufschlußreichen Verschiebung der Relationen zwischen den einzelnen Herkunftsgruppen. Waren 1970 noch 40 % der Posten von den Söhnen Höherer Beamter, 23 % von Unternehmersöhnen besetzt gewesen, hatte sich bis 1995 das Verhältnis völlig umgekehrt: 40 % kamen jetzt aus Unternehmerfamilien, nur mehr

10% aus dem Haus Höherer Beamter. Es gab also einen unübersehbaren Vorstoß des protegierten Unternehmernachwuchses.

Bei den Vorstandsvorsitzenden zeigte sich dagegen eine (nicht leicht zu erklärende) Zunahme der Söhne Höherer Beamter auf Kosten derjenigen von Freiberuflern und Mittelklasseeltern. Aber auch hier stellten die Unternehmerfamilien selber schließlich einen «weit überproportionalen» Anteil, so daß sie jede dritte Chefposition besetzen konnten. In den klassischen deutschen Großunternehmen mit einer langen Tradition und einer zentralen Stellung in der Gesamtwirtschaft war das Spitzenpersonal aus den beiden hohen Bürgertumsformationen ganz «besonders zahlreich» vertreten. Selbstverständlich hatten die Vorstandsvorsitzenden bis 1995 auch zu 93 % ein Studium abgeschlossen und zu 52 % mit dem Doktortitel gekrönt, bei den Aufsichtsratsvorsitzenden waren es 91 % bzw. 60 %. Hatte früher das Jurastudium dominiert, drang bis 1999 auf seine Kosten die Wirtschaftswissenschaft vor, so daß sich der Anteil der Betriebs- und Volkswirte in den Spitzenpositionen fast verdoppelte. Diese Verschiebung der Studienfächer, in der sich auch die «Amerikanisierung» der Unternehmensführung niederschlug, änderte aber nichts an der internen Struktur der Wirtschaftselite. Ihre Netzwerke sorgten für Informationen und die Verbesserung der Marktchancen, für die Koordination betrieblicher Schachzüge, für die Konsolidierung und Integration der Unternehmen; sie sorgten für den Schutz gegenüber Außenseiter-Rivalen und für einen Vertrauensvorschuß, solange akzeptable Konkurrenten im Spiel waren.

Will man die verblüffende soziale Homogenität der oligarchischen Wirtschaftselite und damit vor allem ihre exklusive Rekrutierung überzeugend erklären, führt es in die Irre, im altmarxistischen Stil die machterprobte Raffinesse einer herrschenden Klasse zu unterstellen, die seit jeher für die reibungslose Kooptation von aufstrebenden Klassengenossen gesorgt habe. Auch haben Universitätsexamina und Doktortitel, Auslandsstudium und Auslandspraktika offensichtlich nicht den Ausschlag gegeben, da ein großes Bewerberfeld diesen Kriterien entspricht. Vielmehr hat der Besitz eines «klassenspezifischen Habitus» die entscheidende Rolle bei der Gewährleistung der Elitenkontinuität gespielt. Pierre Bourdieu hat unter dem Habitus jene innere Steuerungsanlage verstanden, die durch den Sozialisationsprozeß während der Kindheit und Jugend in den Individuen als gesellschaftliche Struktur installiert wird. Dank der Summe von fest verankerten Dispositionen erzeugt er spezifische Persönlichkeitsmerkmale, die wiederum den Verhaltens-, Geschmacks-, Sprach- und Dresscode, den Denkstil und das ästhetische Urteil strukturieren. Da die Auswirkungen des Habitus der Anschein der Natürlichkeit einer Ausstattung mit persönlichen Eigenschaften umgibt, obwohl diese Leitinstanz keineswegs auf Veranlagung und genetisch gesteuertem Naturell beruht, sondern dank einer langwährenden Sozialisationsphase an die Klassenstruktur gebunden ist, gehört der Habitus durchaus zu den zunächst «verborgenen Grundlagen der Herrschaft».

Welcher Habitus empfiehlt seinen Besitzer für die Wirtschaftsoligarchie? Die Souveränität des Auftretens und der Umgangsformen, eine breite Allgemeinbildung, die Sicherheit des Geschmacks, eine unternehmerisch-zweckrationale Einstellung, Optimismus in der Lagebeurteilung und klare Lebensziele. Von der erkennbaren Förderung durch das kulturelle Kapital der Familie und durch ihr soziales Kapital, das Netzwerk der Beziehungen und das Sicherheitspolster der familiären Ressourcen zählt wahrscheinlich als entscheidender Vorzug die persönliche Souveränität. Aufsteiger dagegen besitzen zwar auch die Universitätsdiplome und den Doktortitel, ihre Auslandserfahrung beim Studium oder während der Praktika, doch fehlt ihnen die äußere und innere Sicherheit, die Selbstverständlichkeit des Auftretens und Geschmacks. «Lässigkeit, Charme, Umgänglichkeit, Eleganz, Freiheit», mit einem Wort: die angebliche «Natürlichkeit» tritt hinter der im Ehrgeiz begründeten Angestrengtheit und Überkorrektheit auf eine fatale Weise zurück, denn sie determiniert die Entscheidung gegen den Karrieresprung.

In den Entscheidungsgremien herrscht vielmehr von vornherein Sympathie für jenen Nachwuchs, welcher der eigenen Persönlichkeit – wie man sie dort sieht – am klarsten ähnelt, und diese Persönlichkeitsmerkmale werden ausschlaggebend am Habitus abgelesen. Da die klassenspezifische Habitusformierung unzweideutig an die soziale Herkunft gebunden ist, ergibt die Dominanz des Habituskriteriums die Rekrutierung aus den eigenen Reihen, die – wie es scheint – Garantie der Elitenkontinuität und die anhaltende Homogenität der Wirtschaftsoligarchie. Leistungen zu erbringen muß der Besitzer des erwünschten Habitus zwar auch imstande sein, aber von dem Ideal einer offenen Leistungselite hat sich die Wirtschaftselite zunehmend immer weiter entfernt.[10]

## 3. Renaissance des Bürgertums oder amorphe «Mittelschichten»?

Die Geschichte des deutschen Bürgertums wird seit jeher von einer unablässig anhaltenden Diskussion über seine Überlebensfähigkeit begleitet. Ständig geht es dabei um Aufstieg oder Zerfall, Expansion oder Erosion, Exklusion oder Inklusion, um Triumph, Desintegration, Niedergang, Aushöhlung oder sogar Auflösung. Namentlich der Krisendiskurs ist als ein Medium bürgerlicher Selbstverständigung stets ein integraler Bestandteil der bürgerlichen Welt auch und gerade in den Zeiten äußerlich progressiver, ja glanzvoller Stabilität gewesen. Seit der Mitte des 19. Jahrhunderts steigerte er sich oft zu einer wahren Untergangsrhetorik. Doch der pessimistische Abgesang hat sich bisher stets als verfrüht erwiesen, zumal jeder Wandel in Gefahr stand, als Zerstörung wahrgenommen zu werden.

Insofern kann es nicht überraschen, daß sich nach der Katastrophe des Ersten Weltkriegs die düsteren Prophezeiungen allenthalben häuften, etwa im Stil des apodiktischen Urteils von Kurt Tucholsky: «Das bürgerliche Zeitalter ist dahin.» Und genauso wenig sollte es eigentlich überraschen, daß nach den Turbulenzen der Weimarer Republik und des «Dritten Reichs», des zweiten totalen Krieges und der für Millionen schrecklichen Nachkriegszeit dieselbe Diagnose eines nunmehr unwiderruflichen Endes des deutschen Bürgertums zahllose Male wiederholt wurde.

Tatsächlich bietet das Bürgertum in Westdeutschland ein durchaus ambivalentes Bild. Verschwunden aber ist es ganz und gar nicht. Die Großbourgeoisie (1,2 % der Bevölkerung) und große Teile des gehobenen Wirtschaftsbürgertums (4,8 %) hatten nach 1918 im Grunde, allen gescheiterten Unternehmen und gehäuften Insolvenzen zum Trotz, den hektischen Wechsel von Nachkriegsaufschwung, Hyperinflation, Hochkonjunktur, Weltwirtschaftskrise und Rüstungsboom erstaunlich gut überstanden. Nur die NS-Rassenpolitik hatte innerhalb kürzester Zeit alle jüdischen Unternehmer und Schlüsselfiguren der Finanzwelt, insbesondere die Privatbankiers, aus ihren Leitungspositionen verdrängt und schließlich, wenn ihnen die Emigration nicht gelang, umgebracht. Dagegen verzichtete kein einziges «arisches» Vorstands- oder Aufsichtsratsmitglied auf seine Funktionen oder verließ sogar Deutschland.

Selbst in den Kriegsjahren gab es keine drastische Veränderung in der sozialen Komposition der Wirtschaftselite und des gehobenen Wirtschaftsbürgertums. Die Betriebe griffen auf bewährten Nachwuchs zurück; er hätte dank seiner Kompetenzen und Netzwerke auch ohne den Nationalsozialismus Karriere gemacht. Speers ehrgeizige «junge Männer» stammten ebenfalls ganz überwiegend aus diesem Rekrutierungsreservoir. Der eher verhaltene Vorstoß der NSDAP auf die Führungsetagen war nur punktuell, etwa bei der GM-Tochter Opel, von Erfolg gekrönt.

Zwar besaßen unstreitig prominente Parteigenossen nach 1945 in der Regel keine sonderlich helle berufliche Zukunft mehr. Doch die Zweidrittel-Mehrheit der Vorstands- und Aufsichtsratsmitglieder, die – dem exakten Sample von Hervé Joly zufolge – zeitweilig in alliierte Internierungslager wanderten oder danach von den Entnazifizierungskommissionen gebremst wurden, faßte bereits seit den späten 40er Jahren wieder Fuß. Ihre aktive Mitwirkung in der Kriegswirtschaft mit dem allgegenwärtigen System der Sklavenarbeit galt keineswegs als Makel, geschweige denn ihre Lagerhaft. Nur ein knappes Viertel dieser Spitzenfiguren kehrte nicht auf seine alte oder eine äquivalente Position zurück. Die allermeisten Vorstandsangehörigen der frühen Wirtschaftswunderjahre hatten daher schon vor 1933 ihre berufliche Stellung innegehabt. Jeder Elitenvergleich lenkt auf diese auffällige Kontinuität hin (vgl. vorn IV.2), bis seit den späten 60er Jahren endlich eine neue Generation vorrückte. Erst damals verschwand auch die anachronistische Sozialfigur des Bergassessors oder des «Schlotbarons» – nach 1945 noch verkörpert von P. Reusch, H.-G. Sohl, G. Henke, H. Winkhaus –, die durch eine weniger autoritäre Expertenoligarchie ersetzt wurden. Den später dominierenden Typus des Krisenmanagers à la Rohwedder, Gödde, Cromme trennten buchstäblich Welten von diesen traditionellen Unternehmenspatriarchen.

Unterhalb der Spitzenposition hielt sich im Management der großen Betriebe, unter den Leitern der kaufmännischen und technischen Abteilungen eine vergleichbare Kontinuität, denn bewährte Expertise bedeutete für jedes Unternehmen in der Wiederaufbau- und Wirtschaftswunderphase eine Trumpfkarte. Hier und da wurde dieses Personal durch Aufsteiger aus der Kriegswirtschaft oder aus der Kompetenzreserve der Flüchtlinge und Vertriebenen ergänzt. Und in der Domäne der mittelständischen Betriebe dominierte ohnehin der zäh verteidigte, auf personelle Kontinuität bauende Familienbesitz bis in die späten 80er Jahre.

Würde man daher mit großem personellen und technischen Aufwand prosopographische Studien zum gehobenen Wirtschaftsbürgertum, erst recht zur Oberklasse, anstellen, träfe man, entgegen der 1945 allgemeinen Erwartung, daß es mit der Kontinuität des Bürgertums aus und vorbei sei, aller Wahrscheinlichkeit nach auf das dichte Gewebe zahlreicher Kontinuitätslinien. Man fände nicht wenige große und kleine Dynastien, die sich über alle Wirren der Zeitläufte hinweg gehalten haben.

Für die jüngeren Aufsteiger erwiesen sich alsbald ihre Habitusbildung, ihr Netzwerk aus Verkehrs- und Heiratskreisen, ihre Reitvereine, Tennis- und Golfclubs, ihre bevorzugten Gymnasien, Universitäten und Technischen Hochschulen als ganz so prägend wie zuvor. Die «familiären Plazierungsstrategien» trugen mit konsequenter Entschlossenheit das ihre dazu bei, die überlieferte und das heißt: die relativ abgeschlossene Sozialwelt bis hin zum Exklusivitätsanspruch zu unterstützen. Anders gesagt: Auch die Absorptionsfähigkeit des gehobenen Wirtschaftsbürgertums blieb trotz der Zurückdrängung antiquierter hierarchischer Grenzen weithin erhalten.

Diese bürgerliche Sozialformation hatte zusammen mit dem Bildungsbürgertum (0,8 %) lange Zeit die Doppelspitze des deutschen Bürgertums gebildet. Diese staatsnahe Modernisierungselite war durch den revolutionären Regimewechsel von 1918/19, die in seinem Gefolge unaufhaltsam wirkende Machtdeflation, die schmerzhaft einschneidenden Vermögensverluste aus den verlorenen Kriegsanleihen und der Hyperinflation, die rigorose Einkommensminderung in der Substanz ihrer Lebenslage wie im Kern ihres Selbstbewußtseins so tief getroffen worden, daß man von einer kollektiven Traumatisierung sprechen kann. In offenkundiger Skepsis, ja unverhüllter Feindschaft gegenüber der Republik verharrend, setzte sie auf eine Revision der Kriegsergebnisse und genoß die kompensatorische Wirkung ihres radikalen Nationalismus, der sich mit dem Ruf nach einem «zweiten Bismarck», einem politischen Messias als Retter aus der Not, verband. Er sollte Deutschland aus seiner Misere auf glanzvolle Höhen zurückführen und damit auch dem Bildungsbürgertum seinen angestammten Elitenrang erneut verschaffen. Die Zielutopie der Bürgerlichen Gesellschaft dagegen hatte jeden Glanz verloren. Statt ihrer gewann die Chimäre der «Volksgemeinschaft», oft auch schon völkisch aufgeladen, an Attraktivität.

Nach den verschärften Krisenerfahrungen in der Endphase der Republik öffnete sich erst recht das Einfallstor, durch das der Nationalsozialismus mit seinem Führer-, Rasse- und Volkskult in das Bildungsbürgertum eindrang. Zu Tausenden strömten die Akademiker in die NSDAP, Rechtsanwälte und Ärzte stellten den mit Abstand größten Block unter den Universitätsabsolventen, die in die SS drängten. Auch wer in der Professorenschaft den Parteieintritt noch aufschob, teilte doch einen Großteil der nationalsozialistischen Programmatik, einschließlich des menschenfeindlichen Antisemitismus, der in unmittelbarer Nähe die Fakultäten zerstörte. Die NS-Volksgemeinschaft stellte zwar die überkommenen Exklusivitätsansprüche prinzipiell in Frage, bot aber eine neue Utopie gesellschaftlichen Zusammenlebens, das einen elitären Spitzenrang in der Leistungsgemeinschaft, wie man hoffte, nicht ausschloß. Der alten bürgerlichen Welt wurde jede Zukunft abgesprochen.

Gleichzeitig verteidigten die Professionen ihre Privilegien; die Rechtsanwälte konnten sie sogar weiter ausdehnen. Der Status des Studienrats oder Professors wurde keineswegs grundsätzlich oder materiell geschmälert. Man konnte daher im Bildungsbürgertum, bis der totale Krieg diese Illusion zerstörte, trotz des Vordringens der exekutiven Sonderstäbe, vor allem des SS-Imperiums mit seinen andersartigen Auslesekriterien, an ein geglücktes Arrangement mit der charismatischen Herrschaft Hitlers glauben. Die fatale moralische Korruption ließ sich verdrängen, der Exklusivitätsverlust zwischen 1919 und 1945 schon schwerer verschmerzen, auch wenn die Hoffnung auf künftigen Wiederaufstieg wach blieb.

Doch wegen eben dieser Korrumpierbarkeit und Kooperationswilligkeit traf das Bildungsbürgertum nach 1945 der Bannstrahl der Kritik. Mit unleugbarem Recht, denn die ohnehin schüttere neuhumanistische Bildungsidee hatte sich als allzu dünner Firnis erwiesen, der die Barbarei nicht eindämmen konnte. Die Durchsetzungsfähigkeit des Regimes hatte das Bildungsbürgertum im allgemeinen wehrlos vorgefunden, wenn es nicht schon längst zur Zustimmung bereit gewesen war. Und sein Anspruch auf den traditionellen Elitenrang war an der neuen Realität der NS-Hierarchie kläglich gescheitert.

Ganz ähnlich wie beim gehobenen Wirtschaftsbürgertum zerstörte aber in Westdeutschland weder die Schockerfahrung zwischen 1929 und 1945 noch die Kritik seither die soziale Konsistenz dieser Bürgerformation. Sie befand sich ohnehin seit längerem auf dem Weg zur akademischen Intelligenz, die nicht mehr durch die ständische Vergesellschaftung des Bildungsbürgertums, dessen strengen klassenspezifischen Habitus, seine eigenständige Lebensführung und – last but not least – sein gediegenes Prosperitätspolster geprägt wurde. Die Berufsklassen dieser akademischen Intelligenz, oft immer noch der bildungsbürgerlichen Familientradition bewußt und um Traditionswahrung bemüht, waren zwar schwer angeschlagen, sei es durch die Zusammenarbeit mit dem Nationalsozialismus oder sei es durch den Prestigerückgang während der letzten Jahrzehnte. Doch von ihrer Zerstörung oder Auflösung kann ernsthaft nicht die Rede sein. Vielmehr überlebten sie die Umwälzungen dieser Zeit im Grunde «ziemlich unbeschadet», so daß auch die Bundesrepublik nur im Kontext der «langen und wechselvollen Geschichte von Bürgertum und Bürgerlichkeit» angemessen zu verstehen ist.

Wie im gehobenen Wirtschaftsbürgertum wirkten sich auch in den akademischen Berufsklassen Sozialisationsprozesse aus, die, grob gerechnet, seit den 1880er Jahren die Angehörigen dieser Bürgertümer geprägt hatten – Prozesse, die ja keineswegs in den 1920er/30er Jahren abrupt abgebrochen waren und auch nach 1945 einem völligen Identitätswechsel widerstrebten. Ähnlich wie im gehobenen Wirtschaftsbürgertum ließe sich nach dieser Epochenscheide auch der Fortbestand zahlreicher Anwalts-, Ärzte-, Wissenschaftler-, Beamtendynastien feststellen.

Hatte man die Toten gezählt, die Emigranten endgültig vergessen, die kalte Dusche der Entnazifizierung in aller Regel überstanden, gingen die Rechtsanwälte und Ärzte, die höheren Beamten und Pfarrer, die Studienräte und Professoren wieder ihrer erlernten Tätigkeit nach. Sie fanden sich auch in den vertrauten Verkehrskreisen erneut zusammen, entdeckten die Funktionstüchtigkeit der Honoratiorennetzwerke in großen und kleinen Städten, auch die Vorzüge der Selbstorganisation in Vereinen und Assoziationen, kehrten zur überlieferten Lebensführung möglichst frühzeitig zurück, pflegten ihre Sprachkompetenz, verfochten alsbald wieder zielstrebig ihre Interessen mit Hilfe ihrer Verbände, planten die Karriere ihrer Kinder – und das alles unter einem «bürgerlichen Wertehimmel», vor dem die dunklen Wolken einer vermeintlich unwiderruflichen Diskreditierung zusehends verschwanden.

Das «Kulturmuster Bürgerlichkeit» gewann währenddessen mit seinem erstaunlich schnellen konjunkturellen Aufstieg neue Verbindlichkeit, nicht als abstraktes Normenensemble, sondern als Traditionsfortsetzung weiterbestehender Sozialformationen. Da vereinigten sich der Leistungsgedanke, die Wertschätzung und Mündigkeit des einzelnen, die Fähigkeit zur individuellen Lebensführung, die Familienorientierung, das Arbeitsethos, die Sparsamkeit, die politische Teilhabe, die Pflege des kulturellen Erbes bis hin zur Wiederbelebung der Bildungsidee. Nichts davon war im Hexenkessel der jüngsten Vergangenheit definitiv untergegangen. Und sehr konkret: Wie die privaten Eigentumsrechte für das Wirtschaftsbürgertum waren auch die Berufsrechte der akademischen Intelligenz erhalten geblieben. Nirgendwo tauchte überdies eine überlegene Alternative zu Bürgertum und Bürgerlichkeit auf. Bereits am Ende der 50er Jahre wollten, wie die demoskopischen Umfragen ergaben, alle schon wieder als Bürgerliche gelten: die Freiberufler und die Selbständigen, die Beamten und die Angestellten; selbst Bauern und auch schon Teile der Arbeiterschaft drängten dorthin.[11]

In der eher mühsam in Gang kommenden Bürgertumsforschung zur Epoche nach 1945 ist dennoch wiederholt die Auffassung vertreten worden, daß die traditionellen Bürgertumsformationen untergegangen, an ihre Stelle aber ziemlich amorphe «Mittelschichten» oder die vagen «Großgruppen» der «nivellierten Mittelstandsgesellschaft» getreten seien. Allerdings habe auch für sie das Kulturmuster der Bürgerlichkeit, dessen Attraktivität alle Umbrüche überdauert habe, eine neue Verbindlichkeit gewonnen. Auf diese Weise hätten genuin bürgerliche Werte und Normen, Leitbilder und Organisationsprinzipien, Verhaltensweisen und Konventionen, auch Symbole und Praktiken eine erstaunliche Renaissance erlebt.

Nun läßt sich kaum bestreiten, daß diese Bürgerlichkeit in der Tat als eine Konfiguration von Orientierungsimperativen, Handlungsanweisungen und Denkfiguren seit 1948/49 eine verblüffende Expansion erlebt hat. Das hing zum einen mit dem Einkommensanstieg während der Boomperiode des Wirtschaftswunders und der Rückkehr der ökonomischen Sekurität zusammen. Das wurde zum andern kraftvoll unterstützt durch die Funktionstüchtigkeit der neuen politischen Institutionen und die von ihnen gewährleistete Stabilität der Republik. Das beruhte aber auch auf der Wirkung des Kalten Krieges, der den Vergleich der westdeutschen Erfolgsgeschichte mit dem unterlegenen kommunistischen Gegenentwurf und seiner «verstaatlichten Antibürgerlichkeit» aufdrängte. Und aus dem Westen selber ließ sich keine überlegene Alternative importieren, die das vertraute Kulturmuster der Bürgerlichkeit beiseite geschoben hätte. Vielmehr erwiesen sich westliche Einflüsse wie die politische und gesellschaftliche Liberalisierung, die Aufwertung der Zivilgesellschaft, die Skepsis gegenüber dem Etatismus mit einer aufgeklärten Bürgerlichkeit als durchaus kompatibel.

Eine Stoßrichtung der neuen Debatte über das Bürgertum nach dem Zweiten Weltkrieg läuft freilich darauf hinaus, die Wiederkehr der Bürgerlichkeit bereitwillig zu konzedieren, ja emphatisch zu konstatieren, doch die sozialhistorische Kontinuität der sie früher tragenden Bürgertumsformationen strikt abzustreiten – eine Bürgerlichkeit mithin ohne Bürgertum zu postulieren. Selbstverständlich sind Ideen- und Praxissyndrome wie Bürgerlichkeit verallgemeinerbar, ja universalisierbar. Sie können sich von der ursprünglichen Entwicklungskonstellation ablösen, ihre Exportfähigkeit beweisen, als eine Art von Großklima in eine ganz andere Zeit wandern und dort erneut Geltungskraft gewinnen. Man braucht zum Vergleich nur an die Fernwanderung des von J. A. G. Pocock meisterhaft analysierten Ideensystems des «klassischen Republikanismus» von der Antike über die oberitalienischen Stadtstaaten bis in die politische Neuzeit des 18./19. Jahrhunderts zu denken. Insofern wirft die Argumentation keine methodischen Probleme auf. Und im Hinblick auf die positive Beurteilung der regenerierten Bürgerlichkeit herrscht ohnehin Konsens.

Nur haben offenbar die politischen, sozialen und psychischen Turbulenzen in den drei Jahrzehnten vor 1945 zu dem voreiligen Schluß verführt, dem überaus lebenskräftigen Bürgertum jede Überlebensfähigkeit abzusprechen. An seiner Stelle soll als ein Novum «im Boom der Nachkriegszeit die Mittelstandsgesellschaft» entstanden sein, da an eine Revitalisierung der «soziopolitischen Sonderformation Bürgertum» nicht mehr zu denken war.

Die Wirklichkeit sieht indes anders aus. Das westdeutsche Bürgertum erlebte einen «Formwandel» (K. Tenfelde) oder einen «Gestaltwandel» (H. Siegrist) während der Ära des zweiten Dreißigjährigen Krieges, aber es verschwand nicht von der Bildfläche, machte auch nicht einer amorphen Mittelschichtengesellschaft Platz. Zunächst gilt es daran zu erinnern, daß das Bürgertum auch in den 150 Jahren vor 1914 keinen monolithischen Block verkörperte. Vielmehr bildete es seit jeher eine außerordentlich «heterogene Konfiguration» von wirtschaftsbürgerlichen Erwerbs- und Besitzklassen sowie bildungsbürgerlichen, akademisch geschulten Berufsklassen mit durchaus unterschiedlichen Lebenslagen und Privilegien, unterschiedlicher ökonomischer Macht und unterschiedlichem politischen Einfluß.

Die Vereinheitlichung dieser Bürgertümer ging aus einer spezifischen Vergesellschaftung auf der Grundlage von Interessen und Wertorientierungen, von ständischer Absonderung und eigentümlicher Lebensführung hervor. Als gemeinsames Ziel stellte sich die zunächst nur «gedachte Ordnung» einer Bürgerlichen Gesellschaft heraus – eine Zielutopie, die autonome Individuen in der Arena des Marktes konkurrieren ließ, um den die Verfassung einen Schutzwall legte und gleichzeitig die bürgerliche Interessendurchsetzung im politischen System gewährleistete. Bürgerlichkeit wiederum demonstrierte eine typische Art der Lebensführung, deren Basis durch Sozialisationsprozesse in der Familie und höheren Schule gelegt wurde, die spezifische Werthaltungen und Verhaltensweisen, Handlungsoptionen und Konventionen, also einen bürgerlichen Habitus prämierten. Die Realisierung der neuhumanistischen Bildungsidee, der Imperativ lebenslanger Selbstbildung der Persönlichkeit, begründete außer dem Wohlstand und den politischen Einflußchancen in der Bürokratie oder in der

Stadt den Anspruch auf ein abgehobenes Sozialprestige und eine privilegierte Lebenslage. Eigene Sprachformen und Symbolsysteme, selbstverständlich auch Konnubium und Kommensalität verbanden die bürgerlichen Familien und Verkehrskreise, die Bürgertümer insgesamt.

Diese prekäre, fragile Vereinheitlichung wurde durch das steil ansteigende numerische Wachstum aller bürgerlichen Formationen längst vor 1914 in Frage gestellt. Das Wirtschaftsbürgertum zerfaserte in zahlreiche marktbedingte Erwerbsklassen. Während sich das Bildungsbürgertum verdoppelte, verdrängte der engstirnige Spezialist den gebildeten Generalisten. Der Bildungsanspruch degenerierte zum Berechtigungswesen akademischer Diplome. Diese Wandlungsprozesse hielten in den Umbruchsjahrzehnten zwischen 1914 und 1949 weiter an. Die Plutokratie hob sich stetig vom durchschnittlichen Wirtschaftsbürger ab. Bildungsbürger verloren Einkommen, Macht und Prestige. Der «einst erhobene Anspruch auf moralische Geltung und politische Führung» traf im Verlauf einer einschneidenden Pluralisierung und Fraktionierung auf überlegene Konkurrenten. Unterschiede der bürgerlichen und nichtbürgerlichen Lebensführung wurden nivelliert. Im «Dritten Reich» sahen sich die Bürgerlichen aus gleich welchen Sozialformationen einem im Kern dezidiert bürgertumsfeindlichen Regime gegenüber, das nur den genuin bürgerlichen Leistungsgedanken für seine Zwecke okkupierte – allerdings so erfolgreich, daß der Leistungsfanatismus, den es unter seinen Bedingungen eines sozialdarwinistischen Konkurrenzkampfes freisetzte, förderte und steigerte, der westdeutschen Marktgesellschaft als mentaler Treibstoff unmittelbar zugute kam.

Die physische Dezimierung des Bürgertums, seine Demoralisierung, die Zerstörung zahlreicher bürgerlicher Wohnquartiere und den Zerfall stabilisierender Weltbilder wird niemand gering schätzen. Vor allem aber fehlten nach 1945/49 auch zwei Feindbilder, hinter denen, wie man im Bürgertum lange geglaubt hatte, zwei existenzbedrohende Lager standen. Zum einen war der Adel als der ursprünglich überlegene große Konkurrent ausgefallen. Seine kleinen Enklaven in Bayern und Hessen, im Münsterland und in Schleswig-Holstein verkörperten genauso wenig eine ernst zu nehmende Gefahr mehr wie die adligen Erwerbstätigen im Diplomatischen Dienst, im Militär und Privatbankwesen. Zum andern unterlag das Proletariat dank den Prosperitätsschüben der 50/60er Jahre einem Verbürgerlichungsprozeß, der parallel zur Integration der organisierten Arbeiterbewegung in das politische System der Bundesrepublik verlief. Der Marxismus entfiel ebenfalls zusehends als grundsätzliche Herausforderung; die Wende von 1989 und der Zerfall der Sowjetunion 1991 haben diesen Einflußschwund nur mehr besiegelt. Politisch hatte sich aber das Bürgertum nahezu zwei Jahrhunderte lang ganz wesentlich in der Auseinandersetzung mit diesen beiden Lagern konstituiert. Als an beiden Fronten ein

Vakuum entstand, mußten sich die bürgerlichen Sozialformationen in Westdeutschland auf den gewissermaßen ordinären Kampf der Interessen in der Massendemokratie, doch ohne die gewohnte dramatische Zuspitzung zu einem Kampf umstellen, bei dem es angeblich stets um Sein oder Nichtsein gegangen war.

Diese fundamentale Veränderung der soziopolitischen Konfliktlage wertete eine Verhaltensstrategie machtvoll auf, welche den Distinktionskämpfen um die «feinen Unterschiede» unaufhaltsam den Vorrang vor den verblassenden plakativen Auseinandersetzungen mit Adel und Arbeiterschaft verschaffte. In einem rasch wachsenden Maße ging es daher nicht mehr um den schroffen klassenkämpferischen Antagonismus von autoritären, paternalistischen Unternehmern und arroganten Bildungsbürgern auf der einen Seite und zielbewußter Emanzipationsbewegung des Proletariats auf der andern Seite. Vielmehr drang die subtilere Demonstration des überlegenen Eigencharakters der bürgerlichen Sozialformationen vor, die in den permanenten Distinktionskämpfen um Auszeichnung und Unterscheidung ihre Sonderstellung zu verteidigen wußten.

Dieser Behauptungskampf setzte mit dem primären Sozialisationsprozeß in der Familie ein, die einen durch und durch klassenspezifischen, verhaltenssteuernden Habitus schuf, setzte sich mit dem Ausbau eines sozialen Netzwerkes und einer hochgezüchteten Sprachkompetenz fort, lief in den «Peer Groups» und auf den bevorzugten höheren Schulen und Universitäten weiter, wurde durch die geschlossenen Verkehrs- und Heiratskreise unterstützt, äußerte sich in einem dezent abgehobenen Dresscode und Geschmack, in der Bevorzugung bestimmter Umgangsformen und Kunstgattungen, im Mobiliar und in den Manieren, in der Körpersprache, den Sportarten und Speisen – kurzum: im Auf- und Ausbau eines eigentümlichen Mikrokosmos, in dem der Eingeweihte alle Signale mühelos erkannte und sich souverän zu bewegen verstand, der Außenstehende jedoch auf versiegelte Zugangswege traf. Schon seine ersten Worte, seine Kleidung, die fehlende Souveränität des Auftretens verrieten seine Herkunft aus einer anderen Lebenswelt. Diese Trennungslinien der «feinen Unterschiede», die wie natürliche Wesenseigenschaften des Individuums, keineswegs aber wie sorgfältig antrainierte Merkmale wirkten, bewährten sich beim Formwandel der Klassenstruktur. Diesen Formwandel darf man nicht als eine Verabschiedung der Klassenstruktur in toto mißverstehen. Vielmehr setzte diese sich in verändertem Gewand, das die Machtdimension zu verhüllen vermochte, als strenge Sozialhierarchie weiter fort. Auf ihre Weise folgte die auf den «feinen Unterschieden» basierende Lebensführung dem Ziel, Herrschaftsverhältnisse weiter durchzusetzen und symbolisch zu repräsentieren.[12]

Wie die erdrückende Mehrheit der westdeutschen Wirtschaftsbürger im sicheren Besitz ihrer privaten Eigentumsrechte blieb, so daß sie in ihren marktbedingten Erwerbsklassen im vertrauten Stil weiter operieren konnten, vermochten die Berufsklassen der akademischen Intelligenz auf ihre Berufsrechte zurückzugreifen, wobei sie ihren Sonderstatus, der sich für die Distinktionskämpfe bereits als vorzüglich geeignet erwiesen hatte, nach Kräften möglichst lange zu verteidigen strebten. Der Rechtsanwalt, Arzt, Richter, Studienrat, Professor, Pfarrer – das blieben vorerst weithin bürgerliche Akademikerberufe, die über die Krisenerfahrung nach 1945, die Entnazifizierung und die Anzweiflung des Berufsbeamtentums hinweg zäh verteidigt wurden.

Dabei setzten sich die Interessenverbände und Wortführer dieser Berufsklassen durchweg für eine Zugangsbeschränkung, die Angebotsverknappung, die Exklusivitätssicherung und die soziale Homogenisierung der Expertenprofessionen ein, wie sie das Bildungsbürgertum in seiner Hochzeit als Privilegien genossen hatte.

Immerhin blieb nicht zuletzt deshalb der Akademikeranteil der Bevölkerung bei 2 % stecken. Die These vom bürgerlichen Bildungsmonopol traf nicht nur damals, sondern bis weit in die 60er Jahre zu, da namentlich die Söhne der bürgerlichen Ober- und Mittelklassen die Hochschulen dominierten. Erst die in diesem Jahrzehnt anlaufende Bildungsreform, die «Bildung als Bürgerrecht» proklamierte, und die Leistungskraft der Wirtschaft, deren Boom die Nachfrage nach hochqualifizierten Dienstleistungen steigerte, leitete einen grundlegenden Wandel ein.

Wegen der Überfüllung ihres Berufs erwies sich der Übergang in die neue Zeit nach 1945 für Ärzte am schwierigsten. Hatten 1928 gerade einmal 15 % aller Studenten Medizin studiert, war es 1944 genau die Hälfte gewesen, da die Ausbildung für den wachsenden Bedarf während des Krieges numerisch stetig gesteigert worden war. Das war auch Medizinstudentinnen zugute gekommen, von dem gegen sie gerichteten NC der 30er Jahre war jetzt keine Rede mehr. Als aber 1945 das Militär als Arbeitgeber über Nacht entfiel, entstand ein massiver Andrang junger, die Niederlassung anstrebender Ärzte und Ärztinnen. Die Praxen und auch die Krankenhäuser füllten sich, doch der Zustrom hielt weiter an. Erbittert stritten der «Marburger Bund» (der angestellten Ärzte) und der «Hartmann-Bund» (der etablierten Kassenärzte) für die Interessen ihrer Klientel. Zusammen mit den Ärztekammern wurde gegen die Vielzahl geflüchteter und vertriebener Ärzte häufig eine engherzige, alles andere als kollegial hilfsbereite Schließungspolitik praktiziert, wie sie übrigens auch die Anwaltskammern ausübten. Eine erste Abhilfe schuf 1951/53 das 131er Gesetz, und 1960 erklärte das Bundesverfassungsgericht endlich den NC in der Kassenarztzulassung für unzulässig.

Dem «Hartmann-Bund» wurden sinistre «gewerkschaftliche Methoden» vorgeworfen, für die er sich als demokratischer Interessenverband aber legitimiert sah. Derselbe Vorwurf traf auch den neuen «Bundesverband der freien Berufe», der als Dachverband akademischer Berufsvereine bereits 1949 gegründet worden war und in erster Linie Ärzte, Anwälte, Ingenieure, Apotheker, Steuer- und Unternehmensberater umfaßte. In den späten 5oer Jahren mutierte er zu einer Vereinigung von Selbständigen, während der «Marburger Bund» zusammen mit den Ingenieurverbänden zur DAG überwechselte. Der «Bundesverband» sah sich überdies seit 1953 der Konkurrenz der «Union der Geistesarbeiter Deutschlands» ausgesetzt, die eine Zeit lang Freiberufler, den «Richterbund», den «Philologenverband», den «Marburger Bund», die «Union leitender Angestellter» und den «Hochschulverband» der Professoren vereinigten, um deren Interessen auf dem Arbeitsmarkt zu verfechten. Bald erwiesen sich diese Interessen jedoch als zu heterogen, so daß freie Professionen und Beamtenverbände wieder ihren eigenen Weg gingen.

Für die frühen Verbände der bürgerlichen Berufsklassen blieb der Fixstern der «Selbständigkeit» ganz so verbindlich, wie er das für die Protagonisten der Bürgerlichen Gesellschaft seit dem 18. Jahrhundert gewesen war. Gemeint waren damit vier Dimensionen des Begriffs: die ökonomische Selbständigkeit im alltäglichen Existenzkampf; die Selbständigkeit des verfügbaren Wissens und der ethischen Grundüberzeugungen; die Selbständigkeit der beruflichen Selbstverwaltung sowie die Autonomie einer geistigen Elite, die sich kraft ihres kulturellen Kapitals gegen die «Herrschaft der Massen», die «Vermassung» der Gesellschaft zur Wehr setzte. Die dem spanischen Sozialphilosophen José Ortega y Gasset entlehnte Semantik trat erst in den 6oer Jahren zurück, wurde aber alsbald durch die Opposition erst gegen die neue Linke, dann gegen den rasch anwachsenden Staatsinterventionismus ersetzt. Immerhin reklamierten die Sprecher der bürgerlichen Berufsklassen auch seither das Mandat für eine gemeinwohlorientierte Kritik an den gesamtgesellschaftlichen Zuständen, leiteten aus ihrer sozialkulturellen Sonderstellung die Verpflichtung auf gesellschaftliche Reformvorhaben ab. Dieser Appell knüpfte in vielfacher Hinsicht an bürgerliche Traditionen an, da die neubürgerliche Gesellschaft nach 1949 alles andere als gesichert zu sein schien. Jedenfalls ist die oberflächliche Kritik ganz verfehlt, daß das westdeutsche Bürgertum nach 1945 zu materialistisch, zu privatistisch, zu sehr politisch indifferent gewesen sei, um sich der Herausforderung der Gegenwart angemessen stellen zu können.

Vielmehr stellte es sich relativ schnell heraus, daß es durchaus zu einer zeitgemäß entwickelten Synthese von Werthaltungen und politischen Optionen imstande war. Nicht nur knüpfte es an eigene liberale Traditionen an, sondern es öffnete sich bereitwillig dem amerikanischen und westeuropäischen Liberalismus. Den Begriff des Staatsbürgers erfüllte es mit neuem Leben, und die Zielvorstellung von einer vitalen Zivilgesellschaft, die in vielen Aspekten an den Entwurf der Bürgerlichen Gesellschaft mühelos

anknüpfen konnte, gewann als soziopolitische Ordnungsidee, von breiter
Zustimmung getragen, an Attraktion.[13]

*a) Die bürgerlichen Mittelklassen.* Unterhalb des gehobenen Wirtschaftsbürgertums und der akademischen Intelligenz mit ihren jeweiligen Oberklassen erstreckt sich der weite Bereich der bürgerlichen Mittelklassen.
Ein anachronistischer Sprachgebrauch teilt sie in der Bundesrepublik noch
immer in den «alten» und den «neuen Mittelstand». Dabei werden unter
der ersten Kategorie traditionellerweise Handwerk und Einzelhandel, unter der zweiten das außerordentlich heterogene Ensemble der Angestellten, Ingenieure, Techniker, Subalternbeamten, Volksschullehrer usw. verstanden. Wie das in der politischen Semantik des außerdeutschen Europas
und Nordamerikas schon längst der Fall ist, sollte man präziser von bürgerlichen Mittelklassen sprechen, die eine unterschiedliche historische
Tiefendimension besitzen. Die «alten» können in der Tat auf eine tausend-
jährige Vergangenheit zurückblicken, die «neuen» sind Geschöpfe der
Neuzeit seit dem 18./19. Jahrhundert. Im allgemeinen handelt es sich bei
ihnen um Erwerbsklassen, die mit unterschiedlichen Fertigkeiten ihren
Lebensunterhalt verdienen, nachdem sie ihre Leistungskapazität geschult
und auf variierenden Arbeitsmärkten angeboten haben, ehe sie dort abgerufen worden sind. In jedem Fall sind es marktbedingte Erwerbs- und Berufsklassen, die sich von der Welt mittlerer Stände längst denkbar weit entfernt haben. Einige werden, um an ihnen die Probleme von Kontinuität
und Diskontinuität zu verfolgen, hier herausgegriffen.

*b) Dienstklassen oder «neuer Mittelstand»? Die Angestellten.* Wenn es in
der deutschen Sozialgeschichte des 20. Jahrhunderts einen atemberaubenden Expansionsvorgang gibt, dann ist es der Aufstieg der neuen Sozialfigur
des Angestellten. Registrierte die Reichsstatistik 1882 erst maximal 2 %
der Erwerbstätigen als kaufmännische, industrielle, kommunale und staatliche «Privatbeamte», wie damals der Verlegenheitsbegriff lautete, waren
es ein knappes halbes Jahrhundert später (1930) schon 13 %. Vom Büro-
kratieausbau der Diktatur und der Kriegswirtschaft beschleunigt, trat die
Angestelltenschaft mit 16 % der Erwerbstätigen in die Bundesrepublik ein,
erlebte in der Epoche des «Wirtschaftswunders» bis 1973 ruckartig eine
Verdoppelung auf 33 %, überholte seit dem Anfang der 80er Jahre sogar
den Anteil der Arbeiterschaft – 1987 übertraf die Zahl von elf Millionen
Angestellten die der Arbeiter um mehr als 400000 Köpfe – und zog bis
1990 in einem Verhältnis von 42 zu 38,5 % definitiv an ihr vorbei; übrigens
stellten bereits 1970 Frauen die Hälfte der Gesamtzahl.

Exakt drei Viertel dieser Angestellten arbeiteten im tertiären Sektor, wo
sie in den diversen Dienstleistungssparten 12 % mehr verdienten, als das
bundesrepublikanische Durchschnittseinkommen betrug. Am Anfang der

90er Jahre lag das Haushaltsnettoeinkommen der Angestellten um mindestens 15 % über dem der Arbeiter, dasjenige mittlerer Angestellter sogar um 23 % über dem der Facharbeiter und 38 % über dem der an- und ungelernten Arbeiter; höhere Angestellte übertrafen das Facharbeitereinkommen sogar um 50 %.

Da die Beamtenschaft zwischen 1950 und 1990 ebenfalls numerisch mehr als eine Verdreifachung von 700000 auf 2,5 Millionen Bürokratiemitglieder erlebte, stellten die Angestellten und beamteten Dienstklassen bereits 1987 die Hälfte aller Berufstätigen (1994: 54 %), während die Arbeiterschaft bei 37 % stagnierte. Zum Vergleich: 1919, nur zwei Generationen zuvor, hatte das Verhältnis noch 1 : 7 zugunsten der Arbeiter gelautet. Diese erstaunliche Vermehrung hing kausal mit der Ausweitung der Dienstleistungen sowohl in der Wirtschaft als auch mit der Ausdehnung der Staatsfunktionen in der Verwaltung zusammen, denn der dritte Sektor hatte 1950 33 % aller Erwerbstätigen beschäftigt, erreichte aber 1990 schon 58 % (und 2000 mit 64 % zwei Drittel), während sein Beitrag zum Bruttosozialprodukt von 1950 = 46,6 auf 1993 = 62,5 % hochkletterte. Dieser rasanten Expansion der Dienstklassen entsprach auch die vorn erörterte Steigerung der mittleren Einkommenslagen, während sich gleichzeitig der Abstand sowohl zu den höchsten, noch ungleich schneller wachsenden Einkommen, als auch zu den niedrigsten, manchmal nur im Schneckentempo sich voranbewegenden Einkommen ständig vergrößerte.

Ursprünglich hatten die denkbar unterschiedlichen Erwerbsklassen der Angestellten nur eine sozialrechtliche Einheit gebildet, da sie durch die Angestelltenversicherung von 1911 als potentiell konservative Klientel von der Reichsregierung und den Rechtsparteien eine Sonderstellung eingeräumt bekommen hatten. Im Laufe der Zeit aber hatten die Angestellten eine eigene Sozialmentalität ausgebildet, eigene Interessenlagen zu identifizieren und zu verteidigen gelernt, ihre politischen Optionen von den Mitte-Rechts-Parteien bis hin zur Sozialdemokratie gestreut und sich auf die heraufziehende Konsumgesellschaft als moderne Erwerbsklassen, geradezu als «Agenten der Modernisierung», bereitwillig eingestellt. Dazu gehörte auch die Familienplanung in der Gestalt der Zweikinderehe und die neugierige Öffnung gegenüber den neuen Freizeitaktivitäten. Ihre Aufstiegsorientierung lenkte die Kinder in die Realschulen und Gymnasien, in rasch anwachsendem Maße auch auf die Universitäten.

Die Nivellierungspolitik des nationalsozialistischen Regimes, das einen einheitlichen Arbeitnehmerstatus zumindest anvisiert hatte, der Zweite Weltkrieg und die Nachkriegsturbulenzen haben das nicht gering ausgeprägte berufsständische Selbstverständnis und traditionelle Mittelschichtenbewußtsein der Angestellten, das der ohnehin begrenzten Nivellierung noch widerstrebte, allmählich aufgelöst. Damit verlor auch die «Kragenlinie» zwischen Angestellten und Arbeitern an sozialdifferenzierender Bedeutung. Dieser Umstand gehörte ebenfalls zu den erleichternden Startbe-dingungen der Bundesrepublik, da er in der Arbeitswelt einen guten Teil jener Gegensätze abschwächte, welche die inneren Trennungslinien in der Arbeitnehmerschaft bisher bestimmt hatten.

Diese Veränderung der Konfliktlage kann man u. a. daran ablesen, daß es dem DGB fast gelungen wäre, den Aufbau einer eigenen Angestellten-gewerkschaft zu verhindern, mithin die Einheitsgewerkschaft als optimale Interessenvertretung auch aller Angestellten zu präsentieren. 1948 z. B. versammelte der DGB in der Britischen Zone 243 000 Angestellte in seinen Reihen, die DAG kam dagegen nur auf 145 000 Mitglieder. Aber trotz der geringen gesellschaftspolitischen Unterschiede setzte sich die DAG, wel-che die alte Dreiergliederung der Weimarer Zeit (GDA, AfA, Gedag) zu überwinden vermochte, in der Frühphase von 1945 bis 1949 als eigenstän-dige Organisation wieder durch. Noch reichten die Differenzen, wie sie vom Funktionärskorps beider Gewerkschaften, übrigens auch der Sozial-demokratie, wahrgenommen wurden, zu tief in die wechselseitige Wahr-nehmung hinein, als daß sie – obwohl das mancher schon für das Gebot der Stunde hielt – hätten überwunden werden können.

In der Folgezeit wirkten sich nicht nur die Unterschiede zwischen An-gestellten und Arbeitern weiter aus, sondern gleichzeitig drangen auch die Nivellierungstendenzen kraftvoll noch weiter vor, die sich in einem «schleichenden Abbau» der «materiellrechtlichen» Angestelltenprivilegien äußerten. Das läßt sich an den Renten- und Invalidengesetzen von 1951, der Angestelltenversicherung von 1957, der Sicherung von Arbeitern im Krankheitsfall von 1969/70, der Veränderung des Kündigungsrechts von 1970, der Reform der Arbeitslosenversicherung von 1969 ablesen, bis in den 80er Jahren nahezu ein Gleichstand erreicht wurde. Diese Entwick-lung kann man unter einigen Sachgesichtspunkten noch etwas eingehender verfolgen.

Die Unterschiede am Arbeitsplatz, die Angestellte in sauberen, ange-nehm geheizten Büros von den Arbeitern in lauten, oft schmutzigen Werks-hallen trennten, blieben weiter bestehen. Doch allmählich führten Maschi-nisierung, Rationalisierung und schließlich Computerisierung zu einer Angleichung beider Berufsorte. Auch nahmen die Unterschiede im Hin-blick auf die Arbeitszeit, die Kündigungsfrist und die Urlaubslänge, auf innerbetriebliche Pensionssysteme, Prämien und Essenszuschüsse Schritt für Schritt, nicht zuletzt als Folge der Tarifverhandlungen, weiter ab, wäh-rend sie umgekehrt innerhalb der Angestelltenschaft deutlich zunahmen.

Gleichzeitig näherten sich die Einkommen an, wobei die Angestellten in der Zeit des «Wirtschaftswunders», als sich ihre Anzahl verdoppelte, während die der Arbeiter nur um 25 % anstieg, einen klaren Vorsprung behielten. Der Mittelwert der Einkommensklassen betrug 1950 für Ange-stellte monatlich 425, für Arbeiter 331, 1960 972 zu 781 und 1970 1842 zu

1519 DM. Der Abstand zwischen allen Arbeitnehmern und den Selbständigen fiel dagegen ungleich größer aus.

Aufgrund des Prosperitätsschubs seit den 50er Jahren schliffen sich auch die Unterschiede im Verbraucherverhalten ab. Sie fielen jedenfalls deutlich geringer aus als noch in den 1920er/30er Jahren. Das galt auch für den Besitz von langlebigen Konsumgütern wie Autos, Elektrogeräten und Wohnungsmöbeln, traf auf Ferienreisen und Kinobesuche zu, obwohl Angestellte noch häufiger ein Telefon besaßen, Bücher lasen und Wertpapiere erwarben. Im Hinblick auf die soziale Herkunft nahm die Selbstrekrutierung aus Angestelltenfamilien ganz so zu wie der Aufstieg aus der Arbeiterschaft. Markante Differenzen hielten sich aber auf dem Feld der von Angestelltenkindern ungleich häufiger frequentierten höheren Bildungsinstitutionen und einer abgeschlossenen Berufsausbildung.

Als «wichtigste Absicherung» der Sonderstellung der Angestellten blieb das Sozial- und Arbeitsrecht weiter bestehen, das die DAG seit 1947/48 entschieden verteidigte. Überall gelang es ihr vorerst, den Status quo zu behaupten: Im Betriebsverfassungsgesetz von 1952 und seiner Novelle von 1971, im Mitbestimmungskompromiß von 1976, in der Sozial- und Krankenversicherung. Dieser Defensiverfolg wurde auch noch einmal ideologisch überformt. Andrerseits stemmte sie sich, taktisch und strategisch klug, der Anhebung der Arbeiterschaft nicht ernsthaft entgegen. Das empfahl sich auch schon deshalb nicht, weil der DGB Angestellte erfolgreicher an sich band als die DAG. Hatte das Ausgangsverhältnis 1950 schon 61 zu 36 % betragen (626 999 : 343 500), wuchs der Angestelltenanteil des DGB seit der Mitte der 60er Jahre auffällig schneller als die DAG. 1980 lag die Größenkonstellation bei 75 zu 23 (1 610 000 : 487 743).

Darin spiegelte sich auf ziemlich drastische Weise die Aufweichung der alten Frontstellung wider. Aber auch der sinkende Organisationsgrad (1950: 27,9, 1980: 22,3 %; am Ende von Weimar waren es noch 35 % gewesen) bestätigte die Verflüssigung der Unterschiede. Zwar setzte sich die DAG weiterhin gegen den Klassenkampf, gegen Streiks und gegen eine nivellierende Tarifpolitik ein, stritt dagegen für die Sozialpartnerschaft und für die Beteiligung am Produktivvermögen. Dabei bediente sie sich aber durchweg einer «optimistischen Rhetorik», die sie als Sprachrohr einer «wachsenden, dynamischen, aufsteigenden Leistungsschicht» erscheinen ließ, die nicht rückwärtsgewandt operierte, sondern Arbeitnehmern ganz allgemein als Vorbild dienen sollte. Das fiel der DAG um so leichter, als jener Teil der traditionellen Angestelltenbewegung, der auf eine antisozialistische, antiparlamentarische, rechtsautoritäre Programmatik ausgerichtet gewesen war, in der Bundesrepublik bei einem Wiederbelebungsversuch eklatant gescheitert war.

Zudem traten die Mentalitäts-, Prestige- und Interessenunterschiede im Verhältnis zur Arbeiterschaft zusehends zurück. An die Stelle der Orien-

tierung am berufsständischen Ideal trat die Interessenverfechtung von spezifischen Berufsklassen, denen es, wie der Arbeiterschaft, um die Senkung
der Altersgrenze, die Ausdehnung der Gesundheitsfürsorge, die Kontinuität der Tariferfolge, aber nicht mehr um die Behauptung als «neuer Mittelstand» ging. Am Wahlverhalten zahlreicher Angestellter, die seit den späten 60er Jahren rasch zunehmend die SPD wählten, läßt sich dieser Wandel
gleichfalls klar ablesen.

In den 70er/80er Jahren wurden die sozial- und arbeitsrechtlichen Unterschiede weiter abgebaut, so daß sich das Verhältnis einer Deckungsgleichheit zusehends annäherte. Im Zeichen des nunmehr unzweideutigen
numerischen Übergewichts der Angestellten werden die letzten trennenden Mauern im neuen Jahrhundert auch noch geschleift werden, bis für die
Dienstklassen ein einheitliches Sozial- und Arbeitsrecht in Kraft getreten
ist. Als dominant sind aber seit langem markante Unterschiede innerhalb
der Angestelltenschaft erkennbar, so daß der leitende Angestellte durch
eine gewaltige Spannweite vom kleinen kaufmännischen oder industriellen
Angestellten oder Sachbearbeiter abgehoben ist.[14]

c) Der «alte Mittelstand»: Handwerk und Einzelhandel. Im Vergleich mit
dem Siegeszug der Angestelltenschaft weisen die Handwerker und Einzelhändler eine gemischte, oft eher blasse, deprimierende Entwicklungsgeschichte auf, die dem klassischen Kleinbürgertum seit langem eigen war.
Der Trend ist in beiden Bereichen unverkennbar: Die Größe der Betriebe
nahm ganz so zu wie die Kapitalausstattung, und im Verlauf dieses Konzentrationsprozesses sank die Anzahl der selbständigen Existenzen drastisch ab, wobei sich unter ihnen gewaltige Unterschiede des Einkommens
und damit auch der sozialen Distanz auftaten.

Hatte die Bundesrepublik mit etwa 863 000 Handwerksbetrieben begonnen, war deren Zahl bereits bis 1958 auf 460 000 herabgesunken.
Währenddessen stieg aber ihre Beschäftigtenzahl von drei auf fast vier
Millionen, so daß die durchschnittliche Betriebsgröße von 3,5 auf 8,5 Erwerbstätige anwuchs. Dieser Vorgang kam vor allem den großen Unternehmen mit mehr als zehn Mitarbeitern zugute, denn ihre Zahl verdoppelte sich in zwanzig Jahren, und ihr Umsatz stieg von der Hälfte auf zwei
Drittel des Gesamtumsatzes. Generell wuchs auch der Umsatz der überlebenden Handwerksbetriebe so steil in die Höhe, daß der Umsatz der Industrie zwischen 1949 und 1961 um 15 % übertroffen, der Anteil am Bruttosozialprodukt auf immerhin ein Neuntel hochgetrieben wurde.

Das Wachstum trugen an erster Stelle jene Branchen, die selber erst
durch die Industrialisierung entstanden, als Annex der großgewerblichen
Wirtschaft emporgestiegen waren und «sich selbst industrialisiert» hatten.
Nur dank ihrer Leistungsfähigkeit konnte das Handwerk dreißig Jahre
nach der Gründung der Bundesrepublik noch 15,5 % aller Erwerbstätigen

an sich binden. Den größten Zuwachs erlebten daher Maschinenbauer, KfZ-Monteure und Schlosser, zeitweilig im Verlauf der Einrichtungswelle während des «Wirtschaftswunders» auch die Möbeltischler, bis die Möbelfabriken das Geschäft fast ganz übernahmen. Am einschneidendsten traf die Schrumpfung die Friseure und Zimmerleute, doch auch die Anzahl der Damen- und Herrenschneider ging in diesen Jahrzehnten von 150000 auf 12 000 zurück, ähnlich dramatisch verlief der Niedergang der selbständigen Schuhmacher; die Anzahl der Fleischer sackte von 43 000 auf 28 000, die der Bäcker von 54000 auf 31 000 Betriebe, da sie dem Vordringen der Fleisch- und Backwarenindustrie nicht standhalten konnte. Der Spitzenreiter blieb freilich das Baugewerbe, das aufgrund des Booms der Wohnungsbauwirtschaft 1980 565 000 Erwerbstätige beschäftigte, wobei sich die Großbetriebe – mit bis zu 1000 Beschäftigten eigentlich nicht mehr Handwerk zu nennen – den Löwenanteil sicherten.

Allgemein aber wurde das Handwerk aus der Produktion weiter verdrängt, statt dessen mußte es sich mit Reparatur, Installation und Handel zufrieden geben. Der wichtigste Entwicklungsschub ging, wie gesagt, zum einen von der Vergrößerung der Betriebe, zum andern vom Rückgang der selbständigen Existenzen aus. Die Unterschiede zwischen den Branchen blieben groß, dementsprechend hielt sich auch das hohe Einkommensgefälle. Daß es trotzdem die Tendenz zu einer Homogenisierung des handwerklichen Gesamteinkommens gab, hing ausschlaggebend vom Ausscheiden der proletaroiden Kleinstbetriebe ab.

In den 50er Jahren lag das Einkommen in der Hälfte der lebensfähigen Handwerksbetriebe über dem der industriellen Arbeiter, aber 40 % der Betriebsinhaber verdienten nicht mehr als ihre Gesellen. In begehrten Branchen sah das Bild anders aus: KfZ-Mechaniker z. B. erhielten Anfang der 60er Jahre fünfmal soviel wie die Friseure.

Unverändert hielt sich die hohe Selbstrekrutierungsrate. 1953 kamen während der Meisterprüfung 40 % der Handwerker aus den Familien selbständiger Handwerker, und bei den Gesellen traf das auf die Hälfte zu. Nicht einmal ein Drittel des Nachwuchses stammte aus Berufen außerhalb des Handwerks. Als Lebensform hielt sich lange Zeit die Fusion von Betrieb und Familie mit einem außergewöhnlich hohen Anteil von mithelfenden Familienangehörigen. Obwohl ein Großteil der Gesellen in die Industrie abwanderte, betonte man im Handwerk den Unterschied zur Industriearbeiterschaft und ordnete sich ungleich länger als die Angestellten dem «Mittelstand» mit einem berufsständischen Selbstbewußtsein zu.

Der Lobby der «Mittelstandspolitiker» gelang es schon im März 1951, die gewerbefreiheitlichen Deregulierungsmaßnahmen in der Amerikanischen Besatzungszone rückgängig zu machen. Durch ein Bundesgesetz wurden der Große Befähigungsnachweis mit seiner Privilegierung des Meisterstatus, aber auch die Innungen und Kammern als Körperschaften des öffentlichen Rechts wieder eingeführt. Alle nur zu berechtigte Kritik an der Erhaltungsintervention zugunsten einer kleinen Minderheit, an der Verhinderung produktivitätssteigernder Effekte und an der monopolistischen Produktionsbeschränkung vermochten nichts auszurichten. Es sollte ein halbes Jahrhundert dauern, bis diese starre Form des Korporativismus aufgehoben wurde.

Die Struktur des Einzelhandels fiel mindestens so heterogen aus wie die des Handwerks. Trat der Einzelhandel mit etwa 600000 Geschäften in die Bundesrepublik ein, schmolz ihre Zahl bis 1970 bereits auf 503000 – ein Schrumpfungsprozeß, der in traditionellen Bereichen wie den Lebensmittelgeschäften auch seither weiter anhielt. Um die Gegensätze zu illustrieren: 9 % der Betriebe verdienten 1960 weniger als 20000 DM im Jahr und trugen zum Gesamtumsatz 0,8 % bei, 1972 waren es nur mehr 3,6 %, deren Umsatzanteil bei 0,1 % lag. Dagegen hatten die Großunternehmen mit mehr als zehn Millionen DM jährlichen Umsatzes 1960 nur 0,1, 1972 0,4 aller Einzelhandelsgeschäfte gestellt, ihren Umsatz aber von 26,4 auf 36,8 % gesteigert; die Selbstbedienungsläden kamen bis dahin schon auf einen Umsatzanteil von 9,9 %.

Immerhin waren damals noch 8 % der Erwerbstätigen im Einzelhandel beschäftigt. Wen der bundesrepublikanische Boom hochtrug, der konnte seine Ertragslage verbessern und die Beschäftigtenzahl steigern. Doch nach der Expansionsphase der 50er Jahre fiel der Einkommensdurchschnitt steil ab: 70 % der Einzelhändler verdienten nicht mehr als ein kaufmännischer Angestellter, fast ein Drittel lag sogar unter dessen Niveau. Bei einer täglich zehnstündigen Arbeitszeit waren 70 % der Geschäfte auf mithelfende Familienangehörige angewiesen. Dennoch blieb die Selbstrekrutierungsrate von 50 % noch immer erstaunlich hoch.

Schneller noch als das Handwerk verlor der Einzelhandel an politischer Bedeutung, als die leistungsfähigen großen Warenhäuser die Tante-Emma-Läden radikal verdrängten. Die berufsständischen Elemente erodierten, der Kern dieses «alten Mittelstandes» zerfiel noch schneller, als seine Verteidiger anklagend behaupteten. Als das Einzelhandelsgesetz des Bundestages im August 1957 für die Eröffnung eines Geschäftes nachgewiesene «Sachkunde» vorschrieb und damit die Hoffnung auf das Nadelöhr eines strikten Zulassungskriteriums nährte, hob das Bundesverfassungsgericht im Dezember 1965 den Schutzparagraphen auf. Seither stand dem ungehinderten Siegeszug der Großkaufhäuser à la Hertie, Karstadt und Metro, der Versandhäuser wie Otto und Neckermann nichts mehr im Wege.

Mochte es auch, namentlich im Handwerk, jahrzehntelang die Rückkehr zu einem privilegierenden Staatsinterventionismus geben, stand doch insgesamt die «Mittelstands»-Politik der Bundesrepublik ungleich liberaler da als die des Kaiserreichs und der Weimarer Republik. Die Verlustbilanz der Liberalisierung: die Standardisierung etwa jener vielfältigen Produktion, die ehemals die Domäne des Handwerks gewesen war, oder der Verzicht auf die Meinungsbörse des kleinen Lebensmittelgeschäfts im Wohnquartier, fiel für die große Mehrheit alles andere als schmerzhaft aus.[15]

## 4. Der Aufstieg der Arbeiterschaft aus dem Proletariat

Als das westdeutsche «Wirtschaftswunder» 1973 endete, war aus der Industriearbeiterschaft ein völlig anders geartetes Ensemble von sozialen Formationen geworden, als das vier Jahrzehnte zuvor, im ominösen Jahr 1933, der Fall gewesen war. Nach der wilhelminischen Hochkonjunktur von 1896 bis 1913 hatten sich die bitteren Pauperisierungserfahrungen des Ersten Weltkriegs, erst recht dann der Weltwirtschaftskrise seit 1929 mit ihren mehr als acht Millionen Arbeitslosen mit tiefen Furchen in ihr individuelles Lebensschicksal, aber auch in ihren Sozialcharakter eingegraben. Um so positiver wirkten die Vollbeschäftigung und der unerwartete Anstieg der Reallöhne im Verlauf der nationalsozialistischen Rüstungskonjunktur während der «Friedensjahre». Entgegen der Legende vom heroischen Widerstand «der» Arbeiterklasse gegen die Führerdiktatur übte die drastische Verbesserung der materiellen Lebenslage ebenso einen nachhaltigen Einfluß auf ihre Kollektivmentalität aus, wie die gezielte symbolische und praktische Aufwertung der «Arbeiter der Faust» einschließlich der Leistungswettbewerbe und der verbesserten Facharbeiterausbildung die Regimeloyalität vertiefte. Insofern ist es nicht verwunderlich, daß 1955 noch immer 40 % der Befragten einer demoskopischen Umfrage dezidiert der Meinung waren, «der Arbeiter» habe unter dem Nationalsozialismus «mehr gegolten» als in der jungen Bundesrepublik.

Gleichzeitig erlebte die Arbeiterschaft aber schockartig zum einen die Zerschlagung ihrer Parteien, ihrer Gewerkschaften, ihrer Subkultur und damit auch all jener Institutionen, welche die Arbeiterkultur seit langem so stabilisiert hatten, daß sie wie ein unzerstörbares Bollwerk wirkte. Zum andern trafen die Bemühungen der «Deutschen Arbeitsfront», dieses Vakuum der Entmündigung mit ihren kompensatorischen Umwerbungsaktionen wie «Kraft durch Freude» und «Schönheit der Arbeit» zu füllen, zunehmend auf Anerkennung. Vollends aber wurde die Erosion des ehemals festgefügten proletarischen Milieus durch die physische Zerstörung der Arbeiterviertel im Bombenkrieg vorangetrieben.

Die ersten Nachkriegsjahre haben diesen Zustand der Fragmentierung und Orientierungslosigkeit nach dem Verlust der haltgebenden Institutionen und mentalen Stützen noch weiter vertieft. Das Zerstörungswerk des Kriegs, die Demontagen, die kärglichen Lebensbedingungen, die Trostlosigkeit des Alltagselends, die denkbar eingeschränkten Produktionsverhältnisse – all das schien die aussichtslose Lage einer langlebigen Depression als unabwendbares Schicksal anzukündigen.

Erst wenn man sich diese niederdrückenden Lebensbedingungen vor dem Hintergrund der verstörenden Erfahrungen in den vergangenen drei Jahrzehnten vergegenwärtigt, kann man die formative Wirkung der ganz unerwarteten Hochkonjunkturperiode seit 1950 angemessen würdigen. Wider alle pessimistischen Prognosen brach der Wohlstand geradezu in hohen Wellen über die Westdeutschen, nicht zuletzt auch über die Arbeiter herein. Die fundamentale Neuartigkeit des «Wirtschaftswunders» bestand aus einem verblüffend kontinuierlichen Einkommensanstieg: Die Reallöhne haben sich zwischen 1950 und 1973 vervierfacht, während sich das Prokopfeinkommen und das Bruttosozialprodukt verfünffachten. Nie sind so viele deutsche Erwerbstätige in derart kurzer Zeit so vergleichsweise wohlhabend geworden. Diese Einkommenssteigerung mit ihrer «Verbesserung der Lebenshaltung» war nicht nur ein spektakulärer, sondern auch ein «sozialgeschichtlich revolutionärer» Vorgang. Sie bildete das «wirksamste Phänomen» eines beispiellosen «Kontinuitätsbruchs» in der deutschen Arbeitergeschichte.

Begleiterscheinungen des Aufschwungs waren die langlebige Abwesenheit von Arbeitslosigkeit, mithin die anhaltende Vollbeschäftigung, die Seltenheit von Streiks und die Reduktion der Arbeitszeit, die von anfangs 48 Wochenstunden bis zum Anfang der 70er Jahre auf die Fünf-Tage-Woche mit vierzig Arbeitsstunden abgesenkt wurde. Erstmals änderte sich jetzt die Ausgabenstruktur des Privatverbrauchs in Arbeiterhaushalten. Hatten die Kosten für essentielle Posten wie Nahrung, Kleidung, Wohnung und Energie nach der Jahrhundertwende noch mehr als vier Fünftel (1907: 81,7 %) des jährlichen Budgets in Anspruch genommen, waren es 1973 nur mehr 60 %. Damit wurde insbesondere für die Haushaltseinrichtung und die Verkehrsmittel, deren Anteil jetzt von 7,6 auf mehr als das Dreifache, auf 26,1 %, anstieg, ein bisher unbekannter Spielraum geschaffen. Die Wohnungsausstattung umfaßte seither auch langlebige Konsumgüter. 1960 besaß immerhin die Hälfte der Arbeiterhaushalte einen Kühlschrank, ein Fernsehgerät und eine Kamera. 1973 war das schon ganz so zur Regel geworden wie die Ferien- und Urlaubsreise, und auch der Autobesitz war auf 76 % angestiegen. Die Sparquote hatte sich bis dahin auf respektable 12,5 % hochbewegt. Am Ende der 70er Jahre besaßen 43 % der Facharbeiter ein eigenes Haus oder eine Eigentumswohnung. Daher kann es kaum überraschen, daß sich jeder zweite Facharbeiter jetzt zur «Mittelschicht» rechnete.

Die diversen «Symbole der Respektabilität» kennzeichneten einen dramatisch veränderten Lebensstil, der im Verein mit der Vollbeschäftigung, dem Reallohnanstieg, der verkürzten Arbeitszeit und der sozialstaatlichen Abfederung die Grundlage eines «optimistischen Erfolgsbewußtseins» namentlich unter den jüngeren Arbeitern bildete, zu deren Lebenserfahrung keine Arbeitslosigkeit und allenfalls eine verblassende Erinnerung an die Kriegs- und Nachkriegsmisere gehörte. Anders gesagt: Das immer noch vorhandene proletarische Minderwertigkeitsgefühl wurde abgebaut, das Selbstwertgefühl dagegen gesteigert.

Um ein glorifiziertes Bild von der Arbeiterexistenz jener Jahre zu vermeiden, muß man sich jedoch die harten restriktiven Bedingungen vergegenwärtigen, die weiterhin fortbestanden und die Welt der Arbeiter von derjenigen der Angestellten und Beamten unübersehbar unterschieden. Trotz des Vordringens der Maschinenausrüstung mußten Arbeiter meistens manuelle Arbeit leisten, die oft schwer, gefährlich, laut, schmutzig war. Trotz aller Vorsichtsmaßnahmen blieben die Gesundheitsrisiken vom Unfall bis zur Invalidität beträchtlich. Trotz des gewachsenen Einflusses der Gewerkschaften konnten sie keine effektive Kontrolle über ihren Arbeitsplatz ausüben. Ihr Einkommen war zwar formidabel gestiegen, doch erreichten selbst die Facharbeiter, die 55 % der Arbeiterschaft stellten, nur 82 % des Durchschnittseinkommens (während Angestellte 15, Beamte 20 und Selbständige 100 % über dem Durchschnitt lagen), und die an- und ungelernten Arbeiter, immerhin ein gutes Drittel der Arbeiterschaft, kamen nur auf 73 %; ein Fünftel von ihnen lebte in Haushalten mit weniger als 60 % des durchschnittlichen Nettoeinkommens.

Blickt man auf die Masse des Gesamteinkommens, sind die Verteilungsrelationen zuungunsten der Arbeiter von 1950 bis 1990 außerordentlich stabil geblieben. Hatte das letzte Quintil 1950 nur 5,4 %, 1989 6,9 % des Gesamteinkommens gewonnen, erreichte das vorletzte Quintil 10,7 bzw. 10,2 %. Zu diesen 40 %, auf die gerade einmal 17 % des Gesamteinkommens entfielen, gehörte die erdrückende Mehrheit der Arbeiter. Nur wenige Meister und Spezialisten ragten gewissermaßen in das dritte Quintil mit 15,9 bzw. 16,2 % des Gesamteinkommens hinein.

Die Raten der Selbstrekrutierung und der Endogamie innerhalb der sozialen Klassen blieben bemerkenswert hoch. Zwar hatte es bis in die 50er Jahre hinein immer noch eine beachtliche Fremdrekrutierung der Absteiger aus Bauern- und Handwerkerfamilien gegeben, die dann von unteren Angestellten- und Beamtenfamilien abgelöst wurden. Doch zwei Drittel der Arbeiter stammten auch weiterhin aus Arbeiterfamilien. Die streng begrenzte konnubiale Mobilität läßt sich daran ablesen, dass 66 % der Arbeiter Arbeitertöchter heirateten; nur zehn bis 15 % schlossen die Ehe mit Töchtern von unteren Angestellten und Subalternbeamten. Dagegen gelang es einem Drittel der Arbeitertöchter (sogar 44 % der Meistertöchter), einen Angestellten oder Beamten zu heiraten. Drei Viertel der Töchter von ungelernten Arbeitern heirateten dagegen milieukonform wieder Arbeiter, während das nur 45 % der Meistertöchter taten, die überhaupt viel seltener «nach unten» heirateten. Insgesamt bildeten die Arbeiter daher außer dem

Adel den «sozialhomogensten Verkehrskreis» aller Klassen in Westdeutschland, dessen Dichte nicht einmal von dem Netzwerk der an zweiter Stelle rangierenden Bauern übertroffen wurde.

Innerhalb der Arbeiterschaft blieben freilich gravierende Unterschiede, vor allem zwischen Facharbeitern und an- bzw. ungelernten Arbeitern bestehen. Während der Facharbeiterstatus zu 56% in den Familien vererbt wurde, war das bei 81% der an- und ungelernten Arbeiter der Fall. Während sich unter Facharbeitern die Mittelklassenorientierung immer deutlicher ausprägte, blieb die erwähnte Mehrheit der Kinder von an- oder ungelernten Arbeitern wiederum Arbeiter mit einer typischen zählebigen Distanz gegenüber den erweiterten Bildungschancen. Ihre Arbeitslosenquote lag dreimal so hoch wie diejenige der Facharbeiter. Ihre minimale Mobilität und fehlende politische Partizipation befestigten ihre eng limitierende Mentalität. Sowohl die Kindersterblichkeit als auch die Kriminalitätsrate lagen deutlich höher als bei den Facharbeitern, und die Gesundheitsnachteile, etwa der viermal so hoch wie bei den Facharbeitern ausfallende Anteil psychischer Störungen, häuften sich. Im übrigen haben Technisierung und Automatisierung weder zu der befürchteten allgemeinen Dequalifizierung noch zu der erhofften allgemeinen Höherqualifizierung, sondern zu einer verschärften Differenzierung und Heterogenität innerhalb der Arbeiterschaft geführt. Extrem ungleich blieb schließlich zuungunsten der Arbeiterschaft die Verteilung des Produktivvermögens, des Geld-, Haus- und Grundbesitzvermögens.

Trotz der harten Bedingungen, welche die Arbeiterexistenz vielerorts weiter charakterisierten, ist doch der Wohlfahrtsgewinn in einer Bilanz schlechterdings nicht zu übersehen. Die exklusive Einkommenssteigerung, die dynamische Rente, die Gleichstellung bei der Lohnfortzahlung im Krankheitsfall, die flexible Altersgrenze – sie haben ein bis dahin unbekanntes Maß an sozialer Sicherheit geschaffen. Die Arbeitsbedingungen wurden durch die verringerte Arbeitszeit und die sinkende Anzahl der Unfälle, durch das Arbeitsrecht und die Tarifverträge, die Betriebsverfassung und die Mitbestimmung grundlegend verbessert. Die Wohnverhältnisse und die Größe des Eigenheims oder des Mietquartiers, ihre Ausstattung und ihre Lage im Wohnviertel veränderten sich Schritt für Schritt zum Positiven. Das Ausmaß der Freizeit wuchs auch im internationalen Vergleich an, bis die deutschen Arbeiter eine Spitzenposition erreicht hatten, und mit ihr vermehrten sich die Anzahl der Hilfsmittel und der Zugang zu jenen Einrichtungen, die sie zu genießen erlaubten. In der sozialen Interaktion mit Menschen anderer Erwerbsklassen nahmen das traditionelle Vorurteil, die Diskriminierung, erst recht die Stigmatisierung ab. Dank der Anhebung des Lebensstandards und der verbesserten Gesundheitsversorgung stieg auch die Lebenserwartung während der ersten vierzig Jahre der Bundesrepublik in einem vorbildlosen Tempo in die Höhe:

bei den Männern von 64,56 auf 73,53, bei den Frauen von 68,46 auf 79,81 Jahre; inzwischen erreichen beide Geschlechter im Durchschnitt sogar mehr als achtzig Lebensjahre.

Fällt daher die Gesamtbilanz des Wohlfahrtsgewinns der westdeutschen Arbeiterschaft trotz aller fortbestehenden Grenzen unleugbar eminent positiv aus, bleibt doch noch der Blick auf einige, alles andere als kleine Segmente, die sich unter Sonderbedingungen entwickelt haben.

1. An erster Stelle gehören dazu die zwölf Millionen Flüchtlinge und Vertriebenen, die um 1960 mindestens 25 % der Arbeiterschaft stellten. Sie wurden von den Einheimischen oft diskriminiert, mußten häufig eine berufsfremde, schlechter bezahlte Tätigkeit in weniger angesehenen Berufen übernehmen, überproportional häufig Gelegenheitsjobs akzeptieren oder anstrengende Bauarbeit ausführen, sich zunächst mit primitiven Wohnverhältnissen abfinden und eine höhere Arbeitslosenquote hinnehmen. Trotz all dieser Erschwerungen und Entbehrungen gelang es ihnen, sich mit einer ungeheuren eigenen Leistung, unterstützt vom steigenden Lohnniveau und den sozialstaatlichen Hilfsmaßnahmen, in die westdeutsche Gesellschaft nicht nur zu integrieren, sondern zu ihrem Modernisierungsschub maßgeblich beizutragen, da ihr ohne eigene Ausbildungskosten ein großes, geschultes, sprachlich kompetentes «Humankapital» zustatten kam. Durch diese erstaunliche Integration wurde das individuelle Leistungsdenken verstärkt, der Stolz auf die bewährte eigene Kraft verdrängte das Denken in Klassenbegriffen. Die politische Mentalität der Vertriebenen wirkte sich in doppelter Hinsicht aus. Aufgrund der Erfahrungen der Männer im Rußlandkrieg, dann allgemein mit den Tötungsexzessen und der barbarischen Massenvergewaltigung durch die Soldaten der Roten Armee, schließlich mit den sowjetischen Besatzungsmaßnahmen und der Politik der deutschen Bolschewiki in Ostdeutschland unterstützten die Flüchtlinge und Vertriebenen zum einen ausnahmslos den antikommunistischen Konsens der Nachkriegsjahrzehnte. Zum andern trugen sie mit den Berichten über ihre Lebenserfahrung dazu bei, die Restbestände des Marxismus in der westdeutschen Arbeiterschaft zu diskreditieren. Auch das kann als Beitrag zu einer politischen Modernisierung, die auf dem linken Flügel der SPD und der Gewerkschaften zunächst alles andere als willkommen war, verstanden werden.

2. Wählt man eine Langzeitperspektive, tritt die Veränderung des Anteils und der Struktur der Frauenarbeit plastisch hervor. Seit dem Jahrzehnt vor 1914 war ein Drittel aller Frauen berufstätig gewesen; das war etwa die Hälfte der Frauen im erwerbstätigen Alter. Erst am Ende der 1980er Jahre bewegte sich der Anteil gegen 40 % (und vermehrte sich danach sprunghaft weiter). Auffällig ist die Verdoppelung der Anzahl verheirateter Frauen im Arbeitsprozeß, denn ihr Anteil stieg von 1950 = 26,4 auf 1980 = 48,3 % der weiblichen Erwerbstätigen.

Besonders aufschlußreich ist der Strukturwandel der Frauenarbeit. Vor dem Zweiten Weltkrieg gehörte etwa ein Drittel zu jenen mithelfenden Familienangehörigen, die in der Landwirtschaft, im Handwerk und Einzelhandel tätig waren. Ein weiteres Drittel leistete Lohnarbeit in der Industrie und im tertiären Sektor, und ein Viertel war selbständig tätig: als Näherin, Wäscherin oder in einem winzigen Ausmaß in akademischen Berufen wie denen der Ärztin oder Anwältin. Zu Beginn der Bundesrepublik 1949/50 verteilten sich die weiblichen Erwerbstätigen wie folgt: 35 % entfielen noch immer auf die Landwirtschaft, 25 % auf die Industrie, 31 % auf die Dienstleistungen und immerhin noch 9 % auf die Haushaltsarbeit als Dienstmädchen. Vierzig Jahre später hatten sich nach grundlegenden Veränderungen die Proportionen völlig gewandelt: Nur mehr 2,9 % waren als mithelfende Familienmitglieder vor allem in der Landwirtschaft engagiert; der Dienstmädchenberuf war als Minimalgröße statistisch verschwunden. 26 % arbeiteten in der Industrie, aber 71 % als Angestellte und Beamte im Dienstleistungssektor – das war ein weit höherer Anteil als bei den Männern.

Ins Auge sticht nicht nur die Verlagerung aus der Landwirtschaft zu den Dienstleistungen, wo sich in der kommunalen und staatlichen Verwaltung, im Schul- und Gesundheitswesen sowie in der Privatwirtschaft zahlreiche neue Berufe für Frauen aufgetan hatten. Vielmehr wurde dieser Wandel auch von einer völligen Verschiebung der klassenspezifischen Herkunft der weiblichen Berufstätigen begleitet. Zu Beginn des Jahrhunderts galt Erwerbsarbeit als typisch für die Frauen aus den städtischen und ländlichen Unterklassen, während sie in den Mittel- und Oberklassen noch die absolute Ausnahme darstellte. Mit attraktiven neuen Berufen wie dem der Lehrerin, der Sekretärin, der Fürsorgerin und mit der sich allmählich öffnenden Welt für Akademikerinnen wurde die Erwerbstätigkeit auch für Töchter aus «gutem Hause» akzeptabel – freilich nur als vorübergehende Phase bis zur Heirat. Erst seit den frühen 1970er Jahren wurde die lebenslang während Berufsarbeit zum Normalfall, und diese Umstellung erhöhte noch einmal die Attraktivität der Angestellten- und Beamtenstellen. Übrigens stieg aber auch der Anteil der hauptberuflich erwerbstätigen Arbeiterfrauen, da ihre Zahl von 1925 = 23 % auf 1970 = 46 % hochkletterte.

Außer den Vorzügen, die das selbständige Einkommen und die Erweiterung des Heiratsmarktes mit sich gebracht haben, litt die Frauenarbeit unter zwei gravierenden Nachteilen. Zum einen wurden Frauen bei der Ausbildung in der Industrie wie im tertiären Sektor durchweg benachteiligt, so daß sich ihr Anteil um so mehr verdünnte, je höher die Position in der Berufshierarchie lag. Um 1990 gehörten z. B. 84 % der Industriearbeiterinnen zu den an- und ungelernten. Zum andern demonstrierte ihr Einkommen eine krasse Verletzung des Grundsatzes «Gleicher Lohn für gleiche Arbeit», da es sich im Durchschnitt um 30 % unter dem Einkommen von Männern in denselben Berufen bewegte. Alle politischen und rechtlichen Korrekturversuche sind bisher gescheitert, da die Unternehmen mit «Leichtlohntarifen», die angeblich nicht, faktisch aber doch auf Frauen zugeschnitten sind, die neuen Vorschriften umgehen. In einer Epoche hoher Arbeitslosigkeit ist die Gleichstellung für Arbeiterinnen offenbar schwer zu erreichen. Für eine rasch wachsende Zahl von jungen Frauen liegt der erfolgversprechende Weg in einer akademischen Ausbildung für höhere Berufe, um sich dort im Wettbewerb mit Männern durchzusetzen. (Immerhin gibt es inzwischen etwas mehr Abiturientinnen als Abiturienten, und an den Universitäten haben Studentinnen einen Vorsprung vor den Männern erreicht!)

3. Unter extremen Sonderbedingungen, die sich weitaus länger als bei den deutschen Vertriebenen hielten, lebte auch das wachsende Heer der ausländischen Arbeitnehmer. Deutschland ist zwar seit den 1890er Jahren zum Einwanderungsland geworden, aber erst die Bundesrepublik erlebte eine Massenzuwanderung von Millionen Ausländern, die zuerst als Gastarbeiter für eine – wie es schien und gewünscht war – zeitlich begrenzte Aufenthaltsdauer angeworben wurden, dann aber immer häufiger im Lande blieben und ihre Familien nach Möglichkeit nachholten. (Die Thematik ist vorn im Kapitel II.4 über die Bevölkerungsbewegung schon behandelt worden.) Die Unternehmen hatten sich an die Arbeitskraftreserve erst der Vertriebenen, dann bis 1961 der DDR-Flüchtlinge gewöhnt und bevorzugten eine arbeitsintensive Produktion anstatt, was wegen der Ertragslage finanziell durchaus möglich gewesen wäre, die Rationalisierung und eine Arbeitskraft sparende Modernisierung voranzutreiben. Die Anwerbung von unqualifiziertem «Humankapital» sollte sich freilich auf längere Sicht in Gestalt all jener Probleme rächen, die nicht den Unternehmen, sondern der Gesellschaft aufgebürdet wurden. Erneut stand nach der «Privatisierung der Gewinne» die «Sozialisierung der Verluste» auf unabsehbare Zeit auf der Tagesordnung.

Die Komposition der Gastarbeiterschaft änderte sich im Laufe der Zeit von Grund auf: Hatten zuerst Italiener, Spanier und Jugoslawen aus unterschiedlichen Völkerschaften die erdrückende Mehrheit gestellt, rückten allmählich türkische Arbeiter mit ihren Angehörigen nach vorn, bis ihre Zahl auf rund drei Millionen Muslime angestiegen war, während der Großteil der italienischen und spanischen Gastarbeiter wegen der verbesserten wirtschaftlichen Verhältnisse in ihren Heimatländern dorthin zurückkehrte. Zu den Arbeitsmigranten kamen später noch «volksdeutsche Spätaussiedler» aus Osteuropa hinzu, wobei die sogenannten «Rußlanddeutschen» einen besonders problematischen Block bildeten, da sie überwiegend der deutschen Sprache nicht mächtig waren. In den 80er Jahren setzte dann noch ein Zustrom von sogenannten Asylanten ein, die aber häufig weniger aus politischen Gründen als vielmehr als Wirtschaftsflüchtlinge ihre Herkunftsländer verließen.

Um 1970 stammten die zwei Millionen ausländischer Arbeiter, die bereits 16% aller Arbeitnehmer stellten, ausschließlich noch aus der Gastarbeiterschaft. Durchweg handelte es sich um ungelernte oder soeben im deutschen Betrieb angelernte Arbeiter, welche die untersten Positionen in der Belegschaftshierarchie einnahmen. In der Regel erlernten sie auch später nicht die Qualifikation als Facharbeiter. Auf diese Weise bildete sich ein «ethnisch heterogenes Proletariat», das in die Ghettobildung abdriftete und sich – unterstützt durch das Fehlen der sprachlichen Kompetenz, das Analphabetentum namentlich zahlreicher anatolischer Zuwanderer und die Bildungsferne ihrer Familien – in seiner Subkultur integrationsunwillig einrichtete.

Währenddessen versagte die Gastgesellschaft vor der immer dringlicheren Aufgabe, den lebenslang Zugewanderten bei der Integration mit Nachdruck behilflich zu sein. Wegen der voranschreitenden Maschinisierung bis hin zur Automation und wegen der Bedeutungszunahme hochqualifizierter Arbeit gerieten die Arbeitsmigranten immer häufiger in den Circulus vitiosus, als un- oder angelernte Arbeiter vom zusehends anspruchsvolleren Arbeitsmarkt ausgestoßen zu werden, so daß sie als Arbeitslose in die Abhängigkeit von staatlichen und kommunalen Transferleistungen gerieten. Bis dahin hatten die deutschen Facharbeiter allerdings durch die von Millionen ausländischen Arbeitskräften verkörperte «Unterschichtung» eine Statusanhebung erlebt, welche die älteren Jahrgänge bereits durch die sieben Millionen Zwangsarbeiter in der Kriegswirtschaft erfahren hatten.

Wählt man noch einmal die Vogelperspektive, ist die Entwicklung der westdeutschen Arbeiter zwischen 1945 und 1990 auch noch durch einen Trend gekennzeichnet, den die großen Analytiker der industriellen Welt wie Marx und Weber allesamt nicht wahrgenommen haben. Die Industriearbeiterschaft schrumpfte von nahezu der Hälfte der Erwerbstätigen auf 30,6% (2000). Allein in den 60er/70er Jahren ging sie um 30% von 13,1 auf 9,4 Millionen zurück; die Bergarbeiterzahl wurde von 550000 auf 234000 geradezu halbiert, nur vom Rückgang der Landarbeiterschaft um 80% von 1,1 Millionen auf 219000 wurde dieser Vorgang noch übertroffen. Diese Komprimierung war die Kehrseite des unaufhaltsamen Aufstiegs der Dienstleistungsgesellschaft, die um 1990 schon zwei Drittel des Bruttosozialprodukts hervorbrachte. Die Reduktion der numerischen Größe wurde von folgenreichen Prozessen begleitet. Mit den Leistungsanforderungen des industriellen Arbeitsprozesses wuchs die Formation der Facharbeiterschaft in die Breite, während die un- und angelernten Arbeitskräfte nur mehr ein Drittel stellten. Dadurch wurde die schrumpfende Arbeiterschaft homogener, denn auch der Lebensstil samt den Leitbildern des Konsums glich sich dank des erhöhten Einkommens und der sozialen Sicherheit sichtbar an. Die Massenmedienkultur erfaßte sie genauso wie die anderen sozialen Klassen, so daß die klassenspezifischen Züge des privaten Arbeiterlebens zurücktraten. Anders gesagt: Der «gesellschaftliche Bedeutungsgehalt der Klassenzugehörigkeit verblaßte».

Die materielle Sicherstellung und die Anhebung des Lebensstandards machte bei sinkender Arbeits- und wachsender Urlaubszeit die private Existenz auch für Arbeiter zum «wichtigsten Lebensbereich» – ganz anders noch vor 1933. Den Vätern wurde erstmals die Beteiligung am Familienleben ermöglicht, obwohl es wegen der Erwerbstätigkeit der Arbeiterfrauen oft nur am Wochenende dazu kam. Gleichzeitig löste sich die traditionelle Mütterdominanz in den Arbeiterfamilien auf. Während das verfügbare Einkommen namentlich der vielen Doppelverdiener anstieg, zogen die Arbeiterfamilien in Neubauwohnungen, die nach 1949 entstanden waren – 1965 war das schon mehr als die Hälfte –, das Wohnzimmer löste die überkommene Wohnküche ab, Bad und WC, Fernsehgerät und Zentralheizung gehörten zur selbstverständlichen Ausstattung, und die dank des Aufschwungs sich emanzipierenden Frauen konnten ihre bisher als Wunschtraum gehegten Vorstellungen vom besseren Leben schrittweise verwirklichen.

Langsam sanken zudem die Mobilitätsbarrieren für die Kinder von Facharbeitern. 1971 waren bereits 45 % von ihnen imstande, das Arbeitermilieu zu verlassen und in die begehrten Stellen der unteren Angestellten- und Beamtenschaft aufzusteigen; 1978 gelang das schon 63 %, von denen ein erheblicher Teil sogar in den gehobenen Dienst gelangte. Das war ein deutlicher Kontinuitätsbruch. Facharbeiterkinder nutzten auch manchmal die im Zuge der seit den 6oer Jahren anlaufenden Bildungsreform vermehrten Aufbildungschancen, während die Kinder der an- und ungelernten Arbeiter in der vererbten Bildungsferne verharrten. Daher gingen die euphorischen Hoffnungen der Reformer, die mit Hilfe der geöffneten höheren Bildungsinstitutionen eine allgemeine Aufstiegmobilität befördern wollten, gerade im Hinblick auf Arbeiterkinder nicht dauerhaft in Erfüllung (s. u. IV.13 über Bildung und Ungleichheit).

Im Hinblick auf die politischen Optionen blieb die SPD vorerst, bis zum Ende der 6oer Jahre, die Arbeiterpartei, sei es für Mitglieder oder für Wähler. Allerdings konnte sie die bereits in der Weimarer Republik zutage getretenen Grenzen des Versuchs, auch andere Sozialmilieus zu erschließen, nicht überschreiten, daher auch bei den Bundestagswahlen keine Mehrheit für die Linke erringen. Selbst bei den Brandt-Wahlen stimmten 1972 nur 66 % der Arbeiter für die SPD, während sich die Bauern als homogenste Klasse zu 81 % für die CDU/CSU entschieden. Seither verloren die Arbeiterwähler ihren Charakter als klassische Klientel der SPD. Während der Erosion des proletarischen Milieus kam die traditionelle politische Sozialisation nicht mehr zustande, denn dieses Milieu war als einziges durch Industrialisierung und Demokratisierung geprägt gewesen und verlor folgerichtig in der vordringenden Dienstleistungsgesellschaft und funktionstüchtigen Demokratie an Bindekraft.

Da es nicht mehr zur Neugründung des Vereinswesens gekommen war, konnte sich mangels institutioneller Stützen auch keine sozialdemokratische Subkultur mit unzweideutigen politischen Imperativen erneut entwickeln. Als die Partei sich seit 1959 endlich von ihren marxistischen Traditionen verabschiedete, entfiel auch die «emotionale Aura», welche die Marxsche Säkularreligion vielen so lange vermittelt hatte. Arbeiter wurden allmählich zu einer Minderheit unter den Parteimitgliedern; Beamte, Angestellte, Akademiker drangen, insbesondere seitdem ein gut Teil der 68er-Intelligentsia in die SPD strömte, auch im Funktionärsapparat vor. Die auf der Grundlage von Lohnanstieg, Sozialpolitik und Arbeitsrecht vollzogene «kollektive Entproletarisierung» setzte sich auch in die Auflösung traditioneller politischer Bindungen um, machte nicht selten auch Arbeiter zu Wechselwählern, die sich auf dem «politischen Massenmarkt» nach eigener, flexibler Interessendefinition entschieden.[16]

## 5. Die Randschicht der Armen

Am unteren Saum der an- und ungelernten Arbeiterschaft besteht die größte Gefahr, zeitweilig oder dauerhaft in die Armut abzuleiten. Armut ist ein hochemotional besetzter, schillernder Begriff, der zuerst einmal präzisiert werden muß. Denn Genauigkeit ist von Nöten, wenn es um die heikle Frage geht, welches Ausmaß die Armut in der Bundesrepublik, einem der reichsten Länder der Welt, erreicht. Kann sie sogar eine Zwei-drittel-Gesellschaft genannt werden, wenn das unterste Drittel in der Deprivationsfalle lebenslanger Armut gefangen sein sollte?

Man unterscheidet in der Forschung drei Armutsbegriffe. Zum einen sprechen die Experten von der absoluten Armut, die durch den Mangel an allen wichtigen Ressourcen, insbesondere jenes Einkommens, das für die Erhaltung der physischen Existenz notwendig ist, gekennzeichnet wird. Dieser Mangelzustand läßt sich mit Hilfe eines Warenkorbs messen, dessen Inhalt das Existenzminimum aufrechtzuerhalten gestattet. In den westlichen Industrie- und Dienstleistungsgesellschaften ist diese absolute Armut fast vollständig überwunden worden.

Zum andern geht es um die relative Armut. Sie verletzt ein sozialkulturell normiertes Existenzminimum, das für ein menschenwürdiges Leben als notwendig gilt. Der Mangel wird also jeweils am zivilisatorischen Standard der untersuchten Gesellschaft gemessen; infolgedessen kann er lebhaft fluktuieren. Dieser Begriff zielt nicht allein auf die finanziellen Ressourcen, sondern außerdem etwa auch, gemäß dem multidimensionalen Ansatz, der die gesamte Lebenslage erfassen will, auf die Gesundheit und die Bildung, den Erwerbsstatus und den Handlungsspielraum. Auch hier gilt aber als hartes Kriterium, ob das Einkommen unter 50 % des gesellschaftlichen Durchschnittseinkommens abgesunken ist.

Schließlich gibt es noch die strenge Armut, die durch ein Einkommen unter 40 % des Durchschnittseinkommens charakterisiert ist. In aller Regel impliziert sie auch noch als böse Mitgift all die anderen Deprivationserfahrungen, welche die relative Armut kennzeichnen. Die deutsche Sozialhilfe gewährte z. B. eine kommunale Transferleistung, die ein wenig über diesen 40 % liegt. Dementsprechend stützt sich die Erforschung moderner Armut entweder auf den Ressourcenansatz, der vor allem das Defizit an materiellen Gütern herausarbeitet, oder auf den Lebenslagenansatz, der den weiten Spielraum versagter Interessenbefriedigung erkundet.

Von zentraler Bedeutung ist selbstverständlich die Frage nach den Ursachen der Armut in beispiellos wohlhabenden Gesellschaften, die überdies durchweg mit einem differenzierten System der sozialen Sicherheit ausgestattet sind. Die sozialstrukturellen Ursachen besitzen den Vorrang vor den individuellen Faktoren der Selbstverschuldung. An erster Stelle schafft die Segmentierung des Arbeitsmarktes in einen primären Markt einerseits, auf dem stabile Beschäftigungsverhältnisse, hohe Löhne, Chancen der Aufstiegsmobilität und effektive Interessenvertretung vorherrschen, und einen sekundären Markt andrerseits, der durch das genaue Gegenteil all dieser Vorzüge bestimmt ist, restriktive Bedingungen, die in Perioden wirtschaftlicher Unsicherheit, Stagnation oder gar Depression dazu führen, daß bevorzugt unqualifizierte, ältere, ausländische Arbeitskräfte ausgestoßen werden. Nach einer längeren Phase der Arbeitslosigkeit landen sie oft in der Armut. Der Markt ist zwar unstrittig eine ingeniöse Institution, aber er besitzt keine selbsttätigen Mechanismen zur Korrektur krasser sozialer Ungleichheit.

Häufig wird zwar von einem Versagen des sozialen Sicherheitsnetzes gesprochen. Doch im allgemeinen hat es in der Bundesrepublik das Abgleiten in die relative Armut aufgefangen, selbst wenn schmerzhafte Einschränkungen nicht zu vermeiden waren. Dieser Einwand trifft oft auch auf den Vorwurf einer mangelhaften öffentlichen Infrastruktur an elementaren Gütern und Dienstleistungen zu, deren Grenzen nicht kausal für die Armut verantwortlich gemacht werden können. Wohl aber spielen individuelle Belastungen eine maßgebliche Rolle: Kinderreichtum bei geringem Einkommen, einschneidende Scheidungsfolgen, Mangel an Ausbildung und Fortbildung, abweichendes oder sogar kriminelles Verhalten. Kumulieren sich solche negativen Faktoren, wie das häufig der Fall ist, kann daraus dauerhafte Armut resultieren.

Allgemein läßt sich konstatieren, daß mindestens 70 % der westdeutschen Bevölkerung nie Armut erfahren; höchstens 20 % widerfährt diese Deprivation gelegentlich auf eine begrenzte Zeit, denn die große Mehrheit verläßt die Randlage nach etwa einem Jahr; bis zu maximal 10 % verharren dagegen ständig in diesem Zustand «extremer sozioökonomischer Unter-versorgung». Im Grenzfall könnten daher dreißig Prozent relative Armut etwa ein Jahr lang zu spüren bekommen, rund fünfzehn Prozent könnten aber ständig zur Randschicht einer ökonomisch florierenden Gesellschaft gehören. Deshalb repräsentiert die Bundesrepublik keineswegs, wie es eine populäre Kritikformel ganz so unüberprüft wie irreführend wiederholt, eine «Zweidrittelgesellschaft», sondern im schlimmsten Fall eine 85-Pro-zent-Gesellschaft.

Als Folge des Krieges im weiten Sinn: des Todes von Millionen arbeits-fähiger Familienernährer, der Flucht und Vertreibung, der Städtebombar-dierung usw. stieg in Westdeutschland die Zahl der Fürsorgeempfänger im Zustand der Armut bis 1950 auf 1,6 Millionen Menschen an, konnte aber dank des ökonomischen Aufschwungs bis 1962 um rund zwei Drittel auf den Tiefstand von 510000 reduziert werden. Wegen der anhaltenden Hoch-konjunktur sank der Anteil derjenigen, deren Einkommen nur bis zu 50% des Durchschnittseinkommens erreichte, in den Jahren zwischen 1962 und 1972 um ein Drittel: von 10,6 auf 6,5 % der Bevölkerung, wuchs dann aber wieder bis zum Ende der 80er Jahre auf immerhin 8,8 %. Generell gilt überdies, daß die offizielle Statistik die «versteckte», die Dunkelziffer der Armut, die aus Unwissenheit oder Scham nicht eingestanden wird, nicht einmal tendenziell erfassen kann.

Anfangs galten alte Frauen und Männer als die am häufigsten betroffe-nen Fürsorge- oder Sozialhilfeempfänger, die an oder unter der Armuts-grenze lebten. Nachdem sich aber dank der verbesserten Alterssicherung ihre Lage aufgehellt hatte, rückten andere in die Grauzone der Rand-schicht. Das waren an erster Stelle alleinerziehende Mütter, die zu einem Drittel unter die Fünfzig-Prozent-Grenze des Durchschnittseinkommens abglitten, an zweiter Stelle kinderreiche Familien der Unterklassen. Des-halb waren zunehmend auch Kinder von der Alltagsarmut betroffen: fast doppelt so viele wie ihr relativer Anteil an der Bevölkerung betrug. Dieser erschreckende Vorgang ist gemeint, wenn die voranschreitende «Infantili-sierung» der Armut angeklagt wird. Weiterhin sinken Langzeitarbeitslose – am Ende unseres Zeitraums (1990) immerhin 513000 – als dritte gefähr-dete Gruppe nicht selten in die Armut ab, dicht gefolgt von Arbeitsmi-granten, die in den 80er Jahren zu mehr als einem Fünftel unter die Ar-mutsgrenze abstiegen.

Zwar hat der Sozialstaat seit dieser Zeit dafür gesorgt, daß die Transfer-leistungen in absoluter Höhe spürbar zugenommen haben. Doch die Schere zwischen den an der Armutsgrenze lebenden Personen und den Er-werbstätigen mit weiter wachsendem Durchschnittseinkommen hat sich in den selben Jahren kontinuierlich geöffnet, so daß die Armutskluft, der Abstand der verschiedenen Lebensstandards, stetig größer geworden ist. Diese Kluft ist namentlich von den hauptsächlich Betroffenen: den Älteren und Unqualifizierten, den alleinerziehenden Müttern und gesundheitlich Benachteiligten aus eigener Kraft nur außerordentlich schwer zu verringern. Dennoch gibt es auf der andern Seite den positiven Befund, daß es der Mehrheit der Randschicht immer wieder gelingt, ihre Lage zu verlassen, mithin die fluktuierende Armut auf Zeit zu überwinden.

Fraglos sind die dauerhaft Armen gravierenden typischen Problemen ihres randständigen Lebens ausgesetzt. Ihre sozialen Kontakte drohen zu verkümmern, gefolgt von Marginalisierung, Isolierung, Diskriminierung. Das Familienleben wird schweren Belastungen unterworfen. Die psychische Bürde als Folge des Gefühls, überflüssig geworden zu sein, mündet in Hoffnungslosigkeit oder gar Depression. Überhaupt verschlechtert sich aus psychosomatischen Gründen allzu häufig der Gesundheitszustand. Die Abhängigkeit von Transferleistungen lähmt die Eigeninitiative, leicht mündet sie in einen Zustand der Entmündigung und Passivität.

Aus all diesen Gründen hat sich zwar sporadisch eine fatale «Kultur der Armut» herausgebildet, doch sie ist bisher nicht mit dem Erscheinen einer politisch handlungsbereiten Unterklasse verbunden. Angesichts der Heterogenität der Interessen und der Lähmung der Aktivität sind die dauerhaft Armen nicht organisations- und politikfähig. Eben dieser Zustand macht sie zur Verfügungsmasse einer staatlichen Regulierung, welche die strukturellen Nachteile der fehlenden Qualifikation oder der Kinderkosten nicht aufheben kann.[17]

## 6. Der Adel: Politisches Ende und Überleben als «Prestige-Oberschicht»

Seit langem hatten sich die deutschen Adelsformationen trotz aller Unterschiede, die zwischen ihnen bestanden, in dem gemeinsamen Spannungsverhältnis zwischen politischem Niedergang und immer wieder erfolgreicher Anpassung an die neuen Umstände bewegt. Der Umbruch nach 1918 hatte dann eine tiefe Zäsur geschaffen, da der Adel nicht nur seine formellen politischen und sozialen Privilegien, sondern auch das politische System der Monarchie als Bezugspunkt seiner Staatsloyalität verlor. Auch seine Machtzentren auf dem Land, welche die Herrschaft über Menschen garantiert hatten, verloren ihre Sonderstellung. In seiner Republikfeindschaft blieb der Adel daher unerbittlich. Aber auch das NS-Regime trieb die Unterminierung sowohl der restlichen lokalen Adelsbastionen als auch der gesamtgesellschaftlichen Geltung, die durch den systemkonformen «Neuadel» der Partei- und SS-Elite in Frage gestellt wurde, weiter voran. Nachdem bereits mehr als 8000 Adlige im Krieg ihr Leben verloren hatten, besiegelte die Niederlage des «Dritten Reiches» und die radikale Zerstörung der ostdeutschen Adelswelt erst durch die Rote Armee, dann durch die deutschen Bolschewiki das apokalyptische Ende der mächtigsten deutschen Adelsformation. Der ostelbisch-preußische Adel verschwand nach

einem Jahrtausend als Herrschaftselite von der Bildfläche, als seine Angehörigen ermordet wurden, Selbstmord begingen, in den Westen flüchteten
und das gesamte «Junkerland» lückenlos enteignet wurde (vgl. IV, 323–31,
747–51).

Für die gut 70 000 Adligen, die in Westdeutschland die «Verwirbelungs-
prozesse» (N. Frei) der späten Kriegs- und frühen Nachkriegszeit überlebt
hatten, behielt die Verteidigung des traditionellen Kulturmusters der Ad-
ligkeit (von der man analog zur Bürgerlichkeit sprechen kann) trotz aller
widrigen Verhältnisse die Priorität. Erneut ging es mit großer Beharrungskraft um die Sicherung des Status des Familienverbandes und seines Besitzes, um die Behauptung von Distinktion als Elite mit Standesbewußtsein
und effektiver Schließungsstrategie. Der Wille, «oben zu bleiben», verlangte die zielstrebige Nutzung des gesamten sozialen, kulturellen und
symbolischen Kapitals, um den schmerzhaften, da unwiderruflichen Verlust der politischen Herrschaft und des privilegierten Großgrundbesitzes
soweit wie irgend möglich zu kompensieren.

Warum bildete sich keine neue Adelsfeindschaft gegenüber dem Weststaat heraus, obwohl es an Verlusterfahrungen nicht mangelte? Anders gesagt: Warum verlief die Eingliederung des Adels in die Bundesrepublik im
Vergleich mit Weimar so erfolgreich?

Zu Recht empfand der westdeutsche Adel den bundesrepublikanischen
Antikommunismus als einen Konsens, den er schon wegen der Vernichtung der Adelswelt im Osten vorbehaltlos teilte. Eng mit dieser Grundüberzeugung war die Befriedigung verbunden, daß die privaten Eigentumsrechte nicht in Frage gestellt wurden, vielmehr gegen die diversen
Vorhaben einer Bodenreform verteidigt werden konnten.

In der Kollektivmentalität des Adels stand die Rückkehr zu einer verklärten Vergangenheit – wie sie das Kaiserreich in der Zeit der Weimarer
Republik und der Führerdiktatur dargestellt hatte – nicht mehr zur Verfügung. Deshalb konnte auch ein aussichtsloser Monarchismus nicht wieder
aufkommen. Anders als die Weimarer Verfassung enthielt das Bonner
Grundgesetz keine adelsdiskriminierenden Bestimmungen. Der Lastenausgleich leistete nicht nur materiellen Beistand, sondern wurde auch als
Signal gegen die Enteignungspolitik der DDR verstanden. Im Effekt verhinderte er die Deklassierung der aus den Agrargebieten östlich der Oder
und Neiße sowie aus der SBZ/DDR geflüchteten Adelsfamilien.

Auch die Geschichtspolitik der jungen Bundesrepublik erleichterte die
Eingliederung des Adels in die soziopolitische Ordnung. Denn auf der Linie einer honorigen Traditionsbildung wurde zu einer Zeit, als die Verschwörer des 20. Juli 1944 vielfach noch als «Landesverräter» stigmatisiert
wurden, der auffällig große Anteil von Adligen an dieser Opposition anerkannt, damit aber auch der Adel insgesamt als widerstandsfähige Formation gewürdigt. Auch diese Einstellung versöhnte den Adel mit den neuen

soziopolitischen Bedingungen. Auf der andern Seite führte das Lob auf den Adel im Widerstand gegen das NS-Regime, besonders nachhaltig verfochten von Marion Gräfin Dönhoff als Chefredakteurin der einflußreichen Wochenzeitung «Die Zeit», zu einer Verklärung, die durch das kritische Urteil von Historikern erst relativ spät ersetzt werden konnte.

Wirtschaftlich wurde die vom Krieg unberührte Existenz des westdeutschen Adels nicht angetastet. Auch in der Bundesrepublik gehörten ihm ca. 1,3 Millionen ha Land, auf dem vornehmlich eine lukrative Forstwirtschaft betrieben wurde. An der Spitze lagen süddeutsche Hochadelsfamilien: So gehörten etwa den Fürsten von Thurn und Taxis 32000 ha, die sie zum größten europäischen Grundbesitzer machten. Auch die Fürstenbergs besaßen 23000 ha, und die Hohenzollern-Sigmaringen, Württemberg und Waldburg-Zeil lagen auch noch über 10000 ha. Vom nordwestdeutschen Adel wurde dagegen eine Mischung von Wald- und Getreidewirtschaft betrieben. Die meisten westdeutschen Adligen lebten freilich ohnehin nicht vom Großgrundbesitz, sondern verdienten in allen möglichen bürgerlichen Berufen ihren Lebensunterhalt, wobei sie nach Möglichkeit noch immer eine Karriere im Bankwesen, in der Diplomatie, im Militär und in Leitungsgremien der Großindustrie bevorzugten.

Wenn es dem Adel in der Bundesrepublik gelang, sich als «Prestige-Oberschicht» (R. Dahrendorf) oben zu halten, beruhte diese Position in der Sozialhierarchie auf dem erfolgreichen Kampf um die Erhaltung einer adligen Subkultur, aber auch auf der Anerkennung, welche die Öffentlichkeit den Erben einer traditionalen Führungsschicht in einer merkwürdigen Mischung aus wohlwollendem Respekt und neugieriger Nostalgie zu zollen bereit war. Der Funktionsfähigkeit dieser Subkultur lag die gelungene Verteidigung des Adels als einer geschlossenen Gesellschaft zugrunde, die sich mit eigenen Ritualen, ihrem spezifischen Ehrenkodex, ständischen Prinzipien der Lebensführung, ihrem Abstammungsprestige und dem exklusiven gesellschaftlichen Verkehr von ihrer bürgerlichen Umwelt abhob.

Die seit Jahrhunderten bewährte Exklusionspraxis der sozialen Schließung zur Steigerung der Exklusivität wurde konsequent weiterverfolgt und dadurch erleichtert, daß der Zustrom von Neunobilitierten seit 1918 im deutschsprachigen Mitteleuropa abrupt aufgehört hatte, während gleichzeitig das eherne Gesetz des ebenbürtigen Konnubiums eingehalten wurde. Auch die wenigen sozialdemokratischen Adligen hatten, wie der Zufall so spielte, ihre Ehepartner auf einem Adelsball kennengelernt. Überhaupt dienten Adelsfeste und Adelstage der adligen Identitätsbildung, nicht zuletzt dadurch, daß sie als streng kontrollierte Heiratsmärkte fungierten. Der Gothasche Adelskalender fungierte dabei unverändert als Informationsquelle. Auf diese Weise hielt sich der Adel, der durch die Erfahrung seit 1918 erstmals über die regionalen Verbände und die fortbestehenden internen Unterschiede zwischen Hochadel und Niederadel hinaus zu einem deutschen Adel homogenisiert worden war, als eine distinkte Sozialformation, der die Bundesrepublik hinreichend Nischen für ihre Eigenexistenz bot.

Politisch optierte der Adel im allgemeinen für die CDU/CSU, allenfalls die Freidemokraten gewannen einige adlige Außenseiter. Eine eher exotische, dazu kurzlebige Bedeutung gewann in den 50er Jahren die «Abendländische Aktion» bzw. «Abendländische Akademie» mit ihrer Zeitschrift «Neues Abendland». Hier spielten orthodox-katholische Hochadlige des Südwestens, die sich auf ihre Resistenz gegenüber dem Nationalsozialismus etwas zugute hielten, eine prominente Rolle. Ihr streng konservatives Programm forderte das antikommunistische Credo, eine paternalistische Sozialordnung und einen quasi-ständischen Staat als «gottgewollte Ordnung» zum Schutz von Familie, Ehe und Kindern. Zeitweilig sollte Otto von Habsburg als Präsident oder Wahlmonarch gewonnen werden. Das Projekt scheiterte frühzeitig an der Realitätsferne seines bizarren Konservativismus. Die konservativen Elemente der Ära Adenauer boten dem Adel aber ohnehin hinreichend Anknüpfungsmöglichkeiten.

Sein Dachverband, die «Vereinigung der deutschen Adelsverbände», in der auch die revitalisierte «Deutsche Adelsgenossenschaft» aufging, gewann immerhin, aber auch nicht mehr als ein Achtel der Adligen als Mitglieder. Lange Zeit ein Hort adliger Exklusivität blieb auch der Johanniter-Orden, der das ehrenamtliche Engagement von Edelleuten pflegte. Doch weder der Dachverband noch der Orden konnten als Adelslobby ein nennenswertes Gewicht gewinnen. Wohl aber dienten sie als Arena adliger Distinktionsbehauptung, der aufgrund langjähriger Verhaltenssteuerung die Bedeutung der «feinen Unterschiede» nur zu bewußt war.[18]

## 7. Auf dem Weg in die Versorgungsklasse: Die Bauern

Den tiefsten Umbruch von allen Wirtschaftssektoren in der zweiten Hälfte des 20. Jahrhunderts hat fraglos die Landwirtschaft erlebt. Mit ihrem «säkularen Strukturwandel» war auch eine fundamentale Veränderung des bäuerlichen Sozialmilieus verbunden: Seine Lebenswelt, seine sozialökonomische Lage, sein gesellschaftlicher Status sahen 1990 ganz anders aus als 1949. In mancher Hinsicht führte die unleugbar rapide Modernisierung des Agrarsektors zu einer Zerstörung des herkömmlichen bäuerlichen Ordnungsgefüges. Sein Bedeutungsschwund läßt sich an einigen nüchternen Zahlen ablesen, die den Trend enthüllen.

Waren 1918 noch rund 30% aller reichsdeutschen Erwerbstätigen in der Landwirtschaft beschäftigt gewesen, ist ihr Anteil in der Bundesrepublik bis 1990 auf knapp 3 % herabgesunken. Hatte ihr Beitrag zum Bruttosozialprodukt 1918 ein Fünftel, 1938 immerhin noch 8,3 % betragen, war er 1990 bei 1,5 % gelandet. Waren 1914 noch 7,3 Millionen Landarbeiter in der Agrarwirtschaft tätig gewesen, erreichte ihre Zahl schon 1980 in der Bundesrepublik kaum noch 200 000. Der «gewaltige Schrumpfungsprozeß» in den Jahrzehnten nach 1949 reduzierte auch die Anzahl der bäuerlichen Betriebe auf eine ungeahnt drastische Weise. In den dreißig Jahren seit der Gründung der Bundesrepublik sank der Bestand von ursprünglich 1,9 Millionen Höfen auf 780 000. Damit verschwanden vor allem eine Million Kleinbetriebe mit vier Millionen Hektar Grundbesitz, das waren 30 % der Landwirtschaftlichen Nutzfläche, die von den Großbetrieben übernommen wurden. Höfe mit weniger als achtzig Hektar besaßen kaum noch eine Überlebenschance. Im Zusammenhang damit wurde auch die Zahl der Arbeitskräfte allein von 1950 = 5,11 Millionen auf 1972 = 1,6 Millionen, bis 1980 um 80 % reduziert, wobei der Anteil der Familienfremden um 60 % zurückging. Die hochsubventionierte Maschinisierung ermöglichte diesen Rationalisierungsprozeß, der von einer enormen Steigerung der Produktivität begleitet wurde. 1948 hatte die landwirtschaftliche Erzeugung in Westdeutschland gerade einmal 60 % des Standes von 1939 erreicht, aber 1951 übertraf sie bereits dieses Niveau und produzierte, während der Produktionswert um die Hälfte anstieg, bis 1960 ein Drittel mehr Getreide und 50 % mehr Fleisch als 1950. Damit war die Selbstversorgung fast vollständig gesichert.

Die Januskörfigkeit der Entwicklung ist mithin an der vorbildlosen Schrumpfung des primären Sektors, gleichzeitig aber auch an der ebenso beispiellosen Leistungssteigerung abzulesen, welche die spektakulären Erfolge der Agrarrevolution seit dem Beginn des 19. Jahrhunderts und dann wieder während der wilhelminischen Hochkonjunktur vor 1914 bei weitem übertraf. Diesen doppelten Modernisierungsschub begleitete die westdeutsche, später dann auch die europäische Agrarpolitik mit einer gewaltigen Intensivierung des staatlichen Interventionismus, der seit 1879 durch den Protektionismus, seit 1934 durch den «Reichsnährstand» bereits verfeinert worden war, jetzt aber eine neue Blütezeit im Zeichen des agrarischen Fundamentalismus und des Triumphs der Bauerntumsideologie erlebte.

Das Ziel dieser Politik blieb der private bäuerliche Familienbetrieb, dessen wachsendes Einkommen mit der Wohlstandsvermehrung der Industrie Schritt halten, im Wirtschaftsalltag aber jedem Wettbewerb entzogen bleiben sollte. Faktisch wurde daraus der von ungeheuren staatlichen Transferleistungen gepäppelte, von marktwirtschaftlicher Konkurrenz befreite, industrialisierte Großbetrieb mit einer Massenproduktion, die das permanente Dilemma steigender Überproduktion bei trotzdem weiter hochkletternden Subventionszahlungen aufwarf, die Disparität von landwirtschaftlichem und industriewirtschaftlichem Einkommen aber nie aufheben konnte. Zwei Drittel der landwirtschaftlichen Wertschöpfung stammten vor 1990 aus staatlichen Transferzahlungen, während die Absatz- und Preisgarantie für Getreide, Milch, Rindfleisch und eine Vielzahl von anderen Produkten zusammen mit den exorbitanten Exportprämien die Produktion ins Uferlose trieben. Nicht selten blieb, wenn alle Lagermöglichkeiten ausgeschöpft waren, nur die Vernichtung übrig, um den überteuerten Preis selbst mit diesem absurden Mittel zu halten.

Zunächst hatte die westdeutsche Gesetzgebung, insbesondere das Landwirtschaftsgesetz von 1955, den Staat und den Steuerzahler auf einen Beistandspakt zugunsten des Primärsektors eingeschworen. Das Regelwerk des «Reichsnährstandes» wurde zum guten Teil als neudeutsche «Marktordnung» umfrisiert, die in eine kontinuierlich verfeinerte staatliche Interventionspraxis mündete. Ein dirigistischer Zentralismus trat an die Stelle des im allgemeinen doch ständig beschworenen marktwirtschaftlichen Wettbewerbs. Damit wurde aber auch die Entmündigung der bäuerlichen Produzenten fortgesetzt, die in den späten 1870er Jahren mit dem System des Agrarprotektionismus begonnen und im «Reichsnährstand» einen vorläufigen Höhepunkt erreicht hatte, jetzt aber, sprachkosmetisch verkleidet, zu einem neuen Höhenflug ansetzte. Zunehmend verwandelte sich die Bauernschaft, die den Konzentrationsprozeß überlebte, in eine staatlich dirigierte, hochsubventionierte Versorgungsklasse (1990 stammte die Hälfte des bäuerlichen Einkommens aus staatlichen Transferleistungen), deren Existenz dem weiterbeschworenen Ideal des selbstbewußten, autonomen landwirtschaftlichen Unternehmers nirgendwo entsprach.

Als mit den Römischen Verträgen von 1957 der Übergang zu einer europäischen Agrarpolitik eröffnet wurde, kam es für die westdeutschen Bauern insofern nicht zu einem fundamentalen Umbau, als die EG/EWG die deutsche «Marktordnung» übernahm. Anstatt sich wie früher allein auf ein die Rivalen abweisendes Schutzzollsystem zu verlassen, bevorzugte die neue Wirtschaftsgemeinschaft eine Kombination von Marktregulierung, Absatzgarantie und Abschottung vom Weltmarkt, dessen Niedrigpreisangebot auch durch starre Außenzölle ferngehalten wurde. Zwar schuf die EG/EWG eine Vielzahl von andersartigen Rahmenbedingungen, als sie vor 1957 bestanden hatten, doch für die westdeutsche Landwirtschaft öffnete sich das Füllhorn europäischer Agrarsubventionen, bis die Hälfte des riesigen EWG-Etats davon in Anspruch genommen wurde.

Mit der Erzeugung von gewaltigen Überschüssen unter absurd hohen Kosten vollendete die europäische Agrarpolitik ihr «System der Irrationalitäten». Dabei wurde die interventionistische Brüsseler Bürokratie von einer effektiven Agrarlobby unterstützt, die sich im COBA, dem Ausschuß der landwirtschaftlichen Organisationen, im CEA, dem Verband der europäischen Landwirte, und im IFAP, dem internationalen Verband landwirtschaftlicher Erzeuger, effektiv organisiert hatte. Diese Pressure Groups konnten außerdem auf die nationalen Interessenverbände, wie etwa den

«Deutschen Bauernverband» oder die beratenden Experten im Umfeld der Hohen Kommission, zurückgreifen, um ihre Ziele zu erreichen.

Währenddessen hielten der Konzentrationsprozeß und die sozialstrukturelle Umwandlung der Bauern in eine «besondere Kategorie von Arbeitern im öffentlichen Dienst» weiter an. Der Staat, die EWG und die Verbände – sie etablierten sich vollends als die Subjekte der Agrarpolitik, die weiterhin durch die Maschinisierung, Verwissenschaftlichung und Produktnormierung auf eine Industrialisierung der Landwirtschaft zielte. Während sich die Zielvorgaben, der Arbeitsprozeß, die Absatzorganisation von Grund auf änderten, blieb doch die hohe Arbeitsintensität bestehen, die freilich eine Schattenseite verlor, als die Ausbeutung der Kinderarbeit verschwand. Bestehen blieb auch die «Ehepaarwirtschaft als soziales Zentrum» der bäuerlichen Ökonomie. Damit hielt sich ein fundamentaler Unterschied zur unselbständigen Lohnarbeit in der Industrie. Hatten sich die Bauern seit dem Umbau der Agrarverfassung zu einer eigenartigen marktbedingten Erwerbsklasse entwickelt, vollendeten der staatliche wie der europäische Dirigismus seit den 5oer Jahren sein Werk, sie in eine geradezu klassische Versorgungsklasse zu verwandeln, deren Existenz in gesellschaftlicher Randständigkeit vom Steuerzahler getragen wurde.[19]

## 8. Die Ungleichheit der Geschlechter: Die Verringerung der Frauendiskriminierung

Eine zentrale Dimension der sozialen Ungleichheit, die in der Bundesrepublik erst ziemlich spät effektiv in Frage gestellt, dann aber tatsächlich nachdrücklich vermindert worden ist, umschließt das Verhältnis zwischen den Geschlechtern. Von der klassischen Ungleichheitsforschung ist es zunächst stillschweigend übergangen, erst in der zweiten Hälfte des 20. Jahrhunderts unter dem Eindruck der feministischen Kritik an dieser eklatanten Vernachlässigung als wichtiges Feld anerkannt und aufgewertet worden. Bis dahin hatte sich die Analyse der Sozialhierarchie ganz an den Männern: an ihrem Einkommen, Beruf und Prestige orientiert, ehe sie die Frauen den Kategorien, mit denen die Männer erfaßt worden waren, umstandslos zuordnete. Diesem Verfahren mangelte es im Hinblick auf zahlreiche Familien in komplexen westlichen Gesellschaften nicht an Plausibilität, aber generell wurde es der «Hälfte der Menschheit» fraglos nicht gerecht.

Die Bundesrepublik gehört – wie schließlich alle westlichen Länder seit der Phase des Nachkriegsbooms – zu jenen Gesellschaften, in denen die Diskriminierung der Frauen von einer ungleich energischer und prinzipieller als früher argumentierenden «neuen Frauenbewegung» angeprangert und in einem zähflüssigen politischen Prozeß Schritt für Schritt formalrechtlich, wenn auch nicht sogleich lebenspraktisch abgebaut wurde. Obwohl mithin irritierende Relikte der geschlechtsspezifischen Ungleichheit noch erhalten geblieben sind, hat in der Bundesrepublik die Emanzipationsbewegung zugunsten der Frauen nach einem halben Jahrhundert lebhafter Auseinandersetzungen doch zu einer unleugbaren Erfolgsbilanz geführt. Sie sollte Mut machen, den Abbau der verbleibenden, durch den kraftvollen Emanzipationstrend im Kern delegitimierten, gleichheitsfeindlichen Traditionen unter Berufung auf die Gleichberechtigungsnorm des Grundgesetzes (Art. 3) weiter voranzutreiben.

Dieser Appell ist auch deshalb angebracht, weil die jüngere Frauengeneration die inzwischen erreichten Erfolge für gegeben hält. Daher übersieht sie leicht, daß sie nicht nur entschieden verteidigt, sondern vor allem auch durch die Lösung der verbleibenden Aufgaben ergänzt werden müssen, die sich in der Arbeitswelt, im Bildungswesen, im politischen Leben und in der Privatsphäre sperrig gehalten haben. Nicht zuletzt geht es um eine Veränderung der tief verwurzelten gesellschaftlichen Rollenanforderungen, die sich durch die Folgen der Frauen prägenden Sozialisationsprozesse auf die Persönlichkeit und ihre Einstellungen, ihr Motivationsgefüge und ihre Verhaltensweisen auf eine alles andere als leicht zu korrigierende Art weiter auswirken.

Verfolgt man die Entwicklung unter einigen besonders naheliegenden Sachgesichtspunkten, stößt man auf die erwähnten vier Komplexe: auf Arbeit, Bildung, Politik und Familie.

1. Traditionsgeheiligte Männerprivilegien sind seit jeher mit einer auffälligen Resistenzkraft auch im Berufsleben gegen eine aktive Frauenpolitik verteidigt worden. Auch deshalb verkörpert die fortschreitende «Feminisierung der Arbeitswelt» am Ende des 20. Jahrhunderts «eine der größten sozialen Veränderungen» der Epoche seit 1945. Die Erwerbsquote der fünfzehn- bis sechzigjährigen deutschen Frauen stieg zwar von 1950 bis 1980 nur von 44,4 auf 52,9 %, bis 2000 aber immerhin auf 62 %, doch die Quote der verheirateten Frauen von 26,4 auf 48,3 %. Allein der Anteil der Angestellten und Beamtinnen kletterte in dieser Zeitspanne um 250 % in die Höhe, so daß er schließlich 1980 56 % aller weiblichen Berufstätigen ausmachte. Allerdings übten 38 % der erwerbstätigen Frauen eine Teilzeitbeschäftigung aus, um die Anforderungen von Beruf und Kindern leichter verbinden zu können.

Im Arbeitsleben trafen Frauen weiterhin auf geschlechtsspezifische Arbeitsmärkte, welche ihre Zugangschancen begrenzten. So waren etwa 1990 nur 40 % der Azubis junge Frauen, die eine Lehrstelle fanden. Frauen standen sich vor allem schlechter wegen der grundgesetzwidrigen ungleichen Bezahlung für die gleiche Tätigkeit, wegen ihrer Arbeitsplatzbedingungen, ihrer Arbeitsplatzunsicherheit, ihrer Aufstiegschancen. Die Vereinbarkeit von Beruf und Familie blieb weiterhin ganz so erschwert wie die Rückkehr in den Beruf nach der Kleinkindphase. Zwar hat sich in den letzten Jahren

der Einkommensabstand zwischen Männern und Frauen bei einer Voller-
werbstätigkeit etwas verringert, doch ist er noch immer unübersehbar vorhanden. 1990 verdienten weibliche Angestellte im Durchschnitt 71, Arbeiterinnen 74 % des Bruttoverdienstes von Männern im selben Beruf. Der
Bruttostundenlohn von Arbeitern und Arbeiterinnen verhielt sich 1950
wie 0,73 zu 0,44, bis 1990 aber wie 10,82 zu 7,92 DM, der Bruttomonats-
lohn von Männern und Frauen im Angestelltenstatus 1960 wie 370 zu 207,
1990 wie 2579 zu 1968 DM. Generell wurden Frauen in der Industrie in die
schlechter bezahlten Leichtlohngruppen eingestuft. Während dort 20 %
der Männer ein monatliches Nettoeinkommen von mehr als 2600 DM ver-
zeichneten, erreichten nur 4 % der Frauen diese Höhe.

Ein Dilemma der Frauenarbeit trat auch in dem Umstand zutage, daß
Frauen sich überproportional häufig, nämlich zu 90 %, in bestimmten, öfters auch krisenanfälligen Berufszweigen zusammenballten, als Bürokräfte
und Verkäuferinnen, in der Textilverarbeitung und in den Pflegediensten.
Dagegen waren nur 1,3 % in sogenannten männlichen Berufen wie dem
des KfZ-Mechanikers, Elektroinstallateurs, Maschinenschlossers tätig.

In der Verteilung auf die einzelnen Sektoren ist der dominante Trend
seit 1950 nicht zu übersehen. Waren anfangs noch 35,2 % der erwerbstätigen Frauen in der Landwirtschaft, fast ausschließlich als «mithelfende Arbeitskräfte», beschäftigt, kamen sie 1980 nur mehr auf 7 %, und auch dieser Anteil schrumpfte unentwegt weiter. In der Industrie stieg der Anteil
von 24,8 auf 29,6 % im Grunde genommen erstaunlich geringfügig an,
doch im Dienstleistungssektor wuchs er von 31 auf 63,4 %. Selbständige
standen sich am besten, aber Frauen stellten nur 4 % von ihnen und erreichten ca. 87 % des Männerverdienstes.

Die Lohnhöhe bestimmt im deutschen System der sozialen Sicherheit
im allgemeinen die Rentenhöhe. Auch in dieser Hinsicht wurden Frauen,
die häufig nicht die versicherungspflichtige Arbeitszeit von vierzig Jahren
erreichten, kraß benachteiligt. So erreichten etwa männliche Angestellte in
den 80er Jahren eine Monatsrente von 1459 DM, weibliche dagegen von
durchschnittlich nur 688 DM; Arbeiter kamen auf 1052, Arbeiterinnen auf
377 DM. Witwen ohne eigene Rente erhielten nur 60 % der Rente des Ehe-
mannes, obwohl die Ausgaben nach seinem Tod nachweislich nur um 27 %
sanken. Deshalb ist jeder vierte Sozialhilfeempfänger eine mehr als sechzig
Lebensjahre zählende Frau.

Zusätzlich zu dem Einkommens- und Rentenproblem sind Frauen auch
von einem höheren Arbeitsplatzrisiko als Männer bedroht. In den 70er/
80er Jahren lag ihre Arbeitslosenquote um 30 % höher als diejenige der
Männer. Auch der Abstieg in die Armut erreichte Frauen, insbesondere
die alleinerziehenden Mütter, häufiger als Männer.

In einer kaum veränderten drastischen Form wirkt sich weiterhin die
Drosselung der Karrierechancen von Frauen aus. In diesem für die soziale

Gleichstellung besonders sensiblen Bereich macht sich das «Gesetz der hierarchisch zunehmenden Männerdominanz» geltend: Je höher eine Berufsposition gelagert ist, desto ausgeprägter kommt die Vorherrschaft der Männer zur Geltung. Das bestätigen die Beispiele des folgenden Überblicks. In den Chefetagen der 626 umsatzstärksten deutschen Aktiengesellschaften und Gesellschaften mit beschränkter Haftung fanden sich sage und schreibe zwölf Frauen (0,5 %) unter 2286 Männern. An den höchsten Bundesgerichten stellten Juristinnen 5 %. Immerhin wuchs ihre Zahl auf den Richter- und Staatsanwaltsstellen in den zwanzig Jahren bis 1998 von 11/10 auf 27/28 %. Über ihre deplorable Lage an den Universitäten ist gleich unter dem Stichwort des Bildungssystems zu sprechen. An allen Schulen stellten Lehrerinnen zwar 59 % des Personals, von 24 000 Schulleitern aber nur 3000, d. h. 12,8 %, von den Schulräten sogar nur 8,8 %. Die Mehrheit der Akademikerinnen wird außer von Lehrerinnen von Ärztinnen gestellt, nur selten erreichen diese jedoch die Hierarchiespitze der Chefärzte. In den Redaktionen des öffentlich-rechtlichen Rundfunks erreichten Journalistinnen 1987 20 %, in den Führungspositionen aber nur 3 %; alle Intendantenposten nahmen Männer ein. Wegen dieser Ungleichverteilung gehörte die Bundesrepublik hinsichtlich der beruflichen Gleichstellung von Frauen auch in den 90er Jahren noch immer zu den drei Schlußlichtern der EU.

Sucht man nach den Ursachen der Bremswirkung, die von den Aufstiegsbarrieren ausgeht, führt zum einen offensichtlich kein Weg daran vorbei, die Folgen der noch nicht grundlegend veränderten, vielmehr weitverbreiteten geschlechtsspezifischen Sozialisation hoch zu veranschlagen. Denn diese Sozialisation fördert andere Persönlichkeitsmerkmale, andere Dispositionen, kurzum: einen anderen Habitus als bei Männern. Beim Aufbau dieses weiblichen Habitus, wie ihn Pierre Bourdieu meisterhaft analysiert hat, wird Zurückhaltung statt ostentatives Selbstbewußtsein gepflegt, gedämpftes Vertrauen auf die eigenen Fähigkeiten statt energisches Durchsetzungsvermögen, die größere Bedeutung der sozialen, emotionalen, menschlichen Dimensionen statt männliche Härte. Im Ergebnis führt diese habituelle Prägung oft genug zu einer beruflichen Benachteiligung der Frauen.

Zum andern dauern patriarchalische Strukturen in der Berufswelt weiter fort. Sie äußern sich z. B. in dem sprichwörtlichen männlichen Zweifel an der Kompetenz, der Belastbarkeit, der Führungsfähigkeit von Frauen. Diesem Vorurteilssyndrom des Machismo steht, wie empirische Studien nachgewiesen haben, in der beruflichen Realität das Gegenteil diametral gegenüber, daß Frauen nämlich Leitungsfunktionen besser ausfüllen, kommunikativer, integrativer, teambewußter, entscheidungsfreudiger, innovativer, die besseren Planer sind und, last but not least, wirtschaftlich erfolgreicher operieren als Männer in denselben Positionen.

Noch ist aber ihr Preis für den Berufserfolg außerordentlich hoch. Aus Rücksicht auf ihre Karriere bleiben 45 % der Frauen auf wirtschaftlichen Führungsstellen ledig – das ist ein zwölfmal höherer Anteil, als er bei Männern zu finden ist. 80 % bleiben kinderlos, die Scheidung kommt dreimal so häufig wie bei Männern vor. Die Schwierigkeiten, welche die Vereinbarung von exponierter Karriere mit Ehe, Familienleben und Kindern aufwirft, wird niemand gering schätzen, aber warum werden sie etwa in Nordamerika und Frankreich dezidierter zu meistern gesucht und offenbar keineswegs nur im Ausnahmefall souveräner überwunden als in Deutschland?

2. Die Erfahrung hat inzwischen gelehrt, daß sich im Bildungssystem die geschlechtsspezifischen Unterschiede vergleichsweise noch am schnellsten durch gezielte politische Intervention abbauen lassen, wie sie etwa die Bildungsreform seit den sechziger Jahren mit sich gebracht hat. Hatten Mädchen 1975 noch eine Abiturquote von 39 %, zwanzig Jahre später aber von 49 % erzielt, führten sie 2000 beim Abitur mit 55 % und beim Realschulabschluß mit 52 %, während sie nur mehr 45 % der Hauptschüler stellen. Auf der Universität taten Studentinnen ebenfalls einen großen Sprung nach vorn: Hatten sie 1965 erst 27 % der Studentenschaft, am Ende der 80er Jahre aber gut 40 % erreicht, stellten sie seit 1994 mit 52 % die Mehrheit der Studienanfänger. Damit hatten junge Frauen, getrieben vom Wunsch nach einer qualifizierten Ausbildung und der Aussicht auf ein überdurchschnittliches Einkommen, an allen Institutionen der höheren Bildung die quantitative Führung übernommen.

Diesem Erfolg stand indessen die weiter anhaltende eklatante Ausdünnung des weiblichen Lehr- und Forschungspersonals auf den höheren Stufen der wissenschaftlichen Qualifikation entgegen. 1988 wies die Hochschulstatistik von allen C-4-Professuren nur 2,6 % für Frauen aus, von den C-2/C-3-Professuren 7, von den habilitierten Privatdozenten 9 %. Der Anteil der Unverheirateten lag unter den Professorinnen zehnmal höher als bei ihren männlichen Kollegen. 57 % waren geschieden, dagegen nur 18 % bei den Männern. Die Hälfte hatte sich dezidiert gegen Kinder entschieden. Auch bei den Promotionen entfielen nur 26 % auf Frauen, beim Wissenschaftlichen Personal insgesamt waren es 21 %. Damit gehörte die Bundesrepublik im Hinblick auf den Frauenanteil im Universitätsbetrieb bis 1999 ebenfalls zu den drei Schlußlichtern der EU.

Dieser «Cultural Lag» hat selbstredend nichts mit einer minderwertigen IQ-Ausstattung zu tun. Vielmehr wirkt sich die immer noch häufig auftretende Dreifachbelastung auf junge Frauen hemmend aus: Kinderaufzucht, Haushaltsführung und Studium über Jahre hinweg zu verbinden ist mit außergewöhnlich strapaziösen Ansprüchen verbunden, zumal Männer in der Regel noch nicht einen gleichwertigen Anteil an der Kinderpflege und Hausarbeit übernehmen. In den letzten Jahren wird daher immer häufiger die Notbremse gezogen und auf Kinder überhaupt verzichtet, um einer ominösen «Selbstverwirklichung» den Vorrang einräumen zu können. Diese Lösung ist aber auch mit gravierenden Nachteilen verbunden. Die Bestandserhaltung der deutschen Gesellschaft, seit 1972 ohnehin demographisch in Frage gestellt, wird auch dank dieser Haltung immer illusorischer. Gerade Kinder von Akademikerinnen könnten eine privilegierte Förderung genießen. Setzt die späte Trauer wegen der entgangenen Erfahrung mit eigenen Kindern ein, ist die biologische Uhr nicht mehr zu korrigieren. Die dürre Alternative: Berufserfolg oder Kinder, wird in Frankreich oder Nordamerika nach Kräften vermieden, da Kinderbetreuungseinrichtungen von der Kita über den Kindergarten bis zur Ganztagsschule den Müttern eine vorauskalkulierbare Entlastung bringen, die durch die Familienzuschüsse und Steuererleichterungen einer pronatalistischen Politik noch ausgedehnt wird.

Zu einem nicht geringen Teil hängt die Ungleichheit auf den verschiedenen Stufen der Universität aber auch mit der geschlechtsspezifischen Fächerwahl zusammen, die Frauen seit langem in einem sehr ausgeprägten Maße treffen. So stellten z. B. 1989 Studentinnen in den Ingenieurwissenschaften nur 12 %, in der Mathematik und den Naturwissenschaften 32, in Jura und Betriebswirtschaftslehre 36 %, aber in den Sprach- und anderen Kulturwissenschaften, in Pädagogik und Psychologie jeweils 62 %. Infolgedessen wurden in diesen zuletzt genannten Fächern auch die Qualifikationsrituale häufiger absolviert.

Überhaupt drängen sich junge Frauen in relativ wenigen Ausbildungsberufen zusammen: für die Büroarbeit im Dienstleistungssektor, für Verkaufen und Lehren, Betreuen und Pflegen. Diese Überrepräsentation in der Berufsschulung für die klassischen Frauenbereiche des Lehrens, Heilens und Helfens, mithin die Ausbildung als Krankenpflegerin, medizinisch-technische Assistentin, Physiotherapeutin ist aber mit nicht unerheblichen Kosten und großem Zeitaufwand verbunden, ohne daß der Arbeitsmarkt später diese Investitionen auch angemessen belohnt. Auffällig selten wählen Frauen dagegen technische oder produktionsnahe Berufe. Hier wirken sich offenbar zählebige Geschlechtsstereotype einer angeblich frauengemäßen Berufstätigkeit noch immer hemmend aus.

3. Auch auf dem Politikfeld zeichnet sich ein ambivalentes Bild ab. Wie seit jeher stellen Frauen nur eine Minderheit in der Mitgliedschaft aller politischen Parteien. 1970 betrug die Frauenquote in der CSU 10 %, in der CDU 13,6, in der FDP 15, in der SPD 17,3 %. 1990 hatten sich die Quotenanteile deutlich verbessert: Die CSU kam jetzt auf 17, die CDU und die FDP erreichten 25, die SPD 29 %; allein bei den Grünen erzielten sie 36 %. Der Aufstieg in der Funktionärshierarchie gelang Frauen aber immer noch ziemlich selten. In den Gewerkschaften sah die Zusammensetzung trotz der inzwischen gestiegenen Erwerbsquote der Frauen ganz ähnlich aus.

1988 waren dort nur 25 % der erwerbstätigen Frauen Mitglieder (bei den Männern immerhin 43 %). Im Bundestag und in den Länderparlamenten ist die Anzahl der weiblichen Abgeordneten trotz der heftigen Quotendebatte auffällig klein geblieben. Dagegen drückte sich die Umwerbung der Wählerinnen in einem klaren Frauenaufstieg in die öffentlichkeitswirksamen Bundesvorstände der Parteien aus. In der SPD kamen Frauen immerhin auf 42, in der CDU selbst jetzt nur auf 28 %. Auch in den Ländern war es den Frauen bis 1990 gelungen, 46 von 172 (27 %) Ministerämtern für sich zu gewinnen.

Das Beharrungsvermögen patriarchalischer Strukturen in der Politik hing aber auch mit dem Nachteil zusammen, daß es rund zwei Jahrzehnte lang keine aktive, politisch vorwärtsdrängende Frauenbewegung als Motor der Veränderung gab. Zwar schlossen sich 1969 hundert Verbände mit etwa zehn Millionen Mitgliedern im «Deutschen Frauenrat» zusammen, doch diese nur äußerlich imponierende Mammutorganisation führte selbstzufrieden ein politisches Schattendasein. Die «neue Frauenbewegung» einer jüngeren, von der feministischen Kritik erfaßten Generation entfaltete sich erst in den 70er Jahren. Sie war zum Teil ein Erbe der antiautoritären 68er Bewegung, zum Teil das Ergebnis von Konflikt- und Beschleunigungserfahrungen. Sie drängte z.B. auf das neue sozialliberale Scheidungsrecht, das an die Stelle des Verschuldensprinzips das Zerrüttungsprinzip zu einer Zeit setzte, als die Scheidungsrate von 1961 = 10 % (1895 = 1,5 %) bis 1971 auf 23,1 % gestiegen war. Die sozialliberale Reform des Familien-, Ehe- und Scheidungsrechts brachte 1977 eine grundlegende Verbesserung, da das Partnerschaftsmodell gegen die herkömmliche Hausfrauenehe durchgesetzt wurde.

In den sogenannten Kinderläden wurde unter Mißachtung der bewährten Maxime, daß auch und gerade Kinder mit Grenzen umzugehen lernen müssen, eine Extremform der antiautoritären Erziehung praktiziert. 83 % der befragten Frauen sprachen sich 1973 für die Freigabe der Abtreibung aus, für die vorher mit einer spektakulären Aktion geworben worden war. Die vom Bundestag 1974 eingeführte Fristenlösung (Abort bis zum dritten Monat der Schwangerschaft) wurde vom Bundesverfassungsgericht 1975 als verfassungswidrig kassiert. Statt ihrer wurde 1976 die Indikationenlösung gesetzlich verankert, wonach die Abtreibung bis zur 22. Woche straffrei bleiben sollte, wenn eine medizinische, soziale oder kriminologische Indikation ermittelt worden war und eine eingehende Beratung stattgefunden hatte.

Inzwischen hatten die Aktivistinnen der neuen Frauenbewegung zahlreiche städtische Frauenzentren gegründet, Ausstellungen, Aktionen und Feste veranstaltet. Überhaupt bemühten sie sich, den Forderungskatalog des ersten großen Bundesfrauenkongresses, der 1972 in Frankfurt abgehalten worden war, in politische Maßnahmen zu übersetzen. Dabei ging es um die Erleichterung der Teilzeitarbeit, den gleichen Lohn für gleiche Arbeit, das Babyjahr für Mütter und Väter, die Streichung des Paragraphen 218, die Verwirklichung weiblicher Autonomie. Wie mühselig sich der politische Nahkampf auch erweisen sollte, führte der Politisierungsschub seit den 70er Jahren doch zu einer spürbar verbesserten Annäherung an die Gleichstellung, wie das eine Gesamtbilanz um 2000 erweisen kann. So unübersehbar dieser Erfolg der Schwungkraft der «neuen Frauenbewegung» zu verdanken ist, bleibt doch auch die dynamisch vorwärtstreibende und vor allem dauerhafte Aktivität einer Vorkämpferin der Frauenemanzipation wie Alice Schwarzer mit ihrer Zeitschrift «Emma» anzuerkennen, die über Jahrzehnte hinweg diese Bewegung in hohem Maße vorangeschoben hat.

4. Wenn auch in der Arbeitswelt, im Bildungswesen und in der Politik innerhalb weniger Jahrzehnte durchgreifende Verbesserungen zugunsten der Frauen durchgesetzt worden sind, ohne doch die Traditionsrelikte vollständig überwunden zu haben, bleibt offenbar die Rollenzuweisung in der Familie oder Lebenspartnerschaft «sehr zählebig» auf überkommene Muster fixiert. Ein dauerhafter Wandel ist im Grunde nur vorstellbar, wenn sich zum einen eine andere Arbeitsteilung durchsetzt, der zufolge Männer ungleich intensiver als bisher in die Kindererziehung und Hausarbeit einbezogen würden. Zum andern müßte es zu einer großzügigeren (aber auch kostspieligen) Delegation der Familienarbeit an Hilfskräfte und zu einem optimierten Technikeinsatz kommen. Die erste Variante ist deshalb schwierig zu verwirklichen, weil sich Väter eher für eine – freilich auch dann noch arg begrenzte – Kinderbetreuung als für die Haushaltsführung entscheiden. Noch immer sind es nur maximal 20 % der Männer, die ihren berufstätigen Frauen im Haushalt gelegentlich helfen. Waschen, Kochen, Bügeln, Säubern – das bleibt immer noch zu 90 % die Aufgabe der Frauen. Nur beim Einkaufen und Geschirrspülen sowie bei Behördengängen hat sich eine gemeinsame Aktivität oder ein Abwechseln der Partner eingespielt. Die traditionelle Rollenverteilung nicht nur in der Familie, sondern auch in den Lebensgemeinschaften besitzt offenbar ein «enormes Beharrungsvermögen», das ein Haupthindernis für die Gleichstellung der Frauen bleibt.

Außerdem türmen sich weitere Hürden für den gleichzeitig angestrebten beruflichen Erfolg auf. Spitzenpositionen verlangen permanent den zuverlässigen Beistand in der Familie und im Haushalt. Diese Hilfe ist nicht immer leicht und auf lange Zeit zu finden. Bei einer Umfrage fanden zwar 70 % der Männer die Einrichtung des Erziehungsurlaubs «gut», doch nur ganze 2 % nahmen ihn auch in Anspruch. Der Einstieg in die erfolgversprechende Berufskarriere muß außerdem im «richtigen Alter» erfolgen, wird aber gerade dann durch Kinder erschwert. Wollen die Männer um des beruflichen Vorteils willen den Wohnort wechseln, schließen sich ihnen Frauen entgegen ihrer eigenen Interessenlage gewöhnlich an, da sie eher bereit sind, solche Konflikte zugunsten des Partners zu lösen.

Selbst wenn es gelingt, in der Arbeitswelt, im Bildungssystem und in der Politik weitere Barrieren abzubauen, die der Gleichstellung der Frauen entgegenstehen, bleiben doch im primären und sekundären Sozialisationsprozeß für Mädchen und junge Frauen sowie im traditionsverhafteten Familienleben weitere Hürden erhalten, die sich hartnäckig gegen eine Beseitigung sträuben.[20]

## 9. Die klassenspezifischen Heiratsmärkte: Soziale Schließung durch Homogamie

Ob das Konnubium hohe Ungleichheitsbarrieren wie die klassenspezifische, religiöse oder ethnische Herkunft zu überwinden vermag – das ist für die Historische Sozialwissenschaft seit langem eine aufschlußreiche Probe, eine Art von Lackmustest darauf, wie tief die Kluft zwischen den sozialen Klassen, den religiösen und ethnischen Verbänden oder wie gering der Abstand zwischen den Angehörigen desselben soziokulturellen Milieus ist. Wer heiratet wen? Wie geschlossen oder offen sind die Heiratskreise? Die Antwort auf diese Fragen lenkt auf harte, keineswegs von jedermann vermutete Bedingungen der Reproduktion Sozialer Ungleichheit hin. Daß es diese Bedingungen mit einem hohen Maß an Stabilität gibt, wird zwar seit den Kitschromanen von Hedwig Courths-Mahler und Eugenie Marlitt, erst recht im Zeitalter der Soap Operas und der illustrierten Klatschpresse geleugnet, da dort die romantische Liebe alle Grenzen überwindet. Doch die Wirklichkeit sieht anders aus.

Die Klassen- und Prestigehierarchie prägt, aufs Ganze gesehen, auch die Heiratsmärkte in einem erstaunlichen Umfang. Die Eheschließung wird noch immer trotz mancher Auflockerungstendenzen sozial geregelt. Denn in einem stabilen Ausmaß führen die Gefühle der Zuneigung und Liebe an erster Stelle unter Klassengleichen zu einer formellen Bindung durch die Heirat. In dem engen Nexus, den die gemeinsame Klassenzugehörigkeit der meisten Ehepaare aufweist, spiegelt sich erneut das hohe Maß an Invarianz wider, das die Struktur der Sozialen Ungleichheit im allgemeinen kennzeichnet.

In den oberen Klassen z.B. stammen 58% der Ehepartner aus demselben Klassenmilieu. Nur 14% der Männer aus der höheren Dienstklasse heiraten Frauen aus den Arbeiterklassen, wohl aber zu 44% die Töchter leitender und höherer Angestellter. Je höher die soziale Position gelagert ist, desto erfolgreicher macht sich das ständische Motiv der Schließung mit dem Ziel geltend, wertvolle Ressourcen zu monopolisieren und die Grundlinien der Lebensführung über die Generationsschwelle hinweg festzulegen.

In den unteren Klassen, in denen die zielstrebige Heiratsstrategie eher durch eine resignative Schließung ersetzt wird, heiraten durchweg zwei Drittel der Arbeiter wieder die Töchter von Arbeiterfamilien. Mit einem noch deutlich höheren Prozentsatz weisen aber die Adligen und Landwirte die höchste Homogamierate auf. Insgesamt bleiben klassenspezifische Heiratsmärkte mit scharf markierten Grenzen für die unterschiedlichen Sozialformationen bestehen. Sie sorgen für die klare Fortsetzung der sozialen Segmentierung und unterstützen die durch den Sozialisationsprozeß sorgfältig genährte Neigung, innerhalb der eigenen Klasse zu heiraten, um sich weiter im vertrauten Ambiente der Verhaltensweisen, im gewohnten Haushalt der Gefühle und im Umfeld derselben Denkformen aufzuhalten.

Die Häufigkeit dieser auf Homogamie gerichteten Eheentscheidungen enthält ein schwerwiegendes Argument gegen die modische Behauptung der Entstrukturierung und Individualisierung, welche die gegenwärtige deutsche Gesellschaft angeblich in wachsendem Maße prägt. Vielmehr gehört die kontinuierliche Funktionsfähigkeit strikt segmentierter Heiratsmärkte zu jenen durchschlagenden Einwänden, welche diese Interpretation dementieren.

Die Bildungsreform seit den 6oer Jahren hat, entgegen den oft euphorischen Erwartungen, keineswegs zu einer Verflüssigung der Grenzen zwischen den Heiratsmärkten geführt. Vielmehr haben neuere Analysen eine erstaunlich konstante soziale Homogenität des Kohortenverhaltens bis zur Höhe von 40 bis 70 % der Eheschließungen nachgewiesen; gewachsen ist offenbar nur der Anteil «aufwärts» heiratender Frauen. Sonst aber erzeugt der Ausbildungsprozeß im höheren Bildungssystem, das inzwischen mehr als ein Drittel eines jeden Jahrgangs aufnimmt, von Stufe zu Stufe immer homogenere Kleingruppen, in denen, meist nach der Abschlußprüfung, auch zur Heirat geschritten wird. Die Reform hat offenbar nur zu einer schwachen Öffnung der Heiratskreise geführt. Gehalten hat sich vielmehr der kräftige langlebige Trend zur Bildungshomogenisierung und von dort zur Homogamie.

Erneut ist auch bestätigt worden, daß sich der direkte Einfluß der sozialen Herkunft um so nachhaltiger auswirkt, je höher die Position des Elternhauses gelagert ist. Das Bildungssystem wird zwar als Heiratsmarkt immer wichtiger. Doch es wird von denselben beständigen Selektionsregeln beherrscht, die bisher die Heiratskreise reguliert haben. Die Hierarchie der Sozialen Ungleichheit kanalisiert offensichtlich auch die emotionalen Verbindungen vor der Eheentscheidung in einem ungleich höheren Maße als man gemeinhin annimmt. Das ist ein weiterer Beweis dafür, daß soziale Klassen auch emotionale Klassen mit einem eigenen hochspezifischen Gefühlshaushalt sind.[21]

## 10. Stabilitätsanker oder Auslaufmodell? Die Familie

Durch den Krieg und die Nachkriegsprobleme wurden zahlreiche Familien außergewöhnlichen psychischen und materiellen Belastungen ausgesetzt. Die langjährige Abwesenheit der Männer beim Militär oder danach noch in der Kriegsgefangenschaft, der Bombenkrieg, die Evakuierung, erst recht die Flucht und Vertreibung schufen für Millionen von Frauen und Kindern eine Notsituation, die freilich gleichzeitig den Familienverband als Stabilitätsanker in einer chaotischen Zeit nachhaltig aufwertete. Auch das Selbstbewußtsein all jener Frauen, die nicht nur ihre Familie, sondern häufig auch das Geschäft oder den Bauernhof ohne den männlichen Ernährer durchbringen mußten, nahm zu, da sie sich Jahr für Jahr mit ihrer Kompetenz bewährten und dadurch ein unerwartetes Prestige gewannen. Deshalb kam es oft zu heftigen innerfamiliären Spannungen, wenn die Männer nach jahrelanger Abwesenheit zurückkehrten und die Frauen sich in ihre traditionelle Geschlechtsrolle im zweiten Glied wieder einfügen mußten.

Millionen Männer aber kamen nicht wieder. Oft stellte sich das erst nach einer quälenden Phase der Ungewißheit heraus, während der nur eine Vermißtenmeldung vorlag. Ihre Witwen und Waisen waren besonders hart getroffen. Trotz der häufigen Wiederverheiratung wurden 1950 noch immer 1,7 Millionen Witwen in der jungen Bundesrepublik gezählt (nachdem man ihre Zahl nach 1945 nicht sofort exakt ermittelt hatte), und 2,2 Millionen Kinder erhielten zu dieser Zeit eine Waisenrente. Jedes vierte Kind wuchs ohne den getöteten oder vermißten Vater auf. Überdies befanden sich die vaterlosen Familien zunächst in einer materiell überaus prekären Lage, denn die monatlichen Zahlungen an die «Kriegerfrauen» waren längst vor dem Mai 1945 eingestellt worden. Erst 1950 brachte ihnen das Bundesversorgungsgesetz eine einheitliche, wenn auch kärgliche Regelung.

Die Kriegsverluste hatten vor allem in den Jahrgängen von 1910 bis 1925 eine massive Bevölkerungsverschiebung zuungunsten der Frauen ausgelöst. 1946 entfielen z.B. in Bayern auf hundert Männer in den Kohorten der 20 bis 35jährigen 162 Frauen, auch 1950 betrug dieses Verhältnis noch immer 100 zu 144. Erst in den 50er Jahren begannen sich die Proportionen der Geschlechter auf dem Heiratsmarkt zu normalisieren.

Bis dahin war ein wahrer Scheidungsboom mit einer doppelt so hohen Trennungsrate wie in den 30er Jahren abgelaufen. Geschieden wurden insbesondere die zwischen 1939 und 1945 geschlossenen Kriegs- und Urlaubsehen. Außerdem hatte die Tätigkeit der Gerichte zwischen 1943 und 1946 im allgemeinen geruht, so daß sich ein Überhang an Scheidungsprozessen aufgestaut hatte, die dann bis 1950 zu Ende geführt wurden. Nur ein Drittel der Anträge stammte von Männern, zwei Drittel von ihnen wurden dagegen von Frauen gestellt, obwohl sie im Fall eines Schuldurteils keinen Anspruch auf Unterhalt durch den Ehegatten besaßen.

Auf der anderen Seite kam es auch zu einer auffälligen Vermehrung der Eheschließungen, da wegen des Krieges und der Nachkriegsbelastungen zahlreiche Verbindungen aufgeschoben worden waren. Eine zweite Ursache lag aber in den «anderen Umständen», denn während der 5oer Jahre wurden 75 % aller Heiraten geschlossen, weil ein Kind bereits geboren oder die Schwangerschaft sichtbar fortgeschritten war. In den Jahren zwischen 1945 und 1955 stieg überhaupt der Anteil der außerehelichen Kinder in manchen Städten auf eine doppelt so hohe Rate wie in den 3oer Jahren oder auf 30 % aller Lebendgeburten. In der Öffentlichkeit wurden diese sogenannten Illegitimen für eine moralisch anrüchige Kriegsfolge des evidenten Normenzerfalls gehalten. Immerhin ein Sechstel von ihnen stellten die Kinder von Besatzungssoldaten: 1951 waren in der Bundesrepublik und in Westberlin 91 000 registriert, darunter 5000 farbige und 3200 Kinder als Folge einer Vergewaltigung. Bis 1970 das Sorgerecht für die Mütter eingeführt wurde, unterlagen diese Kinder – auch 68 000 «Besatzungskinder» – der Amtsvormundschaft, zumal ein hoher Anteil der Väter mit «unbekanntem Wohnsitz» gemeldet war und die Besatzungsdienststellen die Registrierung der Kinder ihrer Soldaten bei den örtlichen Jugendämtern verboten hatten.

Welche Leistung die Familie und namentlich die Frauen in ihrem Zentrum während der Nachkriegsjahre vollbrachten, tritt noch einmal zutage, wenn man sich das Panorama der zeitgenössischen Lebensbedingungen vergegenwärtigt. Ein volles Drittel der westdeutschen Bevölkerung, 21 bis 23 Millionen Menschen, bestand aus kraß benachteiligten Flüchtlingen, Vertriebenen, Schwerversehrten, Bombengeschädigten, Evakuierten, Spätheimkehrern. Unter den Flüchtlingen und Vertriebenen waren 40 % der Familien wegen der horrenden Verluste auf dem Weg nach Westen «unvollständig». Mindestens fünf Millionen Wohnungen fehlten nach Kriegsende, und der Bedarf wuchs ständig weiter. Erst seit der Mitte der 5oer Jahre entstanden reichlicher Neubauwohnungen; dank der Konjunktur der Bauwirtschaft konnten die Lücken in den 6oer Jahren im wesentlichen geschlossen werden. Bis dahin herrschte unablässig Streit in den engen Wohnungen, die sich Einheimische und Fremde gleich welcher Herkunft teilen mußten. Die Nutzung von Küche und Bad stiftete unentwegt Unfrieden. Die desolate Versorgungslage mit ihrer Suche nach Lebensmitteln verschärfte die allgemeine Desorientierung.

Angesichts all dieser Schwierigkeiten und Entbehrungen bewährte sich die Institution der Familie als Halt gebende Solidargemeinschaft. Sie bildete weit mehr als einen «Stabilitätsrest» (H. Schelsky) in turbulenten Zeiten, denn ohne ihre Bewältigungskapazität gegenüber unüberwindlich wirkenden Alltagsproblemen hätte in der Tat weithin Anomie regiert. Mit der ganz unerwartet anhaltenden Hochkonjunktur der «Wirtschaftswunder»-Jahrzehnte wurde dann die spannungsgeladene Situation allmählich entzerrt: Lebensmittel, Wohnraum, Möbel standen wieder zur Verfügung – im Grunde viel schneller, als die meisten nach dem totalen Krieg und dem Nachkriegschaos zu hoffen gewagt hatten.

Für die Familienmütter bahnte sich mit der «Rückkehr zur Normalität» eine ambivalente Entwicklung an. Zum einen wurde ihnen ganz überwiegend zugemutet, zur traditionellen Rollenverteilung zurückzukehren. Ungeachtet ihrer zuvor bewiesenen bravourösen Selbständigkeit mußten sie wieder die Haushaltsführung und die Kinderaufzucht übernehmen, während den Männern die Funktion des Ernährers und Familienoberhaupts zufiel. Erst 1959 hob das Bundesverfassungsgericht die alleinige Entscheidungsgewalt des Ehemanns in der Familie auf. Kein Wunder, daß eine der ersten Meinungsumfragen des Allensbacher Institutes 1949 ein eindeutiges Resultat ergab: Die große Mehrheit sah die Ehe noch nicht als Partnerschaft gleichberechtigter Persönlichkeiten realisiert. Kein Wunder auch, daß die Mütter seit den 50er Jahren wachsenden Einfluß auf den Rang der beruflichen Ausbildung ihrer Töchter nahmen.

Zum andern drängten aber arbeitsuchende Frauen insbesondere nach der Währungsreform auf den Arbeitsmarkt, und unter ihnen wuchs der Anteil der verheirateten Mütter rasch an. Im allgemeinen wurden berufstätige Frauen gesellschaftlich toleriert, sofern sie keine Kinder besaßen oder auf dem Bauernhof und im Handwerk mithalfen. Dagegen machte sich der verstockte Widerstand gegen verheiratete erwerbstätige Mütter, allen kurz zuvor gemachten Erfahrungen mit ihrer Leistungsfähigkeit zum Trotz, erstaunlich massiv geltend. 1955 etwa sprachen sich bei einer demoskopischen Umfrage noch fast zwei Drittel (59%) für ein schnelles gesetzliches Verbot aus, das diese Mütter vom Arbeitsprozeß ausschließen sollte.

Zuerst trieb die blanke Not, dann das unleugbar stärker werdende Motiv der Wohlstandsteilhabe während des stetigen Lebensstandardanstiegs immer mehr verheiratete Mütter auf die Arbeitssuche. 1950 erreichten sie mit 12,8% der weiblichen Erwerbstätigen erst den Anteil von 1933 (12,5%), doch bis 1960 hatte sich ihre Rate verdoppelt (26,4%), bis 1970 verdreifacht (36,3%) und bis 1980 fast die Hälfte aller berufstätigen Frauen erreicht (49%). Insbesondere im Dienstleistungsgewerbe öffneten sich zahlreiche Berufsstellen, doch auch die Industrie reagierte positiv auf das anschwellende Angebot weiblicher Arbeitskräfte, da sie in den «Leichtlohngruppen» bequem als Lohndrücker eingesetzt werden konnten, obwohl die formale Gleichstellung am Arbeitsplatz beschworen wurde.

Trotz der 68er-Kritik am Mief der bürgerlichen Intimfamilie zehrten die Familie und die Ehe drei Jahrzehnte lang von dem eindrucksvollen Erfolgspolster, das sie im Erfahrungshorizont von Millionen Menschen seit den Kriegsjahren angesammelt hatten. Dann aber setzten seit den 80er Jahren Veränderungen ein, die sich zuerst gewissermaßen subkutan, schließlich jedoch seit den 90er Jahren in aller Öffentlichkeit nachdrücklich zur Geltung brachten. Die Anzahl der nichtehelichen «Lebenspartnerschaften», der Scheidungen, der Singles und der alleinerziehenden Mütter stieg zur gleichen Zeit auf dramatische Weise an. Damit war ein scharfer Rückgang der Geburten bei einem gleichzeitigen Anstieg der durchschnittlichen Lebenserwartung verbunden. 1960 waren wegen des Babybooms jener Jahre im statistischen Mittelwert noch 250 Kinder auf hundert westdeutsche Frauen entfallen. Zwanzig Jahre später (1985) waren es nach einer Halbierung der Fertilitätsrate nur mehr 128. Für die Bestandserhaltung der Gesellschaft, die schon seit 1969 nicht mehr erreicht wurde, wären jedoch 208 Kinder nötig gewesen. Diese bedrohliche Entwicklung läßt sich auch daran ablesen, daß seit den 70er Jahren mehr Menschen starben als geboren wurden.

Wo sind die wesentlichen Ursachen dieses Vorgangs zu suchen, daß Ehe und Familie als «sinnstiftendes Element des Lebens» derart tiefgreifend erodierten? Da machten sich zuerst langlebige Trends geltend, die jetzt kulminierten. Das war zum einen der Strukturwandel der Familie wegen des Verlusts der ökonomischen Bedeutung von Kindern, deren frühere Leistungen vollständig vom Sozialstaat übernommen wurden. Und da war zum zweiten der säkulare Siegeszug der weiblichen Emanzipation von der herkömmlichen Rollenverteilung, anders gesagt: die Entscheidung der Frauen für ein gleichberechtigtes Berufsleben und Einkommen, womit für viele der Verzicht auf Kinder oder ein Aufschieben der Geburt des einzigen Kindes bis zu dem Zeitpunkt impliziert war, wo die biologische Uhr zu ticken begann, nicht selten auch den Nachwuchs verhinderte.

Derartige Weichenstellungen überschnitten sich mit der Ausbreitung eines hedonistischen Konsumdenkens, das der Verfolgung des individuellen Interessenegoismus die Priorität einräumte. Auf der einen Seite breitete sich die Scheu vor einer langlebigen Festlegung auf einen Ehepartner aus, an deren Stelle für mehr oder minder begrenzte Zeit ein «Lebensabschnittsgefährte» trat. Auf der andern Seite wurde die Paarbeziehung durch eine hochemotionalisierte Wertschätzung überhöht, die Kinder letztlich als störende Last erscheinen ließ. Dieser unverhüllten Aversion entsprach die gesellschaftliche Akzeptanz der Kinderlosigkeit als eines Dauerzustands. Die neuen Mittel der Empfängnisverhütung erleichterten die Vermeidung von Schwangerschaft und die Familienplanung. Und die konjunkturellen Schwankungen seit den Ölpreisschocks führten zusammen mit dem Funktionsverlust mancher Arbeitsmärkte für viele eine ökonomische Unsicherheit herbei, die als restriktive Bedingung ihr soziales Verhalten bestimmte.

Diese allgemeinen Faktoren dürfen aber nicht die klassenspezifischen Unterschiede verbergen. Nichteheliche Partnerschaften, Scheidungen, Singles und alleinstehende Mütter traten in den oberen und mittleren Klassen ungleich zahlreicher auf als in den unteren. Diese Zunahme läßt sich offenbar zum einen auf die vermehrten höheren Bildungsabschlüsse, zum andern auf die weiter fortgeschrittene Auflockerung des Normengefüges im oberen Teil der Sozialhierarchie zurückführen, welche eine milieuspezifische Lebensführung unterstützte. Obwohl sozialstatistische Massendaten noch nicht aufbereitet worden sind, haben doch aufschlußreiche Stichproben ergeben, daß Väter mit Abitur zu 51% geheiratet und mindestens ein Kind bekommen haben, während 41% ledig blieben. Väter mit einem Volks- oder Hauptschulabschluß dagegen haben zu 67% geheiratet, während nur 26% ledig blieben.

Wie sehr wiederum das Kohortenverhalten auch durch die Veränderungen des «Zeitgeistes» bestimmt wurde, läßt sich daran ablesen, daß Ehepartner aus den Jahrgängen von 1933 bis 1942 zu 28% eine Familiengröße von drei oder sogar noch mehr Kindern erreichten, 13% aber gar keine Kinder besaßen. In der nächsten Altersgruppe der Jahrgänge von 1943 bis 1957 fiel der Anteil der Kinderreichen bereits auf 15%, derjenige der kinderlosen Ehepaare stieg dagegen auf 21%.

Da sich die Rahmenbedingungen für die vorn erwähnten strukturellen Trends auf absehbare Zeit nicht ändern werden, werden sich die (vorn im Kapitel über die Bevölkerungsgeschichte angeschnittenen) demographischen Probleme weiter verschärfen und den politischen Handlungsdruck erhöhen.

Ganz offen sind noch einige Fragen: Wie können Kinder auch materiell, z. B. durch Steuererleichterungen und Transferleistungen, attraktiver gemacht werden, da doch die Befürchtung, sechzig Jahre nach dem Krieg in die Nähe der pronatalistischen NS-Politik zu geraten, nicht mehr stichhaltig wirkt? Wie lange kann die Bundesrepublik das Problem der politischen Moral aufschieben, daß Kinderlose von den Sozialabgaben der Kinder anderer Leute unterhalten werden? Welche psychischen Probleme bürden «Entfamiliarisierung» (T. v. Trotha), Lebenspartnerschaften und Kinder, die ohne Vater mit einer alleinerziehenden Mutter aufwachsen, den Individuen, aber auch der Gesellschaft auf?[22]

## 11. Weichenstellung zur Ungleichheit: Jugend-Generationen

Der Begriff «Generation» ist in den letzten Jahren zum Passepartout aufgestiegen, mit dem sozial-, mentalitäts- und politikgeschichtliche Probleme insbesondere der Neuzeit entschlüsselt werden sollen. Dieser Trend hat auch die Zeitgeschichte erfaßt. Die Kritik, daß es sich um einen vagen Allerweltsbegriff ohne trennscharfe Konturen handle, trifft freilich auf gute Gegenargumente. Denn seitdem «Generation» durch den Soziologen Karl Mannheim bereits in den 1920er Jahren thematisiert worden ist, hat sich die Analyse relativ kompakter, durch kollektive Erfahrungen verbundener und daher von Vorgängern und Nachfolgern deutlich unterschiedener Alterskohorten als nützliches analytisches Instrument erwiesen, um Gemeinsamkeiten und Unterschiede der Lebensgeschichte, Denkformen und Handlungsweisen herauszuarbeiten. Insofern ist die Generationenforschung im Kern auch stets auf den Vergleich angewiesen.

Wenn man sich dem Problem nähern will, wie in den verschiedenen Altersgruppen der Jugendlichen nach 1945 die Weichen für den Übergang in das Erwachsenen- und Berufsleben, damit auch endgültig in die Arena der Sozialen Ungleichheit gestellt wurden, erweist sich der Schlüsselbegriff der Generation nicht nur als heuristisch hilfreich. Vielmehr trifft er auch im Hinblick auf Erklärungs- und Überzeugungskraft auf keine überlegene Alternative.

1. Die jüngsten Soldaten der Wehrmacht und Waffen-SS bildeten eine klar erkennbare politische Generation. Himmler hatte als Chef des Ersatzheeres die Einberufung der 16jährigen vom September 1944 ab eingeführt; Oberschüler und Gymnasiasten wurden bevorzugt der Waffen-SS überstellt. Abertausende von Schülern und Lehrlingen wurden dadurch aus ihrem Jugendleben herausgerissen. Nach einer kurzen, nur provisorischen Ausbildung kamen sie zum Einsatz an die Front, wo ihre durchschnittliche Überlebenszeit wegen des evidenten Mangels an Kriegserfahrung auf maximal vier Wochen zusammenschrumpfte. Zusammen mit den jungen Soldaten der Jahrgänge 1926/27 bildeten sie eine Generationskohorte, die unmittelbar dem Kriegsgeschehen mit permanenter Lebensgefahr und Massentod, Verwundung und Gefangenschaft ausgesetzt war. Die Summe dieser direkten Erfahrungen mit dem Soldatenleben im Zeichen der heraneilenden Niederlage und des allgegenwärtigen Todes unterschied sie von der nachfolgenden Generation, obwohl die Trennung nicht einmal auf einem Stichjahr, sondern auf der fatalen Wirkung eines willkürlich gewählten Stichmonats beruhte.

2. Ob man als Nichttheologe überhaupt von der «Gnade der späten Geburt» sprechen sollte, sei hier dahingestellt. Daß aber der Zufall der Geburtszeit von lebenslang anhaltender Bedeutung sein kann, läßt sich nicht bestreiten. Das gilt auch und gerade im Hinblick auf die erörterten Generationen, die innerhalb jeweils schmaler Zeitzonen ganz unterschiedlich geprägt worden sind. Wer noch nicht zu den Soldaten, sondern als Angehöriger der Jahrgänge 1927/30 zu den Flakhelfern eingezogen wurde, konnte zwar auch im Bombenkrieg gegen die deutschen Städte umkommen oder von den Begleitjägern der alliierten Luftflotten hinter seiner Vierlingsflak erschossen werden. Aber im allgemeinen dominierte eher die Angst vor der Gefahrensituation anstelle der unmittelbar akuten Lebensbedrohung im Alltag des Frontsoldaten. Der Fronteinsatz blieb den meisten Flakhelfern erspart, nur in der Schlußphase des Krieges wurden man-

che von ihnen dem letzten Aufgebot des «Volkssturms» überstellt. Sie befanden sich mithin gewöhnlich im Vorfeld des Ernstfalls, mit dem sie meist nur für kurze Zeit in Berührung kamen.

Aus den Überlebenden dieser beiden Generationen, der jüngsten Soldaten und der Flakhelfer, stammte nach dem Krieg die kleine Minderheit der ersten Studentenpopulation – zuerst höchstens 4 % der Altersgruppen –, die unter schwierigen Bedingungen, aber im Frieden studieren konnten. Sie stellten auch die jungen Facharbeiter, Angestellten und Handwerker, die sich sogleich auf das Berufsleben konzentrierten. Und man darf nicht übersehen, daß zu ihnen Abertausende von jungen Frauen stießen, die zuvor als «Blitzmädchen», d.h. als Nachrichtenhelferinnen, als Krankenschwestern und Wehrmachtsekretärinnen in die Kriegsmaschinerie des NS-Regimes eingespannt gewesen waren.

3. Die dritte Generation umfaßte die Jahrgänge 1930/35, die zwar vom militärischen Kriegsdienst und Flakhelfereinsatz verschont blieben, aber noch die vier Pflichtjahre im «Deutschen Jungvolk» der HJ mitgemacht hatten, also mit der systemkonformen politischen Sozialisation der Führerdiktatur in Berührung gekommen waren. Nur wenige von ihnen kamen bei dem letzten verzweifelten Widerstand von «Werwolf»-Einheiten, die mancherorts noch aus Mitgliedern dieser Altersgruppen gebildet worden waren, ums Leben. Doch Bombenkrieg und Kinderlandverschickung, Evakuierung und Flucht oder Vertreibung haben sie hautnah miterlebt. Wegen der Kriegseinwirkungen oder der Besatzungszeit gingen ihnen auch ein, zwei Jahre ihrer Schulzeit verloren. Doch als kompensatorischer Ausgleich fiel ihr Eintritt in die Berufswelt oder ihr Abitur überwiegend in die Zeit nach der Währungsreform, so daß sich eine entscheidende Phase ihrer Entwicklung mit dem Aufstieg der jungen Bundesrepublik, der zahllose Karrierechancen eröffnete, überschnitt.

In den Nachrichtendiensten der westlichen Alliierten hatte man diese zweite und dritte Generation der Flakhelfer und Jungvolk-Pimpfe für eine politisch hochgefährdete Altersgruppe gehalten, da der Nationalsozialismus während einer besonders aufnahmefähigen Lebensperiode in ihre Köpfe eingedrungen sei; wahrscheinlich brauche man daher viele Jahre, bis aus ihnen verläßliche demokratische Bürger geworden seien. Genau das Gegenteil trat ein. Die Erinnerung an die Einflüsse der politischen Indoktrination im «Dritten Reich» wurde im allgemeinen erstaunlich umfassend und so schnell wie irgend möglich verdrängt. Eine nostalgische Verklärung dieser jüngsten Vergangenheit tauchte eigentlich nirgendwo auf, nicht einmal bei den ehemaligen Schülern der Napola und Adolf-Hitler-Schulen. Vielmehr zeigte sich eine lebensgeschichtlich bedingte Immunisierung gegenüber jedweder ideologischen Verheißung. Daher sprach der Soziologe Helmut Schelsky mit seinem Gespür für treffende Formulierungen 1957 zu Recht von der «skeptischen Generation».

4. Eine vierte Generationskohorte bildete sich aus den Angehörigen der Jahrgänge 1935 bis 1945 heraus. Sie hatten mit dem Krieg nur einen indirekten Kontakt. Doch zahlreiche Väter kamen nicht zurück. Den Hunger der Notjahre 1945/47 spürten auch sie. Die Bombardierung der Städte, die Flucht und Vertreibung aus dem Osten unter den chaotischen Bedingungen des Trecks in einem extrem harten Winter prägten sich ihnen, so jung sie auch sein mochten, tief ein. Seither gehörten solche Erfahrungen zu ihrer mentalen Grundausstattung. Nachdem sie auch noch auf diese Weise vom Krieg versehrt worden waren, fiel freilich ihre bewußter erlebte Kindheit oder Jugendzeit meist in die Jahre des Wiederaufstiegs. Sie wurden getrübt durch das Schweigen der Väter (oder der Eltern überhaupt) über den Krieg und ihre eigenen Lebenserfahrungen in den «braunen Jahren».

Unstreitig hat sich die Majorität dieser vier Generationen, die jeweils nur wenige Alterskohorten umfaßten, aber durch schroffe Zäsuren der Erfahrung mit dem Krieg selber oder seinen Folgen voneinander getrennt waren, mit Entschlossenheit auf die berufliche Ausbildung, danach auf den Karriereweg in einer Wachstumsgesellschaft, die das Fortkommen auf vielfältige Weise begünstigte, konzentriert. Auf der Basis des antikommunistischen Konsenses, sonst aber abhold jedem vereinnahmenden ideologischen Entwurf, gehörten sie auch zu jenem sozialen Substrat, auf dem sich die pragmatische Politik der großen Volksparteien bewegte. Dem nüchternen Interessenkalkül ohne emotionalen Überschwang zu folgen – das drängte sich diesen Generationen als Konsequenz ihrer Lebenserfahrung auf. Die Älteren waren noch von der Mobilisierung des Leistungsfanatismus beeinflußt worden, den der Nationalsozialismus mit so zielstrebiger Entschiedenheit gefördert hatte. Insofern paßten sie in das Wettbewerbssystem der «Sozialen Marktwirtschaft», zu deren leistungsbereiten und -fähigen Trägerschichten sie sogleich gehörten, während den Jüngeren das Leistungsdenken dort anschaulich vermittelt wurde.

Ein auffälliges Unikat bildet eine Gruppe von Angehörigen dieser Generationen. Im wesentlichen zwischen 1929 und 1941 geboren, reüssierten sie in unterschiedlichen Wissenschaftsbereichen, scheuten aber gleichzeitig nicht das Engagement in der weiteren Öffentlichkeit während aufflackernder politischer Kontroversen oder im zähen Kampf um die Meinungsführerschaft, wenn sie immer wieder ihr Urteil pointiert äußerten. Diese Bereitschaft, die neue Republik als unerwartete zweite Chance mit prinzipieller Zustimmung, sogleich aber auch mit kritischer Aufmerksamkeit zu begleiten, war offenbar das generationsspezifische Resultat von Diktatur und Kriegserfahrung, Niederlage und Holocaust. Diese prägenden Einflüsse ergaben eine stimulierende Verbindung von eigentümlichen Erfahrungen und Herausforderungen, welche dieser Gruppe trotz aller Meinungsunterschiede im einzelnen seit der Mitte der fünfziger Jahre den

Charakter einer «strategischen Clique» verliehen. Man denke nur an repräsentative Figuren wie Jürgen Habermas, Ralf Dahrendorf, Rainer Lepsius, Christian Meier, Thomas Nipperdey, Ernst-Wolfgang Böckenförde, Wolfgang und Hans Mommsen, Jürgen Kocka, Dieter Grimm, Heinrich August Winkler u. a., die alle wissenschaftliches Ansehen erwarben, aber auch als politische Publizisten wirkten.

Eine vergleichbare Gruppe hat es, das sticht besonders ins Auge, weder in anderen Verliererstaaten wie Italien, Österreich oder Japan noch in Siegerstaaten wie England, Frankreich und den USA gegeben. Zwar beteiligten sich in Italien nicht wenige Intellektuelle an der Auseinandersetzung um das Mussolini-Regime, die Resistenza samt ihrem Mythos und die Rolle der KPI, in Österreich am Streit um den Klerikofaschismus der 30er Jahre, den «Anschluß» von 1938 und die nationale Identitätskonstruktion der Nachkriegsrepublik, in Japan an der sehr kurzlebigen Diskussion über die Rolle des Tenno, des Militärs und der pazifischen Expansionspolitik. Doch nirgendwo kam es zu einer kontinuierlichen Teilnahme prominenter Wissenschaftler an den öffentlichen Kontroversen über fünf Jahrzehnte hinweg. Das trifft auch auf die Vereinigten Staaten zu, wo die Journalistenzunft ihre Domäne gegen das Eindringen von Außenseitern verbissen und erfolgreich verteidigte, und auch auf England, wo nur einige profilierte Neomarxisten wie Eric Hobsbawm und Edward P. Thompson zeitweilig in die öffentliche Debatte eingriffen. Und in Frankreich wandten sich einige junge Historiker und Sozialwissenschaftler als Reaktion auf den Niedergang seit dem Frühjahr 1940 parteipolitisch, aber auch publizistisch der KPF zu, korrigierten aber durchweg alsbald ihre Entscheidung und überließen die im Grunde anstehende Auseinandersetzung mit dem autoritären Vichy-Regime und dem französischen Antisemitismus einer Debatte, die erst vierzig Jahre später ernsthaft geführt werden sollte. Im Vergleich ist freilich unschwer zu erkennen, warum die deutschen Sonderbedingungen den Typus des «Public Intellectual» unterstützt haben, dessen Repräsentanten man in letzter Zeit mehrfach mit der Kurzformel «Generation 45» charakterisiert hat.

Am unteren Ende der Sozialhierarchie bewegte sich dagegen seit der Mitte der 50er Jahre für kurze Zeit eine Sondergruppe aus der vierten Generation, die «Halbstarken». Bei ihnen handelte es sich um aus dem Milieu der Unterklassen stammende Jungarbeiter und Lehrlinge, die zum einen dagegen protestierten, daß die Wohltaten des Wirtschaftswunders ihnen nicht im erhofften Umfang zustatten kamen, zum andern die neubürgerlichen Normen und Orientierungsvorschriften der jungen Bundesrepublik als gängelnde Zumutung empfanden. Ihr Protest äußerte sich in größeren Städten im Zusammenrotten lautstark agierender Gruppen, im Anpöbeln von Passanten, im Grenzfall des Übergangs zur Gewalt gegen Sachen im Umkippen (aber nie im Abfackeln) von Autos.

Die städtische Öffentlichkeit, die sich damals dem Wohlstandsauf-
schwung des Wirtschaftswunders hingab, hatte ein derartig rabiates Protestverhalten noch nicht erlebt; sie verstand auch nicht, weshalb junge
Leute aus ihrer Mitte diese Form der Kritik an den vorherrschenden Zuständen attraktiv fanden. Infolgedessen billigte sie den durchweg maßvoll
ausgeführten Polizeieinsatz. Nicht die Ordnungskräfte erwiesen sich aber
als der entscheidende Grund, daß die «Halbstarkenkrawalle» nach kurzer
Zeit wieder erstarben. Vielmehr zeigte sich, daß dieses Protestverhalten in
den Altersgruppen der Teilnehmer keineswegs verallgemeinerungsfähig
und vor allem, da jede vermittelbare politische Zielvorstellung fehlte, auch
nicht politisch organisierbar war. Diese exotisch wirkende Regelverletzung ist daher nach kurzer Zeit im sozialen Gedächtnis der Westdeutschen
schon wieder verblasst.[23]

Zehn Jahre später tauchte die Erinnerung daran bei einigen Beobachtern freilich wieder auf, als die Studentengeneration von 1968/69 die gezielte Regelverletzung, diesmal mit anspruchsvollem theoretischen Aufwand unterfüttert, erneut praktizierte. Diese 68er-Bewegung wird unten
im Zusammenhang der inneren Politikgeschichte der Bundesrepublik
noch erörtert. Im Kontext der Jugendgenerationen braucht nur ihre tiefe
Ambivalenz festgehalten zu werden. Wenn auch aus den verschiedenen
Protestströmungen der damaligen «Außerparlamentarischen Opposition»
(APO) manche erwachsenen Demonstrationsteilnehmer stammten, wurde
die erdrückende Mehrheit doch von Studenten gestellt, die der vierten Generation der zwischen 1935 und 1945 Geborenen oder aber der neuen
fünften, im Frieden geborenen Generation angehörten.

Sie engagierten sich zum einen im Protest gegen den amerikanischen
Vietnam-Krieg, doch im Beifall für diktatorische Regime in der «Dritten
Welt», zogen die Vätergeneration wegen ihres Schweigens über die Diktatur und den Krieg zur Rechenschaft und verlangten eine Purifizierung von
allen Nationalsozialisten, die ihre Karriere in der Bundesrepublik unbeschwert fortgesetzt hatten. Zugleich forderten sie die Durchsetzung eines
neuen Lebensstils, der sich von den vermeintlich erstarrten bürgerlichen
Konventionen absetzte.

Ließen sich solche Ziele noch zum guten Teil rational nachvollziehen,
besaß die 68er-Bewegung zum andern aber auch eine dunkle Kehrseite, auf
der ihr Scheitern vorprogrammiert war. In evidenter Realitätsblindheit sah
sie ausgerechnet in der Großen und dann der Sozialliberalen Koalition unter Willy Brandt und Helmut Schmidt einen neuen Faschismus heraufzie-
hen. Die gegen ihn propagierte Gewalt gegen Sachen schlug gleitend in
Gewalt gegen Personen um. Diktatoren der «Dritten Welt» wie der Nord-
vietnamese Ho-Tschi-Minh und die Guerillaikone Che Guevara wurden in
einem romantischen Rückfall als Ideale für den künftigen Umbau hochkom-
plizierter westlicher Gesellschaften verklärt. Ein zusehends dogmatischer

Marxismus voll kruder Denkformen, z. B. in seiner «Faschismustheorie», sollte erneut als Schlüsselwissenschaft und politische Kampflehre dienen. Das Leistungsprinzip wurde verächtlich gemacht, ehe es durch das Bekenntnis zur Gesinnungstreue ersetzt wurde. Bewährte Traditionen des Zusammenlebens der Geschlechter und der Kindererziehung wurden, ohne Rücksicht auf die psychischen Folgen, unausgegorenen Alternativen geopfert.

Kein Wunder, daß angesichts der fehlgesteuerten Programmatik die 68er-Bewegung alsbald ihre Dynamik verlor, zumal als am linken Rand die Exzesse der «Roten Armee Fraktion» (RAF) und anderer irregeleiteter Radikalenzirkel begannen. Und was das mühselige Geschäft konkreter Reformen angeht, waren alle wesentlichen Rechtsreformen längst vor 1968 eingeleitet worden, hatte sich eine kritische Öffentlichkeit, keineswegs ein Produkt der APO, längst vor 1968 herausgebildet, hatte sich der Umschwung in der westdeutschen Innenpolitik längst vor 1968 angebahnt. Und was der Antiamerikanismus der 68er später zu bewirken imstande war, konnte man noch unter der rot-grünen Koalition kennenlernen, wie auch die Verächtlichmachung des Leistungsdenkens, das die 68er auf ihrem «Marsch durch die Institutionen» des Bildungssystems nach Kräften bekämpft hatten, mit dem Ergebnis der Pisa-Studien seine drastische Quittung erhielt.

Trotz der Schattenseite der 68er-Bewegung hat die Teilnahme an den Protestaktionen und Diskussionen für einige Hunderttausend doch eine generationsspezifische Erfahrung vermittelt, die später glorifiziert oder ironisiert wurde, aber im Rückblick auf die alte Bundesrepublik zum letzten Mal die Kraft zur Prägung einer politischen Generation besaß. Alle späteren Konstruktionen einer «Generation Golf» oder einer «Generation Reform» sind im Vergleich damit literarische Kunstprodukte, deren soziales Substrat nicht herbeigeschrieben werden konnte.[24]

## 12. Ungleichheit im Alter

Die deutsche Gesellschaft mit inzwischen mehr als zwanzig Millionen Rentnern jenseits der sozialrechtlichen Altersgrenze erlebt das Altern nicht nur als biologisch-individuelles, sondern zunehmend auch als folgenreiches soziales Schicksal. Denn zum einen nimmt die durchschnittliche Lebenserwartung in einem erstaunlichen Tempo und mit gravierenden Konsequenzen für die sozialen Sicherheitssysteme zu. Zum andern wirkt sich die kraß ungleiche Distribution wertvoller sozialer Ressourcen insbesondere auch auf die Altersgruppen aus, die nach dem Ausscheiden aus dem Berufsleben noch eine rund zwanzigjährige, künftig sogar noch weiter wachsende Lebenszeit vor sich haben. Damit stellt sich die Doppelfrage: Wie beeinflußt die klassenspezifische Soziallage die Lebensführung im Alter? Wie beeinflußt das Altern die Soziallage?

Alte Menschen aus den Ober- und Mittelklassen behalten im allgemeinen ihren Sozialstatus. Die Akademiker aus den freiberuflichen Professionen, den gehobenen Lehrberufen, der höheren Beamten- und leitenden Angestelltenschaft verlieren das akkumulierte Berufs- und Leistungsprestige genauso wenig wie die Unternehmer und höheren Manager. Materiell sind sie abgesichert durch Pensionen, Ruhegehaltsbezüge, Betriebsrenten und Vermögenseinkünfte. Gewöhnlich besitzen sie ein eigenes Haus oder eine komfortable Eigentumswohnung in einem privilegierten Wohnquartier. Mindestens ein Auto und eine Haushaltshilfe stehen ihnen weiterhin zur Verfügung.

Die hohe Kaufkraft ihres Alterseinkommens bestimmt den Dispositionsspielraum für ihre lebhafte Aktivität auf Urlaubsreisen, während der Verfolgung ihrer Hobbys, ihrer Fortbildungspläne (Studium über 60), ihrer Teilnahme an VHS-Veranstaltungen. Unstreitig wird der Zuschnitt ihrer Lebensführung durch ihre Nettoeinkünfte begrenzt, aber nicht durch anhaltende Individualisierung und Pluralisierung geprägt. Die materielle Sicherheit und das Bildungsniveau ermöglichen eine aktive Freizeitnutzung, während der die Kultur-, Bildungs- und Ferienangebote wahrgenommen werden. In der Regel sind diese Altersgruppen auch durch eine höhere Lernbereitschaft gekennzeichnet, da sie ihr Leben lang zu ständigem Hinzulernen angehalten worden sind.

Ihr Gesundheitszustand hebt sich von demjenigen der Empfänger niedriger Renten auffällig positiv ab, da sie an frühe Prophylaxe gewöhnt sind, bessere Kenntnisse besitzen und schneller die Entscheidung treffen, das Gesundheitssystem im Verdachts- oder Krankheitsfall in Anspruch zu nehmen. Auch politisch sind sie vergleichsweise aktiv, wie sich das in ihrem Engagement in Bürgerinitiativen, Parteien und Verbänden wie den «Grauen Panthern» ablesen läßt. Trotz all der Vorzüge, die sie daher in der Altersphase weiter genießen, stellt sich freilich allmählich ein Einflußverlust ein, da sie sich immer weiter von den Netzwerken der Entscheidungsträger entfernen.

90 % der Bevölkerung der alten Bundesrepublik bis 1990 waren durch die gesetzliche Rentenversicherung für ihr Lebensalter abgesichert. Die Höhe der Rente hängt von dem berufsspezifischen Einkommen in der Phase der aktiven Erwerbstätigkeit ab. Hinzu kommt häufig, vor allem für die Arbeitnehmer in den Großunternehmen, eine Betriebsrente, die 1990 immerhin 20 % der ausscheidenden Arbeitskräfte zustatten kam. Deutlich bessergestellt als Arbeiter und Angestellte sind Beamte, die nach vierzig Versicherungsjahren 75 % ihres Bruttoeinkommens als Altersversorgung erhalten, davon allerdings Steuern und Krankenkassenbeiträge zahlen müssen. Ihr Pensionseinkommen liegt damit im Durchschnitt um ein volles Viertel höher als das der Rentner.

Besonders benachteiligt sind verwitwete alte Frauen, deren Rente nur

60% der Rentenhöhe des Ehemanns erreicht. Da Frauen eine längere Lebenserwartung genießen, sind von dieser eklatanten Diskriminierung zahlreiche ältere Frauen betroffen: 1990 waren 58% der Rentnerinnen, aber nur 19% der männlichen Rentenempfänger verwitwet. Überhaupt sind alte Frauen auf eine den anspruchsvollen Sozialstaat bloßstellende Weise «negativ privilegiert»: Denn ihre lebenslange Familienarbeit und ihre kräftezehrende Betreuung von noch so vielen Kindern begründen keine nennenswerten Versorgungsansprüche.

Da in den Unterklassen mehr Kinder als auf den oberen Rängen der Sozialhierarchie geboren werden, können Kinder und Verwandte, die wegen der vorherrschenden Immobilität oft in der Nähe wohnen, den Eltern im Rentenalter helfen; immer häufiger kommt auch angespartes Barvermögen hinzu, während die früher gängige landwirtschaftliche Selbstversorgung zunehmend entfällt.

Trotz dieser Ausgleichsleistungen wird die Lebensführung der Rentner aus den Unterklassen und vom unteren Saum der Mittelklassen durch ihr geringes Nettoeinkommen geprägt, wobei sich verwitwete Frauen einer besonders schwierigen Altersproblematik gegenübersehen. Im allgemeinen haben es an- und ungelernte Arbeiter sowie untere Angestellte bereits in der Alterungsphase vor dem Ruhestand mit einer einschneidenden Leistungsminderung und einem Qualifikationsverlust zu tun. Auf diese Abstiegszeit folgt ein gleitender Übergang in die eigentliche Ruhestandsperiode. In ihr genießen diese Rentner ein geringes Ansehen, leiden unter dem Gefühl, an den Rand abgedrängt zu werden, auch unter dem Verlust ihrer Beziehungsnetze aus der Zeit der Berufstätigkeit, da Ärmere bekanntlich früher sterben. Wegen der Bildungsferne pflegen sie keine aktive Freizeitgestaltung, keine Kultur- und Fortbildungsaktivität. Ihr Gesundheits- und Krankheitsverhalten weist einen evidenten lebensverkürzenden Rückstand im Vergleich mit den Altergenossen aus den Mittel- und Oberklassen auf.

Alte Bundesdeutsche – sie werden nicht von glücklichen Gesichtern an der Reling von Kreuzfahrtschiffen in der Karibik repräsentiert, auch nicht von den stumpfen Mienen der Dauerbesucher ihrer Stammkneipen. Vielmehr tut sich ein tief zerklüftetes Panorama von Altersgruppen auf, die durch verschiedene Dimensionen der sozialen Ungleichheit schroff voneinander getrennt werden – wie vorher im Berufsleben so jetzt im Ruhestand.[25]

## 13. Die klassenspezifische Wahrnehmung der Bildungschancen

Die Bildungspolitik galt lange Zeit als das aussichtsreichste Experimentierfeld, auf dem die überkommene Sozialstruktur verflüssigt werden konnte, um eine egalitäre Aufstiegsmobilität in Gang zu setzen. Auf diese Weise sollte, lautete seit den 1960er Jahren auch in der Bundesrepublik das

Credo, der Fahrstuhleffekt der Wohlstandssteigerung durch eine Mobilisierung aller Begabtenreserven nachhaltig unterstützt werden, damit auf diesem Feld das Gleichheitsideal der modernen Demokratie mit einem großzügigen Mitteleinsatz verwirklicht wurde.

Zu der Expansion des Bildungssystems – im Vergleich mit den meisten westlichen Ländern im wesentlichen ein spät nachholender Modernisierungsschub – ist es in der Tat seit der Mitte der 60er Jahre gekommen. Milliarden flossen in seinen längst überfälligen Ausbau. Die quantitativen Veränderungen erreichten allmählich das erhoffte Ausmaß. Doch stellte sich auch der erwünschte sozialstrukturelle Mobilisierungseffekt trotz der Hindernisse in einigen sozialen Klassen und Milieus ein?

Die Antwort kann von dem unwiderlegbaren Befund ausgehen, daß im Zentrum auch des deutschen Arbeitsprozesses unverändert die «marktförmige Erwerbsarbeit» steht, für die formelle Bildung, namentlich die akademische Ausbildung, immer wichtiger geworden ist. Daher wird auch der Zusammenhang zwischen Bildungsniveau und Berufsqualität, zwischen Berufsklasse und Einkommensklasse immer enger statt lockerer. Der Einfluß des Bildungsniveaus auf die Statusdistribution, überhaupt auf die Position in der Sozialhierarchie, wächst seit den Gründungsjahren der Bundesrepublik kontinuierlich an. Die meritokratischen Züge der Gesellschaft nehmen weiter zu, während sich die Lage der Nichtakademiker auf dem Arbeitsmarkt seit den 1970er Jahren ebenso deutlich verschlechtert hat. Die Inhaber vorteilhafter Positionen tendieren zur Schließung, um ihre Stellung durch Exklusion abzusichern. Der Zugang zu diesen privilegierten Positionen wird immer strenger an Zertifikate des höheren Bildungssystems gebunden. Der beste Schutz gegen Arbeitslosigkeit ist seit langem das Absolvieren eines Hochschulstudiums. Daher wächst auch die Polarisierung zwischen Akademikern und Nichtakademikern.

Aufs Ganze gesehen hat sich die schroffe Einkommensungleichheit zwischen den Erwerbstätigen mit unterschiedlichem Bildungsniveau in den letzten Jahrzehnten kaum verändert. Ein Basisphänomen dieser Kluft ist deshalb darin zu sehen, daß die Bildungsungleichheit zwischen den sozialen Klassen ungeachtet aller Reformanstrengungen «erstaunlich stabil» geblieben ist. Die genauere Analyse zeigt, daß die Reformen keineswegs von einem Bedeutungsverlust der sozialen Herkunft begleitet worden sind. Die starren Elemente im Gefüge der Sozialen Ungleichheit haben auch auf diesem Feld ihre Durchsetzungskraft bewiesen.

Ein erster Überblick über die quantitativen Veränderungen lenkt auf diesen Grundtatbestand hin. Zwischen 1952 und 1988, also ungefähr in der Lebensspanne der alten Bundesrepublik, veränderte sich die Verteilung der Kinder und Jugendlichen auf die Schultypen auf spektakuläre Weise. Die Quote der Schüler mit einem Volks- oder Hauptschulabschluß sank von 78,3 auf 33,9 %, während die der Realschüler von 6,1 auf 26,8, die der Gymnasiasten von 13,2 auf 29,7 % anstieg. Allein zwischen 1960 und 1988 kletterte die Abiturientenzahl von 56 700 auf 211 000. Hatte 1949 der Anteil der Alterskohorte an Abiturienten höchstens 10 % betragen, erreichte er 1980 immerhin schon 30 %.

Wie die Statuszuweisung der Eltern an die Kindergeneration funktionierte, läßt sich am Wandel der sozialen Herkunft der Gymnasiasten ablesen. Zwischen 1972 und 1990 stieg der Anteil der auf diese höhere Schule geschickten Beamtenkinder von 46,7 auf 61,1 % der jeweiligen Alterskohorte, derjenige der Angestelltenkinder von 36,1 auf 43,8 %, die Quote der Arbeiterkinder aber nur von 6,3 auf 12,9 %, obwohl Arbeiter 1990 noch mehr als ein Drittel aller Erwerbstätigen stellten. Ein anderes Beispiel für die «Beharrungskraft der väterlichen Abschlüsse»: Aus den Geburtsjahrgängen zwischen 1958 und 1967 schickten 78 % der Väter mit Abitur ihre Kinder wieder bis zum Abitur auf eine höhere Schule, dagegen taten das trotz des Rückenwinds der Reformära nur 16 % der Väter, die zu den Hauptschulabsolventen gehörten.

Innerhalb von knapp drei Jahrzehnten vermehrte sich ebenfalls die Studentenzahl von 1960 = 261 000 auf 1988 = 1,368 Millionen; der Frauenanteil schnellte von 27 auf 41 % hoch. In dieser Zeitspanne veränderte sich auch das Sozialprofil der Studentenschaft, wenn man als Kriterium den Vaterberuf zugrunde legt. Steil stieg der Anteil des Nachwuchses aus Angestelltenfamilien, parallel zur numerischen Vermehrung der Angestelltenschaft, von 30 auf 44 %, derjenige aus Beamtenfamilien dagegen eher unauffällig von 22 auf 24 %, während die Quote aus Arbeiterfamilien, die anfangs gerade einmal 6 % betragen hatte, bis 1971 zwar auf 16,9 % stieg, bis 1987 aber auf 12,8 und bis 1990 auf 7 % absackte.

Dieser Schrumpfungsprozeß mit dem Ergebnis, daß von jungen Männern aus Arbeiterfamilien nur 6 %, von jungen Frauen derselben Herkunft sogar nur 4 % ein Studium begannen, lag zum einen an der Bildungsferne zahlreicher Arbeiterfamilien, insbesondere wenn an- oder ungelernte Arbeiter sie gegründet hatten. Diese außerordentlich zählebige mentale Sperre gegenüber der fremden Welt der höheren Bildungsinstitution, aus der den Arbeitern ja auch lange Zeit Verachtung und Diskriminierung entgegengeschlagen war, gehörte zu den offenbar nur extrem schwer korrigierbaren Ausgangsbedingungen vor der Entscheidung, entweder nach der Hauptschule schnell Geld zu verdienen oder aber mit Gymnasium und Studium eine ungewiß lange Ausbildungszeit auf sich zu nehmen, obwohl danach in der Regel ein deutlich höheres Einkommen erzielt werden konnte. Zum andern lag eine Ursache der sinkenden Studentenzahl aus diesem sozialkulturellen Milieu darin, daß der Anteil der jungen Männer und Frauen aus anderen Klassen, welche die erweiterten Bildungschancen ungleich schneller und bereitwilliger nutzten, rasch nach oben stieg. (Die Situation an den Fachhochschulen war übrigens in dieser Hinsicht für den

Nachwuchs aus Arbeiterfamilien keineswegs besser als an den Universitäten und Technischen Hochschulen!)

Unstreitig stammte um 1990, wie seit langem, die eindeutige Mehrheit der Studenten aus den bürgerlichen Mittelklassen, mehr als 30% kamen noch immer aus Akademikerfamilien, so daß sich in manchen Fakultäten eine hohe Selbstrekrutierungsrate (wie etwa beim Medizinstudium mit 45% und beim Jurastudium mit 37,7%) ergab. Von allen jungen Männern aus Akademikerfamilien wählten durchweg 85% ein Studium, von allen jungen Frauen aus diesem Milieu 75%. Jugendliche aus dem Umfeld der an- und ungelernten Arbeiter erreichten demgegenüber nur zu 2%, aus dem der Facharbeiter zu 6% eine Hochschule. Besaßen Akademikerkinder 1950 aufgrund ihrer sozialen Herkunft von vornherein eine zwanzig Mal höhere Chance auf ein Studium als Arbeiterkinder, hatten sie auch 1990 noch eine fünfzehn Mal bessere Chance.

In den drei Jahrzehnten vor 1990 hat sich ein unzweideutiger Vorsprung des Nachwuchses von Akademikern und Abiturienten gehalten oder noch weiter herausgeschält. Die Chancen der seit jeher benachteiligten Klassen haben sich dagegen, wenn man sich die marginale Öffnung zugunsten der Studenten aus dem Milieu vergegenwärtigt, nicht grundlegend verbessert. Im Gegenteil: Die Soziale Ungleichheit wächst, wie die Komposition der Studentenschaft verrät, eher weiter an.

Differenziert man die Studentenpopulation nach bestimmten Herkunftsmerkmalen, treten Privilegierung und Benachteiligung in einer neueren Untersuchung noch einmal deutlich hervor.

1. Zur «sehr begünstigten» Gruppe gehörten Jugendliche mit Vätern, die Selbständige, beamtete Akademiker und Angestellte mit Abitur waren, denn sie stellten 1989 Studiumsquoten von 82,67%.

2. Eine «begünstigte» Gruppe besaß Väter, die mittlere Beamte und Angestellte waren; sie kam auf eine Studiumsquote von 21%.

3. Als «ausgeglichen» wurde eine Gruppe bezeichnet, deren Vätern nichtakademische Selbständige, Beamte und Angestellte ohne Abitur waren; hier lauteten die Studiumsquoten 16, 15, 13%.

4. «Benachteiligte» besaßen als Väter Bauern und Facharbeiter; sie stellten null bzw. 6%.

5. Und die «sehr Benachteiligten» kamen aus den Familien von an- oder ungelernten Arbeitern und verharrten bei einer Studiumsquote von nur 2%.

Die Bildungsreformen sind zwar vielen zugute gekommen. Doch das «enorme Beharrungsvermögen» positiver oder negativer klassenspezifischer «Chancenunterschiede» hat die Chancenungleichheit de facto vergrößert. Die hohe Selektivität auch des reformierten deutschen Bildungssystems beruht nicht etwa, wie eine antiquierte Kritik lautet, primär auf der traditionellen Dreigliederung. Denn die entscheidenden Größen sind von dem institutionellen Regelwerk ziemlich unabhängig: Das sind Leistungsbereitschaft und Leistungsfähigkeit. Sie werden ganz und gar vorrangig durch den Sozialisationsprozeß und den Einfluß des Familienverbandes vermittelt. Dort werden die Weichen für die Habitusprägung, die Sprachkompetenz, das Begriffsdenken, die Leistungsorientierung gestellt. Auf diesem Sockel bauen auch die Ausbildungsergebnisse der Gymnasial- und Universitätszeit weiter auf. Und wenn viele Hochschulabsolventen nach dem Examen auf den Filter der «feinen Unterschiede» treffen, machen sich diese frühen Prägungen erneut geltend.

Für die Bildungspolitik, welche das hochgespannte Ziel der Verbesserung der Chancengerechtigkeit ernst nimmt, ergibt sich daraus eine unabweisbare Konsequenz: Die vorschulische Ausbildung zwischen dem vierten und sechsten/siebten Lebensjahr, welche den Belastungen durch die soziale Herkunft kompensatorisch entgegenwirkt, muß endlich allgemeinverbindlich eingeführt werden. Anders lassen sich offenbar die starren Ungleichheitsgrenzen nicht auflockern.[26]

## *14. Elemente klassischenspezifischer Ungleichheit: Gesundheit, Kriminalität, Politische Teilhabe und Sozialräume*

Es gibt weitere Dimensionen des gesellschaftlichen Lebens, die in einem oft nicht beachteten Ausmaß den Imperativen der Sozialen Ungleichheit unterliegen. Ihre Allgegenwart wird dadurch nachhaltig demonstriert. Zu diesen Dimensionen gehört z. B. die Gesundheit, die keineswegs primär ein Resultat individueller Fürsorge und Aufmerksamkeit, sondern auch und vor allem ein Ergebnis von sozialen Prozessen und Klassenzugehörigkeit ist. Denn die klassenspezifischen Wertvorstellungen, die das Gesundheits- und Krankheitsverhalten bestimmen, unterscheiden sich auf eine manchmal krasse Art und Weise, etwa im Hinblick auf die Bereitschaft zur Früherkennung und Behandlung von Krankheiten oder auf das gesundheitsschädliche Verhalten, das Suchtkrankheiten wie Rauchen und Alkoholismus repräsentieren. Nicht zufällig treten Herz-Kreislauf-Erkrankungen in den Unterklassen weit häufiger als in den Oberklassen auf, und psychische Erkrankungen liegen am Sockel der Sozialhierarchie um 40 % über der Rate an ihrer Spitze.

Wegen der eklatanten sozialen Differenzen leben beamtete Professoren im Durchschnitt neun Jahre länger als Arbeiter. Die Sterblichkeit im proletarischen Berlin-Kreuzberg übertrifft um 50 % diejenige des gutbürgerlichen Berlin-Zehlendorf. Und noch immer ist die Kindersterblichkeit in einem erschreckenden Umfang von der Klassenlage abhängig. Allgemein gilt, daß das gesundheitliche Risiko für die Angehörigen der unteren Klassen zwei- bis dreimal so hoch ist wie für die oberen Klassen, da diese eine bereitwilligere, gezieltere, schnellere Inanspruchnahme der medizinischen

Hilfsleistungen praktizieren. Eklatant ist auch der Unterschied hinsichtlich der Vorsorgepraxis von Schwangeren: Frauen mit Abitur greifen zehnmal häufiger auf die regelmäßige medizinische Kontrolle zurück als Frauen mit einem Volks- oder Hauptschulabschluß.

Die drastischen Unterschiede im Verhalten gegenüber Gesundheit und Krankheit sind in erster Linie kein Ergebnis der Einkommensverhältnisse, obwohl teurere, aber vielversprechende Behandlung oder Medizin den Privatpatienten ungleich leichter zustatten kommen können als Mitgliedern der gesetzlichen Pflichtversicherung. Ausschlaggebend ist vielmehr, wie etwa auch im Bereich der Bildung, die mentale Öffnung oder Sperre, denn das deutsche Gesundheitssystem kommt seit langem materiell denkbar unterschiedlich gestellten Patienten zustatten. Wegen dieser Mentalität, die das Gesundheits- und Krankheitsverhalten reguliert, trifft die bittere Schlagzeile oft genug zu: Wer arm ist, muß früher sterben.

Ungleichheit regiert auch im Verhältnis zur offiziell erfaßten Kriminalität, die ebenfalls in einem hohen Maße das Ergebnis von Klassenlagen ist, denn der Druck der Strafverfolgung und Bestrafung macht sich denkbar unterschiedlich geltend. Jährlich werden in der Bundesrepublik rund 18 Millionen Straftaten registriert, von denen 35 000 für die Haftstrafen herausgefiltert werden, deren Länge von der Schwere der Normverletzung abhängt. Fast ausschließlich werden Männer aus dem unteren Drittel der Sozialhierarchie in diese Statistik aufgenommen. Volle zwei Drittel der Häftlinge stammen sogar aus dem alleruntersten Zehntel und besitzen nicht einmal den Hauptschulabschluß. Zweifellos werden z. B. in dubiosen Finanzgeschäften oder bei der Steuerhinterziehung Vergehen begangen, deren Schaden weit höher liegt als bei den niederen Formen der Kriminalität, die am unteren Saum der Unterklassen auftritt. Aber die geschickte rechtliche Beratung der Täter und die Zurückhaltung gegenüber einer komplizierten und kostspieligen Strafverfolgung verbinden sich oft genug zu einem Verzicht auf angemessene Bestrafung.

Die politische Demokratie der Neuzeit beruht auf der Legitimationsfiktion der politischen Teilhabe aller volljährigen männlichen und weiblichen Staatsangehörigen. Tatsächlich aber haben sich überall, auch in der Bundesrepublik, klare Unterschiede im Hinblick auf die Zugangschancen herausgebildet, welche von den diversen Erwerbs- und Berufsklassen genutzt werden können. Während etwa in Großbritannien die Söhne des Establishments nach der Ausbildung in Oxford oder Cambridge ungeachtet der wechselnden Parteimehrheiten kontinuierlich die erdrückende Majorität im Parlament stellen, haben unter den Bedingungen des deutschen politischen Systems Beamte einen spezifischen Bonus gewonnen, der an der Zusammensetzung des Bundestags und der Länderparlamente ablesbar ist.

Das Sozialprofil der politischen Elite enthüllt einen unmißverständlichen Befund: Je näher die Position zu den Führungszentren gelagert ist, desto häufiger stammen die Inhaber aus den oberen Klassen (vgl. vorn IV.2). Offensichtlich macht sich hier eine Art von Gesetz der hierarchisch zunehmenden Selektivität geltend, das Max Weber und Robert Michels fasziniert hätte. Dieser Auswahlmechanismus läßt sich auch links von der politischen Mitte verfolgen. Ein gutes Drittel des Führungspersonals der SPD stammt inzwischen aus den oberen Klassen, während die Repräsentanten der Arbeiterschaft auf dieser Ebene von 31 auf 16 % abgesunken sind. Auch im DGB hat sich übrigens eine vergleichbare Verschiebung durchgesetzt. In den Vorständen aller Einzelgewerkschaften dominierten noch 1976 jene 62 %, die vor dem Beginn ihrer politischen Karriere als Facharbeiter tätig gewesen waren. 1993 stellten sie nur noch eine Minderheit von 47 %.

Auf einer anderen Ebene liegt die Bedeutung des sozialen Raums für die Lebensführung, damit aber auch für die Ausprägung Sozialer Ungleichheit. Denn der Charakter der Region enthüllt den Einfluß, den der soziale Raum auf die sozialkulturellen Milieus und auf die Klassenlagen ausübt. Ein Stadtquartier z. B. kann sich als ebenso wichtig wie die vertikale Hierarchie erweisen, da bei der hohen Wohndichte und adäquaten Versorgung mit höheren Schulen die Abiturientenquote drei- bis viermal so hoch liegt wie in ländlichen Gegenden mit spärlicher Wohndichte, wo der Volksschulabschluß mit 82 % dominieren kann. Die Region kann auch einen maßgeblichen Einfluß auf Arbeitslosigkeit und Armut ausüben wie umgekehrt als Wachstumsareal die Beschäftigungslage aufwerten. Übrigens fällt bei hoher urbaner Wohndichte die Scheidungsquote deutlich höher aus als in Agrargebieten. Kurzum: Die sozialräumlichen Regionalfaktoren können «fast ähnlich starke Effekte» ausüben wie die sozialen Klassen.

Alle diese Beispiele weisen noch einmal auf den ubiquitären Einfluß der Sozialen Ungleichheit oder aber auf die Soziale Ungleichheit generierende Kapazität von oft vernachlässigten Faktoren wie etwa den Sozialräumen hin. Behält man die Vielzahl dieser Prägekräfte im Blick, wird wiederum deutlich, welche mächtigen Barrieren der Verwirklichung des Gleichheitsgedankens entgegenstehen. Keines dieser Hindernisse ist dem politischen Eingriff entzogen. Doch verteidigt man gleichzeitig das Leistungsprinzip, ist man gegen einen naiven Egalitarismus gefeit.[27]

## 15. Die Ungleichheit der Wohnbedingungen und die städtische Segregation

Die Ungleichheit der Wohnbedingungen drückt sich auch in der Bundesrepublik in der sozialräumlichen Ordnung aus: in der Segregation der Bevölkerung nach Klassen und Ethnien, in der Siedlungsstruktur, der Raumnutzung und der Eigentumslage. Insofern ist die Wohnsituation ein markanter Bestandteil der durch die Soziale Ungleichheit geprägten Sozialstruktur. Wenn z. B. seit 1910 in Deutschland der Prozentsatz der rasch wachsenden städtischen Bevölkerung, der in Gemeinden mit mehr als 5000 Einwohnern lebte, deutlich größer war als derjenige Anteil, der in ländlichen Gemeinden mit weniger als 5000 Einwohnern wohnte, drückte sich darin auch im Vergleich mit der von Grund auf andersartigen Lage fünfzig Jahre zuvor der dramatische sozialräumliche Wandel aufgrund des beschleunigten Urbanisierungsprozesses aus, der die Lebensweise, aber auch die Einstellungen und die Mentalität der Bevölkerung in den vergangenen Jahren umgeformt hatte.

Hatte sich bis 1945 der Vorrang der industriell induzierten Verstädterung gehalten, setzt sich seit den späten 5oer Jahren eine von der rasanten Expansion des Dienstleistungssektors getragene «tertiäre Verstädterung» durch. Sie verband sich gleichzeitig mit einer beispiellosen Ausdehnung der städtischen Agglomerationen in das ländliche Umfeld, die von der Kritik als «Zersiedlung» angeprangert wurde. Diese, wie es lange Zeit schien, unaufhaltsame Ausbreitung besaß einige kraftvolle Ursachen. Die Motorisierung erlaubte es vielen Interessenten, sich den tiefsitzenden Wunsch zu erfüllen, «im Grünen» zu wohnen. Die Realisierung dieser Absicht wurde durch den Rückgang der Landwirtschaft und die Auflockerung der dörflichen Besiedlung ganz so unterstützt wie durch die mit dem Ausbau des dritten Sektors zusammenhängende Neigung, den Rückzug aus den verödeten Innenstädten anzutreten. Neue Wohnquartiere entstanden auch deshalb massenhaft am Stadtrand, weil dazu erstmals rational durchgeplante, in industriell standardisierter Bauweise errichtete Wohnhochhäuser gehörten.

Als sich seit Mitte der 7oer Jahre die Kritik an der «Unwirtlichkeit unserer Städte» (A. Mitscherlich) durchsetzte, kam der Übergang zu einer aufgelockerten Form der Suburbanisierung in Gang. Auch dadurch verwandelte sich das Stadt-Land-Verhältnis weiter, da die Ausdehnung der städtischen Besiedlung in die Agrargebiete und Dörfer anhielt, während die Kernstädte mit dem anhaltenden Abzug von Wohnbevölkerung zu kämpfen hatten. Schließlich wohnte die Hälfte der Bundesbürger in städtischen Agglomerationen, die weit über das ursprüngliche Weichbild und die rechtlichen Gemeindegrenzen hinaus vordrangen, während nur mehr 14 % in streng ländlichen Räumen wohnten.

Eingebettet in die neue Urbanisierungswelle veränderten sich auch die Bedingungen der Wohnweise. Die Wohnung kann unter vier Aspekten gesehen werden. Zum einen ist sie ein soziales Gehäuse, in dem (noch immer) die Familie dominiert. Im Kontrast zum Berufsleben ist sie, zum zweiten, der genuine Ort der Freizeit. Sie ist, zum dritten, die Domäne der Privatheit, das Gegenteil der öffentlichen Sphäre. Und sie ist, viertens, ökonomisch betrachtet, eine gekaufte oder gemietete Ware. In der Bundesrepublik befanden sich bis 1990 vier Fünftel der Wohnungen in Privateigentum. 70% von ihnen sind erst nach 1945 entstanden, nur 18% vor 1918 gebaut worden. Der Trend zum Eigenheim oder wenigstens zur Eigentumswohnung war als gesellschaftspolitisches Ziel der westdeutschen Wohnungsbaupolitik frühzeitig anerkannt worden. Damit sollte die Familie als «Urzelle» der Gesellschaft unterstützt und durch das individuelle Eigentum die antikollektivistische Ordnung gestärkt werde. Konsequent wurde die Unverletzlichkeit der Wohnung als Menschen- und Bürgerrecht durch das Grundgesetz (Art. 13) geschützt.

Bis 1945 war von den zehn Millionen Wohnungen auf dem Boden der späteren Bundesrepublik ein Viertel zerstört worden; in manchen Großstädten war der Bestand aber durch den Bombenkrieg sogar um zwei Drittel reduziert worden. Pro Kopf standen damals in der Britischen Zone 6,2, in der Amerikanischen Zone 7,6 qm zur Verfügung. Diese Wohnfläche wurde bereits bis 1950 verdoppelt, bis 1980 auf 34 qm gesteigert, und 2000 erreichte sie 41,6 qm. Diese Steigerung war außer dem privaten Bauboom auch den Leistungen des staatlich geförderten, mit reduzierten Mieten arbeitenden Sozialen Wohnungsbaus zu verdanken. Er galt geradezu als ein «Eckpfeiler des Sozialstaats» zu einer Zeit, als Skeptiker sechzig Jahre veranschlagten, bis der Wohnungsstand von 1935 wieder erreicht sei.

Schon das einhellig verabschiedete erste Wohnungsbaugesetz von 1950, das innerhalb von sechs Jahren 1,8 Millionen Sozialwohnungen schaffen wollte, ging von der Notwendigkeit des staatlichen Engagements aus, da dem Kapitalmangel wegen der zu geringen Rendite des Bauens, der Lohndämpfung und der befürchteten Radikalisierung des Millionenheers von Flüchtlingen, Vertriebenen und Ausgebombten mit diesem staatsplanerischen Element in der Marktwirtschaft entgegengewirkt werden müsse. Die gesetzlich fixierte Miete im Sozialen Wohnungsbau lag unter 10% der Lebenshaltungskosten der Arbeitnehmer, fiel also deutlich geringer aus als die Miete vor 1939 (13%) oder vor 1914 (14%).

Im Rahmen dieses staatlichen Programms wurden im ersten Jahrzehnt der Bundesrepublik, als rd. sechs Millionen Einheiten fehlten, jährlich 295000 Wohnungen (jeweils 55% aller Neuzugänge) erbaut, in den 60er Jahren waren es noch immer jährlich 209000 (37%). Erst als bis 1973 3,1 Millionen Wohneinheiten auf diese Weise entstanden waren, setzte seither ein ziemlich steiler Abfall ein. Dennoch: Um 1980 erreichte die Anzahl der Wohnungen fast die Summe aller Haushalte. Die Größe und der Komfort waren seit den kärglichen Anfängen in den späten 40er Jahren kontinuierlich gestiegen. Bad, WC, Zentralheizung, Einbauküche, Waschmaschine, Telefon und Fernsehgerät gehörten bis dahin zur Standardausrüstung. Die drastische Verbesserung des Wohnungsstandards entpuppt sich als ein besonders wichtiger Teilprozeß der Modernisierung des Alltagslebens. Bis

zum Ende der 80er Jahre besaßen 97,8 % der Haushalte eine Waschmaschine, 94,8 % Telefon, 90,1 % ein Fernsehgerät, 97,5 % eine Kamera und
93,1 % ein Auto. Der Wert einer modernen Haushaltsausstattung entsprach inzwischen dem Wert eines gewerblichen Arbeitsplatzes. Etwa die
Hälfte des gesamten Wohnungsbestandes entfiel auf private Eigenheime
und Eigentumswohnungen. Damit lag die Bundesrepublik freilich noch
weit hinter England und anderen westeuropäischen Staaten.

Die Nutzung der Wohnfläche unterlag einer klaren Polarisierung. Auf
die Personen im obersten Quintil entfielen 1987 43,1 qm, auf die des untersten dagegen nur 31,1 qm. Die Eigentumsquote lag oben bei 51,5 %,
unten bei 29,6 %, und auch die Mietbelastungsquote fiel im ersten Quintil
ungleich niedriger aus als im fünften. Für die Brutto-Kaltmiete mußten in
diesem Stichjahr im fünften Quintil – nach einer abrupten Steigerung um
39 % in den letzten zehn Jahren – 32,7 % des Einkommens ausgegeben
werden, im ersten Quintil fielen dafür nur 15 % an.

Die beiden Mobilitätsprozesse der Abwanderung aus den Innenstädten
und der Zuwanderung an die Peripherie hingen, wie erwähnt, eng zusammen. Der Verlust an Wohnbevölkerung im traditionellen Kern der großen
Städte war die Folge eines Bündels von Einflußfaktoren. Da wirkten sich
die überhöhten Baupreise als Sperre für erschwingliche neue Wohnungen
und Geschäfte aus. Die standardisierte Warenwelt in den allgegenwärtigen
Filialen der Kaufhausketten förderte die Sterilisierung der Wohnqualität,
damit auch die Verödung der Stadtzentren nach Geschäftsschluß. Neue
attraktive Einkaufszentren wurden an den Stadtrand oder ins nahe Umland verlegt.

Gleichzeitig ermöglichten die Motorisierung und die Verdichtung des
öffentlichen Nahverkehrs namentlich durch Busse und Straßenbahnen,
S- und U-Bahnen die Abwanderung an die städtische Peripherie. Hatte es
1949 0,5 Millionen PKW in der Bundesrepublik gegeben, schnellte diese
Zahl bis 1960 auf 8, bis 1970 auf 16,8 und bis 1990 auf 35,7 Millionen (2003:
44 Mill.) empor. Einer der Hauptgründe für die rapide Motorisierung war
der durch sie ermöglichte Übergang zu einer Pendlerexistenz, die für den
Weg von der Wohnung bis zum Arbeitsplatz morgens und abends eine oft
einstündige Fahrzeit in Kauf nahm. Bereits um 1970 hat ein Drittel aller
Erwerbstätigen dieses Pendeln, hauptsächlich mit dem Privatauto, als
werktägliche Routine gewählt.

Mit dem Abzug von Hunderttausenden in die kleinen Städte und das
einstmals ländliche Umland war eine ominöse De-Urbanisierung verbunden. Die am dichtesten besiedelten städtischen Zentren Mitteleuropas besaßen spätestens seit den frühen 80er Jahren den geringsten Zuwachs,
während die kleinen und mittelgroßen Städte ihre Einwohnerschaft auffällig vergrößern konnten. Um die großen Städte legte sich häufig in die zer-
siedelte Landschaft hinein ein «Speckgürtel» von Siedlungen, der besten-

falls der nordamerikanischen «Suburb», öfters aber einer ziemlich naturwüchsigen Agglomeration mit gravierenden Folgen für die Infrastruktur der Gemeinden entsprach. Denn die Erfordernisse des Straßenbaus, der Wasser-, Strom- und Gasversorgung, der neuen Schulen, Kindergärten und Krankenhäuser mußten jetzt von der kommunalen Planung über kurz oder lang berücksichtigt werden.

Während sich die urbane Lebensweise so machtvoll durchsetzte, daß nur noch wenige Regionen mit einem dominant agrarischen Zuschnitt erhalten blieben, setzte sich die traditionelle, die Sozialhierarchie widerspiegelnde Segregation der Wohnquartiere, wie sie seit jeher das städtische Zusammenleben charakterisiert hatte, in einem hohen Maße wieder durch. Wegen der Zerstörung vieler Städte im Bombenkrieg und des hektischen Wiederaufbautempos in den 40/50er Jahren war es zunächst zu einer größeren sozialen Durchmischung der Wohnpopulation gekommen, als es sie je zuvor gegeben hatte. Allmählich aber wurden die privilegierten Wohnviertel wieder homogenisiert, neue Viertel mit teuren, geräumigen Eigenheimen und weitläufigen Gärten in günstiger Stadtlage wahrten ihren exklusiven Charakter durch den Torhütermechanismus des Kauf- oder Mietpreises.

Die traditionellen Arbeiterquartiere dagegen blieben länger durchmischt; die alten proletarischen Viertel entstanden eigentlich nirgendwo aufs Neue. Denn der Abzug aus der Innenstadt erfaßte z. B. auch zunehmend die Facharbeiter, die sich in den suburbanen Randlagen mit Hilfe der Bausparkassen den Bodenpreis leisten konnten. Seit den späten 70er Jahren entstanden aber aus überwiegend proletarischen Wohnvierteln neue, nach ethnischen Trennungslinien scharf segregierte Stadtteile, in denen sich etwa türkische Arbeitsmigranten und russische Zuwanderer in einer ghettoähnlichen Subkultur einigelten, wie sie etwa Berlin-Neuköln oder Berlin-Kreuzberg seither aufwiesen, wogegen ehemalige Gastarbeiter aus Italien, Spanien und Kroatien weit eher in Mischvierteln lebten.

Inzwischen kennt jeder Käufer oder Mieter längst wieder das soziale Prestige, das innerstädtische Image des Wohnviertels, in das er einziehen möchte. Er verfolgt seine bevorzugten Optionen, gleich ob es sich um Angestellten- oder Beamtenviertel oder um eine Exklusivitätszone für das Direktorenpatriziat der Großunternehmen handelt. Insofern drückt sich die Soziale Ungleichheit auch wieder in der Siedlungsstruktur und den Wohnbedingungen mit aller unübersehbaren Deutlichkeit aus.

Galt die städtische Wohnung Jahrhunderte lang als eine Domäne der Familie, haben sich vor allem seit den 80er Jahren vier neue Haushaltstypen entwickelt und seither behauptet. Sie werden repräsentiert von den nichtehelichen Lebensgemeinschaften, den Singles, den Alleinerziehenden und den Wohngemeinschaften. In den zwanzig Jahren von 1972 bis 1992 stieg die Anzahl solcher Partnerschaften von 137 000 auf mindestens eine

Million, die durch eine Dunkelziffer wahrscheinlich noch erheblich vergrößert wurde. Die Zahl von Alleinlebenden unterhalb des 25. Lebensjahres kletterte von 1957 = 249 000 bis 1987 auf 978 000; in den Alterskohorten der 25- bis 45jährigen versechsfachte sie sich in dieser Zeit. 1992 gab es zudem 1,016 Millionen Alleinerziehende, deren erdrückende Mehrheit von 879 000 Frauen gestellt wurde. Und während 1970 die Wohngemeinschaften noch in ihrer Anfangsphase steckten, versechsfachte sich ihre Zahl bis 1990 auf 1,02 Millionen.

Diese Differenzierung der Lebensformen läßt sich offenbar nicht auf eine kurzlebige Modeströmung reduzieren, vielmehr kann sie als Symptomatik eines tiefreichenden Gesellschaftswandels gelten. Auf ihn wirkten sich aus

– die Liberalisierung der Moralvorstellungen und Sexualnormen;
– der Wohlstandsanstieg und die sozialstaatliche Absicherung, die beide den eigenen Haushalt auch in jungen Jahren ermöglichten;
– die Postadoleszenz der Jugendlichen, denn die Phase halber Selbständigkeit vor dem Berufsleben hat sich ständig ausgeweitet und begünstigt auch das Leben in einer Wohngemeinschaft;
– die im Verlauf des Emanzipationsprozesses von Grund auf veränderte Lage und Mentalität junger Frauen. Aus den zahlreichen Aspekten dieser Veränderung, die immer mehr junge Frauen im Berufsleben mit einem selbständigen Einkommen hervorgebracht hat, sei nur herausgegriffen, daß Frauen im Durchschnitt mit 21,2 Jahren rund 2,7 Jahre früher aus der elterlichen Wohnung in die Selbständigkeit ziehen als junge Männer, die dann 23,9 Jahre alt sind.

Ob Lebenspartnerschaften und Wohngemeinschaften durchweg innerstädtische Wohnungen mit preiswerter Miete bevorzugen und ob die meisten Alleinerziehenden und zahlreiche Singles am Rande pauperisierter Lebensverhältnisse existieren, so daß sie überwiegend die Ungleichheit der Wohnbedingungen zementieren, läßt sich noch nicht klar erkennen. Die Lockerheit der Lebensabschnittsgemeinschaften, die vorübergehende Attraktivität studentischer Wohngemeinschaften und die extrem schwierige Situation der alleinerziehenden Mütter unterstützen eher die Dauerhaftigkeit der Sozialhierarchie, als daß sie diese, wie einige Ideologen des freien Lebens behauptet hatten, unterlaufen oder sogar aufheben könnten.[28]

## 16. Der verschwundene Gegensatz: Die Ungleichheit der Konfessionen

Im klassischen Land der Konfessionsspaltung von Katholiken und Protestanten hatten sich vierhundert Jahre lang starre bikonfessionelle Strukturen erhalten. Das Kaiserreich von 1871 besaß dann eine eindeutige protestantische Mehrheit von zwei Dritteln der Bevölkerung, denen eine gegenreformatorisch geprägte Minderheit von Katholiken gegenüberstand.

Mit der Bundesrepublik entstand ein Neustaat, in dem zum ersten Mal in der neueren deutschen Geschichte ein tendenzielles Gleichgewicht der beiden Varianten des Christentums existierte. Bis 1980 gewannen die Katholiken sogar ein leichtes demographisches Übergewicht im Verhältnis von 43,5 zu 42,8 %. Das war im wesentlichen das Ergebnis des Umstands, daß in West- und Süddeutschland katholische Schwerpunktregionen lagen, sodann der Abtrennung der ganz überwiegend protestantischen Gebiete in der DDR und des Zustroms von Millionen katholischer Flüchtlinge und Vertriebener, welche die religiöse Monokultur auflösten, indem z.B. katholische Schlesier in norddeutschen evangelischen Gemeinden und protestantische Ostpreußen im bayerischen katholischen Herzland aufgenommen wurden.

Die Durchmischung und die im Grunde über Nacht herbeigeführte Verschiebung der Kräftekonstellation hat sich zunächst als Stärkung des katholischen Milieus ausgewirkt. Diese Erfolgsbilanz einer kraftvollen Konsolidierung wurde auch dadurch verstärkt, daß während der ersten vierzig Jahre der Bundesrepublik katholische Politiker im Spitzenpersonal fast drei Jahrzehnte lang – von Adenauer bis Kohl – den Ton angaben. Andrerseits erlebte diese Zeit aber auch das Ende des traditionellen politischen Katholizismus: Der Verbandskatholizismus entstand nicht wieder aufs Neue. Die Geistlichkeit hielt sich von der politischen Praxis fern, die Prälatenpolitiker der Weimarer Republik tauchten nicht wieder auf. Dem Zentrum gelang keine Rückkehr in die Politik, vielmehr stieg die CDU zu einer bikonfessionellen Volkspartei neuen Typs auf. Dieser Christlichen Demokratie gelang es, die durch den Kulturkampf immens verschärfte Diskriminierung der Katholiken als Bürger zweiter Klasse endlich zu überwinden, überhaupt die seit den 1870er Jahren noch immer schwärenden Wunden der Benachteiligung zu heilen. Erstmals gelang es auch katholischen Verbindungen, bei der Besetzung wichtiger Stellen ihren Nepotismus durchzusetzen. Allmählich begann sich die Komposition der höheren Bürokratie zu ihren Gunsten ganz so zu verändern wie die konfessionelle Zusammensetzung der Studentenschaft. Zwar etablierte sich in der CDU ein «Evangelischer Arbeitskreis» prominenter protestantischer Politiker, um gegen den unübersehbaren Vorrang katholischer Konkurrenten und ihrer Leitideen ein Gegengewicht zu schaffen. Doch blieb seine Aktivität ganz auf Kooperation eingestellt, jedenfalls weit entfernt von der routinierten Gehässigkeit der traditionellen national- und kulturprotestantischen Kritik.

Trotz des unerwarteten Bodengewinns, den der Katholizismus seit 1949 im politischen Leben verzeichnen konnte, setzte in den 60er Jahren eine unaufhaltsame Erosion des vorwiegend kleinstädtisch-ländlichen katholischen Milieus ein. Seine Auflösung wirkt wie der Preis, den es seither für seine erfolgreiche Angleichung an die moderne Gesellschaft zu entrichten hatte. Zum einen erwies sich, daß die etablierte katholische Sozialform dem innerkatholischen Drängen nach Autonomie und Selbstbestimmung nicht länger gewachsen war. Der Trend der Individualisierung und Pluralisierung erreichte namentlich die jüngeren Generationen. Das Anwachsen der konfessionell gemischten Ehen, seit jeher für die Amtskirche eine erbittert bekämpfte Regelverletzung, kann als untrügliches Indiz für das Vordringen individueller Entscheidungen gelten. Der Rückgang des Kirchenbesuchs und die Austrittswelle zwischen 1968 und 1973 wurden als weitere Anzeichen der vordringenden Säkularisierung verstanden. Vor allem hob zum anderen aber das Zweite Vatikanum (1962–1965) die gegenreformatorische Abgrenzung von der modernen Welt, die lange Zeit als «Betriebsunfall» der Heilsgeschichte stigmatisiert worden war, endlich auf. Damit ermöglichte es, vom deutschen Amts- und Gemeindekatholizismus weithin unterstützt, eine prinzipielle Öffnung und den Anschluß an wichtige gesellschaftliche Strömungen der Gegenwart.

Im Ergebnis führte diese innerkatholische Entwicklung zu einer drastischen Abschwächung der Front gegen den Protestantismus, der auch selber in jenen Jahren dem katholischen Rivalen schon längst nicht mehr mit hartnäckiger Militanz begegnete. Überhaupt läßt sich konstatieren, daß der orthodoxe Katholizismus durch den «Mangel an inneren Feinden» nachhaltig geschwächt wurde. An solchen Gegnern hatte er aber spätestens seit dem Ultramontanismus und Kulturkampf seine Widerstandskraft geschult, und der kommunistische Großfeind im Osten reichte als integrierendes Feindbild nicht aus, da der antikommunistische Konsens quer durch alle Konfessionen und Klassen geteilt wurde, mithin nicht als katholisches Spezifikum stilisiert werden konnte.[29]

Der westdeutsche Protestantismus litt unter dem Verlust seiner traditionellen Mehrheitsposition, insbesondere unter der Abtrennung der ostdeutschen Gebiete mit ihrer ganz überwiegend evangelischen Bevölkerung. Beides traf in erster Linie den Nationalprotestantismus, der bis in die 60er Jahre hinein als Grundströmung noch mächtig blieb. Immerhin hatten auch seine Repräsentanten aus dem «Kirchenkampf» während des «Dritten Reiches» so viel gelernt, daß sie sich dem Projekt einer bikonfessionellen Christlichen Demokratie nicht in den Weg stellten, sondern es als zeitgemäßes Ergebnis eines schmerzhaften Lernprozesses unterstützten. Zwar tauchte in der Frühzeit der Bundesrepublik mit Gustav Heinemanns «Gesamtdeutscher Volkspartei» eine im Grunde rein protestantische Partei des Protestes gegen Adenauers Politik auf, doch als sie bei den zweiten Bundestagswahlen von 1953 ganze 1,3 % der Stimmen gewann, trat die Aussichtslosigkeit dieser Art von Opposition zutage. Die führenden Köpfe wechselten daraufhin mit den meisten GVP-Wählern zur SPD über. In Gebieten mit einer erstarkten katholischen Diaspora wurde die SPD oder, häufiger noch, die FDP von Protestanten gewählt, da diese Parteien das erwünschte Gegengewicht zur «schwarzen» CDU schaffen sollten. Aber von jenen tiefen Gräben, die noch in der Weimarer Republik das politische Verhältnis der beiden Konfessionen charakterisiert hatten, konnte keine Rede mehr sein, zumal die CDU als bikonfessionelle Volkspartei ihren eigenen Erfolgssog entfaltete. Umgekehrt wirkte, während immer mehr Katholiken in den Wissenschaftsbetrieb, in das Offizierkorps und in die höhere Verwaltung einrückten, der erbitterte Kampf, den der politische Katholizismus noch ein Vierteljahrhundert zuvor unter dem Banner der «Parität» gegen das protestantische Übergewicht geführt hatte, eigentümlich schal und überholt.

Der Protestantismus hatte sich seit der Reformation ungleich bereitwilliger als die alte Kirche der neuen Zeit geöffnet, und dieses Arrangement hielt auch nach 1949 weiter an. Insofern kam er mit kraftvollen Strömungen müheloser als das katholische Milieu zurecht: etwa mit den Folgen der Urbanisierung und Entagrarisierung, der Konsumgesellschaft, der medialen Massenkultur, erst recht der Bildungsexpansion. Aber selbstverständlich veränderten diese mächtigen Modernisierungstrends das Leben in beiden Konfessionen. Auf diese Weise trugen auch sie dazu bei, die überkommenen Unterschiede abzuschleifen. Nach der Zeitspanne einer Generation hatte sich jedenfalls aufgrund der spezifisch bundesrepublikanischen Bedingungen die konfessionelle Ungleichheit, die vor kurzem noch so unauslöschlich tief eingefressen gewirkt hatte, so gut wie aufgelöst. Von den Dimensionen der Sozialen Ungleichheit war damit eine lange Zeit besonders restriktiv wirkende Gestaltungsmacht des gesellschaftlichen und politischen Alltagslebens verschwunden.[30]

## 17. Die deutsche Sozialhierarchie: Klassendisparitäten in der Marktgesellschaft

An dieser Stelle ist es ratsam, mit der nur dem Anschein nach schlichten Frage zu beginnen, was die Bundesrepublik nicht ist.

1. Dieser deutsche Neustaat ist nicht das Gehäuse einer Klassengesellschaft, wie sie etwa in der Ära des Kaiserreichs bestand: mit tief eingefrorenen, unversöhnlich wirkenden Antagonismen, welche die bürgerlichadligen Besitzklassen von den proletarischen Erwerbsklassen trennten, während die akademischen Berufsklassen durchweg zum Kartell der Kräfte im bürgerlichen Lager tendierten. Allerspätestens mit dem Untergang dieser Konstellation hat sich auch der Ökonomismus der Marxschen Klassentheorie erledigt.

2. Die Bundesrepublik ist auch kein Sammelsurium diverser Milieus. Dieses holistische Konzept mit seiner eingebauten Neigung zur «Totalitätsillusion» ist so diffus, daß sich mühelos dreißig oder vierzig angeblich unterscheidbare Milieus unter seinem Dach versammeln lassen. Seine Erklä-

rungskraft ist minimal. Im Grunde ist der Anlauf mißlungen, durch diese neue Pseudotheorie die Klassen zum Verschwinden zu bringen.

3. Die Bundesrepublik ist ebenfalls kein Freizeitpark, wo im Zeichen endloser Pluralisierung und Individualisierung nur mehr eine bunte Vielfalt von Lebensstilen vorherrscht. Weder das Milieu noch der Lebensstil kann als autonom wirkende Kraft anerkannt werden.

4. Die Bundesrepublik ist erst recht keine Erlebnisgesellschaft, da unter diesem Deckmantel im Stil des gehobenen Feuilletons eine einzige generationsspezifische Idiosynkrasie zur gesamtgesellschaftlichen Prägekraft hochstilisiert worden ist.

5. Keine hinreichende Erklärungskraft besitzen zudem Schlüsselbegriffe wie Konsum- oder Dienstleistungsgesellschaft, da sie zwar wichtige, neuartige Aspekte, nicht jedoch das innere Ordnungsgefüge der Gesellschaft angemessen erfassen.

6. Und schließlich beruft sich die Skepsis mancher Soziologen auf einige allgemeine Argumente gegen Klassentheorien, wobei gewöhnlich eine ökonomistisch verengte Klassenlehre in der Nachfolge von Karl Marx derart im Zentrum der Kritik steht, als ob diese Hierarchietheorie noch immer der einzige lohnende Kontrahent sei. Distanz zu einer auf Klassen beruhenden Gesellschaftstheorie sei geboten, heißt es etwa, weil der Massenwohlstand die Soziale Ungleichheit hinreichend entschärft habe. Wenn auch der vielzitierte Fahrstuhleffekt den dramatisch verbesserten Lebensstandard unstreitig angehoben hat, ist damit doch keineswegs, wie eine intensive Forschung ergeben hat, die Reproduktion von Ungleichheit ausgeschlossen worden. Die Expansion des Sozialstaats wirke sich gegen die Kontinuität von Klassenstrukturen aus? Aber diese Abmilderung schroffer Gegensätze hat jene Disparitäten nicht aus der Welt geschafft, zu deren Bekämpfung der Sozialstaat einst ins Leben gerufen worden ist. Der Aufstieg der Dienstleistungsgesellschaft habe die Klassenunterschiede nivelliert? Aber der Strukturwandel der Wirtschaftsverfassung hat doch das marktgesellschaftliche Regelwerk nicht außer Kraft gesetzt. Die demographischen Strukturen hätten sich durch den parallel auftretenden Fertilitäts- und Mortalitätsrückgang bei gleichzeitig steil ansteigender Alterung der Gesellschaft drastisch verändert? Gewiß, aber auch dieser unstreitige (vorn diskutierte) Wandel hat die Prägekraft sozialer Formationen, denen die Jungen oder die Alten angehören, nicht aufheben können. Die Reform des höheren Bildungssystems habe die Klassengrenzen verflüssigt? Die sozialen Folgen dieser Reform zeigen im Gegenteil die Beharrlichkeit von Klassentraditionen. Die hohe geographische und soziale Mobilität habe zur Auflösung einst starrer Klassenschranken und damit homogener Verbände geführt? Aber am Ende solcher Mobilitätsprozesse stand in aller Regel wieder die Einordnung in Klassen, wenn sie denn überhaupt je verlassen worden waren. Der «Megatrend» ansteigender weiblicher Erwerbs-

tätigkeit stelle die herkömmlichen Klassenbindungen in Frage? Nur parti-
ell hat sich dergleichen aus der ohnehin seltenen Aufstiegsmobilität von
Frauen ergeben, wie auch die Veränderung der Geschlechterrollen die Sozialstruktur nicht umgekrempelt hat. Die wachsende Bedeutung der ethnischen oder nationalen Herkunft stelle die deutsche Klassenstruktur in
Frage? Tatsächlich hat sich eine neue Unterklasse gebildet, die als ethnisches Subproletariat durchaus in Klassenbegriffen erfaßt werden kann, obwohl sich der Ausdruck der «Unterschichtung» der deutschen Arbeiterschaft eingebürgert hat. Das zunehmende Gewicht von Lebensstil und
Konsum im Alltagsleben setze Klassenunterschiede außer Kraft? In Wirklichkeit ist auf angehobenem Niveau die Lebensführung weiter an die
Klassenkultur gebunden. Auch die verschärfte Diskussion über Soziale
Ungleichheit und soziale Gerechtigkeit habe dazu beigetragen, die Ungleichheit der Klassenlagen zu minimieren? Dieser Effekt ist selbst dem
kritischen Diskurs gegenüber der Beharrungsmacht einer Klassen generierenden gesellschaftlichen Basiskonstellation nicht gelungen. Nein, eine
durchschlagende Überzeugungskraft besitzen alle derartigen Einwände
nicht.

Ehe es um die Realität der deutschen Sozialhierarchie geht, muß eine
methodisch-theoretische Vorüberlegung vorgeschaltet werden. Historiker
mit dem Interesse an einer theoriegeleiteten Geschichtswissenschaft sprechen zu Recht von einer doppelten Konstituierung von Wirklichkeit. Mit
dieser Formulierung ist im Hinblick auf die hier erörterte Problematik gemeint, daß es zum einen eine objektivierbare Sozialstruktur mit ihren
Klassenlagen gibt, die durch die kritische sozialhistorische Analyse, auch
mit statistischem Beweismaterial erfaßt werden kann. (Eben darum hat
sich dieses Kapitel IV. bemüht.) Zum andern gibt es eine subjektiv gefärbte
Wahrnehmung der Realität, mithin eine individuelle Einstellung zu ihr, die
sich von der objektivierbaren Lage durchaus unterscheiden, sogar weit
von ihr abweichen kann. Das Denken und Handeln der Individuen orientiert sich aber selbstverständlich primär an der eigenen Perzeption, und oft
kann erst der Historiker im nachhinein den Nexus zur Klassenlage herausarbeiten.

Im Sinne dieser doppelten Konstituierung von Wirklichkeit gibt es weiterhin in der Bundesrepublik die unübersehbare Sozialhierarchie zum
einen der marktbedingten Klassen, zum andern der Erbschaft sozialstruktureller Traditionen aus vergangenen Epochen. Gleichzeitig wird ihre
Wahrnehmung im Vergleich mit der früher üblichen Konfrontation von
Klassen nur noch in sehr abgeschwächter Form registriert, wenn nicht
sogar öfters ganz ausgeblendet. Das ist ein politisch willkommener Wandel mit tiefgreifenden Folgen. Doch er besagt noch nichts über die objek-
tiv konstatierbaren Disparitäten in all ihren unterschiedlichen Dimensionen.

Faßt man nun die Sozialhierarchie der Bundesrepublik noch einmal zusammenfassend ins Auge, treten die folgenden Markierungspunkte und Zusammenhänge hervor.

1. Auf der Basis der erfolgreich, da endgültig etablierten Marktwirtschaft hat sich auch die Bundesrepublik zu einer Marktgesellschaft entwikkelt, in der die Marktprinzipien das soziale Leben durchdringen. Die Schlüsselrolle der Arbeitsmärkte ist dafür ein schlagender Beweis. Dieser Vorgang hatte sich mit der deutschen Industriellen Revolution angebahnt, kam aber erst nach dem NS-Regime zu seinem vorläufigen Abschluß. Die Motorik und die Struktur dieser Marktgesellschaft beruhen darauf, daß je nach der marktfähigen Leistungskapazität des einzelnen und der davon abhängigen Marktlage, welche die Position in der Sozialhierarchie in aller Regel bestimmt, wertvolle Güter und Ressourcen kontinuierlich in einem vertikalen Ungleichheitsgefüge verteilt werden, so daß aufgrund dieser Distributionsmechanismen die systematische Reproduktion ungleicher Lebenschancen und -risiken anhält. Daraus entstehen die marktbedingten Klassen als distinkte Sozialverbände. Ihre Mentalität ist inzwischen eindringlich flexibilisiert worden, so daß sie sich von jenem militanten Klassenbewußtsein weit entfernt haben, das im «Langen 19. Jahrhundert» als extremer Grenzfall des klassenspezifischen Habitus gelten kann.

Die Durchsetzungskraft der Marktlage ist in den letzten Konjunkturjahren der alten Bundesrepublik oft unterschätzt und statt dessen die Dominanz eines pluralistischen, individualisierten Lebensstils in neuartigen Milieus behauptet worden. Doch inzwischen hat sich die realistische Einsicht wieder durchzusetzen begonnen, daß Märkte mit ihren zahlreichen Konsequenzen das Leben sowohl der abhängig Erwerbstätigen (90%) als auch der Selbständigen (10%) regieren. Das gilt aber nicht nur für die 50% Berufstätigen, sondern auch für jene 25% der Bevölkerung, die von privater, meist innerfamilialer Alimentierung abhängen, und für jene restlichen 25% in der vermittelten Form einer Fernwirkung, die von öffentlichen Transferleistungen leben.

2. Die sozialen Klassen sind auch im Alltagsbewußtsein und -leben weiter vorhanden. Sie sind für den aufmerksamen Blick ablesbar am Herrschaftssystem, am klassenspezifischen Habitus der großen Sozialformation, an ihrer Ressourcen- und Lebenschancenverteilung, am Bildungssystem, an den Heiratsmärkten, auch wieder an der sozialräumlichen Segregation. Die Klassenkultur ist nicht zerfallen, vielmehr außerordentlich stabil geblieben. So haben sich etwa die Rangabstände zwischen den Mitgliedern der unterschiedlichen Erwerbs-, Berufs- und Besitzklassen seit 1949 gleichbleibend erhalten. Die Unterschiede wurden auf steigendem Niveau ständig weiter reproduziert. Daher sind die Einkommensdifferenzen zwischen den fünf Quintilien (1 = 43, 5 = 7,4, die Mittellagen in 2–4: 49,6%) seit 1950 grosso modo stabil geblieben.

Es ist richtig, daß sich die Klassengegensätze nachhaltig abgeschwächt haben, die altehrwürdigen manifesten Klassenkämpfe, die allenfalls in der anachronistischen Rhetorik der «Linken» noch einmal aufleben, nahezu verschwunden sind. Das ist wesentlich darauf zurückzuführen, daß die Institutionalisierung der Konfliktaustragung in einer jeweils eigenen Arena gelungen ist. Neue Institutionen wie das Arbeitsrecht, die Tarifverträge, die Mitbestimmung, die Betriebsverfassung, die Sozialversicherung haben im Endeffekt dazu geführt, daß anstelle eines einzigen Zentralkonflikts mit einer kompakt auftretenden Regelungsproblematik die Desaggregierung, Spezifizierung, Differenzierung von Konflikten getreten ist, welche die pragmatische Lösung in Gestalt eines Interessenkompromisses gestatten. Der damit erreichte Abbau traditioneller Konfliktelemente, diese – wenn man so will – Enttraditionalisierung, hat aber einer undogmatischen Hierarchietheorie keineswegs ihre Realitätsnähe genommen.

Die diversen Klassen selber haben sich, wie gesagt, keineswegs völlig aufgelöst, wie das in einer kurzsichtigen Euphorie und ohne jede Anerkennung langlebiger Strukturen von den Aposteln der «Entstrukturierung» beschworen worden ist. Vielmehr ist es allmählich zu einer Neu- oder Restrukturierung mit dem Ergebnis einer dynamisierten, auch pluralisierten Struktur gekommen, die von den Modernisierungsprozessen innerhalb der deutschen Marktgesellschaft herbeigeführt worden ist. Dazu gehörte auch eine weitreichende «Angleichung ohne Gleichheit» (H. Haferkamp), wie das dem Trend des Wohlstandsanstiegs entsprach, der aber die scharfen Disparitäten des Vermögens und des Einkommens, des Zugangs zu Machtpositionen und Bildungsinstitutionen keineswegs aufgehoben hat.

3. An die Stelle der grobkörnigen, für jedermann sichtbaren Klassendifferenzen traten zunehmend die Distinktionskämpfe um die «feinen Unterschiede». Damit war eine machtvolle Aufwertung der kulturellen Dimension verbunden, die alles andere als eine «unschuldige Sphäre» ist, vielmehr seit den bahnbrechenden Studien von Pierre Bourdieu als ein «entscheidendes Medium» für die Reproduktion von Ungleichheit als einer der Kerne der Klassenstruktur gelten kann. Der antrainierte Habitus mit all seinen kulturellen Kompetenzen, Erziehung und Bildung verbinden sich zur Formierung von förmlichen «Kulturklassen», die auf der Basis der bestehenden Sozialstruktur das soziale Schicksal der Erwerbs- und Berufsklassen weithin bestimmen.

4. Insgesamt hat die empirische Ungleichheitsforschung zur Bundesrepublik ergeben, daß sich eine strenge hierarchische Strukturierung der Gesellschaft mit einer geringen Veränderung der Sozialen Ungleichheit zwischen den Klassen erhalten hat. Die Einkommensunterschiede haben sich, etwa zwischen Selbständigen und Arbeitern, kontinuierlich vergrößert. Noch drastischer haben sich die Vermögensunterschiede herausgebildet.

Das bleiben aber zwei der wichtigsten Ungleichheitsdimensionen jeder modernen Gesellschaft. Macht- und Herrschaftsdifferentiale sind weiterhin schroff ausgeprägt, auch wenn die politische Elite im Vergleich mit allen anderen Funktionseliten die größte Flexibilität aufweist. Der Zugang zu den höheren Bildungsinstitutionen hat sich geöffnet, aber sozialstrukturell haben sich die Schüler- und Studentenpopulationen nur geringfügig verändert, so daß sich die Ungleichheit der «gebildeten» akademischen Berufsklassen im Verhältnis zu allen andern Erwerbsklassen nahezu unverändert gehalten hat. Anders gesagt: Auf dem Weg zur Wissens- und Dienstleistungsgesellschaft tritt die Ungleichheit des Berufswerts eher noch deutlicher als zuvor zutage. Ähnlich stabile Ungleichheitsrelationen beherrschen die Heiratsmärkte und die Sozialräume, die Alterskohorten und die Gesundheitsverhältnisse.

Auf der Seite der positiven Veränderungen läßt sich festhalten, daß die Ungleichheit zuungunsten der Frauen unübersehbar vermindert worden ist. Auch hat die Rentenpolitik des Sozialstaates der Ungleichheit im Verhältnis der aus dem Beruf ausgeschiedenen Alterskohorten zu den Berufstätigen ihre schroffe Schärfe genommen. Überhaupt haben die immensen Transferleistungen des Sozialstaats die neuen Versorgungsklassen vom Stigma der «Proletarität» befreit. Es bedurfte schon der Realitätsblindheit der Adepten des Neomarxismus, um all diese grundlegenden Verbesserungen schlichtweg zu leugnen.

5. Außer der sozialökonomischen Grundstruktur, die auf die Dominanz marktbedingter Klassen hinwirkt, gibt es die allgegenwärtige Erbschaft wichtiger sozialstruktureller Traditionen, die aus der Vergangenheit auf die Gegenwart Einfluß ausüben. Denn «jeder Gesellschaftszustand ist», wie es in der klassischen Formulierung Joseph A. Schumpeters heißt, «Erbe der vorhergehenden und übernimmt von ihnen nicht nur ihre Kulturen ..., sondern auch Elemente ihrer sozialen Struktur und ihrer Machtpositionen». Daher gehöre es auch zum «Wesen des Klassenphänomens», daß «die Klassen einmal vorhanden, festgeworden, fortwirken und sich erhalten, auch wenn die sozialen Umstände, die sie schufen, fortgefallen sind». Diese Fernwirkung gilt z. B. für die westdeutschen Besitzklassen, die zwar nicht mehr «strukturdominant» für die Gesamtgesellschaft agieren, aber dank ihrer privaten Vermögensbildung ihren abgehobenen Rang behaupten. Unverändert kontrollieren, um nur Wilhelm Krelles berühmten Befund noch einmal zu zitieren, 1,7 % der Haushalte 74 % des Produktivvermögens. Bankrotte und Insolvenzen werden durch die lebhafte Aufstiegsmobilität von «homines novi» wieder wettgemacht. Die Berufsklassen der akademischen Intelligenz bewegen sich weithin auf den Bahnen des Bildungsbürgertums, aus dem zahlreiche ihrer Mitglieder stammen, und wenn die vertraute Schließungsstrategie auch matter verfolgt wird, gibt es doch weiterhin ein hohes Maß an Homogenität und gesicher-

ten Karrierewegen. Auf der andern Seite bleiben die Erwerbsklassen der Arbeiterschaft trotz aller dramatischen Verbesserung beharrlich in ihrer Klassenlage gefangen.

Trotz aller Auf- und Abstiegsmobilität herrscht mithin eine erstaunliche Konstanz, die durch das Vermögen mit seiner hohen Vererbungsquote, durch das Einkommen und den Habitusaufbau oder aber durch die Bildungsferne, die restringierten Heiratsmärkte und die restriktiven Klassenbedingungen befestigt wird. Wo immer auch die stärksten Einflußfaktoren am Werke sind, zentral bleibt ein besonders folgenschwerer Vorgang: die Sozialisation in der Familie, mit andern Worten: jener Zufall der Geburt, der einem eine positiv oder negativ privilegierte soziale Herkunft verschafft. Deshalb trifft die Einsicht Schumpeters, daß «die Familie ... das wahre Individuum der Klassentheorie» ist, erneut ins Schwarze.

Auch im internationalen Vergleich zeigen Analysen zur Bundesrepublik, daß sich die Bedeutung der Familie als Sozialisationsinstanz nicht vermindert hat. Wer einen abgehobenen ökonomischen Status oder eine begehrte Leistungskapazität gewonnen hat, fördert mit all seinen materiellen, sozialen und kulturellen Kapitalsorten die Entwicklung der Kinder, stattet sie mit einem erfolgversprechenden Habitus, einem hilfreichen sozialen Netzwerk und einer anspruchsvollen Ausbildung aus. Insbesondere die etablierten Klassen der akademischen Intelligenz sorgen für die Installation eines Habitus, bei dem Leistungsorientierung, Sprachkompetenz, Bildungswesen im Vordergrund stehen. Damit aber werden Dispositionen und Kenntnisse internalisiert, die sich als unschätzbar wertvolle Ressourcen erweisen werden. Auf dieselbe Weise verläuft die Habitusbildung in den höheren wirtschaftsbürgerlichen Klassen.

Die Bildungsreform seit den 60er Jahren hat diese Prägekraft des familiären Ambientes keineswegs geschwächt, sondern die Bedeutung des Elternhauses eher noch erhöht. Namentlich die Determinationskraft der väterlichen Bildungsabschlüsse hat weiter ihre Macht bewiesen. Allgemein ist die Bildungsungleichheit zwischen den Klassen, wie empirische Untersuchungen nachgewiesen haben, «erstaunlich stabil» geblieben. Gelingt in den Bildungsklassen erwartungsgemäß die Berufskarriere, ist die Statuskontinuität gewährleistet. Nicht nur der Vorsprung erfolgreicher marktbedingter Klassen schafft daher ein soziales Umfeld für das «Obenbleiben». Vielmehr tut das auch das sorgfältig geprägte Erbe familiärer Traditionen. Die Ursachen der Monopolisierung von Ressourcen oder doch von deren exklusiver Nutzung liegen daher weiterhin zum einen in den auf dem Markt behaupteten Privilegien der Besitzklassen und den Kompetenzen der Intelligenzklassen, zum andern aber in dem im Sozialisationsprozeß weitergegebenen Habitus, in den erreichten Erziehungs- und Bildungserfolgen, die ihre «statuskonservierende Bedeutung» immer wieder auf Neue bestätigen.

Dieser Grundtatbestand: die folgenreiche familiäre Sozialisation, hat seine Prägekraft behalten, obwohl sich andere Dimensionen der Sozialen Ungleichheit von Grund auf verändert haben. Der Sozialstaat etwa hat in einem beispiellosen Ausmaß die soziale Sicherheit vergrößert, so daß er einen Gestaltwandel der historischen Sozialen Frage herbeigeführt hat; die Arbeits-, Wohn- und Freizeitbedingungen haben sich auffällig verbessert; der Zugang zu den öffentlichen Gütern der Infrastruktur ist erheblich erweitert, die Gesundheits- und Umweltpolitik sind intensiviert worden. Gleichzeitig hat sich aber auch eine unverkennbare Kontinuität traditioneller soziokultureller Unterschiede gehalten. Dazu gehören nicht nur die vielbeschworenen lokalen, regionalen, konfessionellen Milieus, sondern an erster Stelle die Familientraditionen, die als Erbe der Vergangenheit die gegenwärtige Sozialhierarchie vielfach prägen. Wenn man daher nach den Kriterien der Klassenlage oder der Statuszuweisung fragt, behält die berufliche Position den stärksten Einfluß auf Einkommen und Prestige vor den Auswirkungen des Geschlechts und des Alters, der Generationenzugehörigkeit und des ethnischen Verbandes. Aber die Weichen für den Beruf werden in einem außerordentlich hohen, einem grundlegenden Maße in den 15 oder 19 Jahren der engen Einbindung in das Familienleben gestellt.

6. Eine höchst spezifische Erbschaft der jüngsten Vergangenheit, wenn auch nicht der Familie, erwies sich trotz ihres befleckten Charakters als wertvolle Ressource der jungen Bundesrepublik. Das war der Leistungsfanatismus, den der Nationalsozialismus mit seinem Ideal einer «egalitären Leistungs-Volksgemeinschaft» (M. Broszat) in den jüngeren Generationen aus dem konventionellen, viel älteren Leistungsdenken entfesselt und durch seinen brutalen sozialdarwinistischen Konkurrenzkampf bis zuletzt gefördert hatte. Ohne ihn können die Ursachen der eruptiven Energiemobilisierung des «Dritten Reiches», erst recht im Krieg, gar nicht erfaßt werden (vgl. Bd. IV, 648–90). Nach dem Krieg brauchte diese Leistungsmentalität gewissermaßen nur entnazifiziert zu werden – was unter den Bedingungen der Zeit mühelos möglich war –, und schon gewann die frisch verkündete Soziale Marktwirtschaft das soziale Substrat einer vehementen Antriebskraft, das sie selber in so kurzer Zeit gar nicht hätte erzeugen können, ihr jetzt aber ohne eigenes Dazutun zustatten kam.

Diese Explosion an Tatkraft im Rahmen einer ungezügelten Wettbewerbsbereitschaft und eines leidenschaftlichen beruflichen Engagements, das die westdeutsche Wirtschaft und Gesellschaft seit 1948 kennzeichnete, stammte zunächst aus den dunklen Quellen der nationalsozialistischen Vergangenheit. Erst allmählich haben das Leistungs- und Konkurrenzdenken der Sozialen Marktwirtschaft in jüngeren Generationen vergleichbare Dispositionen geschaffen. Zum Mythos des deutschen «Wirtschaftswunders» gehörte dann aber keineswegs mehr die einsichtsvolle Erinnerung an die vererbte Mentalität der Anfangsjahre, sie wurde wegen ihrer unheiligen Herkunft verdrängt.

7. Im Zuge der Entfaltung der westdeutschen Marktgesellschaft haben sich die mittleren Lagen in der Bevölkerung am meisten vermehrt. Mit einer vierzigjährigen Verspätung wurde Schelskys Diagnose bestätigt, daß im Bereich der mittleren Klassen eine unzweideutige Konzentration stattfinde. Auf der andern Seite vergrößerte sich, dem Trend seit den 1890er Jahren entsprechend, der Abstand nicht nur zwischen den höchsten und den niedrigsten Einkommensklassen, sondern auch zwischen den höchsten und den mittleren Klassen. Seit den frühen 1980er Jahren nahm diese Distanz, ganz so wie in Ronald Reagans Amerika und in Margaret Thatchers Großbritannien, noch einmal deutlich zu, allerdings stets als Ungleichverteilung auf hohem Niveau, wobei sich die Vermögensunterschiede noch weitaus krasser als die Einkommensdifferenzen herausbildeten: Das reichste Zehntel kontrollierte jetzt die Hälfte des Gesamtvermögens.

Dieser Tendenz, daß sich kleine Besitz- und Erwerbsklassen mit der Akkumulation von Vorteilen von der Mehrheit scharf absetzten, entsprach die Schließungsstrategie akademischer Berufsklassen. Schließung ist in der Begriffswelt Max Webers auch stets ein Herrschaftsmittel, und um gesellschaftliche Machtpositionen zu behaupten, setzten etwa die freiberuflichen Professionen der Öffnung durch die Aufstiegsmobilität ebenso entschieden die Schließung entgegen. Sie war immer häufiger ein Ergebnis der Fähigkeit, in den Distinktionskämpfen die «feinen Unterschiede» durch eine abgehobene Lebensführung zu inszenieren. Der Besitz eines entsprechenden Habitus als innerer Leitinstanz und die Verfügung über gesellschaftlich geschätzte Ressourcen ermöglichten eine elitäre Teilnahme am sozialen Leben, welche die Hierarchisierung aufrechterhielt und befestigte.

8. Im Prinzip ist es daher ganz und gar irreführend, von einem Abschied von den Klassen zu sprechen. Vielmehr hat sich eine dynamische Sozialstruktur herausgebildet, die pluralistischere Züge als zuvor trägt, im Kern aber aus den marktbedingten Klassen der deutschen Marktgesellschaft und den ererbten Charakterzügen der sozialstrukturellen und -kulturellen Vergangenheit besteht. Jede Hoffnung auf eine egalitäre Nivellierung oder gar Aufhebung der Sozialen Ungleichheit erscheint als trügerische Fata Morgana. Die Fahrstuhlmetapher läßt die Chancenverbesserung größer erscheinen als die Aufstiegsbewegung tatsächlich ist. Denn zum einen sind durchaus mehrere Fahrstühle mit denkbar unterschiedlicher Geschwindigkeit unterwegs, und zum andern erreichen nicht wenige selbst den gemächlichsten Fahrstuhl überhaupt nicht. Das normative Ziel der sozialstaatlichen Demokratie, mit aktiver politischer Intervention den Hierarchisierungstendenzen der Marktgesellschaft und ihres Traditionserbes zu begegnen, bleibt daher die Verbesserung der Chancengerechtigkeit, da die Utopie der Chancengleichheit realiter nie zu erreichen ist.[31]

## B.  Die DDR

Die Analyse der Sozialen Ungleichheit in der DDR leidet häufig unter einer semantischen Verwirrung. Denn die westlichen Begriffe, heißt es immer wieder, erfaßten nicht die fremdartige gesellschaftliche Realität in Ostdeutschland. Deshalb wird dann die vertraute westliche Wissenschaftssprache, die angeblich analytisch inadäquat sei, abgelehnt oder doch nur provisorisch, mit einigen skeptischen Verbiegungen, gebraucht. Zum einen beharren DDR-Nostalgiker darauf, daß letztlich die marxistisch-leninistische Terminologie der vergangenen Wirklichkeit am ehesten gerecht werde und daher beibehalten werden solle; als empirische Basis dient ihnen weiterhin die politisch manipulierte, an vielen Stellen verlogene DDR-Statistik. Zum andern gibt es unter westlichen Sozialwissenschaftlern und Historikern nicht selten eine methodische Resignation, daß ihr überkommener Begriffsapparat bei der Beschäftigung mit der sozialen Welt der DDR gewissermaßen nicht greife.

### 1.  Die Klassenstruktur der DDR

Tatsächlich aber erweist sich Max Webers Klassentheorie auch in diesem Fall als adäquates, flexibles Kategoriensystem. Zwar geht es hier nicht um seine erfolgreichste Theorievariante: die Lehre von den «marktbedingten Klassen», wohl aber um seine allgemeine theoretische Entscheidung, Klassen an erster Stelle als Machtphänomene zu betrachten. Denn Webers epigrammatisch formulierter Strukturbefund im Hinblick auf Soziale Ungleichheit lautet bekanntlich: «Phänomene der Machtverteilung ... sind nun die Klassen.» Je nach dem Ausmaß ihrer Verfügungsgewalt, der institutionell abgesicherten Fähigkeit, ihren Einfluß auch gegen Widerstand durchzusetzen, sowie dank weiterer damit verbundener soziokultureller Privilegien, nehmen Klassen eine bestimmte Position in der Machthierarchie ein. (Im Kern beruhen auch die marktbedingten Klassen auf der Verfügungsgewalt über das Machtpotential ökonomischer Besitzrechte oder auf dem Ausschluß von ihnen.) Macht meint hier im Hinblick auf die DDR die politische Macht, also sozial legitimierte Herrschaft, nicht aber die Macht aufgrund des Besitzes von «Property Rights» oder von Leistungsqualifikationen.

Während Webers klassische marktbedingte «Besitzklassen» in Ostdeutschland entmachtet wurden – die adlige Großgrundbesitzerschaft z.B. wurde liquidiert, das Wirtschaftsbürgertum weithin vernichtet –, wurde eine neue, durch und durch politisch konstituierte Machtbesitzerklasse installiert. Unter ihr gab es weiter «Erwerbs»- und Berufsklassen, die wiederum nicht mehr von den Marktkräften, sondern von der Herrschaftsklasse im Anschluß an strukturell vorgegebene Sozialformationen politisch konstruiert wurden. Umfassende «soziale Klassen» bildeten sich, auch wenn sie nicht so genannt werden durften, ebenfalls heraus, etwa mit der herrschenden Klasse der Monopolelite auf den obersten Rängen der Nomenklatur, mit der administrativen Dienstklasse oder mit der Arbeiterschaft im Industrie- oder Agrarsektor. Sie zeigten oft die typische Neigung, ihre Binnenhomogenität gegenüber anderen Klassen mit Hilfe durchaus traditioneller Exklusionsmechanismen durchzusetzen. Das höchste Maß an Exklusionsbereitschaft praktizierte die Gerontokratie der SED-Führungsgremien mit ihrer dogmatischen Abwehr jeder Elitenzirkulation, aber auch – verbunden mit einer atemberaubenden Korruption der politischen Moral – die «neue sozialistische Intelligenz» und Dienstklasse, als sie für ihre Kinder das Privileg des Universitätsstudiums auf Kosten anderer, damit aber das Prinzip der exklusiven Selbstrekrutierung und der Vererbung der abgehobenen Klassenlage, absicherten.

Auch in der DDR gab es anstelle der geheuchelten Egalität eine drastische Ungleichverteilung der Lebenschancen, deren Ursachen in politisch konstituierten, handlungsrelevanten Klassenlagen zu finden sind. Ihre maßgeblichen Konstruktions- und Unterscheidungsmerkmale lagen im jeweils streng unterschiedenen Zugang zu Macht- und Herrschaftschancen. Nach der in den drei Hauptsektoren rigoros durchgeführten Liquidierung des verpönten Privateigentums usurpierte eine wie der «deus ex machina» auftretende, auf einer Geschichtstheologie basierende, «politisch weisungsberechtigte Klasse» die staatlichen Verfügungsrechte über das «gesellschaftliche Eigentum». Mit anderen Worten: Das gesamte Produktionspotential des Landes wurde von der herrschenden Klasse der obersten Parteielite übernommen. Sie trat seither als Machtbesitzerklasse sowohl in der Funktion eines «kollektiven Unternehmers» im «Realsozialismus» auf als auch, darüber noch hinausgehend, als totalitäre Herrschaftselite mit dem Anspruch auf die Kompetenzkompetenz bei der Regulierung und Steuerung schlechthin aller Lebensbereiche in ihrer «durchherrschten Gesellschaft» (J. Kocka).

Diese Machtbesitzerklasse definierte sozialistisches Eigentum als die unanfechtbare Berechtigung zur Kontrolle aller ökonomischen Ressourcen. Eine der strukturellen Ursachen der Ungleichheit im deutschen Staatskommunismus lag daher in ihrer Entscheidungsmacht über die Nutzung und Verteilung der Produktionsmittel, Güter und Leistungen. Wer in diesem neoabsolutistischen Stil über das gesamte Produktionsregime entschied, besaß auch die Verfügungsgewalt über die Distribution des erwirtschafteten Sozialprodukts. Im Kern dieses Systems stand mithin die bürokratische Herrschaftsmacht einer winzigen Minderheit vielfach privilegierter politischer Machtbesitzer mit ihrer Verfügungsgewalt über alle Produktionsmittel und die Verteilung des Sozialprodukts. Es war eine

Machtelite, die aufgrund des Ausschlusses aller anderen Klassen von den Arcana Imperii sich keiner Konkurrenz zu stellen brauchte, wohl aber in dieser Satrapie des sowjetischen Hegemons daran gewöhnt wurde, hier an der kurzen, dort an der längeren Leine der Moskauer Zentrale geführt zu werden.

Unter der Leitperspektive des Macht- und Herrschaftsdifferentials lassen sich die wichtigsten Klassenlagen und Klassenverbände unterscheiden.

## 2. Die herrschende Klasse: die SED-Monopolelite

An der Spitze der ostdeutschen Machthierarchie stand eine Monopolelite von 520, maximal 600 Personen, die wegen mehrfacher Doppelbesetzung 660 Schlüsselpositionen im Zentralbereich des politischen Systems innehatten. Sie verkörperte wortwörtlich eine herrschende Klasse. Ihren Führungskern bildeten 40 Mitglieder dieser Elite auf 64 Positionen. Sie besaßen eine «ungeheure Machtfülle zur Steuerung des politischen, ökonomischen, kulturellen Lebens» der 16 Millionen Ostdeutschen. Im Zentrum standen das kleine Sekretariat des ZK und das Politbüro, dem 24 Männer und zwei Frauen angehörten; ihr Durchschnittsalter in den späten 8oer Jahren betrug 66 Jahre, die älteren Mitglieder erreichten 77 Jahre. Die Homogenität wurde nicht zuletzt auch um den Preis der Vergreisung verteidigt. Innerhalb dieser Gerontokratie traf die kleine strategische Clique, die fast 20 Jahre lang aus Honecker, Mittag und Mielke bestand, die meisten der maßgeblichen Entscheidungen oder optierte für die «Non-decisions» im Stil ihres modernen Sultanismus. Zu dieser Machtelite gehörten auch die Mitglieder und Kandidaten des ZK, die Abteilungsleiter des ZK-Apparats, die Ersten Sekretäre der Bezirksleitungen sowie die Angehörigen der obersten Führungsgremien der parteiabhängigen Massenorganisationen.

Die soziale Schließung dieser herrschenden Klasse trat frühzeitig, erst recht aber in der Spätphase der DDR immer deutlicher zutage; da die Kaderpolitik der oberen Nomenklatur, deren Personalentscheidungen durch die Stasi sorgfältig kontrolliert wurden, die Selbstrekrutierung bestimmte. Eine offene Elitenzirkulation konnte unter diesen Bedingungen zu keinem Zeitpunkt zustande kommen – sie sollte es auch gar nicht, da die ideologische und soziale Homogenität als oberster Richtwert galt. Schließlich ging es in der operativen Politik um die Ausübung des Monopols auf Wahrheit, deren Besitz die politische Religion des Marxismus-Leninismus für sich in Anspruch nahm. Dem entsprach die «elitäre Selbstperzeption» (P. Hübner) dieser Herrschaftsklasse. Ihre Privilegien traten auch in dem exklusiven, von Sicherheitskräften scharf bewachten Wandlitzer Wohnquartier zutage, übertrafen den Standard des durchschnittlichen DDR-Bewohners bei weitem und provozierten deshalb seit 1990 dessen bittere Kritik, enthüllten aber im internationalen Vergleich der Machteliten geradezu eine kleinbürgerliche Ärmlichkeit.

## 3. Die administrative Dienstklasse

Auf dem zweiten Rang bewegte sich die administrative Dienstklasse dieses staatskommunistischen Herrschafts- und Planungssystems. Dazu gehörten die Mitglieder der Volkskammer, des Staatsrats und des Ministerrats, der Leitungsgremien der Staatlichen Planungskommission, der Kombinate, der Stasi- und Militäreinheiten, der oberen Führungszirkel der SED, der Blockparteien und Massenorganisationen, der wissenschaftlichen Institute des ZK und der Akademie der Wissenschaften. Häufig unterlagen sie dem Nomenklaturprinzip. In der Honecker-Ära nahm die Rekrutierung aus der «neuen Intelligenz» zu, so daß sich in dieser Dienstklasse die Anzahl der Personen mit einer Universitäts- oder Fachhochschulausbildung allmählich vermehrte, obwohl der Typus des hauptberuflichen Funktionärs weiter an der Spitze dominierte.

## 4. Die operative Dienstklasse

Unterhalb dieser administrativen Dienstklasse schloß sich die operative Dienstklasse an – beide zusammen zählten etwa 250000 Köpfe –, welche die Positionsinhaber der mittleren Führungsebene in der Einheitspartei und im Staatsapparat, in den volkseigenen Unternehmen und LPG zusammen mit hochqualifizierten Staatsangestellten wie Professoren und Ärzten, Ingenieuren und Lehrern umfaßte, während sich auf den unteren Rängen die Angestellten in den Verwaltungsapparaten der DDR und der VEB sowie das wissenschaftliche Personal der Universitäten, Fachhochschulen und Forschungseinrichtungen fanden. Nachdem das Berufsbeamtentum abgeschafft worden war, sollten die mit dem Rechtsstatus des Angestellten ausgestatteten Mitglieder der neuen Dienstklasse der Monopolelite bei der Bearbeitung ihrer neuen und konventionellen Aufgaben helfen. Systemloyalität, dokumentiert durch die Mitgliedschaft in der SED, galt als unverzichtbare Prämisse der Berufstätigkeit, erst recht der Beförderung.

In diese operative Dienstklasse, zum Teil auch in die administrative, stiegen zahlreiche Angehörige der «neuen Intelligenz» auf, die seit den 50er Jahren zielstrebig geschult worden war. Die Massenflucht, Vertreibung und Ausschaltung von Regimekritikern hatten ein gähnendes Vakuum geschaffen, das eine in der neueren deutschen Geschichte beispiellose Aufstiegsmobilität einschließlich eines umfassenden Elitenwechsels auslöste. Diese vertikale Bewegung trug Facharbeiter und Volksrichter, Neulehrer und junge Dozenten, vor allem aber die Absolventen der Arbeiter- und Bauernfakultäten in einem «Prozeß sozialer Umwälzung» nach oben. Wenn man sich auf die wahrscheinlich wieder einmal auf der Linie der politischen Vorgaben schönfärberisch klassifizierende DDR-Statistik stützt, die den Begriff der Arbeiterklasse wie Kautschuk dehnte, bis etwa auch die Angestellten darunter subsumiert werden konnten, sollen nach zehn Jahren bereits 150000 ehemalige Arbeiter im Staat und in der Wirtschaft in leitenden Stellungen tätig gewesen sein; angeblich kam sogar die Hälfte der Leiter aller VEB aus der Arbeiterschaft. Ihre geringe Kompetenz könnte zum guten Teil die dort grassierende Leistungsschwäche erklären. Wo es um Hochleistungsbetriebe wie in der Großchemie ging, stammte allerdings das Leitungspersonal, z. B. der Buna-Werke, wegen seiner unersetzbaren Sachkunde noch 1959 zu 75 % aus der Zeit vor 1945.

Einige Jahre nach dem Mauerbau sollen 80 % der «neuen Intelligenz» aus jener «sozialistischen Generation» hervorgegangen sein, die ihre Ausbildung unter den Bedingungen des Staatskommunismus nach 1949 erfahren hat. Dazu gehörte freilich auch, daß ihre Köpfe mit dem Ideenmüll des Vulgärmarxismus und einer Dogmenlehre vollgestopft worden waren, die sich für die Bewältigung der anstehenden praktischen Probleme als nutzlos erwies. 57 % der Lehrer, 42 % der Hochschulprofessoren, 82 % der Staatsanwälte, 74 % der Richter und 80 % der Offiziere sollen in jenem denkbar weit definierten Sinn aus Arbeiterfamilien gekommen sein. In den VEB-Kombinatsleitungen drangen die insbesondere zu den Jahrgängen 1930 bis 1933 gehörenden Absolventen der Arbeiter- und Bauernfakultäten weiter vor, bis schließlich nicht wenige die Spitze erreichten.

Wie immer auch die exakten Größenverhältnisse dieser Aufstiegsmobilität, die angesichts des desolaten Zustands der Statistik empirisch kaum genau zu bestimmen ist, ausgefallen sind – unstrittig handelte es sich um einen gewaltigen Schub, der Abertausende unerwartet schnell auf der Karriereleiter nach oben beförderte. Daß mit ihrer frühen Entwicklung diese Chancenvielfalt verbunden war, verschaffte der DDR in der jungen Generation der 50er Jahre eine kraftvolle Legitimationszufuhr.

Sie war freilich nur kurzlebiger Natur, denn schon in den 60er Jahren schlossen sich die Mobilitätskanäle. Der unlängst so beschleunigte Prozeß der vertikalen Mobilität trat seither, als das Schleusenwerk erstarrte, in eine Phase drastischer Rückläufigkeit, ja konstanter Immobilität ein. Die arrivierte «neue Intelligenz» und die höhere Nomenklatur in beiden Dienstklassen schottete sich zunehmend ab. Gemäß dem offiziellen Proporzdogma sollte sich diese Intelligenz und Nomenklatur aus allen Gesellschaftsklassen, bevorzugt natürlich aus der großen Mehrheit: dem Proletariat, rekrutieren. Tatsächlich aber nahm die Selbstrekrutierung stetig zu, denn der Nachwuchs kam unübersehbar und immer häufiger aus der «neuen Intelligenz» und Funktionärsklasse selber, die sich dazu des höheren Bildungssystems bediente. Sie begünstigten mithin einen egoistischen

Ausleseprozeß, der das Vorankommen von der Zugehörigkeit zu ihrer Klasse abhängig machte. Strenger noch als zuvor wurde die von ihr garantierte Systemloyalität zu einem Auswahlkriterium für den Aufstieg in die Dienstklasse.

Hatten die Kinder aus diesen Familien bereits in den 50er Jahren eine doppelt so hohe Aufstiegschance wie der Nachwuchs aus anderen Klassen, besaßen sie in den 80er Jahren eine fünfmal so hohe Chance. Mehr als 60 % aller Intelligenzkinder absolvierten wieder ein Hochschulstudium. Auch Spezialschulen und -klassen zur Förderung begabter Kinder wurden von der «neuen Intelligenz» monopolisiert. Wegen dieser Polarisierung der Zugangschancen wuchsen die Klassenbarrieren zugunsten der Dienstklassen in die Höhe, so daß die Aufstiegsmöglichkeiten für die Nachkommen anderer Klassen steil absanken. Kein Wunder, daß die offizielle Statistik über die soziale Komposition der Studentenschaft seit 1967 nicht mehr veröffentlicht wurde. In den 80er Jahren, als dieselbe Statistik als Angehörige der «Intelligenz» 15 % aller Berufstätigen auswies, hatten es Arbeiterkinder in der DDR noch schwerer als in der Bundesrepublik, auf die Universität zu gelangen und dort ein Studium zu absolvieren, das mit den begehrten Berechtigungstiteln den Weg in die «Intelligenz» und höhere Nomenklatur bahnte. Übrigens gelang trotz der hohen weiblichen Erwerbstätigkeit der ohnehin seltene berufliche Aufstieg von Frauen in der Regel nur dann, wenn sie aus der oberen Dienstklasse stammten und öffentlich ihre Systemtreue bekundeten.

In ihrer Berufsarbeit litt die operative Dienstklasse unter einem anhaltenden Effizienzmangel, der durch die Motivationsschwäche aufgrund des geringen Einkommens noch verschärft wurde, denn auf den oberen Rängen wurde nur 44 bis 53 % netto mehr verdient als bei den Facharbeitern. Das Klima für innovative Querdenker fehlte vollständig; der Sozialisationsprozeß erzeugte eine nivellierte Persönlichkeitsentwicklung. Häufig litten Hochqualifizierte an der Unterforderung in anspruchslosen Berufen. Belebende Impulse aus der internationalen Konkurrenz konnten sich auf die hermetisch abgeriegelten Apparate nicht auswirken. Das Dauerproblem der Versorgungsmängel in der Industrie, das Fehlen unerschwinglich teurer Geräte, internationaler Fachliteratur und belebender Auslandskontakte in allen Wissenschaften blockierte jede Annäherung an die Optimierung des Arbeitsablaufs. Wenn eine vorläufige Statistik aus dem Zusammenbruchsjahr 1990 auswies, daß jeder dritte Angestellte im Verwaltungsapparat des Staates, der SED und der Massenorganisation tätig gewesen war – zusammen sollen es 17 % aller Erwerbstätigen gewesen sein –, sieht man, welch einen bürokratischen Wasserkopf die operative Dienstklasse gewonnen hatte.

Blickt man indes über diese Grenzen und Nachteile des Berufslebens hinweg auf andere Lebensbedingungen, die mit ihrer Klassenlage verbun-

den waren, stechen Vorteile ins Auge. Nicht nur genoß diese Klasse ein
höheres Einkommen als andere Berufsklassen, konnte gewöhnlich einen
PKW ihr eigen nennen und einen Wohnkomfort genießen, der sich vom
städtischen Durchschnitt weit abhob, sondern sie besaß auch den Zugang
zu begehrten Westwaren und gehörte häufiger als andere zum «Reiseka-
der», der wenigstens ab und zu ins westliche Ausland reisen durfte, während in aller Regel die Familienangehörigen davon ausgeschlossen blieben,
da sie zur Verhütung von Republikflucht als Geiseln zu Hause bleiben
mussten.[32]

## 5. Die industrielle Arbeiterklasse

Die ideologisch am höchsten privilegierte, realiter aber von jeder einsetz-
baren Verfügungsmacht ausgeschlossene Sozialformation bildete die Arbeiterklasse. Bis zuletzt (1988) kaprizierte sich das SED-Regime mit seinem gehorsamen Organ, der Statistik, auf die Behauptung, daß die
Arbeiterklasse mit 74,7 % genau drei Viertel aller DDR-Bewohner um-
fasse. Allerdings wurden, wie gesagt, nicht nur die Angestellten umstandslos hinzugerechnet, sondern etwa auch die Arbeitskräfte des sogenannten
X-Bereichs: das Personal des Sicherheitsapparats, der Rüstungsindustrie,
des Uranbergbaus und des Funktionärskorps der gesellschaftlichen Organisationen. Der unbefangen klassifizierende westdeutsche «Sozialreport»
aus dem Jahr 1990 ermittelt dagegen einen Arbeiteranteil an den ostdeutschen Beschäftigten von 54,4 % sowie einen Angestelltenanteil von 36,1 %,
der auch einen Gutteil der früheren «Intelligenz» umschloß. Diese Werte
enthüllen zum einen die Vorrangigkeit der Industrieproduktion und die
Vernachlässigung des Dienstleistungssektors in einer strukturkonservati-
ven Industriegesellschaft. Denn in der alten Bundesrepublik machte 1993
die Arbeiterschaft nur mehr 35,9, die Angestelltenschaft aber schon 45 %
der Erwerbstätigen aus. Zum anderen dementieren sie entschieden die von
der SED geheuchelte Größenordnung, in der sich die ostdeutsche Arbeiterklasse angeblich bewegt hatte.

Zwar pflegte die SED-Diktatur die propagandistische Heroisierung des
Proletariats als eines welthistorischen Subjekts, das den Übergang in den
säkularisierten Garten Eden der kommunistischen Zukunftsgesellschaft
bewirken sollte. Doch 40 Jahre nach der Gründung der DDR lag dort die
wöchentliche Arbeitszeit von 43,75 Stunden um 5,25 Stunden höher als in
der Bundesrepublik. Das Haushaltseinkommen der Arbeiterfamilie, die
gewöhnlich aus Doppelverdienern bestand, lag bei 47 % des westdeutschen Einkommens, das individuelle Bruttoeinkommen bei gerade einmal
55 % der westlichen Vergleichsgröße. Als Rentner empfingen ehemalige
Arbeiter im Durchschnitt degradierende 30 % des westdeutschen Renteneinkommens. So sah die Wirklichkeit des Arbeiterstaates aus.

Diese Unterschiede im Vergleich mit dem Konkurrenzstaat wurden offenbar, mehr oder weniger scharf ausgeprägt, von ostdeutschen Arbeitern allgemein wahrgenommen. Aber da die DDR eine mit großer Anstrengung «nach unten nivellierte» Gesellschaft beherbergte, gab der vergleichende Blick auf die inneren Verhältnisse kein sonderlich kraß ausgeprägtes hierarchisches Gefälle frei. Denn diese Nivellierung als Folge des offiziellen Egalitarismus als sozialer Norm wurde dadurch erreicht, daß
– die Vermögensunterschiede radikal eingeebnet wurden;
– die soziale Sicherheit und die medizinische Versorgung ein hohes Maß an Gleichheit auf der Basis sparsamer, im Vergleich mit dem Westen allerdings einschneidend reduzierter Leistungen gewährte;
– die kraß limitierte Verfügung über Waren und Dienstleistungen fast alle, nicht selten auch DM-Besitzer, traf;
– die Mängel der Infrastruktur jedermann einschränkten;
– die Umweltprobleme eine wachsende Anzahl von Menschen ungeachtet ihrer politischen und beruflichen Stellung belasteten;
– das Verbot von Reisen in den Westen ebenfalls eine Gleichheit der Eingesperrten erzeugte.

Es war die erzwungene Gleichheit einer realsozialistischen Mangelgesellschaft, in der sich auch die Arbeiterklasse bewegte, und es ist sehr die Frage, ob die immer wieder lauthals proklamierte ideologische Profilierung überhaupt eine kompensatorische Wirkung auf ihr Selbstbewußtsein entfalten konnte. Die Rede von der historischen Mission des Proletariats und von der historischen Notwendigkeit des Kommunismus klang, sieht man von den borniert Gesinnungstreuen ab, bald ziemlich schal. Der Führungsanspruch verlor den Glanz des «antifaschistischen» Widerstands, wie überhaupt die Antifa-Legende mit dem Fortgang der Zeit verblasste. Die behauptete Interessenidentität der SED als Avantgarde des Proletariats, damit auch der ostdeutschen Arbeiterklasse löste sich bei den Bewährungsproben im Alltag immer wieder auf. Statt das «Absterben des Staates» zu befördern, wie es Friedrich Engels erwartet hatte, okkupierte die SED immer mehr gesellschaftliche Felder und Politikbereiche, ohne demokratische Legitimierung durch die Basis.

Der FDGB als «Transmissionsriemen» der Staatspartei konnte als verstaatlichte Organisation nicht die Funktion einer selbstbewußten, kampferprobten Gewerkschaft übernehmen, von der die Arbeiter bisher Interessenverfechtung im Stil der Tradition bis 1932 erwartet hatten. (Die Betriebsräte waren bereits 1948, als sie in der SBZ ein Vakuum zu füllen versuchten, aufgelöst worden.) Wegen des Legitimierungsdrucks, unter dem die SED stand – denn der Repräsentant der Arbeiterklasse zu sein blieb ihre Legitimationsbasis –, konnten Arbeiter jedoch nicht selten ihre Handlungschancen nutzen, um ihre latenten Interessen in manifeste Erfolge zu übersetzen. Das geschah in den allerseltensten Fällen durch den klassischen, aber überaus gefährlichen Streik, vielmehr durch den Aufbau von Druck vor Ort, die Verlangsamung des Arbeitstempos, die Drohung mit der Nichterfüllung des Plans. Da die SED nach 1953 bevorzugt einen Kurs der inneren Konfliktvermeidung steuerte, gab sie nicht selten bei der Austragung solcher Interessenkonflikte trotz aller anfangs geäußerten verbalen Unnachgiebigkeit doch nach. So riskierte sie es auch erst gar nicht, leistungsorientierte Löhne gegen den evidenten Arbeiterwiderstand durchzusetzen. Auf die strikte Gängelung durch die individuelle Kaderakte (ein Pendant zum Arbeitsbuch für ostelbische Landarbeiter im 19. Jahrhundert), ohne die kein Arbeitsplatzwechsel möglich war, hat sie allerdings nie verzichtet. Trotz aller Einschränkungen blieb jedoch ein stillschweigender «Sozialkontrakt» zwischen SED und Arbeiterschaft auch in den 70er und 80er Jahren erhalten, so daß die äußerlich gewahrte Ruhe verdeckte, daß das System wegen fehlender Reformen auf dem Weg in den Kollaps unterwegs war.

Als Gewerkschaftsersatz erwiesen sich die 1950 nach sowjetischem Vorbild eingeführten, seit 1958 überall gebildeten Brigaden: kleine Arbeitseinheiten, die als multifunktionale Organisationen im Betrieb auch als sozialpolitisches Kontroll- und Erziehungsinstrument, als «kommunikatives Zentrum» fungierten, Konflikte regulierten, Interessen gegenüber der Unternehmensleitung verfochten. Sie kümmerten sich aber schließlich auch um die medizinische Versorgung, die Kinderbetreuung, die Wohnungszuweisung, die Freizeit- und Urlaubsgestaltung. Erfaßten 1960 etwa 98 000 Brigaden 663 000 Arbeiter, wurden bis 1989 5,5 Millionen Arbeiter von ihnen erfaßt. Da der Frauenanteil an der Industriearbeiterschaft von 25,5 % (1949) auf 41 % (1988) anstieg, übernahmen die Betriebe und Brigaden ebenfalls die Ausstattung des Unternehmens mit Krippen, Kindergärten und Verkaufsstellen, die das Schlangestehen der Frauen nach Betriebsschluß vermeiden sollten, regelten den Zugang zu Erholungs- und Ferienheimen. Der Arbeitsplatz gewann dadurch eine überdimensionierte Bedeutung, weil sich an ihm öffentliche und private Interessen vermischten.

Im Betrieb litten Arbeiter geradezu regelmäßig an den Planungs- und Organisationsfehlern, die auf das Konto ferner Planer und der von ihnen gegängelten Unternehmensleitungen gingen. Wochen-, ja monatelang wegen der ewigen Koordinationsmängel ausbleibende Lieferungen oder verschlissene, längst reparaturbedürftige, am besten völlig zu ersetzende Maschinenanlagen hielten den Betriebsablauf auf eine Weise auf, die jedem westlichen Manager oder Unternehmensberater die Haare hätte zu Berge stehen lassen. Immer wieder kam es auch zu einer Produktion überflüssiger oder minderwertiger Erzeugnisse, die wegen des ausbleibenden Absatzes die Lager im Lande füllten. Die Primärbindung der Leitungsstellen an demonstrativ bekundete Loyalität diskreditierte das Leistungsprinzip. Hochqualifizierte Arbeitskräfte fanden sich auf anspruchslosen Positionen mit entmutigenden Zukunftsaussichten. Und selbst 1989 gehörte noch ein Viertel der Arbeiterschaft – das waren 13 % aller Erwerbstätigen – zu den Un- oder Angelernten, deretwegen die in den Betrieben versteckte Arbeitslosigkeit eine solche Rolle spielte. Im übrigen blieb das klassenhomogene Ausmaß der Selbstrekrutierung bemerkenswert hoch: 80 % der Kinder von Un- und Angelernten endeten wieder in derselben Kategorie. Dasselbe Verharren in der Klassenlage gab es bei 80 % der Facharbeiterkinder.

Einer solchen weithin verstaatlichten Arbeiterklasse, die auf einem niedrigen Lebensstandard festgehalten wurde, politisch trotz der Massenmitgliedschaft in SED und FDGB (seine 9,6 Millionen Mitglieder erfaßten fast alle Erwerbstätigen, während jeder fünfte Erwachsene der Staatspartei angehörte) entmündigt blieb, von der «neuen Intelligenz» und oberen Funktionärsschicht zunehmend von der Aufstiegsleiter des höheren Bildungssystems ferngehalten wurde, im Berufsleben Widrigkeiten ohne Ende erlebte und dazu noch einer rasch ansteigenden Umweltbelastung ausgesetzt war, mußte die Rede von der welthistorischen Mission des Proletariats zusehends als durchschaubare Irreführung erscheinen. In der Krisensituation von 1989/90, als zahlreiche, von der Staatspartei einmal handverlesene Angehörige der «Neuen Intelligenz» und der Studentenschaft als SED-Mitglieder (90 % der Studenten, 80 % der Professoren) weiterhin auf den Fortbestand der DDR setzten, demonstrierte die erdrückende Mehrheit der Arbeiterschaft, daß sie angesichts des evidenten Bankrotts des Arbeiterstaats der Westoption den Vorzug gab. Entschiedener konnte das Scheitern der deutschen Bolschewiki und ihrer politischen Religion nicht bestätigt werden.[33]

## 6. Die ländliche Arbeiterklasse der «Genossenschaftsbauern»

Die Grundlinien der Veränderung der ländlichen Gesellschaft in Ostdeutschland sind bereits vorn (vgl. III.B.5) gezeichnet worden, so daß der Befund an dieser Stelle nur noch einmal knapp zusammengefaßt zu werden braucht. Wenn der Übergang zur SED-Diktatur mit einer revolutionären Umwälzung der ostdeutschen Gesellschaft verbunden war, traf das auch und gerade auf den Agrarsektor zu. Dort wurde in kürzester Zeit aus einer Privateigentümergesellschaft eine staatliche Veranstaltung gemacht, die auf enteignetem Boden Staatsangestellte in Zwangsgenossenschaften und riesigen Agrarfabriken arbeiten ließ. Sämtliche adligen und bürgerlichen Großgrundbesitzer wurden zusammen mit den mehr als 20 ha besitzenden Großbauern bereits seit dem September 1945 im Verlauf der sogenannten Bodenreform enteignet. Bis Ende 1946 waren 10 200 Landwirte mit 35 % der Landwirtschaftlichen Nutzfläche davon betroffen; bis Ende 1949 kamen noch einmal 12 700 hinzu.

Seit 1952 gewann die Kollektivierung der Landwirtschaft erst recht an
Tempo, das 1960/61 seinen Höhepunkt erreichte. Hatte es anfangs nur
gut 5000 LPG gegeben, wurden jetzt 500000 Bauern in diese Zwangsor-
ganisation getrieben; 19000 LPG bewirtschafteten daher 85% der Landwirtschaftlichen Nutzfläche. Im Verlauf dieser Kollektivierungskampagne
verschwand auch jenes Drittel der 210000 Neubauern, das überhaupt auf
seinem kärglichen, aus der Bodenreform stammenden Kleinbesitz bis
1952 überlebt hatte. Nur 13500 Kleinbauern überstanden diesen gewaltigen Integrationsprozeß, der ihnen vorläufig noch 8% der Landwirtschaftlichen Nutzfläche überließ. Widerspenstige Bauern wurden wegen
angeblich mangelhafter Planerfüllung mit extrem hohen Strafen belegt,
ihre Höfe enteignet. Die Folge war die Massenflucht von 15000 Bauernfamilien.

   15 Jahre nach dem Krieg hatte sich daher das sozialökonomische Profil
des flachen Landes in Ostdeutschland vollständig verändert. Die fein ge-
staffelte Hierarchie der ländlichen Gesellschaft war gewaltsam zerstört
worden. Die adlige Großgrundbesitzerklasse war lückenlos liquidiert oder
vertrieben, die Bauernschaft bis auf einen Rest kleiner Parzellenbesitzer
ebenso restlos enteignet und in staatlichen Zwangsverbänden zu einer Tätigkeit als degradierte Landarbeiter verurteilt worden. Ihrer selbständigen
Existenz als Privateigentümer konnten sie nur noch nachtrauern.

   In den 70er Jahren verschärfte der Übergang zu megalomanen, den Industriekombinaten nachgeahmten Agrarfabriken mit mehr als 4000 Staatsangestellten den Konzentrationsprozeß auf dem Lande. Die von skeptischen Beobachtern vorhergesagten, doch zuerst vom SED-Apparat nicht
ernst genommenen dysfunktionalen Folgen führten dazu, daß die Exzesse
dieser Riesenkombinate in den 80er Jahren wieder vermieden wurden. Neben ihnen hatten sich übrigens nur noch 3000 Kleinbauern weiter gehalten.

   Das graue Heer dieser Landarbeiter, die im offiziellen Parteijargon des
Arbeiter- und Bauernstaates, daher auch in den Kategorien seiner Statistik,
zu «Genossenschaftsbauern» aufgewertet wurden, unterschied sich strukturell kaum von der nivellierten Arbeiterschaft auf den sowjetischen Kol-
chosen. Gelenkt wurden sie von Agrarmanagern, die oft an der Landwirtschaftlichen Fakultät einer Universität oder an einer Fachhochschule
ausgebildet worden waren, indirekt aber auch von den Agrartechnikern,
die für den Maschinenpark der LPG und Agrarfabriken zuständig waren.

   Trotz dieses Integrationsprozesses, der viele zur Abwanderung in die
Industrie zwang, arbeiteten vor 1989 noch immer 9% aller ostdeutschen
Erwerbstätigen in der Landwirtschaft, während es in der Bundesrepublik
gerade einmal 2% waren. Auf die ökonomischen Mängel des Agrarsektors
in der DDR braucht nicht noch einmal eingegangen zu werden (vgl. III.
B. 5). Unbestreitbar aber ist der fatale Erfolg der Proletarisierungspolitik

der SED, welche auch die ländliche Gesellschaft von Grund auf umgestülpt und aus einer leistungsfähigen Eigentümergesellschaft mit einer der weltweit höchsten Ertragsleistungen eine entmündigte, demotivierte, ineffiziente Landarbeiterklasse auf staatlichen Besitzungen gemacht hat. Aus den Überlebenden der gesellschaftlichen Umwälzung, aus freien Bauern und Gutsbesitzern, wurde eine unfreie ländliche Arbeiterklasse, wie sie der politischen Utopie der SED entsprach.

## 7. Die Reste des Bürgertums

Zu den fatalen Folgen der Sozialrevolution, welche die deutschen Bolschewiki seit 1945 in Ostdeutschland vorantrieben, gehörte die Zerschlagung der wesentlichen Sozialformationen des Bürgertums: des Wirtschafts- und des Bildungsbürgertums. Dank ihrer borninerten Klassenkampflehre konnten die Kommunisten in ihnen nur die Inkarnation des Klassenfeindes erblicken, dem mit allen Mitteln jeder Einfluß, jede soziale Existenz genommen werden sollte. Während sich in der Bundesrepublik die seit Jahrhunderten gültige Erfahrung erneut bestätigte, daß die bürgerlichen Klassen, die nach ihrem desavouierenden Kollektivdebakel bis 1945 wie Phönix aus der Asche wieder emporstiegen, zu den dynamischen, innovativen Trägern der gesellschaftlichen Entwicklung gehörten, schnitt sich die SED im Bann ihrer anachronistischen Geschichtstheologie von diesem belebenden Zustrom von Energien in der hochmütigen Überzeugung ab, mit ihren Funktionärskadern und Planungsstäben den gesellschaftlichen Fortschritt ungleich besser verwirklichen zu können. Das Resultat ist seither zu besichtigen.

Der Zerstörungswille der SED erreichte allerdings nie vollständig sein Ziel. Beim Wirtschaftsbürgertum gelang ihr die vollständige Entmachtung: Der selbständige Unternehmer wurde enteignet oder massiv verdrängt; das überlebende Häuflein der kleinbürgerlichen Selbständigen – maximal 140 000 Personen, überwiegend handwerkliche Einzelmeister, nur wenige mit höchstens zehn Mitarbeitern, darunter freilich auch die beneideten «Könige der Republik» – wurde in seiner Leistungsdynamik gebremst, seines Einkommensvorsprungs beraubt und häufig in eine Kümmerexistenz abgedrängt.

Doch die bildungsbürgerlichen Berufsklassen ließen sich nicht im selben Stil des totalitären Umbaus beseitigen. Ein langsamer Elitenwechsel schien wegen der Abhängigkeit von ihrem Fachwissen unvermeidbar zu sein, zumal die Barrieren der traditionsbewußten bildungsbürgerlichen Milieus sich einem rabiaten Elitentausch entgegenstemmten.

Ihre Kohäsion wurde freilich durch die Zäsur von 1945/49 geschwächt. 80% der Richter und Staatsangestellten, 75% der Mediziner, 72% der Lehrer und 40 bis 60% der Professoren waren NSDAP-Mitglieder gewesen und wurden durch die Entnazifizierung ausgesiebt. In Sachsen etwa wurden nach dem Sommer 1945 von 1094 Richtern und Staatsanwälten nur 240 noch weiterbeschäftigt, von 10552 Lehrern 70% entlassen und durch junge Neulehrer ersetzt. Der Lehrkörper der sechs SBZ-Universitäten wurde durch die Flucht nach Westen drastisch reduziert: Bis Anfang 1947 sollen vier Fünftel der Professoren und Dozenten des Jahres 1944 nach Westen abgewandert, zu einem Teil auch nach Rußland deportiert worden sein.

In manchen Fakultäten blieb jedoch vorerst eine erstaunliche Elitenkontinuität erhalten. Bei den Theologen machte sie 88, bei den Medizinern 81, in der Philosophischen Fakultät 71, bei den Naturwissenschaften 55% aus; allein bei den Juristen und Ökonomen kam sie wegen der Entlassung der kompromittierten Personen zunächst auf 26%; bis 1951 wurden die Jurafakultäten sogar komplett erneuert. Unter anhaltend starken Druck gerieten auch die Wirtschafts- und Geisteswissenschaften, da die SED das Deutungsmonopol für ihren Marxismus-Leninismus beanspruchte und daher zielstrebig auf einen Personaltausch hinarbeitete. Die Theologen dagegen wurden, da ihnen keine inhaltliche Nähe zum Nationalsozialismus unterstellt wurde, sowohl von der SMAD als auch von der SED geschont. Im allgemeinen wurde das Wissen dieser akademischen Berufsklassen für wichtiger gehalten als die Belastung mit einer NS-Vergangenheit, und die Professoren betonten nach Kräften, daß sie ein systemneutrales Wissen verwalteten und in relativer Autonomie vermehren wollten. In dieser Hinsicht war z. B. typisch, daß von 1945 bis 1949 nur 45 Ärzten die Approbation entzogen wurde. Daß bis 1961 die Hälfte aller ostdeutschen Ärzte in den Westen floh, erhöhte die Abhängigkeit von den verbleibenden Gesundheitsexperten. Auch das Leitungspersonal von Großbetrieben mit komplizierten technologischen Abläufen wurde nicht ausgewechselt. Im Zweifelsfall dominierten pragmatische und machtpolitische Entscheidungen, die dazu führten, statt der erstrebten politischen Homogenität eine gewisse Heterogenität zuzulassen.

Bis Anfang der 60er Jahre hinein konnten daher viele akademische Fachleute ihre Stellung, ihr Einkommen und das Weststudium ihrer Kinder verteidigen. Überhaupt stärkte der «doppelte deutsche Arbeitsmarkt», der ihnen nach dem Überwechseln in die Bundesrepublik gewöhnlich sofort die Fortsetzung ihrer Berufskarriere erlaubte, bis zum Mauerbau ihre Verhandlungsmacht. Dann freilich setzte ein Prozeß des nachhaltigen Elitenwechsels ein, mithin der zunehmenden Entmachtung, des wachsenden Anpassungsdrucks und der Verdrängung durch systemloyale Nachwuchskräfte. Hochschulzertifikate und Staatsloyalität begründeten deren Führungsanspruch, aber sie erwiesen sich in den folgenden zwanzig Jahren außerstande, eine berufsständische Vergesellschaftung oder ein eigenes kulturelles Leben, wie das Bildungsbürgertum es entfaltet hatte, zustande zu bringen. Kulturelle Distinktion kraft neuer Leitbilder konnten die neuen Kader zu keiner Zeit für sich in Anspruch nehmen; eher verschämt griffen sie allenfalls auf den hochkulturellen Bildungsbegriff zurück.

In den geschrumpften bildungsbürgerlichen Milieus blieb seither außer einer resignierten Konformitätsbereitschaft als Rückzugsstrategie nur eine «quietistische Einkapselung» übrig. Bürgerliche Soziabilität wurde vollständig in die Privatsphäre, insofern in eine Subkultur abgedrängt. 1989 kamen nicht wenige Oppositionelle aus solchen bildungsbürgerlichen Familien – äußerlich degradiert, aber durchaus mit einem Überlegenheitsgefühl und intellektueller Kompetenz ausgestattet.

Länger noch als die Ärzte behielten die protestantischen Pfarrer als ein «Element bürgerlicher Elitenkontinuität» und «Träger einer Alternativkultur» eine auffällige Sonderrolle. Hatte es 1946 5380 Pfarrer in der SBZ gegeben, sank ihre Zahl bis 1986 um fast 30 % auf 3983 hinab. Dieses Ergebnis reflektierte das Vordringen des staatlich massiv geförderten Atheismus und der daraus folgenden Schrumpfung der Gemeinden. Die traditionell hohe Selbstrekrutierung blieb auch in der DDR erhalten, zumal die sanfte Entnazifizierung der Geistlichen eine hohe Kontinuität gewährleistete. Anfangs lag sie bei 25 %; ein weiteres Drittel stammte ebenfalls aus Akademikerfamilien.

Wegen der verbissenen Diskriminierung von Christen im öffentlichen Bildungswesen zogen die protestantischen Traditionsgymnasien wie Schulpforta, die Dresdner Kreuz- und die Leipziger Thomas-Schule den Pfarrernachwuchs an. Danach konnte das Studium an verschiedenen Institutionen fortgesetzt werden. Die sechs Theologischen Fakultäten der Universitäten waren allerdings gleichgeschaltet worden und unterlagen einer direkten Staatsintervention. Besonders die Theologischen Fakultäten an der Berliner Humboldt-Universität und an der Universität Leipzig galten als «staatstreu», mithin SED-nah. Diese Nähe schloß die Kooperation von Theologieprofessoren mit der Stasi ein. An den drei Kirchlichen Hochschulen oder am Theologischen Seminar in Leipzig herrschte dagegen ein unabhängiger Geist. 1973 kamen von 157 Leipziger Seminarstudenten allein 47 aus Pfarrhäusern und 15 aus anderen bildungsbürgerlichen Familien.

Die Kontinuität dieser Berufsklasse der evangelischen Geistlichen, aber auch der anhaltende Druck der atheistischen Staatspolitik während ihres antikirchlichen Kulturkampfes ließen die Gemeinden als «Fluchtburgen» erscheinen, in denen eine Art von «Ghettoprotestantismus» am Leben gehalten wurde. Er wurde unterstützt durch die hilfreichen Institutionen der Diakonie, auch durch die glaubensfesten «Jungen Gemeinden», die als Rivalen der FDJ auftraten und daher heftig diskriminiert wurden, zumal der Zustrom aus den Traditionsschulen auffällig war (1972 gehörten z.B. 80 % der Leipziger Thomaner zur «Jungen Gemeinde»). Schließlich wurde nach dem pragmatischen Arrangement zwischen Staat und Kirche seit 1971 die kirchliche Jugendarbeit, wenn auch widerwillig, geduldet, so daß sich in den Gemeinden engagierte Christen versammeln konnten, die in der Oppositionsbewegung von 1989/90 dank ihrer erprobten Zivilcourage als treibendes Element eine wichtige Rolle spielten. Insofern ist es dem bekämpften Kern des protestantischen Milieus gelungen, eine Art von Gegenintelligenz heranzubilden, die bewies, daß die Zerschlagung des Bürgertums durch die SED-Diktatur nicht vollständig gelungen war.[34]

## 8. *Die Ungleichheit der Geschlechter*

Nach der Massenflucht bis zum Mauerbau sah sich das SED-Regime einer einschneidenden Reduktion seines Arbeitskräftepotentials, namentlich des hochqualifizierten Humankapitals, gegenüber. Da es nicht Hunderttausende von ausländischen Gastarbeitern anheuern wollte und konnte, blieb ihm nur der Zugriff auf das Reservoir der ostdeutschen Frauen. Diese Zwangslage bildete das entscheidende Motiv, durch eine buchstäblich restlose Erfassung der weiblichen Arbeitskräfte die riesige Lücke allmählich zu füllen. Waren 1950 44 % der erwerbsfähigen ostdeutschen Frauen in einem Beruf tätig gewesen, waren es 1989 doppelt so viele: 91 %, eine der höchsten Raten auf der ganzen Welt, Spitzenreiter in Europa.

Diese forcierte Einbeziehung der arbeitsfähigen Frauen in den Produktionsprozeß entsprang nicht, wie die SED glauben machen wollte, einer progressiven Emanzipationspolitik, für die sich seit August Bebel ein Teil der alten Arbeiterbewegung bis 1932 stark gemacht hatte. Verbal tauchte diese honorige Tradition zwar ständig in der propagandistischen Werbung für die DDR-Frauenpolitik auf. Doch faktisch handelte es sich im Kern um ein umfassendes Mobilisierungsprogramm mit durchaus totalitärem Anspruch aus Mangel an männlichen Arbeitskräften. Während seiner Ausführung erforderte es allerdings zahlreiche Unterstützungsmaßnahmen, die durchaus eine emanzipatorische Wirkung auslösten.

Um Frauen für einen Beruf freizustellen, erwies es sich z. B. als unumgänglich, ihnen nicht nur Freiraum zu schaffen, sondern auch ihre berufliche Grundqualifikation zu verbessern. Daher besaßen am Ende der 80er Jahre 48 % der berufstätigen Frauen einen Facharbeiterinnenbrief, wenn auch nur 12,4 % die Meisterinnenprüfung abgelegt hatten. Und rechnet man die Absolventinnen aller Universitäten und Fachhochschulen zusammen, sollen immerhin, wenn man der DDR-Statistik trauen will, 38,2 % einen solchen Hochschulabschluß erreicht haben.

Um Frauen die «Pflicht zur Arbeit» als Pendant zum «Recht auf Arbeit» näher zu bringen, wurden flächendeckend Krippen, Horte, Kindergärten, insbesondere in Verbindung mit den Betrieben, eingerichtet, zumal die SED damit auch direkten Einfluß auf die primäre Sozialisation der

Kinder nehmen konnte. Wegen der Mangelwirtschaft, der Versorgungslücken, der Warteschlangen vor den Geschäften wurde das Zeitbudget ostdeutscher Frauen ungleich mehr beansprucht als das bei westdeutschen Frauen der Fall war. Außerdem blieben ihnen, der konventionellen Rollenverteilung entsprechend, mehr als 80 % der Hausarbeit überlassen. Erreichten sie das Rentenalter – und 88 % aller Rentenempfänger in der DDR waren Frauen – erhielten sie ein Einkommen, das gerade einmal 30 % der westdeutschen Frauenrente entsprach.

Berufstätige Frau in der DDR zu sein hieß mithin, ein strapaziöses Leben zu führen, um den Ansprüchen von Arbeitswelt, Familie und Kinderaufzucht gerecht zu werden. Aber dieses Leben vermochte auch ein Gefühl der Selbständigkeit, der Unabhängigkeit, der finanziellen Eigenleistung zu vermitteln, das manche Belastungen kompensierte. Zu der Selbständigkeit gehörte auch die hohe Rate der meistens von Frauen initiierten Scheidungen, die bis 1989 um 50 % höher als in Westdeutschland ausfiel. Und Kinderlosigkeit blieb ein «randständiges Phänomen», da nur 8 % der Ehen oder Partnerschaften ohne den staatlich vielfach geförderten Nachwuchs blieben.

Der Gleichstellungsvorsprung der ostdeutschen Frauen läßt sich, auch und gerade im Vergleich mit der Bundesrepublik, nicht leugnen, obwohl er aus einem dürren arbeitsökonomischen Kalkül hervorging. Doch die begleitende «Emanzipation von oben» ließ durchaus zahlreiche traditionell verankerte Vorurteile weiterbestehen.

1984 waren 36 % der SED-Mitglieder Frauen, doch je höher die Führungsposition lag, desto ausschließlicher wurde sie von Männern besetzt. De facto war die SED ein «autoritärer Männerbund» mit einer kleinen, elitären, wie selbstverständlich männlichen Spitze. 1988 waren zwar 30 % aller Bürgermeisterstellen mit Frauen besetzt, aber sobald es um Städte mit mehr als 15 000 bis 20 000 Einwohnern ging, wurde diese Position zu 92 % von Männern eingenommen. Von den rd. 21 300 Ärzten in der DDR stellten Frauen mehr als die Hälfte (52 %), doch nur 12,8 % hatten es bis auf den Posten der Chefärztin, nur 35 % auf den Rang der Oberärztin geschafft. Zwar machten in den späten 80er Jahren Studentinnen 54 % aller Studierenden aus, gab es auch inzwischen gut 230 000 Hochschulabsolventinnen, doch die Anzahl der Professorinnen erreichte nur 4,3 % des Lehrkörpers, blieb mithin noch weit hinter der enttäuschenden bundesrepublikanischen Ziffer zurück (vgl. IV.8, 13).

Die politischen Machtzentren sind auch unter dem Gesichtspunkt der Geschlechtergleichstellung geradezu hermetisch von Männern abgeriegelt worden. Sie besetzten so gut wie alle strategisch wichtigen Stellungen.
– Im Politbüro gab es 22 Männer, aber keine einzige Frau.
– Unter 165 ZK-Mitgliedern befanden sich 18, unter den 57 ZK-Kandidaten, sieben Frauen.

– Zu den 42 Mitgliedern des Ministerrats trat eine einzige Frau hinzu: das war Honeckers Frau Margret, die starre Dogmatik verkörpernde Erziehungsministerin.

– Zur Runde der 169 Minister, Stellvertretenden Minister und Staatssekretäre gehörten genau vier Frauen.

Vergleicht man diese absolute Männerdominanz mit dem viel zu langsamen, aber unbestreitbaren Vordringen westdeutscher Frauen in die Politik (IV.8), wird die streng limitierte «Emanzipation von oben» in der DDR um so deutlicher als Kapitulation vor dem krassen SED-Machismo erkennbar. Zu einer Quotenpolitik zugunsten der Frauen, die einen realistischen Schritt nach vorn bedeutet hätte, ist es nie gekommen. Der vergleichende Blick auf die Bundesrepublik zeigt vielmehr, welchen Vorsprung sogar dieses im Hinblick auf aktive Frauenpolitik besonders zögerliche Schlußlicht der EU-Staaten vor der DDR gewonnen hatte.[35]

## 9. Einkommensunterschiede

In einer derart dem Egalitätsprinzip verpflichteten Gesellschaft wie der DDR besaßen die Einkommensunterschiede keine auch nur von ferne mit den westlichen Marktgesellschaften vergleichbare stratifizierende Wirkung. Die politische Basis des Distributionsprozesses ließ die Verteilungswirkung von Marktkräften, die auf die Erzeugung von marktbedingten Klassen hinwirkten, nicht zur Geltung kommen. Die Nachteile dieses Gleichheitsfanatismus dämmerten in den 80er Jahren allmählich auch einigen ostdeutschen Sozialwissenschaftlern, die behutsam gegen den Stachel der offiziellen Doktrin löckten.

Ihre Einwände deckten sich im Grunde, ohne daß sie das eingestanden hätten, mit der vertrauten Argumentation der funktionalistischen Schule der amerikanischen Soziologie: Die Wahrnehmung gesellschaftlich essentiell wichtiger Funktionen werde, hieß es dort seit langem, besonders attraktiv alimentiert, um die besten Sachkenner anzuziehen; die dadurch bewußt verstärkte Ungleichheit in der Einkommensverteilung halte eine dynamische Mobilität mit dem Ziel der Optimierung der Arbeitskräfteverwendung und der maximalen Nutzung sozialer wie ökonomischer Ressourcen in Gang. Mit ihrem sachten Plädoyer, die Ausübung hervorstechender gesellschaftlicher Funktionen auch materiell entschiedener anzuerkennen, drangen die DDR-Wissenschaftler gegen das Betondenken der Entscheidungszirkel nicht durch. Doch den hohen Preis für die Verteidigung der Egalitätsnorm: Demotivierung, Gleichgültigkeit, Lähmung oder schwaches Engagement im Beruf, hatten sie richtig gesehen. Für jeden unbefangenen Blick war er ohnehin mühelos zu erkennen.

Wenn dem aber so war, daß produktive Leistungen nicht gemäß einer streng hierarchischen Staffelung entlohnt wurden, gewann die Fähigkeit, begehrte Konsumgüter trotzdem erwerben zu können, erst recht eine auffällige Bedeutung. Denn sozialer Status ließ sich vornehmlich an der Verfügung über solche Raritäten ablesen. Dieser Zugang hing aber zum einen, fatales Dementi der Gleichheitslehre, in zunehmendem Maße vom Zufallsbesitz an Westwährung ab, der gerade gläubigen SED-Genossen oft nicht zustatten kam; zum anderen von dem Beziehungsnetzwerk, das die Nomenklatur für ihre eigene Bedürfnisbefriedigung aufgespannt hatte. Der Zugang zu diesem Netzwerk, insbesondere zu seinen begehrten statuskonfirmierenden Angeboten hing aber wiederum primär von der Position im Machtgefüge ab. Hier schloß sich der Kreis: Die Machtposition ermöglichte den Zugriff auf Güter, die soziale Ehre verschafften, oder aber die gewissermaßen von außen geliehene Macht des DM-Besitzes öffnete den Zugang zu Erwerbschancen, die Ostmarkeigentümern verschlossen blieben, sofern sie nicht zur Nomenklatur gehörten.

Da mithin die Machtposition über den Rang in der Sozialhierarchie entschied, das Einkommensdifferential aber im Gegensatz zum Westen eine unerheblich strukturbeeinflussende Wirkung ausübte, können die Unterschiede des wichtigsten Einkommens, des Erwerbseinkommens, knapp behandelt werden.

Von Anfang an litt Ostdeutschland im Vergleich mit der Bundesrepublik unter einem Wohlstandsdefizit, das sich trotz aller Anstrengungen des «Einholens und Überholens» bis zum Staatsende nicht verringern ließ, sondern sich kontinuierlich vergrößerte. 1960 lag das durchschnittliche Haushaltseinkommen um 30%, 1970 um 40% und 1988 um 55% unter demjenigen der Bundesrepublik. Die ostdeutschen Bruttolöhne für Männer erreichten 1988 gerade einmal 54% des westdeutschen Erwerbseinkommens. Frauen erhielten, allen Gleichheitsbeschwörungen zum Trotz, nur vier Fünftel dieser männlichen Löhne; sie lagen damit genau auf dem deplorablen prozentualen Stand der Bundesrepublik. Obwohl die Haushalte wegen der hohen Erwerbsquote der Frauen in der Regel Doppelverdiener besaßen, erreichten sie damals nicht einmal die Hälfte (47%) des westdeutschen Einkommensniveaus.

Angefangen hatte die DDR mit einem denkbar kärglichen monatlichen Durchschnittseinkommen, das 1950 250 Mark und damit die Hälfte der Reallöhne von 1936 betrug, bis 1955 auf 354, 1970 auf 755 und 1980 auf 1021 Mark anstieg, bis 1989 die Höchstmarke von 1700 Mark erreicht wurde. Das waren, wie gesagt, 54% des mit westdeutschen Löhnen erzielten Einkommens. Rentner – und ein Viertel der ostdeutschen Haushalte bestand aus Rentnerinnen und Rentnern! – empfingen genau ein Drittel der westdeutschen Transferleistung, und das war für ihre erdrückende Mehrheit, ehemals berufstätige Frauen, ein Minimalbetrag, der es so eben erlaubte, einen denkbar bescheiden zugeschnittenen, fast pauperisierten Lebensabend zu fristen.

Da die SBZ und dann die SED-Diktatur alle Vermögensbesitzer enteignet hatten, entfiel in der DDR der gewaltige Unterschied, der in der Bundesrepublik Vermögensbesitzer und Lohnempfänger voneinander trennte (vgl. vorn IV.A1). Ebenfalls spielte das Sozialsegment der Selbständigen in Industrie und Landwirtschaft, im Handwerk und in den wissenschaftlich ausgebildeten Professionen keine prägende Rolle für das System der Sozialen Ungleichheit, da diese Selbständigen auf den Stand einer zu vernachlässigenden Größe kleingeschrumpft worden waren. Zwar wuchsen seit den 70er Jahren wegen des mangelnden Warenangebots sowohl die Sparguthaben als damit auch der Kaufkraftüberhang, doch diese Kleinvermögen vermochten auch keine neue Ungleichheitsdimension zu schaffen. Die DDR blieb seit der revolutionären gesellschaftlichen Umwälzung, die bereits 1945/46 eingesetzt hatte, bis zum Staatszerfall von 1989/90 eine nivellierte Gesellschaft mit einem geringen durchschnittlichen Erwerbs- und Transfereinkommen, die beide wegen ihrer Gleichförmigkeit kein auf Einkommensunterschieden basierendes strukturprägendes System der Ungleichheit zu generieren vermochten. Auch das unterschied die DDR im Kern von der vielfältig differenzierten, wesentlich auch auf Einkommensunterschieden beruhenden Sozialhierarchie der Bundesrepublik.[36]

# V.
## Strukturbedingungen und Entwicklungsprozesse politischer Herrschaft

### A. Die Bundesrepublik

Die Welt des politischen Systems und seiner Entscheidungen wird hier nur relativ knapp behandelt. Die grundlegenden Strukturen sind zu Beginn des neuen Staatswesens geschaffen worden – sie haben sich seither gehalten. Langlebig bindende Entscheidungen wie die Westintegration sind frühzeitig gefallen – sie sind beibehalten worden. Deshalb brauchen nur die Grundlinien hervorgehoben, nicht aber die diversen politischen Prozesse detailreich vorgestellt zu werden. Darüber kann man in den politikgeschichtlichen Darstellungen alles Nötige erfahren. Ausführlicher wird dagegen analysiert, was sich gesellschaftsgeschichtlich als besonders folgenreich erwiesen hat, etwa der Ausbau des Sozialstaats oder die Entwicklung einer kritischen Öffentlichkeit. Zunächst aber geht es um die Basisstrukturen des politischen Systems, damit sein Modus operandi verständlich wird.

### 1. Grundlinien des politischen Systems

Warum gelang es, den jungen westdeutschen Neustaat nach der akuten Chaosbewältigung dauerhaft auf eine Bahn zu setzen, die zu einer stabilen Republik führte? Wo sind die Ursachen ihres Demokratieerfolgs zu finden? Der Erklärungsversuch lenkt auf das Bündel jener einflußreichen Faktoren hin, die eine stimulierende Begünstigungskonstellation geschaffen haben.

1. Kaum zu überschätzen ist die nicht nur ökonomische, sondern vor allem auch sozialpsychische Wirkung der ungewöhnlich langen, dazu beispiellos antriebsstarken Wachstumsperiode von 1950 bis 1973. Sie schuf für die Politik und das Alltagsleben ein ganz unerwartetes, belastbares, inspirierendes Ambiente. Der Unterschied zur Weimarer Republik, der ein solcher langlebiger wirtschaftlicher Aufschwung versagt blieb, unterstreicht die eminente Bedeutung dieser Hochkonjunktur erst für den Aufstieg, dann aber insbesondere für die Konsolidierung der Bundesrepublik.

2. Diesem «Wirtschaftswunder» war eine absolut vorbildlose Wohlstandssteigerung und kontinuierlich anhaltende Verbesserung des Lebensstandards zu verdanken. Das löste ein hohes Maß an Identifizierung mit einem derart leistungsfähigen Neustaat aus, die sich alsbald auch als mächtige Legitimationsquelle entpuppte.

3. Dem hochentwickelten Sicherheitsbedürfnis, das sich nach einer mehr als dreißigjährigen, turbulenzenreichen Kriegs-, Diktatur- und Nachkriegsgeschichte bis hin zu einer hypernervösen Erregbarkeit herausgebildet hatte, konnte auf zweierlei Weise Rechnung getragen werden.

Zum einen wurde durch die Westintegration: durch die Einbindung in die EG/EWG und NATO, in das GATT und Bretton Woods die äußere Sicherheit gegenüber dem Sowjetblock nach Kräften gewährleistet. Der ebenfalls stabilisierende antikommunistische Konsens zehrte von den krassen Gegensätzen zwischen der sowjetischen Satrapie östlich der Elbe und der Bundesrepublik. Die Eindeutigkeit dieser Polarisierung förderte nachhaltig die westdeutsche Binnenlegitimierung. Ergänzt wurde diese Ausgangslage durch den Verzicht auf eine traditionelle Machtpolitik und die Option für die zurückhaltende «Soft Power» eines leistungsfähigen «Handelsstaats» (R. Rosecrance).

Zum anderen trug die Bundesrepublik, zusätzlich zum wirtschaftlichen Wachstum mit seinen Sekuritätseffekten, durch den schwungvollen Ausbau des Sozialstaats dazu bei, mit einem neuartigen Sicherheitspolster die zuerst allgegenwärtigen Belastungen und Ängste abzufangen.

4. Die von vielen Beobachtern während der ersten Nachkriegsjahre befürchtete Radikalisierung blieb auch deshalb aus (s. vorn I. 4), weil sich die Funktionstüchtigkeit des politischen Systems frühzeitig bewährte. Die «antitotalitäre Verfassung» des Grundgesetzes – Lehre aus den Katastrophen der jüngsten Vergangenheit und daher Resultat eines reflektierten, schmerzhaften Lernprozesses – beruhte auf einigen Kernprinzipien. Zu ihnen gehörten
– die Demokratie auf der Grundlage der Menschenrechte, der Gewaltenteilung mit ihren «Checks and Balances» und des Parteienstaats;
– die Staatsform der Republik, die einem parlamentarischen Regierungssystem gehorchte;
– der Rechtsstaat, gekrönt durch seinen späten Sieg in der Gestalt des Bundesverfassungsgerichts;
– der Föderalismus als konsequente Dezentralisierung von politischer Herrschaft, doch mit einer kräftigen unitarischen Spitze;
– der Sozialstaat als ingeniöse Erfindung der europäischen Politischen Kultur zur Bekämpfung der ökonomischen und sozialen Disparitäten des kapitalistischen Wachstumsprozesses und damit auch der Gefahren für die politische Legitimationsbasis – eine Variante des westlichen «Wohlfahrtsstaates» mithin, die über jede, auch die in Bonn vielbeschworene liberale Theorie im Grunde weit hinausging.

5. Abgesehen von diesen attraktiven Bauprinzipien des westlichen Neustaats, der von Anfang an mit dem Anspruch auftrat, der Rechtsnachfolger des zertrümmerten Deutschen Reiches zu sein, überzeugte die Leistungsfähigkeit sowohl seiner Institutionen als auch des politischen Personals in

seinen Spitzenpositionen. Dabei spielte der rheinische Patriarch im Kanzleramt 14 Jahre lang eine Sonderrolle, da er den Übergang aus der Welt der obrigkeitsstaatlichen Tradition und der Diktatur in die republikanisch-pluralistische Demokratie durch seine früh gewonnene Autorität, ein Ergebnis imponierender Durchsetzungskraft und spektakulärer Erfolge, für Millionen erleichterte. Ihrem Politikverständnis kam sein Politikstil, so lebhaft er auch zusehends kritisiert wurde, weit entgegen, da er das Bedürfnis nach Sicherheit und Ordnung, Stabilität und glaubwürdigen Entscheidungen befriedigte.

Dank seinem Leistungsnimbus, nicht zuletzt aber auch dank seiner verfassungsrechtlich fundamentierten oder de facto befestigten Führungsrolle konnte er mit Hilfe der Ministerernennung, seines Entscheidungsmonopols aufgrund der Richtlinienkompetenz, des Verzichts auf eine kollegiale Kabinettsregierung, der Stärkung durch das Mißtrauensvotum und des einzig und allein ihn auszeichnenden Zugangs zu den drei alliierten Hohen Kommissaren eine Kanzlerdemokratie mit semi-autokratischen Zügen etablieren. Seine Entscheidungsprivilegien nutzte er ebenfalls als CDU-Parteivorsitzender aus, der – das Bundeskanzleramt bedenkenlos einbeziehend – seine Partei als Wahlkampfmaschine einsetzte.

Anders als das beim Reichspräsidenten der Weimarer Republik der Fall gewesen war, stand ihm mit einem Bundespräsidenten, der im wesentlichen als «Zeremonienmeister» und «Krisenmanager» fungierte, keine konkurrenzfähige oder gar überlegene Spitzenfigur gegenüber. Erst recht fehlte dem Bundespräsidenten die Verfügungsgewalt über den ominösen Ausnahmezustand.

Freilich darf man trotz aller Anerkennung der Machtressourcen des Kanzlers die restriktiven Bedingungen seiner Tätigkeit nicht gering schätzen. Auch er unterlag dem Zwang zur «Koordinationsdemokratie», da er dringenden Wünschen seiner Partei und der Koalitionspartner Rechnung tragen mußte, zumal die Parteien mit dem Anspruch operierten, die «hegemonialen Torhüter» zentraler Dimensionen des politischen Prozesses zu sein; er besaß, anders als der englische Premier, nicht das Recht, den Bundestag aufzulösen; er traf zudem auf kraftvolle Vetoakteure: auf die Länder etwa und ihre zweite Kammer, den Bundesrat, auf das Bundesverfassungsgericht, die Bundesbank und die Interessenverbände des deutschen Korporativismus; nicht zuletzt gab es auch transnationale Machtfaktoren wie die EG/EWG und die NATO, deren Votum kaum zu umgehen, allenfalls im Vorfeld etwas zu beeinflussen war.

6. Verfassungsrechtlich hatte das Grundgesetz die neuartige Möglichkeit eröffnet, Souveränitätsrechte auf internationale Organisationen zu übertragen. Ohnehin reservierte der Deutschlandvertrag von 1955 bis hin zur endgültigen Gleichstellung der Bundesrepublik im Vertragssystem von 1990 den westlichen Alliierten bestimmte Vorbehaltsrechte, die der

Bundesrepublik den Status eines «halbsouveränen Staates» (P. Katzenstein) verliehen. Das blieb aber eine letztlich formale Einschränkung, mit der sich in der politischen Alltagspraxis in der Regel vortrefflich leben ließ.

Als ungleich wichtiger erwies sich eine mentale Umpolung der Westdeutschen: Das war der Loyalitätswechsel vom Nationalstaat zu Europa. Nachdem das Reich zerschlagen und unter den Besatzungsmächten aufgeteilt war, rückte Europa als neuer Loyalitätspol in den Vordergrund. Offensichtlich gehört es zu den anthropologischen Konstanten, daß größere Herrschaftsverbände ohne variierende Loyalitätsbindungen – etwa an den Familienclan, die Polis, den regionalen Adelsherrscher, die Reichsstadt, den Staat – nicht auskommen, so daß sich die Westdeutschen mangels anderer, attraktiverer Alternativen ganz folgerichtig auf das unbeschädigte Projekt der europäischen Einheit hin zu orientieren begannen. Angesichts des mentalen und emotionalen Vakuums brauche das Volk, konstatierte Adenauer hellsichtig im Januar 1952 auf einer Kabinettssitzung, eine neue Ideologie: Das könne «nur eine europäische sein».

Nirgendwo sonst in Westeuropa ist die Europabegeisterung nach dem Zweiten Weltkrieg so deutlich hervorgetreten wie unter diesen Deutschen nach dem Verlust ihrer vertrauten nationalstaatlichen Referenzgröße. Insofern half der Europaenthusiasmus als Ersatz für den zutiefst diskreditierten Nationalismus nicht nur über ein Vakuum der Zugehörigkeitsgefühle hinweg, indem er als funktionales Äquivalent des Nationalismus fungierte, sondern eröffnete auch, wie es schien, den Zugang zu neuen Chancen einer überlegenen künftigen politischen Ordnung. Eben diese Zielutopie steigerte aber auch die Attraktivität einer europawilligen Bundesrepublik, die zudem aus den ökonomischen Chancen des entstehenden EG- und EWG-Marktes unmittelbar ihren Gewinn zog.

Obwohl ein starker Bundeskanzler auch in dieser Hinsicht kräftigen Einfluß in seiner Partei geltend machen konnte, war es doch das Patronagesystem der Parteien, das die Auswahl der Kandidaten für die Wahlen zum Bundestag monopolisierte, und im Parlament selber konnten sie auf wichtigen Feldern die Entscheidungsprozesse durchaus dominieren (s. vorn I. 2). Bei der Kanzlerwahl zu Beginn einer neuen Legislaturperiode übten sie freilich nur «eine Bestätigungsfunktion» aus, nachdem die Weichen anderswo – im Vorstand, auf Parteitagen, durch die Resonanz in der Öffentlichkeit – gestellt worden waren.

Als gesetzgebende Instanz erwies sich die Legislative als Mischung aus Arbeits- und Diskussionsparlament. Seine Souveränität wurde aber zum einen durch den Einfluß der Verwaltung eingeschränkt. Da es selber keinen gleichrangigen Expertenapparat besaß, wurden die Vorlagen ganz überwiegend von der Ministerialbürokratie erarbeitet. Zum andern konnte der Bundesrat mit seinen von den Ländern ernannten und weisungsgebundenen, nicht aber gewählten Mitgliedern seinen einschränkenden Einfluß massiv geltend machen. Im Streitfall, wenn er als Vetospieler agierte, landeten die Vorlagen im Vermittlungsausschuß der beiden Kammern, in dem eine Große Koalition, die wegen der unterschiedlichen Parteienmehrheit im Bund und in den Ländern nicht selten unvermeidbar wurde, den Kompromiß ad hoc zustande brachte. Insofern ist Vermittlungsausschuß nur die sprachkosmetische Umschreibung für ein fast immer aktionsbereites großkoalitionäres Entscheidungskomitee.

Und schließlich machte sich, drittens, der Einfluß des europäischen, von der Brüsseler Kommission und dem Straßburger Parlament fixierten Rechts geltend, da dessen Normen in das bundesrepublikanische Gesetzeskorpus übernommen werden mußten, mithin, streng genommen, der autonomen Deliberation des Bundestags entzogen blieben. Fünfzig Jahre nach dem Beginn einer genuin europäischen Rechtsschöpfung machten diese Resultate ferner Instanzen mit einem erkennbaren Demokratiedefizit bereits 60% der vom Bundestag verabschiedeten Gesetzesmaterie aus!

Den Zugang zum Parlament erhielten nur jene Parteien, die – so die Lehre aus den bösen Erfahrungen mit den zahlreichen Splitterparteien der Weimarer Republik – mindestens 5% der Wählerstimmen oder drei Direktmandate errungen hatten. Im Bundestag setzte sich auch deshalb nur eine begrenzte Polarisierung durch, da ihm die Hassorgien der Rechts- und Linkstotalitären der ersten Republik fremd blieben.

Konfessionszugehörigkeit, Klassenbindung und tiefverwurzelte politische Traditionen – sie erwiesen sich dagegen als die Erzeuger der maßgeblichen «Cleavages», verloren aber allmählich ihre Prägekraft, so daß sich die großen politischen Lager am Rande auflösten, der Anteil der Wechsel- und Nichtwähler zunahm. Da das politische System aus guten Gründen auf den strengen Regeln der repräsentativen Demokratie beruht, blieben plebiszitäre Elemente der «direkten Partizipation» an der Willensbildung ausgeschlossen.

Im Vergleich ist der Bundestag unstreitig das mächtigste Parlament in der deutschen Geschichte. Aber er trifft nicht nur auf einen mächtigen Kanzler mit der Schaltzentrale des Bundeskanzleramts und mit den in aller Regel wahrgenommenen Privilegien des Parteivorsitzenden, sondern auch auf den Bundesrat als wachsamen Vetoakteur. Diese Rolle kann auch immer wieder das Bundesverfassungsgericht spielen, jene heilsame Innovation im Institutionengefüge der Bundesrepublik. Das Bundesverfassungsgericht ist, wie gesagt, nach dem Vorbild des amerikanischen «Supreme Court» modelliert worden, entstammte aber auch der konsequent zu Ende gedachten Rechtsstaatstradition, die in diesem Wächter über das Verfassungsleben kulminierte. Unablässig praktiziert das Bundesverfassungsgericht seine Aufgabe des «Judicial Review». 5% der Bundesgesetze hat es bisher als verfassungswidrig erklärt.

Unübersehbar ist allerdings zugleich seine Tendenz, genuin politische Aufgaben selber zu usurpieren oder auch notgedrungen zu übernehmen, wenn Regierung und Parlament vor heiklen Aufgaben zurückscheuen, ihm daher die Lösung erwartungsvoll zuspielen. Durch seine Entscheidungen nimmt es dann, die Gewaltenteilung überspringend, an der Regierung teil, mausert sich zeitweilig zu einer Art von «Parallelregierung» oder von «Reservegesetzgeber». So wird es gelegentlich unverkennbar ein direkter «Policy Maker» in der nicht nur ironisch beschworenen «Karlsruher Republik». Die Machtposition, die es für seine letztinstanzlichen Entscheidungen errungen hat – sie machen es zu einem der einflußreichsten Gerichte der Welt –, führt daher auch folgerichtig zu Konflikten, wenn es auf den Überlegenheitsanspruch des europäischen Rechtes trifft.

Als berühmt-berüchtigte Vetoakteure fungierten auch ganz unübersehbar die intermediären Institutionen der großen Interessenverbände (s. vorn I.2). Namentlich die «Großen Vier»: die Industrie-, Arbeitgeber-, Landwirtschafts- und Gewerkschaftsorganisationen, schalteten sich, ganz auf der Linie des seit den 1870er Jahren etablierten deutschen Korporativismus, in die politischen Entscheidungsprozesse ein: im Parlament und in den Parteien, insbesondere aber in den Ministerien und in der Öffentlichkeit. Die Geschäftsordnung der Bonner Bundesministerien, die bereits aus den Erfahrungen mit diesem funktionstüchtigen Korporativismus stammte, erwies sich als eine wahre «Magna Charta des Einflusses der Interessenverbände» (J. Weber). Denn ihr § 23 eröffnete ihnen die Chance, eine Gesetzesvorlage in statu nascendi in den zuständigen Ministerien mehrfach kommentieren, begutachten, beeinflussen, ja durch einen eigenen Text komplettieren oder ersetzen zu können.

Der Einfluß der Verbände wird allerdings durch manchen Filter getrieben oder durch Gegenkräfte gebrochen, so daß es irreführend wäre, ihnen den linear wirksamen Herrschaftszugriff in einem von manchen Kritikern suggerierten «Verbändestaat» zu unterstellen. Ihr Machtpotential ist zwar beachtlich, doch im Konfliktfall vielfach begrenzt, ihre Problemlösungskapazität durchaus eingeschränkt – ein Fazit, das auch auf einen anderen Vetoakteur, die Deutsche Bundesbank als Hüter der Währungsstabilität, zutrifft, während sich internationale Organisationen wie die EWG oder die NATO mit ihren Mehrheitsentscheidungen als durchsetzungsfähiger erwiesen haben.

Zu den Charakteristika des westdeutschen politischen Systems seit 1949 gehört auch ein hochspezifischer Föderalismus. Nachdem der Leviathan des «Dritten Reiches» Dimensionen angenommen hatte, wie sie sich selbst Thomas Hobbes nicht hätte träumen lassen, drängte sich die Rückkehr zu den föderalen Traditionen der deutschen Geschichte förmlich auf. Hatte doch seit dem Mittelalter das deutschsprachige Mitteleuropa einen bunten Flickenteppich von locker verbundenen Herrschaftsverbänden gebildet, der in entschieden reduzierter Form auch noch im Kaiserreich von 1871 strukturell erhalten geblieben war. Das Hauptziel aller Überlegungen, die nach 1945 über die künftige Staatsorganisation angestellt wurden, bildete die möglichst effektive Dezentralisierung von Macht, nachdem sie unlängst an der Spitze der Führerdiktatur so beispiellos kompakt und folgenschwer zusammengeballt worden war. Dieses Ziel deckte sich durchaus mit den Vorstellungen der westlichen Alliierten, sobald die konkrete Gründung eines Weststaats zur Debatte stand. Insofern konvergierten zwei Planungsvorhaben, die auf den föderalistischen Sonderweg der Bundesrepublik als «unitarischen Bundesstaat» (K. Hesse) führten. Denn der Staatsaufbau der westdeutschen Republik unterschied sich zum einen von dem preußisch dominierten «monarchisch-hegemonialen Bundesstaat» (K. v. Beyme), den Bismarcks Pragmatismus in wesentlichen Zügen geschaffen hatte. Er unterschied sich aber auch zum andern von dem dezentralisierten Einheitsstaat der Weimarer Republik.

Überhaupt lenkt der Vergleich der Bundesrepublik mit anderen Bundesstaaten auf markante Eigenarten des deutschen Föderalismus nach der Zäsur von 1933/45 hin. So ist etwa die Bundesrepublik zu Recht als das Unikat eines unitarischen Bundesstaats charakterisiert worden. Denn ihm liegt zwar die Basisunterscheidung von Bund und Ländern zugrunde, doch gleichzeitig besitzt er auch Eigenschaften eines Einheitsstaats. Dazu gehören etwa die bundesweit geltende Rechts- und Wirtschaftsordnung oder die Verpflichtung auf die Einheitlichkeit und Gleichwertigkeit der Lebensverhältnisse als sozialstaatlicher Imperativ. Auf dieses Gebot berufen sich die Länder und alle Parteien bei der Verteilung der Finanzmittel, um sich dem Homogenitätsideal unter Berücksichtigung ihrer Interessen weiter annähern zu können.

In der Realität des politischen Lebens hat der Föderalismus zu einer breiten Machtstreuung unter unterschiedlichen Einflußfaktoren, ja zu einem «weltweit beispiellosen Polyzentrismus» geführt, dessen Kehrseite eine unleugbare Staatsfragmentierung bildet. In einem permanenten Konkurrenzkampf stehen sich die Bundesregierung und die Länderregierungen gleich welcher Parteiencouleur gegenüber. Öffentliche Aufgaben werden an politische und gesellschaftliche Verbände delegiert. Die Ortslage wichtiger Institutionen, etwa der hohen Bundesgerichte, zeichnet sich durch ihre regionale Streuung aus, die von der Situation in Paris und London, Rom und Washington grundverschieden ist.

Da der deutsche Föderalismus die horizontale Fragmentierung der Staatsorganisation auch in vertikale Richtung ausdehnt, wird der Koordinations- und Kooperationsbedarf, der sich zwischen Bund und Ländern auftut, noch gesteigert. Das hängt auch mit den institutionellen Parallelen zusammen, denn wie der Bund besitzen auch alle Länder ein Innen-, Finanz-, Wirtschafts-, Wissenschafts-, Justizministerium, das aber in zahlreichen Rechts- und Entscheidungsfragen nicht völlig unabhängig von den zentralen Instanzen vorgehen kann. Dieses ohnehin komplexe System wird durch den Einfluß der europäischen Politik, die sich auf die Bundesländer durchaus unterschiedlich auswirken kann, noch einmal komplizierter.

Die föderalistisch induzierte Fragmentierung hat freilich auch eine spezifische «Politikverflechtung» ausgelöst, deren Ziel die Konfliktüberbrückung geblieben ist. Im Effekt führte sie zu einer dichten Verknüpfung von Entscheidungskompetenzen, die sowohl zwischen den Ländern als auch zwischen dem Bund und den Ländern entstanden sind. Diese Verflechtung galt auch für die Gesetzgebung, die Planung und die Durchführung von Gemeinschaftsaufgaben des Bundes und der Länder, wie sie das Grundgesetz (z. B. Art. 91) auflistete.

Sie schloß ebenfalls das Politikfeld der öffentlichen Finanzen ein, da die wichtigen Steuergesetze durchweg von der Zustimmung des Bundesrats, mithin von der Konzessionsbereitschaft der Länder abhingen. Derselbe Modus traf auch auf die Ausgabenseite zu, da der umstrittene Finanzausgleich zwischen den Ländern sowie zwischen dem Bund und den Ländern die Existenz eines dichten Netzwerks von Verflechtungen involvierte. Anstelle des dualen Föderalismus à la USA mit ihrer klaren Trennung von Bundesstaat und Gliedstaaten, mithin einer hochentwickelten Autonomie der Länder, entfaltete sich in der Bundesrepublik ein «Verbundföderalismus», der überdies außerordentlich «exekutivlastig» operierte, da die Staatsexekutiven mit ihrem bürokratischen Apparat weit vor den Parlamenten die erste Geige spielten.

Aus dieser Konstellation des westdeutschen Föderalismus ergab sich ein ungewöhnlich hoher Koordinations- und Kooperationsbedarf. Ihm widerstrebte allerdings die manchmal heftige Konkurrenz zwischen dem Bund und den Ländern, nicht weniger häufig die Rivalität in der Parteienpolitik. Denn die Bundesrepublik entpuppte sich zusehends auch als «Parteienbundesstaat», der durch einen unablässig anhaltenden Interessenkampf, Geltungsstreit und Profilierungsdrang gekennzeichnet blieb.

Zu diesem Bündel von Kontroversen gehörte auch die Realität des Dauerwahlkampfs, da die Länderwahlen zu unterschiedlichsten Zeitpunkten abgehalten, also nicht wie in den USA auf wenige Termine hin gebündelt wurden, und jede Landtagswahl auch eine bundespolitisch wichtige Entscheidung markieren oder heraufführen konnte. Diese Unruhe stiftende Wahlhektik erzeugte leicht einen «Zustand fieberhafter Erregung», welcher der Lösung langlebiger, komplizierter Probleme alles andere als bekömmlich war, da er den ohnehin «kurzatmigen Zeittakt der Demokratie» noch einmal beschleunigte, damit aber auch die Neigung zu einer kurzfristig angelegten, in Minimaletappen denkenden Politik förderte. Im Ergebnis wirkte sich daher diese Wahlkampfunruhe nur zu oft als Reformbremse aus.

Schließlich bildete der westdeutsche Föderalismus auch insofern einen Sonderfall, als er die Koexistenz von föderalem System und hochentwikkeltem Sozialstaat in sich barg. Er wurde zum «Sozialstaatsföderalismus» wegen der massiven Transferleistungen, welche die wohlhabenden in die ärmeren Länder, aber auch der Bund in die schwachen Länder übernehmen mußten.

Insgesamt entstand dadurch ein hochkompliziertes Regelwerk, dem aber unbestreitbar eines gelang: sein ursprüngliches Ziel der Zähmung und Dezentralisierung von Macht zu erreichen, die sich auch in modernen demokratischen Herrschaftsverbänden an der Spitze konzentrieren kann. Darüber hinaus aber entwickelte der westdeutsche Föderalismus im Unterschied zu anderen föderalistisch organisierten Staaten einen unverhüllt unitarischen Charakter, eine engmaschige Politikverflechtung zwischen den politischen Einheiten, einen Verbund- und Parteienföderalismus, eine charakteristische Exekutivprivilegierung und einen sozialstaatlichen Zuschnitt.

Dank dieser Eigenarten unterschied er sich, wie der Vergleich zeigt, 1. vom dualen Föderalismus der USA, wo die Bundesstaaten eigene Zuständigkeitsfelder und Verwaltungsorgane für Aufgaben besitzen, die der Washingtoner Regierung entzogen sind; 2. vom kanadischen Föderalismus, der akut oder latent mit den Sezessionsbestrebungen der Francokanadier zu kämpfen hat; 3. vom Schweizer Kantonssystem, das seinen Gliedern erheblich weiter bemessene Spielräume einräumt, als sie die westdeutschen Bundesländer besitzen; 4. von der österreichischen Republik, in welcher die Länder ein deutlich geringeres Maß der Machtteilhabe genießen.

Da der westdeutsche Föderalismus nach 1949 im allgemeinen durch eine hohe Spannung zwischen Kooperationsbedarf und Dauerwahlkampf geprägt war, wurde durch diese permanente Mobilisierung eine Streßsituation erzeugt, die der anthropologischen Verhaltenskonstanten, daß Menschen zwischen Aktivierung und Entspannung pendeln müssen, aber nicht ununterbrochen im Zustand der Hochspannung existieren können, entschieden widerspricht. Folgerichtig hatte das politische System mit dem Unwillen, der Passivität und Resignation seiner Aktivwählerschaft zu kämpfen. Diese systembedingte Belastung endete öfter in einer wechselseitigen Blockade der Machtfaktoren, so daß der Weg zur Lösung schwieriger Probleme versperrt wurde. Den Preis für die erfolgreiche Machtdezentralisierung lag daher in der eher zunehmenden als gleichbleibenden Unbeweglichkeit des politischen Systems, das nur in der Ausnahmesituation des krisenhaften Hochdrucks noch mit Reformen zu reagieren vermochte.

Zu einem voreiligen Urteil darf das häufig diffuse Erscheinungsbild des «unitarischen Bundesstaats» allerdings nicht verführen: zu der Klage nämlich, daß der moderne Staat auch unter dem Einfluß unwiderruflich auseinanderstrebender föderalistischer und unitarischer Tendenzen erodiere, so daß schließlich die Staatsorganisation in ein lockeres Geflecht aus unverbundenen politischen und gesellschaftlichen Interessen mit ihren bürokratischen Apparaten übergehe. Tatsächlich hat aber, ob im europäischen Föderal- oder Zentralstaat, die Expansion der Staatsfunktionen kontinuierlich angehalten und damit die Interventionskompetenz des Staatsapparats zugenommen. Das ist nicht nur ein Ergebnis der Eigendynamik bürokratisierter, auf ständige Erweiterung ihrer Geltungsmacht dringender hochkomplexer und daher unablässig neuen Regelungsbedarf erzeugender Systeme. Vielmehr läuft der neuzeitliche Staatsbildungsprozeß, der mit der Etablierung demokratischer Nationalstaaten ja keineswegs an sein Ende gekommen ist, im Ausbau des Sozialstaats seit mehr als einem Jahrhundert ständig weiter. Die unabweisbare Aufgabe, ihn so elastisch umzubauen, daß er den Bedingungen der Gegenwart entsprechend weiter funktionieren kann, könnte auch die Gelegenheit schaffen, die erkennbar schmerzhaften Nachteile des Föderalismus zu korrigieren.

Die Kräftekonstellation, die in der Ära Adenauer in der Gestalt des formellen und informellen, aber nicht minder konkreten Verfassungssystems entstanden ist, hat sich als erstaunlich dauerhaft erwiesen. Das hing auch wesentlich damit zusammen, daß in dieser «formativen Phase» der westdeutschen Gesellschaft keine plumpe Restauration betrieben, sondern eine «Modernisierung im Wiederaufbau» zielstrebig verfolgt wurde. Nicht nur bejahte der deutsche Konservativismus erstmals die Moderne, vielmehr war auch Adenauer selber durch das wilhelminische Fortschrittsdenken geprägt worden. Wie so oft in den einzelstaatlichen Modernisierungsprozessen in unterschiedlichen Regionen des Globus verlief daher auch die westdeutsche Modernisierung unter konservativem Vorzeichen.

Seit den frühen 60er Jahren verschwanden zwar einige Voraussetzungen für den Politikstil des ersten Kanzlers, und die Schlappe von 1961 hat diese Erosion ebenso beschleunigt wie die Spiegel-Affäre von 1962 (s. u. V.6). Aber auch nach dem Abtritt Adenauers blieb doch der Modus operandi des politischen Systems insgesamt erhalten. Unter schwachen Kanzlern wie Ludwig Erhard und Kurt Georg Kiesinger hat er sich genauso wenig grundlegend verändert wie unter starken Persönlichkeiten wie Willy Brandt und Helmut Schmidt, und unter denselben strukturellen Bedingungen hat auch Helmut Kohl seine Kanzlerschaft bis zum Einigungsprozeß geführt. Es hing weiterhin von dem politischen Talent des Kanzlers und der Kontrolle seiner politischen Basis ab, ob – wie zeitweilig unter Brandt, Schmidt und Kohl – die Züge der Kanzlerdemokratie wieder schärfer hervortraten oder aber ob die Kooperation der Kräfte im parlamentarischen System der Republik ohne das Übergewicht des profilierten Machtzentrums im Bundeskanzleramt nach dem üblichen Tauziehen zustande kam. Hier und da wurde die Verfassung ergänzt oder repariert, ohne doch ihr Fundament zu verändern. Neue Vetoakteure entstanden gleichfalls nicht. Das 1948/49 entworfene Grundgesetz und jene empirischen Bedingungen des politischen Prozesses, die Ferdinand Lassalle einmal die «reale Verfassung des Landes» genannt hat, bewährten sich über die Jahrzehnte hinweg dank ihrer Stabilität und Flexibilität.[1]

## 2. Die Westintegration

Da die gepanzerte Grenzlinie zwischen den diametral entgegengesetzten weltpolitischen Blöcken seit 1945 mitten durch Deutschland verlief, gab es angesichts der latenten Bedrohung durch den sowjetischen Totalitarismus für den jungen Weststaat im Grunde keine gleichwertigen und daher schwierig zu entscheidenden Optionen im Hinblick auf seine politische Grundentscheidung. Zwar mochte der SPD-Vorsitzende Kurt Schumacher einer auf Wiedergewinnung der staatlichen Einheit zielenden Nationalpolitik, trotz seines leidenschaftlichen Antikommunismus sogar um den Preis einer Neutralisierung, den Vorrang einräumen, und auch in anderen politischen Parteien und in Teilen der Öffentlichkeit war dieses Beharren auf den vertrauten Denkbahnen des Primats der Nationalstaatspolitik anzutreffen. Doch seitdem die Konstanz der feindlichen Lagerbildung und die anlaufende Umwandlung der SBZ in eine sowjetische Satrapie klare Konturen gewonnen hatte, seit 1947 also, entfiel jede glaubwürdige Alternative zur Westintegration erst der drei alliierten Besatzungszonen zwischen Elbe und Rhein, dann der Bundesrepublik. Adenauer gewann auch deshalb seinen politischen Vorsprung, weil er seit dem Herbst 1945 frühzeitig, klarsichtig und kompromißlos auf diesen Kurs setzte, anstatt sich gefährlichen Träumen über riskante Wege zur nationalstaatlichen Einheit hinzugeben.

Die Westbindung war von Anfang an mit einem Souveränitätsverzicht verbunden, welcher der Bundesrepublik nach der Zerstörung des «Dritten Reiches» leichter fiel als etwa Frankreich. Und sie war gebunden an die Anerkennung der amerikanischen Hegemonie über den nichtkommunistischen Teil des Globus, zumal dem vitalen deutschen Sicherheitsbedürfnis nur durch den Schutzschirm, den die Vereinigten Staaten mit der NATO über Westeuropa aufgespannt hatten, Rechnung getragen wurde.

Nach der Zäsur von 1945, die wegen der Zerschlagung des Deutschen Reiches, des Verlustes der Ostgebiete und der Teilung des Landes im Grunde «revolutionäre Züge» trug, ohne doch während dieser traumatisch besetzten Umbruchphase in der Bevölkerung ein «revolutionäres Bewußtsein» zu erzeugen, sicherte dieses effiziente Protektionssystem, auf dem zu beharren das «zweite Grundgesetz der Bundesrepublik» (C. Kleßmann) verkörperte, zusammen mit der inneren Stabilisierung der Bundesrepublik die Rückkehr zu einer gewissen «Normalität» des Lebens in Westdeutsch-

land, auf die damals jedermann so versessen war. Es war diese Wahrnehmung der Schutzfunktion durch eine Weltmacht, die soeben noch die Allianz der Deutschlandgegner angeführt hatte, zusammen mit dem wuchtigen
Vordringen der amerikanischen Vorbildkultur, die nicht nur jede Kritik an
der Hegemonie der USA – unlängst noch in den Jahrzehnten deutscher
Hybris eines vermeintlichen Aufstiegs zur Weltherrschaft gang und gäbe
– im Keime erstickten, sondern weit darüber hinaus eine feste politische
und emotionale Anbindung erzeugten.

Deutschland war seit jeher ein Teil des Westens gewesen. Das galt dort
im Frühjahr 1914 ungeachtet aller Differenzen und wechselseitiger Kritik
überall als unstrittig. So deutlich es auch ältere historische Wurzeln und
Antriebskräfte für den seither folgenden deutschen «Sonderweg» gab, ist
das Land doch, strenggenommen, erst zwischen 1914 und 1945 mit den
vorher unvorstellbar fatalsten Konsequenzen aus seinem Kulturkreis aus-
geschieden. Nach 1945, insbesondere seit 1949, war das Bemühen, wieder
in die westliche Welt zurückzukehren, in einem extrem hohen Maße kon-
sensfähig. Nur im Geltungsbereich der sowjetischen Bajonette konnte der
Kommunismus als Orientierungsziel zeitweilig aufgezwungen werden.
Nachdem der «Dritte Weg» des «Dritten Reiches» in den Abgrund geführt
hatte, erwiesen sich alle Fantasiegebilde von einem neuen «Dritten Weg»
zwischen westlicher Demokratie und Staatskommunismus als minoritäre
Phänomene am Narrensaum der Politik.

Der für diese Debatte unlängst vorgeschlagene Kunstbegriff der «Westernisierung» ist daher eine ahistorische Fehlkonstruktion, ganz abgesehen davon, daß diese neudeutsche Prägung in der politischen Semantik
auf verständlichen Widerstand trifft. Denn die Wiedereinbindung Westdeutschlands in den Westen war kein Produkt der Nachahmung verlok-
kender westeuropäischer Vorbilder; allenfalls wurde die Erfolgsgeschichte
des englischen Parlamentarismus endlich bewundert. Vielmehr dominierte
ganz und gar der amerikanische Einfluß, so daß man von dem nunmehr
gesteigerten, aber schon seit langem, seit etwa 1900, anhaltenden Prozeß
der Amerikanisierung sprechen muß. Diese verlief freilich seit den späten
40er Jahren als ein geradezu vehementer Kulturtransfer, der alle Medien
und den Literaturbetrieb, die Politik, die Populärkultur und die Alltagsge-
wohnheiten erreichte. Die traditionelle Kulturkritik an der Amerikanisierung blieb auf ein kleines Häuflein an der Peripherie beschränkt.

Der von amerikanischen Medienexperten initiierte und von Washington geförderte «Kongreß für kulturelle Freiheit» z.B. brachte nicht nur
zahllose Intellektuelle und Politiker auf seinen Tagungen und durch seine
Zeitschrift «Der Monat» zusammen. Vielmehr fungierte er auch als überaus effektive Ideenschleuse, wie das das Austauschprogramm für deutsche
Studenten, die im Rahmen des Fulbright-Programms ein Jahr lang in Amerika studieren konnten, ebenfalls tat. Auf einer ganz anderen Ebene trans-

portierten Musik- und Kleidermoden, Filme und die rasch expandierende Welt der Werbung amerikanische Vorbilder nach Westeuropa, wo die bundesrepublikanische Gesellschaft durch ihre vorbehaltlose Aufnahmebereitschaft hervorstach. Erst seit den 1980er Jahren gerieten auch die deutschen Großunternehmen in den Bann des amerikanischen Kapitalismus, der seither das Kooperationssystem des «rheinischen Kapitalismus» zu zersetzen begann (s. vorn III.5).

Bis dahin hatte sich eine aus den späten 50er Jahren stammende, lange Zeit umstrittene Interpretation des einflußreichen amerikanischen Soziologen Seymour M. Lipset auch in der Bundesrepublik bestätigt. Obwohl die moderne privatkapitalistische Entwicklung keine unabdingbare Vorbedingung für eine erfolgreiche Demokratie bildet, glaubte Lipset doch nachweisen zu können, daß die freie Marktwirtschaft durch den von ihr vorangetriebenen «Cluster of Social Changes» die Demokratie, ihre Legitimation und Stabilität unterstütze, wie umgekehrt ein demokratisches System den marktwirtschaftlichen Wachstumsprozeß nachhaltig fördere. Ein breit angelegter internationaler Vergleich hat diese Thesen unlängst im Kern bestätigt, und die Bundesrepublik kann geradezu als eines ihrer Musterbeispiele gelten.[2]

## 3. Die Europapolitik

Im Grunde setzte eine aktive Europapolitik der Bundesrepublik 1950 schon erstaunlich früh ein: Im April 1950 führte sie bereits zu einem ersten markanten Ergebnis, als der Weg zur EU eingeschlagen wurde (s. vorn III.6). Das war aber im wesentlichen der französischen Interessenlage zu verdanken, die erst von Jean Monnet, dann von Außenminister Robert Schuman in der Gestalt eines Europaplanes definiert wurde. Unter amerikanischem Druck hatte Frankreich widerwillig – Tribut an Westdeutschlands neue Schlüsselrolle im Kalten Krieg – auf das letzte Drittel seiner Reparationen verzichten, seine Besatzungszone an die Bizone und die Bundesrepublik angliedern müssen. Da gleichzeitig der Motor der deutschen Industrie schon wieder voll in Schwung kam, stieg das französische Interesse an einer indirekten Kontrolle der westdeutschen Wachstumsdynamik an. Zugleich lagen die Vorzüge eines großen gemeineuropäischen Binnenmarktes auf der Hand; die sowjetische Bedrohung machte die ökonomische Stabilisierung Westeuropas nur wenige Jahre nach den Verwüstungen des Krieges dringlich; und schließlich wirkte sich auch unleugbar der Lernprozeß aus, daß die europäischen Staaten nach ihrem zweiten Dreißigjährigen Krieg endlich statt auf Zerfleischung auf Kooperation setzen sollten. Das nüchterne Interessenkalkül überwog aber fraglos die Europabegeisterung, die namentlich in der Bundesrepublik das Projekt einer europäischen Zusammenarbeit begleitete.

Im April 1951 kam die Montanunion für die Kohle- und Stahlwirtschaft zustande. Alle Zölle der Vertragspartner wurden aufgehoben, die hohen französischen Subventionszahlungen allmählich eingestellt. Nur die höchste Hürde: die Kontinuität der nationalen Währungen, konnte bis zum Maastrichter Vertrag von 1991, als die Weichen für die Einführung des gemeineuropäischen Euro gestellt wurden, nicht überwunden werden.

Da die Bundesrepublik gleichzeitig den traditionellen deutschen Zollprotektionismus aufgeben mußte, nachdem Washington auf die völlige Liberalisierung der westdeutschen Außenwirtschaft gedrängt hatte, konnte sie wenig später, im Oktober 1951, in das GATT aufgenommen werden. Damit gewann sie ihre handelspolitische Souveränität zurück. Der Demonstrationserfolg der EGKS besaß binnen kurzem eine derart durchschlagende Wirkung, daß nach ihrem Vorbild eine Erweiterung zur EWG bereits im März 1957 durch die Römischen Verträge zustande kam; im Juni wurden sie ohne Kontroverse vom Bundestag ratifiziert. Die deutsche Industrieproduktion stieg daraufhin von 1958 bis 1962 um 37% in die Höhe, während selbst die amerikanische Hochkonjunktur nur 28%, Großbritannien gerade einmal 14% schaffte.

Als erster Präsident der Hohen Kommission in der Brüsseler EWG-Zentrale fungierte der deutsche Repräsentant Walter Hallstein, der auf eine engere Föderation, auch auf die Einbeziehung Englands hinwirkte. Die Londoner Regierung war zwar zu den römischen Verhandlungen eingeladen worden, wollte aber ihre Industrie keiner Regulierung und, wie sie fürchtete, bürokratischen Planung unterwerfen, vielmehr traditionsgemäß eine Freihandelszone aufbauen. Das gelang ihr aber nur in kleinem Maßstab, als sie Irland, Dänemark und Norwegen für ihre EFTA gewann. Doch schon bis 1961 hatte sich die Überlegenheit der EWG-Konstruktion so eindringlich erwiesen, daß die EFTA um Aufnahme nachsuchte. Dieser Antrag scheiterte nicht nur Anfang 1963 an de Gaulles Veto, sondern noch einmal 1967 an derselben Blockade. Erst sein Nachfolger Georges Pompidou gab 1969 den Weg frei, so daß England und Irland 1962 der EWG beitreten konnten.

Fraglos haben die EG und EWG die Wachstumsimpulse in der Zeit des «Wirtschaftswunders» noch einmal kraftvoll verstärkt. Die westdeutsche Exportquote kletterte von kärglichen 0,9% des Nettosozialprodukts im Jahre 1950 über 1960 = 19, 1970 = 21,2, 1980 = 26,4, 1990 auf ein volles Drittel des NSP = 32,1%. Bereits in den 50er Jahren stieg die Bundesrepublik zum zweitgrößten Handelsstaat hinter den USA auf; der Ausfuhrüberschuß zwischen 1952 und 1958 erreichte blendende 44,5 Milliarden DM; der Anteil am Welthandel expandierte bis 1970 auf 9%; jeder fünfte Arbeitnehmer war 1977 exportabhängig; ein Viertel des Volkseinkommens wurde im Außenhandel erwirtschaftet.

Kein Zweifel, unter dem Gesichtspunkt der ökonomischen Leistungssteigerung ergab diese Europapolitik eine unzweideutig positive Bilanz. Überdies galt die innerdeutsche Grenze zwischen der Bundesrepublik und der DDR nicht als EG/EWG-Außenzollgrenze, so daß sogar der DDR der westeuropäische Aufschwung indirekt zustatten kam.

Der politische Gewinn der Europapolitik fiel nicht weniger überzeugend aus. Die ominöse «Erbfeindschaft», die im Zeichen des deutschen Nationalismus solange das Verhältnis zu Frankreich vergiftet hatte, löste sich auf und machte einer engen Kooperation zwischen Bonn und Paris Platz. Sie schien durch die geplante «Europäische Verteidigungsgemeinschaft» (EVG), die deutsche und französische Truppen zusammengeführt hätte, bestätigt zu werden, und ihr Scheitern am Widerstand des Pariser Parlaments löste in Bonn eine ernsthafte Verstimmung aus. Wäre die EVG zustande gekommen, wäre in der Bundesrepublik und in Europa wahrscheinlich vieles anders gekommen. Zusammen mit dem deutschen Beitritt zu NATO markierte daher das französische Votum gegen die EVG eine tiefe Zäsur. Zur Zeit der Kanzlerschaft Erhards tauchte zwar einmal für kurze Zeit die Schimäre einer kleinen politischen Gruppierung auf, daß die Bundesrepublik deshalb allein auf die Zusammenarbeit mit Frankreich setzen könne. Aber diesen «Gaullisten» widersprachen mit guten Gründen die sogenannten «Atlantiker», die Befürworter des Vorrangs der Allianz mit Amerika. Der Streit, dem das illusionäre Mißverständnis zugrunde lag, daß Bonn sich zwischen der französisch-europäischen oder der amerikanischen Option definitiv entscheiden müsse, wurde alsbald wieder beigelegt, da eine dürre Notwendigkeit schlechterdings nicht zu übersehen war: Die Bundesrepublik musste stets eine Politik mit beiden Stützpfeilern zugleich durchhalten.

Trotz aller Kontroversen zwischen den EWG-Mitgliedern bürgerte sich allmählich ein europäischer Kooperationsstil ein, da ihn die enge Verflechtung nicht nur der wirtschaftlichen Interessen gebot. Deshalb war die EWG auch schließlich imstande, die unerwartete und von starken Partnern wie Frankreich und England hochskeptisch beurteilte Fusion der beiden deutschen Neustaaten seit 1990 großzügig zu verarbeiten.

Ungleich härter als die Kontroverse zwischen Gaullisten und Atlantikern fiel der rüstungspolitische Streit um den NATO-Doppelbeschluß vom Dezember 1979 aus. Denn dieser Konflikt zersprengte die SPD, trug maßgeblich zum Sturz von Helmut Schmidt bei, förderte die Parteibildung der «Grünen» und trieb Hunderttausende in den Protest einer sogenannten Friedensbewegung, die Adenauers Skepsis hinsichtlich der politischen Reife der Deutschen zu bestätigen schien.

Trotz aller west-östlichen Verhandlungen über eine Einengung des Rüstungspotentials beider Seiten hatte die Sowjetunion im Herbst 1977 damit begonnen, neue russische Mittelstreckenraketen, die mit atomaren Sprengköpfen ausgestattet werden konnten, im Zuge eines gigantomanischen Aufrüstungsprogramms zu installieren. Bereits im Oktober 1977 forderte daraufhin Helmut Schmidt, der seit zwanzig Jahren als der Rüstungs-experte der SPD galt, Verhandlungen über eine sowjetische Rüstungsbe-schränkung oder bei einem negativen Ausgang die westliche Nachrüstung, um das ominöse «Gleichgewicht des Schreckens» aufrechtzuerhalten. Für den Kreml sprach sich Breschnew zwar im Mai 1978 während eines Staats-besuchs in Bonn für die Parität der Waffenarsenale aus, doch änderte das wohlfeile Bekenntnis des Herrn der sowjetischen Gerontokratie nichts an der russischen Rüstungspolitik. Nach langem Warten auf eine positive Moskauer Reaktion faßte daher die NATO im Dezember 1979 ihren Dop-pelbeschluß, wonach über ein umfassendes militärisches Gleichgewicht in Europa sofort verhandelt werden sollte, während als Antwort auf die rus-sische Raketenexpansion 108 amerikanische Pershing II-Raketen und 464 Marschflugkörper in Europa, und das hieß namentlich in der Bundesrepu-blik, zu installieren, 1000 nukleare Sprengköpfe aber abzuziehen seien. Doch die Sowjetunion lehnte nicht nur diese Verhandlungen ab, sondern rückte auch trotz fünffacher amerikanischer Warnung am 26./27. Dezem-ber 1979 mit großen Truppenverbänden in Afghanistan ein, um die pro-kommunistische Regierung gegen die fundamentalistisch-islamistische Oppositionsbewegung zu unterstützen. Die westliche Nachrüstung wirkte seither unvermeidbar.

Die Protestveranstaltungen der westdeutschen Friedensbewegung, die seit dem von der Deutschen Kommunistischen Partei initiierten «Krefel-der Appell» vom November 1980 eine breite Öffentlichkeit erreichten, richteten sich gegen die Ausführung des Doppelbeschlusses. Sie bewiesen, daß die Teilnehmer außerstande waren, die gebotene machtpolitische Ant-wort auf die neue sowjetische Bedrohung zu verstehen. Daß nur das Gleichgewicht des Schreckens den Frieden dreieinhalb Jahrzehnte lang in Europa aufrechterhalten hatte, ging in hysterischen Angstbekundungen unter, die den Begriff «Angst» zu einem internationalen Modewort mach-ten.

Die SPD-Linke sympathisierte offenkundig mit den Friedensbewegten, die auch von profilierten Politikern wie Erhard Eppler und Oskar Lafon-taine Zuspruch erhielten. Die Grünen dagegen nutzten 1980/81 den Auf-wind aus: Sie formierten sich bundesweit als pazifistisch-ökologische Pro-testpartei. Zwar gelang es Schmidt auf dem SPD-Parteitag, allerdings nur mit einer Rücktrittsdrohung, seine Bejahung des Doppelbeschlusses noch einmal durchzusetzen. Doch dann verließ die SPD eben deshalb ihren Kanzler, der daraufhin am 1. Oktober 1982 dem konstruktiven Mißtrau-ensvotum im Bundestag erlag. Das bedeutete nicht nur den Machtverlust für die SPD im Bund. Vielmehr galt sie seither lange Jahre als unzuverlässi-ger Kantonist in der Außenpolitik, unwillig oder unfähig, im harten

Machtpoker loyal zu bestehen. Ihre Bündnistreue geriet in Zweifel, während der neue Kanzler, der zunächst ebenfalls auf die unnachgiebige Opposition der Friedensbewegung stieß, mit der Ausführung des Doppelbeschlusses internationales Ansehen gewann.

Der Ausgang des Kräftemessens traf die SPD noch einmal, denn der von der Sowjetunion verschärfte Rüstungswettlauf führte binnen kurzem dazu, daß sie sich selber zu Tode rüstete. Ihr lernunfähiges System mit seinen begrenzten Ressourcen war der Anstrengung nicht gewachsen, mit der materiell weit überlegenen, von Präsident Reagan noch einmal angeheizten amerikanischen Rüstungspolitik mitzuhalten. Damals begann die Agonie von 1991. Gorbatschow wollte die Sowjetunion zwar noch durch Reformen retten, aber letztlich leitete er damit den Zusammenbruch ein. Ein durchschlagenderer Erfolg der Doppelresolution ließ sich schlechterdings nicht vorstellen. Doch selbst nach dem Zerfall des russischen Weltreichs wollten sich nicht wenige Sozialdemokraten und ehemals Friedensbewegte diesem evidenten Wirkungszusammenhang und dem Sieg der früheren Kontrahenten nicht stellen.[3]

## 4. Die Deutschlandpolitik

Im Hinblick auf die Teilung des Landes durch die Besatzungsmächte stand die Grundentscheidung der Bonner Politik von Anfang an fest, da sie dem Primat der Westintegration den Vorzug vor einer anachronistischen Nationalpolitik gab. Erst als solide eingebautes Mitglied der westlichen Welt und ihres Bündnisses konnte sie hoffen, in aussichtsreiche Verhandlungen über das Schicksal des sowjetischen Herrschaftsbereichs im Osten Deutschlands einzutreten. Im März 1952 fingierte Stalin in einer nachmals vieldiskutierten Note, in der die Sowjetunion Gespräche über einen Friedensvertrag mit einem gegebenenfalls neutralisierten und entmilitarisierten Gesamtdeutschland anzubieten schien, eine solche Verhandlungschance. Ganz offensichtlich ging es Moskau zum einen darum, die Vorbereitung eines deutschen Militärbeitrags im Rahmen der damals geplanten EVG zu torpedieren; zum anderen wollte es mit seinem propagandistischen Trick die Öffentlichkeit beeinflussen, um dem Ziel, doch noch ganz Deutschland für die Sowjetunion zu gewinnen, näher zu kommen.

Als Adenauer und die Westmächte die vorgeschlagenen Verhandlungen ablehnten, da sie darin primär ein durchschaubares Störmanöver gegen den für den Mai 1952 geplanten Abschluß des EVG- und des Generalvertrages sahen, haben sie daher keineswegs eine seriöse Chance auf Wiedervereinigung der beiden Nachfolgestaaten des Reiches engstirnig ignoriert. Und nichts spricht ernsthaft dafür, daß die Sowjetunion bereit gewesen wäre, ihre Satrapie im westlichen Vorfeld des Imperiums mitsamt der SED-Herrschaft zu opfern, um dagegen ein blockfreies Deutschland einzutauschen. Es gehört schon viel Naivität und der dogmatische Glaube an den unter allen Bedingungen gültigen Vorrang deutscher Nationalpolitik dazu, in der sowjetischen Märznote ein wertvolles Angebot zu sehen, dem ein jäher, aber angeblich glaubwürdiger Kurswechsel in Moskau zugrunde gelegen habe.

Gegen die völkerrechtliche Anerkennung der DDR hatte sich die Bundesrepublik von Anfang an gewehrt. Durch die Aufnahme der diplomatischen Beziehungen mit der Sowjetunion wurde die Verweigerungshaltung freilich beschwert. Bonn begegnete der Lage mit der sogenannten Hallstein-Doktrin, die der Völkerrechtler Wilhelm Grewe für Staatssekretär Hallstein im Auswärtigen Amt entworfen hatte. Darin wurde der Alleinvertretungsanspruch der Bundesrepublik, die als Rechtsnachfolger des Deutschen Reiches für Deutschland zu sprechen für ihr Monopol erklärte, unmißverständlich fixiert. Trotz wachsender Schwierigkeiten mit jenen Staaten, welche die DDR anerkennen wollten und dafür den Abbruch der diplomatischen Beziehungen mit der Bundesrepublik als Sanktion gewärtigen mußten, wurde dieser Kurs bis zu der 1969 erfolgenden Korrektur durch die Sozialliberale Koalition durchgehalten. Dieses Blockadeunternehmen war aber längst vorher in die westdeutsche Kritik geraten, welche die angeblich aussichtslose Selbstfesselung der Bundesrepublik anprangerte. Aber gegenüber einem Satellitenstaat, der im Kern auf der Präsenz des sowjetischen Militärs beruhte, war eine auf möglichst langwährende Isolierung zielende Opposition durchaus angebracht.

Obwohl Adenauer als Symbol der Unnachgiebigkeit gegenüber «dem Osten» galt, war er hinter den Kulissen der Deutschlandpolitik doch flexibler, als seine Kritiker glaubten. So fragte er etwa im März 1958 den sowjetischen Botschafter Smirnow, ob für Moskau ein Österreich-Status der DDR denkbar sei: die Koexistenz mithin zweier selbständiger deutscher Staaten bei freiem Menschen-, Wirtschafts- und Meinungsverkehr. Eine russische Reaktion blieb aus. 1959/60 unterbreitete Kanzleramtschef Globke seinen Plan einer wechselseitigen Anerkennung mit diplomatischen Beziehungen, Berlin als Hauptstadt und einer Volksabstimmung, die nach fünf Jahren über das Schicksal beider Staaten entscheiden sollte. Wegen der Berlinkrise wurde dieses nicht sonderlich realitätsnahe Projekt nicht weiter erörtert. Und das neue Angebot Adenauers vom Juni 1962, zehn Jahre lang den Status quo anzuerkennen, dafür aber Verbesserungen für die Menschen in der DDR als Gegenleistung gewährt zu bekommen, blieb erneut ergebnislos.

Der erste Kanzler konnte sich dadurch in seiner Skepsis gegenüber dem russischen und ostdeutschen Staatskommunismus nur bestätigt fühlen. Überhaupt setzte er auf den Vorrang einer langlebigen Einbindung Westdeutschlands in den Westen, da er hinsichtlich der politischen Reife der Deutschen durchweg skeptisch blieb: Ihre Verinnerlichung der neuen po-

litischen Kultur mit einem realistischen Urteil über die eigene Interessenlage werde noch geraume Zeit in Anspruch nehmen. Hic et nunc hielt er
sich daher allein für den Gralshüter des wohlverstandenen westdeutschen
Eigeninteresses als Weststaat.

Der Mauerbau, mit dem sich die DDR als Reaktion auf die Massenflucht
ihrer Bevölkerung im August 1961 abschottete, gab allen Skeptikern im
Westen, die dem Staatskommunismus jede inhumane Methode zutrauten,
recht, beendete aber auch die erste Phase der Bonner Deutschlandpolitik.
Die folgenden 28 Jahre bis zum Untergang der DDR waren durch den Verzicht auf eine aktive Einigungspolitik und statt ihrer an erster Stelle durch
das Bemühen gekennzeichnet, Erleichterungen für die Ostdeutschen von
einem Staat zu erwirken, der Aberhunderte von «Mauerbrechern» wie Kaninchen abschoß, Tausende als gescheiterte Sperrbrecher ins Gefängnis
warf und Hunderttausende seiner «Staatssicherheit» auslieferte.

Es kann daher nicht verwundern, daß es nach dem Mauerbau acht Jahre
lang dauerte, bis die neue Sozialliberale Regierung unter Willy Brandt auf
die anlaufende westliche Entspannungspolitik gegenüber dem Ostblock
ebenfalls einschwenkte, ja sogar eine Vorreiterrolle gewann. Sie beugte sich
indessen nicht nur der normativen Kraft des Faktischen, als sie die DDR
anerkannte und die Beziehung zu den osteuropäischen Staaten sowie zur
Sowjetunion zu verbessern suchte. Vielmehr wollte sie mit ihrer «neuen
Ostpolitik» jenen Ausgleich sinngemäß wiederholen, der seit Adenauers
Westintegration im Verhältnis zu den westeuropäischen Staaten bereits gelungen war. Wie immer man die Verzögerungen und Schwierigkeiten dieser Ostpolitik, die vielerorts auf die Erinnerungen an den Zweiten Weltkrieg und die vereisten Fronten des Kalten Krieges traf, auch beurteilen
mag: Im Grunde gelang es ihr, die Grundlagen für einen Interessenausgleich zu legen, emotionale Sperren abzubauen und die Bundesrepublik
vom Klischee des militant revisionistischen NATO-Mitglieds glaubwürdig
zu befreien. Ohne diesen Erfolg hätte sich in der Konstellation von 1989/90
die friedliche Vereinigung der beiden deutschen Staaten schwerlich be-
werkstelligen lassen.[4]

## 5. Die Politik der Wiedergutmachung

Die Flüchtlings- und Vertriebenenströme, die Folgen des Bombenkrieges
und der Teilung des Landes, dazu andere gewaltige sozialpolitische Probleme der unterschiedlichsten Art – sie hätten leicht zu einer autistischen
Beschäftigung mit den drängendsten eigenen Fragen führen können. Trotz
deren unabweisbarer Bedeutung hat sich aber die Bundesrepublik schon
relativ frühzeitig einer der heikelsten Herausforderungen gestellt, die auf
sie als Rechtsnachfolger des Reiches zukamen: Dabei ging es um die moralische und politische Entscheidung, wie eine wenigstens materielle Wie-

dergutmachung der Verluste und Leiden der Opfer der nationalsozialistischen Judenpolitik auf den Weg gebracht werden könne.

Der Begriff der Wiedergutmachung war von Anfang an umstritten, und
er bleibt es auch weiterhin, da millionenfacher Mord, Vertreibung, Enteignung, das Zunichtemachen zahlloser Lebenschancen durch noch so großzügige finanzielle Leistungen nicht entfernt wiedergutmacht werden
können. Dennoch kann man an dem eingeführten Begriff festhalten, da er
das Bemühen kennzeichnet, die Verluste wenigstens materiell nach Kräften auszugleichen, die Verpflichtung dazu auch symbolisch anzuerkennen
und vor allem aus Verfolgten, so sie denn überhaupt überlebt hatten, An-
spruchsberechtigte zu machen. Im Rahmen dieser Politik der Wiedergutmachung sind bis zum Ende des ersten halben Jahrhunderts nach der
Gründung der Bundesrepublik, bis zum Frühjahr 1999, von der öffentlichen Hand immerhin 104 Milliarden DM gezahlt worden.

An der Wiedergutmachung lassen sich fünf Komplexe unterscheiden:

1. Es ging zunächst um die Rückerstattung des geraubten Vermögens.

2. Darüber hinaus stand eine Entschädigung für fatale Eingriffe in Lebenschancen an, gleich ob es sich um Freiheit, Gesundheit oder Beruf handelte.

3. Sonderregelungen mußten für Angehörige des Öffentlichen Dienstes
und die Sozialversicherung gefunden werden.

4. Die juristische Rehabilitierung nach eklatanten Unrechtsurteilen
mußte eingeleitet und abgeschlossen werden.

5. In zwischenstaatlichen Abkommen mußten Regelungen für nicht-
deutsche Juden getroffen werden.

An dieser Stelle stehen vor allem die unter Punkt 1, 2 und 5 genannten
Aufgaben im Vordergrund.

Die amerikanische Besatzungsmacht machte in ihrer Zone im November 1947 mit einem Gesetz zur Rückerstattung ehemals jüdischen Vermögens den Anfang. Ohne jede Mitwirkung deutscher Instanzen wurde dieses Gesetz allein von der Militärregierung verabschiedet. Die Mehrzahl
der Fälle wurde in den 50er Jahren abgewickelt. 100 000 Personen mußten
3,5 Milliarden DM herausgeben. Der Massenraub durch das «Dritte Reich»
wurde allerdings noch gar nicht erfaßt. Die Verträge von 1955 verpflichteten die Bundesrepublik zu einer Regelung, die in dem Gesetz von 1957,
aufgrund dessen vier Milliarden DM gezahlt wurden, realisiert wurde.

Das Wesentliche dieser frühen Phase liegt darin, daß die Weichenstellung von den Amerikanern eingeleitet wurde. Von Anfang an stellte sich
auch die Asymmetrie zwischen Westen und Osten ein, da kein einziger
Fall östlich der Elbe erfaßt wurde.

Auch in der Entschädigungsfrage ging der Anstoß erneut von amerikanischer Seite aus, auf deren Rechtsvorstellungen im Gesetz vom August
1949 die typischen Schadenstatbestände des neu definierten Verfolgten zu-

rückgingen. Der Bundestag ließ sich Zeit mit einer gesetzlichen Regelung, die er erst im Mai 1951 mit dem 131er-Gesetz koppelte. Das auffällige Charakteristikum dieses Wiedergutmachungsaktes bestand freilich darin, daß die Beamten ungleich besser als die Opfer der nationalsozialistischen Rassenpolitik entschädigt wurden.

Etwas später, im September 1951, nahm die Regierung Adenauer offizielle Gespräche mit Israel auf, allerdings in einem Dreiecksverhältnis, da die «Jewish Claims Conference» ebenfalls beteiligt wurde. Das Ergebnis lag im September 1952 in der Gestalt des Luxemburger Abkommens vor, aufgrund dessen 3,5 Milliarden DM an Israel, 450 Millionen DM an die «Claims Conference» gezahlt wurden. Das waren unter den Bedingungen der Zeit keine unerheblichen Summen, da die Bundesrepublik soeben im Londoner Schuldenabkommen die Verzinsung und Tilgung von 14,5 Milliarden DM, dazu die Aufbringung von zehn Milliarden DM für die Aufrüstung und den Lastenausgleich übernommen hatte, aber nur über einen Jahreshaushalt von 23 Milliarden DM verfügte.

Wegen der anstößigen Lücken in der bisherigen Behandlung der Entschädigungsfrage einigte sich der Bundestag im Sommer 1953 auf ein erstes Entschädigungsgesetz, das sich jedoch nach kurzer Zeit als dringend novellierungsbedürftig erwies. Das 1956 verabschiedete Bundes-Entschädigungsgesetz erwies sich dann in der Tat als das «Kernstück der westdeutschen Wiedergutmachung», denn 77 % der ausgezahlten 104 Milliarden DM wurden aufgrund dieses Gesetzes überwiesen. Es kam ohne öffentliche Kontroverse zustande, da eine stillschweigende Einigung der Parteien die Zustimmung trug. Eine Novelle im September 1965, die noch einmal zahlreiche rechtstechnische Verbesserungen brachte, war als Schlußstrich gedacht.

Vorher war es zwischen 1959 und 1964 zu mehreren Entschädigungsabkommen gekommen, aufgrund derer 876 Millionen DM freiwillig gezahlt wurden. Ein Wohnsitz im Ostblock schloß zwar weiterhin eine Entschädigung aus, doch wurden für jüdische Verfolgte aus den Ländern des Ostblocks dreißig Milliarden DM als Entschädigung aufgebracht. Um die Mitte der 8oer Jahre herrschte schließlich der Eindruck vor, in der Entschädigungsfrage einen Abschluß erreicht zu haben. Eben damals aber begann eine neue, vor allem von den Grünen verfochtene Kritik, welche die Dimensionen dieses Problems erweiterte: Zwangssterilisierte und Homosexuelle, sogenannte Asoziale und nicht zuletzt Zwangsarbeiter seien bisher, hieß es, als Opfer nationalsozialistischer Gewalt faktisch vergessen worden.

Zu dieser Zeit waren aber auch die Unterschiede unübersehbar, die zwischen dem Verhalten der Bundesrepublik und der DDR bestanden. Unter Wiedergutmachung wurden im Arbeiter- und Bauernstaat ausschließlich Reparationen an die Sowjetunion verstanden. Entschädigungsleistungen kamen nur Bürgern der DDR zugute, Juden blieben davon faktisch ausgeschlossen; aus der Bundesrepublik flossen dagegen 80% der Zahlungen an Empfangsberechtigte im Ausland. Als Verfolgte sensu stricto galten nur Kommunisten. Eine Rückerstattung von jüdischem Privatvermögen wurde verweigert, vielmehr unterlag es als «Volkseigentum» erneut einer skandalösen Konfiszierung; erst seit 1990 wurde die westdeutsche Regelung nach Ostdeutschland übertragen. Gegenüber Israel und der «Claims Conference» lehnte Ostberlin jede Haftung ab; auch hier übernahm erst die Bundesrepublik seit 1990 die ausstehenden Leistungen.

Nach der welthistorischen Zäsur von 1991, als die Sowjetunion und der Block ihrer Satellitenstaaten zerfielen, schloß die Bundesrepublik neue Abkommen mit den osteuropäischen Ländern, wodurch noch einmal 1,5 Milliarden DM in Bewegung gesetzt wurden. Neu war aber die Entscheidung, jetzt auch die deutsche Industrie für die Lösung der offenen Frage, wie die Zwangsarbeiterentschädigung bewerkstelligt werden sollte, direkt heranzuziehen. Die anfänglich lebhafte Abwehr der Industrieunternehmen, in deren Betrieben die acht Millionen «Fremdarbeiter» ausgebeutet worden waren, wurde allerdings zusehends geschwächt: Das Londoner Schuldenabkommen wurde brüchig, da die Zwei-plus-Vier-Verhandlungen faktisch zu einem Friedensvertrag geführt hatten. Die häufig geltend gemachte Ausflucht, man habe die Zwangsarbeiter ja nur «im Auftrag des Reiches» beschäftigt, vermochte die Verantwortung der Unternehmen nicht aufzuheben. Das Bundesverfassungsgericht erkannte inzwischen individuelle Reparationsforderungen an. Vor allem aber hatte die Globalisierung deutsche Unternehmen in nicht geringer Zahl auf den amerikanischen Markt gelenkt, sie dort auch zu erheblichen Investitionen veranlaßt. Unter amerikanischem Recht konnten sie von den Anwälten ehemaliger Zwangsarbeiter verklagt und zu horrenden Entschädigungsleistungen, wie sie in den USA gang und gäbe sind, verurteilt werden. Die Furcht vor einer Kettenreaktion derartiger Prozesse erwies sich als die stärkste Antriebskraft zugunsten der Entscheidung, 1998 die «Stiftungsinitiative der deutschen Wirtschaft» zu gründen. Im Juli 2000 trat das auf ihr basierende Gesetz der rot-grünen Koalition in Kraft, das jenen Zwangsarbeitern, die mehr als ein halbes Jahrhundert nach Kriegsende noch lebten, zehn Milliarden DM zuerkannte.

Überblickt man die Stufen der Entschädigungspolitik der Bundesrepublik, wird man die materiellen Gesamtleistungen von 104 Milliarden DM ein beachtliches Symbol des guten Willens nennen dürfen. Um aber die angemessenen Proportionen zu wahren, muß man sich noch einmal vergegenwärtigen, daß die Bundesrepublik nicht weniger als 140 Milliarden DM für den Lastenausgleich aufgebracht hat, mit dem sie vielen ihrer Bürger einen nicht kleinlich bemessenen Ausgleich für die erlittenen Kriegsverluste verschaffte.[5]

## 6. *Der Ausbau des Sozialstaats*

Die Genese des deutschen Sozialstaats läßt sich bis in die 1870/80er Jahre zurückverfolgen, als Bismarck das Projekt einer staatlich geförderten Sozialpolitik und damit einen säkularen Trend initiierte (III, 907–915; IV, 428–435). Dabei ging es bekanntlich zuerst keineswegs um die Realisierung jener denkbar unterschiedlichen Motive, welche von den verschiedensten Seiten unterstellt worden sind. Denn es handelte sich nicht um die Implementierung der christlichen Soziallehre oder die Fortsetzung der absolutistischen Wohlfahrtspolitik, um einen Erfolg des sozialkaritativen Mitleids, eine Konzession an die demokratische Gleichheitsidee oder ein Entgegenkommen gegenüber sozialdemokratischen Forderungen, geschweige denn um eine Sozialreform im Sinne der Humanisierung der Arbeitswelt. Vielmehr kam primär das nüchterne machttechnische Kalkül zum Zuge, angesichts der Drohkulisse, die durch die einschneidenden ökonomischen und sozialen Disparitäten des industriekapitalistischen Wachstumsprozesses und die Fundamentalopposition der organisierten Arbeiterschaft erzeugt wurde, die gefährdete Legitimationsbasis eines sehr jungen, durchaus noch nicht stabilisierten Staates zu befestigen. Insofern handelte es sich um eine innovative «Antwort» auf eine Herausforderung, die über die Reaktion auf verschärfte Verteilungskämpfe weit hinausging. Die Loyalität der systemkritischen Kräfte sollte durch ihre materielle Sicherstellung als Staatsrentner, durch eine «kollektive Massenbestechung» (H. Rosenberg), aus der Bismarck kein Hehl machte, zurückgewonnen werden.

Um die Legitimationsproblematik und die defensive soziopolitische Integration drehte sich von Anfang an im Kern die gesamte deutsche Sozialpolitik, und daran hat sich auch in der Folgezeit zunächst nicht viel geändert, als sich weitere Motive, etwa aus der christlichen Überlieferung oder dem Umfeld der etatistischen Sozialreform, an die Versicherungsgesetze anlagerten. Aufs Ganze gesehen hat die Wirkung der staatlichen Sozialpolitik im Kaiserreich und in der Weimarer Republik das Legitimitätskalkül unstreitig bestätigt. Die erhoffte Integrationswirkung stellte sich ein, der gesellschaftliche Grundwert der sozialen Sicherheit wurde aufgewertet, ein Mindestmaß an Lebenschancen für viele bisher Diskriminierte erreicht. Auch die NS-Diktatur setzte daher aufgrund der positiven Erfahrungen die großzügig erweiterte Sozialpolitik des «Volksstaats» als probates Mittel der Loyalitätsgewinnung und Herrschaftsstabilisierung ein – mit unleugbarem Erfolg, wie sich herausstellte.

Das Chaos nach dem Ende des Zweiten Weltkriegs konfrontierte die Westdeutschen mit einer Lage, die noch ungleich dramatischer ausfiel als die vermeintlich so gefährliche Konstellation der 1870/80er Jahre, sogar als die Systemkrise seit 1929. Zehn Millionen Flüchtlinge und Vertriebene, vier Millionen Kriegsopfer: Invalide, Witwen und Waisen, 3,4 Millionen

Ausgebombte, zwei Millionen Evakuierte und 1,6 Millionen Spätheimkehrer, dazu sechs Millionen DPs warfen außer der Wiedereingliederung von 13 Millionen Soldaten und der eklatanten Benachteiligung von Millionen durch die Währungsreform Probleme auf, die sich jeder auch nur halbwegs zufriedenstellenden Bewältigung zu entziehen schienen. Überdies war das Vermögen der Sozialversicherung dahin, nur die allerniedrigsten Leistungen waren zuerst möglich. Obwohl die neue DM-Währung die Kaufkraft der Sozialleistungen seit 1948 aufwertete, herrschte doch unter den 5,5 Millionen Rentnern in der ersten Hälfte der 50er Jahre eine geradezu panische Angst vor der Altersarmut; vergleichbare Sorgen plagten Millionen von Witwen und Waisen; die Armut kinderreicher Familien war sprichwörtlich. So gesehen grenzt es schon an ein kleines Wunder, daß die schlimmsten Auswirkungen dieser katastrophalen Kriegshypothek, die das Sozialsystem zu sprengen drohte, bis 1949/50 notdürftig abgemildert werden konnten. Die Sozialpolitik behielt aber seither eine beispiellose Dringlichkeit.

Fraglos stand daher die junge Bundesrepublik im Zeichen einer sozialen «Gründungskrise», welche durch die zerstörende Pauperisierung, die «massivste Belastung» von vielen Millionen, den Verlust elementarer Existenzgrundlagen und das Fehlen haltgebender sozialer Sicherheit gekennzeichnet war. Ob ihr die friedliche Integration jener Abermillionen gelingen werde, die der Krieg um Heimat und Gesundheit, Hab und Gut, Beruf und Wohnung gebracht hatte, wirkte 1949 wie eine völlig offene Frage, die von all jenen, die eine «Zeitbombe» (H.-P. Schwarz) ticken hörten, nur mit abgrundtiefer Skepsis beantwortet wurde.

In der von 1949 bis 1966 währenden heroischen ersten Phase ihrer Sozialpolitik sah sich die Bundesrepublik drei pressierenden Hauptproblemen gegenüber: 1. Sie mußte die krasse Notlage weiterhin entschärfen, 2. den inneren Frieden sichern und der drohenden Anomie die Integration möglichst aller Benachteiligten entgegensetzen und 3. eine Entschädigung für die horrenden Verluste in Angriff nehmen. Das Grundgesetz (Art. 20/1) schloß sich zwar an die Tradition des Weimarer Sozialstaatspostulats an, enthielt jedoch keine konkreten normativen Vorschriften, so daß die Bonner Politik einen Handlungsspielraum innerhalb weit abgesteckter Grenzen besaß. Und noch in einer anderen Hinsicht wirkte sich die Tradition weiter aus: Erfolgreiche Sozialpolitik galt unter den extrem restriktiven Bedingungen der Nachkriegsproblematik mehr denn je zuvor als nachhaltiger Legitimationsspender, der sich mit seiner Geltungskraft sogar neben das «Wirtschaftswunder» schob.

In hektischer Eile wurde jetzt die pragmatische Lösungssuche im neuen Staat vorangetrieben, um angesichts der explosiven Lage eine Radikalisierung zu vermeiden. 1950 verabschiedete der Bundestag unverzüglich ein Gesetz über die Kriegsopferversorgung, das Millionen ehemaliger Soldaten und beschädigten Zivilisten helfen sollte. Auch die SPD stimmte zu;

damit bahnte sich in fast allen wichtigen Entscheidungsfragen der Sozialpolitik eine «Krypto-Großkoalition» von CDU und SPD an, die auch
künftig die parlamentarische Prozedur immens erleichtern sollte. Den
Spätheimkehrern aus der Kriegsgefangenschaft wurde zwischen 1950 und
1953 mit zahlreichen Unterstützungsmaßnahmen unter die Arme gegrif-
fen. Das erste Wohnungsbaugesetz von 1951 bemühte sich um eine Verbesserung der katastrophalen Wohnsituation von Millionen Menschen; es
erreichte allein bis 1956 den Bau von zwei Millionen Sozialwohnungen
(bis 1960 von 3,2 Millionen unter den 5,7 Millionen Neubauten) für ein-
kommensschwache Mieter. Mit dem Anlauf zur Wiedergutmachung wurde
im Hinblick auf Eigentum, Beruf und Gesundheit der jüdischen NS-Opfer
ebenfalls begonnen (s. vorn V.5.). Ständig wurde auf dieser Linie der Kreis
der sozialpolitisch Berechtigten erweitert, so daß die Bundesrepublik
schon in den 50er Jahren mehr Geld für ihr Sozialbudget (15 %) aufwandte
als – mit Ausnahme Österreichs – alle anderen westeuropäischen Staaten.
Wegen des noch niedrigen Volkseinkommens operierte sie anfangs ständig
an den Grenzen ihrer Belastbarkeit.

Die mit großem Abstand imponierendste Leistung verkörpert der Lastenausgleich seit 1952, die «wichtigste innenpolitische Antwort auf das
Chaos nach 1945» in der Gestalt eines «Umverteilungsprozesses höchsten Stils». Erstaunlich reibungslos konnte er wegen des Booms abgewik-
kelt werden, der seit 1950 ungeahnte Spielräume und finanzielle Zuwächse
für den «Steuerstaat» gewährte, zugleich auch Konflikte milderte. Wer
waren die wichtigsten Adressaten dieser beispiellosen finanziellen Trans-
aktion?
– Vertriebene, Flüchtlinge, Spätaussiedler – bis 1950 12,45, bis 1990 14,85
  Millionen,
– Flüchtlinge aus der SBZ/DDR – bis 1961 3,42, bis 1990 4,63 Millionen,
– Kriegssachgeschädigte – drei Millionen,
– Evakuierte – 2,5, anfangs fünf Millionen,
– Inflations- und Währungsreformgeschädigte – 20 Millionen.

Um auf diese heterogene Klientel von Entwurzelten, Geflohenen und
Geschädigten, insgesamt mehr als ein Drittel aller Bundesbürger, zu reagieren, besaß die Bonner Politik im Prinzip drei Optionen:
1. Die Hinnahme der Nichtintegration und der Verzicht auf Entschädigung, wie das die «arabische Nation» der superreichen Ölländer trotz ihrer unermeßlichen Finanzressourcen mit den vertriebenen und geflohenen
Palästinensern praktiziert hat;
2. eine Minimalhilfe zur Bewältigung der akuten Notlage mit der Folge,
daß sich Millionen Benachteiligter aller Wahrscheinlichkeit nach in gefährlichen Ghettos für verzweifelte Diskriminierte zusammengefunden, im
Grenzfall sogar die gesellschaftliche Ordnung in Frage gestellt hätten;
3. die volle Integration und eine großzügige Entschädigung.

Eben für die dritte Option entschied sich die Bundesrepublik, indem sie eine Abgabepflicht der westdeutschen Besitzenden postulierte, denen eine Sondersteuer auf ihr Vermögen auferlegt wurde, welche die Hälfte des zum Stichtag der Währungsreform erfaßten Sachvermögens erfassen sollte. Da die Abgabe über dreißig Jahre gestreckt erhoben wurde, blieb ein Eingriff in die Substanz aus, da wirtschaftspolitisch die Schonung des Produktivvermögens geboten war. Der Wiederaufbau besaß die Priorität vor der sozialen Gerechtigkeit. Dennoch handelt es sich um eine einschneidende Vermögensumverteilung im Rahmen einer Solidargemeinschaft, die ihren benachteiligten Angehörigen, sogar ohne lauten privategoistischen Protest, nach Kräften beisprang.

Nach längeren Vorbereitungen, auch in einer Gutachterkommission, entstanden 1952 aus einer bereits Ende 1950 fertiggestellten Regierungsvorlage drei einschlägige Gesetzeswerke: das Lastenausgleichs-, das Schadenfeststellungs- und das Währungsausgleichsgesetz, deren unmittelbarer Zweck die auf einer individuellen Schadensermittlung basierende Vermögensentschädigung aus dem «Ausgleichsfond» bildete, in dem die Abgaben für den Lastenausgleich gesammelt wurden. Das übergeordnete Ziel blieb aber die Integration der Geschädigten in das neue Gemeinwesen und der Legitimationszufluß aufgrund einer praktisch bewiesenen Leistungsfähigkeit, mit der Solidarhaftung Ernst zu machen. Umgeben von einem Bündel zugeordneter Gesetze entwickelten sich die Vorschriften des Lastenausgleichs vom August 1952 zum «Haupt- und Leitgesetz» der großen Aktion, deren Volumen schließlich durch mehr als 30 Novellen vervierfacht wurde.

Zwar warf die individuelle Rekonstruktion der verlorenen Vermögenswerte bei der bis 1990 abgewickelten Bearbeitung der insgesamt 58 Millionen Anträge durch die Ausgleichsverwaltung zahllose knifflige Probleme auf. Doch zum einen bewies die Bürokratie nicht nur Effizienz, sondern auch Großzügigkeit; zum anderen konnte sie aufgrund einer Regierungsrichtlinie im Vorgriff auf die Entschädigung «Aufbaudarlehen» gewähren, welche die neue Existenzgründung erleichterten.

Die Verlustschätzung hatte für die Ostvertreibung zunächst 62 Milliarden, für die Luftkriegsfolgen 27 Milliarden, für die Evakuierten fünf Milliarden, für die Währungsreformgeschädigten 36 Milliarden DM als entschädigungspflichtig anerkannt. Bis zur Beendigung des Projekts wurden insgesamt 140 Milliarden DM transferiert, die immerhin ein Fünftel bis ein Viertel der Verluste ausglichen. Fraglos ist der Lastenausgleich mit seiner gewaltigen, von der Hochkonjunktur unterstützten und in mancher Hinsicht erst ermöglichten Kraftanstrengung zu einem Höhepunkt der frühen bundesrepublikanischen Erfolgsgeschichte geworden. Wo sonst gibt es einen vergleichbaren Beweis für derart nachdrücklich praktizierte Solidarität unmittelbar nach einer niederschmetternden Niederlage mit beispiellos zerstörerischen Folgen? Und was hat außer dem wirtschaftlichen Aufschwung den Legitimationsglauben an die Bundesrepublik intensiver gefestigt, die Radikalisierung der Geschädigten überzeugender vermieden als der Lastenausgleich?

Nach diesem Kraftakt ging die Sozialpolitik eher zögerlich einen Schritt weiter, als sie das Kindergeld, das von der pronatalistischen NS-Politik 1935 eingeführt und daher von den Alliierten sofort aufgehoben worden war, 1954 wieder einführte. Vom dritten Kind ab wurden bis zu seinem 18. Lebensjahr kärgliche 25 DM monatlich gezahlt. Erst seit 1961 gab es eine Neuregelung, wonach jetzt für das zweite Kind 40 DM gezahlt wurden, während für das dritte 50, für das vierte 60 DM anfielen. Alle Kindergeldzuschüsse wurden einkommensabhängig zugesprochen. Die generelle Benachteiligung kinderreicher Familien blieb dennoch weiter bestehen, denn sie brauchten, wie schon damals ermittelt wurde, 74 % ihrer monatlichen Anforderungen für die Kinderaufzucht und -erziehung.

Im allgemeinen war die Bundesrepublik auf den «klassischen Entwicklungspfad der deutschen Sozialordnung» zurückgekehrt, indem sie die Absicherung gegen «Standardrisiken» fortschrieb, wie sie in der Renten-, Kranken- und Unfallversicherung seit langem fixiert worden war. Dieser Zug zur Restauration war zwar durch die Berücksichtigung der kriegsgeschädigten Klientel gewaltig erweitert worden, denn der Lastenausgleich ging über traditionelle Sicherheitsregelungen weit hinaus. Doch wurde seit 1952/53 die Suche nach der Gesamtkonzeption für einen neuartigen, umfassender ausgestalteten Sozialstaat intensiviert. Der aktuelle Anlaß für die zweite spektakuläre Entscheidung nach dem Lastenausgleich, die Rentenreform von 1957, lag in der provozierenden Wirkung der Kluft zwischen den Berufstätigen einerseits, die an den Wohltaten des «Wirtschaftswunders» in vollen Zügen teilnahmen, und den Rentnern andererseits, die mit einer skandalösen Versorgung auskommen sollten. 1950 hatte die Maximalrente für Arbeiter 61, für Angestellte 93 DM betragen, bis 1955 waren die Monatszahlungen nur auf 90 und 137 DM angestiegen, wobei die gesetzliche Altersgrenze scharf beachtet wurde. Erhard und seine neoliberale Schule wollten zwar ihre Soziale Marktwirtschaft ausbauen, dafür aber keineswegs, obwohl der Begriff das suggerierte, den Sozialstaat ausdehnen. Nicht zu Unrecht fürchtete Erhard am Ende eines solchen Interventionismus den «sozialen Untertan». Zunächst einmal aber erwies sich die Rentnerexistenz als die «Achillesferse» der neuen Wirtschaftsverfassung, denn seit der Mitte der 50er Jahre lebten sechs Millionen Rentner in materieller Not, wenn sie die gefürchtete Altersarmut Tag für Tag erlebten.

In diesem Augenblick zeichnete der 1955 konzipierte Plan des sozialpolitischen Experten Wilfried Schreiber, eines Bonner Privatdozenten und Geschäftsführers des «Verbandes katholischer Unternehmer», für die CDU eine neue Marschroute. In nuce enthielt sein Entwurf einige wesent-

liche Postulate: Unter der Prämisse, daß endlich das erhöhte Schutzbe-
dürfnis der aus ihrem Beruf ausgeschiedenen Arbeitnehmer anerkannt
werden müsse, gelte es, mit der Rente eine Existenzsicherung zu gewährleisten. Die Mittel dafür müßten aus dem Sozialprodukt genommen und
laufend an die Lohnbewegung angepaßt werden, damit auch die Rentner
am wirtschaftlichen Aufschwung teilhaben könnten. Damit wurde der
epochemachende Grundgedanke einer Dynamisierung der Rente als politische Leitlinie vorgegeben.

Während Adenauer das Konzept unverzüglich aufgriff, da ihm das
wahlpolitische Potential unmittelbar einleuchtete, blieb es im Regierungs-
lager heftig umstritten. Außer Erhard und seinen Anhängern opponierten
Finanzminister Fritz Schäffer und die Bundesbank, da sie um die Geld-
wertstabilität fürchteten; die industriellen Interessenverbände sahen eine
gefährliche Allianz von Gewerkschaften und Rentnern auf sich zukom-
men. Außer dem Streit um die künftigen finanziellen Belastungen ging es
auch um die Geltung konkurrierender Weltbilder, welche die Stellung des
Individuums in der Gesellschaft denkbar unterschiedlich beurteilten. Doch
die Bundestagswahlen von 1957 nahten unaufhaltsam, die Konjunktur
hatte die Kassen gefüllt, und Adenauer setzte unter harter Berufung auf
seine Richtlinienkompetenz das Projekt schließlich durch.

Das Ergebnis schlug ein wie eine Bombe. Wahrscheinlich war die Rentenreform von 1957 das populärste Gesetz, das je in der alten Bundesrepu-
blik verabschiedet wurde. Bei den Bundestagswahlen von 1957 brachte es
der CDU die absolute Mehrheit ein. Die laufenden Bezüge von sechs
Millionen Rentnern wurden unverzüglich um 60% angehoben (diejenigen
ihrer Witwen um 81, die der Angestellten um 60, ihrer Witwen um 91 %).
Seither folgte die Rentenhöhe der tarifpolitisch gesteuerten Bewegung der
Löhne und Gehälter. Das eröffnete Millionen von Alten die Teilnahme am
Wirtschaftswachstum. In einem Akt nachholender Gerechtigkeit für die
Rentner wurde die Diskrepanz zwischen Lohnanstieg und Sozialversiche-
rungsleistung eingeebnet. Mit dem Rentenalter waren seither keine krassen
Einkommensverluste mehr verbunden. Der «Abschied vom armen Alter»
(C. Conrad) durchbrach den fatalen circulus vitiosus von Alter und Armut.

Während die Nettoeinkommen der Arbeitnehmer von 1957 bis 1969
um rund 115% in die Höhe kletterten, stiegen die Renten um 110,5%.
Diese Dynamisierung führte in der Tat zu einem Parallelverhältnis von
Arbeitseinkommen und Rente, die nicht mehr als Zuschuß, sondern nach
vierzig Arbeitsjahren als altersgemäßer Lohnersatz oder als Ruhestands-
lohn zur Erhaltung des früher erreichten Sozialstatus verstanden wurde.
Hatte die Standardrente 1956 soeben ein Drittel (34,5 %) der durchschnittlichen Bruttobezüge im Arbeiterleben umfaßt, erreichte sie seit 1957 praktisch rasch die vorgesehene 60-Prozent-Grenze. Damit konnte in aller Regel das Absinken des Lebensstandards im Alter vermieden werden.

6. Der Ausbau des Sozialstaats

Im Kern blieb es aber mit der dynamisierten Rente, die auf längere Zeit den Streit um den Ausbau des Sozialstaats abschwächte, bei lohnbezogenen Beiträgen und nach dem Ausscheiden aus dem Beruf bei beitragsbezogenen Leistungen. Dieser Nexus bildete den inneren Leitgedanken dieses Ordnungsmodells, das die krasse Verteilungsdisparität zwischen den Erwerbstätigen und den Rentnern entscheidend abmilderte, indem es eine gerechtere Norm für die Verteilung des Sozialprodukts durch einen förmlichen Vertrag über das Umlageverfahren einführte. Dadurch wurde die Bundesrepublik von erkennbar heraufziehenden Verteilungskonflikten entlastet. Sie verwirklichte aber nicht das egalitäre Prinzip, das der englische Beveridge-Plan und die schwedische Volksversicherung soeben vorgesehen hatten. Vielmehr wurden die Distributionsresultate der Marktlage auf das soziale Einkommen im Ruhestand übertragen, Länge und Leistung der Arbeitszeit mithin, wie das damals durchweg soziale Akzeptanz genoß, belohnt.

Für die innere Konsolidierung der Bundsrepublik erwies sich die dynamische Rente als Stabilisierungs- und Legitimationsbeitrag von unschätzbarer Bedeutung. Erstaunlich schnell hat sie zusammen mit dem Lastenausgleich die brisante Krisenlage der Bundesrepublik entschärft. Ein riesiger Abstand zu 1945 schien sich aufzutun. Nirgendwo hielten sich «kompakte Gruppen» von Notleidenden, die das soziopolitische System hätten in Frage stellen können.

Die SPD, die sich soeben von Volksversicherungsplänen à la Beveridge und «Volksheim» verabschiedet hatte, konnte wiederum für die große sozialpolitische Allianz gewonnen werden. Der «soziale Gründungskompromiß der Bundesrepublik» (L. Niethammer) zwischen Adenauer/CDU und SPD/DGB, der in der Montanmitbestimmung zutage getreten war, wurde erneut bestätigt.

Hinter der Erfolgsbilanz traten aber die gravierenden Nachteile der Rentenreform von 1957 vorerst ganz zurück. Die nicht berufstätigen Mütter und Frauen wurden nämlich nicht einbezogen. Darin äußerte sich eine patriarchalische Diskreditierung der Familienarbeit, die erst viele Jahrzehnte später, zumindest ansatzweise, korrigiert wurde. Mit der dynamischen Rente wuchs zudem das Anspruchsdenken gegenüber dem Interventionsstaat, da die Wachstumskontinuität förmlich als Naturgesetz galt und den Verteilungskuchen ständig vergrößerte. Das Vertrauen auf den Sozialstaat und sein vergrößertes Regelwerk führte aber auch zu einer Abwertung der individuellen Selbstverantwortung und der privaten Initiative, letztlich zu einer Entmündigung der Bürger. Die riesigen künftigen Folgekosten der Reform sind, etwa in der Gestalt eines anvisierten Revisionsmechanismus, nirgendwo realistisch ins Auge gefaßt worden. Das gesamte Projekt beruhte vielmehr auf der stillschweigend mit hochfliegendem Optimismus unterstellten Kontinuität des Wachstums und einer weiterhin steigenden hohen Anzahl junger Arbeitskräfte, die im Rahmen des Generationenvertrages die Älteren mittragen konnten.

Zwar folgten jetzt die vier Jahrzehnte einer goldenen Rentnerexistenz, die von «einmaligen Wohlfahrtsgenerationen» genossen werden konnte. Aber als das Wirtschaftswachstum nachließ, das Arbeitskräftepotential drastisch schrumpfte, die Rentnerzahl aber wegen der Verlängerung der durchschnittlichen Lebenszeit auf weit über 20 Millionen Köpfe anstieg (wie das alle ungehörten Warnungen der Demographieexperten seit langem prognostiziert hatten!), da trat im sozialen Ordnungsmodell ein fataler Sprengsatz zutage, der nach schneller effektiver Kontrolle verlangte, da die dynamische Rente unter den neuen Bedingungen intergenerationell nicht mehr finanzierbar war. Zu ihr ist es in einer überzeugenden Form bis heute noch nicht gekommen.

Der sozialstaatliche Interventionismus hielt, wenn auch spürbar gebremst, im neuen Jahrzehnt weiter an. 1961 wurde, wie vorn erwähnt, das Kindergeld aufgestockt, außerdem das Wohngeld eingeführt, vor allem aber das Sozialhilfegesetz als Ersatz für die antiquierten Fürsorgeregelungen von 1924 verabschiedet. Dieses großzügig ausgelegte Regelwerk sollte eine zweite, mit der dynamischen Rente vergleichbare Zeitbombe schaffen, die dringend entschärft werden müßte, doch bis heute ihre Explosionskraft weiter besitzt.

Im allgemeinen verlangsamte sich auch die Expansion des Sozialstaats zwischen 1958 und 1966. Das hing damit zusammen, daß Adenauer nach dem Lastenausgleich und der dynamischen Rente in der späten Phase seiner Machterosion keine neuen Projekte mehr aufgriff, sein Nachfolger Erhard aber konsequent seine Skepsis gegenüber der Sozialpolitik praktizierte. Bis zum Ende der CDU-Vorherrschaft 1966 ist die Summe der Sozialleistungen immerhin auf 17,4 % des Sozialprodukts gestiegen, während die Beiträge der Sozialversicherungspflichtigen von 15 auf 21,2 % ihres Monatseinkommens kletterten. Dem Legitimationsfundus der Bundesrepublik kam die Expansion des Sozialstaats zweifellos zugute. Wer könnte diese politische Wirkung des Lastenausgleichs und der Rentenreform zusammen mit all den anderen Maßnahmen leugnen? Aber eine folgenschwere Entscheidung läßt sich ebenfalls nicht bestreiten: Der evidente Vorrang wurde von dieser Sozialpolitik den älteren Männern eingeräumt. Sie wurden, auch als einflußreicher, wachsender Wählerblock, geradezu privilegiert, als habe ihre Lobby den Sozialstaat gekapert, während für die Jüngeren als Verlierer der Generationenvertrag surreale Züge einer eklatanten Benachteiligung gewann.

In der zweiten Phase der bundesdeutschen Sozialpolitik, in der Ära der ersten Großen Koalition von 1966 bis 1969, wurde der Sozialstaat aufs Neue aktiviert, da damit die Wirkungen der sachten, die Zeitgenossen aber erschreckenden Wirtschaftskrise bekämpft werden sollten. Endlich wurde, analog zu den Angestellten, die Lohnfortzahlung für Arbeiter im Krankheitsfall eingeführt, freilich nicht ohne den Druck eines energischen Streiks der IG Metall in Schleswig-Holstein. Der Finanzausgleich zwischen der Arbeiter- und der Angestelltenversicherung wurde in Kraft gesetzt (und lenkte Milliarden von Angestelltenbeiträgen hinüber in die Arbeiterkasse), die Versicherungspflichtgrenze für Angestellte aufgehoben. Kurzum: Angestelltenprivilegien wurden reduziert, mehr Gleichheitsrechte für alle Arbeitnehmer durchgesetzt. Andererseits erwies sich erneut, daß die Angestellten als «Schrittmacher allgemeiner Arbeitnehmerrechte» fungiert hatten. Schließlich wurde das Arbeitslosengeld von 55 auf 62,5 % des Nettolohns erhöht. Die Handschrift der sozialdemokratischen Kabinettmitglieder war deutlich zu erkennen.

Die Ergebnisse dieses Zwischenspurts wurden jedoch in der dritten Phase bei weitem übertroffen, als die Sozialdemokraten in der ersten Sozialliberalen Koalition zwischen 1969 und 1974 für den «größten Schub» sorgten, den die bundesdeutsche Sozialpolitik bisher erlebt hat, so daß sich eine wahre Explosion der Ausgaben als unvermeidbare Folge der steil ansteigenden Kosten einstellte, in hochgemuter Realitätsblindheit aber in Kauf genommen wurde. Die Arbeiterschutzmaßnahmen wurden aufwendig ausgebaut, die teuren Dienstleistungen im Gesundheitssystem ausgedehnt. Erhielten die Rentner schon einen größeren Anteil als die Summe aller Beiträge, die sie früher eingezahlt hatten, weitete auch die Krankenversicherung ihre kostspieligen Leistungen weit über das Maß der mit den Lohnnebenkosten abgeführten Beiträge aus.

Dem folgte ein neuer Paukenschlag: Die große Rentenreform von 1972 hob generell das Leistungsniveau an, führte die flexible Altersgrenze ein, so daß Arbeitnehmer vorzeitig in das Rentenalter eintreten konnten, und öffnete das staatliche Rentensystem faktisch für alle: für Selbständige und Hausfrauen, für Landwirte und Studenten. 14,5 Millionen Menschen bildeten, durch die Arbeitnehmerbeiträge subventioniert, den Riesenkreis der neu Begünstigten. Zwar sorgten, wie die Gewerkschaften stolz sagten, «unsere Leute» im Kabinett für den Druck hinter der sozialpolitischen Aktivität, und Kanzler Brandt federte seine zeitweilig höchst gefährdete Politik durch ein ganz so großzügiges wie bedenkenloses Entgegenkommen in dieser Arena ab, in der Wahlen gewonnen werden konnten. Tatsächlich wetteiferten aber beide großen Volksparteien mit ihren Forderungen nach neuen sozialpolitischen Leistungen. Daher verstanden sie sich im Bundestag auch wieder zu einer Großen Koalition für den Sozialstaat.

Ihre Generosität basierte auch, das muß man sehen, auf dem hohen Wachstum der Staatseinnahmen in der Endphase des «Wirtschaftswunders». Doch mit der Rezession im Gefolge des ersten Ölpreisschocks traten seit 1974 erhebliche Belastungen auf, die aber die Ausdehnung des

Kindergeldes auf die Erstgeburt nicht verhinderten. Erste, ganz ungewohnte Einsparungen erwiesen sich im Dezember 1975 als unvermeidbar,
das sah der neue Kanzler Helmut Schmidt mit seinem realistischen Urteil
sofort. Damit wurde eine «Wendemarke» (J. Alber) erreicht. Der Expansi-
onstrend brach ab, auf ihn folgten die «mageren Jahre» der «Kostendämp-
fung».

Die belastenden Folgen des expansiven Sozialstaats drängten sich alsbald unübersehbar auf. Die Klientel für staatliche Transferleistungen
(Rentner und Kinderreiche, Studenten und Wohngeldempfänger) wuchs
von 1969 bis 1982 von 14,4 auf 20 % in einer Bevölkerung von 64 Millionen an. Das Sozialbudget stieg in derselben Zeitspanne von 24,6 auf 30,7 %
des Bundeshaushalts, während der Haushalt für Wissenschaft und Forschung bei gerade einmal 11 % verharrte. Die Beiträge zogen allerdings
auch schon von 27,8 auf 34 % des Bruttolohns an. Während der Sozialstaat
wegen der rapiden Alterung der Bevölkerung – der Anteil der Rentner
über 60 stieg auf 15,6 % – und wegen der rasch zunehmenden Arbeitslosigkeit seine Aktivität und Finanzleistungen ausdehnte, die Beschäftigungsquote aber nur mehr zögerlich wuchs oder schon stagnierte, schossen seine Ausgaben auch und gerade wegen der neuen Verpflichtungen in
eine atemberaubende Höhe. Statt 174,7 Milliarden DM wie noch 1970 erreichten sie bereits 1975 mit 334,1 Milliarden DM fast die doppelte Summe.
Der Anteil am Bruttosozialprodukt stieg von 25,5 auf 32,1 %, also auf ein
spektakuläres Drittel. Der Anteil an den staatlichen Ausgaben sollte bald
zwei Drittel des gesamten Bundeshaushalts ausmachen. 1982 fiel die westdeutsche Sozialleistungsquote bereits doppelt so hoch aus wie bei zwei
Konkurrenten, USA und Japan. Noch immer möchte man gerne wissen,
was sich die politischen Entscheidungsträger bei dieser von ihnen initiierten Kostenexplosion über die Zukunft der staatlichen Finanzen gedacht
haben.

In der ersten Hälfte der Ära Kohl bis 1990 konnte nach alledem die seit
1975 allmählich in Gang gesetzte Sanierung nur fortgesetzt werden, freilich mit erhöhtem Tempo. Bis 1990 gelang eine Konsolidierung der Sozialleistungen, die von 30,7 % des Jahres 1981 bis 1990 auf 27,6 % des Bundeshaushalts zurückgeführt werden konnten. Trotz der Sparmaßnahmen kam
es aber nicht, wie die Kritiker anklagend behaupteten, zu einem desaströ-
sen «Sozialabbau». Vielmehr gelang der Politik insofern sogar ein Durchbruch, als jetzt die Kindererziehungszeit für die Alterssicherung, wenn
auch in bescheidenem Ausmaß, angerechnet und damit die Familienarbeit
durch die Gleichsetzung mit der Erwerbsarbeit endlich aufgewertet wurde.
Das bedeutete eine grundsätzliche Abkehr vom patriarchalischen Sozialstaat. (Weitere positive Veränderungen in der Sozialpolitik, wie etwa die
Pflegefallversicherung, fallen in die Zeitspanne nach 1990, die hier nicht
mehr behandelt wird.)

Längst war die deutsche Sozialpolitik von der Vorsorge für den «Notfall» zu einem politischen «Normalfall», anders gesagt: vom «Krisenbewältiger zum Krisenerzeuger» (P. Flora) geworden. Damit entstand ein Politikfeld, das in der Arena der Bundes-, Länder- und Kommunalpolitik sein unersättlich expandierendes Eigenleben führte, da die Rendite aus dankbaren Wählerstimmen bestand. Zugleich wurde die politische Basis sozialer Prozesse wichtiger als die soziale Basis politischer Prozesse. Anstelle der ursprünglichen Schutzbedürftigkeit ging es zunehmend um ein Recht auf soziale Sicherheit gegenüber schlechterdings allen Wechselfällen einer Wachstumsgesellschaft. Die Folge: Alle öffentlichen Haushalte wurden auf eine auf die Dauer schwer erträgliche Weise belastet, die Verteilungskonflikte über die Wohltaten des Sozialbudgets verschärft, die Polarisierung der Fronten Pro und Contra Sozialstaat spitzte sich zu. Zusehends unterlief der in den Hochkonjunkturjahren exzessiv ausgebaute Sozialstaat sein Integrationsversprechen, stellte die verheißene Solidarität in Frage. Die «Verselbständigung der Sozialpolitik gegenüber den sozialen Problemen» setzte sich fort.

Zu den nicht intendierten Folgen der Sozialpolitik gehörte auch die von ihr unwiderstehlich vorangetriebene Veränderung der Erwerbs- und Sozialstruktur. Denn der Übergang zur Dienstleistungsgesellschaft wurde von ihr kraftvoll gefördert, als die Anzahl der von der Sozialpolitik angeforderten Arbeitskräfte sprungartig wuchs. So übertrifft z. B. seit längerem die Größe des Krankenhauspersonals diejenige der Arbeiterschaft in einem dynamischen Wachstumssektor wie der Chemischen Industrie. Der perfektionierte Sozialstaat begründete zum nicht geringen Teil den Leistungsstolz, die Legitimitätsgeltung der Bundesrepublik, hat ihr aber auch inzwischen eine schwere Last aufgebürdet. Weiter bleibt richtig, daß der Sozialstaat zu den größten Leistungen der europäischen Politischen Kultur im 20. Jahrhundert gehört. Jetzt aber kommt es, nach einer Phase schier grenzenloser Ausdehnung und der unübersehbaren Überforderung aller Ressourcen, darauf an, ihn so intelligent umzubauen, daß er finanzierbar und damit in seinen essentiellen Dimensionen lebensfähig bleibt.[6]

## 7. Die Entstehung einer kritischen Öffentlichkeit als Vierte Gewalt

Seit der politischen Theorie der Antike ist die Gewaltenteilung zwischen Exekutive, Legislative und Judikative mit ihren je eigenen Institutionen, etwa von Aristoteles, in positiver Bewertung herausgearbeitet, von Locke und Montesquieu in der Ära des westeuropäischen Aufklärungsdenkens präzisiert und schließlich auch im Grundgesetz der Bundesrepublik als unaufhebbarer Bestandteil der Verfassung verankert worden. Das Hauptziel dieser Differenzierung lag in der Absicht der Prävention: Machtmißbrauch sollte durch die strenge institutionelle Trennung im Herrschaftsapparat vermieden werden. Alle modernen Verfassungsstaaten haben, nachdem die Vereinigten Staaten mit ihrer Verfassung den Vorreiter gespielt haben, solch eine Funktionsteilung längst eingeführt.

Zu diesen drei klassischen Gewalten ist seit einigen Jahrzehnten eine neue, die Vierte Gewalt hinzugetreten: Die kritische Öffentlichkeit zuerst in der Gestalt der Presse, dann, mit verstärkter Wirkung, der elektronischen Medien. Von der konventionellen Staatslehre weder früh prognostiziert noch als kritischer Spiegel des politischen, überhaupt des gesellschaftlichen Prozesses gefordert, hat sich diese Vierte Gewalt inzwischen fest etabliert. Sie gehört zum politischen System, obwohl ihre überwiegend privatwirtschaftliche Natur sie vom öffentlich-rechtlichen Regelwerk klar unterscheidet. Sie ist zu einem unverzichtbaren Bestandteil demokratischer Gemeinwesen geworden, denn sie nimmt die Aufgabe einer schnellen kritischen Kommentierung auf eine Weise wahr, wie sie weder dem Parlament noch der Justiz mit ihren zeitraubenden Verfahren möglich ist. Im Grenzfall des investigativen Journalismus entdeckt sie sogar Mängel, die diesen beiden Gewalten völlig entgehen können oder verschwiegen werden sollen.

Zwar sollte man die Kritikfähigkeit der deutschen Presse im Kaiserreich und in der Weimarer Republik nicht unterschätzen, da sie keineswegs von einer konservativen Supermacht erdrückt wurde (vgl. III, 1243–49; IV, 472–83). Doch im Vergleich tat sich erst die englische, dann insbesondere die amerikanische Presse mit ihrer furchtlosen Kritik hervor. Ohne den in Deutschland tiefverwurzelten Respekt vor obrigkeitlichen Traditionen verfolgten ihre Mitarbeiter mit wachen Augen das politische Geschäft. Das erzeugte einen heilsamen Respekt vor der Entdeckerfreude und dem zupackenden Urteil der Journalisten, die faule Kompromisse und schleichende Korruption ganz so bloßstellten, wie sie eine politische Errungenschaft zu loben nicht zögerten.

Als die Alliierten in Westdeutschland das Presseimperium des nationalsozialistischen Eher-Verlags, der am Ende des «Dritten Reiches» 82 % aller deutschen Zeitungen kontrolliert hatte, zerschlugen, bevor sie mit ihrer Lizenzpresse eine neue Öffentlichkeit aufbauten, drängte sich, namentlich in der amerikanischen Besatzungszone, dafür das Vorbild der Presse in den USA auf. Die «Neue Zeitung», in München von kompetenten Journalisten als Musterbeispiel gestaltet, verriet unverkennbar diese Orientierung. Aber auch der «Spiegel» in der Britischen Zone folgte etwas später unübersehbar dem «Time Magazine» und kultivierte mit hoher Risikobereitschaft frühzeitig seinen kritischen Ton.

Aufs Ganze gesehen kann man die Neuordnung der Medien vielleicht die «erfolgreichste Weichenstellung» (N. Frei) der alliierten Besatzungspolitik nennen. Als Lizenznehmer wurden Emigranten und Sozialdemokraten (44 %) bevorzugt, nur 24 % gehörten der CDU an. Trotzdem entstand eher eine Presse im Generalanzeiger-Stil, die im Urteil außerordentlich vorsichtig, in der Sprache gedämpft blieb. Das hing nicht nur mit der aufmerksamen Aufsicht der alliierten Presseoffiziere, sondern auch mit der Rückkehr zahlreicher Journalisten zusammen, die ihren Beruf schon unter dem NS-Regime, sei es mit willfährig zustimmendem Engagement, sei es blaß, aber ohne ein Minimum an Zivilcourage ausgeübt hatten und daher aus ihrem Beruf nach 1945 zunächst einmal auf Anordnung der Besatzungsmächte ausscheiden mußten.

Nach einer relativ kurzen Pause oder einer durch das Entnazifizierungsverfahren erzwungenen Enthaltsamkeit fanden sie sich dann aber seit 1947/48 dank der «gruppeninternen Dynamik ihres Netzwerks» in den Redaktionen wieder ein, durchweg darauf bedacht, jetzt politisch nicht anzuecken. Welche Traditionen überdauerten mithin die Zäsur von 1945? Nicht nur stellte sich eine sozialhistorische Kontinuität der Publizisten, sondern auch die Vorherrschaft der ihnen vertrauten kulturellen Denkmuster und Sprachspiele wieder ein. Von einem Eliten- und Generationswechsel, geschweige denn von einer grundlegend neuen Berufsethik konnte in den frühen 50er Jahren keineswegs im allgemeinen die Rede sein. Zwar waren anfangs, um die offenstehenden Personallücken zu füllen, auffällig viele jüngere Journalisten bevorzugt angestellt worden. Aber die «alten Hasen» bildeten dank ihrer Erfahrung bald wieder die Mehrheit in den Posten der leitenden Redakteure. Karl Korn, Hans Zehrer, Karl Silex, Giselher Wirsing, Wolfgang Höpker, Hans Lehmann – sie alle kehrten zur Zeitung zurück, während das Radio, das nach den Erfahrungen mit Goebbels' Rundfunkpropaganda als das gefährlichere, verführerische Medium galt, strenger kontrolliert wurde.

Besonders erfolgreich agierten die schreibgewandten Experten der Propagandaabteilung des Auswärtigen Amtes und von Goebbels' Paradezeitung «Das Reich». In der Wochenzeitung «Christ und Welt» gaben reichlich kompromittierte Journalisten ein Dutzend Jahre lang den Ton an. Im späteren Flaggschiff einer linksliberalen Öffentlichkeit wie der «Zeit» waren sie anfangs auch erstaunlich beharrlich zu finden. Und der «Spiegel» scheute sich nicht, ausgewiesene SD-Leute, die seine Dokumentationsserien zum «Dritten Reich» aufgrund ihrer intimen Vertrautheit mit dem Material und den Personen sachkundig betreuten, jahrelang in seine Redaktion aufzunehmen. Gelegentlich gab es harte Konflikte in den Redaktionsstuben, noch häufiger aber Kompromisse, die auf eine wohlwollende Beurteilung der Regierungspolitik, eine Berichterstattung vornehmlich für das Segment der «Gebildeten» unter der Leserschaft und durchweg auf eine antikommunistische Tonlage und das Umgehen der NS-Verbrechen hinausliefen. So forderte etwa keine einzige deutsche Zeitung eine öffentliche Erklärung zum Judenmord, ob durch den Bundestag oder durch die Bundesregierung. Sie gab erst 40 Jahre später, im Frühjahr 1990, die einzige frei gewählte Volkskammer der sich auflösenden DDR ab.

Adenauers Mediensteuerung erwies sich bis 1960 als durchaus erfolgreich. Der Kanzler war in allen Medien präsent, übte einen tiefreichenden Einfluß aus, nutzte seine «Teegespräche» zur vertraulichen Einbindung von Journalisten. Sein Vorhaben einer regierungseigenen Fernsehanstalt scheiterte erst am Widerstand des Bundesverfassungsgerichts. Direkte Staatszuschüsse wurden an «Christ und Welt» und an zahlreiche Vertriebenenzeitungen gezahlt. Illustrierten wie «Quick» und «Stern», später die Bannerträger einer offenherzigen Kritik, optierten zunächst für eine enge Kooperation mit dem Bundespresseamt, bis die Kritik in ihren Spalten vordrang. Als typische Beispiele für den stillschweigend geübten Konsens verhielten sich die Presseorgane des Springer-Verlags, die fleißig eine Art von Obödienzpublizistik betrieben.

Die später erfolgreichen politischen TV-Magazine kamen erst seit 1957/58 auf, der explizit politische Kommentar seit 1962, nachdem der Radiokommentar aufgrund des unnachgiebigen Parteienprotests noch in den 50er Jahren effektiv gezähmt worden war. Insgesamt handelt es sich bei dem Grundton der frühen westdeutschen Öffentlichkeit um eine dicht «eingehegte Kritik», die zwar punktuelle Einwände nicht völlig ausschloß, überwiegend jedoch vermied. Die polemikfeindliche Mitarbeit am Aufbau eines jungen Staatswesens, seine Verteidigung gegen den sowjetischen, namentlich auch den ostdeutschen Totalitarismus standen ganz im Vordergrund.

Die entscheidende klärungsbedürftige Problematik ist daher, warum es zwischen 1958 und 1964 zum Aufbruch in eine neuartige «Zeitkritik» kam, obwohl sich in den Zeitungsredaktionen, den Rundfunkhäusern und Fernsehanstalten die Verfechter einer einflußreichen konservativen Grundhaltung dieser perhorreszierten Innovation entgegenstemmten.

Das überzeugendste Argument für diesen Gezeitenwechsel in der westdeutschen Publizistik ist der Aufstieg einer neuen politischen Generation. Die analytische Bedeutung des Generationenkonzepts ist vorn bereits erörtert worden (s. IV.11); sie bewährt sich hier erneut. Diese Journalistengeneration, deren führende Köpfe bis 1956/57 Profil gewonnen hatten, bestand aus 30- bis 40jährigen Fachleuten. Bis etwa 1963 waren sie auch schon in die Leitungspositionen der Redaktionsstäbe vorgedrungen. Manche schafften wegen der zügigen Expansion aller Medien und der im allgemeinen nachlassenden Durchsetzungskraft der alten Kohorte bereits vor ihrem dreißigsten Lebensjahr den Sprung in die Chefetage: Rudolf Augstein etwa, der den «Spiegel» mit 23 Jahren zu dirigieren begann, Klaus Harpprecht, Peter Boenisch, Claus Jacobi, Gerd Ruge, Günter Prinz, Henri Nannen, Matthias Walden u. a. Eine womöglich noch größere Wirkung als in den Zeitungen und Illustrierten übte die junge Garde im Fernsehen aus, wo Generationsgenossen wie Franz Wördemann, Dieter Gütt, Hans Heigert, Joachim Fest, Gert v. Paczensky, Peter Merseburger, Günter Gaus, Claus Hinrich Casdorff die Redaktionsspitze erklommen. Mit all diesen Angehörigen der «Generation 45» war binnen kurzem eine Abkehr vom Konsensjournalismus des ersten Jahrzehnts der Bundesrepublik verbunden. Was waren die ausschlaggebenden Ursachen dieser Zäsur?

Sie lagen primär in der mentalen Prägung, im neuartigen Erfahrungshorizont dieser Generationskohorte. Sie hatte nicht aus ideologischer Überzeugung oder mit geschmeidiger Anpassung bereits der Führerdiktatur als «Schriftleiter» gedient. Daher brauchte sie nicht den geduckten statt den aufrechten Gang zu üben. Das Ende des Zweiten Weltkriegs hatte sie gewöhnlich als blutjunge Soldaten in der Gestalt der totalen Niederlage, als schmählichen Vertrauensmißbrauch, danach die Aufklärung über die NS-Verbrechen als Akt der Katharsis erfahren. Frühzeitig in verantwortungsvolle Positionen berufen und insofern durch eine Ausnahmesituation in jungen Jahren begünstigt, wollten sie den zweiten Anlauf zur Etablierung einer deutschen Demokratie nach Kräften unterstützen, auch und gerade durch die Anprangerung von Mißständen, die das Projekt gefährden konnten.

Diese Grundhaltung wurde bei vielen durch einen längeren Amerikaaufenthalt oder sogar durch mehrere Reisen maßgeblich unterstützt. Ähnlich wie die junge akademische Intelligenz durch das Fulbright-Programm mit seinem Studienjahr in den Vereinigten Staaten gewonnen werden sollte, wollte die amerikanische Deutschlandpolitik auch jüngere Journalisten einer Prägung durch den freimütigen Austausch von Kritik, wie er in den USA gang und gäbe war, aussetzen. An renommierten Universitäten des Landes wurden sie daher immer wieder zu längeren Seminaren eingeladen, genossen ihre privilegierte Stellung im «gelobten Land», als das ihnen die Vormacht des Westens damals erschien. Sie trafen dort angesehene amerikanische Kollegen, Politiker und Wissenschaftler, deren ungezwungener Diskussionsstil nicht ohne Wirkung blieb. Einen legendären Ruf gewann z. B. das Internationale Seminar, das der junge Harvard-Dozent Henry Kissinger in diesem Zusammenhang regelmäßig auch mit deutschen Journalisten als Mitgliedern in Cambridge veranstaltete.

Voll offener Bewunderung oder unausgesprochen hielten viele dieser deutschen Gäste die amerikanische Publizistik für ein imponierendes Vorbild, nicht zuletzt deshalb, weil dort so harte Kritik geübt werden konnte, wie sie in der Bundesrepublik noch schwer vorstellbar war. Und diese Kritik wurde durchweg, auch das hinterließ einen tiefen Eindruck, von einer rückhaltlosen Bejahung des politischen Systems und des «American Way of Life» getragen, ohne sich aber, wie so oft bei deutschen Konservativen, in eine mäkelige Modernitätskritik zu verlieren. Es war daher auch kein Zufall, daß sich in den 50er/60er Jahren junge Journalisten im «Kongreß für kulturelle Freiheit» besonders zahlreich einfanden und dort wieder ein an Amerika erinnerndes Ambiente vorfanden.

Die englische Besatzungsmacht setzte ungleich weniger als die amerikanische auf die heilsame Wirkung einer politischen Sozialisation im eigenen Land. Doch übten die selteneren Tagungen und Seminare mit deutschen Presseleuten eine vergleichbar stimulierende Wirkung aus. Ohnehin galt die BBC mit ihrem nüchternen, auch selbstkritischen Ton im deutschen Rundfunk- und Fernsehbetrieb weithin als nachahmenswert. Nur in der Französischen Zone gingen die Besatzer mit einer provozierenden Großzügigkeit vor. 60 % der dort sogleich zugelassenen Journalisten waren schon im «Dritten Reich» tätig, 26 % Parteigenossen gewesen; eine gezielte Beeinflussung, wie sie das State Departement Jahr für Jahr verfolgte, wurde offenbar nie ins Auge gefaßt.

Ein entscheidender Gesichtspunkt für die wissenschaftliche und politische Debatte, die seit den 50er Jahren die Geschichte der öffentlichen Meinung in der Bundesrepublik begleitet hat, kann daher unzweideutig festgehalten werden. Nicht die 68er-Generation hat erstmals den frischen Wind einer ganz so grundsätzlichen wie selbstbewußten Kritik angefacht. Vielmehr vollzog sich in allen Medien der ausschlaggebende Generationenwechsel bereits zwischen 1958 und 1964. Bis zum Ende dieser Zeitspanne hatte er schon den Zustand einer effektiven Konsolidierung erreicht, ja stellen- und streckenweise zur Meinungshoheit geführt. Ohnehin ist es eine längst widerlegte Legende, daß die 68er bei ihrem geplanten «Marsch durch die Institutionen» scharenweise einflußreiche Stellen in den Medien okkupiert hätten; die Anzahl dieser Quereinsteiger ist vielmehr durchaus begrenzt geblieben. Und auch in ihrer allgemeinen Fassung ist die Behauptung vom neuen Aufbruch in den Medien seit 1968 eine unhaltbare Selbstverklärung, die Repräsentanten der 68er frühzeitig in die Welt gesetzt haben, ohne von der empirischen Kenntnis des folgenreichen mentalitäts- und sozialhistorischen Elitenwechsels getrübt zu sein.

Im Grunde kann es auch nicht verwundern, daß dieser Durchsetzungsprozeß, der eine neue Journalistengeneration nach vorn katapultierte, von harten Konflikten begleitet wurde. Denn die «Zeit der Affären» von 1957 bis 1964 und die «Dichte der Skandale» bildeten das Szenario, in dessen Rahmen sie ihr Marsch durch die Medieninstitution an deren Schalthebel führte. Ob der Druck von Bundesbehörden, ob Fehlgriffe des Verfassungsschutzes oder der Bundeswehr aufgedeckt wurden, ob Adenauers Politikstil oder der neue Wagemut von «Panorama» zur Debatte standen – der unverschnörkelte Ton der publizistischen Kritik war jetzt unüberhörbar. Keineswegs als Auftakt, sondern als ein inzwischen symbolisch drastisch überhöhter Höhepunkt fungierte die «Spiegel»-Affäre seit Ende Oktober 1962.

Das Hamburger Magazin hatte eine überwiegend auf längst gedrucktem Material, aber auch auf einigen geheimen, aus dem Verteidigungsministerium zugespielten Quellen beruhende Kritik an dem NATO-Herbstmanöver «Fallex» geübt, das den Verteidigungsfall unter fatalen Umständen simulierte. Volle zwei Wochen später besetzte plötzlich Polizei die Redaktionsräume und kassierte Berge von Akten; Augstein wanderte mit dem Verlagsdirektor Becker ins Gefängnis. Der für den Artikel verantwortliche Redakteur, Conrad Ahlers, landete, nachdem Verteidigungsminister Strauß, mit dem der «Spiegel» seit Jahren in Fehde lag, unter rechtswidriger Einschaltung des deutschen Militärattachés in Franco-Spanien für seine Verhaftung im spanischen Urlaubsdomizil gesorgt hatte, ebenfalls im Gefängnis. Allen dreien wurde Landesverrat vorgeworfen. Mit gekonnter Dramatisierung klagte auch Adenauer im Bundestag den «Abgrund von Landesverrat» an, der sich beim «Spiegel» aufgetan habe.

Strauß, der die Intervention in Madrid erst glatt geleugnet hatte, mußte allerdings seine Lüge binnen kurzer Zeit zugeben. Die FDP zog ihre Minister, darunter den bewußt umgangenen Justizminister Wolfgang Stammberger, aus dem Kabinett zurück, trat aber, das Auge starr auf den Machterhalt gerichtet, im Dezember wieder ein. Mitte 1963 mußte das Ermittlungsverfahren aus Mangel an belastender Evidenz mit beschämender Ergebnislosigkeit eingestellt werden. Freilich wurde auch eine Verfassungsbeschwerde des «Spiegels» beim Bundesverfassungsgericht wegen Stimmengleichheit der Richter nicht angenommen – eine der wenigen blamablen Entscheidungen in der Geschichte des höchsten deutschen Gerichts und Hüters der Verfassung.

Die «Spiegel»-Affäre bestand aber nicht nur aus einer kläglich gescheiterten Staatsaktion mit ihrer krassen Verletzung der Pressefreiheit und der Willkür eines Bundesministers. Vielmehr gewann sie ihre eigentliche Brisanz durch die neuartige Mobilisierung der Öffentlichkeit, die spontane Solidarisierung mit dem «Spiegel», die schroffe Polarisierung zwischen Linksliberalen und Rechtskonservativen. Die Kritik an dem Polizeimanöver erfaßte im Nu zahlreiche Zeitungen, wurde von «Panorama» und «Report» unverzüglich aufgegriffen, kam in Werner Höfers «Frühschoppen» zur Sprache, wurde von «Stern» und «Quick» lebhaft unterstützt. Schon das war eine erstaunlich breit gefächerte Phalanx. Sie wurde jedoch noch ausgeweitet durch den Protest von Schriftstellern und Professoren, auf den Massenveranstaltungen von Studenten. Über Nacht wurden die Konturen eines regierungskritischen Lagers sichtbar, das durchaus heterogen war, doch in der Einmütigkeit des Widerstands gegen den obrigkeitlichen Rechtsbruch monatelang zusammenfand.

Die Wirksamkeit des neuen TV-Mediums, die aufbrechenden Parteienfronten und die wachsende Abneigung gegen Adenauers Politikstil vermögen die Emphase dieser Protestaktionen mit ihrer einheitlichen Stoßrichtung noch nicht befriedigend zu erklären, erst recht nicht die von den etatistischen Konservativen, zu deren Sprecher sich wieder einmal der Freiburger Historiker Gerhard Ritter machte, unterstellte Sensationslust.

Im Kern ging es vielmehr um einen echten Normenkonflikt, um das Ziel der inneren Demokratisierung, für das auch und gerade die neue Journalistengeneration mit unerwarteter Wucht eintrat. Die Bloßstellung von Skandalen war zum «akzeptierten Instrument» in den westdeutschen Medien geworden.

Aber noch einmal: Die «Spiegel»-Affäre stellte kein einzigartiges Phänomen dar, sondern die Hochphase in einer Zeit, in der die Affären und Skandale dicht aufeinander folgten. In aller Regel drehten sich diese Konflikte um die Auswüchse eines obrigkeitsfrommen Etatismus, um die Exzesse des Antikommunismus und die immer noch umstrittene Rolle der Streitkräfte. Unstreitig kam es nach dem Auftakt zwischen 1957 und 1964 zu einer Radikalisierung der Kritik zwischen 1965 und 1974, und das Publikum wußte die neue Skepsis und Polemik offensichtlich zu schätzen. So stieg etwa die Auflage der «Zeit», inzwischen das prominente linksliberale Sprachrohr, von 1962 = 140000 bis 1970 auf genau das Doppelte, während «Christ und Welt» bei 140000 stagnierte. Und der «Spiegel» verkaufte 1968 statt der 570000 Exemplare von 1962 volle 877000. 25 Jahre nach der Gründung hoffte seine Leitung, die Millionengrenze überschreiten zu können.

Der eingeübte kritische Grundton ist dann durch die Studentenbewegung von 1967/68 verstärkt worden. Auffallend viele Zeitungen, Zeitschriften und Illustrierten, aber auch Rundfunk und Fernsehen brachten zunächst viel Verständnis für das neuartige Aufbegehren auf. Ohne ihre aktive Beteiligung wäre «68» nicht zu dem großen Medienereignis geworden, als das es sich nach kurzer Zeit erwies. Denn ohne den Verstärkereffekt, der zeitweilig von allen Medien ausging, hätte die Protestbewegung bei weitem nicht die Wirkung erreichen können, die sie schließlich nicht nur unter den aktiven Teilnehmern, sondern in weiten Teilen der Gesellschaft ausübte. Als Studententrupps das Berliner Springer-Haus attackierten, weil die von dort aus geleiteten Zeitungen eine bürgerkriegsähnliche Atmosphäre gegen die 68er erzeugten, übten manche Journalisten sogar scharfe Medienkritik, eine gegen die eigene Zunft gerichtete Schelte, die ihnen sonst fern lag. Die Kritik wiederholte sich nach dem nahezu tödlichen Attentat auf den Studentenführer Rudi Dutschke. Nur streng konservative Zeitungen, vor allem aus dem Hause Springer, wo der Verleger selber die politische Homogenität in den Redaktionsstäben durchgesetzt hatte, beharrten auf ihrer aggressiven Kritik.

Wenn man sich vergegenwärtigt, wie wenig Zeit nach 1968 vergangen war, als Brandt Kanzler wurde, kann man den Klima-, aber auch den Personenwechsel nach den beiden CDU-Jahrzehnten besser würdigen. Conrad Ahlers wurde Regierungssprecher, auch Günter Gaus und Klaus Harpprecht übernahmen Regierungsfunktionen. Brandt, selber ein Mann des Worts, führte eine umfangreiche Korrespondenz mit Journalisten und begegnete der veröffentlichten Meinung ungleich unbefangener als seine Vorgänger. Der erbitterte Streit um die sozialliberale Ostpolitik suchte dann freilich seinesgleichen. Den Konflikt wegen der «Spiegel»-Affäre stach er allemal aus, ging es doch nicht nur um einen Ausgleich mit dem Osten, der so lange als kommunistischer Erzfeind fungiert hatte, sondern auch um den damit verbundenen Verzicht auf ein Drittel des Territorialbestandes des ehemaligen Deutschen Reiches. Die im Kern unlautere Vertriebenenpolitik, welche die Chance einer Revisionsentscheidung beharrlich vorgegaukelt hatte, brach zusammen, löste aber noch einmal eine vehemente Opposition aus. Hinter der emotionalen Empörung und lebensgeschichtlich nachempfindbaren Enttäuschung stand letztlich der Abschied von einer konventionellen Nationalpolitik, an die sich viele trotz der Ergebnisse von 1945 weiter geklammert hatten.

Dieser Einschnitt mußte auch die Medienlandschaft aufwühlen. Der Mehrheit, die Brandts Politik für ein Gebot der Stunde hielt, stand in offener Feindschaft eine Minderheit gegenüber, die mit schneidender Schärfe die Gegenposition verfocht. In mancher Hinsicht war es noch einmal eine große Stunde jener jungen, längst etablierten Journalistengeneration, die seit dem Ende der 50er Jahre ihren Kritikstil durchgesetzt hatte. Die Zustimmung zu den Ostverträgen entsprang nicht zuletzt einer öffentlichen Meinung, die durch kritische Medien auf das argumentative Für und Wider einer solchen Grundsatzentscheidung eingestimmt wurde.

Obwohl es im gesellschaftlichen Leben selten unwiderrufliche, endgültige Entscheidungen gibt, gewinnt man doch den Eindruck, daß in den eineinhalb Jahrzehnten, die auf die Zäsur in den späten 50er Jahren gefolgt sind, eine schwer revidierbare Weichenstellung zugunsten einer solide verankerten kritischen Öffentlichkeit erfolgt ist. Seither gab es eine Kritiktradition, die in vielen Redaktionen nicht ohne Stolz verteidigt und selbst dann beherzigt wurde, wenn Leser verprellt wurden und Anzeigenverluste drohten. Zwar hat es auch in der Amtszeit der Regierungen Schmidt und Kohl lebhafte Auseinandersetzungen gegeben, nicht zuletzt, wenn moralisch hochbesetzte Themen wie Abtreibung oder Gentechnik zur Debatte standen. Doch die Aufgabe und Funktionstüchtigkeit der kritischen Öffentlichkeit als Vierter Gewalt ist nicht mehr grundsätzlich in Frage gestellt worden. Ihr Wächteramt hat sich als unersetzlich erwiesen.[7]

## 8. Die neue Politische Kultur

Politische Kultur – das war das neue Modewort, das in der amerikanischen Politikwissenschaft seit den späten 50er Jahren aufkam. Hinter diesem Trend steckte eine tiefe Unzufriedenheit mit den bisher bevorzugten Erklärungsansätzen. Daher zielte der Begriff nicht mehr primär auf politische Institutionen und ihre Funktionsmechanismen sowie auf die daran gekoppelten Interessen, auch nicht auf Entscheidungsprozesse als Herzstück der etablierten politischen Analyse. Vielmehr richtete er sich auf die mentale Prägung der politischen Akteure durch ihre Weltbilder und Traditionen, ihre stereotypen Denkformen und Vorurteile, ihre traditionsgeheiligten Praktiken, auch ihre «Unspoken Assumptions», ihre normativen Regeln und ihre konfessionellen und regionalen Eigenarten, oft auch durch das spezifische Zusammenspiel der Institutionen einschließlich der Medien, durch ihre politische Programmsprache und ihre politischen Codes. Die Aufmerksamkeit wandte sich mithin einem «weichen» Politikfeld zu, auf dem dennoch die Weichen für folgenreiches politisches Verhalten gestellt werden konnten.

Mit dem Konzept verband sich der Anspruch, daß man durch die Kenntnis der Politischen Kultur die «kognitive Landkarte» erfuhr, an der sich die politischen Akteure orientierten. Herrschaftsverhältnisse, Interessenkämpfe und Entscheidungsprozesse behielten zwar ihr Eigengewicht, aber die Politische Kultur steuerte ebenfalls, vielleicht sogar ausschlaggebend, das Verhalten der Akteure im Machtkampf um die Interessendurchsetzung.

Die Politische Kultur in Westdeutschland glich 1945 einem verlassenen Schlachtfeld. Die autoritäre Ordnungstradition lag in Trümmern, sie war zutiefst unglaubwürdig geworden. Der neue Totalitarismus des Kommunismus war auch deshalb von Anfang an stigmatisiert, weil er eine Neuauflage der braunen Diktatur in roter Farbe ankündigte. Die demokratischen Traditionen waren nach den Jahren der charismatischen Herrschaft Hitlers schwer angeschlagen, aber keineswegs verschwunden, vielmehr im Kern noch anschlußfähig, denn immerhin waren nur zwölf Jahre seit der ersten Republik vergangen. Die Alliierten übten einen hohen Druck aus, um in ihren drei Zonen demokratische Institutionen einzurichten, eine freie Öffentlichkeit zu etablieren, ihre «Reeducation» voranzutreiben und demokratische Politik einzuüben. Diese neue Form des «State Building» hätte nicht so verblüffend schnell zum Erfolg geführt, wenn die Basis demokratischer Traditionen, wie angeschlagen sie auch immer sein mochten, nicht vorhanden gewesen wäre.

Als das einzige «attraktive Gegenmodell» im Vergleich mit dem «Dritten Reich» und den Ostblockstaaten des anlaufenden Kalten Krieges konnte sich die Demokratie im Grunde erstaunlich schnell durchsetzen. (Das ist vorn, I.6, schon erörtert worden.) Trotz der Neuartigkeit der politischen Machtverhältnisse und des politischen Stils wurde die Bundesrepublik bereits nach kurzer Zeit im Vergleich mit dem Nationalsozialismus, der Weimarer Republik und dem Kaiserreich weithin positiv beurteilt. 1951 erreichte sie in demoskopischen Umfragen erst eine Zustimmungsquote von 2%, 1953 nach dem Anlaufen des Booms schon 42, 1960 62 und 1970 82%. Die Verteidigung des Neustaats gegen die Kritik der 68er enthüllte auch, wie weit die Akzeptanz der Bundesrepublik inzwischen

reichte. Bereits 1965 erklärten drei Viertel der Vertriebenen und Flüchtlinge, nach ihrer zeitweilig scharfen Deklassierung mit dem Leben in der
Bundesrepublik zufrieden zu sein; ein typisches Symptom dieser Einstellung war der Niedergang der Vertriebenenpartei BHE.

Aufschlußreich ist auch die schnelle Konsolidierung des Parteiensystems: Anstelle der anfangs existierenden 130 Parteien vereinigten 1957
drei Parteien volle 90% aller Stimmen bei der hohen Wahlbeteiligung von
88% auf sich. Andererseits: 1957 glaubten noch immer 15% der Bevölkerung, daß Hitler zu den drei größten deutschen Staatsmännern gehöre.
Der Widerstand gegen das «Dritte Reich» wurde weit eher negativ als positiv beurteilt. Der Nationalsozialismus blieb in den 50er Jahren durchweg
noch der «historische Bezugsrahmen» für das «gesellschaftliche Selbstbild» der Westdeutschen, gewöhnlich in einer generationsspezifischen
Ausprägung, zu der z. B. das Schweigen der Tätergeneration über ihr Verhalten in der Führerdiktatur gehörte.

Gleichzeitig setzte sich jedoch eine «Fundamentalliberalisierung» zügig
durch, die bis in die 70er Jahre erstaunlich weit fortgeschritten war. Diese
grundlegende Veränderung stellte sich nicht etwa als stummes, anonymes
Fatum ein, sondern war durchaus gewollt und wurde zielstrebig vorangetrieben. Im Mittelpunkt stand, parallel zum wirtschaftlichen Aufschwung,
ein politischer Modernisierungsprozeß mit dem Ziel, endlich die so lange
gescheiterte Utopie der «Bürgerlichen Gesellschaft» in der Gestalt einer
modernen «Zivilgesellschaft» zu verwirklichen. Beide Begriffe spielten
zwar in der politischen Semantik der Zeitgenossen noch keine Rolle, doch
lief ein machtvoller, auch von der Amerikanisierung des gesellschaftlichen
und politischen Lebens getragener Trend auf die Realisierung dieser Zielvorgaben hinaus.

Wegen der tiefen Verwurzelung des Nationalsozialismus im Nährboden deutscher Traditionen war die Umwandlung in ein liberal-demokrati-
sches Gemeinwesen innerhalb einer knappen Generationsspanne von
«säkularer Bedeutung». Symptomatischen Rang gewann in diesem Zusammenhang die großartige Analyse des Soziologen Ralf Dahrendorf: Sein
Buch über «Gesellschaft und Demokratie in Deutschland» (1965) erwies
sich als das «Grundbuch des westdeutschen Identitätswandels». Dagegen
verlor die konservative Modernitätskritik der Ex-Leipziger Soziologen:
Freyer, Gehlen, Schelsky zusehends an Überzeugungskraft.

Die 60er Jahre treten als ein wahres «Dezennium des Umbruchs» hervor, und zwar längst ehe die 68er-Bewegung zu einer Radikalisierung
führte. Die zahlreichen Reformanstrengungen jener Jahre beweisen, wie
sehr der Liberalisierungs- und Demokratisierungsschub die westdeutsche
Gesellschaft mit dem Bestreben mobilisierte, die bestehenden Defizite zu
beseitigen. Daß in der Schlußphase die APO-Kritik in Gewalt gegen Menschen und Sachen, schließlich an ihrem äußersten linken Rand sogar in

unverhüllten Terrorismus mündete, hing – wie auch in Italien und Japan – zum guten Teil mit dem Protest gegen den «antidemokratischen Überhang» zusammen, der in den Verliererstaaten des Zweiten Weltkriegs als besonders irritierend empfunden, aber auch maßlos übertrieben wurde. Die Opposition gegen diesen Überhang erklärt den neuen Linksradikalismus freilich nur zum Teil. Wenn es 1972 250 ultralinke Gruppen mit 84 300 Mitgliedern, davon 81 000 in 130 orthodox-kommunistischen Vereinigungen gab, die sich oft in der Nähe zur DKP bewegten, mußte es noch andere Motive geben, die unten im Abschnitt über die 68er-Bewegung erörtert werden (V. 12).

Ein fraglos nicht intendiertes Ergebnis des 68er-Aufbegehrens mit seiner realitätsblinden Kritik am vermeintlich erneut heraufziehenden Faschismus trat freilich darin zutage, daß Westdeutsche, die bisher der Bundesrepublik eher mit Gleichgültigkeit oder skeptischer Distanz gegenübergestanden hatten, jetzt der Kritik mit Verteidigung und daher auch mit Akzeptanz des neuen Staates begegneten. Denn der «Common Sense» lehrte sie, daß sie in den vergangenen zwanzig Jahren keineswegs den Aufstieg eines neuen Rechtstotalitarismus erlebt hatten. Und der unausgegorene, romantizistisch verklärte Linkstotalitarismus, zu dem viele 68er links von der Mitte tendierten, besaß alles andere als eine hinreichende Attraktivität.

Bei der Veränderung des politischen Großklimas, das sich über der Bundesrepublik einrichtete, spielte nicht nur die Politik-, sondern vor allem auch die Geschichtswissenschaft mit ihrer eigens neu erfundenen Zeitgeschichte eine auffallende Rolle. Beide stellten Kategorien und Kenntnisse bereit, sorgten für eine breite Rezeption und wirkten mit ihren Leitkonzeptionen auf die allgemeine politische Konstellation, insbesondere auf die Problemwahrnehmung und -verarbeitung ein.

Zum einflußreichsten Zentrum der Politikwissenschaft entwickelte sich seit den frühen 50er Jahren die FU Berlin, wo etwa Ernst Fraenkel und Richard Löwenthal, ehemalige Linke der Weimarer Republik und zurückgekehrte Emigranten, mit einem dezidierten Engagement für den liberaldemokratischen Verfassungs- und Rechtsstaat die Politikwissenschaft als Demokratiewissenschaft betrieben. Dazu gehörte ein lebhafter Import amerikanischer Diskussions- und Forschungsergebnisse, überhaupt eine kosmopolitische Öffnung des Denkhorizonts. Es war dieses Berliner Ambiente, in dem Karl Dietrich Bracher, bald eine der Leitfiguren der deutschen Zeitgeschichte, seine ersten Projekte ausführte. Mit ihm pflegten Wolfgang Sauer, Gerhard Schulz, Gilbert Ziebura, Otto Büsch, Gerhard A. Ritter u. a. die dort übliche Verbindung von Politik- und Geschichtswissenschaft. Zu einer Art von konservativem Gegenpol stieg das Freiburger Seminar für Politikwissenschaft unter der Leitung von Arnold Bergsträsser auf, der ehemals dem bündisch-konservativen Milieu nahegestanden hatte und auch aus dem amerikanischen Exil zurückgekehrt war. Im Vergleich mit diesen Zentren in Berlin und Freiburg verblaßte der kurzlebige Einfluß, den andere zurückgekehrte Emigranten wie etwa Heinrich Brüning in Köln oder Eric Voegelin in München ausübten, auffällig schnell.

Zeitweilig verband sich der Einfluß der Politikwissenschaft mit der Dominanz der Totalitarismustheorie. Sie beanspruchte, den Nationalsozialismus im Kontext des allgemeinen Phänomens totalitärer Herrschaft, wie sie sowohl in Deutschland und Italien als auch in der Sowjetunion und dem von ihr beherrschten Ostblock durchgesetzt worden war, zu beschreiben und zu erklären. Diese Parallelisierung der Diktatorialregime entsprach dem Konfrontationsklima während der Hochphase des Kalten Krieges, erfaßte aber auch einige wesentliche übereinstimmende Elemente von totalitären Regimen in ihrer Herrschaftsphase, während die sozial- und mentalitätsgeschichtlichen Bedingungen erst des Aufstiegs, dann der Radikalisierung im Klassenmord oder im Judenmord und Vernichtungskrieg im Rahmen dieses Modells, das auch gegenüber den Unterschieden zwischen den totalitären Regimen eigentümlich blind blieb, ja ständig in der Gefahr stand, sie zu planieren, nicht angemessen präzisiert, geschweige denn überzeugend erklärt werden konnten.

Die eine Zeitlang vom politischen Konsens getragene Totalitarismustheorie geriet im Verlauf der 6oer Jahre ins Kreuzfeuer der Kritik. Der Katalog der Einwände enthielt den Vorwurf, daß sie zu statisch angelegt sei und deshalb zentrale Fragen des Aufstiegs und der Radikalisierung ausblende; sie verhindere die Anerkennung der Auflockerungstendenzen im Ostblock, dem ein gewisses Veränderungspotential unterstellt wurde, da er z. B. immer noch an das humanistische Erbe in Marx' Theorie anknüpfen könne. Der Widerstand gegen die Gleichstellung von Nationalsozialismus und Bolschewismus führte aber auch dazu, daß die sowjetische Klassenvernichtungspolitik im Vergleich mit der nationalsozialistischen Rassenvernichtungspolitik eigentümlich abgewertet wurde.

Gegen diese Kritik vermochte sich die unveränderte Gegenposition der Totalitarismusverfechter nicht durchzusetzen. Daher entstanden aber in der DDR-Forschung geradezu Blindstellen, die den Diktaturcharakter auch des ostdeutschen Staatskommunismus übergingen oder verharmlosten. Zu einer gefährlichen Verniedlichung neigte zudem die von den Gegnern der Totalitarismustheorie favorisierte Konvergenztheorie, die von einer unaufhaltsamen Annäherung westlicher und östlicher Industriegesellschaften, gleich welcher politischen Couleur, ausging; sie setzte sich daher über die Erstickung des Prager Frühlings von 1968, die Unterdrückung der polnischen Solidaritäts-Bewegung und die Verfolgung der ostdeutschen Dissidenten realitätsblind hinweg. Im Grunde führte diese Kritik an der Totalitarismustheorie ziemlich schnell in eine theoretische und empirische Sackgasse. Aber erst der Untergang der Sowjetunion und des gesamten Ostblocks, auch das «Schwarzbuch des Kommunismus» (1998) als Schreckensbilanz des Linkstotalitarismus erforderten dann wieder eine lohnende Diskussion jener Strukturelemente, die eine totalitäre Herrschaftspraxis konstituieren.

In der Bundesrepublik gehörte jedenfalls die Auseinandersetzung mit dem Nationalsozialismus als totalitärem System zu den mentalitätsprägenden Erfahrungen der Nachkriegszeit. Die auch politisch weitreichende Akzeptanz, welche die Totalitarismustheorie zwei Jahrzehnte lang fand, beruhte nicht zuletzt darauf, daß zahlreiche Westdeutsche (und insgeheim auch Ostdeutsche) einer klassischen idealtypischen Definition zustimmen konnten. Denn nach ihrer Erfahrung hatte diese monolithische Herrschaftsform in der Tat zu einer «Monopolisierung der Entscheidungsgewalt in einem Führerzentrum» geführt, «das von jeder Form institutioneller Kontrolle unabhängig» war; zu ihr gehörte auch die «prinzipiell unbegrenzte Reichweite der Entscheidungen des politischen Machtkartells, in dem auf Kosten anderer Systeme gesellschaftliche Funktionen extrem konzentriert» waren, und «die prinzipiell unbegrenzte Verfügungsgewalt des politischen Systems über die Gesamtheit der Lebenschancen der Staatsbürger». Und die Gemeinsamkeit des nationalsozialistischen Rechtstotalitarismus mit dem bolschewistischen Linkstotalitarismus sahen sie zu Recht darin, daß die Menschen jeweils in deren Beglückungsschema gepreßt werden sollten, damit der «neue Adam» in der NS-Rassengesellschaft oder kommunistischen Zukunftsgesellschaft eine Utopie verwirklichen könne.

Im Vergleich mit der zeitweilig durchaus breitenwirksamen Totalitarismustheorie ist die Ausstrahlung der neomarxistischen Theorie, wie sie im Frankfurter «Institut für Sozialforschung» gepflegt wurde, häufig überschätzt worden, obwohl seine beiden Leiter, Theodor W. Adorno und Max Horkheimer, samt ihren wechselnden Mitarbeitern zeitweilig durchaus Einfluß auf die wissenschaftliche und politische Diskussion nehmen konnten. Horkheimer gewann allerdings nach der Rückkehr aus dem amerikanischen Exil keine wissenschaftliche Statur, während Adorno zur Zentralfigur des Instituts avancierte. Trotz seiner kulturwissenschaftlichen Interessen beharrte aber auch er immer noch auf einer spätmarxistischen Theorievariante, die auf dem Übergewicht sozioökonomomischer Antriebskräfte im historischen Prozeß basierte. Überall witterte er die Wiederkehr des «Faschismus», wunderte sich aber dann, daß viele 68er-Studenten die «Frankfurter» für die Vordenker ihrer kruden «Faschismustheorie» hielten.

Neue intellektuelle Bewegung kam in dieses Frankfurter Milieu erst durch Jürgen Habermas, der zuerst einmal Marx frisch zu interpretieren und zu aktualisieren unternahm, politisch aber für einen linkssozialdemokratischen Reformpragmatismus eintrat. Sehr frühzeitig hat er in der Gewaltneigung zahlreicher 68er die Tendenz zu einem «linken Faschismus» entdeckt. Nachdem er sich intensiv mit Marx beschäftigt hatte, wandte er sich, als er aus Frankfurt an das Starnberger Max-Planck-Institut Carl Friedrich v. Weizsäckers übergewechselt war, mit seiner «Theorie des kommunikativen Handelns» ganz einer sprachwissenschaftlich fundierten politischen Philosophie und Sozialtheorie zu. Sie löste intellektuell weiterreichende Folgen in den unterschiedlichsten Wissenschaftsdisziplinen, aber auch in der öffentlichen Diskussion aus als die meisten seiner früheren Schriften. Politisch aber konnte sie als linkes Zentrum des liberalen «Mainstream» absorbiert werden.

Für den geistigen Haushalt der Bundsrepublik bleibt es ein unbestreitbares Verdienst der «Frankfurter Schule», die seit 1933 verfemte linke Gesellschaftstheorie, auch die Freudsche Psychoanalyse wieder in den deutschen Diskussionszusammenhang zurückgeholt zu haben. Keine andere Institution hätte das, wenn man nach denkbaren Alternativen fragt, so effektiv in der Bundesrepublik leisten können. Auf der anderen Seite haben einige Mitglieder der «Frankfurter Schule», die ja alles andere als einen homogenen ideenpolitischen Block darstellte, durch ihr Verhalten 1967/68 dazu beigetragen, die mühsam wiederhergestellte Position zu diskreditieren. Von dem dogmatischen Kommunismus, den der Marburger Politologe Wolfgang Abendroth um sich herum zuließ oder sogar selber heranzüchtete, bis sein Fachbereich sich überwiegend in dieser selbst gewählten Isolierung bewegte, hielten sich alle «Frankfurter» freilich fern. Dagegen hat ein Politischer Soziologe wie Rainer Lepsius mit seinen analytisch scharfsinnigen Studien zum Nationalsozialismus und deutschen Radikalnationalismus, zur sozialen Ungleichheit und zum Parteiwesen auf mehrere Historikergenerationen und eine aufgeschlossene Öffentlichkeit einen ungewöhnlichen Einfluß ausgeübt.

Das zweite, der Wirkung nach noch wichtigere Beispiel für die weitreichende öffentliche Wirkung der Kulturwissenschaften in der Bundesrepublik verkörpert die Zeitgeschichte, durchweg verstanden als die Vor- und Verlaufsgeschichte des Nationalsozialismus. Liberale Zeithistoriker wie Karl Dietrich Bracher in Berlin und Bonn sowie Martin Broszat mit hervorragenden Mitarbeitern am Münchner «Institut für Zeitgeschichte» standen für eine bahnbrechende Forschungs- und Interpretationsleistung, die von zahlreichen jüngeren Wissenschaftlern wie etwa Hans Mommsen und Wolfgang Schieder erweitert und vertieft wurde. Bracher bemühte sich als erster, Strukturanalyse und Hermeneutik miteinander zu verbinden, als er mit drei bedeutenden Arbeiten über die «Auflösung der Weimarer Republik» (1955), die «Machergreifung» (1960) und seiner Gesamtgeschichte der «Deutschen Diktatur» (1969) das Terrain absteckte. Von Vertretern der theoretisch und politisch noch immer überaus konservativen Historikerzunft wurde er zuerst wegen seiner methodischen Kombinatorik und pointierten Kritik mit aufgeregten Vorwürfen überzogen. Doch setzte er sich in den 50/60er Jahren durch, ehe mit glanzvollen Aufsätzen und seinem Meisterwerk «Der Staat Hitlers» (1969) die große Zeit von Broszat begann. Überhaupt erwies sich das «Institut für Zeitgeschichte», das frühzeitig zur Erforschung des Nationalsozialismus samt seiner Vorgeschichte gegründet worden war, als ein außerordentlich einflußreicher Impulsgeber und zugleich als ein bahnbrechendes Forschungszentrum. Das hing nicht nur mit der wissenschaftlichen Qualität seiner Mitarbeiterequipe und seinen zahlreichen Veröffentlichungen, sondern auch und vor allem mit dem unermüdlichen Engagement der Zeithistoriker in der Öffentlichkeit zusammen. Theodor Mommsens berühmte, wenn auch seit jeher umstrittene Maxime, daß der Historiker der «Pflicht zur politischen Pädagogik» gehorchen müsse, ist von dieser Zeithistorikergeneration vorbehaltlos ernst genommen worden.

Ein vergleichender Blick zeigt, daß es in keinem anderen westlichen Land, auch nicht in Italien oder Japan, in der zweiten Hälfte des 20. Jahrhunderts einen derart intensiven, öffentlichkeitswirksamen Einfluß von Historikern auf die Meinungsbildung in der Gesellschaft und Politik gegeben hat. Diese Wirkung hing im wesentlichen damit zusammen, daß 1. nach dem Absturz in die Barbarei der Führerdiktatur das Bedürfnis nach Aufklärung über das schwer verständliche, ungeheuerliche Geschehen außerordentlich ausgeprägt war; daß 2. dabei die Historiker, noch vor der Politik- und Sozialwissenschaft, schnell einen Vorsprung gewannen, weil sie seit den Tagen der großen Nationalhistoriker im 19. Jahrhundert einen Vertrauensvorschuß als Ratgeber besaßen und man ihnen solide empirische Kenntnisse und trotz aller realhistorischen Exzesse ein abgewogenes Urteil zutraute; daß es 3. kein überlegenes andersartiges Deutungsangebot gab, da Theologie und Philosophie keine vergleichbare Geltung besaßen, die dogmatische Faschismustheorie erst der «Frankfurter Schule», dann der Neuen Linken sich als intellektuell impotent erwies und die kritische Publizistik mit ihrem unbestreitbar wichtigen Beitrag inhaltlich doch von der historischen Forschung abhing. Daher ergab sich die ungewöhnliche Situation, daß eine Vielzahl von Historikern jeden Monat unterwegs war, um in Volkshochschulen und Akademien, auf Tagungen und in Schulen als Vertreter einer öffentlichen Deutungsmacht zu fungieren.[8]

Hatte in den 50er und frühen 60er Jahren in der Diskussion über den Aufstieg des Nationalsozialismus noch ganz der Machtzerfall, die «Auflösung» der Republik, wie Brachers berühmtestes Buch nicht zufällig hieß, im Vordergrund gestanden, wurde nicht zuletzt durch die sogenannte Fischer-Kontroverse der Blick zurück auf das Kaiserreich, damit aber auch auf bisher vernachlässigte Kontinuitätslinien gelenkt. Die Auseinandersetzung gewann schnell an Brisanz, als der Hamburger Historiker Fritz Fi-

scher, als Kenner der protestantischen Theologie auch von einem starken
Impuls getrieben, zur Katharsis beizutragen, 1961 mit seinem Buch «Griff
nach der Weltmacht» die aggressive Kriegszielpolitik des Kaiserreichs im
Ersten Weltkrieg, ihre exzessiven Pläne und ihre friedensverhindernde
Wirkung schilderte. Dabei stellte er nicht nur den Reichskanzler Beth-
mann Hollweg als machiavellistischen Expansionsanhänger hin, sondern
betonte auch – das wurde zum spitzesten Stein des Anstoßes – die Kontinuität dieser Kriegsziele bis hin zum Ende des «Dritten Reiches». Nach
Fischers quellengesättigter Beweisführung, daß Berlin bereitwillig Wien
grünes Licht für einen neuen Balkankrieg gegeben und seine Unterstützung zugesagt hatte, wurde nicht nur die zählebige Legende der kaiser-
lichen Regierung, Deutschland habe einen aufgezwungenen Abwehrkrieg
gegen das kriegsauslösende Zarenreich führen müssen, demontiert. Vielmehr wurde auch der historiographische wie politische Konsens seit der
Zwischenkriegszeit gesprengt, daß Deutschland mit allen anderen involvierten Mächten in den Krieg «hineingeschliddert» sei.

Durch Fischers Kontinuitätsargument geriet das tiefverwurzelte Ge-
schichtsbild in der Bundesrepublik ins Wanken, das die im Prinzip heile
preußisch-deutsche Vergangenheit von dem unerklärlichen Einbruch des
Bösen, das an erster Stelle von einem importierten österreichischen Asozi-
alen verkörpert wurde, sorgfältig getrennt hatte. Die wissenschaftliche,
aber auch die politische Reaktion auf Fischers Thesen fiel ungewöhnlich
heftig aus. Das Auswärtige Amt versuchte, seine Vortragsreise in die Vereinigten Staaten zu blockieren; der Ton der Rezensionen steigerte sich zu
schrillen Vorwürfen; ein Zunftgenosse, der vor kurzem noch, im Sommer
1944, als engagierter Verfechter der nationalsozialistischen Rassen- und
Germanisierungspolitik im Osten aufgetreten war, klagte den «Monolog
eines Irrsinnigen» an. Fischer hielt dem Anprall der Kritik stand, überzog
zwar seine Interpretation im «Krieg der Illusionen 1911–1914» (1969), da
er die zielstrebige Planung der Kriegsvorbereitung überschätzte, setzte
sich aber doch mit dem Hauptteil seiner Argumente gegen alle Widerstände im Grunde erstaunlich schnell durch. Nicht zuletzt löste der heftige
Streit jahrelang außerordentlich produktive wissenschaftliche Impulse und
Veröffentlichungsanreize aus.

Die Fischer-Kontroverse hatte ganz und gar nichts mit der 68er-Bewe-
gung zu tun, sie enthüllte vielmehr, daß die mentale Pseudosicherheit der
frühen Bundesrepublik einschließlich ihrer verstockten Verteidigungsatti-
tüde längst vor 1967/68 ins Schwanken geraten war. Für viele Jüngere besaß diese Auseinandersetzung einen befreienden Effekt: Der Gang der
historischen Kritik machte offensichtlich auch vor tief eingefleischten
Überzeugungen nicht halt. Es hing vermutlich auch mit dieser frischen Erfahrung zusammen, daß die erstarrten Positionen der Fachwissenschaft
durch Fischer, aber auch durch Bracher und die junge Garde der Zeithisto-

riker derartig in Bewegung versetzt werden konnten und keiner neomarxistischen Fundamentalkritik bedurften, weshalb es auch kaum Geschichtsstudenten gab, Assistenten und Privatdozenten schon gar nicht, die sich an der 68er-Bewegung aktiv beteiligten.

Unabhängig von der Fischer-Kontroverse setzte sich in der historischen Analyse der jüngeren deutschen Geschichte in wachsendem Maße die Auffassung durch, daß Deutschland im Vergleich mit den westlichen Nationen während seines Modernisierungsprozesses einen «Sonderweg» eingeschlagen habe, ohne dessen Auswirkung der Nationalsozialismus nicht verstanden werden könne. Vor 1914 hatte sich unter deutschen Kultur- und Sozialwissenschaftlern die Vorstellung von einem positiven deutschen Sonderweg herausgebildet, da das Kaiserreich in der Sozial-, Wissenschafts-, Urbanisierungspolitik, mit seiner Bürokratie und seinem Militärapparat einen Vorsprung, geradezu einen vorbildlichen Charakter gewonnen habe. Dieses positive Klischee wurde durch den Weltkrieg zutiefst in Frage gestellt, von den Nationalsozialisten als Sonderweg einer überlegenen Rasse aber wieder aufgewertet. Im amerikanischen Exil arbeiteten dann deutsche Emigranten, vornehmlich Historiker und Sozialwissenschaftler, auf der Suche nach einer überzeugenden Erklärung des deutschen Absturzes in Diktatur und Krieg die Elemente eines belastenden, negativ akzentuierten «Sonderwegs» heraus. Das im historischen Prozeß befestigte Spannungsverhältnis zwischen ökonomischer Progressivität und politischer Rückständigkeit – das war die entscheidende modernisierungstheoretische Denkfigur – habe zu jenen fatalen Sonderbedingungen geführt, die den Aufstieg und die Herrschaft des Nationalsozialismus in Deutschland als einzigem der westlichen Industrie- und Kulturländer erst ermöglicht hätten. Unter dem lebensgeschichtlichen Eindruck von Diktatur und Krieg wurde der westliche Entwicklungspfad beschönigt, um einen klaren Kontrast zu gewinnen. Aber insgesamt handelte es sich um eine durch und durch selbstkritische, nachhaltig an Generationserfahrungen gebundene Reaktion auf die Schrecken des «Dritten Reiches», getragen von der Grundüberzeugung, daß man nach dem Ende dieses «Sonderwegs» im Kriegschaos das zweite deutsche Demokratieexperiment entschieden zu unterstützen habe. Erst vierzig Jahre nach dem Ende des Krieges begann die Überzeugungskraft dieses Interpretaments nachzulassen und einer neuen vergleichenden Analyse der historischen Entwicklung Platz zu machen. Doch in der praktischen Konsequenz hat dieses Plädoyer für einen Paradigmenwechsel das Gewicht der deutschen Sonderbedingungen, die 1933 und die Folgen ermöglicht haben, bisher nicht außer Kraft zu setzen vermocht.

Ein Vierteljahrhundert nach der Fischer-Kontroverse kam es erneut zu einer lebhaften Auseinandersetzung, während der wiederum Historiker die Hauptrolle spielten, an der aber auch eine breite Öffentlichkeit, einschließlich der internationalen, engagiert teilnahmen. Das war der sogenannte Historikerstreit von 1986/87. Im Unterschied zur Fischer-Kontroverse handelte es sich dabei von Anfang bis Ende nicht um eine primär wissenschaftliche Kontroverse – sie spielte durchaus eine argumentative Nebenrolle –, sondern um einen öffentlichen Streit um das Selbstverständnis der Bundesrepublik. Er wurde durch die Veröffentlichungen einiger Historiker ausgelöst, die sich im dumpfen Klima einer in Verdun und Bitburg symbolpolitisch überladenen «Wendepolitik» der Regierung Kohl auf einmal zur Natur des Nationalsozialismus, zum Ostkrieg und zur deutschen Identitätspolitik auf eine Weise zu Wort meldeten, als solle die angekündigte «geistig-moralische Wende» durch einen scharfen Kurswechsel in der historischen Deutung der jüngsten deutschen Vergangenheit unterfüttert werden.

Zur Schlüsselfigur avancierte der Berliner Historiker Ernst Nolte, der – ursprünglich nach einem Studium bei Heidegger von der Philosophie her kommend – stets eine gewisse Außenseiterposition eingenommen hatte. Seit seinem Erfolgsbuch über den «Faschismus in seiner Epoche» (1963), dem Bücher über «Deutschland im Kalten Krieg» und «Marxismus und Industrielle Revolution» gefolgt waren, genoß er jedoch das Ansehen eines breit interessierten, unorthodoxen Experten. Nolte hatte seit jeher den Nationalsozialismus als das Phänomen eines aktivistischen Antimarxismus begriffen, dem er den Antisemitismus als dominierende Antriebskraft durchaus unterordnete. Aus den Vorstudien zu einem neuen Buch über den «Europäischen Bürgerkrieg 1917–1945» zwischen Nationalsozialismus und Bolschewismus (1987) veröffentlichte Nolte im Juni 1986 in der «Frankfurter Allgemeinen Zeitung» einen Aufsatz, der zum eigentlichen Auslöser des künftigen Streits werden sollte. Der Antimarxismus des Nationalsozialismus wurde hier auf den Antibolschewismus reduziert, gegen den erst die Hitler-Bewegung, wie sie sich seit 1928 auch offiziell nannte, dann das «Dritte Reich» an erster Stelle angetreten seien, erfüllt von der existentiellen Angst vor dieser «asiatischen Gefahr», vor der Praxis der Klassenvernichtung und dem Gulag. Der Nationalsozialismus wurde mithin zu einer durchaus verständlichen Abwehrbewegung stilisiert – später sprach Nolte sogar von Hitler als dem «bürgerlichen Anti-Lenin» –, der sich mit Mitteln, die er vom Bolschewismus kopierte, der sowjetischen Tyrannei entgegenstemmte. Ganz ähnlich hatte Goebbels' Propaganda das «Dritte Reich» zum Verteidiger der europäischen Zivilisation gegen die bolschewistischen Horden stilisiert. Nolte sah daher einen engen «Nexus» zwischen dem Bolschewismus und dem mit radikalisierten Methoden ihn bekämpfenden Nationalsozialismus, verstand aber das Sowjetsystem als ein auch im Verlauf der Bekämpfung nachgeahmtes Vorbild, das insofern das «Prius» eines zeitlichen Vorsprungs und Erfinders von Vernichtungsmethoden besaß. Das weltgeschichtliche Unikat der nationalsozialistischen Politik, die angestrebte lückenlose Vernichtung der

europäischen Judenheit mit allen staatlichen Mitteln, trat in dieser Interpretation auffällig zurück, es wurde eher auf die Ausrottung des «jüdischen Bolschewisten» reduziert und unterschied sich von der sowjetischen
Massenvernichtung eigentlich nur durch den «technischen Vorgang der
Vergasung».

Der gesamte Duktus von Noltes Argumentation, auch der mitlaufende
Subtext seines Aufsatzes, lief darauf hinaus, im Bolschewismus und seinem Staat, der Sowjetunion, mit welcher der Westen in der Schlußphase
des Kalten Krieges noch immer in einem bedrohlichen Systemkonflikt
verwickelt war, den ursprünglichen Schuldigen der nationalsozialistischen
Vernichtungspolitik zu sehen, die sich im Grunde der östlichen Überwäl-
tigungsdrohung nur defensiv entgegengestemmt habe. Die Ursachen der
nationalsozialistischen Vernichtungspolitik wurden damit geradezu klas-
sisch externalisiert. Ob bewußt so intendiert oder in Kauf genommen – der
Eindruck einer bizarren Apologetik, die das Rassenprogramm und die Judenvernichtung des Nationalsozialismus wider alle historischen Kenntnisse zu Sekundärphänomenen degradierte, den Bolschewismus aber zur
Initialzündung des Unheils und zum noch immer aktiven lebensgefährlichen Konkurrenten erhob, drängte sich geradezu auf. Als Untergrund dieser Argumentation wurde ein unverschnörkelter Nationalismus sichtbar,
der die Deutschen endlich von der Hauptschuld am Weltkrieg und Judenmord befreien wollte.

Ungleich weniger prätentiös hatte der Kölner Historiker Andreas Hillgruber fast gleichzeitig die Vernichtung des «Dritten Reiches» ausgerechnet mit der Judenvernichtung parallelisiert. Außerdem hatte er der letzten
Phase des Ostkrieges damit ihre historische Berechtigung zugesprochen,
dass nur so einem Großteil der deutschen Zivilbevölkerung die Flucht vor
den Exzessen der Roten Armee ermöglicht werden konnte. Dem Problem,
dass dank der Wehrmacht auch das System der Vernichtungslager weiter-
arbeiten, die Rückzugspolitik der «verbrannten Erde» fortgesetzt werden
konnte, stellte sich der Autor, der als einer der sachkundigsten westdeutschen Zeithistoriker galt, an dieser Stelle überhaupt nicht. Übrig blieb ein
eigentümliches Loblied auf die deutschen Verbände im Osten, das dem damals noch immer verbreiteten Stereotyp von der im Unterschied zur SS
sauberen, tapfer kämpfenden Wehrmacht erstaunlich weit entgegen kam.

Und schließlich hatte sich in jenen Monaten der Erlanger Historiker
Michael Stürmer, der die Nähe zu Kanzler Kohl gesucht und gefunden
hatte, mehrfach über das vermeintlich defizitäre Geschichtsbewußtsein geäußert. Eine Modevokabel der Zeit, die «Identität», immer wieder aufgrei-
fend, hatte er für ein historisch verankertes, aber zeitgemäß gewendetes, im
Grunde nationales Identitätsgefühl der Westdeutschen plädiert, da ihm der
unverkennbar spürbare Leistungsstolz, mit dem sie auf ihren Verfassungs-,
Rechts- und Sozialstaat blickten, augenscheinlich nicht genügte.

Gegen diese drei Exponenten eines, wie es schien, Appells zur geschichtspolitischen Wende trat Jürgen Habermas mit einer fulminanten Attacke an. Ihm folgte, als die Kontroverse von allen Medien mit einer geradezu explosiven Neugier aufgegriffen wurde, eine Vielzahl von Historikern, die in ihrer überwiegenden Mehrheit die Kritik von Habermas teilten. Wegen dieses auffällig homogenen Teilnehmerkreises tauchte frühzeitig das Etikett «Historikerstreit» auf. Tatsächlich beteiligten sich monatelang fast ausschließlich Neuzeithistoriker an der Debatte, der Althistoriker Christian Meier stellte eine prominente Ausnahme dar. Denn weder mischten sich die im Grunde geforderten Osteuropahistoriker, noch die zahlreichen Politikwissenschaftler und Soziologen ein, die seit 1968 immer wieder die Verpflichtung der akademischen Intelligenz zum politischen Engagement gefordert hatten.

Die Bilanz der Kontroverse fiel eindeutig aus. Das von Nolte angeschnittene Problem der Vergleichbarkeit des Linkstotalitarismus als «Vorbild» und «Schreckensbild» mit dem rechtstotalitären System wanderte schnell auf einen Nebenschauplatz ab. Bisher schon war dieser Vergleich im Rahmen der Totalitarismustheorie nicht ergiebig gewesen. Vielmehr war der Vergleich vor allem zwischen Deutschland und den Mitgliedstaaten des westlichen Kulturkreises geboten, um seine Abweichung von allen zivilisatorischen Standards zu erfassen, nicht aber mit dem im Modernisierungsniveau ein Jahrhundert zurückliegenden Sowjetreich. Wichtiger aber war das Hauptergebnis, daß Noltes neue Defensivideologie scharf zurückgewiesen und auf den genuin deutschen Antriebskräften des Nationalsozialismus bestanden wurde. Und das luftige Identitätsplädoyer à la Stürmer fand ohnehin keinen Widerhall. Auf längere Sicht erwies sich als wichtig, daß die selbstkritische Haltung, mit der die mühsam etablierte Politische Kultur der Bundesrepublik verteidigt worden war, einen breit gefächerten Konsens in der westdeutschen Öffentlichkeit verstärkte, der angesichts der wendepolitischen Attacke auch den letzten Spät-68er umschloß. Insgesamt wurde dadurch die Bereitschaft gefestigt, das soziopolitische System der Bundesrepublik gegen künftige Anfechtungen zu verteidigen. Wie weit diese Bereitschaft reichte, zeigte sich in aller Deutlichkeit, als die wirkliche welthistorische Wendezeit von 1989/91 vorbei war und sich herausstellte, daß die politische Kultur auch der erweiterten Bundesrepublik gefestigt genug war, auf einen angeblich nationalpolitisch gebotenen Identitätswechsel verzichten zu können.[9]

Die allergische Empfindlichkeit, mit der im Verlauf solcher öffentlichen Auseinandersetzungen wie der Fischer-Kontroverse und dem Historikerstreit über die Ursachen und die Entwicklungsbedingungen, die Tiefenwirkung und die Folgen des Nationalsozialismus leidenschaftlich gestritten wurde, konnte im Lande des Holocaust eigentlich nicht überraschen. Zu viele Aspekte des gesellschaftlichen und politischen Selbstverständnisses standen dabei auf dem Spiel. Es wäre zutiefst beunruhigend gewesen, wenn sich jenes dumpfe Schweigen fortgesetzt hätte, das die späten 40er und frühen 50er Jahre gekennzeichnet hatte. Statt dessen wurden die Politik und die Erbschaft des Nationalsozialismus mit zunehmender Intensität zum Gegenstand der öffentlichen, nicht nur der fachwissenschaftlichen Debatte. Ein Ende ist so bald nicht abzusehen.

Den Alliierten war zwischen 1945 und 1949 die effektive Neutralisierung der NS-Eliten gelungen. Die großen Prozesse mit dem Höhepunkt des Nürnberger Tribunals, die zahlreichen Strafverfahren vor ihren Militärgerichten und vor deutschen Gerichten sind ebenso wie das Internierungs- und Auslieferungsprogramm schon vorn erörtert worden (I.6). Allerdings meldete sich bereits seit 1946 eine verbissene deutsche Kritik zu Wort, die vor allem von Repräsentanten der beiden christlichen Amtskirchen vorgetragen wurde, die sich bis 1945 keineswegs durch übermäßige Kritikfreudigkeit hervorgetan hatten. Sie klagten jetzt mit zunehmend schrilleren Tönen die «Siegerjustiz» an und forderten eine Revision der Prozeßergebnisse. Tatsächlich hat dann die junge Bundesrepublik in ihren Amnestiegesetzen von 1949 und 1954 die große Mehrheit der von deutschen Gerichten Verurteilten begnadigt; ihre Strafen und Urteile wurden im Strafregister gelöscht. Fast alle Beamten durften in ihren Beruf zurückkehren, selbst Gestapo- und SD-Mitglieder profitierten von dieser schamlosen Großzügigkeit. Die Ergebnisse der alliierten Justiz wurden ebenfalls zum großen Teil rückgängig gemacht; die Mehrheit der von ihr Verurteilten wurde aus dem Gefängnis entlassen.

Währenddessen sammelten sich einige unbelehrbare mittlere NS-Kader in der «Sozialistischen Reichspartei» und «Deutschen Reichspartei», höhere Funktionäre dagegen in elitären Vereinigungen wie dem nach Goebbels letztem Staatssekretär benannten «Naumann-Kreis» oder dem «Gauleiter-Kreis». Doch 1953 folgte der energische Gegenschlag: Die SRP wurde als erste verfassungsfeindliche Partei vom Bundesverfassungsgericht verboten; auf englischen Druck hin wurde der «Naumann-Kreis» verhaftet. Bei den Bundestagswahlen von 1951 kamen die Rechtsradikalen gerade einmal auf 1 % der Stimmen. Im allgemeinen blieben wichtige gesellschaftliche, erst recht politische Positionen den nationalsozialistischen Spitzenfiguren verschlossen. Doch wurde ihnen die Rückkehr in eine bürgerliche Existenz gestattet, die sie häufig ökonomisch komfortabel ausgestalten konnten.

Seit dem Ulmer Einsatzgruppen-Prozeß von 1958 geriet endlich neue Bewegung in die öffentliche und justizielle Auseinandersetzung mit der braunen Vergangenheit. Noch 1958 wurde von den Bundesländern die Ludwigsburger Zentralstelle für die Verfolgung von NS-Verbrechen eingerichtet. Das Ergebnis der Verjährungsdebatte im Mai 1960 verhinderte den vorschnellen Verzicht auf weitere Verfahren wegen NS-Delikten. In eben dieser Zeit wurde auch der SS-Funktionär Adolf Eichmann, einer der Hauptorganisatoren des Judenmords, vom israelischen Geheimdienst gefaßt und vor Gericht gestellt. Jahrelang war sein Aufenthalt in Argentinien dem amerikanischen und deutschen Nachrichtendienst bereits bekannt gewesen, doch war aus Angst vor belastenden Aussagen Eichmanns über den Kanzleramtschef Globke auf einen Zugriff verzichtet worden. Die Berichterstattung über diesen spektakulären Prozeß konfrontierte auch die westdeutsche Öffentlichkeit mit ungewohnter Direktheit mit den Schrekken des Holocausts. Das tat erst recht der Auschwitz-Prozeß von 1963/65, der das Thema, wie auch die nachfolgenden Vernichtungslager-Prozesse, jahrelang öffentlich wach hielt.

Als Folge dieser vertieften Diskussion über die braune Vergangenheit wurden 1964/65 auch die ersten Ringvorlesungen über das Verhältnis von Nationalsozialismus und Universitäten an einigen westdeutschen Hochschulen, die sich dem Problem der Kollaboration endlich stellten, vor einem großen studentischen Publikum abgehalten, das aber durchweg noch nicht auf einer Diskussion bestand. Hoch her ging es dagegen 1966 auf dem Münchner Germanistentag, auf dem eine jüngere Generation von Wissenschaftlern den unverhohlenen Nationalismus des Fachs, auch die Anfälligkeit von zahlreichen prominenten Vertretern für den Nationalsozialismus mit rücksichtsloser Schärfe angriff. Diese Kritik wurde von der Studentenbewegung 1967/68 noch weiter zugespitzt. Dennoch blieb es im Oktober 1968 «fast unbemerkt», daß die Mehrheit der NS-Verfahren wegen des Verjährungsgebots eingestellt wurde; darunter fielen auch fast alle Verfahren gegen die exponierten Spitzenkader der Zentrale des Terror- und Mordsystems, des Reichssicherheitshauptamtes.

Ein Vierteljahrhundert nach dem Ende des Zweiten Weltkriegs sah das Fazit der westdeutschen Vergangenheitspolitik nicht gerade nach einer blendenden Erfolgsgeschichte der «Vergangenheitsbewältigung» aus. Trotz der Millionenzahl von Opfern waren die meisten Täter ungeschoren geblieben. Von den rd. 300 000 Mordgesellen, die den Holocaust als unmittelbar beteiligte Akteure ausgeführt hatten, wurden noch nicht einmal 500 verurteilt. Das bleibt ein jeder «politischen Moral ... grundlegend widersprechender Skandal». Politisch aber gelang mit tatkräftiger Unterstützung der Alliierten die Ausschaltung der NS-Eliten. Wegen der Größe und des Einflusses dieser Partei- und Funktionseliten war das trotz des Kriegsausgangs keineswegs eine ausgemachte Selbstverständlichkeit. Schritt für Schritt wurden sie andererseits wieder «geräuschlos» in das bürgerliche Milieu aufgenommen. Diese Reintegration wurde durch die Nachsicht des gesellschaftlichen Umfelds, aber auch durch den «geduckten Opportunismus» der hohen Ex-PGs erleichtert, obwohl es sich bei ihnen doch um Angehörige der «verbrecherischsten Gruppe der jüngeren Geschichte nicht nur Deutschlands» handelte.

Erst in den 70er Jahren bahnte sich ein grundlegender Diskurswechsel an. Das hing mit der Publizität der großen Prozesse über die Vernichtungslager, mit der Kritik in wachsenden Segmenten der Öffentlichkeit und von seiten der 68er-Bewegung, auch mit dem Fortschritt der internationalen Forschung über den Nationalsozialismus zusammen, die ja immer mit einer hellwachen Resonanz in den Medien rechnen konnte. Allmählich setzte sich ein Perspektivenwechsel durch: Hatten in der Zeitgeschichte bis dahin die Zerfallsgeschichte der Weimarer Republik und die Stabilisierung der Führerdiktatur im Vordergrund gestanden, rückte jetzt die doppelte Stoßrichtung des Vernichtungskriegs gegen die europäischen Juden und die Sowjetunion unübersehbar ins Zentrum. «Auschwitz» – das wurde die Schlüsselmetapher für eine beispiellose Exterminationspolitik, und für den Judenmord setzte sich der bis dahin auch in Westdeutschland ganz ungebräuchliche Begriff des Holocaust durch.

Eine massenwirksame Informationswirkung ging dann überraschend von der amerikanischen zeithistorischen Soap Opera «Holocaust» aus, die Anfang 1979 über Millionen deutscher TV-Schirme flimmerte. Ihr Einfluß beruhte nicht nur auf der unmittelbaren Anschaulichkeit der Bilder des Farbfernsehens, sondern auch auf der emotionalisierenden «Human-Interest»-Geschichte, welche die Serie über das Schicksal einer deutsch-jüdischen Familie erzählte. Offenbar wurden zahllose Zuschauer erst dadurch mit dem Holocaust bekannt gemacht.

Seit den 80er Jahren bahnte sich dann eine Schwerpunktverlagerung auch in der Zeitgeschichte an, welche die vertraute Zeitspanne von 1918 bis 1939 allmählich hinter sich ließ, statt dessen aber der antijüdischen und antisowjetischen Kriegspolitik ihre Aufmerksamkeit vermehrt zuwandte. Das war in mancher Hinsicht eine nachholende Aktivität, da die Forschung in den westlichen Ländern schon länger auf dieser Linie vorangestoßen war. Sie geriet zudem bald unter den Einfluß einer politischen Philosophie, die insbesondere von Michel Foucault und Zygmunt Bauman verfochten wurde. Ihr zufolge handelte es sich beim Holocaust um eine in der Pathologie der Moderne angelegte Eruption, die keineswegs aus einer einzigartigen Konstellation in Deutschland hervorgegangen war, sondern angeblich eine universalisierbare Gefahr enthüllte, die erneut zu einem vergleichbaren Ergebnis führen konnte. Dieser Verallgemeinerungsanspruch vernachlässigte eklatant die konkreten historischen Antriebskräfte in der deutschen Geschichte, die den Holocaust ermöglicht hatten und ersetzte sie durch eine weltweit wirkende negative Modernisierung mit ihren pathologischen Zerstörungstendenzen. In der internationalen Diskussion der Historiker hat sich aber die konkrete, den spezifischen historischen Kontext der deutschen Geschichte betonende Analyse des Holocaust weiter behauptet. Diesem Ansatz sollte auch weiterhin die Zukunft gehören, nicht aber einem Universalpessimismus à la Foucault.

Blickt man auf die ersten 40 Jahre der Bundesrepublik zurück, kann man sich dem Eindruck schwerlich verschließen, daß die entscheidende Signatur ihrer Politischen Kultur durch einen zunächst quälend langsamen, fraglos schmerzhaften, aber schließlich doch durchsetzungsfähigen Lernprozeß bestimmt worden ist, sich dem Zivilisationsbruch der jüngsten Vergangenheit selbstkritisch zu stellen. Das ist insgesamt angesichts der Dimensionen des Vergehens eine erstaunliche Leistung, welche die Bundesrepublik bis heute von anderen Verliererstaaten des Zweiten Weltkriegs wie Italien und Japan deutlich unterscheidet; es unterscheidet sie auch von der Einstellung, mit der etwa Frankreich und Holland jahrzehntelang ihren letzten Kolonialkriegen nach 1945 begegnet sind. Die Qualität der Politischen Kultur des deutschen Gemeinwesens wird daher weiterhin davon abhängen, ob es gelingt, diese lebendige Selbstkritik beizubehalten.[10]

Unabhängig von der an Sachkunde, aber auch an Leidenschaft eher zuals abnehmenden Diskussion über das Unheil der Führerdiktatur und ihre schlimme Erbschaft nahm auch die bundesrepublikanische Gesellschaft an einem Wertewandel teil, der seit den 1970er Jahren als ein neuartiges Phänomen in der westlichen Welt vordrang. Bis dahin hatte sich in Westdeutschland im Grunde der aus dem 19. und frühen 20. Jahrhundert überkommene Wertehimmel gehalten, unter dem die sogenannten Sekundärtugenden wie Fleiß, Disziplin und Ordnung, aber auch Bildung, fachliches Geschick und Berufsehre ihre prägende Kraft weiter behalten hatten.

Von den autoritären Werten des «Dritten Reiches», auch von den im Ersten Weltkrieg und in der Zerfallsgeschichte von Weimar liegenden Gründen ihres Aufstiegs hatten sich die öffentliche Meinung und die neu entstehende Politische Kultur entschieden distanziert. Der Bestseller des Schweizer Journalisten und Deutschlandkorrespondenten Fritz René Allemann «Bonn ist nicht Weimar» (1956) fand deshalb einen solchen Anklang, weil er den Stolz auf diese gelungene Distanzierung und zugleich ein emphatisches Zielbewußtsein selbstbewußt ausdrückte. Daß sich eine neue politische Mentalität entwickeln konnte, führte der Soziologe Ralf Dahrendorf, der frühzeitig sein Augenmerk auf die soziale Verankerung von Normen und Werten richtete, auf den «revolutionären» Bruch zurück, mit dem der Nationalsozialismus das traditionelle demokratiefeindliche deutsche Elitenkartell gesprengt und damit wider Willen der großen Gegenmacht der Demokratie den Weg gebahnt hatte. Jetzt konnte sich endlich auch in Westdeutschland eine die Demokratie und ihren Wertekanon stützende Sozialstruktur herausbilden und durchsetzen.

Allgemein hatte sich in den ersten dreißig Jahren der Bundesrepublik die Vorstellung verbreitet, daß demokratiefreundliche Werte die zahlreichen innergesellschaftlichen Differenzierungen, Spannungen und Gegensätze zu überbrücken imstande seien. Gleichzeitig sicherten sie damit die notwendige soziale Integration. Als solche Leitwerte galten z. B. die prinzipielle Gleichheit aller Staatsbürger; die Anerkennung von Leistung als moralischem Imperativ und zugleich als funktionaler Notwendigkeit zur Legitimierung der fortbestehenden Sozialen Ungleichheit; die politische Mitbestimmung aller partizipationsberechtigten Bürger; die Akzeptanz des sozialen und des politischen Systems.

Unter dem Gesichtspunkt dieser vier Werte läßt sich der auch die Bundesrepublik erreichende Wertewandel, der leicht als eine amorphe Schubkraft mißverstanden werden kann, eingrenzen und erörtern.

1. Die Anerkennung der Gleichheitsidee im Sinne der egalitären Gerechtigkeit oder Gleichbehandlung wurde prinzipiell nicht abgeschwächt, vielmehr blieb sie unverändert erhalten.

2. Anders verhielt es sich mit dem aus dem Tugendkanon der «Bürgerlichen Gesellschaft» stammenden Leitwert der Leistung als einem Ergebnis eigener Anstrengung und dadurch gelingender Selbstverwirklichung, die gewöhnlich mit einer eher asketischen als hedonistischen Einstellung verbunden war. In der von den demoskopischen Umfragen erfaßten Wendezeit von 1968 bis 1980 ging der Anteil der Leistungsbefürworter von 60 auf 50% zurück; statt bisher 12 votierten jetzt 20% für das Ideal eines «Lebens ohne Arbeit»; anstatt Arbeit als Aufgabe anzusehen, wie das 1951 noch 58% getan hatten, waren es 1979 nur mehr 40%, die Mehrheit hielt sie dagegen für ein notwendiges Übel.

3. Mitbestimmung und Selbstbestimmung drangen auf Kosten der Traditionen vor. Daß der Interessenkampf in der Demokratie an Härte zunehme, hatten 1952 27% geglaubt, 1969 waren es schon 50%.

4. Mit dieser Zunahme des Konfliktdenkens hängt die Abwertung der zur Sozialintegration beitragenden Akzeptanz der soziopolitischen Systeme eng zusammen. Sie äußerte sich in der Kritik an der repräsentativen Demokratie zugunsten der direkten, plebiszitären Demokratie, in der verschärften Kritik an der Sozialen Ungleichheit als erstarrter Klassenstruktur, aber auch im Rückgang des Kirchenbesuchs und der Teilnahme an amtskirchlichen Ritualen.

Im allgemeinen kann man im Hinblick auf den Wertekanon eine hohe Konstanz bis in die frühen 60er Jahre feststellen. Darauf folgte ein akuter Wandel in den späten 60er und frühen 70er Jahren, an den sich dann wiederum eine relativ dauerhafte Beständigkeit der verschobenen Rangordnung der Werte anschloß. Es genügt weder, einem allgemeinen Säkularisierungsdruck all diese Veränderungen zuzurechnen, noch die 68er-Bewegung als ihren Motor zu prämieren, da sie weit eher ein Symptom als die Ursache dieses Wandels war. Vielmehr ging es in seinem Kern um das Vordringen postmaterialistischer, modernisierungsskeptischer, aufklärungskritischer Werte, Normen und Zielvorstellungen. Sie hatten sich in den westlichen Überfluß- und Konsumgesellschaften als Antwort auf die Herausforderungen ihres Modernisierungsprozesses herausgebildet. Dort rea-

gierten sie auf den Leistungsfanatismus der tonangebenden Nachkriegs-
generation, auf die steigenden Ansprüche des Berufslebens und eines
unpersönlichen Arbeitsrhythmus, auf den Vorrang eines materialistischen,
egoistischen Verbraucherdenkens, auf die angebliche Mechanisierung und
Anonymisierung des Alltagslebens.

Dieser perhorreszierten Welt der westlichen Moderne begegneten die
Protagonisten des postmaterialistischen Wertekanons mit einer schroffen
Modernisierungskritik, die durch philosophische Modeströmungen, etwa
die von Foucault verfochtene düstere Prognose einer unaufhaltsam heraufziehenden «Disziplinargesellschaft» mit ihren zahllosen Unterdrük-
kungsmechanismen unterstützt wurde. Wer derart gegen den «Kerkerar-
chipel» antrat, neigte freilich oft zu einer romanzistisch verklärten
Opposition, die etwa dem attackierten «Leistungsterror» kein überlegenes
Beurteilungs- und Selektionskriterium entgegenzusetzen vermochte – es
sei denn die erwünschte Gesinnung, eine Größe, die durch ihre Rolle in
den totalitären Systemen des 20. Jahrhunderts eigentlich bereits hinreichend hätte diskreditiert sein müssen. Und die enthusiastische Aufwertung der Individualisierung und Pluralisierung setzte sich über die restriktiven Bedingungen harter sozialökonomischer Strukturen mit einer
erstaunlichen Ahnungslosigkeit hinweg.

Unstreitig hing das Vordringen der postmaterialistischen, modernitäts-
skeptischen Wertewelt auch mit dem geschärften Bewußtsein für die Umweltproblematik zusammen, die seit dem Fanal der Streitschrift des «Club
of Rome» (1972) in die öffentliche Diskussion auch der Bundesrepublik
eingedrungen war, in der sie 1986 mit dem GAU in Tschernobyl einen Höhepunkt erreichte. In den sogenannten Alternativbewegungen, vornehmlich in der ökologisch-pazifistischen Protestpartei der Grünen, bildeten
sich Gesinnungsgemeinschaften heraus, die zum einen etwa in den Um-
weltschäden ein säkulares Problem westlicher Industriegesellschaften zu
Recht anprangerten, zum anderen aber in der dogmatischen Selbstgerechtigkeit einer politischen Monokultur erstarrten.

Für den Historiker verkörpert die postmaterialistische Kritik an der
Moderne keinen glücklich erreichten Endzustand des progressiven gesellschaftlichen Bewußtseins, sondern eine typische, weithin überschätzte
Durchgangsphase, nach der sich alte und neue Werte wiederum durchsetzen. Denn die intensivierte Wirkung der Globalisierung, der Reformstau,
die Massenarbeitslosigkeit und die Krise des Sozialstaates schaffen in
Deutschland einen Problemdruck, der traditionelle Tugenden wie das Leistungsdenken und das Arbeitsethos erneut nachhaltig aufwertet.

Einen Ausläufer des Wertewandels kann man auch in der (knapp jenseits des hier behandelten Zeitraums liegenden) Kontroverse erkennen, die
durch das Buch des jungen amerikanischen Politikwissenschaftlers Daniel
Goldhagen 1996/97 ausgelöst wurde: In «Hitlers willige Vollstrecker» ver-

trat er die historisch ahnungslose, krude Interpretation, daß sich seit vielen Jahrhunderten in der deutschen Gesellschaft ein giftiger «eliminatorischer Antisemitismus» aufgestaut habe, dem Hitler dann nur noch die Schleusen zu öffnen brauchte. Der Autor kannte viele Phänomene seiner Thematik überhaupt nicht, z. B. die Erfolge der Judenemanzipation in den deutschen Staaten, die symbiotische Beziehung des jüdischen Bürgertums zum deutschen Bildungsbürgertum, die Verschärfung des Antisemitismus durch den Ersten Weltkrieg und während der Weimarer Republik, die neuartige Konstellation, daß die Hitler-Bewegung im Besitz der Staatsgewalt gegen die europäischen Juden bis hin zur Steigerung im Massenmord vorging. Goldhagen kaprizierte sich statt dessen, getragen von dem arroganten Anspruch auf die finale Erklärung des Holocausts, auf die moralische Empörung über das individuelle Täterverhalten, mit dem sich der seit langem in der Mentalität der Deutschen gespeicherte Vernichtungsantisemitismus nur konsequent ausgedrückt habe.

Namentlich in den jüngeren Generationen der Bundesrepublik löste dieses wissenschaftlich außerordentlich anfechtbare Buch vielfach eine geradezu enthusiastische Zustimmung aus. Denn Goldhagens Beweisführung appellierte an die modernitätsskeptische Grundhaltung der postmaterialistischen Altersgruppen, konkretisierte an der Pseudotradition des jahrhundertealten deutschen Judenhasses eine spezifische Pathologie der Moderne und betonte dennoch die vorrangige Bedeutung der individuellen Täter, die als handlungsbereite Exponenten einer langlebigen Tradition hingestellt wurden. In dieser intellektuell außergewöhnlich anspruchslosen Deutung, die sich sogleich als historisch unhaltbar erwies und von keinem einzigen der auf diesem Gebiet arbeitenden Historiker in der westlichen Welt zustimmend aufgegriffen wurde, steckte auch eine radikale Abwertung der historischen Strukturbedingungen, nicht zuletzt der Sonderrolle der charismatischen Herrschaft Hitlers, die zum Holocaust geführt, ihn ermöglicht hatten. Übrig blieb von den überindividuellen Faktoren als einziges Element der Judenhaß, der als Konstante tief verinnerlicht worden sei.

Die Goldhagen-Kontroverse war in hohem Maße auch ein Medienspektakel. Doch die auffällige öffentliche Resonanz, die eine von Grund auf mißlungene politologische Dissertation fand, demonstrierte, zu welchem Fehlurteil eine postmaterialistische, modernitätsskeptische Hörer- und Leserschaft ohne Kenntnis der historischen Zusammenhänge führen konnte. Nachdem sie kurzlebig für Furore außerhalb der Fachwissenschaft gesorgt hatte, platzte die Goldhagen-Begeisterung wie eine Seifenblase. Die Zeitgeschichte ging unbeeindruckt auf ihrem Weg weiter, mußte aber aus den Köpfen vieler jüngerer Studenten die Trümmer der Goldhagenschen Lehre erst einmal beiseite räumen.[11]

## 9. Die Folgen des Antisemitismus

Weitaus mehr Deutsche haben von der nationalsozialistischen Judenverfolgung bis 1939 gewußt und auch während des Krieges offensichtlich in groben Zügen Kenntnis vom Judenmord im Osten gehabt, als sie nach 1945 zugeben wollten. Diesen Befund hat die Zeitgeschichte inzwischen überzeugend empirisch abgesichert. Freilich fehlten in der Regel genauere Nachrichten, welche über die Berichte der Soldaten, die Teilnehmer oder Augenzeugen der Erschießungsoperationen gewesen waren, hinausgingen, und die Todesfabriken der sechs großen Vernichtungslager wurden bis zuletzt nach Kräften geheimgehalten; noch Anfang 1945 wurden Todesurteile gegen Soldaten verhängt, die über sie gesprochen hatten.

Selten sind die Folgen einer radikalen Ideologie so umfassend und so schnell bekannt gemacht worden wie die Ergebnisse der nationalsozialistischen Judenpolitik mit ihrer beispiellosen Steigerung bis hin zum industrialisierten Massenmord. In ihren ersten Umfragen stellten sozialwissenschaftlich geschulte amerikanische Offiziere fest, daß die befragten Deutschen, wenn sie mit dem Verbrechen konfrontiert wurden, zwar die schrecklichen Informationen über den Holocaust glaubten, auch betroffen ihr Schamgefühl äußerten, aber keine Mitverantwortung übernehmen wollten, sondern alle Schuld auf die Clique der überzeugten Nazis abwälzten, die schon mit der Verfolgung der deutschen Juden einen schweren Fehler begangen hätten. Anfangs sprachen sich immerhin bis zu 75 % für den Nürnberger Prozeß aus. 55 % billigten dann noch die Urteile. Andererseits hielt sich bis in die späten 60er Jahre das zunächst unausrottbare Klischee, daß der Nationalsozialismus eine gute, aber schlecht ausgeführte Idee gewesen sei. Demoskopische Ermittlungen amerikanischer Soziologen ergaben in den 50er Jahren, daß 15 bis 18 % der Befragten weiterhin als Anhänger des Nationalsozialismus, 25 bis 40% als latente Befürworter des Antisemitismus eingestuft werden mußten; 1955 hielten 48% Hitler noch immer für den größten deutschen Staatsmann.

Die Einstellung zum Nationalsozialismus und Holocaust hat sich auch in den 60er Jahren nur zögerlich verändert. Jede persönliche Schuld wurde weiterhin entschieden bestritten. Diese zählebige Verdrängung wich nur überaus langsam dem Impetus zu einer rückhaltlosen Aufklärung. Erst in den 80er Jahren sank die Anzahl derjenigen, die sich noch immer zu ihrem Antisemitismus bekannten, auf 9 %. Während jetzt 84 % die mörderische Judenpolitik unzweideutig ablehnten, glaubten 1987 aber immer noch 22 %, daß die Juden irgendwie «mitschuldig» gewesen seien, und 69 % befürworteten, mit dem Rückgriff auf die «Verbrechen der anderen» eine Gegenrechnung aufzumachen, wie sich überhaupt die Neigung hielt, «andere Kriegsopfer» im Vergleich mit den Ermordeten des Holocaust geltend zu machen.

1951 hatten sich immerhin 68 % für eine Politik der materiellen Wiedergutmachung gegenüber den deutschen Juden ausgesprochen. 1987 waren es aber nur mehr 50 %, wobei die Juden hinter den Kriegswitwen, Flüchtlingen und Widerstandskämpfern an allerletzter Stelle rangierten. Die Regierungspolitik ist dieser vox populi glücklicherweise nie gefolgt.

In der Auseinandersetzung mit dem Holocaust spielten die beiden christlichen Kirchen jahrzehntelang eine alles andere als rühmliche Rolle. Das viel zitierte Stuttgarter Schuldbekenntnis der Evangelischen Kirche vom Oktober 1945 enthielt kein einziges Wort zum Judenmord. Nicht vor 1950 äußerte sich die protestantische Kirchenleitung zum ersten Mal explizit zur «Schuld an Israel», ohne sich über den Holocaust präzise auszulassen. Diese Abwehrhaltung begann sich erst seit der offenherzigen Debatte auf dem Evangelischen Kirchentag von 1961 zu verändern.

Die Katholische Kirche pflegte mit Inbrunst die Heldensage von der Kirche als mutigem Feind des Nationalsozialismus. Doch die erste Bischofskonferenz in Fulda verlor im August 1945 keinen einzigen Satz über den Holocaust. Auch in dieser Kirche setzte erst seit den frühen 60er Jahren eine Diskussion darüber ein, die nicht zuletzt durch das aufsehenerregende Theaterstück von Rolf Hochhuth «Der Stellvertreter» (1963) ausgelöst wurde, welches die Einstellung von Papst Pius XII. gegenüber der nationalsozialistischen Judenpolitik mit ungewohnter Schärfe angeklagt hatte.

Von beiden Kirchen, insbesondere vom nationalprotestantischen Block mit seinen starren Vorurteilen, wurde der Vorwurf der Kollektivschuld, obwohl sie von den Alliierten nie explizit behauptet worden war, empört bestritten. Aber es war Bundespräsident Theodor Heuss, der 1949 die Schuldanklage ebenfalls ablehnte, doch die glückliche Formulierung von der gebotenen «Kollektivscham» fand. 35 Jahre später wurde sie von Bundespräsident Richard v. Weizsäcker durch den Begriff der «Kollektivhaftung» erweitert.

Das blieben die Stimmen einzelner, wenngleich exponierter Politiker. Die Bundesrepublik aber hat sich seit 1949 zu keiner öffentlichen Erklärung zum Judenmord durchringen können. Weder die Bundesregierung noch der Bundestag brachten das zustande, was erst – wie schon erwähnt – der einzigen frei gewählten Volkskammer im Frühjahr 1990 gelang, nachdem in der DDR 40 Jahre lang ein regierungsoffiziell verordnetes Schweigen geherrscht hatte. Wohl aber leitete die Bundesrepublik frühzeitig eine glaubwürdige Politik der materiellen Entschädigung ein, die relativ großzügig ausfiel und dem Neustaat internationale Reputation verschaffte (s. vorn V, 5).

Als der Ulmer Einsatzgruppen-, der Auschwitz- und der Majdanek-Prozeß die Aufklärung über die abgründigen Dimensionen des Holocaust vorantrieben, löste die vertiefte Kenntnis eine ambivalente Reaktion aus. Zum einen wurde seither jeder unbelehrbare Anhänger des Antisemitismus, der zu derartigen Exzessen geführt hatte, geradezu stigmatisiert, jedes Fortleben dieser Haßlehre konsequent bekämpft. Zum anderen hielt sich aber ein Kern von unbelehrbaren, starrsinnigen Fanatikern, die sich zuerst in der SRP und kleineren Gesinnungsgemeinschaften zusammenfanden und später in die rechtsradikale NPD strömten, die sich als Auffangbecken der Unverbesserlichen erwies. Ihr Dogmatismus steigerte sich bis hin zur blindwütigen Leugnung von Auschwitz, so daß die Bundesrepublik nicht umhin kam, dieser sogenannten Auschwitz-Lüge mit rechtlichen Sanktionen zu begegnen.

Wenn die NPD in der Zeit ihrer kurzlebigen Blüte in manchen Bundesländern ein einziges Mal auf 8 bis 9 % der Wählerstimmen kam, steckten darin wahrscheinlich jene von der Meinungsforschung ermittelten 9 %, die auch noch in den 80er Jahren zu ihrem Antisemitismus standen. Die Anzahl der Juden, die nach 1945 in der Bundesrepublik zu leben bereit waren, summierte sich nur zu einer winzigen Minderheit, so daß den neuen Rechtsradikalen jede persönliche Anschauung, jeder direkte Kontakt gewöhnlich fehlte. Aber es gehört zu den gesicherten Ergebnissen der Minderheitenforschung, daß die Abwesenheit einer verachteten Minorität die gegen sie gerichteten stereotypen Haßgefühle und Verschwörungstheorien auf eine paradoxe Weise geradezu fördert, anstatt sie auszulöschen. Noch so intensive historische und politische Aufklärung hat es daher bislang nicht bewirken können, daß sich am Narrensaum der deutschen Politik, wo die neuen Rechtsradikalen den Ton angeben, die antisemitischen Phantasmagorien endlich auflösen. Ihnen muß die wehrhafte Demokratie mit aller rechtsstaatlich nur möglichen Härte begegnen. Eine ernsthafte Gefahr verkörpern die Splittergruppen der neuen Rechten in der Bundesrepublik aber nicht.

Freilich gibt es auch eine Form des latenten Antisemitismus, die sich als Antizionismus ausgibt. In der Neuen Linken der 60er/70er Jahre, nicht zuletzt auch in der 68er-Bewegung, nistete sich eine schroffe Kritik an der israelischen Politik gegenüber den Arabern im eigenen Land und in den Lagern der vertriebenen oder geflüchteten Palästinenser ein. Diese Kritik richtete sich in erster Linie gegen den vermeintlichen Zionismus einer großisraelischen Expansionspolitik, diente aber auch als bequemes Vehikel eines oberflächlich kaschierten Antisemitismus, der Israel im Grunde sowohl das Existenzrecht absprach als auch ungeschminkt mit den radikalen palästinensischen Guerillabewegungen sympathisierte.

Unstreitig ist eine fundierte Kritik an der israelischen Außen- und Innenpolitik genauso legitimierbar wie die Kritik an irgendeinem anderen Land. Doch steckte im Vokabular und in den Denkfiguren des deutschen Antizionismus eine tiefe Aversion, die wegen der verfließenden Grenzen allzu häufig in einen originären Antisemitismus überging. Der einseitige Philosemitismus als Gegenwehr hat in der Regel nicht zu einer überlegenen Gegenposition geführt. Das hat allein die argumentative Kritik an den vielfältigen Wurzeln und Folgen des Antisemitismus getan – gleich ob es sich etwa um den jahrhundertealten christlichen oder um den neuartigen Judenhaß der fundamentalistischen Islamisten handelt. Während sich aber die Christen gleich welcher Konfession inzwischen von dieser unseligen Tradition entschieden abgewandt haben, steigert sich der muslimische Antisemitismus in einen blinden Fanatismus, demgegenüber jede multikulturelle Toleranz verfehlt ist. Da schon mehr als eine Milliarde Muslime auf dem Globus leben, ist ihr fundamentalistischer Flügel zur bedrohlichsten internationalen Gefahr im 21. Jahrhundert aufgestiegen.[12]

## 10. Der Niedergang des deutschen Nationalismus nach 1945

Der Nationalismus ist als eine der herrschenden Mächte der politischen Neuzeit des Westens in den vorhergehenden Bänden dieser Gesellschaftsgeschichte immer wieder analysiert, insbesondere in seinen Wirkungen interpretiert worden. Als Reaktion auf die revolutionären Modernisierungskrisen des 17. und 18. Jahrhunderts, als die alte Ordnung zerfiel und die vorherrschenden Weltbilder ihre Deutungs- und Integrationskraft verloren, gewann das neue Ideensystem des Nationalismus, das in dieses Vakuum eindrang, Schritt für Schritt an Überzeugungsstärke. Dieses faszinierende neue Weltbild trat deshalb seinen Siegeszug an,

1. weil es auf die im Ideenhaushalt der Zeit mit seinen christlich-israelitischen Traditionen tiefverwurzelte Vorstellung vom «auserwählten Volk» zurückgriff, indem es jeder Nation diesen begehrten Rang, mithin auch eine glorreiche Vergangenheit, eine historische Mission und ein hochgespanntes Sendungsbewußtsein zusprach;

2. weil es sich in den Ländern der klassischen westlichen Revolutionen: in England, Nordamerika und Frankreich zuerst durchsetzte, wo es mit der politischen und ökonomischen Spitzenreiterrolle dieser Pionierstaaten eine Fusion einging, von der die Ausstrahlung eines attraktiven Vorbildes ausging;

3. weil es bereits bestehende territoriale Herrschaftsverbände mit langer Tradition in Nationalstaaten verwandelte, sie gewissermaßen nationalisierte, und anderswo für noch nicht staatlich organisierte Völker das Ideal des Nationalstaats als unbedingt erstrebenswertes Zukunftsziel aufpflanzte. Jedesmal wurde eine ganz anders geartete Vergangenheit im Sinn der nationalen Ideen umgedeutet, die Erfindung einer möglichst uralten nationalen Tradition vorangetrieben. In beiden Fällen besaß das neue Weltbild den Primat: Es schuf sich aus heterogenen Verbänden die Nation, keineswegs verlief dieser Prozeß umgekehrt, wie etwa die ältere Forschung den Nationalismus als späte Begleiterscheinung der Nation und ihres Nationalstaates mißverstanden hat.

Auch in den deutschen Staaten, wo sich unter dem Einfluß ihrer heftigen Modernisierungskrisen und der Sogwirkung der westlichen Pionierländer, namentlich des revolutionären Frankreich, die kleine Gemeinde eines Intellektuellennationalismus bildete, setzte seit dem ausgehenden 18. Jahrhundert der Aufstieg des Nationalismus ein, überwand schließlich alle konservativen Widerstände und entfaltete sich zu einer die Köpfe beherrschenden, unentwegt Anhänger hinzugewinnenden Massenbewegung. Das Ergebnis von Bismarcks großpreußischer Kriegspolitik bis 1871 verstand die liberale Nationalbewegung als den ersehnten deutschen Nationalstaat, der seither überall: im Bildungssystem, im Militär, in allen Medien einen nationalisierenden Sozialisationsprozeß großen Stils betrieb, aus dem die bis dahin noch nicht existierende kleindeutsche Reichsnation hervorging.

Wie das in anderen westlichen Nationalstaaten auch geschah, erlebte der deutsche Nationalismus, der auf das beschleunigte Modernisierungstempo mit seinen einschneidenden Problemen in Gestalt seiner verschärften Integrationsansprüche kompensatorisch reagierte, eine Radikalisierung, die sich z. B. in der Programmatik der «Alldeutschen» und der nationalen Verbände ausdrückte. Im Ersten Weltkrieg steigerte er sich noch einmal zu extremen Formen, ehe er wegen der Niederlage und der territorialen Amputationen in Ost und West Züge eines leidenschaftlich aufbegehrenden Revisionsnationalismus hinzugewann.

Keiner verstand es geschickter, wie sich herausstellte, an dieses Ressentiment zu appellieren als Hitler. Die expandierende NSDAP und Hitlers Wählerschaft repräsentierten daher in erster Linie eine radikalnationalistische Massenbewegung, die ihren «Führer» an die Schwelle des staatlichen Machtzentrums trug, die zu überschreiten ihm aber erst die Zähmungsarroganz der traditionellen Machteliten ermöglichte. Hitlers Erfolge in den sechs Friedensjahren erzeugten einen weitreichenden Konsens, der im wesentlichen auf der Befriedigung des verletzten deutschen Nationalismus beruhte. Der «Anschluß» Österreichs als Realisierung des großdeutschen Traums, erst recht dann die Siege im Polen- und Frankreichkrieg steigerten den Enthusiasmus des Massennationalismus bis zum Siedepunkt. Die Siegesparade der deutschen Truppen in Paris im Frühjahr 1940 schien die Kränkung des deutschen Nationalismus seit 1918 endlich zu heilen.

Obwohl sich die Erfolgsgeschichte Hitlers und des «Dritten Reiches» in der Anfangsphase des Rußlandskrieges fortzusetzen schien, ereilte sie dann doch das Schicksal Napoleons. Die Deutschen und ihr Reich traf aber weit mehr, als was die «Große Armee» von 1812 erlebt hatte. 1945 wurde mit dem NS-Regime auch der deutsche Nationalstaat zertrümmert. Vor kurzem noch Europas Hegemonialmacht, wurde Deutschland jetzt wie ein Protektorat in der Epoche des Hochimperialismus von den Besatzungsmächten unter Kuratel gestellt, innerhalb der folgenden vier Jahre sogar in einen West- und einen Oststaat aufgeteilt, zwischen denen die Blockgrenze des Kalten Krieges verlief. Die nationale Einheit schien auf unabsehbare Zeit dahin, jede Renaissance des deutschen Nationalstaats ausgeschlossen zu sein.

Die totale Niederlage schloß nach 1945 jede Wiederkehr einer Dolch-stoßlegende aus, zu eindeutig war das Kriegsergebnis ausgefallen. Die Ex-zesse der auserwählten Rasse, in welche die Hitler-Bewegung das auser-wählte Volk verwandelt hatte, hatten in den Abgrund des Holocaust und eines antislawischen, antisowjetischen Vernichtungskrieges geführt. Nach mörderischen Eruptionen erlosch der Vulkan des deutschen Radikalnatio-nalismus.

Da größere Herrschaftsverbände aber eines Loyalitätspols bedürfen, der ihr Zusammengehörigkeitsgefühl stimuliert und stabilisiert, begannen die Westdeutschen, die an Stelle des Nationalstaats nunmehr einen Hohl-raum vorfanden, sich auf Europa umzuorientieren (s. vorn V. 3. In Ost-deutschland wurden die kommunistische Gesellschaft und die Genossen-schaft der Volksdemokratien als Ziele von oben oktroyiert). Die politische Kooperation und schließlich die politische Einheit Europas westlich der Elbe verkörperten eine überaus attraktive Leitvorstellung. Als unbeschä-digtes Projekt eignete sie sich zu einer Zielutopie, die nicht nur über die eigene Traumatisierung hinweghalf, sondern den diskreditierten, altertüm-lichen Nationalismus endgültig überflüssig zu machen schien. Daher gab es nach 1945, wie der SPD-Politiker Carlo Schmid ironisch kommentierte, «in Deutschland nur noch Europäer».

Je länger die Aussicht auf die Wiederherstellung des deutschen Natio-nalstaats in weite Ferne entschwand, desto deutlicher verwandelte sich dieser «Europäismus» in ein funktionales Äquivalent des Nationalismus, das wie dieser Loyalität und Vergangenheitsmythos, Sendungsbewußtsein und historische Missionsentwürfe zu mobilisieren vermochte. Wer wollte schon die Überlegenheit eines wirtschaftlich überaus potenten, nach zwei Weltkriegen endlich friedfertigen, vom Konsens seiner Völker getragenen Europa in Frage stellen, zumal eine glaubwürdige überlegene Alternative nirgendwo auftauchte; die Verteidigungsgemeinschaft der NATO etwa war im Vergleich ein zwar lebenswichtiger, aber nüchterner Zweckver-band.

Es steht außer Frage, daß das «Wirtschaftswunder» diese Umorientie-rung auf Europa kraftvoll unterstützt hat. Hing nicht der ökonomische Aufschwung weit eher von den Chancen im europäischen Wirtschafts-raum und auf dem Weltmarkt ab als von dem begrenzten westdeutschen Binnenmarkt, auf dem die Erinnerung an den autonomen Nationalstaat zusehends verblaßte? Das Werk des Nationalstaats war der Boom von 1950 bis 1973 gewiß nicht.

Dennoch wäre es verfehlt, von einem völligen Verschwinden des Nationalismus in Westdeutschland auszugehen, dafür war er zu lange eine selbstverständliche Macht des politischen und öffentlichen Lebens gewesen. Vielmehr wurde in den Debatten der Parteien und der Öffentlichkeit über die Teilung des Landes immer wieder als Lippenbekenntnis die Einheit der Nation beschworen, auf die bis in die 80er Jahre hinein keine politische Kraft in Westdeutschland explizit verzichten wollte, zumal das Bundesverfassungsgericht diese Einheit als dauerhaftes Ziel der Bonner Politik bekräftigt hatte. Freilich wurden in diesen Diskussionen meist nur leere Worthülsen gesammelt, von denen keine zielstrebige Reaktivierung des Nationalismus ausging.

Auch der manifeste Antibolschewismus der Nachkriegsjahrzehnte beschwor als Gegenordnung zur östlichen Despotie den liberalen Nationalstaat. Doch besaß die Verteidigung der freiheitlichen Gesellschafts- und Staatsordnung des Westens ein größeres Gewicht als der Hinweis auf die Überlegenheit des Nationalstaats, ohne den man in Westdeutschland vorzüglich auskam. Nicht unterschätzen sollte man dagegen die Agitation der Vertriebenenverbände. Denn für diese Lobby verband sich geradezu selbstverständlich die Forderung nach der Wiedergewinnung der verlorenen Heimat mit der Rückkehr zum Nationalstaat. Das hing auch mit dem politischen Habitus ihres Führungspersonals zusammen, zu dem nicht wenige reichlich kompromittierte Exponenten des leidenschaftlichen Nationalismus der Zwischenkriegszeit und NS-Ära gehörten. Schon deshalb traf dieses Postulat auf die kontinuierlich spürbare Skepsis der liberalen Öffentlichkeit. Und die Reichweite der Vertriebenenpublizistik und -treffen hat ohnehin über den Kreis der Landsmannschaften kaum hinausgereicht.

Wachgehalten wurde der nationale Gedanke auch von den Veteranenverbänden, in denen ehemalige Wehrmachts- und Waffen-SS-Angehörige auf ihren regelmäßigen Treffen und in ihren Veröffentlichungen über die soziale Kontaktpflege und Verklärung der Kriegserfahrungen hinaus die Erinnerung an den Nationalstaat wachhielten. Schob sich doch mit dem wachsenden Abstand vom Krieg und den zunehmenden Informationen über den Judenmord und Vernichtungskrieg die Überzeugung in den Vordergrund, daß man weit mehr für die Nation als für die weltanschaulichen Ziele des NS-Regimes gekämpft habe. Überdies gewannen die Veteranenverbände zum einen aus dem Reservoir der 18 Millionen deutschen Soldaten des Zweiten Weltkrieges eine letztlich nur sehr begrenzte Mitgliederzahl, zum anderen bei weitem nicht den Einfluß, den etwa der «Stahlhelm» in der Weimarer Republik ausgeübt hatte.

Da fast alle Offiziere der frühen Bundeswehr in der Wehrmacht, vor allem während des Weltkriegs militärisch sozialisiert worden waren, wurde diese Einstellung zum Nationalstaat auch im Führungskorps der Streitkräfte häufig geteilt. Doch abgesehen von nostalgischem Schwadronieren im Kasino und von gelegentlichen skandalösen Äußerungen in der Öffentlichkeit war diese Truppe nicht nur straff in den supranationalen NATO-Verbund eingegliedert, sondern auch in der Hierarchie des politischen Systems der Bundesrepublik unmißverständlich untergeordnet, so daß sie kein rückwärtsgewandtes politisches Eigenleben entwickeln konnte.

Umgekehrt steckte auch in dem pazifistischen Protest, dem die Wiederbewaffnung begegnete, ein «neutralistisch verbrämter Nationalismus», wie ihn etwa Pastor Martin Niemöller und der Würzburger Geschichtsprofessor Ulrich Noack mit ihren Anhängern zeitweilig vertraten. Allerdings erwies er sich als genauso vergänglich wie der Rückgriff auf die Solidargemeinschaft der Nation, als die ominöse kollektive Kriegsschuld abgestritten wurde, oder auch wie die nationalistisch eingefärbte Beschwörung einer deutschen Sonderrolle durch die Friedensbewegung der frühen 80er Jahre.

Hinzu kam der Appell nationalkonservativer Historiker und Journalisten, die auf die Semantik und Zielsetzungen der vertrauten Nationalpolitik nicht verzichten wollten. Hatten sich doch zumal die Neuzeithistoriker und die Mediävisten seit der Mitte des 19. Jahrhunderts ganz überwiegend mit der Nationalbewegung, ihren Urteilskategorien und ihren Zukunftsvisionen identifiziert. Jetzt hielten sie an der kontingenten Einmaligkeit des Irrwegs, auf den der Nationalsozialismus die Deutschen geführt habe, ganz so entschieden fest wie an der unveränderten Gültigkeit des Nationalstaatsideals und einer beharrlich auf ihn ausgerichteten Politik.

Alle diese Faktoren relativieren hier und da die These von einem scharfen Bruch in der Geschichte des deutschen Nationalismus nach 1945. Aber sie vermögen ihre allgemeine Gültigkeit nicht außer Kraft zu setzen. Die Bundesrepublik war schon seit den 1950er/60er Jahren auf dem Weg zu einer «postnationalen Demokratie» (K. D. Bracher). Denn ihre Politik verfolgte nicht mehr vorwiegend nationalstaatliche Interessen im herkömmlichen Sinne; ihre Wirtschaft bewegte sich unter europäischen und globalen Bedingungen; in der Mentalität der Mehrheit ihrer Bürger besaßen Nation und Nationalstaat keine absolute Priorität mehr. Diese Mehrheit in der Bevölkerung und auch in den politischen Parteien hatte sich allmählich mit der offensichtlich nicht revidierbaren Teilung abgefunden – aus welchem Grund sollte auch, lautete das gängige Argument, die sowjetische Weltmacht ihr 1945 gewonnenes imperiales Vorfeld in Mittel- und Osteuropa zugunsten der deutschen Einheit aufgeben? Folgerichtig fand das in den 50er/60er Jahren aktive «Kuratorium Unteilbares Deutschland» keine Resonanz mehr. Die westdeutsche Eigenstaatlichkeit gewährte eine komfortable, in den prosperierenden Westen mit seinem militärischen Schutzschirm sicher eingebettete Existenz. Dort ließ sich auch ohne die «Brüder und Schwestern im Osten» unbeschwert leben. Seit der Mitte der

8oer Jahre mehrten sich daher auf dem linken SPD-Flügel und unter den Grünen jene Stimmen, die offenherzig für einen Abschied von der Nationalpolitik mit ihrem Fernziel der nationalstaatlichen Einheit eintraten und dafür auch den Konflikt mit dem verfassungsrechtlichen Einheitsimperativ des Bundesverfassungsgerichts in Kauf nahmen.

Tiefer auch als in anderen Ländern des westlichen Europa hatte sich in der Bundesrepublik der Verzicht auf die vollen Souveränitätsrechte, vor allem dann die supranationale Einbindung in die EWG ausgewirkt. Da die Nachteile dieses Arrangements, etwa das Demokratiedefizit der Brüsseler Entscheidungen, die aber unentwegt deutsche Rechtsmaterie produzierten, im Vergleich mit den evidenten Vorzügen weitaus weniger unmittelbar spürbar waren, wurde auch durch die Europäisierung der Anspruch des ohnehin verblassenden deutschen Nationalismus kontinuierlich geschwächt.

Was war bis zum Ende der 8oer Jahre das erstaunliche Ergebnis dieser Entwicklung, die den Niedergang des einst so machtvollen deutschen Nationalismus förderte? An die Stelle der Leitideen des Nationalismus – die Überhöhung der eigenen Nation und ihres Nationalstaats bis hin zum Extrem einer politischen Religion; die kompromißlose Verfolgung von Interessen, die als national definiert wurden; im Grenzfall die Übernahme des Kriegsrisikos, um diese Interessen wegen ihrer absolut gesetzten Priorität durchzusetzen – hatte sich eine neue Programmatik geschoben. Sie beruhte auf der Leistungsfähigkeit und Funktionstüchtigkeit des modernen Verfassungs-, Rechts- und Sozialstaats, der unter den Bedingungen der Gegenwart das «gute Leben» des Bürgers überzeugender gewährleistete als der Nationalstaat, der für viele längst zu einer Chimäre geworden war.

Diese Programmatik reichte auch über die Attraktivität eines dem amerikanischen Vorbild nachgebildeten Verfassungspatriotismus hinaus, der vor allem Intellektuelle anzog. Aber zum einen läßt sich der gewachsene Status eines nationalreligiös verklärten «heiligen Textes» wie der amerikanischen Verfassung nicht in ein mitteleuropäisches Land mit anderen Traditionen ohne weiteres übertragen; zum anderen vermag die Triade der neuen Legitimations- und Integrationskräfte eine ungleich umfassendere Solidargemeinschaft zu schaffen, im Krisenfall auch auf sie zurückzugreifen. Eben das: die Schaffung eines nationalen Solidarverbandes war ja eine der Leistungen des Nationalismus gewesen, die durch die neue Programmatik eine zeitgemäß überlegene Konkurrenz erhielt.[13]

## 11. Die Bundeswehr im Dauerkonflikt zwischen Reformern und Traditionalisten

Trotz der massenwirksamen Aversion gegen alles Militärische, die auch 1945 die Stimmung in allen Besatzungszonen bestimmte, wurde eine Wiederbewaffnung in Westdeutschland schon seit den späten 40er Jahren ins Auge gefaßt (s. vorn I.5). Adenauer hatte im Oktober 1945 geurteilt: «Asien steht an der Elbe»; wenig später ging es auch in der Öffentlichkeit um die «Verteidigung des Abendlandes gegen den Bolschewismus». Da der Kalte Krieg die Konfrontation der Blöcke zusehends verschärfte, sprachen sich der amerikanische und der englische Außenminister, Dean Acheson und Ernest Bevin, bereits im Mai 1950 für einen deutschen Militärbeitrag und den Beitritt der jungen Bundesrepublik zur NATO aus. Seit dem Oktober 1950 betrieb das «Amt Blank» im Auftrag des Bundeskanzlers in verschleierter Form den Aufbau einer leidenschaftlich umstrittenen, die «Ohne-Mich-Bewegung» provozierenden «neuen Wehrmacht», wie es im vertrauten Jargon hieß. Im selben Monat unterbreiteten Adenauers militärische Berater in ihrer Himmeroder Denkschrift konkrete Vorschläge, wie das heikle Projekt ausgeführt werden könne. Allerdings stand einem zügigen Vorgehen auch im Wege, daß zahlreiche deutsche Offiziere nach ihrer Verurteilung als Kriegsverbrecher noch in alliierten Militärgefängnissen einsaßen und die vermeintlich gebotene Loyalität die kooperationsbereiten Offiziere, die sich auf freiem Fuß und in einem provisorisch gewählten bürgerlichen Beruf befanden, zur Zurückhaltung, wenn nicht zu der ultimativen Forderung nach Freilassung anhielt. Erst als General Eisenhower, soeben reaktiviert und mit der 7. Armee nach Europa verlegt, einen großen Persilschein ausstellte, in dem er die tiefe Kluft zwischen Hitler und der Wehrmacht hervorhob, konnte sich die deutsche militärische Elite in der Bonner Republik offen etablieren, zumal dann auch die westdeutschen Amnestiegesetze, die den inhaftierten Offizieren zugute kamen, das Ihre zu diesem Kurswechsel beitrugen.

Erst der Koreakrieg seit dem Sommer 1950 erlaubte eine offene Planung und Realisierung der bundesrepublikanischen Aufrüstung. Zunächst sollten die deutschen Verbände in die anvisierte «Europäische Verteidigungsgemeinschaft» eingegliedert werden. Doch als dieser Plan 1954 am ablehnenden Votum des französischen Parlaments scheiterte, suchte im Oktober 1954 eine Neun-Mächte-Konferenz in London eine neue Lösung. Sie bestand aus der Entscheidung, der NATO im Verbund mit der unlängst gegründeten «Westeuropäischen Union» (WEU) die Verteidigung Europas zu übertragen. Dieses Arrangement sollte, wie sich herausstellte, die europäische Sicherheitsarchitektur bis 1990, insofern auch die gesamte erste Epoche der Bundeswehr prägen. Bonn verzichtete explizit auf eine eigenständige Militärpolitik. Die deutschen Truppen wurden im Zuge dieses Teils der Westintegration internationaler Kontrolle unterstellt. Die westlichen Besatzungsmächte verwandelten sich in Verbündete, die ihre Soldaten auf deutschem Boden als NATO-Einheiten stationierten.

Das erklärte Maximalziel der NATO steckte in ihrer Planung, bis 1958 auf eine halbe Million deutscher Soldaten zurückgreifen zu können. Dieses

Vorhaben verlangte, wie Kritiker sogleich einwandten, eine noch schnellere Aufrüstung – jede Woche drei neue Bataillone-, als sie unter Hitler vorangetrieben worden war. Dieser Plan konnte nicht mit einer Berufsarmee ausgeführt werden, vielmehr nur mit der Wiedereinführung der allgemeinen Wehrpflicht gelingen. Dafür hatten sich bis zum August 1955 immerhin schon 40 613 Offiziere und 87 089 Unteroffiziere beworben, die von einem Personalgutachterausschuß sorgfältig auf ihre Eignung hin überprüft wurden. Im Juli 1955 wurde das «Amt Blank» in das Verteidigungsministerium mit seinem Sitz auf der Bonner Hardthöhe umgewandelt, das von Theodor Blank übernommen wurde.

Bis dahin hatte sich in den vergangenen fünf Jahren ein heftiges Duell zwischen militärischen Reformern und Traditionalisten abgespielt, das auch seither weiter anhalten sollte. Zu den profilierten Reformern gehörten namentlich die ehemaligen höheren Wehrmachtoffiziere Wolf v. Baudissin, Adolf Heusinger, Johann Adolf v. Kielmansegg, Ulrich de Maizière und Hans Speidel; als ihr führender intellektueller Kopf erwies sich sogleich Graf Baudissin. Sie besaßen als Beratergremium den direkten Zugang zum Kanzler. Dieses Privileg nutzte aber auch die Prominenz der Traditionalisten. Zu ihnen gehörten Erich v. Manstein, Reinhard Gehlen, Friedrich Ruge und Friedrich Foertsch, die jeder reformorientierten Kritik die akute Bedrohung aus dem Osten beschwörend entgegensetzten. Ihr Orientierungsrahmen blieb eine eigene, möglichst abgekapselte Militärwelt und ihre Fixierung auf die Leistungen der Wehrmacht im Zweiten Weltkrieg. Von den frühen 50er Jahren bis in die 90er Jahre hinein ist die Bundeswehr im Grunde durch ihren inneren Dauerkonflikt zwischen Reformern, die aus der jüngsten deutschen Geschichte lernen wollten, und Traditionalisten, die eine Kombination der Weimarer Reichswehr und Wehrmacht anstrebten, bestimmt worden.

Als einflußreichste Persönlichkeit der Neuerer entwickelte Graf Baudissin unter dem Stichwort der «Inneren Führung» eine Konzeption zur künftigen Struktur der Bundeswehr. Dieser Entwurf sah im Rückgriff auf die preußischen Reformer nach 1807 als Schlüsselfigur den «Staatsbürger in Uniform» vor, der die parlamentarische Demokratie ganz so bejahte wie die Kontrolle des Militärs durch die Politik. Im Militär hatten Regeln zu gelten, die menschenwürdige Verhältnisse gewährleisteten, vor allem aber sollte es sich endgültig von den Traditionen des Kaiserreichs, der Weimarer Republik und der NS-Wehrmacht verabschieden und den demokratischen Staat vorbehaltlos bejahen. Der Oberbefehlshaber alten Stils wie auch eine eigene Militärgerichtsbarkeit und der anachronistische Ehekonsens für Offiziere entfielen. Ein Ombudsmann nach schwedischem Vorbild sollte überwachen, ob das innere Getriebe der Bundeswehr korrekt verlief. Die 1956 gegründete Schule für Innere Führung in Koblenz verkörperte einen sichtbaren Erfolg der Reformer.

Den Reformanstrengungen setzten die Traditionalisten völlig unverschnörkelt die Restauration eines möglichst autonomen Militärsystems entgegen. Die von General v. Seeckt sorgfältig abgeschirmte Reichswehr der Weimarer Republik galt ihnen dafür als Vorbild. Die Verschwörer des 20. Juli 1944 hielten sie durchweg für «Landesverräter» oder, wie sich der Ex-Feldmarschall v. Manstein pointiert ausdrückte, für «Eidbrecher» wegen eines Vorgehens, das «eines Offiziers nicht würdig» sei. Die Fixierung auf den «sauberen Kampf» der Wehrmacht trat unübersehbar zutage. Als z. B. der Aufbau der neuen Bundesmarine im Januar 1956 von Kapitän Karl-Adolf Zenker aus dem Bonner Verteidigungsministerium formell gefeiert wurde, lobte er ausdrücklich, den Konsens unter seinesgleichen wiedergebend, die Großadmiräle Dönitz und Raeder, die sich als Hitler besonders treu ergebene Offiziere hervorgetan hatten, so daß Dönitz alles andere als zufällig Hitlers Nachfolger im Amt des Staatsoberhaupts geworden war. Kein Wunder, daß die Bundeswehr seither immer wieder zum Einfallstor für junge rechtsradikale Offiziere und Soldaten wurde.

Beim organisatorischen Aufbau der Bundeswehr konnte der konservative Flügel der Militärplaner die altertümliche Dominanz der drei Teilstreitkräfte mit einem je eigenen Inspektor an der Spitze an Stelle der sachlich gebotenen einheitlichen Führung durchsetzen; folgerichtig wurden auch drei eigene Akademien gegründet, um den gemeinsamen Unterricht zu vermeiden. Erst im Juli 1957 bekam Heusinger die Stellung eines Generalinspekteurs mit schwacher Kompetenzausstattung übertragen. Die Innere Führung wurde soweit wie möglich konterkariert, v. Baudissin als entscheidender Reformplaner und besonders mißliebige Symbolfigur zunächst nur als Angestellter weiter beschäftigt und erst später, offenbar widerwillig, in das Offizierkorps aufgenommen.

Der CSU-Politiker Franz Josef Strauß, der sich schon länger als «heimlicher Verteidigungsminister» geriert hatte, löste Blank im September 1956 ab. Er fand in der Bundeswehr wegen ihrer inneren Spannungen und des überstürzten Aufbautempos chaotische Verhältnisse vor, stellte sich im wesentlichen auf die Seite der Verfechter eines traditionalistischen Aufbaus der neuen Streitkräfte, verlangsamte die Aufrüstungsgeschwindigkeit (innerhalb von fünf Jahren sollte der Stand von 300 000 Soldaten erreicht werden), bestand aber auf der Ausstattung mit den modernsten Waffen – einschließlich der Atomwaffen. Eben diese großmannssüchtige, von hohen Offizieren aber geteilte Forderung führte 1957 zu einem erbitterten Streit mit prominenten Atomphysikern und der Evangelischen Kirche. Ihrem Argument, daß die Verteidigung Westeuropas mit Atomwaffen zu seiner völligen Zerstörung auf unabsehbare Zeit führen müsse, hatte Strauß, unterstützt von Adenauer, nur den waghalsigen Ehrgeiz, über das gefährlichste Drohpotential selber verfügen zu wollen, entgegenzusetzen. Nicht dieser Konflikt brachte ihn jedoch um sein Amt, sondern die Spiegel-Affäre vom Herbst 1962, als sein Mißbrauch der Ministerstellung und seine Verlogenheit vor dem Parlament zu seinem erzwungenen Rücktritt führten.

Bis dahin hatte sich, wie unter v. Seeckt bei der Gründung der Reichswehr, das Übergewicht der Stabsoffiziere vor den erfahrenen Troupiers durchgesetzt. Allein bis zum Oktober 1956 waren aus dem früheren Oberkommando des Heeres 31 Generäle, 180 Oberste und 84 Oberstleutnants für die Bundeswehr rekrutiert worden. 1960 stammten 12 360 Offiziere aus der Wehrmacht, 300 aus der Waffen-SS. Das seit dem älteren Moltke gültige Prinzip, Offiziere ausschließlich aus den «erwünschten Kreisen» des Adels und des gehobenen Bürgertums zu rekrutieren, war durchaus wieder beachtet worden: 1967 kamen 80 % der Generäle und immerhin die Hälfte der Leutnants aus diesem Reservoir. Dank dieser sozialen Herkunft, dem Übergewicht der Stabsausbildung und der Prägung durch die Wehrmachtsjahre im Weltkrieg besaß das Offizierkorps ein hohes Maß an Homogenität. Von den 250 000 Soldaten des Jahres 1960 leisteten 100 000 ihren Dienst als Wehrpflichtige, 1965 sollten es von 455 000 rd. 215 000 sein.

Als neuer Verteidigungsminister stand der norddeutsche Konservative Kai-Uwe v. Hassel seit dem Januar 1963 vor einem Debakel: Die inneren Friktionen in der Bundeswehr hielten unvermindert weiter an; ihr überhasteter Aufbau warf schlimme Probleme auf, z. B. den Absturz von 64 «Starfighter»-Flugzeugen, und der Jahresbericht des Wehrbeauftragten, des Ex-Admirals Hellmuth Heye, führte zum Eklat. Denn dieser erfahrene ehemalige Berufssoldat kritisierte ungeschminkt die Abkapselung der militärischen Führung und ihr Bestreben, jede effektive parlamentarische Kontrolle zu verhindern; überdies sei eine zeitgemäße Offiziersausbildung dringend nötig. Letztlich führte der Konflikt zum Rücktritt von einigen Generälen und es gelang, Ulrich de Maizière aus dem Kreis der Reformer das Amt des Generalinspekteurs zu übertragen.

Nachdem Gerhard Schröder als Verteidigungsminister der Großen Koalition auf der Hardthöhe eingezogen war, hielten die Spannungen weiter an. Der traditionalistische Flügel praktizierte seine Durchsetzungskraft: Kasernen wurden weiter nach Militärheroen der NS-Ära benannt; die Führungsakademie knüpfte ungeniert an das inhaltliche Programm und den Lehrstil der Berliner Kriegsakademie an, die den Militärbürokraten aus eigener Erfahrung vertraut war. 1969 stimmten Reformer wie v. Baudissin, Heusinger und Speidel erbittert in der resignierten Klage überein, daß ihr Reformprojekt gescheitert sei.

Trotz aller partiellen Erfolge vermochten sich daher die Reformimpulse der 5oer Jahre erst seit 1969 auf breiterer Front durchzusetzen, als Helmut Schmidt als Verteidigungsminister der Sozialliberalen Koalition sie nachdrücklich unterstützte. Mit ihm, dem breit ausgewiesenen, langjährigen

Militärfachmann der SPD, konnten sich die Reformideen der 50er Jahre dank seiner Allianz mit den veränderungswilligen Kräften erneut entfalten, so daß die Bundeswehr nach ihren endlosen internen Konflikten endlich aus dem Schatten der Wehrmacht heraustrat. Vor allem wurde unter Schmidts Obhut seit 1970 die von einer Expertenkommission unter der Leitung des Politikwissenschaftlers Thomas Ellwein vorbereitete Gründung von zwei Bundeswehr-Hochschulen in Hamburg und München betrieben, an der jeder Berufsoffizier fortab ein obligatorisches Studium zu absolvieren und ein akademisches Examen als zivilen Berufsabschluß abzulegen hatte.

Die Traditionalisten auf der Hardthöhe und in der Truppe hatten sich nach Kräften gegen den Innovationsschub dieser «Akademisierung» des Kriegshandwerks gewehrt, denn sie verkörperte einen tiefen Einbruch in den Arkanbereich des preußisch-deutschen Militärs, wo bisher allein Offiziersgremien die Auswahl des eigenen Führungsnachwuchses und seine inhaltliche Ausbildung kontrolliert hatten. Jetzt wanderte diese Kompetenz an die beiden Hochschulen ab; die einseitigen Rekrutierungskriterien wurden im Prinzip überwunden. Außerdem wurde der Egoismus der Teilstreitkräfte durch die Verpflichtung auf einen gemeinsamen Grundlehrgang an der Führungsakademie bekämpft. Diese neuen Regelungen gingen an die Wurzeln des traditionellen militärischen Selbstverständnisses, mußten aber von den Konservativen vorerst zähneknirschend hingenommen werden, nicht ohne erbitterte Kritik an dieser «Systemveränderung» auch von seiten der CDU auszulösen.

Allerdings wechselte Schmidt bereits 1972 an die Spitze des Finanzministeriums, und sein von 1972 bis 1978 amtierender Nachfolger, der pragmatische Gewerkschaftspolitiker Georg Leber, verfocht zwar unmißverständlich die Integration der Bundeswehr in Staat und Gesellschaft, gefiel sich aber in der Pose eines nachgiebigen «Vaters der Soldaten». Wegen seiner patriarchalischen Militärfreundlichkeit verwies er die konservative Offiziersclique nicht in ihre Schranken. Leber erhöhte vielmehr die Sollstärke der Bundeswehr auf 495 000 Soldaten, um das alte NATO-Postulat endlich zu erfüllen, billigte auch eine riesige Kaufaktion von Waffen und Gerät, welche die Kosten des Militärs im Nu verdoppelte. Dieses größte Rüstungsprogramm der bundesrepublikanischen Geschichte, während die amerikanische Détentepolitik, auch die KSZE-Verhandlungen Fortschritte machten, überforderte jedoch den Bonner Apparat. Das ließ sich etwa an den zahlreichen Abstürzen des ebenfalls unausgereiften «Tornados» ablesen, die sich der Unglücksbilanz des «Starfighter» näherten.

Außerdem gewann in jenen Jahren der Zivildienst an Stelle des Wehrdienstes unter jungen Männern im Einziehungsalter an Attraktivität, denn die Entspannungspolitik schlug sich auch in ihrer politischen Einstellung gegenüber dem Militär nieder. Das warf für die Berufsmilitärs schwierige

Probleme auf, die sie durch einseitig besetzte und fragende Prüfungskommissionen zu ihren Gunsten zu lösen versuchten. 1977 hatten sie es z.B. mit 77 000 Anträgen zu tun, die den Vorrang der Wehrpflicht durchaus prinzipiell in Frage stellten. Die gefürchtete Gleichwertigkeit von Wehr- und Zivildienst konnten sie aber letztlich nicht verhindern.

Als Hans Apel im Februar 1978 das Verteidigungsministerium übernahm, mußte er einen rigorosen Sparkurs steuern, um die Kostenlawine als Folge von Lebers exorbitantem Expansionsprogramm einzudämmen; allein durch das «Tornado»-Problem entstand eine Haushaltslücke von einer Milliarde DM. Hinzu kam alsbald die Kontroverse über den NATO-Doppelbeschluß und die Raketenstationierung, die auch in der Bundeswehr nicht unumstritten waren.

Während die angekündigte Kohlsche Wendepolitik weithin deklamatorische Rhetorik blieb, wurde in der Bundeswehr tatsächlich eine Trendumkehr bewirkt. Der neue CDU-Verteidigungsminister Manfred Wörner erhöhte, entgegen dem Sparkurs von Schmidt und Apel, sofort die Ausgaben, die selbst bei den konventionellen Waffen gesteigert wurden, obwohl die Abschreckungsdoktrin nicht zuletzt dank Gorbatschows Kurswechsel allmählich erodierte. Vor allem aber förderte Wörner mit seiner konservativen Konsolidierung der Bundeswehr eine fatale Renaissance des Traditionalismus der Hardliner aus den 50er Jahren. So wurde etwa, ein demonstrativer Einschnitt, das Studium an den beiden Hochschulen, die mit vorzüglichen Ergebnissen auf dem Niveau der traditionellen Universitäten die Skepsis vieler Offiziere verdrängt und einen neuen Offizierstypus zu schaffen begonnen hatte, als obligatorische Voraussetzung für den Offiziersberuf aufgehoben. Wer studieren wollte, mußte vor dem Studium statt wie bisher 15 nunmehr volle 35 Monate lang Truppendienst leisten, da die streng militärische Sozialisation unterstützt werden sollte. Die Generalstabsausbildung an der Führungsakademie richtete sich wieder an der Berliner Kriegsakademie aus. Überall bremsten die Praktiker auf der Hardthöhe den Reformkurs. Ihr Ziel blieb die Kriegstüchtigkeit möglichst autonomer Streitkräfte. Zu Recht hat daher v. Baudissin noch einmal ihren unverhohlen verfolgten Drang nach «politisch-gesellschaftlicher Exterritorialität» kritisiert.

Intern hatte sich aber seit den 60er Jahren ein tiefgreifender Wandel in der sozialen Komposition des Offizierkorps vollzogen, der mit seiner Pluralisierungstendenz allgemeinere Strukturveränderungen der westdeutschen Gesellschaft widerspiegelte. Wie entschieden zunächst die traditionellen Rekrutierungskriterien durchgesetzt worden waren, zeigt eine Erhebung aus dem Jahr 1963: 70% der Offiziere, sogar 81% der Generalstäbler waren evangelisch; 38%, bei den Generälen 67%, stammten aus den «erwünschten Kreisen», immerhin noch 15% aus Offiziersfamilien. Seit der Mitte der 60er Jahre setzte dann eine allmählich vordringende Öffnung ein, und v. Hassel besaß genügend pragmatische Klugheit, sich ihr mit der konservativen Kamarilla nicht entgegenzustemmen.

Zwanzig Jahre nach der Gründung der Bundeswehr hatte sich die Zusammensetzung des Offizierkorps deutlich verändert: Der Anteil adliger Mitglieder war von 15 auf 1 %, die Selbstrekrutierungsquote auf 5 % gesunken; Protestanten machten noch 40 % aus; selbst im Generalstab standen 1983 nur mehr 44 % Protestanten den inzwischen avancierten 41 % Katholiken gegenüber. Aus den Familien von Beamten kamen statt 42 nunmehr 26 %, aus denen der Selbständigen einschließlich der Landwirte 15 statt 26 %. Dagegen verwies die Herkunft aus Angestelltenfamilien (41 statt 26 %) und aus Arbeiterfamilien (17 statt 4 %) auf einen kraftvollen Auflockerungsschub, dem sich auch die Bundeswehr nicht hatte entziehen können.

Als Wörner im Mai 1988 zum Generalsekretär der NATO avancierte, wurde der Juraprofessor und CDU-Abgeordnete Rupert Scholz sein Nachfolger, resignierte aber wegen der unaufhörlichen Konflikte mit dem konservativen Apparat bereits nach einem Jahr. Nach ihm sah sich Gerhard Stoltenberg bald mit den völlig unerwarteten Folgen des Vereinigungsprozesses konfrontiert. Die nur zu berechtigte Skepsis gegenüber der hochideologisch ausgebildeten «Nationalen Volksarmee» der verblichenen DDR mündete im Oktober 1990 in ihre komplette Auflösung, wie auch Außenminister Genscher keinen einzigen DDR-Diplomaten in das Auswärtige Amt übernehmen ließ.

Wegen der neuen politischen Generation und der vertraglich vereinbarten Verkleinerung der westdeutschen Streitkräfte wurde die Bundeswehr seit 1990 zunächst von 585 000 auf 370 000 Soldaten, dann sogar noch weiter reduziert. Der Trend hin zu einem Berufsheer hochspezialisierter militärischer Experten, damit aber der Verzicht auf die als Demokratiegebot maßlos überhöhte allgemeine Wehrpflicht, rückte seither unaufhaltsam auf der politischen Tagesordnung nach oben, zumal die wachsende Anzahl von Bundeswehreinsätzen auf Krisen- und Kriegsschauplätzen im Ausland die Verwendung von regulären Wehrpflichtigen ausschloß. Offenkundig hat für die Bundeswehr seit 1990 ihre zweite Epoche begonnen, die sie vermutlich in eine Truppe hochtrainierter, aber auch kostspieliger Berufssoldaten verwandeln wird.[14]

## 12. Die 68er-Bewegung: Triumph oder Debakel?

Die Protestbewegung der 68er ist zu einem legendenumrankten Phänomen überhöht worden. Denn ehemalige Aktivisten, die ihre berufliche Karriere in der Medienwelt gemacht und aufgrund ihrer Teilnehmererfahrungen ein Deutungsmonopol beansprucht haben, gelang es in einem erstaunlichen Maße, die öffentliche Erinnerung an den Aufbruch in ihren jungen Jahren zu prägen. Auf diese Weise konnte «68» in grandioser Überschätzung geradezu zum «Ursprungsmythos» erhoben werden, der nicht nur schlechterdings alles von der damaligen Linken ersehnte Neue in Politik und Kultur umhüllte, sondern auch «die Bewegung» selber zur alles entscheidenden Antriebskraft stilisierte. Von wenigen Ausnahmen abgesehen ist an dieser heroischen Verklärung so gut wie nichts richtig.

So hat etwa der Wechsel zur Sozialliberalen Koalition, nach zwanzigjährigem Machtbesitz der CDU in der Tat eine Nagelprobe auf die Funktionstüchtigkeit der westdeutschen Demokratie, kein Ergebnis der 68er-Bewegung bedeutet, vielmehr ist er trotz ihres tiefen Mißtrauens gegenüber dem seit dem Godesberger Programm verachteten Parteiapparat der SPD und gegenüber der bürgerlich-konservativen FDP zustande gekommen. Auch die zwischen 1958 und 1964 vorgedrungene neuartige kritische Öffentlichkeit stellte kein Produkt der aufmüpfigen 68er dar, sondern war definitiv bereits vor ihrem Auftritt etabliert worden. Überdies setzten vor 1968 die Fischer-Kontroverse und Hochhuths «Stellvertreter», Oswald Kolles populäre Aufklärungskampagne und die «Spiegel»-Affäre die Öffentlichkeit ganz so in Bewegung, wie das der Eichmann- und der Auschwitz-Prozeß taten (s. vorn V.7).

Der auffällige Schub an Reformgesetzen, der mit den 60er Jahren verbunden ist, war längst vor 1968 in Gang gesetzt worden. Wohin man auch blickt: auf die Einführung des Jahreswirtschaftsberichts und des Sachverständigenrats, auf das Stabilitäts- und Wachstumsgesetz und die Mittelfristige Finanzplanung, auf die Haushaltsreform und die Finanzreform, auf die große Strafrechtsreform und den Übergang der Sozialpolitik zur Gesellschaftsreform – überall sind die Weichen vor 1968 gestellt worden. Das unterstreicht auch noch die seit zehn Jahren angelaufene Bildungsreform, die nach dem soeben von Georg Picht und Ralf Dahrendorf entworfenen Schreckensszenario einer herandräuenden «Bildungskatastrophe», wenn nicht endlich gehandelt werde, zur Neugründung von Universitäten, zur Vermehrung der Gymnasiastenzahl und zur geforderten Steigerung der Bildungsausgaben geführt hat.

Nein, die Bundesrepublik war seit den frühen, nicht erst seit den späten 60er Jahren «wach und in Bewegung», sie erlebte mit einer ihrer «folgenreichsten Erneuerungsperioden» ihre «zweite formative Phase», die alles andere als das Etikett einer technokratischen Nachholreform verdient. Vielmehr gab es einen «politisch-moralischen Überschuß» an Energien einschließlich der Überzeugung, daß Staat und Gesellschaft verändert werden müßten und könnten. Dieser Umbau wurde durchaus gewollt, da die Reformbedürftigkeit allgemein anerkannt war und eine verbreitete Planungseuphorie nährte.

1968 war daher alles andere als eine «Zweite Stunde Null», selbst die Stilisierung zur «Großen Zäsur» in der westdeutschen Nachkriegsgeschichte wäre verfehlt. Auch wenn es geboten ist, die Proportionen derartig entschieden zurechtzurücken, bleibt es doch bei der Anerkennung einer Serie von dramatischen Ereignissen, die 1967 oder seither abliefen und gravierende Folgen zeitigten. Auf ihrer Suggestivkraft beruhte auch der früh kultivierte Mythos vom 68er-Umbruch. Weltweit zog damals eine studentische Protestbewegung die Aufmerksamkeit auf sich: von Berkeley bis Rom, von Tokio bis Berlin. Die Pariser Mai-Unruhen von 1968 schienen zeitweilig das Ende des de Gaulle-Regimes anzukündigen. Der «Prager Frühling» verhieß wenig später einen «Sozialismus mit menschlichem Antlitz», bis ihn die Sowjetunion zusammen mit Warschauer Paktstaaten niederwalzte. Auch die deutschen Studenten der Protestbewegung von 1966 bis 1969 teilten daher das stimulierende Hochgefühl, an einem internationalen, einem weltweit ablaufenden Umbruch beteiligt zu sein, mit dem sie durch ideelle und personelle Vernetzung verbunden waren.

Blickt man auf die Bundesrepublik, hatte die Jugendkultur längst vor 1968 mit dem Rock den Beginn eines Aufbegehrens erlebt: Elvis Presley, die Beatles, die Rolling Stones standen dafür als Symbole wie auch der Minirock, die Bewunderung der Hippies und Beat Bohème und die sexuelle Freizügigkeit, nachdem die Empfängnisverhütung durch eine preiswerte Pille garantiert zu sein schien. Gleichzeitig hatte sich überall im Westen: in England, Frankreich, Italien und den USA, auch in der Bundesrepublik eine «Neue Linke» herausgebildet, welche als Avantgarde die kommunistische oder sozialistische Dogmatik durch ihre Neuinterpretation der heiligen Texte aufbrechen, ihr Mißtrauen gegenüber erstarrten Ideologien und einengenden Institutionen, aber auch ihren Aufklärungswillen in Aktion umsetzen wollte. Als Ideenbewegung schwebte ihr eine vage umrissene neue sozialistische Gesellschaftsordnung vor, die durch die «Transformation» der Individuen und die Ersetzung der Parteien durch eine emanzipatorische Linksbewegung erreicht werden sollte. Zum Träger des erstrebten sozialen Wandels wurde insbesondere die junge Intelligenz aufgewertet.

Die Nachwuchsorganisation der SPD, der SDS, hatte unnachgiebig gegen das Godesberger Programm als Kapitulation vor dem Kapitalismus und einem schnöden Pragmatismus opponiert. Deshalb war er durch den sogenannten Unvereinbarkeitsbeschluß im November 1961 aus der SPD verstoßen worden, die bereits im Mai 1960 die offiziöse Konkurrenzorganisation des «Sozialdemokratischen Hochschulbundes» (SHB) gegründet hatte. Seit der Mitte der 60er Jahre gelang es aber dem SDS, aus der Isolation eines esoterischen Intellektuellenzirkels der Neuen Linken hinauszutreten. Im Frühjahr 1965 brach an der FU Berlin ein erster Konflikt aus, als der Schriftsteller Erich Kuby ein Redeverbot erhielt und der sich als Linkssozialist gerierende Ekkehart Krippendorff, ein Assistent im Institut für Politikwissenschaft, mit diffuser Begründung entlassen, aber mit einem Habilitationsstipendium üppig entschädigt wurde. Erstmals imitierten protestierende Studenten das amerikanische Vorbild des Go-in und Sit-in, das Studenten in Berkeley als Demonstrationsmethode gegen den Vietnamkrieg und zur Unterstützung der Bürgerrechtsbewegung erfunden hatten. Doch erst Anfang 1966 kam es in Berlin, wo sich die FU zum Unruhezentrum entwickelte, zu einer ersten großen Demonstration gegen den Vietnamkrieg.

Seit 1965/66 verbanden sich mehrere Antriebskräfte und Motivstränge in der langsam anschwellenden Protestbewegung:

1. Die Identifizierung sowohl mit der inneramerikanischen Opposition gegen den Vietnamkrieg als auch mit dem Vietcong, der von Ho Tschi Minh gesteuerten kommunistischen Guerillabewegung, nahm stetig zu. Dieser Vorgang wirkte als früher Katalysator des Protests. Damit verband sich eine geradezu kultische Verehrung kommunistischer Diktatoren wie Mao Tse Tung und Ho Tschi Minh, die zu Symbolfiguren des progressiven Widerstands der «Dritten Welt» gegen den amerikanischen Imperialismus aufstiegen. Neben sie trat, inbrünstig zu einer wahren Ikone erhoben, der Kubaner Che Guevara als Repräsentant einer internationalen Revolutions- und Guerillabewegung. Dieser Drang zur Heiligsprechung trug alle Züge eines pubertären Überschwangs.

2. Konkret auf die deutschen Probleme bezogen war der seit dem Mai 1965 aufflammende Kampf gegen die von der Regierung geplanten Notstandsgesetze, die den künftigen Krisenfall regulieren sollten. Sie wurden als Ende der Demokratie und Aufforderung zum Mißbrauch durch ein neues autoritäres Regime so effektiv perhorresziert, daß sie zu einer Massenmobilisierung führten. Die seit dem Dezember 1966 regierende erste Große Koalition galt als typisches Symptom einer Abwendung von der parlamentarischen Demokratie, und die NPD-Erfolge bei den Landtagswahlen in Hessen und Bayern wirkten auf die jungen Skeptiker als Beginn eines neuen Trends hin zum Rechtsradikalismus.

3. Diese politischen Verschiebungen, ob überschätzt oder zu Recht irritierend, schürten die Sorge vor dem Aufstieg eines «neuen Faschismus». Nun bewegte sich zwar die NPD zweifellos am äußersten rechten Rand der westdeutschen Politik, aber von einer Renaissance des Nationalsozialismus konnte in der Bundesrepublik ernsthaft nicht die Rede sein. Eingesponnen in ihre neomarxistische Theoriebesessenheit sprach die Neue Linke nicht historisch-konkret vom Nationalsozialismus, sondern vom Faschismus als einer universellen Gefahr in allen kapitalistischen Industriestaaten. Daher bot die Bundesrepublik in ihren Augen die Chance zu einer fatalen «Repeat Performance», zumal sich Ex-Nazis angeblich überall in strategischen Positionen behauptet hatten. An dieser Stelle verband sich die Kritik an der westdeutschen Vergangenheitspolitik, die einer produktiven Auseinandersetzung mit dem «Dritten Reich» ausgewichen sei, mit der Anklage gegen die Vätergeneration, die über ihr Verhalten in der

NS-Epoche, insbesondere im Weltkrieg, mit ihren Söhnen und Töchtern nie offen gesprochen hatte. Diese innerfamiliären Spannungen verwandelten sich in einen kraftvollen psychischen Treibsatz, der die allgemeine Gesellschafts- und Politikkritik vorantrieb.

4. Und schließlich löste der Streit um die «Bildungskatastrophe» den Ruf nach einer grundlegenden Reform der Hochschulen aus, die – dem Jargon der Zeit gemäß – demokratisiert werden sollten. Die Kritiker verstanden darunter, daß der maßlos überschätzte Vorrang der Ordinarien abgebaut, die Stellung der Assistenten aber aufgewertet, die Studentenschaft an den inneruniversitären Entscheidungen beteiligt werden sollte. «Kritische Universitäten», von Assistenten und Studenten veranstaltet, sollten den etablierten Hochschulen Konkurrenz verschaffen.

Von SDS-Strategen und der neuen Bundesassistentenkonferenz als Speerspitze des universitären «Mittelbaus» formuliert, alsbald von der «Gewerkschaft Erziehung und Wissenschaft» (GEW) lebhaft unterstützt, gewann die Forderung nach «Drittelparität», d. h. die Besetzung aller Universitätsgremien mit je einem Drittel Professoren, Assistenten und Studenten (später sollten sogar die Verwaltungsangestellten und Sekretärinnen als Entscheidungsträger mit einbezogen werden), einen Vorrang, der die Leistungsorientierung jeder Universität in Frage stellen mußte. Denn Assistenten steigen auf oder scheitern. Studenten verlassen nach dem Studium die Universität. Und wer außer den Professoren kann auf Dauer die Verantwortung für Forschung und Lehre tragen? Tatsächlich ist dann auch später jede Regelung, die sich dem drittelparitätischen Proporzideal angenähert hatte, eklatant gescheitert, nicht ohne die betroffenen Universitäten tief zu beschädigen. Denn die Gruppenuniversität, die ursprünglich eine antiautoritäre, systemüberwindende Erziehung gewährleisten sollte, entband ihre eigenen, von Anfang an erkennbaren Sprengkräfte. Forschung und Lehre entziehen sich im Kern dem Demokratisierungsimperativ.

Diese heterogenen Antriebskräfte kristallisierten sich in einer Protestbewegung, die man damals «Außerparlamentarische Opposition» (APO) taufte, in der es aber durchaus unterschiedliche Organisationszentren gab: die IG Metall, den SDS, die GEW, die Bewegung der Ostermärsche gegen den «Atomtod» und diverse ad hoc gebildete Gremien. Die APO übte unstreitig eine wichtige Verstärkerfunktion aus, welche die verschiedenen Strömungen der Kritik zeitweilig zu bündeln verstand. Auf zwei Frankfurter Kongressen, dem zweiten Anti-Vietnamkrieg-Kongreß vom Mai 1966 und dem Kongreß über den «Notstand der Demokratie» im Oktober 1966, trat die Organisationsfähigkeit der APO zutage, welche die Politisierung voranzutreiben vermochte.

Eine neue, höhere Stufe des Protests, den jetzt nicht mehr die Anhänger der APO, sondern primär Studenten trugen, wurde erst im Frühjahr 1967 erreicht. Während einer am 1. Juli 1967 veranstalteten Demonstration gegen den Berlinbesuch des persischen Schahs, der als Diktator angeprangert wurde, erschoß ein Polizist den Studenten Benno Ohnesorg. Daraufhin eskalierte der Protest in den meisten Universitätsstädten der Bundesrepublik, und der Anführer der Berliner Studenten, Rudi Dutschke, ein SDS-Mitglied mit unleugbarem rhetorischen und politischen Talent, rief zu einer Kampagne gegen den Springer-Konzern auf, dessen Zeitungen die aufbegehrenden Studenten mit äußerster Schroffheit kritisiert hatten. Seither brodelte es auf zahlreichen Demonstrationen und Informationsveranstaltungen.

Wer waren diese neuen «Protestanten»? Bis zum Sommer 1968 beteiligten sich gut 50 % aller westdeutschen und westberliner Studenten an den Aktionen, nur 5 % der Teilnehmer gehörten zur nichtakademischen Jugend. Da es zu dieser Zeit erst 300 000 Studierende an den Hochschulen der Bundesrepublik und Westberlins gab, ließen sich 150000 Studenten mobilisieren, die gelegentlich oder häufig, selten immer die Teilnehmer der Demonstrationszüge und anderen Protestveranstaltungen stellten. Die Engagierten stammten überwiegend aus Elternhäusern, in denen sie eine liberale Erziehung genossen hatten, die sie auch für moralische Entscheidungen sensibilisierte; auffällig oft hatten die Aktivisten einen Lehrer oder Pfarrer als Vater. Aufs Ganze gesehen handelte es sich um ein Segment der Oberklassenjugend, das seine ideellen und moralischen Motive betonte, aber keineswegs ökonomische Interessen verfolgte. Demoskopische Umfragen ergaben, daß damals zwei Drittel der Studenten und Gymnasiasten im Alter von 17 bis 25 Jahren den Parteien, überhaupt dem politischen System der Bundesrepublik mit Skepsis und Mißtrauen gegenüberstanden; ein Drittel sympathisierte mit sozialistischen und kommunistischen Ideen – in wie kruder Form sie auch immer wahrgenommen wurden.

Ein neuer Vietnamkongreß am 17./18. Februar 1968 wurde, von der Tet-Offensive des Vietcong (seit dem 29. 1. 1968) beflügelt, von einer Demonstration von 10 bis 15 000 Teilnehmern begleitet, die lauthals Mao, Ho Tschi Minh und Che Guevara, der im Oktober 1967 in Südamerika erschossen worden war und seither Märtyrerruhm genoß, hochleben ließen. Während Adorno und Horkheimer im Frankfurter Institut für Soziologie rätselten, wie sich ihr subtiler Spätmarxismus unter den Studenten in ein Sammelsurium von grobschlächtigen Parolen verwandelte, trieb Herbert Marcuse, der seit den 30er Jahren mit der Frankfurter Sozialforschung verbunden war und im amerikanischen Exil eine Professur im kalifornischen San Diego gefunden hatte, mit der Rhetorik einer romantischen linken Jugendbewegung große Studentenversammlungen weiter an. Die junge Intelligenz und Randgruppen müßten sich, noch vor der Arbeiterklasse, als revolutionäres Subjekt verstehen, das die «schöne, neue Welt» zu schaffen habe. Seine einschlägigen Texte wurden von vielen verschlungen, obwohl er ohne zuverlässige empirische Basis über den «eindimensionalen Menschen» klagte, und über die «repressive Toleranz» der liberalen Gesellschaft ist selten perfider geschrieben worden.

In der aufgeheizten Atmosphäre des Frühjahrs 1968 wurde am 21. April ein Attentat auf Dutschke verübt, dem er fast zum Opfer gefallen wäre; die bleibenden schweren Schäden haben sein Leben bis zum frühen Tod verkürzt. Der proletarische Revolverschütze folgte offenbar seinem primitiven politischen Vorurteil, das in der Wahrnehmung der Studenten von der Springerpresse gezüchtet worden war. In 27 Städten kam es, nachdem der Mordanschlag bekannt geworden war, zu großen Demonstrationszügen mit 5000 bis 18 000 Teilnehmern. Während schwerer Straßenschlachten wurde mancherorts von den Studenten Gewalt angewandt; in München gab es zwei Tote. Der SDS bekannte sich unverhohlen zur Anwendung von Gewalt. Die schon seit längerer Zeit praktizierte Vorlesungskritik, die sich gegen irgendwie mißliebige Professoren richtete, verwandelte sich immer häufiger in massive Störungen, bei denen auch Eier und Farbbeutel flogen, die Angegriffenen physisch bedrängt wurden. Ein zutiefst inhumaner Psychoterror, der keinen Unterschied zwischen politisch liberalen oder konservativen Professoren kannte, wurde durch Streiks, Institutsbesetzungen, Teach-ins und Go-ins verstärkt.

An die Stelle der Forderung nach Diskussionen über die Universitäten, die Reformaufgaben, die «Dritte Welt» trat das bewußt schockierende Verhalten eines zügellosen Pöbels, der seinen Methoden zur Vorbereitung der künftigen Revolution eine Pseudorechtfertigung verschaffte. Die einst kühl geplante Regelverletzung zur Erzwingung von Aufmerksamkeit ging in einen «blinden Aktionismus» über. Da jedwede soziale, ökonomische, politische Basis für einen revolutionären Umbruch fehlte, drohte die Gefahr, wie Jürgen Habermas frühzeitig den Heißspornen realistisch entgegenhielt, daß sich ein «linker Faschismus» aus der ursprünglich reformorientierten Protestbewegung entwickelte; deshalb warnte er dringend vor dem «Spiel mit dem Terror (mit faschistischen Implikationen)».

Ein Sternmarsch auf Bonn brachte am 11. Mai 1968 die beachtliche Zahl von 60 000 Gegnern der Notstandsgesetze auf die Beine. Doch das Gesetzpaket passierte noch im selben Monat den Bundestag – und nichts geschah. Weder bedeutete es das Ende der Demokratie noch die Einladung zu einer autoritären Politik, wie es die Kritiker vorhergesagt hatten, vielmehr ruhte es seither ungelesen im Archiv.

In diesem Mai 1968 lösten die Pariser Unruhen noch einmal eine kurzlebige Euphorie aus. Doch de Gaulle hielt sich im Amt, seine Partei gewann besonders eindrucksvoll die vorgezogenen Wahlen. Der «Prager Frühling» der tschechischen Reformkommunisten unter Alexander Dubček wurde am 21. August von russischen Truppen und ihren Verbündeten erstickt. Nur die frisch gegründete DKP begrüßte diese Intervention.

Unverändert beharrte der SDS auf der Maxime der «direkten Aktion»: In den «befreiten Gebieten» müsse eine rätedemokratische Gegenmacht aufgebaut werden, ehe nach der unvermeidbaren Phase einer Doppelherrschaft das politische System insgesamt abgeschafft werden könne. Massive Provokationen sollten, so bewies er seine Realitätsferne, den latenten in einen manifesten Faschismus umschlagen lassen, so daß dieser gefährliche Gegner endlich für jedermann erkennbar sei und niedergerungen werden konnte. Erste Bombenattentate irregeleiteter Studenten gab es noch im selben Jahr. Die anfangs verteidigte Gewalt gegen Sachen schlug nur zu schnell um in Gewalt auch gegen Personen. Seither degenerierte der Protest zur Gewalttätigkeit.

Vor allem aber zerfiel die Protestbewegung unaufhaltsam. Meistens versickerte sie auf eine unspektakuläre Weise, denn die große Mehrheit der Studenten kehrte zu ihrem Studium zurück. Zahlreiche Aktivisten wanderten zur SPD ab und mauserten sich zu realpolitischen Anhängern der Sozialliberalen Koalition. Ihre Berufskarriere verlief häufig aufwärts. Von 120 untersuchten Aktivisten landeten 35 % in den Medien, 25 % auf Professuren, 15 % in der Politik. Ein Teil der 68er wandte sich den neuen alternativen Bewegungen zu, wo er eigene Lebensformen in Kommune-Experimenten und Kinderläden, Öko-Gruppen und esoterischen Zirkeln erprobte; nicht zuletzt die Grünen zehrten dann von diesem Reservoir.

Die überzeugte Linke erlebte eine heftige Fragmentierung, zumal sich der SDS im Mai 1970 auflöste. Die «Roten Zellen», die Marxismus-Leninismus-Gruppen, Spartakus (der sich als Jugendorganisation der DKP entpuppte) und der «Kommunistische Bund Westdeutschland» (KBW) der Mao-Verehrer stritten um den Primat der Rechtgläubigkeit. 1971 wurden in der Bundesrepublik 250 ultralinke Gruppierungen mit 84000 Mitgliedern festgestellt. Davon waren 81000 in 130 orthodoxen kommunistischen Vereinigungen organisiert; die Mehrheit neigte zur DKP. Nicht wenige bekannten sich aber auch für kurze Zeit, da ihre Intelligenz dann doch gegen die im Westen untaugliche Dogmenlehre aufbegehrte, zum Maoismus, der während der chinesischen «Kulturrevolution» unlängst dafür gesorgt hatte, daß 16 Millionen Menschen umgebracht wurden.

Politisch ist die deutsche 68er-Bewegung rundum gescheitert. Der Gedanke an einen Erfolg ihrer rätedemokratischen, anarchistischen, lebensreformerischen, auf eine kommunistische Entwicklungsdiktatur zielenden Ideen ließ selbst aktive Teilnehmer wenig später schaudern. Die Reideologisierung im Verlauf eines fanatisch geführten Kulturkampfes der «Progressiven» gegen das «Establishment» verursachte jedoch «Verletzungen», welche die «Protest-Geschädigten», zu denen schließlich immer mehr anfangs reformbereite Persönlichkeiten gehörten, zu einer politisch «keineswegs unwirksamen Partei» machten. Einige allgemeine Defizite treten nicht minder deutlich zutage.

Weithin erfaßte die 68er der «Geist einer radikalisierten, ... utopisch angereicherten und politisch aktivierten Romantik», deren Realitätsfremdheit ebenso irritierend wirkte wie der im Laufe der Zeit vordringende Kult der Gewalt, der sich mit einem «pseudorevolutionären Gehabe» verband. Diese Eigenschaften lenkten die Bewegung, nachdem sie zu Beginn wie ein Teil der reformwilligen Auflockerung gewirkt hatte, auf ihre «selbstzerstörerische Bahn». Ihr kruder, oft verhunzter Neomarxismus speiste ihre politischen Zielvorstellungen und ihre Faschismustheorie, die nirgendwo die Realität der rechtstotalitären Systeme, insbesondere des deutschen Nationalsozialismus, zu erfassen vermochte, so daß sie für die wissenschaftliche Forschung völlig folgenlos blieb. Ihre zukunftsgläubige Fortschrittserwartung setzte ungeachtet aller bösen Erfahrungen mit dem Leviathan des 20. Jahrhunderts erneut auf einen allmächtigen Staat, sobald er denn nach sozialistischen oder kommunistischen Vorgaben umgebaut worden war. Darin äußerte sich auch die Anfälligkeit für geschichtsphilosophisch fundierte Gesamtlösungen, die im marxistischen, aber auch im nationalsozialistischen Denken angelegt gewesen waren, sich jetzt aber erneut gegen die Notwendigkeit von Stückwerks-Reformen stemmten. Die politischen Errungenschaften des Westens: die repräsentative Demokratie, der Verfassungs-, Rechts- und Sozialstaat, trafen auf dumpfe, höhnische Ablehnung. Statt dessen wurden kommunistische Diktatoren in Entwicklungsländern trotz ihrer mörderischen Bilanz nicht nur verklärt, sondern auch noch zum Vorbild für den revolutionären Umbau komplexer westlicher Gesellschaften und Staaten erhoben.

In anderen Bereichen nahmen die 68er die Mühen der Ebene mit ihrer pragmatischen Politik ebenfalls nicht auf sich. Die Frauenemanzipation z.B. zog keine Aufmerksamkeit auf sich. Nicht wenige 68erinnen begehrten daher gegen den Macho-Stil der männlichen Aktivisten auf. Die Impulse, die von 68 für die Frauenbewegung ausgingen, beruhten eher auf dem allgemeinen Veränderungswillen der Zeit, aber auch auf der tiefen Enttäuschung über die kontinuierliche Stabilität der Geschlechterrollen im Alltag, an der ihre demonstrierenden Lebensgefährten nicht rütteln wollten. Auch die ökologische Frage stieg nicht zu einem Thema der 68er auf, obwohl sich die Umweltprobleme, wie der Bericht des «Club of Rome» über die «Grenzen des Wachstums» demonstrierte, greifbar aufdrängten. Die Intervention in der Hochschulpolitik war mit einer fatalen Abwertung des Leistungsprinzips verbunden, dem aber keine überlegene Alternative entgegengesetzt wurde. Der empfohlene Rückgriff auf die edle progressive Gesinnung hatte sich bisher stets als Irrweg erwiesen. Da nicht wenige Angehörige der 68er Generation in die Lehr- und Medienberufe strömten, sollte ihre Opposition gegen den «Leistungsterror» fatale Folgen zeigen.

Schließlich gelang es der 68er Bewegung nicht, ausreichende eigene Barrieren gegen den Abmarsch in den Stumpfsinn der K-Gruppen, ja nicht

einmal gegen das Abgleiten von Randgruppen in den Terrorismus aufzubauen. Selbstverständlich ist die 68er-Bewegung kein allgemeines Schu-
lungslager für Terroristen gewesen; selbstverständlich gab es Anlaß zu einer legitimen Kritik an dem Modernitätsdefizit, wie es seit dem Beginn der
60er Jahre an vielen Stellen bekämpft wurde; selbstverständlich lohnte das
Insistieren auf einer offenherzigen, selbstkritischen Auseinandersetzung
mit der NS-Vergangenheit. Doch die fatale Fusion eines Holzhammermar-
xismus mit der Bewunderung für Entwicklungsdiktatoren und der Legitimierung von Gewalt schuf eine Gleitschiene, auf der Wirrköpfe, die sich
für Theoriekönige mit Einblick in die Notwendigkeiten des historischen
Prozesses und folglich für handlungsberechtigt hielten, in die Konventikel
des Terrors abziehen konnten. Insofern ist es nicht möglich, eine redliche
68er-Bewegung von ihrer terroristischen Peripherie bis hin zur «Roten
Armee Fraktion (RAF)» der Baader-Meinhof-Clique und ihrer Nachfolger fein säuberlich zu trennen. Dafür hatten die 68er zu viele schützende
Hindernisse selber mit Vehemenz beiseite geräumt, die diese Extremisie-
rung hätten verhindern können.

Die RAF gewann im Verlauf der 70er Jahre bis zum sogenannten «Deutschen Herbst» von 1977 – ein irreführender Ausdruck aus dem linksextre-
men Umfeld – eine traumatische Bedeutung, als mehr als dreißig Menschen ihren politischen Mordanschlägen zum Opfer fielen: prominente
Repräsentanten des «kapitalistisch-faschistischen Systems», wie etwa der
Generalbundesanwalt Buback, die Bankiers Ponto und Herrhausen, letz-
terer noch 1989, aber auch Dutzende ihrer Wegbegleiter und Polizisten.
Zugrunde lag diesem Amoklauf die aberwitzige Zielvorstellung, durch
eine Serie von dramatischen Verbrechen den wahren Charakter des «Systems» zu enthüllen, um dadurch zum erfolgreichen, massenhaften Widerstand gegen es anzuleiten.

Die Attentate lösten die bisher schwerste innenpolitische Krise der
Bundesrepublik aus, denn ihr Verfassungs- und Rechtsstaat hatte sich zwar
der Maxime der kampfbereiten «wehrhaften» Demokratie verpflichtet ge-
fühlt, aber nicht mit der mörderischen Militanz der RAF gerechnet. Die ad
hoc betriebene Gesetzgebung gegen den neuartigen Terrorismus verschärfte die rechtlichen Regularien, wobei der vermeintliche Einbruch in
die Normenwelt des liberalen Rechtsstaates von der Kritik maßlos überschätzt wurde. Sie konnte aber der gefährlichen Situation keineswegs
schnell gerecht werden, denn zu ihr gehörten z.B. Rechtsanwälte, die mit
den verhafteten Politverbrechern bedenkenlos kooperierten, aber auch
Anhänger aus einem weiten, von der 68er Bewegung indirekt vorbereite-
ten Umfeld, das nach der ersten auch der zweiten Generation von RAF-
Terroristen noch immer Unterstützung gewährte.

Ihren Höhepunkt erreichte die Krise, als Arbeitgeberpräsident Schleyer
entführt und gleichzeitig die inzwischen verhaftete Führungscrew der

RAF durch die Entführung einer Lufthansa-Maschine freigepreßt werden sollte. Das souveräne Krisenmanagement durch Bundeskanzler Schmidt führte zum Erfolg, der freilich den Tod Schleyers in Kauf nehmen mußte, um die Verweigerung der Staatserpressung zu demonstrieren. In einem waghalsigen Unternehmen gelang es einer deutschen Spezialeinheit, der GSG 9, das Flugzeug im somalischen Mogadischu zu erstürmen. Schleyer wurde daraufhin kaltblütig ermordet, die in Stammheim einsitzenden RAF-Spitzenfiguren begingen Selbstmord. Mit diesen Schockwirkungen war die Klimax des RAF-Terrorismus erreicht, obwohl die Verblendeten der ominösen zweiten Generation weitere Mordtaten, etwa an dem Treuhand-Präsidenten Detlev Rohwedder, begingen.

Im Grunde setzten sich Staatsregierung und Parlament, Strafverfolgungsbehörden und Justizapparat gegen den politischen Terrorismus erfolgreich durch, ohne doch die Unterwelt der Sympathisanten vollständig austrocknen zu können. Die arg strapazierte Problembewältigungskapazität hatte dank einer glücklichen politischen Konstellation im Bonner Entscheidungszentrum und dank der realistischen Handlungsbereitschaft unter schwierigsten Bedingungen zur Bewältigung der Krise ausgereicht. Erst mit dem fundamentalistischen Islamismus des neuen Jahrhunderts sollte sich eine noch gefährlichere Krisensituation abzeichnen.

Was bleibt als positive Bilanz von den Auswirkungen der 68er-Bewegung? Sie trug wahrscheinlich dazu bei, die Restbestände einer obrigkeitsstaatlichen Mentalität weiter abzubauen. Sie ermunterte Kritikfreudigkeit, letztlich auch das politische Engagement, wie das etwa die Vielzahl der 68er bei den Jungsozialisten und in der SPD demonstriert. Es äußerte sich aber auch in der gesteigerten Bereitschaft, in den zahlreichen Bürgerinitiativen der Folgezeit mitzumachen und damit den zivilgesellschaftlichen Partizipationswillen zu unterstützen. Obwohl «liberal» ein Schimpfwort der 68er und jeder «Scheißliberale» ihr Gegner war, trugen sie doch durch ihre Kritik an überlieferten Normen und Verhaltensweisen wider Willen zur Liberalisierung der westdeutschen Gesellschaft bei. Das war ein Gewinn, der im Vergleich mit Ländern ohne eine 68er-Bewegung deutlich hervortritt.

Die 68er veränderten auch über kurz oder lang den Lebensstil in einigen sozialen Klassen, da sie überkommene Normen in Frage stellten und neue Verhaltensweisen propagierten. Deshalb ist es nicht abwegig, zwar den antikapitalistischen Impetus der 68er zu konzedieren, sie aber auch als «unfreiwillige Avantgarde der kapitalistisch organisierten Konsumgesellschaft» zu verstehen, die sie durch ihren krassen Hedonismus und Individualismus, ihre Werbungsinnovationen und Extrovertiertheit vorantrieb, so daß ihr politisches Scheitern zugleich einen Erfolg der von ihnen ebenfalls verkörperten «Lebensstilrevolution» darstellte. Sollte sich das als die nachhaltigste Wirkung der 68er erweisen, wäre freilich von den ursprünglichen politischen Zielen nur eine einzige Forderung: freie Bahn für den Individualisierungsdrang im Verein mit einem unbeschwerten Lebens- und Konsumgenuß, übrig geblieben.[15]

## 13. 1989/90: Die Fusion der beiden deutschen Neustaaten

1989 setzte eine fundamentale Umwandlung der europäischen Nach-kriegsordnung ein, die bis hin zum Zerfall der Sowjetunion im Jahr 1991 reichte und damit auch die Weltpolitik umstülpte. Darin eingebettet voll-zog sich die Fusion der beiden 1949 gegründeten deutschen Neustaaten in einem atemberaubend beschleunigten Prozeß von nur wenigen Monaten, als sich am «Korridor der Macht» für kurze Zeit ein Fenster für neue Handlungschancen öffnete. Die Bundesrepublik erweiterte sich um die DDR, und damit entstand wieder eine gesamtdeutsche Gesellschaft, die seit 1990 in einem ungeahnten Maße die schwere Bürde der ostdeutschen Vergangenheit in Gestalt der Folgen der kommunistischen Sonderexistenz zu tragen hat.

Der neue deutsche Staatsbildungsprozeß wirft die Frage nach seinen Antriebskräften und restriktiven Bedingungen auf, die ihn ermöglicht, ka-nalisiert, gestaltet haben. Es sieht ganz so aus, als ob weder die ostdeutsche Bürgerbewegung noch die Moskauer oder Bonner Politik dafür hinrei-chend mächtig gewesen wären, obwohl das inzwischen oft genug für jedes dieser Bewegungszentren beansprucht worden ist. Notwendig war viel-mehr, wie ein einleuchtender analytischer Ansatz ergibt, das Zusammen-wirken von fünf denkbar unterschiedlichen Potenzen, die den Umbruch in der Deutschlandpolitik verursacht und vorangetrieben haben. Jede von ih-nen ist offenbar ein unverzichtbarer Bestandteil jener Veränderungsdyna-mik gewesen, welche die neue Konstellation heraufgeführt hat. Aber keine einzelne Potenz hätte, je für sich wirkend, diese Dynamik auslösen und steuern können. Erst ihre Wechselwirkung hat den grundlegenden Wandel herbeigeführt.

1. Die internationale Lage war seit 1986 insofern durch eine neuartige Situation gekennzeichnet, als der frisch gewählte Generalsekretär der KPdSU, Michail Gorbatschow, alsbald zu einer Reform der Sowjetunion ansetzte. Dazu motivierten ihn die absolut marode Wirtschaft des Landes, der gewaltige Schuldenberg aufgrund eines Aufrüstungstempos, dem die russischen Ressourcen nicht von fern gewachsen waren, die Aussichtslo-sigkeit des Afghanistankrieges und das erkennbare Angewiesensein auf das europäische, vor allem das deutsche Wirtschaftspotential, wenn die Rekonstruktion des russischen Imperiums gelingen sollte. Außenpolitisch drückte sich der neue Kurs als dramatischer Verzicht auf die Breschnjew-Doktrin aus, mithin auf das angemaßte Interventionsrecht der Sowjet-union in allen Warschauer Paktstaaten. Gorbatschow stieg in den späten

8oer Jahren kometenartig zu einer Schlüsselfigur der internationalen, auch der deutsch-deutschen Politik auf. Es ist äußerst unwahrscheinlich, daß Breschnjew oder einer der nachfolgenden Vertreter aus der sowjetischen Gerontokratie den Verlust des 1945 gewonnenen imperialen westlichen Vorfeldes hingenommen hätte. Ohne Gorbatschow ist daher die Moskauer Verhandlungsbereitschaft für eine friedliche Lösung der deutschen Frage kaum vorstellbar.

2. Die westliche Hegemonialmacht wiederum, die von dem republikanischen Präsidenten George Bush, unterstützt von Außenminister James Baker, geleitet wurde, hielt die jahrzehntelang wiederholte Anerkennung des westdeutschen Wunsches nach der Wiedergewinnung der staatlichen Einheit nicht für ein wohlfeiles, rituell gespendetes Lippenbekenntnis, sondern für eine Maxime des Selbstbestimmungsrechts der Völker, das in den Vereinigten Staaten eine imponierende ideenpolitische Tradition besaß. Im konkreten Fall war die Beherzigung dieser Tradition keineswegs eine Selbstverständlichkeit, doch unterstützten Bush und Baker jene Einigungspolitik, welche die ostdeutschen Demonstranten und die Bonner Politiker von einem bestimmten Augenblick an betrieben. Dieser außerordentlich wichtige Beistand implizierte auch die Zurückweisung all jener massiven Blockadeversuche, die Margaret Thatcher und François Mitterand eine geraume Zeit lang verfolgten, um die deutsche Einheit mit dem befürchteten Wiederaufstieg Deutschlands zur europäischen Vormacht nach Möglichkeit zu verhindern. Ohne das positive Grundsatzvotum und die praktische politische Unterstützung Bushs hätte es im Westen keinen nachdrücklichen Beistand für die deutsche Vereinigung gegeben.

3. Unbestreitbar ging die offenbar unwiderstehliche Schubkraft von der ostdeutschen Bevölkerung aus, die mit ihrem Aufbruch sowohl den Umbruch und schließlich den Verfall der Parteidiktatur herbeiführte, als auch in einer zweiten Phase zum Träger des Vereinigungswillens wurde. Während in der Geschichte der Niedergang von Großreichen in der Regel von Kriegen begleitet zu werden pflegt, vollzog sich die Erosion des russischen Reiches und seiner ostdeutschen Satrapie ohne Waffengewalt. Als erfolgreicher erwies sich die friedliche Revolution aufbegehrender Bürger, die eine das SED-System sprengende Implosion auslösten. Als das ganze Ausmaß des wirtschaftlichen Ruins, der Umweltbelastung, der Korruption der Parteielite, vor allem aber der jahrzehntelang verweigerten Lebenschancen bekannt wurde, bot nur noch der Anschluß an die prosperierende Bundesrepublik eine realistische Option, die Krise überwinden zu können.

Eine exakte, allgemein überzeugende Rangordnung dieser Antriebskräfte ist kaum möglich. Aber so wichtig auch die Versorgungs- und Umweltprobleme, die Pseudodemokratie und Parteiknechtschaft unter der SED gewesen sind, wog doch die Verweigerung von Lebenschancen, die

«Vergeblichkeit ihrer Lebensarbeit» für die Oppositionellen vermutlich am schwersten. Es handelte sich um ein geradezu klassisches Phänomen der Relativen Deprivation. Die Deprivationstheorie – die bereits ausführlich vorgestellt worden ist (II, 694–702), um den Charakter der 48er Revolution genauer zu erfassen – zielt auf die Beschreibung und Erklärung des Spannungsverhältnisses, das zwischen gesellschaftlichen und individuellen Erwartungen und ihrer Versagung entsteht. Als Vergleichsmaßstab fungiert eine Bezugsgruppe oder -gesellschaft, an deren Lebensniveau das eigene Schicksal gemessen wird. Unbestreitbar stellte die Bundesrepublik für die DDR-Bürger eine solche Bezugsgesellschaft dar, deren Lebensstandard sie allabendlich im Fernsehen, in eingeschleusten Zeitungen und Zeitschriften, durch Westbesucher präsentiert bekamen. Nach 40 Jahren entsagungsvoller, allenthalben auch scheiternder Anstrengungen hatte die ostdeutsche Gesellschaft offenbar jenen kritischen Punkt erreicht, an dem die geballten Deprivationserfahrungen die Hemmschwelle vor dem Übergang zur Protestaktion gesenkt hatten. Nur diese kollektive Deprivation «erklärt die Wucht» und «die rasche Unumkehrbarkeit der Aktionen bei der Zerstörung der realsozialistischen Welt». Ohne die Bürgerbewegung hätte es weder den Zusammenbruch der SED-Herrschaft noch den Massendurchbruch zugunsten der deutschen Einheit gegeben, denn in Westdeutschland war zu dieser Zeit von einer Begeisterung dafür nichts zu finden.

4. Das negative Pendant zum Sieg der ostdeutschen Bürgerbewegung wurde im Verfall des Herrschaftssystems der deutschen Bolschewiki sichtbar. Der rasante Autoritätsverfall und das Zerbröseln der Legitimationsbasis traten in der Reaktion auf die Bürgerbewegung zutage. Denn die eklatante Unfähigkeit des Partei- und Staatsapparats zu einem adäquaten Handeln enthüllte eine Machtdeflation, die selbst (oder gerade?) einer auf Gewalt verzichtenden Protestbewegung nicht mehr gewachsen war. Hatte die marxistisch-leninistische Dogmatik bisher die progressive historische Innovationskraft der Volksmassen verklärt, wurde jetzt die Parteidiktatur der SED selber zum Opfer der sich gegen sie empörenden Bürger. Das machtpolitisch erodierende Herrschaftssystem, das den Bürgerkrieg im eigenen Land nicht riskieren konnte, war eine unabdingbare Voraussetzung für den Triumph der Opposition. Trotz aller düsteren Befürchtungen war auch eine Imitation des unlängst veranstalteten chinesischen Massakers auf dem «Platz des himmlischen Friedens» ausgeschlossen, da die russischen Besatzungstruppen, und das vollendete die Ohnmacht der SED, den strikten Befehl besaßen, nicht mit Waffengewalt wie 1953 zu intervenieren. Da die DDR aber seit 1949 auf russischen Bajonetten ruhte, bedeutete diese von Gorbatschow angeordnete Zurückhaltung der Heeresgruppe West im Augenblick der evidenten Systemkrise das Todesurteil für die sowjetische Satrapie.

5. Mit der Erosion der SED-Autorität kontrastierte aufs Schärfste die Handlungsfähigkeit und politische Kompetenz der Bonner Regierung. Sie hatte zunächst, von der Protestbewegung ebenfalls überrascht, mit großer Behutsamkeit agiert, im Vorfeld der auftauchenden Entscheidung die internationale Konstellation soweit wie möglich zu klären versucht und dann in einem denkwürdigen Zusammenspiel mit Bush, zusehends auch mit Gorbatschow, entschlossen dazu beigetragen, die Weichen für den Einigungsprozeß zu stellen. Vom November 1989 bis zum Mai 1990, als die Würfel gefallen waren, bewies Bundeskanzler Kohl, ungeachtet des Provinzialismus seiner bisherigen Politik, eine verblüffende staatsmännische Weitsicht, die ihn die ganz unerwartete Chance nutzen ließ, als sich das «Window of Opportunities» plötzlich öffnete – wahrscheinlich nur für kurze Zeit, denn schon 1991 bewies die Entmachtung Gorbatschows, daß starke Kräfte, namentlich in der russischen Armee, seine Westpolitik zutiefst ablehnten, wie prekär die Chancen von 1989/90 gewesen waren.

Innerhalb dieses Fünfecks der Machtpotenzen mit ihren wechselseitig verschränkten Einwirkungen läßt sich der Einigungsprozeß verorten und erklären; die Berücksichtigung weiterer Faktoren ist dazu nicht nötig.

In den 8oer Jahren hatte die SED-Diktatur das Bild einer lückenlosen Allgegenwart vermittelt. 17,4% der erwachsenen Bevölkerung gehörten der Einheitspartei an, 8,8 Millionen dem von ihr gesteuerten FDGB, 2,3 Millionen der FDJ und 1,5 Millionen den Jungen Pionieren. Doch hinter der Fassade der ostdeutschen Volksdemokratie hatte die Leistungs-, Innovations- und Wachstumsschwäche der kommunistischen Planwirtschaft ein ökonomisches Debakel heraufgeführt, das längst nicht mehr damit erklärt werden konnte, daß die SBZ/DDR von den Sowjets mit Demontage- und Reparationskosten belastet worden war, die sechzig Mal höher als im Westen des Landes lagen. Das durchschnittliche Haushaltseinkommen in der DDR erreichte in den 8oer Jahren gerade einmal die Hälfte des westdeutschen Wertes; der Bruttoverdienst eines ostdeutschen Arbeiters belief sich auf nicht einmal ein Drittel seines westdeutschen Pendants; allgemein lag auch das Produktivitätsniveau der DDR bei einem Drittel dessen, was in der Bundesrepublik erzielt wurde. Eine derart krasse Ungleichheit charakterisierte überhaupt den ostdeutschen Lebensstandard. Im Hinblick auf die Wohnfläche, das Alter der Häuser und Wohnungen, ihre Einrichtung, die Anzahl der PKW, Haushaltsgeräte und Telefone, von den verweigerten Reisemöglichkeiten ganz zu schweigen, hinkte die Bevölkerung der DDR weit hinter der Lebensführung der westdeutschen Konkurrenten her.

Bereits zu Beginn der 8oer Jahre näherte sich die DDR dem Staatsbankrott, der nur durch zwei 1983 durch Franz Josef Strauß vermittelte Milliardenkredite, die Sondereinnahmen als Entgelt für Erleichterungen im Reiseverkehr der Westdeutschen nach Osten und die mit schlechterdings allen Mitteln angestrebte Devisenbeschaffung durch eine so dubiose Figur wie

Alexander Schalck-Golodkowski knapp vermieden werden konnte, als latente Bedrohung aber seither erhalten blieb. 1970 betrug die Verschuldung im Westen zwei, 1989 aber 49 Milliarden Mark.

Erich Honeckers fatale Maxime der «Einheit von Wirtschaft- und Sozialpolitik» hatte zu einem riesigen Subventionssystem zugunsten der Einkommenssteigerung und sozialpolitischen Leistungen geführt, welche die DDR weit über ihre Verhältnisse – sprich: über die engen Grenzen des erwirtschafteten Sozialprodukts, das diese immensen Kosten nicht decken konnte – leben ließ und sie deshalb dem Ruin der staatlichen Finanzen unentrinnbar entgegenführte. Überdies hatte der rücksichtslose Raubbau in der Industrie zu einer extremen Umweltbelastung geführt, die das Wohnen insbesondere in der Nähe von Braunkohle- und Chemiewerken unerträglich machte. In der Industrie zehrte die Parteidiktatur von der überkommenen Substanz, da sie keine hinreichenden Investitionen für die Erneuerung der Ausrüstung und Anlagen mit ihren deprimierenden Arbeitsumständen aufbrachte. Die Statistik wurde jedoch im Auftrag der Parteiführung gefälscht, so daß diese Manipulation die DDR als Aufsteiger erscheinen ließ, der das Leistungsniveau des ersten Landes der Industriellen Revolution, Englands, bereits auf dem Papier überholt hatte, während sie in Wirklichkeit den Ausstoß eines Schwellenlandes erreichte.

Nicht allein die konkrete Mangelsituation mit ihren ewigen Versorgungsproblemen erschwerte das ostdeutsche Alltagsleben. Vielmehr vermittelte das allabendlich fast überall eingeschaltete westdeutsche Fernsehen ein glänzendes, verlockendes, auch die Erzeugung von Illusionen förderndes Kontrastbild, das die eigene Dauermisere um so bedrückender und aussichtsloser erscheinen ließ, als inzwischen mehr als 40 Jahre seit dem Kriegsende ohne eine grundlegende Verbesserung oder auch Aussicht auf dieselbe vergangen waren.

Da der ostdeutsche Totalitarismus auf dem Anspruch beharrte, «die gesamte gesellschaftliche Entwicklung in allen ihren Aspekten zu planen und zu steuern», machte ihr Machtmonopol die SED auch zum einzigen Adressaten aller Erwartungen. Daher löste das Mißverhältnis zwischen hohem Anspruch und tagtäglich erfahrener Realität zum einen den resignierenden Rückzug in die privatistische, die Konfrontationsneigungen entschärfende Nische, zum anderen aber einen Legitimitätsverfall aus, mit dem sich Groll und Kritik, Distanz und latente Opposition verbanden, die durch eine zutiefst undemokratische Politik und die realitätsfernen Rituale des öffentlichen Lebens ständig weiter genährt wurde.

Es war, wie der Rückblick zeigt, nur eine Frage der Zeit, bis ein lernunfähiges, erstarrtes System, das von einer versteinerten, führungsschwachen Gerontokratie geleitet wurde, den «kritischen Moment» (P. Bourdieu) erreichte, an dem es von der eigenen Bevölkerung in Frage gestellt wurde. Bis dahin konnten gegen jede Abweichung von der Parteilinie 100000 Angehörige des Ministeriums für Staatssicherheit zusammen mit 173 000 Informellen Mitarbeitern – jeder 35. Erwachsene war daher für die Stasi tätig, was selbst die wildesten Wunschträume der Gestapo übertraf – eingesetzt werden. 300 000 DDR-Bürger hatten bis 1989 auf eine ebenso erschreckende wie empörende Weise Bekanntschaft mit der Stasi gemacht. Wägt man die Alternativen abstrakt ab, hätte allein die Übernahme von Gorbatschows Reformprogramm der SED eine allerletzte Überlebenschance eröffnet. Aber eben dazu fand sie sich, blind und arrogant zugleich, nicht bereit.

Die von den KSZE-Beschlüssen geschaffenen Freiräume nutzend, hatte sich auch in der DDR seit 1978 eine kleine, an evangelische Diskussionskreise gebundene Friedensbewegung entwickelt. Zu ihr traten Kleingruppen, die sich mit Umweltproblemen, Menschenrechtsverletzungen, Fragen der Frauenemanzipation, aber auch der «Dritten Welt» beschäftigten; dafür fanden sie oft eine Heimstätte in den protestantischen Gemeindehäusern. Seit etwa 1982 war der diffuse Kern eines alternativen politischen Milieus erkennbar, das aber unter den Repressionsbedingungen des Arbeiter- und Bauernstaates – wer als aufmüpfig auffiel, wurde inhaftiert oder ausgewiesen – keine handlungsfähige Gegenelite hervorbringen konnte.

Ein eklatantes Dilemma dieser kleinen Dissidentengruppen bestand darin, daß nicht nur die politische Klasse der Bundesrepublik, sondern auch die politischen Parteien außerordentlich zurückhaltend auf sie reagierten. Der Erfolg der Brandtschen Ostpolitik: der Abbau von Spannungen und die Verbesserung der wirtschaftlichen Kooperation, hatte die politischen Kräfte dahin geführt, auf eine unbegrenzte Verlängerung dieser Politik zu setzen. Dadurch wurden Illusionen in der DDR-Nomenklatur unterstützt, aber auch eigene Hoffnungen genährt, daß durch die ständige Wiederholung der Behauptung, wie effektiv doch die Ostpolitik Spannungen vermindere, tatsächlich die systembedingten Gegensätze reduziert würden. In Westdeutschland waren viele derart auf Frieden, Stabilität und Ordnung fixiert, daß sie eher die Position der Status-quo-Verteidigung durch die osteuropäischen Politiker als das Reformbegehren ihrer einheimischen Kritiker teilten.

Auf dieser Linie hatte etwa ein so prominenter Exponent der Ostpolitik wie Egon Bahr unmittelbar nach der Verhängung des Kriegsrechts in Polen im Januar 1982 mit verletzender Taktlosigkeit erklärt, die Deutschen hätten im Interesse des Friedens auf ihre nationale Einheit verzichtet, jetzt müßten die Polen im Namen dieser «höchsten Priorität» ihre Forderungen nach Freiheit aufgeben. Der einflußreiche Journalist Peter Bender, seit jeher ein Unterstützer der neuen Ostpolitik, behauptete 1987 auf einem Symposium der SPD, daß man in der Bundesrepublik bei dem Wunsch nach Entspannung mehr mit Belgrad und Stockholm, aber auch mit Warschau und Ostberlin gemein habe, als mit Paris und London. Führende

SPD-Politiker äußerten sich gegenüber DDR-Besuchern mit einer verblüffenden Verständnisbereitschaft. So besaß, Björn Engholm im Jahr 1987 zufolge, die Innenpolitik der DDR einen «historischen» Rang. 1988 wollte Oskar Lafontaine alles in seiner Macht stehende tun, um die westdeutsche Unterstützung der ostdeutschen Dissidenten zum Verstummen zu bringen; Sozialdemokraten müßten alles vermeiden, was diese Kräfte stärken könne. In einem sowjetischen Bericht an das DDR-Politbüro hieß es daher im Oktober 1984: Viele Argumente, die man früher SPD-Vertretern entgegengehalten habe, «haben diese jetzt übernommen».

Mochte wegen der Erfolge der Brandtschen Ostpolitik die politische Blindheit und fehlende Sensibilität von SPD-Sprechern in der Phase der eigenen Machtlosigkeit noch verständlich sein, wurden ihre Illusionen weithin doch auch von der CDU geteilt. Kohl blieb auf gute Beziehungen zur DDR bedacht; im September 1987 empfing er Erich Honecker zum ersten Staatsbesuch in Bonn. Die Finanzhilfe für die DDR wurde kontinuierlich aufgestockt, während der inneren Opposition in Ostdeutschland kein Pfennig zur Verfügung gestellt wurde. Das volle Ausmaß der inneren Krise der DDR wurde dank dieser auffälligen Vogel-Strauß-Politik kaum zur Kenntnis genommen.

Im Sommer 1989 setzte jedoch die Transformation der latenten in die manifeste Krise ein. Ihr Auslöser war die Ausreisewelle, die Abertausende von Ostdeutschen über Ungarn und die ČSSR nach Westdeutschland führte. Diese Initialzündung war das «kritische Ereignis», welches das Ressentiment zahlloser Individuen zu der «elementaren Gemeinsamkeit kollektiver Gefühlslagen» bündelte. Seit Mai stieg die Anzahl der Flüchtlinge an, die aus Ungarn über die Grenze nach Österreich überwechseln wollten. Zwar wurden drei Viertel von ihnen von den ungarischen Grenzposten abgefangen und mit einem diskriminierenden Stempel der DDR überstellt, doch einem Viertel gelang der Sprung in den Westen. Da der Grenzwechsel gefährlich blieb, steuerten immer mehr Fluchtwillige die Botschaft der Bundesrepublik in Budapest an, die sich bis Anfang August bedrohlich füllte. Zu dieser Zeit setzten in der DDR die Schulferien ein. Da Ungarn ein beliebtes Ferienziel für Ostdeutsche geworden war, von denen jetzt auch eine rasch zunehmende Zahl durch die Fluchtchancen beflügelt wurde, wollte eine Million in diesem doppelt attraktiven Süden Ferien machen. Da die Grenze nach Österreich ziemlich scharf kontrolliert wurde und da hier nur relativ wenigen der Durchbruch gelang, füllte sich die Budapester Botschaft weiter: Bis zum 24. August drängten sich dort 2000 Fluchtwillige zusammen, weitere 1800 in einem provisorischen Lager in der ungarischen Hauptstadt.

Die ungarischen Reformkommunisten hatten inzwischen einen Kurs der sachten, gleichwohl hochriskanten Ablösung von den Zwängen des Warschauer Paktes eingeschlagen, wohl wissend, daß sie künftig auf westliche Unterstützung angewiesen sein würden. Angesichts der sich zuspitzenden Flüchtlingsfrage entschloß sich die ungarische Parteispitze, von der DDR eine akzeptable Problemlösung zu verlangen, andernfalls wollte sie, so ihr unverhülltes Ultimatum, am 11. September die Grenze nach Österreich öffnen. Da die DDR sich zu keiner Konzession bereit fand, gab Ungarn die Übergänge frei. Sofort nutzten 14 000 Ostdeutsche die Chance, der heimatlichen Misere den Rücken zu kehren, auch die Botschaftsbesetzer reisten aus; mit ihnen allen hatten seit dem Mai immerhin 20 000 DDR-Bürger ihr Land verlassen – ein unerwartetes Ereignis, das nicht nur durch die Gerüchteküche, sondern auch durch das westdeutsche Fernsehen in der gesamten DDR eindringlich bekannt gemacht wurde.

Dort breitete sich die Spannung, durch die Jubelbilder aus Ungarn verstärkt, immer tiefer aus, da die Ausreisewelle eine katalytische Wirkung ausübte. Doch die Betonköpfe der SED führten sich auch jetzt wie «politische Autisten» (K. Bölling) auf, die den anschwellenden Problemdruck zu ignorieren entschlossen waren. In dieser kritischen Phase war überdies Parteichef Honecker zweieinhalb Monate krank, eine Fehlerdiskussion in dem an selbständiges Handeln nicht gewöhnten Polit- oder Zentralkomitee kam nicht zustande. Im Mittelpunkt der internen Überlegungen stand absolut vorrangig der 40. Jahrestag der DDR-Gründung am 7. Oktober 1989, der als bombastische Jubelfeier angelegt war. Es half auch nichts, daß nach dem 11. September mehrere Protestkundgebungen diese Passivität anprangerten. Einige der bekanntesten ostdeutschen Schriftsteller und Musiker riskierten den Weg in die Öffentlichkeit, gefolgt von der Synode der Evangelischen Kirche sowie sogar von einigen Politikern der Blockparteien CDU und LDPD. Am 25. September gab es die erste größere Demonstration in Leipzig; zu dieser Zeit war 22 000 Ostdeutschen die Flucht in den Westen bereits gelungen. Am 2. Oktober übten sodann 20 000 Menschen auf der nächsten Leipziger Montagsdemonstration den aufrechten Gang.

Da die DDR den Reiseverkehr nach Ungarn gesperrt hatte, verlagerte sich die Abstrombewegung nach Prag, wo sich bis zum 30. September 3000 Ostdeutsche unter katastrophalen Bedingungen in der deutschen Botschaft zusammendrängten. Als sie aufgrund eines Abkommens mit der DDR geräumt werden konnte, waren es schon 7000 Fluchtwillige. Die DDR sperrte am 3. Oktober auch die letzte bisher offene Grenze, die zur ČSSR, und vollendete damit ihre komplette Einigelung. Zugleich bestand sie auf der Ausreise der Botschaftsbesetzer über Dresden, um den Anschein der formellen Entlassung aus dem ostdeutschen Staatsverband zu wahren. In Dresden, wo Tausende die Sonderzüge zu stürmen versuchten, kam es vom 4. bis 6. Oktober zu erbitterten Straßenschlachten mit der Volkspolizei; außer vielen Verletzten gab es tausend Verhaftungen.

Am 6. und 7. Oktober wurde die 40-Jahr-Feier der DDR im üblichen Protz- und Paradestil totalitärer Macht pompös abgewickelt. Gorbatschow, der die Liste prominenter Gäste anführte, wurde enthusiastisch begrüßt. Zahlreiche ungenehmigte Demonstrationen in Berlin, Leipzig, Dresden, Plauen, Chemnitz, Rostock, Magdeburg, Potsdam, auf denen überall «Gorbi»-Rufe als unmißverständliche symbolische Aufforderung zur Reform der DDR ertönten, wurden durch brutalen Staatsterror gewaltsam aufgelöst. Dieses Debakel verschärfte die Krise, wie sich zwei Tage später auf der Leipziger Montagsdemonstration vom 9. Oktober zeigte, zu der sich bereits 70 000 Teilnehmer zu einem informellen Aktionsbündnis einfanden. Offensichtlich hatte es im September den Formationsprozeß einer ostdeutschen Bürgerbewegung gegeben, die seither die Weichen zu stellen begann.

Als der Herbst 1989 einsetzte, gab es in der DDR 300 bis 325 oppositionelle Gruppen, die meist nur um die 20 Mitglieder zählten. Allmählich entstanden daraus bis Mitte September lockere Organisationen wie das «Neue Forum», die SDP, der «Demokratische Aufbruch», «Demokratie Jetzt», die «Initiative für Menschenrechte» – der Zeitpunkt aller Gründungen lag noch vor der dramatischen Zuspitzung der Ausreisewelle, aber alle wurden durch die gefälschten Kommunalwahlen vom 7. Mai 1989 noch einmal motiviert, deren unglaubwürdiges Ergebnis als Beweis für die bürgerfeindliche Selbstherrlichkeit der SED galt. Da sich die Kritik am kommunistischen Krakenstaat in diese Oppositionsgruppen tief eingefressen hatte, breitete sich in ihnen eine tiefe Aversion gegen staatliche Herrschaft überhaupt aus, so daß sich die große Mehrheit, ähnlich dem klassischen Anarchismus, die naive Utopie einer herrschaftsfreien Basisdemokratie, die im Diskurs zum Konsens fand, zu eigen machte. Übereinstimmung herrschte auch in konkreten Forderungen wie dem Ruf nach dem Rechtsstaat, der Gewaltenteilung, der Versammlungs-, Vereins-, Meinungs- und Pressefreiheit, nicht zuletzt nach freien Wahlen. Von Anfang an wurden diese Gruppen von den Westmedien unterstützt, die auf ihre Weise indirekt Sympathisanten anwarben.

Im Vergleich mit anderen Revolutionen ist am Fall der DDR auffällig, daß nicht die Hauptstadt, Ort der SED-Privilegierten und Pfründenbesitzer, den Vorreiter spielte, sondern die «Provinz», in der Leipzig von Anfang an das eigentliche Bewegungszentrum bildete. Dort wurden in der Nikolaikirche jeweils am Montag Friedensgebete abgehalten – ein halbes Dutzend der 60 Leipziger Pastoren unterstützte diese Protestregung –, die am 11. September die Gewaltanwendung der Volkspolizei gegen die Besucher ausgelöst hatten; die bevorstehende Messe mit ihrem Zustrom westlicher Gäste und Journalisten veranlaßte die sogenannten Ordnungskräfte zu einem rigorosen Eingreifen, um der Aufsässigkeit rechtzeitig ein Ende zu bereiten. Ein überraschender Solidarisierungseffekt führte dazu, daß sich am 18. September schon 1000, am 25. September 5000, am 2. Oktober 20 000 Teilnehmer zu einem Demonstrationszug durch die Leipziger Innenstadt zusammenfanden. Dem harten Kern der anfangs Protestbereiten schlossen sich zusehends immer mehr zuschauende Bürger spontan an. Inzwischen steigerte die ebenso ermutigende wie deprimierende Ausreisewelle die Bereitschaft zur Risikoübernahme und erhöhte den moralischen Anreiz zum Widerspruch, während gleichzeitig in der Reaktion des Parteiapparats die Schwäche der SED trotz mancher brutaler Übergriffe der Polizei zutage trat.

Mit der bereits erwähnten Demonstration vom 9. Oktober, unmittelbar nach der 40-Jahr-Feier und der Sperrung der tschechischen Grenze spitzte sich der Protest zum «kritischen Moment» des Übergang zur manifesten Opposition zu. Gerüchte über eine umfassende Repressionsplanung besaßen einen wahren Kern in Honeckers scharfem Befehl, die Massendemonstration jetzt von vornherein zu unterbinden. Überdies hatte Egon Krenz die vermeintliche Berechtigung des Tian'anmen-Massakers in der chinesischen Hauptstadt beflissen anerkannt. Trotz aller Unsicherheit und Angst setzten sich die 70 000 jedoch in Bewegung.

Ungeachtet aller strengen Anweisungen verlor die SED die Kraftprobe und damit auch die politische Initiative überhaupt. Parteimitglieder lehnten wider jede Erwartung die Unterstützung ab; Betriebskampfgruppen riskierten die Befehlsverweigerung (140 Mitglieder wurden sogleich verhaftet); die russischen Militäreinheiten hielten sich weiterhin strikt zurück. Was waren die Hauptgründe für die letztlich widerwillige Duldung einer solchen Großdemonstration?

Eine Riesenmenge wie in Leipzig ließ sich nur mit massivem Gewalteinsatz der Volkspolizei oder sogar der Volksarmee auflösen. Trotz Honeckers unmißverständlicher Anweisung und Krenz' empörender Äußerung blieb der Entschluß dazu aus. Die SED erlag einer Fehlperzeption, als sie in der Protestbewegung die Konterrevolution herannahen sah, weil das ihren Denkklischees entsprach. Tatsächlich konnte aber davon noch keine Rede sein, da das Hauptziel der bisherigen Demonstrationen die Reform der DDR, die Anerkennung ihrer staatlichen Eigenexistenz und eines geläuterten Sozialismus blieb. Die proklamierte und praktizierte Gewaltlosigkeit entsprang wahrscheinlich zwar nicht, wie öfter behauptet worden ist, einem prinzipiellen, christlich getönten Pazifismus, sondern wohl eher der taktisch klugen Entscheidung zur Friedfertigkeit aus Angst vor dem gnadenlosen Polizeieinsatz. Doch erschwerte sie, was immer das dominante Motiv war, ganz ungemein den Gewalteinsatz gegen vorbildlich friedlich demonstrierende Bürger des eigenen Landes. Insofern erreichte sie ihren Zweck.

Das Fernsehen verbreitete das neue Leipziger Medienereignis, so daß die Krise in der gesamten DDR an Evidenz hinzugewann. Der Bildschirm verband lokale Initiativen zu einer landesweit stimulierten Bürgerbewegung, die in zahlreichen Städten den Protest riskierte, der jetzt vom Partei- und Staatsapparat widerstandslos hingenommen wurde.

Seit dem 9. Oktober, dem weit ausstrahlenden Fanal der Emanzipation von der SED-Herrschaft, überschlugen sich die Ereignisse. Die Drohkulisse in Leipzig mit ihrem Vorbildcharakter wuchs weiter an: Am 16. Oktober demonstrierten 140000, am 23. Oktober 250000, am 30. Oktober 350000, am 6. November 450000 Menschen mit zahllosen Transparenten und Spruchbändern, deren treffsichere Formulierungen in die Geschichte der Protestkultur eingegangen sind. Zwischen dem 9. und 21. Oktober fanden 24 Demonstrationen mit 140000 Teilnehmern in anderen Städten der DDR statt, vom 22. bis 29. Oktober waren es schon 145 Demonstrationen mit 540000 Menschen. Nach 18jähriger Diktatur wurde Honecker am 17. Oktober zum Rücktritt gezwungen, und einer der Hauptverschwörer, Egon Krenz, am 18. Oktober zum Nachfolger des Generalsekretärs der Partei und Staatsratsvorsitzenden gewählt. Das war eine schwerwiegende strategische Fehlentscheidung, denn Krenz war durch sein China-Bekenntnis, die Repression während der Gründungsfeier am 7. Oktober und die Fälschung der Kommunalwahlen im Mai zutiefst diskreditiert. Die glatte Entmachtung Honeckers wirkte zudem wie ein unglaubwürdiges Täuschungsmanöver des bisher servilen Apparatschiks. Krenz galt daher als «Kandidat der Machterhaltung», aber auch als Exponent der hilflosen «Angst im Apparat» (K. Hartung).

Unstreitig war der Oktober für die Bürgerbewegung der «eigentliche Befreiungsmonat». Die Gewichte verschoben sich überall zu ihren Gunsten. Allerorten fanden sich Demonstrationen mit mehr als einer Million Teilnehmer zusammen. Aus der «administrativ entmündigten Gesellschaft» der DDR wurde eine «aktive Staatsbürgerschaft», die gegen lang erduldete Gängelung aufbegehrte.

Einen Monat nach dem Leipziger Widerstandsakt erreichte der Protest auch Ostberlin. Auf einer Großveranstaltung mit 250000 Menschen – die Veranstalter renommierten mit der Zahl von 500000 – wurde der Umschwung evident: Der «Point of No Return» war erreicht. Zwar wurden noch 200000 Unterschriften für den Aufruf zugunsten der «DDR – unser Land» gesammelt. Doch selbst die SED-Spitze erkannte jetzt, dass eine schnelle Reiseerleichterung anstand. Während einer ZK-Sitzung am 9. November gab Krenz den Text einer Entscheidung, welche diese Erleichterung in gestreckter, stufenweise erfolgender Form ankündigen sollte, dem Politbüromitglied Günter Schabowski, ohne ihn vorher über den Inhalt genauer zu informieren, zu einer Pressekonferenz mit. Etwas verwirrt gab dieser dort auf die Nachfrage eines Journalisten hin zu verstehen, daß nach seinem Eindruck die Entspannung im Reiseverkehr «sofort» wirksam werden sollte. Das war ein grandioses Mißverständnis mit historischen Folgen. Um 20 Uhr meldete die ARD-Tagesschau: «DDR öffnet die Grenze». Im Nu begann der Ansturm der Ostberliner, und die ratlosen Grenzposten gaben Abertausenden den Weg frei.

Das war das Ende der DDR als Mauerstaat. Der Fall des Schandwerks ließ sich seither nicht mehr aufhalten. Bis zum 22. November gingen elf Millionen, zwei Drittel der ostdeutschen Bevölkerung, auf Westreise; nur 20 000 von ihnen blieben in der Bundsrepublik. Bis Ende November waren auch bereits 200 000 SED-Mitglieder aus der Partei ausgetreten.

Gleichzeitig geriet die Bürgerbewegung mit ihrer immer noch vorwaltenden Utopie, eine renovierte DDR als selbständige Zivilgesellschaft einzurichten, in ein fatales Dilemma. Sie hatte diese von osteuropäischen Dissidenten entwickelte Zielvorstellung, die auf eine attraktive Modernisierung der «Bürgerlichen Gesellschaft» aus der politischen Theorie des späten 18. Jahrhunderts hinauslief, zwar nicht selber kohärent entwickelt, doch wesentliche Elemente übernommen. Völlig unterschätzt hatte sie aber, um die pointierte Formulierung des englischen Zeithistorikers Timothy Garton Ash aufzugreifen, die Kraft des «Materialismus und des Nationalismus». Denn die Befriedigung lang aufgestauter Konsumwünsche und der Drang nach gesamtdeutscher Einheit rückten jetzt auf der Agenda der Massendemonstrationen unverkennbar an die erste Stelle.

Am 13. November nahmen, unmittelbar nach dem Mauerfall, nur mehr 200 000 Leipziger am Montagsumzug teil, aber die Reformforderungen wurden härter vorgetragen. Unüberhörbar beschrieben die Sprechchöre, die «Deutschland einig Vaterland» forderten, die unversehens attraktivste Vision, deren Macht die Exponenten der Bürgerbewegung verkannten. Sie fanden sich am 29. November zu einem ersten Runden Tisch mit SED-Vertretern zusammen, der am 7. Dezember in Berlin nachgeahmt wurde, so daß eine Art von Doppelherrschaft zu einem Zeitpunkt initiiert wurde, als der Zerfall des SED-Apparats und seiner Autorität unaufhaltsame Fortschritte machte.

Durch diese Suche nach einem friedlich gewonnenen Konsens wurde der Schwung der Bürgerbewegung gezähmt, letztlich auch gebrochen. Das war eine direkte Folge ihres fehlenden Machtbewußtseins, die eigene Herrschaft unmißverständlich, im Grenzfall auch mit Verhaftung und Gewalt, durchzusetzen. Die Illusion eines basisdemokratischen Konsensregimes, die realitätsferne Negierung eigener Machtausübung, führten dazu, daß die repräsentative Demokratie selbstbewußt abgelehnt und im Grunde eine herrschaftsfreie Gesellschaft weiterhin als Ziel anvisiert wurde. Fixiert auf das Schreckbild der SED-Diktatur, abgestoßen von ihrem Zerrbild des «Parlamentarismus im Kapitalismus» konnte und wollte sich die Bürgerbewegung nicht als schlagkräftige politische Partei organisieren. Damit aber verspielte sie die maßgebliche Einflußnahme auf den deutlich heraufziehenden Verfassungswandel. Die Motive ihrer Protagonisten waren durchweg honorig, ihre Zivilcourage imponierend, doch die Naivität ihres politischen Weltbildes schwer zu übertreffen.

Am 1. Dezember annullierte die sich ermannende Volkskammer den in

§ 1 der DDR-Verfassung verankerten sakrosankten Führungsanspruch der SED. Zwei Tage später warf Krenz resigniert das Handtuch, auch das Polit- und das Zentralkomitee gaben auf, der ostdeutsche Poststalinismus neigte sich seinem Ende entgegen. Die Regierung Hans Modrows, der am 13. November als Ministerratsvorsitzender eingesetzt worden war, stand seither, wie ihr bald schwante, vor unlösbaren Aufgaben. Am 4. Dezember begann die Auflösung der Stasi-Dienststellen durch die lokalen Aktivisten der Bürgerbewegung; dieser Vorgang zog sich bis Mitte Januar 1990 hin, als endlich die Berliner Zentrale gestürmt wurde. Das von Modrow flugs eingeführte «Amt für Nationale Sicherheit» galt zu Recht als Camouflage, unter welcher mit demselben Personal der Stasibetrieb fortgesetzt werden konnte; es wurde deshalb unter Druck sogleich aufgelöst, auch die Betriebskampfgruppen wurden alle entwaffnet. Der völlige Legitimitätsverlust der SED hat sich in diesen Tagen auch deshalb beschleunigt, weil der Westluxus im streng abgeschirmten Wandlitzer Wohnviertel der SED-Spitze ebenso öffentliche Empörung auslöste, wie das die Jagdreviere taten, in denen die Parteibonzen ihrem exklusiven spätfeudalen Vergnügen nachgegangen waren.

Seit Mitte November drang in den Reihen der Bürgerbewegung die Spaltung in DDR-Reformer und Einheits-Befürworter immer tiefer ein. Mit den Einheitsrufen eskalierte auch die Krisenstimmung, da nicht mehr der Umbau, sondern der Untergang des ostdeutschen Staates zur Debatte stand.

Am 28. November ergriff auch die bis dahin mit vorsichtiger Zurückhaltung agierende Bonner Regierung die Initiative, als Bundeskanzler Kohl sein Zehn-Punkte-Programm mit dem Endziel einer Konföderation der beiden deutschen Staaten vortrug. Das war ein unüberhörbares Signal zugunsten der staatlichen Einheit, wenn auch zu einem noch ungewissen Zeitpunkt. Nicht nur die westdeutsche und die internationale Öffentlichkeit, sondern auch die ostdeutsche Bürgerbewegung wurden durch diesen wohl kalkulierten Vorstoß völlig überrascht. Der Runde Tisch kritisierte ihn folgerichtig ganz so scharf wie Kohls Besuch in Dresden am 19. Dezember, wo der Kanzler für eine jubelnde Menge die Einheitshoffnung personell verkörperte und bündelte. Hatte Kohl bisher allen Grund gehabt, den nächsten Bundestagswahlen mit Skepsis entgegenzusehen, schlug jetzt seine große Stunde, als er mit staatsmännischer Entschlossenheit die Gunst des Augenblicks nutzte.

Während das «Neue Forum» die ablehnende Haltung des Berliner Runden Tisches stützte, entschieden sich die ostdeutschen Sozialdemokraten und Grünen, sogar die Blockparteien CDU und LDPD seit dem 7. Dezember für das Einheitspostulat. Noch immer gelang es der Mehrheit im Führungspersonal der Bürgerbewegung nicht, einen überlegenen eigenen Weg zu bestimmen. Noch immer geisterte die Chimäre eines «Dritten Weges» zwischen Kapitalismus und Sozialismus in ihrer Phantasie herum. Der vorherrschenden Konsens- und Versöhnungsideologie entsprach weiterhin das Ideal eines irgendwie erneuerten, veredelten Sozialismus in einer souveränen, nichtkapitalistischen DDR. Doch seit Anfang Dezember überlagerte das Einheitspostulat alle anderen Forderungen. Nicht in den Führungszirkeln, aber auf der Straße verwandelte sich die Bürgerbewegung in eine «nationale Revolution». Die offene Frontlinie verlief nicht mehr zwischen Protestbewegung und SED, sondern zwischen Verfechtern und Gegnern der deutschen Einheit. Daher verlor die Bürgerbewegung ihre Mobilisierungsdynamik; jetzt vermochte sie erst recht keine neue Gegenelite hervorzubringen, welche die herandrängende Transformation hätte gestalten können.

In den Weihnachtstagen 1989/90 besuchten zwölf Millionen Ostdeutsche Westberlin oder Westdeutschland, wo sich seit dem November drei Viertel der Befragten für die Vereinigung der beiden deutschen Staaten ausgesprochen hatten. Bis Ende Januar war eine Million Mitglieder aus der SED ausgetreten, und bis dahin hatte auch die auf «SED/Partei des Demokratischen Sozialismus» (PDS) umgetaufte kommunistische Einheitspartei auf ihren kompromittierten Hauptnamen verzichtet. Unter der Leitung des Rechtsanwalts Gregor Gysi, der Krenz und Schalck-Golodkowski ausschließen ließ, bemühte sie sich, im verwirrenden politischen Betrieb doch noch, das organisatorische Netzwerk der SED-Institutionen nutzend, irgendwie mitzuhalten. Am 28. Januar 1990 wurden die Wahlen zur Volkskammer, um dadurch die Kräfteverhältnisse endlich zu klären, auf den 18. März vorverlegt. Damit nahte für die ostdeutsche Wählerschaft nach 58 Jahren rechts- und linkstotalitärer Diktatur die erste freie Abstimmung, die zu einem Plebiszit über den Fortbestand der DDR werden mußte.

Inzwischen hatte sich auch die internationale Lage geklärt. Präsident Bush hatte auf einer NATO-Tagung im Dezember 1989 das Einheitsprojekt unter der Bedingung unterstützt, daß die Bundesrepublik NATO-Mitglied blieb und ihre Grenzen, d.h. die künftige Oder-Neiße-Grenze mit Polen, respektierte. Frankreich und Großbritannien hatten ihre Opposition, wenn auch zögerlich, aufgegeben. Auch die EG kündigte ihre Unterstützung an, falls die Bundesrepublik die Einigung Europas beschleunigte. Seit dem Januar 1990 räumte die Sowjetunion ihre Vetoposition, nachdem sie Anfang Dezember 1989 noch bittere Kritik geübt hatte; am 30. Januar ließ Gorbatschow erkennen, daß er sich dem Einheitswillen der Deutschen nicht entgegenstemmen werde. Ein überlegenes Ordnungsgefüge, das russischen Interessen mehr entsprochen hätte, tauchte in den internen Moskauer Debatten nicht auf; den sowjetischen Satelliten hatte Gorbatschow das Selbstbestimmungsrecht eingeräumt und den Verzicht auf die Breschnew-Doktrin bereits praktiziert; als potenter Aufbaupartner würde die Bundesrepublik nur allzu willkommen sein. Gemischt mit einem guten Schuß Ratlosigkeit, unterfüttert mit dem entschiedenen Verzicht auf Gewalt, lockerten solche Überlegungen die Einstellung Gorbatschows und seines Außenministers Eduard Schewardnadse auf. Keineswegs an letzter Stelle spielte auch die ganz unorthodoxe, kluge Weitsicht des Generalsekretärs, der zu dieser Zeit in dieser Frage das persönliche Entscheidungszentrum verkörperte, eine maßgebliche Rolle.

Dennoch mutete Kohls Projekt einer Währungs- und Wirtschaftsunion, das er am 6. Februar in die Öffentlichkeit lancierte, der sowjetischen Führung ein hohes Maß an Elastizität zu, denn der Vorgriff auf die deutsche Einheit war schlechthin unübersehbar, obwohl vorerst vom Verschließen des Zustroms von wöchentlich 4000 Ostdeutschen die Rede war. Während ihres Moskauer Besuchs am 10. Februar mußten daher Kohl und Außenminister Genscher einen harten Streit ausfechten. Doch stand am Ende Gorbatschows großzügige Bereitschaft fest, eine eventuelle Vereinigung zu akzeptieren. Damit hatten alle großen Siegermächte des Zweiten Weltkriegs, bereitwillig oder resignierend, anerkannt, daß die deutsche Frage aufs neue auf der Tagesordnung stand.

Eine wichtige offene Frage blieb freilich noch ungeklärt: auf welchem Forum nämlich die völkerrechtlichen Probleme des deutsch-deutschen Einigungsprozesses verhandelt werden sollten. Die KSZE galt als viel zu schwerfällig; gegen eine Mammutkonferenz aller ehemals kriegführenden Staaten, auf der zahllose Reparationsforderungen und Sonderwünsche auftauchen konnten, gab es namentlich von deutscher Seite gravierende Einwände. Im Stab von Außenminister Baker entstand daraufhin die Vorstellung, allein die vier großen Siegermächte und die beiden deutschen Staaten in sogenannten 4+2-Verhandlungen zusammenzubringen. Mitte Februar war dieses Modell allseits akzeptiert. Jetzt galt es nur noch, die Volkskammerwahlen abzuwarten, um eine demokratisch legitimierte ostdeutsche Regierung einbeziehen zu können. Währenddessen brodelte der Streit sowohl wegen der polnischen Westgrenze, die Kohl aus Rücksicht auf die Wähler aus dem Vertriebenenlager möglichst spät anerkennen wollte, als auch wegen der deutschen NATO-Mitgliedschaft weiter. Baker war es allerdings schon am 7. Februar gelungen, Gorbatschow von den Vorzügen einer künftigen deutschen NATO-Mitgliedschaft für beide Seiten in einem erstaunlich weitreichenden Maße zu überzeugen.

Im Grunde war das politische Gehäuse der DDR im Januar/Februar 1990 schon zerbrochen, bevor die Wahlen am 18. März mit einer Beteiligung von 93 % aller Stimmberechtigten einen Schlußstrich zogen. Im unmittelbaren Vorfeld hatten die westdeutschen Parteien die maßgebliche Gestaltungskompetenz gewonnen. Allein die sechs Wahlveranstaltungen Kohls im Februar und März hatten eine Million Teilnehmer angezogen. Entgegen den demoskopischen Prognosen, welche die SPD als klaren Gewinner vorhergesehen hatten, gewann die CDU mit ihrer «Allianz für Deutschland» fast doppelt so viele Stimmen (40,9:22%, 122:88 Abgeordnete). Die PDS als SED-Erbe landete immerhin noch auf dem dritten Platz (66 Abgeordnete). Nur 2,9% der Stimmen entfielen dagegen auf die konkurrierenden Gruppierungen der Bürgerbewegung. Statt den «Ausbruch in einem Aufbruch zu einem neuen Gesellschaftstyp» zu markieren, bedeutete das Wahlresultat ein unzweideutiges Votum gegen die Autonomie der DDR, aber für die deutsche Einheit. Dieses Ergebnis führte zu einer Großen Koalition, die am 10. April die Regierung des CDU-Politikers Lothar de Maizière stellte. Die Kommunalwahlen am 6. Mai bestätigten das Plebiszit vom 18. März, diesmal auch ganz direkt über die Währungsunion. Erneut wurde die CDU die mit deutlichem Abstand stärkste Partei, die SPD landete wiederum auf dem zweiten, die PDS auf dem dritten Platz. Nach mühsamer Vorbereitung trat die Regierung de Maizière am 6. Juli in Verhandlungen mit Bonn über die Vereinigung der beiden deutschen Staaten ein.

Jetzt mußten die Würfel im Verhältnis zur Sowjetunion endgültig fallen. Eine anheimelnde Legende, die sich in der deutschen Öffentlichkeit aber festgesetzt hat, verlagert die Entscheidung auf das deutsch-russische Gipfeltreffen am 15./16. Juli in Moskau, das in Gorbatschows Privatdomizil im Kaukasus abgeschlossen wurde. Die wechselseitige Verständnisbereitschaft und die in Strickweste praktizierte «Männerfreundschaft» zwischen Kanzler und Generalsekretär hätten, heißt es, das überraschende Ergebnis ermöglicht. Deutschland durfte nach der Vereinigung in der NATO bleiben, die russischen Truppen würden mit deutscher finanzieller Unterstützung innerhalb von drei bis vier Jahren abziehen, die Bundeswehr sollte ihren Bestand auf 370000 Soldaten reduzieren.

Tatsächlich aber war, wie jeder historisch geschulte Beobachter von vornherein angenommen hätte, die Entscheidung anderswo, und zwar bereits anderthalb Monate zuvor, gefallen. Ein derartig folgenreicher Politikwechsel mußte zuerst einmal zwischen den beiden Supermächten des «Kalten Krieges» ausgehandelt werden, ehe die Bundesrepublik einbezogen werden konnte. Daher kam es denn auch zu dieser Verständigung auf dem amerikanisch-russischen Gipfel, zu dem sich Gorbatschow vom 30. Mai bis zum 3. Juni in Camp David einfand. Hier machte er schließlich – in einer alle verblüffenden spontanen Äußerung, wie ein vertrauter Berater vermutete – die entscheidende Konzession: Das vereinigte Neudeutschland könne über seine künftige Bündniszugehörigkeit, mithin auch über die fortbestehende Mitgliedschaft in der von den Sowjets perhorreszierten NATO, frei entscheiden. Das war das Ende der Sowjethegemonie in Ost- und Mitteleuropa.

Kohl wurde von Bush über diese Weichenstellung unverzüglich telefonisch informiert, erfaßte aber offenbar nicht ihre Tragweite. «Kohl doesn't get it» wunderte sich ein amerikanischer Experte mehrfach, wogegen sein außenpolitischer Berater, Horst Teltschik, sogleich die «Sensation» registrierte. Das Moskauer Treffen hat zusammen mit dem Kaukasus-Ausflug Mitte Juli diese Grundentscheidung von Camp David, welche die spätere deutsch-russische Abmachung erst ermöglichte, nur noch besiegelt, zumal Washington zwei Wochen zuvor auf einer NATO-Konferenz am 5. und 6. Juli das Entgegenkommen Gorbatschows mit weit reichenden Konzessionen in der Politik des Atlantischen Bündnisses honoriert hatte.

Camp David bedeutete den endgültigen Durchbruch zur Vereinigung der deutschen Staaten. Sie wurde seither in Vertragsform gegossen. Der Entwurf des Einigungsvertrages, von Wolfgang Schäuble geschickt ausgehandelt, traf seit Anfang Juli 1990 nicht nur auf den Widerspruch der Bürgerbewegung, die eine «Enteignung der Republik» befürchtete, sondern zuerst auch, nachdem die Endfassung am 31. August unterschrieben worden war, auf die Opposition der SPD, die Dank ihrer Mehrheit im Bundesrat und Lafontaines politischer Blindheit den Vertrag blockierte, aber schließlich nachgab, so daß der Bundestag mit 485 gegen 60 Stimmen (der Grünen), der Bundesrat mit 9:2, die Volkskammer mit 302 gegen 82 Stimmen zustimmte. Am 26. September trat der Einigungsvertrag in Kraft. Die 4+2-Verhandlungen hatten die Ergebnisse von Camp David und Moskau anerkannt und endeten am 12. September mit der Ratifizierung eines Vertrags, der für die Bundesrepublik völkerrechtlich einem späten Friedensvertrag gleich kam und den erweiterten Staat in seine vollen Souveränitätsrechte einsetzte. Am 3. Oktober folgte der Beitritt der DDR zur Bundesrepublik, wie das Artikel 23 des Grundgesetzes ermöglicht hatte.

Theoretisch bestand die Möglichkeit, die Bevölkerung der verblichenen DDR zu einem Volksentscheid über diesen Beitritt, verbunden mit einer Verfassungsreform, aufzurufen, um den Anschluß an die Bundesrepublik plebiszitär zu legitimieren. Gegen diese Variante sprachen vor allem drei Einwände:

1. Die Volkskammer- und die Kommunalwahlen vom März und Mai 1990 hatten ihrer Natur nach ein solches und zwar unzweideutiges Plebiszit dargestellt. Eine neue Abstimmung hätte im Sommer oder Herbst nach menschlichem Ermessen zu genau demselben überwältigenden Ergebnis geführt. Die Alternative einer mehrheitlichen Ablehnung war im Horizont der ostdeutschen Landsleute undenkbar.

2. Das Grundgesetz hatte sich vierzig Jahre lang ganz außerordentlich als normativer Rahmen bewährt. Eine verfassunggebende Nationalversammlung hätte Jahre mit ihren Beratungen verbringen können. Schon das etatistische Versorgungsdenken ostdeutscher Vertreter, die auf dem ominösen «Recht auf Arbeit» bestanden hätten, das bekanntlich den totalitären Staat und eine komplett verstaatlichte Wirtschaft voraussetzt, um alle Arbeitsuchenden in Berufe einweisen zu können, hätte endlose Verzöge-

rungen, eventuell sogar grundgesetzwidrige Kompromisse hervorrufen können.

3. Niemand wußte, wie lange die Gunst der Stunde, insbesondere die konzessionsbereite Gorbatschow-Politik anhalten würde. Der erbitterte Widerstand der Moskauer Marschälle war bekannt. Der alsbald 1991 folgende Putsch gegen Gorbatschow bewies, daß jede Verzögerung des Einigungswerkes extrem riskant gewesen wäre, ja es aufs Spiel gesetzt hätte.

Daher kam es, gestützt auf zwei Abstimmungen und das Votum der frei gewählten Regierung und Volkskammer zum Eintritt der fünf neuen ostdeutschen Länder in die Bundesrepublik. Das war das Ende des durch Hitlers Krieg ermöglichten, von Stalin und seinen Nachfolgern vierzig Jahre lang betriebenen Experiments einer bolschewistischen Satrapie auf deutschem Boden. Es war auch das Ende des osteuropäischen Satellitensystems und imperialen Vorfelds der Sowjetunion, deren Totenglocke seither zu schlagen begann. Es war das Ende nicht nur der europäischen Nachkriegsordnung, sondern auch der globalen Mächtekonstellation der vergangenen fünfzig Jahre. Zugleich war es auch das Ende aller Spekulationen über einen «Dritten Weg» zwischen Staatssozialismus und Kapitalismus, jener realitätsfremden Illusion, der die ostdeutsche Bürgerbewegung allzu lange angehangen hatte.[16]

## B. Die DDR

### 1. Innen- und außenpolitische Konsolidierung

Woher der Wind seit dem Mauerbau wehte, läßt sich zum einen daran ablesen, daß die FDJ in einem rabiaten Stil, der an den Anfang der chinesischen Kulturrevolution erinnert, die Westantennen der Fernseherbesitzer abriß. 1962 riskierte es die SED, die längst angestrebte allgemeine Wehrpflicht einzuführen. Zum anderen griff Ulbricht aber Reformideen des sowjetischen Wirtschaftswissenschaftlers Liberman auf, als er mit dem sogenannten «Neuen Ökonomischen System» (NÖS) seit dem Juni 1963 eine gewisse Flexibilität in die bisher starre Planwirtschaft einführen wollte. Auch auf diese Neuerung wurde der sachte Aufschwung der 60er Jahre zurückgeführt. Obwohl die DDR-Statistik wegen der oft die empirischen Zahlenergebnisse mißachtenden, staatlich vorgegebenen und entsprechend frisierten Resultate denkbar unzuverlässig ist, scheint sich in dieser Zeitspanne die Versorgung mit langlebigen Konsumgütern endlich verbessert zu haben. Jedenfalls behauptete die offizielle Statistik, daß sich von 1960 bis 1970 der Besitz von Fernsehgeräten von 17 auf 69% der Haushalte, von Kühlschränken von 6 auf 50, von Waschmaschinen von 6 auf 54, von PKW auf 16% erhöht habe. Das mögen wieder geschönte Ergebnisse sein, wie auch die für dieses Jahrzehnt behauptete jährliche Wachstumsrate von 6,4 % ganz unwahrscheinlich ist. Doch konnte selbst ein bescheidener Erfolg die traditionalistischen Gralshüter der Planwirtschaft, die inzwischen 92 % der Produktion aus Staatsbetrieben dirigierten, nicht überzeugen. Es gelang ihnen, das NÖS abzuwürgen, um die vermeintlich überlegene Planrationalität gegen den Flexibilisierungsanlauf wieder durchzusetzen.

Diese Erstarrung hing auch mit der politischen Abwehrreaktion zusammen, die erst die Große, dann aber vor allem die Sozialliberale Koalition in Bonn auslöste, da sie das dogmatische Feindbild eines dort herrschenden Rechtskartells in Frage stellte. Überdies vergrößerte sich gleichzeitig im Zeichen des westdeutschen Wirtschaftswunders der Abstand des Lebensstandards in der Bundesrepublik gegenüber den DDR-Verhältnissen unaufhaltsam immer weiter. Diese Gefahrenlage erzeugte eine trotzige Gegenreaktion. Symptome dieser Verhärtung im Wettbewerb der Systeme traten seit 1968 zutage.

Das neue Strafgesetzbuch, das den Einfluß der verbohrten SED-Juristin Hilde Benjamin verriet, beendete die deutsche Rechtseinheit. Sein drakonisches politisches Strafrecht sah extrem hohe Freiheitsstrafen vor und behielt als anachronistische Selbstverständlichkeit eines totalitären Regimes die Todesstrafe bei. Nicht zuletzt dank dieser verschärften Gangart gab es in der DDR zwischen 1950 und 1970 120000 haarsträubende Verurteilungen wegen politischer Straftaten, wie sie das Willkürrecht der SED-Diktatur definierte.

Die neue DDR-Verfassung von 1968, die streckenweise die Stalinsche Verfassung von 1936 nachahmte, erklärte die sowjetische Satrapie zum «sozialistischen Staat deutscher Nation». Mit dem einzigen Plebiszit, welches das Land erlebte, wurde sie mit 94,5 % der Stimmen angenommen. Erst im Oktober 1974 wurden nach dieser Zwischenstufe alle Hinweise auf ein Gesamtdeutschland und die deutsche Einheit aus der Verfassung getilgt. Zumindest auf dem Papier wollte die DDR aus dem Zusammenhang der deutschen Geschichte austreten. Daß aber ihre artifizielle, nur Hitlers Krieg zu verdankende Existenz weiterhin ganz und gar vom russischen Hegemon abhing, drückte der KPdSU-Chef Breschnjew im August 1970 Honecker gegenüber mit ungeschminkter Direktheit aus: «Ohne uns gibt es keine DDR.» 19 Jahre später sollte Gorbatschow die Wahrheit dieses Satzes bestätigen, als er dem erodierenden Regime die essentielle Stütze der sowjetischen Panzer entzog.

Ebenfalls vor 1965 hatte die DDR-Führung zu den Scharfmachern gehört, die den «Sozialismus mit menschlichem Antlitz» der zeitweilig von Alexander Dubček repräsentierten Prager Dissidenten möglichst schnell aus der Welt schaffen wollten. Dank der Anwendung der Breschnjew-Doktrin, die der Hegemonialmacht ein Interventionsrecht in allen Ostblockstaaten anmaßte, gelang das auch durch den Einsatz russischer Truppen. Diese Intervention wäre um ein Haar durch den Einmarsch von DDR-Verbänden unterstützt worden, so daß zum zweiten Mal innerhalb von zwanzig Jahren deutsche Truppen in Prag einmarschiert wären. Doch ein Rest von zögernder Zurückhaltung führte dazu, daß die Volksarmee nicht voranpreschte, während sehr wohl ostdeutsche Militärspezialisten in der ČSSR eingesetzt wurden. Die ersten polnischen Streiks, damit auch die Anfänge der Solidarität-Bewegung bestätigten allerdings seit 1980, daß der Eindruck der Grabesruhe im Ostblock, der seit der Prager Repression vorgeherrscht hatte, irreführend gewesen war.

## 2. Die Ära Honecker

Inzwischen war Ulbrichts Position namentlich durch die enttäuschende ökonomische Entwicklung so geschwächt worden, daß Honecker, unterstützt von zehn der 14 Politbüromitglieder, in Moskau um Unterstützung bei der Entmachtung Ulbrichts nachsuchen konnte. Der Coup gelang: Kronprinz Honecker übernahm im Mai 1971 die Schlüsselposition des Ersten ZK-Sekretärs, während Ulbricht am Ende seiner zwanzigjährigen Ära auf das Amt des Staatsratsvorsitzenden reduziert wurde; zwei Jahre später starb der erste ostdeutsche Diktator eines natürlichen Todes.

Fast wäre es Honecker gelungen, sich eine ebenso lange Epoche an der Spitze der SED-Diktatur zu halten, wie es Ulbricht gelungen war, denn erst 1989 schaffte es eine Parteifronde während der tödlichen Staatskrise, ihn zu stürzen. Seit seiner Machtübernahme lag ihm an einer demonstrativen Distanzierung vom Regime des verhaßten Spitzbarts. Die Betonung seines neuartigen «realen Sozialismus», der auf einen Konsumkommunismus in Verbindung mit verbesserten sozialpolitischen Leistungen hinauslief, sollte einen spürbaren Neuanfang markieren. Der 8. SED-Parteitag gab noch 1971 die seither verpflichtende Parole von der «Einheit von Wirtschafts- und Sozialpolitik» aus, welche die ökonomische Leistungsfähigkeit der DDR binnen kurzem weit überforderte, deren Regime aber ungeachtet dieser Folgen die benötigte Legitimationszufuhr verschaffen sollte (vgl. V.4). Die hohen Subventionszahlungen für Grundnahrungsmittel, Wohnungen und den Nahverkehr blieben trotz der wachsenden Belastungen für den Staatshaushalt erhalten. Die Einkommen und Renten wurden spürbar angehoben. Höhere Geburtsbeihilfen kamen ebenso hinzu wie ein längerer Mutterschaftsurlaub. Müttern mit mehreren Kindern wurde eine verkürzte Arbeitszeit zugebilligt. Auf diese Weise sollte die seit 1965 rückläufige Geburtenrate angehoben werden (was auch seit 1975 für kurze Zeit gelang). Der Wohnungsbau, eines der drängendsten Probleme, die einer Verbesserung des Lebensstandards im Wege standen, wurde forciert vorangetrieben. Waren von 1958 bis 1971 jährlich ca. 60000 Wohnungen gebaut worden, wollte Honecker 100000 erreichen, kam aber z. B. 1988 nur

auf 83 000. Außerdem erreichten die neuen Wohnungen in den abschrek-
kenden Kasernen der Plattenbau-Hochhäuser nur eine durchschnittliche
Größe von 46 Quadratmetern.

Mit der Anfangsphase der Ära Honecker verband sich daher zunächst
die Erfahrung eines spürbaren Wohlstandsschubs. Außer den sozialpolitischen Leistungen schloß er auch die Steigerung des Durchschnittseinkommens von 755 auf 1021 Mark ein, die Vermehrung der Spareinlagen um
90 %, und nach einer jeweils achtjährigen Wartezeit sollen 38 % der Haushalte mit einem PKW der Marke Trabant versorgt worden sein. Insgesamt
soll sich, wenn man der Statistik traut, die Bereitstellung langlebiger Konsumgüter verbessert haben. Gleichwohl vergrößerte sich der Abstand zum
Lebensstandard der Bundesrepublik in der Zeit des Wirtschaftswunders
immer weiter.

Das angehobene Lebensniveau konnte freilich nur mit einer exzessiven
Verschuldung im Ausland erkauft werden. Dadurch türmte sich auf längere Sicht im Staatshaushalt eine bedrohliche Bürde auf. Allein von 1971
bis 1981 stiegen die Schulden von einer Milliarde auf zehn Milliarden Va-
lutamark. Zugleich wuchs die Abhängigkeit von der Sowjetunion, die im
Oktober 1974 durch einen sogenannten Freundschaftsvertrag eine noch
festere Einbindung in den RGW, die mißlungene EWG-Imitation, absi-
cherte.

Trotz aller inneren Probleme stellte sich zunächst eine unleugbare außen-
politische Stabilisierung ein. Im Dezember 1971 schuf der Grundlagenver-
trag für das Verhältnis zwischen Bundesrepublik und DDR eine neue Basis, welche durch die Entspannungspolitik der Regierung Brandt ermöglicht
worden war. Die DDR erreichte damit eins ihrer Hauptziele: innerhalb ihrer Grenzen als souveräner Staat anerkannt zu werden. In den folgenden
Jahren wurde sie von 123 Staaten wunschgemäß völkerrechtlich aufgewertet.

Im September 1973 wurden beide deutschen Staaten Mitglieder der Vereinten Nationen. Im August 1975 gehörte die DDR zu den Signatarmäch-
ten der KSZE-Schlussakte von Helsinki. Die dort im «Korb 3» eingegan-
gene Verpflichtung, die klassischen Grundrechte und die Freizügigkeit zu
achten, besaß allerdings eine unerwartete, anhaltende innenpolitische Mobilisierungswirkung. Denn sie bot seither oppositionellen Geistern, die
auch Honeckers jüngste Versprechungen nicht erfüllt sahen, eine rechtliche Grundlage, auf die sie sich berufen konnten. Gleichzeitig stieg seither,
auch unter Berufung auf Helsinki, die Anzahl der Ausreiseanträge. Bis
1988 konnten 262 000 Ostdeutsche, meist Rentner, die DDR verlassen,
während es immerhin 197 000 risikobereiten Flüchtlingen gelang, auf ille-
galem Weg in den Westen überzuwechseln.

Getragen von seinen Anfangserfolgen gelang es Honecker im Herbst
1976, die drei Machtpositionen des Ersten Sekretärs des Zentralkomitees,

des Staatsratsvorsitzenden und des Chefs des Verteidigungsrates zu kombinieren, mithin dieselbe Ämterkumulation wie Ulbricht zu erreichen. Das neue Parteiprogramm hatte soeben die SED als Hegemonialpartei bestätigt, der jeder sechste Erwachsene angehörte; der assoziierte FDGB zählte sogar 9,5 Millionen, 60 % der Bevölkerung, zu seinen Mitgliedern. Diese Großorganisationen schienen massenwirksame Unterstützung im Konsens zu gewährleisten. Nachdem der Hauch von Liberalisierung in der Kultur- und Jugendpolitik revidiert worden war – Wolf Biermann wurde in einem schnöden Verbannungsakt, der selbst Parteiintellektuelle empörte, ausgewiesen –, kehrte die starre Gängelung im Dienst der Machtbehauptung zurück, die durch den ständigen Vergleich mit der Prosperität und dem freien Lebensstil des Weststaats, mithin durch die «virtuelle Auswanderung» vor den allabendlich eingeschalteten Fernsehgeräten, erschwert wurde.

### 3. Sozialpolitik als scheiternder Legitimationsspender

Das politische Dauerproblem: der unübersehbare Konstruktionsfehler der sowjetischen Satrapie in Ostdeutschland rührte daher – um erneut von einem Kernproblem Max Webers, der Legitimation von Herrschaftstypen, auszugehen –, daß sie nie imstande war, ihr strukturelles Legitimationsdefizit zu überwinden. Über die Jahre hinweg erwies sich, daß die marxistisch-leninistische Doktrin ihr die erhoffte Legitimationsbasis nicht verschaffen konnte. Das wurde zwar offiziell nicht eingestanden, da damit das Fundament dieser politischen Religion preisgegeben worden wäre. Aber die Regimeführung war sich des Mangels an Glaubwürdigkeit, dem ihre Glaubenslehre in der Bevölkerung weithin begegnete, offenbar durchaus bewußt.

Die verklärende Heldensage des Antifa-Mythos, wonach im Grunde nur die Kommunisten den antifaschistischen Widerstand gegen die nationalsozialistische Führerdiktatur getragen und damit auch der SED eine ideelle wie lebenspraktische Rechtfertigung ihrer Herrschaft verschafft hätten, verblaßte nach den Anfangsjahren schneller, als es die Agitationsexperten erwartet hatten. Nicht weniger scheiterte auch der Anlauf, sich historische Legitimation durch Traditionsübernahme anzueignen, indem das «Erbe» der deutschen Geschichte höchst selektiv in Anspruch genommen und überdies das Zufallsprodukt der DDR-Bevölkerung sowohl als selbständige «sozialistische deutsche Nation» wie auch als einzige legitime Hüterin des progressiven historischen Erbes stilisiert wurde.

Nachdem der Begriff ursprünglich entschieden abgelehnt worden war, stellte sich heraus, daß das SED-Regime den permanenten Mangel an klassischen Legitimationsressourcen am ehesten noch durch seine «sozialistische Sozialpolitik» zu überwinden hoffte. Sie erwies sich binnen kurzem, allerspätestens seit dem Beginn der Ära Honecker, wegen des unvermeidbaren Vergleichs mit dem Wohlstandsanstieg in der Bundesrepublik als wichtigste Legitimationsgrundlage des Neustaates. Um den Preis der Gehorsamsbereitschaft, der Systemloyalität, des Verzichts auf aktive Einflußnahme und Konfliktbereitschaft wurde eine autoritär-paternalistische Fürsorge im Stil der propagierten anachronistischen «Geborgenheit» eingeführt. Dieses finanzielle Engagement übertraf die realen Möglichkeiten eines Schwellenlandes wie der DDR bei weitem (die sich um das Niveau von Griechenland und Portugal herum bewegte und nur mit Hilfe der statistischen Fälschung England überholt zu haben beanspruchte), wurde aber von der Parteiführung wegen des lastenden Legitimierungsdrucks für ganz unverzichtbar gehalten.

Wäre die Sozialpolitik an das reale ostdeutsche Wirtschaftswachstum symmetrisch angekoppelt worden, hätte die DDR, wie eine sorgfältige Schätzung ergeben hat, ihren Lebensstandard um mindestens ein Drittel absenken müssen. Das aber hätte nach der lebensgefährlichen Systemkrise des deutschen Stalinismus im Jahr 1953 mit hoher Wahrscheinlichkeit, so die traumatisch besetzte Angsterinnerung der Regimeträger, eine neue, schwer kontrollierbare Existenzkrise heraufbeschworen, da sie die Lebenslüge von der Leistungsfähigkeit der DDR mit brutaler Direktheit decouvriert hätte. Daher wurde der überdimensionierte jährliche Kostenanstieg ihrer Sozialpolitik von der SED-Diktatur ebenso wie die Subventionierung der Grundnahrungsmittel, Mieten und Verkehrspreise in der Höhe von immerhin 250 Mark p.c., insgesamt von einem Viertel der Staatsausgaben, bis zuletzt beibehalten, indem er dem Schuldenberg bis an den Rand des Staatsbankrotts gewissermaßen weiter aufgesattelt wurde.

Trotz aller unverkennbaren Anstrengungen hat aber die Sozialpolitik der DDR nicht auf Dauer aus ihrer Legitimationsfalle heraushelfen können. Ihre «brandgefährliche Legitimationsschwäche» im Ost-West-Konflikt blieb vielmehr wegen der abnehmenden «Bindekraft» ihrer Sozialpolitik und einer daher prekär schwankenden, immer mißmutiger gewährten, schließlich erodierenden Loyalität erhalten. Wegen ihrer Schlüsselstellung im Herrschaftsinstrumentarium des SED-Regimes verdient sie aber an dieser Stelle Aufmerksamkeit.

Auch im Bereich der sozialpolitischen Versorgung erlebte Ostdeutschland seit 1945/49 einen «Regimewechsel von allergrößter Bedeutung». An die Stelle des seit den Bismarckschen Versicherungsgesetzen ausgebauten Sozialstaats trat ein neues System, das freilich trotz des Wegfalls etwa der Beamtenpension und Betriebsrente auf seine Weise in der Tradition wohlfahrtsstaatlicher Intervention stehen blieb. In seinem Mittelpunkt stand die bereits 1945/47 eingeführte, dann 1949/56 weiter ausgebaute rigide «Zentralisierte Einheitsversicherung» für alle der Beitragspflicht unterliegenden Erwerbstätigen und deren Angehörige.

Das größte Trägerelement verkörperte die Sozialversicherung für Arbeiter und Angestellte, die bis 1989 90 % der Bevölkerung, 85 % aller Erwerbstätigen bzw. 10,3 Millionen Pflichtversicherte erfaßte (7,7 Mill. Arbeiter und Angestellte, 2,2 Mill. Rentner, 4,4 Mill. Familienangehörige). Sie wurde vollständig von der Staatsgewerkschaft FDGB verwaltet, die für diese administrative Aufgabe 1955 200000, 1989 aber schon 400000 Funktionäre beschäftigte. Die finanziellen Anforderungen wurden durch die ganz ungenügenden Beiträge (maximal 60 M. monatlich für die Pflichtversicherung) und Betriebszuschüsse nicht aufgebracht, sondern primär vom Staatshaushalt übernommen, obwohl die DDR nie ein Ministerium für die Sozialpolitik, die ihr halbes Budget verschlang, eingerichtet hat. Sie blieb auch auf diesem Gebiet der «planwirtschaftliche Versorgungsstaat» par excellence (H. G. Hockerts), der außer seinem «Angebotsmonopol sozialer Leistungen» bereitwillig auf Zwang, Exklusion, Repression zurückgriff.

Alle Genossenschaftsmitglieder der LPG und des Handwerks sowie die Freiberufler (sie umfaßten nur eine Million Pflichtversicherte, 400000 Angehörige, etwa 9 % der Bevölkerung) wurden in eine eigene Versicherungsanstalt eingestuft. Bis 1989 stieg der Löwenanteil der staatlich übernommenen Kosten der Sozialpolitik auf die Hälfte des Staatshaushalts! Wegen der trotzdem sehr sparsam gewährten Versicherungsleistungen wurde eine freiwillige Zusatzversicherung von etwa 70 % der Erwerbstätigen angeregt; sie sollte auch die ansteigende Kaufkraft abzuschöpfen helfen. Vor allem aber wurde schon seit 1956 eine stetig weiter ausgebaute Sonderversicherung mit 31 Unterabteilungen für die Nomenklatur und andere Führungseliten eingerichtet, die bis 1989 350000 Leistungsempfänger versorgte. Insgesamt besaßen damals 1,6 Millionen als SED-treu geltende Ostdeutsche, mithin 10 % der Bevölkerung, eine Anwartschaft aus einem dieser Versicherungszweige. Darin trat erneut eine politisch motivierte, das vielbeschworene Egalitätsprinzip durchbrechende Klassenprivilegierung in der «durchherrschten» DDR-Gesellschaft unübersehbar zutage.

Als leitende Prinzipien dieser DDR-Sozialpolitik galten Zentralisierung, Einheitsstaatlichkeit, Alleinzuständigkeit des Führungskerns des SED-Staates, um die Legitimationszufuhr, die Systemsicherung, die Sozialintegration zu gewährleisten. Das Selbststeuerungspotential gesellschaftlicher Institutionen dagegen wurde, und das blieb eine fundamentale Schwäche, vollständig mißachtet, die Autonomie von Tarifparteien, Wohlfahrtsverbänden, Versicherungsanstalten vom etatistischen Dirigismus radikal verweigert. Folgerichtig war es daher nur ein Versorgungssystem für «Arbeitsbürger», nicht jedoch für Staatsbürger. Denn es verkörperte nicht die Institutionalisierung verfassungsrechtlich fundierter sozialer Grundrechte mit einklagbarem Rechtsanspruch. Wegen der Politisierung des Arbeitsrechts und des Fehlens der Verwaltungsgerichtsbarkeit besaß der versprochene Rechtsschutz eine entscheidende Lücke, da individuelle Interessen

gegen die SED-Dominanz nicht verfochten werden konnten. Die sozialpolitischen Leistungen wurden vielmehr im Stil des SED-Sultanismus willkürlich gewährt.

Daß unter Honecker die betrieblichen Sozialleistungen zu einer Säule
der allgemeinen Sozialpolitik ausgebaut wurden, sollte nicht nur der Iden-
tifikation der Beschäftigten mit ihrer Arbeitsstätte, sondern auch der Prävention künftiger Krisen vor Ort dienen. Doch im Effekt behinderte diese
Überlastung mit Fürsorgeaufgaben die ökonomische Effektivität auf eine
einschneidende Weise.

Dieser Blick auf die Betriebe lenkt auch auf die beanspruchte «Haupter-
rungenschaft» der Sozialpolitik im weiten Sinn hin: auf das wegen des
chronischen Arbeitskräftemangels rhetorisch leicht zu verbriefende, wegen seiner Verfügung über die meisten Arbeitsplätze von einem totalitären
System auch realisierbare «Recht auf Arbeit», dem freilich auch die «Pflicht
zur Arbeit» entsprach. Faktisch wurde aber die Arbeitslosigkeit, gegen die
auch, ideologisch nur konsequent, 1977/78 jede Versicherung aufgehoben
wurde, keineswegs verhindert, sondern nur verschleiert. Denn den volkseigenen Betrieben wurde eine ökonomisch unsinnige Übersetzung der
Belegschaften einschließlich der Verwaltungsstäbe, damit aber eine drastische «Fehlallokation von Humankapital» zugemutet. Statt der triumphie-
rend proklamierten Vollbeschäftigung herrschte eine nur notdürftig ver-
schleierte Arbeitslosigkeit von 1,4 Millionen Berufstätigen. Insgesamt
wurden, gemessen an den Bedingungen der marktwirtschaftlichen Produktionsweise, 1,6 Millionen «überflüssige» Arbeitskräfte als Beschäftigte
auf einem manipulierten Arbeitsmarkt getarnt.

Die eigentliche «Achillesferse» der «sozialistischen Sozialpolitik»
steckte aber in der völlig ungenügenden Alterssicherung. Das war eine
zynisch einkalkulierte Folge der «extremen Erwerbsorientierung». 1971
machte das äußerst dürftige Rentenniveau von 380 M. im Monat ein Viertel, 1988 auch nur ein Drittel des westdeutschen Renteneinkommens aus.
Als durchschnittliche Rente wurden 30% des Bruttolohns ausgezahlt, in
der Bundesrepublik waren es 65% des Nettoeinkommens. Rentnerinnen,
die ja die große Mehrheit der Älteren bildeten, erhielten sogar ganz auf der
Linie der traditionellen Diskriminierung noch 25% weniger als die Männer. Und noch krasser benachteiligt waren die Altenpflege, die Fürsorge
für Behinderte und Vertriebene.

Zahlreiche Rentnerhaushalte lebten daher dicht an oder unter der Ar-
mutsgrenze. Sie konnten sich nicht einmal jenen bescheidenen Warenkorb
leisten, der dem Existenzminimum der bundesrepublikanischen Sozialhilfe zugrunde lag. Denn 45% dieser Haushalte (immerhin volle 10% aller DDR-Haushalte) erhielten bis 1989 weniger als die Hälfte des durchschnittlichen ostdeutschen Haushaltseinkommens. Auch deshalb kann es
nicht überraschen, daß die Sozialleistungsquote der DDR keineswegs

überdurchschnittlich hoch ausfiel, wie die Regimepropaganda zu behaupten nicht erlahmte, vielmehr im Vergleich mit dem internationalen Trend ausgesprochen niedrig ausfiel. Die Ausgaben in der Höhe von 5 % des Volkseinkommens lagen sogar beträchtlich unter dem Niveau der westlichen Sozialstaaten, aber auch selbst der Sowjetunion.

Die ostdeutsche Sozialpolitik beruhte im Kern darauf, nach einer krassen Ausbeutung der Arbeitskraft dem ausgelaugten Rentner nur eine Grundversorgung zuzugestehen, um Schutz vor der unmittelbaren materiellen Verelendung zu bieten, wie das der Weimarer KPD-Tradition und der Erinnerung an die Große Krise seit 1929 entsprach. Weder politisch noch materiell trug sie aber jenem ausgesprochenen Bedürfnis Rechnung, das statt des Existenzminimums einen angehobenen Konsum erwartete, wie ihn etwa das allabendliche Fernsehen oder der Besuch in der Bundesrepublik als Normalität in einem bitteren Vergleich vor Augen führte.

In einem weiter verstandenen Sinn gehörten außer der Subventionspolitik auch das staatlich dirigierte Wohnungsbau- und das Gesundheitswesen zur Sozialpolitik. Aber zwischen 1971 und 1989 wurden statt der versprochenen 2,8 Millionen neuer Wohnungen nur 1,8 Millionen tatsächlich fertiggestellt, insbesondere in Gestalt der qualitativ denkbar unbefriedigenden Plattenbauten, dazu 1,2 Millionen Wohnungen etwas modernisiert. Das blieb angesichts der hohen Nachfrage ein viel zu geringes Angebot, zumal die Neubauten auf Kosten der Sanierung der traditionellen Stadtkerne und überhaupt der Altbauten bevorzugt wurden. Die eingefrorenen Mieten führten de facto zu einer schleichenden Enteignung der Privateigentümer.

Im Gesundheitswesen dominierten die verstaatlichten Polikliniken, Ambulanzen und betriebsärztlichen Einrichtungen für 75 % der Erwerbstätigen. Das gesamte medizinische Personal kämpfte mit den Problemen der fehlenden Geräte und Medikamente, der schlechten Alimentierung und Verweigerung von Privatpatienten. Auch deshalb und nicht nur wegen des Repressionsregimes kam es bis 1961 (und dann wieder seit 1989) zu einem Massenexodus ärztlicher Fachkräfte.

Das Hauptinteresse der DDR-Gesundheitspolitik galt der Prävention als Erfüllung der «Gesundheitspflicht», um ein leistungsfähiges Arbeitskräftepotential zu erhalten. Dieses Ziel wurde allerdings durch die durchweg miserablen Arbeitsbedingungen und die Umweltbelastungen immer massiver unterlaufen. Nach ihrer Zeit in der Produktion wurden die Älteren eklatant vernachlässigt. Sie hatten bis zur Erschöpfung ihre Pflicht und Schuldigkeit für den «Arbeiterstaat» getan, wurden dann aber ganz so wie mit ihrem kärglichen Alterseinkommen auch mit der medizinischen Versorgung als lästige Bürde auf ein Abstellgleis geschoben. Wegen der engen Grenzen, die der ostdeutschen Gesundheitspolitik vom SED-Regime gesetzt wurden, konnte der allgemeine Gesundheitszustand nur sehr viel langsamer, als das in der Bundesrepublik geschah, verbessert werden. Die auffällig geringere Lebenserwartung der DDR-Bewohner ist nicht zuletzt auch auf krasse Mängel der medizinischen Versorgung zurückzuführen.[17]

## 4. Pathologisches Lernen im linkstotalitären System

Alle Staaten, die in den Zweiten Weltkrieg verwickelt gewesen waren, bemühten sich seit 1945 angestrengt darum, aus den Erfahrungen dieses Krieges zu lernen. Manchmal gelang das, wenn etwa die Westeuropäer nach einem schmerzhaften Lernprozeß die Konsequenz aus zwei totalen Kriegen, in denen sie sich zerfleischt hatten, derart zogen, daß sie in einer Europäischen Gemeinschaft fortab auf friedliche Kooperation setzten. Im Ostblock dagegen wurde allen Mitgliedsstaaten unter dem Einfluß der sowjetischen Hegemonialmacht die politische Monokultur des Marxismus-Leninismus oktroyiert. Sie gerierte sich als heilsgeschichtliche Utopie, die allerdings mit überaus konkreten Anweisungen zur Imitation der Stalinschen Industrialisierungspolitik und zum Aufbau einer totalitären «Volksdemokratie» verbunden wurde.

Diesem Modell zu folgen verpflichtete sich auch das SED-Regime, teils aus der eigenen Überzeugung der deutschen Bolschewiki heraus, teils unter dem unnachgiebigen Druck der russischen Herrschaftsträger. Auch in Ostdeutschland lag dabei die Vorstellung zugrunde, einem Lernprozeß konsequent zu folgen, der sich durch seine überlegene Zukunftsfähigkeit auszeichnete. Doch in Wirklichkeit ging es um ein dogmatisch verzerrtes, pathologisches Lernen, das sich von den realhistorischen Bedingungen und Erfahrungen ebenso weit abkoppelte wie von den Normen zivilgesellschaftlichen Lebens. Daher endete es auch als zukunftsunfähiger Totalentwurf in einem beispiellosen Desaster.

*a) Faschismustheorie, Antifa und Externalisierung der Mitschuld.* Wie man einem realitätsfernen pathologischen Lernen verfallen konnte, das demonstrierte die kommunistische Faschismustheorie, die sich seit den 1920er Jahren entfaltet hatte und in den 30er Jahren kodifiziert worden war. Sie entpuppte sich als eine Variante der marxistischen Kapitalismustheorie insofern, als sie den italienischen Faschismus, den deutschen Nationalsozialismus und ihre Verwandten als einen einheitlichen politischen Regimetypus, eben «den Faschismus», verstand, dessen sich die mächtigsten Fraktionen der monopolkapitalistischen Gesellschaft in einem streng instrumentellen Sinn als ihres gefügigen Büttels bedienten. Die relative Autonomie der politischen, sozialökonomischen, kulturellen Antriebskräfte tauchte in dieser kruden Deutung, die seit der Mitte der 30er Jahre für die kommunistische Welt zur verbindlichen Doktrin erhoben wurde, nicht auf.

Auch und gerade der Nationalsozialismus wurde auf dieser Linie als ein Regime angesehen, in dem die Kapitaleliten Hitler und seine Bewegung als ausführende Knechte der wahren strukturellen Herrschaftsbesitzer zur Verteidigung ihrer Interessen einsetzten. Die 13 Millionen Wähler und die noch größere Anzahl von NS-Sympathisanten galten im Grunde als manipulierte Masse, die von ihren geheimen Herren verführt worden war. Nur die Kommunisten waren dank ihrer erklärungskräftigen Theorie imstande, dieses Blendwerk zu durchschauen. Deshalb vermochten sie auch den entschiedensten Widerstand gegen die Hitler-Bewegung und dann die Führerdiktatur zu leisten. In diesem «antifaschistischen» Kampf wurde der Antifa-Mythos geboren, der nach der Besiegung des «Dritten Reiches» auch den deutschen Kommunisten den Nimbus des welthistorischen Erfolgs verlieh, mithin zugleich ihr Regime in der DDR legitimierte.

Der Triumph des Antifa-Mythos war mit fatalen Folgen verbunden; an zwei muß hier erinnert werden.

Zum einen verhinderte er eine selbstkritische Auseinandersetzung mit der von einer Mehrheit geförderten und getragenen NS-Herrschaft. Die Masse der Verblendeten und Verführten war letztlich nur wie in einem Marionettentheater ihren großkapitalistischen Strippenziehern gefolgt. Jede kollektive Mitschuld am NS-Regime und seiner Vernichtungspolitik wurde daher externalisiert, indem die Ursache des Verhängnisses allein den kapitalistischen Eliten, noch allgemeiner: dem System des Kapitalismus und seinen willfährigen Agenten aufgebürdet wurden. Auch deshalb fanden sich die neuen ostdeutschen Machthaber nach einer wilden, blindwütigen Anfangsphase der Entnazifizierung zu zahlreichen pragmatischen Kompromissen mit ehemals Verführten bereit, nachdem der Primärschuldige, «der Kapitalismus», mit seinem Netzwerk der eigentlichen Übeltäter in Ostdeutschland zerschlagen worden war.

Die Konsequenz: Über vierzig Jahre hinweg verhinderten die deutschen Bolschewiki eine selbstkritische ehrliche Auseinandersetzung mit der jüngsten deutschen Geschichte zwischen 1918 und 1945. Ihre Anhänger in den Universitätsfakultäten und Akademien der DDR berichteten zwar unentwegt aus dem Reich der kapitalistisch-faschistischen Finsternis, lobten die kommunistischen Lichtgestalten, waren aber zu einer überzeugenden, realistischen Analyse der millionenfachen Unterstützung für den Nationalsozialismus aufgrund ihrer Verpflichtung auf eine doktrinäre politische Religion außerstande. Eine aufschlußreiche Studie wie Jürgen Falters «Hitlers Wähler» konnten sie daher nicht einmal konzipieren, geschweige denn schreiben. Die mentalen Sperren, die dadurch in den Köpfen mehrerer ostdeutscher Generationen errichtet wurden, welche diesem Indoktrinierungsprozeß ausgesetzt waren, wirken im ostdeutschen Politikverständnis in unsere Gegenwart hinein weiter nach.

Zum zweiten verbaute diese realitätsferne Faschismustheorie den Blick auf die Zentralität des nationalsozialistischen Antisemitismus, des Vernichtungskriegs gegen die europäische Judenheit, des Holocausts. Diese entscheidende Schubkraft des Rassismus innerhalb der nationalsozialistischen Gewaltpolitik paßte nicht in das ökonomistische Schema der Faschismustheorie. Daher wurde ihre fundamentale Bedeutung schlichtweg ignoriert. In seiner oft genannten «Geschichte der deutschen Kriegswirtschaft 1939–1945» konnte sich der DDR-Wirtschaftshistoriker Dietrich Eichholtz um eine angemessene Analyse des Judenmords bis in die 90er Jahre hinein herumdrücken. Und wenn ein ostdeutscher Historiker nach der Wende von 1989/90 den «absurden Mangel des antifaschistischen Verständnisses von der einmaligen historischen Dimension dieses Vorgangs» (des Holocausts) endlich aufrichtig beklagte, änderte dieses späte Urteil doch nichts mehr daran, daß auch die DDR-Historiker und nicht nur die Knechtsgestalten des politischen Agitprop dieser Leugnung des Dreh- und Angelpunktes Hitlerscher und nationalsozialistischer Politik 40 Jahre lang gefolgt waren.

*b) Antisemitismus, Antizionismus und verweigerte Wiedergutmachung.* Am Anfang der 1950er Jahre ging eine Welle des Antisemitismus über die Ostblockstaaten einschließlich der Sowjetunion hinweg. Überall wurden jüdische Parteifunktionäre in Schauprozessen zum Tode oder doch zu hohen Strafen verurteilt. Begründet wurde dieser Haßausbruch, der von oben gesteuert, aber trotz der soeben miterlebten deutschen Judenpolitik auch von unten oft mitgetragen wurde, mit vagen Verschwörungstheorien, wie sie der Antisemitismus seit jeher, erst gegen das Volk der «Gottesmörder», dann gegen die stigmatisierte Rasse der Juden, universell hervorgebracht hatte. Nachdem Titos Jugoslawien eine gewisse Unabhängigkeit vom Kommandosystem des Ostblocks erstritten hatte, wurde überall ein gefährlicher «Titoismus», repräsentiert nicht zuletzt von Juden, gewittert, dem man die Schuld an belastenden Fehlentwicklungen zuschieben konnte. In der Entstehung des Staates Israel erkannten die kommunistischen Weltdeuter einen Sieg des «Zionismus», der in ihrer politischen Semantik zu einer notdürftig kaschierenden Metapher für den jüdischen Imperialismus aufstieg, gegen welchen der neue Antisemitismus, verkleidet nunmehr als Antizionismus, seine durchaus konventionellen Attacken ritt.

Auch in der DDR kam es, ungeachtet der jüngsten deutschen Zeitgeschichte, zu einer antisemitischen Kampagne. Jüdische Linke, die aus dem Exil in die vielversprechend wirkende DDR zurückgekehrt oder irgendwie anderswo die Verfolgungsjahre soeben noch überlebt hatten, verloren über Nacht ihre Position. Ein neuer Exodus begann, der die kleinen jüdischen Zirkel und Gemeinden in Ostdeutschland rasch schrumpfen ließ. Alte Kampfbegriffe tauchten wieder auf, als ob sie nicht radikal diskreditiert gewesen wären, so daß namentlich «die Juden» wieder mit dem «ungezügelten Profitstreben der herrschenden Klasse» identifiziert wurden.

Auch Stalin hatte offenbar diese verheerende antisemitische Phobie geteilt, wie das etwa in seinem gegen jüdische Ärzte gerichteten Mordplan zum Ausdruck kam. Nach seinem Tod ließ zwar im sowjetischen Satellitensystem die artifiziell fabrizierte Renaissance des Antisemitismus nach, doch er mutierte jetzt binnen kurzem in den Antizionismus. Weder kehrten die diskriminierten Politiker jüdischer Herkunft in ihre Ämter zurück, geschweige denn, daß sie öffentlich rehabilitiert wurden, noch entschloß sich die DDR zu Gesten der «Wiedergutmachung» für die Judenverfolgung und den Judenmord, da sie dafür mit dem «zionistischen Staat» Israel hätte zusammenarbeiten müssen. Statt dessen schlug sie, insbesondere seit den 70er Jahren, einen dezidiert proarabischen, offenkundig antiisraelischen Kurs ein, der als politisch gebotene Unterstützung des Widerstands gegen den expansiven Zionismus ausgegeben wurde. Machtpolitisch ging es darum, 200 Millionen Arabern strategisch lohnenden Beistand gegenüber fünf Millionen Israelis zu gewähren. Ulbrichts schmeichelnder Empfang durch den ägyptischen Staatschef Nasser wirkte als willkommene Bestätigung dieser Entscheidung.

Auf diese Weise hat das DDR-Regime nicht nur jede selbstkritische, offenherzige Diskussion über den Holocaust und seine Täter im eigenen Land verhindert, sondern im Grunde auch den fortbestehenden latenten Antisemitismus bedenkenlos bedient, indem es ihn als fortschrittsfeindlichen Antizionismus kaschierte. Die SED-Diktatur erreichte damit einen neuen Tiefpunkt der Perfidie und Verlogenheit, als sie nur kurze Zeit nach dem deutschen Judengenozid die traditionellen Sündenbockklischees erneut mobilisierte. Auch hier folgte sie der Politiklehre Machiavellis, der geraten hatte, innere Spannungen auf äußere Gegner, gleich ob reale oder erfundene, abzulenken. Ausgerechnet aus dem rassistischen, in der Judenvernichtung gipfelnden Antisemitismus übernahm sie, wie man die Ausbeutung eines eingefressenen Feindbildes in der neuen antizionistischen Agitation, aber auch in der auswärtigen Politik fortsetzen konnte, um für die beklemmenden inneren Probleme einen unzweideutig erkennbaren Schuldigen dingfest zu machen, der seit langem als Initiator aller möglichen Übel dämonisiert worden war und in den tiefen Schichten eines maßlos verzerrenden Gedächtnisses noch immer so erinnert wurde. In der politischen Mentalität der Ostdeutschen, denen ein kognitiver und emotionaler Selbstreinigungsprozeß versperrt wurde, hinterließ dieser unheilvolle Antizionismus verheerende Folgen.

*c) Militarisierung der Gesellschaft und Friedensrhetorik.* Ungeachtet der prallen, aufdringlichen Friedensrhetorik, die zeitweilig sogar in der von der DDR finanziell und logistisch geförderten westdeutschen Friedensbewegung der 8oer Jahre Glauben fand, betrieb die SED-Diktatur eine stringente Militarisierung der ostdeutschen Gesellschaft. Sie gab das als zwingende Notwendigkeit aus, die sich aus dem Ost-West-Konflikt unabweisbar ableiten lasse. Fraglos folgte sie dabei zum einen der militanten Raison des Hegemons und seiner Satelliten, die der Systemkonkurrenz mit einer gewaltigen Aufrüstung begegneten. Aber sie ging auch zum anderen über diese Aufwendungen hinaus, indem sie aus der deutschen Diskussion, die seit dem Ersten Weltkrieg über den «totalen Krieg» geführt worden war, ja sogar aus der Praxis des NS-Regimes auf pathologische Weise lernte.

Während das Amt Blank in der Bundesrepublik die Wiederbewaffnung noch vorbereitete, baute die DDR mit der «Kasernierten Volkspolizei» bereits seit 1950 (50 000 Mann!) zügig eine mittelschwer bewaffnete Streitmacht auf. 1956 wurde sie in «Nationale Volksarmee» (NVA) umgetauft, obwohl sich das Regime erst nach dem Mauerbau die Einführung der allgemeinen Wehrpflicht zutraute. Gleichzeitig wurden bewaffnete Betriebskampfgruppen als Sicherheitsorgane für den Fall eines inneren Konflikts eingerichtet, in denen Parteigenossen eine quasi-militärische Ausbildung erhielten. Die direkte vormilitärische Ausbildung übernahm die «Gesellschaft für Sport und Technik», die damit die vertrauten Aufgaben der HJ und SA weiter wahrnahm.

Währenddessen lief auch die sogenannte Wehrerziehung in den Schulen, in den Universitäten und unter den Millionen von FDJ-Mitgliedern an, die nur die Braunhemden gegen die neuen Blauhemden einzutauschen brauchten. Sie läßt sich daher formal ebenfalls mit der Wehrertüchtigung des NS-Reichs auf ein und derselben Stufe der Indoktrination, der Feindbildprägung und der Vermittlung militärischer Fertigkeiten vergleichen. Wie früher der Wehrmacht sollte jetzt der NVA ihr Ausbildungsgeschäft erleichtert werden. Das linkstotalitäre SED-Regime knüpfte dabei nicht nur an die Militarisierungspolitik der rechtstotalitären NS-Diktatur an, sondern übernahm aus der deutschen Diskussion über den totalen Krieg die Leitvorstellung, sich durch eine umfassende Kriegsvorbereitung der gesamten Gesellschaft auf den künftigen Konflikt vorzubereiten, während selbstverständlich unverbrüchliche Friedenstreue weiterhin geheuchelt wurde.

In den 8oer Jahren wurden etwa 10 % der erwachsenen Bevölkerung von diesen militärischen und paramilitärischen Organisationen erfaßt, für deren Unterhaltung und Ausstattung auch 10 % des Staatshaushalts aufgebracht werden mußten. Insbesondere die NVA wurde als eine ideologisch zuverlässige Schutzmacht des SED-Regimes auf- und ausgebaut. Zwischen 1952 und 1989 wurden 4500 ihrer 21 000 Offiziere in der Sowjetunion ausgebildet, um an deren Kriegsakademien und in der Roten Armee politische Glaubensfestigkeit und militärtechnische Fachkenntnisse zu erwerben. 96 % gehörten, den engen Nexus zwischen SED und Armee demonstrierend, der Einheitspartei an, die mit ihren strengen Filtermaßnahmen dafür gesorgt hatte, daß angeblich 79 % von ihnen aus der Arbeiterklasse stammten. Weder zeichnete sich aber die NVA in der tödlichen Staatskrise von 1989/90 durch aktive Militanz bei der Systemverteidigung aus, noch gelang es der SED, mit ihrem weit ausgreifenden Programm der vormilitärischen und militärischen Schulung, ausgerechnet durch ihren Sozialmilitarismus die Jugend für ihr stillgelegtes, geschlossenes System zu gewinnen.

An der Fluchtbewegung bis 1961 waren Jugendliche überdurchschnittlich beteiligt, ebenso an der Resistenz von 1953 und 1956, und im Umfeld der Dissidenten der 80er Jahre spielten sie ebenfalls eine prominente Rolle. Zwar dominierte auch in der DDR der Typus des Mitläufers, der von der Jugendweihe über die FDJ-Treffen bis hin zum Wehrdienst in der NVA den Erwartungen und formellen Regeln des SED-Regimes folgte. Doch der Disziplinierungs- und Indoktrinierungsaspekt stand zu eindeutig im Vordergrund, als daß die idealisierte Sozialfigur des gläubigen, einsatzbereiten Jungkommunisten aus diesen Sozialisationsprozessen regelmäßig hervorgegangen wäre.

Parallel zum Aufbau der Volkspolizei und der Volksarmee hatte die SED seit dem Februar 1950 zur Kontrolle ihrer politisch konstituierten und regulierten Gesellschaftsordnung den Repressionsapparat des Ministeriums für Staatssicherheit aufgebaut, das direkt dem Politbüro unterstand. Diese Stasi dehnte die Überwachung und Intervention ungleich intensiver in die Tiefe der Gesellschaft aus, als das der Gestapo der braunen Machthaber bis 1939 gelungen war. Seit der Mitte der 70er Jahre war die stetig auswuchernde Herrschaftsinstitution der Stasi ubiquitär aktiv. Überall wurde daher von ihr als Reaktion auf die Erstarrungssymptome der Reformvermeidungspolitik eine gefährliche Systemkritik ausgemacht, die unverzüglich die Kriminalisierung nach sich zog.

Mehr als 90 000 Stasi-Angehörige wurden durch 173 000 Informelle Mitarbeiter, die ominösen IM, unterstützt. Jeder 35. Erwachsene war daher für die Stasi tätig, indem er über Nachbarn und Ehepartner, Sportkameraden und Berufskollegen beflissen oder – wie mancher später erklärte – notgedrungen Bericht erstattete. Mehr als 300 000 DDR-Bürger bekamen den Zwangsapparat der Stasi schmerzhaft zu spüren, mußten Verhöre, Folter, Haftstrafen in den Kerkerburgen der roten Gestapo ertragen. Weit mehr noch wurden durch die Stasi in ihrer Lebensführung beeinträchtigt, und die Angst vor den Agenten des Repressionsapparats wirkte sich allgegenwärtig aus. Wie man die Überwachungs- und Unterdrückungspraktiken der NS-Gestapo noch perfektionieren konnte, hat die Stasi von ihren braunen Vorgängern im pathologischen Stil gelernt. Dem Legitimitätszerfall und der Wucht der Volksbewegung von 1989/90 war aber auch sie nicht gewachsen.

*d) Resistenzmilieu ohne Dissidentenbewegung.* Nach der Systemkrise von 1953 wurde in der DDR noch radikaler als zuvor jede Kritik erstickt, auch wenn sie nur an die unterstellte Reformfähigkeit des SED-Regimes appellierte. Als 1956 das Aufbegehren in Ungarn und Polen auf die DDR ausstrahlte, schlug der Repressionsapparat von Stasi und politisierter Justiz hart zu. Seither herrschte jene Stille, die der erdrosselten Meinungsäußerung zu folgen pflegt. Weder der «Prager Frühling» von 1968 noch die polnische Streik- und Solidaritäts-Bewegung seit 1980 lösten wegen dieser Unterdrückungstradition in der DDR systemkritische Sympathiewellen aus, die über eine latent durchaus vorhandene Aufmerksamkeit hinausgingen. Während sich in den kriselnden osteuropäischen Staaten mit der kritischen Opposition stets das Motiv der wiederzugewinnenden nationalen Unabhängigkeit verband, die der starren Sowjetisierung offenherzig, bis hin zum Russenhaß, entgegengesetzt wurde, konnten reformwillige Kräfte in der DDR wegen der Teilung Deutschlands und der erbitterten Konkurrenz mit der überlegenen Bundesrepublik die verbindenden nationalen Traditionen nicht öffentlich ins Feld führen, es sei denn, sie riskierten Zuchthaus oder Ausweisung.

Dieses Tabu markierte einen prinzipiellen Unterschied im Vergleich mit allen anderen osteuropäischen Dissidenten. Infolgedessen schrumpfte die ostdeutsche Kritik auf punktuelle Reformforderungen, ohne die Abschaffung des politischen Systems zu verlangen. Diese Forderungen nach immanenter Veränderung verlangten aber auch ein risikobewußtes Bekenntnis zu den eigenen Überzeugungen, die von enttäuschten Marxisten wie dem Physiker Robert Havemann oder einem Künstler wie Wolf Biermann und wenigen anderen, ähnlich denkenden, mit imponierender Zivilcourage geäußert wurden, mußten sie doch mit rücksichtsloser Repression – wie Havemann mit seiner Isolierung durch Hausarrest, Biermann mit seiner Ausweisung – rechnen.

Wegen der inneren Bindung an die Chimäre eines ostdeutschen Reformmarxismus und wegen der abschreckenden Unterdrückungspraxis des SED-Regimes kam es auch in den 80er Jahren zwar zu einer von der Stasi argwöhnisch beobachteten Resistenz, die aber über eine letztlich noch immer systemloyale Widerwilligkeit nicht hinausging. Daher mündete sie auch nicht in eine klar konturierte Dissidentenbewegung, wie sie in Polen, Ungarn und der ČSSR entstand.

Die Stasi schätzte, gestützt auf die Berichte einer sorgfältigen Unterwanderung, daß sie es mit maximal 2500 Kontrahenten zu tun habe, die sich locker in Diskussionsgruppen zusammenfanden, für die hier Friedens- oder Umweltfragen, dort Frauen- oder Liberalisierungsprobleme im Mittelpunkt standen. Es bedurfte des «kritischen Moments» der Massenflucht über Ungarn oder in die westdeutschen Botschaften in Prag und Warschau, dann der Schubkraft der «Volksmassen» bei den Demonstratio-

nen in Leipzig und in anderen Städten, um diese Zirkel nach vorn zu kata-
pultieren. Dadurch wurden sie mit der Notwendigkeit konfrontiert, als
Oppositionsbewegung die politischen Aktionen zu steuern, ihnen realisierbare Ziele zu setzen (vgl. V. A. 13). In dieser Situation stellte sich heraus, daß die ostdeutschen Kritiker auf dem Weg zum offenen Dissiden-
tentum ganz überwiegend immer noch an der Reform der DDR festhielten,
vor der eigenen Ausübung politischer Herrschaft als Geschädigte eines totalitären Systems aber zurückschreckten, mithin das Ziel eines fundamentalen Umbaus nicht energisch anvisierten. Statt dessen neigte die Mehrheit
von ihnen zu einem «Dritten Weg» zwischen Sozialismus und Kapitalismus, auf dem wegen ihrer tiefen Skepsis gegenüber beiden Strömungen
eine möglichst herrschaftsfreie, politisch eigenständige Konsensualdemo-
kratie verwirklicht werden sollte. Ihre wirtschaftspolitischen Vorstellungen zeichneten sich durch eine hochideologisierte ahnungslose Naivität
aus. Aus den rasch zunehmenden Symptomen, die den grundsätzlichen
Wandel hin zur Rekonstruktion des gesamtdeutschen Staates ankündig-
ten, rechtzeitig zu lernen, wurde ihnen durch diesen anarchistisch-rätede-
mokratischen, sprich: Runde-Tisch-Utopismus verwehrt. Jede Illusion
verflog aber allerspätestens, als das Ergebnis der Märzwahlen von 1990
diese Dissidenten samt ihren Verbänden trotz aller mutiger Anstrengungen auf die Größe einer Quantité négligeable reduzierte. Entweder zogen
sie sich mit unverhohlener Erbitterung in die Privatsphäre des Berufslebens zurück, oder sie konnten mit etwas Glück in den nach Osten expandierenden westdeutschen Parteien eine untergeordnete Position finden.
Denn diese neuen gesamtdeutschen Parteien bundesrepublikanischer Provenienz gaben jetzt auch in den östlichen Bundesländern den Ton an. Ein
begrenzter Erfolg der DDR-Sozialisation trat freilich in dem Umstand zutage, dass sich ein Fünftel der Wählerschaft in den Verband der lernunfä-
higen Steinzeitmarxisten und Regionalgeschädigten in der PDS zurück-
zog[18].

## 5. Die Herrschaftsprinzipien und Machtgrenzen des DDR-Sultanismus

Auch Honecker folgte mit seiner «strategischen Clique» (P. C. Ludz) denselben Herrschaftsprinzipien, die schon Ulbricht beachtet hatte:
     1. In der Partei mußte Disziplin gemäß dem Motto «Die Partei hat im-
mer Recht» erlernt, im Grenzfall erzwungen werden. Dafür sorgte nicht
nur der hierarchische Befehlsfluß, sondern auch der indoktrinierte Glaube,
daß der Marxismus-Leninismus die einzige wissenschaftlich begründete
Lehre besitze, um die Bewegungskräfte der sozialen und politischen Welt
zu verstehen und zu einer realitätsadäquaten Politik anzuleiten.
     2. Die Allmacht des Parteiapparats mit seinem absoluten Führungsan-
spruch mußte vorbehaltlos anerkannt werden. Dieser Anspruch erzeugte

eine Servilität der Gesinnung, die im Regelfall Gehorsamsbereitschaft und Unterordnung gewährleistete.

3. Die Kaderwahl nach dem Nomenklaturprinzip sollte einen loyalen Parteinachwuchs züchten, so daß die Agenten der Parteiräson die Anweisungen der Spitze bereitwillig ausführten.

In der Realität des politischen Systems führte die diesen Grundsätzen folgende Praxis zu einer von Honecker ausgeübten Alleinherrschaft mit kleinem Beraterkreis (oft nur mit dem Ökonomiezar Günter Mittag und Stasi-Chef Erich Mielke). Der Stellvertretende Außenminister Herbert Krolikowski sah später darin ein System der «Alleinmeinung in allen Fragen und Belangen», wobei «preußische Disziplin und Liebedienerei ... jeden Tag neue Triumphe feierten». Blickt man auf die Typologie der politischen Herrschaftsformen, die Max Weber entwickelt hat, werden das Ulbricht- und das Honecker-Regime von den drei klassischen Typen der traditionalen, rationalen und charismatischen Herrschaft nicht erfaßt. Am ehesten gehören sie zu dem relativ selten erörterten Typus des patriarchalisch-autoritären «Sultanismus» mit seinem «Höchstmaß an Herrengewalt», die sich «mit der Art ihrer Verwaltung ... in der Sphäre freier, ungebundener Willkür ... im Extrem entwickelt. Dadurch unterscheidet sie sich von jeder Form rationaler Herrschaft» ganz so tief wie von der traditionalen und erst recht von der charismatischen Herrschaft, deren Schlüsselfigur sich diese Politruks nicht einmal von ferne näherten.

Die Gier nach dem Machtmonopol und damit der Zwang nach Machtsicherung führten zu einer wahren Machtbesessenheit der SED. Eben das machte sie auch zum Adressaten aller Kritik, da ihr fataler Herrschaftsanspruch auf Allzuständigkeit diese auf sie hinlenkte. Sie wollte aufgrund ihrer «kommunistischen Selbstgewißheit» und exklusiven Einsicht in den objektiven welthistorischen Prozeß ihre Utopie verwirklichen, den «neuen Adam» mit einer neuen Moral in der neuen kommunistischen Gesellschaft zu schaffen. Im Bann dieser Ziele führte sie einen größeren Autonomieverlust herbei, als er sich unter dem NS-Regime eingestellt hat. Doch ihr Herrschaftsverlangen traf auf Grenzen, die ihrem nie aufgegebenen Wunschtraum von der vollständigen «Durchherrschung» der gesamten ostdeutschen Gesellschaft entgegenstanden. Die SED-Diktatur ist von Anfang an durch das Spannungsverhältnis zwischen der angestrebten allseitigen Kompetenzkompetenz und den realhistorischen Barrieren gekennzeichnet.

1. Historische Bedingungen, die nur auf lange Sicht, wenn überhaupt, beeinflußt werden konnten, begrenzten die Gestaltungsmöglichkeiten der deutschen Bolschewiki. Der Familienzusammenhang, soziale und politische Milieus, die Sozialstruktur, die Mentalität in den verschiedenen Sozialformationen, die Kirchen, der Stadt-Land-Unterschied, die Bevölkerungsverschiebung bis 1961, die Nischen als Reaktion auf den Konfor-

mitätsdruck – all diese Phänomene lenkten immer wieder auf Reste relativer Autonomie hin, die als objektive Bedingungen dem politischen Handeln Grenzen setzten und alles andere als leicht zu überwinden waren, obwohl der «illiberale Autoritätsglaube» der Machthaber sie zu unterwerfen trachtete.

2. Wie die Bundesrepublik erlebte auch die SBZ/DDR jahrelang das Chaos der Zusammenbruchsgesellschaft. Flüchtlinge und Vertriebene, die schönfärberisch als «Umsiedler» etikettiert wurden, machten zeitweilig mehr als ein Fünftel der Bevölkerung aus. Überall fehlten Nahrungs- und Kommunikationsmittel, eine effiziente Verwaltung und eine wirksame Kontrolle der Terroranarchie der Roten Armee. Das Land zahlte einen hohen Preis dafür, daß es von Sowjetsoldaten «befreit» worden war und daß eine SED-hörige Bürokratie aufgebaut wurde. Diese Anhäufung von Notsituationen trieb die Flüchtlingsbewegung nach Westen an.

3. Die Westgrenze erhielt bis 1961 eine doppelte Loyalität, da die erdrückende Mehrheit der Ostbürger den westdeutschen Staat und seinen Arbeitsmarkt für eine ihnen offenstehende Ausweicharena hielt. In gewisser Hinsicht fungierte diese Grenze auch als Sicherheitsventil, da während der Verhärtung der neuen Diktatur die Unzufriedenen abziehen konnten. Eben deshalb erprobte die SED auch immer wieder neue Schikanen, da sie die Abwanderung der Widerspenstigen einkalkulierte.

4. Im Gegensatz zum Nationalsozialismus konnte die SED-Diktatur genuine gesellschaftliche Triebkräfte nicht in ihren Dienst stellen. Sie behielt den Makel eines aufgestülpten Kollaborationsregimes, das trotz aller pompösen Massenorganisationen, die eine breite spontane Unterstützung suggerieren sollten, nie eine Massenunterstützung wie die Hitler-Bewegung gewinnen konnte. Zu der Abhängigkeit und Imitation der östlichen Führungsmacht gehörte auch die von der SED-Diktatur praktizierte Kritik des westlichen Zivilisationsmodells. Sie setzte jahrzehntelang in einer Zeit auf die antiwestliche Karte, als die Überlegenheit der westlichen Lebenswelt den Linkstotalitarismus unablässig schwächte.

5. Die SED regierte eine Satrapie des sowjetischen Hegemonialreiches, die im Grenzfall der existentiellen Krise von Anfang bis Ende von der Schutzgarantie der Roten Armee abhing. Überdies ließ der Hegemon die deutschen Genossen nur zu oft seine Überlegenheit und Durchsetzungskraft spüren. Anstelle der nationalsozialistischen Sippenhaft führte die SED-Diktatur nach sowjetischem Vorbild die Klassenhaft ein. Auch wenn es nicht zur Vertreibung oder Inhaftierung kam, blieben die Nachteile der sozialen Herkunft, vor allem aus dem Wirtschafts- und Bildungsbürgertum, über das ganze Erwerbsleben hinweg wirksam.

6. Die internationale Konstellation konnte von der SED-Herrschaft denkbar wenig beeinflußt werden. Die Weltmarktabhängigkeit etwa erwies sich beim Import namentlich der Energieträger und unverzichtbaren

Rohstoffe und beim Export, der bestimmte Qualitätsstandards nicht unterschreiten durfte. Die KSZE-Beschlüsse besaßen eine Bindewirkung, die in der DDR die starren Systemimperative in Frage stellte, deren Ablehnung oder Aufkündigung blieben indes verwehrte Optionen. Die unzulängliche, fehlerhafte Blockpolitik des Warschauer Paktes und des RGW mußte die DDR unterstützen, obwohl ihr wohlverstandenes Eigeninteresse oft dagegen sprach. Andererseits konnte sie sich mit ihrer dogmatischen Anti-Solidaritäts-Politik, die den Einmarsch in Polen – wie ihn Honecker ins Auge gefaßt hatte – zur Konsequenz gehabt hätte, glücklicherweise nicht durchsetzen, obwohl sie in der polnischen Dissidentenbewegung nicht zu Unrecht eine prinzipielle Gefährdung ihres eigenen Systems erblickte.

7. Dieses politische System und die von ihm geschaffene Kräftekonstellation schufen einen Klientelismus, der wiederum Korruption, Willkür, Rechtlosigkeit, Privatisierung ökonomischer Ressourcen und nackten Interessenegoismus erzeugte. Das Ergebnis war eine «Sozialkultur der organisierten Verantwortungslosigkeit», die jedes Kombinat, jede LPG, jede Parteiinstanz gleich auf welcher Hierarchieebene heimsuchte. Vom neuen Adam mit seiner gemeinwohlorientierten neuen Moral war dieser Zustand unendlich weit entfernt.

8. Eine besonders folgenreiche Grenze lag in der «angemaßten Grenzenlosigkeit», die in dem Machtmonopol der SED, in ihrem Anspruch auf Kompetenzkompetenz steckte. Sie führte folgerichtig und frühzeitig zu einer Selbstüberforderung, denn die Partei wollte schlechthin alle Steuerungsfunktionen, die im Westen durch Medien wie Recht und Geld, durch Parlamente und Gerichte übernommen wurden, selber ausüben. Die Folgen waren eine kurzsichtige verstaatlichte Planwirtschaft, die keiner Marktrationalität gehorchte, die starrsinnige bürokratische Gängelung auf allen Ebenen, die eklatante Mißachtung aller Bürgerrechte, die Unterdrückung jeder kritischen öffentlichen Diskussion, der Einsatz von rechtsstaatlich unkontrollierten Sanktionsmitteln des Partei- und Staatsapparats. Der institutionell unbegrenzte SED-Primat verkörperte das allgemeine Organisationsprinzip der DDR, da dieser Krakenstaat alle Politik- und Gesellschaftsfelder dominierte; nur die Kirchen standen außerhalb seiner Domäne.

Die Konsequenz war eine jeder politischen Modernisierung hohnsprechende Entdifferenzierung, welche z.B. die rechtliche Zulässigkeit von Anordnungen gar nicht erst prüfte, aber auch die wirtschaftliche Effizienz allein dem politischen Zweckmäßigkeitskalkül unterwarf, das zu verheerenden Allokationsentscheidungen führen konnte. Als die SED-Spitze etwa den Autarkietraum von eigenen Computerchips realisieren wollte, investierte sie dreistellige Millionenbeträge und endete mit einem Stückpreis von 536 Mark. 520 Mark wurden durch Staatssubventionen abgefangen, 16 Mark sollte der Abnehmer zahlen, während der Weltmarktpreis viel niedriger lag und das veraltete DDR-Produkt längst von neuen, leistungsfähigeren Generationen von amerikanischen und japanischen Chips überholt worden war.

9. Das SED-System konnte trotz aller Mißerfolge nicht verbessert werden, weil es keine eingebaute Lern- und Korrekturfähigkeit besaß, als deren institutionelle Verkörperung jedes westliche Parlament und eine kritische Öffentlichkeit gelten kann. Jeder formell verankerte Zwang zur Entscheidungskorrektur fehlte der SED-Diktatur. Durch ihre Regulierungs- und Steuerungswut beraubte sie sich überdies jedes Kritik- und Innovationspotentials. Der zentralistische Paternalismus ihres Sultanismus kannte keine offene kollektive Entscheidungsfindung. Selbst Machtkerne wie das Zentralkomitee wurden zu Akklamationsorganen degradiert, während die Gerontokratie des ZK-Sekretariats und des Politbüros, faktisch aber die winzige «strategische Clique» um Ulbricht oder Honecker die wesentlichen Entscheidungen traf. Da die Heranbildung des Elitennachwuchses dem Nomenklaturprinzip gehorchte, wirkte sich ein offenbar unwiderstehlicher Konformitätsdruck aus, der nirgendwo durch die Selektion der Rechtgläubigen kraft freier Wahl abgemildert wurde. In der Staatskrise von 1989/90 trat zutage, welche politikunfähigen Mediokritäten vom Typus Krenz dieses System nach oben geschleust hatte.

10. Nicht zuletzt aber traf die SED-Diktatur auf die hohe Barriere ihres fatalen Glaubens an die Planrationalität. Es war schon schlimm genug, daß sie im Bann ihrer Klassenkampfideologie die bürgerlichen Unternehmer lückenlos beseitigt hatte. Noch nachteiliger aber war ihr Versagen, einen gleichwertigen Ersatz für die Wahrnehmung der Unternehmerfunktion zu finden. Gemäß ihrer Dogmenlehre glaubte sie bekanntlich, einen weit überlegenen Ersatz in der zyklische Schwankungen und Fehlallokationen vermeidenden Planrationalität, welche daher die Marktrationalität weit übertreffe, gefunden zu haben.

Es war ihr klar, daß sie zur Fundamentierung ihrer Entscheidungen eines umfassenden Informationssystems bedurfte, um die Planung und Leitung von Wirtschaft und Gesellschaft ausführen zu können. Daher sollte ein eigenes Rechenzentrum das riesige Datenmaterial bereitstellen. Seit den 70er Jahren wurden dort monatlich 250 Berichte mit 200000 Informationen aus 23000 Betrieben gespeichert, um als Entscheidungsgrundlage zu dienen. Diese Masse an Informationen – am Ende der 80er Jahre 45 Millionen BIT – konnte jedoch überhaupt nicht angemessen und plangerecht verarbeitet werden, denn dafür wäre eine Expertengruppe von 7500 Personen erforderlich gewesen, die man wahrscheinlich nicht einmal in beiden deutschen Staaten mit Exklusivverträgen gewonnen hätte. Realiter wurden bestenfalls 48000 Informationen ausgewertet: Das war ein Tausendstel der Gesamtmenge! Abgesehen von den politischen Dilemmata der Fixierung von Produktionslinien und -größen ohne jede Nachfrage oder Rückmeldung von Märkten scheiterte der Anlauf zur totalen Planung daran, daß nur ein winziger Bruchteil lohnender Informationen verarbeitet werden konnte. Jede ausgereifte marktwirtschaftliche Lösung der Probleme von Nachfrage und Angebot war diesem embarras de richesse, der die Planungsgläubigen vollkommen überforderte, weit überlegen.[19]

## 6. Der Absturz in den Niedergang

Im 20. Jahrhundert dem System eines modernen Sultanismus eine zuverlässige Legitimationsbasis zu verschaffen, stellte sich als eine unlösbare Aufgabe heraus. Die parteiideologische Fundamentierung, die in Aussicht stellte, an der Spitze des historischen Prozesses in die kommunistische Zukunftsgesellschaft zu marschieren, reichte dafür zu keiner Zeit aus. Daher gewannen die sozialpolitischen Leistungen ihre essentielle Bedeutung für die Regimeerhaltung, ohne doch ihren Zweck auf Dauer erfüllen zu können. Die ersehnte Legitimität durch das Artefakt einer ostdeutschen «sozialistischen Nation» gewinnen zu können, erwies sich ebenfalls als völlige Fehlkalkulation. Denn gegen die gesamtdeutsche Nationalgeschichte diese – modisch gesprochen – «Erfindung einer Tradition» zu setzen, verurteilte das Projekt von vornherein zum Scheitern. Dasselbe traf auf die Erbe-Politik zu, mit der sich die DDR nicht nur den Bauernkrieg und die ominösen «deutschen Jakobiner», sondern auch Luther, Friedrich den Großen und sogar Bismarck anzueignen bemühte.

Alle diese Anstrengungen konnten den Absturz in den Niedergang nicht aufhalten. Wegen der Wirtschaftskrise in den frühen 70er Jahren war der unverzichtbare Rohstoffimport um 170%, der Export aber nur um 65% gestiegen. Seither kletterten auch die Schulden im Tempo einer galoppierenden Schwindsucht weiter in die Höhe, bis sie 1989 den Umfang von 49 Milliarden Mark erreichten. Zwei von dem CSU-Chef Strauß 1983/84 vermittelte Kredite von je einer Mrd. DM retteten die Kreditwürdigkeit der DDR, wirkten aber nur wie der Tropfen auf den heißen Stein.

Im Inneren des Landes hatte die SED, die sich seit jeher mit der Verfechtung der wahren Volksinteressen gebrüstet hatte, in einem beispiellosen Maße von der Substanz gezehrt. Der Kern der Städte war bis zum Ende der 80er Jahre verfallen, da die eingefrorenen Mieten den privaten Hausbesitzern keine angemessene Reparatur ermöglichten, während die staatlich beschlagnahmten Gebäude genauso wenig modernisiert wurden. Mehr als die Hälfte aller Straßen litt an schweren Schäden, 18% dieses Verkehrsnetzes waren nach Expertenmeinung kaum mehr befahrbar. Im Hinblick auf Telefonanschlüsse rangierte die DDR auf der Welt an 65. Stelle; 62% der Fernsprechanlagen waren erheblich älter als 30 Jahre.

Diese Mängel der Infrastruktur verblaßten aber vor den Dimensionen der immer schmerzhafter spürbaren Umweltkatastrophe. Die SED hatte durch ihre ungeschützte Industrialisierung und rücksichtslose Braunkohleverwendung, mit ihrer Vergiftung der Luft und der Gewässer den Ruin ganzer Landstriche, Dörfer und Städte herbeigeführt, vor allem aber die Gesundheit und das Alltagsleben von Millionen Menschen schwersten Belastungen ausgesetzt. Zahllose Krankheiten wurden durch die ökologischen Probleme verursacht, und während die durchschnittliche Lebenserwartung westlich der Elbe sprungartig anwuchs, stagnierte sie in der DDR. Diesen menschenfeindlichen Folgen ihrer eigenen Politik wollte sich die Parteidiktatur aber nicht stellen, da die Alternative einer aktiven Umweltpolitik eine Kürzung der Finanzierung der inzwischen umfänglichen sozialpolitischen Leistungen bedeutet hätte, die für die Legitimierung des Regimes und seine verbissene Machtbehauptung als unabdingbar galten. Dieser Parteiegoismus lief im Kern auf eine unaufhaltsame Selbstzerstörung des Landes hinaus.

Unter diesen Bedingungen kann es nicht überraschen, daß zum einen die Anzahl der Ausreiseanträge, erleichtert durch die KSZE-Akte, weiterhin stetig anwuchs. Waren 1985 18000 und 1986 20000 bewilligt worden, lagen Anfang 1989 schon 113000 Formulare von Antragstellern vor, die möglichst bald in die Bundesrepublik ausreisen wollten. Zum anderen dehnte sich das Milieu der Systemkritiker aus, das wegen der unübersehbaren Risiken zwar nicht zu einer offenen Dissidentenbewegung wie in Polen oder der ČSSR, führte, aber doch Reformprobleme und Umweltfragen, Friedens- und Frauenpolitik im kleinen Kreis erörterte. Namentlich die Friedensbewegung des Westens fand eine erhebliche Resonanz. Diesen Kleingruppen boten mutige protestantische Pfarrer häufig einen Schutzraum in den Gemeindehäusern. Im Juli 1989 glaubte die Stasi jedoch, nicht mehr als 2500 Dissidenten identifizieren zu können. Diese Zirkel besaßen, wie es ihr schien, noch kein bedrohliches Ausmaß. Doch fast ebenso viele junge Männer (2300) verweigerten in dieser Zeit, ein Musterbeispiel von Zivilcourage, den Dienst in der NVA. Tausende wurden zu dem schikanösen Dienst der sogenannten Bausoldaten abgestellt, die anderen oft noch heftiger malträtiert. Die Loyalitätserosion erfaßte alsbald auch die SED: 1988 verließen sie 11000 Mitglieder. Gegen 23000 Mitglieder wurde eine Gesinnungsüberprüfung eingeleitet, die zum Ausschluß von 13000 Parteiangehörigen führte. 1989 setzte sich der Zerfall trotzdem in erhöhtem Tempo fort.

Ob Ausreisewillige, Systemkritiker, Wehrdienstverweigerer oder Parteimüde – die in der DDR vibrierende Unruhe veranlaßte die Parteispitze, das Personal der Stasi kontinuierlich weiter aufzustocken. Hatte sie 1951 mit 4500 Angehörigen begonnen, bald aber die Größe der Gestapo, die es in einem Staat von 80 Millionen Einwohnern auf 9000 Beamte gebracht hatte, übertroffen, erreichte sie 1989 einen Stand von 91 000 Angehörigen, die durch 180 000 Informelle Mitarbeiter (IM) ergänzt wurden. In einem Land mit gut 16 Millionen Einwohnern entfielen auf je 60 von ihnen ein staatlicher Bewacher oder getarnter Spitzel. In der Honecker-Ära berichteten insgesamt 500 000 IM über ihre Berufskollegen, Nachbarn und Ehepartner.

Wär es für die Staatorgane schon schwierig genug, die offenbar unterschätzte Einflußzone des Dissidententums effektiv einzuschränken, stellten sich ihnen ganz neuartige Probleme, als Michael Gorbatschow, seit 1985 neuer Generalsekretär der KPdSU, in der Zentrale des Sowjetimperiums Reformvorstellungen öffentlich verfocht, die bald auch auf die DDR ausstrahlten. Die «überalterte Herrenriege» der Gerontokratie um Honecker riskierte einen Blockadekurs gegen den existenzgarantierenden Hegemon. Die mit «Glasnost» und «Perestroika» sympathisierende russische Zeitschrift «Sputnik» wurde im November 1988 in der DDR verboten. Ein ZK-Mitglied spottete: Wenn der Nachbar seine Wohnung neu tapeziere, brauche man, wenn doch das eigene Haus in Ordnung sei, ihn nicht nachzuahmen. Die Gerontokratie hielt den neuen mächtigen Mann der Sowjetunion für einen Konterrevolutionär, den eigenen paranoiden Krakenstaat aber für den Spitzenreiter des Staatskommunismus. Dagegen empfanden die Dissidenten in Polen, Ungarn, der ČSSR und natürlich auch der DDR, daß Gorbatschow ihren Veränderungsdruck unterstützte. Das löste Wellen der Sympathie, ja erstmals der genuinen Zuneigung zu einem russischen Spitzenpolitiker aus. Im Herbst 1989 sollte die Mobilisierungskraft, die Gorbatschows Programmatik auch in der DDR entfaltete, unmißverständlich zutage treten. Der Moskauer Kurswechsel kulminierte darin, daß die sowjetische Protektoratsherrschaft der DDR unmittelbar nach dem bombastischen Feierlichkeiten zu ihrem 40jährigen Bestehen die Existenzgrundlage in Gestalt der russischen Truppenunterstützung entzog. Was der Schriftsteller Stefan Heym als bange Frage aufgeworfen hatte, erwies sich seither als Faktum: Die kurzlebige DDR, sie war nur «eine Fußnote der Weltgeschichte».

# VI.
## Strukturbedingungen und Entwicklungsprozesse der Kultur

## A. Die Bundesrepublik

Erneut ist mit diesem Kapitel eine Grundsatzfrage verbunden: Könnte nicht angesichts der zu behandelnden Problematik ein Interpretationsansatz im Sinn der «Neuen Kulturgeschichte» weitere Dimensionen öffnen, subtile inhaltliche Probleme angemessener thematisieren, die Erschließung komplexer Zusammenhänge versprechen – kurzum: realitätsadäquater sein als die hier bevorzugte Herangehensweise? Denn diese beschränkt sich bewußt auf die Analyse jener Institutionen, die für grundlegende Sozialisationsprozesse, für die Habitus- oder Mentalitätsprägung, für die Weltbilder und Ideenvermittlung, für die öffentliche Meinung und mit alledem auch für die gesellschaftliche Verfassung verantwortlich sind. Dagegen wird in ihrem Rahmen nicht erörtert, wie etwa die politische Philosophie oder die Sozialtheorie inhaltlich argumentiert hat oder wie die Prosaliteratur den geistigen Horizont des Weltverständnisses erweitert oder sogar mitgeschaffen hat. Um dieser Aufgabe gerecht zu werden, müßte man eine ganz andere, zu solch einem weiten Ausholen befähigende Kompetenz besitzen.

Auf der anderen Seite hat die gegenwärtige Kulturgeschichte, soweit ich zu sehen vermag, trotz all ihrer emphatischen Aufwertung eines weithin amorphen oder häufig wechselnden Kulturbegriffs noch immer nicht die Synthesefähigkeit gewonnen, welche die Sozial-, die Wirtschafts-, die Politikgeschichte und eben auch die Gesellschaftsgeschichte mit überzeugenden Gründen und Leistungen für sich in Anspruch nehmen können. Vielleicht bleibt es auf absehbare Zeit doch dabei, daß die überzeugende kulturgeschichtliche Monographie ihre eigentliche Stärke in der Erhellung ihrer spezifischen Probleme und häufig vernachlässigten Zusammenhänge besitzt, während sie sich wegen der von vielen ihrer Adepten voreilig geteilten Aversion gegen die großen «Meistererzählungen» gar nicht erst die Zähne an der Syntheseproblematik ausbricht.

Als aussichtsreichster Weg könnte sich in der nahen Zukunft erweisen, daß sich entweder die Sozialgeschichte kulturgeschichtlichen Fragestellungen noch weiter öffnet – für diese Kooperation gibt es schon hervorragende Beispiele – oder daß die Kulturgeschichte die Probleme der Sozial- und Wirtschaftsgeschichte in ihre Arbeit endlich mit einbezieht – für diese Öffnung gibt es aber noch keine überzeugenden Beispiele. Vielleicht geht von der aufsteigenden Transnationalen Geschichte oder von der Globalgeschichte ein Sog aus, der diese Öffnung fördert, da die komplexen Probleme anders nicht erfaßt werden können.

Wie auch immer die wissenschaftsgeschichtliche Entwicklung verlaufen wird – eine gelegentlich befürwortete Option läßt sich nicht wahrnehmen: an die Stelle des gesellschaftsgeschichtlichen Zugriffs auf Institutionen, deren Funktionen in einem weit gespannten Sinn mit der kulturellen Welt verbunden sind, auf der Grundlage eines kulturgeschichtlichen Ansatzes eine ganz anders geartete Analyse mit ihren eigenen Fragestellungen und Schwerpunkten zu setzen. Das wäre mit dem gesamten Duktus dieser Gesellschaftsgeschichte nicht vereinbar. Selbst wenn diese kulturgeschichtliche Analyse gelänge, wirkte sie wie ein angehängter Fremdkörper. Nicht zuletzt entfiele auch die Vergleichbarkeit mit den entsprechenden Kulturkapiteln in den vorangegangenen vier Bänden. Deshalb bleibt es bei dem einmal gewählten Strukturierungsschema in der Hoffnung, daß sich ein auf kulturelle Institutionen und ihren Modus operandi eingeengter Ansatz für die Erörterung der gesellschaftlichen Verfassung nicht nur als nützlich, sondern als unabdingbar erweist.[1]

## 1. Die Christlichen Kirchen

Nach den bitteren Erfahrungen mit der Diktatur und dem Zweiten Weltkrieg hätten die christlichen Amtskirchen allen Grund gehabt, in eine Phase vorbehaltloser Selbstkritik und uneingeschränkter Bereitschaft zur Bußfertigkeit einzutreten. Denn sowohl ihre Einstellung zum charismatischen Herrschaftssystem Hitlers mit seiner verführerischen Anziehungskraft, aber auch seiner Vernichtungspolitik bis hin zum Judenmord, als auch zu den Schrecken eines fast sechsjährigen Krieges stellten alles andere dar als ein Ruhmesblatt; es hätte daher allen Anlaß zu einer kritischen Überprüfung ihres Verhaltens in der jüngsten Vergangenheit gegeben.

Dabei ist allerdings mit Nachdruck hervorzuheben, daß sich die Protestanten mit ihren «Deutschen Christen» als «SA Jesu Christi» und der Vorliebe ihres nationalprotestantischen Blocks für den starken, auch den Krieg führenden Nationalstaat ungleich anfälliger für die Führerdiktatur und die Unterstützung ihres Krieges, auch ihres militanten Antisemitismus erwiesen hatten als die Katholiken. Sie waren zwar durch das Reichskonkordat zunächst geblendet worden, aber ihre Geistlichen, auch manche Gemeinden, brachten im Widerstand gegen die alsbald folgende Drangsalierung ihrer Kirche und die «Ausmerze» von «Volksschädlingen» ungleich mehr Kraft, mehr Mut, mehr Zähigkeit auf. Das hing nur zum geringeren Teil damit zusammen, daß der zölibatäre Priester keine Rücksicht auf eine Familie zu nehmen hatte, während die oft kinderreichen evangelischen Pfarrer als Folge einer offenkundigen Resistenz die Sippen-

haft fürchten mußten. Vielmehr bot die politische Mentalität von zahlreichen Protestanten, namentlich von Abertausenden von nationalprotestantischen Pfarrern mit ihrer traditionsgeheiligten Fixierung auf das
«Evangelische Reich deutscher Nation» ein weitaus breiteres Einfallstor
für das Ideenkonglomerat erst der Hitler-Bewegung, dann des Führer-
staats als die im Katholizismus vorherrschende Mentalität mit ihrer Orientierung auf die weltweit agierende, übernationale Kirche, die römische
Papstzentrale und ein für den modischen Rechtstotalitarismus ungleich
weniger anfälliges Ideensystem. Mit einem so zutiefst blamablen Phänomen wie den «Deutschen Christen» hatte es die katholische Kirche nirgendwo zu tun.

Die beschönigende Formel vom «Kirchenkampf», den die Amtskirchen
beider Konfessionen mutig gegen den Nationalsozialismus geführt hätten,
führt trotz aller letztlich vereinzelten Widerstandsakte in die Irre. Die
Hinnahme, ja Unterstützung der kriegführenden Diktatur, semantisch
verkleidet als die «Nation in Waffen», überwog bis in die Schlußtage des
Regimes alle Bedenken. In dieser Hinsicht war ein Unterschied zwischen
beiden Kirchen in der Öffentlichkeit kaum festzustellen. Der «Geistliche
Vertrauensrat», der aus allen evangelischen Kirchenparteien mit Ausnahme
der «Bekennenden Kirche» gebildet worden war, ordnete nach dem Attentat auf Hitler im Juli 1944 Gebete in allen Kirchen an, «um für Gottes
gnädigen Schutz zu danken». Darüber hinaus versicherte er Hitler: «Unsere inbrünstige Fürbitte geht dahin, daß Gott der Herr Sie, unseren Führer, weiterhin schützt und Ihnen für die großen Aufgaben der Zukunft
Kraft schenke.» «Wir haben in jenen Jahren», klagte Dietrich Bonhoeffer
in seiner Isolierung, «fast nirgends Zivilcourage gefunden.» Nicht viel besser reagierte freilich auch Kardinal Bertram, als er am 1. Mai 1945 die
überfällige Nachricht von Hitlers Tod erhielt. Selbst jetzt ordnete er für
alle Priester ein «Requiem auf den Führer» an (vgl. IV, 23–26, 435–50, 795–
818).

Als der Krieg endlich an sein Ende gekommen war, hätte, das war keine
abwegige Erwartung, eine Periode selbstkritischer Besinnung beider Kirchen angestanden. Tag für Tag trafen unaufhörlich neue Schreckensnach-
richten ein: über die wachsende Zahl der Kriegstoten, über die Vertreibung
von Millionen, vor allem aber über den Abgrund des Holocausts. Auch
diese Informationen hätten, trotz aller pressierenden Probleme des All-
taglebens, eigentlich einen Reflexionsschock auslösen müssen, zumal man
jetzt von den Spitzeln und Schergen des NS-Regimes befreit war. Hätten
die Verkünder von Gottes Geboten nicht energischer widersprechen, den
Verfolgten helfen, die Ermordung der Geisteskranken, die Zwangssterili-
sation von Hunderttausenden von Frauen, erst recht die Judenvernichtung
anprangern müssen? Kannte nicht jedermann die mutige Kritik des Münsteraner Bischofs v. Galen am Euthanasie-Mord – und den Erfolg seines

Einspruchs? Wußte man nicht hinreichend genau, daß Hitler im Krieg einen offenen Kulturkampf mit den beiden christlichen Kirchen unter allen Umständen vermeiden wollte? Hätte nicht die Kooperation der beiden Kirchen in freimütiger Kritik an den Exzessen der Führerdiktatur eine positive Wirkung zeigen können? Das hohe Risiko für die Exponenten einer solchen Opposition ist gar nicht zu leugnen. Doch verlangte nicht die christliche Lehre den Widerspruch gegen den Judenmord, den Kindermord, den Slawenmord, das tausendfache andere Unrecht? Was war aus der Glaubwürdigkeit dieser Lehre geworden, nachdem beide Kirchen derart versagt hatten – aus Gründen, welche die historische Analyse aufführen kann, ohne damit doch das moralische Dilemma dieses Scheiterns im Angesicht fortlaufender Verbrechen bis hin zum Genozid aufheben zu können?

Im Oktober 1945 fand sich die Spitze der Evangelischen Kirche in Stuttgart zu einem allgemein formulierten «Schuldbekenntnis» bereit. In guter protestantischer Tradition wurde es auch trotz aller Wünsche nach Geheimhaltung offen eingestanden und gedruckt. Trotz des erbitterten, geradezu wütenden Widerstands der Nationalprotestanten, denen dieses Eingeständnis einer historischen Schuld viel zu weit ging, so daß das Dokument in der Kirche jahrelang heftig umstritten blieb, übte diese Aktion eine befreiende Wirkung aus. Die konservativen Kirchenführer mußten schließlich über ihren Schatten springen. Vom eklatanten Versagen beim Judenmord war indessen mit keinem einzigen Wort die Rede.

Bereits im August 1945 hatte sich die katholische Bischofskonferenz getroffen, überging aber mit konsequenter Verstocktheit die eigenen Fehler, an denen es ja nicht mangelte, und verlor ebenfalls kein einziges Wort über den Massenmord an der europäischen Judenheit. Auch über die drängende Frage einer Wiedergutmachung ging sie stillschweigend hinweg. Offenbar herrschte aber nach diesen ersten Treffen in beiden Kirchenleitungen die Befriedigung darüber vor, daß man seinen angemessenen Anteil zur Beurteilung der eigenen Rolle im Nationalsozialismus beigesteuert habe. Nur wenige aufrichtige Kritiker prangerten die Selbstgerechtigkeit an, die sich in dieser Zufriedenheit ausdrückte.

Seither beherrschte der Pragmatismus der Kirchen das Alltagsleben der Nachkriegsjahrzehnte. Die Geistlichen suchten den Witwen und Vertriebenen Trost zu spenden, halfen ihren Gemeinden bei der Versorgung mit Lebensmitteln und Brennstoff. Währenddessen hofften sie auf eine Renaissance der Glaubensintensität, eine Belebung des kirchlichen Lebens und der Teilnahme an den religiösen Ritualen. Nach dem Heidentum des Nationalsozialismus setzten sie jetzt auf eine Rechristianisierung. Obwohl die Notlage von Millionen Menschen diese Rückwendung zur Kirche anfangs zu befördern schien, kam es nicht zu dem erhofften Aufschwung, und als das «Wirtschaftswunder» sich ausbreitete, erwies sich die Orientierung auf das unbegrenzte individuelle Wohlbefinden als überlegene, durch und durch weltliche Konkurrenz.

Allerdings beschränkten sich die Amtskirchen keineswegs allein auf die Linderung der Alltagsnot. Katholische Würdenträger spielten eine verhängnisvolle Rolle, als sie exponierten deutschen und österreichischen Nationalsozialisten zur Flucht nach Übersee verhalfen. Sie beschafften gefälschte Pässe, lenkten die Flüchtigen von einem ungefährdeten Kloster zum anderen, bis sie einen der oberitalienischen Häfen erreichten und sich nach Südamerika oder Kanada einschiffen konnten. Auf derselben «Klosterstrasse» setzte sich auch die Spitzenriege der kroatischen Faschisten des Pavelić-Regimes ab. Bei dieser gut getarnten Flucht spielte der faschismusfreundliche Bischof Hudal als geheimer Organisator eine mehr als dubiose Rolle.

Beide Kirchen, die evangelischen Pfarrer übertrafen noch die katholischen Geistlichen, überboten sich bei dem schäbigen Unternehmen, Persilscheine für die in alliierten Gefängnissen einsitzenden deutschen Kriegsverbrecher, etwa aus dem Reichssicherheitshauptamt, und für die Auskunftspflichtigen vor den Entnazifizierungs-Spruchkammern auszustellen. Das Engagement zugunsten der vermeintlich gebotenen Barmherzigkeit, die gleichermaßen auch gegenüber SS-Bonzen und Parteifunktionären geübt wurde, kontrastierte scharf mit der strikten Zurückhaltung in den vergangenen Jahren, als die mutige Fürsprache zugunsten von Verfolgten und Diskriminierten ausgeblieben war. Für Nationalprotestanten wie Pfarrer Martin Niemöller und die zahlreichen Gleichgesinnten verkörperten ihr beharrliches Amnestieplädoyer und ihre famose Gutachtertätigkeit die gebotene Loyalität gegenüber Nationsgenossen, die als irregeleitete Idealisten ein wenig vom rechten Weg abgekommen waren. Überdies brachte diese Aktivität viel Zustimmung in den Gemeinden und in der weiteren Öffentlichkeit ein. Auf jeden Fall handelte es sich um eine verfehlte Anstrengung, die das Versagen bis hin zum Mai 1945 nicht kompensieren konnte.

a) Der westdeutsche Protestantismus. Nach dem Krieg firmierte der Bund der 27 selbständigen lutherischen, reformierten und unierten Landeskirchen als «Evangelische Kirche Deutschlands» (EKD). An der Spitze stand der Rat mit 15 Mitgliedern, aus denen der Vorsitzende für sechs Jahre gewählt wurde. Im Juni 1969 mußte die Evangelische Kirche in der DDR aus der bisher gesamtdeutschen EKD ausscheiden. Seither umschloß die EKD nur mehr 17 Landeskirchen, welche 1980 formell die 42,8 Prozent Protestanten in der Bundesrepublik vertraten, während die Katholiken erstmals mit 43,5 Prozent mehrheitsfähig geworden waren. Weiterhin genoß die EKD die seit 1806 immer wieder, zuletzt im Grundgesetz verbriefte staatskirchenrechtliche Sonderstellung, aufgrund derer nicht nur die Kirchensteuer vom staatlichen Finanzamt eingetrieben wurde, sondern sogar auch eine eigene kirchliche Hoheitsgewalt neben der staatlichen – wie das Bundesverfassungsgericht 1961 bekräftigte – ausgeübt werden durfte.

In den Gemeinden fiel der Kirchenbesuch bis 1973 auf sieben Prozent hinab. Gleichzeitig häuften sich die Austritte: Waren es 1967 noch 44 000 gewesen, die vor der Kirchensteuer flohen oder dem Säkularisierungstrend nachgaben, aber durch Übertritte oder Wiederaufnahme in etwa ausgeglichen werden konnten, stieg diese Zahl bis 1970 bereits auf 203 000 – das schnitt in die Substanz. Freilich beharrten von den Gemeindemitgliedern 98 Prozent auf der Taufe ihrer Kinder, 80 Prozent auf der Konfirmation, 83 Prozent auf der kirchlichen Trauung und 95 Prozent auf dem christlichen Begräbnis.

1970 erhielten die EKD-Kirchen 1,99 Milliarden DM aus den staatlichen Steuereinnahmen zu ihren Gunsten, dazu noch eine staatliche Subvention von 200 Millionen DM. Aus diesem Gesamtetat wurden die Kirchen und Gemeindehäuser, die Kindergärten und Altersheime unterhalten, vor allem aber das Personal der EKD alimentiert. Dazu gehörten damals 10 168 Gemeindepfarrer und 3694 Geistliche in anderen Diensten. Unter diesen 13 862 Heilsfunktionären befanden sich, trotz der von der «Bekennenden Kirche» eingeführten Öffnungspraxis, nur 338 Frauen. Darüber hinaus beschäftigte die EKD ca. 200 000 Mitarbeiter in ihrem Dienst, wozu 50 000 hauptamtlich tätige Kräfte und 130 000 Frauen und Männer in der Diakonie zählten. Das war ein umfangreicher, bürokratisch organisierter Apparat, in dem es aber an Mitspracherechten, wie sie die streng ferngehaltenen Gewerkschaften forderten, überall mangelte. Als progressiver Arbeitgeber führte sich die Kirche auf allen ihren institutionellen Ebenen mitnichten auf.

In der Binnenstruktur wurden die EKD-Mitglieder durch die Synoden und Verbände, insbesondere aber durch den abgehobenen bürokratischen Apparat der Kirchenjuristen in den Landesämtern bestimmt. In der Außenstruktur ging es um all jene Institutionen, welche die Kirche repräsentierten. Da stand an erster Stelle die traditionelle Parochialstruktur der Ortsgemeinden, wo sich im Glücksfall die Arena einer «volkskirchlichen Öffentlichkeit» ausbilden konnte.

Daneben gab es die moderne Funktionalstruktur der Lehre und Ausbildung an den Theologischen Fakultäten der Universitäten und an den Kirchlichen Hochschulen, danach in den Pfarreien; zu diesem Bereich gehörte auch die Erziehungsarbeit in den kirchlichen Kindergärten und Schulen. Hinzu kamen die Diakonie, z. B. mit ihrer aufopferungsvollen Kranken- und Altenpflege, die kirchliche Publizistik und die evangelischen Berufsverbände. Die eigens eingerichteten Kammern, Akademien und Forschungsstellen besaßen den Charakter von Expertenstäben, die der Zentrale zuarbeiteten oder aber selbständig mit ihren Denkschriften und Tagungen an die Öffentlichkeit traten. Erst dort gewannen ihre Memoranden, etwa zur Atombewaffnung oder Ostpolitik, ihre brisante Wirkung. Im allgemeinen aber fehlte der kirchlichen Hierarchie eine kritische interne Öffentlichkeit und damit eine effektivere Kontrolle ihrer Entscheidungen, Maßnahmen und Äußerungen. Hatten bedeutende Kulturprotestanten wie Ernst Troeltsch und Martin Rade unmittelbar nach dem Ersten Weltkrieg vergeblich eine Demokratisierung der innerkirchlichen Entscheidungsprozesse gefordert, ist auch die EKD diesem nie verstummenden Appell nur in einem höchst beschränkten Maße nachgekommen.

Im Rahmen der kirchlichen Öffentlichkeitsarbeit spielten die Evangelischen Akademien, die Studentengemeinden und einige Kommissionen als das eigentlich belebende Element eine wichtige Rolle. Nicht zuletzt ihrer Kritik war es zu verdanken, daß der Einfluß der rechtskonservativen Evangelikalen, etwa in den fundamentalistischen «Kirchlichen Bruderschaften», allmählich zurückging. Auch in der allgemeinen politischen Auseinandersetzung sorgten sie für eine Konfliktaustragung mit offenem Visier. 1957/58 opponierten sie z. B. erfolgreich gegen die Atomwaffenpläne von Strauß und Adenauer, obwohl ihnen eine nahestehende Partei im Bundestag fehlte, denn die «Gesamtdeutsche Volkspartei» Gustav Heinemanns, eine Art von formeller protestantischer Opposition gegen Adenauers Wiederbewaffnungsprojekt, war in der Bundestagswahl von 1953 mit einem Stimmenanteil von 1,2 Prozent völlig gescheitert, und die prominenten Protestanten in ihrem Spitzengremium hatten sich, Heinemanns Rat folgend, der SPD zugewandt. Auch dieser Vorgang förderte die – von Herbert Wehner intensiv betriebene – Annäherung an die SPD, zumal zum einen das antidogmatische Godesberger Programm manchen kirchlichen Hoffnungen entgegenkam, zum anderen die zwanzigjährige Liaison mit der CDU zunehmend auf Kritik traf. Denn nach anfänglicher Kritik an dem harten Kern von Zentrumspolitikern an der Spitze der CDU und an der Tendenz, wie man insgeheim flüsterte, zum «römischen Klerikalismus» hatte die Evangelische Kirche die Vorzüge einer bikonfessionellen Volkspartei durchaus schätzen gelernt.

Ungleich weiter, als die Parteien zu gehen wagten, preschte das Tübinger Memorandum vom Februar 1962 vor, das sich für die Anerkennung der Oder-Neiße-Grenze aussprach. Dahinter stand die Vorbereitungsarbeit durch die «Evangelische Studiengemeinschaft» als «Think Tank», in dem sich ein einflußreiches Netzwerk von wissenschaftlich profilierten Protestanten – wie Carl Friedrich v. Weizsäcker, Ludwig Raiser, Georg Picht, Klaus v. Bismarck, Helmuth Becker, Werner Heisenberg und Adolf Butenandt – zusammengefunden hatte. Eine noch intensivere Wirkung löste allerdings im Herbst 1965 die Ost-Denkschrift der «EKD-Kammer für öffentliche Verantwortung» aus, die unter Raisers Vorsitz erneut für den Ausgleich mit dem Osten und die neue deutsch-polnische Grenze plädierte. Eine bittere innerkirchliche Kontroverse zwischen den Gegnern und Befürwortern dieser Grenzlinie spaltete zeitweilig die Gemeinden; die «Notgemeinschaft evangelischer Deutscher» suchte, von NPD-Beifall begleitet, die Opposition zu koordinieren. Vergebens, die EKD-Synode besaß den Mut und die Einsicht, die Denkschrift im März 1966 als kirchliche Stellungnahme förmlich zu billigen.

Nicht minder bitter fiel der Streit um die historisierende Entmythologisierung der biblischen Verkündigung im Neuen Testament aus, die der einflußreiche Marburger Theologe Rudolf Bultmann befürwortete. Die fundamentalistische «Bekenntnisbewegung», die auf einer orthodoxen Deutung beharrte, löste zusammen mit Bultmann und seinen Anhängern einen Kirchenkampf aus, den manche Zeitgenossen für schlimmer hielten als den Zusammenprall zwischen den «Deutschen Christen» und der «Bekennenden Kirche». Jede Seite mußte sich mit einem Pyrrhussieg zufrieden geben.

Von krassen Gegensätzen geprägt, aber auch lebendig und konfliktfreudig stand der westdeutsche Protestantismus da, als die Vereinigung der beiden deutschen Neustaaten ganz unerwartet die Aussicht zu eröffnen schien, mit den ostdeutschen Evangelischen erneut die konfessionelle Mehrheit im Lande zu gewinnen. Noch war ihm nicht bewußt, daß einer der wenigen Erfolge der ostdeutschen Bolschewiki darin bestand, daß ihnen die flächendeckende Entchristlichung der DDR gelungen war.

*b) Der westdeutsche Katholizismus.* Die katholische Konfession ist in der Bundesrepublik, zum ersten Mal in einem modernen deutschen Staat, mehrheitsfähig geworden. In 22 Diözesen unter der Leitung eines Bischofs waren 24000 Priester tätig, die erleben mußten, wie die Teilnahme am Gottesdienst von 1945 = 55 Prozent bis 1970 auf 30 Prozent absackte. Nicht nur verlor die Amtskirche bis dahin ein Drittel ihrer regelmäßigen Gottesdienstbesucher (unter den 16- bis 29jährigen war es sogar die Hälfte), sondern die Austrittszahlen wuchsen bis 1970 auf jährlich 70 000 an. Darin kündigte sich eine Abwendung von der kirchlich gepflegten Religiosität an. Unleugbar verlor die Amtskirche an Integrationskraft, was aber eine fortbestehende informelle Bindung, namentlich aus Anlaß der Taufe, Trauung und Beerdigung, nicht ausschloß.

Ein von gläubigen Laien gebildeter Gegenpol zur Bischofskonferenz bestand im «Zentralkomitee der Deutschen Katholiken», das sich darum bemühte, in den Gemeinden auftauchende Probleme zu verarbeiten und zur Geltung zu bringen. Obwohl der spezifische Verbandskatholizismus des Kaiserreichs und der Weimarer Republik nicht wieder auftauchte, entfaltete sich doch ein breit gefächertes katholisches Verbandswesen. Mehr als hundert Verbände zählten gut drei Millionen Mitglieder. Die größte Vereinigung stellte der «Bund der katholischen Jugend» mit 350000 Mitgliedern, gefolgt vom Kolping-Verein mit 250000. Nachdem die kirchlichen Instanzen zuerst die Einheitsgewerkschaft hingenommen hatten, förderten sie im November 1955 die Gründung einer «Christlichen Gewerkschaftsbewegung», die es bis 1965 aber nur auf 250000 Mitglieder brachte, so daß sie nie zu einer ernsthaften Konkurrenz für den DGB mit seinen 6,5 Millionen Mitgliedern aufstieg.

Im allgemeinen aber schien die Konsolidierung des Katholizismus in den 50er Jahren deutliche Fortschritte zu machen. Die konfessionelle Bekenntnisschule wurde mit dem seit jeher verfolgten Ziel, den sekundären Sozialisationsprozeß kirchlich kontrollieren zu können, vielerorts wieder durchgesetzt. Die Mischehen wurden, da ihre Zahl in einer Zeit erodierender Milieugrenzen bedrohlich anwuchs, entschieden bekämpft. Papst Paul VI. verwarf sie noch einmal: Gültige Ehen konnten weiterhin nur von einem katholischen Priester zwischen einem Katholiken und einer Katholikin gestiftet werden. Der spezifische politische Katholizismus des Kaiserreichs und der Weimarer Republik tauchte zwar nicht wieder auf, doch der kirchliche Einfluß auf die CDU war nicht gering. Die katholische Soziallehre unterstützte sowohl die «Soziale Marktwirtschaft» als auch die dramatische Sozialpolitik der 50er Jahre vom Lastenausgleich bis zur dynamischen Rente. Das Mariendogma Papst Pius XII. vom November 1950, wonach die Mutter des Wandercharismatikers aus Nazareth leibliche Aufnahme im Himmel gefunden habe, löste in der turbulenten Anfangsphase der Bundesrepublik keine tiefere Erschütterung aus – da war man hundert Jahre zuvor mit weitaus massiveren Dogmeninnovationen konfrontiert worden.

Dann freilich nahm zu Beginn der 60er Jahre die Unruhe zu. Ernst-Wolfgang Böckenförde löste 1961 eine leidenschaftliche Debatte über das skandalöse Verhalten des politischen Katholizismus in der Zeit der nationalsozialistischen Machtübernahme aus. Carl Amery verurteilte die «Kapitulation» des erstarrten deutschen Milieukatholizismus. Vollends Rolf Hochhuths «Stellvertreter» von 1963 mit seiner respektlosen, keineswegs leicht zu entkräftenden Kritik am Antisemitismus Pius XII. regte die Gemüter jahrelang auf.

Im westdeutschen Katholizismus kündigte sich schon in den späten 50er Jahren eine Umwälzung an, die sich in den 60er Jahren durchsetzte, als ein neuartiger Aufbruch und Umbruch die Amtskirche und die Gemeinden, überhaupt die Lage des Katholizismus von Grund auf veränderte. Für viele Studenten mochte 1968 ein hochbefrachtetes Erinnerungsdatum bleiben, aber für kein westdeutsches Milieu waren die 60er Jahre so bedeutsam wie für die Katholiken. An dieser Stelle ist ein knapper historischer Rückblick hilfreich.

Die Einheit von Volksreligion und kirchlicher Religion war während des Kulturkampfes in den 1870er/80er Jahren geschmiedet worden. Aber diese lange Zeit für selbstverständlich gehaltene Widerstandskultur löste sich in den 1960er Jahren auf. In jener formativen Phase hatte sich unter dem Druck des feindseligen, säkularisierten, von Protestanten dominierten Staates ein katholisches Milieu herausgebildet, das – alle Klassen übergreifend – ein extremes Maß an Geschlossenheit mit einem eigenen Weltbild, eigenen Institutionen, eigener Ritualisierung des Alltagslebens entwickelt hatte. Auf der anderen Seite hatte sich parallel dazu eine Zentralisierung und Bürokratisierung der Amtskirche vollzogen, die eine hochgradige Disziplinierung des Klerus und eine Modernisierung der kirchlich beeinflußten Institutionen erreicht hatte.

Ausschlaggebend war letztlich die integrative Kraft eines geschlossenen Weltbildes mit seiner schroff gewahrten Distanz zur modernen Welt und seinem Anspruch, über das Monopol der endgültigen Wahrheit zu verfügen. Durch diese Verhärtung im letzten Drittel des 19. Jahrhunderts war die seit dem Tridentinum ausgebildete Ablehnung der Moderne noch einmal verstärkt worden. Diese Moderne hatte die Infragestellung des Monopols der allein seligmachenden Kirche durch die Reformation und die protestantische Kirche lutherischer oder calvinistischer Provenienz erlebt, danach die kirchenfeindlichen Strömungen der Aufklärung, des Liberalismus und des Sozialismus, die Durchsetzung des säkularisierten, autonomen Staates, der kapitalistischen Marktwirtschaft und der kritischen medialen Öffentlichkeit. Von dieser modernen Welt hatte sich die Kirche, namentlich auch in ihrem kleinstädtisch-ländlichen Milieu, nach Kräften abgekapselt, ihre Verteidigung im Zeichen des militanten Ultramontanismus und einer kirchenrechtlich befestigten Papstdiktatur mit neuen Dogmen und Lehrsätzen verbessert, um nach dem «Betriebsunfall» der Heilsgeschichte: dem Abfall der Moderne von Gott, ihrem endgültigen Absturz gewappnet entgegenzusehen.

Seit den 1950er Jahren lösten sich nun zentrale Elemente dieses kompakten katholischen Milieus unter dem Einfluß der alle erfassenden Prosperitätsschübe, aber auch der das ominöse katholische Bildungsdefizit rasch absenkenden Bildungspolitik auf. Die konfessionelle Solidarität war, kurz gesagt, dem Einfluß von Arbeitsmarkt und Bildungspolitik nicht lange mehr gewachsen, wie auch das proletarische Milieu in derselben Zeit demselben Erosionsprozeß unterlag. Die Rückzugsmöglichkeiten, angesichts der neuen Lage sich in der vertrauten Bastion einzuigeln, schwanden dahin. Der Ruf nach mehr Selbstbestimmung, Autonomie und Freiheit, der Wunsch nach Individualisierung und Pluralisierung ertönte jetzt auch unüberhörbar im deutschen Katholizismus.

In dieser Situation bedeutete das Zweite Vatikanum von 1962 bis 1965 eine tiefe Zäsur, da es im Endergebnis den Verzicht der Kirche nicht nur auf die erstarrte Fundamentalopposition, sondern auch auf den kurialen Triumphalismus markierte. An ihre Stelle sollte ein kontrollierter Anschluß an die moderne Welt, sollten Dialog und Kommunikationsbereitschaft treten. Papst Johannes XXIII., nach dem Tod Pius XII. im Herbst 1958 ursprünglich als Verlegenheitskandidat ins Rennen um die Nachfolge gegangen, riskierte schon im Januar 1959 die Ankündigung eines großen Konzils. Seither drängte er auf eine überzeugende Reformagenda hin. Als das Vatikanum seit 1962 tagte, entfaltete es in den Verhandlungen eine unerwartete Eigendynamik auf dem Weg zu innovativen Reformen.

Die deutschen Bischöfe standen, aufs Ganze gesehen, eher auf seiten der Reformer statt der Beharrungskräfte. Die nationalen Bischofskonferenzen erhielten jetzt erstmals einen formellen Rechtsstatus, so daß im März 1966 aus der Fuldaer die Deutsche Bischofskonferenz wurde. Die Liturgiereform von 1963, die den Übergang zur Landessprache eröffnete, fand weithin Zustimmung, und insgesamt baute sich auch in der Bundesrepublik ein vom Vatikanum ausgelöster hoher Erwartungsdruck auf, der aber seit der zweiten Hälfte der 60er Jahre, als die Reformen im Zuge der «Verkirchlichung» streng kanalisiert wurden, in tiefe Enttäuschung umschlug, die unter anderem von dem katholischen Theologen Johann Baptist Metz, dem Schriftsteller Heinrich Böll und dem Publizisten Walter Dirks unverschnörkelt geäußert wurde.

Als dann nicht nur die ökumenischen Tendenzen erstickt, sondern auch noch 1968 die Enzyklika «Humanae Vitae» jedwede Form der künstlichen Empfängnisverhütung strikt verwarf, wurde die Kritik durch diese wirklichkeitsfremde Entscheidung noch vertieft. Immerhin versuchten die deutschen Bischöfe, diese an sich verbindliche Lehramtsmeinung, die zur Mißachtung geradezu einlud, zu einer «Empfehlung» hinabzustufen. Das konnte aber die «Rollback»-Politik der Kurie, welche nach dem frühen Tod des Reformpapstes Johannes XXIII. (1963) die Offenheit und den Veränderungsschwung des Zweiten Vatikanums zusehends einschränkte, nicht beeinflussen. Und unter dem polnischen Papst Johannes Paul II. wurde der starre kuriale Zentralismus ganz so zielstrebig wieder aufgewertet wie die Rückkehr zu den traditionellen Frömmigkeitsformen durchgesetzt. Innerkirchliche Kritik an diesem Rückfall in die Orthodoxie löste harte Strafen aus: Dem Tübinger Theologen Hans Küng, einem prominenten Reformbefürworter, wurde die Lehramtserlaubnis kurzerhand entzogen. Eine vorläufige Bilanz kommt um die Feststellung nicht herum, daß trotz des Anlaufs auf dem Zweiten Vatikanum eine dauerhafte «produktive Veränderung» des Katholizismus nicht in Gang gekommen war.

Das ließ sich eine geraume Zeitlang auch auf dem Politikfeld der Bundesrepublik beobachten, wo trotz der gemeinsamen Erfahrungen unter der NS-Diktatur zunächst die Abschottung von der plötzlich in eine Minderheitenstellung geratenen Evangelischen Kirche vorherrschte. An der Dramatisierung der Mischehenfrage wie an der Verteidigung der Bekenntnisschule gegen die «Christliche Simultanschule» war das unmißverständlich abzulesen. Dagegen stand die Amtskirche einem anderen Problem, der Aussöhnung mit Polen, außerordentlich zurückhaltend gegenüber. Der polnische Episkopat hatte sich im November 1965 in einem erstaunlich großmütigen Brief an seine deutschen Amtsbrüder um einen Brückenschlag bemüht. Diese eindrucksvolle Geste in dem Bemühen, den ersten Schritt zu einer Verständigung zu tun, wurde indes nicht honoriert. Die Antwort der deutschen Bischöfe fiel aus Angst vor dem verminten Feld der deutsch-polnischen Politik denkbar kühl, man könnte auch sagen: unchristlich abweisend aus.

Kurze Zeit später opponierte die Kirchenpresse gegen die Ostverträge der Sozialliberalen Koalition, und es bedurfte einer mühsamen massiven Umstellung, bis der deutsch-polnische Status quo von 1945 endlich akzeptiert wurde. Das fiel der Orthodoxie auch deshalb nicht leicht, weil die Sozialliberale Koalition unter Brandt und Schmidt nach zwanzigjährigem CDU-Regiment eine neue politische Konstellation heraufgeführt hatte, die dem Katholizismus trotz aller Bemühungen der SPD um ein entkrampftes Verhältnis eine angestrengte Anpassungsleistung abverlangte. Von ernsthaftem konfessionellen Hader blieb das Land der klassischen Konfessionsspaltung aber bis 1990 frei.[2]

## 2. Das Schulsystem: Grundschule – Hauptschule – Gesamtschule – Realschule und Gymnasium

Die Epoche von 1949 bis 1990 hat die größte Expansion des Ausbildungswesens in der deutschen Bildungsgeschichte erlebt. Besonders auffällig vollzog sich diese Ausweitung im Bereich der höheren Schulen und an den Universitäten. In dieser Zeitspanne wuchs z.B. der Anteil der Abiturienten an jedem Jahrgang von vier auf 26 Prozent; die Anzahl der Studenten stieg von 100000 auf 1,7 Millionen; zwischen 1960 und 1980 wurden 24 neue Universitäten und Technische Hochschulen gegründet, außerdem alle Ingenieur- und Fachschulen in Fachhochschulen verwandelt. War das 19. Jahrhundert das Zeitalter der «Verschulung» gewesen, erlebte das 20. Jahrhundert die Entfaltung des Bildungssystems in neue Dimensionen, als die radikale Verschiebung innerhalb des allgemeinbildenden Schulwesens vorangetrieben wurde, die sich auf dreierlei Weise äußerte:

– in der Ausdehnung der höheren und mittleren Schulen auf Kosten der Volks- oder Grundschule;
– in der Ausweitung der Universitäten und Technischen Hochschulen, schließlich der Fachhochschulen;
– in dem überproportionalen Wachstum der weiblichen Bildungsbeteiligung.

Diese drei Tendenzen erfuhren eine ungeahnte Verstärkung, als die Bildungspolitik der Bundesrepublik seit den frühen 60er Jahren ein beispielloses Tempo gewann. Während des daraus entspringenden Wachstumsprozesses setzte sich die funktionale Differenzierung zwischen den verschiedenen Bildungsinstitutionen, z. B. in Gestalt der unterschiedlichen Typen von Gymnasien und Hochschulen, ebenso weiter fort wie die Differenzierung innerhalb der Institutionen, z. B. in Gestalt der sich vermehrenden Fakultäten an den Universitäten. Erhalten blieb – oder verfeinert wurde – die hierarchische Differenzierung, z. B. zwischen Gymnasium und Hochschule, aber auch innerhalb eines Typus von Bildungsinstitution, z. B. zwischen Grundschule, Hauptschule, Gesamtschule. Diese Differenzierungsprozesse überlappten sich, während die allgemeine Dynamik des Bildungssystems an Schubkraft gewann und sich die spezifische Antriebskraft der Anpassung nach oben als Akademisierung weiter durchsetzte.

Als 1990 mit der Fusion der beiden deutschen Staaten eine neue Phase begann, hatte die alte Bundesrepublik eine stattliche Bilanz erzielt, wenn man dieses Ergebnis mit dem Zustand vierzig Jahre zuvor vergleicht:
- 2,4 Millionen Grundschüler wurden von 134 241 Lehrern, weitere
- 1,2 Millionen Hauptschüler von 95 585 Lehrern,
- die fluktuierende Zahl von Berufsschülern von 90 461 Lehrern unterrichtet;
- hinzu kamen 246 000 Sonderschüler und 273 000 Gesamtschüler;
- 857 000 Realschülern standen 57 632 Lehrer und
- 1,5 Millionen Gymnasiasten 121 854 Lehrer auf ihren oft neu erbauten Schulen zur Verfügung;
- die Studenten an den Universitäten, Technischen Hochschulen und Fachhochschulen wurden von 32 000 Hochschullehrern (wenn man die Privatdozenten und Assistenten nicht einbezieht) ausgebildet.

Nach 1945 hatte es durchaus eine wenn auch kurzlebige Reformdiskussion gegeben, an der sich die Alliierten mit Vorschlägen beteiligten. Doch nach kurzer Zeit, als alle Anläufe, etwas Neues zu wagen, gescheitert waren, setzte sich wortwörtlich eine Restauration durch, da man in allen drei westlichen Besatzungszonen und dann in der jungen Bundesrepublik zu einem pragmatischen Wiederaufbau des Schulsystems nach dem Modell der späten Weimarer Republik zurückkehrte. Das war wegen der geringfügigen institutionellen Veränderungen im «Dritten Reich» unschwer möglich, implizierte allerdings die Rückkehr zu einem streng hierarchischen System. Sie beruhte auf einer Entscheidung, der von konservativen Beratern – wie etwa dem Soziologen Karl Valentin Müller, der durch seine innige Liaison mit dem elitären Rassedenken des Nationalsozialismus eigentlich hinreichend hätte diskreditiert sein müssen, aber seiner abstrusen These, daß es unter den Kindern jeder Generation immer nur höchstens fünf Prozent mit einer theoretischen Begabung gebe – noch einmal Akzeptanz verschafft wurde.

Infolge dieser restaurativen Grundentscheidung kehrte man überall zur 1920 eingeführten allgemeinen achtjährigen Grundschule für die 6 bis

14jährigen zurück. Seit 1964 firmierte die zweite Hälfte dieser Zeit als Hauptschule, die jetzt um ein obligatorisches Schuljahr erweitert wurde; ein zehntes Jahr konnte fakultativ angeschlossen werden. Zu diesem Restaurationstrend paßte auch die eine Zeitlang vollzogene Rückkehr zur konfessionellen Bekenntnisschule, auf welcher der politische Katholizismus vor allem im Grundschulwesen seit jeher bestanden hatte. Unter den 3385 Grundschulen in Nordrhein-Westfalen gab es selbst 1990 noch 1197 katholische Bekenntnisschulen, dagegen nur 110 evangelische. Doch das zweite Vatikanum seit 1965 hatte das vom kanonischen Recht 1917 noch einmal bekräftigte Verbot des Besuchs nichtkatholischer Schulen (CIC 1917, c. 1334) mit seinem Liberalisierungskurs entscheidend geschwächt. Im allgemeinen setzte sich daher die sogenannte Christliche Gemeinschaftsschule durch, die nur mehr getrennten Religionsunterricht für die katholischen und evangelischen Kinder vorsah. Selbst im konfessionspolitisch eher orthodoxen Bayern erfolgte eine Ablösung von den reinen Konfessionsschulen. Zugleich setzte sich der Trend gegen die Zwergschulen und für größere Schulzentren durch, wodurch ebenfalls die Bekenntnisschulen bis etwa 1970 deutlich zurückgedrängt wurden. In der öffentlichen Meinung galten sie seither als weiter abzubauende Relikte der überkommenen Frontstellung im klassischen Land der Konfessionsspaltung, die durch den Ausgleich zwischen den Religionsgemeinschaften und die bikonfessionelle Volkspartei der CDU zusehends überwunden wurde. Die neu aufkommenden Gesamtschulen kombinierten Grund- und Hauptschule. Die seit dem 19. Jahrhundert bestehende Mittelschule, die sich an die vier ersten Grundschuljahre anschloß, vergab seit 1931 die «Mittlere Reife» (das alte «Einjährige») und wurde 1964 auf Realschule getauft; diese erfaßte weiterhin Schüler bis zum Ende der zehnten Klasse und bot seither einen erleichterten Übergang zur gymnasialen Oberstufe an, der freilich nur selten genutzt wurde. Die Realschule wurde häufig von Facharbeitern, Maurern und einigen ungelernten Arbeitern als Aufstiegsstufe für ihre Kinder akzeptiert.

Das neunjährige Gymnasium bestand in seinen verschiedenen Varianten, etwa als humanistische, neusprachliche, naturwissenschaftliche höhere Schule, weiter. Es erlebte 1972 eine Oberstufenreform, welche das Tor für individuelle Entscheidungen zugunsten von Fächerschwerpunkten mit den zugeordneten Veranstaltungen in Kursform außerhalb des Klassenverbandes öffnete.

Unverändert blieb auch das von der nationalsozialistischen Verwaltung reformierte Berufsschulwesen, das für alle Lehrlinge eine obligatorische Ausbildung vorsah. Dagegen bahnten sich schwierige Probleme insbesondere für die Grund- und Hauptschulen an, denn seit 1975, als die aggregierte Schülerzahl der Bundesrepublik 12,2 Millionen betrug, sank diese Globalziffer innerhalb von zwanzig Jahren bis 1995 auf 8,1 Millionen, die

Schulabgängerzahl allein von 1985 = 957000 in nur zehn Jahren um 38 Prozent auf 598 000. Die sinkende Fertilität schlug voll auf die Schulen durch. Anstatt aber diese Reduktion als Impetus für eine gediegenere Ausbildung von weniger Schülern durch mehr Lehrer wahrzunehmen, setzten überall fatale Sparmaßnahmen ein – als ob das Bildungssystem nicht die absolute Priorität auf der staatlichen Förderungsagenda genießen müßte.

Außerdem verschoben sich in der Grund- und Hauptschule die sozialen Relationen, da die Anzahl der Ausländerkinder rasch wuchs. Um 1990 gab es schon nahezu eine Million dieser Schüler, die aus jenen 15 Prozent (15 Jahre später waren es 20 Prozent) der westdeutschen Bevölkerung mit einem «Migrationshintergrund» stammten, wie man die Einwanderung euphemistisch umschrieb. Weithin ohne hinreichende deutsche Sprachkenntnisse groß geworden, staute sich die Problematik eines jungen ethnischen Subproletariats auf, das weder die erforderliche Sprachkompetenz noch einen Hauptschulabschluß besaß. Zum einen weigerte sich die deutsche Gesellschaft in ihrer Vogel-Strauß-Politik, mit vorschulischer Spracherziehung und unvermeidbarem Sanktionsdruck die Neubürger allmählich zu integrieren. Denn zu lange zog sie sich auf die Lebenslüge zurück, daß Deutschland kein Einwanderungsland sei. Zum anderen igelten sich zahlreiche Einwanderer als Reaktion auf die fremdartige Kultur in ihre ghettoähnlichen, integrationsfeindlichen Subkulturen ein. Es war eine Frage der Zeit, bis eine Politik der gezielten integrativen Spannungslösung zum Zuge kam.

Zu Beginn der 50er Jahre verteilten sich die Schüler aufgrund der bildungspolitischen Entscheidungen nach einem durchaus konventionellen Schulprofil: 79,3 Prozent, also vier Fünftel, besuchten 1952 die Grund- oder Hauptschule, 6,1 Prozent die Realschule, 13,2 Prozent das Gymnasium. Gut 30 Jahre später ergaben sich nach einem tiefgreifenden Umbau völlig neue Proportionen, die um so erstaunlicher sind, als traditionsbewußte Institutionen einer solchen Rekonstruktion beharrlichen Widerstand entgegenzusetzen pflegen. Nur mehr ein Drittel, 33,9 Prozent, der Schüler besuchte die Grund- oder Hauptschule, dagegen wurden 26,8 Prozent an Realschulen und sogar 29,7 Prozent auf dem Gymnasium unterrichtet. Die Gesamtschule, deren flächendeckende Einführung in den späten 70er Jahren überall gescheitert war, band nur 5,3 Prozent aller Schüler. Im Grunde war das Gymnasium in der Zwischenzeit zur eigentlichen Gesamtschule aufgestiegen, als es ein Drittel eines jeden Jahrgangs an sich zog und der Trend zu seinem weiteren Wachstum anhielt.

Ein zügiger Ausbau des westdeutschen Bildungssystems hatte schon eingesetzt, als die OECD 1962 die Bildung zum «Grundrecht» eines jeden europäischen Bürgers erklärte, Ralf Dahrendorf dieses attraktive Postulat mit seinen wirksamen Formulierungen aufgriff und Georg Picht die nahende «Bildungskatastrophe» beschwor. Dadurch wurde endlich eine intensive deutsche Bildungsdebatte ausgelöst, die sich als Treibsatz der beschleunigten Investitionen in die Bildungsinstitutionen auswirkte. Zwischen 1960 und 1975/80 kam es geradezu zu einer Explosion im Bildungswesen. So stieg z. B. die Lehrerzahl von 1960 bis 1975 um mehr als siebzig Prozent von 264 000 auf 459 000; die Anzahl der Gymnasialschüler kletterte allein zwischen 1960 und 1970 um 526 000, diejenige der Realschüler um 432 000 in die Höhe. In den zwanzig Jahren von 1960 bis 1980 vermehrte sich die Schülerzahl auf den Gymnasien um 230 Prozent, an den Realschulen sogar um 310 Prozent. Dennoch konnte die Lehrer-Schüler-Relation in dieser Zeitspanne von 30,7 : 1 auf 18,5 : 1 abgesenkt werden (über die Universitäten s. VI. 3).

Im einzelnen waren manche Aspekte dieses Ausbaus durchaus umstritten. So griffen etwa einige Schulreformer zusammen mit der GEW – hauptsächlich die Gewerkschaft der Grundschulpädagogen – das ältere Projekt einer Gesamtschule wieder auf, die möglichst viele Kinder über alle Schulstufen hinweg zum Abitur hochschleusen sollte; die einzige Ausnahme hätten Lehrlinge als Berufsschüler gebildet. Auf diese Weise sollte die in Deutschland seit langem fest etablierte strikte Zweiteilung in Schüler, welche die Grund- und Hauptschule vom sechsten bis zum 14. Lebensjahr besuchten, und den Gymnasialschülern, die nach dem vierten Schuljahr im zehnten Lebensjahr für die neunjährige höhere Schule herausgefiltert wurden, ein für alle mal überwunden werden. Die Gesamtschulprotagonisten versprachen sich davon nicht nur eine drastische Abmilderung der Sozialen Ungleichheit, die bisher durch das dreigegliederte deutsche Schulsystem (für Volksschüler, Berufsschüler, Oberschüler) ständig und schon in jungen Jahren bekräftigt worden sei, sondern auch die überfällige Mobilisierung von Begabtenreserven, die bisher wegen der starren Schulhierarchie von der Gesellschaft nicht hätten genutzt werden können.

Da das Gesamtschulprojekt insbesondere in den 60er/70er Jahren lebhaft diskutiert und manchmal in einigen Bundesländern in die Praxis übersetzt wurde, zog es auch die «didaktologischen Heuschreckenschwärme» (R. Koselleck) an, die damals überall in den Lehrbetrieb eindrangen, so daß das Unternehmen mit allerhand bizarren Unterrichtsformen, einem Lehrstil ohne feste Grenzen und vermeintlich liberalisierenden Verhaltensweisen befrachtet wurde. Nicht selten zogen die neuen, von den SPD-Landesregierungen finanziell üppig ausstaffierten Gesamtschulen erwartungsgemäß Eltern aus den Unterklassen an, die ihre Kinder damals noch nicht auf eine Realschule, geschweige denn auf ein Gymnasium geschickt hätten, jetzt aber auf den vielgepriesenen Mobilitätsfahrstuhl der Gesamtschule vertrauten.

Aufs Ganze gesehen scheiterte aber der große Anlauf, das gesamte Schulsystem, wie es dem Fernziel der Reformer entsprach, auf uniformierte Gesamtschulen umzustellen. Namentlich die aufstiegsorientierten,

bildungsbeflissenen bürgerlichen Mittelklassen der expandierenden Angestelltenschaft und der diversen Dienstleistungsklassen schickten ihre Kinder fast ausnahmslos auf das Gymnasium, das sich seit anderthalb Jahrhunderten als Leiter des sozialen Aufstiegs bewährt hatte, daher auch ein
schwer zu übertreffendes Prestige genoß. Als die SPD-Regierung in Düsseldorf trotz dringender Warnungen, den erkennbaren Ehrgeiz von Millionen Eltern nicht zu mißachten, dennoch die Gesamtschule allgemein in
Nordrhein-Westfalen einführen wollte, endete ein daraufhin angestrengtes
neuartiges Volksbegehren mit einer eklatanten Niederlage der Gesamt-
schulpartei.

Dieses Debakel strahlte auf jene Landesregierungen aus, die bisher ihre
Gesamtschulpläne erwogen hatten, doch jetzt wegen des Aufbegehrens
zahlreicher Wähler die Notbremse zogen. Seither stagnieren die eingerichteten Gesamtschulen, zumal sie die euphorischen Hoffnungen, die in der
Anfangszeit auf sie gesetzt worden waren, durchweg enttäuscht haben.

Der entscheidende Denkfehler des Gesamtschulunternehmens lag darin,
daß es hoffnungsfroh unterstellte, mit der Aufhebung der institutionellen
Differenzierung und Hierarchisierung sei der entscheidende egalisierende,
von allem antiquierten Ballast befreiende Schritt getan. Das war eine Erwartung, die in Deutschland immer wieder im Zeichen von Schulkrisen
aufgetaucht ist, weil sie eine schnelle Verbesserung mit der Aura eines All-
heilmittels verspricht. Tatsächlich sind aber seit jeher die entscheidenden
Größen unverändert: die Leistungsfähigkeit und die Leistungsbereitschaft.

Ihre Förderung hängt zunächst einmal ganz entscheidend von den Sozialisationsbedingungen in der Familie ab, welche die Sprachkompetenz,
das abstrakte Denken, die geistige Neugier, die Leseinteressen usw. so unterstützen kann, daß die Kinder fortab davon zehren und auf diesem Ha-
bitussockel weiter aufbauen können. Defizite aus dieser Phase können
durch eine vorschulische Erziehung vom vierten bis zum sechsten Lebensjahr und die intensive Förderung in der anschließenden Grundschule mit
viel Mühe ausgeglichen werden, damit die Kinder den unverzichtbaren
künftigen Leistungsanforderungen gewachsen sind, welche die Gesamt-
schulpädagogen – darunter nicht wenige 68er mit ihrer Aversion gegen den
«Leistungsterror» – durchweg klein schrieben. Die Grundorientierung
muß daher auf die zielstrebige Unterstützung und Prämierung von Leistungsbereitschaft und bewiesener Leistungsfähigkeit hinauslaufen. Dieses
maximale Ziel kann man in allen Schulformen erreichen. Die institutionelle Nivellierung zur Gesamtschule ist alles andere als ein universelles
Heilmittel.

Ein anderer, ebenfalls langlebiger Streit entzündete sich am Charakter
des Gymnasiums. Seine alt- und neuhumanistischen Varianten, die einst
seinen Ruhm begründet hatten, waren längst geschrumpft, doch die Schul-

typen dieser höheren Schule wurden noch immer zäh verteidigt. Auch der Lehrstil in festen Klassenverbänden mit den allen Schülern gleichmäßig vorgeschriebenen Fächern geriet unter Beschuß, bis verschiedene Reformmaßnahmen namentlich für die Oberstufe der letzten drei Klassen den Lehrbetrieb entschieden auflockerten. Immer wieder wurde von den Gegnern des bildungsbürgerlich-elitären Gymnasiums das Todesurteil gesprochen, immer wieder behauptete es sich in elastisch verwandelten Formen gegenüber aller Kritik.

Und nicht nur das: Es erwies sich mit großem Abstand als die attraktivste höhere Schule, die eine kontinuierlich ansteigende Quote von Schülern und Schülerinnen – denn längst war in den 70er Jahren die allgemeine Koedukation eingeführt worden – anzog. Insofern weist auch die neuere Geschichte des Gymnasiums einen erstaunlichen Behauptungs- und Expansionserfolg auf. Der Preis für die unvermeidbare Inflation der Bildungszertifikate – das Zeugnis über die «Reifeprüfung», das Abitur – bestand freilich aus der Abwertung ihrer Bedeutung, da die ansteigende Abiturientenquote keineswegs mehr quasi automatisch, wie noch vor 1914, den Aufstieg in eine Funktionselite garantierte.

Alle Reformparteien in der großen Bildungsdebatte verbanden mit dem großzügigen Ausbau des Schulwesens die Hoffnung, die Zählebigkeit der Sozialen Ungleichheit endlich erfolgreich bekämpfen und bisher ungenutzte Talente dem gesellschaftlichen Leben zuführen zu können. Tatsächlich sank, wie vorn ausgeführt, die Anzahl der Grund- und Hauptschüler verblüffend steil ab, während sich in den städtischen Ballungszentren ihre Zusammensetzung dramatisch veränderte, da 86 Prozent der Ausländerkinder eine dieser Schulen besuchten. Dagegen kletterte der Anteil der Realschüler, insbesondere aber der Gymnasiasten auf fast je ein Drittel des jeweiligen Jahrgangs hoch. Zu Beginn der 90er Jahre waren es bei den 13jährigen Gymnasialschülern 28 Prozent, bei den -schülerinnen bereits 32 Prozent, bei den Abiturienten 22 Prozent, bei den Abiturientinnen 27 Prozent.

Dieser schon rein quantitativ in der deutschen Bildungsgeschichte einzigartige Vorgang drückte zum einen die Verteidigungsbereitschaft von kräftig expandierenden Sozialklassen mit einem hohen Bildungsniveau aus, die ihre Söhne zu 85 Prozent, ihre Töchter zu 75 Prozent auf die höheren Schulen schickten. Zum anderen aber setzte sich der seit dem frühen 19. Jahrhundert anhaltende Zustrom aus den selber unaufhörlich wachsenden mittleren und unteren Dienstleistungs- und Angestelltenklassen, aus dem «alten» und «neuen» Mittelstand, jetzt nur in ungleich verstärkter Form weiter fort.

Trotz aller Anstrengung der Reformplaner wurden diese neuen Chancen von Arbeiterkindern aber nur vergleichsweise selten genutzt, von den Kindern ungelernter Arbeiter in einem statistisch signifikanten Maß so gut wie gar nicht. Trotz der wachsenden Gymnasiastenzahl stagnierte daher der prozentuale Anteil der Arbeiterkinder. Akademikerkinder hatten 1950 im Verhältnis zu Arbeiterkindern eine 20mal höhere Chance des Zugangs zu den höheren Bildungsinstitutionen gehabt; bis 1990 hat sich diese Zugangschance immer noch auf dem 15fach höheren Wert für den Akademikernachwuchs behauptet.

Auf die Frage, ob sich die Bildungschancen bisher benachteiligter Klassen im Verlauf der aktivierten Bildungspolitik, wie erhofft, drastisch verbessert haben, wird man daher eine negative Antwort geben müssen. Wegen der rapide zunehmenden Bedeutung der Wissensgesellschaft und damit auch der Akademisierung ist, aufs Ganze gesehen, die soziale Ungleichheit eher noch gewachsen. Dem Langzeittrend entsprechend stellen die Kinder der unterschiedlichen bürgerlichen Mittelklassen, deren Umfang von der deutschen Markt- und Wachstumsgesellschaft ständig vermehrt wird, und der etablierten Akademikerfamilien die große Mehrheit der Schülerschaft auf den höheren Schulen mit ihrem Zulassungspatent für alle Universitäten und Technischen Hochschulen.[3]

## 3. Die Universitäten

1945 markierte auch in der Geschichte der deutschen Universitäten eine tiefe Zäsur. Traditionsreiche Universitäten wie Königsberg und Breslau fielen mit der Annexion der Ostgebiete an Rußland oder Polen, andere wie Leipzig und die Berliner Friedrich-Wilhelm-Universität gelangten in den Einflußbereich eines sendungsbewußten Marxismus-Leninismus, der in vielen Fächern eine leistungsfähige Ausbildung zerstörte, da er sie dem Diktat seiner Dogmenlehre unterwarf. In Westdeutschland waren viele Universitätsgebäude durch die Kriegseinwirkung zerstört worden, eine erschreckende Quote von Studenten war im Krieg umgekommen, ein großer Teil der Professorenschaft durch seine Kooperation mit dem NS-Regime kompromittiert. Dennoch begann schon im Herbst 1945 mancherorts, freilich unter der Aufsicht alliierter Kontrolloffiziere, das Studium im ersten Semester der neuen Friedenszeit. Bis zur Gründung der Bundesrepublik im Herbst 1949 hatten alle Universitäten und Technischen Hochschulen den Lehr- und Forschungsbetrieb mit etwa 100000 Studenten wieder aufgenommen. Sogar mehrere neue Universitäten waren gegründet worden: in der Französischen Zone die beiden Universitäten in Mainz und Saarbrücken, dazu die Freie Universität in Berlin.

Bis 1960 stieg die Studentenzahl auf immerhin 247000 empor, wobei die Frauenquote bei 27 Prozent lag. Jetzt begann die eigentliche, bis 1980 andauernde Expansionsphase des Hochschulsystems, da in diesen beiden Jahrzehnten 24 neue Universitäten und Technische Hochschulen entstanden und die bereits vorhandenen noch zügig ausgebaut wurden. Damit wuchs auch das wissenschaftliche Personal an, denn allein von 1960 bis 1968 stieg mit dem ersten Schwung der neuen Bildungspolitik die Anzahl der Professoren um 63 Prozent, die der Assistenten um 126 Prozent, des gesamten Mittelbaus um 360 Prozent. Es war eine goldene Zeit für akademische Karrieren.

Gleichzeitig wurden seit 1968 alle Ingenieurschulen, die seit den 1890er Jahren entstanden waren, zusammen mit anderen Fachschulen zu Fachhochschulen aufgewertet. Das erwies sich als eine der «bedeutendsten bildungspolitischen Entscheidungen der westdeutschen Nachkriegszeit», zumal sie jetzt nur mehr ein oft ziemlich geringer Abstand von den Technischen Hochschulen trennte. Ihre Studentenzahl schnellte daher folgerichtig von 1972 = 110000 bis 1982 auf mehr als das Doppelte, auf 251000, hoch.

Infolge der Expansion waren 1990 1,7 Millionen Studenten an den Hochschulen immatrikuliert; die Frauenquote war inzwischen auf 41 Prozent geklettert (wenig später sollte sie die Quote der Studenten übertreffen). Mehr als zwanzig Prozent eines Jahrgangs besuchten jetzt die Universitäten. Das war eine Zahl, die immer noch unter jenem Drittel lag, das westeuropäische Staaten und Nordamerika bereits erreicht hatten. Doch stieg deshalb der westdeutsche Akademikeranteil von drei Prozent in den 50er Jahren auf neun Prozent.

Die soziale Komposition dieser Studentenschaft hatte sich während der Expansionsphase ziemlich analog zur Zusammensetzung der höheren Schüler verändert. Der Anteil des Beamtennachwuchses war von 1970 bis 1990 um 20 Prozent angestiegen und stabilisierte sich bei 22 Prozent der Gesamtzahl. Die Studenten aus Angestelltenfamilien waren, parallel zum Aufstieg des dritten Sektors, von 36,4 auf volle 45 Prozent gestiegen. Die Selbständigen gewannen 16 Prozent hinzu und stellten 20 Prozent. Das bedeutete unverändert ein außerordentliches hohes Maß an Selbstrekrutierung, außerdem, da jeweils ein Fünftel von Beamten- und Selbständigen-Kindern erreicht wurden, einen hohen numerischen Anteil an den 1,7 Millionen Studenten.

Die eigentliche Enttäuschung für die Bildungsreformer steckte im Ausbleiben einer steigenden Quote von Arbeiterkindern. Dank der angestrengten Werbeaktionen in den 60er Jahren war ihr Anteil bis 1970 auf sechs Prozent, die im deutschen Hochschulsystem einen zuvor nie erreichten Erfolgswert verkörperten, gesteigert worden. Doch am Ende der 80er Jahre war ihr Anteil über sieben Prozent nicht hinausgekommen. Dieser neue Wert hing natürlich von dem steigenden Anteil von Studenten aus anderen Sozialklassen ab. Er reflektierte aber auch und vor allem – obwohl der Block der ungelernten Arbeiter in dieser Zeit von 66 Prozent auf 25 Prozent der Gesamtarbeiterschaft geschmolzen, die Facharbeiterschaft dagegen numerisch angewachsen oder in den Angestelltenstatus übergewechselt war – die Mentalitätssperre, die viele Arbeiterfamilien weiterhin davon abhielt, ihre Kinder auf die höheren Bildungsinstitutionen zu schikken. Je bildungsferner diese Familien lebten, desto weniger junge Frauen wurden zum Studium ermuntert. An den Fachhochschulen sah das Bild übrigens keineswegs günstiger aus. Als Kontrast: 38 Prozent der Juristenkinder und 45 Prozent der Medizinerkinder wurden von ihren Eltern wieder in denselben Beruf gelenkt. Pointiert gesagt: Oben war der Behauptungswille und Abstiegswiderstand ungleich höher ausgeprägt als der Aufstiegswille in den unteren Klassen.

Die große westliche, keineswegs nur westdeutsche Bildungsoffensive seit den 50er Jahren reagierte an erster Stelle auf die Erfordernisse des Arbeitsmarktes, der im Zeichen der heraufziehenden Wissensgesellschaft eine steigende Nachfrage nach theoretischer Qualifikation freisetzte. Diese Tendenz wurde durch die stürmisch vordringende Globalisierung noch verstärkt, da der Druck dieses Konkurrenzkampfes gerade in den hochentwickelten Industrieländern die Bedeutung von R & D, von «Research and Development», unablässig steigerte. Die Zentralität des theoretischen Wissens nahm mithin wegen der ansteigenden Komplexität des wissenschaftlich-technischen Zeitalters stetig zu.

Das tat aber auch die Eigendynamik der Statusrivalität, da die Bedeutung der Bildungspatente für die Ausweitung oder Beschneidung von Lebenschancen weiter anstieg. Im Hintergrund mancher Reformpläne stand auch das ominöse Fernziel der «Chancengleichheit», die doch niemals zu erreichen ist, da es immer nur um die Verbesserung der Chancen durch eine aufgeklärte Politik gehen kann. Ausschlaggebend für die nachdrückliche Förderung der Universität (und auch des Gymnasiums) blieb letztlich die Antriebsdynamik der Marktgesellschaft und der von ihr intern, aber auch weltweit entfesselten Konkurrenz.

Die Akademisierung und Verwissenschaftlichung setzte sich in jenen Expansionsjahren weiter durch. Die Akademisierung basierte auf dem Erfolg, daß sie Bildungspatente und Berufszugang zu koppeln vermochte. Insofern erwies sie sich als überaus attraktiver «Königsweg» für den sozialen Aufstieg. Die Verwissenschaftlichung folgte ihrerseits den Imperativen der Expertenkultur und der Wissensgesellschaft, damit aber der «Universalisierung von Überzeugungen», die vorher nur eine winzige Minderheit geteilt hatte. Es lag an der Leistungsfähigkeit der Aufstiegswilligen, ob sie die Verfolgung ihrer Interessen in der sozialen Hierarchie nach oben trug. Wissenschaftsgeschichtlich bestätigte sich Helmuth Schelskys Prognose von 1957, daß das Bildungssystem zum zentralen Ort der Distribution von Lebenschancen in der Gegenwart aufsteigen werde.

Die Mobilitätsbilanz der westdeutschen Universitäten ergibt ein ähnliches Resultat wie die Entwicklung der Gymnasien. Die Kinder der bürgerlichen Mittelklassen, insbesondere der Akademikerfamilien und Eltern mit höherem Bildungsniveau, stießen im Hochschulsystem weiter vor. Die Distanz gegenüber Arbeiterkindern vergrößerte sich im Verlauf der Reformepoche, die ein paradoxes Ergebnis aufweist: Die Expansion der höheren Bildungsinstitutionen vergrößerte zwar unstreitig die Bildungschancen für viele junge Leute, doch sie vertiefte auch, wider alle gutgemeinten Intentionen, die Trennungslinien der Sozialen Ungleichheit zwischen den Arrivierten im Besitz der begehrten Bildungspatente und den Angehörigen der bildungsfernen Sozialmilieus.

Der Rückblick auf die ersten vierzig Jahre der bundesrepublikanischen Universitätsgeschichte enthüllt indes auch, so eindrucksvoll die quantitative Bilanz wirken mag, eine Reihe von fatalen Defiziten, die dringend beseitigt werden müssen.

1. Nachdem die Expansion aus überzeugenden Gründen in einem imponierenden Kraftakt vorangetrieben worden war, verweigerten die Bundesländer, welche die Kompetenz für das Bildungswesen besitzen, eine angemessen steigende Finanzmasse. Ein Spar- oder Kürzungsprogramm jagte das andere. Überlastquoten muteten einer stagnierenden oder sogar schrumpfenden Professorenschaft eine kontinuierlich wachsende Zahl von Studenten zu. Dabei handelte es sich nicht nur bei den Ländern, sondern auch bei den Bundessubventionen um unzweideutige Präferenzentscheidungen. Jährlich flossen Milliarden in die Subventionstöpfe des Agrarsektors, in dem einige Hunderttausend Bauern wenig mehr als ein Prozent des Bruttosozialprodukts erwirtschafteten. Jährlich wurden Milliarden in kostspieligen Rüstungsprogrammen, wie etwa dem Starfighter, dem Tornado, dem Euro-Fighter, der 85 Millionen Euro je Flugzeug kostet, vergeudet. Dagegen blieben für das Hochschulsystem, dessen Leistungsfähigkeit über die Zukunft des Landes entscheidet, nur kärgliche Millionenbeträge mit der Aussicht auf stetige Reduktion übrig.

2. Mit der Expansion war auch eine hochschulrechtliche Verfassungsänderung verbunden, da die herkömmliche Universität mit ihren Fakultätsversammlungen und Dekanen, ihrem aus Professoren bestehenden Senat und einem selbstgewählten Rektor durch die Gruppenuniversität ersetzt wurde, in der das einzige stabile Rückgrat jeder westlichen Universität, die Professorenschaft, aufgelöst und durch Gremien ersetzt wurde, in denen nach einem länderspezifischen Schlüssel Professoren, Assistenten, Studenten und Mitarbeiter an den Entscheidungsprozessen mitwirkten. Aber Assistenten steigen auf, wie erwähnt, oder sie scheiden aus. Studenten verlassen nach einer gewissen Zeit die Universität. Beide brauchen die Verantwortung für die Folgen ihrer Entscheidung nicht zu tragen. Und Mitarbeiter wie Sekretärinnen oder Verwaltungsangestellte besitzen noch weniger Kompetenz in wissenschaftlichen Fragen, über die in den Fakultätsversammlungen oder Fachbereichskonferenzen auch entschieden werden muß, als die für einige Semester politisch aktiven Studenten. Das Ergebnis

war eine ungeheure Vergeudung von kostbarer Arbeitszeit in den zahlreichen neuen Ausschüssen, eine endlose Serie von kräftezehrenden Marathondiskussionen und politischen Ränkespielen bei der Koalitionsbildung – aber nirgendwo eine Verbesserung, sondern nur eine vermeintlich demokratische Legitimierung der Entscheidungen. Wieder einmal erwies sich auf Kosten der Leistungsfähigkeit der Universität, daß der Demokratieimperativ für den Wissenschaftsbetrieb dysfunktional ist.

3. Der Übergang zur Massenuniversität, der sich in den 60er Jahren als unumgänglich erwies, verlangte auch, wie das amerikanische und westeuropäische Beispiel lehrt, eine Neuorganisation des Studiums. An die Stelle des anachronistischen Systems von jährlich zwei kurzen Semestern mit fünf Monaten Semesterferien dazwischen hatte ein akademisches Jahr mit einer zweimonatigen Sommerpause zu treten, um ein kohärentes, intensiveres Studium zu ermöglichen. Die verkürzte Zeit für Forschung in den Semesterferien könnte durch mühelos mögliche Forschungsfreisemester wettgemacht werden.

Dann müßte die Studiendauer streng reguliert werden, damit in der Regel innerhalb von vier Jahren ein komplettes Studium abgeschlossen werden konnte, ehe darauf gegebenenfalls ein Aufbaustudium bis zum Magister oder zur Promotion folgte. Wenn es amerikanischen Universitäten seit mehr als hundert Jahren gelingt, das Millionenheer ihrer Studenten innerhalb von vier Jahren bis zum BA durchzuschleusen, war das auch für deutsche Hochschulen eine zumutbare Anstrengung. Die Realisierung von Wilhelm v. Humboldts Utopie, daß jeder Student als potentieller Gelehrte in einer ihm angemessen erscheinenden Zeit seinen Bildungsweg durchlief, war durch die Wirklichkeit längst dementiert worden. Da aber ein ungeregeltes Studium von zwölf bis sechzehn oder noch mehr Semestern eher die Regel als die Ausnahme blieb, wurden Milliarden vergeudet und die Universitäten in einem Zustand permanent anwachsender Überfüllung gehalten. Auf diese Weise wurden Hunderttausende von jungen Leuten über Gebühr lange vom Arbeitsmarkt ferngehalten, wo sie wegen des nachlassenden Wachstums allerdings auch das Heer der Arbeitslosen vergrößert hätten. Offenbar war es den Politikern aber lieber, auf Kosten der universitären Leistungsfähigkeit eine Situation zu erhalten, die den an 1968 erinnernden Protest von Studenten vermied.

4. Ebenso scheuten sich die Politiker und jene Ministerien, welche die deutschen Staatsuniversitäten verwalten – obwohl diesen mit einer uneingeschränkten Autonomie ungleich mehr geholfen wäre –, ein dichtes Netzwerk von obligatorischen Leistungskontrollen aufzuspannen. Fakultäten, die das noch zu tun versuchten, wurden von ihrer behördlichen Obrigkeit ausgebremst, so daß sie das Leistungsprinzip gegen die drohende Aufweichung auf eigene Faust verteidigen mußten. Außerdem wurde die Fiktion aufrechterhalten, daß alle das Abiturzeugnis zum Studium berech-

tigte, obwohl längst ein schroffes Gefälle im Hinblick auf die Qualität der Reifeprüfung entstanden war. Dennoch wurde den Hochschulen weiterhin das Recht verweigert, durch eigene Prüfungen ihre Studenten auswählen zu dürfen.

5. Und als heilige Kuh wurde die völlige Befreiung von Studiengebühren hartnäckig verteidigt, obwohl das westliche Beispiel wiederum lehrt, daß für einen qualitativ überzeugenden Lehr- und Forschungsbetrieb das Zusatzeinkommen aus Studiengebühren unverzichtbar ist. Als Investition in eine vielfach privilegierte Ausbildung und berufliche Zukunft war das Studiengeld zwar mühelos legitimierbar, zumal man Härtefälle mit Stipendien, die als Kredit rückzahlbar waren, leicht begegnen konnte. Insbesondere die von der SPD regierten Bundesländer beharrten aber auf der Studienfreiheit, die doch de facto bedeutete, daß auch Millionen von jungen Angestellten und Arbeitern, denen diese vielfach begünstigende Studienzeit nie zustatten kommen würde, mit ihren Steuergeldern das großzügig angelegte Studium einer hochprivilegierten Minderheit mitfinanzieren mußten. Wie das die SPD mit ihrem vielbeschworenen Ideal der sozialen Gerechtigkeit vereinbaren wollte, blieb ein ungelöstes Rätsel. Doch ließen sich mit dem Verzicht auf Studiengebühren Klischees der Aufstiegsförderung bedienen und – mit einem Hauch von politischer Korruption umgeben – potentielle Wähler aus der Elternschaft der bürgerlichen Mittelklassen gewinnen, denen ein kostenloses Studium nur Vorteile bot.

Wie die neue, vergrößerte, auch mit verschärften Problemen kämpfende Bundesrepublik im 21. Jahrhundert mit ihren in der Tat dringend reformbedürftigen Universitäten umgeht, wird in hohem Maße über ihre Zukunftsfähigkeit entscheiden.[4]

## 4. Der literarisch-publizistische Markt

Mit ungeahnter Schubkraft hat sich auch in der Bundesrepublik seit den 50er Jahren der literarisch-publizistische Markt entfaltet, der zusammen mit der neuen Medienindustrie des Fernsehens und Rundfunks – und bald von ihr angeführt – zu einer der größten Wachstumsbranchen des Landes aufgestiegen ist. Heutzutage steht das Fernsehen als medialer Alltagsbegleiter und Alltagsgestalter so unübersehbar im Vordergrund, daß eine erstaunliche Tatsache leicht übersehen wird: die kraftvolle Behauptung der Schriftkultur in Gestalt aller Printmedien. Wenn mehr als 70 000 Buchnovitäten alljährlich erscheinen, gut 370 Millionen Trivialheftchen auf einen offenbar unersättlichen Markt geworfen werden, 1300 Tageszeitungen eine Auflage von mehr als 21 Millionen Exemplaren erzielen, kann man schlechterdings nicht vom Untergang dieser vertrauten älteren Medien oder von einem TV-Monopol sprechen. Um nicht vor dem Nimbus, der die suggestive Gewalt der Bilder inzwischen umgibt, von vornherein zu kapitulieren, lohnt es sich, einen Blick auf den literarisch-publizistischen Markt mit seinen Leistungen und Grenzen zu werfen, zumal ein Großteil der privaten Fernsehsender auf ein deprimierendes Programm für Unterklassen abgesunken ist.

*a) Die Bücherproduktion.* Schon wenige Jahre nach dem Zweiten Weltkrieg übertraf die Anzahl der in Westdeutschland gedruckten Bücher schon wieder die 14 000er Marke (14 094). Das entsprach ziemlich genau der Menge jener 14 743 Bücher, die unmittelbar nach dem Ersten Weltkrieg anstelle der 35 000 der Vorkriegsjahre erschienen waren. Doch 1970 betrug der jährliche Ausstoß schon 47 096, 1990 sogar 65 950 Bücher. Von 2000 Verlagen hatten bis dahin nur acht Prozent volle drei Viertel des Umsatzes an sich gezogen; übrigens lief ein vergleichbarer Konzentrationsprozeß auch unter den Buchhandlungen ab: 107 Großunternehmen banden 40 Prozent des Umsatzes an sich. Während ihre Anzahl seither noch weiter schrumpfte, ihr Umsatzanteil dagegen weiter anstieg, zogen große Ketten wie Weltbild, Hugendubel, Thalia an die Spitze.

Von 1945 bis zur Währungsreform sollen in den Westzonen 5000 Bücher und 1000 Zeitschriften von 850 Lizenzverlagen publiziert worden sein. Die Herstellung war zunächst außerordentlich mühsam, da drei Viertel der deutschen Druckereien und Buchbindereien in Ost- und Mitteldeutschland, jetzt also auf dem Gebiet der SBZ lagen und im Westen sechzig Prozent der Binde- und vierzig Prozent der Druckkapazität zerstört worden waren. Der Wiederaufbau gelang indes erstaunlich schnell. Er begünstigte die ersten Lizenzträger unter den Buchverlegern: Kurt Desch, Peter Suhrkamp, Eugen Claassen, Hermann Leins, die zunächst einen deutlichen Vorsprung gewannen, ehe Altverleger wie C. H. Beck, F. Bruckmann, Callwey als Konkurrenten zurückkehrten.

Mit seinem ingeniösen Einfall, Romane auf der Rotationspresse als großformatige Hefte zu drucken, erzielte Ernst Rowohlt einen Riesenerfolg. Die begehrten Romane aus der westlichen Literatur wurden mit je 150 000 Exemplaren gedruckt, da sie auf eine grenzenlose Nachfrage trafen. 1950 stieg der Hamburger Verleger in das Taschenbuchgeschäft ein, das emigrierte deutsche Verleger und Lektoren in den Vereinigten Staaten vorangetrieben hatten; auch dort riskierte er eine Startauflage von 50 000 Exemplaren. Das konnte er mit seiner Risikobereitschaft im Hinblick auf die neue Marktsituation tun, die sich seit der Währungsreform aufgetan hatte. In jenem Jahr, in dem sie die Weichen für alle Wirtschaftszweige neu stellte, wurde auch der «Börsenverein Deutscher Verleger und Buchhändler» wieder ins Leben gerufen (1951 umgetauft auf den traditionellen Namen «Börsenverein des deutschen Buchhandels»), dem bis 1990 5691 Mitglieder, darunter 1967 Verleger, angehörten. Bereits 1959 war als Ersatz für die Leipziger Buchmesse die neue Frankfurter Buchmesse gegründet worden. Auf dieser alsbald größten Bücherschau der Welt fand sich im Herbst eines jeden Jahres eine stetig wachsende Zahl von Ausstellern zusammen: 1990 waren es 8492. Die Demokratisierung der literarischen Kultur wurde durch den Siegeszug des Taschenbuchs vorangetrieben. Nachdem Rowohlt erfolgreich die Vorreiterrolle übernommen hatte, folgte 1961 der Deutsche Taschenbuchverlag (dtv), ein Gemeinschaftsunternehmen von zwölf Verlagen, das bereits erschienene Werke oder aber auch Neuerscheinungen in großer Zahl publizierte. Hinzu stießen Verlage wie Fischer, Heyne, Goldmann, Suhrkamp; zusammen mit Rowohlt sicherten sich diese sechs großen Unternehmen den Löwenanteil der Taschenbuchproduktion. Ihr Output stieg allein von 1960 bis 1970 von jährlich 1000 auf 3500 Novitäten, 1980 erreichte er 7800 Stücke. Schließlich traute man sich auch zu, große Werke im Taschenbuchformat preiswert herauszubringen: Goethe und Brecht z. B., den Brockhaus und Grimms Wörterbuch. In den 80er Jahren erschien jedes dritte Buch als Taschenbuch. Jährlich wurden 100 Millionen Exemplare verkauft; 40000 Titel wurden stets lieferbar auf Lager gehalten: Für die Buchhandlungen, die bisher auf gebundene Bücher eingestellt gewesen waren, bedeutete das eine gewaltige Umstellung auf einen fabulös expandierenden Nachfragemarkt, der aber nur mit abgesenkten Gewinnspannen bedient werden konnte. Als den Taschenbüchern der Einzug in die Warenhäuser und Supermärkte gelang, drückten sie den Anteil des Sortiments unter siebzig Prozent.

Eine zweite hartnäckige Konkurrenz erschien mit den Buchgemeinschaften, die zwar, etwa mit der gewerkschaftsnahen «Büchergilde Gutenberg», eine langjährige Vorgeschichte besaßen, jetzt aber eine beispiellose Expansion in den 50er/60er Jahren erlebten, als 6,5 Millionen Leser und regelmäßige Zahler von ihnen organisiert wurden. Diese bildungsbeflissene Klientel stammte überwiegend aus den Mittel- und Kleinstädten und erfaßte schließlich vierzig Prozent aller Buchkäufer. An die Spitze schob sich der Gütersloher Bertelsmann Verlag, dessen Alleingeschäftsführer Reinhard Mohn seit 1950 auch den «Lesering» aufbaute. Von 100000 Mitgliedern im Jahre 1951 stieg dieser Leser- und Käuferkreis auf 1985 = 4,7 Millionen an; weltweit gehörten sogar 16,5 Millionen Mitglieder zu ihm. Von Mohn hieß es, er habe im Krieg als Panzeroffizier gelernt, wie man eine Stadt «aufrollt». Jedenfalls setzte er seine Werberkolonnen ebenso systematisch Straße für Straße an – mit verblüffendem Erfolg, den sein größter Rivale, der Holtzbrinck Verlag, nicht einholen konnte. Ein einziges Beispiel für den Multiplikatoreffekt der Buchgemeinschaften: Heinrich Bölls umstrittener Roman «Die verlorene Ehre der Katharina Blum» brachte es im Buchhandel ziemlich schnell auf 172000 verkaufte Exemplare, aber im Buchclub stießen sogleich 377000 Käufer hinzu! Wegen der Buchgemeinschaften und Taschenbücher schrumpften übrigens die altehrwürdigen Leihbüchereien in einem überstürzten Tempo. In München z. B. gab es 1969 noch 162, 1988 aber nun noch sechs.

Allmählich schälte sich eine Hierarchie der Verlage heraus. Blickt man allein auf den Buchumsatz, ohne die Zeitschriften und andere Medienaktivitäten zu berücksichtigen, lag Bertelsmann vor 1990 mit 1,3 Milliarden mit großem Abstand an der Spitze, gefolgt vom Wissenschaftsverlag Springer (411 Mill.), zwei den Zeitgenossen im allgemeinen unbekannten Unternehmen: WEKA (222 Mill.) und Markt und Technik (198 Mill.); erst dann tauchten Klett (140 Mill.), Langenscheidt (100 Mill.), Ullstein (87 Mill.), Suhrkamp (85 Mill.), Rowohlt (84 Mill.) sowie Heyne, Brockhaus, Droemer-Knaur, Fischer, Lübbe, ADAC mit 70 bis 80 Millionen auf. Im allgemeinen schoben sich Schulbuch- und Lexikaverlage hinter den literarischen und Juraverlagen an die dritte Stelle.

Zum ersten Verlagsort stieg bis 1958 München auf, das bis 1981 auch europaweit an die Spitze gelangte; nur in New York wurden noch mehr Titel verlegt. Der durchschnittliche Ladenpreis stieg geringer an als die allgemeinen Lebenshaltungskosten: 1951 betrug er 6,84 DM, 1990 31,10 DM. Der Gesamtumsatz der Verlage kletterte bis 1987 auf stattliche 10,2 Milliarden DM. Damit übertraf er um das Dreifache die allgemeine Steigerungsrate des Privatverbrauchs. Dennoch wiederholten sich lebhafte Klagen alljährlich vor dem Beginn der Frankfurter Buchmesse, da die Verleger längst die Maxime beherzigten: Lerne klagen, ohne zu leiden.

Namentlich die Bestseller spülten Geld in die Verlagskassen. Hildegard Knefs «Der geschenkte Gaul» z. B. erzielte nach einer bravourösen PR-Kampagne sofort 300000 verkaufte Exemplare. Mit der kitschigen Serie über die bettgewandte «Angélique» gewann der Verlag Kiepenheuer & Witsch das Finanzpolster, um sechs Nobelpreisträger anwerben zu können. Noch steiler in die Höhe schossen die Erfolgszahlen von Trivialromanen, die Weltkriegsthemen aufgriffen. Heinz Konsaliks «Arzt von Stalingrad» erreichte 415000, Hans Hellmut Kirsts «08/15» 450000, J. M. Bauers «Soweit die Füße tragen» 780000 verkaufte Exemplare, Hartungs «Ich denke oft an Piroschka» sogar 1,17 Millionen. Später aber übertraf Patrick Süskinds «Parfüm» fast alle Bestsellerrekorde mit 24 Millionen Exemplaren, die ihn in der deutschen Rangliste an die zweite Stelle hinter Remarques «Im Westen nichts Neues» mit 34 Millionen katapultierten. Auch Sachbücher konnten verblüffend erfolgreich sein. Der Rowohlt-Lektor K. W. Marek etwa veröffentlichte unter dem «nom de guerre» Ceram sein Archäologiebuch «Götter, Gräber und Gelehrte», das bis 1980 auf 1,8 Millionen verkaufte Exemplare kam. In einem anderen Genre brachte es die Edition Suhrkamp bis Band 1500 auf 30 Millionen verkaufte Bändchen in den Regenbogenfarben.

Trotz der kontinuierlichen Umsatzsteigerung ergaben demoskopische Umfragen bis 1960, daß 33 Prozent der Erwachsenen überhaupt keine Bücher besaßen; 20 Prozent besaßen ein Buch, kauften aber kein weiteres hinzu. Allein zehn Prozent besaßen einen eigenen Bücherbestand, aber nur fünf Prozent gehörten zu den regelmäßigen Käufern. Diese Proportionen hatten sich seit dem 18. Jahrhundert erstaunlicherweise kaum verändert, zumal es noch keine Medienkonkurrenz gab. Sie bewiesen im Kern die Leselust des Bildungsbürgertums.

Seither erweiterte sich der Käuferkreis langsam, bis 14 Prozent der Bevölkerung täglich lasen. Die ironische Metapher vom unaufhaltsamen Trend zum Zweitbuch zielte auf die weitreichende Abstinenz jenes Viertels von Nichtlesern, die einem «sekundären Analphabetismus» anheim fielen, der durch die Fernsehsucht noch verstärkt wurde.

Auch die Vielleser hatten freilich Schwierigkeiten, alles lesen zu dürfen. Zwar verbot das Grundgesetz die Zensur, aber Tugendwächter, kirchliche Heilsfunktionäre und beflissene Politiker strebten dennoch eine Art von informeller Zensur an. Auf diese traf z. B. von 1964 bis 1972 Klaus Manns «Mephisto», als der Persönlichkeitsschutz zugunsten von Gustaf Gründgens vor der Freiheit der Kunst rangieren sollte. Ähnliche Tendenzen traten während der schmählichen, 1962/63 andauernden Kampagne gegen Günter Grass' «Katz und Maus» zutage. Andererseits traf ein prominenter NS-Autor wie Hans Baumann auf keinerlei Stigmatisierung. Er hatte berüchtigte HJ-Lieder gedichtet («Es zittern die morschen Knochen» etwa und «Hohe Nacht der klaren Sterne»), konnte sich aber nach 1945 als höchst erfolgreicher Autor von Jugendbüchern («Steppensöhne») erneut etablieren.

Unterhalb der respektablen literarischen Sphäre gab es die bunte Welt der Groschenhefte, die ihre Krimi-, Wildwest- und Liebesgeschichten für wenige Pfennige anboten. Diese Gattung war schon vor dem Ersten Weltkrieg in die Breite gewachsen, hatte sich während der Weimarer Republik noch einmal kräftig ausgedehnt, war aber unter dem NS-Regime zum großen Teil verboten worden; andere Reihen wie die «Kriegsbücherei» oder die «Kolonialbücherei der deutschen Jugend» traten an ihre Stelle. Schon in der frühen Bundesrepublik setzte dann ein vehementer Wiederaufstieg im Stil einer förmlichen Industrialisierung der Trivialliteratur zum Billigpreis ein. Als besonders erfolgreich erwiesen sich Reihen um die Helden «Jerry Cotton» oder «Perry Rhodan», von denen wöchentlich 300 000 Hefte verkauft wurden. 1955 waren bereits 80 Millionen Hefte jährlich abgesetzt worden, aber 1967, als auf diesem Sektor sechs große Verlage mit 80 Reihen jeweils 30 bis 100 000 Exemplare produzierten, schnellte die Absatzziffer auf 160 Millionen, 1971 auf 370 Millionen. Wöchentlich konnten sieben Millionen Hefte verkauft werden. Erfolgreiche Heftchen-Verlage wie G. Lübbe drangen dank ihrer Gewinnspanne in das seriöse Buchgeschäft vor.

Männliche Leser bevorzugten Krimis, Kriegsgeschichten, Western-Romane, Science Fiction- oder Horror-Hefte, Leserinnen neigten dagegen zu

Liebes-, Arzt-, Heimat- und Adelsromanen. Die soziale Zusammensetzung der männlichen Leserklientel blieb ziemlich konstant: vierzig Prozent stammten aus dem Umfeld der angelernten Arbeiter, dreißig Prozent
aus dem der Facharbeiter, immerhin 26 Prozent aus der unteren und mittleren Angestelltenschaft, dazu gab es auch die 14 Prozent der Freiberufler
sowie die 13 Prozent der Leitenden Angestellten und Höheren Beamten.
Offenbar tat sich hier ein riesiger, weithin unbekannter Markt für Trivialliteratur auf, die im industriellen Schnellverfahren – nicht selten von mehreren für eine Reihe zuständigen Autoren – erzeugt wurde und trotz des
eindeutigen sozialen Schwerpunkts eine erstaunlich heterogene Leserschaft erreichte. Man möchte gern wissen, wie das Lesepublikum der 60
Millionen Comics, die in der alten Bundesrepublik jährlich verkauft wurden, beschaffen war.[5]

*b) Zeitungen und Zeitschriften.* Nachdem das nationalsozialistische Imperium des Eher-Verlags, der 1944 volle 82 Prozent der deutschen Zeitungen
absorbiert hatte, von den Besatzungsmächten zerschlagen worden war, sahen sich die westlichen Alliierten einer Tabula-rasa-Situation gegenüber.
Eine freie Presse, das diametrale Gegenteil der ideologischen Indoktrinati-
onsmaschine während des «Dritten Reiches», galt ihnen allen als unverzichtbare Institution, um einer demokratisch orientierten öffentlichen
Meinung ins Leben zu verhelfen. Als sicherster Weg erschien ihnen die
Vergabe von Lizenzen an zuverlässig wirkende Persönlichkeiten, die aus
dem Exil heimkehrten oder ihre Opposition gegen das braune Regime
glaubhaft nachweisen konnten; eine überlegene Alternative war nicht zu
erkennen. Auf diese Weise entstanden in den drei Westzonen von Juli 1945
bis zum September 1949 155 neue Tageszeitungen, die alle von der Geneh-
migung der Militärregierung, welche die Lizenzträger ausgewählt hatte,
abhängig gewesen waren. Als Glanzstück erwies sich die von Amerikanern selber gegründete, bis 1955 erscheinende Münchner «Neue Zeitung»,
deren Feuilleton z. B. Erich Kästner leitete.
	Außerdem erschien vor der Gründung der Bundesrepublik die Vielzahl
von rd. 1500 Zeitschriften, unter denen die Kulturzeitschriften hervorrag-
ten: die «Frankfurter Hefte», der «Merkur» und der «Monat», die «Deutsche Rundschau», der «Ruf» und die «Gegenwart». Die meisten wurden
unter den neuen Wirtschaftsbedingungen nach 1949 von einem großen
Pressesterben dahingerafft.
	Im Herbst 1949 wurde das Lizenzwesen formell aufgehoben, und die
Altverleger, die bisher zähneknirschend das Wachstum des neuen Zeitungswesens beobachtet hatten, beeilten sich, in das vertraute Geschäft wieder
einzusteigen. Bereits Ende 1949 hatten sie rd. 400 Zeitungen gegründet
oder wiederbelebt; 1950 kamen noch einmal 80 hinzu. Währenddessen
tobte ein emotional aufgeladener, erbitterter Streit mit den Lizenzträgern,

denen, nicht ganz zu Unrecht, eine monopolistische Verteidigungspraxis vorgeworfen wurde. Nur ein geringer Teil der Lizenzpresse scheiterte wegen der Konkurrenz der Altverleger. Im Sommer 1951 druckten z. B. zwanzig ehemalige Lizenzzeitungen täglich 1,6 Millionen Exemplare, während 120 neue Lokalzeitungen nur auf 550000 kamen. Der harte Wettbewerb führte aber schon bald dazu, daß von den gut 500 Presseverlagen am Ende des Jahres 1949 nach dem Scheitern eines Drittels von ihnen bis 1969 noch 345 übrigblieben. Dieser Konzentrationsprozeß spiegelte sich auch darin wider, daß zwischen 1954 und 1964 die Zahl der selbständigen Tageszeitungen mit voller Redaktionsbesetzung von 215 auf 148 zusammenschrumpfte; 1981 gab es sogar nur mehr 123.

Von den neuen Zeitungen seit 1949 erwies sich eine als die erfolgreichste von allen: Das war die 1952 gegründete «Bild»-Zeitung aus dem Axel Springer-Verlag – die geglückte Imitation der amerikanischen «Yellow Press» und der englischen «Tabloid Papers» mit reißerischer Aufmachung, Informationen im Telegrammstil und Soft Porno-Fotos. 1955 überschritt das Massenblatt bereits den Absatz von einer Million, Anfang der 60er Jahre von vier Millionen Exemplaren. Getrieben von unersättlicher Skandalisierungssucht und populistischer Meinungsmache, die sich als «Volkes Stimme» ausgab, bediente das Blatt die niederen Instinkte seiner Klientel. Gewinnbringend operierten auch die BZ und die «Morgenpost». Seit 1950 erschien das Jugendmagazin «Bravo», das bis 1960 bereits 1,5 Millionen Käufer wöchentlich fand; offenbar hatten Verlag und Redaktion eine lukrative Lücke entdeckt. Als sie sich daran machten, sie zu füllen, übten sie gleichzeitig einen prägenden Einfluß auf jenes Phänomen aus, das man seither die durch Kleidungsmoden, Musikstil und Jargon ausgezeichnete Jugendkultur nannte. Auch das 1959 gegründete Edelmagazin «Twen», Fundgrube exzellenter Photos, lag rechtzeitig vor dem Wind des Jugendlichkeitskults. Eine weitere Innovation aus dem Hause Springer übertraf solche Magazine bei weitem: die Rundfunkprogrammzeitschrift «Hör Zu», die – 1946 als bescheidenes Heftchen gegründet – unter der Leitung von Eduard Rhein in vielfacher Hinsicht erweitert wurde und zur größten europäischen Illustrierten aufstieg, die «Quick» und «Stern» lange Zeit übertraf.

Da sich die Konkurrenz des Fernsehens damals noch nicht auswirkte, erwiesen sich die 50er und frühen 60er Jahre als die Ära attraktiver Printmedien. Die Summe der täglich verkauften Tageszeitungen stieg zwischen 1954 und 1964 auf 17,3 Millionen Exemplare, die siebzig Prozent der Bevölkerung erreichten. 1983 wurde mit 21,2 Millionen Exemplaren eine Sättigungsgrenze erreicht, die auch in den 90er Jahren nicht überschritten wurde.

Währenddessen lief der Konzentrationsprozeß auf hohen Touren weiter. Vier Konzerne schoben sich währenddessen an die Spitze: Springer,

Bauer, Burda, Gruner & Jahr. Springer behauptete sich als der ungekrönte König, der dank seiner Expansionspolitik bei den Zeitungen zeitweilig einen Marktanteil von 39,2, bei den Publikumszeitschriften von 18,2 Prozent erreichte. Allerdings untersagte ihm das Bundeskartellamt 1978 den Kauf des Verlags der «Münchener Zeitung», 1982 des Burda-Verlags. Auch war der Konzernchef klug genug, einen Teil seines Zeitungsensembles abzustoßen. Doch in einer Ende 1980 zusammengestellten Statistik der großen Verlagsgruppen führte Springer immer noch als unangefochtener Spitzenreiter mit einem Anteil auf dem Zeitungsmarkt in Höhe von 28,3 Prozent; täglich verkaufte er 5,4 Millionen Zeitungen, von denen «Bild» den Löwenanteil mit fast 4,5 Millionen Exemplaren behauptete. Damals lasen 33 Prozent aller männlichen Leser der Bundesrepublik jenseits des 18. Lebensjahres die «Bild»-Zeitung, 57 Prozent taten das freilich nie. Wie weit Springer vorn lag, erhellt aus der zweiten Position, welche die «Westdeutsche Allgemeine Zeitung» mit einem Marktanteil von gerade einmal 6,9 Prozent einnahm.

Springers Pressemacht wurde seit der Mitte der 60er Jahre zu einem politischen Problem. Der Redaktionskurs aller Zeitungen dieses Verlags wurde durch ihre amerika- und israelfreundliche Grundhaltung und die Befürwortung der deutschen Einheit, aber auch seit 1967 durch eine unerbittliche Kritik an der APO und 68er-Bewegung bestimmt. Nun fehlte es einem Teil dieser Kritik keineswegs an Berechtigung, doch zum größeren Teil folgte sie einer Diffamierungs- und Verdammungsstrategie, welche den Beginn eines deutschen Bürgerkriegs suggerierte. Springer, der ursprünglich einmal mit der SPD sympathisiert hatte, ehe er eine konservative Wende vollzog, brachte die Redaktionen – etwa auch seines Flagschiffs, der «Welt» – selber auf den erwünschten einheitlichen Kurs. Und von seinem Presseimperium wurde eine fundamentalistische Kritik auch in der Zeit der Sozialliberalen Koalition durchgehalten. Alle Anläufe, diesen Machtfaktor rechtsförmig einzuhegen, sind seit dem vehementen Protest der APO und 68er-Bewegung in den späten 60er Jahren immer wieder gescheitert, obwohl sich in dem Marktpotential eines einzigen Konzerns eine ganz andere Gefährdung der Pressefreiheit zusammenballte, als sie die staatliche Intervention während der Spiegel-Affäre von 1962 darstellte.

Auf der anderen Seite des politischen Spektrums bewegte sich der Einfluß der Parteipresse schließlich gegen Null. Die SPD besaß 1956 ein kleines Reich von 26 Zeitungen und 30 Druckereien, die sie aus Weimarer Zeiten geerbt und nach der Beschlagnahmung durch das NS-Regime zurückerstattet bekommen hatte. Doch ein Vierteljahrhundert später hatten sie fast alle eingestellt oder verkauft werden müssen. Um 1980 gab es die traditionsreiche SPD-Presse nicht mehr. Nur der «Vorwärts» kümmerte noch mit einer Minimalauflage von 54650 Exemplaren dahin. Der «Bayernkurier» der CSU erreichte mit 163350 Exemplaren zwar die dreifache

Auflagenhöhe, doch stellte er sich nicht dem Wettbewerb, sondern wurde an Parteimitglieder und Interessenten kostenlos verteilt.

Wenn man bedenkt, daß die Bundesrepublik Ende 1982 fast 64 Millionen Einwohner zählte, ist die Auflage der überregionalen Zeitungen, die von Anspruch und Ausführung her weit über die Lokal- und Heimatzeitungen hinausreichten, im Grunde deprimierend gering geblieben. Die Führung behauptete damals (und auch in den folgenden Jahrzehnten) die liberale «Süddeutsche Zeitung» mit täglich 340 400 verkauften Exemplaren, gefolgt von der linkskonservativen «Frankfurter Allgemeinen Zeitung» mit 320 840, der auf Springers Weltbild verpflichteten «Welt» mit 266 380 und der sozialdemokratischen «Frankfurter Rundschau» mit 195 480 Exemplaren. Keine von ihnen erreichte, obwohl der gesamtstaatliche Einfluß der FAZ am klarsten ausgeprägt war, jenen Status der Meinungsführerschaft, den etwa die «New York Times», die «Times» oder «Le Monde» errungen hatten. Meinungsstark gab sich auch die Berliner «Tageszeitung» (taz), die als einziges alternatives Blatt der 68er-Bewegung und der Grünen überlebte, aber mit knapp 30 000 Exemplaren kontinuierlich am Rande des kommerziellen Abgrunds lavierte.

Außer dem Markt für Tageszeitungen gab es in der Bundesrepublik das wortwörtlich bunte Reich der Illustrierten und eine schier endlose Menge von spezialisierten Zeitschriften. Bis 1980 erreichte ihre Zahl 6243 mit 104 Millionen verkauften Exemplaren, die einen Jahresumsatz von 8,1 Milliarden DM einbrachten. Eine Sonderrolle spielten die politischen Wochenmagazine und -zeitungen. Anfang der 8oer Jahre erzielte der unangefochtene Marktführer, Rudolf Augsteins «Spiegel», bereits 1946 nach dem Vorbild des amerikanischen «Time Magazine» gegründet, eine Auflage von 970 911 Exemplaren. Da die Presseforschung damals einen Leserkoeffizienten von zehn Lesern je «Spiegel»-Heft ermittelte, erreichte die Zeitschrift im Optimalfall wöchentlich zehn Millionen Leser. An zweiter Stelle folgte die liberale Hamburger «Zeit» mit 398 286 Exemplaren, gefolgt von dem weit abgeschlagenen katholisch-protestantischen Meinungsblatt «Rheinischer Merkur/Christ und Welt» mit 148 200 Exemplaren. Während die «Zeit» auch in der vergrößerten Bundesrepublik mit ihren 82 Millionen Einwohnern zwar leicht expandierte, aber noch immer keinen Riesensprung nach vorn tat, hielt sich am rechtsradikalen Rand die «Deutsche Nationalzeitung» mit rd. 100 000 Exemplaren.

Als die deutsche Medienwirtschaft bis 1976 auf den fünften Platz der Wachstumsbranchen (hinter der Großchemie, dem Maschinenbau, der Elektrotechnik und der Autoindustrie) vorgestoßen war, machte sich zwar der Aufstieg des Fernsehens schon geltend. Aber ungleich wichtiger blieb bis dahin immer noch der Markt der Zeitungen und Zeitschriften.[6]

5. Vom Rundfunk und Film zur massenmedialen Revolution des
Fernsehens

Nach einer Anlaufphase, die bis in die 1930er Jahre hinein andauerte, folgte
eine zweite Periode der Entfaltung der modernen Massenkommunikation,
während der sich Rundfunk und Tonfilm als Leitmedien weiter durchsetz-
ten (vgl. IV, 480–83). Das Radio stand zuerst den städtischen Mittelklassen
zur Verfügung, doch bis 1939 besaßen zwei Drittel aller reichsdeutschen
Haushalte neun Millionen Geräte; der «Volksempfänger» war auch in das
Arbeitermilieu tief eingedrungen. Radionutzung und Kinobesuch stiegen
bis 1943 weiter an, wobei der Anteil seichter Unterhaltungssendungen, die
von der Kriegsmisere ablenken sollten, ständig zunahm.

Auch nach 1945 blieben Radio und Film noch zwei Jahrzehnte lang die
wichtigsten Medien. Bereits zu Beginn der 50er Jahre wurde die hohe
Rundfunkdichte von 1943 übertroffen; 1956 registrierten die 6438 westdeutschen Kinos die Rekordzahl von 817,5 Millionen Besuchern. Sieht
man von den wenigen brillanten Filmen der Anfangsjahre nach 1945 ab,
etwa Wolfgang Staudtes «Die Mörder sind unter uns» oder Bernhard Wik-
kis «Die Brücke», beherrschte bis 1964 die leichte Unterhaltungsware das
Feld. Dem eskapistisch gestimmten Publikum wollten die Filmfirmen offenbar eine realistische Kritik am «Dritten Reich» nicht zumuten. Von allen deutschen Filmen, die bis dahin zur Aufführung gelangten, gehörte ein
volles Viertel zum Genre der rührselig kitschigen Heimatfilme; 22 Prozent
rangierten als Komödien, 13 Prozent als «Krimis».

Nicht selten griffen die Produzenten ungeniert auf Kopien zurück, die
noch vor dem April 1945 für die UFA gedreht worden waren (allein im
März 1945 liefen noch die Dreharbeiten für 30 UFA-Filme!). Durchweg
sorgten prominente Schauspieler und Regisseure, Kameraleute und tech-
nisches Personal aus UFA-Zeiten für eine bruchlose Kontinuität über die
Zäsur von 1945 hinweg. Die Heimatfilme übernahmen während ihrer
Hochkonjunktur die Funktion, über die Schwierigkeiten der Nachkriegszeit und der ersten Wirtschaftswunderjahre hinwegzuhelfen, namentlich
den Abermillionen in den zerbombten Städten oder in ihrer Flüchtlingsexi-
stenz die heile Welt der oberbayrischen Gebirgslandschaft als gnadenlos
idealisierte, wirklichkeitsferne Lebensform vor Augen zu führen. Währenddessen wachten seit dem Juli 1949 die «Freiwillige Selbstkontrolle»
mit häufigen Schnittauflagen, die Filmbewertungsstelle (seit 1951) und das
Jugendschutzgesetz von 1951 als spießbürgerliche Hüter der öffentlichen
Moral und ganz auf der Linie vertrauter etatistischer Gängelung darüber,
daß die Filme keine «sittliche Gefährdung» enthielten. Mühelos konnten
in den 60er Jahren die Karl-May-Filme mit ihrem nostalgisch verklärten
Apachenland von Winnetou und Old Shatterhand in exotischer Form an
die Tradition der Heimatfilme anknüpfen.

Während die Filme wachsenden Zulauf fanden, die künstlerische Innovation aber auf einem deplorablen Niveau stagnierte, erlebte der Rundfunk seine Hochzeit. Da er von Anfang an auch für die «Reeducation»-Politik der westlichen Alliierten eine wichtige Aufgabe übernehmen sollte, entfiel bei der Neuorganisation das Vorbild des amerikanischen Privatfunks. Vielmehr entpuppte sich die öffentlich-rechtliche Form der sechs Landesrundfunkanstalten, die in Westdeutschland bis 1949 entstanden, als attraktiver institutioneller Typus, der auch der Leitvorstellung der Alliierten, staatlichen Einfluß möglichst fernzuhalten, entgegenkam. Dadurch entstand freilich von Anfang an ein Spannungsverhältnis zwischen privatem Pressewesen und öffentlich-rechtlichen Sendeanstalten. Die Post, seit 1923 als Rundfunkbetreiber tätig, wurde stillschweigend entschädigungslos enteignet.

Nach der Gründung der Bundesrepublik konnten Landespolitiker und Fachleute, darunter die neue Spezies der Rundfunkjournalisten, mit dieser Lösung durchaus zufrieden sein. Im Bund als neuem Gesamtstaat fühlten sich dagegen Politiker und Verwaltungsexperten geradezu ausgebootet. Bundes-, aber auch Landespolitiker suchten auf zwei Wegen ihren Einfluß geltend zu machen. Adenauer, mit einem scharfen Gespür für die Wirkung moderner Massenmedien ausgestattet (1951 wurden 2,3 Millionen Radios produziert), bemühte sich Anfang der 50er Jahre um einen regierungseigenen Rundfunksender, der als «politisches Führungsmittel der jeweiligen Bundesregierung» fungieren sollte. Das Unternehmen endete jedoch mit einem Fiasko.

Auf der Länderebene gelang eine Politisierung des Rundfunks, die indirekt auch Bundesinteressen befriedigte. Das WDR-Gesetz vom Mai 1954, im Sommer 1955 sogleich gefolgt von einem analog angelegten NDR-Gesetz, garantierte den Staatseinfluß, damit aber die unverhüllte Parteienherrschaft nicht nur in den Aufsichtsgremien, sondern auch in der Personal- und sogar der Programmpolitik. Seither wurden überall vergleichbare Grundlagen für die Rundfunkverfassung, damit aber auch für einen Dauerkonflikt zwischen staatlich-politischem Zugriff und professionellem Unabhängigkeitsinteresse gelegt.

Dieser Streit wirkte für beide Konfliktparteien um so lohnender, als die Expansion des Radios anhielt. Mit einer Jahresproduktion von zwei bis drei Millionen erschwinglicher Geräte erreichte es in der Mitte der 50er Jahre auch achtzig Prozent der Arbeiterhaushalte. Die Musiktruhe für Radio, Schallplatten- und Tonbandgerät stieg zu einem klassenübergreifenden Symbol der «Wir haben es geschafft»-Mentalität des Wirtschaftswunders auf. Doch als folgenreicher erwies sich die Erfindung des Transistorgeräts, da es das Radio von seinem festen Standort in der Wohnung löste und als Koffer- oder Autoradio frei verfügbar machte. Das entpuppte sich auch im Nu als machtvoller Einfluß auf die Jugendkultur.

Während man in den Rundfunkanstalten mit Wohlgefallen auf ihr wachsendes Imperium blickte, bahnte sich ein Strukturwandel an, der die Konstellation der Massenkommunikation von Grund auf veränderte: Das war die erfolgreiche massenmediale Revolution des Fernsehens, das kraft seiner Eigendynamik die Entwicklung auf eine neue Stufe vorantrieb. Das Vorspiel hatte wiederum in den 1930er Jahren eingesetzt – die Berliner Olympischen Spiele wurden bereits für einen kleinen Interessentenkreis provisorisch übertragen –, doch erst im Oktober 1956 ging die erste «Tagesschau» der ARD, die seit ihrer Gründung im August 1950 das Fernsehen fest ins Auge gefaßt hatte, für 283 000 Empfänger aus Hamburg ans Netz. 1957 gab es bereits eine Million Geräte; um 1960 wurde die Schwelle zur Massenproduktion überschritten, so daß 1965 die Hälfte, 1969 84 Prozent aller westlichen Haushalte erreicht wurden. 1964 gab es 18 Millionen TV-Besitzer, zu denen, nicht zuletzt wegen des 1967 eingeführten Farbfernsehens, jährlich zwei Millionen Teilnehmer hinzustießen, so daß 1978 95 Prozent aller Haushalte angeschlossen waren. Bis 1983 wurde allerdings mit 22 Millionen TV-Besitzern ebenso eine Sättigungsschwelle erreicht wie mit den 24,1 Millionen Radiobesitzern.

Dieser Siegeszug des Fernsehens führte dazu, daß der Kinobesuch bis 1964 halbiert, bis 1970 sogar auf jährlich 150 Millionen Besucher abgesenkt wurde. Denn bereits seit den 60er Jahren erwies sich die ständige Programmerweiterung und -differenzierung des Fernsehens, die kontinuierliche technische Verbesserung und nicht zuletzt die drastische Verbilligung der Geräte als unwiderstehlicher Anwerbungssog. Um am Arbeitsplatz und in der Freizeit mitreden zu können, mußte man sich mit den laufenden Fernsehsendungen auskennen. Das war auch deshalb möglich, weil selbst 1980 nur 5,5 Stunden lang das Programm ausgestrahlt wurde.

Innerhalb kurzer Zeit führte die massenmediale Revolution des Fernsehens zu dramatischen gesellschaftlichen Veränderungen. Außer mit Arbeit und Schlafen begannen die Bundesbürger die meiste Freizeit mit dem Medium des Fernsehens zu verbringen. Es strukturierte das tägliche Zeitbudget, insbesondere die arbeitsfreien Stunden, bis schließlich in den 90er Jahren mehrere Stunden täglicher Fernsehzeit, auch schon von Kindern, erreicht wurden. Dahinter traten aktiv ausgeübter Sport, Abende mit Freunden und Nachbarn, Familienausflüge zurück. Der Lebensstil wurde vielmehr, erst recht am Wochenende, durch den passiv hingenommenen Rhythmus der TV-Sendungen bestimmt.

Nach einem langen Streit um das Privatfernsehen erklärte das Bundesverfassungsgericht kommerzielle Betreiber 1981 für zulässig. Beflissen kapitulierte die Regierung Kohl vor dem massiven Druck der Interessentenlobby, als sie sogleich die Schleusen öffnete. 1985 begannen die Privatsender SAT 1 und RTL zu operieren, 1992 erreichten sie die Gewinnzone. Von unverhüllter Marktorientierung getrieben, konnte die rasch vermehrte

Zahl der Privatsender ihr abschreckend-anziehendes Unterklassen-Programm ausstrahlen, so daß ihre Klientel zeitlich lückenlos versorgt wurde. Der Siegeszug des Fernsehens begann das Verhältnis von Privatheit und Öffentlichkeit drastisch zu verändern. Wenn es einen neuen «Strukturwandel der Öffentlichkeit» gegeben hat, dann wurde er von der massenmedialen Revolution eingeleitet. Zugleich wirkte sie, als Millionen erreicht wurden, als Antriebskraft einer kulturellen Homogenisierung, welche die überlieferten kulturellen Medien der Literatur, des Theaters, der Musik, der Bildenden Kunst zurückdrängte, als es sie einem scharfen Wettbewerb unterwarf. Das Fernsehen begann in einem rasch zunehmenden Maße das Weltverständnis, damit auch die Auffassung von der eigenen Gesellschaft und von fremden Kulturen zu prägen. Die Macht der Bilder, die in tiefen Schichten der Erinnerung und des emotionalen Gedächtnisses gespeichert wurden, erwies sich als ungleich wirksamer als der Ton oder auch das gesprochene und geschriebene Wort, das es zu erdrücken tendierte. Zeitweilig war es durchaus offen, ob das Fernsehen eher zur Aufklärung und Demokratisierung vorantrieb oder autoritäre Denkmuster und aggressive Feindbilder förderte. Zugleich steigerte es aber auch im Kern die Entscheidungsautonomie des Zuschauers, der nach Belieben ein Programm anschalten, abschalten oder auf ein attraktives anderes umschalten konnte.

Auch die Politik geriet zunehmend in die Abhängigkeit von der medialen Vermittlung, wie das erstmals durch das Fernsehduell zwischen Kennedy und Nixon im amerikanischen Wahlkampf demonstriert wurde. Ohne die zielstrebige Ausnutzung der Fernsehwirkung war Politik alsbald kaum mehr denkbar. Dadurch wurde der Griff der Politiker nach gesichertem Einfluß im Fernsehen anhaltend verlockender. Die Politisierung der Aufsichtsgremien verriet das Vordringen dieses Einflusses. Der Parteienproporz wurde zur Handlungsmaxime. Der Mitsprachewille in der Personal- und Programmpolitik stieg zu einem sakrosankten Imperativ auf. Die Privatsender konnten sich hinter die Fassade des unabhängigen Unternehmens zurückziehen, sich dort aber in einer Grauzone mit Politikern und Parteien verbünden. Die bewährten öffentlich-rechtlichen Anstalten sahen sich dagegen unablässig einem Nahkampf um die Grenze zwischen staatlich-politischem Zugriff und eigenem Behauptungswillen ausgesetzt.

Frühzeitig wollte auch Adenauer 1957/58 die Kontrolle über ein regierungsnahes Fernsehen gewinnen, das als Rivale der ARD als sogenanntes «Zweites Programm» an eine private TV-Gesellschaft vergeben werden sollte. In einem schnellen Gegenzug begannen daraufhin die Bundesländer, ein Zweites Programm der öffentlich-rechtlichen Landesrundfunkanstalten vorzubereiten. Adenauer setzte im Dezember 1960 nicht nur die «Deutsche Welle» für das Ausland und den «Deutschlandfunk» durch, sondern bestand auch weiterhin auf einer auf Bundesrecht beruhenden, mithin regierungsfreundlichen Fernsehanstalt, die von der erwähnten, inzwischen aktiven privatrechtlichen Gesellschaft übernommen werden sollte. Im Juni 1960 unterzeichnete der Kanzler einen entsprechenden Gesetzesentwurf, ohne die Länder noch einmal zu konsultierten. Drei Wochen später hatten diese jedoch die Herausforderung im Eilverfahren vor das Bundesverfassungsgericht getragen, das im Februar 1961 seine folgenreiche Grundsatzentscheidung verkündete.

Ihr zufolge besaßen die Bundesländer als Ergebnis ihrer grundgesetzlich garantierten Kulturhoheit auch die uneingeschränkte Rundfunkkompetenz – einschließlich der Verfügung über das Fernsehen. Derart abgeschmettert mußte Adenauer sein ehrgeiziges Projekt aufgeben, und so mit grünem Licht belohnt, gründeten die Länder sofort, bereits im März 1961, das «Zweite Deutsche Fernsehen» (ZDF) in Mainz, das seit dem April 1963 landesweit ausstrahlen konnte und zur größten europäischen Fernsehanstalt aufstieg. Wen wundert's aber, daß der ZDF-Fernsehrat durchaus dem Parteienproporz unterlag und auch die anderen politischen Einflußkanäle für Länder- und Parteiinteressen weit geöffnet wurden.

Nicht nur Adenauer und die CDU-Politik hatten den Griff nach dem Fernseheinfluß gewagt, auch die Presseverleger drängten auf eine Beteiligung am Fernsehen, denn dessen Werbemöglichkeiten erschienen allzu verlockend, angeblich auch schon zu bedrohlich für das eigene lukrative Anzeigengeschäft, das sich längst als wichtiger als das Abonnementseinkommen erwiesen hatte. Eine daraufhin einberufene Sachverständigenkommission konnte indes keine Wettbewerbsverzerrung feststellen: Für die Tagespresse sei die Konkurrenz mit den Illustrierten wichtiger als mit Rundfunk und Fernsehen. Daraufhin mußten die Verlagskonzerne warten, bis sie in die Privatsender eindringen konnten, wie das, um das bekannteste Beispiel zu nennen, Bertelsmann alsbald gelang.

Auch ein anderer Wirtschaftszweig fühlte sich zu Recht und nachhaltig durch das Fernsehen benachteiligt. Das war die Filmindustrie, deren Niedergang offensichtlich auch mit dem Vordringen des Fernsehens, dem Heimkino jeder Familie, zusammenhing. Ebenso wichtig war freilich auch der künstlerische Erschöpfungszustand, der im Februar 1962 26 junge Filmregisseure und -produzenten wie Ulrich Schamoni, Volker Schlöndorff, Alexander Kluge, Edgar Reitz und Wim Wenders in ihrem «Oberhausener Manifest» zu einem vehementen Protest trieb, der ihnen 1964 das «Kuratorium Junger Deutscher Film» mit seinen Förderungsmitteln einbrachte. Das Ergebnis bestand aus einigen brillanten Leistungen, zu denen auch die Filme Rainer Werner Fassbinders gehörten, der als Universalexperte: als Regisseur, Autor, Schauspieler, Kameramann und Produzent fungierte. Doch in der Konkurrenz mit den opulenten Farbschinken aus Hollywood blieb der kommerzielle Erfolg allzu oft aus. Nach zwanzig Jahren markierte Fassbinders Tod (1983) in gewisser Hinsicht auch das Ende des Aufbruchs des jungen deutschen Films.

Doch inzwischen hatte sich längst eine symbiotische Beziehung zwischen Filmschaffenden und Fernsehen entwickelt, die an der rasch wachsenden Anzahl von eigens für das Fernsehen gedrehten Filmen ablesbar war. Überhaupt entfaltete sich zusehends ein Medienverbund, der Fernsehen, Film, Rundfunk und Presse zusammenführte. Radio und Zeitung behielten dabei durchaus ihren eigenen Einfluß. Das geraume Zeit von Kulturkritikern befürchtete Fernsehmonopol kam nicht zustande. Vielmehr stützten sich die Medien in wechselseitig verdichteter Kombination, anstatt sich rigoros auszuschließen. In Medienkonzernen wie Bertelsmann und Springer wurde das frühzeitig erfaßt, und dieser Einsicht folgte ihre Expansionspolitik.

Mit den neuen Massenmedien verlagerte sich auch die Arbeit der Schriftsteller und Journalisten. Immer häufiger wurden Rundfunk- und Fernsehanstalten außer Presseorganen und Verlagen ihre Arbeitgeber; dazu trat die bekömmliche Tätigkeit an Akademien, Volkshochschulen und auf Vortragsreisen. Lukrativ war es, aus mehreren Vorträgen eine Dokumentation für das Fernsehen zusammenzustellen, sie aber auch als Kinofilm und als Sachbuch zu präsentieren. Diese Publizisten in einem neuen, weit verstandenen Sinn rückten in eine Zwitterstellung ein: Sie agierten als «wortproduzierende Kleinunternehmer» und gleichzeitig als «lohnabhängige Schreiber».

Um sich auf dem heftig umkämpften Medienmarkt behaupten zu können, schien kollektive Organisation unabdingbar zu sein. 1969 war auf Betreiben Heinrich Bölls der «Verband Deutscher Schriftsteller» entstanden, der auch das Schulbuchhonorar und die Abführung des Bibliotheksgroschens an seine Mitglieder erreichte. Aus Unzufriedenheit mit den Verbandsleistungen entstand 1985 die IG Medien als Kartellgewerkschaft, der 1989 die Mitgliedergewerkschaft Kunst im Verein mit der IG Druck und Papier folgte. Diese Organisation sah machtvoller aus als ein berufsständisch orientierter Verband, doch was konnten einige hundert Schriftsteller und Journalisten, deren Mehrheit sich ohnehin im «Deutschen Journalistenverband» zusammenfand, unter den 180000 Mitgliedern erreichen? Das massenmediale Multitalent konnte sich in der neuen Kommunikationswelt behaupten. Die produktive Einsamkeit des schöpferischen Schriftstellers konnte dagegen keine Gewerkschaft erstreiten, geschweige denn, seinen Lebensunterhalt garantieren.[7]

## 6. *Der neu gewonnene und verteidigte Pluralismus der Öffentlichkeit*

Das Zeitalter der Massenmedien mit Presse, Rundfunk und Fernsehen verhalf auch der Bundesrepublik zu einer vielfältig ausdifferenzierten Öffentlichkeit mit durchaus unterschiedlichen politischen Schwerpunkten. Eins fehlte dieser Vierten Gewalt zwischen 1949 und 1990 freilich ganz: Subkulturelle Gegenöffentlichkeiten, wie sie im Kaiserreich und auch noch in der Weimarer Republik die Sozialdemokratie und der politische Katholizismus ausgebaut hatten, kamen trotz mancher Anstrengung um ihre Wiederbelebung nicht mehr zustande, weil die alten Diskriminierungspraktiken entfallen waren. Das anfangs wieder errichtete Presseimperium der SPD zerfiel im Nu. Das katholische Meinungsblatt, der «Rheinische Merkur», konnte sich im Zeichen der bikonfessionellen CDU und des Ausgleichs zwischen den christlichen Religionsgemeinschaften auf dem veränderten Markt nicht behaupten, so daß es mit der nationalprotestantisch-konservativen Zeitung «Christ und Welt» fusionierte, aber auf eine prekäre Randexistenz beschränkt blieb. Und die Zeitschrift der katholischen Bildungselite, das «Hochland», gewann trotz aller Bemühungen die erhoffte Leuchtkraft früherer Tage nicht wieder zurück. Allenfalls am rechtsradikalen Narrensaum der Innenpolitik bemühte sich die «National-Zeitung» darum, die Gesinnungsgemeinschaft der Unbelehrbaren zu bedienen, ohne daß man diese Aktivität mit den einflußreichen SPD- und Zentrums-Organen von 1914 vergleichen könnte.

In der westdeutschen Öffentlichkeit spielten die wenigen überregionalen Zeitungen konstant eine Meinungsführerrolle: an erster Stelle die maßvoll konservative, altliberale «bürgerliche» (wie ihre Herausgeber und Redakteure sie gern nannten) «Frankfurter Allgemeine Zeitung», die häufig einen kessen Linksliberalismus in innenpolitischen Streitfragen riskierende «Süddeutsche Zeitung» und die aufrecht sozialdemokratische «Frankfurter Rundschau» mit auffallend geringerer Reichweite als die beiden Hauptkonkurrenten. Springers «Welt» sollte einmal die deutsche «Times» werden, kümmerte aber wegen ihres orthodoxen Konservativismus und ihrer schrillen Animositäten mit eng begrenzter Verkaufszahl dahin, ohne je zu den Spitzenreitern aufschließen, geschweige denn sie irgendwie gefährden zu können. Daß Springer höchstpersönlich mit Hans Zehrer den intellektuellen Anführer des unseligen «Tat»-Kreises der frühen 30er Jahre zum Chefredakteur bestellte, vermochte auch kein Vertrauenskapital einzuwerben.

Der FAZ gelang es, ein weltumspannendes Korrespondentennetz aufzubauen, ein kostspieliges, aber informationsreiches Unternehmen, das der lukrative Anzeigenteil, namentlich am Wochenende, finanzieren half. Außerdem pflegte sie mit Bedacht das umfassendste und vielseitigste Feuilleton, dessen Lektüre für Hunderttausende von Lesern ein tägliches Muß darstellte. Alle vier Zeitungen machten ihre Richtungskämpfe und innerredaktionellen Kontroversen durch: Paul Sethe, Jürgen Tern und Marcel Reich-Ranicki von der FAZ wußten davon ihr Lied zu singen. Doch über vier Jahrzehnte hinweg blieben sie für ihren Leserstamm die zuverlässig kalkulierbaren Meinungsmacher ohne einen dramatischen Kurswechsel, der ihre Koordinaten grundlegend verändert hätte.

Anders als in der unstrittig lebhaften Öffentlichkeit des Kaiserreichs und der Weimarer Republik etablierte sich in der Bundesrepublik von Anfang an der kritikfreudige Sektor der politischen Wochenmagazine. Insbesondere der «Spiegel» Rudolf Augsteins behauptete für eine erstaunlich rasch wachsende Klientel, die seinen Stil offensichtlich goutierte und schließlich wöchentlich zehn Millionen Leser umfaßte, länger als vierzig Jahre lang die unangefochtene Meinungsführerschaft als hellwacher, unverblümt kritischer, urbaner Beobachter der Zeitläufe, insbesondere aber wurmstichiger politischer Entscheidungen und anrüchiger wirtschaftlicher Unternehmen. In jeder Hinsicht übertraf der «Spiegel» frühzeitig an Qualität und Biß das ursprüngliche Vorbild des «Time Magazine». «Spiegel»-Leser bildeten eine loyale Anhängerschaft, die jeden Montagabend mit der Erklärung der zeitgenössischen Welt durch die «Spiegel»-Redaktion zufrieden war. Dafür nahm sie den outrierten Jargon des Magazins nicht nur hin, sondern adaptierte ihn sogar für ihre eigene Umgangssprache. Auch als mit dem «Focus» die vorher wiederholt anvisierte, doch stets gescheiterte Konkurrenz schließlich doch noch ins Leben trat, konnte dieser mit seiner bunten Häppchenkultur das Niveau des «Spiegels», was investigative Recherche und fundiertes kritisches Urteil betraf, nicht erreichen. Im Rückblick wird erneut bestätigt, daß der «Spiegel» frühzeitig ein fester Bestandteil der neuen Politischen Kultur der Bundesrepublik wurde und diese Sonderstellung über ihre ersten vier Jahrzehnte hinweg unangefochten behielt. Es entsprach auch seiner Sonderstellung, daß während der «Spiegel»-Affäre von 1962/63 dieses Nachrichtenmagazin im bisher härtesten Streit um die Pressefreiheit im Mittelpunkt stand. Nicht nur der Sieg, sondern die symbolische Bedeutung dieser heroischen Grundsatzkontroverse hat das Prestige des «Spiegels» noch einmal nachhaltig und auf Dauer aufgewertet.

Nach eher tastenden Anfängen in der Kölner «Neuen Illustrierten» entwickelte der Hamburger «Stern» unter der Leitung von Henri Nannen auch die Ambition, sich nicht mit der bunten Welt der Bilder exzellenter Fotografen zu begnügen, sondern sich im politischen Spektrum als deutlich vernehmbare linksliberale Stimme zu positionieren. Das gelang ihm ungleich erfolgreicher als der Münchner «Quick», die sich eher auf einen politisch oszillierenden Enthüllungsjournalismus kaprizierte, der sich auch für anrüchige Attacken auf die Brandtsche Ostpolitik nicht zu schade war. Während es daher dem «Stern» gelang, als Ort ernsthafter Kommentare und Berichte respektiert zu werden, wurde die «Quick» zu einer Illustrierten unter vielen anderen bunten Blättern.

Einem anderen Hamburger Blatt, der «ZEIT», gelang es nach mühsamen, aber schließlich erfolgreich durchgestandenen Profilierungskämpfen, geradezu den Kultstatus der einzigen linksliberalen Wochenzeitung der Bundesrepublik zu gewinnen, den «Christ und Welt» oder der «Rheinische Merkur» aufgrund ihrer ideologischen Scheuklappen zu keiner Zeit erreichen konnten. Insbesondere in den 1960er und 70er Jahren, als die Sozialliberale Koalition vorbereitet wurde und die Brandt-Schmidt-Phase der westdeutschen Politik folgte, argumentierte die «ZEIT» in dem Hochgefühl, daß sie den Zeitgeist nicht nur rechtzeitig erspürt hatte, sondern seither auch auf ihrer Seite wußte. Ihre Auflagenziffer schnellte in unerwartete Höhen, bis die innere Übereinstimmung mit dem progressiven Gang der Dinge ausblieb, da es jetzt darum ging, den Provinzialismus der ersten acht Kohl-Jahre zu kommentieren.

Stellte die einzigartige Stellung der «ZEIT» dem großen Leserpotential der Bundesrepublik schon ein schlechtes Zeugnis aus, da genug Raum für konkurrierende Stimmen vorhanden gewesen wäre, tat das die Entwicklung der Kulturzeitschriften erst recht. Die einflußreichste von ihnen, der «Merkur», konnte schließlich nur durch eine Stiftung des Klett Verlags über Wasser gehalten werden, so daß die Herausgeber ihren kulturkritisch konservativen Kurs weitersteuern konnten. Dagegen gelang es dem früher so einflußreichen «Monat» nicht, die 70er Jahre zu überstehen. Der Abonnentenstamm der «Frankfurter Hefte» von Eugen Kogon und Walter Dirks schrumpfte etwas später ebenfalls fatal, so daß die Fusion mit der sozialdemokratischen «Neuen Gesellschaft», die bis dahin nicht von ferne die Qualität von Rudolf Hilferdings «Gesellschaft» in der Weimarer Republik erreicht hatte, eingegangen wurde, ohne doch ein gewisses Zwitterwesen überwinden und ein attraktives neuartiges Profil gewinnen zu können.

Mit den großen überregionalen Tageszeitungen, den Wochenzeitungen, den wöchentlichen Nachrichtenmagazinen und den politisch engagierten Illustrierten bewegt man sich allerdings auf dem Höhenkamm der öffentlichen Meinung, also dort, wo ernsthaft und fundiert gestritten wurde. Dagegen ist die Welt der mehr als 20 Millionen Tageszeitungen, die in der Bundesrepublik vor 1990 verkauft wurden, durch krasse Unterschiede und auch Defizite gekennzeichnet. Während einzelne Regionalzeitungen wie die «Stuttgarter», der Berliner «Tagesspiegel» und der «Kölner Stadtanzeiger» ihre weltoffene, argumentativ anspruchsvolle Linie mit beachtlicher Konstanz verfolgten, bewegten sich Hunderte von Lokal- und Heimatblättern auf dem Niveau der traditionellen Generalanzeiger-Presse: konfliktscheu, informationsarm, unreflektiert konservativ, auf Krähwinkel fixiert. Dennoch bestätigte die Kommunikationsforschung immer wieder die Anhänglichkeit ihrer Leserschaft, die neben dem Radio und Fernsehen auch an ihrer örtlichen Zeitung festhält. Da aber die Anzahl von Tageszeitungen mit voller Redaktionsbesetzung zusehends geschrumpft war, ist die Bedeutung der Pressedienste (lange Zeit bis hin zur kompletten Matrizenlieferung) und der Nachrichtenagenturen hinter der Kulisse des Zeitungswesens ständig gestiegen. Unstreitig wurde dadurch, gewöhnlich unter dem Zeitdruck des Redaktionsschlusses, manche politische Meinung eingeschmuggelt, die in einer vollen Redaktion erst das Nadelöhr ihrer Diskussion hätte passieren müssen.

Zeitungsverlage und Buchverlage blieben in der Bundesrepublik in aller Regel strikt getrennte Unternehmen. Aber in gewisser Hinsicht unterstützten die großen Buchverlage den unübersehbaren Liberalisierungstrend in der Öffentlichkeit. Das war kein Ergebnis von Absprachen, geschweige denn jenes geheimen Kartells, das die konservative Verschwörungstheorie unterstellte. Vielmehr ergab sie sich aus der Programmpolitik der dominierenden Verlage. So versammelte etwa der Suhrkamp Verlag unter der Leitung von Siegfried Unseld Autoren und Projekte, die nicht nur das volatile Wesen des Zeitgeistes einfingen, sondern ihn zu prägen vermochten. Es war daher auch keine fade Lobhudelei, wenn der englische Kulturwissenschaftler George Steiner in den 1960/70er Jahren geradezu die Blüte einer «Suhrkamp-Kultur» entdeckte. Aber Piper und Hanser, Kiepenheuer & Witsch, Hoffmann & Campe folgten keiner grundsätzlich anderen Linie. Noch nie ist das deutsche Lesepublikum so schnell und derart umfassend mit Übersetzungen aus der globalen Welt der Literatur versorgt worden wie von solchen Verlagen.

Für die Sozial- und Geschichtswissenschaften tat sich ebenfalls eine Vielzahl von Publikationschancen auf, die es, etwa im Vergleich mit der Situation vor 1933, vorher so nie gegeben hatte. Das bot aufmerksamen Verlagen die Möglichkeit einer Schwerpunktbildung, die für junge Wissenschaftler den Druck ihrer Arbeiten in solchen Verlagen besonders attraktiv machte. Freilich hing viel von dem Urteilsvermögen der Lektoren und Verleger ab. Die ultralinken Soziologentraktate, die zeitweilig ihren Weg in die «Edition Suhrkamp» fanden, obwohl sie nicht einmal dem Anspruch an eine gediegene Seminararbeit genügten, oder die faschismustheoretischen Pamphlete der Marburger DKP-Politologen, derer sich der Rowohlt Verlag annahm, befanden sich binnen kurzem auf dem Weg zur Makulatur. Wer dagegen mit Augenmaß und Realitätssinn sein Verlagsprogramm ausbaute, gewann eine attraktive, belastbare Basis auf Dauer. Aufs Ganze gesehen setzte sich aber auch im Verlagswesen ein Pluralismus durch, der den unterschiedlichsten Interessen den Weg zum Lesepublikum eröffnete. Nur wer zu lange auf die linke oder rechte Orthodoxie setzte, den bestrafte auch hier das Leben.

Die Bundesrepublik wurde aber von Anfang an nicht mehr allein durch die klassischen Printmedien beeinflußt, so wichtig Zeitungen und Zeitschriften, Magazine und Bücher auch blieben. Vielmehr eroberte seit den 50er Jahren der Rundfunk endgültig die Rolle eines führenden Massenmediums, seit den 60er Jahren gefolgt und bald übertroffen vom Siegeszug des Fernsehens, wie das vorn geschildert worden ist. Mit dem Vordringen der politischen Magazinsendungen in die wichtigen Sendezeiten wurde seit den späten 50er Jahren, als «Zeitkritik» zum neuen Leitstern der jungen Generation von Journalisten aufstieg, eine neue Arena abgesteckt, wo das Getümmel zahlreiche Kontroversen auslöste (vgl. V. 7), aber auch, wie die demoskopischen Umfragen ergaben, einem lebhaften Bedürfnis des Publikums, keineswegs nur einer engen Klientel entgegenkam. Der neue Stil konnte auch durch die Einwände etablierter politischer Interessen nicht zunichte gemacht werden.

Auf diese Weise kam der frische, ungewohnte Ton offen ausgetragener Kontroversen in die weite Welt der Rundfunkhörer. Der Begriff der kritischen Öffentlichkeit gewann dadurch eine neue Dimension. Das bezeugte das Engagement dieser Magazine in der «Spiegel»Affäre oder gegenüber der APO und der 68er-Bewegung, die fraglos der Medienunterstützung einen Großteil ihrer Wirkungen verdanken.

Alsbald stellte sich heraus, daß der politische Kommentar und der kritische Bericht auch Eingang in das Fernsehen fanden, wo sie, durch die Suggestivkraft der Bilder noch ungleich kraftvoller unterstützt als durch das Wort, eine tiefreichende Wirkung entfalteten. Die politischen Parteien haben daher nicht zufällig noch energischer um ihren Einfluß auf das Fernsehen gekämpft als um ihren Zugriff auf den Rundfunk. Neuartige Magazinsendungen wie Panorama, Report oder Fakt zogen die Aufmerksamkeit auf sich, so daß die Einschaltquote in die Höhe getrieben wurde. Beharrlich hielt freilich auch ein TV-Journalist wie Gerhard Löwenthal mit seinen entschlossen konservativen Sendungen gegen den verspotteten aufklärerisch-kritischen Trend seine Linie durch. Heftige Konflikte lösten die politischen Sendungen der ARD und des ZDF nicht gerade selten aus. Auch aus der Vogelperspektive spiegelten sich darin aber letztlich nur die unterschiedlichen Meinungslager in der Bevölkerung wider. Insofern unterstützte auch der TV-Pluralismus den Austausch der Argumente in einer pluralistischen Öffentlichkeit.

Insgesamt wird daher das Urteil über die Vierte Gewalt der westdeutschen Öffentlichkeit zwischen 1949 und 1990 rundum positiv ausfallen müssen. Die Streitfälle und Kontroversen sind kein Gegenbeweis, sondern Symptome einer lebhaften, vor allem im wesentlichen ungegängelten Meinungsbildung. Weshalb ist es der politischen Kultur der Bundesrepublik gelungen, das ist die entscheidende, klärungsbedürftige Frage, in einem weit, keineswegs engherzig gespannten Rahmen eine im Kern konsensual bestimmte Öffentlichkeit zu entfalten?

Der Hauptgrund liegt für den Historiker auf der Hand: weil die historische Situation so völlig andersartig war als nach dem ersten verlorenen Weltkrieg. Damals hatte der Krieg selber mit der Sinnlosigkeit seiner horrenden Opfer, hatten die Folgen wie Versailles, Territorialverlust, Reparationen, Hyperinflation, Entmilitarisierung das Land tief gespalten, und diese Fragmentierung hatte auch mit innerer Folgerichtigkeit dazu geführt, daß sich unversöhnliche Lager mit der latenten Bereitschaft zum Bürgerkrieg gegenüberstanden. Diesen Willen verkörperten insbesondere die radikal-nationalistische Millionenanhängerschaft der Hitler-Bewegung und das linkstotalitäre Milieu der KPD.

Seit 1945 sah jedoch die Konstellation ganz anders aus. An der unbestreitbaren Eindeutigkeit der totalen Niederlage nach dem totalen Krieg war kein Zweifel möglich. Für eine exkulpatorische Dolchstoßlegende tat sich kein Raum auf. Die Massenverbrechen des Regimes und seiner Deutschen konnte nur das winzige Häuflein der Unbelehrbaren leugnen. Die frühe Westbindung schuf unzweideutige Verhältnisse, welche die Verfechter einer nostalgischen Nationalstaatspolitik vergeblich in Frage stellten. Vor allem aber federte der ungewöhnlich lange hochkonjunkturelle Aufschwung, der mit dem Koreaboom seit 1950 – für eine große Mehrheit also wie ein Wunder mit dem Beginn der Bundesrepublik – einsetzte, als unübertrefflich belastbares Polster gewaltige Probleme ab, die ohne diese wohltätige Erfahrung kaum zu bewältigen gewesen wären: den Zustrom von zwölf Millionen Flüchtlingen und Vertriebenen etwa, die radikale Schrumpfung des Agrarsektors und die Übernahme von Millionen freigesetzter Arbeitskräfte in die stürmisch expandierende Industrie, die kostspielige, aber immens integrativ wirkende Sozialpolitik – so beginnt ein langer Katalog von Herausforderungen, welche die junge Bundesrepublik meisterte. Deshalb verband ein wachsendes Selbstbewußtsein ihre Bürger in dem Sinn, daß sie die unerwartet gewährte neue Chance für sich und ihr neues Staatswesen nach Kräften zu nutzen bestrebt blieben.

So entstand auch der Nährboden für eine Öffentlichkeit, die zwar pluralistisch strukturiert war, aber ohne die tödliche Feindschaft und die Formierung von unversöhnlichen Lagern in Bewegung blieb. Zugegeben, gegen das rechtsradikale Fähnlein der «Sozialistischen Reichspartei» und die linksradikalen Steinzeitmarxisten der KPD mußte sich die wehrhafte Demokratie entschieden wehren. Abgesehen von dem doppelten Parteienverbot, dessen symbolische Bedeutung als Bereitschaft zur Verteidigung des Gemeinwesens weit über die praktischen Folgen der Entscheidung hinausgingen, gab es für kurze Zeit an dieser Peripherie der Innenpolitik harte Auseinandersetzungen, die sich aber nicht als Dauerbelastungen herausstellten.

Linke Kritiker beklagten sich zwar über den Antikommunismus, doch war diese mächtige Zeitströmung nur allzu verständlich, dazu auch als politisches Integrationsmittel willkommen. Nach all den Erfahrungen, die Abermillionen von Flüchtlingen und Vertriebenen mit den kommunistischen Regimen in Osteuropa und Ostdeutschland, Abermillionen von Soldaten in der Sowjetunion und die Bevölkerung der SBZ und DDR mit der Roten Armee und der SED-Politik gemacht hatten, ließ der unüberwindbare Widerstand gegen die kommunistische Heilslehre und Herrschaftspraxis in Westdeutschland der KPD keinen Entfaltungsspielraum. Und zur Westbindung gehörte in der Epoche des Kalten Krieges der Antikommunismus seit den späten 40er Jahren als Pendant hinzu.

Wegen der Macht dieser Antihaltung erlag die Adenauer-CDU im Wahlkampf allerdings auch der Versuchung, die SPD in die Nähe dieses Erzfeindes zu rücken, etwa mit dem Slogan, daß die «Wege der SPD nach Moskau» führten. Die Empörung der Verdächtigten flammte zu Recht auf, doch konnten solche kurzlebigen Entgleisungen weder die Große noch die Sozialliberale Koalition verhindern. Im allgemeinen blieb aber die öffentliche Meinung von derartigen Belastungen im politisch-moralischen Grenzbereich frei; sie erwies sich auch als elastisch genug, um solche Exzesse ziemlich schnell verarbeiten zu können.

Spätere Kontroversen über die Anerkennung der DDR oder die Nachrüstung, über die Umweltproblematik oder die Atomkraft erreichten zwar einen hohen Hitzegrad, doch nicht von ferne die giftige Erregung der Diskriminierungskampagnen vor 1933. Die Öffentlichkeit der Bundesrepublik hat sich daher, überblickt man ihre ersten vierzig Jahre, als unverzichtbare Vierte Gewalt etabliert und als kritische Instanz durchgesetzt. Der Aufstieg einer jungen kritischen Journalistengeneration in den späten 50er Jahren erwies sich keineswegs als vorübergehende Erscheinung. Vielmehr wurden für die nachfolgenden Generationen berufliche Sozialisationsbedingungen geschaffen, welche die Kontinuität des kritischen Engagements gewährleisteten. Auch dieser sozialgeschichtliche Befund spricht für die Vitalität der Vierten Gewalt.

## B. DDR

Aus dem weiten Feld der soziokulturellen Phänomene werden hier erneut nur einige Institutionen herausgegriffen, mit denen in der DDR tiefgreifende mentale Veränderungen verbunden waren. Im Kern ist die Erörterung analog zu den bundesrepublikanischen Problemen angelegt. Deshalb wird auch an dieser Stelle nicht das Experiment unternommen, auf der Linie der «Neuen Kulturgeschichte» ein anderes Interpretationsmuster zu erproben. Letztlich basiert diese Entscheidung darauf, daß die bisher bewiesene Syntheseunfähigkeit dieser historiographischen Strömung nicht dafür spricht, den gesellschaftsgeschichtlichen Ansatz aufzugeben, wie sehr auch die pragmatischen Probleme, auf die er bei der Behandlung von «Kultur» trifft, weiter einer besseren Lösung harren.

## 1. Der Kulturkampf gegen die Kirchen

Blickt man nahezu zwanzig Jahre nach der Wende von 1989/90 auf die verblichene DDR zurück, fällt nicht zuletzt die außerordentlich magere Erfolgsbilanz auf, die sich nach diesem Experiment der Bolschewiki auf deutschem Boden eingestellt hat. Die negativen Ergebnisse dieser Satrapiezeit sind vorn immer wieder hervorgehoben worden. Doch aus einem prinzipiellen Konflikt ist das SED-Regime zum guten Teil bedauerlich erfolgreich hervorgegangen. Der mit der Unerbittlichkeit des staatlich propagierten und praktizierten Atheismus vorangetriebene Kulturkampf gegen die christlichen Kirchen hat nach vierzig Jahren zu einer religions- und kirchenfeindlichen Säkularisierung, geradezu zu einer unleugbaren Entchristlichung geführt, welche seither die atheistische Mehrheit der ostdeutschen Bevölkerung von der Konfessionsgeschichte aller anderen westlichen Länder markant unterscheidet. Nur das Engagement zahlreicher Pfarrer in der protestantischen Dissidentenszene und im Umfeld der «Wende» hat ein respektables Gegengewicht gegen diese Negativbilanz geschaffen.

Da im ganz überwiegend lutherischen Ostdeutschland die große Majorität 1945 der Evangelischen Kirche angehörte, war vor allem sie der SED-Attacke ausgesetzt. Die katholische Minderheit, die etwa im Eichsfeld den Charakter einer kompakten Diaspora besaß und sich erfolgreich weiter verteidigte, war wegen dieses Stärkeverhältnisses seit langem an die entschiedene Behauptung der eigenen religiösen Eigenart gewöhnt, die sie sich auch durch den militanten SED-Staat im allgemeinen nicht hat nehmen lassen.

Die ostdeutschen Landeskirchen gehörten auch nach 1945 dem gesamtdeutschen Kirchenverband weiterhin an, bis der «Bund Evangelischer Kirchen in der DDR» im November 1969 unter massivem politischen Druck den Austritt erklärte. Auch danach wurde aber die Zusammengehörigkeit mit dem westdeutschen Protestantismus betont: Theologentreffen, Partnerschaften, Beratungs- und Konsultationsgremien bemühten sich darum, sie aufrechtzuerhalten, und ohne die mehr als vier Milliarden DM an westdeutschen Unterstützungsgeldern, die über zahlreiche Kanäle nach Osten flossen, wäre der Kirchenbetrieb in der DDR ungleich mühsamer in Gang zu halten gewesen. Die Loyalität der westdeutschen Landeskirchen ging sogar so weit, daß sie Pfarrer mit ihren Familien auf Stellen im SED-Staat versetzte und ihnen lebenspraktisch eine Mühsal nach der anderen zumutete.

In der DDR zeichnete sich das protestantische Sozialmilieu zunächst durch eine hohe Kontinuität aus (vgl. III. B. 7). Nicht nur blieben die Pfarrer während der Entnazifizierungswelle fast ausnahmslos im Amt, und ihre Familien stellten im Zuge der Selbstrekrutierung einen erstaunlich

großen Anteil des theologischen Nachwuchses, sondern auch die Gemeinden behielten unter anwachsender staatlicher Repression den Charakter
von überwiegend kleinbürgerlichen oder bäuerlichen Wagenburgen. Dort
lebte ihr «Ghettoprotestantismus» fort, der ungleich traditionellere Züge
behielt, als sie die westdeutschen Lutheraner und Calvinisten aufwiesen.
    In ihrer «gemeinschaftsorientierten Sozialmoral», den «konservativen
Kulturideen» und ihrer «spießigen Wohnkultur» waren viele Kirchenpro-
testanten ihren SED-Mitbürgern bemerkenswert ähnlich, auch wenn sie
der Streit um die parteioffizielle «Jugendweihe», jenes gegen die Konfirmation und Kommunion gerichtete Verdrängungsritual, als neuer rite de
passage der SED, um die aufmüpfigen «Jungen Gemeinden» oder um die
generelle Benachteiligung der Kirche in eine offene oder nur mühsam kaschierte Distanz gegenüber dem SED-Regime führte. Zu einem wirksamen
Modernisierungsschub kam es eigentlich erst durch die Aufnahme oder
sogar die Organisierung diskriminierter Dissidentengruppen, die sich im
Schutz der kirchlichen Gemeindehäuser mit Friedens- oder Umweltfragen
beschäftigen durften.
    Das kommunistische Regime wollte den religiösen Glauben und seine
Ausübung nach Möglichkeit auslöschen oder doch völlig in die Privatsphäre der einzelnen zurückdrängen. Diesem Ziel diente auch die Neutralisierung und rigorose Einflußminderung aller kirchlichen Institutionen.
Die alsbald einsetzende Kirchenverfolgung entsprach durchaus der Phase
der militanten Repression im «Dritten Reich». Pfarrer und engagierte
Christen wurden willkürlich verhaftet, die Gemeinden von der Stasi un-
terwandert, die Mitglieder der «Jungen Gemeinden» vom Besuch der höheren Schule suspendiert oder von der Universität relegiert.
    Dennoch wurden die gläubigen Protestanten keineswegs im allgemei-
nen auf den «Weg in die Anpassung» getrieben. Vielmehr wurde die offene, nicht selten kritische Diskussion in den Gemeinden und Synoden
fortgesetzt. Und wenn es auch seit 1971 zu einem pragmatischen Arrangement zwischen der Kirche und dem Staat kam, dessen Existenz nach einem
Vierteljahrhundert diesen Modus vivendi ganz so zu erfordern schien, wie
es zu Beginn seiner Regierungszeit auf der Linie von Honeckers Politik
der Konfliktabschwächung lag, mißlang doch die angestrebte ideologische
Gleichschaltung. Der Preis für die aufgezwungene Koexistenz mit dem
SED-Staat bestand freilich darin, daß immer mehr Protestanten aus ihrer
Kirche austraten, um Parteiloyalität sichtbar zu demonstrieren, eventuelle
Nachteile als Kirchenmitglieder zu vermeiden, die vom beibehaltenen
deutschen Staatskirchenrecht vorgeschriebene Kirchensteuer zu sparen
oder schlechthin ihrer Gleichgültigkeit zu folgen. Bis 1959 gingen schon
80 Prozent der Jugendlichen zur Jugendweihe, oft aber auch noch zur
Konfirmation oder Kommunion. Der Besuch dieser kirchlichen Ritual-
veranstaltungen ließ aber in demselben Maße nach, wie der Anteil der Pro-

testanten an der Gesamtbevölkerung, der 1964 noch 60 Prozent betragen hatte, bis 1989 auf 19 Prozent absank.

Das SED-Regime setzte den Hebel auch bei der Theologenausbildung an, denn auf die sechs Theologischen Universitätsfakultäten konnte es durch Gleichschaltung und personalpolitische Intervention einen direkten Einfluß ausüben. An der Berliner Humboldt-Universität trat die staatstreue Fakultät für das Unterwerfungsprogramm der «Kirche im Sozialismus» ein, zu der sie bis zuletzt ein Regimeanhänger wie der Theologe Heinrich Fink anhielt, und auch die Leipziger Fakultät galt als ausgesprochen SED-nah. Entschieden verteidigt wurde dagegen der Freiraum an den drei relativ autonomen Kirchlichen Hochschulen. Viele ihrer Studenten kamen aus Theologenfamilien und von traditionsreichen protestantischen Gymnasien wie Schulpforta, der Dresdner Kreuz- und der Leipziger Thomas-Schule oder vom Oberseminar Hermannswerder in Potsdam. Nicht wenige dieser Hochschulabsolventen spielten dann später in den 80er Jahren, vor allem 1989/90 eine wichtige Rolle bei der Realisierung der Reformforderungen.

Andererseits gab es seit dem Ende der 50er Jahre einen Flügel der kirchlichen Funktionselite, der für die DDR und ihre Legitimität nicht zuletzt wegen der Schuld, welche die Kirche unter dem NS-Regime auf sich geladen habe, Stellung bezog. Aufgrund der unmißverständlichen Trennung von Staat und Kirche bemühten sich etwa Bischof Albrecht Schönherr und der Kirchenjurist Manfred Stolpe darum, den DDR-Protestantismus als überlegene Variante des evangelischen Lebens in Deutschland zu stilisieren. Dieses Unternehmen verkörperte keine leichte Aufgabe, da sich die Kirche einem konsequent atheistischen Staats- und Parteiapparat gegenüber sah, welcher der christlichen Lehre seine eigene, vermeintlich überlegene geschichtstheologische Utopie entgegensetzte.

Im Grunde sahen sich daher die ostdeutschen Pfarrer und die dozierenden Theologen einer dreifachen Herausforderung gegenüber:

1. Wieweit hatten sie sich mit einem Weltanschauungsstaat zu arrangieren, der eine offen antichristliche Politik betrieb und einen aggressiven Kulturkampf gegen die Kirche führte?

2. Nach dem Debakel des von so vielen protestantischen Theologen und Pfarrern aufgewerteten «Dritten Reiches» und der radikalen Diskreditierung des deutschen Nationalismus mußte der traumatische Verlust der nationalprotestantischen Identitätstradition verarbeitet werden.

3. Zugleich galt es, Abschied von der vertrauten, hochgeschätzten Vorstellung zu nehmen, daß an erster Stelle die protestantischen Eliten im politischen und gesellschaftlichen Leben zur Führung berufen seien.

Insbesondere wegen des Schuldtraumas, das aus dem Versagen während der NS-Ära herrührte, neigten nicht wenige Pfarrer und Theologen zu einem «antifaschistischen Pakt» mit dem neuen Staat, der letztlich doch

auch eine gottgegebene Obrigkeit verkörpere. Ein Konglomerat von ideenpolitischen Traditionen wirkte dabei auf sie ein. Da gab es zum einen in
ihrem Weltbild den tradierten, traditionsmächtigen Obrigkeitsglauben,
den Antiamerikanismus, den sozialromantischen Gemeinschaftsgedanken,
den kulturkämpferischen Antikatholizismus, zum andern eine vage anti-
kapitalistische Sozialismusverklärung und die Utopie des ominösen «Dritten Wegs». Unübersehbar lebte in diesem Syndrom die Kontinuität von
Ideen des deutschen Sonderwegs weiter fort, die seit dem späten 19. Jahrhundert im deutschen Nationalprotestantismus herumgegeistert waren.
Insbesondere der sozialpaternalistische Gemeinschaftsglaube und die
überkommene Staatsfrömmigkeit prägten häufig den theologischen wie
den allgemeinen protestantischen Denkstil in der DDR, der deshalb Mo-
dernisierungsimpulse von sich fernhielt. Der Pluralismus der Lebensstile,
wie er etwa auch in der Subkultur der Resistenzgruppen auftrat, blieb dieser Mentalität fremd; daher kam es auch manchmal zu einer Kooperation
mit der Stasi. Auf der anderen Seite behielten genug Pfarrer einen klaren
Kopf, um im Augenblick der Krise gegen die allzu lang beschönigte totalitäre Obrigkeit aufzubegehren; auch sie blieben freilich in der Minderheit:
in Leipzig sechs von mehr als sechzig Pfarrern. Diese Aktivität machte
aber in gewisser Hinsicht wett, daß ihre Gemeinden inzwischen nach vierzig Jahren atheistischer Terrorisierung auf eine Zwergengröße reduziert
worden waren.[8]

## 2. Schulen und Universitäten unter der SED-Diktatur

Der Bedeutung des Bildungssystems war sich das SED-Regime durchaus
bewußt. Zum einen war es der festen Überzeugung, mit dessen Kontrolle
den maßgeblichen Einfluß auf den sekundären Sozialisationsprozeß ausüben zu können, der während der schulischen und universitären Ausbildung ablief. Zum anderen nahm es die vielfach proklamierte WTR, die
Wissenschaftlich-Technische Revolution, genauso ernst, daß es nur mit
ihrer Hilfe die Bundesrepublik «einholen und überholen» konnte. Und
dafür bedurfte es zahlreicher Fachkräfte mit einer sorgfältigen, leistungsfähigen Ausbildung.

Anfangs knüpfte die SED an Schulreformpläne aus der Weimarer Republik an, in der die KPD bereits das Stufensystem von Volksschule, Gymnasium und Berufsschule bekämpft hatte. Die 1946 in der gesamten SBZ
eingeführte «Einheitsschule» sah daher eine gemeinsame achtklassige
Grundschule vor, auf die für die begabten Kinder eine vierjährige Oberschule, für die Lehrlinge und Jungarbeiter eine dreijährige Berufsschule
folgte.

Unverzüglich wurde vom Unterricht eine streng ideologische Orientierung verlangt, die zahlreichen jungen «Neulehrer» mußten sich auf den

SED-Kurs einschwören lassen. Mit den Ergebnissen dieses energischen Zugriffs war die SED-Diktatur dennoch nicht zufrieden. Die Massenflucht auch und gerade von Jugendlichen, ihr oft zögerlicher Eintritt in die FDJ, die schwankende Teilnahme an ihren Veranstaltungen irritierten die «Hardliner». Daher wurde 1959 das Schulsystem nach sowjetischem Vorbild umgebaut. Nach Möglichkeit sollte jeder nach der Grundausbildung die zehnklassige Polytechnische Oberschule durchlaufen und in diesen Jahren auch eine noch strengere ideologische Schulung als zuvor erfahren.

Die «Aufgabe des sozialistischen Bildungswesens» sei es, proklamierte das SED-Programm von 1976 seine totalitäre Maxime, «junge Menschen zu erziehen, deren marxistisch-leninistisch fundiertes Weltbild die gesamten Überzeugungen und Verhaltensweisen durchdringt, die als Patrioten ihres sozialistischen Vaterlandes und proletarische Internationalisten fühlen, denken und handeln». Dementsprechend wurde die politische Religion der deutschen Bolschewiki den Schülern in einer kruden Form eingepaukt, die vormilitärische Ausbildung mit dem Sportunterricht verbunden, Russisch als Sprache der Hegemonialmacht zum Pflichtfach erhoben. Positivistische Wissensvermittlung und Memorieren wurden groß geschrieben, die selbständige Erarbeitung einer eigenständigen Interpretation, eines individuellen Urteils eher entmutigt.

Rechts und links konnte die Schülerschaft die Diskriminierung von Gleichaltrigen aus bürgerlichen Familien, umgekehrt die Privilegierung von Söhnen und Töchtern von Arbeitern und Bauern, dann der «Neuen Intelligenz» erleben. Der Haß der SED auf die westliche Popularkultur zwang die Schüler, einen starren Dresscode zu beachten oder aber – wie lange Zeit wegen des Tragens von Jeans – Verboten und Schikanen ausgesetzt zu sein. Ihr musikalischer Geschmack, der sich zusehends nach der Pop-Musik ausrichtete, wurde ebenfalls einem parteioffiziellen Reglement unterworfen.

Die ostdeutschen Universitäten hatten seit dem Frühjahr 1945 einen schlimmen Aderlaß durch die Flucht, die Deportation von Wissenschaftlern, das in ein Berufsverbot mündende Entnazifizierungsverfahren erlebt. Als die Universitäten ihren regulären Betrieb wieder aufnahmen, fanden sich Studierwillige aus bürgerlichen Familien häufig prinzipiell benachteiligt, während der Nachwuchs aus Arbeiterfamilien durch die sogenannten Vorstudienanstalten, dann durch die Arbeiter- und Bauernfakultäten kraß bevorzugt wurde. Alsbald wurde auch die Beschäftigung mit dem Marxismus-Leninismus mit dem Ziel einer zuverlässigen Kaderbildung zum Pflichtfach erhoben, die russische Sprache mußte erlernt, das Monstrum der «Sowjetwissenschaft» berücksichtigt werden, denn auf starre Indoktrination wollte das Regime im Zeichen des Stalinismus nicht verzichten. Wenn auch manche Exzesse später abgemildert wurden, blieb doch das

verbindliche Nahziel der «Erziehung zum bewußten Sozialisten» unangefochten weiter bestehen.

Zur positiven Bilanz der 50er Jahre gehörte aber, daß zu den sechs traditionellen Universitäten und 15 Fachhochschulen jetzt 25 neue Einrichtungen, darunter wegen der gravierenden Ärzteflucht auch drei Medizinische Akademien, hinzukamen. An diesen 46 Institutionen der akademischen
und höheren fachlichen Ausbildung erhöhte sich die Studentenzahl an den
Universitäten bis 1960 um 350 Prozent auf 100000, davon waren allerdings 53 Prozent an den politisch begünstigten Arbeiter- und Bauernfakultäten eingeschrieben; der Frauenanteil betrug nur 25 %; an den Fachhochschulen waren zu dieser Zeit 129000 Studenten immatrikuliert.

Studenten aus den Familien der jungen «Neuen Intelligenz» stellten
1960 gerade einmal sechs Prozent, 1970 aber bereits dreißig Prozent der
Studentenschaft. Seither blieb die vertikale Mobilität rückläufig, und am
Ende der 80er Jahre beherrschten die Intelligenz-Kinder mit 84 Prozent
das Feld. Dieses Exempel einer bedenkenlosen Korruption der politischen
Moral, um die Klassenprivilegien durch Selbstrekrutierung effizient zu
verteidigen, ist vorn schon erörtert worden (IV. B. 4). Der jungen aufstiegswilligen Generation der 70er und 80er Jahre präsentierte sich daher
die DDR als ein geschlossenes System, das in krassem Widerspruch zur
Gleichheitsdoktrin stand. Angesichts dieser einseitigen sozialen Komposition der ostdeutschen Studentenschaft kann es dann kaum noch überraschen, daß die Anzahl der Studierenden aus Arbeiterfamilien unter dem
Anteil der Arbeiterkinder an den Universitäten der Bundesrepublik lag,
obwohl sie in dieser Hinsicht ohnehin zu den Schlußlichtern der EWG
gehörten.

Während die Universitäten an erster Stelle in Lehranstalten verwandelt
wurden, fand sich die Forschung nach sowjetischem Vorbild an die «Akademie der Wissenschaften» verlagert. Hatte diese Berliner Einrichtung
1956 gerade einmal 131 Mitarbeiter besessen, erreichte sie bis 1969 schon
12923, später überschritt sie die Grenze von 20000 Wissenschaftlern. Wie
an den Universitäten das Schwergewicht auf der technisch-naturwissen-
schaftlichen Ausbildung lag, um das Expertenpotential für die WTR heranzubilden, überwog auch an der Akademie diese Ausrichtung. Die gleich-
namige parteieigene «Akademie für Gesellschaftswissenschaften» beim ZK
widmete sich freilich den Fragen der ideologischen Aufrüstung, gelegentlich auch als Think-Tank der Politikberatung.

Zielstrebig baute die Kulturpolitik der SED – «Stürmt die Festung
Wissenschaft» – den Lehrkörper der Universitäten und das Ensemble der
Wissenschaftler an der Akademie um. Waren an den ostdeutschen Universitäten 1938 nur vier Prozent der Professoren aus Arbeiter- und Angestelltenfamilien gekommen, hat die SED bis 1985 deren Anteil auf 42 Prozent
erhöht. Zu dieser Kaderbildung gehörte die massive personalpolitische In-

tervention. Sie trat etwa darin zutage, daß bis 1971 61 Prozent der Hochschullehrer der SED angehörten, während nur mehr 71 Prozent eine Habilitation nachweisen konnten. Ohne die Berücksichtigung des bewährten Leistungskriteriums wurden Altmarxisten oder beflissene Karrieristen auf Lehrstühle in den Geisteswissenschaften, erst recht in den Studiengängen für «Marxismus-Leninismus» und «Politische Ökonomie» berufen, um die lupenreine Indoktrination zu gewährleisten. Die Jurafakultäten wurden sogar von Grund auf neu aufgebaut.

In den Natur- und Ingenieurwissenschaften erleichterte die Parteimitgliedschaft den beruflichen Aufstieg. Doch die Fächer selber litten nicht unter einer vergleichbaren doktrinären Enge, da von Marx und Lenin keine verbindliche Definition ihrer Ziele oder Methoden vorlag, wie sie die Lehre und Forschung in den Wirtschafts-, Rechts- und Geisteswissenschaften dogmatisch einschnürte. Ein anrüchiges Westfach wie die Soziologie wurde jahrzehntelang erst gar nicht an den Universitäten eingeführt.

Besonders eklatant litt die Geschichtswissenschaft unter den starren ideologischen Vorgaben. Das Klassenkampfschema mußte ihre Arbeit über alle Epochen anleiten. Die Faschismustheorie unterwarf die Geschichte der ersten Hälfte des 20. Jahrhunderts einer von Grund auf verzerrenden Deutung, die sich auch in die Veröffentlichungen der ostdeutschen Zeitgeschichte zur Epoche nach 1945/49 fortpflanzte. Die Existenz des Geheimpaktes zwischen Hitler und Stalin vom August 1939 wurde bis zuletzt geleugnet. Wer sich im Westen vierzig Jahre lang mit der ostdeutschen Historiographie beschäftigt hatte, um während des Systemkonflikts überzeugende empirische Ergebnisse und Interpretationsanregungen aufzugreifen, mußte 1990 beim Rückblick feststellen, daß diese Lektüre ganz überwiegend eine vergebliche Liebesmüh' gewesen war. Übrig blieben wegen ihrer Qualität etwa nur die vorzüglichen Studien Hartmut Zwahrs zur Entstehung der Leipziger Arbeiterschaft und Helga Schultz' Arbeit über die Residenzstadt Berlin, dazu die materialgesättigten Untersuchungen der kleinen Gruppe der Agrarhistoriker, während wahre Literaturberge wegen ihrer ideologischen Engstirnigkeit entwertet wurden.

Namentlich die dogmatisch hochbefrachtete Wirtschaftsgeschichte hinterließ wegen ihrer Bindung an das vulgärmarxistische Kategoriensystem eine intellektuelle Wüste – und das erst recht, wenn man die Entwicklung dieser Fachdisziplin in der DDR mit dem rasanten Aufstieg der westlichen Wirtschaftsgeschichte seit den 5oer Jahren vergleicht. Aus dem dicht besetzten Institut für Wirtschaftsgeschichte der Berliner Akademie ging nicht einmal ein halbes Dutzend überlebensfähiger Bücher hervor. Die Sozialgeschichte wurde sogar als angeblicher Westbegriff und als eigenes Fach fast bis zuletzt aus lauter Berührungsangst abgelehnt. Konnte etwa bei dem theoretischen Duell zwischen Karl Marx und Max Weber der Erzvater der DDR-Historiker Schaden nehmen?[9]

Die pedantische Kontrolle des SED-Regimes ließ es nicht zu, daß sich ein flexibler Neomarxismus, wie ihn englische Historiker wie Eric Hobsbawm, E. P. Thompson, Christopher Hill, Rodney Hilton und andere erfolgreich praktizierten, auch in der DDR entfalten konnte. Wenn man die Leistungsfähigkeit des Neomarxismus überprüfen will, muß man daher nach England, Frankreich und Italien, nicht aber auf die DDR blicken. Offensichtlich kann er sich nur in westlichen Ländern mit völliger Meinungsfreiheit entfalten. Kein Wunder, daß die Evaluierungskommissionen nach der Wende dafür plädierten, die große Mehrheit der ostdeutschen Historiker aus ihren Positionen zu entfernen.

## 3. Die doppelte Diktaturerfahrung

Vom Anspruch, von den Herrschafts- und Legitimationsprinzipien, von der politischen Praxis her verkörperte die DDR den Regimetypus der linkstotalitären Diktatur. Denn die Struktur des Staats- und Parteiapparats, die Methoden der Herrschaftsgewinnung und -sicherung, das Weltbild der deutschen Bolschewiki mit ihrer anmaßenden Berufung auf eine heilsgeschichtliche Utopie, die sich im Besitz einer allen Rivalen überlegenen Fähigkeit glaubte, die Steuerung von Politik und Gesellschaft anzuleiten, die brutale Durchsetzung der Parteihegemonie, die Verteidigung der Spitzenstellung der strategischen Cliquen um Ulbricht und Honecker, die krasse Mißachtung demokratischer Spielregeln, die gnadenlose Politisierung des Rechts, der allgemeine Illiberalismus und der gezielte Sozialmilitarismus des Regimes, vor allem aber die prinzipiell antiwestliche Ablehnung des zivilgesellschaftlichen Normenkatalogs – all diese Eigenschaften unterstreichen den totalitären Charakter der ostdeutschen Parteidiktatur. Insofern teilte die Bundesrepublik bis 1990 völlig zu Recht ihren «doppelten antitotalitären Konsens» (K. D. Bracher), der sich gleichermaßen gegen den Nationalsozialismus wie gegen den Kommunismus richtete.

Während sich aber in Westdeutschland die Ablehnung des Linkstotalitarismus im wesentlichen gegen einen erklärten Gegner außerhalb des eigenen Staatsgebiets richtete, mußte die ostdeutsche Bevölkerung in der SBZ und DDR eine doppelte Diktaturerfahrung erleiden. Denn in einem fugenlosen Übergang schloß sich an das «Dritte Reich» die Diktatur der SED an. Zwei volle Generationsspannen lang, von 1933 bis 1989, blieb den Deutschen östlich der Elbe das Leben unter freiheitlichen politischen Verhältnissen versagt.

Diese Situation hat zu der seit jeher engagiert diskutierten Frage geführt, ob die beiden deutschen Diktaturen trotz ihrer unterschiedlichen Traditionen und Ziele wegen ihrer totalitären Grundzüge ein weithin identisches politisches System, allerdings mit entgegengesetzter ideologischer Füllung, aufgebaut haben oder ob sie sich nicht doch in wesentlicher Hinsicht unterschieden – was durch die gemeinsame Begriffsklammer allzu leicht verwischt werde. Die ältere Totalitarismustheorie der 5oer/6oer Jahre ging von einer essentiellen Identität der faschistischen, nationalsozialistischen, bolschewistischen, kommunistischen Regime aus, deren ideologische Stoßrichtung zwar einen prinzipiellen Unterschied markierte, im Anspruch aber auf totale Menschenformierung im Bann ihrer utopischen Fernziele übereinstimmten. Sie untermauerte legitimatorisch nach dem Sieg über den Nationalsozialismus die Ablehnung der kommunistischen Systeme als einer ebenso verderblichen Variante diktatorischer Politik.

Während sie dem Vergleich der rechts- und linkstotalitären Herrschaftssysteme einen diskussionswürdigen Kernbestand von gemeinsamen Eigenschaften abgewann, litt sie unter einem zweifachen Nachteil. Zum einen konnte sie mit ihren ganz auf etablierte Regime ausgerichteten Interessen die Aufstiegsphase autoritärer Bewegungen, die im Erfolgsfall eine totalitäre Diktatur errichteten, nicht realitätsadäquat erfassen. Und sie konnte zum anderen wegen der Statik ihrer Interpretation endogenen Veränderungen in den totalitär organisierten Staaten nicht gerecht werden – gleich ob es sich um Wandlungsprozesse der Gesellschaft, der Unterdrückungsmethoden oder der Führungseliten handelte.

Neuere totalitarismustheoretisch inspirierte Studien bemühen sich daher um eine Flexibilisierung dieser Theorie. Sie versuchen auch, den historischen Bedingungen des Aufstiegs und der eventuellen Veränderungen innerhalb eines Regimes auf die Spur zu kommen. Sie beharren aber weiterhin auf der Nützlichkeit einer zugreifenden Analyse, die gemeinsame Bauelemente der rechts- und linkstotalitären Systeme hervorhebt. Auf jeden Fall kann der totalitarismustheoretische Ansatz nicht mit dem seichten Einwand abgetan werden, daß er von einer oberflächlichen Ideologiekritik schon längst als ein vergängliches Produkt des «Kalten Krieges» entlarvt worden sei. Die Lebendigkeit der Diskussion über moderne Diktaturen hält vielmehr das Interesse an seinen Kategorien wach.

Deshalb lohnt es sich, im Hinblick auf die deutsche Zeitgeschichte die Frage nach den Unterschieden und Gemeinsamkeiten, zumindest den Ähnlichkeiten zwischen Nationalsozialismus und DDR-Regime noch einmal zu erörtern. Einige wichtige Unterschiede liegen unmittelbar auf der Hand.

1. Die DDR hat keinen Weltkrieg ausgelöst oder als Mitglied ihres Paktsystems zustimmend an einem Krieg teilgenommen. Immerhin: Sie hätte sich der Aktion des Warschauer Paktes gegen den «Prager Frühling» fast angeschlossen und die NVA für eine neue Invasion Polens zur Verfügung gestellt.

2. Die DDR hat auch trotz aller menschenfeindlichen Brutalität ihrer Repressionsmethoden keinen Massenmord, wie etwa den staatlich organi-

sierten Judengenozid des NS-Regimes oder seinen Vernichtungskrieg gegen die Slawen, verübt. Andererseits: Tausende von Klassenfeinden, echten oder angeblichen Nationalsozialisten wurden in der wüsten Anfangsphase der SBZ auch auf Betreiben der deutschen Bolschewiki umgebracht. Die Bereitschaft zum politischen Mord unterscheidet sich offenbar von den Sowjets durch ihre systematische Zielstrebigkeit und durch ihre quantitativen Dimensionen.

3. Das «Dritte Reich» existierte nur zwölf Jahre lang, die DDR aber immerhin vierzig Jahre. Sie besaß daher auch andere Gestaltungs- und Einflußmöglichkeiten, erzwang namentlich nach dem Mauerbau ein anderes Arrangement mit ihren Lebensbedingungen.

4. Der Nationalsozialismus entstand zwar alles andere als unabhängig von der internationalen Konstellation des Ersten Weltkriegs, der Niederlage, des Versailler Vertrags, der Reparationen, der Weltwirtschaftskrise seit 1929, war aber doch im Kern ein «hausgemachtes» Produkt der deutschen Gesellschaft und ihrer spezifischen Krisenverarbeitung. Die DDR dagegen ging nicht aus genuin deutschen Antriebskräften hervor, sondern blieb vom Anfang bis zum Ende ein Geschöpf der Sowjetpolitik: Satrapie und Satellit der russischen Hegemonialmacht.

5. Während im Ideenkonglomerat des Nationalsozialismus der Rassenkampf eine zentrale Stellung besaß, legte die DDR wie alle marxistisch-leninistischen Regime ihrer Deutung des historischen Prozesses das Klassenkampfschema zugrunde. Während der militante Rassismus zum Massenmord an Abermillionen Juden und Slawen führte, ging die SED auch in der Umwälzungsphase bis 1949, als sie Klassenkampfmotive mit den Rache- und Sühneaktionen der Entnazifizierung verband, nicht bis zum Exzeß des Massenmordes.

6. Die sozialökonomische Struktur beider Systeme blieb scharf unterschieden. Die NS-Diktatur respektierte weithin das Privateigentum in der Wirtschaft, auch ihre Investitions- und Gewinnentscheidungen, steigerte das Leistungsprinzip im Sinn ihrer arischen «egalitären Leistungs-Volksgemeinschaft» bis zu einer Fanatisierung des Wettbewerbs und betrieb den Umbau großer Sozialformationen durch eine Mentalitätsveränderung, ihre «Gesinnungsrevolution», anstatt durch eine Sozialrevolution (vgl. Bd. IV, 9. T. I. 6 und II. 6).

Die DDR dagegen setzte auf eine lückenlose staatliche Zwangsverwaltungswirtschaft ihrer «volkseigenen» Betriebe, übertrug ihrer Bürokratie deren Planung und Steuerung, ohne doch einen Ersatz für die Unternehmerfunktion zu finden, zerstörte die überkommene Sozialhierarchie der marktbedingten Klassen durch politische Intervention und ersetzte sie durch ein neues System, in dem die herrschende Klasse der Monopolelite die großen Berufsklassen ihrer industriellen und landwirtschaftlichen Angestelltenschaft regierte. Eine derartig «durchherrschte» Gesellschaft zu erreichen, ist der Führerdiktatur erst unter den Kriegsbedingungen gelungen.

Auf der anderen Seite drängen sich strukturelle Ähnlichkeiten, ja Gemeinsamkeiten auf.

1. Die SED errichtete, wie vorher auch die NSDAP, ein Einparteiensystem, in dem die Blockparteien als machtloses Feigenblatt fungierten. Der Parlamentarismus als bewährtes System der Konfliktregulierung wurde verachtet, die Volkskammer auf die Monokultur des Jasagens zu Regierungsvorlagen eingestimmt.

2. Die ostdeutsche Staatspartei verfocht mit aller Härte einen absolutistischen ideologischen Hegemonialanspruch gegen jedweden Pluralismus: In aller Regel setzte sie sich damit, wie auch die NS-Bewegung, unter Berufung auf das Monopol der geschichtsphilosophischen Wahrheit durch.

3. Eine institutionelle Begrenzung der Staatsmacht sah die Realverfassung der DDR nicht vor. Ihre Bürger fanden sich daher im Konfliktfall einem letztlich allmächtigen Staats- und Parteiapparat gegenüber, gegen den sie sich nicht mit Hilfe konstitutionell verbriefter und realiter respektierter Schutzrechte behaupten konnten. Die Verachtung individueller Freiheitsgarantien spiegelte den fundamentalen Illiberalismus des Regimes wider.

4. Die DDR blieb von Anfang bis Ende das Gegenteil eines Rechtsstaates, auch darin stand sie mit der Führerdiktatur auf einer Stufe. Die Vorstellung von der Souveränität des Rechts, das über dem politischen Getriebe steht, widersprach ihrer Entscheidung, das Recht zu politisieren, es mithin zur Magd politischer Interessen zu degradieren. Kritik an der Staatsgewalt konnte im Nu in der vieljährigen Einzelhaft des gefürchteten Bautzener Gefängnisses, Aufkündigung der Loyalität durch Flucht mit den tödlichen Schüssen der Grenzwächter enden. «Mauerbrecher» in Berlin waren ohnehin wie lästige Kaninchen zum Abschuß freigegeben. Auf der Ebene des ostdeutschen Strafrechts war die DDR kein «Unrechtsstaat». Aber sie blieb rechtspolitisch bis zuletzt ein Willkürstaat, wie er der Systemlogik ihres modernen Sultanismus entsprach. Eine unabhängige Justiz wäre in der SED-Diktatur in der Tat ein Fremdkörper gewesen.

5. Die kontinuierliche Verletzung der in allen westlichen Verfassungsstaaten verbrieften Grund- und Menschenrechte gehörte zum Alltag der DDR. Nicht nur richtete sie bewußt keine Verwaltungsgerichte ein, die fehlerhafte Aktionen der Staatsgewalt hätten korrigieren können, sondern es bestand eben dort eine fatale Lücke, wo sich in der Bundesrepublik das Bundesverfassungsgericht als Hüter des Verfassungsrechts über die Regierungs- und Parteienmacht erhob.

6. Die Geheimpolizei der Stasi ist zwar in der jüngsten zeitgeschichtlichen Aufarbeitung der DDR-Vergangenheit vermutlich dämonisiert worden. Aber ihre mit der Gestapo und dem NKWD vergleichbare Funktion

eines Repressions- und Terrorinstruments bleibt unbestreitbar. Jene Hunderttausende von DDR-Bürgern, die irgendwie in die Fänge der Stasi gerieten, wußten über die Methoden der roten Gestapo nur zu genau Bescheid.

7. Ganz ähnlich wie die NS-Diktatur wirkte auch das SED-Regime auf eine Militarisierung der ostdeutschen Gesellschaft hin. Außer einer Aufrüstung, die zwar nicht von fern die innerhalb von sechs Jahren erfolgende Steigerung von einem Prozent auf zwanzig Prozent des Budgets wie Hitlers Rüstungstempo erreichte, aber doch die engen finanziellen Ressourcen der DDR strapazierte, gehörte auch der Sozialmilitarismus der Durchdringung des gesellschaftlichen Lebens mit militärischen oder paramilitärischen Organisationen, Verhaltens- und Denkweisen zum Binnenraum der DDR. Wie unter der Führerdiktatur galt die Vorbereitung auf den künftigen Krieg gegen die mächtige Allianz des Klassenfeindes als Variante des totalen Krieges. Wegen dieses Sozialmilitarismus treten bestimmte Kontinuitätslinien im «roten Preußen» der DDR so unverkennbar zutage, denn im Stechschritt der NVA oder in der vormilitärischen Wehrertüchtigung blieb eine Vergangenheit erneut präsent, die auch in dieser Hinsicht eine geradezu zwanglose Verbindung mit dem neudeutschen Obrigkeitsstaat der deutschen Bolschewiki einging.

8. Meinungsfreiheit blieb in der DDR dieselbe unbekannte Größe wie im «Dritten Reich». Die staatliche Agitation gab die erwünschte Meinung als Ausfluß der höheren Weisheit der von einer unfehlbaren Theorie angeleiteten Führung vor: «Die Partei hat immer recht». Keiner gesellschaftlichen Bewegung, geschweige denn einer konkurrierenden Partei wurde die Mobilisierung von Interessen überlassen. Die alles andere als spontane Massenmobilisierung wurde vielmehr den offiziellen Massenorganisationen als Organen der Staatsgewalt übertragen.

9. Autonome Gesellschaftsbereiche mit ihren eigenen Entwicklungsregeln und einer spontanen Interessenformierung ließ das SED-Regime nicht zu. Der Rückzug in die Nischenexistenz der Datschen kann nicht ernsthaft das Prädikat eines autonomen Gesellschaftsfeldes erhalten. Zwar hielten sich Relikte des Bildungs- wie auch des Kleinbürgertums, doch in beiden Fällen handelte es sich um ein hart reduziertes, schrumpfendes Milieu. Ihnen gegenüber dominierten die staatlich organisierten Berufsklassen unter dem Kuratel der Einheitspartei.

10. Eine nicht abzuleugnende Gemeinsamkeit der beiden totalitären Diktaturen, die Deutschland von 1933 bis 1989 erlebt hat, bestand schließlich nicht nur in der vorn skizzierten Teilidentität totalitärer Charakterzüge, sondern in der leitenden Ideologie, den «neuen Adam» einer perfektionierten künftigen Gesellschaft, mithin den neuen Menschentypus der arischen Rassegesellschaft oder der kommunistischen klassenlosen Gesellschaft als den jeweiligen Endzustand zu erzeugen. Der blutige Weg dort-

hin wurde entweder von Millionen Toten gesäumt oder von einem menschenfeindlichen Umerziehungsprogramm begleitet, das zu einer in der deutschen Geschichte vorbildlosen sozialen Umwälzung und einem bis heute nicht geheilten Zerstörungswerk geführt hat.[10]

Nach alledem ist eine schlichte Gleichsetzung der beiden deutschen Diktaturen nicht zulässig, da einige Unterschiede zu auffällig sind. Für ein nüchternes Urteil aber bleibt unbestreitbar, daß der SED-Staat zum Regimetypus der linkstotalitären Diktaturen gehört. Nur der Umstand, daß er sich als zukunftsunfähig erwies, hat die Ostdeutschen vor noch schmerzhafteren Schäden bewahrt, als sie ihnen durch die systemimmanente Selbstzerstörung der DDR bereits zugefügt worden sind.

# Epilog: Rückblick und Ausblick

Der Rückblick auf die Arbeit an einem Projekt, das mich, unterbrochen von nicht wenigen anderen Aufgaben, 25 Jahre lang vorrangig beschäftigt hat, erfordert zunächst das Eingeständnis, daß ich am Anfang (1981/82) frohen Mutes war, in einem einzigen, wahrscheinlich ziemlich umfangreichen Band einmal zu demonstrieren, wie eine deutsche Gesellschaftsgeschichte des 19. und 20. Jahrhunderts aussehen könnte. Denn nach der Vielzahl der Publikationen, welche die deutsche, aber auch die internationale Geschichtswissenschaft allein seit 1945 zu dieser weit gespannten Thematik, namentlich in der jüngsten Vergangenheit auch zur deutschen Sozialgeschichte, bereits hervorgebracht hatte, drohte das Zerfasern in eine schier endlose Reihe von Spezialstudien, kleinen oder größeren Monographien, Abhandlungen und Aufsätzen, welche die Aufnahmebereitschaft auch des neugierigsten und geduldigsten Lesers überfordern mußten. Da erschien der Versuch gerechtfertigt, ja wissenschaftspolitisch geradezu geboten zu sein, eine Synthese unter Gesichtspunkten in Angriff zu nehmen, die eine umfassende Erörterung möglichst vieler wichtiger, von der deutschen gesellschaftlichen Entwicklung aufgeworfener Probleme gestatteten.

Damit war sogleich die Herausforderung verbunden, ein Strukturierungsschema für die Bewältigung eines außerordentlich weitläufigen Stoffes zu entwerfen. Es mußte die Eigenschaft besitzen, daß man ihm auch noch nach geraumer Zeit vertrauen konnte. Denn das Projekt konnte, das war von Anfang an klar, durchaus Jahre in Anspruch nehmen. Und es gehört nun einmal zu den Grundüberzeugungen des Historikers, daß sich sein Denk- und Urteilshorizont im Laufe der Zeit ändert: Während der historische Prozeß das Licht auf neue Probleme lenkt, bilden sich auch neue erkenntnisleitende Interessen heraus. Deshalb konnte nicht eine einzige veränderungsanfällige Fragestellung zugrunde gelegt werden, der dann die Erschließung der unterschiedlichsten Probleme aufgebürdet wurde. Die Anzahl weiter gefaßter Theorieentwürfe war freilich nicht nur schmal, sondern auch zumeist auf andere Phänomene, wie etwa Staatsbildung, Außenpolitik oder Wirtschaftswachstum, ausgerichtet als auf die Entwicklung der Gesellschaft. Daher empfahl es sich, in großzügiger, keineswegs philologisch strenger Anlehnung an Max Webers Überlegungen, von der relativ abstrakten Triade von Wirtschaft, Herrschaft und Kultur, sowie, als Überschneidungsprodukt dieser Dimensionen, von Sozialer Ungleichheit als den vier maßgeblichen Achsen der gesellschaftlichen Entwicklung bei der Konstruktion einer Synthesekonzeption auszugehen.

Die Kritik hat später die gebotene gleichberechtigte Berücksichtigung des Rechts als sozialer Gestaltungskraft gefordert. In der Tat habe ich, da rechtliche Probleme, wie mir schien, im Rahmen der politischen Herrschaft behandelt werden konnten (und dann tatsächlich auch immer wieder verfolgt worden sind!), in seiner relativen Autonomie als weitere Achse nicht ernst genug genommen. Damit wurde der berechtigten Kritik ein Tor geöffnet, da die diskutierten Jahrhunderte im Zeichen einer geradezu übermächtigen Verrechtlichung des gesellschaftlichen Lebens stehen. Ein neuer Autor sollte daher in einem künftigen Syntheseversuch das Recht als eine seiner Achsen entschiedener aufwerten.

Der nach längeren Vorüberlegungen gewählte ziemlich abstrakte Gliederungsentwurf mußte dann jeweils empirisch auf durchaus unterschiedliche Weise gefüllt werden, je nachdem, wie die analytischen oder historisch-genetischen Probleme das erforderten. Er gestattete es vor allem, eine voreilige, vielleicht sogar geschichtsphilosophisch überhöhte Festlegung auf den Primat der ökonomischen oder politischen Entwicklung im Sinne von Klassen- oder Staatsbildung zu vermeiden, so daß die wechselnde Vorherrschaft der sozialen, wirtschaftlichen, politischen, kulturellen Faktoren je nach der historischen Konstellation und der Macht der dominierenden, aber eben häufig variierenden Antriebskräfte zur Geltung kommen konnte. Das war eine folgenreiche Festlegung, aber sie versprach von vornherein, fern jeder Dogmatik, eine gewissermaßen eingebaute Flexibilität, die sich allerdings im Fortgang der Arbeit immer wieder erweisen mußte.

Die nun einsetzende Arbeit wurde von der Grundüberzeugung getragen, daß sich die Totalität vergangener Geschichte auf der Linie des verheißungsvollen Anspruchs von Hegel und Marx niemals erfassen läßt, da erkenntnistheoretisch nur Partialwissen möglich ist. Das gilt allemal in besonderem Maße für den Historiker. Die Summe von Partialerkenntnissen kann sich aber an der legitimen Leitvorstellung orientieren, möglichst dicht an das Ensemble der ausschlaggebenden gesellschaftlichen Triebkräfte einer Epoche heranzukommen. Das bleibt freilich ein riskantes Unternehmen, da man unwiderruflich weiß, ihre Gesamtheit nie erfassen zu können, sich also mit dem Annäherungsverfahren und der Erschließungskraft spezifischer erkenntnisleitender Interessen begnügen muß. Inwieweit das, zumindest streckenweise, gelungen ist, müssen die Leser und Kritiker beurteilen.

Was die chronologische Eingrenzung angeht, schien es geboten zu sein, mit einem relativ breit angelegten Panorama des 17. und 18. Jahrhunderts einzusetzen. Damit war ein angemessener Vorlauf gewährleistet, ehe das 19. und 20. Jahrhundert in den Mittelpunkt rückten. Mit dem Webers Werk entlehnten Interpretationsansatz war zugleich die Entscheidung verbunden, den Grundzügen seiner Modernisierungstheorie zu folgen. Denn

diese – komprimiert im klassischen Text letzter Hand: der «Vorbemer-
kung» zu seinen religionssoziologischen Aufsätzen – stellt noch immer für
den Historiker den überzeugendsten Anlauf zu einer theoretisch wie analytisch fundierten Deutung des Aufstiegs der modernen westlichen Welt
dar, und in diesem Kontext vollzog sich ja auch die Entfaltung des deutschsprachigen Mitteleuropa.

Webers weit ausgreifende universalgeschichtliche Interpretation ist nur
höchst vereinzelt von der amerikanischen Modernisierungstheorie der
1950/60er Jahre aufgegriffen worden. Da diese auf eine irreführende Weise
aber häufig als die Modernisierungstheorie schlechthin verstanden wird,
ist hier noch einmal festzuhalten, daß die inzwischen detailliert ausgefeilte
Kritik an dieser amerikanischen Entwicklungslehre die Webersche Deutung in aller Regel nicht trifft, da diese ungleich weiter mit historischen
Tiefendimensionen und Komplexphänomenen argumentiert, die den Sozialwissenschaftlern der amerikanischen Modernisierungstheorie durchweg
fremd geblieben sind.[1]

Von Weber läßt sich weiterhin lernen, wie man die dynamischen Antriebskräfte des historischen Prozesses einzeln oder in ihrem Verbund
herausarbeiten kann. Trotz seiner Skepsis gegenüber der Evolutionslehre
seiner Zeit beharrte er doch auf der Notwendigkeit expliziter Evolutions-
kriterien, die auch dem Historiker Klarheit über seine Argumentation verschaffen sollen. So sah er etwa, idealtypisch zugespitzt, im Bereich der
politischen Herrschaft den Entwicklungsgang vom ständischen Herrschaftsverband hin zum modernen Anstalts- und Flächenstaat verlaufen,
im Bereich der Wirtschaft hin zur Durchsetzung des Kapitalismus sowohl
im Gewerbe- wie im Agrarsektor, im Bereich der Sozialen Ungleichheit
hin zu einer Gesellschaft marktbedingter Klassen.

Folgt man diesem Interpretationsentwurf (mit seiner fraglos entschieden eurozentrischen Ausrichtung), trifft man auf ein Geflecht außerordentlich dynamischer, gerichteter Triebkräfte, die auf Widerstand prallten,
zeitweilig blockiert wurden, unablässig neue Probleme bei ihrer Entfaltung aufwarfen – sich letztlich aber meist als durchsetzungsfähig erwiesen.
Insbesondere im Hinblick auf den langlebigen, noch immer anhaltenden
Staatsbildungsprozeß und die politischen Regimeformen konnte freilich
der Kampf um die politische Herrschaft bis hin zu den Exzessen des pathologischen Lernens führen, mit dem der nationalsozialistische Rassestaat
auf die Umwälzungen des frühen 20. Jahrhunderts reagierte. Es ist daher
keineswegs so, als ob die weberianische modernisierungstheoretische Interpretation immer nur von einem Niveau auf die nächste lichte Höhe des
Fortschritts führt. Dem steht auch schon entgegen, daß diese Deutung auf
eine unmißverständlich ausgewiesene und daher diskussionsfähig gemachte normative Grundlegung, die Verstöße gegen eine positiv besetzte
Modernisierung zu kritisieren zwingt, nicht verzichten kann.

Indem man versucht, der unleugbaren Dynamik des historischen Prozesses dadurch gerecht zu werden, daß man seine Entwicklung in den Dimensionen der Wirtschaft und Sozialen Ungleichheit, der politischen Herrschaft und Kultur verfolgt, mithin den nach Jacob Burckhardts Diktum ewigen Wechsel zwischen Bewegungs- und Beharrungskräften zu erfassen strebt, vermeidet man die Dominanz einer Denkfigur, der Historiker öfter zuneigen, um eine Argumentationsbasis zu gewinnen. Sie konstruieren einen Problemstau in einer bestimmten Epoche, ehe sie dann die Folgezeit unter dem leitenden Gesichtspunkt untersuchen, wie sich die Erben dieser Bürde mit ihr auseinandergesetzt, sie zu bewältigen bemüht haben. Dadurch wird aber, um sogleich auf die Grenzen dieses Ansatzes zu sprechen zu kommen, der historische Prozeß in der Gestalt des methodisch hoch privilegierten Problemstaus gewissermaßen eingefroren, da seine unablässig anhaltende Dynamik in ein relativ statisches Schema von «Herausforderung» und «Antwort» gepreßt wird.

Außerdem stellt sich dabei auch das von Max Weber in einer scharfsinnigen (von Historikern zu selten berücksichtigten) Abhandlung pointiert herausgearbeitete Problem der Zurechenbarkeit mit aller Schärfe. Welche Phänomene der Vergangenheit lassen sich, fragte Weber, in der «historischen Kausalbetrachtung» über einen längeren, vielleicht Jahrhunderte umspannenden Zeitraum hinweg als überzeugende Ursachen von Erscheinungen einer Gegenwart ausmachen? Wer sich an einem Problemstau abarbeitet, muß immer wieder die Zurechenbarkeit der von diesem herbeigeführten Resultate überprüfen. Dabei übersieht er leicht zwei angeborene gravierende Schwächen des Konzepts. Zum einen können sich ältere, längst vor dem ominösen Stau erzeugte Probleme machtvoll auswirken, zum anderen können durchsetzungsfähige neue Probleme emporschießen, die dem Stau nicht mehr zugerechnet werden können. Beide Phänomene stellen die Nützlichkeit des Staukonzepts, das auf keinen Fall zu einer «Theorie des 20. Jahrhunderts» aufgewertet werden kann, in Frage.[2]

An sich ist die hilfreiche heuristische Denkfigur von «Challenge and Response», von historischer Herausforderung, die sich in der Tat gewöhnlich als Problemknäuel präsentiert, und der Antwort, die im Kontext der Epoche nicht nur prinzipiell als «objektive Möglichkeit», sondern vor allem auch als praktische Handlung möglich war, eine lohnende methodische Überlegung als Hilfsmittel zur Strukturierung des Stoffs. Aber es empfiehlt sich, sie nicht zu eng an einen bestimmten, zwischen den Experten ohnehin immer strittigen Problemstau zu binden, sie vielmehr mit der ebenfalls allgemeinen Frage nach dem Mischungsverhältnis von Kontinuität und Diskontinuität im historischen Prozeß zu verknüpfen. Dabei geht es selbstverständlich stets um die relative Gewichtung von Kontinuität im Vergleich mit abruptem oder schleichendem Wandel und von Diskontinuität im Vergleich mit einer auffälligen Konstanz anderer Phänomene.[3]

Folgt man dieser Überlegung im Hinblick auf die deutsche Geschichte seit dem 18. Jahrhundert, tritt zunächst einmal, wie auch die fünf Bände dieser Gesellschaftsgeschichte immer wieder zeigen, eine verblüffende Diskontinuität im Bereich der politischen Herrschaft und der politischen Ideenwelt hervor. Dagegen überwiegt trotz allen historischen Wandels eine vergleichsweise bestechende Kontinuität im Bereich der Stratifikationsordnung der großen Sozialformationen und des wirtschaftlichen Systems, obwohl es auch dort an einschneidenden Veränderungen nicht fehlt.

In keinem westlichen Staat der Gegenwart kann der informierte Beobachter auf einen derart hektischen Wechsel der politischen Regimeformen wie in Deutschland zurückblicken. In unserem Zusammenhang steht am Beginn der bunte Flickenteppich politischer Herrschaftsverbände im Alten Reich, das als Folge der napoleonischen Intervention einen gewaltigen politischen Konzentrationsprozeß erlebte und schließlich selber zerfiel, gefolgt von der lockeren staatenbündischen Föderation des Deutschen Bundes, dem Kaiserreich von 1871 mit zwei Dutzend weiter bestehenden Gliedstaaten und -städten unter einer monarchischen Hegemonialmacht, der Weimarer Republik als Verkörperung einer systemumstülpenden politischen Zäsur, dem Führerstaat des «Dritten Reiches» mit der charismatischen Herrschaft Hitlers im Inneren und ebenso schrecklicher Herrschaft nach außen, schließlich die beiden Neustaaten von 1949, von denen der westliche sich alsbald zu einer zukunftsfähigen parlamentarischen Republik entwickelte, während der östliche als sowjetische Satrapie die doppelte Diktaturerfahrung unter einem lebensunfähigen linkstotalitären System erlebte. Am Ende steht schließlich die Fusion dieser beiden Neustaaten, wobei sich die Bundesrepublik als in jeder Hinsicht strukturprägender Kernstaat, der sich unter einer bewährten liberal-demokratischen Verfassung fünf neue Bundesländer angliederte, behauptet hat.

Wohin auch immer man in der westlichen Welt blickt, hat sich nirgendwo ein derartiger Wirbel der Herrschaftsformen ereignet wie im deutschsprachigen Mitteleuropa, schließlich auch im Gehäuse des deutschen Nationalstaats von 1871. Der politischen Mentalität seiner Bevölkerung wurden dadurch traumatische Verletzungen zugefügt und enorme Anpassungsleistungen abverlangt. Es grenzt schon an ein kleines Wunder, daß sich insbesondere über die letzten hundert Jahre hinweg eine regenerationsfähige politische Grundsubstanz erhalten hat, die trotz zweier Weltkriege und zweier Diktaturen den Auf- und Ausbau eines demokratischen Gemeinwesens ermöglichte.

Trotz aller Belastungen, die mit den historischen Sonderbedingungen seiner Entwicklung verbunden waren, war Deutschland bis 1914 immer ein unbestrittener Teil der westlichen Welt gewesen, ehe es seit dem Ersten Weltkrieg, vollends dann seit 1933, aus seinem Kulturkreis mit den fa-

talsten aller denkmöglichen Folgen ausschied. Nach 1945 kehrte Westdeutschland mit zielstrebiger Anstrengung in diesen Kulturkreis wieder
zurück, und die Tatsache, daß eine derart schwierige Umkehr so verblüffend schnell gelang, war nicht nur dem Einfluß der westlichen Alliierten,
sondern vor allem auch dem Sockel an politischen und mentalen Traditionen zu verdanken, der in der Epoche des Zweiten Dreißigjährigen Krieges
zwar schwer beschädigt, aber nicht vollständig zerstört worden war. Auf
dieser zügig renovierten Basis konnte die Bundesrepublik aufbauen, sich
als lebenstüchtig und zukunftsfähig erweisen und die gescheiterte sowjetische Satrapie in Ostdeutschland aufnehmen.

Diskontinuität und die Strapazen angesichts der Aufgabe, sie zu verarbeiten, charakterisieren auch die deutsche politische Ideenwelt. Die Traditionen des etatistisch-monarchischen Denkens, welche das 18., weithin
auch noch das 19. Jahrhundert beherrschten, wurden nur sehr allmählich
durch die Aufklärung aufgelockert. Ihre Wirkung im deutschen Bildungsbürgertum darf man freilich, etwa in Gestalt der Kantschen Philosophie,
nicht unterschätzen, da von ihr der Entwurf einer deutschen «Bürgerlichen
Gesellschaft» formuliert wurde, auf die das liberale und demokratische
Denken der Folgezeit als Zielutopie zurückgreifen konnte. Man kann das
Kaiserreich nach der frühen Einführung des allgemeinen Männerwahl-
rechts, das Bismarck aus machtpolitischem Kalkül zur Mobilisierung des
ländlichen Konservativismus gegen die liberalen städtischen «Bourgeois-
klassen» durchgesetzt hatte, auch als ein großes Experimentierfeld für die
Erprobung demokratischer Praxis betrachten, die es Millionen von Wäh-
lern ermöglichte, am politischen Leben aktiv mitgestaltend teilzunehmen,
während sich ein großes Lager einschließlich der preußischen Herrschafts-
eliten dieser Einübung von Demokratie bis 1918 starr entgegenstemmte.

Insofern wirkte sich der vom Kriegsausgang und einer veritablen deutschen Revolution erzwungene Übergang zur Weimarer Republik nicht allgemein als verhängnisvoll radikaler und rundum abgelehnter Einschnitt
aus, da er auch von Millionen begrüßt wurde. Aber er verlangte vom traditionalen monarchischen Etatismus doch einen einschneidenden Akt der
Umstellung, dem sich viele verweigerten. Immer mehr strömten diese Re-
publikfeinde statt dessen zur Anhängerschaft der nationalsozialistischen
«Volksgemeinschaft», der die Hitler-Bewegung eine straffe, autoritäre
Herrschaftsform in Aussicht stellte, während sie die Leitkonzeption der
«Bürgerlichen Gesellschaft» mit ihren liberal-demokratischen Politikfor-
men verächtlich verwarf.

Die Brücke, über die viele den Weg dorthin fanden, wurde aber an erster Stelle nicht etwa von der völkischen Idee oder vom Antisemitismus,
sondern von einem virulenten Radikalnationalismus gebildet, der durch
das Krisensyndrom von Kriegsniederlage und Versailler Vertrag, Entmilitarisierung und «Reparationsknechtschaft» angefacht worden war. Keiner

426 Epilog: Rückblick und Ausblick

verstand ihn so leidenschaftlich zu beschwören wie der «Führer». Jedenfalls zeigten die 13 Jahre einer von der Mehrheit ungeliebten Republik, daß
eine belastungsfähige liberale und demokratische Politische Kultur trotz
aller Anstrengungen ihrer Verfechter in Deutschland noch keine festen
Wurzeln geschlagen hatte.

Wie weit dann die nationalsozialistische Vorstellung von der «auserwählten Rasse» der Arier im Großdeutschen Reich den klassischen Topos
auch des deutschen Nationalismus, der seit eineinhalb Jahrhunderten sein
«auserwähltes Volk» beschworen hatte, ersetzt hat oder mit ihm eine giftige Mischung eingegangen ist, bleibt trotz der intensivierten neuen Natio-
nalismusforschung seit den 8oer Jahren noch immer empirisch ungeklärt.
Auf jeden Fall behielt aber der extreme Nationalismus bis Kriegsende
seine Geltungskraft, erst 1945 erlosch sein Vulkan.

Freilich fügten die im Hinblick auf Massenwirksamkeit ingeniös konzipierte neoliberale Lehre von der Sozialen Marktwirtschaft und der erstaunliche Pragmatismus der beiden großen Volksparteien, von denen der CDU
das Wagnis einer bikonfessionellen Sammlungspartei gelang, neue Elemente hinzu. Ohne daß der Begriff damals verwendet wurde, tauchte auch
die in den vergangenen Jahrzehnten so fundamentalistisch diskreditierte
Zielvorstellung von einer «Bürgerlichen Gesellschaft», die einige Jahre
später zur «Zivilgesellschaft» mutierte, wieder auf: das Ideal von einem
Gemeinwesen, dessen Bürger sich in der von einer liberal-demokratischen
Verfassung und vom Rechtsstaat geschützten Arena bei der Verfolgung ih-
rer Interessen in einer freien Marktwirtschaft und möglichst autonomen
Gesellschaftssphäre in individueller Selbstverantwortung und mit aktiver
Partizipation am politischen Leben bewegen, nach dem Austausch rationaler Argumente zum Interessenausgleich und letztlich zur konsensuellen
Entscheidungsfindung bereit sind. Diese Leitvorstellung implizierte den
Anspruch, daß möglichst viele Interessen in bürgerlicher Eigenverantwortung verfolgt, nicht aber der besonders in Deutschland etablierten etatistischen Gängelung überlassen wurden. In der Aufbauphase des «Wirtschaftswunders» spielte eine solche private Interessenverwirklichung eine
unübersehbare Rolle. Doch frühzeitig bahnte sich auch die Interessenbefriedigung durch einen neuen Etatismus an: den des Sozialstaats.

Denn der ökonomische und politische Erfolg der jungen Bundesrepublik wurde durch die Leistungen eines rasch immer weiter ausgebauten
Sozialstaats überwölbt, der angesichts der zahllosen gravierenden Sicher-
heitsbedürfnisse in einem bis dahin unbekannten Ausmaß das Netz der
sozialen Sicherheit unablässig dichter aufspannte. Fraglos gab es eine Stolz
beanspruchende Tradition des sozialstaatlichen Aufbaus seit den Bismarckschen Versicherungsgesetzen der späten 188oer Jahre. Doch die ex-
zessive Proliferation namentlich seit der Zeit der ersten Sozialliberalen
Koalition ging doch weit über eine unvermeidbare Traditionsbehauptung

hinaus. Ungeachtet der steil ansteigenden Kosten wurden immer neue Felder des gesellschaftlichen Lebens einer sozialstaatlichen Absicherung erschlossen, damit aber auch einer stetig tiefer und weiter greifenden staatlichen Regulierung unterworfen. Insofern steckt in dieser nahezu maßlos übersteigerten Sozialstaatlichkeit auch ein Element der Diskontinuität, das die individuelle Selbstverantwortlichkeit für die eigene Lebensgestaltung zügig weiter zurückgedrängt hat. Da dieses Sicherheitssystem in seiner hypertrophen Form nicht mehr länger finanzierbar ist, muß es, weithin gegen den Willen seiner verwöhnten Klientel, entschlossen umgebaut werden, damit es seine essentiellen Aufgaben überhaupt weiter wahrnehmen kann. Nicht zuletzt an ihrer Reformfähigkeit auf diesem Gebiet werden sich der Regenerationswille und die Flexibilität der Bundesrepublik erweisen müssen.

Der Rückblick auf die Wirtschaft enthüllt die erstaunliche Kontinuität der Marktwirtschaft, nachdem sie sich einmal durchgesetzt hatte. Ihre Vorläufer reichen in die Frühe Neuzeit zurück, als der kommerzialisierte ostdeutsche Großgrundbesitz ein lebhaftes Exportgeschäft für seine Getreideüberschüsse nach England unterhielt. Auch Manufakturen arbeiteten mit ihrer Textil- und Rüstungsproduktion für überregionale Märkte, und die großen Privatbanken bewegten sich auch frühzeitig auf diesen Investitions- und Anleihefeldern. Erst seit den 1840er Jahren, mit dem Aufbruch in die deutsche «Industrielle Revolution» dehnte sich die Marktwirtschaft jedoch vollends aus. Zwar unterlag sie ihrem Grundgesetz: dem Rhythmus von Konjunktur und Krise, aber der Aufstieg zu einem selbsttragenden Wachstum hielt seither an. Im Ersten Weltkrieg gab es zeitweilig eine begrenzte staatliche Einflußnahme auf die Rüstungsunternehmen, doch im Kern lief die private Marktwirtschaft weiter, denn die politischen Machtzentren wagten es nicht, sie einer umfassenden staatlichen Planung zu unterwerfen.

Die Intervention des «Dritten Reiches» reichte fraglos tiefer, da die Rüstungswirtschaft immer strengere Vorgaben erhielt. Im Prinzip beruhte aber auch damals die staatliche Wirtschaftpolitik auf der bereitwilligen Kooperation der Unternehmen mit den neuen Machthabern, wie sie sich bis in das Speersche System hinein erhielt. Selbst unter den Bedingungen des totalen Krieges bildeten ein Großteil der Investitionsentscheidungen, die interne Produktionsplanung und die Gewinnverteilung weiterhin die Domäne privatwirtschaftlicher Aktivität.

Insgesamt blieb bis 1945 der traditionsreiche staatliche Einfluß in Deutschland stärker als etwa in England oder den USA, wahrscheinlich aber schwächer als in Frankreich. Diese etatistische Gängelung wurde in Westdeutschland seit 1948 entschieden reduziert, als die neoliberale Schule von Ludwig Erhard an Einfluß gewann. An der erfolgreichen Bekämpfung des bisher staatlich privilegierten Kartellwesens läßt sich das ablesen. Die

«Soziale Marktwirtschaft» hätte sich jedoch niemals so rapide und erfolgreich durchsetzen können, wenn sie nicht ihre institutionelle, mentale und
politische Basis seit weit mehr als einem Jahrhundert besessen hätte. Neben der privatwirtschaftlichen Organisation des Wirtschaftslebens lebte
freilich im modernen Interventionsstaat mit seiner antizyklischen Konjunkturpolitik und Wachstumsförderung ein erhebliches Maß an staatlicher Steuerung genauso fort wie in dem immer dichter gespannten Netz
des Sozialstaats.

Wechselt man die Perspektive, um die Kultur (in dem hier zugrunde
gelegten engeren Sinn) zu erfassen, fallen im Vergleich mit der kontinuierlichen Durchsetzungs- und Beharrungskraft der marktwirtschaftlich organisierten Ökonomie die drastischen Diskontinuitäten auf. Am Beginn der
hier behandelten Epochen steht der krasse Unterschied zwischen Elitenkultur und Volkskultur. Die adelig-großbürgerliche Kultur traf seit dem
späten 18. Jahrhundert auf den Überlegenheitsanspruch des Bildungsbürgertums mit seinem emphatisch verfochtenen Neuhumanismus; alsbald
fungierte es als Träger der deutschen Klassik. Hochkultur – das hieß im
19. Jahrhundert bildungsbürgerliche Kultur, welche die adelige Kultur als
anachronistisch, als von der Geschichte bürgerlichen Aufstiegs dementierte Vergangenheit erscheinen ließ. Auch jüngere Adelige öffneten sich
zusehends dem bürgerlichen Bildungskanon.

Zwischen bürgerlicher Hochkultur einerseits, bäuerlicher und proletarischer Lebenswelt andererseits tat sich freilich ebenfalls wieder eine tiefe
Kluft auf, wie sie früher das Verhältnis der adeligen Elitenkultur zu allen
anderen Sozialformationen gekennzeichnet hatte. Daß die bürgerlichen
Kulturideen seit der zweiten Hälfte des 19. Jahrhunderts zur Dominanz
aufgestiegen waren, beweist zum einen auch ihre Vorherrschaft im gesamten Schulsystem (selbst an den militärischen Kadettenanstalten) bis hin zu
dem bürgerlichen Arkanbereich des Gymnasiums und der Universität, an
denen es frühzeitig eine nennenswerte Aufstiegsmobilität aus den bürgerlichen Mittelklassen, keineswegs aber aus den Arbeiterklassen gab. Deren
bildungsferne Existenz wurde durch die arrogante Verteidigung der hohen
Zugangsschwelle zur «höheren Bildung» zementiert.

Zum anderen beherrschten bürgerliche Experten und Kulturstandards
die Öffentlichkeit schlechterdings aller damals vorhandenen Printmedien:
von den Büchern über die Zeitungen bis zu den Zeitschriften. Allerdings
war die auftauchende Kommunikationsgesellschaft dadurch gekennzeichnet, dass sich in ihr auch die kraftvollen Subkulturen der Arbeiterbewegung und des politischen Katholizismus mit ihren eigenen Werten und
Zielen etablieren konnten. Alle Medien, gleich welcher Prägung und mit
gleich welcher Klientel verbunden, unterlagen den restriktiven Bedingungen des publizistisch-literarischen Marktes, der etwa das Einkommen aus
Anzeigen ungleich höher einstufte als dasjenige aus den Abonnements der

Leserschaft oder der Auflage seriöser Bücher im Vergleich mit Trivialromanen strenge Grenzen setzte.

Es gehört zu den Eigenarten des deutschen Pressewesens, daß auch nach 1871 das Übergewicht der liberalen Organe durch das politische Gewicht des Konservativismus nicht erschüttert wurde. Allerdings wurde ihr Einfluß durch die Zeitungen vom Typ des faden Generalanzeigers und durch die rechtskonservativen Organe bestritten, und das erst recht, als der Erste Weltkrieg den deutschen Nationalismus radikalisierte und wenig später Hugenbergs Medienimperium den Rechtsradikalismus in seinen Zeitungen und einen borniertem Nationalismus in seinen UFA-Filmen förderte. Andererseits dominierte in den neuen Medien des Rundfunks und des Films durchaus die bürgerliche Welt mit ihren Werturteilen und Verhaltensstandards.

Von den christlichen Amtskirchen war insbesondere der Protestantismus an diese bürgerliche Welt in hohem Maße angebunden. Nach dem Aufbruch des Theologischen Rationalismus setzte sich im 19. Jahrhundert als verhängnisvoll dominierende Macht der Nationalprotestantismus durch, der die christliche Lehre auf das Engste mit dem Weltbild des deutschen Nationalismus verband. Sein Einfluß führte zu einer symbiotischen Verbindung mit dem reichsdeutschen Nationalstaat von 1871, dem die Amtskirche in der Kriegszeit seit 1914 vorbehaltlos beisprang. Nach 1918 förderte sie weiterhin die Aversion gegen die Republik, öffnete sich mit führenden Theologen dem völkischen Denken, und schließlich verstand sich die Massenbewegung der «Deutschen Christen» als die «SA-Jesu-Christi». Spät regte sich mutiger Widerstand, doch bis zuletzt unterstützte die Amtskirche den Krieg des NS-Regimes, pries Hitlers Überleben nach dem Attentat des 20. Juli 1944 und tat sich mit einem glaubwürdigen, den Nationalprotestantismus überwindenden Schuldbekenntnis ganz so schwer wie mit ihrem Verhältnis zum Holocaust.

Der deutsche Katholizismus dagegen wurde seit der Mitte des 19. Jahrhunderts in den erbitterten Kampf zwischen dem Ultramontanismus der päpstlichen Diktatur mit ihrem Unfehlbarkeitsanspruch und der Verwerfung der Moderne auf der einen Seite und dem dogmenkritischen Liberalismus im säkularisierten Staat auf der anderen Seite unvermeidlich hineingezogen. Beide verstanden ihr leidenschaftliches Engagement als Verteidigung: die eine Seite gegen den Anprall einer machtvollen Moderne, die andere gegen die Anmaßungen eines dogmatischen Glaubenssystems. Das politische Ergebnis war der «Kulturkampf» seit den 1870er Jahren, der die katholische Bevölkerung tiefverletzend diskriminierte und Wunden schlug, die erst seit den 1950er Jahren allmählich heilten. Mit einer Art von Hypernationalismus bemühten sich große Teile des politischen Katholizismus seit dem Beginn des 20. Jahrhunderts ihre Staatsloyalität zu beweisen. Sie erlagen wie der etatistische Protestantismus der Suggestivkraft der radikalnationalistischen Stimmung im Ersten Weltkrieg, konnten sich aber ungleich pragmatischer auf die neue Republik umstellen. Obwohl die deutsche Amtskirche wegen des längst ersehnten Reichskonkordats vor dem politischen Anspruch des NS-Regimes fatal einknickte, bleibt der langjährige Widerstand mutiger Geistlicher gegen die Diktatur und ihre Anhänger ein Ruhmesblatt, das scharf mit der feigen Zurückhaltung kontrastiert, mit der auch diese Kirche Hitlers Krieg und seinen Vernichtungsaktionen einschließlich des Holocausts begegnete. Obwohl sie sich fatal kompromittiert hatte, scheute die Amtskirche vor jedem offenherzigem Schuldbekenntnis zurück – als ob sie sich jederzeit gemäß den Anforderungen ihrer Lehre verhalten hätte. Mit Geschick vertrat sie vielmehr, insbesondere mit Hilfe der CDU, ihre Interessen in der zweiten Republik, ohne doch jemals wieder den Typus des Prälatenpolitikers wie in der Weimarer Republik an die vorderste Front zu schicken.

Führt man sich die Verwirbelung der so extrem wechselnden politischen Ordnungssysteme, dazu der sie stützenden oder sprengenden ideenpolitischen Strömungen einmal vor Augen, ist die Vorherrschaft einer relativ langlebigen Kontinuität im Bereich der großen Sozialformation um so bestechender. Allerdings bestanden und bestehen auch sie, wie gerade die deutsche Sozialgeschichte demonstriert, nie unabhängig von den Konfigurationen der politischen Herrschaft.[4]

So hat etwa der deutsche Adel einen im Grunde außerordentlich erfolgreichen Defensivkampf zur Verteidigung seiner tausend Jahre alten hochprivilegierten Eliteposition über lange Zeit hinweg, in der seine Spitzenstellung von unterschiedlichen Seiten her – vom Fürstenstaat und Kapitalismus, von der Aufklärung und vom Bürgertum – unterminiert wurde, bis 1918 fortgeführt. Dann aber entzogen ihm Revolution und Republik den monarchischen Loyalitätspol und verläßlichen Unterstützungsspender. Die Degradierung setzte sich unter dem Nationalsozialismus fort, und die völlige Auslöschung seiner sozialen Existenz durch die Rote Armee und die deutschen Bolschewiki markierte in Ostdeutschland einen Schlußpunkt, während in Westdeutschland sein Fortleben als politisch entmachtete, nicht selten aber ökonomisch potente «Prestige-Oberschicht» möglich blieb.

Eine ähnlich drastisch reduzierte Bedeutung erlebte die Landarbeiterschaft, die nach einer jahrhundertealten Geschichte, nicht zuletzt in symbiotischer Verbindung mit dem Landadel, vor dem Ersten Weltkrieg mit 7,3 Millionen Angehörigen noch immer die größte aller deutschen Arbeiterklassen gebildet hatte, dann aber wegen des tiefgreifenden Umbaus des Agrarsektors und der kontinuierlichen Intervention des Staates zugunsten modernisierter, maschinisierter Großbetriebe bis 1990 auf weniger als 200 000 Köpfe absank.

Ähnlich hat sich die Entwicklung der bäuerlichen Besitzklassen, erst recht seit den imponierenden Agrarreformen am Beginn des 19. Jahrhunderts, über lange Zeit hinweg erstaunlich kontinuierlich vollzogen, da ihnen auch der staatliche Protektionismus voll zugute kam. In der Bundesrepublik hat dann der staatlich geförderte Konzentrationsprozeß den bäuerlichen Beschäftigtenanteil rigoros minimalisiert, während ihr Beitrag zum Bruttosozialprodukt auf weniger als 2 % absank. Das war das Ergebnis einer die ländliche Gesellschaft geradezu revolutionierenden Umwälzung, die vorher höchstwahrscheinlich unmöglich gewesen wäre, jetzt aber dank der Arbeitskräfte aufsaugenden Industriekonjunktur ohne eine tiefe soziale Krise ablaufen konnte. Währenddessen zerschlug die SED-Diktatur die bäuerliche Lebenswelt in Ostdeutschland durch die komplette Verstaatlichung, sprich entschädigungslose Enteignung zugunsten ihrer LPG, in denen die sogenannten Genossenschaftsbauern als Staatsangestellte auf den Status von Landarbeitern abgesenkt wurden.

Für Adel, Bauern- und Landarbeiterschaft brachten weit weniger die internen Veränderungen relativ autonomer Wirtschaftsbereiche, sondern politische Zäsuren und neue politische Regime nach jahrhundertelanger Kontinuität die einschneidende Erfahrung der Diskontinuität.

Einen anderen sozialgeschichtlichen Entwicklungstrend erlebten die industriellen Arbeiterklassen. Denn ungeachtet aller politischen Strukturveränderungen hielt ihr Aufstieg über die grundverschiedenen politischen Regime hinweg kontinuierlich weiter an, bis in der Bundesrepublik seit der Mitte der 1970er Jahre die Sozialfigur des Angestellten sie überholte, als der Dienstleistungssektor den Primat vor der Industrieproduktion gewann und das Zeitalter der deutschen Hochindustrialisierung endete. Getragen von der beispiellosen Prosperitätswelle des «Wirtschaftswunders» war aber der Industriearbeiterschaft vorher der Aufstieg aus dem Proletariat gelungen, so daß sich der Prozeß ihrer Verbürgerlichung, wenn auch immer noch quälend langsam, fortsetzen konnte.

Am Bürgertum hat sich der Streit über Kontinuität und Diskontinuität besonders heftig entfacht. Düstere Diagnosen oder Prognosen trafen auf leidenschaftliche Verklärung oder Zukunftshoffnung. Blickt man zuerst auf das Bildungsbürgertum, trifft man auf eine durch den Staatsbildungsprozeß erzeugte Modernisierungselite, die als verstaatlichte akademische Intelligenz nie ohne staatliche Förderung, staatliche Ausbildungsstätten, staatlich kontrollierte Examina, die Berufspositionen im begehrten Staatsdienst existiert hat. Das galt für höhere Beamte und Pfarrer, Gymnasiallehrer und Universitätsprofessoren ganz so wie für die sogenannten freien Professionen, etwa der Ärzte und Rechtsanwälte, deren Machtressource, ihre berufliche Leistungskapazität, auch stets an staatlich regulierte Ausbildungsgänge und eine staatlich privilegierte Sonderstellung gebunden blieb.

Dieses Bildungsbürgertum, das sich erst im Zeichen der neuhumanistischen Bildungsidee als eine ständisch vergesellschaftete Sonderformation voll herausgebildet hat, überlebte ebenfalls die unterschiedlichsten politischen Regime. Wegen seiner traditionellen Staatsnähe erlitt es aber seit 1918 durch den Kriegsverlust des monarchischen Staates tiefe mentale und auch ökonomische Verletzungen, opponierte weithin gegen die fremdartige, ungeliebte Republik und brach in der Ära der charismatischen Führerherrschaft vollends ein, als es seine intellektuelle Führungsrolle an die neuen NS-Eliten verlor. Zur Verabschiedung des Zielwerts einer zeitgemäß ausgestalteten «Bürgerlichen Gesellschaft» trug es selber verblendet bei.

Trotz dieses Debakels erholte sich das Bildungsbürgertum nach 1945 in Westdeutschland verblüffend schnell, und da der gebildete Generalist, sein langlebiges Ideal, längst durch den auf das Berechtigungswesen der Examensdiplome fixierten engstirnigen Spezialisten ersetzt worden war, formierte es sich in den Berufsklassen der akademischen Intelligenz, in die zahlreiche familiale Kontinuitätslinien aus dem Bildungsbürgertum hineinliefen, erfolgreich aufs Neue.

Noch bestechender ist die Kontinuität in der sozialen Existenz des höheren Wirtschaftsbürgertums. Auf den Spitzenrängen des kapitalistischen Wirtschaftslebens konnte man, wie der Rückblick zeigt, schlechthin alle Regimeturbulenzen überleben – wenn man nicht als jüdischer Privatbankier oder Unternehmer im «Dritten Reich» ins Fadenkreuz fanatischer Moralgesellen geriet oder später vom antibürgerlichen Zerstörungswerk der ostdeutschen Bolschewiki erfaßt wurde. Nicht nur in den zahlreichen Familienunternehmen, sondern allgemein in den Vorständen, den Aufsichtsräten, im höheren Management läßt sich in Westdeutschland eine erstaunliche Kontinuität der Herkunft aus dem gehobenen Bürgertum beobachten, wie das die vorn ausgewertete Elitenforschung gezeigt hat (s. IV. A 2). Dort wird die Installierung eines angemessenen Habitus während eines sorgfältig kultivierten Sozialisationsprozesses seit langem betrieben, um jene Summe an Eigenschaften zu fördern, die für eine unternehmerische Tätigkeit – jedenfalls nach der Auffassung der entscheidungsberechtigten Wirtschaftsbürger – besonders qualifizieren. Selbst die bereitwillige Kooperation mit dem nationalsozialistischen Leviathan und seinem unverhüllten System der Sklavenarbeit hat, bis auf eine geringe Anzahl von Ausnahmen, zu keinem tieferen Einschnitt in dieser Erwerbsklasse geführt. Es hat sich freilich auch keine andere Berufsklasse gefunden, welche die Unternehmerfunktion ähnlich erfolgreich hätte wahrnehmen können. Das Scheitern der SED-Planungsbürokratie vermag dieses Urteil nur zu unterstreichen.

Im Kleinbürgertum herrschte dagegen eine außerordentlich lebhafte endogene Aufstiegs- und Abstiegsmobilität, die seine diversen Erwerbsklassen unablässig in Bewegung hielt. Sie stellten das Ergebnis sozialökonomischer Prozesse dar, welche z. B. die überholten Handwerke vollständig verdrängten, aussichtsreiche aber förderten oder ständig neue

Angehörige: Techniker, Lehrer, vor allem aber Angestellte während der Ausdehnung des Tertiären Sektors den verschiedenen Berufs- und Dienstklassen zuwiesen. Dabei mochte der staatliche Schutz noch längere Zeit dem «alten» Mittelstand zugute kommen, und staatlich kontrollierte Ausbildungsinstitutionen, Examina und Stellen gehörten ohnehin zum Alltag des «neuen» Mittelstands. Doch der Wechsel der politischen Regime schlug nur punktuell so heftig durch, daß die Kontinuitätserfahrung im Kleinbürgertum unterbrochen wurde.

Aus der Vogelperspektive gesehen ergibt sich daher das Bild, daß es selbstverständlich an manchen Stellen einen primär ökonomisch motivierten sozialen Wandel gegeben hat, wie ihn der Aufstieg der Industriearbeiterschaft und der Manager, der Angestellten im expandierenden Dienstleistungssektor, zuletzt der Computerexperten im Zeitalter der digitalen Revolution aufweist. Angesichts der Dynamik der kapitalistischen Wirtschaft ist die Anerkennung dieser ökonomischen Ursachen schlechthin unumgänglich. Der wirtschaftliche Wachstumsprozeß war auf lange Zeit mit einer erstaunlich kontinuierlichen Entwicklung sowohl der industriellen Arbeiterklassen als auch der Manager oder Angestelltenschaft verbunden. Harte Diskontinuität hing dagegen meistens mit der staatlichen Intervention oder dem Bruch eines politischen Regimewechsels zusammen. Solche Zäsuren beweisen noch einmal, daß auch und gerade die modernen deutschen Klassen in hohem Maße von der Gestaltungsfähigkeit oder vom Charakter der politischen Herrschaft mitgeprägt worden sind.

Dieses Urteil gilt ebenfalls, wenn man sich dem Makrotrend der Stratifikationsordnung zuwendet. Im Hinblick auf das 17. und 18. Jahrhundert wäre es nicht nur riskant, sondern geradezu irreführend, von einer einzigen «deutschen» Gesellschaft zu sprechen. Deshalb ist hier für diese Zeit mehrfach betont worden, daß man zwar von einem deutschsprachigen Mitteleuropa ausgehen kann, das jedoch in zahlreiche einzelstaatliche und regionale, städtische und dörfliche Gesellschaften zerfiel. Die locker gefügte Staatenunion des Alten Reiches vermochte keine reichsdeutsche Gesellschaft zu erzeugen, und selbst in den größeren Mitgliedsstaaten, wie etwa Preußen, Bayern und Sachsen, fiel es noch dem durchgriffsfreudigen Spätabsolutismus schwer, seine heterogene Untertanenschaft auf den Weg zur vereinheitlichten Staatsbürgerschaft zu bringen. Im Süddeutschland der ehemaligen Rheinbundstaaten haben dann die frühkonstitutionellen Verfassungen die von ihnen erwartete Integrationsleistung zum guten Teil vollbracht, und Karl August v. Hardenberg wußte mit seinem Beraterstab im «Büro des Staatskanzlers» sehr wohl, warum er sein Reformwerk mit einer preußischen Verfassung abschließen wollte, um eine vergleichbare aktivierte Staatsbürgerschaft aufzubauen.

Eine kräftige Mobilisierungswirkung hin zu einer gesamtdeutsch empfindenden Gesellschaft, die sich allmählich auch nicht mehr auf das gebil-

dete und wirtschaftlich erfolgreiche Bürgertum beschränkte, ist dann vom
Aufstieg des deutschen Nationalismus ausgegangen, der sich über die Unterschiede der Stände und Klassen hinweg im Prinzip an alle Nationsgenossen und -genossinnen wandte. Sein Einfluß verband sich sowohl mit
der wirtschaftlichen Verflechtung, die von Unternehmern, Bankiers und
Eisenbahnen gefördert wurde, als auch mit den Auswirkungen der natio-
nalkulturellen Literatur und des Theaters. Die Resonanz der 48er Revolution als gesamtdeutsches Großereignis hat diese nationalisierende Wirkung, wie etwa die leidenschaftliche Frankfurter Debatte über einen
großdeutschen oder kleindeutschen liberalen Verfassungsstaat zeigte, noch
einmal verstärkt. Und die Verfassungsentwürfe gingen durchaus von der
Wirtschaftseinheit des künftigen Reiches aus.

Erst die drei Bismarckschen Hegemonialkriege, die nach innen auch die
Funktion nationaler Integrationskriege besaßen, haben dann aber zu einem neuartigen großpreußisch-kleindeutschen Staatenverband geführt,
der als der weithin ersehnte Nationalstaat begriffen wurde. Durch die von
zahlreichen politischen Sozialisierungsprozessen in den Schulen und Universitäten, im Militär und den Kriegervereinen, in den Medien und Predig-
ten vorangetriebene Formierung einer deutschen Reichsnation, die es so –
in einer alle deutschsprachigen Österreicher ausschließenden Form – vor
1871 noch nie gegeben hatte, wurden im Verein mit der eminent folgenreichen reichsrechtlichen Vereinheitlichung und wirtschaftlichen Expansion
die Entwicklungsbedingungen für die eine überkommene Barrieren allmählich nivellierende reichsdeutsche Gesellschaft geschaffen. Nach der
Umprägung während einer etwa 30 Jahre lang währenden Sozialisationsphase konnten sich der Kölner und der Breslauer Handwerker, der in
Oberschlesien oder im Ruhrgebiet tätige Bergarbeiter, der Königsberger
und der Tübinger Bildungsbürger als Angehörige ein und derselben gesamtdeutschen Gesellschaft empfinden. Zwar blieben, insbesondere im
ländlichen Ambiente, traditionelle Schranken noch lange erhalten, zumal
die vom staatlichen Schulsystem geförderte Hochsprache die für andere
kaum verständlichen Dialekte noch keineswegs überwunden hatte; insofern bestanden gerade dort multiple Identitäten weiter fort.

Doch gab es seither, von einem gesamtdeutschen Arbeitsmarkt kraftvoll
unterstützt, eine in den Grundzügen erkennbare gesamtdeutsche Gesellschaft, welche die fortbestehenden Regionalgesellschaften, gleich ob städ-
tischer oder ländlicher Natur oder an fürstliche Herrschaftsverbände an-
knüpfend, mit dem Anspruch auf Höherwertigkeit überwölbte. Auch hier
zeigt sich aber erneut, daß die Intervention der politischen Herrschaftsträger, die seit den 1860er Jahren keineswegs als Exekutoren ökonomischer
oder nationalkultureller Triebkräfte gehandelt hatten, die Weichen hin zu
einer reichsdeutschen Gesellschaft gestellt hat. Eine Nationalgesellschaft
kam nicht aus eigener Kraft zu Stande, wohl aber schuf der – wie in fast

allen Fällen – durch Krieg geschaffene deutsche Nationalstaat die conditio sine qua non für ihre Entstehung.

Trotz ihrer regionalen Schwerpunkte hat auch die Sozialdemokratie, als sie das reichsdeutsche Proletariat organisierte, haben die liberalen und konservativen Parteien, die sich an die bürgerlichen Wähler im ganzen Land wandten, hat auch das Zentrum, das im Prinzip alle deutschen Katholiken für sich gewinnen wollte, die Homogenisierung einer unlängst noch heterogenen Gesellschaft befördert.

In der vom Bismarckreich erstmals dauerhaft eingerahmten und allmählich Gestalt gewinnenden deutschen Gesellschaft lebte das Erbe vergangener Epochen auf unterschiedliche Weisen weiter fort, die der vollständigen Homogenisierung widerstrebten. Nie war sie ganz und gar das Ergebnis einer jeweiligen Moderne. So hielten sich etwa in der ländlichen und auch in der kleinstädtischen Gesellschaft Ostelbiens noch lange die Traditionen der ständischen Welt, während die klassenbildenden Kräfte der Marktgesellschaft unaufhaltsam vordrangen. Im Ruhrgebiet konnte zur selben Zeit ihr Erfolg und damit die völlige Auflösung der ständischen Traditionen besichtigt werden.

Ein anderes Beispiel: Der Leistungsfanatismus der Hitler-Bewegung, der sie für jüngere Generationen wegen seiner antitraditionalistischen Stoßrichtung so attraktiv machte, hat zur Entfesselung eines sozialdarwinistischen Konkurrenzkampfes geführt, in dem das «Survival of the Fittest» prämiert wurde. Wurde dieses Leistungsdenken mit dem Ziel der «egalitären Leistungs-Volksgemeinschaft» aller arischen Deutschen entnazifiziert, kam es mühelos als Leistungsimpuls der Sozialen Marktwirtschaft der jungen Bundesrepublik zugute, die diesen engagierten Aufstiegswillen für sich nutzen konnte. Umgekehrt hat sich erst dreißig Jahre später erwiesen, wie die Kritik der 68er am vermeintlich praktizierten «Leistungsterror» die Leistungsorientierung des Schul- und Universitätssystems geschwächt hat.[5]

Im Vergleich mit der Zeit vor 1914, auch noch vor 1933, hat sich die westdeutsche Gesellschaft – nur langsam holt seit 1990, seit dem Ende des Selbstzerstörungswerks der SED, die ostdeutsche Gesellschaft auf – seit 1948/49 zu einer von marktbedingten Klassen dominierten Gesellschaft entwickelt. Trotz aller Pluralisierungs- und Individualisierungstendenzen haben die magnetischen Zuordnungskräfte unterschiedlicher Märkte die Stratifikationsordnung ausschlaggebend gestaltet. Zwar wirken auf sie auch machtvolle Traditionen weiter ein – etwa die des Bildungsbürgertums auf die akademische Intelligenz, des gehobenen Wirtschaftsbürgertums auf die Unternehmerschaft –, Traditionen, die auf ihre Weise die Langlebigkeit von Klassenkulturen demonstrieren, deren Existenz in der ahistorischen Debatte über neue Milieus und Lebenslagen leicht ganz verschwindet.

Aber aufs Ganze gesehen hat sich die Marktwirtschaft ihre Marktgesell-schaft geschaffen, deren Verlustbilanz durch einen hochgezüchteten Sozi-alstaat mit seinen zahllosen Transferleistungen weithin korrigiert wird. Insofern ist der Sozialstaat eine ingeniöse Antwort auf die unablässig Ungleichheit generierende Marktgesellschaft. Sein spannungsminderndes Wirken im Verein mit der Grunderfahrung einer wirtschaftlichen Hoch-konjunktur und zugleich der Funktionstüchtigkeit des neuen Systems in der zweieinhalb Jahrzehnte währenden, die Weichen stellenden Grün-dungszeit der Bundesrepublik erklären auch ihre auffällige «Ultrastabili-tät» (R. Löwenthal), die manchem Beobachter beim Vergleich der west-lichen Staaten nach dem Zweiten Weltkrieg aufgefallen ist.

Hinter der Außenwand dieser von bitteren antagonistischen Klassen-spannungen freien, außerordentlich stabil wirkenden Gesellschaft haben sich jedoch krasse, zudem auffallend konstante Disparitäten der Einkom-mens- und Vermögensverteilung, des Zugangs zu den Funktionseliten und Bildungsinstitutionen herausgebildet (s. IV. A. 17). Überall besteht Soziale Ungleichheit weiter fort. Deshalb ist die Behauptung verblüffend realitäts-blind, daß in der Bundesrepublik keine Unterschichten mehr existierten. Denn es gibt diese Unterklassen genauso wie die Oberklassen in der Wirt-schaft, der akademischen Intelligenz und dem Staatsapparat. Doch im Ver-gleich mit früheren Zeiten haben diese empirisch unleugbaren Disparitäten bisher keinen feindselig geführten Klassenkampf ausgelöst. Und ebenfalls im Vergleich mit früher haben sich die Mittelklassen – im ausgeweiteten 2., 3. und 4. Quintil der Sozialstatistik – seit 1949 kraftvoll ausgedehnt. In dem Gefühl, daß sie der Fahrstuhleffekt in der Wachstumsgesellschaft nach oben transportiert hat, verarbeiten sie die sich stetig vergrößernde soziale Distanz nach oben bisher ohne aggressiven Sozialneid und die ge-reizte Bereitschaft zum Konflikt. Währenddessen löst eine sich verbürger-lichende Arbeiterschaft nicht mehr die virulenten Bedrohungsängste aus, die ein klassenkämpferisch militantes Proletariat einst geschürt hatte.

Läßt man in einer Langzeitperspektive die gesellschaftlichen zusammen mit den politischen Entwicklungen in der neueren deutschen Gesellschaft noch einmal Revue passieren, indem man gleichzeitig auf den Vergleich mit anderen Ländern achtet, sticht ein Ensemble von Sonderbedingungen hervor. Sie erschweren es ganz außerordentlich, die Vorstellung von einem deutschen «Sonderweg», wie man bisher zu sagen pflegte, auf der Linie der Kritiker so nachdrücklich zu relativieren (oder sogar ganz abzustreiten), daß im Grunde der deutsche Weg in die Moderne nur als einer von zahlrei-chen anderen europäischen Modernisierungspfaden erscheint – als Bestäti-gung von Jacob Burckhardts geflügeltem Wort, daß Europas Eigenart eben aus seiner Vielfalt bestehe. Gerade der Vergleich bestätigt jedoch die Macht dieser Sonderbedingungen: der hektische Regimewechsel, einschließlich der seit Bismarcks «Kanzlerdiktatur» weitverbreiteten Erwartung der charismatischen Herrschaft eines nationalen Führers; die Diskreditierung der Aufklärung, überhaupt der wirre Wechsel in der politischen Ideenwelt; die radikale Zerstörung der ostdeutschen Adelsexistenz; die Umwälzungen in der Sphäre des Bildungsbürgertums, der beamteten oder angestellten Dienstklassen, der Industrie- und Landarbeiterschaft; die erbitterte Bekämpfung der modernen liberalen Marktklassengesellschaft im Zeichen des nationalsozialistischen Rassestaats oder der kommunistischen Gesellschaftsutopie – sie alle vereinigen sich zu einem Kranz von restriktiven Bedingungen, deren Besonderheit man schwerlich ernsthaft bestreiten kann.

Insofern hebt sich die erstaunliche Erfolgsgeschichte der alten Bundesrepublik vor dieser Folie um so heller ab. Sie hat den meisten dieser Sonderbedingungen eine klare Absage erteilt, das war die Prämisse ihres Aufstiegs. Er demonstriert überdies, daß sich selbst die Folgen des fatalen Absturzes nach einem Zivilisationsbruch – freilich unter extrem günstigen Ausnahmebedingungen – korrigieren, in mancher Hinsicht sogar überwinden ließen. Diesen Erfolg hat man nach dem vermeintlich «langen Weg nach Westen» als vollendete Ankunft in jenem Kulturkreis charakterisiert, den die Deutschen in der Epoche des Zweiten Dreißigjährigen Krieges verlassen hatten. Nun ist aber, wie in diesen Bänden mehrfach betont, Deutschland auch im 19. und frühen 20. Jahrhundert, genauso wie vorher, ein Teil des Westens gewesen. Nach dem fatalen, aber kurzlebigen Abstieg aus dieser Welt ist Westdeutschland, während der antiwestliche Impuls unter anderen Vorzeichen in Ostdeutschland bis 1989 weiterlebte, seit 1949 dorthin zurückgekehrt.

Damit ist aber keineswegs ein rundum befriedigender Endzustand erreicht, den man – wie Treitschke in seiner Manier den neugeschaffenen deutschen Nationalstaat als nicht mehr zu überbietendes Telos der deutschen Geschichte verklärt hat – mit einem befriedigten «Es ist geschafft» als das Non plus ultra der deutschen Zeitgeschichte gewissermaßen einfriert. Der historische Prozeß schreitet unaufhaltsam weiter fort. 1990 hat er z. B. ganz unerwartet die Rückkehr Ostdeutschlands in den Westen gebracht, alte Probleme verschärft und neue aufgeworfen.

Wenn der letzte Band dieser Gesellschaftsgeschichte eines lehrt, dann ist es die Dynamik und Differenzierungskraft einer Marktgesellschaft, in der sich gewaltige Disparitäten zwischen den marktbedingten Ober-, Mittel- und Unterklassen aufgetan haben und offenbar, wie es aussieht, sogar unablässig noch weiter vergrößern. Soziale Ungleichheit prägt weiterhin das gesellschaftliche Leben in wichtigen Dimensionen. Allerdings regiert auch hier nicht mehr der offene Antagonismus einander feindlich gesinnter Klassen, da Prosperität und Sozialstaat die ehemals unüberbrückbaren Friktionen entschärft haben, und ohnehin ist ja das vielbeschworene Klassenbewußtsein keine ahistorische Konstante, sondern der historische Sonderfall eines Klassenhabitus.

Unterhalb der extrem privilegierten Oberklassen hat sich eine breite Zone vielfach begünstigter Mittelklassen herausgebildet, welche die neubürgerliche Gesellschaft der Bundesrepublik tragen – wie es die Theorie der «Bürgerlichen Gesellschaft» von der Stabilisierungsfunktion der «bürgerlichen mittleren Lagen» erwartet hat. Doch die Kluft zwischen Akademikern und manuell Arbeitenden hat sich nicht nur gehalten, sondern in der Wissensgesellschaft weiter zugenommen. Das klassenbewußte Proletariat ist durch Sozialrecht und Tarifpolitik, politische Teilhabe und Aufstiegserfolge in eine verhandlungsbereite Arbeitnehmerschaft verwandelt worden. Doch unterhalb dieser Arbeiterklassen, die sich in einem Prozeß der Verbürgerlichung befinden, ist durch die Zuwanderung ein neues ethnisches Subproletariat entstanden, das, assimilations- und bildungsfern, in seinen ghettoähnlichen Wohnquartieren, in denen der Einfluß eines fundamentalistischen Islamismus um sich greift, den Aufenthalt in einer abgeschotteten Subkultur der Integration vorzieht. Dort könnte sich ein Sprengstoff ansammeln, der die «Rote Gefahr» des 19. Jahrhunderts bei weitem übertrifft.

In der Politik verfolgt die im Westen angekommene bundesrepublikanische Gesellschaft weiterhin anachronistische Prioritäten mit einer atemberaubenden Kurzsichtigkeit. Milliarden werden etwa in den winzigen Agrarsektor gelenkt, während das Bildungssystem, von dem die Zukunft, die Leistungsfähigkeit, der Wohlstand der Wissensgesellschaft abhängen, geradezu kärglich versorgt wird. Nachdem die Expansion der Universitäten während der 1960/70er Jahre endlich in Gang gebracht worden war, zogen sich die «Decision-makers» gleich welcher parteipolitischen Couleur aus Angst vor den Folgen ihrer durchaus realitätsangemessenen Präferenzentscheidung auf ein Sparprogramm nach dem andern zurück. Und vor dem unvermeidlichen Umbau des exzessiv aufgeblähten Sozialstaats, der deutschen Innenpolitik liebstes Kind, floh die einstmals flexible und reformfreudige Bundesrepublik im Gegensatz zu ihren klügeren Nachbarn in eine trotzig behauptete Defensivpolitik.

Dieser Band endet mit der Fusion der beiden deutschen Neustaaten, doch in der neuen Bundesrepublik, im neuen Jahrhundert, werden sich all diese Probleme – und zahlreiche dazu – mit unveränderter, eher noch gesteigerter Schärfe weiter stellen. Dann wird erst recht die satte treitschkeanische Selbstzufriedenheit, im Westen wieder angekommen zu sein und eigentlich keiner Systemreformen zu bedürfen, nicht genügen. Vielmehr geht es durchaus auf der Linie der eigenen Normen und Werte darum, die Verwirklichung einer westlichen Gesellschaft, die sich auf der Höhe der Zeit bewegt, in der Bundesrepublik weiter voranzutreiben. So sollten etwa, um einige Aufgaben beispielhaft zu nennen, die sozialökonomischen Disparitäten im Licht der Chancengerechtigkeit überprüft und nach Kräften korrigiert werden. Die Sprengkraft des neuen Subproletariats muß durch eine gezielte Integrationspolitik entschärft werden. Die künftige Wissensgesellschaft muß sich erst recht auf den institutionellen Unterbau leistungsfähiger Schulen und Universitäten stützen können. Die Macht der Großunternehmen und ihres Einflusses muß gezähmt werden – das kann nur der leistungsfähige Staat, so daß der modische Ruf nach dem «schlanken Staat» auf absehbare Grenzen trifft. Und schließlich muß der internationale Turbokapitalismus der Globalisierung, die kein unkorrigierbares, übermächtiges Fatum verkörpert, wie ihre Protagonisten gerne verkünden, so eingehegt werden, wie der naturwüchsige Privatkapitalismus des 19. und 20. Jahrhunderts durch den Sozial-, Rechts- und Verfassungsstaat zivilisiert worden ist.

Mit der Bewältigung solcher Aufgaben sind unstreitig, wer würde das leugnen, enorme Schwierigkeiten verbunden. Eine zeitgemäß eingerichtete westliche Gesellschaft bewährt sich aber erst in der Verwirklichung solcher Aufgaben. Sie stellen eine nie vollends bestandene, immer in die Zukunft offene Bewährungsprobe dar. Daß ihr überhaupt mit der Aussicht auf Erfolg begegnet werden kann, beruht auf einer historischen Einsicht: Ungeachtet aller schmerzhaften Rückschläge hat dieser Gesellschaftstypus auch in der Bundesrepublik bisher das Lernpotential und die Flexibilität besessen, seine Zukunftsfähigkeit zu beweisen.

# Anhang

# Anmerkungen

## Elfter Teil
### Bundesrepublik und DDR
#### 1949–1990

*Vorwort*

[1] E. J. Hobsbawm, Age of Extremes. The Short 20th Century 1914–91, London 1994; dt. Das Zeitalter der Extreme, München 1995. Vgl. H.-U. Wehler, Gibt es das «Kurze 20. Jh.»? in: M. Sabrow Hg., 1990. – Eine Epochenzäsur? Leipzig 2005, 69–76, u. in: Wehler, Notizen zur deutschen Geschichte, München 2007, 40–49; ders., Kontinuität u. Diskontinuität in der deutschen Geschichte 1945–90, in: Fs. L. Albertin, Lage 2008, 43–50, u. in: ders., Notizen, 50–63; K. Tenfelde, 1914 bis 1990 – Die Einheit der Epoche, in: Aus Politik u. Zeitgeschichte (= APZ) 40.1991, 3–11. Kritik: M. Hettling, Der Mythos des kurzen 20. Jh., in: Saeculum 49. 1998, 327–45.

[2] Vgl. zu den fatalen Konsequenzen eines Türkei-Beitritts zur EU und zum islamischen Fundamentalismus: H.-U. Wehler, Die Selbstzerstörung der EU durch den Beitritt der Türkei, in: ders., Konflikte zu Beginn des 21. Jh., München 2003, 41–52; ders., Amerikan. Nationalismus, Europa u. der Islam nach dem 11.9.2001, in: ebd., 52–67; ders., Verblendetes Harakiri: Türkei-Beitritt zerstört die EU, in: APZ 33–34. 2004, 6–8; ders., Mutwillige Selbstzerstörung. Der Türkei-Beitritt zerstört die EU, in: K.-S. Rehberg Hg., Soziale Ungleichheit – kulturelle Unterschiede, Frankfurt 2006, 1140–50; ders., Der Türkei-Beitritt zerstört die EU, in: ders., Notizen, 160–73. Dazu C.-T. Weick, Die schwierige Balance. Kontinuitäten u. Brüche deutscher Türkeipolitik, Münster 2001; B. Tibi, Mit dem Kopftuch nach Europa? Die Türkei auf dem Weg in die EU, Darmstadt 2005; H.-L. Kieser u. E. Plozzo Hg., Der Völkermord an den Armeniern, Zürich 2006; R. Hosfeld, Operation Nemesis. Die Türkei, Deutschland u. der Völkermord an den Armeniern, Köln 2005; C. Leggewie Hg., Die Türkei u. Europa, Frankfurt 2004; S. P. Huntington, Kampf der Kulturen, München 2002, 226–36.

*I. Politische Rahmenbedingungen in den beiden Neustaaten*

[1] A. Doering-Manteuffel, Strukturmerkmale der Kanzlerdemokratie, in: Der Staat 30.1991, 1–18; ders., Die Bundesrepublik in der Ära Adenauer, Darmstadt 1988[2]; K. D. Bracher, Deutschland zwischen Demokratie u. Diktatur, München 1964; ders. Zeitgeschichtl. Kontroversen, ebd. 1984; J. Isensee u. P. Kirchhof Hg., Hdb. des Staatsrechts der Bundesrepublik, 10 Bde., Heidelberg 1987–2000. Die Kategorie des Vetoakteurs oder -spielers nach G. Tsebelis, Veto Players, Princeton/N. J. 2002. – Über die Geschichte der Bundesrepublik informiert eine breite Literatur. Vgl. Bd. IV, 1139, Anm. 1; v. a. Laqueur, Europe; Therborn, Gesellschaften; Loth, Teilung; Benz u. Graml, 20. Jh. II; Hillgruber, Europa; Nolte, Kalter Krieg; Ritter, Über Deutschland; Klessmann, 1945–55; v. Kielmansegg, Nach der Katastrophe; Görtemaker, Bundesrepublik; Morsey, Bundesrepublik, 2007[5]; Bark u. Grass, West Germany; Herbst Hg. Westdeutschland; Benz, Hitler u. Adenauer; ders., Besatzungsherrschaft; ders., Westdeutschlands Weg; Conze u. Lepsius Hg., Sozialgeschichte der Bundesrepublik; Rupp, Bundesrepublik; Birke,

Deutschland 1945–61; Turner, Germanies; Eschenburg, Besatzung 1945–49; Steininger, 1945–61; Düwell, Bundesrepublik; Merritts, 1945–75; Grosser, Deutschlandbilanz; Hillgruber, 1945–72; aus der allg. Lit. noch Erker, Prowe, Berghahn, Reulecke u. Abelshauser.

Allgemeine Erörterungen auch in: H.-P. Schwarz, Fragen an das 20. Jh., in: VfZ 48.2000, 1–36; ders., Die neueste Zeitgeschichte, in: ebd. 51.2003, 5–18; ders., Die 50er Jahre als Epochenzäsur, in: Fs. G. Schulz, Berlin 1989, 473–96; G. A. Ritter, Kontinuitäten u. Diskontinuitäten in staatl. u. gesellschaftl. Institutionen Westdeutschlands nach 1945, in: ders., Über Deutschland, 13–76; ders., Wirtschaft u. Gesellschaft der Bundesrepublik im Wandel, in: ebd., 77–128; L. Niethammer, Schwierigkeiten beim Schreiben einer deutschen Nachkriegsgeschichte nach dem Zweiten Weltkrieg, in: ders., Deutschland danach, 434–49; ders., Zum Wandel der Kontinuitätsdiskussion, in: ebd., 394–413; U. Herbert, Die Bundesrepublik in der deutschen Geschichte, in: ders., Hg., Wandlungsprozesse in Westdeutschland 1945–80, Göttingen 2002, 7–49; A. Schildt, Nachkriegszeit. Möglichkeiten u. Probleme einer Periodisierung der westdeutschen Geschichte nach 1945 u. ihrer Einordnung in die deutsche Geschichte des 20. Jahrhunderts, in: GWU 44.1993, 567–84; ders., Überlegungen zur Historisierung der Bundesrepublik, in: K. Jarausch u. a. Hg., Verletztes Gedächtnis. Erinnerungskultur u. Zeitgeschichte im Konflikt, Frankfurt 2002, 233–72; ders., Ankunft im Westen. Zur Erfolgsgeschichte der Bundesrepublik, Frankfurt 1999; M. Fulbrook, Approaches to German History Since 1945, in: Zeithistorische Forschungen (= ZF) 1. 2001, 31–50; A. Doering-Manteuffel, Deutsche Zeitgeschichte nach 1945, in: VfZ 41. 1993, 1–29; W. Benz, Deutsche Geschichte nach 1945, in: TAJbDG 16. 1987, 398–420; J. Echternkamp, Nach dem Krieg. Alltagsnot, Neuorientierung u. die Last der Vergangenheit 1945–49, Zürich 2003; W. Halder, Deutsche Teilung. Vorgeschichte u. Anfangsjahre der doppelten Staatsgründung, ebd. 2003²; A. Schildt Hg., Deutsche Geschichte im 20. Jh., München 2005; M. Behnen Hg., Lexikon der deutschen Geschichte 1945–90, Stuttgart 2002; R. Rytlewski u. M. Opp de Hipt, Die Bundesrepublik in Zahlen 1945/49–80. Ein sozialgeschichtliches Arbeitsbuch, München 1987.

Weiterhin sind jetzt heranzuziehen: C. Kleßmann, Zwei Staaten, eine Nation. Deutsche Geschichte 1955–70, Göttingen 1988; M. G. Schmidt, Political Institutions in the Federal Republic of Germany, Oxford 2003; ders., Das politische System der Bundesrepublik, München 2005; meisterhaft ausgeführt ist ders., Das polit. System Deutschlands, ebd. 2007; K. v. Beyme, Das polit. System der Bundesrepublik, Wiesbaden 2004¹⁰; H.-P. Schwarz, Die Ära Adenauer. Epochenwechsel 1957–63, Stuttgart 1983; ders., Anmerkungen zu Adenauer, München 2004; vorzüglich ist: E. Wolfrum, Die geglückte Demokratie. Geschichte der Bundesrepublik, Stuttgart 2006; ders., Die Bundesrepublik 1949–90, ebd. 2005; K. Hildebrand, Von Erhard zur Großen Koalition 1963–69, ebd. 1986; K. D. Bracher u. a., Republik im Wandel. 1969–74: Die Ära Brandt, ebd. 1986; W. Jäger u. W. Link, Republik im Wandel. 1974–82: Die Ära Schmidt, ebd. 1987 (vgl. die Rez. von C. Kleßmann, Ein stolzes Schiff u. krächzende Möwen. Die Geschichte der Bundesrepublik u. ihre Kritiker, in: GG 11.1985, 476–94; K. Bohnsack, Der hohe Preis des Historismus. Geschichtsschreibung im Kielraum des Staatsschiffs, in: Zeitschrift für Parlamentsfragen 15.1985, 562–75); M. Fulbrook, History of Germany 1918–2000, Oxford 2004³ ; dies., A Concise History of Germany, Cambridge 1990; dies., The Two Germanies, Basingstoke 1992; P. Bender, Deutschlands Wiederkehr. Eine ungeteilte Nachkriegsgeschichte 1945–90, Stuttgart 2007; C. Burrichter u. a. Hg., Deutsche Zeitgeschichte 1945–2000, Berlin 2006 (eine eklatante Beschönigung der DDR-Geschichte); blass ist D. G. Williamson, Germany Since 1815, N. Y. 2005; völlig anachronistisch: S. Ozment, A Mighty Fortress. A New History of the German People, N. Y. 2004. Auf dem Gipfel des kulturalistischen Modetrends: K. H. Jarausch u. M. Geyer Hg., Shattered Past. Reconstructing German History, Princeton 2003; dt. Zerbrochener Spiegel. Deutsche Geschichten im 20. Jh., München 2005; vorzügliche Kritik: W. Hagen, Master Narratives, in: GSR 30.2007, 1–32; oft weit weg von den realgeschichtlichen Problemen: K. H. Jarausch, Die Umkehr. Deutsche Wandlungen 1945–2000, ebd. 2004. Vgl. Herbert Hg., Wandlungsprozesse; M.-L. Recker, Geschichte der Bundesrepublik, München 2002; A. Rödder, Die Bundesrepublik 1969–90, ebd. 2003; A. Wirsching, Abschied vom Provisorium. Geschichte der Bundesrepublik 1982–90, ebd. 2006; D. P. Conradt, The German Polity, N. Y. 2001[7]; U. Andersen u. W. Woyke Hg., Hwb. des polit. Systems der Bundesrepublik, Opladen 2003[5]; W. Rudzio, Das polit. System der Bundesrepublik, Opladen 2000[5]; P. H. Merkl, The Federal Republic of Germany at Fifty, N. Y. 1999; O. W. Gabriel, u. a., Hdb. Polit. System der Bundesrepublik, München 1999[2]; A. J. Nicholls, The Bonn Republic 1945–90, London 1997; L. Kettenacker, Germany Since 1945, Oxford 1997; E. Jesse, Die Demokratie der Bundesrepublik, Baden-Baden 1997[8]; F. Pilz u. H. Ortwein, Das polit. System Deutschlands, München 1995; A. J. McAdams, Germany Divided. From the Wall to Reunification, Princeton 1993; R. D. Dalton, Politics in Germany, N. Y. 1993[2]; J. J. Hesse u. T. Ellwein Hg., Das Regierungssystem der Bundesrepublik, Opladen 1992[7]; P. J. Katzenstein, Policy and Politics in West Germany, Philadelphia 1987; G. Smith, Democracy in Western Germany, Aldershot 1986[3]; W. Benz Hg., Die Bundesrepublik, 3 Bde., Frankfurt 1984; P. Borowsky, Deutschland 1963–69, Hannover 1983; ders., Deutschland 1969–82, ebd. 1987; M. Niehuss, Besatzungszeit, Bundesrepublik u. DDR 1945–69, Stuttgart 1998; D. Grosser u. a., Bundesrepublik u. DDR 1969–90, ebd. 2005; P. Steinbach, Geschichte der Bundesrepublik, Berlin 1982; T. Ellwein, Das Regierungssystem der Bundesrepublik, Opladen 1973[3]; U. Albrecht u. a., Beiträge zu einer Geschichte der Bundesrepublik, Köln 1979; L. I. Edinger, West German Politics, N. Y. 1986; T. Eschenburg, Staat u. Gesellschaft in Deutschland, München 1963; F. K. Fromme, Von der Weimarer Verfassung zum Bonner Grundgesetz, Tübingen 1962[2]; A. J. Heidenheimer, The Governments of Germany, N. Y. 1962; K. W. Deutsch u. L. J. Edinger, Germany Rejoins the Powers, Stanford 1959. – A. Schildt, Moderne Zeiten. Freizeit, Massenmedien u. «Zeitgeist» in der Bundesrepublik der 50er Jahre, Hamburg 1995; ders. u. a. Hg., Dynam. Zeiten. Die 60er Jahre in den beiden deutschen Gesellschaften, ebd. 2000. – Zur Außenpolitik: Grundsätzliche Überlegungen in: E. Conze, Überlegungen zu einer «modernen Politikgeschichte» der Bundesrepublik, in: VfZ 54.2005, 357–80; ders., Herrschaft u. Politik, in: A. Doering-Manteuffel Hg., Strukturmerkmale der deutschen Geschichte im 20. Jh., München 2006, 109–17; ders., Abschied von Staat u. Politik, in: ders. u. a. Hg., Geschichte der Internationalen Beziehungen, Köln 2004, 15–43; trocken ist: U. Lappenküper, Die Außenpolitik der Bundesrepublik 1949–90, München 2008; C. Hacke, Die Außenpolitik der Bundesrepublik, ebd. 2003; F. Pfetsch, dass., München 1998[2]; G. Schöllgen, dass., ebd. 1999; S. G. Bierling, dass., ebd. 1999; W. Besson, dass., ebd. 1970; J. Dülffer, Europa im Ost-West-Konflikt 1945–91, ebd. 2004; W. Loth, Ost-West-Konflikt u. deutsche Frage, ebd. 1989; A. Baring, Außenpolitik in Adenauers Kanzlerdemokratie, 2 Bde., ebd. 1969/ND 1971. – T. Ellwein u. E. Holtmann Hg., 50 Jahre Bundesrepublik, Opladen 1999; M. Kaase u. G. Schmid Hg., Eine lernende Demokratie. 50 Jahre Bundesrepublik, Berlin 1999; E. Conze u. G. Metzler Hg., 50 Jahre Bundesrepublik, Stuttgart 1999; R. Löwenthal u. H.-P. Schwarz Hg., Die zweite Republik: 25 Jahre Bundesrepublik, ebd. 1974; H. Schissler Hg., The Miracle Years: a Cultural History of West Germany 1949–68, Princeton/N. J. 2001; R. G. Moeller Hg., West Germany Under Construction, Ann Arbor/Mich. 1997; W. D. Narr u. D. Thränhardt Hg., Die Bundesrepublik, Königstein 1979. Anfechtbar: G. Fülberth, Berlin – Bonn – Berlin. Deutsche Geschichte seit 1945, Köln 1999. DDR-Dogmatik: R. Badstübner u. S. Thomas, Restauration u. Spaltung. Entstehung u. Entwicklung der BRD 1945–55, ebd. 1975; R. Badstübner, Vom «Reich» zum doppelten Deutschland, Berlin 1999. Zum europäischen Kontext: H. Altrichter u. W. L. Bernecker, Geschichte Europas im 20. Jh., Stuttgart 2004; H. James, Geschichte Europas im 20. Jh.:

446 Anmerkungen

1914–2000, München 2004; M. Fulbrook, The Short Oxford History of Europe since 1945, Oxford 2000.

[2] Die Parteienlit.: Bd. IV, 1143; Kleßmann II, 114–24; U. v. Alemann, Das Parteiensystem der Bundesrepublik, Opladen 2000; ders., Parteien u. Gesellschaft in der Bundesrepublik, in: A. Mintzel u. H. Oberreuther Hg., Parteien in der Bundesrepublik, Bonn 1992[2], 89–130; P. Lösche, Kleine Geschichte der deutschen Parteien, Stuttgart 1994[2]; ders. u. F. Walter, Katholiken, Konservative u. Liberale Milieus u. Lebenswelten bürgerl. Parteien in Deutschland, in: GG 26.2000, 471–92; A. Mintzel u. H. Oberreuter Hg., Parteien in der Bundesrepublik, Bonn 1990; R. Stöss Hg., Parteien-Hdb. Die Parteien der Bundesrepublik 1945–80, 2 Bde., Opladen 1983; D. Staritz Hg., Das Parteiensystem der Bundesrepublik, ebd. 1980; H. Kaack, Geschichte u. Struktur des deutschen Parteiensystems, ebd. 1971; F. Walter, Milieus u. Parteien in der deutschen Gesellschaft, in: GWU 46.1995, 479–93; D. E. Rogers, Politics After Hitler. The Western Allies and the German Party System, Houndmills 1995 – Zur CDU: Schwarz, Adenauer, 2 Bde; W. Becker u. a. Hg., Lexikon der Christl. Demokratie in Deutschland, Paderborn 2002; K. Niclauss, Kanzlerdemokratie. Regierungsführung von Adenauer bis Schröder, Paderborn 2004[2]; F. Bösch, Die Adenauer-CDU 1945–69, Stuttgart 2001; A. Doering-Manteuffel u. H. P. Schwarz Hg., Adenauer u. die deutsche Geschichte, Bonn 2001; R. J. Granieri, The Ambivalent Alliance: Konrad Adenauer, the CDU/CSU, and the West 1949–66, N.Y. 2004; K. Sontheimer, Die Adenauer-Ära, München 1991. – Zur CSU: A. Mintzel, Geschichte der CSU, Opladen 1977; ders., Die CSU. Anatomie einer konservativen Partei 1945–72, ebd. 1975; ders., Die CSU, in: ders. u. Oberreuter Hg., 199–230; ders., Die CSU, in: Stöss Hg., 661–718; ders., Die CSU in Bayern, in: J. Dittberner und R. Ebbinghausen Hg., Parteiensystem in der Legitimationskrise, Opladen 1973, 349–426; T. Schlemmer, Aufbruch, Krise u. Erneuerung. Die CSU 1945–55, München 1998; H. Woller, Die Loritz-Partei. Die Wirtschaftl. Aufbau-Vereinigung 1945–55, Stuttgart 1982; vgl. auch noch: D. Koerfer, Kampf ums Kanzleramt: Erhard u. Adenauer, Stuttgart 1987; K. H. Dedring, Adenauer, Erhard, Kiesinger. Die CDU als Regierungspartei, 1961–69, Pfaffenweiler 1989; A. C. Mierzjewski, L. Erhard, Chapel Hill 2004, dt. Berlin 2005; P. Gassert, K.G. Kiesinger 1904–88, München 2004; A. Baring und M. Görtemaker, Machtwechsel. Die Ära Brandt-Scheel, Stuttgart 1982 (vgl. die Rez. von M. Broszat, Voreilige Geschichtsschreibung? Zu Barings «Machtwechsel», in: ders., Nach Hitler, 201–04); G. Hirscher u. K. R. Korte Hg., Aufstieg und Fall von Regierungen, München 2001; H. Heitzer, Die CDU in der Brit. Zone 1945–49, Düsseldorf 1988; H.-J. Grabbe, Unionsparteien, Sozialdemokratie u. USA 1945–66, ebd. 1983; U. Wengst, Staatsaufbau u. Regierungspraxis 1948–53, ebd. 1984.

[3] Vgl. zur SPD: K. Klotzbach, Der Weg zur Staatspartei. Programmatik, praktische Politik u. Organisation der deutschen Sozialdemokratie 1945–65, Bonn 1996[2]; ders., Die Programmdiskussion in der deutschen Sozialdemokratie 1945–59, in: AfS 16.1976, 469–83; T. Pirker, Die SPD nach Hitler 1945–64, München 1965/Berlin 1977; F. Lösche u. F. Walter, Die SPD, Klassenpartei – Volkspartei – Quotenpartei, Darmstadt 1992; dies. Hg., Sozialmoral. Milieus in Demokratie u. Diktatur, Paderborn 2000; F. Walter, Die SPD, Berlin 2002; J. Angster, Konsenskapitalismus u. Sozialdemokratie 1945–65, München 2004; G. D. Drummond, The German Social Democrats in Opposition 1949–60, Norman/Okl.1982; P. Merseburger, K. Schumacher, Stuttgart 1995; ders., W. Brandt 1913–92, ebd. 2002; G. Schöllgen, W. Brandt, Berlin 2001; H. Soell, F. Erler, Bonn 1976; ders., Der junge Wehner, Stuttgart 1991; A. Leugers–Scherzberg, Die Wandlungen des H. Wehner, Berlin 2002; T. Lütjen, K. Schiller 1911–94, Bonn 2007; H.-U. Wehler, E. Reuter, in: Jb. des Wissenschaftskollegs, Berlin 2005, 325–35; W. Brandt u. R. Löwenthal, E. Reuter, München 1957; F. Stern, E. Reuter, in: ders., Der Traum vom Frieden, Berlin 1999, 98–116.

[4] Vgl. zur FPD: J. Dittberner, Die FDP, Wiesbaden 2005; P. Lösche u. F. Walter, dass.,

Darmstadt 1996; D. Hein, Zwischen liberaler Milieupartei u. nationaler Sammlungsbewegung: FDP 1945–49, Düsseldorf 1985; K. Schröder, Die FDP in der Brit. Besatzungszone 1946–1948, ebd. 1985. T. Rütten, Der deutsche Liberalismus 1945–55, Baden-Baden 1984.

⁵ Vgl. zu den kleinen Parteien: F. Neumann, Der Block der Heimatvertriebenen u. Entrechteten 1950–60, Meisenheim 1968; J. Müller, Die Gesamtdeutsche Volkspartei, Düsseldorf 1990. – H. Grebing, Konservative gegen die Demokratie. Konservative Kritik an der Demokratie in der Bundesrepublik nach 1945, Frankfurt 1971; H.-J. Puhle, Konservatismus u. Neo-Konservatismus: Deutsche Entwicklungslinien seit 1945, in: R. Eisfeld u. I. Müller Hg., Gegen Barbarei, Frankfurt 1989, 399–423; A. Schildt, Der deutsche Konservatismus – Kontinuitäten u. Brüche im 20. Jh., in: M. Grunewald u. U. Puschner Hg., Das konservative intellektuelle Milieu in Deutschland 1890–1960, Bern 2003, 27–45. – F. Major, The Death of the KPD in West Germany 1945–56, Oxford 1997; D. E. Barclay u. E. D. Weitz Hg., Between Reform and Revolution: German Socialism and Communism 1840–1990, N.Y. 1998; H. Kluth, Die KPD in der Bundesrepublik 1945–56, Opladen 1959; H. Duhnke, Die KPD 1933–45, Köln 1972; A. v. Brünneck, Polit. Justiz gegen Kommunisten in der Bundesrepublik 1949–68, Frankfurt 1978; H. Weber u. A. Herbst, Deutsche Kommunisten. Biograph. Hbd. 1918–45, Berlin 2004; S. Courtois u. a. Hg., Das Schwarzbuch des Kommunismus, München 1998. – L. McGowan, The Radical Right in Germany 1870–2000, London 2002; H. Hansen, Die SRP, Düsseldorf 2007; O. Sowinski, Die Deutsche Reichspartei 1950–65, Frankfurt 1998; W. Benz, Rechtsextremismus in der Bundesrepublik, ebd. 1984; O. Büsch u. P. Fürth, Rechtsradikalismus im Nachkriegsdeutschland: Studien über die «Sozialistische Reichspartei», Berlin 1957; L. Niethammer, Angepasster Faschismus. Politische Praxis der NPD, Frankfurt 1969; R. Kühnl, Die NPD, ebd. 1969. – J. Raschke, Die Grünen, Köln 1993; A. S. Markovits u. P. S. Gorski, Grün schlägt rot. Die deutsche Linke nach 1945, Hamburg 1997; R. H. Dominick, The Environmental Movement in Germany 1871–1971, Bloomington/Ind. 1992; R. Sieferle Hg., Fortschrittsfeinde? Opposition gegen Technik u. Industrie, München 1984; J. Radkau, Natur u. Macht. Eine Weltgeschichte der Umwelt, ebd. 2000.

⁶ H. Abromeit, Unternehmerverbände, in: Andersen u. Woyke Hg., 612–16; W. Bührer, Unternehmerverbände, in: Benz Hg., Bundesrepublik II, 140–209; ders. u. E. Grande Hg., Unternehmerverbände u. Staat in Deutschland, Baden-Baden 2000. Vgl. Abromeit, Interessenvermittlung zwischen Konkurrenz u. Konkordanz, Opladen 1993; dies., Staat u. Wirtschaft, Frankfurt 1981; W. Reutter u. P. Rütters Hg., Verbände u. Verbandssystem in Westeuropa, Opladen 2001; M. Sebaldt, Organisierter Pluralismus: Deutsche Interessengruppen, ebd. 1997; U. v. Alemann, Verbände in vergleich. Perspektive, Berlin 1997; ders., Organis. Interessen in der Bundesrepublik, ebd. 1989²; ders. u. R. G. Heinze Hg., Verbände u. Staat, ebd. 1981²; G. Triesch u. W. Ockenfels, Interessenverbände in Deutschland, München 1995; E.-W. Böckenförde, Die polit. Funktion wirtschaftl.-sozialer Verbände, in: W. Hennis u. a. Hg., Regierbarkeit, Stuttgart 1977, 223–54; T. Ellwein, Die großen Interessenverbände, in: Löwenthal u. Schwarz Hg., 470–93. Vgl. T. Eschenburg, Herrschaft der Verbände? Stuttgart 1956; Ullmann, Interessenverbände; W. Plumpe, Die Unternehmerverbände nach dem Zweiten Weltkrieg, in: Bührer u. Grande Hg., Unternehmerverbände, 75–87; ders., Vom Plan zum Markt. Wirtschaftsverwaltung u. Unternehmerverbände in der brit. Zone, Düsseldorf 1987; I. Schmid, Verbände, München 1998; S. Mann, Macht u. Ohnmacht der Verbände, Baden-Baden 1994; E. Moser, Bayerns Arbeitgeberverbände 1947–62, Stuttgart 1990; B. Benzmer, Ministerialbürokratie u. Interessengruppen 1949–84, Baden-Baden 1989; C. Schulz, Der gezähmte Konflikt. Zur Interessenverarbeitung durch Verbände u. Parteien am Beispiel der Wirtschaftsentwicklung u. -politik in der Bundesrepublik 1966–76, Opladen 1984; K. v. Beyme, Interessengruppen in der Demokratie, München 1980⁵; J. Weber, Die Interessengruppen

im polit. System der Bundesrepublik, Stuttgart 1977; W. Simon, Macht u. Herrschaft der Unternehmerverbände. BDI, BDA u. DIHT, Köln 1976; M. Warmbach, Verbändestaat u. Parteienoligopol. Die Vertriebenenverbände, Stuttgart 1971; G. Leibholz u. G. Winkler, Staat u. Verbände, Berlin 1966; E. Buchholz, Die Wirtschaftsverbände in der Wirtschaftsgesellschaft, Tübingen 1969; G. Braunthal, The Federation of German Industry in Politics. Ithaca 1965; G. Wittkämper, Grundgesetz u. Interessenverbände, Köln 1963; K. O. Hondrich, Die Ideologien von Interessenverbänden, Berlin 1963; V. v. Bethusy-Huc, Demokratie u. Interessenpolitik, Wiesbaden 1962; J. H. Kaiser, Die Repräsentation organisierter Interessen, Berlin 1956; R. Breitling, Die Verbände in der Bundesrepublik, Meisenheim 1955. – Zur Agrarlobby: R. G. Heinze, Verbandspolitik – Der Deutsche Bauernverband, Gütersloh 1992; P. Ackermann, Der Deutsche Bauernverband im politischen Kräftespiel der Bundesrepublik, Tübingen 1970; U. Kluge, Agrarwirtschaft u. ländl. Gesellschaft im 20. Jh., München 2005; ders., 40 Jahre Agrarpolitik in der Bundesrepublik, 2 Bde., Hamburg 1989; J. Osmond, Land, Peasant and Lord in German Agriculture since 1800, in: S. Ogilvie u. R. Overy Hg., Germany – A New Social and Economic History III, London 2003, 71–105; G. Corni, Markt, Politik u. Staat in der Landwirtschaft. Deutschland u. Italien im 20. Jh. im Vergleich, in: ZAA 51.2003, 62–77; H. Niehaus, Sorgenkind Landwirtschaft, in: Löwenthal u. Schwarz Hg., 728–61; C. Weisz, Organisation u. Ideologie der Landwirtschaft 1945–49, in: VfZ 21.1973, 192–99.

⁷ Vgl. zu den Gewerkschaften: S. Mielke u. F. Vilmar, Die Gewerkschaften, in: W. Benz Hg., Die Bundesrepublik II, Frankfurt 1983, 192–237; dies., Bundesrepublik, in: S. Mielke Hg., Internationales Gewerkschafts-Hdb., Opladen 1983, 337–84; T. Pirker, Die blinde Macht. Die Gewerkschaftsbewegung in Westdeutschland, 2 Bde., Berlin 1979²; H. O. Hemmer, Geschichte der Gewerkschaften in der Bundesrepublik, Köln 1990; M. Schneider, Kleine Geschichte der Gewerkschaften, Bonn 1989; W. Schroeder, Katholizismus u. Einheitsgewerkschaft. Der Streit um den DGB u. der Niedergang des Sozialkatholizismus in der Bundesrepublik bis 1960, Bonn 1992; K. Armingeon, Die Entwicklung der westdeutschen Gewerkschaften 1950–85, Frankfurt 1988; G. Müller, Mitbestimmung in der Nachkriegszeit, Düsseldorf 1987; dies., Strukturwandel u. Arbeitnehmerrechte. Die wirtschaftl. Mitbestimmung in der Eisen- u. Stahlindustrie 1945–75, Essen 1991; H. Thum, Mitbestimmung in der Montanindustrie. Der Mythos vom Sieg der Gewerkschaften, Stuttgart 1982; W. Link, Deutsche u. amerikanische Gewerkschaften u. Geschäftsleute 1945–75, Düsseldorf 1978; K. v. Beyme, Gewerkschaften u. Arbeitsbeziehungen in kapitalist. Ländern, München 1977; E. C. M. Cullingford, Trade Unions in West Germany, London 1976. Streiks: H. Spode u. a. Hg., Statistik der Arbeitskämpfe in Deutschland 1936/37–80, St. Katharinen 1992. – Zum Korporativismus: Bd. III, 1038–45; Bd. IV, 268–71.

⁸ C. Garner, Der öffentl. Dienst in den 50er Jahren, in: A. Schildt u. A. Sywottek Hg., Modernisierung im Wiederaufbau der 50er Jahre, Bonn 1993, 759–90; ders., Zerschlagung des Berufsbeamtentums? Der deutsche Konflikt um die Neuordnung des öffentl. Dienstes 1946–48, in: VfZ 39.1991, 55–101; M. Ruck, Die Tradition der deutschen Verwaltung, in: Doering-Manteuffel Hg., Strukturmerkmale, 95–108; U. Zelinsky, Bedingungen u. Probleme der Neubildung von Führungsgruppen in Deutschland 1945–49, in: J. Becker u. a. Hg., Vorgeschichte der Bundesrepublik 1945–49, München 1979, 217–33; H.-J. Döscher, Verschworene Gesellschaft. Das AA unter Adenauer, Berlin 1995, Neuaufl.: Seilschaften. Die verdrängte Vergangenheit des AA, ebd. 2005; B. Wunder, Zur Geschichte der deutschen Beamtenschaft 1945–85, in: GG 17.1991, 256–77; A. Christmann u. M. Skiba, Die Entwicklung der Gehälter der Beamten des Reiches u. Bundes 1928–63, Köln 1964; Wildt, Generation, 736–845; unsägliche Apologie: K. Gotto, H. Globke, in: K. G. A. Jeserich u. H. Neuhaus Hg., Persönlichkeiten der Verwaltung 1648–1945, Stuttgart 1991, 464–68; ders. Hg., Der Staatssekretär Adenauers: H. Globke, Stuttgart 1980; K. Werum, Die Entnazifizierung der Verwaltungsbeamten, in: Demo-

kratie u. Recht 17.1989, 422–32; U. Herbert, Deutsche Eliten nach Hitler, in: Mittelweg 36.1999, 66–92; ders. NS-Eliten in der Bundesrepublik, in: W. Loth u. B.A. Rusinek Hg., Verwandlungspolitik, Frankfurt 1998, 93–115; ders. Rückkehr in die Bürgerlichkeit? NS-Eliten in der Bundesrepublik, in: B. Weisbrod Hg., Rechtsradikalismus in der politischen Kultur der Nachkriegszeit, Hannover 1995, 157–73; J. L. Edinger, Continuity and Change in the Background of German Decision Makers, in: Western Political Quarterly 14.1961, 17–36; ders., Post-Totalitarian Leadership: Elites in the German Federal Republic, in: American Sociological Review 54.1960, 58–82; E. Czerwick, Demokratisierung der öffentl. Verwaltung in Deutschland, in: GG 28.2002, 183–203; U. Wengst, Beamtentum zwischen Reform u. Tradition 1948–53, Düsseldorf 1988; U. Reusch, Deutsches Berufsbeamtentum u. brit. Besatzung 1943–47, Stuttgart 1985; W. Benz, Versuche zur Reform des öffentl. Dienstes in Deutschland 1945–52, in: VfZ 29.1981, 216–45; G. Ambrosius, Funktionswandel u. Strukturveränderung der Bürokratie 1945–49, in: H. A. Winkler Hg., Polit. Weichenstellungen im Nachkriegsdeutschland, Göttingen 1979, 167–202; R. Morsey, Personal- u. Beamtenpolitik 1947–50, in: ders. Hg., Verwaltungsgeschichte, Berlin 1977, 191–238; E. Pikart, Berufsbeamtentum im Parteienstaat, in: Zeitschrift für Politik (= ZfP) 7.1960, 225–40.

⁹ K. Megerle, Die Radikalisierung blieb aus. Zur Integration gesellschaftlicher Gruppen in der Bundesrepublik, in: H. Kaelble Hg., Der Boom 1948–73, Opladen 1992, 107–26; H.-P. Schwarz, Die ausgebliebene Katastrophe, in: Fs.T. Eschenburg, Berlin 1990, 151–74; D. Langewiesche, Vom Wert histor. Erfahrung in einer Zusammenbruchsgesellschaft, in: Berliner Journal für Soziologie 9.1999, 303–11; M. Schumacher, Staatsgründung im Wirtschaftsaufschwung 1949–53, in: L. Albertin u. W. Link Hg., Polit. Parteien auf dem Weg zur parlamentar. Demokratie, Düsseldorf 1981, 261–75; C. Deutschmann u. R. Schmiede, Lohnentwicklung in der Bundesrepublik 1960–78, Frankfurt 1983; M Schneider, Streit um die Arbeitszeit, Köln 1984; Vgl. hierzu die Lit. über Flüchtlinge u. Vertriebene in Anm. 1. BHE: Anm. 4; zum Wirtschaftsaufschwung unten III.1. – Die einschlägigen Beiträge in F. Möller Hg., Charismat. Führer der deutschen Nation, München 2004 (W. Wolfrum, Adenauer, 171–92; W. v. Kieseritzky, Brandt, 219–58; D. Hein, Kohl, 259–81; R. Gries, Ulbricht, 193–218) leiden durchweg an einem vom Hg. vorgebenen unangemessenen, inflationären Charismabegriff.

¹⁰ Zum Militär am klarsten und kenntnisreich: D. Bald, Von der Wehrmacht zur Bundeswehr, in: Conze u. Lepsius Hg., 387, 390f., ders., Bürger in Uniform. Neuanfang des Militärs in Westdeutschland, in: Schildt u. Sywottek Hg., Modernisierung, 392–402; ders., Reform des Militärs in der Ära Adenauer, in: GG 28.2002, 175–82; ausführlicher: ders., Militär u. Gesellschaft 1945–1990, Baden-Baden 1993; zuletzt ders., Die Bundeswehr 1955–2005, München 2005; K. Naumann, Generale in der Demokratie. Generationsgeschichtl. Studien zur Bundeswehrelite, Hamburg 2007; W. Hanrieder, Deutschland, Europa, Amerika. Die Außenpolitik der Bundesrepublik 1949–89, Paderborn 1991. Vgl. weiterhin: T. Sommer, Wiederbewaffnung u. Verteidigungspolitik, in: Löwenthal u. Schwarz Hg., 580–603; B.-O. Manig, Die Politik der Ehre. Die Rehabilitierung der Berufssoldaten in der frühen Bundesrepublik, Göttingen 2004; J. Lockenour, Soldiers as Citizens. Former Wehrmacht Officers in the Federal Republic of Germany 1945–55, Lincoln/Nebr. 2002; A.L. Smith, Kampf um Deutschlands Zukunft. Die Umerziehung von Hitlers Soldaten, Bonn 1997; D. C. Large, Germans to the Front. West German Rearmament in the Adenauer Era, Chapel Hill 1996; K. Höfner, Die Aufrüstung Westdeutschlands, München 1990; G. Meyer, Soldaten ohne Armee. Berufssoldaten im Kampf um Standesehre u. Versorgung, in: Broszat u.a. Hg., Stalingrad, 683–750; ders., Zur Situation der deutschen militärischen Führungsschicht im Vorfeld des westdeutschen Verteidigungsbeitrags 1945–51, in: Miltitärgeschichtl. Forschungsamt Hg., Anfänge westdeutscher Sicherheitspolitik 1945–1956 I, München 1982, 577–737; R. Stumpf, Die Wiederverwendung von Generalen u. die Neubildung militär. Eliten in

Deutschland u. Österreich nach 1945, in: M. Messerschmidt u. a. Hg., Militärgeschichte, Stuttgart 1982, 478–97; M. Kutz, Reform u. Restauration der Offiziersausbildung der Bundeswehr, Baden-Baden 1982; H. Loquai, Qualifikations- u. Selektionssysteme für Eliten in bürokrat. Organisationen. Eine soziolog. Analyse der Ausbildung u. Auswahl deutscher Generalstabs- u. Admiralstabsoffiziere, Freiburg 1980; K. v. Schubert, Wiederbewaffnung u. Westintegration, Stuttgart 1970; C. H. Hermann, Deutsche Militärgeschichte, Frankfurt 1966; J. Echternkamp, Mit dem Krieg seinen Frieden schließen. Wehrmacht u. Weltkrieg in der Veteranenkultur 1945–60, in: T. Kühne Hg., Von der Kriegskultur zur Friedenskultur? Münster 2000, 78–93.

[11] N. Frei, 1945 u. Wir. Das Dritte Reich im Bewusstsein der Deutschen, München 2005, 28, 30, 32, 35, 73, 76, 79 f.; ders., Das Problem der NS-Vergangenheit in der Ära Adenauer, in: H. Oberreuter u. J. Weber Hg., Freundliche Feinde? ebd. 1996, 181–93; v. a. ders., Vergangenheitspolitik. Die Anfänge der Bundesrepublik u. die NS-Vergangenheit, ebd. 1998²; V. Knigge u. ders. Hg., Verbrechen erinnern. Die Auseinandersetzung mit Holocaust u. Völkermord, ebd. 2002; N. Frei u. a. Hg., Geschichte vor Gericht, ebd. 2000; einflußreich: H. Lübbe, Der NS im polit. Bewusstsein der Gegenwart, in: M. Broszat u. a. Hg., Deutschlands Weg in die Diktatur, Berlin 1983, 329–49; P. C. Wachs, Der Fall T. Oberländer 1905–98, Frankfurt 2000; M. Geyer, The Place of the Second World War in German Memory and History, in: New German Critique 71.1997, 5–40; M. v. Miquel, Ahnden oder Amnestieren? Westdeutsche Justiz u. Vergangenheitspolitik in den 60er Jahren, Göttingen 2004; ders., Der befangene Rechtsstaat. Die westdeutsche Justiz u. die NS-Vergangenheit, in: A. Kenkmann u. H. Zimmer Hg., Nach Kriegen u. Diktaturen, Essen 2005, 81–96; J. Friedrich, Freispruch für die Nazi-Justiz. Die Urteile gegen NS-Richter seit 1948, Reinbek 1983; G. Jasper, Wiedergutmachung u. Westintegration. Die halbherzige justizielle Aufarbeitung der NS-Vergangenheit in der frühen Bundesrepublik, in: Herbst Hg., Westdeutschland, 183–202; U. Herbert, Drei deutsche Vergangenheiten, in: Fs. C. Kleßmann, Bonn 1998, 376–90; H. Graml, Die verdrängte Auseinandersetzung mit dem NS, in: Broszat Hg., Zäsuren nach 1945, München 1990, 169–83; S. Conrad, Auf der Suche nach der verlorenen Nation. Geschichtsschreibung in Westdeutschland u. Japan 1945–60, Göttingen 1999. Allg. noch: P. Bock u. E. Wolfrum Hg., Umkämpfte Vergangenheit, Göttingen 1999; D. Siegfried, Zwischen Aufarbeitung u. Schlussstrich. Der Umgang mit der NS-Vergangenheit 1958–69, in: Schildt u. a. Hg., 77–113; H. Berghoff, Zwischen Verdrängung u. Aufarbeitung. Die bundesdeutsche Gesellschaft u. ihre NS-Vergangenheit in den 50er Jahren, in: GWU 49.1998, 86–114; F. Hentschke, Demokratisierung als Ziel der amerikan. Besatzungspolitik in Deutschland u. Japan 1943–47, München 2000; E. Spevack, Allied Control and German Freedom. American Political and Ideological Influences on the Framing of the West German Basic Law, Münster 2001; A. Schildt, Der Umgang mit der NS-Vergangenheit in der Öffentlichkeit der Nachkriegszeit, in: Loth u. Rusinek Hg., 19–54; natürlich auch R.G. Moeller, War Stories. The Search for a Usable Past in the Federal Republic, Berkeley 2001; ders., dass., in: AHR 101.1996, 1008–48; J. Herf, Divided Memory. The Nazi Past in the Two Germanies, Cambridge/Mass. 1997, dt. Zweierlei Erinnerung. Die NS-Vergangenheit im geteilten Deutschland, Berlin 1998; ders., Multiple Restoration: German Political Traditions and the Interpretation of Nazism 1945/46, in: CEH 26.1993, 21–55; K. Sühl Hg., Vergangenheitsbewältigung 1945–89, Berlin 1994; zu Recht umstritten ist M. Kittel, Die Legende von der «zweiten Schuld». Vergangenheitsbewältigung in der Ära Adenauer, Berlin 1993; ders., Nach Nürnberg u. Tokio. «Vergangenheitsbewältigung» in Japan u. Westdeutschland 1945–68, München 2004; W. Benz, Zum Umgang mit der NS-Vergangenheit, in: J. Danyel Hg., Die geteilte Vergangenheit, Berlin 1994, 47–60; P. v. Kielmansegg, Lange Schatten. Vom Umgang der Deutschen mit der NS-Vergangenheit, Berlin 1989; T. Koebner, Die Schuldfrage. Vergangenheitsbewältigung u. Lebenslüge 1945–49, in: ders. u. a. Hg., Deutschland nach Hitler 1939–49, Opladen 1987, 301–29;

C. E. Frye, The Third Reich and the Second Republic: NS Impact upon German Democracy, in: Western Political Quarterly 21. 1968, 668–80. – Der Prozess gegen die Hauptkriegsverbrecher vor dem Internationalen Militärgerichtshof, 42 Bde., Nürnberg 1949; G. Pauli u. T. Vormbaum Hg., Justiz u. NS-Kontinuität u. Diskontinuität, Berlin 2003; A. Weinke, Die Verfolgung von NS-Tätern im geteilten Deutschland 1949–69, Paderborn 2002; G. R. Überschär Hg., Der NS vor Gericht. Die alliierten Prozesse gegen Kriegsverbrecher u. Soldaten 1943–52, Frankfurt 1999; B. Boll, Wehrmacht vor Gericht. Kriegsverbrecherprozesse nach 1945, in: GG 24.1998, 570–94; A. Kochavi, Prelude to Nuremberg. Allied War Crimes Policy and the Quest for Punishment, Chapel Hill 1998; G. Wamhof Hg., Das Gericht als Tribunal, Göttingen 2008; J. K. Olick, In the House of the Hangman, Chicago 2005; D. O. Pendas, The Frankfurt Auschwitz Trial 1963–65, Cambridge 2006; R. Wittmann, Beyond Justice: The Auschwitz Trial, Cambridge 2005; C. F. Rueter, Die westdeutschen Strafverfahren wegen NS-Tötungsverbrechen 1945–97, Amsterdam 1998; U. Brochhagen, Nach Nürnberg. Vergangenheitsbewältigung u. Westintegration in der Ära Adenauer, Hamburg 1994; glänzend ist: J. Buruma, Erbschaft der Schuld. Vergangenheitsbewältigung in Deutschland u. Japan, München 1994; Vorzüglich: J. Perels, Die Umdeutung der NS-Diktatur in einen Rechtsstaat, in: W. Wette Hg., Filbinger – eine deutsche Karriere, Stuttgart 2006, 91–97; Redaktion «Kritische Justiz» Hg., Die jurist. Aufarbeitung des Unrechts-Staates, Baden-Baden 1998; T. A. Schwartz, Die Begnadigung der deutschen Kriegsverbrecher, in: VfZ 38.1990, 375–414; F. M. Buscher, The US War Crimes Trial Program in Germany 1946–55, N. Y. 1989; J. Weber u. P. Steinbach Hg., Vergangenheitsbewältigung durch Strafverfahren? NS-Prozesse in der Bundesrepublik, München 1984; T. Bower, Blind Eye to Murder: Britain, America, and the Purging of Nazi Germany, London 1981; A. Rückerl, NS-Verbrechen vor Gericht. Versuch einer Vergangenheitsbewältigung, Heidelberg 1984²; ders. Hg., NS-Vernichtungslager im Spiegel deutscher Strafprozesse, München 1977. – L. Niethammer, Alliierte Internierungslager in Deutschland nach 1945, in: Fs. H. Mommsen, Berlin 1995, 469–92; R. Knigge-Tesche u. B. Ritschel, Internierungspraxis in Ost- u. Westdeutschland nach 1945, Erfurt 1993; H. Wember, Umerziehung im Lager. Internierung u. Bestrafung von Nationalsozialisten in der brit. Besatzungszone, Essen 1992²; C. Horn, Die Internierungs- u. Arbeitslager in Bayern 1945–52, Frankfurt 1992; C. Schick, Die Internierungslager, in: Broszat Hg., Stalingrad, 301–25; S.V. Mironenko, Sowjet. Speziallager in Deutschland 1945–50, Berlin 1998; J. Morré, Speziallager des NKWD. Sowjet. Internierungslager in Brandenburg 1945–50, Potsdam 1997.

[12] M. R. Lepsius, Das Erbe des Nationalsozialismus u. die polit. Kultur der Nachfolgestaaten des «Großdeutschen Reiches», in: ders., Demokratie in Deutschland, 229–45; vgl. K. Rohe, Polit. Kultur, in: O. Niedermayer u. K. v. Beyme Hg., Polit. Kultur in Ost- u. Westdeutschland, Berlin 1994, 3–21; ders., Polit. Kultur u. ihre Analyse, in: HZ 250. 1990, 321–46; ders., Zur Typologie polit. Kulturen in westl. Demokratien, in: Fs. H. Gollwitzer, München 1982, 581–96; A. Schildt, The Long Shadow of the Second World War: The Impact of Experiences and Memories of War on West German Society, in: German Historical Institute Bulletin 29/1.2007, 28–49; P. Reichel, Vergangenheitsbewältigung in Deutschland, München 2007²; ders., Polit. Kultur der Bundesrepublik, Opladen 1981; zu skeptisch ist: S.A. Glienke u.a. Hg., Erfolgsgeschichte Bundesrepublik? Göttingen 2008; D. P. Conradt, Changing German Political Culture, in: G. A. Almond u. S. Verba Hg., The Civic Culture, Boston 1980, 212–72; ders., Germany: The Remaking of Political Culture, in: L.W. Pye u. ders. Hg., Political Culture and Political Development, Princeton 1965, 130–70; ders., The Remaking of German Political Culture, in: M. Dogan u. R. Rose Hg., European Politics, London 1971, 63–77; M. Brocker Hg., Geschichte des polit. Denkens, Frankfurt 2007.

[13] Das folgende nach den vorzüglichen Übersichtsdarstellungen von D. Staritz, Geschichte der DDR 1949–90, Frankfurt 1996, 16, 22–24, 43, 50, 54, 58–60, 62, 65, 70f., 76,

81, 102, 105–8, 117–22, 127–30, 132 f., 153, 161 f., 167 f., 180; ders., Die Gründung der DDR, München 1984; H. Weber, Die DDR 1945–90, ebd. 2000³, 1 f., 4–23; Kleßmann II, 301–465; s. Lit. in Bd. II, 983 f.; K. Schönhoven, Kontinuitäten u. Brüche. Zur doppelten deutschen Geschichte nach 1945, in: TAJbDG 28.1999, 245; K. Schroeder, Die DDR: Eine (spät-)totalitäre Gesellschaft, in: M. Wilke Hg., Die Anatomie der Parteizentrale, Berlin 1998, 556; ders., Die DDR als polit. Gesellschaft, in: ders., Geschichte u. Transformation des SED-Staates, Berlin 1994, 13; W. Halder, Der Volksentscheid zur «Enteignung der Kriegs- u. Naziverbrecher» in Sachsen im Juni 1946, in: GG 25.1999, 588–612; ders., Modell für Deutschland. Wirtschaftspolitik in Sachsen 1945–48, Paderborn 2001; J. Foitzik, Sowjet. Militäradministration in Deutschland 1945–49, Berlin 1999; I.-S. Kowalczuk u. S. Wolle, Roter Stern über Deutschland. Sowjet. Truppen in der DDR, ebd. 2001; T. Benzenberger, Wie das Volkseigentum geschaffen wurde, in: Zeitschrift für Neuere Rechtsgeschichte 19.1997, 210–48. – O. Kappelt, Die Entnazifizierung in der SBZ, Hamburg 1997; M. Wille, Entnazifizierung in der SBZ 1945–48, Magdeburg 1993; W. Meinicke, Die Entnazifizierung in der SBZ 1945–48, in: R. Eckert u. a. Hg., Wendezeiten – Zeitenwende, Hamburg 1991, 33–52; W. Eisert, Die Waldheimer Prozesse 1950, Esslingen 1993; R. Engelmann u. C. Vollnhals Hg., Justiz im Dienste der Parteiherrschaft, Berlin 2000²; G. Dilcher Hg., Rechtserfahrung DDR, ebd. 1997; L. Immisch, Der sozialist. Richter in der DDR u. seine Unabhängigkeit, Frankfurt 1997; F. Werkentin, Polit. Strafjustiz in der Ära Ulbricht, Berlin 1995; H. Rottleuthner, Steuerung der Justiz in der DDR, Köln 1994; I. Markovits, Der Handel mit der sozialist. Gerechtigkeit, in: T. Lindenberger Hg., Herrschaft u. Eigen-Sinn in der Diktatur. Studien zur Gesellschaftsgeschichte der DDR, Köln 1999, 315–47. – W. Loth, Die Sowjetunion u. die deutsche Frage, Göttingen 2007; ders., Stalins ungeliebtes Kind. Warum Moskau die DDR nicht wollte, Berlin 1994; B. Meissner, Die Sowjetunion u. die deutsche Frage 1949–1955, in: D. Geyer Hg., Osteuropa-Hdb.: Sowjetunion/Aussenpolitik I, Köln 1972, 473–501. – Bester Forschungsüberblick R. Eppelmann u. a. Hg., Bilanz u. Perspektiven der DDR-Forschung, Paderborn 2003 (v. a. Weber 163–228; Staritz, 451–95); R. Eppelmann u. a. Hg., Lexikon des DDR-Sozialismus, ebd. 1996; H. Müller-Enbergs u. a. Hg., Wer war wer in der DDR? Berlin 2000. Allgemeine Darstellungen: z. Zt. am besten: M. Fulbrook, The People's State. East German Society from Hitler to Honecker, NewHaven/Conn. 2005; dies., Anatomy of a Dictatorship. Inside the GDR 1949–89, Oxford 1995; dies., History, 137–281; dies., Interpretations of the Two Germanies, Houndmills 2002²; hervorragend ist: S. Meuschel, Legitimation u. Parteiherrschaft. DDR 1945–89, Frankfurt 1992. Vgl. M. Wilke, Der SED-Staat, Hg. H.-J. Veen, Köln 2006; G. Heydemann, Die Innenpolitik der DDR, München 2003; J. Scholtyseck, Die Außenpolitik der DDR, ebd. 2003; M. Broszat u. H. Weber Hg., SBZ-Hdb. Staatliche Verwaltungen, Parteien, gesellschaftl. Organisationen u. ihre Führungskräfte in der SBZ, ebd. 1990; C. Kleßmann u. P. Lautzas Hg., Teilung u. Integration: Die doppelte deutsche Nachkriegsgeschichte, Bonn 2005; C. Kleßmann Hg., The Divided Past, Oxford 2001; ders. Hg., Zeitgeschichte nach dem Ende des Ost-West-Konflikts, Essen 1998; ders. Hg., Deutsche Vergangenheiten – eine gemeinsame Herausforderung, Berlin 1999; D. Hoffmann, Die DDR unter Ulbricht, Zürich 2003; ders., u. a. Hg., Vor dem Mauerbau. Politik u. Gesellschaft in der DDR der 50er Jahre, München 2003; J. Z. Madarász, Conflict and Compromise in East Germany 1971–89, N. Y. 2003; P. Major Hg., The Workers' and Peasants' State. Communism and Society in East Germany Under Ulbricht 1945–71, Manchester 2002; C. Ross, The East German Dictatorship, London 2000²; ders., Constructing Socialism at the Grass Roots. The Transformation of East Germany 1945–65, Basingstoke 2000; M. Dennis, The Rise and Fall of the GDR 1945–90, Harlow 2000; ders., German Democratic Republic, London 1988; G. Pritchard, The Making of the GDR 1945–53, Manchester 2000; U. Mählert, Kleine Geschichte der DDR, München 1998; S. Wolle, Die heile Welt der Diktatur. Alltag u. Herrschaft in der DDR 1971–89, Berlin 1998; J. Kocka, Vereinigungskrise, Göttingen 1995; H. Mehringer, Von der SBZ zur DDR. Studien zum Herrschaftssystem, München 1995; Schroeder Hg., Geschichte u. Transformation; P. Bender, Unsere Erbschaft. Was war die DDR – was bleibt von ihr? Hamburg 1992; J.-P. Mathieu u.a., RDA. Quelle Allemagne? Paris 1990; G. Badia Hg., Histoire de l'Allemagne contemporaine II: Les deux états allemands RFA – RDA, ebd. 1987; G.-I. Glaeßner, Die andere deutsche Politik, Opladen 1989; M. MacCauley, The German Democratic Republic Since 1945, Houndmills 1986; H. Krisch, The German Democratic Republic, Boulder/Col. 1985; P. C. Ludz u. J. Kuppe Hg., DDR-Hdb., Köln 1985; H. Rausch u. T. Stammen, DDR, München 1981⁵; K. Sontheimer u. W. Bleeck, Die DDR, Hamburg 1979⁵. Dogmatische DDR – Verklärung: R. Badstübner u.a., Geschichte der DDR, Berlin 1981; S. Doernberg, Kurze Geschichte der DDR, ebd. 1968³; s. jetzt auch J. Roesler, Zur Geschichte der beiden deutschen Staaten 1945–90, in: Burrichter u.a. Hg., 19–160 (bis 1990 hat R. die DDR als SED-Mitglied, seither als PDS-Mitglied beschönigt. In diesem Sammelband unter Mitwirkung zahlreicher Angehöriger der R. Luxemburg-Stiftung der PDS und anderer DDR-Wissenschaftler findet sich überhaupt eine aufdringliche Verklärung des SED-Staats). Aus den Forschungskontroversen vgl. v.a.: J. Kocka, Bilanz u. Perspektiven der DDR-Forschung, in: DA 36.2003, 751–57; ders., Die Geschichte der DDR als Forschungsproblem, in: ders., Vereinigungskrise, 83–90; ders., Ein deutscher Sonderweg. Überlegungen zur Sozialgeschichte der DDR, in: ebd., 102–21; ders., Eine durchherrschte Gesellschaft, in: H. Kaelble u.a. Hg., Sozialgeschichte der DDR, Stuttgart 1994, 547–53; ders., Revolution u. Nation 1989, in: ders., Vereinigungskrise, 9–32; ders., Ende des deutschen Sonderwegs? in: W. Ruppert Hg., «Deutschland, Bleiche Mutter» oder eine neue Lust an der nationalen Identität? Berlin 1992, 9–31; ders. u. M. Sabrow Hg., Die DDR als Geschichte, ebd. 1994; ders. Hg., Histor. DDR-Forschung; ebd. 1993; B. Faulenbach, Überwindung des «deutschen Sonderwegs»? in: APZ 51.1998, 282–94; ders., Nur eine «Fußnote der Weltgeschichte»? Die DDR im Kontext der Geschichte des 20 Jh., in: R. Eppelmann u.a. Hg., Bilanz, 1–23; M. Fulbrook, The Limits of Totalitarianism. God, State and Society in the GDR, in: Transactions of the Royal Historical Society 7.1997, 25–53; dies., Politik, Wissenschaft u. Moral. Zur neueren Geschichte der DDR, in: GG 22.1996, 457–70; dies., Methodolog. Überlegungen zu einer Gesellschaftsgeschichte der DDR, in: R. Bessel u. R. Jessen Hg., Die Grenzen der Diktatur, Göttingen 1996, 274–97; D. Pollack, Wie modern war die DDR? in: H.-G. Hockerts Hg., Koordinaten deutscher Geschichte, 175–205; ders., Die offene Gesellschaft u. ihre Feinde, in: GG 26.2000, 184–96; S. Meuschel, Machtmonopol u. homogenisierte Gesellschaft, in: ebd., 171–83; dies., Überlegungen zu einer Herrschafts- u. Gesellschaftsgeschichte der DDR, in: GG. 19.1993, 1–14; L. Niethammer, Erfahrungen u. Strukturen, in: Kaelble u.a. Hg., Sozialgeschichte der DDR, 95–115, ders., Method. Überlegungen zur deutschen Nachkriegsgeschichte, in: Kleßmann u.a. Hg., Deutsche Vergangenheiten, 307–27; M. Sabrow, Gab es eine stalinist. DDR? in: ders. Hg., ZeitRäume: Potsdamer Almanach des Zentrums für Zeithistor. Forschung 2005, Berlin 2006, 131–41; ders., Der Konkurs der Konsensdiktatur, in: K. H. Jarausch u. ders. Hg. Weg in den Untergang. Der innere Zerfall der DDR, Göttingen 1999, 83–118; ders. Hg., Histor. Forschung u. sozialist. Diktatur, Leipzig 1995; R. Eckert, Histor. Streit u. moderne Zeitgeschichte. Die 2. deutsche Diktatur, in: Fs. B. Faulenbach, Essen 2003, 107–21; K. H. Jarausch, «Die Teile als Ganzes erkennen.» Zur Integration der beiden deutschen Nachkriegsgeschichten, in: ZF 1.2004, 10–30; ders., A Double Burden. The Politics of the Past and German Identity, in: J. Leonhard u. L. Funk Hg., Ten Years of German Unification, Birmingham 2002, 98–114; S. Wolle, Die DDR in der deutschen Geschichte, in: GWU 50.1999, 396–411; H. Weber, Zum Stand der Forschung über die DDR-Geschichte, in: DA 32.1998, 249–57; B. Bouvier, Forschungen zur DDR-Geschichte, in: AfS 38.1998, 555–90; C. Kleßmann u. M. Sabrow, Zeitgeschichte in Deutschland nach 1989, in: APZ 39.1996, 3–14; R. Jessen, DDR-Geschichte. Totalitarismustheorie, in: Berliner Debatte 4,5.1995, 17–24; ders.,

Diktator. Herrschaft als kommunikative Praxis, in: P. Becker u. A. Lüdtke Hg., Akten, Eingaben, Schaufenster. Die DDR u. ihre Texte, Berlin 1996, 57–75; ders., Zeithistoriker im Konfliktfeld der Vergangenheitspolitik, in: K. H. Jarausch u. M. Sabrow Hg., Verletztes Gedächtnis, Frankfurt 2002, 155–75; C. S. Maier, Geschichtswissenschaft u. «Ansteckungsstaat», in: GG 20.1994, 616–24; W. J. Mommsen, Die DDR in der Geschichte, in: APZ 29–30.1993, 20–29; D. Pollack, Das Ende einer Organisationsgesellschaft, in: ZfS 19.1990, 292–307.

[14] Zur Umbauphase v. a. M. Wilke, Anatomie der Parteizentrale. Die KPD/SED auf dem Weg zur Macht, Berlin 1998; A. Herbst u. a. Hg., Die SED, ebd. 1997; A. Malycha, Partei von Stalins Gnaden? Die Entwicklung der SED zur Partei neuen Typs in den Jahren 1946–50, ebd. 1996; ders., Auf dem Weg zur SED. Die Sozialdemokratie u. die Bildung einer Einheitspartei in den Ländern der SBZ, Bonn 1995; D. Spilker, The East German Leadership and the Division of Germany 1945–53, Oxford 2006; M. Lemke Hg., Sowjetisierung u. Eigenständigkeit in der SBZ/DDR 1945–53, Köln 1999; M. Kaiser, Die Zentrale der Diktatur. Die SED-Führung in der SBZ/DDR 1946–52, Berlin 1993; dies., Machtwechsel von Ulbricht zu Honecker 1962–72, ebd. 1997; H. Hurwitz, Die Stalinisierung der SED, Opladen 1997; C. Stern, Ulbricht, Köln 1963; M. Uschner, Die zweite Etage. Funktionsweise eines Machtapparates, Berlin 1995[2]; P. C. Ludz, Parteielite im Wandel. Funktionsaufbau, Sozialstruktur u. Ideologie der SED-Führung, Köln 1968 (verfehlte Grundthese); M. Allinson, Politics and Popular Opinion in East Germany 1945–68, Manchester 2000; A. Borgwardt, Im Umgang mit der Macht. Herrschaft u. Selbstbehauptung in einem autoritären polit. System, Wiesbaden 2002; Anschaulich zur Reaktion auf den «Prager Frühling»: H. Zwahr, Die erfrorenen Flügel der Schwalbe. DDR u. «Prager Frühling» 1968–70, Bonn 2007. – Zum FDGB: H. Stadtland, Herrschaft nach Plan u. Macht der Gewohnheit. Sozialgeschichte der Gewerkschaften in der SBZ/DDR 1945–53, Essen 2001; S. P. Werum, Gewerkschaftl. Niedergang im sozialist. Aufbau. Der FDGB 1945–53, Göttingen 2005; S. Simsch, Blinde Ohnmacht. Der FDGB 1945–63, Aachen 2002. – Zur FDJ: A. McDougall, Youth Politics in East Germany, Oxford 2004; U. Mählert u. G.R. Stephan, Blaue Hemden-Rote Fahnen. Die FDJ, Opladen 1996; allg. G.-R. Stephan Hg., Die Parteien u. Organisationen der DDR, Berlin 2002.

[15] Staritz, Geschichte, 196, 185–96, C. Buchheim, Wirtschaftl. Hintergründe des Arbeiteraufstandes vom 17. 6. 1953 in der DDR, in: VfZ 38.1990, 415–33; G. A. Ritter, Der 17. 6. 1953 – Eine histor. Ortsbestimmung, in: R. Engelmann u. I.-S. Kowalczuk Hg., Volkserhebung gegen den SED-Staat, Göttingen 2005, 16–44; B. Eisenfeld u. a., Die verdrängte Revolution. Der Platz des 17. 6. 1953 in der deutschen Geschichte, Bremen 2004; J.-S. Kowalczuk, Der Tag X – 17. Juni 1953. Die «Innere Staatsgründung» der DDR als Ergebnis der Krise 1952/54, Berlin 1995; ders., 17. 6. 1953, in: JWU 39.2003, 1–36; ders., Die Historiker der DDR u. der 17. 6. 1953, in: GWU 44.1993, 705–24; H. Knabe, 17.6.1953, Berlin 2003, V. Koop, Der 17. 6. 1953, Berlin 2003; H. Roth, Der 17. Juni 1953 in Sachsen, Dresden 2003; T. Diedrich, Waffen gegen das Volk (17. 6. 53), München 2003; R. Steininger, 17. Juni 1953, ebd. 2003; M. Hagen, DDR – Juni 1953, Stuttgart 1992; C. F. Ostermann, Uprising in East Germany 1953, Budapest 2001; A. Baring, Der 17.6.1953, Köln 1965/ND Stuttgart 1983.

## II. Turbulenzen der Bevölkerungsgeschichte

[1] R. Geißler u. T. Meyer, Struktur u. Entwicklung der Bevölkerung, in: R. Geißler, Die Sozialstruktur der Bundesrepublik, Wiesbaden 2002[3], 49–80 (diesem vorzüglichen Text verdanke ich zahlreiche kluge Überlegungen und Anregungen v. a. 49–54, 56–63, 64–73); J. Ehmer, Bevölkerungsgeschichte u. Histor. Demographie 1800–2000, München 2004, 16, 26 f., 28, 31–34, 34–41, 41–48, 49, 51–55; W. Köllmann, Die Bevölkerungsentwicklung der Bundesrepublik, in: Conze u. Lepsius Hg., 6, 61 f., 75 f., 79, 81–83, 85, 91, 98, 101–06, 112–14; T. W. Guinnane, Population and the Economy in Germany 1800–

1990, in: Ogilvie u. Overy Hg., Germany III, 60, 62 f.; D. J. van de Kaa, Europe's Second Demographic Transition, in: Population Bulletin 42.1987, 12–25; K. J. Bade, Ausländer, Aussiedler, Asyl, München 1994; ders. u. J. Oltmer Hg., Aussiedler, Osnabrück 1999, 9–51; F. Schirrmacher, Das Methusalem-Komplott, München 2004; D. Baines, European Immigration Since 1945, in: M.-S. Schulze Hg., Western Europe: Economic and Social Change Since 1945, London 1999, 177; ders., European Demographic Change Since 1945, in: ebd., 161, 163, 166, 171; T. Mergel, Migration im 19. u. 20. Jh., in: H. Kaelble Hg., Europ. Identität im 19. u. 20. Jh., Frankfurt 2005, 139–47; vorzüglich ist F.-X. Kaufmann, Schrumpfende Gesellschaft, Frankfurt 2005; R. Münz u. R. Ulrich, Bevölkerungsentwicklung, in: H. Joas Hg., Lehrbuch der Soziologie, ebd. 2001, 478–503; E. Herden u. R. Münz, Bevölkerung, in: Handwörterbuch zur Gesellschaft Deutschlands (= HGD) 1998/2001², 71–85; H. Korte, Bevölkerungssoziologie, in: ders. u. B. Schäfers Hg., Einführung in spezielle Soziologien, Opladen 1993, 75–98; ders., Einrichtung u. Bedeutung von Arbeitsmigration u. Ausländerbeschäftigung 1950–79, in: Mommsen u. Schulze Hg., Handarbeit, 537–60; T. Bauer u. K. F. Zimmermann, Gastarbeiter u. Wirtschaftsentwicklung im Nachkriegsdeutschland, in: JbW 1996/II, 73–108; G. E. Zimmermann, Räuml. Mobilität, in: HGD, 514–24; C. Höhn u. R. Schulz, Sozialdemograph. Entwicklungen in gesellschaftl. Diffenzierungen, in: W. Glatzer Hg., Entwicklungstendenzen der Sozialstruktur, Frankfurt 1992, 106–22; R. Münz u. a., Zuwanderung nach Deutschland, ebd. 1999²; A. Treibel, Mitgration, in: HGD, 462–72; dies., Migration in modernen Gesellschaften, Weinheim 1990; H. Birg, Die demograph. Zeitenwende, München 2001; ders., dass., in: Spektrum der Wissenschaften 1998/1, 40; ders. u. H. Koch, Der Bevölkerungsrückgang in der Bundesrepublik, Frankfurt 1987; W. Sesselmeier u. B. Rürup, Empir. Wirkungen der Arbeitsimmigration auf Arbeitsmarkt, Faktorausstattung u. Wachstumspfad seit 1871, in: JbW 1996/II, 11–38; C. Pagenstecher, Ausländerpolitik u. Immigrantenidentität. «Gastarbeit» in der Bundesrepublik, Berlin 1994; H. Esser, Gastarbeiter, in: Benz Hg., Bundesrepublik II, 127–56; J. R. Gillis u. a. Hg., The European Experience of Declining Fertility 1850–1970, Cambridge/Mass. 1992; R. Cohen Hg., The Encyclopedia of Immigrant Groups, Cambridge 1995; L. P. Moch, Moving Europeans. Migration in Western Europe Since 1650, Bloomington/Ind. 1992; T. Faist, The Volume and Dynamics of International Migration, Oxford 2000; L. Pries Hg., Migration, Aldershot 1999; D. A. Coleman Hg., Europe's Population in the 1990s, Oxford 1996; H. Fassmann u. R. Münz Hg., European Migration in the late 20th Century, Aldershot 1994; D. u. R. Woods Hg., The Changing Population of Europe, Oxford 1993; J. C. Chesnais, The Demographic Transition, ebd. 1992; M. S. Teitelbaum u. J. M. Winter Hg., The Fear of Population Decline, Orlando 1985. – Zu den Flüchtlingen u. Vertriebenen außer Bd. IV, 1140, Anm. 3, v. a. M. Schwartz, Vertriebene u. «Umsiedlerpolitik» 1945–61, München 2004; ders., Vertreibung u. Vergangenheitspolitik, in: DA 30.1997, 177–95; K. S. Franzen u. H. Lemberg, Die Vertriebenen, München 2002; T. Urban, Die Vertreibung der Deutschen u. Polen, ebd. 2004; H. Heidemeyer, Flucht u. Zuwanderung aus der SBZ/DDR 1945–61, Düsseldorf 1994; R. Waldmann, Die Eingliederung der ostdeutschen Vertriebenen in die westdeutsche Gesellschaft, in: Bekker u. a. Hg., 163–92; S. Schraut u. T. Grosser Hg., Die Flüchtlingsfrage in der deutschen Nachkriegsgesellschaft, Mannheim 1996; A. v. Plato, Flüchtlinge, Umgesiedelte u. Vertriebene, in: J. P. Barbian u. a. Hg., Zwischen gestern u. morgen, Essen 1995, 106–23; V. Ackermann, Der «echte» Flüchtling. Deutsche Vertriebene u. Flüchtlinge aus der DDR 1945–61, Osnabrück 1995; J.-D. Steinert, Migration u. Politik 1945–61, ebd. 1995; ders., Die große Flucht u. die Jahre danach, in: H.-E. Volkmann Hg., Ende des Dritten Reiches – Ende des Zweiten Weltkriegs, München 1995, 557–79; R. Streibel Hg., Flucht u. Vertreibung, Wien 1994; M. Wille Hg., 50 Jahre Flucht u. Vertreibung, Magdeburg 1997; ders. u. a. Hg., Sie hatten alles verloren. Flüchtlinge u. Vertriebene in der SBZ, Wiesbaden 1993; P. Ther, Deutsche u. poln. Vertriebene. Gesellschaft u. Vertriebenenpo-

litik in der SBZ/DDR u. in Polen 1945–56, Göttingen 1998; vgl. aber: P. Lüttinger, Der
Mythos von der schnellen Integration der Vertriebenen u. Flüchtlinge in der Bundesrepublik, in: ZfS 15.1986, 20–36; S. Bethlehem, Heimatvertreibung, DDR-Flucht, Gastar-
beiterzuwanderung, Stuttgart 1982; F. J. Bauer, Flüchtlinge u. Flüchtlingspolitik in Bayern 1945–50, ebd. 1982; vgl. H. Kaelble u. R. Hohls, The Regional Structure of
Employment in Germany 1895–1970, in: HSF 44.1987, 5–35. – U. Herbert u. K. Hunn,
Gastarbeiter u. Gastarbeiterpolitik 1955–73, in: Schildt u. a. Hg., Dynam. Zeiten, 273–
310, v. a. 274, 276, 279–89, 291 f., 297, 304; K. Hunn, «Nächstes Jahr kehren wir zurück.»
Die Geschichte der türk. Gastarbeiter in der Bundesrepublik, Göttingen 2005 (informa-
tionsreich, aber zu unkritisch); R. Chin, The Guest Worker Question in Germany, N. Y.
2007; vgl. auch noch: M. Krause, Flucht vor dem Bombenkrieg. «Umqartierungen» im
Zweiten Weltkrieg u. die Wiedereingliederung der Evakuierten in Deutschland 1943–63,
Düsseldorf 1997; A. L. Smith, Heimkehr aus dem Zweiten Weltkrieg. Die Entlassung
der deutschen Kriegsgefangenen, Stuttgart 1985; M. Krauss, Heimkehr in ein fremdes
Land. Geschichte der Remigration nach 1945, München 2001; C. D. Krohn u. P. v. zur
Mühlen Hg., Rückkehr u. Aufbau nach 1945. Deutsche Remigranten im öffentl. Leben
Nachkriegsdeutschlands, Marburg 1997.

[2] M. Fulbrook, Herrschaft, Gehorsam, Verweigerung. Die DDR als Diktatur, in:
J. Kocka u. M. Sabrow Hg., DDR als Geschichte, Berlin 1994, 78; dies., People's State,
62, 89, 103, 106, 118; D. Pollack, Grundlinien der Gesellschaftsstruktur der DDR, in:
ders., Kirche in der Organisationsgesellschaft, Stuttgart 1994, 60–77; Geißler, Sozialstruktur, 43, 51 f., 67, 62, 64; W. Meinicke u. A. v. Plato, Alte Heimat – neue Zeit. Flüchtlinge, Umgesiedelte, Vertriebene in SBZ u. DDR, Berlin 1991.

## III. Strukturbedingungen und Entwicklungsprozesse der Wirtschaft

[1] Zu dieser Debatte vgl. (außer dem Hinweis in Bd. III, 966–72): W. Abelshauser,
Deutsche Wirtschaftsgeschichte seit 1945, München 2004², 275–80 (z. Zt. das Standard-
werk); T. Bittner, Das westeurop. Wirtschaftswachstum nach 1945, Münster 2001, 1–94
(vorzüglicher Überblick in dieser bei R. Tilly erarbeiteten Studie); C. Buchheim, Germany, in: Schulze Hg., 302–11; H. G. Schröter, Von der Teilung zur Wiedervereinigung
1945–2000, in: M. North Hg., Deutsche Wirtschaftsgeschichte, München 2000/2005²,
364 f.; G. Hardach, Krise u. Reform der Marktwirtschaft (50/60er Jahre), in: Schildt u. a.
Hg., Dynam. Zeiten, 194–200; ders., Die Wirtschaft der 50er Jahre: Restauration u.
Wirtschaftswunder, in: D. Bänsch Hg., Die fünfziger Jahre, Tübingen 1985, 49–60;
K. Borchardt, Zäsuren in der wirtschaftl. Entwicklung, in: M. Broszat Hg., Zäsuren
nach 1945, München 1990, 21–33; F. Crouzet, A History of the European Economy
1000–2000, Charlottesville/Va. 2001, 205–26; Hobsbawm, Zeitalter der Extreme, hat in
seinem Bestseller nachdrücklicher als andere dazu beigetragen, das «Goldene Zeitalter»
zu würdigen; letzte umfassende Darstellung: B. Eichengreen, The European Economy
Since 1945, Princeton 2007; H. C. Wolf, Post-War Germany in the European Context:
Domestic and External Determinants of Growth, in: B. Eichengreen Hg., Europe's
Postwar Recovery, Cambridge/Mass. 1995, 324–41; J. Pinder, Europa in der Weltwirt-
schaft 1920–70, in: C. M. Cipolla u. K. Borchardt Hg., Europ. Wirtschaftsgeschichte V,
Stuttgart 1986, 93–99; K. H. Hennings, West Germany, in: A. Boltho Hg., The Euro-
pean Economy, Oxford 1982, 472–501; K. Hardach, Deutschland 1914–70, in: Cipolla u.
Borchardt Hg., 47–99; J. C. van Hook, Rebuilding Germany. The Creation of the So-
cial Market Economy, 1945–57, Cambridge 2004; D. Ellwood, Rebuilding Europe:
Western Europe, America and Postwar Reconstruction, London 1992; J. Killick, The
United States and European Reconstruction 1945–60, Edinburgh 1997. – G. Ambrosius
u. H. Kaelble, Gesellschaftl. u. wirtschaftl. Folgen des Booms der 1950er u. 1960er Jahre,
in: H. Kaelble Hg., Der Boom 1948–1973. Gesellschaftl. u. wirtschaftl. Folgen in der
Bundesrepublik u. in Europa, Opladen 1992, 7–32; G. Ambrosius, Wirtschaftswachs-

tum u. Konvergenz der Industriestrukturen in Westeuropa, in: ebd., 129–68; ders., Das Wirtschaftssystem der Bundesrepublik, in: Benz Hg., Bundesrepublik I, 238–97; F. Lutz, Die Singularität der europ. Prosperität nach 1945, in: Kaelble Hg., Boom 1948–73, 35–62; A. Wagner, Die Entwicklung des Lebensstandards in Deutschland 1920–60, JbW Beiheft 10, Berlin 2007; M. Grabas, Der Nachkriegsboom der 1950/60er Jahre in Mittel- u. Westeuropa, in: Berichte Nov. 2004 des Forschungsinstituts der Internationalen Wissenschaftl. Vereinigung Weltwirtschaft u. Weltpolitik, 8–27; W. Abelshauser, Germany: Guns, Butter, and Economic Miracle, in: M. Harrison Hg., The Economics of World War II, Cambridge 1998, 122–76. Auffällig ist, daß sich vergleichsweise wenige deutsche Wirtschaftshistoriker an dieser Debatte beteiligen. – Zur internationalen Diskussion N. F. R. Crafts, The Great Boom 1950–73, in: Schulze Hg., Western Europe, 42–62; ders. u. G. Toniolo, Postwar Growth, in: dies. Hg., Economic Growth in Postwar Europe, Cambridge 1996, 1–37; ders. u. T.-C. Mills, Europe's Golden Age, in: B. van Ark u. N. F. R. Crafts Hg., Quantitative Aspects of Postwar European Economic Growth, Cambridge 1996, 415–31; ders., The Golden Age of Economic Growth in Western Europe 1950–73, in: EHR 48.1995, 429–47; G. Toniolo, Europe's Golden Age 1950–73, in: EHR 51.1998, 252–67; P. Temin, The Golden Age of European Growth, in: European Review of Economic History 1.1997, 127–49; ders., The ‹Koreaboom› in West Germany: Fact or Fiction? in: EHR 48.1995, 737–53; W. Abelshauser, Ansätze korporativer Marktwirtschaft in der Korea-Krise der frühen 50er Jahre, in: VfZ 30.1982, 715–56; R. H. Dumke, Reassessing the Wirtschaftswunder, in: Oxford Bulletin of Economics and Statistics 52.1990, 451–91; W. Carlin, Economic Reconstruction in Western Germany 1945–55, in: J. D. Turner Hg., Reconstruction in Post-War Germany, Oxford 1989, 37–65; A. Maddison, Postwar Growth and Slowdown, in: B. Gahlen u. a. Hg., Wachstumstheorie u. Wachstumspolitik, Tübingen 1991, 23–41; ders., Growth and Slowdown in Advanced Capitalist Economies, in: Journal of Economic Literature 25.1987, 649–98; ders., Wirtschaftswachstum u. Lebensstandard im 20. Jh., in: W. Fischer Hg., Lebensstandard u. Wirtschaftssysteme, Frankfurt 1995, 103–40; J. Brady u. a. Hg., The Postwar Transformation of Germany, Ann Arbor/Mich. 1999; A.Ritschl, Der späte Fluch des Dritten Reiches. Pfadabhängigkeiten in der Entwicklung der bundesdeutschen Wirtschaftsordnung, in: Perspektiven der Wirtschaftspolitik 6.2005, 151–70; P. Bairoch, Europe's Gross National Product 1800–1975, in: JEEH 5.1976, 273–340; ders., International Industrialization Levels 1750–1980, in: ebd. 11.1982, 269–333; R. C. Floud, Measuring the Transformation of the European Economies: Income, Health and Welfare, in: HSF 33.1985, 25–41; S. A. Marglin u. J. B. Schor, The Golden Age of Capitalism, Oxford 1990; S. Reich, The Fruits of Fascism. Postwar Prosperity in Historical Perspective, Ithaca/N. Y. 1990.

² Speziell zu den «Langen Wellen»: Abelshauser, Wirtschaftsgeschichte, 278; R. Metz, Trend, Zyklus, Zufall, Stuttgart 2002; ders., Langfristige Wachstumsschwankungen – Trends, Zyklen, Strukturbrüche oder Zufall? in: H. Thomas u. L. A. Nefiodow Hg., Kondratieffs Zyklen der Wirtschaft, Herford 1998, 283–307; überhaupt dieser Sammelband; V. Barnett, Kondratiev and the Dynamics of Economic Development, London 1998; C. Trebilcock, The Long Cycle in Industrial Centuries, in: P. Martland Hg., The Future of the Past, London 2002, 66–88; S. Solomou, Economic Cycles Since 1879, Manchester 1998; A. Tylecote, The Long Wave in the World Economy, London 1993; L. Dupriez, 1945–71 als Aufschwungphase eines Kondratieff-Zyklus? in: Ifo-Studien 18.1972, 503–16. Ich habe früher mit den ersten «Kondratieffs» experimentiert (Bismarck u. der Imperialismus, Köln 1969/Frankfurt 1984⁵), das aber wegen überlegener Gegenargumente aufgegeben: Bd. II, 597–604; III, 91–105. – Zur «Catch-Up» – These: Abelshauser, Wirtschaftsgeschichte, 279–81; Bittner, 45–51; M. Abramowitz, Catch-Up and Convergence in the Postwar Growth Boom and After, in: W. J. Baumol u. a. Hg., Convergence of Productivity, Oxford 1994, 86–128; ders., The Catch-Up-Factory in Postwar Eco-

nomic Growth, in: Economic Inquiry 28.1989, 1–18; ders., Catching-Up, Forging Ahead and Falling Behind, in: JEH 46. 1986, 385–406; ders., Rapid Growth Potential and Realization in the Post War Period, in: E. Malinvaud Hg., Economic Growth and Resources I, London 1979, 1–30; B. Eichengreen, Institutions and Economic Growth: Europe After World War II, in: Crafts u. Toniolo Hg., Economic Growth, 38–72; ders., Europe's Post War Recovery, Cambridge 1995; ders., Reconstructing Europe's Trade and Payments. The European Payments Union, Manchester 1993; ders., Vom Goldstandard zum Euro. Die Geschichte des internationalen Währungssystems, Berlin 2000; Carlin, 38–45; dies., West-German, 455–59, 467–79. Technikhistorische Kritik: P. Erker, Amerikanisierung der westdeutschen Wirtschaft? in: K. Jarausch u. H. Siegrist Hg., Amerikanisierung u. Sowjetisierung in Deutschland 1945–1970, Frankfurt 1997, 137–45; Radkau, Technik in Deutschland, 273. – Zur Rekonstruktionsthese: Janossy, Ende des Wirtschaftswunders; Abelshauser, Wirtschaftsgeschichte, 275–314; ders., Die Langen 50er Jahre: Wirtschaft u. Gesellschaft der Bundesrepublik 1949–66, Düsseldorf 1987; Bittner, 25–32, 51–57. Zu all diesen Fragen unbrauchbar: G. Metzler, Von Wundern u. Krisen. Wirtschaft u. Gesellschaft der Bundesrepublik, in: Conze u. dies. Hg., 167–85. – Zum internationalen Umfeld: D. S. Landes, Wohlstand u. Armut der Nationen, Berlin 1999; A. Maddison, The World Economy, Paris 2001; S. Pollard, The International Economy Since 1945, London 1997; P. Bairoch, Victoires et déboires: Histoire économique et sociale du monde du XVIe siècle à nos jours, Paris 1997; ders., Economics and World History, N. Y. 1993; C. P. Kindleberger, World Economic Primacy 1500–1990, N. Y. 1996; A.G. Kenwood u. A. L. Lougheed, The Growth of the International Economy 1820–2000, London 1999[4]; A. Sutcliffe, An Economic and Social History of Western Europe Since 1945, London 1996; H. van der Wee, Prosperity and Upheaval. The World Economy 1945–80, Harmondsworth 1986, dt. Der gebremste Wohlstand. Wiederaufbau, Wachstum u. Strukturwandel der Weltwirtschaft seit 1945, München 1984; D. H. Aldcroft u. a., Europe in the International Economy 1500–2000, Aldershot 1999; ders., The European Economy 1914–90, London 1993[4]; exzellent ist H. Kaelble, Sozialgeschichte Europas 1945 bis zur Gegenwart, München 2007; ders. Hg., The European Way. European Societies in the 19th and 20th Centuries, N. Y. 2004; P. Saly u. a., Industrialisation et sociétés en Europe occidentale 1880–1970, Paris 1998; J.-M. Gaillard u. A. Rowley, Histoire du continent européen de 1850 à la fin du XXe siècle, ebd. 1998; J. Marseille Hg., L'industrialisation de l' Éurope occidentale 1880–1970, ebd. 1998; J.-C. Asselain, Histoire économique du XXe siécle, 2 Bde, ebd. 1996; D. A. Dyker, The European Economy, London 1992; ders., The National Economies of Europe, London 1992; P. Johnson, European Industries, Aldershot 1993; H. Kiesewetter, Region u. Industrie in Europa 1815–1995, Stuttgart 2000; M. M. Postan, An Economic History of Western Europe 1945–64, London 1967. – Zur Strukturbruchthese: Bittner, 59–66; Abelshauser, Wirtschaftsgeschichte, 276–78, 288–90; G. Ambrosius, Wirtschaftl. Strukturwandel, in: A. Schildt Hg., Modernisierung im Wiederaufbau, Bonn 1993, 107–28; ders., Die Ökonomie der 50er Jahre, in: SOWI 15. 1986, 17–25; A. Shonfield, Geplanter Kapitalismus, Köln 1968; Lindlar; Giersch; Klump. – M. Olsons (Aufstieg und Niedergang von Nationen) bekannte These, dass die Interessenverbände ihre wachstumshemmende Verteilungskoalition zeitweilig nicht hätten fortsetzen können, da der Zweite Weltkrieg das Interessengeflecht zerstört habe, ist im deutschen Fall leicht falsifizierbar, da bis 1950 schon wieder 78 Prozent der Interessenverbände, 80 Prozent der Industrie- und Handelskammern, 85 Prozent der Arbeitgeberverbände und alle Gewerkschaften bestanden und ihren Einfluß in den 50er Jahren ausdehnten; das Kartellgesetz von 1957 zeigt z. B. den Effekt der Unternehmerlobby.

[3] K. Borchardt; Die Bundesrepublik in den säkularen Trends der wirtschaftl. Entwicklung, in: ders., Wachstum, 125 f.; ders., Die wirtschaftl. Entwicklung der Bundesrepublik nach dem «Wirtschaftswunder», in: F. Schneider Hg., Der Weg der Bundesrepublik, München 1985, 194 f., 198–200, 204, 206, 208 f.; A. Milward, The European

Rescue of the Nation-State, London 2000, 21; Görtemaker, 150,157f.; Kaelble Hg., Boom, 12; Buchheim, Germany, 302; Abelshauser, Wirtschaftsgeschichte, 130–53; J. Radkau, «Wirtschaftswunder» ohne technolog. Innovation? Techn. Modernität in den 50er Jahren, in: Schildt u. Sywottek Hg., Modernisierung, 185–94; M. E. Spicka, Selling the Economic Miracle. Economic Reconstruction and Politics in West Germany 1949–57, N. Y. 2007; M. Hogan, The Marshall Plan: America, Britain and the Reconstruction of Western Europe 1947–52, Cambridge 1987; C. S. Maier, Die wirtschaftl. Grundlagen der amerik. Förderung Westdeutschlands, in: F. Trommler Hg., Amerika u. die Deutschen, Opladen 1986, 406–20; J. Wexler, The Marshall Plan Revisited, Westport 1983; J. H. Backer, Priming the German Economy. American Occupational Policies 1945–48, Durham/NC 1971; Hennings, 472, 479–81; Crouzet, 205–7, 215, 220, 222–24; Schröter, 1945–2000, 351; R. Overy, Economy and the State in Germany in the 20th Century, in: Ogilvie u. ders. Hg., Germany III, 265, 267; Winkel, 109–12; L. Delhaes-Günther, Erfolgsfaktoren des westdeutschen Exports in den 1950/60er Jahren, Dortmund 2003; E. Wolfrum, Die 50er Jahre: Kalter Krieg u. Wirtschaftswunder, Darmstadt 2006; H. Berger, Konjunkturpolitik im Wirtschaftswunder. Handlungsspielräume u. Verhaltensmuster von Bundesbank u. Regierung in den 1950er Jahren, Tübingen 1997; H. Mögenburg, Kalter Krieg u. Wirtschaftswunder 1949–61, Frankfurt 1993; M. Dickhaus, Die Bundesbank im westeuropäischen Wiederaufbau 1948–58, München 1996; J. S. S. Edwards u. K. Fischer, Banks, Finance and Investment in Germany, Cambridge 1994; R. Boehling, A Question of Priorities. Democratic Reforms and Economic Recovery in Postwar Germany, Providence/R. I. 1996; R. Reichel, Hg., Wirtschaftsordnung u. Wirtschaftswunder, Bern 1998; B. Schefold, Wirtschaftsstile: Bundesrepublik, 2 Bde., Frankfurt 1994/95; H. Adam, Wirtschaftspolitik u. Regierungssystem der Bundesrepublik, Opladen 1995[3]; R. Hettlage, Wirtschaft als Mythos: Wirtschaftsordnung, Wirtschaftsstruktur u. Wirtschaftsentwicklung der Bundesrepublik, in: ders. Hg., Die Bundesrepublik, München 1990, 57–87; E. Helmstädter, Die Wirtschaftsordnung in der Bundesrepublik: Soziale Marktwirtschaft, in: W. Weidenfeld u. H. Zimmermann Hg., Deutschland-Hdb., Bonn 1989, 241–57; H. Lampert, Die Wirtschafts- u. Sozialordnung der Bundesrepublik, München 1976[5]; G. Gutmann u. a., Die Wirtschaftsverfassung der Bundesrepublik, Stuttgart 1976; K. W. Roskamp, Capital Formation in West Germany, Detroit 1965.

Vgl. M. v. Prollius, Deutsche Wirtschaftsgeschichte nach 1945, Göttingen 2006; P. Erker, Dampflok, Daimler, DAX. Die deutsche Wirtschaft im 19. u. 20. Jh., Stuttgart 2001; blass ist: H. J. Braun, The German Economy in the 20th Century, London 1990; schwach: W. Weimer, Dte. Wirtschaftsgeschichte 1948–1998, Hamburg 1998; außerdem: V. Wellhöner u. H. Wixforth, Finance and Industry, in: Ogilvie u. Overy Hg., Germany III, 152–91; W. Weber, Science, Technology, and Society in Germany from 1800 to the Present, in: ebd., 320–54; J. Berger, Wirtschaftssystem, in: HGD, 710–20; ders., Die Wirtschaft der modernen Gesellschaft, Frankfurt 1999. Zu den Wachstumszyklen in Westdeutschland: R. Hopp, Schwankungen des wirtschaftl. Wachstums in Westdeutschland 1954–67, Meisenheim 1969; M. Köhler u. K. Ulrich Hg., Banken, Konjunktur u. Politik im 19. u. 20. Jh., Essen 1995; H. B. Chenery u. M. Syrquin, Patterns of Development 1950–83, Washington 1989; B. Rohwer, Konjunktur u. Wachstum in der Bundesrepublik seit 1950, Berlin 1988; P. A. Klein, Postwar Growth Cycles in the German Economy, in: H. W. Schröder u. R. Spree Hg., Histor. Konjunkturforschung, Stuttgart 1981; 115–40; K. W. Schatz, Wachstum u. Strukturwandel der westdeutschen Wirtschaft im internationalen Verbund, Tübingen 1974; A. E. Ott Hg., Wachstumszyklen, Berlin 1973; J. Kromphardt, Wachstum u. Konjunktur, Göttingen 1972; A. Wagner, Die Wachstumszyklen in der Bundesrepublik, Tübingen 1972; I. Mintz, Dating Postwar Business Cycles. West Germany 1950–67, N. Y. 1969; W. Vogt, Die Wachstumszyklen der westdeutschen Wirtschaft, Tübingen 1968; H. C. Wallich, Triebkräfte des deutschen Wieder-

460 *Anmerkungen*

aufstiegs, Frankfurt 1955. Außerdem: W. Glastetter u. a., Die wirtschaftl. Entwicklung in der Bundesrepublik 1950–89, ebd. 1991³; B. Gleitze, Wirtschafts- u. Sozialstatist. Hdb., Köln 1960. Vgl. dagegen L. Baar u. a., Kriegsschäden, Demontagen u. Reparationen, in: Materialien der Enquete-Kommission. «Aufarbeitung von Geschichte u. Folgen der SED-Diktatur in Deutschland», II, Baden-Baden 1995, 868–988.
    ⁴ H. G. Schröter, Außenwirtschaft im Boom 1950–73, in: Kaelble Hg., Boom, 82–106; G. Hardach, Die Rückkehr zum Weltmarkt 1948–58, in: Schildt u. Sywottek Hg., Modernisierung, 80–104; R. Neebe, Weichenstellung für die Globalisierung. Deutsche Weltmarktpolitik, Europa u. Amerika in der Ära Erhard, Köln 2004; ders. Überseemärkte u. Exportstrategien in der westdeutschen Wirtschaft 1945–1966, Stuttgart 1991; ders. Technologietransfer u. Außenhandel in den Anfangsjahren der Bundesrepublik, in: VSWG 76. 1989, 49–75; ders., German Big Business and the Return to World Markets After 1945, in: V. R. Berghahn Hg., Quest for Economic Empire, Providence 1996, 95–121; V. R. Berghahn, Das deutsche Kapitalismusmodell in Geschichte u. Geschichtswissenschaft, in: ders. u. S. Vitols Hg., Gibt es einen deutschen Kapitalismus? Frankfurt 2006, 25–43; C. Buchheim, Die Bundesrepublik in der Weltwirtschaft, in: Benz Hg., Bundesrepublik II, 169–209; F. Jerchow, Außenhandel im Widerstreit. Die Bundesrepublik auf dem Weg in das GATT 1949–51, in: GG So. H. 5. 1979, 254–89; J. Bellers, Außenwirtschaftspolitik u. polit. System. Histor.-komparatist. Studien zur Weimarer Republik u. zur Bundesrepublik im Vergleich mit anderen Industrie-u. Entwicklungsländern, in: GG 23.1997, 236–57; J. Gimbel, Science, Technology, and Reparations. Exploitation and Plunder in Postwar Germany, Stanford 1990. – U. Rombeck-Jaschinski, Das Londoner Schuldenabkommen. Die Regelung der deutschen Auslandsschulden nach 1945, München 2005; C. Buchheim, Das Londoner Schuldenabkommen, in: L. Herbst Hg., Westdeutschland 1945–55, München 1986, 219–23, 227, 229; H.-P. Schwarz, Die Wiederherstellung des deutschen Kredits. Das Londoner Schuldenabkommen, Stuttgart 1982. – A. Schildt, Die Wohnungspolitik, in: H. G. Hockerts Hg., Drei Wege deutscher Sozialstaatlichkeit: NS-Diktatur, Bundesrepublik u. DDR im Vergleich, München 1998, 167,172; I. Flagge Hg., Geschichte des Wohnens V: 1945 bis heute, Stuttgart 1999; H. Häussermann u. W. Siebel, Wohnen, in: HGD, 732–41; J. M. Diefendorf, In the Wake of War. The Reconstruction of German Cities After World War II, N. Y. 1993; A.v. Saldern, Von der «guten Stube» zur «guten Wohnung», in: AfS 35.1995, 227–54; H. Brunhüber, Wohnen, in: Benz Hg., Bundesrepublik II, 183–208; K. v. Beyme, Der Wiederaufbau. Architektur u. Städtebaupolitik in beiden deutschen Staaten, München 1987; ders. Hg. Neue Städte aus Ruinen. Deutscher Städtebau der Nachkriegszeit, München 1992; G. Schulz Hg., Wohnungspolitik im Sozialstaat 1918–60, Düsseldorf 1993. – Zu den Leitsektoren paradigmatisch aus der neueren Unternehmensgeschichte: W. Abelshauser, Die BASF seit der Neugründung von 1952, in: ders. Hg., Die BASF, München 2003², 359–637; ders., Rüstungsschmiede der Nation? Der Kruppkonzern im Dritten Reich u. in der Nachkriegszeit 1933–51, in: L. Gall Hg., Krupp im 20. Jh., Berlin 2002, 269–472; L. Gall, 1951–68, in: ebd., 473–589 (vgl. H.-U. Wehler, Krupp im 20. Jh., in: ders., Konflikte zu Beginn des 21. Jh., München 2003, 210–160); P. Erker u. B. Lorentz, Chemie u. Politik. Chem. Werke Hüls 1938–79, München 2003; R. G. Stokes, Opting for Oil. The Political Economy of Technological Change in the West German Chemical Industry 1945–61, Cambridge 1994; R. Karlsch u. R. G. Stokes, Faktor Öl. Die Mineralölwirtschaft in Deutschland 1859–1974, München 2003; V. Wellhöner, «Wirtschaftswunder», Weltmarkt, westdeutscher Fordismus. Der Fall Volkswagen. Münster 1996; H. Edelmann, H. Nordhoff u. VW, Göttingen 2003; C. Thieme, Daimler-Benz zwischen Anpassungskrise, Verdrängungswettbewerb u. Rüstungskonjunktur, Vaihingen 2004; P. Erker, Wachsen im Wettbewerb. Eine Zeitgeschichte der Continental AG 1971–96, Düsseldorf 1996; H.-L. Dienel, Die Linde AG 1879–2004, München 2004; W. Wimmer, «Wir haben fast immer 'was Neues». Gesundheitswesen u. Innovationen der Pharma-

Industrie in Deutschland 1880–1935, Berlin 1994; K.C. Priemel, Flick, Göttingen 2007; T. Ramge, Die Flicks. Eine deutsche Familiengeschichte über Geld, Macht u. Politik, Frankfurt 2004; H. O. Eglau, F. Thyssen, Berlin 2003; T. Schlemmer, «Bayerns Ruhrgebiet». Ingolstadt 1948–75, in: T. Bauer u. W. Süß Hg., NS-Diktatur, DDR, Bundesrepublik, Neuried 2000, 181–213; P. Erker, Industriewirtschaft u. regionaler Wandel: Bayern 1945–95, in: M. Lanzinner u. M. Henker Hg., Landesgeschichte u. Zeitgeschichte, Augsburg 1997, 41–47; H. Berghoff u. C. Rauh-Kühne, Fritz K., Ein deutsches Leben im 20. Jh., Stuttgart 2000. Vgl. D. S. Landes, Die Macht der Familie.Wirtschaftsdynastien in der Weltgeschichte, München 2006.

⁵ G. Ambrosius, Agrarstaat oder Industriestaat – Industriegesellschaft oder Dienstleistungsgesellschaft? In: R. Spree Hg., Geschichte der deutschen Wirtschaft im 20. Jh., München 2001, 53, 56, 60; ders., Strukturwandel, 109; Ritter, Wandel der deutschen Gesellschaft, 469f.; Borchardt, Zäsur, 21, 26; ders., Entwicklung, 194, 198–205; Crafts, Great Boom, 42; Toniolo, 255, 258; Ambrosius, Wirtschaftliche Folgen, in: Kaelble Hg., Boom, 12–17; W. Bührer, Technolog. Wandel, Industrie- u. Beschäftigungsstruktur in der Bundesrepublik, in: AfS 35.1995, 91–113; H. Berghoff, Abschied vom klassischen Mittelstand. Kleine u. mittlere Unternehmer in der bundesdeutschen Wirtschaft des späten 20. Jh., in: V. R. Berghahn u. a. Hg., Die deutsche Wirtschaftselite im 20. Jh., Essen 2003, 93–113; ders., Histor. Relikt oder Zukunftsmodell? Kleine u. mittelgroße Unternehmen in der Bundesrepublik, in: Ziegler Hg., Großbürger, 249–82; ders., The End of Family Business? The Mittelstand and German Capitalism in Transition 1949–2000, in: Business History Review 80.2006, 268–95. – Zu der auf Europa zutreffenden Drei-Sektoren-Theorie des australischen Ökonomen J. Clark: J. Fourastie, Die große Hoffnung des 20. Jh., Köln 1954; U. Staroske, Die 3-Sektoren-Hypothese, Regensburg 1995; C. Juen, Die Theorie des sektoralen Strukturwandels, Bern 1983; H. Kaelble, La grande modernisation, in: H. Ahrweiler u. M. Aymard Hg., Les européens, Paris 2000, 509–41; ders., Was Prometheus Most Unbound in Europe? The Labour Force in Europe During the Late 19ᵗʰ and 20ᵗʰ Century, in: JEEH 18.1989, 65–104.

⁶ Borchardt, Entwicklung, 209–12, 214; G. Ambrosius, Ursachen der Deindustrialisierung Westeuropas, in: W. Abelshauser Hg., Umweltgeschichte, Göttingen 1994, 191–221; H. Lindner, Die De-Industrialisierungsthese, Tübingen 1987; J. Hohensee, Der erste Ölpreisschock 1973/74, Stuttgart 1996; S.W. Black, Learning from Adversity. Policy Responses to Two Oil Shocks, Princeton 1985; A. Doering-Manteuffel, Brüche u. Kontinuitäten der Industriemoderne seit 1970, in: VfZ 55.2007, 559–81; D. L. Meadows, Grenzen des Wachstums. Bericht des Club of Rome, Berlin 1973; brillant zum Abstieg: G. Steingart, Deutschland – der Abstieg eines Superstars, Berlin 2004. – J. Huffschmid u. H. Schui, Gesellschaft im Konkurs? Hdb. zur Wirtschaftskrise 1973–76 in der BRD, Köln 1976; M. Kirby, Industrial and Structural Change, in: Schulze Hg., 81–83, 92, 98–100; H. Woodward, The Search for Economic Stability Since 1973, in: ebd., 63–65, 71–73; Schröter, 1945–2000, 377–417; Carlin, Growth, 456; Abelshauser, Wirtschaftsgeschichte, 306; vgl. E. Wiegand, Die Entwicklung der Einnahmen- u. Ausgabenstrukturen privater Haushalte seit 1900, in: ders. u. W. Zapf Hg., Wandel der Lebensbedingungen in Deutschland, Frankfurt 1982, 155–235; E. Seifert, Statistik der Arbeitszeit in der Bundesrepublik, in: HSF 20.1981, 27–55; W. Menges u. H. Kolbeck, Löhne u. Gehälter nach den beiden Weltkriegen, Meisenheim 1958; Zum Niedergang eines Leitsektors: C. Nonn, Die Ruhrbergbaukrise 1958–60, Göttingen 2001; K. Lauschke, Schwarze Fahnen an die Ruhr. Die Politik der IG Bergbau 1958–68, Marburg 1984; J. Radkau, Aufstieg u. Krise der deutschen Atomwirtschaft 1945–75, Reinbek 1983.

⁷ Fischer, Handwerk im Strukturwandel, 349–56; C. Boyer, «Deutsche Handwerksordnung» oder «zügellose Gewerbefreiheit»? Das Handwerk zwischen Kriegswirtschaft u. Wirtschaftswunder, in: Broszat u. a. Hg., Stalingrad, 427–67; H. A. Winkler, Stabilisierung durch Schrumpfung: Der gewerbl. Mittelstand in der Bundesrepublik,

462      *Anmerkungen*

in: ders., Liberalismus u. Antiliberalismus, 145–59; vorzüglich wieder: Lenger, Sozialgeschichte des Handwerks, 205, 210–13, 215–17, 220f.; vgl. T. Beckermann, Das Handwerk in der Bundesrepublik, Berlin 1980; N. Marahrens, Strukturwandel u. Wachstums-
differenzierungen im produzierenden Handwerk; Göttingen 1978; R. Flick, Die
Fluktuation im Handwerk, ebd. 1974; D. Keutmann u. M. Dieck, Auswirkungen der
Konzentrationstendenzen auf das Handwerk, ebd. 1971; P. Schöber, Die Wirtschafts-
mentalität der werstdeutschen Handwerker, Köln 1968; F. Sack, Integration u. Anpassung des Handwerks in der industriellen Gesellschaft, ebd. 1966.
   [8] Hierzu v. a. V. R. Berghahn, The Americanization of West German Industry 1945–
73, N. Y. 1997, 228f.; ders. German Big Business and the Quest for a European Economic Empire in the 20th Century, in: ders. Hg., Quest, 21; ders., Wiederaufbau u. Umbau der westdeutschen Wirtschaft nach 1945, in: TAJbDG 19.1990, 261–82; ders., Die
Amerikanisierung der westdeutschen Wirtschaft, in: L. Herbst Hg., Vom Marshallplan
zur EWG, München 1990, 227–53; ders., Deutschland im «American Century» 1942–92,
in: M. Frese u. M. Prinz Hg., Polit. Zäsuren u. gesellschaftl. Wandel im 20. Jh., Paderborn 1996, 789–800; ders., Westdeutsche Unternehmer, Weltmarkt u. Wirtschaftsordnung, in: L. Albertin u. Lüttig Hg., Polit. Parteien auf dem Weg zur parlamentar. Demokratie, Düsseldorf 1981, 301–29; ders. u. Vitols Hg., Gibt es einen deutschen
Kapitalismus? Frankfurt 2006; W. Streeck, Korporatismus in Deutschland, ebd., 1999;
C. Offe, Strukturprobleme des kapitalist. Staates, ebd. 2006². – Beste Kritik: Erker,
138f., 140–45; F. Becker u. E. Reinhardt-Becker Hg., Mythos USA. Amerikanisierung in
Deutschland seit 1900, Frankfurt 2006. H. G. Schröter, Perspektiven der Forschung.
Amerikanisierung u. Sowjetisierung als Interpretationsmuster der Integration in beiden
Teilen Deutschlands, in: E. Schremmer Hg., Wirtschaftl. u. Soziale Integration in histor.
Sicht, Stuttgart 1996, 259–90, 262, 264–68, 271–76, 287; ders., Die Amerikanisierung der
Werbung in der Bundesrepublik, in: JbW 1997/I, 93–115; H. Kiesewetter, Amerikan.
Unternehmen in der Bundesrepublik, in: Kaelble Hg., Boom, 63–81; A. Linke u. J. Tan-
ner, Attraktion u. Abwehr. Die Amerikanisierung der Alltagskultur in Europa, Köln
2006. Vgl. P. Gassert, Amerikanismus, Antiamerikanismus, Amerikanisierung, in: AfS
39.1999, 531–61; D. Junker Hg., Die USA u. Deutschland im Zeitalter des Kalten Krieges, 2 Bde, Stuttgart 2001; A. Doering-Manteuffel, Wie westlich sind die Deutschen?
Amerikanisierung u. Westernisierung im 20. Jh., Göttingen 1999; ders., Westernisierung:
Polit.-Ideeller u. gesellschaftl. Wandel in der Bundesrepublik bis zum Ende der 60er
Jahre, in: Schildt u. a. Hg., Dynam. Zeiten, 311–41; ders., Dimensionen von Amerikanisierung in der deutschen Gesellschaft, in: AfS 35.1995, 1–34; A. Schildt, Vom polit. Pro-
gramm zur Populärkultur. Amerikanisierung in Westdeutschland, in: Junker Hg., USA
u. Deutschland, 955–65; Jarausch u. Siegrist Hg.; Lüdtke Hg.; H. Bude u. B. Greiner
Hg., Westbindungen. Amerika in der Bundesrepublik, Hamburg 1999; R. Pommerin
Hg., The American Impact on Postwar Germany, Providence 1995; M. Ermath Hg.,
America and the Shaping of German Society 1945–55, ebd. 1993; R. Willett, The Ameri-
canization of Germany 1945–49, London 1989; B. Plé, Wissenschaft u. säkulare Mission.
«Amerikan. Sozialwissenschaft» im polit. Sendungsbewußtsein der USA u. im geistigen
Aufbau der Bundesrepublik, Stuttgart 1990; U. Poiger, Jazz, Rock, and Rebels. Cold
War Politics and American Culture in a Divided Germany, Berkeley 2000; A. S. Marko-
vits, Amerika, dich hasst sich's besser, Antiamerikanismus u. Antisemitismus in Europa,
Hamburg 2004 (vgl. H.-U. Wehler, Antiamerikanismus in Europa, in: Die Zeit
16.12.2004); D. Diner, Verkehrte Welten. Antiamerikanismus in Deutschland, Frankfurt
1993.
   [9] Vgl. hierzu: C. Buchheim, Attempts at Controlling the Capitalist Economy in
Western Germany 1945–61, in: E. Aerts u. A. S. Milward Hg., Economic Planning in the
Post-1945 Period, Löwen 1990, 24–33; N. Balabkins, Germany Under Direct Control.
Industrial Disarmament 1945–48, New Brunswick 1964; S. I. Wieser, West German In-

dustry and the Challenge of the Nazi Past 1945–55, Chapel Hill 2001; T. Horstmann, Die Alliierten u. die deutschen Großbanken, Bonn 1991; L. Gall, Der Bankier H. J. Abs, München 2004 (dadurch endlich überholt das Pamphet von E. Czichon, Der Bankier u. die Macht, H. J. Abs in der deutschen Politik, Köln 1970); R. Tilly, Geschäftsbanken u. Wirtschaft in Westdeutschland seit 1945, in: E. Schremmer Hg., Geld u. Währung, Stuttgart 1993, 315–43; ders., Geld u. Kredit in der Wirtschaftsgeschichte, Stuttgart 2003; R. Robert, Konzentrationspolitik in der Bundesrepublik, Berlin 1976; D. Schönwitz, Unternehmenskonzentration, personelle Verflechtungen u. Wettbewerb. Eine Untersuchung auf der Grundlage der 100 größten Konzerne der Bundesrepublik, Baden-Baden 1982; H. Arndt, Die Konzentration in der westdeutschen Wirtschaft, Pfullingen 1966; ders., Wirtschaftl. Macht, München 1980³; J. Huffschmid, Die Politik des Kapitals. Konzentration u. Wirtschaftspolitik, Frankfurt 1969; P. Hütternberger, Wirtschaftsordnung u. Interessenpolitik in der Kartellgesetzgebung der Bundesrepublik 1949–57, in: VfZ 24.1976, 287–307.

¹⁰ Zur europäischen Integration: J. Gillingham, European Integration, 1950–2003, Cambridge 2003; ders., Coal, Steel and the Rebirth of Europe, ebd. 1991; G. Ambrosius, Wirtschaftsraum Europa. Vom Ende der Nationalökonomien, Frankfurt 1996; ders., Europ. Integration u. wirtschaftl. Entwicklung der Bundesrepublik in den 50er Jahren, in: H. Berding Hg., Wirtschaftl. u. polit. Integration in Europa im 19. u. 20. Jh., Göttingen 1984, 271–94; A. Milward, The Reconstruction of Western Europe 1945–51, Berkeley 1984; T. Judt, Postwar. A History of Europe Since 1945, N. Y. 2005; dt. Geschichte Europas von 1945 bis zur Gegenwart, München 2006; noch immer: G. Lichtheim, Europa im 20. Jh., ebd. 1983. – T. Rhenisch, Europ. Integration u. industrielles Interesse. Die deutsche Industrie u. die Gründung der EWG, Stuttgart 1999; A. Moravcsik, The Choice for Europe. Social Purpose and State Power from Messina to Maastricht, Ithaca/ N. Y. 1998; M. Kipping, Zwischen Kartellen u. Konkurrenz. Der Schuman-Plan u. die Ursprünge der europäischen Einigung 1944–52, Berlin 1996; W. Abelshauser, The Re-Entry of West Germany into the International Economy and Early European Integration, in: A. Nicholls u. C. Wurm Hg., Western Europe and Germany, Oxford 1995, 27–53; ders., Wirtschaftl. Aspekte der Gründung der Montanunion, in: W. Först Hg., Beiderseits der Grenzen, Köln 1987, 226–30; W. Bührer, Abschied von der Supranationalität 1958–72, in: Schildt u.a. Hg., Dynam. Zeiten, 248–72; Herbst u.a. Hg., Marshallplan; K. Schwabe Hg., Die Anfänge des Schuman-Plans 1950/51, Baden-Baden 1988. – Zur Globalisierung: J. Osterhammel u. N. Petersson, Geschichte der Globalisierung, München 2003; C. Torp, Die Herausforderung der Globalisierung. Wirtschaft u. Politik in Deutschland 1860–1914, Göttingen 2005; ders., Weltwirtschaft vor dem Weltkrieg. Die erste Welle ökonom. Globalisierung vor 1914, in: HZ 279.2004, 561–609; K. Borchardt, Globalisierung in histor. Perspektive, München 2001; R. Tilly, Globalisierung aus histor. Sicht u. das Lernen aus der Geschichte, Köln 1999.

¹¹ Schumachers Invektive: M. Schumacher, 263. Vgl. über Erhard: Hentschel; Mierzjewski; R. Ptak, Vom Ordoliberalismus zur sozialen Marktwirtschaft, Opladen 2004; B. Löffler, Soziale Marktwirtschaft u. administrative Praxis. Das Bundeswirtschaftsministerium unter L. Erhard, Stuttgart 2002; H.G. Schröter, Zur Übergangszeit sozialliberaler Kernsätze in der Wirtschaftspolitik 1945–75, in: Schremmer Hg., Integration, 147; ders., Konsumpolitik u. «Soziale Marktwirtschaft» der 50er Jahren, in: H. Berghoff Hg., Konsumpolitik, Göttingen 1999, 113; C. Buchheim, Was ist sozial an der Marktwirtschaft? in: W. Benz Hg., Sieben Fragen an die Bundesrepublik, München 1989, 53–71; D. Haselbach, Autoritärer Liberalismus u. Soziale Marktwirtschaft, Baden-Baden 1991; vorzüglich ist: R. Richardi, Arbeitsrecht als Teil freiheitl. Ordnung. Von der Zwangsordnung im Arbeitsleben zur Arbeitsverfassung der Bundesrepublik, Baden-Baden 2002. – W. Lazonick, Business Organization and the Myth of the Market Economy, Cambridge 1991; H. Mierheim u. L. Wicke, Die personelle Vermögensverteilung in der

Bundesrepublik, Tübingen 1978, 271 f. Zu den Staatsunternehmen: G. Ambrosius, Der Staat als Unternehmer. Öffentl. Wirtschaft u. Kapitalismus seit dem 19. Jh., Göttingen 1984; Abelshauser, Wirtschaftsgeschichte, 186–200; Winkel, 109–13; Schröter, 1945–2000, 371–77; A. Nützenadel, Stunde der Ökonomen. Wissenschaft, Politik u. Expertenkultur in der Bundesrepublik 1949–74. Göttingen 2005; H. Zohlnhöfer, Die Wirtschaftspolitik der Ära Kohl 1982–98, Opladen 2001. – Zur Finanz-und Steuerpolitik ist vorzüglich: H.-P. Ullmann, Der deutsche Steuerstaat, München 2005; vgl. R. K. v. Weizsäcker, Steuerstaat u. polit. Wettbewerb, in: Ellwein u. Holtmann Hg., Bundesrepublik, 589–616; W. Ehrlicher, Die Finanzpolitik seit 1945, in: VSWG 81.1994, 1–32; M. Jüngling, Staatseinnahmen in säkularer Sicht, Göttingen 1991; N. Leineweber, Das säkulare Wachstum der Staatsausgaben, Göttingen 1988.
  ¹² J. Tanner, Industrialisierung, Rationalisierung u. Wandel des Konsum- u. Geschmacksverhaltens im europ.-amerikan. Vergleich, in: H. Siegrist u. a. Hg., Europ. Konsumgeschichte, Frankfurt 1997, 583, 589, 600 f.; M. Prinz, Konsum u. Konsumgesellschaft, in: ders. Hg., Der lange Weg in den Überfluß, Paderborn 2003, 27; ders., Konsum u. Konsumgesellschaft seit dem 19. Jh., in: AfS 41.2001, 450–501; K. Ditt, Rationalisierung u. Einzelhandel. Selbstbedienung in der Bundesrepublik 1949–2000, in: Prinz Hg., Überfluß, 319, 325, 329, 332–34, 337, 339; M. Wildt, Das Ende der Bescheidenheit. Wirtschaftsrechnungen von Arbeitnehmerhaushalten in der Bundesrepublik 1950–63, in: K. Tenfelde Hg., Arbeiter im 20. Jahrhundert, Stuttgart 1991, 576, 601, 604 f., 608–10; ders., Privater Konsum in Westdeutschland in den 50er Jahren, in: Schildt u. Sywottek Hg., Modernisierung, 278–83; Die bundesdeutsche Massenkonsumgesellschaft 1950–2000 = JbW 2007/II; R. Hachtmann, Tourismus-Geschichte, Göttingen 2007, 146–86; W. Polster, Wandlungen der Lebensweise im Spiegel der Konsumentwicklung. Vom Dienstleistungskonsum zum demokrat. Warenkonsum, in: K. Voy u. a. Hg., Gesellschaftl. Transformationsprozesse u. materielle Lebensweise. Wirtschafts- u. Gesellschaftsgeschichte der Bundesrepublik 1949–89, Marburg 1991, 242, 247, 251, 258, 262; A. Schildt, Freizeit, Konsum u. Häuslichkeit in der «Wiederaufbau»-Gesellschaft in den 1950er Jahren, in: Siegrist u. a. Hg., Konsumgeschichte, 329 f., 332 f., 335, 338, 344; guter Überblick in: ders., Materieller Wohlstand – pragmat. Politik – kulturelle Umbrüche. Die 60er Jahre in der Bundesrepublik, in: ders. u. a. Hg., Dynam. Zeiten, 21–53; A. Sywottek, Konsum, Mobilität, Freizeit, in: Broszat Hg., Zäsuren, 106, 110; ders., Freizeit u. Freizeitgestaltung – ein Problem der Gesellschaftsgeschichte, in: AfS 33.1993, 1–19; E.K. Scheuch, Soziologie der Freizeit, in: HES II, 735–833; H. Kaelble, Europ. Besonderheiten des Massenkonsums, in: Siegrist u. a. Hg., Konsumgeschichte, 169–203; A. Triebel, Moral u. Ökonomie. Zur modernen Semantik des Lebensstandards, in: ebd., 365–92; H. W. Opaschowski, Konsum in der Freizeit, Hamburg 1987; E. Zahn, Soziologie der Prosperität, Köln 1960; P. Bourdieu, Die feinen Unterschiede, Frankfurt 1984³ (frz. 1979). Vgl. weiterhin: H.-G. Haupt, Konsum u. Handel. Europa im 19. u. 20. Jh., Göttingen 2003; ders., Der Konsument, in: U. Frevert u. ders. Hg., Der Mensch des 20. Jh., Frankfurt 1999, 301–23; H. Siegrist, Konsumkultur des 20. Jhs., in: Prinz Hg., Überfluß, 491–514; ders., Konsum, Kultur u. Gesellschaft im modernen Europa, in: ders. u. a. Hg., Konsumgeschichte, 13–48; ders., Geschichte der Konsumgesellschaft, Zürich 1998; W. König, Geschichte der Konsumgesellschaft, Stuttgart 2000; A. Stihler, Die Entstehung des modernen Konsums, Berlin 1998; A. Andersen, Der Traum vom guten Leben. Alltags- u. Konsumgeschichte vom Wirtschaftswunder bis heute, Frankfurt 1997; ders., Mentalitätenwandel u. ökolog. Konsequenzen des Konsumismus in den 50er Jahren, in: Siegrist u. a. Hg., Konsumgeschichte, 763–91; Berghoff Hg., Konsumpolitik; S. Haustein, Vom Mangel zum Massenkonsum. Deutschland, Frankreich, Großbritannien im Vergleich 1945–70, Frankfurt 2007; E. Göbel, Bayern in der modernen Konsumgesellschaft. Regionalisierung der Konsumkultur im 20. Jh., Berlin 2005; M. Schramm, Konsum u. regionale Identität in Sachsen 1880–2000, Stuttgart 2003; H.-J. Teuteberg, Durch-

bruch zum modernen Massenkonsum, Münster 1987 (voller Fehlurteile, da er nur bis 1918 reicht); Abelshauser, Wirtschaftsgeschichte, 302–14; M. Wildt, Continuities and Discontinuities of Consumer Mentality in West Germany in the 1950s, in: R. Bessel u. D. Schumann Hg., Life after Death, Cambridge 2003, 211–29; ders., Amerika auf Raten. Konsum u. Teilzahlungskredit im Westdeutschland der 50er Jahre, in: H. Bude u. B. Greiner Hg., Westbindungen, Hamburg 1999, 202–30; ders., Die Kunst der Wahl. Zur Entwicklung des Konsums in Westdeutschland in den 1950er Jahren, in: Siegrist u. a. Hg., Konsumgeschichte, 307–25; ders., Am Beginn der Konsumgesellschaft. Mangelerfahrung, Lebenshaltung, Wohlstandshoffnung in Westdeutschland in den 50er Jahren, Hamburg 1994; ders., Plurality of Taste. Food and Consumption in West Germany During the 1950s, in: History Workshop Journal 39.1995, 23–41; ders., Konsum u. Modernisierung in den 50er Jahren, in: F. Bajohr Hg., Zivilisation u. Barbarei, Hamburg 1990, 322–45; ders., Der Traum vom Sattwerden, Hamburg 1986; ders., Vom kleinen Wohlstand. Eine Konsumgeschichte der 50er Jahre, Frankfurt 1996; D. Briesen, Warenhaus, Massenkonsum u. Sozialmoral. Zur Geschichte der Konsumkritik im 20. Jh., Frankfurt 2001; J. A. Loehlen, From Rags to Riches. Housework, Consumption and Modernity in Germany, N. Y. 2000; E. Carter, How German is She? Postwar West German Reconstruction and the Consuming Woman, Ann Arbor 1997; W. Ruppert, Zur Konsumwelt der 60er Jahre, in: Schildt u. a. Hg., Dynam. Zeiten, 752–67; ders., Fahrrad, Auto, Fernsehschrank. Zur Kulturgeschichte der Alltagsdinge, Frankfurt 1993; U. Becher, Geschichte des modernen Lebensstils. Essen-Wohnen-Freizeit-Reisen, München 1990; K. Maase, Freizeit, in: Benz Hg., Bundesrepublik II, 209–64; ders., Amerikanisierung der Alltagskultur, Hamburg 1990. – S. Keitz, Reisen als Leitbild. Die Entstehung des modernen Massentourismus in Deutschland, München 1997; H. Bausinger, Grenzenlos ... Ein Blick auf den modernen Tourismus, in: ders. u. a. Hg., Reisekultur, ebd. 1991, 343–53; A. Schildt, Das Jh. der Massenmedien, in: GG 17.2001, 177–206; J. Requate, Öffentlichkeit u. Medien, in: ebd., 5–32; K. C. Führer u. a., Öffentlichkeit, Medien, Geschichte, in: AfS 41.2001, 1–38; K. Hickethier u. P. Hoff, Geschichte des deutschen Fernsehens, Stuttgart 1998. – M. Grömling u. a., Industrie u. Dienstleistungen im Zeitalter der Globalisierung, Köln 1998; H. Klodt u. a., Tertiarisierung in der deutschen Wirtschaft, Tübingen 1997; J.-I. Gershuny, The New Service Economy, London 1983; allg. noch A. Confino u. R. Koshar, Regimes of Consumer Culture. New Narratives in 20th Century German History, in: GH 19.2001, 135–61; C. Clunas, Modernity Global and Local. Consumption and the Rise of the West, in: AHR 104.1999, 1497–511; P. H. Stearns, Stages of Consume?, in: JMH 69.1997, 102–12; D. Miller, Consumption as the Vanguard of History, in: ders. Hg., Acknowledging Consumption, London 1995, 1–57. V. De-Grazia, Irresistible Empire. America's Advance Through 20th Century Europe, Cambridge/Mass. 2005.

[13] H. Kötter, Die Landwirtschaft, in: Conze u. Lepsius Hg., Bundesrepublik, 115–42 (immer noch vorzüglich); Ambrosius, Strukturwandel, 107; ders., Agrarstaat, 53; Klessmann II, 34; F.-W. Henning, Der Beginn der modernen Welt im agrar. Bereich, in: R. Koselleck Hg., Studien zum Beginn der modernen Welt, Stuttgart 1977, 109–114; W. Plumpe, Landwirtschaft, in: G. Ambrosius u. a. Hg., Moderne Wirtschaftsgeschichte, München 1996, 193; Osmond, Land, 73, 78, 83, 86; Kluge, Agrarpolitik, 308–11; ders., Agrarwirtschaft, 36–49, 57–61; G. Drews, Wandlungen u. Umschichtungen in der Betriebsgrößenstruktur 1882–1963, in: Berichte über Landwirtschaft 43.1965, 232–45, 269–72; Mooser, Verschwinden der Bauern, 24–34. Vgl. noch. den anregenden Überblick: G. Mai, Die agrar. Transition, in: GG 33.2007, 471–514, sowie W. Heinrichmeyer u. P. Hartmann-Sedrina, Landwirtschaft, in: HGD, 406–18; U. Kluge, Wandel ohne Entschädigung. Staatl. Agrarpolitik in der Bundesrepublik 1949–86, in: ZAA 35.1987, 160–93; A. Eichmüller, Landwirtschaft u. bäuerl. Bevölkerung in Bayern 1945–70, München 1997; G. A. u. O. J. Wilson, German Agriculture in Transition, Basingstoke 2001;

K. Eckart u. H. F. Wollkopf Hg., Landwirtschaft in Deutschland 1960–92, Leipzig 1994; A. Bauerkämper, Landwirtschaft u. ländl. Gesellschaft in den 50er Jahren, in: Schildt u. Sywottek Hg., Modernisierung, 188–200; ders., Kontinuität u. Auflösung der bürgerlichen Rechtsordnung. Landwirtschaftliches Bodeneigentum in Ost- u. Westdeutschland 1945–1990, in: H. Siegrist u. D. Sugarman Hg., Eigentum im internationalen Vergleich 18.–20. Jh., Göttingen 1999, 109–34; P. Erker, Der lange Abschied vom Agrarland. Zur Sozialgeschichte der Bauern 1920–60 in Bayern, in: Frese u. Prinz Hg., Zäsuren, 327–60; A. M. Humm, Auf dem Weg zum sozialist. Dorf? Zum Wandel der dörfl. Lebenswelt in der DDR u. der Bundesrepublik 1952–69, Göttingen 1999; J. Krammer, Landleben als Ideologie. Entwicklung u. Funktion der Bauerntumsideologie, in: ZAA 37. 1989, 516–63; sowie vorn Kapitel I, Anm. 6.
¹⁴ Das folgende im Anschluss an die beste Synthese: A. Steiner, Von Plan zu Plan. Eine Wirtschaftsgeschichte der DDR, München 2004, 9, 20, 22, 28 f., 34, 51 f., 56 f., 63, 65, 72, 75, 84 f., 88, 94–96, 101 f., 104, 107, 110, 122–25, 129, 134, 138, 140, 142, 147, 151, 156–59, 165–67, 171, 173, 178, 180–82, 184, 187, 190, 193–99, 202, 204 f., 208 f., 211 f., 215–22, 226, 15; ders., Wirtschaftsgeschichte der DDR, in: Eppelmann u.a. Hg., Bilanz, 229–38; ders., Verflechtungen u. systemübergreifende Problemlagen in der deutschdeutschen Wirtschaftsgeschichte 1945–89, in: C. Kleßmann u. P. Lautzas Hg., Teilung u. Integration, Bonn 2005, 177–91, z.T. in: Sabrow Hg., ZeitRäume, 151–55; umfassend ders., Die DDR-Wirtschaftsreform der 60er Jahre, Berlin 1999; ders., Vom Hauptaufgabe zu Hauptaufgabe. Zur Wirtschaftsentwicklung der langen 60er Jahre in der DDR, in: Schildt u.a. Hg., Dynam. Zeiten, 218–47; ders., Zwischen Konsumzwang u. Innovationszwang, in: K. Jarausch u. M. Sabrow Hg., Weg in den Untergang, Göttingen 1999, 153–94; ders., Eine wirtschaftl. Bilanz der Mauer, in: H.-H. Hertle u.a. Hg., Mauerbau u. Mauerfall, Berlin 2002, 189–202; ders., Vom Überholen eingeholt. Zur Wirtschaftskrise 1960/61 in der DDR, in: B. Ciesla u.a. Hg., Sterben für Berlin? Die Berliner Krisen 1948–58, 245–62, ebd. 2000; ders., Überholen ohne einzuholen? Die DDR-Wirtschaft als Fußnote der deutschen Geschichte, Berlin 2006 (vgl. J. Roesler, Zwischen Plan u. Markt. Die Wirtschaftsreform in der DDR zwischen 1963 u. 1970, Berlin 1990; M. Grabas, Die DDR zwischen Emanzipation u. Systemzwang. Die ambivalente Modernisierung der 1960er Jahre, in: Fs. L. Baar, St. Katharinen 1997, 335–56). Vorzüglich ist auch Abelshauser, Wirtschaftgeschichte seit 1945, 363–70, 383–92, 370–74, 370–83. Pointierte Kritik nach G. A. Ritter, Die DDR in der deutschen Geschichte, in: VfZ 50.2002, 171–200; Geißler, Sozialstruktur, 49; J. Sleifer, Planning Ahead and Falling Behind. The East German Economy in Comparison with West Germany 1936–2002, Berlin 2006; J. R. Zatlin, The Currency of Socialism. Money and Political Culture in East Germany, Cambridge 2007; C. Buchheim, Die Wirtschaftsordnung als Barriere des gesamtwirtschaftl. Wachstums in der DDR, in: VSWG 82.1995, 194–210; A. Ritschl, Aufstieg u. Niedergang der Wirtschaft der DDR, in: JbW 1995/II, 11–46; ders., An Exercise in Futility. East German Economic Growth and Dechine 1945–89, in: N. Crafts u. G. Toniolo Hg., Economic Growth in Europe Since 1945, Cambridge 1996, 489–540; Schröter, Amerikanisierung u. Sowjetisierung, 277–89; M. Casson, Der Unternehmer, in: GG 27.2001, 524–44. Vgl. allg. J. Kopstein, The Politics of Economic Decline in East Germany 1945–89, Chapel Hill 1997; R.-G. Stokes, Constructing Socialism: Technology and Change in East Germany 1945–90, Baltimore 2000; ders., Autarky, Ideology, and Technological Lag: The Case of the East German Chemical Industry 1945–64, in: CEH 28.1995, 29–45; B. van Ark, The Manufacturing Sector in East Germany, in: JbW 1995/2, 75–100; M. R. Lepsius, Handlungsräume u. Rationalitätskriterien der Wirtschaftsfunktionäre in der Ära Honecker, in: T. Pirker u.a., Der Plan als Befehl u. Fiktion, Opladen 1995, 347–62; W. Zank, Wirtschaft u. Arbeit in Ostdeutschland 1945–49, München 1987; L. Baar u. D. Petzina Hg., Deutsch-deutsche Wirtschaft 1945–90, St. Katharinen 1999; L. Baar u.a., Strukturveränderungen u. Wachstumsschwankungen. Investitionen u. Budget in der

DDR 1949–89, in: JbW 1995/2, 47–74; A. Stürmer, Zwischen Konjunkturversprechen u. Innovationszwang. Zum wirtschaftl. Niedergang der DDR, in: K. Jarausch u. M. Sabrow Hg., Weg in den Untergang, Göttingen 1999, 153–84; H.-J. Wagner, Zur Innovationsschwäche der DDR-Wirtschaft, in: J. Bähr u. D. Petzina Hg., Innovationsverhalten u. Entscheidungsstrukturen, Berlin 1996, 21–48; M. Dennis, Social and Economic Modernization in Eastern Germany from Honecker to Kohl, London 1993; P. Heldmann, Herrschaft, Wirtschaft, Anoraks. Konsumpolitik in der DDR der 1960er Jahre, Göttingen 2004; J. Merkel, Utopie u. Bedürfnis. Die Konsumkultur in der DDR, Köln 1999; D. Hoffmann, Aufbau u. Krise der Planwirtschaft. Die Arbeitskräftelenkung in der SBZ/DDR 1945–63, München 2002; R. Hürtgen, u. T. Reichel Hg., Der Schein der Stabilität. DDR-Betriebsalltag in der Ära Honecker, Berlin 2001; S. Unger, Eisen u. Stahl für den Sozialismus, ebd. 2000; R. Bauer, PKW-Bau in der DDR, Frankfurt 1999; R. Ahrens, Gegenseitige Wirtschaftshilfe. Die DDR im RGW 1963–76, Köln 2000; P. E. Fässler, Durch den «Eisernen Vorhang». Die deutsch-deutschen Wirtschaftsbeziehungen 1949–69, Köln 2006; H. Förster, Entwicklung von Handlungsstrategien bei Führungskräften in der DDR-Wirtschaft, Frankfurt 1995. – Zur Nachkriegssituation: R. Karlsch u. J. Läufer Hg., Sowjet. Demontagen in Deutschland 1944–49, Berlin 2002; R. Karlsch, Allein bezahlt? Die Reparationsleistungen der SBZ/DDR 1945–53, ebd. 1993; ders., Die Auswirkungen der Reparationen auf die Wettbewerbsfähigkeit der Wirtschaft in der SBZ/DDR, in: J. Schneider u. W. Harbrecht Hg., Wirtschaftsordnung u. Wirtschaftspolitik in Deutschland, Stuttgart 1996, 139–72; ders., Umfang u. Struktur der Reparationsentnahmen in der SBZ/DDR, in: C. Buchheim Hg., Wirtschaftl. Folgelasten des Krieges in der SBZ/DDR, Baden-Baden 1995, 45–78; ders. u. J. Bähr, Die SAG in der SBZ/DDR, in: K. Lauschke u. T. Welskopp Hg., Mikropolitik im Unternehmen, Essen 1994, 214–35; ders., Uran für Moskau: Wismut, Berlin 2007; C. Buchheim, Kriegsfolgen u. Wirtschaftswachstum in der SBZ/DDR, in: GG 29.1999, 515–29; ders., Wirtschaftl. Folgelasten des Krieges in der SBZ/DDR, Baden-Baden 1995; ders., Kriegsschäden, Demontagen, Reparationen. Deutschland nach 1945, in: Materialien der Enquete-Kommission «Aufarbeitung von Geschichte und Folgen der SED-Diktatur», Hg. Deutscher Bundestag, II, 2, Baden-Baden 1995, 1030–69; W. Merkel u. S. Wahl, Das geplünderte Deutschland. Die wirtschaftl. Entwicklung im östl. Teil Deutschlands 1949–89, Bonn 1991. Viel zu wohlwollend: J. Roesler, Die Wirtschaft der DDR, Erfurt 2002; s.a. M. Grabas, Zwangslagen u. Handlungsspielräume. Die Wirtschaftsgeschichtsschreibung der DDR, in: VSWG 78.1991, 501–31; dies., Der wechselvolle Verlauf der wirtschaftl. Entwicklung in der DDR – Zusammenspiel von akkumuliertem Innovationspotential u. institutionellen Diffusionsblockaden, in: JbW 1995/2, 149–62.

[15] A. Bauerkämper, Kaderdiktatur u. Kadergesellschaft, in: P. Hübner Hg., Eliten im Sozialismus, Köln 1999, 43–45; Geißler, Sozialstruktur, 155–61; Steiner, Plan, 38, 68, 73, 115 f., 150, 186 f., 212 f. Am genauesten informiert: A. Bauerkämper, Ländl. Gesellschaft in der kommunist. Diktatur. Zwangsmodernisierung u. Tradition in Brandenburg 1945–63, Köln 2002; ders., Zwangsmodernisierung u. Krisenzyklen. Die Bodenreform u. Kollektivierung in Brandenburg, in: GG 25.1999, 556–88; ders., Von der Bodenreform zur Kollektivierung 1945–52, in: Kaelble u.a. Hg., Sozialgeschichte der DDR, 119–43; ders., Die Neubauern in der SBZ/DDR 1945–52, in: R. Bessel u. R. Jessen Hg., Die Grenzen der Diktatur, Göttingen 1996, 108–36; ders., Problemdruck u. Ressourcenverbrauch. Wirtschaftl. Auswirkungen der Bodenreform in der SBZ/DDR 1945–52, in: Buchheim Hg., Folgelasten, 295–322; ders., Landwirtschaft u. ländl. Gesellschaft in den 50er Jahren, in: Schildt u. Sywottek Hg., Modernisierung, 188–200; ders., Vertreibung als Exklusion gesellschaftl. Führungsgruppen. Die Verdrängung der «Großbauern» in der SBZ/DDR u. die Vernichtung der «Kulaken» in der UdSSR im Vergleich, in: G. Schulz Hg., Vertriebene Eliten, München 2001, 125–63; ders., Kontinuität u. Auflösung der bürgerlichen Rechtsordnung, 109–34; ders., Collectivization and Memory. Views of the Past

and the Transformation of Rural Society in the GDR from 1952 to the Early 60s, in: GSR 25.2002, 213–25; dazu noch U. Kluge u.a. Hg., Zwischen Bodenreform u. Kollektivierung. Vor- u. Frühgeschichte der «sozialist. Landwirtschaft» in der SBZ/DDR 1945–50er Jahre, Stuttgart 2001; J. Osmond, Kontinuität u. Konflikte in der Landwirtschaft der SBZ/DDR 1854–61, in: Bessel u. Jessen Hg., 137–69; P.G. Poutrus, Die Erfindung des Goldbroilers, Köln 2002.

## IV. Strukturbedingungen und Entwicklungsprozesse der Sozialen Ungleichheit

[1] M. R. Lepsius, Die Institutionenordnung als Rahmenbedingung der Sozialgeschichte der DDR, in: H. Kaelble u. a. Hg., Sozialgeschichte der DDR, Stuttgart 1994, 17; R. Dahrendorf, Pfade aus Utopia, München 1968, 375; Weber, WG, 531. – Vgl. zur Macht: R. Dahrendorf, Macht u. Herrschaft soziologisch, in: RGG 4. 1960³, 569–72; ders., Herrschaft u. Ungleichheit, in: ders. Pfade aus Utopia, 314–79; ders., Herrschaft, Klassenverhältnis u. Schichtung, in: T.W. Adorno Hg., Spätkapitalismus oder Industriegesellschaft? Stuttgart 1969, 88–99; ders., Wandlungen der Klassenstruktur europäischer Gesellschaften, in: ders. Hg., Konflikt u. Freiheit, München 1972, 111, 122; C. Offe, Politische Herrschaft u. Klassenstruktur, in: G. Kress u. D. Senghaas Hg., Politikwissenschaft, Frankfurt 1969, 155–89, u. in: ders., Herausforderungen der Demokratie, ebd. 2003, 11–41; ders., Die vielen Gesichter der Macht, ebd. 2003; J. Rössel, Macht als zentrale Dimension der Sozialstrukturanalyse, in: P. A. Berger u. V. H. Schmidt Hg., Welche Gleichheit, welche Ungleichheit? Wiesbaden 2004, 221–40; P. Imbusch, Macht u. Herrschaft in der Diskussion, in: ders., Macht u. Herrschaft, Opladen 1998, 9–26; J. K. Galbraith, Anatomie der Macht, München 1987; H. Popitz, Phänomene der Macht, Tübingen 1986; T. Burger, Stratification and Power, in: V. Murvar Hg., Theory of Liberty, Legitimacy and Power, London 1985, 11–39; V. Burkolter-Trachsel, Zur Theorie sozialer Macht, Bern 1981; S. Hradil, Die Erforschung der Macht, ebd. 1980; M. Kopp u. H. P. Müller, Herrschaft u. Legitimität. M. Weber, N. Luhmann, C. Offe, J. Habermas, München 1980; E. K. Scheuch, Soziologie der Macht, in: H. K. Schneider u. C. Watrin Hg., Macht u. ökonom. Gesetz, Berlin 1973, 989–1047; W. Wesołowski, Classes, Strata and Power, London 1979; J. S. Coleman, Power and the Structure of Society, N. Y. 1974; dt. Macht u. Gesellschaftsstruktur, Tübingen 1979; N. Luhmann, Macht, Stuttgart 1975; T. Parsons, On the Concept of Political Power, in: ders., Politics and Social Structure, N. Y. 1969, 352–404; M. Foucault, Analytik der Macht. Hg. T. Lemke, Frankfurt 2005, mit dem typisch hermetischen, immanenten, von der Bewährung an der Realgeschichte weit entfernten Nachwort des Hg., Geschichte u. Erfahrung, 317–47. Vgl. H.-U. Wehler, M. Foucault, in: ders., Die Herausforderung der Kulturgeschichte, München 1998, 45–95, 155–57. Die Argumentation kann jetzt zahlreiche zeitgenössische sozialwissenschaftliche Studien als Quellen für die historische Analyse nutzen, was in diesem Umfang für die früheren Bände nicht möglich war.

[2] Zur Sozialstruktur vgl. R. Geißler, Sozialstruktur, in: HGD, 642–52; B. Schäfers, dass., in: ders. Hg., Grundbegriffe der Soziologie, Opladen 1995⁴, S. 302–52; W. Glatzer, dass., in: G. Endruweit u. G. Trommsdorff Hg., Wb. der Soziologie III, Stuttgart 1989, 647–53; Fürstenberg, dass.; Mayntz, dass.; am ausführlichsten und abgewogensten: N. J. Smelser, Social Structure, in: ders. Hg., Handbook of Sociology, Newbury Park 1988, 103–29. Siehe auch die Definitionen in: Schäfers, Sozialstruktur, und Hradil, Soziale Ungleichheit, beide in Anm. 3. Die Begriffsprägung «Versorgungsklassen» stammt von M. R. Lepsius, Soziale Ungleichheit u. Klassenstrukturen in der Bundesrepublik, in: H.-U. Wehler Hg., Klassen in der europ. Sozialgeschichte, Göttingen 1979, 168, 179–82; vgl. J. Alber, Versorgungsklassen im Wohlfahrtsstaat, in: KZfS 36.1984, 225–51. Der Begriff ist m. E. mit dem Konzept der Marktgesellschaft, auch mit Webers Denken vereinbar. Zur allg. Literatur über Soziale Ungleichheit vgl. außer den Angaben im Bd. I, 580–609; II, 812–35; III, 1323–42; 1416–43; IV, 1039–50, 1114–21, hier noch vor allem:

N. Burzan, Soziale Ungleichheit, Wiesbaden 2004; E. Barlösius, Kämpfe um soziale Ungleichheit, ebd. 2004; dies. u. a. Hg., Gesellschaftsbilder im Umbruch, Opladen 2001; V.-M. Bader u. A. Benschop, Ungleichheiten I, ebd. 1989; M. Vester, Soziale Ungleichheit. Klassen u. Kultur, in: Hdb. der Kulturwissenschaften III, Stuttgart 2004, 318–40; T. Welskopp, Der Wandel der Arbeitsgesellschaft: Klassen, Professionen u. Eliten, in: ebd., 225–46; D. Brock, Soziale Ungleichheiten. Klassen u. Schichten, in: HGD, 608–22; S. Lessenich u. F. Nullmeier Hg., Deutschland – eine gespaltene Gesellschaft, Frankfurt 2006; A. Schildt, Die Sozialgeschichte der Bundesrepublik 1949–90, München 2007; W. Müller, Social Mobility, in: IESBS, Amersterdam 2001, 9918–9924; P. A. Berger, Soziale Mobilität, in: HDG, 574–83; F. Thieme, Kaste, Stand, Klasse, in: H. Korte u. B. Schäfers Hg., Einführung in die Hauptbegriffe der Soziologie, Opladen 2002⁶, 183–204; B. Schäfers, Soziale Ungleichheit, in: M. Opielka u. I. Ostner Hg., Umbau des Sozialstaats, Essen 1987, 83–95; D. Krause, Soziale Ungleichheit, in: W. Fuchs-Heinritz u. a. Hg., Lexikon zur Soziologie, 1994³; G. Berger, Klasse, in: Endruweit u. Trommsdorff Hg., 326; S. Hradil, Soziale Ungleichheit, «soziale Schichtung» u. Mobilität, in: Korte u. Schäfers Hg., 183–204; ders., Soziale Schichtung u. Arbeitssituation, in: R. Geißler Hg., Soziale Schichtung u. Lebenschancen in Deutschland, Stuttgart 1994², 37–73; ders., Sozialstruktur u. Kultur, in: O. G. Schwenk Hg., Lebensstil zwischen Sozialstrukturanalyse u. Kulturwissenschaft, Opladen 1996, 13–30; P. A. Berger, Klassenstruktur u. soziale Schichtung, in: Joas Hg., Lehrbuch, 223–44; ders., Soziale Ungleichheiten u. soziale Ambivalenzen, in: Barlösius u. a. Hg., Gesellschaftsbilder, 205–27; ders. u. Schmidt Hg., Welche Gleichheit; R. Beer, Demokratie als normative Prämisse der Ungleichheitsforschung, in: ebd., 27–48; P. Koller, Gleichheit u. Ungleichheit, in: ebd., 49–71; W. Ludwig-Meyerhofer, Ungleichheit – welche Ungleichheit? in: ebd., 93–214; H. Meulemann, Sozialstruktur, soziale Ungleichheit u. die Bewertung der ungleichen Verteilung von Ressourcen, in: ebd., 115–36; S. Neckel, Welche Leistung, welche Leistungsgerechtigkeit? in: ebd., 137–64; G. Nollmann, Ungleichheit – für wen? in: ebd., 191–220; K.-S. Rehberg Hg., Soziale Ungleichheit – kulturelle Unterschiede, Frankfurt 2006; M. Heidenreich Hg., Die Europäisierung sozialer Ungleichheit, ebd. 2006; H. Bremer u. A. Lange-Vester, Soziale Milieus u. Wandel der Sozialstruktur, Wiesbaden 2006; W. Zapf, Entwicklung u. Sozialstruktur moderner Gesellschaften, in: Korte u. Schäfers Hg., 237–51; P. Kingston u. a., Inequality, in: Y. Lemel u. H.-H. Noll Hg., Changing Structures of Inequality, Montreal 2002, 369–428; H.-P. Müller u. R. Schmid, Hauptwerke der Ungleichheitsforschung, Wiesbaden 2003; W. Jäger u. H.-J. Meyer, Sozialer Wandel in soziolog. Theorien der Gegenwart, ebd. 2003; M. Hadler, Ist der Klassenkonflikt überholt? in: SW 54.2003, 175–200; A. Pongs, In welcher Gesellschaft leben wir eigentlich? Gesellschaftskonzepte im Vergleich, 2 Bde., München 1999/2000; J. Berger, «Über den Ursprung der Ungleichheit unter den Menschen.», in: ZfS 2004, 354–73; R. Dahrendorf, Gibt es noch Klassen? in: B. Seidel u. S. Jenkner Hg., Klassenbildung u. Sozialschichtung, Darmstadt 1968, 279–96; ders., Soziale Klassen u. Klassenkonflikt: ein erledigtes Theoriestück? in: B. Giesen u. H. Haferkamp Hg., Soziologie der sozialen Ungleichheit, Opladen 1987, 10–30; M. R. Lepsius, Ungleichheit zwischen Menschen u. soziale Schichtung, in: D. V. Glass u. R. König Hg., Soziale Schichtung u. soziale Mobilität, Opladen 1961, 54–64, u. in: ders., Interessen, Ideen u. Institutionen, ebd. 1990, 85–95; ders., Kulturelle Dimensionen der sozialen Schichtung, in: ebd., 96–116; R. Habich u. a., Soziale Schichtung u. soziale Lage, in: Statist. Bundesamt u. a. Hg., Datenreport 2002, Bonn 2002, 570–79; F. Devine, Class Analysis, in: Sociology 32.1998, 23–42; J. Allmendinger u. T. Hunz, Mobilität u. Lebenslauf. Deutschland, Großbritannien u. Schweden im Vergleich, in: S. Hradil u. S. Immerfall Hg., Die westeurop. Gesellschaften im Vergleich, Opladen 1997, 247–85; H. Bradley, Fractured Identities. Changing Patterns of Inequality, Cambridge 1996; R. Breen u. D. B. Rottman Hg., Class Stratification, Hemel Hempstead 1995; D. Brock, Rückkehr der Klassengesellschaft? in: U. Beck u. E. Beck-

Gernsheim Hg., Riskante Freiheiten, Frankfurt 1994, 61–73; H. Bertram, Soziale Ungleichheit, soziale Räume u. sozialer Wandel, in: W. Zapf Hg., Die Modernisierung moderner Gesellschaften, Frankfurt 1991, 636–66; K. Eder, Klasse, Macht u. Kultur, in: A. Weiß u. a. Hg., Klasse u. Klassifikation, Wiesbaden 2001, 27–60; P. Bourdieu, Klassenschicksal, individuelles Handeln u. das Gesetz der Wahrscheinlichkeit, in: ders. u. a., Titel u. Stelle, Frankfurt 1981, 169–226; A. Giddens, Die Frage der sozialen Ungleichheit, Frankfurt 2001; D. B. Grusky u. A. B. Sorensen, Can Class Analysis be Salvaged? in: AJS 103.1998, 1187–1234; A.B. Sorenson, On the Usefulness of Class Analysis, in: Acta Sociologica 34.1991, 243–60; M. Vester, Klassengesellschaft ohne Klassen. Auflösung oder Transformation der industriegesellschaftlichen Sozialstruktur, in: P. A. Berger u. ders. Hg., Alte Ungleichheiten – Neue Spaltungen, Opladen 1998, 109–47; ders., Die verwandelte Klassengesellschaft. Modernisierung der Sozialstruktur u. Wandel der Mentalitäten, in: I. Mörth u. G. Fröhlich Hg., Das symbol. Kapital der Lebensstile. Zur Kultursoziologie der Moderne nach P. Bourdieu, Frankfurt 1994, 223–49; ders., Die Modernisierung der Sozialstruktur u. Wandel der Mentalitäten, in: S. Hradil Hg., Zwischen Bewusstsein u. Sein, Opladen 1992, 223–49; C. Brennan, M. Weber on Power and Social Stratification, Aldershot 1997; H.-H. Noll, Class, Stratification and Beyond: The German Case, in: The Toqueville Review 18.1997/2, 103–28; ders., Ungleichheit der Lebenslagen, in: L. Claussen Hg., Gesellschaften im Umbruch? Frankfurt 1996, 488–504; ders., Zur Legitimation sozialer Ungleichheit in Deutschland, in: P. P. Mohler u. W. Baudille Hg., Blickpunkt Gesellschaft II, Opladen 1992, 1–20; ders., Soziale Schichtung u. Wahrnehmung sozialer Ungleichheit, in: W. Glatzer u. ders. Hg., Lebensverhältnisse in Deutschland, Frankfurt 1992, 209–30; ders. u. R. Habich, Individuelle Wohlfahrt: Vertikale Ungleichheit oder horizontale Disparitäten? in: P.A. Berger u. S. Hradil Hg., Lebenslagen – Lebensläufe – Lebensstile, Göttingen 1990, 153–88; J. U. Sandberger, Soziale Legitimation. Delegitimation, in: Fs. R. Dahrendorf, Stuttgart 1995, 355–67; S. G. MacNall u. a. Hg., Bringing Class Back in, Boulder/Col. 1991; J. Dangschat, Die «neue Unübersichtlichkeit» – ein deutscher Sonderweg? in: Berger u. Hradil Hg., Alte Ungleichheiten, 49–87; A. Hall, Abbau sozialer Barieren? Muster sozialer Mobilität in Westdeutschland, in: W. Müller Hg., Soziale Ungleichheit, Opladen 1997, 111–35; P. H. Hartmann, Intergenerationale Berufe. Mobilität in West- u. Ostdeutschland, in: M. Braun u. P. P. Mohler Hg., Blickpunkt Gesellschaft IV: Soziale Ungleichheit in Deutschland, Opladen 1998, 43–76; J. O. Jonsson, Stratification in Post-industrial Societies, in: R. Erikson u. ders. Hg., Can Education Be Equalized? Boulder 1996, 113–44; M. Savage, Class Analysis, in: T. Butler u. ders., Social Change and the Middle Classes, London 1995, 15–25; K. Rodax, Soziale Ungleichheit u. Mobilität der Bildung in der Bundesrepublik, in: Österreich. Zeitschrift für Soziologie 20.1995, 3–27; J. Goldthorpe u. G. Marshall, The Promising Future of Class Analysis, in: Sociology 26.1992, 381–400; ders., Employment, Class and Mobility. A Critique of Liberal and Marxist Theories of Long-Term Change, in: H. Haferkamp u. N. J. Smelser Hg., Social Change and Modernity, Berkeley 1992, 122–46; K.-U. Mayer u. S. Hillmert, Neue Flexibilitäten oder blockierte Gesellschaft? Sozialstruktur u. Lebensverläufe in Deutschland 1960–2000, in: H. Kecskes u. a. Hg., Angewandte Soziologie, Wiesbaden 2004, 129–58; ders., Soziale Ungleichheit u. die Differenzierung von Lebensläufen, in: W. Zapf Hg., Die Modernisierung moderner Gesellschaften, 667–87; ders., Zum Verhältnis von Theorie u. empirischer Forschung zur sozialen Ungleichheit, in: B. Giesen u. H. Haferkamp Hg., Soziologie der sozialen Ungleichheit, Opladen 1987, 370–92; u. W. Müller, Soziale Ungleichheit, Prozesse der Statuszuweisung u. Legitimitätsglaube, in: K. Hörning Hg., Soziale Ungleichheit, Darmstadt 1976, 108–34; V. Bornschier, Zum Problem der sozialen Ungleichheit, in: ders. Hg., Das Ende der sozialen Schichtung, Zürich 1991, 9–33; D. Krause u. G. Schäuble, Jenseits von Klasse u. Schicht, Stuttgart 1988 (Soziale Gruppierung der Haushalte); H.-W. Franz u. a. Hg., Neue alte Ungleichheiten, Opladen 1986;

J. Manza u. a., Does Class Analysis Still Have Anything to Contribute to the Study of Politics? in: Theory and Society 25.1996, 717–24; W. Müller, Seriale Mobilität. Die Bundesrepublik im internationalen Vergleich, in: Fs. R. Wildemann, Opladen 1986, 339–54; G. Therborn, Class Analysis, in: U. Himmelstrand Hg., Sociology. From Crisis to Science I, London 1986, 96–13; H. Strasser, Was Theorien sozialer Ungleichheit wirklich erklären, in: ders. u. J. H. Goldthorpe Hg., Die Analyse sozialer Ungleichheit, Opladen 1985, 155–75; ders. u. J. Goldthorpe, Die Analyse sozialer Ungleichheit als wissenschaftlicher Prozess, in: ebd., 2–46; D. Holtmann, Die Erklärungskraft verschiedener Berufsstruktur- u. Klassenmodelle für die Bundesrepublik, in: ZfS 19.1990, 26–45; ders. u. H. Strasser, Klassen in der Bundesrepublik heute, in: Schweizer. Zeitschrift für Soziologie 16.1990, 79–106; M. Haller Hg., Class Structure in Europe, Armonk 1990; ders., Die Klassenstrukturen im sozialen Bewusstsein, in: ders. u.a. Hg., Kultur u. Gesellschaft, Frankfurt 1989, 447–69; ders., Die soziologische Erforschung der sozialen Ungleichheit – progressive oder degenerative Kontinuität? in: KZfS 37.1985, 757–67; K. W. Grümer, Soziale Ungleichheit u. Beruf, in: HSF 32.1984, 4–36; G. Therborn, Classes and States 1881–1981, in: Studies in Political Economy 13.1984, 7–41; M. Terwey, Klassenlagen als Determinanten von Einkommensungleichheit, in: ZfS 13.1984, 134–44; J.-U. Sandberger, Zwischen Legitimation u. Kritik. Vorstellungen von Akademikern, Studenten u. Bevölkerung zur sozialen Ungleichheit, in: ZfS 12.1983, 181–202; F. Parkin, Social Stratification, in: T. Bottomore u. R. A. Nisbet Hg., A History of Sociological Analysis, N.Y. 1978, 599–632; V. Bornschier, Arbeitsteilung u. soziale Ungleichheit, in: KZfS 29.1977, 438–60; K. U. Mayer, Ungleichheit u. Mobilität im sozialen Bewusstsein, Opladen 1975; ders., Soziale Mobilität u. die Wahrnehmung gesellschaftl. Ungleichheit, in: ZfS 1.1972, 156–76; ders. u. W. Müller, Trendanalyse in der Mobiltätsforschung, in: KZfS 23.1971, 761–88; E. Schaich, Die Intergenerationenmobiltät in Westdeutschland, Meisenheim 1973; R. Nisbet, The Decline and Fall of Social Class, in: Pacific Sociological Review 2.1959, 11–17. – J. Mackert, Hg., Die Theorie sozialer Schließung, Wiesbaden 2004; M. Kronauer, Exklusion, Frankfurt 2002; T. Schwinn, Soziale Ungleichheit u. funktionale Differenzierung, in: ZfS 27.1998, 3–17; ders., Differenzierung ohne Gesellschaft, Weilerswist 2001.

³ E. Fraenkel, Startgleichheit u. Klassenschichtung, in: Gewerkschaftl. Monatshefte 7.1956, 457–60; Lepsius, Soziale Ungleichheit, 166; H. Schelsky, Auf der Suche nach Wirklichkeit, Düsseldorf 1965² (vgl. A. Schildt, «Massengesellschaft» u. «Nivellierter Mittelstand». Zeitgenöss. Deutungen der westdeutschen Gesellschaft in den 1950er Jahren, in: Fs. K. Saul, Münster 2004, 198–213; G. Schäfer, Die nivellierte Mittelstandsgesellschaft – Strategie der Soziologie in den 50er Jahren, in: G. Bollenbeck u.a. Hg., Die janusk`öpfigen 50er Jahre, Wiesbaden 2000, 115–42; H. Braun, H. Schelskys Konzept der «Nivellierten Mittelstandsgesellschaft», in: AfS 29.1989, 199–224; ders., Die gesellschaftl. Ausgangslage der Bundesrepublik als Gegenstand der zeitgenössischen soziolog. Forschung, in: KZfS 31.1979, 766–95; S. Hradil, Von der «nivellierten Mittelstandsgesellschaft» zur «pluralistischen Wohlfahrtsgesellschaft», in: Polit. Bildung 23.1990, 18–37); T. Geiger, Die Klassengesellschaft im Schmelztiegel, Köln 1949. Vgl. eingehend hierzu P. Nolte, Die Ordnung der deutschen Gesellschaft. Selbstentwurf u. Selbstbeschreibung im 20. Jh., München 2000; ders., Der Verlust der Utopien u. die wiedergefundene Mitte. Vorstellungen von sozialer Ordnung in der westdeutschen Gesellschaft 1945–65, in: Mitteilungsblatt des Instituts zur Erforschung der europ. Arbeiterbewegung 20.1998, 298–332; H. Bude, Die Soziologen der Bundesrepublik, in: Merkur 46.1992, 569–80. J. Weyer, Westdeutsche Soziologie 1945–60, Berlin 1984; M. R. Lepsius, Die Entwicklung der Soziologie 1945–67, in: G. Lueschen u.a. Hg., Deutsche Soziologie seit 1945, Opladen 1979, 25–70. – M. Janowitz, Soziale Schichtung u. Mobilität in Westdeutschland, in: KZfS 10.1958, 1–38; H. Moore u. G. Kleining, Das soziale Selbstbild der Gesellschaftsschichten in Deutschland, in: KZfS 12.1960, 86–119; dies., Das Bild

der sozialen Wirklichkeit. Struktur u. Bedeutung eines Images, in: KZfS 11.1959, 353–76; dies., Soziale Selbsteinstufung, in: KZfS 20.1968, 502–52; G. Kleining, Über soziale Images, in: Glass u. König Hg., 145–70; ders., Soziale Mobilität in der Bundesrepublik Deutschland, in: KZfS 27.1975, 97–121, 273–92; ders., Struktur- u. Prestigemobilität in der Bundesrepublik, in: KZfS 23.1971, 1–33; ders., Die Veränderung der Mobilitätschancen in der Bundesrepublik, in: ebd., 789–807; E.K. Scheuch, u. D. Rüschemeyer, Scaling Social Status in Western Germany, in: British Journal of Sociology (= BJS) 11.1960, 151–68; ders. u. H. Daheim, Sozialprestige u. soziale Schichtung, in: Glass u. König Hg., 65–103; der letzte einschlägige Beitrag (E. K. Scheuch, Continuity and Change in German Social Structure, in: Histor. Sozialforschung 13.1988/2, 31–121) ist langatmig und nicht präzise.

Allg. Lit. über die Bundesrepublik: R. Geißler, Die Sozialstruktur Deutschlands, Wiesbaden 2006[4]; ders. Hg., Soziale Schichtung; ders., Sozialstruktur u. gesellschaftl. Wandel, in: K.-R. Korte u. W. Weidenfeld Hg., Deutschland – Trendbuch, Opladen 2001, 97–135; vgl. auch ders. u. S. Weber-Menges, «Natürlich gibt es heute noch Schichten!» Bilder der modernen Sozialstruktur in den Köpfen der Menschen, in: H. Bremer u. a. Hg., Soziale Milieus u. Wandel der Sozialstruktur, Wiesbaden 2006, 102–27; S. Hradil, Soziale Ungleichheit in Deutschland, Opladen 2001[8]; ders., Die Sozialstruktur Deutschlands im internationalen Vergleich, Wiesbaden 2006[2], 195–236; vgl. K. M. Bolte u. S. Hradil Hg., Soziale Ungleichheit in der Bundesrepublik Deutschland, ebd. 1984[5]; S. Hradil, Soziale Schichtung in der Bundesrepublik, München 1977/1981[3]; ders., Entwicklungstendenzen der Schichten- u. Klassenstruktur in der Bundesrepublik, in: J. Matthes Hg., Krise der Arbeitsgesellschaft? Frankfurt 1983, 189–205; B. Schäfers, Sozialstruktur u. sozialer Wandel in Deutschland, Stuttgart 2004[8]; ders., Die Gesellschaft der Bundesrepublik, in: HGD, 280–96; ders., Die westdeutsche Gesellschaft, in: Schildt u. Sywottek Hg., Modernisierung, 307–15; ders., Die Gesellschaft der Bundesrepublik, in: R. Hettlage Hg., Die Bundesrepublik, München 1990, 280–96; ders., Wandel der bundesrepublikan. Gesellschaft 1949–89, in: Gegenwartskunde 38.1989, 141–52; M. Vester u. a., Soziale Milieus im gesellschaftl. Strukturwandel (1993), Frankfurt 2001; ders., Kapitalist. Modernisierung u. gesellschaftl. (Des-)Intergration, in: W. Heitmeyer Hg., Was hält die Gesellschaft zusammen? Frankfurt 1997, 149–203; K. M. Bolte, Soziale Ungleichheit in der Bundesrepublik im histor. Vergleich, in: Berger u. Hradil Hg., Lebenslagen, 27–50; ders. u. a., Soziale Schichtung, in: ders. Hg., Deutsche Gesellschaft im Wandel, Opladen 1966[7], 233–351; M.R. Lepsius, Sozialstruktur u. soziale Schichtung in der Bundesrepublik Deutschland, in: Löwenthal u. Schwarz Hg., Stuttgart 1974, 263–88 u. in: ders., Demokratie in Deutschland, 145–74; C. Benninghaus u. a., Social Structure in the 20th Century, in: Ogilvie u. Overy Hg., Germany III, 279–319; P. Nolte, Topographie der Klassengesellschaft, in: Merkur 60.2006, 865–74; W. Zapf, Sozialstruktur u. gesellschaftl. Wandel in der Bundesrepublik, in: W. Weidenfeld u. a. Hg., Deutschland-Hdb. 1949–89, Bonn 1989, 99–124; A. Rutter, Elites, Estates, and Strata: Class in West Germany Since 1945, in: A. Marwick Hg., Class in the 20th Century, N. Y. 1986, 115–64; W. Müller, Klassenlagen u. soziale Lagen in der Bundesrepublik, in: J. Handl u. a., Klassenlagen u. Sozialstruktur, Frankfurt 1977, 21–100; H. Strasser u. a., Die Rekrutierung der Klassengesellschaft, in: Berliner Journal für Soziologie 10.2000, 79–98; B. Schäfers u. W. Zapf Hg., HGD, Opladen 1998/2001[2]; E. Ballerstedt u. a., Soziolog. Almanach. Hdb. gesellschaftl. Daten u. Indikatoren für die Bundesrepublik, Frankfurt 1979[3]; Bundesregierung Hg., Lebenslagen in Deutschland., 1. Armuts- u. Reichtumsbericht, 2 Bde., Berlin 2001; dies. Hg., Lebenslagen in Deutschland., 2. Armuts- u. Reichtumsbericht, 2 Bde., ebd. 2005. Weiterhin: F. Zerger, Klassen, Milieus u. Individualisierung, Frankfurt 2000; A. Klocke, Sozialer Wandel, Sozialstruktur u. Lebenstile in der Bundesrepublik, ebd. 1993; J. Alber, Continuity and Change in German Social Structure, in: U. Hoffmann-Lange Hg., Social and Political Structures in West Germany, Boulder/Col. 1992,

15–41; R. Rosner, Gesellschaft im Übergang? Zum Wandel von Arbeit, Sozialstruktur u. Politik in der Bundesrepublik, Frankfurt 1990; P. A. Berger, Entstrukturierte Klassengesellschaft? Klassenbildung u. Strukturen sozialer Ungleichheit im histor. Wandel, Opladen 1986; ders., Die Erwerbsgesellschaft. Neue Ungleichheiten u. Unsicherheiten, ebd. 2001; W. Glatzer Hg., Entwicklungstendenzen der Sozialstruktur, Frankfurt 1992; ders. u. a., Recent Social Trends in West Germany 1960–90, ebd. 1992; H.-P. Schwarz, Modernisierung oder Restauration? Vorfragen zur künftigen Sozialgeschichtsforschung über die Ära Adenauer, in: K. Düwell u. W. Köllmann Hg., Rheinland-Westfalen im Industriezeitalter III, Wuppertal 1984, 278–98; H. Tegtmeyer Hg., Soziale Strukturen u. individuelle Mobilität, Boppard 1979; J. Krejci, Social Structure in Divided Germany, London 1976. Ältere Darstellungen sind im Vergleich mit den vorn genannten neueren Arbeiten durchweg überholt: D. Claessens u. a., Sozialkunde der Bundesrepublik, Düsseldorf 1965/1978⁸; F. Fürstenberg, Die Sozialstruktur der Bundesrepublik, Köln 1967/1976⁵; U. Jaeggi, Macht u. Herrschaft in der Bundesrepublik, Frankfurt 1973²; H. L. Baumanns u. H. Grossmann, Deformierte Gesellschaft? Soziologie der Bundesrepublik, Reinbek 1969; S. Münke, Die mobile Gesellschaft. Einführung in die Sozialstruktur der Bundesrepublik, Stuttgart 1967; L. Neumann u. K. Schaper, Die Sozialordnung der Bundesrepublik, Frankfurt 1984³; blass und in jeder Hinsicht überholt: G. Mackenroth, Wandlungen der deutschen Sozialstruktur, in: GWU 8.1957, 65–77. – Zur Einbettung in die europäische Sozialgeschichte v. a. H. Kaelble, Auf dem Weg zu einer europ. Gesellschaft. Sozialgeschichte Westeuropas, München 1987; ders., Sozialgeschichte Westeuropas 1950–2000; ders. Eine Sozialgeschichte Europas schreiben: Die zweite Hälfte des 20. Jh., in: Fs. J. Zarnowski, Warschau 2002, 235–49; ders., Eine europ. Gesellschaft? in: G. F. Schuppert Hg., Europawissenschaft, Baden-Baden 2005, 299–330; B. Schäfers, Europ. Sozialstruktur im Vergleich, in: HGD, 134–44; S. Hradil u. Immerfall Hg. Die westeurop. Gesellschaften im Vergleich, Opladen 1997; S. Hradil, Sozialstruktur u. gesellschaftlicher Wandel, in: O. W. Gabriel u. F. Brettschneider Hg., Die EU-Staaten im Vergleich, ebd. 1994², 52–95; B. Bluestone u. B. Harrison, Geteilter Wohlstand. Wirtschaftl. Wachstum u. sozialer Ausgleich im 21. Jh, Frankfurt 2002; G. A. Cornia u. J. Court, Inequality, Growth and Poverty in the Era of Liberalization and Globalization, Helsinki 2001; C. Crouch, Social Change in Western Europe, Oxford 1999; H. H. Blotevogel u. A. I. Fielding Hg., People, Jobs and Mobility in the New Europe, Chichester 1997; M. Haller Hg., Class Structure in Europe, Armonk 1990; Saly u. a.; Gaillard u. Rowley; Marseille; E. Bussière u. a., Industrialisation et sociétés en Europe occidentale, Paris 1998; F. Guedj u. S. Sirot Hg., Histoire sociale de l'Europe, ebd. 1997; H. Mendras, L'Europe des Européens. Sociologie de l'Europe occidentale, ebd. 1997.

⁴ Vgl. aus der marxistisch inspirierten Forschung: Institut für Marxist. Studien u. Forschungen Hg., Klassen- u. Sozialstruktur der BRD, 3 Bde., Frankfurt 1973–75; Projekt Klassenanalyse. Materialien zur Klassenstruktur der BRD 1950–70, 2 Bde, Berlin 1973/74; dazu: N. Kostede, Kritik neuerer Klassenanalysen der BRD, in: Gesellschaft 7.1976, 119–33; K. H. Tjaden u. M. Tjaden-Steinhauer, Klassenverhältnisse im Spätkapitalismus, Stuttgart 1973; H. J. Krysmanski, Gesellschaftstruktur der Bundesrepublik, Köln 1982; Vgl. aber ders., Entwicklung und Stand der klassentheoret. Diskussion, in: KZfS 41.1989, 149–69; B. Erbslöh u. a., Ende der Klassengesellschaft? Regensburg 1990; dies. u. a., Klassenstruktur u. Klassenbewußtsein in der Bundesrepublik, in: KZfS 40. 1988, 245–61; A. Leisewitz, Die Klassen- u. Sozialstruktur der Bundesrepublik, in: A. Albrecht u. a., Beiträge zu einer Geschichte der Bundesrepublik, Köln 1979, 78–121; F. Deppe u. H. Jung, Entwicklung u. Politik der herrschenden Klasse in der Bundesrepublik, in: ebd., 433–86; M. Koch, Vom Strukturwandel einer Klassengesellschaft, Münster 1998²; J. Ritsert u. C. Rolshausen, Zur Sozialstruktur der Bundesrepublik, in: K. Meschkat u. O. Negt Hg., Gesellschaftstrukturen, Frankfurt 1973, 13–40.

⁵ Die Kritik nach: R. Geissler, Kein Abschied von Klasse u. Schicht, in: KZfS 48.1996, 319–38, v. a. 320–24; ähnlich in: ders., Die pluralist. Schichtstruktur der modernen Gesellschaft, in: ders. Hg., Soziale Schichtung, 6–36; ders., Klasse, Schicht oder Lebenslage? in: Leviathan 22.1994, 541–59; ders., Das mehrfache Ende der Klassengesellschaft, in: J. Friedrichs u. a. Hg., Die Diagnosefähigkeit der Soziologie, Opladen 1998, 207–36; Gellert, 575; H.-P. Müller, Abschied von der Klassengesellschaft? in: C. Görg Hg., Gesellschaft im Übergang, Darmstadt 1994, 120–140; G. Kleining, Sozialstruktur u. Lebenswelten. Kritik der Lebensstilforschung u. der Verwendung für die Theorie der Moderne, in: Angewandte Sozialforschung 19.1995, 119–28; T. Meyer, Das Konzept der Lebensstile in der Sozialstrukturforschung, in: SW 52.2001, 255–72 (vgl. hierzu S. Hradil, Eine Alternative? Zu T. Meyers Aufsatz, in: SW 52.2001, 273–82; G. Schulze, Scheinkonflikte. Zu T. Meyers Kritik der Lebensstilforschung, in: ebd., 283–96); H.-P. Müller u. M. Weilrich, Lebensweise u. Lebensstil, in: H.-R. Vetter Hg., Muster moderner Lebensführung, München 1991, 89–130; H.-P. Müller, Sozialstruktur u. Lebensstile. Der neuere theoret. Diskurs über soziale Ungleichheit, Frankfurt 1992; H. Strasser, Diesseits von Stand u. Klasse. Prinzipien einer Theorie der sozialen Ungleichheit, in: Giesen u. Haferkamp Hg., 50–92; ders., Klassenstrukturen u. Klassentheorie in westl. Gesellschaften, in: Österreich. Zeitschrift für Soziologie 13.1988/H.4, 20–33. Abwägend: H. H. Noll, Zum Wandel sozialer Ungleichheit in modernen Gesellschaften, in: Gegenwartskunde 50.2001, 419–32; R. Kreckel, Klassentheorie am Ende der Klassengesellschaft, in: Berger u. Vester Hg., Alte Ungleichheiten, 31–47; ders., Klassenbegriff u. soziolog. Ungleichheitsforschung, in: Berger u. Hradil Hg., Lebenslagen, 51–79. Seine Politische Soziologie der Sozialen Ungleichheit von 1992 bleibt eine hervorragende Synthese. Lepsius: Parteiensystem, 1966. – Zu Bourdieu: H.-U. Wehler, P. Bourdieu: Das Zentrum seines Werkes, in: ders., Die Herausforderung der Kulturgeschichte, München 1998, 15–44. – G. Schulze, Erlebnisgesellschaft. Kultursoziologie der Gegenwart, Frankfurt 1997⁷ (vgl. hierzu Meyer, Konzept der Lebensstile; H. Funke, Erlebnisgesellschaft, in: G. Kneer u. a. Hg., Soziolog. Gesellschaftsbegriffe, München 1997, 205–31; T. Schnierer, Von der kompetitiven Gesellschaft zur Erlebnisgesellschaft, in: ZfS 25. 1996, 71–82; T. Müller-Schneider, Wandel der Milieulandschaft in Deutschland, in: ZfS 25.1996, 190–206; ders., Schichten u. Erlebnismilieus. Der Wandel der Milieustruktur in der Bundesrepublik, Wiesbaden 1994). – Zugang zu dem Plädoyer für die neuen Paradigmata findet man in: U. Beck, Jenseits von Stand u. Klasse? Soziale Ungleichheiten, gesellschaftl. Individualisierungsprozesse u. die Entstehung neuer sozialer Formationen u. Identitäten, in: R. Kreckel Hg., Soziale Ungleichheiten, Göttingen 1983, 35–74; ders., Die «Individualisierungsdebatte», in: B. Schäfers Hg., Soziologie in Deutschland, Opladen 1995, 189–98; vgl. R. Hitzler, U. Beck, in: D. Kaesler Hg., Aktuelle Theorien der Soziologie, München 2005, 267–85; P. A. Berger, Kontinuitäten u. Brüche. Herausforderungen für die Sozialstruktur- u. Ungleichheitsforschung im 21. Jh., in: B. Orth u. a. Hg., Soziolog. Forschung, Opladen 2003, 473–90; ders. u. D. Konietzka, Alte Ungleichheiten u. neue Unsicherheiten in der Erwerbsgesellschaft, in: dies., Hg., Die Erwerbsgesellschaft, Opladen 2001, 9–25; ders. u. Vester Hg., Alte Ungleichheiten; ders., Individualisierung u. sozialstrukturelle Dynamik, in: U. Beck u. P. M. Sopp Hg., Individualisierung u. Integration, ebd. 1997, 81–95; ders., Individualisierung, Statusunsicherheit u. Erfahrungsvielfalt, ebd. 1996; ders., Mobilität, Vereinsvielfalt u. Individualisierung, in: ders. u. P. Sopp Hg., Sozialstruktur u. Lebenslauf, Opladen 1995, 65–83; ders., Soziale Ungleichheiten u. sozio-kulturelle Milieus: Die neuere Sozialstrukturforschung, in: Berliner Journal für Soziologie 5.1994, 249–64; ders., Dynam. Sozialstrukturanalysen u. Strukturerfahrungen, in: ders. u. P. Sopp Hg., Sozialstruktur u. Lebenslauf, Opladen 1995, 9–24; ders., Von der eindeutigen zur unbestimmten Gesellschaft, in: M. Thomas Hg., Abbruch u. Aufbruch, Berlin 1992, 128–59; ders. u. S. Hradil, Die Modernisierung sozialer Ungleichheit u. die neuen Konturen ihrer Erforschung, in: dies. Hg., Lebensla-

gen, 3–24; ders., Ungleichheitsphasen. Stabilität u. Instabilität als Aspekte ungleicher Lebenslagen, in: ebd., 319–50; Hradil, Lebensstil, in: Schäfers Hg., Grundbegriffe, 180–84; ders., Alte Begriffe u. neue Strukturen. Die Milieu-, Subkultur- u. Lebensstilforschung der 80er Jahre, in: ders., Hg., Zwischen Bewusstsein u. Sein, Opladen 1992, 15–55; ders., Soziale Ungleichheiten, Milieus u. Lebensstile in den Ländern der Europ. Union, in: ders. u. S. Immerfall Hg., Westeurop. Gesellschaften im Vergleich, 475–520; ders., Soziale Milieus u. ihre empir. Untersuchung, in: W. Glatzer Hg., Entwicklungstendenzen der Sozialstruktur, Frankfurt 1992, 6–35; ders., Individualisierung, Pluralisierung, Polarisierung., in: Hettlage Hg., 111–38; ders., Postmoderne Sozialstruktur? in: Berger u. ders. Hg., Lebenslagen, 125–50; ders., Sozialstrukturanalyse in einer fortgeschrittenen Gesellschaft. Von Klassen u. Schichten zu Lagen u. Milieus, Opladen 1987; ders., Die ‹neuen sozialen Ungleichheiten› – u. wie man mit ihnen (nicht) zurechtkommt, in: Fs. K.-A. Bolte, ebd. 1985, 51–66; ders., Die Ungleichheit der sozialen Lage, in: Kreckel Hg., Ungleichheiten, 101–18; G. Schulze, Die Transformation sozialer Milieus, in: Berger u. Hradil Hg., Lebenslagen, 409–32; H. Band u. H.-P. Müller, Lebensbedingungen, Lebensformen, Lebensstile, in: HGD, 419–27; M. Reichenwallner, Lebensstile zwischen Struktur u. Entkopplung, Wiesbaden 2000; S. Buth u. H. Johannsen, Determinieren soziale Strukturen Lebensstile? in: C. Honegger u.a. Hg., Grenzenlose Gesellschaft, Opladen 1999, 576–89; P. Imbusch, Von Klassen und Schichten zu sozialen Lagen, Milieus u. Lebensschichten, in: ders. Hg., Macht u. Herrschaft, ebd. 1998, 275–98; H. Lüdtke, Der Wandel von Lebensstilen, in: Glatzer Hg., Entwicklungstendenzen, 36–59. Vgl. O. G. Schwenk, Soziale Lagen in der Bundesrepublik, Opladen 1999, 13 f., 26–29, 41, 48 f., 56, 60 f., 63, 65, 67–69, 82, 86, 97–223; ders. Hg., Lebensstil zwischen Sozialstrukturanalyse u. Kulturwissenschaft, ebd. 1996; W. Georg, Soziale Lage u. Lebenstil, ebd. 1998; P. H. Hartmann, Lebensstilforschung, ebd. 1997; K.-H. Hörning u. M. Michailow, Lebensstil als Vergesellschaftungsform, in: Berger u. Hradil Hg., Lebenslagen, 501–21; H.-P. Müller, Lebensstile. Ein neues Paradigma? in: KZfS 41.1989, 53–71.

   [6] Zum Vermögen: Weber, WG, 531; Der Spiegel 28.7.1969; Berger, in: Joas Hg., 233 f.; E.-K. Huster, Enttabuisierung der sozialen Distanz in Deutschland, in: ders. Hg., Reichtum in Deutschland, Frankfurt 1997[2], 15; J. Faik u. H. Schlomann, Die Entwicklung der Vermögensverteilung in Deutschland, in: ebd., 92, 94 f., 103, 111; Schäfers, Sozialstruktur, 243; Mierheim u. Wilke, 271 f.; Glatzer, Lebensbedingungen, 283, 277; M. Schnitzer, Income Distribution: A Comparative Study of the United States, Sweden, West Germany, East Germany, the United Kingdom, and Japan, N.Y. 1974, 40, 86, 112, 184; Geißler, Sozialstruktur, 107. Vorzüglich sind: J. Beckert, Unverdientes Vermögen. Soziologie des Erbrechts, Frankfurt 2004; W. Krelle u.a., Überbetriebl. Ertragsbeteiligung der Arbeitnehmer, 2 Bde., Tübingen 1968; ders., Wirtschaftswachstum u. Vermögensverteilung. Wie ist eine gleichmäßigere Vermögensverteilung zu erreichen? in: Kirchenamt der Evangel. Kirche in Deutschland u. Sekretariat der Deutschen Bischofskonferenz Hg., Beteiligung am Produktiveigentum, Hannover 1993, 38 f.; C. Föhl, Kreislaufanalyt. Untersuchung der Vermögensbildung in der Bundesrepublik, Tübingen 1964; R. Hornung-Draus, Das Vermögen der privaten Haushalte in der Bundesrepublik, in: JNS 206.1989, 18; M. Jungblut, Die Reichen u. die Superreichen in Deutschland, Hamburg 1971, 49, 52; Hradil, Schichtung, 22 f.; zum Vergleich unbedingt: M. Miegel, Die verkannte Revolution, Stuttgart 1983; ders., Die deformierte Gesellschaft, Berlin 2003[11]; ders., Reformstau in Deutschland, Dresden 2004. Vgl. allg. S. Weick, Einkommensungleichheit, in: Braun u. Mohler Hg., Blickpunkt IV, 13–41; Y.S. Brenner, Income Distribution in Historical Perspective, Cambridge 1991; W. Glatzer u. R. Hauser, The Distribution of Income and Wealth, in: Y. Lemel u. H.H. Noll Hg., Changing Structures of Inequality, Montreal 2002, 187–217; H. Kaelble, Der Wandel der Einkommensverteilung 1960–2000, in: S. Ryll u. A. Yemal Hg., Politik u. Ökonomie, Marburg 2000, 227–42; M. Haller, Positional and Sectoral Differences in Income, in: W. Teckenberg Hg.,

Comparative Studies of Social Structure, Armonck 1987, 172–90; A. S. Alderson u. a., How Has Income Inequality Changed? Patterns of Distributional Change in Core Societies, in: International Journal of Comparative Sociology 46.2006, 405–23; auch noch: K. D. Bedau, Auswertung von Statistiken über Vermögensverteilung, Berlin 1998; J. Bretschneider, Hdb. einkommens-, vermögens- u. sozialpolit. Daten, Köln 1988; G. Schmauss, Personelle Einkommensverteilung im Vergleich 1962/1969, in: H. J. Krupp u. W. Glatzer Hg., Umverteilung im Sozialstaat, Frankfurt 1978, 31–112; J. Siebke, Die Vermögensbildung der privaten Haushalte in der Bundesrepublik, Bonn 1971; O. de la Chevallerie, Die Verteilung des Vermögenszuwachses in der Bundesrepublik, Berlin 1968; blass ist: T. Pierenkemper, Einkommens- u. Vermögensverteilung, in: G. Ambrosius u. a. Hg., Moderne Wirtschaftsgeschichte, München 1996, 265–87.

⁷ Geißler, Sozialstruktur, 81 f., 93, 96 f.; G. Schulze, Soziologie des Wohlstands, in: Huster Hg., Reichtum, 201; H. Kaelble, Der Wandel der Einkommensverteilung 1950–2000, in: Fs. G. Huber, Marburg 2000, 227–42; H. Adam, Die Einkommensverteilung in der Bundesrepublik, Köln 1976, 16; Glatzer, Trends, 206, 211–13; ders., Lebensbedingungen, 277; Hradil, Schichtung, 27, 35; Benninghaus u. a., 291–93; R. Hauser u. I. Becker, Die langfristige Entwicklung der personellen Einkommensverteilung in der Bundesrepublik, in: H.-J. Krupp, Frankfurt 1998, 124, 126; vgl. dies., Anatomie einer Einkommensverteilung 1969–98, Berlin 2003; dies., The Personal Distribution of Income, Heidelberg 2000; R. Hauser, Einkommen u. Vermögen, in: HGD, 154–66; ders., Vergleich. Analyse der Einkommensverteilung u. Einkommensarmut in den alten u. neuen Bundesländern, in: I. Becker u. ders. Hg., Einkommensverteilung u. Armut: Deutschland auf dem Weg zur Vierfünftel-Gesellschaft? Frankfurt 1997, 63–83; I. Becker u. R. Hauser, Die Entwicklung der Einkommensverteilung in der Bundesrepublik in den 70er/80er Jahren, in: Konjunkturpolitik 41/4. 1995, 208–44; J. Becker, Die Verteilungsentwicklung in den 80er/90er Jahren., in: WSI-Mitteilungen 52/3. 1999, 205–24; J. Merz, Einkommens-Reichtum in Deutschland – Mikroanalyt. Ergebnisse der Einkommensteuerstatistik für Selbständige u. abhängig Beschäftigte, in: Perspektiven der Wirtschaftspolitik 5.2004, 105, 111, 115, 123 (Ergebnisse auch im 2. Armutsbericht der Bundesregierung). Vgl. die Lit. in Anm. 6. Allg. noch: P. Krause u. G. Wagner, Einkommensreichtum u. Einkommensarmut in Deutschland, in: Huster Hg., Reichtum, 65–88; Huster, Einkommensverteilung, ebd., 25–64; R. Berntsen, Dynamik in der Einkommensverteilung privater Haushalte, Frankfurt 1992; K.-D. Bedau, Einkommensverteilung, in: H.-J. Krupp u. J. Schrupp Hg., Lebenslagen im Wandel, ebd. 1988, 61–87; M. Haller, Positional and Sectoral Differences in Income, in: W. Teckenberg Hg., Comparative Studies of Social Structure, Armonk 1987, 172–90; E. Ballerstedt u. E. Wiegand, Einkommensveränderung u. Versorgung, in: W. Zapf Hg., Lebensbedingungen in der Bundesrepublik, ebd. 1978², 464–574.

⁸ Vgl. allg. M. Hartmann, Elite-Soziologie, Frankfurt 2004; ders., Der Mythos von den Leistungseliten: Spitzenkarrieren u. soziale Herkunft in Wirtschaft, Politik, Justiz u. Wissenschaft, ebd. 2002 (eine schlechterdings glänzende Studie, dort auch, 36, 40, die Definition von Großbürgertum und gehobenem Bürgertum); vgl. jetzt ders., Eliten u. Macht in Europa, Frankfurt 2007, 45–53, 125–57; auch H. Joly Hg., Formation des élites en France et en Allemagne, Paris 2005; H. Münkler Hg., Deutschlands Eliten im Wandel, Frankfurt 2006; P. Imbusch, Soziologie der Eliten, Wiesbaden 2006; S. Hradil u. ders. Hg., Oberschichten-Eliten-Herrschende Klassen, Opladen 2003; Geissler, Sozialstruktur, 145–66; D. Herzog u. W. P. Bürklin, Polit. Elite, in: Andersen u. Woyke Hg., 2003⁵, 509–15; Schmidt, Polit. System, 245–66; W. Bürklin u. a. Hg., Eliten in Deutschland, Opladen 1997; K.-K. Schnapp, Soziale Zusammensetzung von Eliten u. Bevölkerung, in: ebd, 69–99; H. Rebenstorf, Integration u. Segmentation der Führungsschicht, in: ebd., 123–55; dies., Karrieren u. Integration, in: ebd., 157–99; H. Best, Der langfrist. Wandel polit. Eliten in Europa 1867–2000, in: S. Hradil u. P. Imbusch Hg., Oberschich-

ten, 369–400; ders., u. M. Cotta, Parliamentary Representatives in Europe 1848–2000, Oxford 2000; U. Hoffmann-Lange u. W.-P. Bürklin, Eliten, Führungsgruppen, in: HGD, 170–82; Hoffmann-Lange, Eliten, Macht u. Konflikt in der Bundesrepublik, Opladen 1992; dies., Eliten in der Bundesrepublik, in: H. Best Hg., Politik u. Milieu, St. Katharinen 1989, 238–61; dies. u. W.-P. Bürklin, Generationswandel in der westdeutschen Elite, in: W. Glatzer u. I. Ostner Hg., Deutschland im Wandel, Opladen, 1999, 163–77; E. K. u. U. Scheuch, Führungskräfte in Politik, Wirtschaft u. Gesellschaft, Essen 1997; ders., Abschied von den Eliten, in: C. Grossner, Das 198. Jahrzehnt, Hamburg 1969, 305–22; W. Kaltefleiter u. R. Wildemann Hg., Westdeutsche Führungsschicht. 1825 Inhaber von Führungspositionen, Kiel 1973; R. Wildemann, Eliten in der Bundesrepublik, Mannheim 1968; B. Krais, Die Spitzen der Gesellschaft, in: dies. Hg., An der Spitze, Konstanz 2001, 7–62; W. Zapf, Eliten, in: E. Ballerstedt u. a., Soziolog. Almanach, Frankfurt 1975, 341–62; K. v. Beyme, Elite, in: SDG 2.1968, 103–28; B.-A. Rusinek, Deutsche Eliten im 20. Jh., in: Kursbuch 139.2000, 31–44; H. J. Krysmanski u. T. Neumann, Gruppenbild. Deutsche Eliten im 20. Jh., Reinbek 1989; W. L. Guttsman, Elite Recruitment and Political Leadership in Britain and Germany Since 1950: A Comparative Study of MPs and Cabinets, in: British Political Sociology Yearbook I, London 1974, 89–125; T. B. Bottomore, Elite u. Gesellschaft, München 1966; D. Rustow, The Study of Elites, in: WP 18.1966, 690–717; U. Jaeggi, Die gesellschaftl. Elite, Bern 1967²; P. Bachrach, Die Theorie demokrat. Elitenherrschaft, Frankfurt 1967; C. W. Mills, The Power Elite., N. Y. 1956, dt. Die amerikan. Elite, Hamburg 1962; dagegen S. Keller, Beyond the Ruling Class, N. Y. 1963; F. Bosbach u. a. Hg., Geburt oder Leistung? Elitenbildung im deutschbritischen Vergleich, München 2003; H.-G. Wehling Hg., Eliten in der Bundesrepublik, Stuttgart 1990; K. Arzberger, Bürger u. Eliten in der Kommunalpolitik, ebd. 1980; M. R. Hayse, Recasting West German Elites. Higher Civil Servants, Business Leaders, and Physicians in Hesse 1945–55, N. Y. 2003; B.-K. Seemann, Das Konzept der Elite, in: Fs. Saul, 24–41; W. Schluchter, Der Elitebegriff als soziolog. Kategorie, in: KZfS 15.1963, 233–56; H. P. Dreitzel, Elitebegriff u. Sozialstruktur, Stuttgart 1962; S. Braun, Elitenrekrutierung in Frankreich u. Deutschland, Köln 1999 (behandelt nur die Sporteliten); spätmarxistisch: H. Wienold, Die herrschende Klasse in der Bundesrepublik, in: H.-G. Thien u. ders. Hg., Herrschaft, Krise, Überleben, Münster 1986, 335–73. – Zur klassischen italienischen Eliteforschung: G. Mosca, Die herrschende Klasse, München 1950; V. Pareto, Allg. Soziologie, Hg. C. Brinkmann, Tübingen 1955; P. Hübner, Herrschende Klasse u. Elite. Eine Strukturanalyse der Gesellschaftstheorien Moscas u. Paretos, Berlin 1967; J. H. Meisel, The Myth of the Ruling Class, Ann Arbor 1958.

⁹ Zu Politik und Verwaltung: Hartmann, Mythos, 97–101; K.-U. Mayer, Struktur u. Wandel der polit. Eliten in der Bundesrepublik, in: R. Lassere u. a. Hg., Deutschland u. Frankreich, Stuttgart 1980, 173–79, 181–86, 189, 191–94; K. v. Beyme, Die polit. Elite der Bundesrepublik Deutschland, München 1974², 9f., 23, 28, 43, 53–56, 194–98, 202, 205, 208, 217; ders., Die polit. Klasse im Parteienstaat, Frankfurt 1993; H. Rebenstorf, Die polit. Klasse. Zur Entwicklung u. Reproduktion einer Funktionselite, Frankfurt 1995; T. Leif u. a. Hg., Die polit. Klasse in Deutschland, Bonn 1992; H.-D. Klingemann u. a. Hg., Polit. Klasse u. polit. Institutionen, Opladen 1991; C. Anderson, The Composition of the German Bundestag Since 1949: Long-Term Trends and Institutional Effects, in: HSF 18.1993/H1, 3–25; K. Hoffmann-Lange, Positional Power and Political Influence in the Federal Republic of Germany, in: European Journal of Political Research 17.1989, 51–76; D. Herzog, Polit. Führungsgruppen, Darmstadt 1982; ders., Polit. Karrieren, Opladen 1975; E. Enke, Oberschicht u. polit. System der Bundesrepublik, Bern 1974; W. Kaltefleiter, The Recruitment Market of the German Political Elite, in: H. Eulau u. M. M. Czudnowski Hg., Elite Recruitment in Democratic Policies, N. Y. 1976, 238–62; J. L. Edinger, Political Leadership in Industrial Societies, N. Y. 1967; ders., Post-Totalitarian Leadership, 51–82. – H.-U. Derlien u. G. Pippig, Die administrative

Elite 1949–84, in: Wehling Hg., 98–108; Derlien, Continuity and Change in the West
German Federal Executive Elite 1949–84, in: European Journal of Political Research
18.1990, 349–72; ders. Regierungswechsel, Regimewechsel u. Zusammensetzung der polit.-administrativen Elite, in: B. Blanke Hg., Die alte Bundesrepublik, Opladen 1991,
253–70; ders., Verwaltungseliten in der Bundesrepublik, in: Jb. für Europ. Verwaltungsgeschichte 17.2005, 109–47; vgl. ders., Compétence bureaucratique et allégeances politi-
ques en Allemange, in: E. Suleiman u. H. Mendras Hg., Le recrutement des élites en
Europe, Paris 1997, 64–90; A. Herz, Die Dienstklasse. Eine empir. Analyse ihrer demograph. kulturellen u. polit. Identität, in: Berger u. Hradil Hg., Lebenslagen, 231–40;
K. Renner, Wandlungen der modernen Gesellschaft, Wien 1953; Schnapp, 72 f. – Zur
Justiz: R. Dahrendorf, Deutsche Richter. Zur Soziologie der Oberschicht, in: ders., Ge-
sellschaft u. Freiheit, 176–96; W. Richter, Die Richter der OLG der Bundesrepublik, in:
Hamburger Jb. für Wirtschafts- u. Gesellschaftspolitik, Hamburg 1960, 241–59; J. Feest,
Die Bundesrichter: Herkunft, Karriere u. Auswahl der jurist. Elite, in: W. Zapf Hg.,
Beiträge zur Analyse der deutschen Oberschicht, München 1965², 95–113; Hartmann,
Mythos, 101–07; ders., Elite-Soziologie, 139, 143–45; W. Kaupen u. T. Rasehorn, Die
Justiz zwischen Obrigkeitsstaat u. Demokratie. Zur Soziologie der deutschen Justizjuri-
sten, Neuwied 1971; W. Kaupen, Die Hüter von Recht u. Ordnung, ebd. 1969. – Zum
Militär: M. Jung, Die Bundeswehr-Elite, 109–23; Stumpf, 478–97; K. Naumann,
Schlachtfeld – Geselligkeit. Die ständ. Bürgerlichkeit des Bundeswehroffiziers, in:
M. Hettling u. B. M. Ulrich Hg., Bürgertum nach 1945, Hamburg 2005, 310–46; D. Bald,
Der deutsche Offizier. Sozial- u. Bildungsgeschichte des deutschen Offizierskorps im
20. Jh., München 1982; ders., The German Officer Corps: Caste or Class? in: Armed
Forces and Society 4.1979, 642–68; ders., Bürger, 397–400; ders.; Militär, 37, 74, 94 f., 98;
B. Wegner, Erschriebene Siege. F. Halder, die «Historical Division» u. die Rekonstruk-
tion des Zweiten Weltkrieges im Geiste des deutschen Generalstabes, in: Fs. K.-J. Müller, München 1995, 287–302.

[10] Zur Wirtschaft: W. Zapf, Die deutschen Manager: Sozialprofil u. Karriereweg, in:
ders. Hg., Beiträge, 136–49; ders., Wandlungen der deutschen Elite, München 1966²;
Dahrendorf, Gesellschaft u. Demokratie; Hartmann, Mythos, 19 f., 44, 63–94, 118, 165;
ders., Kontinuität oder Wandel? Die deutsche Wirtschaftselite 1970–95, in: D. Ziegler
Hg., Großbürger u. Unternehmer, Göttingen 2000, 74–79, 81, 83–85 87 f., 90 f.; ders.,
Soziale Homogenität u. generationelle Muster der deutschen Wirtschaftselite nach 1945,
in: V. R. Berghahn u. a. Hg., Die deutsche Wirtschaftselite im 20. Jh., Essen 2003, 31,
34 f., 43; ders., Die Rekrutierung von Topmanagern in Europa (Deutschland, Frankreich, Großbritannien), in: EAS 38.1997, 12; vgl. ders., Deutsche Topmanager. Klassen-
spezif. Habitus als Karrierebasis, in: SW 46.1995, 440–68; ders., Topmanager – Die Rekrutierung einer Elite, Frankfurt 1996; ders., Leistung oder Habitus? in: U. Bittlingmayer
u. a. Hg., Theorie als Kampf? Zur politischen Soziologie P. Bourdieus, Opladen 2002,
361–77; ders., Klassenspezifischer Habitus oder exklusive Bildungstitel als soziales Selektionskriterium? in: Krais Hg., Spitze, 157–215; ders. u. J. Kopp, Elitenselektion durch
Bildung oder durch Herkunft? in: KZfS 53.2001, 436–66; ders., Class-specific Habitus
and the Social Reproduction of the Business Elite in Germany and France, in: Sociological Review 48.2000, 241–61; ders., Notwendig, aber nicht hinreichend: Soziale Herkunft
als berufliches Selektionskriterium, in: Zeitschrift für Sozialisationsforschung 10.1990,
218–34; ders., Soziale Öffnung oder soziale Schließung? Die deutsche u. franzöz. Wirtschaftselite 1970–95, in: ZfS 26.1997, 296–311; ders., Nationale oder transnationale Eliten? in: Hradil u. Imbusch Hg., Oberschichten, 273–97; ders., Homogenität u. Stabilität,
in: Berger u. Hradil Hg., Alte Ungleichheiten, 171–87; s. auch noch ders., Juristen in der
Wirtschaft, München 1990; ders., Zwischen Stabilität u. Abstieg. Juristen als akadem.
Elite in der Wirtschaft, in: SW 40.1989, 437–54. – P. Bourdieu, Das Feld der Macht, in:
ders., Die Intellektuellen u. die Macht, Hg. I. Dölling, Hamburg 1991, 97; ders., Unter-

IV. Strukturbedingungen und Entwicklungsprozesse der Sozialen Ungleichheit 479

schiede; ders., dass., in: ders., Die verborgenen Mechanismen der Macht, Hg. M. Stein-
rücke, Hamburg 1992, 31–47; ders., Zur Soziologie der symbol. Formen, Frankfurt
1991[4], 60f. (Vgl. J. Blasius u. J. Winkler, Gibt es die «feinen Unterschiede»? Eine empir.
Überprüfung der Bourdieuschen Theorie, in: KZfS 41.1989, 72–94; A. Höher, Auf dem
Wege zu einer Rezeption der Soziologie P. Bourdieus, in: KZfS 41.1998, 729–36; J. Blasius, u. A. Winkler, Feine Unterschiede. Antwort auf A. Höher, in: KZfS 41.1998, 736–
40); H. Joly, Großunternehmer in Deutschland 1933–89, Leipzig 1998, 44f., 49, 56f.;
ders., Kontinuität u. Diskontinuität der industriellen Eliten nach 1945, in: Ziegler Hg.,
Großbürger, 58, 69, 71; ders., Ende des Familienkapitalismus? Das Überleben der Unternehmerfamilien in den deutschen Wirtschaftseliten des 20 Jh., in: Berghahn u.a. Hg.,
Wirtschaftselite, 75–92; V. R. Berghahn, Elitenforschung u. Unternehmensgeschichte,
in: ebd., 11–30; ders., Die Wirtschaftseliten in der Politik der Bundesrepublik, in:
Wehling Hg., Eliten, 124–41; ders., Unternehmer u. Politik in der Bundesrepublik,
Frankfurt 1985; H. James, Familienunternehmen in Europa, München 2005; M. Fiedler
u. B. Lorentz, Kontinuitäten in den Netzwerkbeziehungen der deutschen Wirtschaftseliten 1929–50, in: Berghahn u.a. Hg., Wirtschaftselite, 51–74; K. Lauschke, Vom Schlot-
baron zum Krisenmanager der Eisen- u. Stahlindustrie, in: ebd., 115–28; R. Münzel,
Zerstörte Kontinuität. Die jüd. deutschen Wirtschaftseliten zwischen Weimar u. früher
Bundesrepublik, in: ebd., 219–40; D. Ziegler, Strukturwandel u. Elitenwandel im Bankwesen 1900–57, in: ebd., 215; ders., Elite, 18–27; zur Kontinuität der Leistungsfanatiker
jetzt auch: N. Grunenberg, Die Wundertäter. Netzwerke der deutschen Wirtschaft
1942–66, München 2006; enttäuschend: E. K. u. U. Scheuch, Bürokraten in den Chefetagen. Spitzenmanager u. Politiker, Reinbek 1995; weiterhin: P. Windolf, Eigentum u.
Herrschaft. Elite-Netzwerke in Deutschland u. Großbritannien, in: Leviathan 25.1997,
76–106; W. Spohn u. Y. M. Bodemann, Federal Republic of Germany, in: T. Bottomore
u. R. J. Brym Hg., The Capitalist Class, N. Y. 1989, 73–108; R. Ziegler, Das Netz der
Personen- u. Kapitalverflechtungen in deutschen u. österreich. Wirtschaftsunterneh-
men, in: KZfS 36.1984, 585–614; H. Geschka, Einsam an der Spitze. Arbeits- u. Lebensweise des Topmanagers, Berlin 1997; K. P. Freund, Auslese von Unternehmensleitern –
ein internationaler Vergleich, Meisenheim 1972; H. O. Eglau, Erste Garnitur. Die
Mächtigen der deutschen Wirtschaft, Düsseldorf 1980; B. Biermann, Die soziale Struktur der Unternehmerschaft, Stuttgart 1971 (nur NRW). Vgl. dagegen: C. W. Witjes, Gewerkschaftl. Führungsgruppen, Berlin 1976.
[11] Joly, Großunternehmer, 13, 111, 118, 135, 136–237; ders., Kontinuität; Ziegler,
Strukturwandel, 204–6; ders., Elite, 16f.; H. A. Turner, General Motors u. die Nazis,
Berlin 2006; K. Tenfelde, Stadt u. Bürgertum im 20. Jh., in: ders. u. H.-U. Wehler Hg.,
Wege zur Geschichte des Bürgertums, Göttingen 1994, 336; Lauschke, 120, 126–33;
M. Hettling, Bürgerlichkeit im Nachkriegsdeutschland, in: ders. u. Ulrich Hg., 13, 17f.,
19; ders., «Bürgerlichkeit» u. Zivilgesellschaft, in: R. Jessen u.a. Hg., Zivilgesellschaft als
Geschichte, Wiesbaden 2004, 45–63; ders., Bürgerl. Kultur – Bürgerlichkeit als kulturel-
les System, in: P. Lundgreen Hg., Sozial- u. Kulturgeschichte des Bürgertums, Göttin-
gen 2000, 319–39; ders. u. S. Hoffmann, Bürgerl. Wertehimmel; M. R. Lepsius, Zum
Wandel der Gesellschaftsbilder der Gegenwart, in: KZfS 14.1962, 449–58; H. Siegrist,
Bürgerlichkeit u. Antibürgerlichkeit in histor. Perspektive, in: G. Meuter u.a. Hg., Der
Aufstand gegen den Bürger, Würzburg 1999, 42–49; ders., Wie bürgerlich war die Bun-
desrepublik, wie entbürgerlicht die DDR? in: H.-G. Hockerts Hg., Koordinaten deut-
scher Geschichte in der Epoche des Ost-West-Konflikts, München 2004, 207–43; ders.,
From Divergence to Convergence. The Divided German Middle Class 1945–2000, in:
O. Zunz Hg., Social Contracts Under Stress, N. Y. 2002, 21–46; ders., Ende der Bürger-
lichkeit? in: GG 20.1994, 549–93; ders., History of Bourgeoisie, Middle Classes, in:
IESBS 2001, 1307–14; knappe, gescheite Skizze: A. Schulz, Lebenswelt u. Kultur des
Bürgertums im 19. u. 20. Jh., München 2005. Ganz vorzüglich ist: K. Tenfelde, Stadt und

Bürgertum; vgl. ders., Historische Milieus – Erblichkeit u. Konkurrenz, in: M. Hettling u. P. Nolte Hg., Nation u. Gesellschaft in Deutschland, München 1996, 147–68; ders., Unternehmerschaft im Wandel. Das Ruhrgebiet während des 20. Jh., in: Fs. B. Faulenbach, Essen 2003, 547–62. – Contra: E. Conze, Deutsches Bürgertum nach 1945, in: GG 30.2004, 527–42. Vgl. H. Bude, Bürgertumsgenerationen in der Bundesrepublik, in: Hettling u. Ulrich Hg., 111–32; B. Ulrich, Bremer Spätbürger, in: ebd., 222–54; M. Wildt, Konsumbürger, in: ebd., 255–82 (auf eine spätere Zeit gemünzt); R. Vogel, Felder zivilgesellschaftlicher Herrschaft? Verbände u. Netzwerke des deutschen Bürgertums 1945–65, in: A. Bauerkämper Hg., Die Praxis der Zivilgesellschaft, Frankfurt 2003, 251–73; F. H. Tenbruck, Bürgerl. Kultur, in: F. Neidhardt u. a. Hg., Kultur u. Gesellschaft, Opladen 1986, 263–85; A. v. Plato, Wirtschaftskapitäne, in: Schildt u. Sywottek Hg., 377–91; C. Rauh-Kühne, H.-C. Paulssen: Sozialpartnerschaft aus dem Geist der Kriegskameradschaft, in: P. Erker u. T. Pierenkemper Hg., Deutsche Unternehmer zwischen Kriegswirtschaft u. Wiederaufbau, München 1999, 109–92; G. A. Almond, The Politics of German Business, in: H. Speier Hg., West German Leadership and Foreign Policy, Evanston 1957, 195–41; H. Graml, Zur Frage der Demokratiebereitschaft des deutschen Bürgertums nach 1945, in: Fs. Krausnick, Stuttgart 1980, 149–68; verfehlte Kritik in: L. Niethammer, War die bürgerliche Gesellschaft in Deutschland 1945 am Ende oder am Anfang? in: ders. u. a. Hg., Bürgerl. Gesellschaft in Deutschland, Frankfurt 1990, 515–32; blaß sind V. R. Berghahn, Recasting Bourgeois Germany, in: H. Schissler Hg., The Miracle Years, Princeton 2001, 326–40; M. R. Panzer, Bürgerlichkeit. Fehldeutungen des Bürgerbegriffs in der polit. Moderne, München 1989; historisch verblüffend ahnungslos: J. Fischer, Bürgerl. Gesellschaft. Zur histor. Soziologie der Gegenwartsgesellschaft, in: C. Albrecht Hg., Die bürgerl. Kultur u. ihre Avantgarden, Würzburg 2004, 97–119.

[12] Siegrist, Bürgerlichkeit, 44; Conze, 31f., 54; Tenfelde, Stadt u. Bürgertum, 321; Siegrist, Wie Bürgerlich, 217; M. R. Lepsius, Zur Soziologie des Bürgertums u. der Bürgerlichkeit, in: J. Kocka Hg., Bürger u. Bürgerlichkeit im 19. Jh., Göttingen 1987, 79, 80f., 84–86, 96; C. Charle, La bourgeoisie en Europe au XXe siècle, in: J. Winter Hg., Encyclopedia of History, Cambridge 2008. Vorzüglich ist jetzt: P. Nolte u. D. Hilpert, Wandel u. Selbstbehauptung. Die gesellschaftl. Mitte in histor. Perspektive, in: S. Hradil u. a., Zwischen Erosion u. Erneuerung. Die gesellschaftl. Mitte in Deutschland, Frankfurt 2007, 11–101, selbst. München 2009; vgl. N. Brömme u. H. Strasser, Gespaltene Bürgergesellschaft? In: APZ 25–26.2001, 6–14; Bourdieu, Unterschiede, 137, 188f., 307, 349, 388, 393, 489; ders., Soziologie der symbol. Formen, 60f.; vgl. H.V. Krumrey, Entwicklungsstrukturen von Verhaltensstandards 1870–1970, Frankfurt 1984. Zu Bourdieu, dessen Werk dieser Argumentation zugrunde liegt, vgl. H.-U. Wehler, P. Bourdieu: Das Zentrum seines Werks, 15–44; E. Barlösius, P. Bourdieu, Frankfurt 2006; R. Brubaker, Rethinking Classical Theory: The Sociological Vision of P. Bourdieu, in: Theory & Society 14.1985, 745–75; I. Gilcher-Holtey, Kulturelle u. symbolische Praktiken: das Unternehmen P. Bourdieu, in: W. Hardtwig u. H.-U. Wehler Hg., Kulturgeschichte Heute (GG SoH 16), Göttingen 1996, 113–32; L. Raphael, Habitus u. sozialer Sinn: die Praxistheorie P. Bourdieus, in: Hdb. der Kulturwissenschaften II, Stuttgart 2004, 266–76; B. Rehbein u. a. Hg., P. Bourdieus Theorie des Sozialen, Konstanz 2003; H. P. Müller, Kultur u. soziale Ungleichheit, in: I. Mörth u. G. Fröhlich Hg., Das symbol. Kapital der Lebensstile – P. Bourdieu, Frankfurt 1994, 55–74; ders., Abschied, 127–31; ders., Sozialstruktur u. Lebensstile; S. Reichardt, Bourdieu für Historiker, in: T. Mergel u. T. Welskopp Hg., Geschichte zwischen Kultur u. Gesellschaft, München 1997, 71–93; C. Bohn u. A. Hahn, P. Bourdieu, in: D. Kaesler Hg., Klassiker der Soziologie II, München 1999, 252–71; J. Ebrecht, u. F. Hillebrand Hg., Bourdieus Theorie der Praxis, Wiesbaden 2002; B. Krais u. G. Gebauer, Habitus, Bielefeld 2002; Eder Hg., Klassenlage; G. Göhler u. R. Speth, Symbol. Macht. Zur institutionentheoretischen Bedeutung von P. Bourdieu,

in: R. Blänkner u. B. Jussen Hg., Institutionen u. Ereignis, Göttingen 1998, 17–48; R. Speth, P. Bourdieu – die Ökonomisierung des Symbolischen, in: G. Göhler u. a., Institution – Macht – Repräsentation, Baden-Baden 1997, 321–48; D. Swartz, Culture and Power. The Sociology of P. Bourdieu, Chicago 1997; M. Schwingel, Bourdieu zur Einführung, Hamburg 1995; ders., Analytik der Kämpfe. Macht u. Herrschaft in der Soziologie Bourdieus, ebd. 1993; Mörth u. Fröhlich Hg.; R. Jenkins, P. Bourdieu, London 1992; D. Groh, P. Bourdieus «allg. Wissenschaft der Ökonomie prakt. Handlungen», in: ders., Anthropolog. Dimensionen der Geschichte, Frankfurt 1992, 15–26; C. Bohn, Habitus u. Kontext. Zur Sozialtheorie Bourdieus, Opladen 1991; D. Robbins, The Work of P. Bourdieu, Boulder/Col. 1991; F. Janning, P. Bourdieus Theorie der Praxis, Opladen 1991; R. Harker u. a. Hg., An Introduction to the Work of P. Bourdieu, Basingstoke 1990; S. Hradil, System u. Kultur. Eine empir. Kritik der soziolog. Kulturtheorie P. Bourdieus, in: Eder Hg., Klassenlage, 111–41; C. I. Calhoun u. a. Hg., Bourdieu: Critical Perspectives, Cambridge 1993.

[13] H. Siegrist, Der Wandel als Krise u. Chance. Die westdeutschen Akademiker 1945–65, in: Tenfelde u. Wehler Hg., 292 f., 296; ders., Die gebildeten Klassen in Westdeutschland 1945–65, in: W. Fischer-Rosenthal u. a. Hg., Biographien in Deutschland, Opladen 1995, 118–36 (zwei grundlegende Studien); H. Belitz-Demiriz u. D. Voigt, Die Sozialstruktur der promovierten Intelligenz in der DDR u. in der Bundesrepublik 1950–82, Bochum 1990; R. Luckscheiter, Intellektuelle im 20. Jh. in Deutschland., in: J. Schlich Hg., Intellektuelle im 20. Jh. in Deutschland, Tübingen 2000, 325–41; K. Gelsner, Der Marburger Bund, Frankfurt 1985; H. Schadewaldt, 75 Jahre Hartmannbund, Bonn 1975; Gesellschaft für Sozialen Fortschritt Hg., Der Wandel der Stellung des Arztes im Einkommensgefüge, Berlin 1974; H. Kaupen-Haas, Hg., Soziolog. Probleme medizin. Berufe, Köln 1968; E. Brandi, Der Berufsverband der Freien Berufe 1949–77, in: Jb. des Berufsverbandes der Freien Berufe 1989/90, 11–52; Ostner, Rechtsanwälte; Rüschemeyer, Juristen; H. Stieglitz, Der soziale Auftrag der Freien Berufe, Köln 1960. Die Kritik richtet sich gegen Niethammer, Bürgerliche Gesellschaft, 546; vgl. J. A. Hacke, Philosophie der Bürgerlichkeit. Die liberalkonservative Begründung der Bundesrepublik, Göttingen 2006.

[14] Geißler, Sozialstruktur, 203 f., 58; ders., in: Korte u. Weidenfeld Hg., 107 f.; ders., in HGD, 646; verwirrende Zahlen: Benninghaus u. a., 287; Hradil, Soziale Ungleichheit, 226; Schäfers, Sozialstruktur, 192, 184; Vester u.a, Soziale Milieus, 309 f., 402; Ritter, Wandel, 467, 470. Zur Zeit bis 1949: Bd. III, 757–63; IV, 303–06, 729–31; H.-G. Haupt, Städt. Mittelschichten in Deutschland 1930–60, in: Doering-Manteuffel Hg., Strukturmerkmale, 133–45. Am klarsten zur Zeit von 1949 bis 1980: J. Kocka u. M. Prinz, Vom ‹neuen Mittelstand› zum angestellten Arbeitnehmer. Kontinuität u. Wandel der deutschen Angestellten seit der Weimarer Republik, in: Conze u. Lepsius Hg., 210–55; M. Prinz, Wandel durch Beharrung. Sozialdemokratie u. ‹neue Mittelschichten› in histor. Perspektive, in: AfS 29.1989, 35–73; ders., Die Arbeiterbewegung u. das Modell der Angestelltenversicherung, in: K. Tenfelde Hg., Arbeiter im 20. Jh., Stuttgart 1991, 435–60. Vgl. Basisdaten. Zahlen zur sozioökonom. Entwicklung der Bundesrepublik, Bearb. R. Ermich, Bonn 1974; J. Kocka Hg., Angestellte im europ. Vergleich (= GG So H 7), Göttingen 1981; W. Mangold, Angestelltengeschichte u. Angestelltensoziologie in Deutschland, England u. Frankreich, in: ebd., 11–38; G. Hartfiel, Angestellte u. Angestelltengewerkschaften in Deutschland, Berlin 1961; K. H. Hörning, Angestellte Mittelschichten u. Prozesse sozialer Schichtung, in: ders. Hg., Soziale Ungleichheit, Neuwied 1976, 152–63; H. P. Bahrdt, Industriebürokratie, Stuttgart 1958; E. Fehrmann u. U. Metzner, Angestellte, Köln 1977; J. Fuhrmann u. S. Braun, Angestelltenmentalität, Neuwied 1970; U. Jaeggi u. H. Wiedemann, Der Angestellte in der Industriegesellschaft, Stuttgart 1966; H. Boyer Hg., Der Angestellte zwischen Arbeiterschaft u. Management, Berlin 1961. – W. Hromadka, Das Recht der leitenden Angestellten, München 1979;

E. Witte u. R. Bronner, Die leitenden Angestellten, ebd. 1974; H. Hartmann, Leitende
Angestellte – Selbstverständnis u. kollektive Forderungen, Neuwied 1973. – N. Becken-
bach, Ingenieure u. Techniker in der Industrie, Köln 1975; G. Hortleder, Ingenieure in
der Industriegesellschaft, Frankfurt 1973; P. Lundgreen u. A. Grelon Hg., Ingenieure in
Deutschland 1770–1990, Frankfurt 1994.
   [15] Vgl. zum Handwerk vorn III,4. Winkler, Stabilisierung, 146 f., 154 f.; Lenger, Sozialgeschichte des Handwerks, 203–05, 210–21; Fischer, Handwerk; Beckmann; Flick,
Sack; Mahrarens; Schöber; K.-W. Grümer, Der selbständige u. unselbständige Mittelstand in einer westdeutschen Kleinstadt, Köln 1970; R. Krisam, Der «Mittelstand» im
hochindustrialisierten Wirtschaftsraum, ebd. 1965. – Winkler, Stabilisierung, 148, 155;
A. Scheybani, Vom Mittelstand zur Mittelschicht? Handwerk u. Kleinhandel in der frühen Bundesrepublik, in: AfS 35.1995, 131–95; Haupt, Konsum, 117–68; ders., Konsument, 301–23.
   [16] J. Mooser, Arbeiterleben, 202 (Umfrage von 1955, 1960 immer noch 20%), 73 f.,
76 f., 80, 82 f., 142, 105, 132, 136 f., 113, 212, 29, 216, 61, 152 f., 156 f., 115, 209–14, 181,
129; ders., Abschied von der «Proletarität». Sozialsruktur u. Lage der Arbeiterschaft in
der Bundesrepublik in histor. Perspektive, in: Conze u. Lepsius Hg., 162; ders., Die
Arbeiterbewegung in der Bundesrepublik u. die DDR in den 50er Jahren, in: Fs. Klessmann, Bonn 1998, 142–57; Lepsius, Sozialstruktur, 156; ders., Soziale Ungleichheit, 194;
Geissler, Sozialstruktur, 230–44; Hradil, Soziale Ungleichheit, 224, 226, 328–47; ders.,
in: Fs. Bolte, 57; Koller, 55; Zapf u. Habich, 293, 297; ungenaue Zahlen: Schäfers, Sozialstruktur, 193. Am genauesten zum Konsum der Arbeiter sind die Studien von Wildt.
Die immer noch klügste, präziseste und bahnbrechende Analyse stammt von Mooser,
Arbeiterleben; ders., Abschied; ders., Entproletarisierung des Arbeiterlebens, in: BHS
1986/2, 58–62; ders., Auflösung des proletar. Milieus. Klassenbildung u. Individualisierung in der Arbeiterschaft vom Kaiserreich bis in die Bundesrepublik Deutschland, in:
SW 34.1983, 270–306; zur Zeit vor 1945: Bd. IV, 310–23, 731–41, 951–68. Vgl. B. Lutz,
Integration durch Aufstieg. Zur Verbürgerlichung der deutschen Facharbeiter nach
1945, in: Hettling u. Ulrich Hg., 284–309; B. Parisius, Arbeiter zwischen Resignation u.
Integration (50er Jahre), in: L. Niethammer Hg., «Hinterher merkt man, dass es richtig
war, dass es schiefgegangen ist». Nachkriegserfahrungen im Ruhrgebiet, Berlin 1983,
107–48; J. Kocka, u. C. Offe Hg., Geschichte u. Zukunft der Arbeit, Frankfurt 2000;
M. Vester, Was wurde aus dem Proletariat? in: J. Friedrichs u. a. Hg., Die Diagnosefähigkeit der Soziologie, Opladen 1998, 164–206; M. van der Linden, History of the Working
Classes, in: IESBS 24.2001, 16579–83; J. Ehmer, History of Work, in: ebd. 21.2001,
16569–75; M. Kittner, Arbeitskampf, München 2005; H.-W. Schmuhl, Arbeitsmarkt-
politik u. Arbeitsverwaltung in Deutschland 1871–2002, Nürnberg 2003; W. Glatzer,
Lebensstandard, in: HGD, 427–38; ders., Die materiellen Lebensbedingungen in der
Bundesrepublik, in: W. Weidenfeld u. H. Zimmermann Hg., Deutschland-Hdb., Bonn
1989, 276–91; H.-H. Noll u. W. Glatzer Hg., Lebensverhältnisse in Deutschland, Frank-
furt 1992; B. Zimmermann, Arbeitslosigkeit in Deutschland, Frankfurt 2006; D. Süß,
Kumpel u. Genossen. Arbeiterschaft, Betrieb u. Sozialdemokratie in der bayer. Montan-
industrie 1945–76, München 2003; P. Alheit u. a., Gebrochene Modernisierung – der
langsame Wandel proletarischer Milieus, 2 Bde., Bremen 1999; U. Herlyn u. a., Neue
Lebensstile in der Arbeiterschaft? Opladen 1994; D. Brock, Der schwierige Weg in die
Moderne – Umwälzungen in der Lebensführung der deutschen Arbeiter 1850–1980,
Frankfurt 1991; K. Tenfelde, Vom Ende der Arbeiterkultur, in: S. Miller u. M. Ristau
Hg., Gesellschaftl. Wandel, soziale Demokratie, Köln 1988, 155–72; M. Fichter, Aufbau
u. Neuordnung: Betriebsräte zwischen Klassensolidarität u. Betriebsloyalität, in: Bros-
zat u. a. Hg., Stalingrad, 469–549. Aus der zeitgenössischen Soziologie: H. Kern u.
M. Schumann, Industriearbeit u. Arbeiterbewußtsein, 2 Bde., Frankfurt 1977; D. Fröhlich, Ursachen eines dichotomischen Gesellschaftsbildes bei Arbeitern, in: KZfS 33.1981,

302–28; ders., Die Arbeiterschaft, in: KZfS 30.1978, 283–304; R. Kreckel, Die Arbeiterschaft als soziolog. Manövriermasse, in: KZfS 31.1979, 145–50; K. Hörning, Der ‹neue› Arbeiter. Zum Wandel sozialer Schichtstrukturen, Frankfurt 1973[3]; M. Osterland, Materialien zur Lebens- u. Arbeitssituation der Industriearbeiter in der Bundesrepublik, ebd. 1973; E. Blankenberg, Die polit. Spaltung der westdeutschen Arbeiterschaft, in: Europ. Archiv für Soziologie 10.1969, 2–24; R. F. Hamilton, Affluence and the Worker: The West German Case, in: AJS 71.1965, 144–52; H. Popitz u. a., Das Gesellschaftsbild des Arbeiters, Tübingen 1957; vgl. dazu R. Dahrendorf, Dichotomie u. Unterschicht. Das Gesellschaftsbild der Unterschicht, in: ders., Gesellschaft u. Freiheit, München 1961, 163–75; ders., Bürger u. Proletarier. Die Klassen u. ihr Schicksal, in: ebd., 133–62; H. Bausinger, Verbürgerlichung, in: D. Langewiesche u. K. Schönhoven Hg., Arbeiter in Deutschland, Paderborn 1981, 98–117. Zu den Vertriebenen: W. Abelshauser, Der Lastenausgleich u. die Eingliederung der Vertriebenen u. Flüchtlinge, in: R. Schulze u. a. Hg., Flüchtlinge u. Vertriebene in der westdeutschen Nachkriegsgeschichte, Hildesheim 1987, 229–38; Mooser, Arbeiterleben, 110–12, 202–4; Ambrosius, Beitrag; Bauer u. Zimmermann; R. G. Moeller, Deutsche Opfer – Opfer der Deutschen, in: K. Naumann Hg., Nachkrieg in Deutschland, Hamburg 2001, 29–58. – Zur Frauenarbeit: Mooser, Arbeiterleben, 59, 153; Ritter, Wandel, 471–79; Frevert, Frauen-Geschichte; Hradil, Soziale Ungleichheit, 277; Benninghaus u. a., 291, 397; Geissler, Sozialstruktur, 365–400. Zu den Ausländern s. vorn II.4; Lepsius, Soziale Ungleichheit, 190; Mooser, Arbeiterleben, 40; Geissler, Sozialstruktur, 282–310.

[17] Geissler, Sozialstruktur, 245–69, 278–81; Hradil, Soziale Ungleichheit, 239–50; die Lit. 278 f., Anm. 3; Giddens, Soziale Ungleichheit, 101, 104, 124. Vorzügliche Überblicke in R. Hauser u. U. Neumann, Armut in der Bundesrepublik, in: KZfS/SoH. 32.1992, 239–61; G. E. Zimmermann, Armut, in: HGD, 34–38; A. Scherr, Randgruppen, in: ebd., 504–14; J. Kohl, Armut im internationalen Vergleich, in: S. Leibfried u. Voges Hg., Armut im modernen Wohlfahrtsstaat, Opladen 1992, 272–82. Vgl. E. Barlösius u. W. Ludwig-Mayerhofer Hg., Die Armut der Gesellschaft, Opladen 2001; S. Leibfried, Zeit der Armut, Frankfurt 1995; ders. u. Voges Hg., Armut; ders., Armutspolitik u. die Entstehung des Sozialstaats, Bremen 1985; ders. u. F. Tennstedt Hg., Politik der Armut u. die Spaltung des Sozialstaats, Frankfurt 1985; L. Leisering, Zweidrittel – oder Risikogesellschaft? Zur gesellschaftl. Verortung der «neuen Armut», in: K.-J. Bieback u. H. Milz Hg., Neue Armut, Frankfurt 1995, 59–92; R. Habich u. a., Armut im Reichtum. Ist die Bundesrepublik eine Zwei-Drittel-Gesellschaft? in: U. Rendtel u. G. Wagner Hg., Lebenslagen im Wandel, Frankfurt 1991, 488–509; D. Döring u. a. Hg., Armut im Wohlstand, ebd. 1990; P. Bachrach u. M. S. Baratz, Macht u. Armut, ebd. 1977; H. Geissler, Die Neue Soziale Frage, Freiburg 1976.

[18] E. Conze, Von deutschem Adel, Stuttgart 2000, 189–206, 257, 265, 390–92, 395 f., 403. Das ist die einzige Studie über den Adel in der Zeit nach 1945, eine grundlegende, vorzügliche, quellennahe Arbeit, der ich öfters folge. Obwohl es sich um eine Familiengeschichte der Grafen von Bernstorff handelt, lassen sich manche Ergebnisse verallgemeinern; ders., Deutscher Adel im 20. Jh., in: G. Schulz u. M. A. Denzel Hg., Deutscher Adel im 19. u. 20. Jh., St. Katharinen 2004, 17–34; ders., Der Edelmann als Bürger. Standesbewußtsein u. Wertewandel im Adel der frühen Bundesrepublik, in: Hettling u. Ulrich Hg., 347–71; ders., Aufstand des preuß. Adels. Marion Gräfin Dönhoff u. das Bild des Widerstands gegen den NS in der Bundesrepublik, in: VfZ 51.2003, 483–508; ders. Hg., Kleines Lexikon des Adels, München 2005; W. Demel, Der europ. Adel, München 2005; M. Wienfort, Adel in der Moderne, Göttingen 2006; D. Dornheim, Adel in der bürgerl.-industrialisierten Gesellschaft. Die Familie Waldburg-Zeil, Frankfurt 1993, 21, 349, 357, 362, 415 f., 420, 481, 562, 590. Im Vergleich mit Conze fällt diese positivistische Diss. ab, zumal der Verfasser nur sehr beschränkt an Quellenmaterial gelangt ist. Denkbar blaß: R. Forsbach, Adel u. Bürgertum im deutschen Auswärtigen Dienst 1867–1950,

in: Bosbach u. a. Hg., 119–28; vgl. allg. M. De Saint Martin, Der Adel. Soziologie eines Standes, Konstanz 2003 (Paris 1993).
[19] Vgl. vorn III.9, und zur Zeit vor 1945: IV, 741–47. Mooser, Verschwinden der Bauern, 24, 26–30, 33; Kötter, 116f., 123, 129, 138f.; Geissler, Sozialstruktur, 183–87; Kluge, Agrarwirtschaft, 39–41, 44; Plumpe, Landwirtschaft, 119, 206f.; Bauerkämper, Kontinuität, 128; ders., 50er Jahre, 191, 193, 199; Osmond, Land, 73, 78, 83, 86; Drews, Besitzgrößenstruktur, 232–37. Vgl. H. Kötter u. H. J. Krekeler, Zur Soziologie der Stadt-Land-Beziehungen, in: HES 10.1977, 1–41; W. Strubel, Stadt-Land, in: HGD, 652–65; R. Brüse, Mobilität der landwirtschaftlichen Bevölkerung. Eine Analyse der Abwanderung u. Statuszuweisung in der Bundesrepublik, Bonn 1977; I. Balcar, Politik auf dem Land. Studien zur bayer. Provinz 1945–72, München 2004. Zur Kollektivierung die Lit. vorn III, Anm. 15.
[20] Hierzu wiederum vorzüglich Geissler, Sozialstruktur, 365–400 (während sich Hradil und Schäfers in ihren Darstellungen diese Thematik merkwürdigerweise entgehen lassen); guter Überblick auch in U. Frevert, Frauen-Geschichte, Frankfurt 1986, 244–313 (die düsteren Prognosen haben sich aber nicht bestätigt); vgl. dies., Frauen auf dem Weg zur Gleichberechtigung, in: Broszat Hg., Zäsuren, 113–30; A. Willms, Segregation auf Dauer? Frauen- u. Männerarbeit in Deutschland 1882–1980, in: W. Müller u. a. Hg., Strukturwandel der Frauenarbeit, Frankfurt 1983, 107–81; dies., Grundzüge der Entwicklung der Frauenarbeit 1880–1980, in: ebd., 25–54; I. Ostner, Beruf u. Hausarbeit, ebd. 1982; Schäfers, Sozialstruktur, 189; Hradil, Soziale Ungleichheit, 227f. Vgl. G. Bock Frauen in der europ. Geschichte, München 2000, 315–54; U. Frevert, «Mann u. Weib u. Weib u. Mann». Geschlechter-Differenzen in der Moderne, ebd. 1995, 13–60; dies., Umbruch der Geschlechterverhältnisse? Die 60er Jahre als geschlechterpolit. Experimentierraum, in: Schildt u. a. Hg., Dynam. Zeiten, 642–60; H.-J. Puhle, Warum gibt es so wenig Historikerinnen? in: GG 7.1981, 354–93; H. Gerstein, Studierende Mädchen, München 1965; B. Maul, Akademikerinnen in der Nachkriegszeit: Bundesrepublik – DDR, Frankfurt 2002; vgl. G. Budde, Frauen der Intelligenz. Akademikerinnen in der DDR 1945–75, Göttingen 2003; dies. Hg., Frauen arbeiten, ebd. 1997; A. Vogel, Frauenbewegung, in: Benz Hg., Bundesrepublik II, 68–97; B. Hoecker, Polit. Partipization von Frauen in Deutschland, in: dies Hg., Hdb. Polit. Partipization von Frauen in Europa, Opladen 1998, 65–90; S. Hradil u. E. Pankoke Hg., Aufstieg für alle? ebd. 1997; G. Schulz Hg., Frauen auf dem Weg zur Elite, München 2000; H. Medick u. A.-C. Trepp Hg., Geschlechtergeschichte u. Allg. Geschichte, Göttingen 1998. Zum Habitusproblem: P. Bourdieu, Die männl. Herrschaft, Frankfurt 2005. A. Schwarzer, Die Antwort, Köln 2007; vgl. H.-U. Wehler, Eine Lanze für A. Schwarzer, in: Weltwoche 24.5.2007, 60–62.
[21] W. Teckenberg, Wer heiratet wen? Sozialstruktur u. Partnerwahl, Opladen 2000; H. Wirth, Bildung, Klassenlage u. Partnerwahl, ebd. 2000; dies. u. P. Lüttinger, Klassenspezifische Heiratsbeziehungen im Wandel? Die Klassenzugehörigkeit von Ehepartnern 1970 u. 1993, in: KZfS 50.1998, 63, 67f., 73; dies., Wer heiratet wen? Die Entwicklung der bildungsspezifischen Heiratsmuster in Westdeutschland, in: ZfS 25.1996, 371–95; H.-P. Blossfeld u. A. Timm, Der Einfluß des Bildungssystems auf den Heiratsmarkt, in: KZfS 49.1997, 441, 443, 445f., 450f., 469–71; R. Ziegler, Bildungsexpansion u. Partnerwahl, in: S. Hradil Hg., Sozialstruktur im Umbruch, Opladen 1985, 85–106; H. P. Galler, Schulische Bildung u. Heiratsverhalten, in: Zeitschrift für Bevölkerungswissenschaft 1979, 199–213; K. U. Mayer, Statushierarchie u. Heiratsmarkt, in: J. Handl u. a. Hg., Klassenlagen u. Sozialstruktur, Frankfurt 1977, 159–61, 174, 180, 190, 224–32; Bertram, Soziale Ungleichheit, 643–45; H.-U. Wehler, Emotionen in der Geschichte: Sind soziale Klassen auch emotionale Klassen? in: ders., Umbruch u. Kontinuität, München 2000, 251–64.
[22] M. Niehuss, Kontinuität u. Wandel der Familie in den 50er Jahren, in: Schildt u. Sywottek Hg., Modernisierung, 316–33; ausführlicher die überzeugende Monographie:

dies., Familie, Frau u. Gesellschaft. Strukturgeschichte der Familie in Westdeutschland 1945–60, Göttingen 2001; vgl. dies., Die Familie in der Bundesrepublik im Spiegel der Demographie 1945–60; in: AfS 35.1995, 211–26; dies., Familie u. Geschlechterbeziehungen von der Zwischenkriegs- bis in die Nachkriegszeit, in: Doering-Manteuffel Hg., Strukturmerkmale, 147–66; Hradil, Sozialstruktur im Vergleich, 87–128; T. Meyer, Private Lebensformen im Wandel, in: Geissler, Sozialstruktur, 401–83; Hradil, Soziale Ungleichheit, 438–40; B. Willenbacher, Zerrüttung u. Bewährung der Nachkriegsfamilie, in: Broszat u. a. Hg., Stalingrad, 596–607, 611, 614–17; H. Schelsky, Wandlungen der deutschen Familie in der Gegenwart, Stuttgart 1953/1967[5]; Bertram, 645–49, 654 f.; ders., Familie u. soziale Ungleichheit, in: ders. Hg., Die Familie in Westdeutschland, Opladen 1991, 235–73; Geissler u. Meyer, 53–59; Miegel, Deformierte Gesellschaft; L. Pine, Woman and the Family, in: Ogilvie u. Overy Hg., Germany III, 355–82; A. Vogel, Familie, in: Benz Hg., Bundesrepublik II, 98–124; R. G. Moeller, Geschützte Mütter. Frauen u. Familie in der westdeutschen Nachkriegspolitik, München 1997; ders., «The Last Soldier of the Great War» and Tales of Familiy Reunion in the Federal Republic of Germany, in: Signs 24.1998, 129–46; E. D. Heineman, What Difference Does a Husband Make? Berkeley 1999; S. Buske, Fräulein Mutter u. ihr Bastard. Eine Geschichte der Unehelichkeit in Deutschland 1900–70, Göttingen 2004; G. Schulz, Soziale Sicherung von Frauen u. Familien, in: H. Hockerts Hg., Drei Wege, 117–49. Vgl. A. Gestrich u. a., Geschichte der Familie, Stuttgart 2003; R. Nave-Herz u. M. Markefka, Hdb. der Familien- u. Jugendforschung, 2 Bde, Neuwied 1989; dies., Familie, in: HGD, 201–10; dies., Familie, in: Joas Hg., Lehrbuch, 289–310; dies., Familiensoziologie, in: Endruweit u. Trommsdorf Hg. I, 192–201; dies. Hg., Wandel u. Kontinuität der Familie in der Bundesrepublik, Stuttgart 1988; I. Chopra u. G. Scheller, «Die neue Unbeständigkeit». Ehe u. Familie in der spätmodernen Gesellschaft, in: SW 43.1992, 48–60; T. Trotha, Zum Wandel der Familie, in: KZfS 42.1990, 452–73; Schäfers, Sozialstruktur, 110–34; M. Braun u. S. Nowossadek, Einstellungen zur Familie, in: P. P. Mohler u. C. Bandilla Hg., Blickpunkt Gesellschaft II, Opladen 1992, 127–40; J. N. Sommerkorn, Die erwerbstätige Mutter, in: Nave-Herz Hg., Wandel u. Kontinuität, 115–44; Rothenbacher, Ungleichheit, 92–116; R. Sieder, Sozialgeschichte der Familie, Frankfurt 1987; H. Tyrell, Histor. Familienforschung u. Familiensoziologie, in: KZfS 29.1977, 677–701; R. Peuckert, Familienformen im sozialen Wandel, Opladen 1999[3]; G. Tornieporth, Familie u. Kindheit, in: Hdb. der deutschen Bildungsgeschichte (= HB) VI/1.1998, 159–91; W. Kolbe, Elternschaft im Wohlfahrtsstaat. Schweden u. die BRD 1945–2000, Frankfurt 2000; R. König, Die Familie, München 1974; ders., Soziologie der Familie, in: HES II, 172–305; F. Neidhardt, Die Familie in Deutschland, Opladen 1975[4]; E. Pfeil, Die Großstadtfamilie, in: D. Claessens u. P. Milhoffer Hg., Familiensoziologie, Frankfurt 1973, 144–68.

[23] Zur Generationenproblematik: M. R. Lepsius, Generation, in: M. Greiffenhagen u. a. Hg., Hwb. zur Polit. Kultur der Bundesrepublik, Opladen 1981, 172–75; U. Jureit u. M. Wildt Hg., Generationen, Hamburg 2005; J. Reulecke Hg., Generationalität u. Lebensgeschichte im 20. Jh., München 2003; A. Schulz u G. Grebner Hg., Generationswechsel u. histor. Wandel, ebd. 2003; W. Jaide, Generationen eines Jh. Jugend in Deutschland 1871–1985; Opladen 1988; H. Bude, Generationen als Erfahrungs- u. Erinnerungsgemeinschaften in: E. Domansky u. H. Welzer Hg., Eine offene Geschichte, Tübingen 1999, 26–34; ders., Das Altern einer Generation: 1938–48, Frankfurt 1995; ders., Deutsche Karrieren. Lebenskonstruktionen sozialer Aufsteiger aus der Flakhelfer-Generation, ebd. 1987; v. Plato, HJ Generations, 210–26. – Zur Jugendfrage: H.-H. Krüger Hg., Hdb. der Jugendforschung, Opladen 1993[2]; Nave-Herz u. Markefka; Y. Bernart, Jugend, in: HGD 352–61; U. Herrmann, Jugend in der Sozialgeschichte, in: W. Schieder u. V. Sellin Hg., Sozialgeschichte in Deutschland IV, Göttingen 1987, 133–55; J. R. Gillis, Geschichte der Jugend, München 1994[2]; G. Levi u. J.-C. Schmitt Hg., Geschichte der Jugend, 2 Bde, Frankfurt 1996/97; D. Baacke u. a. Hg., Jugend 1900–70, Opladen 1991;

B. Schäfers, Soziologie des Jugendalters, Opladen 1982/1994[5]; L. Rosenmayr, Jugendso-ziologie, in: HES II, 65–171; L. v. Friedeburg Hg., Jugend in der modernen Gesellschaft, Köln 1965; H. Schelsky, Die skeptische Generation, Düsseldorf 1957/1963[2], vgl. F.-W. Kersting, H. Schelskys «Skeptische Generation» von 1957, in: VfZ 50.2002, 465–95. Vgl. allg. A. Gestrich, Vergesellschaftungen des Menschen. Einführung in die Histor. Soziali-sationsforschung, Tübingen 1999; Hurrelmann u. Ulich, Neues Hdb. der Sozialisations-forschung; H. Fend, Sozialgeschichte des Aufwachsens, Frankfurt 1988; R. Schörken, Die Niederlage als Generationserfahrung. Jugendliche nach dem Zusammenbruch der NS-Herrschaft, München 2004; A. Wirsching, Polit. Generationen, in: Doering-Man-teuffel Hg., Strukturmerkmale, 43–64; H. Schulz u. a. Hg., Söhne ohne Väter. Erfahrun-gen der Kriegsgeneration, Berlin 2004; F. Boll, Jugend im Umbruch vom NS zur Nach-kriegsdemokratie, in: AfS 37.1997, 482–520; ders., Von der HJ zur Kampagne «Kampf dem Atomtod», in: B. Weisbrod Hg., Von der Währungsreform zum Wirtschaftswun-der, Hannover 1998, 97–114; W. Schmidbauer, «Ich wußte nie, was mit Vater ist». Das Drama des Krieges, Reinbek 1998; M. S. Bergmann Hg., Kinder der Opfer – Kinder der Täter, Frankfurt 1998; C. Schneider u. a., Das Erbe der Napola, Hamburg 1996; E. Holt-mann, Die neuen Lassalleaner. SPD u. HJ-Generation nach 1945, in: Broszat u. a. Hg., Stalingrad, 169–210; J. Reulecke, «Dona nobis pacem» oder: Eine «junge Generation» wird grau, in: Fs. A. v Saldern, Frankfurt 2004, 49–59; H. Bude, The German Kriegskin-der, in: M. Roseman Hg., Generations in Conflict 1770–1968, Cambridge 1995, 290–305; U. Sander u. R. Vollbrecht, Jugend, in: HB VI/1, 192–216; D. Peukert, Die ‹Halbstar-ken›. Protestverhalten von Arbeiterjugendlichen zwischen Wilhelmin. Kaiserreich u. der Ära Adenauer, in: Zeitschrift für Pädagogik 30.1984, 533–48; T. Grotum, Die Halb-starken, Frankfurt 1994. – A. D. Moses, German Intellectuals and the Nazi Past, Cam-bridge 2007; ders., Eine Generation zwischen Faschismus u. Demokratie, in: Neue Sammlung 40.2000, 234–63; C. v. Hodenberg, Polit. Generationen u. massenmediale Öffentlichkeit: Die «45er» in der Bundesrepublik, in: U. Jureit u. M. Wildt Hg., Gene-rationen, Hamburg 2005, 266–94; allg. U. Jureit, Generationenforschung, Göttingen 2006; P. Nolte, Die Historiker der Bundesrepublik. Rückblick auf eine «lange Genera-tion», in: Merkur 53.1999, 413–32; W. Schulze, Deutsche Geschichtswissenschaft nach 1945, München 1993; E. Schulin Hg., Deutsche Geschichtswissenschaft 1945–65, Mün-chen 1989.

[24] I. Gilcher-Holtey, Die 68er-Bewegung. Deutschland – Westeuropa – USA, Mün-chen 2001; dies. Hg., 1968 – vom Ereignis zum Gegenstand der Geschichtswissenschaft, Göttingen 1998; dies., Kritische Theorie u. Neue Linke, in: ebd., 168–87; dies., 1968 – eine versäumte Kontroverse, in: M. Sabrow u. a. Hg., Zeitgeschichte als Streitgeschichte, München 2003, 58–73; S. Kießling, Die antiautoritäre Revolte der 68er, Köln 2006; R. Sievers Hg., 1968 – Eine Enzyklopädie, Frankfurt 2001[4]; W. Heitmeyer u. H.-G. Soef-ner Hg., Gewalt, Frankfurt 2004; W. Heitmeyer u. J. Hagan Hg., Internationales Hdb. der Gewaltforschung, Wiesbaden 2002; G. Koenen, Das rote Jahrzehnt 1967–77, Köln 2001; ders., Vesper, Ensslin, Baader, ebd. 2003; W. Kraushaar, 1968 als Mythos, Ham-burg 2000; ders. Hg., Frankfurter Schule u. Studentenbewegung 1946–95, 3 Bde, Ham-burg 1998[2]; ders., Die Revolutionierung des bürgerlichen Subjekts. 1968 als erweiterte bürgerliche Utopie, in: Hettling u. Ulrich Hg., 374–406; ders. Hg., Die RAF u. der linke Terrorismus, 2 Bde, Hamburg 2006; R. Rosenberg, u. a. Hg., Der Geist der Unruhe. 1968 im Vergleich, Berlin 2000; C. Fink u. a. Hg., 1968: The World Transformed, Cam-bridge 1998; F.-W. Kersting, Entzauberung des Mythos? Gesellschaftsgeschichtl. Stand-ortbestimmung der westdeutschen 68er-Bewegung, in: Westfäl. Forschungen 48.1998, 1–19; I. Fetscher, 1968 in der Geschichte der Bundesrepublik, in: E. Jacoby u. G. M. Hafner Hg., 1968, Frankfurt 1993, 45–56; L. Voigt, Aktivismus u. moral. Rigorismus. Die polit. Romantik der 68er Studentenbewegung, Wiesbaden 1991; P. Brandt, Youth Movements and National Protest Cultures in Germany, in: H. Lehmann u. H. Wellen-

reuther Hg., German and American Nationalism, Oxford 1995, 371–428; C. Kleßmann, 1968 – Studentenrevolte u. Kulturrevolution, in: M. Hettling Hg., Revolution in Deutschland? 1789–1989, Göttingen 1991, 90–105; B. Sösemann, Die 68er Bewegung u. die Massenmedien, in: J. Wilke Hg., Mediengeschichte der Bundesrepublik, Köln 1999, 672–97; K. Teppe, Der gesellschaftl. Ort der 68er-Bewegung, in: Westfäl. Forschungen 48.1998, 1–357; J. Villinger, «Stelle sich jemand vor, ihr hättet gesiegt.» Das Symbolische der 68er Bewegung u. die Folgen, in: Gilcher-Holtey Hg., 1968, 239–59; K. Allerbeck, Soziologie radikaler Studentenbewegungen, München 1973. – Pointierte Kritik: G.A Ritter, Der Antiparlamentarismus u. Antipluralismus der Rechts- u. Linksradikalen, in: K. Sontheimer u.a. Hg., Der Überdruss an der Demokratie, Köln 1970, 43–93; E. K. Scheuch, Zum Wiedererwachen der Erlösungsbewegungen, in: ebd., 129–206; R. Löwenthal, Romantischer Rückfall, Stuttgart 1970; J. Fest, Das Dilemma des student. Romantizismus, in: H. Dollinger Hg., Revolution gegen den Staat? Bern 1968, 223–42; R. Ahlberg, Ursachen der Revolte. Analyse des student. Protestes, Stuttgart 1972. Berechtigte Korrekturen: H. Rudolph, Mehr als Stagnation u. Revolte. Zur polit. Kultur der 60er Jahre, in: Broszat Hg., Zäsuren, 141–51; ders., Eine Zeit vergessener Anfänge: Die 60er Jahre, in: W. Weidenfeld Hg., Polit. Kultur u. deutsche Frage, Köln 1989, 59–72. Abwägend: J. Habermas, Die tatsächlichen Erfolge, in: ders., Protestbewegung u. Hochschulreform, Frankfurt 1969, 28–50. – M. Schmidtke, Der Aufbruch der jungen Intelligenz. Die 68er Jahre in der Bundesrepublik u. den USA, Frankfurt 2003; I. Juchler, Die Studentenbewegungen in den Vereinigten Staaten u. der Bundesrepublik der 60er Jahre, Berlin 1996; S. Lönnendonker Hg., Linksintellektueller Aufbruch. Der SDS 1946–69, Opladen 1998; T. Fichter u. ders., Macht u. Ohnmacht der Studenten. Kleine Geschichte des SDS, Hamburg 1998; T. Fichter, SDS u. SPD, Opladen 1988; W. Albrecht, Der SDS, Bonn 1994; M. Karl, R. Dutschke, Frankfurt 2003; H.-U. Thamer, Die NS-Vergangenheit im polit. Diskurs der 68er Bewegung, in: Westfäl. Forschungen 48.1998, 39–55; C. Hopf, Das Faschismusthema in der Studentenbewegung u. in der Soziologie, in: H. Bude u. M. Kohli Hg., Radikalisierte Aufklärung. Studentenbewegung u. Soziologie in Berlin 1965–70, Weinheim 1989, 71–89; E. Nolte, Studentenbewegung u. «Linksfaschismus», in: ders., Marxismus, Faschismus, Kalter Krieg, Stuttgart 1977, 237–52; P. Richter, Die Außerparlamentar. Opposition in der Bundesrepublik, in: Gilcher-Holtey Hg., 1968, 35–55; M. Schneider, Demokratie in Gefahr? Der Konflikt um die Notstandsgesetze. Sozialdemokratie, Gewerkschaften u. intellektueller Protest 1958–1968, Bonn 1986; H. K. Rupp, Ausserparlamentar. Opposition in der Ära Adenauer, Köln 1980²; K. A. Otto, Vom Ostermarsch zur APO 1960–70, Frankfurt 1977.

²⁵ Zum Alter vorzüglich: I. Woll-Schuhmacher, Soziale Schichtung im Alter, in: Geißler Hg., Soziale Schichtung, 220–24, 226–30, 232–35, 237 f., 244; Schäfers, Sozialstruktur, 98–102; M. Kohli, Alter, in: HGD, 1–11; J. Ehmer, Sozialgeschichte des Alters, Frankfurt 1990. Vgl. A. Amann, Soziale Ungleichheit im Gewand des Alters, in: G. Naegele u. H. P. Tews Hg., Lebenslagen im Strukturwandel des Alters, Opladen 1993, 100–15; P. Laslett, Das dritte Alter. Histor. Soziologie des Alterns, Weinheim 1995; L. Rosenmayr, Die späte Freiheit: Das Alter, Berlin 1983; ders., Soziologie des Alters, in: HES II, 306–57.

²⁶ Grundlegend hierzu R. Geissler, Soziale Schichtung u. Bildungschancen, in: ders. Hg., Soziale Schichtung, 111–59; knapp ders., Sozialstruktur, 333–64; ders., Kein Abschied, 325–27; Hradil, Soziale Ungleichheit, 162–64; Berger u. Konietzka, 10, 12, 14–21; W. Georg, Soziale Ungleichheit im Bildungssystem, Konstanz 2006; H.-P. Blossfeld, u. Y. Shavit Hg., Dauerhafte Ungleichheit, in: Zeitschrift für Pädagogik 39. 1993, 16, 21 f., 41, 47; W. Müller, Zum Verhältnis von Bildung u. Beruf in Deutschland, in: Berger u. Konietzka Hg., 58–60; K. Köhle, Bildungsrestauration, Bildungskatastrophe, Bildungsexplosion 1945 bis heute, in: Hettlage Hg., 239, 244, 248; H. Köhler u. G. Schreier, Statist. Grundlagen zum Bildungswesen, in: O. Anweiler u.a. Hg., Vergleich von Bildung

u. Erziehung in der BRD u. in der DDR, Köln 1990, 126, 134; J. Mansel u. C. Palentien, Vererbung von Statuspositionen, in: Berger u. Vester Hg., Alte Ungleichheiten, 231 f., 235; Bertram, 638, 641–43; U. Henz u. L. Maas, Chancengleichheit duch die Bildungsexpansion, in: KZfS 47.1995, 625, 627; H. Köhler, Bildungsbeteiligung u. Sozialstruktur in der Bundesrepublik, Berlin 1992; P. Lundgreen, Schule im 20. Jh., in: D. Benner u. H.-E. Tenorth Hg., Bildungsprozesse u. Erziehungsverhältnisse im 20. Jh., Weinheim 2000, 153, 156–58. Vgl. Rothenbacher, Ungleichheit, 208–22; W. Müller, Erwartete u. unerwartete Folgen der Bildungsexpansion, in: Friedrichs u. a. Hg., Diagnosefähigkeit, 89–112; ders. u. D. Haun, Bildungsungleichheit im sozialen Wandel, in: KZfS 46.1994, 1–42; ders., Bildung u. soziale Plazierung in Deutschland, England u. Frankreich, in: Fs. Dahrendorf, 115–34; ders. u. W. Karle, Social Selection in Educational Systems in Europe, in: ESR 9.1993, 1–23; ders. u. Y. Shavit, The Institutional Embeddedness of the Stratification Process, in: Y. Shavit u. ders. Hg., From School to Work, Oxford 1998, 143–88; ders. u. K. U. Mayer, Chancengleichheit durch Bildung? Stuttgart 1976; Y. Shavit u. H.-P. Blossfeld, Persistent Inequality. Changing Educational Attainment in 13 Countries, Boulder/Col. 1993; H.-P. Blossfeld u. K.U. Mayer, Berufsstruktureller Wandel u. soziale Ungleichheit. Entsteht in der Bundesrepublik ein neues Dienstleistungsproletariat? in: KZfS 43.1991, 671–96; R. Becker, Klassenlage u. Bildungsentscheidungen, in: KZfS 52.2000, 450–74; H. L. Gukenbiehl, Bildung, Bildungssystem, in: HGD, 85–130; R. Hansen u. H. Pfeiffer, Bildungschancen u. soziale Ungleichheit, in: Jb. der Schulentwicklung 10.1998, 51–86; M. McLean, Education, in: Schulze Hg., 191–211; B. Krais, Bildungsexpansion u. soziale Ungleichheit in der Bundesrepublik, in: Jb. Bildung u. Arbeit, Opladen 1996, 118–46; H. Meulemann, Expansion ohne Folgen? Bildungschancen u. sozialer Wandel in der Bundesrepublik, in: W. Glatzer Hg., Entwicklungstendenzen der Sozialstruktur, Frankfurt 1992, 123–56; G. Steinkamp, Sozialstruktur u. Sozialisation, in: Hurrelmann u. Ulich Hg., Neues Hdb. der Sozialisationsforschung, 251–77; H. Ditton, Ungleichheit u. Mobilität der Bildung, Weinheim 1992; K. Hurrelmann, Soziale Ungleichheit u. Selektion im Erziehungssystem, in: Strasser u. Goldthorpe Hg., Analyse sozialer Ungleichheit, 48–69; H. Peisert, Soziale Lage u. Bildungschancen in Deutschland, München 1967; R. Dahrendorf, Arbeiterkinder an deutschen Universitäten, Tübingen 1965; H. Schelsky, Schule u. Erziehung in der industriellen Gesellschaft, Würzburg 1957. Wichtig waren: R. Dahrendorf, Bildung ist Bürgerrecht, Hamburg 1965; G. Picht, Die deutsche Bildungskatastrophe, München 1965.

[27] Zur Gesundheit vgl. I. Weber, Soziale Schichtung u. Gesundheit, in: Geißler Hg., Soziale Schichtung 195–201, 206, 209–13; H. Kühn, Gesundheit, in: HGD, 263–75; Rothenbacher, Ungleichheit, 152–80; J. Fox Hg., Health Inequalities in European Countries, Aldershot 1989; U. Lindner, Gesundheitspolitik in der Nachkriegszeit. Großbritannien u. die Bundesrepublik im Vergleich, München 2004. – Zur Kriminalität: R. Geissler, Soziale Schichtung u. Kriminalität, in: ders. Hg., Soziale Schichtung, 160–94; knapp ders., Abschied, 330 f.; K. S. Lamnek, Kriminalität, in: HGD, 382–93; I. Baumann, Dem Verbrechen auf der Spur. Geschichte der Kriminologie u. Kriminalpolitik in Deutschland 1880–1980, Göttingen 2006; D. Blasius, Sozialgeschichte der Kriminalität, in: G. Kaiser u.a. Hg., Kleines kriminolog. Wb., Heidelberg 1985[2], 415–20; C. Emsley u.a. Hg., Social Control in Europe II: 1800–2000, Columbus/Ohio 2004; G. Albrecht u. C.-W. Howe, Soziale Schicht u. Delinquenz, in: KZfS 44.1992, 697–730; F. Sack u. R. König Hg., Kriminalsoziologie, Wiesbaden 1979[3]. – Zur politischen Teilhabe: R. Geissler, Polit. Ungleichheit: Soziale Schichtung u. Teilnahme an Herrschaft, in: ders. Hg., Soziale Schichtung, 74–110; ders., Abschied, 328 f.; ders., Sozialstruktur, 250. Vgl. R. Woyke, Politik, soziale Grundlage, in: HGD, 463–503; W. Müller, Klassenstruktur u. Parteiensystem, in: KZfS 50.1.1998, 3–46; ders., Social Structure, Perception and Evaluation of Social Integration and Party Preferences, in: D. Krebs u. P. Schmidt Hg., The Relevance of Attitude, Berlin 1992, 94–117; F.U. Pappi, Klassenstruktur u. Wahlverhal-

ten, in: H.-D. Klingemann Hg., Wahlen u. Wähler, Opladen 1994, 143–95; ders., Social Structure and Party Choice in the Federal Republik of Germany, in: M. N. Franklin u. a. Hg., Electoral Change, Cambridge 1992, 179–204; ders., Das Wahlverhalten sozialer Gruppen bei der Bundestagswahl, in: H.-D. Klingemann u. M. Kaase Hg., Wahlen u. polit. Prozeß, Opladen 1986, 422–41; ders., Sozialstruktur, gesellschaftl. Wertorientierungen u. Wahlabsicht, in: PVS 18.1977, 195–229; ders., Parteiensystem u. Sozialstruktur in der Bundesrepublik, in: PVS 14.1973, 191–213; K. Allerbeck, Polit. Ungleichheit, Opladen 1980; U. K. Feist, Neue Eliten in alten Parteien, in: Kaase u. Klingemann Hg., Wahlen, 81–100; H.-M. Mohr, Polit. u. soziale Beteiligung, in: W. Glatzer u. W. Zapf Hg., Lebensqualität in der Bundesrepublik, Darmstadt 1984, 157–73; M. Kaase, Polit. Beteiligung u. polit. Ungleichheit, in: L. Albertin u. W. Link Hg., Polit. Parteien auf dem Weg zur parlamentar. Demokratie in Deutschland, Düsseldorf 1981, 363–77. – Zu den Regionen bes. eindringlich: Bertram, 649–52.

[28] Schäfers, Sozialstruktur, 269–91; Häussermann u. Siebel, Wohnen, 732–41; dies., Soziologie des Wohnens, Weinheim 1996; H. Reif Hg., Suburbanisierung, in: Informationen zur modernen Stadtgeschichte H. 2/2002, 5–94; W. Lever, Urbanization, in: Schulze Hg., 237–256; Glatzer, Materielle Lebensbedingungen, 286f.; Schildt, Wohlstand, 27f., 31; ders., Wohnungspolitik, 116–71, 179; Reulecke, Urbanisierung; v. Beyme, Wiederaufbau; Diefendorf; Flagge; J. Friedrichs, Soziolog. Stadtforschung (= SoH. 29 KZfS), Opladen 1988; H. P. Bahrdt, Die moderne Großstadt, Hg. U. Herlyn, ebd. 1998; R. König, Großstadt, in: HES II, 1969, 622–74; A. Tenfelde, Urbanization and the Spread of Urban Culture in Germany, in: F. Lenger Hg., Towards an Urban Nation. Germany Since 1780, Oxford 2002, 13–42; C. Zimmermann, Die Zeit der Metropolen, Frankfurt 1996; A. G. Champion Hg., Counterurbanization, London 1989; A. Mitscherlich, Die Unwirtlichkeit unserer Städte, Frankfurt 1965; Kötter, Stadt-Land; Strubel. – Zum städtischen Verkehr: T. Kühne, Massenmotorisierung u. Verkehrspolitik im 20. Jh. Technikgeschichte als polit. Sozial- u. Kulturgeschichte, in: NPL 41.1996, 196–229; D. Klenke, Freier Stau für freie Bürger. Die Geschichte der bundesdeutschen Verkehrspolitik 1949–94, Darmstadt 1995; ders., Bundesdeutsche Verkehrspolitik u. Motorisierung, Stuttgart 1993; ders., Bundesdeutsche Verkehrspolitik u. Umwelt, in: GG SoH. 15.1995, 163–89; ders., Das automobile Zeitalter – Die umwelthistor. Problematik des Individualverkehrs im deutsch-amerikan. Vergleich, in: G. Bayerl u. a. Hg., Umweltgeschichte, Münster 1996, 267–81. – Zur Umweltbelastung: F.-J. Brüggemeier u. T. Rommelspacher Hg., Besiegte Natur. Geschichte der Umwelt im 19. u. 20. Jh., München 1987; Radkau, Natur; ders., Technik u. Umwelt, in: Ambrosius u. a. Hg., 119–36.

[29] K. Gabriel, Zwischen Aufbruch u. Absturz in die Moderne. Die Kathol. Kirche in den 60er Jahren, in: Schildt u. a., Dynam. Zeiten, 528, 539–42; ders., Die Erosion der Milieus. Das Ende von Arbeiterbewegung u. polit. Katholizismus? in: H. Ludwig u. W. Schröder Hg., Sozial- u. Linkskatholizismus, Frankfurt 1990, 242, 249–53; ders. u. F. X. Kaufmann, Der Katholizismus in den deutschsprachigen Ländern, in: F.-X. Kaufmann u. B. Schäfers Hg., Religion, Kirchen u. Gesellschaft in Deutschland, Opladen 1988, 31, 42–44; G. Hollenstein, Die Kathol. Kirche, in: Benz Hg., Bundesrepublik II, 234. Vgl. allg. K. Gabriel, Kirchen, in: HDG, 380–91; ders., Zur Bedeutung der Religion für Gesellschaft u. Lebensführung in Deutschland, in: Hockerts Hg., Koordinaten, 261–76; ders., Die Katholiken in den 50er Jahren, in: Schildt u. Sywottek Hg., 413–30; ders., Christentum zwischen Tradition u. Postmoderne, Freiburg 2000[7]; ders., Die neuzeitl. Gesellschaftsentwicklung u. der Katholizismus als Sozialform, Mainz 1989; ders. u. F.-X. Kaufmann Hg., Zur Soziologie des Katholizismus, Mainz 1980; F.-X. Kaufmann, Religion u. Modernität, Tübingen 1989; ders. u. B. Schäfers Hg., Religion, Kirchen u. Gesellschaft in Deutschland, Opladen 1988; ders., Kirche begreifen. Analysen u. Thesen zur gesellschaftlichen Verfassung des Christentums, Freiburg 1979; U. v. Hehl, Der deutsche Katholizismus nach 1945, in: J.-C. Kaiser u. A. Doering-Manteuffel Hg., Chri-

stentum u. polit. Verantwortung, Stuttgart 1990, 146–75; ders. u. K. Repgen Hg., Der deutsche Katholizismus in der zeitgeschichtlichen Forschung, Mainz 1988; ders. u. H. Hürten Hg., Der Katholizismus in der Bundesrepublik Deutschland, ebd. 1983; H. Maier, Die Kirchen, in: Löwenthal u. Schwarz Hg., 494–515; ders., Der polit. Weg der deutschen Katholiken nach 1945, in: ders. Hg., Deutscher Katholizismus nach 1945, München 1964, 190–221; T. M. Gauly, Kirche u. Politik in der Bundesrepublik 1945–76, Bonn 1990; T. Großmann, Zwischen Kirche u. Gesellschaft. Das Zentralkomitee der Deutschen Kaholiken 1945–70, Mainz 1991; A. Doering-Manteuffel, Kirche u. Katholizismus in der Bundesrepublik der 50er Jahre, in: HJb 102.1982, 113–34; ders., Griff nach der Deutung. Zu G. Besiers Praxis der «Kirchl. Zeitgeschichte», in: ders. u. K. Nowak Hg., Kirchl. Zeitgeschichte, Stuttgart 1996, 79–89; G. Besier, «Methodological Correctness». Anspruch u. Wirklichkeit der Wahrnehmung des sozialgeschichtl. Historikers, in: ebd., 90–100; B. Ziemann, Kathol. Kirche u. Sozialwissenschaften 1945–75, Göttingen 2007.

30 M. Greschat, Die Evangel. Kirche, in: Benz Hg., Bundesrepublik II, 271; ders., Protestantismus u. Evangel. Kirche in den 60er Jahren, in: Schildt Hg., Dynam. Zeiten, 540–81; H. Goldschmidt, Kirche u. Kirchlichkeit in der Bundesrepublik, in: H. Steffen Hg., Die Gesellschaft in der Bundesrepublik II, Göttingen 1971, 5–21; C. Vollnhals, Kirchl. Zeitgeschichte nach 1945, in: Kaiser u. Doering-Manteuffel Hg., 176–91; ders., Die Evangel. Kirche zwischen Traditionswahrung u. Neuorientierung, in: Broszat u. a. Hg., Stalingrad, 113–67; G. Kretschmar, «Vergangenheitsbewältigung» in den deutschen Kirchen nach 1945, in: C. Nicolaisen Hg., Nordische u. deutsche Kirchen im 20. Jh., Göttingen 1982, 122–49; M. Gailus u. H. Lehmann Hg., Nationalprotestant. Mentalitäten in Deutschland 1870–1970, ebd. 2005; C. Lepp u. K. Nowak Hg., Evangel. Kirche im geteilten Deutschland 1945–90, ebd. 2001; R. Scheerer, Evangel. Kirche u. Politik 1945/49, Köln 1981; H. Lehmann Hg., Säkularisierung, Dechristianisierung, Rechristianisierung, Göttingen 1997; G. Schmidtchen, Protestanten u. Katholiken, München 1973; T. Sauer, Westorientierung im deutschen Protestantismus? ebd. 1999; H. Rudolph, Evangel. Kirche u. Vertriebene 1945–72, 2 Bde, Göttingen 1984/1985.

31 Zerger, 1, 79; Strasser u. Dedrich, 81, 86, 88, 90, 92; Noll, Wandel, 42 f., Koller, 55 f.; Geissler, Ende, 200; ders., Sozialstruktur, 73, 78, 21, 127, 391; R. Dahrendorf, Lebenschancen, Frankfurt 1979; Kreckel, Klassentheorie, 31; Vester u. a., 13, 83, 185, 387, 390, 407; Glatzer, Lebensbedingungen, 226; Hauser u. Becker, Langfristige Entwicklung, 124, 129; Bertram, 636, 638; Lepsius, Soziale Ungleichheit, 194, 171; Schäfers, Sozialstruktur, 243, 135, 256; H. P. Müller, Abschied, 131; W. Müller, Social Structure, 80, 94; J. A. Schumpeter, Die sozialen Klassen im ethnisch homogenen Mileu, in: ders., Aufsätze zur Soziologie, Tübingen 1953, 155 f., 158; Henz u. Maas, 628; Blossfeld u. Shavit, 26, 41; Hradil, Individualismus, 123, 137; ders., Neue Soziale Ungleichheit, 59; Berger u. Schmidt, 14; Beer, 27. – Diese Überlegungen bewegen sich offensichtlich im Rahmen einer weberianischen Modernisierungstheorie, auf die später noch eingegangen wird. Vgl. vorerst hierzu: T. Schwinn Hg., Die Vielfalt u. Einheit der Moderne, Wiesbaden 2006; N. Degele u. C. Dies, Modernisierungstheorie, München 2005; G. Kößler u. T. Schiel, Auf dem Weg zu einer kritischen Theorie der Modernisierung, Frankfurt 1996; J. Berger, Was behauptet die Modernisierungstheorie wirklich – u. was wird ihr bloß unterstellt? in: Leviathan 24.1996, 45–62; ders. Hg., Die Moderne, Göttingen 1986; S. Haring u. K. Scherke Hg., Analyse u. Kritik der Modernisierung, Wien 2000; H. van der Loo u. W. van Reijen, Modernisierung, München 1992; H. Resasade, Zur Kritik der Modernisierungstheorien, Opladen 1984; W. Zapf, Modernisierung u. Transformation, in: HGD, 462–8; ders., Die Modernisierungstheorie u. unterschiedl. Pfade der gesellschaftl. Entwicklung, in: Leviathan 24.1996, 63–77; ders., Entwicklung u. Sozialstruktur moderner Gesellschaften, in: H. Korte u. B. Schäfers Hg., Einführung in die Hauptbegriffe der Soziologie, Opladen 1993$^2$, 237–51; ders., Modernisierung, Wohlfahrtsent-

wicklung u. Transformation, Berlin 1994; ders., Wohlfahrtsentwicklung u. Modernisierung, in: W. Glatzer Hg., Einstellungen und Lebensbedingungen in Europa, Frankfurt 1993, 163–76; ders., Modernisierung u. Modernisierungstheorien, in: ders. Hg., Die Modernisierung moderner Gesellschaften, ebd. 1991, 23–39; ders. u. R. Habich, Die Wohlfahrtsentwicklung in der Bundesrepublik 1949–99, in: Kaase u. Schmidt Hg., 285–314; ders., Die deutsche Version des Wohlfahrtsstaates, in: K. Hanau u. a. Hg., Wirtschafts- u. Sozialstatistik, Göttingen 1986, 379–403; U. Beck u. W. Bonß Hg., Die Modernisierung der Moderne, Frankfurt 2001; U. Beck u. a., Reflexive Modernisierung, ebd. 1996; auch noch D. Bell, Die nachindustrielle Gesellschaft, ebd. 1975; als Rückblick: A. Przeworski u. F. Limonge, Modernization: Facts and Theories, in: WP 49.1996, 115–83; P. Nolte, Modernization and Modernity in History, in: IESBS 15.2001, 9954–62; Wehler, Modernisierungstheorie u. Geschichte.

³² Weber, WG, Tübingen 1990⁵, 531; Kocka, Durchherrschte Gesellschaft. Erfrischend gegen die begriffliche Unsicherheit: H. Solga, Klassenlagen u. soziale Ungleichheit in der DDR, in: APZ B46/96, 18–20, 22–26 (ihr folge ich öfter); dies., Auf dem Weg in eine klassenlose Gesellschaft? Klassenlagen u. Mobilität zwischen Generationen in der DDR, Berlin 1995; dies., Aspekte der Klassenstruktur in der DDR der 70er/80er Jahre u. die Stellung der Arbeiterklasse, in: R. Hürtgen u. T. Reichel Hg., Der Schein der Stabilität, Berlin 2001, 35–52; K. U. Mayer u. dies., Mobilität u. Legitimität: Vergleich der Chancenstrukturen in der alten BRD oder: Haben Mobilitätschancen zu Stabilität u. Zusammenbruch der DDR beigetragen? in: KZfS 46.1994, 193–208; K.U. Mayer u. M Diewald, Kollektiv u. Eigensinn: Die Geschichte der DDR u. die Lebensläufe ihrer Bürger, in: APZ 46.1996, 8–17; J. Huinink u. a., Kollektiv u. Eigensinn: Lebensverläufe in der DDR u. danach, Berlin 1995; Geissler, Sozialstruktur, 130–34, 254–72, 163, 85–91, 71, 185–200, 273–90; ders., Umbruch u. Erstarrrung in der Sozialstruktur der DDR, in: W. Glatzer Hg., Die Modernisierung moderner Gesellschaften, Opladen 1991, 520–24; ders., Die ostdeutsche Sozialstruktur unter Modernisierungsdruck, in: APZ B 29–30/92, 15–28; R. Jessen, Bildungsbürger, Experten, Intelligenz. Kontinuität u. Wandel der ostdeutschen Bildungsschicht, in: L. Ehrlich u. G. Mai Hg., Weimarer Klassik in der Ära Ulbricht, Köln 2000, 120; F. Adler, Ansätze zur Rekonstruktion der Sozialstruktur des DDR-Realsozialismus, in: Berliner Journal für Soziologie 1.1991, 152, 165; K. Belwe, Sozialstruktur u. gesellschaftl. Wandel der DDR, in: W. Weidenfeld u. H. Zimmermann Hg., Deutschland – Hdb. 1949–89, Bonn 1989, 125–43; J. Henke, Die Sozialstruktur, in: Rausch u. Stammen, 53–79; R. Weidig, Sozialstruktur der DDR, Berlin 1988 (die letzte DDR-Statistik); A. Bauerkämper, Die Sozialgeschichte der DDR, München 2005 (sehr informativ und komprimiert, aber noch ohne die mögliche Begriffsschärfe). – G. Meyer, Die DDR-Machtelite in der Ära Honecker, Tübingen 1991; E. Schneider, Die polit. Funktionselite der DDR, Opladen 1994; C. Welzel, Rekrutierung u. Sozialisation der ostdeutschen Elite, in: Bürklin u. a., Eliten, 201–38; A. Bauerkämper, «Funktionäre des schaffenden Volkes»? Die Führungsgruppen der DDR als Forschungsproblem, in: ders. u. a. Hg., Gesellschaft ohne Eliten? Berlin 1997, 11–86; P. Grieder, The East German Leadership 1946–73, Manchester 1999; P. Hübner Hg., Eliten im Sozialismus. Beiträge zur Sozialgeschichte der DDR, Köln 1999; ders., Industrielle Manager in der SBZ/DDR, in: GG 24.1998, 55–80; C. Boyer, Arbeiterkarrieren? Zur sozialen Herkunft der zentralen Staatsbürokratie der SBZ/DDR 1945–61, in: P. Hübner u. K. Tenfelde Hg., Arbeiter in der SBZ – DDR, Essen 1999, 667–79; H. Best u. S. Hornbostel Hg., Funktioneliten der DDR, Köln 2003. Schwach sind dagegen: G.-W. Bathke, Sozialstruktur, Soziale Herkunft, Persönlichkeitsentwicklung u. Hochschulen in der DDR, in: H. Timmermann Hg., Sozialstruktur u. sozialer Wandel in der DDR, Saarbrücken 1989², 55–96; S. Grundmann, Zur Sozialstruktur der DDR, in: E. Badstübner Hg., Befremdlich anders: Leben in der DDR, Berlin 2000, 20–62; G. Burrichter u. G. R. Stephan, Die DDR als Untersuchungsgegenstand einer Histor. Sozialforschung, in: DA 29.1996, 444–54. Vgl. noch

P. Voigt, Gesellschaft der DDR 1949–90, in: HGD, 241–53; ders., Sozialstruktur der DDR, Darmstadt 1987; F. J. Hutter, Sozialer Wandel in der DDR, in: Zeitgeschichte 24.1997, 213–21; L. Mertens Hg., Soziale Ungleichheit in der DDR, Berlin 2002; A. Segert u. J. Zierke, Sozialstruktur u. Milieuerfahrungen. Alltagskultureller Wandel in Ostdeutschland, Opladen 1997; M. Vester u. a., Soziale Milieus in Ostdeutschland, Köln 1995; F. Thieme, Die Sozialstruktur der DDR zwischen Wirklichkeit u. Ideologie. Eine Analyse geheimgehaltener Diss., Frankfurt 1996.

   ³³ P. Hübner, Arbeiterklasse als Inszenierung? in: Bessel u. Jessen Hg., Grenzen, 200f., 203, 206, 209f., 213; ders., Balance des Ungleichgewichts. Zum Verhältnis von Arbeiterinteressen u. SED-Herrschaft, in: GG 19.1993, 16f., 22, 24, 28; ders., Das Jahr 1961 u. die Kontinuität der Arbeiterpolitik der DDR, in: ders. u. Tenfelde Hg., Arbeiter in der SBZ/DDR, 15–38; Geissler, Sozialstruktur, 195–98; M. Kohli, Die DDR als Arbeitsgesellschaft? Arbeit, Lebenslauf u. soziale Differenzierung, in: Kaelble u. a. Hg., Sozialgeschichte der DDR, 31–61; C. Kleßmann, Arbeiter im Arbeiterstaat, in: APZ 50.2000, 20–28; ders., Die «verstaatlichte Arbeiterbewegung». Zur Sozialgeschichte der Arbeiterschaft der DDR, in: Fs. H. Grebing, Essen 1995, 108–19; ders., Arbeiter im «Arbeiterstaat» DDR 1945–71, Bonn 2007 (erste vorzügliche Synthese, führt bis zum Ende der Ulbricht-Ära; danach soll ein Anschlußband (1971–90) von P. Hübner folgen); C. Boyer, Arbeiter im Staatssozialismus, in: Bohemia 42.2001, 209–19; Hübner u. a. Hg., dass., Köln 2005; Hübner u. Tenfelde Hg., Arbeiter in der SBZ/DDR; P. Hübner, Die Zukunft war gestern: Soziale u. mentale Trends in der DDR-Industriearbeiterschaft, in: Kaelble u. a. Hg., Sozialgeschichte der DDR, 171–87; A. Lüdtke, «Helden der Arbeit» – Mühen beim Arbeiten. Zur mißmutigen Loyalität von Industriearbeitern in der DDR, in: ebd., 188–213; A. v. Plato, Arbeiter-Selbstbilder in der DDR, in: Hübner u. Tenfeld, Arbeiter in der SBZ/DDR, 867–81; T. Reichel, Die durchherrschte Arbeitsgesellschaft. Herrschaftsstrukturen u. Machtverhältnisse in DDR-Betrieben, in: Hürtgen u. ders. Hg., 85–110; H. Haack, Aufsteiger in der Neptunwerft. Mobilität im Industriesystem der SBZ/DDR, in: GG 27.2001, 424–45; M. Sabrow Hg., Skandal u. Diktatur, Formen öffentl. Empörung im NS-Staat u. in der DDR, Göttingen 2004. – J. Roesler, Die Produktionsbrigaden in der Industrie der DDR. Zentrum der Arbeitswelt? in: Kaelble u. a. Hg., Sozialgeschichte der DDR, 144–70; R. Soldt, Zum Beispiel Schwarze Pumpe: Arbeiterbrigaden in der DDR, in: GG 24.1998, 88–109; L. Niethammer u. a., Die volkseigene Erfahrung. Eine Archäologie des Lebens in der Industrieprovinz der DDR, Berlin 1991; A. I. Port, Conflict and Stability in the GDR, Cambridge 2007. Vergleichend argumentiert: H. Kaelble, Die Gesellschaft der DDR im internationalen Vergleich, in: ders. u. a. Hg., Sozialgeschichte der DDR, 559–80.

   ³⁴ Zur ländl. Gesellschaft vgl. die Lit. in III. – Zu den Resten des Bürgertums: Geissler, Sozialstruktur, 147; Bauerkämper, Kaderdiktatur, 47–63; Jessen, Bildungsbürger, 118–33 (vorzüglich, vgl. seine Studien zur ostdeutschen Professorenschaft in VI.); F. Ebbinghaus, Ausnutzung u. Verdrängung. Steuerungsprobleme der SED-Mittelstandspolitik 1955–72, Berlin 2003; A.-S. Ernst, «Die beste Prophylaxe ist der Sozialismus» Ärzte u. medizin. Hochschullehrer in der SBZ/DDR 1945–61, Münster 1997; dies., Von der bürgerl. zur sozialist. Profession? in: Bessel u. Jessen Hg., Grenzen, 25–48; v. a. C. Kleßmann, Relikte des Bildungsbürgertums in der DDR, in: Kaelble u. a. Hg., Sozialgeschichte der DDR, 154–70; ders., Zur Sozialgeschichte des protestant. Milieus in der DDR, in: GG 19.1993, 29–53; ders., Kontinuitäten u. Veränderungen im protestant. Milieu: Schildt u. Sywottek Hg., Modernisierung, 403–17; ders., Die Beharrungskraft traditioneller Milieus in der DDR, in: M. Hettling u. a. Hg., Was ist Gesellschaftsgeschichte? München 1991, 146–54; ders., «Das Haus wurde gebaut aus den Steinen, die vorhanden waren». Zur kulturgeschichtl. Kontinuitätsdiskussion nach 1945, in: TAJbDG 19.1990, 159–77; T. Großbölting, Entbürgerlichung der DDR? in: Hettling u. Ulrich Hg., 407–32; ders., SED-Diktatur u. Gesellschaft. Bürgertum, Bürgerlichkeit u. Entbür-

gerlichung in Magdeburg u. Halle, Halle 2001; J. Keltzhöfer u. B.B. Flaig, Spuren der Gemeinsamkeit? Soziale Milieus in Ost- und Westdeutschland, in: W. Weidenfeld Hg., Deutschland. Eine Nation – doppelte Geschichte, Köln 1993, 61–81. F. W. Graf, Eine Ordnungsmacht eigener Art. Theologie u. Kirchenpolitik im DDR-Protestantismus, in: Kaelble u. a. Hg., Sozialgeschichte der DDR, 300, 304, 306–8; D. Pollack, Kirche in der Organisationsgesellschaft. Zum Wandel der gesellschaftl. Lage der evangel. Kirchen in der DDR, Stuttgart 1994.

[35] Niethammer, Erfahrungen, 102, 105; Henke, 67, 69; Belwe, 129 f., 132; Voigt, HGD, 246; Fulbrook, People's State, 140, 163, 166; besonders klar wieder Geissler, Sozialstruktur, 301–29, 337, 343, 363. Zur Geschlechterungleichheit vgl. D. Harsch, Revenge of the Domestic. Women, the Family, and Communism in the GDR, Princeton 2007; G. F. Budde, Frauen der Intelligenz. Akademikerinnen in der DDR 1945–75, Göttingen 2003; H. Trappe, Emanzipation oder Zwang? Frauen in der DDR zwischen Beruf, Familie u. Sozialpolitik, Berlin 1995; J. Merkel, Leitbilder u. Lebensweisen von Frauen in der DDR, in: Kaelble u. a. Hg., Sozialgeschichte der DDR, 356–82; U. Schneider, Hausväteridylle oder sozialist. Utopie? Die Familie im Recht der DDR, Köln 2004.

[36] O. Schwarzer, Der Lebensstandard in der DDR 1945–89, in: JbW 1995/II, 119–46; J. Frick u. a., Haushalts- u. Erwerbseinkommen in der DDR, in: KZfS 43.1991, 334–43; J. Schupp u. G. Wegner, Basisdaten für die Beschreibung u. Analyse des sozioökonom. Wandels der DDR, in: ebd., 322–33; J. Stitziel, Fashioning Socialism: Clothing, Politics and Consumer Culture in East Germany, Oxford 2005; Geissler, Sozialstruktur, 11, 85; Ritter, DDR, 198; Staritz, Geschichte, 55 f., 230, 287, 289.

## V. Strukturbedingungen und Entwicklungsprozesse Politischer Herrschaft

[1] Vgl. den Abriss vorn in Kapitel I. Das Folgende öfters nach der vorbildlichen Strukturanalyse in: Schmidt, Institutions, 2–17, 28–49, 76, 84–99, 106–27, 132, 152, 161–74; ausführlicher in: ders., Polit. System; H. Braun, Das Streben nach «Sicherheit» in den 50er Jahren, in: AfS 18.1987, 279–306; M. Geyer, Der kalte Krieg, die Deutschen u. die Angst, in: K. Naumann Hg., Nachkrieg in Deutschland, Hamburg 2001, 267–318; K. Körner, Die rote Gefahr. Antikommunist. Propaganda in der Bundesrepublik 1950–2000, Hamburg 2003; R. N. Rosecrance, Der neue Handelsstaat, Frankfurt 1987; M. Staack, Handelsstaat Deutschland, Paderborn 2000; G. Bönisch u. K. Wiegrefe Hg., Die 50er Jahre. Vom Trümmerland zum Wirtschaftswunder, München 2006; G. Bollenbeck u. a. Hg., Die janusköpfigen 50er Jahre, Wiesbaden 2000; H. Glaser, Die 50er Jahre, Hamburg 2005; Megerle, Radikalisierung; Schildt, Moderne Zeiten, 15, 19, 21; Doering-Manteuffel, Strukturmerkmale, 1–13, 16 f.; P. Haungs, Kanzlerdemokratie in der Bundesrepublik, in: ZfP 33.1986, 44–66; W. Jäger, Von der Kanzler- zur Koordinationsdemokratie, in: ebd. 35.1988, 15–32; A. Schildt u. A. Sywottek, Wiederaufbau u. Modernisierung. Westdeutsche Gesellschaftsgeschichte in den 50er Jahren, in: APZ 6–7. 1989, 18–32; dies., Die Ära-Adenauer: Aspekte ihrer sozialkulturellen Entwicklung, in: Germanic Review 63. 1988, 162–69; stets auch die beiden Bände von Schwarz' Adenauer-Biographie und seine beiden Bände zur Geschichte der Bundesrepublik in der Adenauer-Ära; K. Gotto u. a. Bearb., Im Zentrum der Macht. Das Tagebuch von Staatssekretär Lenz 1951–53, Düsseldorf 1989, 243 (Adenauer 4. 1. 1952); M. R. Lepsius, Die Bundesrepublik in der Kontinuität u. Diskontinuität histor. Entwicklungen, in: ders., Demokratie in Deutschland, 135–44; C. Offe Hg., Demokratisierung der Demokratie, Frankfurt 2003; ders., Herausforderungen der Demokratie, ebd. 2003; C. Tilly, Contention and Democracy in Europe 1650–2000, Cambridge 2004. – Vgl. M. Frese u. a. Hg., Demokratisierung u. gesellschaftl. Aufbruch: Die 60er Jahre, Paderborn 2003; A. Doering-Manteuffel, Modernisierung: Polit.-ideller u. -gesellschaftl. Wandel in der Bundesrepublik bis zum Ende der 60er Jahre, in: Schildt u. a. Hg., Dynam. Zeiten, 311–41; S. Grüner, Staatl. Planung u. sozialer Wandel in den 60er Jahren, in: T. Bauer u.

W. Süß Hg., NS-Diktatur, DDR, Bundesrepublik – drei Zeitgeschichten, Neuried 2000, 263–85; B. Faulenbach, Modernisierung in der Bundesrepublik u. in der DDR während der 60er Jahre, in: Zeitgeschichte 25.1998, 282–94. – Zu den Parteien s. vorn I., Anm. 2–5; J. W. Falter u. H. Schoen, Hdb. Wahlforschung, Wiesbaden 2005; O. W. Gabriel u. a. Hg., Parteiendemokratie in Deutschland, Opladen 1997; M.-L. Recker u. K. Tenfelde Hg., Hdb. zur Statistik der Parlamente u. Parteien II: CDU/CSU. Mitgliedschaft u. Sozialstruktur 1945–90, Düsseldorf 2005; F. Bösch, Das konservative Milieu: Vereinskultur u. lokale Sammlungspolitik in ost- u. westdeutschen Regionen 1900–60, Göttingen 2002; W. Kaltefleiter, Wirtschaft u. Politik in Deutschland. Konjunktur als Bestimmungsfaktor des Parteiensystems, Köln 1968²; E. Jesse, Wahlrecht zwischen Kontinuität u. Reform. Wahlsystemdiskussion u. der Wahlrechtsänderungen in der Bundesrepublik 1949–83, Düsseldorf 1985. – Zum Bundestag: K. v. Beyme, Der Gesetzgeber, Opladen 1997; W. Ismayr, Der Deutsche Bundestag, ebd. 2000. – Zum BVG: D. P. Kommers, The Constitutional Jurisprudence of the Federal Republic of Germany, Durham/NC 1997²; S. Michalowski u. L. Woods, German Constitutional Law, Aldershot 1999; A. Stone Sweet, Governing with Judges. Constitutional Politics in Europe, Oxford 2000. – Zu den Verbänden vgl. I. Anmerk. 6 u. 7. Ein kleiner Klassiker: W. Hennis, Verfassungsordnung u. Verbandseinfluss im polit. System der Bundesrepublik, in: PVS 2.1961, 27–30. – Der scharfsinnigste Analytiker des deutschen Föderalismus ist der Politikwissenschaftler Manfred Schmidt, dessen Überlegungen ich folge. Vgl. ders., Polit. System, 196–219; ders., dass., 92–99; vgl. auch K. v. Beyme, Föderalismus, München 2007. Konkret am Beispiel Bayerns, an dem sich die Föderalismusprobleme am besten demonstrieren lassen, die eine moderne Landesgeschichte präsentierenden Bände von T. Schlemmer u. H. Woller Hg., Bayern im Bund I: Die Erschließung des Landes 1949–73, München 2001; dies. Hg., dass. II: Gesellschaft im Wandel 1949–73, ebd. 2002; dies Hg., dass. III: Politik u. Kultur im föderativen Staat 1949–79, ebd. 2004; M. S. Milosch, Modernizing Bavaria. The Politics of F. J. Strauss and the CSU 1949–69, N. Y. 2006; D. Thränhardt, Wahlen u. polit. Strukturen in Bayern 1848–1953, Düsseldorf 1973. Zum Staatsproblem: M. van Creveld, The Rise and Decline of the State, Cambridge 1999, dt. Aufstieg u. Untergang des modernen Staates, München 1999; W. Reinhard, Geschichte der Staatsgewalt. Eine vergleich. Verfassungsgeschichte Europas, ebd. 1999 (brillant, aber zu skeptisch gegenüber der zeitgenössischen Staatsentwicklung); F. Günther, Denken vom Staat her. Die bundesdeutsche Staatsrechtslehre zwischen Dezision u. Integration 1949–70, ebd. 2004. Zu dem umstrittenen, sachlich schlechthin unseriösen kommunistischen Pamphlet von L. Canfora (Eine kurze Geschichte der Demokratie, Köln 2006) die rasante Kritik von von J. Baberowski, Stalinismus als Demokratie? in: GG 32.2006, 385–97.

² Benz, Geschichte nach 1945, 403; M. Broszat, Einleitung, in: ders. Hg., Stalingrad, XXV. Vgl. die Lit. zur Außenpolitik vorn I., Anmerk. 1; Klessmann II., 68. – Doering-Manteuffel, Westernisierung, 312–16, 321–27, 340; ders., Wie Westlich; ders., Amerikanisierung, 1–34; V. Conze, Das Europa der Deutschen 1920–70, München 2005; K. H. Jarausch, Die Postnationale Nation. Zum Identitätswandel der Deutschen 1945–95, in: Historicum 14.1995, 31; H. Kaelble, Europabewusstsein, Gesellschaft u. Geschichte, in: R. Hudemann u. a. Hg., Europa im Blick der Historiker, München 1995, 1–29; A. Schildt, Zwischen Abendland u. Amerika. Die westdeutsche Ideenlandschaft der 50er Jahre, München 1999. Zum amerikanischen Einfluß: M. Ermath, «Amerikanisierung» u. deutsche Kulturkritik 1945–65, in: Jarausch u. Siegrist Hg., Amerikanisierung, 315–34; H. Fehrenbach, Cinema in Democratizing Germany. Reconstructing National Identity After Hitler, Chapel Hill 1995; V. R. Berghahn, America and the Intellectual Cold Wars in Europe, Princeton 2001; M. Hochgeschwender, Freiheit in der Offensive? Der «Kongreß für Kulturelle Freiheit» u. die Deutschen, München 1998; P. G. Coleman, The Liberal Conspiracy. The «Congress for Cultural Freedom» and the Struggle for the Mind of Postwar Europe, N. Y. 1989. – Zur amerikanischen Politik: B. Stöver, Der Kalte Krieg

1945–91, München 2007; ders., Die Befreiung vom Kommunismus. Amerikan. Liberation Policy im Kalten Krieg 1947–91, Köln 2002; P. Bender, Weltmacht Amerika – das Neue Rom, Stuttgart 2003; C. S. Maier, Among Empires. American Ascendancy and Its Predecessors, Cambridge/Mass. 2006; K. Schwabe, Weltmacht u. Weltordnung. Amerikanische Außenpolitik 1898–2000, Paderborn 2005; H. Münkler, Imperien – Die Logik der Weltherrschaft von Rom bis zu den Vereinigten Staaten, Berlin 2005; D. Junker, Power and Mission. Was Amerika antreibt, Freiburg 2003; S. G. Bierling, Geschichte der amerikanischen Außenpolitik 1917–2000, München 2003; R. Prätorius, In God We Trust. Religion u. Politik in den USA, ebd. 2003; C. S. Maier Hg., The Cold War in Europe, N. Y. 1991; F. Schumacher, Kalter Krieg u. Propaganda. Die USA, der Kampf um die Weltmeinung u. die ideelle Westbindung der Bundesrepublik 1945–55, Trier 2000; C. W. Eisenberg, Drawing the Line: The American Decision to Divide Germany 1944–49, Cambridge 1996; A. Deighton, The Impossible Peace: Britain, the Division of Germany and the Origins of the Cold War, Oxford 1990; H. Zimmermann, Money and Security. Troops, Monetary Policy, and West Germany's Relations with the US and Britain, Cambridge 2002; M. Trachtenberg, A Constructed Peace. The Making of the European Settlement 1945–1963, Princeton 1999; D. Felken, Dulles u. Deutschland 1953–59, Berlin 1993; T. A. Schwartz, America's Germany. John J. McCloy and the Federal Republic of Germany, Cambridge/Mass. 1991; H.-J. Rupieper, Der besetzte Verbündete. Die amerikan. Deutschlandpolitik 1949–55, Opladen 1991; ders., Die Wurzeln der westdeutschen Nachkriegsdemokratie 1945–52, ebd. 1993; T. Geiger, Atlantiker gegen Gaullisten 1958–69, München 2008; J. L. Gaddis, The United States and the End of the Cold War, Oxford 1992; schwach dagegen: ders., Der Kalte Krieg, München 2007; S. M. Lipset, Political Man, N. Y. 1963[3], dt. Soziologie der Demokratie, Neuwied 1967; L. Diamond, Economic Development and Democracy Reconsidered, in: American Behavioral Scientist 35. 1992, 485, 487; G. Marks u. L. Diamond Hg., Reexamining Democracy. Fs. Lipset, Newbury Park 1993, 93–137; R. Barro, Democracy and Growth, in: Journal of Economic Growth 1.1996, 1–27; Berger, Wirtschaft, Kap. 6.

[3] Abelshauser, Wirtschaftsgeschichte, 224–60; Klessmann II, 65–103; Görtemaker, 271–474; Wirsching, 79–106 (abwägend, Überschätzung der Friedensbewegung); Gillingham; J. Layritz, Der NATO-Doppelbeschluß, Frankfurt 1992. Zur Friedensbewegung vgl. H.-P. Müller u. M. Plötz, Ferngelenkte Friedensbewegung? Münster 2004; J. Maruhn u. M. Wilke Hg., Die verführte Friedensbewegung, München 2002; J. Herf, War by Other Means. Soviet Power, West German Resistance, and the Battle of the Euromissiles, N. Y. 1991; R. Schmitt, Die Friedensbewegung, Opladen 1990. – W. Loth, Der Weg nach Europa. Geschichte der europäischen Integration 1939–57, Göttingen 1991[2]; W. Link, Außen- u. Deutschlandpolitik in der Ära Schmidt 1974–82, in: W. Jäger u. ders. Hg., Republik im Wandel 1974–82, Stuttgart 1987, 275–432; ders., Außen- u. Deutschlandpolitik in der Ära Brandt 1969–74, in: K.-D. Bracher u. a. Hg., Republik im Wandel 1969–74, Stuttgart 1986, 163–282; Schmidt, Polit. System, 283–319. Die 70er Jahre. Gesellschaftl. Entwicklungen in Deutschland (= AfS 44.2004, v. a. die Beiträge von Faulenbach, Weinhauer, Fischer, Schildt). – Zur historischen Dimension der Europapolitik: M. Mitterauer, Warum Europa? München 2003; J. LeGoff, Das alte Europa u. die Welt der Moderne, ebd. 1996; R. Bragée, Europa – eine explosive Identität, Frankfurt 1983; J. J. Sheehan, What It Means to be a State, in: JMEH 1.2003, 11–22, v. a. 18–21; ders., The Problem of Sovereignty in European History, in: AHR 111.2006, 1–15. Klare Argumentation jetzt in: ders., Kontinent der Gewalt. Europas langer Weg zum Frieden, München 2008.

[4] H. Potthoff, Im Schatten der Mauer. Deutschlandpolitik 1961–90, Berlin 1999; M. R. Lepsius, Die Teilung Deutschlands u. die deutsche Nation, in: ders., Demokratie, 196–228; P. Bender, Episode oder Epoche? Zur Geschichte des geteilten Deutschlands, München 1996; ders., Die «neue» Ostpolitik u. ihre Folgen 1961–90, ebd. 1995[2]; P. Aho-

nen, After the Explosion. West Germany and Eastern Europe 1945–90, Oxford 2004; A. Vogtmeier, E. Bahr u. die deutsche Frage, Bonn 1996; R. Fritsch-Bournazel, Die Sowjetunion u. die deutsche Teilung 1945–79, Opladen 1979; blasse Allgemeinheiten: G. Schöllgen, Jenseits von Hitler. Die Deutschen in der Weltpolitik von Bismarck bis heute, Berlin 2005; ders., Geschichte der Weltpolitik 1941–91, München 1996; ders., Angst vor der Macht. Die Deutschen u. ihre Außenpolitik, Berlin 1993; ders., Die Macht in der Mitte Europas, München 1992. – Zur umstrittenen sowjetischen Märznote von 1952: J. Laufer, Die Stalin-Note vom 10.3.1952, in: VfZ 52.2004, 99–118; J. Zarusky, Die Stalin-Note vom 10. März 1952, München 2002; G. Wettig, Die Deutschland-Note vom 10.3.1952, in: DA 1993, 786–805; von Anfang an schlüssig: H. Graml, Die Märznote von 1952, Melle 1988; ders., Die Legende von der verpaßten Gelegenheit. Zur sowjet. Notenkampagne 1952, in: VfZ 29.1981, 307–41; ders., Nationalstaat oder westdeutscher Teilstaat? Die sowjet. Noten vom Jahre 1952 u. die öffentl. Meinung in der Bundesrepublik, in: VfZ 25.1977, 821–64; H.-P. Schwarz Hg., Die Legende von der verpassten Gelegenheit, Stuttgart 1982; Irreführend: R. Steininger, Eine vertane Chance: Die Stalin-Note am 10. März 1952 u. die Wiedervereinigung, Berlin 1985; M. Uhl, Krieg um Berlin? Die zweite Berlinkrise 1958–62, München 2008.

⁵ Zuletzt am klarsten die präzisen Überblicke von H. G. Hockerts, dem ich daher folge: H. G. Hockerts u. C. Kuller Hg., Nach der Verfolgung. Wiedergutmachung nationalsozialist. Unrechts in Deutschland, Göttingen 2003; ders. u.a. Hg., Grenzen der Wiedergutmachung. Die Entschädigung 1945–2000, ebd. 2006; ders., Wiedergutmachung in Deutschland 1945–2000, in: VfZ 49.2001, 167–214; ders., Nach der Verfolgung. Wiedergutmachung in Deutschland. 1945–2000, in: Jb. des Histor. Kollegs. 2000, 85–122. Ausführlich u. gediegen informierend: C. Goschler, Schuld u. Schulden. Die Politik der Wiedergutmachung für NS-Verfolgte seit 1945, Göttingen 2005; ders. u. P. Ther Hg., Raub u. Restitution. «Arisierung» u. Restitution. Die Rückerstattung des jüd. Eigentums in Europa, Frankfurt 2003; ders. u. J. Lillteicher, «Arisierung» u. Restitution. Die Rückerstattung jüd. Eigentums in Deutschland u. Österreich nach 1945 u. 1989, Göttingen 2002; J. Lillteicher, Raub, Recht u. Restitution. Die Rückerstattung jüd. Eigentums in der frühen Bundesrepublik, ebd. 2007; C. Goschler, Wiedergutmachung, München 1992; ders. u. L. Herbst, Wiedergutmachung in der Bundesrepublik, ebd. 1989; L. Herbst, Wiedergutmachung in Deutschland, in: VfZ 49.2001, 167–214; C. Pross, Wiedergutmachung. Der Kleinkrieg gegen die Opfer, Berlin 2001; T. Winstel, Verhandelte Gerechtigkeit: Rückerstattung u. Entschädigung für jüd. Opfer, München 2006; N. Hansen, Aus dem Schatten der Katastrophe. Die deutsch-israelischen Beziehungen in der Ära Adenauer u. Ben Gurion, Düsseldorf 2002; Y.A. Jelinek, Deutschland u. Israel 1945–65, München 2004; V. Neumann, Nicht der Rede wert. Die Privatisierung der Kriegsfolgen in der frühen Bundesrepublik, Münster 1999.

⁶ Zur Geschichte bis 1945: Ritter, Sozialstaat; Baldwin; Egigian; Hentschel; Wehler, Bismarck u. der Imperialismus, 459–38; ders., Kaiserreich, 136–38; ders., Engstirniger Materialismus: Alys «Volksstaat», in: Der Spiegel 4.4.2005, ungekürzt in: ders., Notizen zur deutschen Geschichte, 13–22. Die Zitate nach: H.G. Hockerts, Integration der Gesellschaft: Gründungskrise u. Sozialpolitik in der frühen Bundesrepublik, in: Zeitschrift für Sozialreform 32.1986, 25–34, u. in: M. Funke Hg., Entscheidung für den Westen 1949–55, Bonn 1988, 36–41; ders., Metamorphosen des Wohlfahrtsstaats, in: Broszat Hg., 35; erweitert in: H. Pohl Hg., Staatl., städt., betriebl. u. kirchl. Sozialpolitik vom Mittelalter bis zur Gegenwart, Stuttgart 1991, 359–79; ders., Sicherung im Alter. Kontinuität u. Wandel der gesetzl. Rentenversicherung 1889–1979, in: Conze u. Lepsius Hg., 314–22; M. G. Schmidt, Sozialpolitik in Deutschland. Histor. Entwicklung u. Vergleich, Wiesbaden 2005³, 76–88, 88–91, 91–98, 99–112; ders., Polit. System, 391–417; K. H. Schäfer, Lastenausgleich 1949–91, in: Fs. T. Paul, Wohnungswirtschaft zwischen Markt u. Staat, Düsseldorf 1991, 187, 190–97, 203–10, 215–27, 219–22, 243–46; Abelshauser,

Wirtschaftsgeschichte, 331–35; G. Hardach, Der Generationenvertrag in der Arbeitsmarktkrise, in: K. Eicker-Wolf u. a. Hg., Die arbeitslose Gesellschaft u. ihr Sozialstaat, Marburg 1998, 214–17; Flora, State I, 257 f.; Görtemaker, 565. – Zum westdeutschen Sozialstaat außer Ritter, 145–203, an erster Stelle die glänzenden Beiträge von Hockerts, Integration; ders., Metamorphosen; ders., Sicherung; ders., Geschichte der Sozialpolitik V: 1966–74, Baden-Baden 2006, 3–155, 945–62 (mit W. Süss); ders., Vom Problemlöser zum Problemerzeuger? Der Sozialstaat im 20. Jh., in: AfS 47.2007, 3–29; H. G. Hockerts, 100 Jahre Sozialversicherung in Deutschland, in: HZ 237.1983, 361–84; ders., Die Entwicklung 1945–80, in: P. A. Köhler u. H. F. Zacher Hg., Beiträge zu Geschichte und aktueller Situation der Sozialversicherung, Berlin 1983, 141–66; ders., Sozialpolit. Entscheidungen im Nachkriegsdeutschland 1945–57, Stuttgart 1980; ders., Sozialpolit. Reformbestrebungen in der frühen Bundesrepublik. Zur Sozialreform-Diskussion u. Rentenversicherung 1953–57, in: VfZ 25.1977, 341–72; ders., Adenauer u. die Rentenreform 1957, in: K. Repgen Hg., Die dynam. Rente, Stuttgart 1978, 11–29; ders., Vom Nutzen u. Nachteil parlamentar. Parteienkonkurrenz. Die Rentenreform 1972, in: Fs. R. Morsey, Berlin 1992, 903–34; Schmidt, 73–104, zum internationalen Vergleich, 179–254, die beste Gesamtdarstellung; J. Alber u. a., Sozialstaat, in: HGD, 622–32; ders., Der deutsche Sozialstaat im Licht international vergleichender Daten, in: Leviathan 26.1998, 67–89; ders., Der Sozialstaat in der Bundesrepublik 1950–83, Frankfurt 1989; ders., Germany, in: P. Flora Hg., Growth to Limits. The Western European Welfare States Since World War II, Berlin 1986, 1–154; ders., Vom Armenhaus zum Wohlfahrtsstaat. Sozialversicherung in Westeuropa, Frankfurt 1982; ders., Der Wohlfahrtsstaat in der Krise? in: ZfS 9.1980, 313–42; ders., Der deutsche Sozialstaat in der Ära Kohl, in: S. Leibfried u. U. Wagschal Hg, Der deutsche Sozialstaat, Frankfurt 2000, 235–75 (abwägend zu dieser umstrittenen Phase wie auch Schmidt, 89–112); ders., Hat sich der Wohlfahrtsstaat als soziale Ordnung bewährt? in: K. U. Mayer Hg., Die beste aller Welten? Frankfurt 2001, 59–111; F.-X. Kaufmann, Varianten des Wohlfahrtsstaats. Der deutsche Sozialstaat im internationalen Vergleich, Frankfurt 2003; ders., Sozialpolit. Denken, ebd. 2003; ders., Sozialpolitik u. Sozialstaat, Opladen 2002; ders., Herausforderungen des Sozialstaates, Frankfurt 1997; vgl. Der Sozialstaat in der Krise. Deutschland im internationalen Vergleich (= AfS 47.2007, v. a. die Beiträge von Hockerts, Geyer, Nützenadel, Ritter). – Mit Hockerts, Schmidt, Ritter, Kaufmann und Alber kann man die besten Sachkenner konsultieren. Vgl. J. Frerich, u. M. Frey, Hdb. der Geschichte der Sozialpolitik in Deutschland III: Bundesrepublik bis 1990), München 1993; S. Leibfried u. a., Der deutsche Sozialstaat, Frankfurt 2000; S. Lessenich, Dynam. Immobilismus. Kontinuität u. Wandel im deutschen Sozialmodell, ebd. 2003; Neumann u. Schaper, 32–312; H. F. Zacher, Das soziale Staatsziel, in: Isensee u. Kirchhof Hg., Hdb. des Staatsrechts der Bundesrepublik, 1045–111; E. Benda, Der soziale Rechtsstaat, in: ders. u. a. Hg., Hdb. des Verfassungsrechts der Bundesrepublik, Berlin 1983, 477–554; C. Conrad, Wohlfahrtsstaaten im Vergleich, in: H.-G. Haupt u. J. Kocka Hg., Geschichte u. Vergleich, Frankfurt 1996, 155–80; ders., Gewinner u. Verlierer im Wohlfahrtsstaat. Deutsche u. internationale Tendenzen im 20. Jh., in: AfS 30.1990, 297–326; ders., Die Entstehung des modernen Ruhestandes. Deutschland im internationalen Vergleich 1850–1960, in: GG 14.1988, 417–47; ders., Alterssicherung, in: H. G. Hockerts Hg., Drei Wege deutscher Sozialstaatlichkeit, München 1998, 101–16; J. Kohl, Der Sozialstaat, in: Leibfried u. Wagschal Hg., 115–52; Hradil, Sozialstruktur im Vergleich, 237–57; D. Döhring, Sozialstaat, Frankfurt 2004; R. Hauser, Soziale Sicherung in westeurop. Staaten, in: Hradil u. Immerfall Hg., 621–47; T. A. Glootz, Alterssicherung im europ. Wohlfahrtsstaat, Frankfurt 2006; Mayer Hg., Die Beste aller Welten?; E. P. Hennock, History of the Welfare State, in: IESBS 8.2001, 1643–45; C. G. Ullrich, Soziologie des Wohlfahrtsstaates, Frankfurt 2006; I. Schmid, Wohlfahrtsstaaten im Vergleich, Opladen 1996; J. M. Diehl, The Thanks of the Fatherland, Chapel Hill 1993; S. Kott, L'État social et la nation allemande, in: Hockerts Hg., Koordinaten, 79–101; D. Zöllner, Sozialpolitik, in: Benz Hg., Bundesrepublik II, 297–323; H. Baier, Herrschaft im Sozialstaat, in: C. v. Ferber u. F.-X. Kaufmann Hg., Soziologie u. Sozialpolitik (= SoH. KZfS), Opladen 1977, 128–42; W. Abelshauser, Erhard oder Bismarck? Die Richtungsentscheidung der deutschen Sozialpolitik am Beispiel der Reform der Sozialversicherung in den 50er Jahren, in: GG 22.1996, 375–91; K. Schönhoven, Wendejahre. Die Sozialdemokratie in der Zeit der Großen Koalition 1966–69, Bonn 2004; R. Schmoeckel u. B. Kaiser, Die vergessene Regierung. Die Große Koalition 1966–69 u. ihre langfristigen Wirkungen, ebd. 1991; vgl. auch D. Scheidemann, Der Begriff der Daseinsvorsorge, Göttingen 1991; E. R. Huber, Vorsorge für das Dasein. Ein Grundbegriff Hegels u. L. v. Steins, in: Fs. E. Forsthoff, München 1972, 139–63; J. Kersten, Die Entwicklung des Konzepts der Daseinsvorsorge im Werk von E. Forsthoff, in: Der Staat 44.2006, 543–71. – Zum Lastenausgleich: Schäfer, 178–259; L. Wiegand, Der Lastenausgleich in der Bundesrepublik 1949–85, Frankfurt 1992; R. Schillinger, Der Entscheidungsprozeß beim Lastenausgleich 1945–52, St. Katharinen 1985; R. P. Nahm, Lastenausgleich, in: Löwenthal u. Schwarz Hg., 817–42; M. L. Hughes, Shouldering the Burdens of Defeat. West Germany and the Reconstruction of Social Justice, Chapel Hill 1999; ders., Lastenausgleich unter Sozialismusverdacht. Amerikan. Besorgnisse 1945–49, in: VfZ 39.1991, 37–53 – Allgemein sind noch heranzuziehen: P. Flora u A. J. Heidenheimer, The Historical Core and Changing Boundaries of the Welfare States, in: dies. Hg., The Development of Welfare States in Europe and America, New Brunswick 1982, 17–34; P. Flora u. J. Alber, Modernization, Democratization, and the Development of the Welfare States in Western Europe, in: ebd., 37–80; P. Flora, Krisenbewältigung oder Krisenerzeugung? Der Wohlfahrtsstaat in histor. Perspektive, in: W. J. Mommsen Hg., Die Entstehung des Wohlfahrtsstaates in Großbritannien u. Deutschland 1850–1950, Stuttgart 1982, 353–98; ders. u. a., Zur Entwicklung des europ. Wohlfahrtsstaates, in: PVS 18.1977, 707–72; ders., Growth to Limits, 4 Bde, Berlin 1986/87; G. Esping-Andersen, Welfare States and the Economy, in: N. J. Smelser u. R. Swedberg Hg., Handbook of Economic Sociology, Princeton 1994, 711–32; ders., Welfare States in Transition, London 1996; ders., The Three Worlds of Welfare Capitalism, Cambridge 1990; ders. u. W. Korpi, Social Policy as Class Politics in Post-War Capitalism, in: J. H. Goldthorpe Hg., Order and Conflict in Contemporary Capitalism, Oxford 1984, 179–208; E. Pankoke, Geschichtl. Grundlagen u. gesellschaftl. Entwicklungen moderner Sozialpolitik, in: B. Schäfers Hg., Sozialpolitik in der Bundesrepublik, Opladen 1983, 23–40; ders., Arbeit u. Kultur. Moralökonomie, Wohlfahrtskultur u. Gesellschaftspolitik in Deutschland 1945–90, in: Hettlage Hg., 88–110; P. Johnson, Welfare States, in: Schulze Hg., 122–39; H. Kaelble u. G. Schmid Hg., Das europ. Sozialmodell. Auf dem Weg zum transnationalen Sozialstaat, Berlin 2004; H.-H. Hartwich, Sozialstaatspostulat u. gesellschaftl. Status quo, Köln/Wiesbaden 1970/1980³; C. C. Ullrich, Die soziale Akzeptanz des Wohlfahrtsstaates, in: SW 51.2000, 131–52; D. Grimm Hg., Staatsaufgaben, Frankfurt 1996; P. Baldwin, The Welfare State for Historians, in: CSSH 34.1992, 695–707; A. Briggs, The Welfare State in Historical Perspective, in: Europ. Archiv für Soziologie 2.1961, 221–58. R. Hauser, Soziale Sicherung in westeurop. Staaten, in: Hradil u. Immerfall Hg., 521–41. – Rundum enttäuschend sind: E. Eichenhofer, Die deutsche Entwicklung im internationalen Vergleich, in: F. Ruland Hg., Hdb. der gesetzl. Rentenversicherung, Neuwied 1990, 171–87; P. D. Stachura, Social Policy and Social Welfare in Germany from the Mid-19th Century to the Present, in: Ogilvie u. Overy Hg., Germany III, 227–50; G. Metzler, Der deutsche Sozialstaat, München 2003.

    [7] C.v. Hodenberg, Die Journalisten u. der Aufbruch zur kritischen Öffentlichkeit, in: Herbert Hg., Wandlungsprozesse, 279–83, 286–87, 289–97, 298–311; dies., Konsens u. Krise. Geschichte der westdeutschen Medienöffentlichkeit 1945–73, Göttingen 2006, 101–228 (eingehegte Krise 1945–57), 245–92 (Generationsfrage), 293–360 (Zeitkritik 1958–65), 328–31 (Spiegel), 361–439 (Radikalisierung 1965–73); L. Hachmeister, Die

Rolle des SD-Personals in der Nachkriegszeit. Zur NS-Durchdringung der Bundesrepublik, in: M. Wildt Hg., Polizei u. Rolle des SD im NS-Regime, Hamburg 2002, 354; W. Benz, Auschwitz u. die Deutschen, in: A. Herzig u. I. Lorenz Hg., Verdrängung u. Vernichtung der Juden unter dem NS, Hamburg 1992, 334 f.; W. Bergmann, Die Reaktion auf den Holocaust in Westdeutschland 1945–89, in: GWU 43.1992, 327–29; Rudolph, Mehr als Stagnation, 144; Schmidtke, 1968 und die Massenmedien. – Grundlegend zum Thema die glänzende, dazu quellennahe Studie von C. v. Hodenberg, Konsens und Krise; dies., Journalisten; dies., Intellektuelle Aufbrüche u. Generationen im Konflikt (60er J.), in: AfS 41.2001, 677–92. Vgl. L. Hachmeister u. F. Siering Hg., Die Herren Journalisten. Die Elite der deutschen Presse nach 1945, München 2002; ders., Der Gegnerforscher. Die Karriere des SS-Führers F. A. Six, München 1998, 294–342 (dort auch zur Frühgeschichte des «Spiegels»); T. Fischer u. M. N. Lorenz Hg., Lexikon der «Vergangenheitsbewältigung» in Deutschland, Bielefeld 2007; blaß sind K. Koszyk, Pressepolitik für Deutsche 1945–49. Geschichte der deutschen Presse IV, Berlin 1986; H.-D. Fischer, Parteien u. Presse in Deutschland seit 1945, München 1981. – O. Köhler, Unheimliche Publizisten. Die verdrängte Vergangenheit der Medienmacher, München 1995; N. Frei u. J. Schmitz, Journalismus im Dritten Reich, München 1989; J. C. E. Gienow-Hecht, Transmission Impossible. American Journalism as Cultural Diplomacy in Postwar Germany 1945–55, Baton Rouge 1999 (v. a. zur Neuen Zeitung); N. Asmussen, H.-G. v. Studnitz. Ein konservativer Journalist im «Dritten Reich» u. in der Bundesrepublik, in: VfZ 45.1997, 75–119; G. Kruip, Das «Welt»-«Bild» des Axel-Springer-Verlags, München 1999; A. Schildt, Deutschlands Platz in einem «christl. Abendland». Konservative Publizisten aus dem Tat-Kreis in der Kriegs- u. Zwischenkriegszeit, in: T. Koebner u. a. Hg., Deutschland nach Hitler, Opladen 1987, 344–69; R. Faber, Abendland. Ein polit. Kampfbegriff, Hildesheim 1979; D. Münkel, W. Brandt u. die «Vierte Gewalt». Politik u. Massenmedien in den 50er bis 70er Jahren, Frankfurt 2005; dies., Die Medienpolitik von K. Adenauer u. W. Brandt, in: AfS 41.2001, 297–316; G. Hübinger, Gelehrte Politik u. Öffentlichkeit. Eine Intellektuellengeschichte, Göttingen 2006; M. Geyer Hg., The Power of Intellectuals in Contemporary Germany, Chicago 2001; L. Hölscher, Öffentlichkeit, in: GGr 4.1978, 413–67. – Zur «Spiegel»-«Affäre»: D. Schoenbaum, Ein Abgrund von Landesverrat. Die Affäre um den «Spiegel», Wien 1968; T. Ellwein u. a. Hg., Die Spiegel-Affäre, 2 Bde., Olten 1966; J. Seifert Hg., Die Spiegel-Affäre, 2 Bde., Frankfurt 1966; P. Merseburger, R. Augstein, München 2007.

[8] Rohe, in: HZ 250, 333; ders., in: Niedermayer u. v. Beyme Hg., 3; Megerle, 118, 124, 126; Rupp, 81; M. Hettling, Die Historisierung der Einigung. Westdeutsche Rezeption der NS-Vergangenheit, in: TAJbDG 29.2000, 357; Herbert, Bundesrepublik, 8 f., 12, 17 f., 19, 23, 30, 46 f.; Görtemaker, 490. – Auch in der Bundesrepublik am berühmtesten: G. Almond u. S. Verba Hg., The Civic Culture, Princeton 1963. Vgl. C. Cornelissen u. a. Hg., Erinnerungskulturen in Deutschland, Italien u. Japen seit 1945, Frankfurt 2003; J. Eschebach, Öffentl. Gedenken. Deutsche Erinnerungskulturen seit der WR, ebd. 2005; E. Wolfrum, Geschichte als Waffe. Vom Kaiserreich bis zur Wiedervereinigung, Göttingen 2001; ders., Geschichtspolitik in der Bundesrepublik 1948–90, Darmstadt 1999; ders., Geschichtspolitik u. deutsche Frage. Der 17. Juni im nationalen Gedächtnis der Bundesrepublik, in: GG 24.1996, 382–411; ders., Geschichtspolitik in der Bundesrep. 1949–89, in: ders. u. P. Bock Hg., Umkämpfte Vergangenheit, Göttingen 1999, 54–81; Buruma, Erbschaft der Schuld; Frei, Vergangenheitspolitik; K. Sontheimer, So war Deutschland nie. Anmerkungen zur Polit. Kultur der Bundesrepublik, München 1999; H. Mommsen, Von Weimar nach Bonn, in: Schildt u. Sywottek Hg., 745–58; ders., Der lange Schatten der untergegangenen Republik. Zur Kontinuität polit. Denkhaltungen von der späten Weimarer zur frühen Bundesrepublik, in: Bracher u. a. Hg., 552–86; ders., Die Last der Vergangenheit, in: J. Habermas Hg., Stichworte zur «Geistigen Situation der Zeit» I: Nation u. Republik, Frankfurt 1979, 164–84; A. u. M. Mitscherlich, Die

Unfähigkeit zu Trauern, München 1967; C. Hoffmann, Stunde Null? Vergangenheitsbewältigung in Deutschland 1945 u. 1989, Bonn 1992; R. Kadereit, K. Jaspers u. die Bundesrepublik, Paderborn 1999. Enttäuschend: A. Assmann u. U. Frevert, Geschichtsversessenheit u. Geschichtsvergessenheit, Stuttgart 1999; H.-P. Schwarz, Die gezähmten Deutschen. Von der Machtbesessenheit zur Machtvergessenheit, ebd. 1985. – Zur Politikwissenschaft: W. Bleek, Geschichte der Politikwissenschaft in Deutschland, München 2001; Plé; C. Hüttig u. L. Raphael, Die «Marburger Schule(n)» im Umfeld der westdeutschen Politikwissenschaft 1951–75, in: W. Bleek u. H. J. Lietzmann Hg., Schulen in der deutschen Politikwissenschaft, Opladen 1999, 209–318; W. Hecker u.a. Hg., 50 Jahre Politikwissenschaft in Marburg, 2 Bde, Münster 2001/03; M. Stoffregen, Kämpfen für ein demokrat. Deutschland. Emigranten zwischen Politik u. Politikwissenschaft, Opladen 2002. Exotischer Rechtsaussen: H.-J. Arndt, Die Besiegten von 1945, Berlin 1978. Zu Schmitt: D. van Laak, Gespräche in der Sicherheit des Schweigens. C. Schmitt in der polit. Geistesgeschichte der frühen Bundesrepublik, Berlin 2002²; J. Perels, Die Bewahrung der bürgerl. Gesellschaft in der Zeit ihres tiefsten Sturzes. C. Schmitts polit. Positionen nach 1945, in: Fs. H. Klenner, Freiburg 1996, 420–41; ders., Entsorgung der NS-Herrschaft, Hannover 2004. Vgl. T. Schlemmer, Grenzen der Integration. Die CSU u. der Fall Dr. M. Frauendorfer, in: VfZ 48.2000, 675–742; M. Hickel, Kaderschmiede bundesrepublikan. Restauration. Ideologie u. Praxis der Bad Harzburger «Akademie für Führungskräfte der Wirtschaft», in: M. Greiffenhagen, Hg., Der neue Konservatismus, Reinbek 1974, 108–54. Bornierter Linker: R. Kühnl, Formen bürgerl. Herrschaft, ebd. 1971; ders., Faschismustheorien, ebd. 1979; ders., Das Dritte Reich in der Presse der Bundesrepublik, Frankfurt 1966; s. auch G. Schäfer u. C. Nedelmann Hg., Der CDU-Staat, 2 Bde, München 1967. Totalitarismustheorie: P. v. Kielmansegg, Krise der Totalitarismustheorie? in: ZfP 21.1974, 324. Vgl. K.-D. Henke Hg., Totalitarismus, Dresden 1999; Totalitäre Herrschaft-totalitäres Erbe, GSR Sonderheft 1994; U. Backes u. E. Jessen, Totalitarismus u. Totalitarismusforschung, in: Jb. für Extremismus u. Demokratie, 1992, 17–27; J. Solchany, Vom Antimodernismus zum Antitotalitarismus. Konservative Interpretationen des NS in Deutschland 1945–49, in: VfZ 44.1996, 373–94; ders., Comprendre le nazisme dans l'Allemagne des années zéro 1945–49, Paris 1997; E. Husson, Comprendre Hitler et la Shoah. Les historiens de la RFA et l'identité allemande depuis 1949, ebd. 2000. – Frankfurter Schule: J. Albrecht u.a., Die intellektuelle Gründung der Bundesrepublik. Wirkungsgeschichte der Frankfurter Schule, Frankfurt 1999 (Hyperkritisch und überschätzend); dagegen zu reputativ: R. Wiggershaus, Die Frankfurter Schule, München 1997⁵; D. Claussen, T. W. Adorno, Frankfurt 2003. – Lepsius, Demokratie in Deutschland; ders., Ideen u. Interessen. – Zeitgeschichte: S. Conrad; H. Möller u. U. Wengst Hg., 50 Jahre Institut für Zeitgeschichte, München 1999.

  ⁹ Zur Fischer-Kontroverse: Jarausch, Der nationale Tabubruch. Wissenschaft, Öffentlichkeit u. Politik in der Fischer-Kontroverse, in: M. Sabrow u.a. Hg., Zeitgeschichte als Streitgeschichte, München 2003, 20–40; I. Geiss, Zur Fischer-Kontroverse – 40 Jahre danach, in: ebd., 41–57; ders., Die Fischer-Kontroverse, in: ders., Studien über Geschichte u. Geschichtswissenschaft, Frankfurt 1972, 108–98; H. Böhme, «Primat» u. «Paradigmata». Zur Entwicklung einer bundesdeutschen Zeitgeschichtsschreibung am Beispiel des Ersten Weltkriegs, in: H. Lehmann Hg., Historikerkontroversen, Göttingen 2001, 89–139; K. Große-Kracht, Die zankende Zunft. Histor. Kontroversen in Deutschland nach 1945, ebd. 2005 (verfehlter Titel). – Sonderweg: D. Langewiesche, Der «deutsche Sonderweg». Defizitgeschichte als geschichtspolit. Zukunftskonstruktion nach dem Ersten u. Zweiten Weltkrieg, in: H. Carl u.a. Hg., Kriegsniederlagen, Berlin 2004, 57–65; T. Welskopp; Identität es negativo – «Der deutsche Sonderweg» als histor. Meistererzählung, in: K. Jarausch u. M. Sabrow Hg., Die histor. Meistererzählung, Göttingen 2002, 109–39; H.-U. Wehler, Das Problem des deutschen «Sonderwegs», in: M. Behnen Hg., Lexikon der Deutschen Geschichte 1945–2000, Stuttgart

2000, 531–34, u. in: Wehler, Konflikte zu Beginn des 21. Jh., München 2003, 112–16; ders., Der neue Ressentiment-Revisionismus, in: ebd., 156–63. – Historikerstreit: E. Piper Hg., Historikerstreit, München 1987; abgewogen: C. S. Maier, The Unmasterable Past. History, Holocaust, and German National Identity, Cambridge/Mass. 1988, dt.: Die Gegenwart der Vergangenheit. Geschichte u. die nationale Identität der Deutschen, Frankfurt 1992; U. Herbert, Der Historikerstreit, in: M. Sabrow Hg., Zeitgeschichte, 94–113; GroßeKracht; Wirsching, 488–91; R. Kühnl, Vergangenheit, die nicht vergeht. Die Historiker-Debatte, Köln 1987; H. Heer, Hitler war's. Die Befreiung der Deutschen von ihrer Vergangenheit, Berlin 2005; S. Kailitz, Die polit. Deutungskultur im Spiegel des «Historikerstreits», Wiesbaden 2001; mit vielen Belegen: Wehler, Die Entsorgung der deutschen Vergangenheit, Ein polem. Esay zum «Historikerstreit», München 1988 u.ö.; ders., Die Kontinuität. Ein Duell zwischen Bolschewismus u. NS, in: ders. Politik in der Geschichte, München 1998, 145–54; verständnislos: I. Geiss, Der Hysterikerstreit, Bonn 1992; ebenso verfehltes Urteil: H. James, Vom Historikerstreit zum Historikerschweigen, Berlin 1993; vgl. J. Elvert, NS, Nationalbewußtsein u. deutsche Identität. Der Historikerstreit von 1986, in: ZfG 45.1997, 47–62; K.H. Jarausch, Removing the Nazi Stain? The Quarrel of the German Historians, in: GSR 11.1988, 285–301; N. Kampe, Normalizing the Holocaust? The Recent Historians' Debate in the Federal Republic, in: Holocaust and Genocide Studies 2.1987, 61–80. Siehe auch noch R. J. Evans, In Hitler's Shadow. West German Historians and the Attempt to Escape from the Nazi Past, N. Y. 1989, dt. Im Schatten Hitlers, Frankfurt 1991; C. Meier, 40 Jahre nach Auschwitz, München 1990²; H. Grebing u.a., Von der Verdrängung zur Begatellisierung? Hannover 1988; Landeszentrale für Polit. Bildung NRW Hg., Streitfall Deutsche Geschichte, Essen 1988; K. Oesterle u. S. Schiele Hg., Historikerstreit u. polit. Bildung, Stuttgart 1989; I. Geiss, Die Habermas-Kontroverse, Berlin 1988; E. Hennig, Zum Historikerstreit, Frankfurt 1988; W. F. Haug, Vom hilflosen Antifaschismus zur Gnade der späten Geburt, Hamburg 1987, 222–54. – E. Nolte, Das Vergehen der Vergangenheit, Berlin 1987; ders., Europ. Bürgerkrieg; A. Hillgruber, Zweierlei Untergang, Berlin 1986; H.-U. Wehler, Identität: Die unheimliche Konjunktur eines «Plastikworts», in: ders., Konflikte, 147–55.

¹⁰ F. R. Allemann, Bonn ist nicht Weimar, Köln 1956; R. Dahrendorf, Demokratie u. Sozialstruktur in Deutschland, in: ders., Gesellschaft u. Freiheit, München 1961, 260–99; ders., Wandlungen der deutschen Gesellschaft in der Nachkriegszeit, in: ebd., 300–20; ders., Die neue Gesellschaft: Soziale Strukturwandlungen in der Nachkriegszeit, in: H. W. Richter Hg., Bestandsaufnahme: Eine deutsche Bilanz 1962, München 1962, 203–21; ders., Konflikt u. Freiheit. Zur Sozialstruktur deutscher Politik, in: ders., dass., 166–84; Herbert, Rückkehr in die Bürgerlichkeit, 157–71; ders., Drei deutsche Vergangenheiten, 376–90; ders., Deutsche Eliten, 66–93; ders., NS-Eliten, 93–115; Frei, Vergangenheitspolitik; H. Dubiel, Niemand ist frei von der Geschichte. Die NS Herrschaft in den Debatten des deutschen Bundestages, München 1999; E. Domansky u. H. Welzer Hg., Eine offene Geschichte. Zur kommunikativen Tradierung der NS-Vergangenheit, Tübingen 1999; dies. u. J. de Jong, Der lange Schatten des Krieges. Deutsche Lebens-Geschichten nach 1945, Münster 2000; G. D. Feldman, Unternehmensgeschichte im Dritten Reich u. die Verantwortung der Historiker. Raubgold u. Vernichtung, Arisierung u. Zwangsarbeit, in: N. Frei u.a. Hg., Geschichte vor Gericht, München 2000, 103–29; A. Searle, Revising the «Myth» of a «Clean Wehrmacht»: Generals' Trials, Public Opinion, and the Dynamics of Vergangenheitsbewältigung in West Germany 1948–60, in: German Historical Institute London Bulletin 25.2003, 17–48. – H. Arendt: Eichmann in Jerusalem, Hg. H. Mommsen, München 1986; H. Mommsen, H. Arendt u. der Prozeß gegen A. Eichmann, in: ebd., I–XXXVII; J. v. Lang Hg., Das Eichmann-Protokoll, Berlin 1982. – B.A. Rusinek, Von der Entdeckung der NS-Vergangenheit zum generellen Faschismusverdacht, in: Schildt u.a. Hg., Dynam. Zeiten, 114–47; wie üblich

dogmatisch: W. F. Haug, Der hilflose Antifaschismus, Frankfurt 1967; vgl. N. Frei, Auschwitz u. Holocaust, in: H. Loewy Hg., Holocaust, Reinbek 1992, 101–9; U. Herbert, Der Holocaust u. die deutsche Gesellschaft, in: K.-D. Henke Hg., Auschwitz, Dresden 2001, 19–36; ders., Der Holocaust in der Geschichtsschreibung der Bundesrepublik, in: ders. u. O: Gröhler Hg., Zweierlei Bewältigung, Hamburg 1992, 47–86; G. Heinsohn, Warum Auschwitz? Hitlers Plan u. die Ratlosigkeit der Nachwelt, Reinbek 1995; M. Broszat, «Holocaust» u. die Geschichtswissenschaft, in: ders., Nach Hitler, München 1988, 102–18. Vgl. O. Bartov, Germany's War and the Holocaust, Ithaca 2003; ders., Mirrors of Destruction. War, Genocide, and Modern Identity, Oxford 2000; ders., Murder in Our Midst. The Holocaust, Industrial Killing, and Representation, N.Y. 1996; P. Novick, Nach dem Holocaust, Stuttgart 2001; D. Rupnow, Vernichten u. Erinnern. NS-Gedächtnispolitik, Göttingen 2005; D. E. Lipstadt, Denying the Holocaust, N.Y. 1994; G. Seidel, The Holocaust Denial: Anitsemitism, Racism and the New Right, Leeds 1986. – Vgl. auch S. Hübner-Funk, Loyalität u. Verblendung. Hitlers Garanten der Zukunft als Träger der zweiten deutschen Republik, Potsdam 1998; J. Leeb, «Wir waren Hitlers Lieblingsschüler». Ehemalige Zöglinge der NS-Ausleseschulen brechen ihr Schweigen, Hamburg 1998; D. Bar-On, Die Last des Schweigens. Gespräche mit Kindern von Nazi-Tätern, Reinbek 1996; Z. Mankowitz, Life Between Memory and Hope. The Survivors of the Holocaust in Occupied Germany, Cambridge 2002.

¹¹ Wertewandel: H. Meulemann, Wertewandel in der Bundesrepublik 1950–80, in: D. Oberndörfer u. a. Hg., Wirtschaftl. Wandel, religiöser Wandel u. Wertewandel, Berlin 1985, 391–94, 396, 400, 402, 407; H. Klages, Werte u. Wertewandel, in: HGD, 698–709; ders., Traditionsbruch als Herausforderung, Frankfurt 1993; ders., Wertorientierungen im Wandel, ebd. 1984; G. W. Oesterdiekhoff Hg., Werte u. Wertwandel in westl. Gesellschaften, Opladen 2001, M. Klein u.a., Gibt es einen Wertewandel 1970–97? in: ZfS 29.2000, 202–16. – R. Inglehart, Culture Shift in Advanced Industrial Societies, Princeton 1990; ders., Modernization and Postmodernization. Cultural, Economic and Political Change in 43 Societies, ebd. 1997, dt. Modernisierung u. Postmodernismus, Frankfurt 1998; ders., Kultureller Umbruch. Wertwandel in der westlichen Welt, Frankfurt 1989 (engl. Princeton 1997); R. Seuthe, «Geistig-moral. Wende?» Der polit. Umgang mit der NS-Vergangenheit in der Ära Kohl am Beispiel von Gedenktagen, Museums- u. Denkmalsprojekten, Frankfurt 2001. Zur Goldhagen-Kontroverse vgl. Wehler, Der Stachel im Fleisch, in: Die Zeit 23. 5. 1996, u. in: J. H. Schoeps Hg., Ein Volk von Mördern? Hamburg 1996, 193–209, überarb. in Wehler, Politik in der Geschichte, 1–29; engl. in: R. R. Shandley Hg., Unwilling Germans. The Goldhagen Debate, Minneapolis 1998, 93–104, u. in: German History 15.1997/1; exzellent ist D. Pohl, Die Holocaust-Forschung u. Goldhagens Thesen, in: VfZ 45.1997, 1–48; Schoeps Hg.; M. Schneider, Die «Goldhagen-Debatte», Bonn 1997; N. G. Finkelstein u. R. B. Birn, Eine Nation auf dem Prüfstand. Die Goldhagen-These u. die histor. Wahrheit, Hildesheim 1998; J. Heil u. R. Erb, Geschichtswissenschaft u. Öffentlichkeit. Der Streit um D. J. Goldhagen, Frankfurt 1998; Shandley Hg.; G. Eley, The «Goldhagen Effect», Ann Arbor 2000. Scharfe Kritik: R. Hilberg, Das Goldhagen-Phänomen, in: J. Heil u. R. Erb Hg., 27–37; R.B. Birn u. V. Riess, Das Goldhagen-Phänomen oder: 50 Jahre danach, in GWU 49–1998, 80–95; F. Stern, Die Goldhagen-Debatte, in: ders., Der Traum vom Frieden, Berlin 1999, 292–308. N. Frei, Goldhagen, in: M. Sabrow u.a. Hg., Zeitgeschichte, 138–51; U. Herbert, Academic and Public Discourses on the Holocaust: The Goldhagen Debate in Germany, in: German Politics and Society 17.1999, 35–54; V. Pesch, Die künstl. Wilden. D. J. Goldhagens Methode u. theoret. Rahmen, in: GG 23.1997, 152–62; A. D. Moses, D. Goldhagen and His Critics, in: History and Theory 37.1997, 193–219; A. Hinton, Why Did the Nazis Kill? in: Anthropology Today 14.1998, 9–15; G. Jahoda, Rez. Goldhagen, in: Journal of Interdisciplinary History 29.1998, 69–88; C. Lorenz, Model Murderers. Afterthoughts on the Goldhagen Method and History, in: Rethinking His-

tory 6. 2002, 131–50; V. Ullrich, Eine provokative Provokation. Die Rolle der Medien in der Goldhagen-Kontroverse, in: Sabrow u. a. Hg., Zeitgeschichte, 152–70; H. Schmid, Vom «Henker» zum «Wunderheiler». Gerechtigkeit für Goldhagen? in: Menora 1997, 16–50. Ganz verfehlt: W. Wippermann, Wessen Schuld? Vom Historikerstreit zur Goldhagen-Kontroverse, Berlin 1997, und die bornierte Verteidigung von F. Kautz, The German Historians. Hitler's Willing Exucutioners and D. Goldhagen, Montréal 2003.

[12] P. Longerich, «Davon haben wir nichts gewußt.» Die Deutschen u. die Judenverfolgung 1933–45, München 2006; W. B. Bergmann, Reaktion auf den Holocaust, 323–31, 333 f., 343–5; ders. u. M. Korte Hg., Antisemitismusforschung in den Wissenschaften, Berlin 2004; ders., Antisemitismus in öffentl. Konflikten 1949–89, Frankfurt 1997; ders. u. R. Erb, Antisemitismus in der Bundesrepublik 1946–89, Opladen 1991 (Bergmann ist einer der besten Kenner des Antisemitismus nach 1945); W. Benz, Auschwitz, 33 f., 338; ders., Was ist Antisemitismus? München 2004; ders., Antisemitismusforschung, in: M. Brenner u. S. Rohrbacher Hg., Wissenschaft vom Judentum, Göttingen 2000, 111–20; F. Stern, The Whitewashing of the Yellow Badge. Antisemitism and Philosemitism in Postwar Germany, Oxford 1992. Blass sind: A. Doering-Manteuffel, Die Nachwirkungen des Antisemitismus der NS-Zeit im geteilten Deutschland, in: F. D. Lucas Hg., Geschichte u. Geist, Berlin 1995, 105–26; J. A. Grenville, Die Geschichtsschreibung der Bundesrepublik über die deutschen Juden, in: Fs. J. Carlbeck, Heidelberg 1992, 195–205. Allgemein die Literatur zum Antisemitismus: Bd. III, 1455–58, Anm. 14; IV 1072 f., Anm. 10, 1103–5, Anm. 13. – Lesenswert, doch ohne Verstehensbereitschaft gegenüber den Historikern der ersten Nachkriegsjahrzehnte und mit bizarren Urteilen z. B. über Rothfels und Broszat: N. Berg, Der Holocaust u. die westdeutschen Historiker, Göttingen 2003; ders., Lesarten des Judenmords, in: Herbert Hg., Wandlungsprozesse, 91–139; ders., Der Holocaust in der Geschichtswissenschaft, in: N. Frei u. S. Steinbacher Hg., Beschweigen u. Bekennen. Die deutsche Nachkriegsgesellschaft u. der Holocaust, Göttingen 2001, 103–26. Vgl. N. Frei u. S. Steinbacher, Auschwitz. Die Stadt, das Lager u. die Wahrnehmung der Deutschen, in: K. D. Henke Hg., Auschwitz, Dresden 2002, 37–51; O. D. Kulka, Singularity and Relativization. Changing Views in German Historiography on NS and the Final Solution, in: Yad Vashem Studies 19.1988, 151–86; G. Rosenthal Hg., Der Holocaust im Leben von drei Generationen. Familien von Überlebenden der Shoah u. von Nazi-Tätern, Gießen 1997. Erbitterte Polemik: N. G. Finkelstein, Die Holocaust-Industrie, München 2001.

[13] Jarausch, Postnationale Nation, 3; J. Echternkamp, «Verwirrung im Vaterländischen?» Nationalismus in der deutschen Nachkriegsgesellschaft 1945–60, in: ders. u. S.O. Müller Hg., Die Politik der Nation, München 2002, 228, 231 f.; Görtemaker, 190; C. Schmid, Europa u. die Macht des Geistes, Bern 1973, 428. – Die Interpretation des Nationalismus findet sich in: Bd. I, 506–30; II, 394–412; III, 228–51, 938–65; IV, 21–26, 408–14; die wichtigste Literatur in Bd. I, 657–62, Anm. 1–14; II, 845–47, Anm. 27–30; III, 1347–52, Anm. 9–12, 1459–62, Anm. 16, 17; IV, 1003–5, Anm. 5–7; Wehler, Nationalismus, 116–20. Viel zu modisch: S. Berger, Inventing the Nation: Germany, London 2004; ders., The Search for Normality. National Identity and Historical Consciousness in Germany since 1800, Providence/R. I. 1997; ders., Nationalism and Historiography, in: GH 18.2000, 239–59; M. Fulbrook, German National Identity After the Holocaust, Cambridge 1999; dies. u. M. Swales Hg., Representing the German Nation, Manchester 2000. Oft überschätzt: S. Rokkan, Staat, Nation u. Demokratie in Europa, Hg. P. Flora, Frankfurt 2000. Stichwortartikel: C. Geulen, Nationalismus als Kulturwissenschaftl. Forschungspfad, in: Hdb. der Kulturwissenschaften III, Stuttgart 2004, 439–57 (einseitig für die kulturalistische Welle); U. Frevert, Nation, Nationalismus, in: Fischer Lexikon Geschichte, Hg. R. van Dülmen, Frankfurt 2003, 260–80 (nicht auf der Höhe der Forschung); H.-U. Wehler, Nationalismus, München 2001/2007³; ders., Nationalismus, in: A. Schildt Hg., Deutsche Geschichte im 20. Jh., München 2005, 155–58 u. in: ders., No-

tizen, 119–23; ders., Transnationale Geschichte – der neue Königsweg der historischen Forschung? in: Fs. J. Kocka, Göttingen 2006, 161–74, u. in: ebd., 63–77. Vgl. hierzu noch D. Langewiesche, Was heißt «Erfindung der Nation?» Nationalgeschichte als Artefakt – oder Geschichtsdeutung als Machtkampf, in: HZ 277. 2003, 593–617; auch in: M. Beer Hg., Auf dem Weg zum ethnisch reinen Nationalstaat, Tübingen 2007², 19–40; K. H. Jarausch, Normalisation or Renationalization? On Reinterpreting the German Past, in: P. Monteath u. R. Alter Hg., Rewriting the German Past, Atlantic Highlands/ N. J. 1997, 23–40; dt. Normalisierung oder Re-Nationalisierung? Zur Umdeutung der deutschen Vergangenheit, in: GG 21.1995, 571–84; die orthodoxe Position: W. Weidenfeld Hg., Polit. Kultur u. deutsche Frage, Köln 1989; ders. u. K.-R. Korte Hg., Hdb. zur deutschen Einheit 1949–1989–1999, Frankfurt 1999. S. auch F. Roth, Die Idee der Nation im polit. Diskurs. Die Bundesrepublik 1969–90, Baden-Baden 1995; J. M. Mushaben, From Post-War to Post-Wall Generations: Changing Attitudes Toward the National Question and NATO in the Federal Republic, Boulder/Col. 1998; G. Schweigler, Nationalbewusstsein in der BRD u. der DDR, Düsseldorf 1973; lohnend ist V. Kronenberg, Patriotismus in Deutschland, Wiesbaden 2005; A. Ludwig, Neue oder deutsche Linke? Nation u. Nationalismus im Denken von Linken u. Grünen, Opladen 1995; J. Gabbe, Parteien u. Nation, Meisenheim 1976; E. K. Scheuch, Wie deutsch sind die Deutschen? Bergisch-Gladbach 1991; L. Kreuz, Das Kuratorium Unteilbares Deutschland, Opladen 1980; H.-A. Winkler, Nationalismus, Nationalstaat u. nationale Frage in Deutschland seit 1945, in: APZ 340.1991, 11–24; C. Kleßmann, Ambivalenzen des Nationalstaats. Deutsche Erfahrungen im 20. Jh., in: Fs. B. Faulenbach, Essen 2003, 231–40; F.M. Bischer, The US High Commission and German Nationalism 1949–52, in: CEH 23.1990, 57–75; M. M. Feinstein, Deutschland über alles? The National Anthem Debate in the FRG, in: CEH 33.2000, 505–31; antiquiert: K. Sontheimer, Nation u. Nationalismus in der Bundesrepublik, in: H. Steffen Hg., Die Gesellschaft in der Bundesrepublik II, Göttingen 1971, 130–52. Unter Historikern eine seltene rechtskonservative Position und ohne Wirkung: H. Eichberg, Nationale Identität. Entfremdung u. nationale Frage in der Industriegesellschaft, München 1978. Lockere Essays von Nicht-Historikern: H.-D. Gelfert, Was ist deutsch? München 2005; H. Bausinger, Typisch deutsch: Wie deutsch sind die Deutschen? ebd. 2000; A. Demandt, Über die Deutschen, Berlin 2007.

¹⁴ Vgl. vorn I.A.5 und Anm. 10 mit der Lit. Bald, Militär u. Gesellschaft, 21, 31–51, 51–88; ders., Bundeswehr, 8, 10, 18–61, 70–109; ders. Hg., Tradition u. Reform im militär. Bildungswesen, Baden-Baden 1985; ders., Die Atombewaffnung der Bundeswehr, Bremen 1994 (von Bald stammen grundlegende kritische Studien); Görtemaker, 296, 341–45; H. R. Hammerich u. a., Das Heer 1950–70, München 2006. Wichtige Titel vorn in I, Anm. 10: Manig; Locknour; Large; Höfner; Meyer; Stumpf; v. Schubert. Vgl. J. Dülffer Hg., Parlamentar. u. öffentl. Kontrolle von Rüstung in Deutschland 1700–1970, Düsseldorf 1992; Geyer, Rüstungspolitik 1860–1980; D. Krüger, Das Amt Blank, Freiburg 1993; E. Opitz u. F. S. Rödiger Hg., Allg. Wehrpflicht, Bremen 1995; W. R. Vogt, Militär als Lebenswelt, Opladen 1988; J. Scholten, Offiziere: Im Geiste unbesiegt, in: N. Frei Hg., Karrieren im Zwielicht. Hitlers Eliten nach 1945, München 2003, 131–72; D. Abenheim, Bundeswehr u. Tradition, München 1989; K. Knabel u. a. Hg., Nationale Mythen, Göttingen 2005; C. Tuschhoff, Deutschland, Kernwaffen u. die NATO 1949–67, Baden-Baden 2002; W. Baur, Deutsche Generale, in: W. Zapf Hg., Beiträge zur Analyse der deutschen Oberschicht, München 1965², 114–35; R. Cunis, Rekrutierungsmodelle im demokrat. Staat, in: R. König Hg., Beiträge zur Militärsoziologie, Köln 1968, 122–35; O. Negt, Gesellschaftsbild u. Geschichtsbewußtsein der wirtschaftl. u. militär. Führungsschichten, in: G. Schäfer u. C. Nedelmann Hg., Der CDU-Staat II, München 1967, 200–34; W. Mosen, Bundeswehr – Elite der Nation? Neuwied 1970. S. auch R. Düsterberg, Soldat u. Kriegserlebnis. Deutsche militär. Erinnerungsliteratur 1945–61, Tübingen 2000; J. Pfeiffer, Der deutsche Kriegsroman 1945–60, Königstein 1984; M.

Schornstheider, Die leuchtenden Augen vom Frontsoldaten, Berlin 1995; I. Laurien, Die Verarbeitung von NS u. Krieg in polit.-kulturellen Zeitschriften der Westzonen 1945–49, in: GWU 39.1988, 220–37; H. Münkler, Schlachtbeschreibung: Der 2. Weltkrieg in der Wahrnehmung u. Erinnerung der Deutschen, in: Leviathan 13.1985, 129–46. Antiquiert: J. Busche, Heldenprüfung. Das verweigerte Erbe des Ersten Weltkriegs, München 2004; vgl. H.-U. Wehler, Brauchen wir eine Heldenprüfung? In: Die Zeit 24.6.2004, u. in: Wehler, Notizen, 247–69.

[15] Rudolph, Mehr als Stagnation, 141–50 (eine präzise, erhellende Kritik); J. Requate, Standespolitik als Gesellschaftspolitik. Zur Debatte über den Reformbedarf der Justiz in den 60er Jahren, in: Schildt Hg., Dynam. Zeiten, 424–43; Nützenadel; Ullmann, Steuerstaat; v. Hodenberg, Konsens; Schmidt, Sozialpolitik; G. Metzler, Konzeptionen polit. Handelns von Adenauer bis Brandt. Polit. Planung in der pluralist. Gesellschaft, Paderborn 2005; A. Bauerkämper u. a. Hg., Demokratiewunder. Transatlant. Mittler u. die kulturelle Öffnung Westdeutschlands 1945–70, Göttingen 2005; Görtemaker, 479–91; Kleßmann, 1968, 90–105; ders., II, 256–89; C. Leggewie, Der Mythos des Neuanfangs: Gründungsetappen der Bundesrepublik 1949–1969–1989, in: H. Berding Hg., Mythos u. Nation, Frankfurt 1996, 275–302; ders., 1968, in: D. Junker u. a. Hg., Die USA u. Deutschland im Zeitalter des Kalten Krieges, II; H.G. Hockerts, 1968 als weltweite Bewegung, in: V. Schubert Hg., 1968 – 30 Jahre danach, St. Ottilien 1999, 13–34; W. Weber, Die «Kulturrevolution» 1968, in: V. Dotterweich Hg., Kontroversen der Zeitgeschichte, München 1998, 207–28; D. Siegfried, Time Is on My Side. Konsum u. Politik in der westdeutschen Jugendkultur der 60er Jahre, Göttingen 2006; B. Bouvier, Zwischen Godesberg u. Großer Koalition, Bonn 1990; K. Schönhoven, Aufbruch in die sozialliberale Ära. Zur Bedeutung der 60er Jahre in der Geschichte der Bundesrepublik, in: GG 25.1999, 123–45; ders., Entscheidung für die Große Koalition im Spätherbst 1966, in: Fs. E. Kolb, Berlin 1998, 379–97; Hobsbawm, Zeitalter der Extreme, 419; J. Habermas, Protestbewegung u. Hochschulreform, Frankfurt 1969; W. Abendroth u. a., Die Linke antwortet J. Habermas, ebd. 1968; I. Gilcher-Holtey, 68er-Bewegung, 8,10–24, 25–61, 65–72, 90–93, 105–11, 126f. (klarer internationaler Überblick, wegen der prinzipiellen Sympathie bleiben bei der Kosten-Nutzen-Analyse die Kosten zu blass); C. v.Hodenberg u. D. Siegfried Hg., Wo «1968» liegt. Reform u. Revolte in der Geschichte der Bundesrepublik, Göttingen 2006; H. Marcuse, Der eindimensionale Mensch, Neuwied 1964/1970[2], u. in: ders., Schriften VII, Frankfurt 1989; ders., Repressive Toleranz, in: R. P. Wolff u. a., Kritik der reinen Toleranz, Frankfurt 1966, 93–128, u. in: ders., Schriften VIII, Frankfurt 1984, 136–66; I. Gilcher-Holtey, «Die Phantasie an die Macht». Mai 68 in Frankreich, Frankfurt 1995; M. Tolomelli, «Repressiv getrennt» oder «organisch verbündet». Studenten u. Arbeiter 1968 in der Bundesrepublik u. in Italien, Opladen 2001. Von den Kritikern sind vorzüglich: Löwenthal, 13f., 24, 32, 34; Rudolph, 141–51; Ritter, Antiparlamentarismus; H. M. Kepplinger, Rechte Leute von Links, Olten 1970; H. Lübbe, Zur Wirkungsgeschichte eines politromant. Rückfalls, in: ders., Politik nach der Aufklärung, München 2001, 129–49; ders., Freiheit statt Emanzipationszwang, Zürich 1991; Fest; Scheuch; Sontheimer. Vgl. aus der Lit. in VI, Anm. 24: Gilcher-Holteys Studien; Allerbeck; Siever Hg., Kraushaars Arbeiten; Koenens Studien; Albrecht; Lönnendonker; Sösemann; Thamer; Schmidtke; Juchler; Villinger; Voigt; Hopf, sowie hier: Kaase, Die polit. Mobilisierung von Studenten in der Bundesrepublik, in: K. R. Allerbeck u. L. Rosenmayr Hg., Aufstand der Jugend, München 1971, 155–77; W. K. Kraushaar, 1968: Das Jahr, das alles verändert hat, München 1998; T. E. Etzemüller, 1968 – ein Riss in der Geschichte? Konstanz 2005; ders., Imaginäre Feldschlachten? 1968 in Schweden u. Westdeutschland, in: ZF 2.2005, 203–23; Schmidtke, 1968 u. die Massenmedien, in: J. Requate u. M. Schulze-Wessel Hg., Europ. Öffentlichkeit, Frankfurt 2002, 273–94; K. Schulz, Der lange Atem der Provokation. Die Frauenbewegung 1968–76, Frankfurt 2002 ; N. Thomas, Protest Movements in the 1960s: West Germany, Oxford 2003. –

S. Aust, Der Baader-Meinhof-Komplex, München 1989; A. Kühn, Stalins Enkel, Maos Söhne. Die Lebenswelt der K-Gruppen in der Bundesrepublik der 70er Jahre, Frankfurt 2005; L. Hachmeister, Schleyer, München 2004. W. Winkler, Die Geschichte der RAF, Berlin 2007 (unzuverlässig im Urteil). Zur Lebensstilrevolution anregend: S. Malinowski u. A. Sedlmaier, 1968 als Katalysator der Konsumgesellschaft, in: GG 32.2006, v. a. 242 f., 253; zuletzt nüchtern: N. Frei, 1968, München 2008.
[16] Fulbrook, History of Germany, 199 f.; Geißler, Sozialstruktur u. gesellschaftl. Wandel, 99; Allg. klare Überblicke in: Wirsching, Provisorium, 629–94 (besonders zur Endphase seit Feb. 1990: 682–89, dazu auch Zelikow u. Rice, 386–88: dementierte Legende); Wolfrum, Geglückte Demokratie, 434–50; Görtemaker, 686–788. Mit Abstand die beste Analyse: K. Timmer, Vom Aufbruch zum Umbruch. Die ostdeutsche Bürgerbewegung 1989, Göttingen 2000, v. a. 35, 37, 39–49, 82, 85–7, 89 f., 90, 94–105, 126, 133, 151 f., 161, 167, 175–224, 232 f., 249, 278, 282, 284, 289, 292, 316, 325–33, 336, 346, 350, 360, 372, 375 f., 383, 387. Aus ummittelbarer Teilnahme an den Leipziger Demonstrationen u. zugleich auch beobachtender Position des Historikers: H. Zwahr, Ende einer Selbstzerstörung. Leipzig u. die Revolution in der DDR, Göttingen 1993, v. a. 23, 26, 36–52, 59, 61–78, 79–102, 110, 116–28, 134, 138, 140, 143 f., 155, 157, 159, 165 f.; ders., Umbruch durch Ausbruch u. Aufbruch. Die DDR auf dem Höhepunkt der Staatskrise 1989, in: Kaelble Hg., Sozialgeschichte der DDR, 426–65; ders., Kontinuitätsbruch u. mangelnde Lebensfähigkeit. Das Scheitern der DDR, in: ebd., 554–58; ders., Die Revolution in der DDR, in: M. Hettling Hg., Revolution in Deutschland? Göttingen 1991, 122–43; K. Jarausch, Die unverhoffte Einheit 1989–90, Frankfurt 1995, v. a. 29, 39 f., 42 f., 54, 56, 59, 64 f., 67, 73, 76 f., 87, 101, 103, 105, 107–9, 114, 119, 122, 132 f., 136, 138–40, 143, 145, 147 f., 154 f., 157, 159, 161, 165, 167–69, 172, 174, 178, 212, 220, 225 f., 228, 232, 235 f., 238 f., 244 f., 258 f., 264, 276, 300 f., 304 f., 311–14; vgl. ders. u. Sabrow Hg., Weg in den Untergang; C. Joppke, East German Dissidents and the Revolution of 1989. Social Movement in a Leninist Regime, Basingstoke 1995; D. Rochtus, Zwischen Realität u. Utopie. Das Konzept des Dritten Wegs in der DDR 1989/90, Leipzig 1999. M. Hettling u. H. U. Thamer, Europ. Revolutionen 1789–1989, Göttingen 2008; s. auch S. Pfaff, Exit-Voice Dynamics and the Collapse of East Germany 1989, Durham/NC 2006. Zur Skepsis innerhalb der SPD in der Einigungsphase jetzt vorzüglich: D. F. Sturm, Uneinig in die Einheit. Die Sozialdemokratie u. die Vereinigung Deutschlands 1989/90, Bonn 2006. – Zur internationalen Konstellation: hervorragend ist: C. S. Maier, Dissolution. The Crisis of Communism and the End of East Germany, Princeton 1997, dt. Das Verschwinden der DDR u. der Untergang des Kommunismus, Frankfurt 1999; ders., Die Umwälzung in der DDR u. die Frage einer deutschen Revolution, in: K. H. Jarausch u. M. Middell Hg., Nach dem Erdbeben, Leipzig 1994; A. Rödder, Staatskunst statt Kriegshandwerk. Probleme der deutschen Vereinigung von 1990 in internationaler Perspektive, in: Histor. Jb. 118.1998, 221–60; vgl. C. Lemke, Die Ursachen des Umbruchs 1989, Opladen 1991; D. Pollack, Der Zusammenbruch der DDR als Verkettung? in: K. Jarausch u. a. Hg., Weg in den Untergang, Göttingen 1999, 41–81; K. H. Jarausch, Implosion oder Selbstbefreiung? in: ebd., 15–40; D. Chirot, The Crisis of Leninism and the Decline of the Left. The Revolutions of 1989, Seattle 1991; H. A. Welsh, The Collapse of Communism in Eastern Europe and the DDR, in: dies. u. M. D. Hancock Hg., German Unification, Boulder/Col. 1994, 17–24; J. Elvert u. M. Salewski, Der Umbruch in Osteuropa, Stuttgart 1993; D. Bingen u. a., Die revolutionäre Umwälzung in Mittel- u. Osteuropa, Berlin 1993; S. Meuschel, Revolution in der DDR, in: W. Zapf Hg., Die Modernisierung moderner Gesellschaften, Frankfurt 1991, 558–71; dies, dass. in: I. Spittmann u. G. Helwig Hg., Die DDR auf dem Weg zur deutschen Einheit, Köln 1990, 3–14; L. H. McFalls, Communism's Collapse Democracy's Demise? N. Y. 1995; G. Stokes, The Walls Came Tumbling Down. The Collapse of Communism in Eastern Europe, N. Y. 1993; T. GartonAsh, Ein Jahrhundert wird abgewählt. Aus den Zentren Mitteleuropas 1980–90,

München 1990; D. Geyer, Osteurop. Geschichte u. das Ende der kommunist. Zeit, Heidelberg 1996. Exzellente Diplomatiegeschichte: P. Zelikow u. C. Rice, Germany Unified and Europe Transformed, Cambridge 1995, dt. Sternstunde der Diplomatie. Die deutsche Einheit u. das Ende der Spaltung Europas, Berlin 1997; W. Weidenfeld u.a. Hg., Aussenpolitik für die deutsche Einheit 1989/90, Stuttgart 1998; A. v. Plato, Die Vereinigung Deutschlands. Ein weltpolit. Machtspiel, Berlin 2002; K. Schwabe, Weltmacht u. Weltordnung. Amerikan. Aussenpolitik 1898–2000, Paderborn 2005; K. Jarausch, American Policy Towards German Reunification, in: D. E. Barclay u. E. Glaser-Schmidt Hg., Transatlantic Images and Perceptions, Cambridge 1997, 333–52; S. Fröhlich, «Auf den Kanzler kommt es an»: H. Kohl u. die deutsche Aussenpolitik 1982–90, Paderborn 2001. Allg. Kocka, Vereinigungskrise; H. Joas u. M. Kohli Hg., Der Zusammenbruch der DDR, Frankfurt 1993; G. Heydemann u. H. Oberreuter Hg., Diktaturen in Deutschland, Bonn 2003; G. Heydemann u. E. Jesse Hg., Diktaturvergleich als Herausforderung, Berlin 1998; G.-J. Glaessner, Der schwierige Weg zur Demokratie. Vom Ende der DDR zur deutschen Einheit, Opladen 1992[2]; J. Habermas, Die nachholende Revolution, Frankfurt 1990; R. Dahrendorf, Reflections on the Revolution in Europe, London 1990. Vgl. noch aus der kontroversen Literatur: J. Leonhard, Anatomies of Failure? Revolutions in German History: 1848/49, 1918 and 1989/90, in: ders. u. Funk Hg., Ten Years of German Unification: Transfer, Transformation, Incorporation? Birmingham 2002, 21–55; D. Papenfuß u. W. Schieder Hg., Deutsche Umbrüche im 20. Jh., Köln 2000; J. J. Sheehan, 1871, 1990: Kontinuität u. Wandel in zwei Vereinigungen, in: Fs. J. Becker, München 1996, 347–61; J. Radkau, Revoltierten die Produktivkräfte gegen den real existierenden Sozialismus? in: ZfS 4.1990, 13–42; W. Lepenies, Folgen einer unerhörten Begebenheit, Berlin 1992; J.-W. Müller, Another Country. German Intellectuals, Unification and National Identity, London 2000; W. Jäger u. I. Villinger Hg., Die Intellektuellen u. die deutsche Einheit, Freiburg 1997. Gehässige Attacke: J. Hacker, Deutsche Irrtümer. Schönfärber u. Helfershelfer der SED-Diktatur im Westen, Berlin 1992.

Zur Zivilgesellschaft: J. Kocka, Zivilgesellschaft in histor. Perspektive, in: R. Jessen u.a. Hg., Zivilgesellschaft als Geschichte, Wiesbaden 2004, 29–42; ders., Zivilgesellschaft als histor. Problem u. Versprechen, in: M. Hildermeier u.a. Hg., Europ. Zivilgesellschaft in West u. Ost, Frankfurt 2000, 13–39; P. Nolte, Zivilgesellschaft u. soziale Ungleichheit. Zur deutschen Gesellschaftsgeschichte, in: Jessen u.a. Hg., Zivilgesellschaft, 305–26, u. in: ders., Generation Reform, München 2004, 85–109; S. Reichardt, Civil Society. A Concept for Comparative Historical Research, in: A. Zimmer u. E. Priller Hg., Future of Civil Society, Wiesbaden 2004, 35–55; K. v. Beyme, Zivilgesellschaft – von der vorbürgerl. zur nachbürgerl. Gesellschaft, in: W. Merkel Hg., Systemwandel V, Opladen 2000, 51–70; J. Habermas, Zur Rolle von Zivilgesellschaft u. polit. Öffentlichkeit, in: ders., Faktizität u. Geltung, Frankfurt 1992, 399–467; M. Walzer, The Concept of Civil Society, in: ders. Hg., Toward a Global Civil Society, Providence/R.I. 1995, 7–27; Jessen u.a. Hg., Zivilgesellschaft; D. Gosewinkel u.a. Hg., Zivilgesellschaft-national u. transnational, Berlin 2004; A. Bauerkämper Hg., Die Praxis der Zivilgesellschaft, Frankfurt 2003; S. Chambers u. W. Kymlicka Hg., Alternative Conceptions of Civil Society, Princeton 2002; S. Kaviraj u. S. Khilnani Hg., Civil Society, Cambridge 2001; A. Bron u. M. Schemmann Hg., Civil Society, Münster 2001; Hildermeier u.a. Hg., Zivilgesellschaft; F. Miszlivetz, Illusions and Realities. The Metamorphosis of Civil Society, N.Y. 1999; M. G. Schechter Hg., The Revival of Civil Society, Basingstoke 1999; F. Trentmann Hg., Paradoxes of Civil Society. New Perspectives on Modern German and British History, N.Y. 2000; J. Ehrenberg, Civil Society – The Critical History of an Idea, N.Y. 1999; C. Hann u. E. Dunn Hg., Civil Society. Challenging Western Models, London 1996; J. A. Hall, Civil Society, Cambridge 1995; B. van den Brink u. W. van Reijen Hg., Bürgergesellschaft, Frankfurt 1995; A. B. Seligman, The Idea of Civil Society, N.Y. 1992; K. Tester, Civil Society, London 1992; J. L. Cohen u. A. Arato, Civil Society and

Political Theory, Cambridge/Mass. 1992; V. M. Pérez-Diaz, The Return of Civil Society, Cambridge/Mass. 1993.
[17] Vgl. die Lit. zum Antifa-Mythos in Anm. 18. – G. Naumann u. E. Trümpler, Der Flop mit der DDR-Nation, Berlin 1991; vgl. M. Lemke, Nationalismus u. Partriotismus in den frühen Jahren der DDR, in: APZ 50.2000, 11–20; J. Palmowski, Deutschland bis in die DDR-Heimat. Building an East German Nation 1945–61, in: CRH 37.2004, 365–400; W. Bialas Hg., Die nationale Identität der Deutschen, Frankfurt 2002; J. H. Brinks, Die DDR-Geschichtswissenschaft auf dem Weg zur deutschen Einheit, Frankfurt 1992; H. Niemann, Meinungsforschung in der DDR. Die geheimen Berichte des Instituts für Meinungsforschung an das Politbüro der SED, Köln 1993; ders., Hinterm Zaun. Polit. Kultur u. Meinungsforschung in der DDR. Die geheimen Berichte an das Politbüro der SED, Berlin 1995. – M.G. Schmidt, Sozialpolitik der DDR, Wiesbaden 2004, 115–17; Ritter, Die DDR, 196; Mayer u. Diewald, 10. Man wird vorzüglich informiert durch die kritischen Analysen von Schmidt, Sozialpolitik (Separatdruck von ders., Grundlagen der Sozialpolitik in der DDR, in: Geschichte der Sozialpolitik in Deutschland seit 1945, Hg. Bundesministerium für Arbeit I, Baden-Baden 2001, 681–798), v.a. 13, 15, 21, 26, 28, 35 f., 40, 49, 55, 74 f., 89, 92–100, 111, 115–17, 122, 131, 141, 144–47; ders., Grundzüge der Sozialpolitik der DDR, in: E. Kurth u. a. Hg., Am Ende des realen Sozialismus. Bd. 4: Die Endzeit der DDR-Wirtschaft, Opladen 1999, 273–319; ders., Sozialpolitik in demokrat. u. autoritären Staaten, in: Fs. K. v. Beyme, Frankfurt 1999, 575–91; G. A. Ritter, Thesen zur Sozialpolitik der DDR, in: D. Hoffmann u. M. Schwartz Hg., Sozialstaatlichkeit in der DDR, München 2005, 11–29, 23–26; H.G. Hockerts, Grundlinien u. soziale Folgen der Sozialpolitik in der DDR, in: Kaelble u.a. Hg., Sozialgeschichte der DDR, 519–44, v.a. 520–24, 526 f., 528 f., 530, 536; ders., Soziale Errungenschaften? Zum sozialpolit. Legitimitätsanspruch der zweiten deutschen Diktatur, in: Fs G. A. Ritter, 780–804, u.a. 790, 795 f., 798 f. Vgl. außerdem noch C. Kleßmann, «Führende Klasse» Sozialpolitik u. Egalisierung in der DDR, in: D. Hoffmann u. a. Hg., Vor dem Mauerbau, München 2003, 77–89; P. Skyba, Sozialpolitik u. Herrschaftssicherung, in: C. Vollnhals u.a. Hg., Der Schein der Normalität, ebd. 2002, 39–80; C. Boyer u. ders., Sozial- u. Konsumpolitik als Stabilisierungsstrategie, in: DA 32.1999, 577–90; R. Lepsius, Die Rolle der Sozialpolitik in der Bonner Republik u. in der DDR, in: H. Grebing u. H. O. Hemmer Hg., Soziale Konflikte, Sozialstaat u. Demokratie, Essen 1996, 41–50; B. Bouvier, Die DDR ein Sozialstaat? Sozialpolitik in der Ära Honecker, Bonn 2002; P. Hübner, Konsens, Konflikt u. Kompromiß. Soziale Arbeiterinteressen u. Sozialpolitik in der SBZ/DDR 1945–70, Berlin 1995; H. Buck, Mit hohem Anspruch gescheitert – Die Wohnungspolitik der DDR, Münster 2004; K. H. Jarausch, Care and Coercion: The GDR as Welfare Dictatorship, in: ders. Hg., Dictatorship as Experience, Oxford 1999, 47–69; ders., Realer Sozialismus als Fürsorgediktatur, in: APZ 20.1998, 33–46 (Jarausch ist mit seinem Begriffsvorschlag der «Fürsorgediktatur» nicht durchgedrungen). Zur Legitimationsproblematik vor allem Meuschel, Machtmonopol; dies., Überlegungen; Pollack, Wie modern?; ders., Offene Gesellschaft; ders., Ende einer Organisationsgesellschaft.
[18] Vgl. aus der Lit. zum Antifa-Mythos: R. Zimmering, Der Antifa-Mythos der DDR, in: R. Speth u. E. Wolfrum Hg., Polit. Mythen u. Geschichtspolitik, Berlin 1996, 39–52; ders., Mythen der Politik der DDR, Opladen 2000; A. Bauerkämper, Der verlorene Antifaschismus, in: ZfG 42.1994, 623–34. – J. Käppner, Erstarrte Geschichte. Faschismus u. Holocaust im Spiegel der Geschichtswissenschaft u. -propaganda der DDR, Hamburg 1999; W. Bergmann u.a., Schwieriges Erbe. Der Umgang mit NS u. Antisemitismus in Österreich, der DDR u. der Bundesrepublik, Frankfurt 1995; O. Groehler, Der Holocaust in der Geschichtsschreibung der DDR, in: U. Herbert u. ders. Hg., Zweierlei Bewältigung, Hamburg 1992, 47, 42–59; D. Eichholtz, Geschichte der deutschen Kriegswirtschaft 1939–1945, 3 Bde, Berlin 1969–1996; noch immer eine vorzügliche Einführung: E. Nolte, Theorien über den Faschismus, Königstein 1984[6], 15–204. – A. Timm, Ham-

mer, Zirkel, Davidstern. Das gestörte Verhältnis der DDR zu Zionismus und Staat Israel, Bonn 1997; J. P. Spannuth, Rückerstattung Ost. Der Umgang der DDR mit dem arisierten Eigentum der Juden, Essen 2007. – Ritter, DDR, 178 f., 181 f.; allg. H. Ehlert u. M. Rogg Hg., Militär, Staat u. Gesellschaft in der DDR, Berlin 2004; T. Lindenberger, Volkspolizei 1952–68: Herrschaftspraxis u. öffentl. Ordnung im SED-Staat 1952–68, Köln 2003. Aus der ganz unangemessen wachsenden Stasi-Lit. nur: J. Gieseke, Die hauptamtl. Mitarbeiter der Staatssicherheit. Personalstruktur u. Lebenswelt 1950–89/90, Berlin 2000; C. Vollnhals, Das Ministerium für Staatssicherheit – Instrument totalitärer Herrschaftsausübung, in: Kaelble u. a. Hg., Sozialgeschichte der DDR, 498–518; M. Dennis, The Stasi, Harlow 2003; J. O. Koehler, Stasi, Boulder/Col. 1999; A. Funder, Stasiland, Landon 2003/Hamburg 2004; K. W. Fricke u. R. Engelmann, Der «Tag X» u. die Stasi, Bremen 2003; J. Mothes u. a. Hg., Beschädigte Seelen. DDR-Jugend u. Stasi, Bremen 1996; K Behnke u. J. Wolf Hg., Stasi auf dem Schulhof, Berlin 1998. Aus der ebenfalls wachsenden Lit. zur DDR-Opposition: C. Kleßmann, Opposition u. Resistenz in zwei Diktaturen, in: HZ 262.1996, 453–79; H.-J. Veen u. a. Hg., Lexikon Opposition u. Widerstand in der SED-Diktatur, Berlin 2000; E. Neubert, Geschichte der Opposition in der DDR 1949–89, Bonn 1998; ders., Verbrechen in der DDR, in: S. Courtois u. a., Schwarzbuch des Kommunismus, München 1998, 829–84; D. Pollack u. D. Rink Hg., Zwischen Verweigerung u. Opposition. Polit. Protest in der DDR 1970–89, Frankfurt 1997; G. Bruce, Resistance with the People. Repression and Resistance in Eastern Germany 1945–55, Lanham/Md. 2003; K.-D. Henke u. a. Hg., Widerstand u. Opposition in der DDR, Köln 1999; J. Kopstein, Chipping Away at the State. Workers' Resistance and the Demise of East Germany, in: WP 48.1996, 391–423; T. Klein, Visionen. Repression u. Opposition in der SED 1949–89, Frankfurt 1996; M. Jander, Formierung u. Krise der DDR-Opposition. Die «Initiative für unabhängige Gewerkschaften», Berlin 1996; W. Krönig u. K.-D. Müller, Anpassung, Widerstand, Verfolgung. Hochschule u. Studenten in der SBZ u. DDR 1945–61, Köln 1994; K. Poppe u. a. Hg., Zwischen Selbstbehauptung u. Anpassung. Formen des Widerstandes u. der Opposition in der DDR, Berlin 1995; anschaulich: M. Krug, Abgehauen, Düsseldorf 1998.

[19] Weber, WG, 133 f., 138, vgl. 640. Wichtig: J. J. Linz, Totalitäre u. autoritäre Regime, Berlin 2000, 121–26; H. E. Chehabi u. ders., Hg., Sultanistic Regimes, Baltimore, 1998. Unterstützung wegen der «Willkür» des ostdeutschen Sultanismus in: D. Willoweit, Unrechtsstaat, Rechtsstaat – eine richtige Alternative? in: Hockerts Hg., Koordinaten, 245–60. – Diese Überlegungen folgen zum guten Teil Bessel u. Jessen Hg., Grenzen, 7–16; R. Jessen, Die Gesellschaft im Staatssozialismus, in: GG 21.1995, 86–110; vgl. K. H. Jarausch, Die gescheiterte Gegengesellschaft. Zur Sozialgeschichte der DDR, in: AfS 39.1999, 12 f.; T. Lindenberger, Die Diktatur der Grenzen, in: ders. Hg., Herrschaft u. Eigen-Sinn in der Diktatur. Studien zur Gesellschaftsgeschichte der DDR, Köln 1999, 27; ders., Alltagsgeschichte u. ihr möglicher Beitrag zu einer Gesellschaftsgeschichte der DDR, in: Bessel u. Jessen Hg., Grenzen, 298–325; ders., In den Grenzen der Diktatur. Die DDR als Gegenstand von «Gesellschaftsgeschichte», in: Eppelmann u. a. Hg., Bilanz, 239–45; M. R. Lepsius, Institutionenordnung, 17–30; ders., Plädoyer für eine Soziologisierung der beiden deutschen Diktaturen, in: Fs. H. Mommsen, Berlin 1996, 609–15. Sehr aufschlußreich ist: M. Güttler, Die Grenzen der Kontrolle. Das statist. Informationssystem u. das Versagen der zentralist. Planwirtschaft in der DDR, in: Bessel u. Jessen Hg., Grenzen, 253–73. Vgl. noch die aufschlussreichen Beiträge von D. Pollack, Modernization and Modernization Blockages in East German Society, in: K. H. Jarausch Hg., Dictatorship as Experience, Oxford 1999, 27–45; ders., Sozial- u. Mentalitätsstrukturen in Ostdeutschland, in: H. Meyer Hg., Soziologen-Tag Leipzig 1991, Berlin 1992, 273–85; ders., Sozialstruktur u. Mentalität in Ostdeutschland, in: Europ. Archiv für Soziologie 32.1991, 381–91; ders., Die konstitutive Widersprüchlichkeit der DDR. Oder: War die DDR-Gesellschaft homogen? in GG 24.1998, 110–32.

*VI. Strukturbedingungen und Entwicklungsprozesse der Kultur*

¹ Hierzu ausführlicher H.-U. Wehler, Die Herausforderung der Kulturgeschichte, München 1998, ders., Das Duell zwischen Sozialgeschichte u. Kulturgeschichte, in: Francia 28.2001, 103–16, u. in: ders., Konflikte, 176–77; ders., Literar. Erzählung oder kritische Analyse? Ein Duell in der gegenwärtigen Geschichtswissenschaft, Wien 2007; ders., Modernisierungstheorie u. Gesellschaftsgeschichte, in: V. Depkat u. a. Hg., Wozu Geschichte(n)? Stuttgart 2004, 145–53, u. in: ders., Notizen, 107–118; ders., Modernisierungstheorie u. Modernisierungspfade heute, in: Fs. L. Niethammer, Essen 2005, 308–12, u. in: ders., Notizen, 102–07; ders., Synthesekonzeptionen in der Geschichtswissenschaft, in: Fs. J. Rüsen, Bielefeld 2005, 233–40, u. in: ders., Notizen, 92–101; vgl. Hradil, Sozialstruktur im Vergleich, 259–98. – Zur neuen Kulturgeschichte vgl. nur den vorzüglichen Überblick in: F. Jäger u. J. Rüsen Hg., Hdb. der Kulturwissenschaften, 3 Bde, Stuttgart 2004; U. Daniel, Kompendium Kulturgeschichte, Frankfurt 2001 u.ö. (dazu einige Einwände in: H.-U. Wehler, Ein Kursbuch der Beliebigkeit, in: Die Zeit 26.7.2001, u. in: ders., Konflikte, 177–84); W. Reinhard, Lebensformen Europas. Eine histor. Kulturanthropologie, München 2004 (voller Anregungen, aber das Patchwork-Muster enthält keinen roten Faden für eine Synthese, ganz im Gegensatz zu seiner glänzenden Studie über den europäischen Staatsbildungsprozess).

² Bd. IV, 809, 818 (Zitate 1944, 1945); M. Greschat Hg., Die Schuld der Kirche. Stuttgarter Schulderklärung 1945, München 1982; A. Boyens, Das Stuttgarter Schuldbekenntnis vom 19.10.1945, in: VfZ 19.1971, 374–97; Gailus u. Lehmann Hg., Nationalprotestant. Mentalitäten; E. Klee, Persilschein u. falsche Pässe. Wie die Kirchen den Nazis halfen, Frankfurt 1992; Frei, Vergangenheitspolitik, 135–233; Wildt, Generation, 731–845. Vgl. allg. Meier, Kirchen; U. Berndt, Germany, in: R. Wuthnow Hg., The Encyclopedia of Politics and Religion, London 1995, 299–302; G. Besier u. H. Lübbe Hg., Polit. Religion u. Religionspolitik, Göttingen 2005; K. Dienst, Die Rolle der Evangel. u. der Kathol. Kirche in der Bildungspolitik 1945–90, in: HB VI/1. 1998, 110–27. – Zum Protestantismus: M. Greschat, Protestantismus, 547 f., 550, 552 f., 559, 562, 564 f., 567, 569, 576–79; ders., Evangl. Kirche, 269, 271–73, 277–79, 282–88; ders., Kontinuität u. Diskontinuität im deutschen Protestantismus nach 1945, in: Monatshefte für evangel. Kirchengeschichte 41.1992, 255–72; Goldschmidt, Kirche, 6, 8 f., 12 f., 16. Brillanter Abriß: F. W. Graf, Protestantismus, München 2006. Vgl. D. Pollack, Die Rolle der Evangel. Kirche im geteilten Deutschland, in: J. Mehlhausen u. a. Hg., Zwei Staaten – zwei Kirchen, Leipzig 2000, 85–106; R. J. Treidel, Evangel. Akademien im Nachkriegsdeutschland, Stuttgart 2001; Sauer, Westorientierungen; T. Sauer Hg., Katholiken u. Protestanten in den Aufbaujahren der Bundesrepublik, Stuttgart 2000. – Zum Katholizismus: Im Hinblick auf die hier verfolgten Interessen sind die besten Sachkenner K. Gabriel und F.-X. Kaufmann: K. Gabriel, 50er Jahre, 413–30; ders., 60er Jahre, 528–32, 537, 539–42; ders., Erosion, 242, 247–50, 252 f.; ders., Bedeutung, 261–76; ders., Christentum, 2007²; ders., Gesellschaftsentwicklung; ders., Kirchen, 2001², 380–91; ders. u. F.-X. Kaufmann, Katholizismus, 42–47, 54, 56; dies. Hg., Soziologie; F.-X. Kaufmann, Religion u. Modernität; ders. u. B. Schäfers Hg., Religion; ders., Kirche begreifen; Hollenstein, 234, 239 f., 243, 245 f., 248–53, 255 f.; J. Köhler u. D. van Melis Hg., Sieger in Trümmern. Die Rolle der kathol. Kirche in der deutschen Nachkriegsgesellschaft, Stuttgart 1998; M. Vögele Hg., Soziale Milieus u. Kirche, Würzburg 2002; U. v. Hehl u. H. Hürten Hg., Der Katholizismus in der Bundesrepublik, Mainz 1983.

³ C. Führ, Zur deutschen Bildungsgeschichte seit 1945, in: HB VI/1, 2 f.; T. Ellwein, Die deutsche Gesellschaft u. ihr Bildungswesen, in: ebd., 87; Lundgren, Schule im 20. Jh., 140 (140–65: der grundlegende, auch HB VI/1 überlegene Überblick, dem ich öfters folge); vgl. ders., Berufl. Schulen u. Hochschulen in der Bundesrepublik 1949–2001 (Datenhdb. zur deutschen Bildungsgeschichte 8), Göttingen 2007; Köhle, 237, 239,

241, 248–50, 352; Köhler u. Schreiner; Geißler, Sozialstruktur, 333–64; ders., Sozialstruktur u. gesellschaftl. Wandel, 109; Schäfers, Sozialstruktur, 148–61; HB VI/1. 1998; K. S. Cortina u. a. Hg., Das Bildungswesen in der Bundesrepublik, Reinbek 2003; C. Führ, Deutsches Bildungswesen seit 1945, Neuwied 1997; C. L. Furck, Allgemeinbildende Schulen, in: HB VI/1, 245–60, 282–356; J. Baumert u. a., Das Bildungswesen in der Bundesrepublik, Reinbek 1979; A. Hearnden, Education, Culture and Politics in West Germany, Oxford 1976; ders., Education in the Two Germanies, Oxford 1974, dt. Bildungspolitik in der BRD u. DDR, Düsseldorf 1973; D. Phillips, Hg., Education in Germany, London 1995; A. Lipsmeier, Berufsbildung, in: HB VI/1, 447–89. Mustergültig: T. Gass-Bolm, Das Gymnasium 1945–80, Göttingen 2005; R. v. Engelhardt, Arbeit u. Beruf der Gymnasiallehrer, Weinheim 1997; G. Schefer, Das Gesellschaftsbild des Gymnasiallehrers, Frankfurt 1969. – H.-E. Tenorth, Professionen u. Professionalisierung. Der Lehrer u. seine Organisation, in: M. Heinemann Hg., Der Lehrer u. seine Organisation, Stuttgart 1977, 409–22; A. Kenkmann, Von der bundesdeutschen «Bildungsmisere« zur Bildungsreform in den 60er Jahren, in: A. Schildt Hg., Dynam. Zeiten, Hamburg 2000, 402–23; G.-C. Behrmann, Die Erziehung kritischer Kritiker als neues Staatsziel, in: C. Albrecht Hg., Die intellektuelle Gründung der Bundesrepublik, Frankfurt 1999; 448–96; zur Ungleichheitsdimension: Mayer u. Blossfeld; Müller u. Haun.

⁴ Lundgren, Schule, 150–52, 154–60, 169; Köhler u. Schreiner, 126, 134; Köhle, 244, 248, 250, 252; Kenkmann, 416; Geißler, Sozialstruktur u. gesellschaftl. Wandel, 109. Vgl. J. Oehler u. C. Bradatsch, Hochschulen, in: HB VI/1, 412–46; T. Ellwein, Die deutsche Universität, Frankfurt 1992. Zwei Fallstudien: S. P. Remy, The Heidelberg Myth. The Nazification and Denazification of a German University, Cambridge/Mass., 2002; J. F. Tent, The Free University of Berlin, Bloomington/Ind. 1988. Zur politischen Mentalität der Studenten am Ende der 50er Jahre: J. Habermas u. a., Student u. Politik, Neuwied 1961/1969³; zur gescheiterten Entnazifizierung der Hochschulen: B. Weisbrod Hg., Akadem. Vergangenheitspolitik. Wissenschaftskultur der Nachkriegszeit, Göttingen 2002; ders., The Moratorium of the Mandarins and the Self-Denazification of German Academe, in: Contemporary European History 12.2003, 47–69. Vgl. M. Szöllösi-Janze, Knowledge Society-Wissensgesellschaft, in: GG 30.2004, 277–313; dies., Wissensgesellschaft, in: Hockerts Hg., Koordinaten, 277–305; H. Trischler, Wissenschaft u. Forschung, in: NPL 33.188, 393–416; paradigmatisch: S. Deutinger, Vom Agrarland zum High-Tech Staat. Zur Geschichte des Forschungsstandorts Bayern 1945–1980, München 2001.

⁵ Grundlegend: R. Wittmann, Geschichte des deutschen Buchhandels, München 1991, 359–97, v. a. 364–69, 372–81, 384–92, 394 f. Hierzu auch G. Müller u. a., Bundesrepublik, in: V. Žmegač Hg., Geschichte der deutsche Literatur vom 18. Jh. bis zur Gegenwart III/2: 1945–80, Königstein 1984, 385–590; Kindlers Literaturgeschichte der Gegenwart, 12 Bde, Frankfurt 1980; P. Lützeler u. E. Schwarz Hg., Deutsche Literatur in der Bundesrepublik seit 1965, Königstein 1980; H. Vormweg, Literatur, in: Benz Hg., Bundesrepublik II, 47–72; M. Durzak Hg., Die deutsche Literatur der Gegenwart, Stuttgart 1976³; K. G. Just, Von der Gründerzeit bis zur Gegenwart. Geschichte der deutschen Literatur seit 1871, Hdb. der deutschen Literaturgeschichte, 1. Abt., Bd. 4, 6. Teil: Seit 1945, Bern 1973; einseitig: E. Endres, Die Literatur der Adenauerzeit, München 1980. Vgl. H. Schwenger, Büchermarkt u. literar. Öffentlichkeit, in: L. Fischer Hg., Literatur in der Bundesrepublik bis 1967, München 1986, 105, 108, 112; L. Fischer, Unterhaltungs- u. Massenkultur, in: ders. Hg., 326, 342; ders., Heftromane, in: ders. Hg., 546, 548–50; ders., Literar. Kultur im sozialen Gefüge, in: ders. Hg., 154; K. Hickethier, Sachbuch, in: L. Fischer Hg., 567 f.; ders., Biographien, Autobiographien, Romane, in: ebd., 581; K. Maase, Freizeit, in: Benz Hg., Bundesrepublik II, 259–64; ders., Grenzenloses Vergnügen. Der Aufstieg der Massenkultur 1850–1970, Frankfurt 1997, 246, 248 f., 256, 265; W. Promies, Kinder- u. Jugendliteratur, in: L. Fischer Hg., 525–45. Allg.:

J. Hermand, Deutsche Kulturgeschichte des 20. Jh., Darmstadt 2006; ders., Kultur im
Wiederaufbau: Die Bundesrepublik 1945–65, München 1986; ders., Die Kultur der Bundesrepublik 1965–85, ebd. 1988; dagegen fällt ab H. Glaser, Deutsche Kultur 1945–2000,
ebd. 1998; ders., Kulturgeschichte der Bundesrepublik, 3 Bde, ebd. 1985–1989. J. Berg u.
H. B. Heller, Über die Literatur der Bundesrepublik (in: J. Berg u. a., Sozialgeschichte
der deutschen Literatur 1918–80, Frankfurt 1981) sind unsäglich schablonenhaft, haben
keine Ahnung von der empirischen Sozial- und Politikgeschichte und folgen einer kruden Faschismustheorie als Urteilsmaßstab. Wer nicht an die Gleichung Kapitalismus
gleich Faschismus glaubt, taugt nichts. Die beiden Beiträge über die DDR-Literatur bieten auf der Basis eines orthodoxen Marxismus eine kommunismusfreundliche Deutung.
    [6] Unentbehrlich: N. Frei, Presse, in: Benz Hg., Bundesrepublik II, 276–314; vgl. ders.,
Presse-, Medien- u. Kommunikationsgeschichte, in: HZ 248.1989, 101–14; A. Schildt,
Jahrhundert der Massenmedien; ders., Zur Historisierung der massenmedialen Revolution, in: AfS 36.1996, 443–58; ders., Von der Aufklärung zum Fernsehzeitalter, in: AfS 40,
487–509; K. Hickethier, Medien, in: HB VI/1, 599 f., 611 f., 617–19; ders., Literatur u.
Massenmedien, in: L. Fischer Hg., 127; Kruip, Weltbild des Springer-Verlags. Vgl. allg.
A. Schulz, Der Aufstieg der «Vierten Gewalt». Medien, Politik und Öffentlichkeit im
Zeitalter der Massenkommunikation, in: HZ 270.2000, 65–97; H. Pross, Medienfor-
schung. Film, Funk, Presse, Fernsehen, Darmstadt 1972; J. Wilke Hg., Mediengeschichte
der Bundesrepublik, Köln 1999; K. Koszyk u. K. H. Pruys, Hdb. der Massenkommunikation, München 1981; E. Noelle-Neumann u. a., Fischer-Lexikon Publizistik/Massen-
kommunikation, Frankfurt 1994; materialreich sind die fünf Bände von H. Fischer Hg.,
Handbuch der Presse; Deutsche Zeitungen; Deutsche Zeitschriften; Publizisten; Verleger; G. Vowe, Massenmedien, in: Andersen u. Woyke Hg., 385–94; U. Sarcinelli, Öffentl. Meinung, in: ebd., 420–427; T. Meyer, Mediokratie. Die Kolonialisierung der Politik durch die Medien, Frankfurt 2001.
    [7] Hier wieder wichtig: Schildt, Jahrhundert der Massenmedien, 177–306; N. Frei Hg.,
Hörfunk u. Fernsehen, in: Benz Hg., Bundesrepublik II, 320; Marßolek, Rundfunk,
228–33; dies. u. A. v. Saldern Hg., Radiozeiten. Herrschaft, Alltag, Gesellschaft 1924–60,
Potsdam 1999; K. Hickethier, Medien, 585–91, 600–04, 608 f., 612–16; dagegen ist ders.,
Zwischen Gutenberg-Galaxis u. Bilder-Universum. Medien als neues Paradigma, in: GG
25.1999, 146–71, reichlich verschwommen; Wittmann, 309 f.; K. Hickethier u. P. Hoff,
Geschichte des deutschen Fernsehens, Stuttgart 1998. – Zum Film: F. Kahlenberg, Film,
in Benz Hg., Bundesrepublik II, 358–96; W. Jacobsen u. a. Hg., Die Geschichte des deutschen Films, Stuttgart 1993; U. Gregor, Geschichte des Films ab 1960, München 1978;
K. Kreimeier, Die Ufa-Story, München 1992; F. Göttler, Westdeutscher Nachkriegsfilm,
in: Jacobsen u. a. Hg., 189; N. Grob, Film der 60er Jahre, in: ebd., 214, 218, 220 f., 232;
C. Lenssen, Film der 70er Jahre, in: ebd., 263 f.; E. Rentschler, Film der 80er Jahre, in:
ebd., 285–322; Der deutsche Heimatfilm, Hg. L.-Uhland-Institut für Empir. Kulturwissenschaft der Univ. Tübingen, Tübingen 1989; E. Buchloh, «Pervers, jugendgefährdend,
staatsfeindlich». Zensur in der Ära Adenauer, Frankfurt 2002; K. Hickethier, Literatur
u. Film, in: L. Fischer Hg., 598–610; Kleßmann II, 47.
    [8] Vorzügliche Analyse in: Graf, Ordnungsmacht, 295–321, dem ich überwiegend
folge; sachkundig ist auch: D. Pollack, Die Rolle der evangel. Kirche im geteilten
Deutschland, in: J. Mehlhausen u. a. Hg., Zwei Staaten – zwei Kirchen, Leipzig 2000,
85–106; ders., Von der Volkskirche zur Minderheitskirche. Religiosität u. Kirchlichkeit
in der DDR, in: Kaelble u. a. Hg., Sozialgeschichte der DDR, 271–94; ders., Kirche in der
Organisationsgesellschaft, Stuttgart 1994; H. Dähn Hg., Staat u. Kirchen in der DDR,
Frankfurt 2003; G. Heydemann u. L. Kettenacker Hg., Kirchen in der Diktatur, Göttingen 1993; einseitig und verbohrt: G. Besier, Der SED-Staat u. die Kirche, 3 Bde., München 1993/Berlin 1995; ders. u. S. Wolf, Pfarrer, Christen u. Katholiken. Das Ministe-

rium für Staatssicherheit der ehemaligen DDR u. die Kirchen, Neukirchen-Vluyn 1991; zur kathol. Diaspora: W. Tischner, Kathol. Kirche in der SBZ/DDR 1945–51, Paderborn 2001. Auf diesen Kulturkampf geht nicht ein: D. Mühlberg, Überlegungen zu einer Kulturgeschichte der DDR, in: Kaelble u. a. Hg., Sozialgeschichte der DDR, 62–94.

⁹ Ausführlich wird das Ausbildungssystem behandelt in: Hdb. der deutschen Bildungsgeschichte IV/2: DDR u. neue Bundesländer, München 1998. Vgl. S. Häder u. H.-E. Tenorth Hg., Bildungsgeschichte einer Diktatur, Weinheim 1997; W. R. Langebucher u. a., Kulturpolit. Wb. Bundesrepublik/DDR im Vergleich, Stuttgart 1983; R. Geißler, Entwicklung der Sozialstruktur u. im Bildungswesen, in: O. Anweiler u. a. Hg., Vergleich von Bildung u. Erziehung in der Bundesrepublik u. der DDR, Köln 1990, 83–111; O. Anweiler, Schulpolitik u. Schulsystem in der DDR, Opladen 1988; G. Lenhardt u. M. Stock, Bildung, Bürger, Arbeitskraft. Schulentwicklung u. Sozialstruktur in der BRD u. der DDR, Frankfurt 1997; J.G. Rodden, Repainting the Little Red Schoolhouse. A History of Eastern German Education 1945–95, Oxford 2002; J. Hohlfeld, Die Neulehrer in der SBZ/DDR 1945–53, Weinheim 1992; D. Pike, Cultural Politics in Soviet-Occupied Germany 1945–46, Stanford 1992. – Zu den Universitäten an allererster Stelle R. Jessen, Akadem. Elite u. kommunist. Diktatur. Die ostdeutsche Hochschullehrerschaft in der Ulbricht-Ära, Göttingen 1999; ders., Diktator. Elitenwechsel u. universitäre Milieus. Hochschullehrer in der SBZ/DDR 1945–67, in: GG 24.1998, 24–54; ders., Zwischen diktator. Kontrolle u. Kollaboration. Die Universitäten der SBZ/DDR, in: J. Connelly Hg., Zwischen Autonomie u. Anpassung. Universitäten in den Diktaturen des 20. Jh., Paderborn 2003, 229–63; ders., Vom Ordinarius zum Professor. SBZ/DDR 1945–69, in: Bessel u. ders. Hg., Grenzen, 76–107; ders., Professoren im Sozialismus, in: Kaelble u. a. Hg., Sozialgeschichte der DDR, 217–53; J. Connelly, Stalinismus u. Hochschulpolitik in Ostmitteleuropa nach 1945, in: GG 24.1998, 5–23; ders., Captive University: the Sovietization of East German, Czech and Polish Higher Education, 1945–1956, Chapel Hill/NC 2000; M. C. Schneider, Bildung für neue Eliten. Die Gründung der Arbeiter-u.-Bauern-Fakultäten in der SBZ/DDR, Dresden 1998; L. Mertens, Rote Denkfabrik? Die Akademie für Gesellschaftswissenschaften beim ZK der SED, Münster 2004; I.-S. Kowalczuk, Geist im Dienste der Macht. Hochschulpolitik in der SBZ/DDR 1945–61, Berlin 2003; M. Ash, Wissenschaft, Politik u. Modernität in der DDR, in: K. Weisemann u. a. Hg., Wissenschaft u. Politik in der DDR 1949–89, Münster 1997, 1–25. Speziell zur Geschichtswissenschaft M. Sabrow, Das Diktat des Konsenses. Geschichtswissenschaft in der DDR 1949–69, München 2001; ders., Verwaltete Vergangenheit. Geschichtskultur u. Herrschaftslegitimation in der DDR, Leipzig 1997; ders., Parteil. Wissenschaftsideal u. histor. Forschungsparität. Das Akademie-Institut für Geschichte 1956–89, in: ders. Hg., Histor. Forschung u. sozialist. Diktatur, Leipzig 1995, 195–225; H.-U. Wehler, Geschichtsscholastik im Staatsauftrag: Historiker in der DDR, in: ders., Konflikte am Beginn des 21. Jh., München 2003, 215–22; L. Mertens Hg., Lexikon der DDR-Historiker, München 2006; F. Klein, Drinnen u. Draußen. Ein Historiker in der DDR, Frankfurt 2000; J.-S. Kowalczuk, Legitimation eines neuen Staates. Parteiarbeiter an der histor. Front. Geschichtswissenschaft in der SBZ/DDR 1945–1961, Berlin 1997; viel zu positiv im Urteil: K. H. Jarausch, Zwischen Parteilichkeit u. Professionalität: Bilanz der Geschichtswissenschaft in der DDR, Berlin 1991. G. G. Iggers, Die DDR-Geschichtswissenschaft als Forschungsproblem, München 1998; ders., Ein anderer histor. Blick. Beispiele ostdeutscher Sozialgeschichte, Frankfurt 1991; J. Kocka Hg., Die Berliner Akademien der Wissenschaften im geteilten Deutschland 1945–90, Berlin 2002; H.-U. Wehler, M. Webers Klassentheorie u. die moderne Sozialgeschichte, in: Kocka Hg., M. Weber. Der Historiker, Göttingen 1986, 193–203, u. in: Wehler, Aus der Geschichte lernen? München 1988, 152–60. – Zur Zensur u. Kunstpolitik: S. Lokatis, Der rote Faden. Kommunist. Parteigeschichte u. Zensur unter W. Ulbricht, Köln 2003; M. Jäger, Kultur u. Politik in der DDR 1945–90, Köln 1994; S. Barck u. a., Jedes Buch ein

Abenteuer. Öffentlichkeit in der DDR, Berlin 1997; M. Flacke Hg., Auftragskunst der
DDR 1949–90, München 1995; S. Hain u. S. Stroux, Die Salons der Sozialisten. Kultur-
häuser in der DDR, Berlin 1996; G. Rüther, «Greif zur Feder, Kumpel». Schriftsteller,
Literatur u. Politik in der DDR 1949–90, Düsseldorf 1991; S. Satjukow u. R. Gries Hg.,
Sozialist. Helden. Eine Kulturgeschichte von Propagandafiguren in Osteuropa u. der
DDR, Berlin 2002.
    [10] Hierzu vor allem J. Kocka, NS u. SED-Diktatur im Vergleich, in: ders., Vereini-
gungskrise, 91–101; I. Kershaw, Totalitarianism Revisited: Nazism and Stalinism in
Comparative Perspective, in: TAJbDG 23.1994, 23–40; C. Kleßmann, Zwei Diktaturen
in Deutschland. Was kann die künftige DDR-Forschung aus der Geschichtsschreibung
zum NS lernen? in: DA 25.1992, 601–6; H. Mommsen, NS u. Stalinismus, in: K. Sühl
Hg., Vergangenheitsbewältigung 1945 u. 1989, Berlin 1994, 109–26; K. Schönhoven,
Drittes Reich u. DDR: Probleme einer vergleich. Analyse von deutschen Diktaturerfah-
rungen, in: Jb. für Histor. Kommunismusforschung, Berlin 1995, 189–200; F. Pohlmann,
Deutschland im Zeitalter des Totalitarismus 1918–89, München 2001; L. Kühnhardt u. a.
Hg., Die doppelte deutsche Diktaturerfahrung, Frankfurt 1994; G. Heydemann, NS u.
SED-Staat – Zwei deutsche Diktaturen? in: J. Gamer-Wallert u. a. Hg., Nähe u. Ferne,
Tübingen 1997, 54–77; ders. u. C. Beckmann, Zwei Diktaturen in Deutschland, in: DA
30.1997, 12–40; H. Möller, Der SED-Staat, die zweite Diktatur in Deutschland, in: Ep-
pelmann u. a. Hg., Lexikon, 5–12; K. Möller, Sind nationalsozialist. u. kommunist. Diktaturen vergleichbar? in: Potsdamer Bulletin für Zeithistor. Studien 2.1994, 9–19. Vgl.
H.-U. Wehler, Diktaturenvergleich, Totalitarismustheorie, DDR-Geschichte, in: Fs. C.
Kleßmann, Bonn 1998, 346–52, u. in: Wehler, Umbruch u. Kontinuität, München 2000,
113–22. – Über den Antisemitismus der späten Stalinzeit handelt vorzüglich die bril-
lante tour de force von Y. Slezkine, Das jüd. Jh., Göttingen 2006, 297–305. Am besten zu
den Folgen der Vereinigung: G. A. Ritter, Der Preis der deutschen Einheit, München
2006; auch K. Schroeder, Die veränderte Republik. Deutschland nach der Wiedervereinigung, ebd. 2006.

*Epilog*
    [1] M. Weber, Vorbemerkung, in: ders., Ges. Aufsätze zur Religionssoziologie I, Tü-
bingen 1920/1988⁹, 1–16. Vgl. H.-U. Wehler, Modernisierungstheorie u. Geschichte,
Göttingen 1975, überarb. in: ders., Die Gegenwart als Geschichte, München 1995,
13–58, 260–84; ders., Modernisierung u. Modernisierungstheorien, in: Wehler, Umbruch
u. Kontinuität, 214–50; ders., Modernisierungstheorie u. Gesellschaftsgeschichte, in:
V. Depkat u. a. Hg., Wozu Geschichte(n)? Stuttgart 2004, 145–53, u. in: Wehler, Notizen
zur deutschen Geschichte, München 2007, 107–18; ders., Modernisierungstheorie und
Modernisierungspfade heute, in: Fs. L. Niethammer, Essen 2005, 308–12, u. in: Wehler,
Notizen, 102–07; ders., Synthesekonzeptionen in der Geschichtswissenschaft, in: Fs.
J. Rüsen, Bielefeld 2005, 233–40, u. in: Wehler, Notizen, 91–101; ders., Vorüberlegungen
zu einer modernen deutschen Gesellschaftsgeschichte, in: 2. Fs. F. Fischer, Bonn 1978,
3–20, u. in ders., Histor. Sozialwissenschaft u. Geschichtsschreibung, Göttingen 1980,
161–80; ders., Gesellschaftsgeschichte, in: W. Schieder u. V. Sellin Hg., Sozialgeschichte
in Deutschland I, Göttingen 1986, 33–52, u. in: ders., Aus der Geschichte lernen? München 1988, 115–29. – Korrektur des Eurozentrismus in: C. A. Bayly, Die Geburt der
modernen Welt. Eine Globalgeschichte 1780–1914, Frankfurt 2006; J. Osterhammel,
Weltgeschichte des 19. Jh., München 2009.
    [2] Solche Einwände müsste z. B. auch die anspruchsvolle «Theorie des 20. Jh.» von
U. Herbert berücksichtigen: Europe in High Modernity. Reflections on a Theory of the
20th Century, in: JMEH 5. 2007, 5–20; M. Weber, Objektive Möglichkeit u. adäquate
Verursachung in der histor. Kausalbetrachtung, in: ders., Ges. Aufsätze zur Wissen-
schaftslehre, Tübingen 1922/1988⁷, 266–90.

³ Soeben aber, endlich weiterführend: S. O. Müller, Deutsche Soldaten u. ihre Feinde. Nationalismus an Front u. Heimatfront im Zweiten Weltkrieg, Frankfurt 2007.
⁴ H.-U. Wehler, Kontinuität u. Diskontinuität in der deutschen Geschichte 1945–1990, in: Fs. L. Albertin, Lage 2008, 43–50, u. in: Wehler, Notizen, 50–63; allg. ders., Stratifikation u. Stratifikationstheorien, in: Wehler, Umbruch u. Kontinuität, 185–213.
⁵ Zum Kaiserreich als Experimentierfeld der Demokratie: M. L. Anderson, Practicing Democracy. Elections and Political Culture in Imperial Germany, Princeton 2000; zum integrierenden Einfluß des Nationalismus: J. Echternkamp, Der Aufstieg des deutschen Nationalismus 1770–1840, Frankfurt 1998; zur Vereinheitlichung durch Recht: M. Stolleis, «Innere Reichsgründung» durch Rechtsvereinheitlichung 1866–80, in: ders., Konstitution u. Intervention, Frankfurt 2001, 195–225; zum NS-Leistungsdenken: Bd. IV, 684–91, 771–94. Aus den letzten Neuerscheinungen: B. Altena u. D. van Lente, Gesellschaftsgeschichte der Neuzeit 1750-1989, Göttingen (ein schlichter Einführungsversuch); J. Huinink u. T. Schröder, Die Sozialstruktur Deutschlands, Konstanz 2008 und S. Mau u. R. Verwiebe, Die Sozialstruktur Europas, ebd. 2008, erreichen nicht Geisslers analytische Schärfe; wohlwollende Biographie: H.-P. Schwarz, Springer, Berlin 2008²; K. H. Jarausch, Hg., Das Ende der Zuversicht. Die 70er Jahre als Geschichte, Göttingen 2008 und A. Doering-Manteuffel u. L. Raphael, Nach dem Boom. Zeitgeschichte seit 1970 ebd. 2008 bieten Zwischenbilanzen, die eigentümlich weit von der Wirtschaftsgeschichte und Ungleichheitsforschung entfernt sind.

# Abkürzungsverzeichnis

| | |
|---|---|
| AA | Auswärtiges Amt |
| ADAC | Allgemeiner Deutscher Automobil-Club |
| AfA | Allgemeine freie Angestellte |
| AfS | Archiv für Sozialgeschichte |
| AG | Aktiengesellschaft |
| AHR | American Historical Review |
| AJS | American Journal of Sociology |
| APO | Außerparlamentarische Opposition |
| APZ | Aus Politik und Zeitgeschichte |
| ARD | Arbeitsgemeinschaft der öffentlich-rechtlichen Rundfunkanstalten der Bundesrepublik Deutschland |
| | |
| BASF | Badische Anilin- und Sodafabrik |
| BDA | Bundesvereinigung der Arbeitgeberverbände |
| BDI | Bundesverband der Deutschen Industrie |
| BHE | Bund der Heimatvertriebenen und Entrechteten |
| BJS | British Journal of Sociology |
| BSP | Bruttosozialprodukt |
| BVG | Bundesverfassungsgericht |
| BZ | Berliner Zeitung |
| | |
| CDU | Christlich-Demokratische Union |
| CEA | Verband der europäischen Landwirte |
| CEH | Central European History |
| CJC | Codex Juris Canonici |
| COPA | Ausschuß landwirtschaftlicher Organisationen |
| CSU | Christlich-Soziale Union |
| | |
| DA | Deutschland Archiv |
| DAG | Deutsche Angestellten Gewerkschaft |
| DDR | Deutsche Demokratische Republik |
| DGB | Deutscher Gewerkschaftsbund |
| DIN | Deutsche Industrie-Norm |
| DKP | Deutsche Kommunistische Partei |
| DM | Deutsche Mark |
| | |
| EFTA | Europäische Freihandelszone |
| EG | Europäische Gemeinschaft |
| EGKS | Europäische Gemeinschaft für Kohle und Stahl |
| EHR | Economic History Review |
| EKD | Evangelische Kirche Deutschlands |
| ERP | European Recovery Program |
| EVG | Europäische Verteidigungsgemeinschaft |
| EU | Europäische Union |
| EWG | Europäische Wirtschaftsgemeinschaft |

| FDGB | Freier Deutscher Gewerkschaftsbund |
|---|---|
| FDJ | Freie Deutsche Jugend |
| FDP | Freie Demokratische Partei |
| Fs. | Festschrift |
| FU | Freie Universität |

| GATT | General Agreement on Tarifs and Trade |
|---|---|
| GAU | Größter Anzunehmender Unfall |
| GdA | Gewerkschaftsbund der Angestellten |
| GDR | German Democratic Republic |
| Gedag | Gesamtverband Deutscher Angestelltengewerkschaften |
| Gestapo | Geheime Staatspolizei |
| GEW | Gewerkschaft Erziehung und Wissenschaft |
| GG | Geschichte und Gesellschaft |
| GGr | Geschichtliche Grundbegriffe |
| GH | German History |
| GM | General Motors |
| GSR | German Studies Review |
| GVP | Gesamtdeutsche Volkspartei |
| GWU | Geschichte in Wissenschaft und Unterricht |

| HB | Handbuch der deutschen Bildungsgeschichte |
|---|---|
| Hdb. | Handbuch |
| Hwb | Handwörterbuch |
| HES | Handbuch der Empirischen Sozialforschung |
| HGD | Handwörterbuch zur Gesellschaft Deutschlands |
| HJ | Hitlerjugend |
| HJb | Historisches Jahrbuch |
| HSF | Historische Sozialforschung |
| HZ | Historische Zeitschrift |
| ha | Hektar |

| IESBS | International Encyclopedia of the Social and Behavioral Sciences |
|---|---|
| IFAP | Internationaler Verband landwirtschaftlicher Erzeuger |
| IQ | Intelligenzquotient |

| JEH | Journal of Economic History |
|---|---|
| JEEH | Journal of European Economic History |
| JMH | Journal of Modern History |
| JMEH | Journal of Modern European History |
| Jb. | Jahrbuch |
| JbW | Jahrbuch für Wirtschaftsgeschichte |
| Jh. | Jahrhundert |

| KBW | Kommunistischer Bund Westdeutschland |
|---|---|
| KdW | Kaufhaus des Westens |
| KoKo | Kommerzielle Koordinierung |
| KPD | Kommunistische Partei Deutschlands |
| KPdSU | Kommunistische Partei der Sowjetunion |
| KPF | Kommunistische Partei Frankreichs |
| KPI | Kommunistische Partei Italiens |
| KSZE | Konferenz für Sicherheit und Zusammenarbeit in Europa |

| | |
|---|---|
| KZ | Konzentrationslager |
| KZfS | Kölner Zeitschrift für Soziologie |
| | |
| LDPD | Liberal-Demokratische Partei Deutschlands |
| LPG | Landwirtschaftliche Produktionsgenossenschaft |
| | |
| Napola | Nationalpolitische Erziehungsanstalt |
| NATO | North Atlantic Treaty Organization |
| NC | Numerus clausus |
| NÖS | Neues Ökonomisches System |
| NPD | Nationaldemokratische Partei Deutschlands |
| NS | Nationalsozialismus |
| NSDAP | Nationalsozialistische Deutsche Arbeiterpartei |
| NSP | Nettosozialprodukt |
| NVA | Nationale Volksarmee |
| | |
| OECD | Organization for Economic Cooperation and Development |
| OLG | Oberlandesgericht |
| OPEC | Organization of Petroleum Exporting Countries |
| | |
| PDS | Partei des Demokratischen Sozialismus |
| Pg. | Parteigenosse |
| p. a. | per annum, jährlich |
| p. c. | per capita, pro Kopf |
| | |
| RAF | Rote Armee Fraktion |
| RGG | Religion in Geschichte und Gegenwart |
| RGW | Rat für Gegenseitige Wirtschaftshilfe |
| | |
| SA | Sturmabteilung |
| SAG | Sowjetische Aktiengesellschaft |
| SBZ | Sowjetische Besatzungszone |
| SDG | Sowjetsystem und Demokratische Gesellschaft |
| SDP | Sozialdemokratische Partei in der DDR |
| SDS | Sozialistischer Deutscher Studentenbund |
| SED | Sozialistische Einheitspartei Deutschlands |
| SHB | Sozialdemokratischer Hochschulbund |
| SMAD | Sowjetischer Militäradministration |
| Sowi | Sozialwissenschaft in Wissenschaft und Unterricht |
| SPD | Sozialdemokratische Partei Deutschlands |
| SRP | Sozialistische Reichspartei |
| SS | Schutzstaffel |
| StGB | Strafgesetzbuch |
| Stasi | Ministerium für Staatssicherheit |
| SW | Soziale Welt |
| | |
| TAJbDG | Tel Aviver Jahrbuch für Deutsche Geschichte |
| | |
| UdSSR | Union der Sozialistischen Sowjetrepubliken |
| | |
| VEB | Volkseigener Betrieb |
| VEBAG | Vereinigte Elektrizitäts- und Bergwerks Aktiengesellschaft |

| VfZ | Vierteljahrshefte für Zeitgeschichte |
| VSWG | Vierteljahrsschrift für Sozial- u. Wirtschaftsgeschichte |
| | |
| WEU | Westeuropäische Union |
| WG | M. Weber, Wirtschaft u. Gesellschaft |
| WP | World Politics |
| WDR | Westdeutscher Rundfunk |
| WTR | Wissenschaftlich Technische Revolution |
| WR | Weimarer Republik |
| | |
| ZAA | Zeitschrift für Agrargeschichte u. Agrarsoziologie |
| ZDF | Zweites Deutsches Fernsehen |
| ZF | Zeithistorische Forschungen |
| ZfP | Zeitschrift für Politik |
| ZfS | Zeitschrift für Soziologie |
| ZK | Zentralkomitee |

# Personenregister

# Sachregister

Aus dem
Verlagsprogramm

Saul Friedländer
**Das Dritte Reich und die Juden**
Aus dem Englischen übersetzt von Martin Pfeiffer
Durchgesehene Sonderausgabe
2. Auflage. 2007. 1317 Seiten. Leinen

«Friedländers Selbstreflexion und Vertrautheit mit der Psychoanalyse machen
ihn empfindsam für die Emotionen in der Geschichte. (...) Friedländer
gelingt mit seiner Form der Darstellung, mit dem literarischen Stil seiner
Geschichtsschreibung, Wissen und Erinnerung miteinander in Beziehung zu
setzen, eine umfassende Textur zu weben, in der einzelne Fäden erhalten
bleiben – strenge Wissenschaft als hohe Kunst.»
*Michael Wildt, Die Zeit*

Fritz Stern
**Fünf Deutschland und ein Leben**
Erinnerungen
Aus dem Englischen von Friedrich Griese
9. Auflage. 2007. 675 Seiten mit 27 Abbildungen. Leinen

«Das Buch ist das faszinierende Zeugnis eines großen Historikers, lehrreich,
klug, berührend. (...) Sterns Erinnerungen sind kein abstraktes Räsonnement.
Sie folgen vielmehr in faszinierender Anschaulichkeit dem Lauf eines
wahrlich bewegten Lebens. (...) Sterns Blick auf sein drittes, viertes, fünftes
Deutschland ist immer auf originelle Weise abgewogen und scharfsinnig
zugleich. Dazu trägt auch sein Sinn für die historische Pointe bei, für
prägnante Parallelen und nicht zuletzt für den politischen Witz.»
*Norbert Frei, Die Zeit*

Heinrich August Winkler
**Der lange Weg nach Westen**
*Band 1: Deutsche Geschichte vom Ende des Alten Reiches*
*bis zum Untergang der Weimarer Republik*
4., durchgesehene Auflage. 2002. 652 Seiten. Leinen
*Band 2: Deutsche Geschichte vom «Dritten Reich» bis zur Wiedervereinigung*
4., durchgesehene Auflage. 2002. X, 742 Seiten. Leinen

«Denn Heinrich August Winklers Wort hat Gewicht. Seit er vor zwei Jahren
sein Geschichtswerk ‹Der lange Weg nach Westen› veröffentlichte, gilt er
nicht nur in Historikerkreisen als eine Art Doyen der neueren deutschen
Geschichte.»
*Jürgen Leinemann, Der Spiegel*

Verlag C.H. Beck München

# Kleine Geschichten

Hagen Schulze
**Kleine deutsche Geschichte**
Mit Bildern aus dem Deutschen Historischen Museum
114.–120. Tausend. 6., erweiterte und aktualisierte Auflage. 2007. 282 Seiten
mit 123 Abbildungen, davon 61 in Farbe. Gebunden

Wolfgang Benz
**Geschichte des Dritten Reiches**
2000. 288 Seiten mit 150 Abbildungen, davon 30 in Farbe und 2 farbigen
Karten. Gebunden

Michael Brenner
**Kleine jüdische Geschichte**
2008. Etwa 380 Seiten mit etwa 80 überwiegend farbigen Abbildungen.
Gebunden

Alexander Demandt
**Kleine Weltgeschichte**
2., durchgesehene Auflage. 2004. 368 Seiten mit 113 Abbildungen,
davon 90 in Farbe und 9 Karten. Gebunden

Hans-Joachim Gehrke
**Kleine Geschichte der Antike**
1999. 243 Seiten mit 124 Abbildungen, davon 61 in Farbe, 3 Plänen
und 2 farbigen Karten als Vor- und Nachsatz. Gebunden

Manfred Görtemaker
**Kleine Geschichte der Bundesrepublik Deutschland**
2002. 413 Seiten mit 163 Abbildungen, davon 47 in Farbe. Gebunden

Gudrun Krämer
**Geschichte des Islam**
2005. 334 Seiten mit 87 Abbildungen und 5 Karten. Gebunden

Helwig Schmidt-Glintzer
**Kleine Geschichte Chinas**
2008. 296 Seiten mit 97 Abbildungen, davon 60 in Farbe und 19 Karten.
Gebunden

**Verlag C. H. Beck München**